4130

COLLINS
POCKET

ITALIANO

ESPAÑOL ▶ ITALIANO
ITALIANO ▶ SPAGNOLO

© 1988 William Collins Sons & Co. Ltd.

D.R. © 1995 por EDITORIAL GRIJALBO, S.A. de C.V.
Av. Homero núm. 544
Col. Chapultepec Morales, C.P. 11570
Del. Miguel Hidalgo, México, D.F.

www.grijalbo.com

Esta obra no puede ser reproducida,
total o parcialmente,
sin autorización escrita del editor.

ISBN 970-05-1951-0

IMPRESO EN MÉXICO

grijalbo

por
Eleanor Londero

con
Giovanna Ferraguti

© 1986, William Collins Sons & Co., Ltd.

D.R. © 1997 por EDITORIAL GRIJALBO, S.A. de C.V.
      Av. Homero núm. 544
      Col. Chapultepec Morales, C.P. 11570
      Del. Miguel Hidalgo, México, D.F.

www.grijalbo.com

ISBN 970-05-1324-6

IMPRESO EN MÉXICO

INTRODUZIONE

Questo dizionario offre a chi deve leggere e comprendere lo spagnolo una nomenclatura dettagliata e aggiornata, con vocaboli e locuzioni idiomatiche parlate e scritte della lingua spagnola contemporanea. Vi figurano anche, in ordine alfabetico, le principali forme irregolari, con un rimando alla forma di base dove si trova la traduzione, così come i più comuni nomi di luogo, le sigle e le abbreviazioni.

A loro volta, quanti hanno la necessità di esprimersi in spagnolo trovano in questo dizionario una trattazione chiara ed essenziale di tutti i vocaboli di base, con numerose indicazioni per una esatta traduzione e un uso corretto ed appropriato.

INTRODUCCIÓN

Quien desee leer y entender el italiano encontrará en este diccionario un extenso léxico moderno que abarca una amplia gama de locuciones de uso corriente. Igualmente encontrará, en su debido orden alfabético, las abreviaturas, las siglas, los nombres geográficos más conocidos y, además, las principales formas de verbo irregulares, donde se le referirá a las respectivas formas de base, hallándose allí la traducción.

Quien aspire comunicarse, y expresarse en italiano, hallará aquí una clara y detallada explicación de las palabras básicas, empleándose un sistema de indicadores que le remitirán a la traducción más apta y le señalarán su correcto uso.

aggettivo	**a**	adjetivo
abbreviazione	**ab(b)r**	abreviatura
avverbio	**ad**	adverbio
amministrazione	**ADMIN**	administración
aeronautica, astronautica	**AER**	aviación, astronáutica
aggettivo	**ag**	adjetivo
agricoltura	**AGR**	agricultura
America Latina	**AM**	América Latina
amministrazione	**AMM**	administración
anatomia	**ANAT**	anatomía
architettura	**ARCHIT**	arquitectura
uso argentino	**ARG**	uso argentino
architettura	**ARQUIT**	arquitectura
astronomia	**ASTR**	astronomía
astrologia	**ASTROL**	astrología
ausiliare	**aus**	auxiliar
l'automobile	**AUTO**	el automóvil
ausiliare	**aux**	auxiliar
avverbio	**av**	adverbio
biologia	**BIOL**	biología
botanica	**BOT**	botánica
consonante	**C**	consonante
chimica	**CHIM**	química
cinematografia	**CINE**	cine
cucina	**COC**	cocina
commercio	**COM(M)**	comercio
congiunzione	**cong, conj**	conjunción
edilizia	**CONSTR**	construcción
cucina	**CUC**	cocina
davanti a	**dav**	delante de
determinativo: articolo, aggettivo dimostrativo o indefinito	**det**	determinante: artículo, adjetivo demonstrativo o indefinido
diritto	**DIR**	lo jurídico
economia	**ECON**	economía
edilizia	**EDIL**	construcción
elettricità, elettronica	**ELETTR, ELEC**	electricidad, electrónica
esclamazione	**escl**	exclamación
insegnamento, sistema scolastico e universitario	**ESCOL**	enseñanza, sistema escolar y universitario
specialmente	**esp**	especialmente
esclamazione	**excl**	exclamación
femminile	**f**	femenino
familiare (da evitare!)	**fam(!)**	lengua familiar (evitar!)
ferrovia	**FERR**	ferrocarril

iv

figurato	**fig**	uso figurado
finanza, banca	**FIN**	finanzas, banca
fisica	**FIS**	física
fisiologia	**FISIOL**	fisiología
fotografia	**FOTO**	fotografía
geografia	**GEOGR**	geografía
geologia	**GEOL**	geología
informatica	**INFORM**	informática
invariabile	**inv**	invariable
diritto	**JUR**	lo jurídico
linguistica, grammatica	**LING**	lingüística, gramática
locuzione	**loc**	locución
maschile	**m**	masculino
matematica	**MAT**	matemáticas
medicina	**MED**	medicina
meteorologia	**METEOR**	meteorología
maschile o femminile (secondo il sesso)	**m/f**	masculino o femenino (según el sexo)
esercito, campo militare	**MIL**	ejército, lo militar
musica	**MUS**	música
nautica, navigazione	**NAUT**	náutica, navegación
numerale (sostantivo, aggettivo)	**num**	adjetivo, nombre numérico
peggiorativo	**peg, pey**	peyorativo
plurale	**pl**	plural
politica	**POL**	política
participio passato	**pp**	participio de pasado
prefisso	**pref**	prefijo
preposizione	**prep**	preposición
pronome	**pron**	pronombre
psicologia	**PSICO**	psicología
qualcosa	**qc**	algo
qualcuno	**qd**	alguien
religione, liturgia	**REL**	religión, lo eclesiástico
sostantivo	**s**	sustantivo
insegnamento, sistema scolastico e universitario	**SCOL**	enseñanza, sistema escolar y universitario
soggetto	**sog**	sujeto
specialmente	**spec**	especialmente
soggetto	**suj**	sujeto
tauromachia	**TAUR**	tauromaquia
tecnica, tecnologia	**TECN**	técnica, tecnología
telecomunicazioni	**TELEC**	telecomunicaciones
tipografia	**TIP**	tipografía
televisione	**TV**	televisión
vocale	**V**	vocal
verbo	**vb**	verbo
verbo intransitivo	**vi**	verbo intransitivo
verbo riflessivo	**vr**	verbo reflexivo
verbo transitivo	**vt**	verbo transitivo
zoologia	**ZOOL**	zoología
marchio registrato	®	marca registrada
indica un'equivalenza culturale	≈	indica un equivalente cultural

TRASCRIZIONE FONETICA   TRANSCRIPCIÓN FONÉTICA

CONSONANTI   CONSONANTES VOCALI   VOCALES

NB. La messa in equivalenza di certi suoni indica solo una rassomiglianza approssimativa/La equivalencia de algunos de los sonidos indica solamente una semejanza aproximada

padre	p	palabra	vino idea	i	pino
bambino	b	baile vía	stella edera	e	me
tutto	t	torre	epoca eccetto	ɛ	perro gente
dado	d	danés andar	mamma	a	pata
cane che	k	cana que	rosa occhio	ɔ	lo control
gola ghiro	g	gafas	mimo	o	por
sano	s	casa sesión	utile	u	lunes
svago esame	z	isla desde			
scena	ʃ		DITTONGHI		DIPTONGOS
pece lancio	tʃ	chiste chocolate		ai	baile estay
gente gioco	dʒ			au	auto causa
afa faro	f	fino afán		ei	veinte buey
vero bravo	v			oi	boina hoy
	θ	tenaz cero cielo			
	ð	ciudad hablado			
letto bello	l	largo			
gli	ʎ	talle			
rete arco	r	quitar			
ramo madre	m	como muy			
no fumante	n	noche grande			
gnomo	ɲ	niño			
buio più	j	ya			
uomo guaio	w	huevo puente			
	x	jugar gente girar			
	ɣ	pagar			
	ß	dividir furtivo			

Il segno ['] precede la sillaba accentata/El signo ['] precede la sílaba acentuada

Consonantes

c	antes de *e* o *i* se pronuncia como *ch* en *cheque, chico*
ch	se pronuncia como *c* en *caja*
d	se pronuncia como *d* en *conde, andar*
g	antes de *e* o *i* se pronuncia como en *generalitat* (catalán)
gh	se pronuncia como *g* en *grande, gol*
gl	antes de *e* o *i* se pronuncia normalmente como *ll* en *talle*, solo en algunos casos como *gl* en *globo*
gn	se pronuncia como *ñ* en *cañón*
gu	antes de *a, e, i* se pronuncia como en *guapo*
l	se pronuncia siempre como en *legal*
qu	se pronuncia como *cu* en *cuatro, cuota*
sc	antes de *e* o *i* se pronuncia como *ch* francesa en *chambre*
v	se pronuncia como *f*, pero se retiran los dientes superiores vibrándolos contra el labio inferior
z	a veces se pronuncia como *ts* en *tsetse*. En otros casos se pronuncia como *d + s* sonora

NB: Todas las consonantes dobles en italiano se pronuncian dobles, ej: la *ss* en *bussola* se pronuncia como en la*s señoras*

Vocales

Las vocales en italiano se pronuncian igual que las vocales en español.

Acento

El signo ['] en el diccionario indica la sílaba acentuada.

NB: cuando una palabra contiene un sonido que puede presentar dificultades para los españoles, la transcripción fonética de ese sonido aparece en el diccionario.

Consonanti

ci, ce	la *c* si pronuncia come il gruppo *th* nell'inglese *thin*
ch	si pronuncia come *c* nell'italiano *cena*
d	all'inizio di una parola o dopo *l, n, d,* si pronuncia come in italiano. Altrimenti si pronuncia come il gruppo *th* nell'inglese *the*
g	davanti a *a, o, u g* si pronuncia come in italiano, se si trova all'inizio di una parola o è preceduta da *n.* Altrimenti si pronuncia come una *g* dolce
gi, ge, j	si pronunciano come il gruppo *ch* nel tedesco *ich*
gue, gui	si pronunciano rispettivamente *ghe, ghi* come nell'italiano *ghetto, ghiro.* Nel caso in cui compaia la dieresi sulla *u,* si pronunciano come nell'italiano *guida, guerra.*
h	è sempre muta in spagnolo.
ll	si pronuncia come il gruppo *gl* nell'italiano *giglio*
ñ	si pronuncia come il gruppo *gn* nell'italiano *gnomo*
qu	si pronuncia come il gruppo *ch* nell'italiano *china, cheta*
v	si pronuncia *b* come nell'italiano *botte,* se si trova all'inizio di una parola o dopo *m, n.* Altrimenti viene pronunciata come una *b* dolce
z	si pronuncia come il gruppo *th* nell'inglese *thin*

Vocali
Le vocali in spagnolo si pronunciano come le vocali in italiano.

Accento tonico
Regole per l'accentuazione:
(i) quando una parola termina in vocale o in *n* o *s,* l'accento cade sulla penultima sillaba: pat*a*ta, pat*a*tas, c*o*me, c*o*men
(ii) quando una parola termina in consonante che non sia *n* o *s,* l'accento cade sull'ultima sillaba: par*e*d, habl*a*r
(iii) eccezioni alle regole suddette compaiono nell'ortografia spagnola con un accento acuto sulla sillaba accentata

NB: quando un lemma ha dei suoni che possono presentare delle difficoltà per l'utente italiano, i corrispondenti simboli fonetici vengono dati.

ITALIANO - SPAGNOLO
ITALIANO - ESPAÑOL

A

a *prep* (*a* + *il* = **al**, *a* + *lo* = **allo**, *a* + *l'* = **all'**, *a* + *la* = **alla**, *a* + *i* = **ai**, *a* + *gli* = **agli**, *a* + *le* = **alle**) a; (*stato in luogo*) en; **al mese/all'ora** por mes/hora; **100 km all'ora** 100 km por hora; **alla radio/televisione** por la radio/televisión; ~ **domani/lunedì!** ¡hasta mañana/el lunes!; ~ **Natale/Pasqua** en Navidad/Pascua.

a'bate *sm* abad *m*.

abbacchi'ato, a [-k'k-] *ag* abatido(a).

abbagli'ante [-ʎʎ-] *ag* deslumbrante // ~**i** *smpl* (*AUTO*) luz *f* alta, faros *mpl*.

abbagli'are [-ʎʎ-] *vt* (*vista*) encandilar; (*fig: affascinare*) deslumbrar, encantar; (*: ingannare*) engañar.

ab'baglio [-ʎʎo] *sm* error *m*, equivocación *f*; **prendere un** ~ equivocarse, engañarse.

abbai'are *vi* ladrar.

abba'ino *sm* tragaluz *m*.

abbando'nare *vt* abandonar, dejar; (*trascurare*) descuidar, abandonar; (*rinunciare a*) renunciar a, abandonar; (*lasciar cadere: capo sul petto*) inclinar; ~**rsi** *vr* (*lasciarsi andare*) abandonarse; (*cedere*) entregarse.

abban'dono *sm* abandono.

abbassa'mento *sm* bajada, descenso; (*de temperatura, pressione*) descenso; (*di voce, prezzi*) disminución *f*.

abbas'sare *vt* bajar; (*muro, prezzi*) rebajar; (*volume, voce*) bajar, disminuir; (*calare: bandiera*) arriar; ~**rsi** *vr* (*chinarsi*) inclinarse; (*livello: di acqua, vento etc*) disminuir, bajar; (*fig*) rebajarse, humillarse.

ab'basso *escl*: ~ **il re!** ¡abajo el rey!

abba'stanza [-tsa] *av* (*a sufficienza*) bastante; (*alquanto, molto*) harto; **averne** ~ **di qc/qd** no aguantar más algo/a alguien.

ab'battere *vt* abatir, derribar; (*albero*) cortar, abatir; (*macellare*) sacrificar, matar; (*colpire: fagiano*) abatir, voltear; (*fig: sog: malattia*) postrar, abatir; ~**rsi** *vr* desalentarse, abatirse.

abbatti'mento *sm* abatimiento.

abbat'tuto, a *ag* (*fig*) abatido(a).

abba'zia [-t'tsia] *sf* abadía.

abbel'lire [-l'l-] *vt* embellecer.

abbeve'rare *vt* abrevar.

abbevera'toio *sm* abrevadero.

abbiccì [-t'tʃi] *sm inv* abecé *m inv*.

abbi'ente *ag* acomodado(a), pudiente.

abbi'etto, a *ag* = **abietto**.

abbiglia'mento *sm* (*modo di vestire*) vestir *m*; (*indumenti*) ropa; (*industria*) industria del vestido.

abbigli'are [-ʎʎ-] *vt* vestir; ~**rsi** *vr* vestirse.

abbi'nare *vt* combinar.

abbindo'lare *vt* engatusar, embaucar.

abboc'care *vi* (*pesce*) picar; ~ **all'amo** (*fig*) tragar el anzuelo.

abbona'mento *sm* (*a ferrovia, teatro*) abono; (*a giornale*) suscripción *f*.

abbo'nare *vt* abonar, suscribir; ~**rsi** *vr*: ~**rsi (a)** abonarse (a).

abbo'nato, a *ag, sm/f* abonado(a).

abbon'dante *ag* abundante; **una giaca** ~ una chaqueta demasiado amplia.

abbon'danza [-ts-] *sf* abundancia.

abbon'dare *vi* abundar.

abbor'dabile *ag* accesible, tratable.

abbor'dare *vt* abordar; (*argomento*) encarar, afrontar // *vi* (*NAUT*) atracar, tomar puerto.

abbotto'nare *vt* abotonar, abrochar; ~**rsi** *vr* abrocharse; (*fig*) cerrarse en la reserva.

abboz'zare [-t'ts-] *vt* (*disegno, racconto*) bosquejar, esbozar; (*sorriso, saluto*) esbozar; (*risposta*) intentar.

ab'bozzo [-t'tso] *sm* bosquejo, esbozo; (*DIR*) proyecto.

abbracci'are [-t'tʃ-] *vt* abrazar; (*comprendere, contenere*) abarcar, incluir; ~**rsi** *vr* abrazarse.

ab'braccio [-t'tʃo] *sm* abrazo.

abbrevi'are *vt* abreviar, acortar.

abbreviazi'one [-t'ts-] *sf* abreviación *f*; (*grafica*) abreviatura.

abbron'zante [-'dz-] *ag* bronceador(a) // *sm* bronceador *m*.

abbron'zare [-'dz-] *vt* broncear; ~**rsi** *vr* broncearse.

abbronza'tura [-dz-] *sf* bronceado.

abbrusto'lire *vt* (*pane, caffè*) tostar; (*carne*) chamuscar; ~**rsi** *vr*: ~**rsi al sole** (*fig*) tostarse al sol.

abbru'tire *vt* embrutecer; ~**rsi** *vr* embrutecerse.

abbuo'nare *vt* (*SCOL*) reconocer; (*COMM*) rebajar, descontar.

abbu'ono *sm* (*COMM*) rebaja, descuento; (*SPORT*) handicap *m*.

abdi'care *vi* (*al trono*) abdicar; (*a un diritto*) renunciar a.

abdicazi'one [-t'ts-] *sf* abdicación *f*.

aberrazi'one [-t'ts-] *sf* aberración *f*.

a'bete *sm* abeto.

abietto, a *ag* abyecto(a), vil.

abiezi'one [-t'ts-] *sf* abyección *f*, bajeza.

'abile *ag* hábil, capaz; (*MIL*) idóneo(a); ~ **al lavoro** idóneo para el trabajo.

abilità *sf inv* habilidad *f*.

abili'tato, a *ag* habilitado(a).

abilitazi'one [-t'ts-] *sf* habilitación *f*.

a'bisso *sm* abismo.

abi'tabile *ag* habitable.

abi'tante *sm/f* habitante *m/f*.

abi'tare *vt* habitar // *vi* residir, vivir.

abi'tato, a *ag* habitado(a) // *sm* población *f*.

abitazi'one [-t'ts-] *sf* vivienda, casa.

'abito *sm* (*da uomo*) traje *m*; (*da donna*) vestido; (*modo di vestire*) hábito; ~ **da sera/da mezza stagione** vestido de gala/de media estación.

abitu'ale *ag* habitual, acostumbrado(a).

abitu'are *vt* habituar, acostumbrar; ~**rsi** *vr*: ~**rsi (a)** habituarse o acostumbrarse (a).

abitudi'nario *ag* rutinario(a); ~**i** *smpl* parroquianos *mpl*, clientes *mpl* asiduos.

abi'tudine *sf* costumbre *f*, hábito; **d'**~ de costumbre; **per** ~ por costumbre.

abiu'rare *vt* abjurar.

abnegazi'one [-t'ts-] *sf* abnegación *f*.

abo'lire *vt* abolir.

abolizi'one [-t'ts-] *sf* abolición *f*.

abomi'nevole *ag* abominable.

abo'rigeno [-dʒ-] *sm* aborigen *m*.

abor'rire *vt* aborrecer.

abor'tire *vi* abortar; (*fig*) fracasar.

a'borto *sm* aborto; (*fig*) fracaso.

abrasi'one *sf* raspadura, abrasión *f*.

abra'sivo, a *ag* abrasivo(a) // *sm* abrasivo.

abro'gare *vt* abrogar, anular.

abrogazi'one [-t'ts-] *sf* abrogación *f*.

abruz'zese [-t'ts-] *ag*, *sm/f* abruzo(a).

A'bruzzo [-'ttso] *sm* Abruzo.

'abside *sf* ábside *m*.

abu'sare *vi*: ~ **di** abusar de.

a'buso *sm* abuso.

a.C. (*abbr di avanti Cristo*) a. de C.

a'cacia [-'tʃ-] *sf* acacia.

'acca *sf* hache *f*; **non capire un'**~ (*fam*) no entender una jota.

acca'demia *sf* academia.

acca'demico, a *ag* académico(a) // *sm* académico.

acca'dere *vb impersonale* (*aus* **essere**) suceder, ocurrir.

acca'duto *sm* sucedido, hecho.

accalappi'are *vt* coger, atrapar; (*fig*) engañar.

accal'carsi *vr* amontonarse.

accal'darsi *vr* acalorarse.

accalo'rarsi *vr* acalorarse, animarse.

accampa'mento *sm* (*MIL*) campamento; (*di turisti*) camping *m*.

accam'parsi *vr* acamparse.

accani'mento *sm* ensañamiento; (*tenacia*) empeño, ahínco.

acca'nirsi *vr* ensañarse; (*perseverare*) empeñarse.

acca'nito, a *ag* (*lavoratore, fumatore*) empedernido(a).

ac'canto *av* cerca, al lado; ~ **a** *prep* junto a, al lado de.

accanto'nare *vt* (*problema*) olvidar, dejar de lado; (*somma*) reservar, acumular.

accapar'rare *vt* acaparar; ~**rsi** *vr* (*fig*) ganarse.

accapigli'arsi [-ʎ'ʎ-] *vr* (*fig*) reñir, agarrarse.

accappa'toio *sm* albornoz *m*.

accappo'nare *vt* (*fig*) poner la piel de gallina.

accarez'zare [-t'ts-] *vt* acariciar; (*fig*) concebir, abrigar.

acca'sarsi *vr* casarse.

accasci'arsi [-ʃ'ʃ-] *vr* desplomarse.

accatto'naggio [-ddʒo] *sm* pordioseo, mendicidad *f*.

accat'tone, a *sm/f* (*peg*) mendigo/a, pordiosero/a.

accaval'lare [-l'l-] *vt* cruzar; ~**rsi** *vr* amontonarse.

acce'care [att'ʃ-] *vt* cegar.

ac'cedere [at'tʃ-] *vi* (*aus* **essere**) : ~ **a** entrar en; (*fig*) acceder a.

accele'rare [att'ʃ-] *vt* acelerar, apresurar // *vi* acelerar.

accele'rato [att'ʃ-] *sm* tren *m* ómnibus.

accelera'tore [att'ʃ-] *sm* acelerador *m*.

accelerazi'one [att'ʃelerat'tsjone] *sf* aceleración *f*.

ac'cendere [at'tʃ-] *vt* encender; (*AUTO: motore*) hacer arrancar, poner en marcha; (*fig: suscitare*) provocar, suscitar; ~**rsi** *vr* encenderse.

accen'dino, accendi'sigaro [att'ʃ-] *sm* encendedor *m*.

accen'nare [att'ʃ-] *vt* (*gesto, sorriso*) esbozar; (*MUS*) tocar unas notas de // *vi* (*far cenno*) hacer señas; ~**a** (*dar segno di*) atinar a; (*minacciare di*) amagar; (*alludere a*) aludir o hacer referencia a.

ac'cenno [at'tʃ-] *sm* (*fig: allusione*) alusión *f*, referencia.

accensi'one [att'ʃ-] *sf* encendido.

accen'tare [att'ʃ-] *vt* acentuar.

ac'cento [at'tʃ-] *sm* acento; (*fig*) énfasis *m*, acento.

accen'trare [att'ʃ-] *vt* concentrar; (*POL, AMM*) centralizar; (*fig*) atraer, monopolizar; ~**rsi** *vr* concentrarse.

accentu'are [att'ʃ-] *vt* acentuar; ~**rsi** *vr* acentuarse, agravarse.

accentuazi'one [att'ʃentuat'tsjone] *sf* acentuación *f*.

accerchia'mento [att'ʃerkja'mento] *sm* cerco.

accerchi'are [att'ʃer'kjare] *vt* cercar.

accerta'mento [att'ʃ-] *sm* (*DIR*) verificación *f*.

ac'ceso, a [at'tʃ-] *pp di* **accendere**.

acces'sibile [att'ʃ-] *a* accesible; (*prezzo*) módico(a); (*fig*) comprensible.

ac'cesso [att'ʃ-] *sm* acceso, entrada; (*fig*) arranque *m*.

acces'sorio, a [att'ʃ-] *ag* accesorio(a); ~**i** *smpl* accesorios *mpl*.

ac'cetta [at'tʃ-] *sf* hacha.

accet'tabile [att'ʃ-] *ag* aceptable, admisible.

accet'tare [att'ʃ-] *vt* aceptar; (*accogliere: persona*) aceptar, admitir.

accettazi'one [attʃettat'tsjone] *sf* aceptación *f*; (*locale*) recepción *f*.

ac'cetto, a [at'tʃ-] *ag* grato(a).

acchiap'pare [akk-] *vt* atrapar, coger.

acci'acco, chi [at'tʃ-] *sm* achaque *m*.

acciaie'ria [-ttʃ-] *sf* acería.

acci'aio [at'tʃ-] *sm* acero.

acciden'tale [attʃ-] *ag* accidental, casual.

acciden'tato, a [attʃ-] *ag* accidentado(a), desigual.

acci'dente [attʃ-] *sm* accidente *m*; (MED) sincope *m*; ~**i!** (*fam*) ¡caramba!

accigli'ato, a [attʃiʎ'ʎato] *ag* ceñudo(a), enfadado(a).

ac'cingersi [at'tʃindʒersi] *vr*: ~ **a fare** prepararse o disponerse a hacer.

acciuf'fare [attʃ-] *vt* atrapar, coger.

acci'uga, ghe [at'tʃ-] *sf* anchoa.

accla'mare *vt* aclamar, aplaudir.

acclamazi'one [-t'ts-] *sf* aclamación *f*.

acclima'tare *vt* aclimatar; ~**rsi (a)** *vr* acostumbrarse (a).

ac'cludere *vt* incluir, adjuntar.

accluso, a *pp di* **accludere** // *ag* incluido(a), adjuntado(a).

accocco'larsi *vr* acurrucarse.

acco'darsi *vr*: ~ **a** ponerse detrás de.

accogli'ente [-ʎʎ-] *ag* acogedor(a).

accogli'enza [akkoʎ'ʎentsa] *sf* acogida; (*approvazione*) aceptación *f*.

ac'cogliere [-ʎʎ-] *vt* acoger, recibir; (*approvare: proposta etc*) aceptar, aprobar.

accol'larsi [-l'l-] *vr* cargar con, encargarse de.

accoltel'lare [-l'l-] *vt* apuñalar, acuchillar.

ac'colto, a *pp di* **accogliere**.

acco'mandita *sf* comandita.

accomia'tare *vt* despedir; ~**rsi** *vr* despedirse.

accomoda'mento *sm* arreglo, compostura.

accomo'dante *ag* condescendiente.

accomo'dare *vt* arreglar, componer; (*mettere a posto*) acomodar; ~**rsi** *vr* sentarse.

accompagna'mento [-ɲɲ-] *sm* acompañamiento.

accompa'gnare [-ɲ'ɲ-] *vt* acompañar; ~**rsi a** o **con** *vr* (MUS) acompañarse con.

accomu'nare *vt* unir, mancomunar.

acconcia'tura [-tʃ-] *sf* peinado.

ac'concio, a, ci, ce [-tʃo] *ag* apto(a), conveniente.

accondi'scendere [-ʃʃ-] *vi*: ~ **a** acceder o condescender a.

accondi'sceso, a [-ʃʃ-] *pp di* **accondiscendere**.

acconsen'tire *vi*: ~ **(a)** consentir (en).

acconten'tare *vt* contentar, satisfacer; ~**rsi di** contentarse con.

ac'conto *sm* pago a cuenta, anticipo.

accoppia'mento *sm* acoplamiento.

accoppi'are *vt* acoplar, unir; ~**rsi (a** o **con qd)** (*mettersi in coppia*) juntarse con alguien; (*unirsi carnalmente*) acoplarse.

accorci'are [-'tʃ-] *vt* acortar; ~**rsi** *vr* acortarse.

accor'dare *vt* (*persone*) hacer poner de acuerdo a; (*tendenze*) acordar, convenir; (MUS: *strumenti*) afinar; (LING) concordar; (DIR: *concedere*) conceder, otorgar; ~**rsi** *vr* ponerse de acuerdo.

ac'cordo *sm* acuerdo; (MUS) acordo; (LING) concordancia; (DIR) concesión *f*; **d'~!** ¡de acuerdo!

ac'corgersi [-dʒ-] *vr*: ~ **di** darse cuenta de.

accorgi'mento [-dʒ-] *sm* precaución *f*.

ac'correre *vi* (*aus essere*) acudir.

accor'tezza [-ttsa] *sf* sagacidad *f*.

ac'corto, a *pp di* **accorgersi** // *ag* perspicaz, sagaz.

acco'stare *vt* (*avvicinare*) acercar, arrimar; (*socchiudere*) entornar; ~**rsi** *vr*: ~**rsi a** (*fig: arte, idee, partito*) acercarse a; (: *Sacramenti*) recibir.

accovacci'arsi [-t'tʃ-] *vr* agacharse, acurrucarse.

accoz'zaglia [akkot'tsaʎʎa] *sf*: **un'~ di** (*peg*) un revoltijo de.

accredi'tare *vt* acreditar; ~**rsi** *vr* acreditarse.

ac'crescere [-ʃʃ-] *vt* aumentar, acrecentar; (*fig: cultura*) ampliar; ~**rsi** *vr* aumentar, crecer.

accresci'mento [-ʃʃ-] *sm* aumento.

accresci'uto, a [-ʃʃ-] *pp di* **accrescere**.

accucci'arsi [-t'tʃ-] *vr* acurrucarse.

accu'dire *vi*: ~ **a** cuidar de, atender a.

accumu'lare *vt* acumular, amontonar.

accumula'tore *sm* acumulador *m*.

accurata'mente *av* cuidadosamente.

accura'tezza [-ttsa] *sf* cuidado, diligencia.

accu'rato, a *ag* cuidado(a), esmerado(a).

ac'cusa *sf* acusación *f*; (DIR) imputación *f*.

accu'sare *vt*: ~ **qd di qc** acusar a alguien de algo; ~ **ricevuta di una lettera** (COMM) acusar recibo de una carta.

accu'sato, a *sm/f* acusado/a, imputado/a.

accusa'tore, 'trice *sm/f* acusador/a.

a'cerbo, a [a'tʃ-] *ag* verde, no maduro(a).

'acero ['atʃ-] *sm* arce *m*.

a'cerrimo, a [a'tʃ-] *ag* acérrimo(a), tenaz.

aceti'lene [atʃ-] *sm* acetilano.

a'ceto [a'tʃ-] *sm* vinagre *m*.

ace'tone [atʃ-] *sm* acetona.

A.C.I. (*abbr di Automobile Club d'Italia*) ≈ R.A.C.E.

acidità [atʃ-] *sf* acidez *f*.

'acido, a [atʃ-] *ag* ácido(a), agrio(a); (*fig*) mordaz, ácido(a) // *sm* ácido.

'acino ['atʃ-] *sm* grano de uva.

'acme *sf* colmo, culminación *f*; (*fig*) apogeo.
'acne *sf* acné *m*.
'acqua ['akkwa] *sf* agua; ~ a catinelle o dirotto lluvia a cántaros; ~ dolce/salata agua dulce/salada; ~e nere/luride (TECN) aguas negras/residuales.
acqua'forte [akkw-] *sf* aguafuerte *m*.
acqu'aio [ak'kw-] *sm* fregadero.
acqua'rello [akkwa'rello] *sm* acuarela.
acqu'ario [ak'kw-] *sm* acuario; A~ (ASTROL) Acuario.
acqua'santa [akkw-] *sf* (REL) agua bendita.
acqu'atico, a, ci, che [ak'kw-] *ag* acuático(a).
acqua'vite [akkw-] *sf* aguardiente *m*.
acquaz'zone [akkwat'tsone] *sm* aguacero, chaparrón *m*.
acque'dotto [akkw-] *sm* acueducto.
'acqueo, a ['akkweo] *ag* acuoso(a).
acque'rugiola [akkwe'rudʒola] *sf* llovizna.
acquie'tare [akkwj-] *vt* calmar, aplacar; ~rsi *vr* calmarse, tranquilizarse.
acqui'rente [akkw-] *sm/f* comprador/a, adquirente *m/f*.
acqui'sire [akkw-] *vt* adquirir.
acqui'stare [akkw-] *vt* comprar; (*fig: stima, merito*) adquirir.
acqu'isto [ak'kw-] *sm* adquisición *f*; ~i *mpl* compras *fpl*.
acqui'trino [akkw-] *sm* charca, aguazal *m*.
acquo'lina [akkw-] *sf*: far venire l'~ in bocca hacerse agua la boca.
acqu'oso, a [ak'kw-] *ag* acuoso(a).
'acre *ag* acre, agrio(a).
a'crobata, i *sm* acróbata *m*.
acro'bazia [-t'tsia] *sf* acrobacia.
acu'ire *vt* aguzar.
a'culeo *sm* aguijón *m*.
a'cume *sm* agudeza.
acumi'nato, a *ag* agudo(a).
a'custica *sf* acústica.
acu'tezza [-ttsa] *sf* (*anche fig*) agudeza.
a'cuto, a *ag* agudo(a).
adagi'are [-'dʒ-] *vt* colocar con cuidado; ~rsi *vr* recostarse, tenderse.
a'dagio [-dʒo] *av* lentamente, poco a poco; (*con cura*) con cuidado // *sm* (MUS) adagio; (*proverbio*) refrán *m*.
adatta'mento *sm* adaptación *f*.
adat'tare *vt* adaptar; ~rsi a adaptarse a.
a'datto, a *ag* apto(a), apropiado(a).
addebi'tare *vt*: ~ qc a qd adeudar algo a alguien.
adden'sare *vt* espesar, condensar; ~rsi *vr* agolparse, apiñarse.
adden'tare *vt* morder.
adden'trarsi *vr*: ~ in internarse o penetrar en.
ad'dentro *av* a fondo, profundamente; essere ~ in (*fig*) ser competente en.

addestra'mento *sm* adiestramiento.
adde'strare *vt* adiestrar; ~rsi *vr* ejercitarse o adiestrarse en algo.
ad'detto, a *ag*: ~ a asignado(a) o destinado(a) a // *sm/f* encargado/a.
addì *av* (AMM) día; ~ 3 luglio 1978 3 de julio de 1978.
addi'etro *av* (*indietro*) atrás, detrás; (*prima*) antes, hace tiempo.
ad'dio *sm* adiós *m*, despedida // *escl* ¡adiós!
ad'dirsi *vr*: ~ a convenir a, adaptarse a.
addi'tare *vt* señalar, indicar.
addi'tivo *sm* aditivo.
addizio'nare [-tts-] *vt* adicionar, sumar.
addizi'one [-t'ts-] *sf* adición *f*, suma.
addob'bare *vt* adornar, decorar.
ad'dobo *sm* adorno, decoración *f*.
addol'cire [-'tʃ-] *vt* (*rendere dolce*) endulzar; (*fig: ingentilire*) suavizar; ~rsi *vr* (*fig*) suavizarse.
addolo'rare *vt* adolorar, afligir; ~rsi (per) afligirse (por).
ad'dome *sm* abdomen *m*.
addomesti'care *vt* domesticar, amansar.
addormen'tare *vt* adormecer, hacer dormir a; (MED) anestesiar, adormecer; ~rsi *vr* dormirse, adormecerse; (*fig*) calmarse.
addos'sare *vt*: ~ qc a (*appoggiare: oggetto*) arrimar o apoyar algo a; (*fig: attribuire*): ~ qc a qd cargarle algo a alguien; ~rsi *vr* atribuirse.
ad'dosso *av* encima // *escl* ¡abajo!, ¡contra!; ~ a *prep* muy cerca de.
ad'durre *vt* aducir, alegar.
adegu'are *vt*: ~ qc a adecuar algo a; ~rsi *vr* conformarse, adaptarse.
adegu'ato, a *ag* adecuado(a), proporcionado(a).
a'dempiere, adem'pire *vt* cumplir.
ade'rente *ag* adherente // *sm* partidario.
ade'renza [-tsa] *sf* adherencia; ~e *fpl* amistades *fpl*, relaciones *fpl*.
ade'rire *vi*: ~ (a) adherir (a); (: *acconsentire a*) consentir (en), satisfacer.
adesi'one *sf* adhesión *f*.
ade'sivo, a *ag* adhesivo(a) // *sm* adhesivo.
a'desso *av* ahora; dovrebbe venire qui ~ debería venir aquí enseguida o ahora; da ~ in poi de ahora en adelante.
adia'cente [-'tʃ-] *ag* adyacente.
adi'bire *vt*: ~ qc a destinar algo a.
'adipe *sm* grasa, gordura.
adiposità *sf* adiposidad *f*.
adi'poso, a *ag* adiposo(a), gordo(a).
adi'rarsi *vr* enojarse, enfadarse.
a'dire *vt*: ~ il tribunale recurrir al tribunal.
'adito *sm* acceso, entrada; dare ~ a (*pettegolezzi*) dar pie a.

adocchi'are [-k'k-] *vt* ojear, mirar codiciosamente; (*riconoscere*) reconocer individuar.

adole'scente [-ʃʃ-] *ag*, *sm/f* adolescente.

adole'scenza [-ʃʃentsa] *sf* adolescencia.

adom'brare *vt* (*fig*) ocultar, encubrir; ~**rsi** *vr* enfurruñarse, amostazarse.

adope'rare *vt* usar, utilizar; ~**rsi per qd/qc** afanarse por alguien/algo.

ado'rabile *ag* adorable.

ado'rare *vt* adorar.

ador'nare *vt* adornar.

adot'tare *vt* adoptar.

adot'tivo, a *ag* adoptivo(a).

adozi'one [-t'ts] *sf* adopción *f*.

adri'atico, a, ci, che *ag* adriático(a); **l'A~** *sm* el Adriático.

adu'iare *vt* adular.

adul'terio *sm* adulterio.

a'dultero, a *ag*, *sm/f* adúltero(a).

a'dulto, a *ag* adulto(a); (*fig: opera, stile*) maduro(a) // *sm/f* adulto/a.

adu'nanza [-tsa] *sf* reunión *f*, junta.

adu'nare *vt* reunir, juntar; ~**rsi** *vr* reunirse, juntarse.

adu'nata *sf* (MIL) formación *f*.

a'dunco, a, chi, che *ag* corvo(a), curvado(a).

a'ereo, a *ag* aéreo(a) // *sm* (*abbr di* **aeroplano**) avión *m*.

aerodi'namico, a, ci, che *ag* aerodinámico(a) // *sf* aerodinámica.

aero'nautica *sf* aeronáutica.

aero'plano *sm* aeroplano, avión *m*.

aero'porto *sm* aeropuerto.

aero'sol *sm inv* aerosol *m*.

aerospazi'ale [-t'ts] *ag* aeroespacial.

ae'rostato *sm* aeróstato.

'afa *sf* bochorno, calor *m* sofocante.

af'fabile *a* afable.

affaccen'darsi [-tʃʃ-] *vr*: ~ **intorno a qc** atarearse o ocuparse en algo.

affacci'arsi [-t'tʃ-] *vr* asomarse.

affa'mato, a *ag* hambriento(a); ~**i** *smpl* (*fig*) hambrientos *mpl*, pobres *mpl*.

affan'narsi *vr*: ~**rsi per qd/qc** (*fig*) afanarse por alguien/algo.

af'fanno *sm* jadeo.

affan'noso, a *ag* (*respiro*) jadeante; (*fig*) afanoso(a).

af'fare *sm* asunto; (FIN, COMM) negocio, trato; (DIR) caso; ~**i** *mpl* asuntos *mpl*; **ministro/ministero degli A~i esteri** ministro/ministerio de Asuntos Exteriores.

affa'rista, i *sm* especulador *m*.

affasci'nare [-ʃʃ-] *vt* encantar, fascinar.

affastel'lare [-l'l-] *vt* liar, agavillar.

affati'care *vt* fatigar, cansar; ~**rsi** *vr*: ~**rsi per qc/a fare qc** cansarse por algo/haciendo algo.

af'fatto *av* (*interamente*) del todo, completamente; **non ci penso** ~ (*per niente*) no lo pienso en absoluto o para nada.

affer'mare *vt* afirmar; ~**rsi** *vr* afirmarse, hacerse un nombre; (*moda etc*) obtener éxito.

affermazi'one [-t'ts-] *sf* afirmación *f*; (*successo*) éxito.

affer'rare *vt* asir, aferrar; comprender; ~**rsi** *vr* asirse, aferrarse.

affet'tare *vt* rebanar; (*ostentare*) afectar, aparentar.

affetta'trice [-tʃe] *sf* máquina de cortar, cortadora.

affettazi'one [-t'ts-] *sf* afectación *f*, ostentación *f*.

af'fetto *sm* afecto.

affettu'oso, a *ag* afectuoso(a).

affezio'narsi [-tts-] *vr*: ~ **a** aficionarse a, encariñarse con.

affezi'one [-t'ts-] *sf* afecto, afición *f*; (MED) afección *f*.

affian'care *vt* flanquear, poner al lado; ~**rsi** *vr*: ~ **(a)** (*fig*) sostener, apoyar.

affia'tarsi *vr* entenderse, congeniar.

affibbi'are *vt* abrochar; (*soprannome etc*) poner, dar.

affi'dare *vt* confiar, entregar; ~**rsi** *vr* abandonarse, entregarse.

affievo'lirsi *vr* debilitarse.

af'figgere [-ddʒ-] *vt* fijar, pegar.

affi'lare *vt* afilar, aguzar; ~**rsi** *vr* adelgazar.

affili'are *vt* afiliar, asociar; ~**rsi a** afiliarse, asociarse.

affiliazi'one [-t'ts] *sf* afiliación *f*.

affi'nare *vt* afinar; (*fig*) mejorar, perfeccionar; ~**rsi** *vr* (*fig*) perfeccionarse, afinarse.

affinché [-'ke] *cong* a fin de que, para que.

af'fine *ag* afín, análogo(a).

affinità *sf inv* (*somiglianza*) semejanza, afinidad *f*; (*parentela*) parentesco.

affio'rare *vi* aparecer, asomar.

affissi'one *sf* pegadura, fijación *f*; **'divieto d'~'** 'prohibido fijar carteles'.

af'fisso, a *pp di* **affiggere** // *sm* cartel *m*, anuncio; (LING) afijo.

affit'tare *vt* alquilar, arrendar; **'affittasi capannone'** 'se alquila cobertizo'.

af'fitto *sm* alquiler *m*.

af'fliggere [-ddʒ-] *vt* afligir, apenar; ~**rsi** *vr*: ~**rsi (per qd/qc)** afligirse o apenarse (por alguien/algo).

af'flitto, a *pp di* **affliggere**.

afflizi'one [-t'ts-] *sf* aflicción *f*, pesar *m*.

afflosci'arsi [-ʃʃ-] *vr* aflojarse.

afflu'ente *ag*, *sm* afluente (*m*).

afflu'enza [-tsa] *sf* afluencia, concurrencia.

afflu'ire *vi* (*aus* **essere**) afluir; (*giungere*) concurrir.

af'flusso *sm* afluencia, concurrencia.

affo'gare *vt* ahogar, anegar.

affolla'mento [-ll-] *sm* gentío.

affol'lare [-l'l-] *vt* llenar, colmar; ~**rsi** *vr* agolparse, hacinarse.

affon'dare *vt* afondar, hundir; *(nel terreno)* pentrar, ahondar.

affran'care *vt* liberar; (AMM) eximir, exentar; *(corrispondenza)* franquear; ~**rsi** *vr*: ~**rsi (da)** liberarse (de).

affranca'tura *sf* franqueo.

af'franto, a *ag* abatido(a), desalentado(a).

af'fresco, schi *sm* fresco.

affret'tare *vt* apresurar; ~**rsi** *vr* darse prisa, apresurarse.

affron'tare *vt* afrontar, encarar; *(assalire: nemico)* enfrentar; ~**rsi** *vr* enfrentarse.

af'fronto *sm* ofensa, afrenta.

affumi'care *vt* ahumar.

affuso'lato, a *ag* ahusado(a).

a'foso, a *ag* bochornoso(a), sofocante.

'Africa *sf* Africa.

afri'cano, a *ag, sm/f* africano(a).

afrodi'siaco, a, ci, che *ag* afrodisíaco(a) // *sm* afrodisíaco.

a'genda [a'dʒ-] *sf* agenda.

a'gente [a'dʒ-] *sm* agente *m*.

agen'zia [adʒen'tsia] *sf* agencia; ~ **pubblicitaria** agencia de publicidad.

agevo'lare [adʒ-] *vt* facilitar.

a'gevole [a'dʒ-] *ag* fácil, cómodo(a).

aggan'clare [-'tʃ-] *vt* enganchar; *(vestito)* abrochar.

agget'tivo [addʒ-] *sm* adjetivo.

agghiacci'are [aggjat'tʃare] *vt* helar, horrorizar.

aggiorna'mento [addʒ-] *sm* actualización *f*; *(proroga)* prórroga; **corso d'** ~ curso de actualización.

aggior'nare [addʒ-] *vt* actualizar; *(rimandare)* aplazar, prorrogar; ~**rsi** *vr* actualizarse, ponerse al día.

aggi'rare [addʒ-] *vt* rodear, cercar; ~**rsi** *vr* *(per strade, casa)* merodear; **il prezzo s'aggira sul milione** el precio es de aproximadamente un millón.

aggiudi'care [addʒ-] *vt* adjudicar; ~**rsi** *vr* adjudicarse.

aggi'ungere [ad'dʒundʒere] *vt* añadir, agregar; ~**rsi** *vr* agregarse, añadirse.

aggi'unto, a [ad'dʒ-] *pp di* **aggiungere** // *sm/f* adjunto/a, asociado/a // *sf* añadidura; **direttore** ~ director adjunto.

aggiu'stare [addʒ-] *vt* componer, reparar; ~**rsi** *vr* *(adattarsi)* conformarse, adaptarse; *(mettersi d'accordo)* acordar; **t'aggiusto io!** *(fig)* ¡ya te arreglaré yo!

agglome'rato *sm* aglomerado.

aggrap'parsi *vr* agarrarse, aferrarse.

aggrava'mento *sm* agravamiento.

aggra'vare *vt* agravar; ~**rsi** *vr* agravarse; (MED) empeorar, agravarse.

agrazi'ato, a [-'tts-] *ag* agraciado(a), gracioso(a).

aggre'dire *vt* agredir, atacar.

aggre'gare *vt*: ~ **qd a qc** asociar o agregar a alguien a algo; ~**rsi** *vr* unirse, agregarse.

aggre'gato, a *ag* agregado(a) // *sm* conjunto, complejo; (MAT, GEOL) agregado.

aggressi'one *sf* agresión *f*, ataque *m*; **patto di non** ~ (POL) pacto de no agresión.

aggres'sivo, a *ag* agresivo(a).

aggres'sore *sm* agresor *m*, atacante *m*.

aggrot'tare *vt* fruncir.

aggrovigli'are [-ʎʎ-] *vt* enredar, enmarañar; ~**rsi** *vr* *(fig)* enredarse, complicarse.

agguan'tare *vt* coger.

aggu'ato *sm* emboscada, celada.

agguer'rito, a [agw-] *ag* aguerrido(a).

agia'tezza [adʒa'tettsa] *sf* holgura, desahogo.

agi'ato, a [a'dʒ-] *ag* acomodado(a).

'agile [a'dʒ-] *ag* agil; *(fig)* listo(a).

agilità [adʒ-] *sf* agilidad *f*.

'agio ['adʒo] *sm* comodidad *f*, bienestar *m*; ~**i** *mpl* holgura, bienestar; **mettere qd a proprio** ~ poner a alguien a sus anchas.

a'gire [a'dʒ-] *vi* obrar, hacer; (TECN) funcionar; (CHIM) hacer efecto, obrar; ~ **contro qd** (DIR) proceder contra alguien.

agi'tare [adʒ-] *vt* agitar, sacudir; *(sog: cane: coda)* mover, agitar; *(fig)* conmover, inquietar; ~**rsi** *vr* agitarse; *(emozionarsi)* turbarse, conmoverse.

agitazi'one [adʒitat'sjone] *sf* agitación *f*, conmoción *f*; (POL) agitación *f*.

'aglio ['aʎʎo] *sm* ajo.

a'gnello [aɲ'nɛllo] *sm* cordero.

'ago, pl 'aghi *sm* aguja.

ago'nia *sf* agonía.

ago'nistico, a, ci, che *ag* atlético(a); *(fig)* batallador(a), belicoso(a).

agoniz'zare [-d'dʒ-] *vi* agonizar.

agopun'tura *sf* acupuntura.

a'gosto *sm* agosto.

a'grario, a *ag* agrario(a) // *sf* agronomía.

a'gricolo, a *ag* agrícolo(a).

agricol'tore *sm* agricultor *m*.

agricol'tura *sf* agricultura.

agri'foglio [-ʎʎo] *sm* acebo.

'agro, a *ag* agrio(a), ácido(a) // *sm*: **verdura all'** ~ *verdura preparada con aceite y limón*; ~ **Romano** campiña Romana.

a'grumi *smpl* agrios *mpl*.

aguz'zare [-'tts-] *vt* aguzar, afilar; *(fig: acuire)* aguzar, afinar.

aguz'zino [-d'dz-] *sm* *(fig)* esbirro, verdugo.

a'guzzo, a [-ttso] *ag* agudo(a), puntiagudo(a).

'ai *prep* + *det vedi* **a**.

'aia *sf* era; **menare il can per l'** ~ *(fig)* postergar las cosas indefinidamente.

'Aia *sf*: **l'** ~ la Haya.

ai'rone *sm* garza.

aiu'ola *sf* parterre *m*.

aiu'tante *sm/f* ayudante *m/f* // *sm* (MIL) edecán *m*; ~ **di campo/camera** ayudante de campo/cámara.

aiu'tare *vt* ayudar, auxiliar; ~**rsi** *vr* ayudarse, valerse; ~ **qd in qc/a fare qc** ayudar a alguien en algo/a hacer algo.

ai'uto *sm* ayuda, auxilio; (*aiutante*) ayudante *m*, auxiliar *m*; ~**i** *mpl* (MIL) tropas *fpl* auxiliares; ~**!** ¡socorro!, ¡auxilio!; ~ **chirurgo** cirujano ayudante.

aiz'zare [-t'ts-] *vt* azuzar, instigar.

al *prep* + *det vedi* **a.**

'ala, *pl* **'ali** *sf* ala; **fare** ~ abrir paso o cancha; **aver le** ~**i** (*tempo*) volar, pasar rápidamente; ~ **destra/sinistra** (SPORT) ala derecha/izquierda.

ala'bastro *sm* alabastro.

'alacre *ag* activo(a), diligente.

a'lano *sm* alano.

a'lare *ag* del alma; ~**i** *smpl* morillos *mpl*.

'alba *sf* alba.

'albatro *sm* albatros *m inv*.

albeggi'are [-d'dʒ-] *vb impersonale* (*aus essere*) alborear, amanecer.

albe'rato, a *ag* arbolado(a).

alberga'tore, 'trice *sm/f* hotelero/a.

alberghi'ero, a [-'gj-] *ag* hotelero(a).

al'bergo, ghi *sm* hotel *m*.

'albero *sm* árbol *m*; (NAUT) palo, árbol *m*; (TECN) eje *m*, árbol; ~ **maestro** (NAUT) palo mayor; ~ **di trasmissione** (TECN) árbol o eje de trasmisión.

albi'cocca, che *sf* albaricoque *m*.

albi'cocco, chi *sm* albaricoquero.

'albo *sm* (*di fotografie etc*) álbum *m*; (*registro*) libro, registro; ~ **dei giornalisti/ professionale** registro de los periodistas/profesional.

al'bori *smpl* albores *mpl*.

'album *sm* álbum *m*.

al'bume *sm* clara del huevo.

albu'mina *sf* albúmina.

'alce [-tʃe] *sm* anta, ante *m*.

alchimia [-'k-] *sf* alquimia.

al'colico, a, ci, che *ag* alcóholico(a) // *sm* bebida alcóholica.

alcoliz'zato, a [-'dz-] *ag*, *sm/f* alcoholizado(a).

'alcool *sm* alcohol *m*.

alco'olico *etc vedi* **alcolico** *etc*.

al'cova *sf* alcoba.

al'cuno, a *det* (*dav sm*: **alcun** + C, V, **alcuno** + *s impura*, *gn*, *pn*, *ps*, *x*, *z*; *dav sf*: **alcuna** + C, **alcun'** + V) (*nessuno*) ningún *m*, ninguna *f*; ~**i(e)** *det pl*, *pron pl* algunos(as); **senza alcun riguardo** sin ninguna delicadeza.

aleggi'are [-d'dʒ-] *vi* (*fig*) soplar.

alfa'beto *sm* alfabeto.

alfi'ere *sm* alférez *m*; (SCACCHI) alfil *m*.

al'fine *av* al fin, finalmente.

'alga, ghe *sf* alga.

'algebra [-dʒ-] *sf* álgebra.

Alge'ria [-dʒ-] *sf* Argelia.

alge'rino, a [-dʒ-] *ag*, *sm/f* argelino(a).

ali'ante *sm* planeador *m*.

'alibi *sm inv* (DIR) coartada; (*pretesto*) pretexto, justificación *f*.

alie'nare *vt* (DIR) alienar, enajenar; ~**rsi qd** enemistarse a alguien.

alie'nato, a *ag* enajenado(a); (*fuori di senno*) alienado(a), demente // *sm* alienado, demente *m*.

alienazi'one [-t'ts-] *sf* (DIR) alienación *f*, enajenación *f*; (MED) locura, alienación.

ali'eno, a *ag* ajeno(a); ~ **(da)** (*avverso*) contrario (a).

alimen'tare *vt* alimentar, mantener; (*fig: amore, odio*) favorecer, fomentar // *a* alimenticio(a); ~**i** *smpl* colmado.

alimentazi'one [-t'ts-] *sf* alimentación *f*.

ali'mento *sm* alimento; ~**i** *mpl* (DIR) alimentos *mpl*.

a'liquota [-kw-] *sf* alicuota.

ali'scafo *sm* hidroplano.

ali'seo *sm* alisio.

'alito *sm* aliento, repiración *f*; ~ **di vento** (*fig*) hálito de viento.

all. *abbr di* **allegato.**

'alla ['alla] *prep* + *det vedi* **a.**

allacci'are [allat'tʃare] *vt* (*cintura*) atar, enlazar; (*due località*) unir; (TECN) empalmar, conectar; (*fig*) entablar, estrechar.

allaga'mento [all-] *sm* inundación *f*, anegación *f*.

allar'gare [all-] *vt* ensanchar, agrandar; (*aprire, distendere*) extender; (*fig*) ampliar, aumentar; (MUS) marcar el tiempo más lentamente // *vi* alejarse.

allar'mare [all-] *vt* alarmar, asustar.

al'larme [al'l-] *sm* alarma; (*timore*) miedo, aprensión *f*; **dare l'**~ dar la alarma.

allat'tare [all-] *vt* amamantar, lactar.

'alle ['alle] *prep* + *det vedi* **a.**

alle'anza [alle'antsa] *sf* alianza.

alle'arsi [all-] *vr* aliarse, unirse.

alle'gare [all-] *vt* (DIR) alegar, aducir; (*documento*) adjuntar.

alle'gato, a [all-] *ag* adjunto(a) // *sm* alegato.

allegge'rire [alleddʒe'rire] *vt* (*anche fig*) aligerar, aliviar; ~**rsi** *vr* aligerarse de ropas, abrigarse menos; ~ **qd del portafoglio** robar la cartera a alguien.

allego'ria [all-] *sf* alegoría.

alle'gria [all-] *sf* alegría.

al'legro, a [al'l-] *ag* alegre; (*un po' brillo*) achispado(a); (*faceto*) jovial, chistoso(a); (*vivace*) vivaz // *sm* (MUS) allegro.

allena'mento [all-] *sm* entrenamiento, ejercitación *f*.

alle'nare [all-] *vt* ejercitar, adiestrar; ~**rsi** *vr* entrenarse.

allena'tore [all-] *sm* entrenador *m*.

allen'tare [all-] *vt* aflojar, relajar; (*mitigare*) aliviar, disminuir; (*fam: tirare:*

ceffone) tirar; ~**rsi** *vr* (*divenire meno teso*) aflojarse; (*perdere intensità*) perder fuerza.

al'lergico, a, ci, che [al'lɛrdʒiko] *ag* alérgico(a).

alle'stire [all-] *vt* preparar, disponer; (*esercito*) alistar, preparar.

allet'tare [all-] *vt* seducir, lisonjear.

alleva'mento [all-] *sm* cría.

alle'vare [all-] *vt* criar.

allevia'mento [all-] *sm* alivio.

allevi'are [all-] *vt* aliviar, aligerar.

alli'bire [all-] *vi* (*aus essere*), quedarse atónito(a).

allie'tare [all-] *vt* alegrar.

alli'evo [all-] *sm* alumno, estudiante *m*; ~ **ufficiale** alumno aspirante oficial.

alliga'tore [all-] *sm* caimán *m*.

alline'are [all-] *vt* alinear; (*fig*) adecuar; ~**rsi** *vr* alinearse, formarse; (*adeguarsi*) adecuarse.

'allo ['allo] *prep* + *det vedi* **a**.

al'locco, a, chi, che [al'l-] *sm* (*ZOOL*) cárabo // *sm/f* (*fig*) tonto/a, necio/a.

allocuzi'one [allokut'tsjone] *sf* alocución *f*.

al'lodola [al'l-] *sf* alondra.

alloggi'are [allod'dʒare] *vt* alojar, hospedar; (*TECN*) ajustar; (*MIL*) acampar // *vi* alojarse, hospedarse; (*MIL*) acamparse; (*aver dimora*) residir.

al'loggio [al'lɔddʒo] *sm* alojamiento; (*MIL*) acampamento.

allontana'mento [all-] *sm* alejamiento.

allonta'nare [all-] *vt* alejar, apartar; (*impiegato*) despedir; ~**rsi** *vr* alejarse, apartarse; (*assentarsi*) ausentarse.

al'lora [al'lora] *av* entonces, en aquel momento // *cong* (*in questo caso*) en tal caso; (*ebbene*) pues bien; **da** ~ desde entonces.

al'loro [al'loro] *sm* laurel *m*.

alluce [alluʧe] *sm* deao gordo (del pie)

allucinazi'one [allutʃinat'tsjone] *sf* alucinación *f*.

al'ludere [al'l-] *vi*: ~ **a** aludir o referirse a.

allu'minio [all-] *sm* aluminio.

allunga'mento [all-] *sm* alargamiento; (*TECN*) estiramiento, alargamiento.

allun'gare [all-] *vt* (*rendere più lungo*) alargar, prolongar; (*distendere*) extender; (*vino*) aguar; ~**rsi** *vr* (*crescere*) crecer; (*sdraiarsi*) extenderse.

allusi'one [all-] *sf* alusión *f*.

alluvio'nato, a [all-] *ag, sm/f* inundado(a).

alluvi'one [all-] *sm* inundación *f*, aluvión *m*.

alma'nacco, chi *sm* almanaque *m*.

al'meno *av* por lo menos, al menos; ~ **smettesse di piovere!** ¡si por lo menos dejara de llover!

a'lone *sm* (*anche fig*) halo, aureola.

'Alpi *sfpl*: **le** ~ los Alpes.

alpi'nismo *sm* alpinismo.

alpi'nista, i, e *sm/f* alpinista *m/f*.

al'pino, a *ag* alpino(a) // *sm* (*MIL*) alpino.

alqu'anto [al'kwanto] *av* algo, un poco o tanto; ~**(a)** *det*, *pron* un poco de; ~**(i)e** *pron pl* algunos(as), unos(as) cuantos(as).

alta'lena *sf* columpio; (*fig*) alternativa, altibajo.

al'tare *sm* altar *m*; **portare all'**~ llevar al altar.

alte'rare *vt* alterar; ~**rsi** *vr* (*guastarsi*) arruinarse.

alterazi'one [-t'ts-] *sf* alteración *f*.

al'terco, chi *sm* altercado, discusión *f*.

alter'nare *vt* alternar; ~**rsi** *vr* alternarse.

alterna'tivo, a *ag* alternativo(a) // *sf* alternativa.

alterna'tore *sm* alternador *m*.

al'terno, a *a* alternado(a).

al'tezza [-ttsa] *sf* altura; (*di acque*; *profondità*) profundidad *f*; (*di stoffa*) largo; (*titolo*) alteza; **essere all'**~ **di** estar a la altura de.

altez'zoso, a [-t'ts-] *ag* altanero(a), soberbio(a).

alti'tudine *sf* altitud *f*.

'alto, a *a* alto(a), elevado(a); (*acqua*) profundo(a); (*suono*) sonoro(a), alto(a) // *sm* alto, altura // *av* alto; **il palazzo è** ~ **20 metri** el edificio tiene una altura de 20 metros; **il tessuto è** ~ **70 cm** el tejido tiene 70 cm de ancho; **ad** ~**a voce** en voz alta; **in** ~ hacia lo alto; **dall'**~ **in basso** de arriba abajo; **gli** ~**i e i bassi** los altibajos; ~**a fedeltà** alta fidelidad; **l'**~**a finanza** las altas finanzas; ~ **mare** alta mar.

alto'forno *sm* alto horno.

altopar'lante *sm* altavoz *m*.

altret'tante *av* igualmente; **tanti auguri! grazie,** ~ ¡felicitaciones! gracias, igualmente.

'altri *pron inv* quienquiera, otro.

altri'menti *av* (*in modo diverso*) de otro modo; (*in caso contrario*) si no, en caso contrario.

'altro, a *det*, *pron* otro(a) // *sm* otro, otra cosa; (*rimanente*) restante, demás; **l'**~ **giorno** el otro día; **l'**~ **ieri** anteayer; (*prossimo*): **domani l'**~ pasado mañana; **quest'**~ **mese** el mes que viene; **aiutarsi l'un l'**~ ayudarse uno a otro; **l'uno e l'**~ el uno y el otro; **d'**~**a parte** por otra parte; **tra l'**~ entre otras cosas; **tutt'**~ al contrario, lejos de ello; **ci mancherebbe** ~ ¡faltaría más; **non faccio** ~ **che studiare** no hago otra cosa que estudiar; **sei contento?** ~ **che!** ¿estás contento? ¡ya lo creo!; **noi/voi** ~**i** nosotros/vosotros.

al'tronde *av*: **d'**~ por otra parte.

al'trove *av* en otro lugar.

al'trui *ag inv* de otro(a), ajeno(a).

altru'ismo *sm* altruismo.

al'tura *sf* altura, elevación *f*;
  navigazione d'~ (NAUT) navegación de
altura.

a'lunno, a *sm/f* alumno/a.

alve'are *sm* (*anche fig*) colmena.

al'veolo *sm* alveolo.

al'zare [-'ts-] *vt* alzar, levantar; (CARTE:
tagliare) cortar; (*aumentare*) alzar; **~rsi**
vr levantarse; (*crescere*) crecer; (*sorgere*)
surgir, nacer.

al'zata [-'ts-] *sf* alzamiento,
levantamiento; **votare per ~ di mano**
votar por alzada de mano.

a'mabile *ag* amable, afable; (*vino*)
dulce, abocado.

a'maca, che *sf* hamaca.

amalga'mare *vt* mezclar; (*fig*)
amalgamar, unir.

a'mante *ag, sm/f* amante (*m/f*).

a'mare *vt* amar, querer; **~rsi** *vr*
amarse, quererse.

ama'rena *sf* (*frutto*) guinda; (*bevanda*)
jarabe *m* de guinda.

amareggi'are [-d'dʒ-] *vt* amargar,
entristecer; **~rsi** *vr* afligirse, amargarse.

ama'rezza [-tsa] *sf* amargura.

a'maro, a *ag* amargo(a); (*fig*)
amargo(a), penoso(a) // *sm* (*liquore*)
amargo.

a'mazzone [-ddz-] *sf* amazona.

ambasce'ria [-ʃʃ-] *sf* embajada.

ambasci'ata [-ʃʃ-] *sf* embajada.

ambascia'tore, 'trice [-ʃʃ-] *sm/f*
embajador/a.

ambe'due *ag inv* ambos(as), los(as) dos
// *pron* ambos(as).

ambien'tare *vt* ambientar; **~rsi** *vr*
acostumbrarse, adaptarse.

ambi'ente *sm* ambiente *m*.

ambiguità [-gu-] *sf inv* ambigüidad *f*.

am'biguo, a [-guo] *ag* ambiguo(a).

am'bire *vt* desear, ambicionar // vi: **~
a** aspirar a.

'ambito *sm* ámbito.

ambizi'one [-t'ts-] *sf* ambición *f*.

ambizi'oso, a [-t'ts-] *ag, sm/f* (*bramoso*)
ambicioso(a); (*borioso*) vanidoso(a),
presuntuoso(a).

'ambo, a *ag* ambos(as) // *sm* (LOTTO)
ambo; **~ le parti** ambas partes, las dos
partes.

'ambra *sf* ámbar *m*.

ambu'lante *a* ambulante, callejero(a) //
sm vendedor *m* ambulante.

ambu'lanza [-tsa] *sf* ambulancia.

ambula'torio *sm* consulta.

amenità *sf inv* amenidad *f*; (*sciocchezza*)
disparate *m*, bobería.

a'meno, a *ag* ameno(a); (*ridicolo,
spiritoso*) chistoso(a), gracioso(a).

A'merica *sf* América; **~
Centrale/Latina** América
Central/Latina; **~ del Sud** Sud
América.

ameri'cano, a *ag, sm/f* americano(a).

ame'tista *sf* amatista.

a'mica *sf vedi* **amico.**

ami'chevole [-'k-] *ag* amistoso(a);
(*cordiale*) afable, cordial; **incontro ~**
(SPORT) partido amistoso.

ami'cizia [ami'tʃittsja] *sf* amistad *f*;
(*relazione amorosa*) relación *f* amorosa;
(*alleanza*) alianza; **~e** *fpl* amistades *fpl*.

a'mico, a, ci, che *sm/f* amigo/a;
(*cultore*) aficionado/a; (*amante*) amante
m/f; **~ del cuore íntimo** amigo íntimo;
da ~ como amigo.

'amido *sm* almidón *m*.

ammac'care *vt* machucar, abollar;
~rsi *vr* abollarse.

ammacca'tura *sf* contusión *f*, golpe *m*;
(*segno*) abolladura.

ammae'strare *vt* (*animale*) amaestrar;
(*persona*) enseñar, instruir.

ammai'nare *vt* recoger, amainar.

amma'larsi *vr* enfermarse.

amma'lato, a *ag* enfermo(a) // *sm/f*
enfermo/a, paciente *m/f*.

ammall'are *vt* fascinar.

am'manco, chi *sm* desfalco.

ammanet'tare *vt* esposar.

amman'tare *vt* cubrir; **~rsi** *vr*
cubrirse.

ammas'sare *vt* (*ammucchiare*)
amontonar; (*raccogliere, radunare*) juntar,
reunir; **~rsi** *vr* agolparse.

am'masso *sm* montón *m*, aglomeración *f*.

ammat'tire *vi* (*aus essere*) enloquecer;
far ~ qd volver loco a alguien.

ammaz'zare [-'ts-] *vt* matar; (*fig: tempo*)
engañar, matar; **~rsi** *vr* (*uccidersi*)
matarse, suicidarse; (*involontariamente*)
matarse; (*fig: stancarsi*) fatigarse.

am'menda *sf* multa.

am'messo, a *pp di* **ammettere** // *ag*
admitido(a); **~ che** suspuesto o
admitido que.

am'mettere *vt* (*ricevere*) admitir,
recibir; (*candidato*) aceptar, admitir;
(*fatto*) reconocer, admitir; (*supporre*)
suponer.

ammic'care *vt* guiñar.

ammini'strare *vt* administrar; (*fam*)
propinar, dar.

amministra'tivo, a *ag*
administrativo(a).

amministra'tore *sm* administrador *m*;
~ di condominio administrador de un
edificio; **~ delegato** gerente *m*.

amministrazi'one [-t'ts-] *sf*
administración *f*.

ammiragli'ato [-ʎ'ʎ-] *sm* almirantazgo.

ammi'raglio [-ʎʎo] *sm* almirante *m*.

ammi'raglia [-ʎʎa] *sf* (*nave*) nave *f*
capitana.

ammi'rare *vt* admirar.

ammira'tore, 'trice *sm/f* admirador/a.

ammirazi'one [-t'ts-] *sf* admiración *f*.

ammis'sibile *a* admisible.

ammissi'one *sf* admisión *f*.

ammobili'are *vt* amueblar.

am'modo, a 'modo *av* cuidadosamente, bien // *ag inv* de bien.
am'mollo [-llo] *sm* remojo.
ammo'niaca *sf* amoníaco.
ammoni'mento *sm* advertencia.
ammo'nire *vt* advertir, prevenir; (*DIR*) sancionar.
ammonizi'one [-t'ts-] *sf* admonición *f*; (*monito*) amonestación *f*; (*DIR*) sanción *f*.
ammon'tare *vi* (*aus essere*): ~ **a** ascender a, importar // *sm* suma, importe *m*.
ammonticchi'are [-k'k-] *vt* amontonar.
ammorbi'dire *vt* ablandar; (*fig*) suavizar, enternecer.
ammorta'mento *sm* amortización *f*.
ammortizza'tore [-ddz-] *sm* amortiguador *m*.
ammortiz'zare [-d'dz-] *vt* (*ECON*) amortizar; (*AUTO, TECN*) amortiguar.
ammucchi'are [-k'k-] *vt* hacinar, amontonar; ~**rsi** *vr* amontonarse, agolparse.
ammuf'fire *vi* (*aus essere*) enmohecerse.
ammutina'mento *sm* motín *m*, sublevación *f*.
ammuti'narsi *vr* amotinarse, sublevarse.
ammuto'lire *vi* enmudecer.
amne'sia *sf* amnesia.
amni'stia *sf* amnistía.
'amo *sm* anzuelo; (*fig*) cebo, anzuelo.
amo'rale *ag* amoral.
a'more *sm* amor *m*; (*inclinazione*) atracción *f*, gusto; **fare l'**~ **o all'**~ **con qd** hacer el amor con alguien; **per** ~ **o per forza** lo quieras o no.
amo'revole *a* afectuoso(a), cariñoso(a).
a'morfo, a *a* (*anche fig*) amorfo(a).
amo'roso, a *a* amoroso(a), cariñoso(a).
ampi'ezza [-ttsa] *sf* amplitud *f*; (*importanza*) magnitud *f*.
'ampio, a *ag* amplio(a), ancho(a); (*abbondante*) copioso(a); (*abito*) cómodo(a), amplio(a).
am'plesso *sm* acoplamiento, coito.
amplia'mento *sm* ampliación *f*.
ampli'are *vt* ampliar, extender; ~**rsi** *vr* extenderse, ampliarse.
amplifi'care *vt* (*TECN: suono*) amplificar.
amplifica'tore *sm* amplificador *m*.
ampli'tudine *sf* amplitud *f*.
am'polla [-lla] *sf* ampolla, frasquito.
ampol'loso, a [-l'l-] *ag* ampuloso(a), redundante.
ampu'tare *vt* amputar; (*fig*) recortar, mutilar.
amputazi'one [-t'ts-] *sf* amputación *f*.
amu'leto *sm* amuleto, talismán *m*.
anabbagli'ante [-ʎʎ-] *ag* bajo(a), que no encandila // *sm* (*AUTO*) luz *f* baja.
anacro'nismo *sm* anacronismo.
a'nagrafe *sf* registro; (*ufficio*) Registro Civil.
analfa'beta, i, e, *ag* analfabeto(a).

anal'gesico, a, ci, che [-'dʒ-] *ag* analgésico(a) // *sm* analgésico, calmante *m*.
a'nalisi *sf inv* análisis *m*; **in ultima** ~ en último análisis.
ana'lista, i, e *sm/f* analista *m/f*.
analiz'zare [-d'dz-] *vt* analizar.
analo'gia, 'gie [-'dʒia] *sf* analogía; **per** ~ por analogía.
a'nalogo, a, ghi, ghe *ag* análogo(a), semejante.
'ananas *sm* piña.
anar'chia [-'kia] *sf* anarquía.
a'narchico, a, ci, che [-k-] *ag* anárquico(a) // *sm/f* anarquista *m/f*.
ana'tema, i *sm* (*REL*) anatema *m*, excomunión *f*; (*maledizione*) maldición *f*.
anato'mia *sf* anatomía.
ana'tomico, a, ci, che *ag* anatómico(a).
'anatra *sf* ánade *m*, pato.
'anca, che *sf* cadera.
'anche ['anke] *cong* también; (*inoltre, pure*) además; (*perfino*) incluso; **vengo anch'io** voy yo también; ~ **tu adesso!** ¡ahora también tú!; ~ **se** incluso si.
an'cora *av* (*continuità: nel passato, presente, futuro*) todavía, aún; (*di nuovo*) de nuevo, otra vez; (*in aggiunta*) más; **sono** ~ **stanco** todavía estoy cansado; **respirava** ~ respiraba aún; **non sono** ~ **pronto** (*per ora*) no estoy listo aún; **vuoi** ~ **del té?** ¿quieres más té?; ~ **più forte** todavía más fuerte.
'ancora *sf* (*NAUT*) ancla; (*TECN*) áncora; ~ **di salvezza** (*fig*) ancla de salvación.
anco'raggio [-ddʒo] *sm* anclaje *m*, ancoraje *m*; (*: luogo*) fondeadero.
anco'rare *vt* (*NAUT*) anclar; (*ECON*) fijar, estabilizar; ~**rsi** *vr* (*fig*) aferrarse.
anda'mento *sm* marcha, dirección *f*.
an'dante *a* (*fig*) ordinario(a), común *f* // *sm* (*MUS*) andante *m*.
an'dare *sm* andar *m* // *vi* (*aus essere*) (*muoversi a piedi*) ir, caminar; (*meccanismo*) andar, funcionar; (*strada*) ir, conducir; (*moneta*) tener curso; (*vestiti etc*) ir bien, estar de moda; **il suo comportamento non mi va** no me gusta su comportamiento; **ti va di andare al cinema?** ¿tienes ganas de ir al cine?; **questa camicia va lavata** hay que lavar esta camisa; **andarsene** irse, marcharse; ~ **di pari passo con** adaptarse a, ir de acuerdo con; ~ **a male** malograrse; **come va? bene, grazie!** ¿como anda? ¡bien, gracias!; **ne va della nostra vita** arriesgamos nuestra vida.
an'data *sf* ida; **biglietto di sola** ~/**di** ~ **e ritorno** billete *m* de ida/de ida y vuelta.
anda'tura *sf* andar *m*, modo de caminar; (*SPORT*) paso, marcha; (*NAUT*) navegación

f; **fare/forzare l'~** establecer/forzar la marcha.

an'dazzo [-ttso] *sm* (*peg*) moda, corriente f.

'Ande *sfpl:* **le ~** los Andes.

andirivi'eni *sm inv* vaivén *m*, idas y vueltas *fpl*.

'andito *sm* pasillo, corredor *m*.

an'drone *sm* zaguán *m*, atrio.

a'neddoto *sm* anécdota.

ane'lare *vi:* **~ a** (*fig*) aspirar a, anhelar.

a'nelito *sm:* **~ di** (*fig: desiderio*) anhelo, ansia.

a'nello [-llo] *sm* (*al dito*) anillo, sortija; (TECN) anillo; (ASTR) halo; (*di catena*) eslabón *m*.

ane'mia *sf* anemia.

a'nemico, a, ci, che *ag* anémico(a).

a'nemone *sm* anémona.

aneste'sia *sf* anestesia.

ane'stetico, a, ci, che *ag* anestésico(a) // *sm* anestésico.

anestetiz'zare [-d'dz-] *vt* anestesiar.

an'fibio, a *ag* anfibio(a) // *sm* anfibio.

anfite'atro *sm* anfiteatro: **ad ~** en anfiteatro.

'anfora *sf* ánfora.

an'fratto *sm* quebrada.

an'gelico, a, ci, che [-'dʒ-] *ag* angelical.

'angelo [-dʒ-] *sm* ángel *m*; **~ custode** ángel custodio o de la guarda.

anghe'ria [-ge-] *sf* vejamen *m*, vejación f.

an'gina [-'dʒ-] *sf* angina; **~ pectoris** angina de pecho.

ango'lare *ag* angular.

'angolo *sm* ángulo (*di strada*) esquina; (*luogo appartato*) rincón *m*; (CALCIO) córner *m*, esquina.

an'goscia [-ʃʃa] *sf* angustia, congoja.

angosci'oso, a [-ʃʃ-] *ag* angustioso(a).

angu'illa [an'gwilla] *sf* anguila.

an'guria *sf* sandía.

an'gustia *sf* angustia; (*fig: mancanza di mezzi*) pobreza.

angusti'are *vt* angustiar, afligir; **~rsi** *vr* angustiarse, afligirse.

an'gusto, a *ag* angosto(a), estrecho(a); (*fig*) mezquino(a).

a'nice [-tʃe] *sm* anís *m*.

'anima *sf* alma; (*fig*) habitante *m*, alma; **volere un bene dell'~ a qd** querer mucho a alguien.

ani'male *sm* animal *m*; (*fig*) bestia, animal // *ag* animal.

ani'mare *vt* animar; (*fig: stimolare*) alentar.

animazi'one [-t'ts-] *sf* animación f; (*fig*) movimiento, animación f.

anima'tore, 'trice *sm/f* animador/a.

ani'mella [-lla] *sf* (CUC) molleja.

'animo *sm* (*volontà*) ánimo, voluntad f; (*intenzione*) intención f; **avere in ~ di fare qc** tener la intención de hacer algo; **fare qc di buon/mal ~** hacer algo de buena/mala gana; **perdersi d'~** desanimarse, desalentarse.

animosità *sf* ojeriza, animosidad f.

ani'setta *sf* anís *m*.

'anitra *sf* = **anatra**.

annacqu'are [-k'kw-] *vt* aguar, diluir.

annaffi'are *vt* regar.

annaffia'toio *sm* regadera.

an'nali *smpl* anales *mpl*.

an'nata *sf* año; (*di un periodico*) collección f (*del año*).

annebbi'are *vt* (*fig: confondere*) ofuscar, confundir; **~rsi** *vr* (*velarsi*) nublarse, oscurecerse; (*fig*) confundirse.

anne'gare *vt* ahogar // *vi* (*aus* essere) ahogarse.

anne'rire *vt* ennegrecer // *vi* (*aus* essere) ennegrecerse.

an'nessi *smpl* anexos *mpl*.

annessi'one *sf* anexión f.

an'nesso, a *pp di* **annettere**.

an'nettere *vt* anexar; (*accludere*) incluir, añadir; **~ importanza a qd/qc** dar importancia a alguien/algo.

annichi'lare, annichi'lire [-k-] *vt* (*fig*) aniquilar, destruir; **~rsi** *vr* humillarse.

anni'darsi *vr* anidar, hacer el nido; (*fig*) refugiarse, ocultarse.

annien'tare *vt* aniquilar; (*fig*) anonadar, destruir.

anniver'sario *sm* aniversario.

'anno *sm* año; **all'età di 3 ~i** a las tres años de edad; **~ accademico/giudiziario** año académico/ judicial; **compiere gli ~i** cumplir años; **~i fa** hace años.

anno'dare *vt* anudar; (*fig*) trabar; **~rsi** *vr* anudarse.

an'noso, a *ag* añoso(a), viejo(a).

anno'tare *vt* anotar, apuntar.

annotazi'one [-t'ts-] *sf* anotación f, apunte *m*.

annot'tare *vb impersonale* (*aus* essere) anochecer.

annove'rare *vt* (*comprendere*) incluir, contar con.

annu'ale *ag* anual.

annu'ario *sm* anuario.

annulla'mento [-ll-] *sm* anulación f.

annul'lare [-l'l-] *vt* anular; **~ una marca da bollo** matar, poner el matasellos.

annunci'are [-'tʃ-] *vt* anunciar.

annuncia'tore, 'trice [-tʃ-] *sm/f* anunciante *m/f*.

annunciazi'one [annunt'ʃat'tsjone] *sf* anunciación f.

an'nuncio [-tʃo] *sm* anuncio, noticia; (*fig: pronostico*) anuncio, aviso; **~ pubblicitario** aviso publicitario; **~ giudiziario** anuncio judicial.

'annuo, a *ag* anual.

annu'sare *vt* oler, olfatear; (*fig*) sospechar, advertir.

'anodo *sm* ánodo.

anoma'lia *sf* anomalía; (*fig*) irregularidad f.

a'nomalo, a *ag* anómalo(a).
a'nonimo, a *ag* anónimo(a) // *sm* anónimo.
anor'male *ag, sm/f* anormal *(m/f)*.
anormalità *sf inv* anormalidad *f*.
'ansa *sf* asa; *(di fiume)* curva, meandro; (ANAT) curva.
ANSA *abbr di Agenzia Nazionale Stampa Associata.*
'ansia, ansietà *sf* ansiedad *f*.
ansi'mare *vi* jadear; *(fig)* resoplar.
ansi'oso, a *ag* ansioso(a).
antago'nismo *sm* antagonismo.
antago'nista, i, e *sm/f* antagonista *m/f*.
an'tartico, a, ci, che *ag* antártico(a); **l'A~** *(mare)* el Antártico.
antece'dente [-tʃ-] *ag* antecedente, precendente // *sm* antecedente *m*.
ante'fatto *sm* hecho anterior, antecedente *m*.
antegu'erra [-'gw-] *sm* anteguerra, preguerra.
ante'nato *sm* antepasado, antecesor *m*.
an'tenna *sf* antena.
ante'porre *vt* anteponer; *(dare maggiore importanza)* preferir.
ante'prima *sf* estreno.
anteri'ore *ag* anterior.
antia'ereo, a *a* antiaéreo(a).
antibi'otico, a, ci, che *ag* antibiótico(a) // *sm* antibiótico.
anti'camera *sf* antesala, antecámara; **non mi passa per l'~ del cervello** *(fig)* no se me cruza siquiera por la cabeza.
antichità [-k-] *sf inv* antigüedad *f*.
antici'pare [-tʃ-] *vt* anticipar, adelantar.
anticipazi'one [antitʃipat'tsjone] *sf* anticipación *f*, adelanto; **~ bancaria** (FIN) anticipo bancario.
an'ticipo [-tʃ-] *sm* anticipo, adelanto; **in ~** en anticipo.
an'tico, a, chi, che *ag* antiguo(a); **all'~** a la antigua.
an'tidoto *sm* antídoto.
an'tifona *sf* (MUS) antífona; *(fig)* alusión *f*.
An'tille [-lle] *sfpl:* **le ~** las Antillas.
an'tilope *sf* antílope *m*.
anti'pasto *sm* entremés *m*, fiambre *m*.
antipa'tia *sf* antipatía.
anti'patico, a, ci, che *ag, sm/f* antipático(a).
an'tipodi *smpl* antípodas *fpl*; **essere agli ~** *(fig)* estar en las antípodas.
antiquari'ato [-kw-] *sm* comercio de antigüedades.
antiqu'ario [-'kw-] *sm* anticuario.
antiqu'ato, a [-'kw-] *ag* anticuado(a).
antise'mita, i *sm* antisemita *m*.
anti'settico, a, ci, che *ag* antiséptico(a) // *sm* antiséptico.
an'titesi *sf* antítesis *f*; *(fig: contrasto)* oposición *f*.
antolo'gia, 'gie [-'dʒia] *sf* antología.
antra'cite [-tʃ-] *sf* antracita.

'antro *sm* antro.
antro'pofago, a, gi, ghe *ag, sm/f* antropófago(a).
antropolo'gia [-'dʒia] *sf* antropología.
anu'lare *ag, sm* anular *(m)*.
'anzi [-tsi] *av* al contrario, más bien; *(o meglio):* **è giovane, ~ giovanissimo** es joven, mejor dicho muy joven.
anzianità [-ts-] *sf* ancianidad *f*; (AMM) antigüedad *f*.
anzi'ano, a [-'ts-] *ag* anciano(a), viejo(a); (AMM) antiguo(a) // *sm/f* anciano/a.
anziché [antsi'ke] *cong* en vez de, antes que.
anzi'tutto [-ts-] *av* ante todo.
a'orta *sf* aorta.
apa'tia *sf* apatía.
a'patico, a, ci, che *ag* apático(a).
'ape *sf* abeja.
aperi'tivo *sm* aperitivo.
a'perto, a *ag* abierto(a); *(fig: schietto)* accesible, franco(a); *(: disponibile)* abierto(a), despierto(a).
aper'tura *sf* (strada, varco) abertura; *(inizio di attività)* apertura; *(fig)* amplitud *f*, apertura.
'apice [-tʃe] *sm* apice *m*, extremidad *f*; **all'~ della gloria** en el apogeo de la gloria.
apicol'tore *sm* apicultor *m*.
ap'nea *sf* apnea; **immergersi in ~** sumergirse en apnea.
apoca'lisse *sf* apocalipsis *m*.
apo'geo [-'dʒ-] *sm* apogeo.
apolo'gia, 'gie [-'dʒ-] *sf* apología; *(esaltazione)* elogio, panegírico.
a'pologo, ghi *sm* apólogo.
apoples'sia *sf* apoplejía.
apo'plettico, a, ci, che *ag* apoplético(a).
aposto'lato *sm* (anche fig) apostolado.
apo'stolico, a, ci, che *ag* (anche fig) apostólico(a).
a'postolo *sm* apóstol *m*.
a'postrofo *sm* apóstrofo.
apote'osi *sf* apoteosis *f*; *(fig)* exaltación *f*, apoteosis *f*.
appa'gare *vt* satisfacer, contentar; **~rsi di** contentarse con.
appai'are *vt* acoplar, aparear; **~rsi** *vr* unirse.
ap'palto *sm* concesión *f*, arriendo; **dare in ~** dar en concesión.
appan'naggio [-ddʒo] *sm* (POL) asignación *f*; *(fig)* prerrogativa, atributo.
appan'nare *vt* empañar; *(fig)* ofuscar; **~rsi** *vr* empañarse, deslucirse; *(fig)* oscurecerse.
appa'rato *sm* aparato.
apparecchi'are [-k'k-] *vt* preparar; **~ (la tavola)** poner la mesa.
appa'recchio [-kkjo] *sm* aparato, máquina; (AER) avión *m*.
appa'rente *ag* aparente.
appa'renza [-tsa] *sf* apariencia; *(aspetto)* aspecto; **in o all'~** aparentemente.

appa'rire vi (aus essere) aparecer, presentarse; (sembrare) parecer; (spuntare) surgir; (risultare) resultar.
appari'scente [-ʃʃ-] ag vistoso(a), llamativo(a).
apparizi'one [-t'ts-] sf aparición f.
apparta'mento sm apartamento.
appar'tarsi vr apartarse.
apparte'nere vi: ~ a (essere di proprietà di) pertenecer a; (spettare a) tocar, corresponder.
appassio'nare vt apasionar; ~rsi vr: ~rsi a apasionarse por.
appas'sire vi (aus essere) marchitarse, secarse; (fig) ajarse, marchitarse.
appel'lare [-l'l-] vi (DIR) apelar; ~rsi a (ricorrere a) recurrir a
ap'pello [-llo] sm llamada, llamamiento; (SCOL) llamada, turno; (DIR) apelación f; **fare** ~ **a** recursir o apelar a; **fare** ~ (DIR) interponer apelación.
ap'pena av (a stento, solamente) apenas; (da poco) recién // cong (anche: **non** ~) ni bien; (**non**) ~ **ho finito, vado in** bien termine, voy; **dammene** ~ **un goccio** dame sólo un poquito; **sono** ~ **arrivato** he llegado recién.
ap'pendere vt colgar; (fig: impiccare) ahorcar; ~rsi vr aferrarse, colgarse.
appen'dice [-tʃe] sf (supplemento) suplemento, apéndice m; (ANAT) apéndice.
appendi'cite [-'tʃ-] sf apendicitis f.
Appen'nini smpl: **gli** ~ los Apeninos.
appen'ninico, a, ci, che ag apenínico(a).
appe'tito sm apetito.
appeti'toso, a, ag apetitoso(a); (gustoso) sabroso(a); (fig) excitante, atrayente.
appia'nare vt (spianare) allanar; (fig) arreglar, ajustar.
appiat'tire vt achatar, aplastar; ~rsi vr aplastarse.
appicci'care [-ttʃ-] vt pegar, encolar; (fig) atribuir, encajar; ~rsi vr pegarse, adherirse; (fig) pegarse.
appi'eno av completamente, del todo.
appigli'arsi [-ʎʎ-] vr agarrarse, aferrarse.
ap'piglio [-ʎʎo] sm agarradero; (fig) pábulo, motivo.
appiso'larsi vr adormecerse.
applau'dire vt aplaudir; (fig) aprobar, celebrar.
ap'plauso sm aplauso; (approvazione) aprobación f.
appli'care vt aplicar; ~rsi vr aplicarse.
appoggi'are [-d'dʒ-] vt apoyar; (fig) sostener; ~rsi vr: ~rsi a apoyarse en.
ap'poggio [-ddʒo] sm apoyo, sostén m; (fig: aiuto) protección f.
appollai'arsi [-ll-] vr encaramarse, posarse.
ap'porre vt (data, firma) poner; (aggiungere) añadir, agregar.

appor'tare vt ocasionar, causar.
ap'posta av a propósito, adrede; **fare qc** ~ hacer algo adrede.
appo'stare vt espiar, acechar; ~rsi vr ponerse o estar en acecho.
ap'prendere vt aprender, comprender; (venire a sapere) enterarse.
appren'dista, i, e sm/f aprendiz/a; ~ **sarto** aprendiz de sastre.
apprensi'one sf aprensión f, inquietud f.
appren'sivo, a ag aprensivo(a).
ap'presso av (accanto, vicino) cerca, junto; ~ **a** prep junto a.
appre'stare vt aprontar, preparar; ~rsi **a** prepararse a.
apprez'zabile [-t'ts-] ag apreciable, notable; (valutabile) estimable.
apprezza'mento [-tts-] sm apreciación f, avaluación f.
apprez'zare [-t'ts-] vt (fig) apreciar, estimar.
ap'proccio [-ttʃo] sm acercamiento.
appro'dare vi atracar; ~ **a** (fig) acabar en.
ap'prodo sm arribo; (luogo) atracadero, muelle m.
approfit'tare vi: ~ **di** aprovechar de.
approfon'dire vt (anche fig) ahondar, profundizar.
appropri'arsi vr apoderarse, apropiarse.
appropri'ato, a ag apropiado(a).
approssi'marsi vr: ~ **a** aproximarse a.
approssima'tivo, a ag (vicino al vero) aproximativo(a); (vago) aproximado(a).
approssimazi'one [-t'ts-] sf aproximación f; **per** ~ por aproximación.
appro'vare vt aprobar.
approvazi'one [-t'ts-] sf aprobación f.
approvvigiona'mento [-dʒ-] sm abastecimiento; ~i mpl (MIL) provisiones fpl, víveres mpl.
approvvigio'nare [-dʒ-] vt abastecer, aprovisionar; ~rsi vr: ~rsi **di** aprovisionarse de.
appunta'mento sm cita; **dare un** ~ **a qd** dar cita a alguien; ~ **spaziale/in orbita** encuentro espacial/en órbita.
appun'tare vt (fissare) fijar.
ap'punto sm apunte m, nota; (fig) observación f, crítica // av precisamente, exactamente; **per l'~!, ~!** ¡precisamente o justamente!
appu'rare vt aclarar, averiguar.
apribot'tiglie [-ʎʎe] sm inv destapador m.
ap'rile sm abril m.
ap'rire vt abrir // vi (negozio etc) abrir; (iniziare) iniciar, abrir; ~rsi vr abrirse; ~rsi **a** confiarse o desahogarse con.
apri'scatole sm inv abrelatas m inv.
aqu'ario [a'kw-] sm = **acquario**.
'aquila ['akw-] sf águila; **vista d'**~ vista de águila.

aqui'lino, a [akw-] *ag* aquilino(a), aguileño(a).
aqui'lone [akw-] *sm* (*gioco*) cometa.
A'rabia Sau'dita *sf* Arabia Saudita o Saudi.
'arabo, a *ag*, *sm/f* árabe (*m/f*).
a'rachide [-k-] *sf* cacahuete *m*.
ara'gosta *sf* langosta.
a'raldica *sf* haráldica.
a'rancia, ce [-tʃa] *sf* naranja.
aranci'ata [-'tʃ-] *sf* naranjada.
a'rancio [-tʃo] *sm* (*BOT*) naranjo; (*colore*) anaranjado // *ag inv* anaranjado(a).
a'rare *vt* (*AGR*) arar; (*NAUT*) surcar.
a'ratro *sm* arado.
a'razzo [-tsso] *sm* tapiz *m*.
arbi'traggio [-ddʒo] *sm* arbitraje *m*.
arbi'trare *vt* arbitrar.
arbi'trario, a *ag* arbitrario(a); (*abusivo*) abusivo(a), ilegal.
ar'bitrio *sm* arbitrio, albedrío; (*sopruso*) arbitrariedad *f*; **libero ~** libre albedrío.
'arbitro *sm* arbitro.
ar'boreo, a *ag* arbóreo(a).
ar'busto *sm* arbusto.
'arca *sf* (*monumento*) sarcófago de piedra; (*cassa*) arca, caja; **~ di Noè** arca de Noé.
ar'caico, a, ci, che *ag* arcaico(a).
ar'cangelo [-dʒ-] *sm* arcángel *m*.
ar'cano, a *ag* arcano(a) // *sm* arcano, secreto.
ar'cata *sf* arcada.
archeolo'gia [arkeolo'dʒia] *sf* arqueología.
arche'ologo, a, gi, ghe *sm/f* arqueólogo/a.
ar'chetto ['k-] *sm* (*MUS*) arco.
architet'tare [-k-] *vt* trazar, planear; (*fig*) tramar.
archi'tetto [-k-] *sm* arquitecto.
architet'tura [-k-] *sf* arquitectura.
ar'chivio [-'k-] *sm* archivo.
arci'duca, chi [-tʃ-] *sm* archiduque *m*.
arci'ere [-'tʃ-] *sm* arquero.
ar'cigno, a [ar'tʃiɲɲo] *ag* (*accigliato*) áspero(a), ceñudo(a).
arci'pelago, ghi *sm* archipiélago.
arci'vescovo [-tʃ-] *sm* arzobispo.
'arco *sm* arco.
arcoba'leno *sm* arco iris *m inv*.
arcu'are *vt* arquear; **~rsi** *vr* arquearse.
ar'dente *ag* ardiente; (*fig*) encendido(a).
'ardere *vt* arder, quemar // *vi* (*aus essere*) arder, quemarse.
ar'desia *sf* pizarra.
ardi'mento *sm* valor *m*, intrepidez *f*.
ardimen'toso, a *ag* valiente, intrépido(a).
ar'dire *vi* atreverse.
ar'dito, a *ag* valiente, osado(a); (*spavaldo*) atrevido(a).
ar'dore *sm* ardor *m*; (*sentimento*) vehemencia.
'arduo, a *ag* arduo(a), difícil.
'area *sf* área.

a'rena *sf* arena, anfiteatro.
are'narsi *vr* encallar; (*fig*) fracasar.
areo'plano *sm* = **aeroplano**.
'argano *sm* árgana.
argente'ria [-dʒ-] *sf* platería.
argenti'ere [-dʒ-] *sm* platero.
ar'gento [-'dʒ-] *sm* plata; **avere l'~ vivo addosso** (*fig*) tener el diablo en el cuerpo.
ar'gilla [ar'dʒilla] *sf* arcilla.
argil'loso, a [ardʒil'loso] *ag* arcilloso(a).
argi'nare [-dʒ-] *vt* terraplenar; (*frenare: anche fig*) refrenar, contener.
'argine [-dʒ-] *sm* dique *m*; (*fig*) valla, defensa.
argomen'tare *vi* razonar, argumentar.
argo'mento *sm* asunto, tema *m*; (*pretesto*) motivo, pretexto; (*prova*) argumento, razonamiento.
argu'ire [-gw-] *vt* argüir, deducir.
ar'guto, a *ag* agudo(a); (*spiritoso*) ingenioso(a), gracioso(a).
ar'guzia [-ttsja] *sf* agudeza, prontitud *f*; (*battuta*) chiste *m*, gracia.
'aria *sf* aire *m*; (*espressione, aspetto*) aspecto; (*MUS*) aire *m*, melodía; **camminare col naso per ~** caminar distraídamente; **andare a gambe all'~** darse un porrazo; **mandare all'~ qc** malograr algo.
aridità *sf* aridez *f*, sequía.
'arido, a *ag* árido(a).
arieggi'are [-'dʒ-] *vt* (*cambiare l'aria*) ventilar, airear.
a'ringa *sf* arenque *m*.
ari'oso, a *ag* aireado(a), ventilado(a).
aristo'cratico, a, ci, che *ag* aristocrático(a); (*raffinato*) refinado(a).
aristocra'zia [-t'tsia] *sf* aristocracia.
arit'metica *sf* aritmética.
arit'mia *sf* arritmia.
arlec'chino [-k'k-] *sm* (*maschera*) arlequín *m*; (*fig: buffone*) payaso, mamarracho // *ag inv* de varios colores.
'arma, i *sf* arma; **essere alle prime ~i** estar haciendo las primeras armas; **essere sotto le ~i** estar bajo las armas.
ar'madio *sm* armario, ropero; **~ a muro/a specchi** armario empotrado/con espejos.
armamen'tario *sm* equipo.
arma'mento *sm* (*MIL*) armamento.
ar'mare *vt* armar; (*EDIL*) apuntalar; **~rsi** *vr* armarse.
ar'mata *sf* armada.
arma'tura *sf* armadura.
armi'stizio [-ttsjo] *sm* armisticio.
armo'nia *sf* armonía.
ar'monico, a, ci, che *ag* armónico(a).
ar'monio *sm* = **armonium**.
armoni'oso, a *ag* armonioso(a).
ar'monium *sm* armonium *m*, armonio.
armoniz'zare [-d'dz-] *vt*, *vi* armonizar.
ar'nese *sm* herramienta, utensilio; (*oggetto non determinato*) cosa; **essere**

male/bene in ~ estar mal/bien vestido.
'arnia sf colmena.
a'roma, i sm aroma m; ~**i** mpl (spezie) especias fpl.
aro'matico, a ag aromático(a).
arpa sf arpa.
ar'peggio [-dʒo] sm arpegio.
ar'pia sf arpia o harpía.
arpi'one sm gancho; (PESCA) arpón m.
arrabat'tarsi vr afanarse, atarearse.
arrabbi'are vi: **far** ~ **qd** hacer enfadar a alguien; ~**rsi** vr enfadarse, encolerizarse.
arrabbi'ato, a ag rabioso(a); (fig) enfadado(a), encolerizado(a).
arrampi'carsi vr: ~ **su** trepar a; ~ **sugli specchi** (fig) querer demostrar que lo negro es blanco.
arre'care vt (fig) ocasionar.
arreda'mento sm decoración f.
arre'dare vt decorar, amueblar.
ar'redo sm decoración f; **gli** ~**i sacri** paramentos mpl.
ar'rendersi vr rendirse; (fig) ceder.
arre'stare vt (fermare) parar, detener; (catturare) arrestar; ~**rsi** vr detenerse, pararse.
ar'resto sm (vedi vb) interrupción f, paro; arresto; **essere/mandare agli** ~**i** estar/mandar en arresto.
arre'trare vt retraer // vi (aus essere) retroceder.
arric'chire [-k'k-] vt enriquecer; ~**rsi** vr enriquecerse.
arricci'are [-t'tʃ-] vt rizar, ensortijar; ~ **il naso** (fig) torcer las narices.
ar'ridere vi favorecer, sonreír; **la fortuna mi arride** la fortuna me sonríe.
ar'ringa sf (DIR) arenga; (discorso) discurso.
arrischi'are [-'k-] vt arriesgar; ~**rsi** vr arriesgarse, atreverse.
arrischi'ato, a [-'k-] ag arriesgado(a), peligroso(a); (audace) osado(a), temerario(a).
arri'vare vi (aus essere) llegar; **non ci arrivo** (fig) no alcanzo a entender.
arrive'derci [-tʃi] escl ¡hasta la vista!
arrive'derla escl (forma di cortesia) ¡hasta la vista!
arri'vista, i, e sm/f arribista m/f.
ar'rivo sm llegada; **punto d'**~ (fig) resultado importante.
arro'gante ag arrogante, presuntuoso(a).
arro'lare vb = **arruolare**.
arros'sire vi ruborizarse, sonrojarse.
ar'rosto sm (CUC) asado; **più fumo che** ~ (fig) mucho ruido y pocas nueces.
arro'tare vt (affilare) afilar; (fig: investire) atropellar.
arroto'lare vt enrollar, arrollar.
arroton'dare vt (anche fig) redondear.

arrovel'larsi [-l'l-] vr (tormentarsi) atormentarse, angustiarse; ~ **il cervello** (fig) devanarse los sesos.
arruf'fare vt enredar, enmarañar.
arruggi'nire [-ddʒ-] vt herrumbrar; (fig) entorpecer, envejecer; ~**rsi** vr herrumbrarse; (fig) envejecer.
arruola'mento sm alistamiento.
arruo'lare vt alistar; ~**rsi** vr alistarse.
arse'nale sm arsenal m.
ar'senico sm arsénico.
'arso, a pp di **ardere** // ag (bruciato) quemado(a); (arido) seco(a), árido(a).
ar'sura sf bochorno; (siccità) sequía; (della gola) ardor m.
'arte sf arte m o f; (fig: abilità) arte, maña.
ar'tefice [-tʃe] sm artífice m.
ar'teria sf arteria; ~ **stradale** arteria de carretera.
arterioscle'rosi sf arterioesclerosis f.
'artico, a, ci, che ag ártico(a); **l'A**~ (mare) el Ártice.
artico'lare ag articular // vt articular.
ar'ticolo sm artículo.
'Artide sf: **l'**~ el Ártide.
artifici'ale [-tʃ-] ag artificial.
artifici'oso, a [-'tʃ-] ag artificioso(a).
artigia'nato [-dʒ-] sm artesanía, artesanado.
artigi'ano, a [-'dʒ-] ag artesanal // sm/f artesano/a.
artigli'ere [-ʎ'ʎ-] sm artillero.
artiglie'ria [-ʎʎ-] sf artillería.
ar'tiglio [-ʎʎo] sm garra.
ar'tista, i, e sm/f artista m/f.
ar'tistico, a, ci, che ag artístico(a).
'arto sm miembro articulado.
ar'trite sf artritis f.
ar'zillo, a [ar'dzillo] ag vivaracho(a).
a'scella [aʃʃella] sf axila, sobaco.
ascen'dente [aʃʃ-] ag ascendente // sm ascendiente m; (fig: influenza) ascendencia.
ascensi'one [-ʃʃ-] sf ascensión f.
ascen'sore [-ʃʃ-] sm ascensor m.
a'scesa [aʃʃ-] sf subida.
a'scesso [aʃʃ-] sm absceso.
asce'tismo [aʃʃ-] sm ascetismo.
'ascia, pl 'asce ['aʃʃa] sf hacha.
asciuga'mano [aʃʃ-] sm toalla.
asciu'gare [aʃʃ-] vt secar; ~**rsi** vr secarse.
asci'utto, a [aʃʃ-] ag seco(a); (fig: magro) flaco(a); (: burbero) seco(a), brusco(a); **restare a bocca** ~**a** (fig) quedarse con un palmo de narices.
ascol'tare vt escuchar, oír.
ascolta'tore, 'trice sm/f oyente m/f.
a'scolto sm escucha; **essere o stare in** ~ estar a la escucha; **dare o prestare** ~ dar o prestar oídos a.
a'sfalto sm asfalto.
asfis'sia sf asfixia.

asfissi'are vt asfixiar; (fig: assilliare) fastidiar, importunar // vi (aus **essere**) asfixiarse; ~rsi vr asfixiarse, ahogarse.

Asia sf Asia.

asi'atico, a, ci, che ag, sm/f asiático(a).

a'silo sm asilo, refugio; ~ **(d'infanzia)** (SCOL) jardín m de infancia, parvulario; ~ **nido** guardería; ~ **politico** asilo político.

'asino sm asno, burro; (fig) ignorante m, asno; **a dorso d'**~ a lomo de burro.

'asma sf asma.

as'matico, a, ci, che ag asmático(a).

as'parago, gi sm espárrago.

asperità sf inv (anche fig) aspereza.

aspet'tare vt esperar; ~ **qd a braccia aperte** esperar a alguien con los brazos abiertos; ~ **la manna dal cielo** (fig) esperar que las cosas vengan servidas.

aspetta'tiva sf expectativa; (AMM) licencia.

as'petto sm aspecto, apariencia; (punto di vista) aspecto; **sala d'**~ sala de espera.

aspi'rante ag, sm/f aspirante (m/f).

aspira'polvere sm inv aspiradora.

aspi'rare vt aspirar // vi: ~ **a** aspirar a.

aspira'tore sm aspirador m.

aspi'rina sf ® aspirina ®.

aspor'tare vt sacar, llevarse; (MED) extirpar.

asportazi'one [-t'ts-] sf remoción f; (MED) extirpación f.

a'sprezza [-ttsa] sf aspereza, acidez f; (ruvidezza) escabrosidad f, aspereza; (fig: di carattere) aspereza, acritud f; (: severità) rigor m, severidad f.

'aspro, a ag áspero(a), ácido(a); (brullo, scosceso) escabroso(a); (fig) severo(a), duro(a).

assaggi'are [-d'dʒ-] vt probar; (mangiare poco) comer poco, picotear.

as'saggio [-ddʒo] sm degustación f, prueba f; (fig: campione) muestra; **un** ~ **di dolce** (piccola quantità) un poco de dulce para probar.

as'sai av (quanto basta) bastante; (molto) muy; (nulla): **m'importa** ~ **di lui!** ¡por lo mucho que él me importa!

assa'lire vt asaltar, atacar; (fig) sobrecoger, asaltar.

assali'tore, 'trice sm/f asaltante m/f, atacante m/f.

assal'tare vt asaltar.

as'salto sm asalto, ataque m.

assassi'nare vt asesinar; (fig) arruinar.

assas'sinio sm asesinato.

assas'sino, a ag, sm/f asesino(a).

'asse sm eje m // sf tablón m; ~ **f da stiro** tabla de planchar.

assedi'are vt sitiar, asediar; (fig) rondar, importunar.

as'sedio sm sitio, asedio.

asse'gnare [-ɲ'n-] vt asignar; (destinare) destinar.

as'segno [-ɲɲo] sm cheque m; **contro** ~ contra reembolso; ~ **a vuoto** cheque en descubierto; ~**i familiari** subsidio familiar.

assem'blea sf junta, asamblea; ~ **legislativa/regionale** asamblea legislativa/regional.

assen'nato, a ag juicioso(a), sensato(a).

as'senso sm asentimiento, aprobación f.

as'sente ag ausente; (fig) distraido(a).

assente'ismo sm ausentismo; (fig) desinterés m, inercia.

as'senza [-tsa] sf ausencia; (mancanza) falta.

asses'sore sm (POL) asesor m, consejero.

assesta'mento sm (EDIL) asentamiento.

asse'stare vt ordenar, arreglar; ~rsi vr acomodarse; ~ **un colpo** asestar un golpe.

asse'tato, a ag sediento(a); ~ **di** (fig) sediento o ansioso de.

as'setto sm orden m, arreglo; (posizione) disposición f; (fig) equipo, uniforme m.

assicu'rare vt asegurar; (legare) atar, asegurar; ~rsi vr asegurarse.

assicurazi'one [-t'ts-] sf seguro, aseguración f.

assidera'mento sm (MED) entumecimiento, adormecimiento.

as'siduo, a ag asiduo(a), perseverante; (regolare) frecuente.

assieme av junto; ~ **a** prep junto a.

assil'lare [-l'l-] vt molestar, atomentar.

as'sillo [-llo] sm (fig) apremio, aguijón m.

assimi'lare vt asimilar.

as'sise sfpl (DIR) audiencia.

assi'stente sm/f asistente m/f; ~ **universitario** auxiliar m de catedra; ~ **di bordo** (NAUT) steward m.

assi'stenza [-tsa] sf asistencia.

as'sistere vt (curare) asistir, cuidar; (coadiuvare) ayudar // vi: ~ **(a)** asistir (a).

'asso sm (CARTE) as m; (fig) as, campeón m; **piantare in** ~ **qd** dejar plantado a alguien.

associ'are [-tʃ-] vt unir, juntar; ~ **qd a** (rendere partecipe) asociar a alguien en; ~rsi **a** (COMM) asociarse; (fig: al lutto etc) hacerse partícipe.

associazi'one [assotʃatʃsjone] sf asociación f; ~ **a** o **per delinquere** asociación criminal.

assogget'tare [-ddʒ-] vt someter, subyugar; ~rsi **(a)** adaptarse (a).

asso'lato, a ag soleado(a).

assol'dare vt (MIL) reclutar, enganchar a sueldo; (prendere al proprio servizio) asalariar, asumir.

as'solto, a pp di **assolvere**.

assoluta'mente av (completamente) absolutamente; (in ogni caso) de todos modos.

asso'luto, a ag absoluto(a).

asoluzi'one [-t'ts-] sf absolución f.

as'solvere vt absolver; (*compito*) complir, llevar a cabo de.

assomigli'are [-ʎʎ-] vi: ~ a semejar o parecerse a.

asso'pirsi vr amodorrarse.

assor'bente ag, sm absorbente (m); ~ **igienico** paño higiénico; *vedi* **carta**.

assorbi'mento sm absorción f.

assor'bire vt absorber, chupar; (*fig*) asimilar.

assor'dare vt ensordecer.

assorti'mento sm surtido.

as'sorto, a ag absorto(a), concentrado(a).

assottigli'are [-ʎʎ-] vt (*rendere sottile*) adelgazar; (*ridurre*) reducir, disminuir; (*fig*) aguzar; ~**rsi** vr (*diventare sottile*) adelgazar; (*ridursi*) reducirse.

assue'fare vt habituar, acostumbrar; ~**rsi (a)** habituarse (a).

assuefazi'one [-t'ts-] sf hábito; (MED) dependencia.

as'sumere vt asumir.

as'sunto, a pp di **assumere** // sm tesis f, afirmación f.

assurdità sf inv absurdo.

as'surdo, a ag absurdo(a) // sm absurdo; **dimostrazione per** ~ demostración por el absurdo.

'asta sf asta, palo; (*tipo di vendita*) subasta.

a'stemio, a ag, sm/f abstemio(a).

aste'nersi vr: ~ **(da)** abstenerse (de).

astensi'one sf abstención f.

aste'risco, schi sm asterisco.

asti'nenza [-tsa] sf abstinencia.

'astio sm rencor m, odio.

a'stratto, a ag abstracto(a) // sm abstracto.

astrin'gente [-dʒ-] ag, sm astringente (m).

'astro sm (*anche fig*) astro.

astrolo'gia [-dʒia] sf astrología.

a'strologo, ghi sm astrólogo.

astro'nauta, i, e sm/f astronauta m/f.

astro'nave sf astronave f.

astrono'mia sf astronomía.

astro'nomico, a, ci, che a astronómico(a); (*fig*) enorme.

a'stronomo sm astrónomo.

a'stuccio [-tt∫o] sm estuche m.

a'stuto, a ag astuto(a).

a'stuzia [-ttsja] sf astucia; (*accorgimento*) treta, estratagema.

ate'ismo sm ateísmo.

A'tene sf Atenas f.

ate'neo sm ateneo, universidad f.

'ateo, a ag, sm/f ateo(a).

a'tlante sm atlas m.

a'tlantico, a, ci, che ag atlántico(a); **l'A~** (*mare*) el Atlántico.

a'tleta, i, e sm/f atleta m/f.

a'tletica sf atletismo; ~ **leggera/pesante** atletismo ligero/pesado.

atmo'sfera sf (*anche fig*) atmósfera.

atmo'sferico, a, ci, che ag atmosférico(a).

a'tomico, a, ci, che ag atómico(a).

'atomo sm (*anche fig*) átomo.

'atrio sm atrio, vestíbulo; (ANAT) aurícula.

a'troce [-t∫e] ag atroz, espantoso(a).

atrocità [-t∫-] sf inv atrocidad f, crueldad f.

atro'fia sf atrofia.

attacca'mento sm (*fig*) cariño, apego.

attacca'panni sm inv perchero.

attac'care vt pegar, adherir; (*appendere*) colgar; (*assalire*) atacar, asaltar; (*iniziare*) iniciar; (*fig: contagiare*) pegar, contagiar; (: *criticare*) atacar, criticar // vi adherir, pegar; ~**rsi** vr unirse, (*afferrarsi*) agarrarse; (*fig: trasmettersi per contagio*) contagiarse; (: *affezionarsi*) apegarse, aficionarse; **non attacca!** ¡no me convence!; ~ **discorso** iniciar discurso.

at'tacco, chi sm juntura, conexión f; (*offensiva*: MIL. SPORT. MED) ataque m; (*inizio*) comienzo, inicio; (*fig*) crítica ataque.

atteggia'mento [-ddʒ-] sm postura; (*comportamento*) actitud f, comportamiento.

atteggi'arsi [-d'dz-] vr: ~**rsi a** dárselas de.

attem'pato, a ag entrado(a) en años, maduro(a).

at'tendere vt esperar // vi: ~ **a** dedicarse a.

atte'nersi vr: ~ **a** atenerse a.

atten'tare vi: ~ **a** atentar contra.

atten'tato sm atentado.

at'tento, a ag atento(a).

attenu'ante sf (DIR) atenuante m.

attenu'are vt atenuar, reducir; ~**rsi** vr atenuarse.

attenzi'one [-ts-] sf atención f.

atter'raggio [-ddʒo] sm aterrizaje m.

atter'rare vt derribar, tumbar // vi aterrizar.

atter'rire vt aterrorizar; ~**rsi** vr aterrorizarse.

at'tesa sf espera; (*stato d'animo*) expectativa.

at'teso, a pp di **attendere**.

atte'stato sm certificado.

'attico, ci sm ático.

at'tiguo, a ag contiguo(a), cercano(a).

attil'lato, a [-ll'l-] ag ajustado(a), ceñido(a).

'attimo sm instante m, momento; **in un** ~ en un instante, inmediatamente; **per un** ~ por un instante.

atti'nente ag: ~ **a** referente o relativo a.

at'tingere [-dʒ-] vt (*acqua*) sacar; (*denaro*) recavar, obtener; (*notizie*) recoger, buscar.

atti'rare vt (*anche fig*) atraer.

atti'tudine sf aptitud f, disposición f.

atti'vare *vt* activar, poner en movimiento.

attività *sf inv* actividad *f*; (FIN) activo.

at'tivo, a *ag* activo(a) // *sm* (LING) activo; (FIN) capital *m*, activo.

attiz'zare [-t'ts-] *vt* atizar; (fig) estimular, excitar.

'atto *sm* acto; ~**i** *mpl* (di congressi etc) actas *fpl*; **mettere in** ~ efectuar, realizar; **all'**~ **pratico** en la práctica.

at'tonito, a *a* atónito(a), estupefacto(a).

attorcigli'are [-tʃiʎ'ʎare] *vt* enroscar; ~**rsi** *vr* enroscarse.

at'tore, 'trice *sm/f* actor/triz; (DIR) actor/a.

attorni'are *vt* rodear, envolver; ~**rsi (di)** rodearse (de).

at'torno *av* alrededor, en torno; ~ **a** *prep* en torno a; **darsi d'**~ afanarse.

attra'ente *ag* atrayente.

at'trarre *vt* atraer; (fig) seducir.

attrat'tiva *sf* atractivo, encanto.

attraversa'mento *sm* travesía, cruce *m*.

attraver'sare *vt* atravesar, cruzar; (fig) atravesar, pasar por.

attra'verso *prep* a través de; (mediante) por medio de // *av* de través.

attrazi'one [-t'ts-] *sf* atracción *f*.

attrez'zare [-t'ts-] *vt* proveer, equipar; ~**rsi** *vr* proveerse, equiparse.

attrezza'tura [-tts-] *sf* equipo, enseres *mpl*.

at'trezzo [-ttso] *sm* utensilio, instrumento; ~**i** *mpl* (SPORT) aparatos *mpl*.

attribu'ire *vt*: ~ **qc a** atribuir algo a.

attri'bute *sm* atributo.

attribuzi'one [-t'ts-] *sf* atribución *f*.

at'trice [-tʃe] *sf vedi* **attore**.

attu'ale *ag* actual, presente.

attualità *sf inv* actualidad *f*.

attu'are *vt* actuar, realizar; ~**rsi** *vr* realizarse.

attu'tire *vt* atenuar, mitigar; ~**rsi** *vr* suavizarse, atenuarse.

au'dace [-tʃe] *ag* audaz, osado(a); (provocante) atrevido(a).

au'dacia [-tʃa] *sf* audacia; (sfacciataggine) atrevimiento.

audiovi'sivo, a *ag, sm* audiovisual (*m*).

audi'torio, audi'torium *sm* auditorio.

audizi'one [-t'ts-] *sf* audición *f*.

'auge [-dʒe] *sf* auge *m*, apogeo.

augu'rare *vt* desear; ~**rsi** *vr* esperar, confiar.

au'gurio *sm* (presagio) augurio, presagio; (voto) buenos deseos *mpl*; **fare gli** ~**i a qd** felicitar o desear prosperidad a alguien; **tanti** ~**i!** ¡felicitaciones!

'aula *sm* aula.

aumen'tare *vt* aumentar, acrecentar // *vi* (aus essere) aumentar, crecer.

au'mento *sm* aumento.

au'rora *sf* aurora.

ausili'are *ag* auxiliar // *sm/f* auxiliar *m/f*, ayudante *m/f* // *sm* (LING) auxiliar *m*.

auspi'care *vt* desear.

au'spicio [-tʃo] *sm* (previsione) auspicio; (protezione) protección *f*.

austerità *sf inv* austeridad *f*, rigidez *f*.

au'stero, a *ag* austero(a), rígido(a).

Au'stralia *sf* Australia.

australi'ano, a *ag, sm/f* australiano(a).

'Austria *sf* Austria.

au'striaco, a, ci, che *ag, sm/f* austríaco(a).

autenti'care *vt* (DIR) legalizar, autentificar.

autenticità [-tʃ-] *sf* autenticidad *f*.

au'tentico, a, ci, che *ag* auténtico(a), verdadero(a).

au'tista, i *sm* chófer *m*.

autoade'sivo, a *ag* autoadhesivo(a) // *sm* autoadhesivo.

autobiogra'fia *sf* autobiografía.

'autobus *sm inv* autobús *m*.

auto'carro *sm* camión *m*, autocamión *m*.

autodi'datta, i, e *sm/f* autodidacto/a.

au'tografo, a *ag* autógrafo(a) // *sm* autógrafo.

auto'linea *sf* línea interurbana de transporte público.

au'toma, i *sm* autómata *m*.

auto'matico, a, ci, che *ag* automático(a) // *sm* (bottone) automático.

auto'mobile *sm* automóvil *m*.

autono'mia *sf* autonomía.

au'tonomo, a *ag* autónomo(a).

autop'sia *sf* autopsia.

auto'radio *sf inv* autoradio; (autoveicolo) patrullero.

au'tore, 'trice *sm/f* autor/a.

auto'revole *ag* (persona) autorizado(a), acreditado(a); (giudizio) competente.

autori'messa *sf* cochera, garaje *m*.

autorità *sf inv* autoridad *f*.

autoriz'zare [-d'dz-] *vt* autorizar, permitir.

autorizzazi'one [autoriddzat'tsjone] *sf* autorización *f*.

autoscu'ola *sf* auto escuela.

auto'stop *sm* auto-stop *m*.

autostop'pista, i, e *sm/f* quien practica el auto-stop.

auto'strada *sf* autopista.

auto'treno *sm* camión *m*.

au'tunno *sm* otoño.

aval'lare [-l'l-] *vt* (fig) confirmar, convalidar.

avam'braccio, pl ~**a** [-ttʃo] *sm* antebrazo.

avangu'ardia *sf* (anche fig) vanguardia; **essere all'**~ (fig) estar en la vanguardia.

a'vanti *av* adelante // *escl* (entrate) ¡pase!; (MIL) ¡adelante!; **andare** ~ **e indietro** ir de aquí para allá; **farsi** ~ (fig) abrirse camino; **essere** ~ **negli**

studi estar adelantado en los estudios; ~ **Cristo** antes de Cristo.

avanza'mento [-ts-] sm avance m, adelanto; (fig: promozione) ascenso, promoción f; (: progresso) adelanto.

avan'zare [-'ts-] vt avanzar, adelantar; (fig: richiesta etc) presentar; (: promuovere) ascender; (essere creditore): ~ qc da qd ser acreedor de algo ante alguien // vi avanzar; (sporgere) sobresalir; (rimanere) sobrar; ~**rsi** vr adelantarse.

avan'zata [-'ts-] sf avance m.

a'vanzo [-'tso] sm resto, sobra; (MAT) residuo; (COMM) beneficio; ~ **di galera** (fig: peg) hampón m, ave f de cuerda; **averne d'~ di qc** tener de sobra de algo.

ava'ria sf avería, daño.

ava'rizia [-'ttsja] sf avaricia.

a'varo, a ag avaro(a); (terreno etc) pobre, escaso(a) // sm avaro; **essere ~ di parole** (fig) ser avaro de palabras.

a'vena sf avena.

a'vere sm (FIN) haber m; ~**i** mpl (ricchezze) haberes mpl, riquezas fpl // vt (possedere) tener, poseer; (tenere) llevar // vb aus haber; ~ **da fare qc** tener algo que hacer; ~ **a che fare o vedere con qd/qc** tener algo que ver con alguien/algo; ~ **sonno/la febbre** tener sueño/fiebre; ~ **davanti un ostacolo** tener delante un obstáculo; ~ **in odio** odiar, tener horror de; **averne fin sopra i capelli** estar requeteharto de algo; **avercela con qd** tener a alguien entre ceja y ceja.

avia'tore, 'trice sm/f aviador/a.

aviazi'one [-'tts-] sf aviación f.

avidità sf avidez f, codicia.

'avido, a ag ávido(a), codicioso(a).

'avo sm abuelo; ~**i** mpl antepasados mpl.

avo'cado sm aguacate m.

a'vorio sm marfil m.

avv abbr di **avvocato**.

avvalla'mento [-ll-] sm hundimiento.

avvalo'rare vt apoyar, sostener.

avvantaggi'are [-d'dʒ-] vt favorecer; ~**rsi** vr adelantarse; (prevalere) aventajar.

avvelena'mento sm envenenamiento.

avvele'nare vt envenenar; (fig) amargar, envenenar; ~**rsi** vr envenenarse.

avve'nente ag hermoso(a), bello(a).

avveni'mento sm acontecimiento, suceso.

avve'nire vi (aus essere) suceder, acontecer // sm porvenir m, futuro; **persona di grande ~** persona de gran porvenir.

avven'tarsi vr: ~ **su/contro qd/qc** abalanzarse sobre/contra alguien/algo.

avven'tato, a ag precipitado(a), imprudente.

avven'tizio, a [-ttsjo] ag ocasional, provisorio(a).

av'vento sm (venuta) arribo, advenimiento; **l'A~** (REL) el Adviento.

avven'tore sm cliente m, parroquiano.

avven'tura sf aventura.

avventu'rarsi vr aventurarse, arriesgarse.

avventuri'ero sm aventurero.

avventu'roso, a ag aventurero(a); (ricco di avventure) azaroso(a).

avve'rarsi vr cumplirse, verificarse.

av'verbio sm adverbio.

avver'sario, a ag adversario(a) // sm (SPORT) rival m; (nemico) enemigo.

avversi'one sf aversión f; (ripugnanza) repulsión f.

avversità sf inv adversidad f.

av'verso, a ag adverso(a), hostil.

avver'tenza [-tsa] sf advertencia; (cautela) cuidado, precaución f; ~**e** fpl instrucciones fpl.

avverti'mento sm advertencia, aviso.

avver'tire vt advertir, avisar; (percepire) notar.

av'vezzo, a [-ttso] ag: ~ **a** acostumbrado o habituado a.

avvia'mento sm encaminamiento; (AUTO) arranque m; (ECON) marcha.

avvi'are vt encaminar; (cominciare) poner en marcha; (mettere in moto) hacer arrancar; (fig)encauzar, encaminar; ~**rsi** vr encaminarse; ~**rsi a** estar a punto de.

avvicen'darsi [-tʃ-] v alternarse.

avvici'nare [-tʃ-] vt acercar, aproximar; (venire a contatto con) acercarse a; ~**rsi (a)** acercarse (a); (fig) parecerse, semejar.

avvili'mento sm desaliento, abatimiento.

avvi'lire vt desanimar, desalentar; (sminuire) humillar, envilecer; ~**rsi** vr (abbattersi) desalentarse, abatirse.

avvinaz'zato, a [-'tts-] ag achispado(a) // sm/f borracho/a.

av'vincere [-tʃ-] vt (fig) cautivar, fascinar.

avvinghi'are [-'gj-] vt estrechar, apretar; ~**rsi a** asirse o agarrarse a.

avvi'saglia [-ʎʎa] sf anuncio, primer síntoma m.

avvi'sare vt avisar, advertir.

av'viso sm (avvertimento) advertencia; (notizia) aviso, noticia; (parere) opinión f; **a mio ~** según mi opinión.

avvi'tare vt atornillar; (lampadina) enroscar.

avviz'zire [-'tts-] vi (aus essere) marchitarse, ajarse; (fig) deslucirse.

avvo'cato, 'tessa sm/f abogado/a; ~ **delle cause perse** (fig) abogado de causas perdidas.

av'volgere [-dʒ-] *vt* envolver, arrollar; ~**rsi** *vr (attorcigliarsi)* enrollarse; *(avvilupparsi)* enredarse.
avvol'gibile [-'dʒ-] *ag, sm* arrollable *(m)*.
avvol'toio *sm (zool)* buitre *m; (fig)* usurero, logrero.
aza'lea [addz-] *sf* azalea.
azi'enda [ad'dz-] *sf* empresa, establecimiento.
azi'one [at'ts-] *sf* acción *f; (atto)* acción, acto; *(effetto)* acción, efecto; *(fin)* acción, título.
azio'nista, i, e [atts-] *sm/f* accionista *m/f*.
azzan'nare [atts-] *vt* adentellar, hincar los colmillos en.
azzar'dato, a [addz-] *ag* arriesgado(a), aventurado(a).
az'zardo [ad'dz-] *sm* azar *m*, casualidad *f*.
azzuf'farsi [atts-] *vr* reñir, agarrarse.
az'zurro, a [ad'dz-] *ag, sm* azul *(m) // sm/f (sport)* atleta italiano que participa en certámenes internacionales.

B

bab'bo, a *ag* bobo(a) *// sm* papanatas *m inv*.
'babbo *sm* papá *m*.
bab'buccia, ce [-ttʃa] *sf* babucha, pantufla; *(per neonati)* escarpín *m*.
babbu'ino *sm* zambo; *(fig)* estúpido.
ba'bordo *sm* babor *m*.
ba'cato, a *ag* apolillado(a); *(fig)* mancillado(a).
'bacca, che *sf* baya.
baccalà *sm inv* bacalao; *(fig)* persona muy flaca; *(fam: idiota)* tonto/a.
bac'cano *sm* alboroto, jarana.
bac'cello [bat'tʃello] *sm* cáscara, vaina.
bac'chetta [-k'k-] *sf* varilla, baqueta; *(mil)* bastón *m* de mando; *(mus)* batuta; **comandare a** ~ mandar a baqueta; ~ **magica** varita mágica.
bachicol'tura [-k-] *sf* cría del gusano de seda.
baci'are [-'tʃ-] *vt* besar; **baciato dalla fortuna** *(fig)* favorecido por la fortuna; ~**rsi** *vr* besarse.
ba'cillo [ba'tʃillo] *sm* bacilo.
baci'nella [batʃi'nɛlla] *sf (per piatti, bucato etc)* palangana; *(foto)* cubeta.
ba'cino [-'tʃ-] *sm (anat)* pelvis *f; (geol)* cuenca; *(naut)* dique *m; (piccolo bacio)* besito.
'bacio ['batʃo] *sm* beso.
'baco, chi *sm* gusano; ~ **da seta** gusano de seda.
ba'dare *vi:* ~ **a** cuidar *u* ocuparse de; *(fare attenzione a)* tener cuidado con; **non** ~ **a spese** no reparar en gastos;

bada ai fatti tuoi! ¡ocúpate de tus asuntos!; **bada, veh!** ¡ojo, eh!
ba'dessa *sf* abadesa.
ba'dile *sm* pala.
baffo *sm* bigote *m*; **leccarsi i** ~**i** *(fig)* relamerse; **ridere sotto i** ~**i** *(fig)* reír para sus adentros.
baf'futo, a *ag* bigotudo(a).
bagagli'aio [-ʎʎ-] *sm* furgón *m* de equipajes; *(auto)* portaequipajes *m inv*.
ba'gaglio [-ʎʎ-] *sm* equipaje *m;* ~ **culturale** *(fig)* bagaje *m* cultural.
bagat'tella [bagat'tɛlla] *sf* bagatela, bicoca.
bagli'ore [-ʎʎ-] *sm* resplandor *m; (fig)* rayo.
ba'gnante [-ɲ'ɲ-] *sm/f* bañista *m/f*.
ba'gnare [-ɲ'ɲ-] *vt* mojar, bañar; ~**rsi** *vr* mojarse.
ba'gnino [-ɲ'ɲ-] *sm* bañero.
'bagno ['baɲɲo] *sm* baño; **fare un** ~ bañarse; **andare in** ~ ir al baño.
bagnoma'ria [-ɲɲ-] *sm* baño de María.
'baia *sf* bahía.
baio'netta *sf* bayoneta.
balau'strata *sf* balaustrada.
balbet'tare *vi* tartamudear; *(bimbo)* balbucear *// vt* balbucear, farfullar.
balbuzi'ente [-t'ts-] *ag* balbuciente *// sm/f* tartamudo/a.
bal'cone *sm* balcón *m*.
baldac'chino [-k'k-] *sm* baldaquín *m; (rel)* palio.
bal'danza [-tsa] *sf* intrepidez *f*, valor *m*.
baldan'zoso, a [-'ts-] *ag* intrépido(a), valiente.
'baldo, a *ag* valiente, gallardo(a).
bal'doria *sf* francachela, parranda.
Bale'ari *sfpl:* **le** ~ las Baleares.
ba'lena *sf* ballena.
bale'nare *vi (aus essere) (fig)* presentarse, ocurrírsele; **mi balena un'idea** se me ocurre o tengo una idea.
ba'leno *sm* relámpago; **in un** ~ *(fig)* en un abrir y cerrar de ojos.
balestra *sf* ballesta.
'balia¹ *sf* nodriza, ama de leche; **aver bisogno della** ~ *(fig)* necesitar niñera; ~ **asciutta** niñera.
ba'lia² *sf:* **essere/sentirsi in** ~ **di qd/qc** estar/sentirse a la merced de alguien/algo; **in** ~ **delle onde** a la merced de las olas.
ba'listica *sf* balística.
'balla [-lla] *sf* fardo; *(fam)* bola, embuste *m*.
bal'lare [-l'l-] *vt, vi* bailar.
bal'lata [-l'l-] *sf* balata, balada.
balla'toio [-ll-] *sm* galería, balcón *m*.
balle'rino, a [-ll-] *ag* amaestrado(a) *// sm* bailarín *m // sf* bailarina; *(scarpa)* zapatilla, de danza.
bal'letto [-l'l-] *sm* ballet *m*.
'ballo ['ballo] *sm* baile *m*, danza; **essere in** ~ *(fig)* estar en cuestión; **mettere**

in ~ **qd** (*fig*) complicar a alguien en algo; ~ **in maschera** baile de disfrazes.

ballot'taggio [ballot'taddʒo] *sm* (POL) balotaje *m*; (SPORT) empate *m*.

balne'are *ag* balneario(a).

ba'locco, chi *sm* juguete *m*.

ba'lordo, a *ag* torpe, majadero(a); (*discorso, idea*) torpe, infeliz // *sm/f* tonto/a.

'balsamo *sm* bálsamo; (MED) ungüento; (*fig*) bálsamo, consuelo.

'Baltico *sm*: **il** (mar) ~ **el** (mar) Báltico.

balu'ardo *sm* (MIL) baluarte *m*, bastión *m*; (*fig*) sostén *m*.

'balza [-tsa] *sf* barranco, precipicio; (*di stoffa*) volante *m*.

bal'zare [-'tsa-] *vi* (*uus* **essere**) saltar, rebotar; ~ **in piedi** levantarse de golpe; ~ **agli occhi** saltar a la vista, ser evidente.

'balzo [-tso] *sm* salto, rebote *m*; **cogliere la palla al** ~ (*fig*) aprovechar la ocasión.

bam'bagia [-dʒa] *sf* algodón *m*.

bam'bina *ag*, *sf vedi* **bambino**.

bambi'naia *sf* niñera.

bam'bino, a *ag* niño(a) // *sm/f* chico/a, niño/a; (*fig*) simplón/ona.

bam'boccio [-ttʃo] *sm* muchachote *m*.

'bambola *sf* muñeca.

bambù *sm* bambú *m*.

ba'nale *ag* banal.

banalità *sf inv* banalidad *f*.

ba'nana *sf* plátano, banana (*spec* AM).

ba'nano *sm* plátano, bananero (*spec* AM).

'banca *sf* (FIN) banco; (*attività*) banca.

banca'rella [-lla] *sf* puesto callejero.

ban'cario, a *ag* bancario(a) // *sm* empleado bancario.

banca'rotta *sf* bancarrota; **fare** ~ quebrar.

ban'chetto [-'k-] *sm* banquete *m*; (*piccolo banco*) banqueta; ~ **di nozze** banquete de bodas.

banchi'ere [-'k-] *sm* banquero.

ban'china [-'k-] *sf* (*di porto*) muelle *m*; (*di stazione*) andén *m*; ~ **non transitabile** andén no transitable.

'banco *sm* banco; (*di negozio*) mostrador *m*; (CARTE etc) banca; **sotto** ~ (*fig*) bajo mano, en secreto; **tener** ~ (*fig*) dominar la situación; ~ **di prova** banco de prueba.

banco'nota *sf* billete *m* de banco.

'banda *sf* banda; (TECN) *metallurgia* lámina.

banderu'ola *sf* banderola; (*fig*) veleta *m/f*.

bandi'era *sf* bandera; **voltare** ~ (*fig*) cambiar de opinión o partido.

ban'dire *vt* divulgar, pregonar; (POL, DIR) desterrar, exiliar; ~ **un concorso** (AMM) llamar a concurso u oposiciones.

bandi'tismo *sm* bandidaje *m*, bandolerismo.

ban'dito *sm* bandido.

bandi'tore *sm* rematante *m*, martillero (*spec* AM).

'bando *sm* convocatoria, bando; (POL, DIR) destierro; **mettere al** ~ (*fig*) alejar, olvidar.

bar *sm inv* bar *m*.

'bara *sf* ataúd *m*, féretro.

ba'racca, che *sf* barraca, tinglado; (*fig*) empresa insegura; (*fig*: *macchina vecchia*) armatoste *m*; **mandare avanti la** ~ parar la olla, ganar los garbanzos; **piantar** ~ **e burattini** (*fig*) abandonar lo todo, mandarse mudar.

bara'onda *sf* baraúnda, confusión *f*.

ba'rare *vi* trampear.

'baratro *sm* abismo.

barat'tare *vt*: ~ **qc con** cambiar algo por o con.

ba'ratto *sm* cambio, trueque *m*; **fare** ~ **di una cosa con un'altra** cambiar una cosa por otra.

ba'rattolo *sm* tarro, bote *m*.

'barba *sf* barba; **farsi la** ~ afeitarse; **farla in** ~ **a qd** (*fig*) hacerlo en las barbas de alguien; **che** ~! ¡qué lata!

barbabi'etola *sf* remolacha; ~ **da zucchero** remolacha azucarera.

bar'barie *sf* barbarie *f*.

barba'rismo *sm* barbarismo.

'barbaro, a *ag* bárbaro(a); ~**i** *smpl* bárbaros *mpl*.

barbi'ere *sm* barbero, peluquero.

bar'bone *sm* (*cane*) caniche *m*, perro de aguas; (*fig*) vagabundo.

bar'buto, a *ag* barbudo(a).

'barca *sf* barca; **siamo tutti nella stessa** ~ (*fig*) estamos todos embarcados en la misma nave; ~ **a vela** barco de vela, velero; ~ **a motore** lancha; ~ **a remi** bote *m* de remos.

barcai'olo *sm* barquero.

barcol'lare [-l'l-] *vi* tambalearse, vacilar.

ba'rella [-lla] *sf* camilla.

ba'rile *sm* barril *m*, tonel *m*.

ba'ritono *sm* barítono.

bar'lume *sm* vislumbre *m*.

ba'rocco, a, chi, che *ag* barroco(a); (*fig*) ampuloso(a) // *sm* barroco.

ba'rometro *sm* barómetro.

ba'rone *sm* barón *m*; **i** ~**i della industria** (*fig*) los magnates de la industria.

barri'care *vt* cerrar con barricadas; ~**rsi** *vr* atrincherarse; (*fig*) encerrarse en casa.

barri'cata *sf* barricada.

barri'era *sf* barrera.

ba'ruffa *sf* alboroto, pelea; **fare** ~ **con qd** pelearse con alguien.

barzel'letta [bardzel'letta] *sf* chiste *m*.

ba'sare *vt* basar, fundar; ~**rsi su** fundarse en.

'basco, a, schi, sche *ag* vasco(a).

'base *sf* base *f* // *ag inv* base; **in** ~ **a** en función de; **a** ~ **di** a base de; **avere**

buone ~i tener buenas bases; **non fare ritorno alla** ~ (*fig*) no volver a su dueño.

ba'setta *sf* patilla.

ba'silica, che *sf* basílica.

ba'silico *sm* albahaca.

bas'sezza [-ttsa] *sf* bajeza, ruindad *f*.

'**basso, a** *ag* bajo(a) // *av* bajo, abajo // *sm* bajo; **cadere in** ~ rebajarse; **andarse da** ~ ir abajo.

basso'fondo, pl bassifondi *sm* bajo, bajío; **bassifondi** *mpl* (*fig*) bajos fondos *mpl*.

bassorili'evo *sm* bajorrelieve *m*.

'**basta** *escl* basta; ~ **con questi discorsi!** ¡basta de discursos!

ba'stardo, a *ag* bastardo(a).

ba'stare *vi* (*aus essere*) bastar // *vb impersonale*: **basta chiedere/che chieda a un vigile** basta preguntar/que pregunte a un guardia.

basti'mento *sm* bastimento.

basti'one *sm* bastión *m*, fortificación *f*.

basto'nare *vt* apalear, bastonear; (*fig*) aporrear.

baston'cino [-'tʃ-] *sm* bastoncito, varilla; (*SCI*) bastón *m*.

ba'stone *sm* bastón *m*; ~ **da passeggio** bastón de paseo; **mettere il** ~ **tra le ruote** (*fig*) obstaculizar, estorbar.

bat'taglia [-ʎʎa] *sf* batalla.

battagli'ero, a [-ʎ'ʎ-] *ag* batallador(a).

bat'taglio [-ʎʎo] *sm* badajo; (*di porta*) llamador *m*.

battagli'one [-ʎ'ʎ-] *sm* batallón *m*.

bat'tello [-llo] *sm* barco.

bat'tente *sm* batiente *m*; (*battiporta*) aldaba; (*di campana*) badajo.

'**battere** *vt* (*record*) batir; (*squadra, esercito*) derrotar; (*tappeto etc*) sacudir; (*AGR: grano*) trillar; (*carne*) macerar; (*percorrere*) recorrer // *vi* golpear; (*bussare*) llamar; (*cuore, polso*) latir; (*ore*) dar; (*SPORT*) lanzar; ~**rsi** *vr* batirse; ~ **su un argomento** (*fig*) machacar o insistir sobre un asunto; ~ **le mani** palmotear, aplaudir; ~ **il ferro finché è caldo** (*fig*) aprovechar la ocasión; ~ **a macchina** escribir a máquina; ~ **in testa** (*AUTO*) picar; ~ **il marciapiede** (*fig*) ejercer la prostitución; ~ **i denti** castañetear los dientes; ~ **i piedi** patalear; ~ **il passo/il tempo** marcar el paso/el ritmo; ~ **le ali** aletear; ~ **la fiacca** (*fig*) holgazanear, tomársela con calma; **senza** ~ **ciglio** (*fig*) sin chistar; **in un** ~ **d'occhio** en un abrir y cerrar de ojos; ~ **un calcio di rigore/di punizione** (*CALCIO*) patear un tiro de rigor/de punición.

batte'ria *sf* batería.

bat'terio *sm* bacteria.

bat'tesimo *sm* bautismo.

battez'zare [-d'dz-] *vt* bautizar.

batticu'ore *sm* palpitación *f*; (*fig*) ansiedad *f*.

batti'mano *o* **batti'mani** *sm* aplauso, palmoteo.

batti'stero *sm* baptisterio.

batti'strada *sm inv* (*di pneumatico*) cubierta; **fare da** ~ (*SPORT*) ir a la cabeza, estar en delantera.

'**battito** *sm* (*cardiaco*) palpitación *f*; (*de lluvia*) golpeteo.

bat'tuta *sf* (*SPORT*) sacada, lanzamiento; (*MUS*) compás *m*; (*TEATRO*) pie *m*, entrada; (*operazione*) redada; (*fig*) ocurrencia, salida; (*dattilografia*) pulsación *f*.

ba'ule *sm* baúl *m*.

'**bava** *sf* baba; (*di vento*) soplo, hálito.

ba'vaglio [-ʎʎo] *sm* mordaza; **mettere il** ~ **a qd** (*fig*) amordazar o hacer callar a alguien.

'**bavero** *sm* solapa, cuello.

ba'zar [-d'dz-] *sm inv* bazar *m*.

baz'zecola [-d'dz-] *sf* pequeñez *f*, bagatela.

bazzi'care [-tts-] *vt* frecuentar // *vi*: ~ **per** vérsele seguido por o entre.

beati'tudine *sf* beatitud *f*.

be'ato, a *ag* dichoso(a) // *sm/f* (*REL*) beato/a; ~ **te!** ¡dichoso tú!

bec'caccia, ce [-ttʃa] *sf* becada, chocha.

bec'care *vt* picar, picotear; (*fig: malattia*) coger; (*: sorprendere: persona*) pescar; ~**rsi** *vr* (*fig: litigare*) pelearse, disputar.

beccheggi'are [bekked'dʒare] *vi* cabecear, oscilar.

bec'cheggio [bek'keddʒo] *sm* cabeceo, oscilación *f*.

bec'chino [-k'k-] *sm* sepulturero.

'**becco, chi** *sm* pico; (*fam: bocca*) pico; **mettere il** ~ **in qc** (*fig*) meter las narices en algo; **non avere il** ~ **d'un quattrino** no tener dinero.

be'fana *sf* según la leyenda es una mujer vieja que trae regalos a los niños el día de Epifanía; (*Epifania*) Epifanía, día *m* de Reyes; (*fig: donna brutta*) bruja.

'**beffa** *sf* befa, burla; **farsi** ~**e di qd** burlarse de alguien.

bef'fardo, a *ag* burlón(ona).

bef'fare *vt* burlar, befar; ~**rsi di** *vr* burlarse de.

beffeggi'are [-d'dʒ-] *vt* befar, hacer mofa de.

'**bega, ghe** *sf* disputa, altercado.

'**begli** ['beʎʎi], '**bei, bel** *ag vedi* **bello**.

be'lare *vi* balar; (*fig*) lloriquear.

be'lato *sm* balido.

'**belga, i, ghe** *ag, sm/f* belga (*m/f*).

'**Belgio** [-dʒo] *sm* Bélgica.

bel'lezza [bel'lettsa] *sf* belleza, beldad *f*; **finire in** ~ (*fig*) concluir hermosamente.

belli'coso, a [-ll-] *ag* belicoso(a).

bellige'rante [bellidʒ-] *ag, sm* beligerante (*m*).

'**bello, a** ['bello] (*dav sm* **bel** + *C*, **bell'** + *V*, *pl* **bei** + *CV*, **begli** + *V*, *s impura etc*) *ag* precioso(a), bonito(a); (*persona*) guapo(a) // *sm* bello; **il ~ è che** lo gracioso es que; **l'ha fatta ~a** (*fig*) la ha hecho buena // *sf* (*gioco*) buena; **mettere in ~a (copia)** pasar en limpio // *sm*/*f* hermoso/a // *av*: **fa ~** hace buen tiempo; **farne/vederne delle belle** (*fig*) hacerlas/verlas buenas; **un bel niente** absolutamente nada; **è una truffa ~a e buona!** ¡es una estafa hecha y derecha!; **è bell'e finito/pronto** está terminado/listo; **adesso viene il ~** ahora viene lo mejor; **sul più ~** en lo mejor; **cosa fai di ~?** ¿qué haces de bueno?

'**belva** *sf* fiera.

belve'dere *sm inv* belvedere *m*.

benché [-'ke] *cong* aunque, a pesar de que.

'**benda** *sf* venda.

ben'dare *vt* vendar.

'**bene** *av* bien; **stare ~/poco ~** estar bien/poco bien; **riuscire ~** salir bien; **è ben difficile** es bien difícil; **va ~** bueno, está bien // *ag inv*: **gente ~** gente bien // *sm* bien; **~i** *mpl* (*averi*) bienes *mpl*; **volere un ~ dell'anima a qd** querer mucho a alguien; **un uomo per ~** un hombre de bien; **fare del ~ a qd** hacer el bien a alguien; **fare qc per ~** hacer algo como se debe.

bene'detto, a *ag* bendito(a).

bene'dire *vt* bendecir; **mandare qd a farsi ~** (*fig*) mandar a alguien a freír buñuelos.

benedizi'one [-t'ts-] *sf* bendición *f*.

benedu'cato, a *ag* bien educado(a).

benefat'tore, trice *sm*/*f* benefactor/a.

benefi'care *vt* ayudar, socorrer.

benefi'cenza [-'tʃɛntsa] *sf* beneficencia.

bene'ficio [-t'ʃo] *sm* beneficio; **~ d'inventario** (*DIR*, *anche fig*) beneficio de inventario.

be'nefico, a, ci, che *ag* benéfico(a).

beneme'renza [-tsa] *sf* merecimiento, mérito.

bene'merito, a *ag* benemérito(a).

be'nessere *sm* bienestar *m*.

bene'stante *ag* desahogado(a), próspero(a) // *sm*/*f* rentista *m*/*f*.

bene'stare *sm inv* aprobación *f*.

benevo'lenza [-tsa] *sf* benevolencia.

be'nevolo, a *ag* benévolo(a).

be'nigno, a [-ɲɲo] *ag* afable, amable; (*MED*) benigno(a).

benin'teso *av* bien entendido.

bensì *cong* sino, pero.

benve'nuto, a *ag* bienvenido(a) // *sm* bienvenida; **~ in Italia!** ¡bienvenido a Italia!; **dare il ~ a qd** dar la bienvenida a alguien.

ben'zina [-'dz-] *sf* gasolina; **fare ~** cargar gasolina.

benzi'naio [-dz-] *sm* vendedor *m* de gasolina.

'**bere** *vt* beber, tomar; **darla a ~ a qd** (*fig*) engañar o hacerle creer a alguien

que; **~ alla salute di qd** beber a la salud de alguien; **questa macchina beve molto** (*fig*) este coche gasta mucha gasolina; **darsi al ~** darse a la bebida.

Ber'lino *sf* Berlín *m*.

ber'noccolo *sm* chichón *m*; (*fig*) disposición *f*; **avere il ~ degli affari** tener disposición para los negocios.

ber'retto *sm* gorro; **~ da notte** gorro de dormir.

bersagli'are [-ʎʎ-] *vt* tirar; (*fig*) acribillar.

ber'saglio [-ʎʎo] *sm* blanco; **colpire il ~** (*fig*) dar en el blanco.

be'stemmia *sf* blasfemia.

bestemmi'are *vt* blasfemar.

'**bestia** *sf* bestia; **~ feroce** fiera; **andare in ~** (*fig*) ponerse hecho una fiera.

besti'ale *ag* bestial.

besti'ame *sm* ganado.

be'tulla [-lla] *sf* abedul *m*.

be'vanda *sf* bebida.

bevi'tore, trice *sm*/*f* bebedor/a.

be'vuta *sf*: **fare o farsi una ~** tomarse unas copas.

bi'ada *sf* pienso.

bianche'ria [-k-] *sf* ropa blanca, lencería; **~ intima** ropa interior.

bi'anco, a, chi, che *ag*, *sm*/*f* blanco(a) // *sm* blanco; **in ~ e nero** en blanco y negro; **mettere nero su ~** (*fig*) dejar bien en claro; **mangiare in ~** comer sin condimentos; **in ~** (*foglio*, *firma*, *assegno*) en blanco; **notte ~a o in ~** noche *f* en vela; **~ dell'uovo** clara de huevo.

biasi'mare *vt* reprobar, criticar.

biasi'mevole *ag* reprobable, criticable.

bi'asimo *sm* reprobación *f*, crítica.

'**bibbia** *sf* biblia.

'**bibita** *sf* bebida.

bibliogra'fia *sf* bibliografía.

biblio'teca *sf* biblioteca.

bibliotecario, a *sm*/*f* bibliotecario/a.

bicarbo'nato *sm* bicarbonato; **~ di sodio** bicarbonato de sodio.

bicchi'ere [-k'k-] *sm* vaso, copa.

bici'cletta [-tʃ-] *sf* bicicleta.

bidé *sm* bidé *m*.

bi'dello, a [-llo] *sm*/*f* bedel *m*.

bi'done *sm* bidón *m*; (*fam*) camelo, engaño; **fare un ~ a qd** (*fig*) dejar plantado a alguien.

bien'nale *ag*, *sf* bienal (*f*).

bi'ennio *sm* bienio.

bi'etola *sf* acelga.

bifor'carsi *vr* bifurcarse.

biforcazi'one [-t'ts-] *sf* bifurcación *f*.

biga'mia *sf* bigamia.

bighello'nare [-gell-] *vi* haraganear, vagar.

bigiotte'ria [-dʒ-] *sf* bisutería; (*negozio*) tienda de bisutería.

bigli'ardo [-ʎʎ-] *sm vedi* **biliardo**.

bigliette'ria [-ʎʎ-] *sf* taquilla, boletería (*spec* AM).

bigli'etto [-ʎʎ-] *sm* billete *m*, boleto (*spec* AM); (*breve comunicazione*) esquela, billete *m*; ~ **d'auguri/da visita** tarjeta de felicitación/de visita.

bigo'dino *sm* bigudí *m*.

bi'gotto, a *ag* santurrón(ona) // *sm* santurrón/ona, chupacirios *m inv* (*fam*).

bi'lancia, ce [-tʃa] *sf* balanza; **B~** (ASTROL) Libra; **mettere sulla** ~ (*fig*) tener en cuenta; ~ **commerciale/dei pagamenti** balanza de comercio/de pagos.

bilanci'are [-'tʃ-] *vt* equilibrar.

bi'lancio [-tʃo] *sm* balance *m*; ~ **preventivo** presupuesto; ~ **consuntivo** balance de entrada y salida; **fare il** ~ **di** (*fig*) hacer el balance de.

bilate'rale *ag* bilateral.

'bile *sf* bilis *f*; (*fig*) ira, cólera.

bili'ardo *sm* billar *m*.

'bilico *sm*: **essere in** ~ estar en vilo.

bi'lingue [-gwe] *ag* bilingüe.

'bimbo, a *sm/f* nene/a, niño/a.

bimen'sile *ag* bimensual.

bime'strale *ag* bimestral.

bi'nario *sm* vía; (*piattaforma*) andén *m*; ~ **morto** vía muerta; **rimettere sul giusto** ~ (*fig*) volver a poner en su justo lugar.

bi'nocolo *sm* binóculo, prismáticos *mpl*.

bi'nomio *sm* binomio.

bio'chimica [-'k-] *sf* bioquímica.

biodegra'dabile *ag* biodegradable.

biogra'fia *sf* biografía.

biolo'gia [-'dʒia] *sf* biología.

bio'logico, a, ci, che [-dʒ-] *ag* biológico(a).

bi'ondo, a *ag*, *sm/f* rubio(a).

'bipede *ag* bípedo(a) // *sm* bípedo.

bir'bante *sm* pillo, tunante *m*.

birichi'nata [-k-] *sf* granujada, pillería.

biri'chino, a [-k-] *ag* pillo(a); pícaro(a) // *sm/f* granuja *m/f*.

bi'rillo [-llo] *sm* bolo; ~**i** *mpl* bolas *fpl*.

'birra *sf* cerveza; **a tutta** ~ (*fig*) a todo lo que da.

birre'ria *sf* cervecería.

'bis *escl* ¡bis! // *sm inv* bis *m inv*; **fare il** ~ hacer el bis.

bisbigli'are [-ʎʎ-] *vi* susurrar, cuchichear // *vt* murmurar.

bisbi'glio, ii [-ʎʎio] *sm* murmullo.

'bisca, sche *sf* garito, casa de juego.

'biscia, sce [-ʃʃa] *sf* culebra.

bi'scotto *sm* bizcocho.

bise'stile *ag*: **anno** ~ año bisiesto.

bis'lungo, a, ghi, ghe *ag* oblongo(a).

bis'nonno, a *sm/f* bisabuelo(a); ~**i** *mpl* antepasados *mpl*.

biso'gnare [-ɲ-] *vb impersonale*: **bisogna partire/farlo** hay que partir/hacerlo.

bi'sogno [-ɲɲo] *sm* necesidad *f*; **fare i propri** ~**i** (FISIOL) hacer sus

necesidades; **esserci/avere** ~ **di qc** haber/tener necesidad de algo; **vivere nel** ~ vivir en la necesidad o indigencia.

biso'gnoso, a [-ɲ'ɲ-] *ag* necesitado(a) // *sm/f* pobre *m/f*, indigente *m/f*.

bi'stecca, che *sf* biftec *m*, bife *m* (*spec* AM); ~ **al sangue** biftec sangrante.

bisticci'are [-t'tʃ-] *vi* disputar, reñir; ~**rsi** *vr* reñirse.

bi'sticcio [-ttʃo] *sm* disputa, riña.

'bisturi *sm* bisturí *m*.

bi'sunto, a *ag* sucio(a), grasiento(a).

'bitter *sm inv* bitter *m*.

bi'tume *sm* betún *m*, asfalto.

bivac'care *vi* vivaquear.

bi'vacco, chi *sm* vivaque *m*.

'bivio *sm* empalme *m*, cruce *m*.

'bizza [-ddza] *sf* capricho; **fare le** ~**e** hacer caprichos.

biz'zarro, a [-d'dz-] *ag* singular, extravagante.

biz'zeffe [-d'dz-]: **a** ~ *av* a montones.

biz'zoso, a [-d'dz-] *ag* caprichoso(a).

blan'dire *vt* aliviar.

'blando, a *ag* blando(a), suave.

bla'sone *sm* blasón *m*.

blate'rare *vi* charlar, charlotear.

blin'dare *vt* blindar, acorazar.

blinda'tura *sf* blindaje *m*.

bloc'care *vt* bloquear, detener; (COMM) bloquear, congelar; ~ **la palla** (SPORT) parar la pelota; ~ **qc/qd in un angolo** parar algo/a alguien en una esquina.

'blocco, chi *sm* bloque *m*; (COMM) bloqueo, congelamiento; (*assedio*) bloqueo, asedio; **in** ~ en bloque; **posto di** ~ cordón *m* policial, control *m*.

blu *ag inv*, *sm* azul (*m*).

'blusa *sf* blusa.

'boa *sm inv* (ZOOL) boa // *sf* (*galleggiante*) boya.

bo'ato *sm* estruendo.

bo'bina *sf* bobina; (FOTO) carrete *m*, rollo.

'bocca, che *sf* boca; **in** ~ **al lupo!** (*fam*) ¡buena suerte!

boc'caccia, ce [-t'tʃa] *sf* bocaza; (*persona: peg*) chismoso, lengua larga *m*.

boc'cale *ag* bucal // *sm* jarro.

boc'cata *sf* bocanada; **prendere una** ~ **d'aria** tomar un poco de aire.

boc'cetta [-t'tʃ-] *sf* frasquito, ampolla; (*di biliardo*) bola; **giocare a** ~**e** jugar al billar (sin taco).

boccheggi'are [bokked'dʒare] *vi* boquear, agonizar.

boc'chino [-k'k-] *sm* boquita; (*di pipa*, MUS) boquilla.

'boccia, ce [-ttʃa] *sf* garrafa; (*palla*) bocha.

bocci'are [-t'tʃ-] *vt* (SCOL) suspender; (*nel gioco*) bochar; (*fam: ammaccare*) abollar; ~ **una proposta/una legge** rechazar una propuesta/una ley.

boccia'tura [-ttʃ-] *sf* suspensión *f*; (*fam: ammaccatura*) bollo.

bocci'olo [-t'tʃ-] *sm* botón *m*, capullo.
boc'cone *sm* bocado; **un ~ amaro** (*fig*) un trago amargo.
boc'coni *av* boca abajo, de bruces.
'boia *sm inv* verdugo.
boi'ata *sf* mamarracho.
boicot'taggio [-ddʒo] *sm* boicot *m*, boicoteo.
boicot'tare *vt* boicotear.
'bolide *sm* (*anche fig*) bólido.
'bolla [-lla] *sf* burbuja; (*MED*) ampolla; ~ **papale** (*REL*) bula papal; ~ **di sapone** pompa de jabón.
bol'lare [-l'l-] *vt* sellar, timbrar.
bol'lente [-l'l-] *ag* hirviente; (*fig*) ardido(a), inflamado(a).
bol'letta [-l'l-] *sf* boleta; **essere in ~** estar pelado.
bollet'tino [-ll-] *sm* boletín *m*; ~ **di consegna** (*COMM*) factura; ~ **di versamento** talón *m* de depósito.
bol'lire [-l'l-] *vi, vt* hervir; ~ **d'ira o di rabbia** (*fig*) cabrearse, enfadarse.
bol'lito, a [-l'l-] *ag* hervido(a) // *sm* (*CUC*) cocido, puchero.
bolli'tura [-ll-] *sf* ebullición *f*.
'bollo [-llo] *sm* sello, timbre *m*; (*AUTO*) impuesto de circulación.
bol'lore [-l'l-] *sm* hervor *m*; (*fig*) fervor *m*, excitación *f*.
'bomba *sf* bomba; **sei una ~!** ¡eres una maravilla!; ~ **a mano** bomba de mano.
bombarda'mento *sm* bombardeo.
bombar'dare *vt* (*anche fig*) bombardear.
bombardi'ere *sm* bombardero.
'bombola *sf* bombona, garrafa (*spec AM*).
bo'naccia, ce [-ttʃa] *sf* bonanza, calma.
bo'nifica, che *sf* bonificación *f*.
bo'nifico *sm* (*FIN*) giro.
bontà *sf* bondad *f*; **aver la ~ di** (*fig*) tener la amabilidad o bondad de.
borbot'tare *vi* murmurar, farfullar; (*stomaco*) gorgotear.
'borchia [-kja] *sf* bullón *m*.
borda'tura *sf* orilla, ribete *m*; (*TECN*) reborde *m*.
'bordo *sm* orilla; (*di tavolo, bicchiere*) borde *m*; **prendere a ~** coger a bordo; **a ~ (della macchina)** dentro (del coche).
bor'gata *sf* barrio.
bor'ghese [-'g-] *ag, sm/f* burgués(esa); (*vestire*) **in ~** (*vestir*) de civil.
borghe'sia [-g-] *sf* burguesía; **grande/piccola/media ~** gran/pequeña/media burguesía.
'borgo, ghi *sm* pueblo, aldea.
'boria *sf* vanidad *f*, jactancia.
bori'oso, a *ag* vanidoso(a), jactancioso(a).
boro'talco *sm* talco boratado.
bor'raccia, ce [-ttʃa] *sf* cantimplora.
'borsa *sf* bolsa, saco; **la B ~** (*ECON*) la Bolsa; **giocare in B ~** jugar a la Bolsa; ~ **nera** mercado negro; ~ **della spesa** bolsa o cesto de compras; ~ **di studio**

(*SCOL*) beca; ~ **valori/assicurazioni** *etc* bolsa de valores/seguros *etc*; **avere le ~ e sotto gli occhi** (*fig*) tener bolsas debajo de los ojos.
borsai'olo *sm* ratero, carterista *m*.
borseggi'are [-d'dʒ-] *vt* robar.
borsel'lino [-l'l-] *sm* portamonedas *m inv*.
bor'setta *sf* bolso.
bor'sista, i, e *sm/f* (*ECON*) bolsista *m/f*; (*SCOL*) becario/a.
bo'scaglia [-ʎʎa] *sf* boscaje *m*.
boscai'olo, boscaiu'olo *sm* guardabosque *m*.
'bosco, chi *sm* bosque *m*.
bo'scoso, a *ag* boscoso(a).
'bossolo *sm* casquillo.
bo'tanico, a, ci, che *ag* botánico(a) // *sm* botánico // *sf* botánica.
'botola *sf* escotillón *m*.
'botta *sf* golpe *m*; **a ~ calda** (*fig*) en el acto.
'botte *sf* tonel *m*, barril *m*; **volta a ~** (*ARCHIT*) bóveda en cañón.
bot'tega, ghe *sf* tienda; (*di artista, artigiano*) taller *m*.
botte'gaio, a *sm/f* tendero/a.
botte'ghino [-'g-] *sm* taquilla, boletería (*spec AM*); (*di lotteria*) despacho de lotería.
bot'tiglia [-ʎʎa] *sf* botella; **vuotare una ~** beber una botella.
bottiglie'ria [-ʎʎ-] *sf* botillería.
bot'tino *sm* botín *m*.
'botto *sm* golpe *m*; (*sparo*) disparo, tiro.
bot'tone *sm* botón *m*; **attaccare ~ a qd** (*fig*) dar la lata a alguien.
bo'vino, a *ag* bovino(a) // *sm* bovino, vacuno.
'bozza [-ttsa] *sf* bosquejo, borrador *m*; (*TIP*) prueba.
boz'zetto [-t'ts-] *sm* boceto.
'bozzolo [-tts-] *sm* capullo.
brac'care *vt* rastrear.
brac'cetto [-t'tʃ-] *sm*: **a ~ de bracero**, del brazo.
bracci'ale [-t'tʃ-] *sm* (*di partito etc*) brazal *m*, distintivo; (*gioiello*) brazalete *m*.
braccia'letto [-ttʃ-] *sm* brazalete *m*, pulsera.
bracci'ante [-t'tʃ-] *sm* bracero, peón *m*.
bracci'ata [-t'tʃ-] *sf* brazada.
'braccio [-ttʃo] *sm* (*pl(f)* **braccia**: *ANAT*) brazo; (*pl(m)* **bracci**: *di oggetti*) brazo; (*di carcere*) pabellón *m*.
bracci'olo [-t'tʃ-] *sm* brazo.
'bracco, chi *sm* braco, perro perdiguero.
bracconi'ere *sm* cazador *m* furtivo.
'brace [-tʃe] *sf* brasa, ascua.
braci'ere [-'tʃ-] *sm* bracero.
braci'ola [-'tʃ-] *sf* chuleta.
'branca, che *sf* (*fig: settore*) ramo.
'branchia [-kja] *sf* branquia.
'branco, chi *sm* manada; (*di pecore*) rebaño; (*peg*) hato, montón *m*.
branco'lare *vi* tantear, andar a ciegas.
'branda *sf* catre *m*.

bran'dello [-llo] *sm* jirón *m*; **ridotto a ~i** hecho jirones.

bran'dire *vt* blandir, empuñar.

'brano *sm* fragmento, trozo.

Bra'sile *sm* Brasil *m*.

brasili'ano, a *ag, sm/f* brasileño(a).

bra'vata *sf* bravata, valentonada.

'bravo, a *ag* (*esperto*) capaz, bueno(a); (*educato*) bueno(a); **è un brav'uomo es** un buen hombre; **la sua ~a sigaretta** (*rafforzativo*) su buen pitillo // *escl:* **bene, ~!** ¡bravo!, ¡muy bien!

bra'vura *sf* habilidad *f*, destreza.

'breccia, ce [-ttʃa] *sf* brecha.

brefo'trofio *sm* casa cuna.

bre'tella [-lla] *sf* tirante *m*, tiradores *mpl* (*spec* AM) .

'breve *ag* breve, corto(a); **in ~ en** breve, en pocas palabras.

brevet'tare *vt* patentar.

bre'vetto *sm* patente *f*.

brevità *sf* brevedad *f*.

'brezza [-ddza] *sf* brisa.

'bricco, chi *sm* (*del caffè*) cafetera; (*del latte*) jarro.

bric'cone, a *sm/f* pícaro/a, bribón/ona.

'briciola [-tʃ-] *sf* miga, migaja.

'briciolo [-tʃ-] *sm* pizca, pedacito.

'briga, ghe *sf* enredo, lío; **pigliarsi la ~ di** tomarse la molestia de.

brigadi'ere *sm* sargento.

brigan'taggio [-ddʒo] *sm* bandidaje *m*.

bri'gante *sm* bandido, bandolero.

bri'gare *vi* intrigar.

bri'gata *sf* (MIL) brigada; (*di amici etc*) grupo, pandilla.

'briglia [-ʎʎa] *sf* rienda; **a ~ sciolta** a rienda suelta.

bril'lante [-l'l-] *ag* brillante, resplandeciente // *sm* brillante *m*.

bril'lare [-l'l-] *vi* brillar, resplandecer; (*fig: distinguersi*) sobresalir // *vt* (*mina*) volar.

'brillo, a [-llo] *ag* achispado(a).

'brina *sf* escarcha.

brin'dare *vi:* **~ (a)** brindar (a o por).

'brindisi *sm inv* brindis *m*.

'brio *sm* brío, vivacidad *f*.

bri'tannico, a, ci, che *ag, sm/f* británico(a).

'brivido *sm* escalofrío; (*fig: di paura*) estremecimiento; (: *della velocità*) embriaguez *f*.

brizzo'lato, a [-tts-] *ag* (*macchiettato*) manchado(a); (*persona, capelli*) canoso(a), entrecano(a).

'brocca *sf* jarra.

broc'cato *sm* brocado.

'broccolo *sm* brécol *m*.

'brodo *sm* caldo; **andare in ~ di giuggiole** (*fig*) regodearse; **vivere/stare nel proprio ~** (*fig*) vivir/estar por su cuenta; **tutto fa ~** todo sirve.

'broglio [-ʎʎo] *sm* intriga, fraude *m*; **~ elettorale** fraude electoral.

brogli'accio [broʎ'ʎattʃo] *sm* borrador *m*.

'bromo *sm* bromo.

bron'chite [-'k-] *sf* bronquitis *f inv*.

'broncio [-tʃo] *sm* malhumor *m*, enfurruñamiento; **avere il ~** poner mala cara.

'bronco, chi *sm* bronquio.

bronto'lare *vi* murmurar // *vi* rezongar, gruñir.

bron'zina [-'dz-] *sf* cojinete *m*.

'bronzo [-dzo] *sm* bronce *m*; **avere una faccia di ~** (*fig*) ser un(a) caradura.

bru'care *vt* pacer.

brucia'pelo [-tʃ-]: **a ~** *av* a quemarropa.

bruci'are [-'tʃ-] *vt* quemar, incendiar; (*abbrustolire*) tostar // *vi* (*aus* essere) arder; **~rsi** *vr* quemarse.

brucia'tore [-tʃ-] *sm* quemador *m*.

brucia'tura [-tʃ-] *sf* quemadura.

bruci'ore [-'tʃ-] *sm* ardor *m*.

'bruco, chi *sm* gusano, larva.

brughi'era [-'gj-] *sf* brezal *m*.

bruli'care *vi* hormiguear, bullir; (*fig: mente*) pulular.

'brullo, a [-llo] *ag* desnudo(a), yermo(a).

'bruma *sf* bruma, neblina.

'bruno, a *ag* moreno(a), pardo(a).

'brusco, a, chi, che *ag* (*sapore: di vino*) áspero(a), agrio(a); (*modi*) brusco(a).

bru'sio *sm* murmullo.

bru'tale *ag* brutal, bestial.

brutalità *sf inv* brutalidad *f*, bestialidad *f*.

'bruto, a *ag* bruto(a) // *sm* bruto, bestia.

brut'tezza [-ttsa] *sf* fealdad *f*.

'brutto, a *ag* feo(a); (*strada etc*) impracticable, malo(a); (*circostanze, tempo*) malo(a), feo(a); **~a copia** borrador *m*; **~ bugiardo!** (*rafforzativo*) ¡grandísimo mentiroso!; **se l'è vista ~a** (*fig*) ha pasado un mal momento.

brut'tura *sf* suciedad *f*, inmundicia; (*turpitudine*) porquería.

bub'bone *sm* bubón *m*.

'buca, che *sf* hoyo, pozo; **~ delle lettere** buzón *m*.

buca'neve *sm* campanilla de las nieves.

bu'care *vt* agujerear, horadar; (*con un ago*) pinchar; **~ una gomma** pinchar un neumático; **~ un biglietto** perforar un billete (*para control*).

bu'cato, a *ag* agujereado(a) // *sm* (*operazione*) lavado; (*indumenti etc*) ropa de lavar; **fare il ~** lavar la ropa; **avere le mani ~e** (*fig*) ser un derrochador.

'buccia, ce [-tʃa] *sf* cáscara.

bucherel'lare [bukerel'lare] *vt* agujerear, perforar.

'buco, chi *sm* agujero; (SCOL, *fig*) hueco, rato libre; (ECON) déficit *m*; **fare un ~ nell'acqua** (*fig*) quedarse chasqueado, fracasar.

bu'dello [-llo] *sm* (*pl(f)* **~a**: ANAT) intestino, tripa; (*pl(m)* **~i**: *tubo, cosa sottile e lunga*) tubo; **corde di ~** cuerda de tripa.

bu'dino *sm* budín *m.*

'b.ıe *sm* buey *m.*

bu'fera *sf* huracán *m*, tormenta.

buf'fetto *sm* palmadita.

'buffo, a *ag* ridículo(a); (*strano*) curioso(a); (*comico*) cómico(a), gracioso(a).

buffo'nata *sf* payasada, bufonada.

buf'fone *sm* (*attare*) bufón *m*; (*burlone*) bromista *m.*

bu'gia, gie [-'dʒ-] *sf* mentira.

bugi'ardo, a [-'dʒ-] *ag, sm/f* mentiroso(a). embustero(a).

bugi'gattolo [-dʒ-] *sm* cuchitril *m.*

'buio, a *ag* oscuro(a); (*tempo, cielo*) borrascoso(a), oscuro(a) // *sm* oscuridad *f*; (*fig*) incertidumbre *f*, ignorancia.

'bulbo *sm* bulbo.

Bulga'ria *sf* Bulgaria.

'bulgaro, a *ag, sm/f* búlgaro(a).

bul'lone [-l'l-] *sm* perno.

buongu'staio *sm* gastrónomo.

bu'ono, a (*dav sm* buon + C o V, buono + s impura, gn, pn, ps, x, z; *dav sf* buon' + V) *ag* bueno(a) (*dav sm* buen); (*clima, tempo, momento*) bueno(a), favorable; (*raccolto*) bueno(a), abundante; (*ragione, diritto etc*) justo(a), bueno(a) // *sm* (*COMM*) bono; **il buona parte en gran parte; un buon tratto di strada** un buen trecho de camino; **alla buona** sin cumplidos; **buona fortuna!** ¡buena suerte!; **buona notte/sera!** ¡buenas noches/tardes!; **buon divertimento!** ¡que os divirtáis!; **buon giorno!** ¡buenos días!; **buon riposo!** ¡que descanse!; **a buon mercato** barato(a); ~ **di benzina** vale *m* para gasolina; ~ **di consegna** orden *f* de entrega; ~ **a nulla** inútil; **di buon'ora** muy temprano.

buontem'pone *a sm/f* juerguista *m/f.*

burat'tino *sm* títere *m*, muñeco; (*fig*) fantoche *m*, títere.

'burbero, a *ag* rudo(a).

'burla *sf* burla, broma; **non è una** ~ no es broma.

bur'lare *vt* burlar; ~**rsi** *vr*: ~**rsi di qc/qd** burlarse de algo/alguien.

bur'lone, a *sm* burlón(ona) // *sm/f* bromista *m/f.*

bu'rocrate *sm* burócrata *m.*

buro'cratico, a, ci, che *ag* burocrático(a).

burocra'zia [-t'tsia] *sf* burocracia; (*fig*) pedantería.

bur'rasca, sche *sf* borrasca, tempestad *f.*

burra'scoso, a *ag* borrascoso(a), tempestuoso(a); (*fig*) borrascoso(a).

'burro *sm* mantequilla, manteca; **spaghetti/verdura/uova al** ~ espagueti/verdura/huevos a la mantequilla.

bur'rone *sm* barranco, precipicio.

bur'roso, a *ag* mantecoso(a).

bu'scare *vt* (*anche*: ~**rsi**) coger, buscar; **buscarle** (*fam*) buscarse o ligar una tunda.

bus'sare *vi* golpear, llamar.

'bussola *sf* brújula; (*porta*) cancel *f*; **perdere la** ~ (*fig*) perder el tino.

'busta *sf* sobre *m*; (*custodia*) estuche *m*; (*per rivoltella*) funda; ~ **paga** sueldo.

busta'rella [-lla] *sf* soborno, guante *m*, coima (*spec AM*).

bu'stina *sf* (*MIL*) gorro.

'busto *sm* busto; (*corsetto*) corsé *m*; **a mezzo** ~ (*FOTO*) de medio cuerpo.

but'tare *vt* echar, arrojar; ~**rsi** *vr* tirarse, arrojarse; ~ **via** echar, arrojar; ~ **giù** (*scritto*) hacer un borrador; (*edificio*) demoler, derruir; (*cibo*) tragar, devorar.

C

caba'ret *sm inv* cabaré *sm.*

ca'bina *sf* (*NAUT*) cabina, camarote *m*; (*di autocarro, treno, aereo*) cabina; (*spogliatoio al mare etc*) casilla; ~ **telefonica** cabina telefónica; ~ **di manovra** o **di blocco** (*FERR*) garita de enclavamiento.

cablo'gramma, i *sm* cablegrama *m.*

cabo'taggio [-ddʒo] *sm* (*NAUT*) cabotaje *m.*

ca'cao *sm* cacao; **polvere/burro di** ~ polvo/manteca de cacao.

'caccia [-ttʃa] *sf* caza // *sm inv* (*AER*) caza *m*; ~ **grossa** caza mayor.

cacciabombardi'ere [-ttʃ-] *sm* (*MIL*) cazabombardero.

cacciagi'one [kattʃa'dʒone] *sf* caza.

cacci'are [-t'tʃ-] *vt* cazar; (*mandar via*) echar, expulsar; (*ficcare*) poner, meter // *vi* ir de caza; ~**rsi** *vr* (*ficcarsi*) meterse, introducirse; (*nascondersi*) esconderse.

caccia'tore [-ttʃ-] *sm* cazador *m.*

cacciatorpedini'ere [-ttʃ-] *sm inv* cazatorpederos *m inv.*

caccia'vite [-ttʃ-] *sm inv* destornillador *m.*

'cactus *sm inv* cactus *m.*

ca'davere *sm* cadáver *m.*

cada'verico, a, ci, che *ag* (*anche fig*) cadavérico(a).

ca'dente *ag* caduco(a), decrépito(a).

ca'denza [-tsa] *sf* (*MUS*) cadencia; (*andamento ritmico*) ritmo.

caden'zare [-ts-] *vt* (*passo*) dar cadencia.

ca'dere *vi* (*aus* **essere**) caer; (*finire: vento*) parar; (*andare a finire*) decaer; **Natale cade di lunedì** Navidad cae lunes; **lasciar** ~ (*discorso etc*) abandonar; **lasciar ~ una parola/frase** deslizar una palabra/frase; **~ dal sonno** caer de sueño; **~ dalle nuvole** (*fig*) caerse del nido.

ca'detto, a *ag* segundogénito(a) // *sm* segundón *m*; (*MIL: allievo*) cadete *m*.

'caduco, a, chi, che *ag* caduco(a); (*bellezza*) efímero(a), fugaz.

ca'duta *sf* caída; (*rovina, capitolazione*) caída, rendición *f*.

caffè *sm inv* café *m*; **(~) espresso** café exprés; **~ macchiato/ corretto/lungo/ ristretto** café cortado/con licor/liviano/cargado.

caffel'latte *sm inv* café *m* con leche.

caffetti'era *sf* (*anche fig*) cafetera.

cagio'nare [-dʒ-] *vt* causar, provocar.

cagio'nevole [-dʒ-] *ag* enfermizo(a), débil.

cagli'are [-ʎʎ-] *vi* (*aus* **essere**) (*latte*) cuajarse, cortarse.

'caglio [-ʎʎo] *sm* cuajo.

'cagna [-ɲɲa] *sf* perra.

ca'gnesco, a, schi, sche [-ɲɲ-] *ag*: **guardare in ~** (*fig*) mirar mal.

'Cairo *sm*: **il ~** el Cairo.

Ca'labria *sf* Calabria.

cala'brone *sm* abejorro.

cala'maio *sm* tintero.

cala'maro *sm* calamar *m*.

cala'mita *sf* imán *m*; (*fig*) atractivo.

calamità *sf inv* (*anche fig*) calamidad *f*, azote *m*; **~ fpl naturali** calamidades *fpl* naturales.

ca'lare *vt* bajar; (*MAGLIA*) disminuir // *vi* (*aus* **essere**) descender; (*piena, febbre*) disminuir, mermar; (*prezzo, peso*) bajar; **al calar del sole** a la puesta del sol.

'calca *sf* gentío, muchedumbre *f*.

cal'cagno [-ɲɲo] *sm* talón *m*.

cal'care *ag* calcáreo(a) // *sm* caliza // *vt* (*cappello, matita*) apretar; **~ le scene** (*TEATRO*) pisar las tablas; **~ la mano** (*fig*) irse la mano; **~ le orme di qd** seguir el ejemplo de alguien.

'calce [-tʃe] *sm*: **in ~** al pié de la página // *sf* cal *f*.

calce'struzzo [kaltʃes'truttso] *sm* hormigón *m*, cemento.

calci'are [-'tʃ-] *vi* patear; (*animali*) cocear // *vt* (*SPORT: pallone*) chutar.

calcia'tore [-tʃ-] *sm* (*SPORT*) futbolista *m*.

cal'cina [-'tʃ-] *sf* mezcla, argamasa.

calci'naccio [kaltʃi'nattʃo] *sm* cascote *m*; **~i** *mpl* (*rovine*) escombros *mpl*.

'calcio [-tʃo] *sm* puntapié *m*; (*di animali*) coz *f*; (*SPORT: gioco*) fútbol *m*; (*di pistola etc*) culata; (*CHIM*) calcio; **~ di punizione/d'angolo/di rinvio** (*SPORT*) saque *m* o tiro libre/de esquina/de puerta.

'calco *sm* molde *m*.

calco'labile *ag* calculable.

calco'lare *vt* calcular; (*ponderare*) medir.

calcola'tore, 'trice *ag, sm/f* calculador(a) // *sm* (*macchina*) calculador *m* // *sf* (*macchina*) calculadora.

'calcolo *sm* cálculo; (*congettura*) conjetura; **fare i ~i delle probabilità** hacer los cálculos de las probabilidades.

cal'daia *sf* caldera.

cal'dana *sf* calor *m*.

caldeggi'are [-d'dʒ-] *vt* apoyar, favorecer.

calde'rone *sm* (*fig*) olla.

'caldo, a *ag* caliente; (*clima*) cálido(a); (*vestito*) de abrigo; (*colore*) vivo(a); (*fig*) caluroso(a), apasionado(a) // *sm* calor *m*; **aver ~** tener calor; **fa ~** hace calor; **lavorare a ~** (*col fuoco*) trabajar a fuego; **una notizia ~a** (*fig*) una noticia fresca.

calen'dario *sm* almanaque *m*; (*programma*) calendario; **~ di Borsa** (*ECON*) calendario de la Bolsa.

ca'lesse *sm* calesa.

'calibro *sm* calibre *m*; (*TECN*) calibrador *m*; (*fig*): **i grossi ~i della politica** los representantes más importantes de la política.

'calice [-tʃe] *sm* cáliz *m*.

ca'ligine [-dʒ-] *sf* bruma, niebla.

calligra'fia [-ll-] *sf* caligrafía.

'callo [-llo] *sm* callo; **fare il ~ a qc** (*fig*) acostumbrarse a una cosa.

cal'loso, a [-l'l-] *ag* calloso(a).

'calma *sf* tranquilidad *f*, sosiego; (*bonaccia*) calma, bonanza.

cal'mante *sm* calmante *m*.

cal'mare *vt* calmar, sosegar; **~rsi** *vr* calmarse, tranquilizarse.

calmi'ere *sm* (*ECON*) precio oficial.

'calmo, a *ag* calmo(a), sereno(a); (*quieto*) tranquilo(a).

'calo *sm* merma; (*di azioni, prezzi*) disminución *f*.

ca'lore *sm* calor *m*; (*fervore*) vehemencia; **essere in ~** (*ZOOL*) estar en celo.

calo'ria *sf* caloría.

calo'roso, a *ag* caluroso(a).

ca'lotta *sf* casquete *m*.

calpe'stare *vt* hollar; (*diritti*) pisotear, despreciar.

calpe'stio *sm* pisoteo, rumor *m* de pasos.

ca'lunnia *sf* calumnia.

calunni'are *vt* calumniar.

calunni'oso, a *ag* calumnioso(a).

cal'vario *sm* calvario.

cal'vizie [-ttsje] *sf* calvicie *f*.

'calvo, a *ag* calvo(a).

'calza [-tsa] *sf* (*da donna*) media; (*da uomo*) calcetín *m*.

cal'zare [-'ts-] *vt* calzar // *vi* ajustarse, sentar bien.

calza'tura [-ts-] *sf* calzado.

calzet'tone [-ts-] *sm* calcetón *m*, media gruesa.
cal'zino [-'ts-] *sm* calcetin *m*.
calzo'laio [-ts-] *sm* zapatero.
calzole'ria [-ts-] *sf* zapateria.
cal'zone [-'ts-] *sm* (CUC) tipo de pizza rellena; ~i *mpl* pantalones *mpl.*
camale'onte *sm* (ZOOL) camaleón *m*; (*fig*) veleta *m*, oportunista *m.*
cambi'abile *ag* mudable, variable.
cambi'ale *sf* letra de cambio; (*pagherò cambiario*) pagaré *m*; ~ di credito/in bianco letra de crédito/en blanco.
cambia'mento *sm* cambio, mutación *f.*
cambi'are *vt, vi* (*aus* essere) cambiar; ~rsi *vr* (*abito*) cambiarse; ~ di cambiar de; ~ (in) (*denaro, valuta*) cambiar (por).
'cambio *sm* cambio; in ~ di a cambio de; dare il ~ a dar el cambio a, sustituir; mercato/controllo dei ~i mercado/control *m* de los cambios.
'camera *sf* cámara; (*di edificio*) habitación *f*, cuarto; (*anche*: ~ da letto) dormitorio; fare la ~ limpiar la habitación; ~ a un letto/a due letti/matrimoniale dormitorio de una cama/dos camas/matrimonial; ~ ardente capilla ardiente; C~ dei Deputati Cámara de Diputados; ~ a gas cámara de gas; ~ oscura (FOTO) cámara oscura.
came'rata, i, e *sm/f* camarada *m/f* // *sf* (*stanza*) dormitorio.
camera'tismo *sm* camaradería.
cameri'ere, a *sm/f* camarero/a.
came'rino *sm* (TEATRO) camarín *m.*
'camice [-tʃe] *sm* (*veste liturgica*) alba; (*per medici etc*) bata.
cami'cetta [-'tʃ-] *sf* blusa.
ca'micia, cie [-tʃa] *sf* camisa.
camici'otto [-'tʃ-] *sm* camisa sport.
ca'mino *sm* chimenea, hogar *m*; (*canna fumaria*) chimenea.
'camion *sm inv* camión *m.*
camion'cino [-'tʃ-] *sm* pequeño camión.
cam'mello [-llo] *sm* (ZOOL) camello; (*tessuto*) tejido de pelo de camello.
cam'meo *sm* camafeo.
cammi'nare *vi* caminar, ir; (*orologio*) andar.
cammina'tore, 'trice *sm/f* caminador/a.
cam'mino *sm* camino, marcha; mettersi in ~ ponerse en marcha.
camo'milla [-lla] *sf* manzanilla.
ca'morra *sf* hampa napolitana.
ca'moscio [-ʃʃo] *sm* (ZOOL) gamuza.
cam'pagna [-ɲɲa] *sf* campo, campaña; (*terreno coltivato*) campo; (MIL) campaña, guerra; (POL, COMM) campaña; stare in ~ estar en el campo; andare in ~ ir al campo.
campa'gnolo, a [-ɲ'n-] *ag* campesino(a) // *sf* (AUTO: *jeep*) camioneta rural.

cam'pale *ag* (*battaglia*) campal; giornata ~ (*fig*) jornada de mucho trabajo.
cam'pana *sf* campana; a ~ (*gonna etc*) acampanado(a).
campa'nella [-lla] *sf* campanilla; (*cerchio di metallo, anche* TECN) argolla; (BOT) campánula.
campa'nello [-llo] *sm* campanilla, timbre *m*; ~ elettrico/d'allarme timbre eléctrico/de alarma.
campa'nile *sm* campanario.
campani'lismo *sm* localismo.
cam'pare *vi* (*aus* essere) vivir, mantenerse; ~ alla giornata vivir al día.
cam'pato, a *ag*: ~ in aria sin fundamento.
campeggi'are [-d'dʒ-] *vi* acampar; (*spiccare*) sobresalir.
cam'peggio [-ddʒo] *sm* campamento, camping *m*; fare del ~ hacer camping.
cam'pestre *ag* campestre.
Campi'doglio [-ʎʎo] *sm*: il ~ el Capitolio.
campio'nario *sm* muestrario.
campio'nato *sm* campeonato.
campi'one, essa *sm/f* campeón/ona // *sm* (COMM) muestra.
'campo *sm* campo; (*settore*) sector *m*, campo; i ~i la campaña; ~ profughi campo de prófugos; ~ visivo campo visual; ~i di neve campos de nieve.
campo'santo, *pl* campi'santi *sm* camposanto, cementerio.
camuf'fare *vt* disfrazar.
'Canada *sm* Canadá *m.*
cana'dese *ag, sm/f* canadiense (*m/f*).
ca'naglia [-ʎʎa] *sf* canalla *m/f*; (*fam*) pillo/a, bribón/ona.
ca'nale *sm* canal *m*; (ANAT) conducto.
cana'lone *sm* (GEOGR) quebrada.
'canapa *sf* cáñamo; (*fibra tessile*) lienzo de cáñamo.
cana'rino *ag inv, sm* canario.
cancel'lare [kantʃel'lare] *vt* cancelar; (*con la gomma*) borrar.
cancel'lata [kantʃel'lata] *sf* verja.
cancelle'ria [kantʃelle'ria] *sf* cancillería; (*materiale per scrivere*) útiles de escritorio.
cancelli'ere [kantʃel'ljere] *sm* canciller *m.*
can'cello [kan'tʃello] *sm* verja.
cance'rogeno, a [kantʃe'rɔdʒeno] *ag* cancerígeno(a).
can'crena *sf* gangrena.
'cancro *sm* (MED) cáncer *m*; C~ (ASTROL) Cáncer.
can'dela *sf* vela; (AUTO) bujía.
cande'labro *sm* candelabro.
candel'iere *sm* candelero.
candi'dato, a *sm/f* candidato/a, aspirante *m/f.*
candida'tura *sf* candidatura.
'candido, a *ag* (*anche fig*) candido(a).

can'dito, a *ag* confitado(a) // *sm* confitura.

can'dore *sm* blancura, candidez *f*; (*fig*) pureza, inocencia.

'cane *sm* (*ZOOL*) perro; (*fig*) animal *m*, bestia; (*TECN*) gatillo // *ag inv*: **un freddo** ~ un frío polar; **non c'era un** ~ (*fig*) no había un alma; ~ **da caccia/ferma/guardia** perro de caza/parada/guardia; ~ **lupo** perro lobo.

ca'nestro *sm* canasto; (*SPORT*) cesto; **fare** ~ (*SPORT*) marcar un tanto.

'canfora *sf* alcanfor *m*.

cangi'ante [-'dʒ-] *ag* tornasolado(a).

can'guro *sm* canguro.

ca'nicola *sf* canícula.

ca'nile *sm* perrera.

ca'nino, a *ag* canino(a) // *sm* (*dente*) canino.

ca'nizie [-tsje] *sf* canicie *f*.

'canra *sf* (*BOT*) caña; (*bastone*) bastón *m*; (*di armi da fuoco*) cañon *m*; ~ **fumaria** tubo; ~ **dell'organo** cañón de órgano; ~ **da pesca/da zucchero** caña de pescar/azúcar.

can'nella [-lla] *sf* canela.

can'nello [-llo] *sm* canuto, tubo.

can'nibale *sm* caníbal *m*.

cannocchi'ale [-k'kj-] *sm* anteojo.

canno'nata *sf* cañonazo; (*fig*) cosa formidable.

can'none *sm* cañón *m*; (*piega nella gonna*) tabla // *ag inv*: **donna** ~ mujer *f* gordísima.

can'nuccia, ce [-ttʃa] *sf* cañuto; (*per bere*) pajilla.

ca'noa *sf* canoa.

'canone *sm* canon *m*.

ca'nonico, a, ci, che *ag* canónico(a) // *sm* (*REL*) canónigo // *sf* casa parroquial.

ca'noro, a *ag* canoro(a).

canot'taggio [-ddʒo] *sm* (*SPORT*) remo.

canotti'era *sf* remera, camiseta.

ca'notto *sm* canoa.

cano'vaccio [-ttʃo] *sm* (*tela*) cañamazo; (*strofinaccio*) trapo de cocina; (*TEATRO*) trama, guión *m*.

can'tante *sm/f* cantante *m/f*.

can'tare *vi, vt* cantar; ~ **messa** (*REL*) celebrar misa.

cantau'tore, 'trice *sm/f* cantautor/a.

canterel'lare [-'l'l-] *vt* canturrear, tararear.

canti'ere *sm* (*EDIL*) obra; ~ **navale** astillero.

canti'lena *sf* cantilena.

can'tina *sf* sotano; (*osteria*) bodega, cantina.

'canto *sm* canto; (*di strumenti*) sonido; (*angolo di due muri*) esquina, canto; (*parte, lato*) borde *m*, canto; **d'altro** ~ por otro lado.

canto'nata *sf* (*fig*) equivocación *f*, error *m*.

can'tone *sm* (*AMM*) cantón *m*.

can'tuccio [-ttʃo] *sm* rinconcito, sucucho.

ca'nuto, a *ag* cano(a).

canzo'nare [-ts-] *vt* burlar, mofar.

canzona'torio, a [-ts-] *ag* burlón/ona.

can'zone [-'ts-] *sf* canción *f*.

'caos *sm inv* caos *m*.

ca'otico, a, ci, che *ag* caótico(a).

C.A.P *abbr vedi* **codice**.

ca'pace [-tʃe] *ag* (*vasto*) espacioso(a), amplio(a); (*esperto*) capaz, hábil.

capacità [-tʃ-] *sf inv* capacidad *f*.

capaci'tarsi [-tʃ-] *vr*: ~ **di** darse cuenta de.

ca'panna *sf* choza, cabaña.

capan'nello [-llo] *sm* corro, grupo de gente.

capan'none *sm* cobertizo.

ca'parbio, a *ag* obstinado(a), porfiado(a).

ca'parra *sf* (*DIR*) prenda, fianza.

capeggi'are [-d'dʒ-] *vt* dirigir, estar al frente de.

ca'pello [-llo] *sm* cabello, pelo; ~**i** *mpl* cabellos *mpl*, pelos *mpl*.

capel'luto, a [-l'l-] *ag*: **cuoio** ~ cuero cabelludo.

capez'zale [-t'ts-] *sm* travesaño, cabezal *m*; (*di malato etc*) cabecera.

ca'pezzolo [-tts-] *sm* pezón *m*.

capi'enza [-tsa] *sf* capacidad *f*, cabida.

capil'lare [-l'l-] *ag* capilar // *smpl*: ~**i** (*ANAT*) capilares *mpl*; **vasi** ~**i** vasos *mpl* capilares.

capigli'atura [-ʎʎ-] *sf* cabellera, cabellos *mpl*.

ca'pire *vt* entender, comprender // ~**rsi** *vr* entenderse, estar de acuerdo.

capi'tale *ag* capital; (*problema*) principal, fundamental // *sm* capital *m* // *sf* capital *f*.

capita'lismo *sm* capitalismo.

capita'lista, i, e *ag, sm/f* capitalista (*m/f*).

capita'nare *vt* capitanear, mandar.

capi'tano *sm* capitán *m*.

capi'tare *vi* (*aus essere*) llegar por casualidad, caer; (*accadere*) ocurrir, suceder.

capi'tello [-llo] *sm* capitel *m*.

capito'lare *vi* (*MIL*) capitular, rendirse; (*fig*) ceder, darse por vencido.

ca'pitolo *sm* capítulo.

capi'tombolo *sm* tumbo, voltereta.

'capo *sm* (*ANAT*) cabeza; (*persona che comanda*) jefe *m*; (*singolo oggetto*) pieza, artículo; (*GEOGR*) cabo, promontorio; ~**i** *mpl* (**di bestiame**) cabezas *fpl* (de ganado); **andare a** ~ hacer punto y aparte; ~ **di biancheria/vestiario** prenda de lencería/vestuario; **in** ~ **a** al cabo de; **da** ~ **a piedi** de pies a cabeza; **da** ~ de nuevo.

Capo'danno *sm* Año Nuevo.

capo'fitto: a ~ *av* de cabeza, con alma y vida.

capo'giro [-'dʒ-] *sm* vértigo, vahído.

capola'voro *sm* obra maestra.
capo'linea, *pl* capi'linea *sm* parada terminal.
capo'lino *sm*: fare ~ asomarse, espiar.
capolu'ogo, *pl* ghi o
capilu'oghi *sm* cabecera, capital *f*.
capo'mastro, *pl* i o capi'mastri *sm* (EDIL) maestro albañil.
capo'rale *sm* (MIL) cabo.
capo'saldo, *pl* capi'saldi *sm* (MIL) punto de apoyo; (*fig*) fundamento, base *f*.
capostazi'one [-t'ts-], *pl* capistazi'one *sm* jefe *m* de estación.
capo'treno, *pl* capi'treno o capo'treni *sm* jefe *m* del tren.
capouf'ficio [-t'ʃo], *pl* capiuf'ficlo *sm/f* jefe/a de oficina.
capo'volgere [-dʒ-] *vt* volcar, tumbar; (*fig*) invertir, alterar; ~rsi *vr* (*barca*) volcarse, zozobrar; (*fig*) invertirse, alterarse.
capo'volto, a *pp di* capovolgere.
'cappa *sf* (*mantello*) capa, manto; (*del camino*) campana.
cap'pella [-lla] *sf* capilla; (BOT: *di fungo*) sombrerete *m*.
cappel'lano [-l'l-] *sm* capellán *m*.
cap'pello [-llo] *sm* sombrero.
'cappero *sm* alcaparra.
cap'pone *sm* (ZOOL) capón *m*.
cap'potto *sm* abrigo, sobretodo.
cappuc'cino [-t'tʃ-] *sm* (*frate*) capuchino; (*bevanda*) ≈ café *m* cortado.
cap'puccio [-ttʃo] *sm* capucha; (*di penna*) capuchón *m*.
'capra *sf* (ZOOL) cabra.
ca'pretto *sm* (ZOOL) cabrito, chivito; (*pelle*) cabritilla.
ca'priccio [-ttʃo] *sm* capricho, antojo; (*bizza*) rabieta; fare i ~i hacer caprichos.
capricci'oso, a [-t'tʃ-] *ag* caprichoso(a); (*tempo*) inestable.
Capri'corno *sm* (ASTROL) Capricornio.
capri'foglio [-ʎʎo] *sm* (BOT) madreselva.
capri'ola *sf* cabriola, brinco.
capri'olo *sm* (ZOOL) corzo.
'capro *sm* (ZOOL) chivo, cabrón *m*; ~ espiatorio (*fig*) cabeza de turco.
'capsula *sf* cápsula.
cap'tare *vt* captar; (*fig*) intuir, adivinar.
cara'bina *sf* carabina.
carabini'ere *sm* ≈ guardia *m* civil; i C~i ≈ la Guardia Civil.
ca'raffa *sf* garrafa.
cara'mella [-lla] *sf* caramelo.
ca'rattere *sm* carácter *m*; (*lettera*) carácter *m*, letra.
caratte'ristica, che *sf* característica, particularidad *f*.
caratte'ristico, a, ci, che *ag* característico(a).
caratteriz'zare [-d'dz-] *vt* caracterizar, distinguir.

car'bone *sm* carbón *m*; ~ bianco (*fig*) hulla blanca.
carboniz'zare [-d'dz-] *vt* carbonizar; ~rsi *vr* carbonizarse.
carbu'rante *sm* carburante *m*.
carbura'tore *sm* (AUTO) carburador *m*.
car'cassa *sf* (*di animale*) esqueleto; (*di nave*) casco; (*di pneumatico*) armadura; (*di macchina*) armazón *f*.
carce'rato, a [-tʃ-] *sm/f* preso/a, recluso/a.
carcerazi'one [kartʃerat'tsjone] *sf* encarcelación *f*.
'carcere [-tʃ-] *sm* cárcel *f*, presidio; (*fig*) prisión *f*.
carci'ofo [-'tʃ-] *sm* (BOT) alcachofa.
cardel'lino [-'l'l-] *sm* (ZOOL) jilguero.
car'diaco, a, ci, che *ag* cardíaco(a).
cardi'nale *ag* cardinal // *sm* (REL) cardenal *m*.
'cardine *sm* quicio, gozne *m*; (*fig*) fundamento, base *f*.
'cardo *sm* (BOT) cardo.
ca'renza [-tsa] *sf* carencia.
care'stia *sf* carestía, escasez *f*.
ca'rezza [-ttsa] *sf* caricia, mimo.
carez'zare [-t'ts-] *vt* acariciar.
carez'zevole [-t'ts] *ag* acariciador(ora), cariñoso(a).
cari'are *vt* cariar; ~rsi *vr* (*denti*) cariarse.
'carica *sf vedi* carico.
cari'care *vt* cargar; (*gravare*) aumentar, agravar; (TECN) montar, cargar; (MIL) embestir, atacar; ~rsi di cargarse de.
carica'tura *sf* caricatura.
'carico, a, chi, che *ag* cargado(a); ~ di cargado(a) de // *sm* carga // *sf* (*ufficio pubblico*) cargo; (MIL, TECN, fig) carga; essere in ~a (AMM) estar en servicio o función; a ~ di contra; persona a ~ persona a cargo.
'carie *sf* carie *f*.
ca'rino, a *ag* lindo(a).
carità *sf* caridad *f*; chiedere/fare/ricevere la ~ pedir/dar/recibir limosna; per ~! *escl* ¡por favor!, ¡por Dios!
carita'tevole *ag* caritativo(a), compasivo(a).
car'lona: alla ~ *av* a la bartola.
carnagi'one [-'dʒ-] *sf* cutis *m*, piel *f*.
car'nale *ag* carnal.
'carne *sf* carne *f*.
car'nefice [-tʃe] *sm* (*anche fig*) verdugo.
carnefi'cina [-'tʃ-] *sf* matanza, carnicería.
carne'vale *sm* carnaval *m*.
car'nivoro, a *ag* carnívoro(a) // *sm* (ZOOL) carnívoro.
car'noso, a *ag* carnoso(a).
'caro, a *ag* querido(a), amado(a); (*gradito, costoso*) caro(a); (*importante*) precioso(a).
ca'rogna [-ɲɲa] *sf* carroña; (*fig*) canalla *m/f*.

ca'rota sf (BOT) zanahoria.
caro'vana sf caravana.
caro'vita sm inv carestía de la vida.
carpenti'ere sm carpintero.
car'pire vt: ~ qc a qd arrebatar algo a alguien.
car'poni av a gatas.
car'rabile, carraio, a ag carretero(a).
carreggi'ata [-d'dʒ-] sf carretera.
car'rello [-llo] sm carretilla; (AER) tren m de aterrizaje; (CINE, TEATRO, FOTO) dolly m, carrito; (tavolino) mesita de ruedas; (TECN: di macchina da scrivere) carro; (da supermercato) carrito.
carretti'ere sm carretero.
car'retto sm carreta de mano.
carri'era sf carrera; **fare** ~ hacer carrera; **andare di gran** ~ (fig) ir muy de prisa.
carri'ola sf carretilla.
'carro sm carro; **Gran/Piccolo C~** (ASTR) Carro o Osa Mayor/Menor; ~ **armato** (MIL) carro armado, tanque m.
car'rozza [-ttsa] sf (trainata da cavalli) carroza, carruaje m; (FERR) coche m, vagón m.
carrozze'ria [-tts-] sf carrocería.
carrozzi'ere [-t'ts-] sm carrocero.
carroz'zina [-t'ts-] sf cochecito.
carroz'zone [-t'ts-] sm carromato, furgón m.
'carta sf papel m; (lista di cibi etc) minuta, menú m; (gioco) carta; (GEOGR: anche: ~ **geografica**) mapa m; **fare o leggere le** ~**e** (predire) tirar o leer las cartas; ~ **assorbente** papel m secante; ~ **bollata/libera** (DIR) papel m timbrado/no timbrado; ~ **di circolazione** (AUTO) matrícula; ~ **di credito** (FIN) tarjeta de crédito; ~ **d'identità/da visita** tarjeta de identidad/de visita; ~ **igienica/da lettere/da parati** papel m higiénico/de cartas/de empapelar; ~ **verde** (AUTO) póliza de seguro.
cartacar'bone, pl **cartecar'bone** sf papel m carbón.
car'taccia, ce [-ttʃa] sf papeles mpl, papeluchos mpl.
cartamo'neta sf inv papel m moneda, billete m de banco.
carta'pecora, e sf pergamino.
carta'pesta, e sf pasta de papel.
car'teggio [-ddʒo] sm carteo, correspondencia.
car'tella [-lla] sf (MED: clinica) cartela; (FIN: documento) título; (custodia) carpeta; (foglio dattiloscritto) hoja.
car'tello [-llo] sm cartel m, letrero; (di protesta) manifiesto, cartel; (FIN) cártel m; (POL) alianza.
cartel'lone [-l'l-] sm (pubblicitario) cartelón m; (della tombola) cartel m general; (SPORT) lista de inscriptos; (: CALCIO) programa de los partidos; (TEATRO)

cartelera; **tenere il** ~ (TEATRO) estar en cartel mucho tiempo.
carti'era sf fábrica de papel.
carti'lagine [-dʒ-] sf cartílago.
car'toccio [-ttʃo] sm cucurucho; **al** ~ (CUC) a la papillote.
cartole'ria sf papelería.
carto'lina sf tarjeta postal.
car'tone sm cartón m; ~**i animati** (CINE, TV) dibujos mpl animados.
car'tuccia, ce [-ttʃa] sf cartucho.
'casa sf casa; ~ **di cura** (MED) clínica; ~ **da gioco** (d'azzardo) casino; ~ **dello studente** residencia estudiantil; ~**e popolari** vivienda de renta limitada.
ca'sacca, che sf casaca.
casa'lingo, a, ghi, ghe ag casero(a); ~**ghi** mpl utensilios mpl domésticos.
ca'scare vi (aus essere) caer.
ca'scata sf cascada.
ca'scina [-ʃ'ʃ-] sf alquería, chacra (spec AM).
'casco, schi sm casco.
casei'ficio [-tʃo] sm quesería.
ca'sella [-lla] sf casilla; ~ **postale (C.P.)** casilla o apartado postal (A.P.), apartado de correos (apdo).
casel'lario [-l'l-] sm casillero; ~ **giudiziale** fichero judicial.
ca'sello [-llo] sm casilla.
ca'serma sf cuartel m.
ca'sino sm burdel m; (fig: fam) jaleo, bochinche m.
casinò sm casino.
'caso sm casualidad f, azar m; (ipotesi, MED, LING) caso; **a** ~ al acaso, sin reflexionar; **per** ~ por casualidad; **in ogni** ~, **in tutti i** ~**i** en todo caso; **nel** ~ **che venga Luigi** en caso de que venga Luis; ~ **mai** en todo caso.
caso'lare sm casa de campo.
'cassa sf caja; (bara) cajón m, ataúd m; ~ **malattia** mutualidad f.
cassa'forte, pl **casse'forti** sf caja de caudales.
cassa'panca, pl **cassa'panche** o **casse'panche** sf arcón m.
casseru'ola, casse'rola sf cacerola, cazuela.
cas'setta sf cajón m, caja; (musicassetta) cassette m; ~ **di sicurezza** (FIN) caja de seguridad; ~ **delle lettere** buzón m; **film di** ~ (fig) película taquillera.
cas'setto sm cajón m, cajoncito.
casset'tone sm (mobile) cómoda; (ARCHIT) artesón m.
cassi'ere, a sm/f cajero/a.
'casta sf casta.
ca'stagna [-ɲɲa] sf castaña; **prendere qd in** ~ (fig) sorprender a alguien en falta.
ca'stagno [-ɲɲo] sm castaño.
ca'stello [-llo] sm castillo; (TECN) armazón f, andamio; **far** ~**i in aria** (fig) hacer castillos en el aire.

casti'gare vt castigar.
ca'stigo, ghi sm castigo;
essere/mettere in ~ estar/poner en
penitencia.
castità sf castidad f.
'casto, a ag casto(a).
ca'storo sm (ZOOL) castor m; (pelliccia)
piel f de castor.
ca'strare vt castrar; (fig) mutilar.
casu'ale ag casual, accidental.
casualità sf casualidad f.
ca'supola sf casucha.
cata'clisma, i sm cataclismo; (fig)
desastre m, catástrofe f.
cata'comba sf catacumba.
catalo'gare vt catalogar.
ca'talogo, ghi sm catálogo.
ca'tarro sm catarro.
ca'tasta sf pila, montón m.
ca'tasto sm catastro.
ca'tastrofe sf catástrofe f.
cata'strofico, a, ci, che ag
catastrófico(a).
cate'chismo [-'k-] sm catequismo.
catego'ria sf categoría.
cate'gorico, a, ci, che ag
categórico(a).
ca'tena sf cadena; a ~ en cadena; ~ di
montaggio (TECN) cadena de montaje;
~e da neve (AUTO) cadenas para nieve.
cate'naccio [-tʃo] sm cerrojo, pasador
m.
cate'ratta sf catarata.
cati'nella [-lla] sf palangana; a ~e (fig)
a cántaros.
ca'tino sm palangana; (GEOGR) cuenca.
ca'trame sm alquitrán m.
'cattedra sf cátedra.
catte'drale sf catedral f.
catti'veria sf maldad f, perversidad f.
cattività sf cautiverio, cautividad f.
cat'tivo, a ag malo(a); (azione)
malvado(a), perverso(a); (bambino)
travieso(a).
cattoli'cesimo [-'tʃ-] sm catolicismo.
cat'tolico, a, ci, che ag, sm/f
católico(a).
cat'tura sf captura.
cattu'rare vt capturar.
cauccíù [-t'tʃu] sm inv caucho, goma
elástica.
'causa sf causa; fare o muovere ~ (DIR)
hacer o promover causa; essere/
mettere in ~ estar/poner en juego;
~ di forza maggiore (fig) causa
de fuerza mayor.
cau'sare vt (anche fig) causar, provocar.
'caustico, a, ci, che ag cáustico(a);
(fig) mordaz, maligno(a).
cau'tela sf cautela, prudencia.
caute'lare vt cautelar, garantizar; ~rsi
vr cautelarse, prevenirse.
'cauto, a ag cauto(a).
cauzi'one [-t'ts-] sf caución f, fianza.
cav. abbr di cavaliere
'cava sf cantera.

caval'care vt cabalgar, montar.
caval'cata sf cabalgada.
cavalca'via sm inv puente sobre un
camino u ferrocarril.
cavalci'oni [-'tʃ-]: a ~ av a horcajadas.
cavali'ere sm jinete m; (titolo,
accompagnatore etc) caballero.
cavalle'resco, a, schi, sche [-ll-] ag
caballeresco(a).
cavalle'ria [-ll-] sf caballería; (fig)
caballerosidad f, nobleza.
cavalle'rizza [kavalle'rittsa] sf
(maneggio) picadero.
caval'letta [-l'l-] sf (ZOOL) langosta.
caval'letto [-l'l-] sm caballete m.
ca'vallo [-llo] sm caballo; (AUTO: anche; ~
vapore) caballo de vapor; (di pantaloni,
mutande) fondillos mpl; ~ di battaglia
(fig) caballito de batalla; essere a ~
(fig) estar fuera de dificultad.
ca'vare vt sacar, quitar; (dente) extraer;
~rsi vr (fame, voglia) satisfacer;
cavarsela (fig) arreglárselas.
cava'tappi sm inv sacacorchos m inv,
tirabuzón m.
ca'verna sf caverna, cueva.
ca'vezza [-ttsa] sf cabestro.
'cavia sf (ZOOL) cobaya, cuí m; (fig)
conejillo de Indias.
cavi'ale sm inv caviar m.
ca'viglia [-ʎʎa] sf tobillo.
cavil'lare [-l'l-] vi sutilizar, buscar
pretextos.
ca'villo [-llo] sm sofisma m.
cavità sf inv cavidad f.
'cavo, a ag hueco(a), vacío(a) // sm
(ANAT) hueco; (grossa corda) cabo,
cuerda; (ELETTR, TELEC) cable m.
cavo'lata sf (fam) tontería, bobería.
cavolfi'ore sm coliflor m.
'cavolo sm (BOT) col f; non
capire/dire/fare etc un ~ (fig) no
entender/decir/hacer etc un pito.
'cazzo [-ttso] sm (fam!) polla // escl
(fam!) ¡coño!; non capisce un ~ no
entiende nada de nada.
cazzu'ola [-t'ts-] sf trulla.
CC abbr di Carabinieri.
c/c (abbr di conto corrente) c/c.
ce pron, av vedi ci.
'cece ['tʃetʃe] sm (BOT) garbanzo.
cecità [tʃetʃi'ta] sf ceguera.
Cecoslo'vacchia [tʃekoslo'vakkja] sf
Checoslovaquia.
cecoslo'vacco, a, chi, che
[tʃ-] ag, sm/f checoslovaco(a).
'cedere ['tʃ-] vt conceder, otorgar; (DIR)
ceder // vi (pilastri, fondamenta) ceder;
~ a ceder a, retroceder ante; (destino,
malattia) rendirse ante, sucumbir a.
ce'devole [tʃ-] ag (terreno) poco firme,
desmoronadizo(a); (fig) dócil,
complaciente.
cedi'mento [tʃ-] sm (frana)
aflojamiento; (fig) claudicación f.
'cedola ['tʃ-] sf (FIN) título, acción f.

'**cedro** ['tʃ-] *sm* (*BOT: pianta, legno*) cedro; (: *frutto*) cédride *f*.

C.E.E. *abbr f vedi* **comunità**.

'**ceffo** ['tʃ-] *sm* (*peg*) cara fea.

ce'lare [tʃ-] *vt* esconder; ~**rsi** *vr* esconderse.

cele'brare [tʃ-] *vt* celebrar.

celebrazi'one [tʃelebrat'tsjone] *sf* celebración *f*.

'**celebre** ['tʃ-] *ag* célebre.

celebrità [tʃ-] *sf inv* celebridad *f*.

'**celere** ['tʃ-] *ag* rápido(a), veloz // *sf* reparto motorizado de la policía.

celerità [tʃ-] *sf* rapidez *f*, velocidad *f*.

ce'leste [tʃ-] *ag, sm* celeste (*m*).

celi'bato [tʃ-] *sm* celibato, soltería.

'**celibe** ['tʃ-] *ag* célibe // *sm* soltero.

'**cella** ['tʃ-] *sf* celda.

'**cellula** ['tʃ-] *sf* célula.

cellu'lite [tʃ-] *sf* celulitis *f*.

cemen'tare [tʃ-] *vt* (*EDIL*) unir con argamasa o hormigón; (*fig*) cimentar, afianzar.

ce'mento [tʃ-] *sm* cemento.

'**cena** ['tʃ-] *sf* cena; (*REL*): **Ultima C**~ Ultima Cena.

ce'nare [tʃ-] *vi* cenar.

'**cencio** ['tʃentʃo] *sm* (*straccio*) trapo; (*vestito*) harapo, andrajo.

'**cenere** ['tʃ-] *sf* ceniza; ~**i** *fpl* (*fig*) cenizas, restos *mpl*; **le C**~**i** miércoles *m* de Ceniza.

'**cenno** ['tʃ-] *sm* (*segno*) seña, señal *f*; (*notizia*) noticia breve.

censi'mento [tʃ-] *sm* censo.

cen'sire [tʃ-] *vt* censar.

cen'sore [tʃ-] *sm* censor *m*; (*fig*) crítico.

cen'sura [tʃ-] *sf* censura; (*fig*) crítica.

censu'rare *vt* censurar.

cente'nario [tʃ-] *ag* centenario(a) // *sm* centenario.

cen'tesimo [tʃ-] *ag* centésimo(a) // *sm* (*quantità*) centésimo; (*moneta*) céntimo; ~**i** *mpl* céntimos *mpl*.

cen'tigrado, a [tʃ-] *ag* centígrado(a).

centi'grammo [tʃ-] *sm* centigramo.

cen'timetro [tʃ-] *sm* centímetro.

centi'naio, *pl*(*f*) **a** [tʃ-] *sm* centenar *m*.

'**cento** ['tʃ-] *num* ciento (cien *delante de sustantivo*).

cen'trale [tʃ-] *ag* central, céntrico(a) // *sf* central *f*.

centra'lino [tʃ-] *sm* centralita.

centraliz'zare [tʃentralid'dzare] *vt* centralizar.

cen'trare [tʃ-] *vt, vi* centrar.

'**centro** ['tʃ-] *sm* centro.

'**ceppo** ['tʃ-] *sm* (*pianta, stirpe*) cepa; (*legno da ardere*) tuero, leña.

'**cera** ['tʃ-] *sf* cera.

cera'lacca, che [tʃ-] *sf* lacre *m*.

ce'ramica, che [tʃ-] *sf* cerámica.

cerbi'atto [tʃ-] *sm* cervato.

'**cerca** ['tʃ-] *sf*: **in** ~ **di** en busca de.

cer'care [tʃ-] *vt* buscar // *vi*: ~ **di** esforzarse por, tratar de.

'**cerchia** ['tʃerkja] *sf* (*di mura*) cerco, recinto; (*di amici*) círculo.

'**cerchio** ['tʃerkjo] *sm* cerco, aro; (*MAT*) círculo.

cere'ale [tʃ-] *ag, sm* cereal (*m*); ~**i** *smpl* cereales *mpl*.

cere'brale [tʃ-] *ag* (*anche fig*) cerebral.

ceri'monia [tʃ-] *sf* ceremonia.

cerimoni'ale [tʃ-] *ag, sm* ceremonial (*m*).

ce'rino [tʃ-] *sm* cerilla, fósforo.

'**cernia** ['tʃ-] *sf* mero.

cerni'era [tʃ-] *sf* bisagra.

'**cernita** ['tʃ-] *sf* selección *f*.

'**cero** ['tʃ-] *sm* cirio.

ce'rotto [tʃ-] *sm* parche *m*.

certa'mente [tʃ-] *av* ciertamente, por cierto.

cer'tezza [tʃer'tettsa] *sf* seguridad *f*, certeza.

certifi'care [tʃ-] *vt* (*DIR*) certificar, atestiguar.

certifi'cato [tʃ-] *sm* certificado, certificación *f*; ~ **medico/di nascita** certificado médico/de nacimiento.

'**certo, a** ['tʃ-] *ag* cierto(a), verdadero(a); (*sicuro*) seguro(a) // *sm* cierto // *det* cierto(a) // *av* cierto, ciertamente; ~**i(e)** *pron pl* algunos(as); ~ **che sì/no!** ¡por cierto que sí/no!; **di** ~ ciertamente; **dopo un** ~ **tempo** después de cierto o algún tiempo.

certo'sino [tʃ-] *sm* (*REL*) cartujo; (*formaggio*) tipo de queso blando.

cer'tuni, e [tʃ-] *pron pl* algunos(as), unos(as), ciertos(as).

cer'vello, *pl* **i** (*anche*: *pl*(*f*) **a** o **e**) [tʃer'vello] *sm* cerebro; ~ **elettronico** (*INFORM*) cerebro electrónico.

'**cervo** ['tʃ-] *sm* ciervo; ~ **volante** (*ZOOL*) ciervo volante; (*fig: aquilone*) cometa.

cesel'lare [tʃezel'lare] *vt* cincelar.

ce'sello [tʃe'zɛllo] *sm* cincel *m*.

ce'soie [tʃ-] *sfpl* tijeras *fpl*; (*da giardiniere*) podadera.

'**cespite** ['tʃ-] *sm* renta.

ce'spuglio [tʃes'puʎʎo] *sm* mata.

ces'sare [tʃ-] *vi* cesar; (*aus essere*: *smettere*) suspender, parar; **cessate il fuoco** *sm* (*MIL*) alto el fuego.

'**cesso** ['tʃ-] *sm* (*fam*) excusado; (: *fig*) letrina.

'**cesta** ['tʃ-] *sf* cesta, canasta.

cesti'nare [tʃ-] *vt* tirar al cesto; (*articoli, libri*) no publicar; (*fig: domanda etc*) ignorar.

ce'stino [tʃ-] *sm* cesto; ~ **da lavoro** costurero; ~ **da viaggio** cesto de provisiones para un viaje.

'**cesto** ['tʃ-] *sm* cesta, canasta.

'**céto** ['tʃ-] *sm* clase *f*.

cetri'olo [tʃ-] *sm* pepino.

cfr. (*abbr di confronta*) cfr.

C.G.I.L. *abbr f di Confederazione Generale Italiana del Lavoro*.

che [ke] *pron (relativo)* que; **il giorno ~** el día en que; *(interrogativo)*: **~ (cosa) fai?** ¿qué haces?; **a ~ (cosa) pensi?** ¿en qué piensas?; **non sa ~ fare** no sabe qué hacer; *(esclamativo)*: **ma ~ dici!** ¡pero qué dices!; *(indefinito)*: **un non so ~ di bello** algo o un no se qué de hermoso // *det* qué; **~ vestito vuoi?** ¿qué vestido quieres?; **~ bel vestito!** ¡qué hermoso vestido!; **~ buono!** ¡qué bueno! // *cong* que; **sono contento ~ tu sia venuto** estoy contento de que hayas venido; *(temporale)*: **arrivai ~ eri già partito** llegué cuando ya te habías ido; **sono anni ~ non lo vedo** hace años que no lo veo; *(in frasi imperative)*: **~ venga pure** que venga nomás; **~ tu sia benedetto** bendito seas; **non ~ sia stupido** no es que sea estúpido.

chepì [ke-] *sm inv* (MIL) quepis *m inv*.

cheru'bino [k-] *sm* querubín *m*.

cheti'chella [keti'kɛlla] **alla ~** *av* a la chita callando.

'cheto, a ['k-] *ag* quedo(a), callado(a).

chi [ki] *pron (interrogativo)* quién; **quiénes** *pl*; **~ è/sono?** ¿quién es/quiénes son?; *(relativo)* quien; **dillo a ~ vuoi** dilo a quien quieras; **~ dice una cosa ~ un'altra** quien dice una cosa, quien otra.

chiacchie'rare [kjakkje'rare] *vi* conversar; *(discorrere futilmente)* charlar; *(far pettegolezzi)* chismear.

chiacchie'rata [kjakkje'rata] *sf* charla, conversación *f*.

chi'acchiere ['kjakkjere] *sfpl (discorso futile)* charlas *fpl*; *(pettegolezzo)* chisme *m*; **far due o quattro ~** echar un parrafo; **poche ~!** ¡nada de charla!

chiacchie'rìo [kjakkje'rio] *sm* charloteo.

chiacchie'rone, a [kjakkje'rone] *ag, sm/f* hablador(a); *(pettegolo)* chismoso(a).

chia'mare [kj-] *vt* llamar; **~rsi** *vr* llamarse; **~ in giudizio** (DIR) citar en juicio.

chia'mata [kj-] *sf* llamada; **~ in giudizio** (DIR) citación *f*; **~ alle armi** (MIL) llamamiento.

chia'rezza [kja'rettsa] *sf* limpidez *f*; *(di discorso etc)* claridad *f*.

chia'rire [kj-] *vt* aclarar; **~rsi** *vr* aclararse.

chi'aro, a ['kj-] *ag* claro(a) // *av, sm* claro.

chia'rore [kj-] *sm* claridad *f*.

chiaro'scuro [kj-] *sm* claroscuro.

chiarove'genza [kjaroved'dʒentsa] *sf* clarividencia.

chi'asso ['kj-] *sm* ruido, bulla.

chias'soso, a [kj-] *ag* ruidoso(a), bullicioso(a).

chi'ave ['kj-] *sf* llave *f* // *ag inv* clave; **~ inglese** llave inglesa; **~ di violino** (MUS) clave *f* de violín.

chiavi'stello [kjavis'tɛllo] *sm* pestillo, cerrojo.

chi'azza ['kjattsa] *sf* mancha grande.

'chicco, chi ['ki-] *sm* grano.

chi'edere ['kj-] *vt (per sapere)* preguntar; *(per avere)* pedir // *vi*: **chiedono di te al telefono** te llaman por teléfono.

chi'erico, ci ['kj-] *sm* (REL) clérigo; *(chi serve la Messa)* monaguillo.

chi'esa ['kj-] *sf* iglesia.

chi'esto, a ['kj-] *sm* pp di **chiedere**.

'chiglia ['kiʎʎa] *sf* quilla.

'chilo ['k-] *sm (abbr di* **chilogrammo***)* kilo.

chilo'grammo [k-] *sm* kilogramo.

chi'lometro [k-] *sm* kilómetro.

chi'mera [k-] *sf (fig)* quimera.

'chimico, a, ci, che ['k-] *ag, sm/f* químico(a) // *sf* química.

'china ['k-] *sf (pendio)* pendiente *f*, declive *m*; *(BOT)* quino; *(liquore)* quina.

chi'nare [k-] *vt* inclinar, agachar; **~rsi** *vr* inclinarse, agacharse.

chincaglie'ria [kinkaʎʎe'ria] *sf* quincalla.

chi'nino [k-] *sm* quinina.

'chino, a ['k-] *ag* inclinado(a), agachado(a); **a capo ~** con la cabeza gacha.

chi'occia, ce ['kjottʃa] *sf* (ZOOL) clueca.

chi'occiola ['kjottʃola] *sf* caracol *m*; **scala a ~** escalera de caracol.

chi'odo ['kj-] *sm* clavo; *(fig)* idea fija.

chi'oma ['kj-] *sf (capelli)* cabellera, melena; *(di un albero)* copa.

chi'osco, schi ['kj-] *sm* quiosco.

chi'ostro ['kj-] *sm* claustro.

chiroman'zia [kiroman'tsia] *sf* quiromancia.

chirur'gia [kirur'dʒia] *sf* cirugía.

chi'rurgo, ghi o gi [k-] *sm* cirujano.

chissà [k-] *av* quién sabe.

chi'tarra [k-] *sf* guitarra.

chitar'rista, i, e [k-] *sm/f* guitarrista *m/f*.

chi'udere ['kj-] *vt* cerrar; *(strada)* clausurar, obstruir // *vi* cerrar; **~rsi** *vr* cerrarse; *(fig)* encerrarse, aislarse.

chi'unque [ki'unkwe] *pron (relativo)* quienquiera; *(indefinito)* cualquiera; **~ sia** quienquiera sea.

chi'uso, a ['kj-] *pp di* **chiudere** // *sf (di corso d'acqua)* dique *m*; *(di discorso)* fin *m*, conclusión *f*.

chiu'sura [kj-] *sf* cierre *m*, clausura.

ci [tʃi] *pron (dav lo, la, li, le, ne diventa* **ce)** *(personale)* nos; *(reciproco)*: **amiamo~ l'un l'altro** amémonos los unos a los otros; *(impersonale)*: **~ si veste** se viste; *(dimostrativo: di ciò, su ciò etc)*: **che cosa posso far~?** ¿qué puedo hacerle?; **~ puoi contare** puedes estar seguro de ello; **non ~ capisco nulla** no entiendo nada // *av (stato in luogo)* allí; *(moto a luogo)*: **non ~ vado mai** no voy nunca ahí; **non voglio abitar~** no quiero vivir allí; ~ **passa sopra un ponte** por ahí pasa un puente; **esser~** *vedi* **essere.**

C.ia *(abbr di compagnia)* C., Cía.

cia'batta [tʃ-] *sf (pantofola)* chinela, chancleta.

ci'alda [tʃ-] *sf* (CUC) barquillo.

cial'trone, a [tʃ-] *sm/f* tunante/a, sinverguenza *m/f.*

ciam'bella [tʃam'bella] *sf* (CUC) rosca, rosquilla; *(salvagente)* salvavidas *m inv.*

ci'ancia, ce ['tʃantʃa] *sf* chisme *m*, cháchara.

ci'ao ['tʃ-] *escl (incontrandosi)* ¡hola!; *(lasciandosi)* ¡hasta luego!

ciarla'tano [tʃ-] *sm* charlatán *m*, embaucador *m.*

cia'scuno, a [tʃ-] *det (dav sm* **ciascun** + *C*, *V*, **ciascuna** + *s impura, gn, pn, ps, x, z; dav sf* **ciascuna** + *C*, **ciascun'** + *V*) cada. todo(a) // *pron* cada uno(a); ~ **di voi. . .** cada uno de vosotros. . .; **due caramelle per** ~ dos caramelos cada uno.

ci'bare [tʃ-] *vt* nutrir, alimentar; **~rsi di** *(anche fig)* alimentarse de.

ci'barie [tʃ-] *sfpl* víveres *mpl.*

'cibo ['tʃ-] *sm* alimento, comida.

ci'cala [tʃ-] *sf* cigarra, chicharra.

cica'trice [tʃika'tritʃe] *sf (anche fig)* cicatriz *f.*

cicatriz'zare [tʃikatrid'dzare] *vt* cicatrizar; **~rsi** *vr* cicatrizarse.

'cicca ['tʃ-] *sf (fam: gomma da masticare)* chicle *m*; *(mozzicone)* colilla, pucho; **non valere una** ~ *(fam: fig)* no valer nada.

'ciccia ['tʃittʃa] *sf (fam)* grasa, carne *f.*

cicci'one, a [tʃit'tʃone] *sm/f (fam)* gordito/a, gordinflón/ona.

cicla'mino [tʃ-] *sm* ciclamino.

ci'clismo [tʃ-] *sm* ciclismo.

ci'clista, i, e [tʃ-] *sm/f* ciclista *m/f.*

'ciclo ['tʃ-] *sm* ciclo.

ciclomo'tore [tʃ-] *sm* velomotor *m.*

ci'clone [tʃ-] *sm* ciclón *m.*

ciclo'stile [tʃ-] *sm* mimeógrafo.

ci'cogna [tʃi'koɲɲa] *sf* cigüeña.

ci'coria [tʃ-] *sf* achicoria.

ci'cuta [tʃ-] *sf* cicuta.

ci'eco, a, chi, che ['tʃ-] *ag, sm/f (anche fig)* ciego(a); *(finestra, vicolo)* sin vista, cerrado(a).

ci'elo ['tʃ-] *sm* cielo.

'cifra ['tʃ-] *sf* cifra; *(ricamata)* monograma a.

ci'frare [tʃ-] *vt* cifrar; *(ricamare)* bordar monograma a.

'ciglio ['tʃiʎʎo] *sm (margine)* borde *m*, orilla; *(pl(f)* **~a:** *delle palpebre)* pestañas.

'cigno ['tʃiɲɲo] *sm* cisne *m.*

cigo'lare [tʃ-] *vi* chirriar.

cigo'lio [tʃ-] *sm* chirrío.

'Cile ['tʃ-] *sm* Chile *m.*

ci'lecca [tʃ-] *sf:* **fare** ~ *(fig)* hacer chasco.

cili'egia, gie *o* **ge** [tʃi'ljedʒa] *sf* cereza.

cili'egio [tʃi'ljedʒo] *sm* cerezo.

cilin'drata [tʃ-] *sf* cilindrada.

ci'lindro [tʃ-] *sm* cilindro; *(cappello)* sombrero de copa.

'cima ['tʃ-] *sf (di monte. albero etc)* cima, cumbre *f*; *(estremità)* punta, extremidad *f*; (NAUT) cable *m*; ~ **d'ormeggio** amarra.

cimen'tare [tʃ-] *vt* poner a prueba; **~rsi in** aventurarse en; **~rsi con** competir con.

'cimice ['tʃimitʃe] *sf* chinche *f.*

cimini'era [tʃ-] *sf* chimenea.

cimi'tero [tʃ-] *sm* cementerio.

ci'mosa [tʃ-] *sf* orillo.

ci'murro [tʃ-] *sm* muermo, moquillo.

'Cina ['tʃ-] *sf* China.

'cinema ['tʃ-] *sm inv* cine *m.*

cine'presa [tʃ-] *sf* filmadora.

ci'nese [tʃ-] *ag, sm/f* chino(a).

'cingere ['tʃindʒere] *vt (attorniare)* rodear *(di de)*, cercar *(di con)*; *(corpo)* ceñir, ajustar; **~rsi** *vr* ajustarse, ceñirse.

'cinghia ['tʃiŋgja] *sf* cincha; *(dei calzoni)* cinturón *m*; (AUTO) correa.

cinghi'ale [tʃiŋ'gjale] *sm* jabalí *m.*

'cingolo ['tʃ-] *sm* oruga.

cinguet'tare [tʃiŋgw-] *vi* gorjear, piar.

'cinico, a, ci, che ['tʃ-] *ag, sm/f* cínico(a).

ci'nismo [tʃ-] *sm* cinismo.

cinqu'anta [tʃin'kw-] *num* cincuenta.

cinquan'tesimo, a [tʃinkw-] *ag* quincuagésimo(a) // *sm* cincuentavo.

cinquan'tina [tʃinkw-] *sf* cincuentena; *(età)* aproximadamente 50 años.

'cinque ['tʃinkwe] *num* cinco; **il** ~ **dicembre** el cinco de diciembre; **alle** ~ *(ora)* a las cinco.

cinque'cento [tʃinkwe'tʃento] *num* quinientos(as) // *sm:* **il C~** el siglo XVI.

'cinta ['tʃ-] *sf* muro, cerco.

'cinto, a ['tʃ-] *pp di* **cingere.**

cin'tura [tʃ-] *sf* cinturón *m*; ~ **di sicurezza/salvataggio** cinturón de seguridad/salvavidas.

ciò [tʃɔ] *pron* esto, eso; ~ **non mi va** esto no me gusta; **che vuoi dire con** ~? ¿qué quieres decir con eso?; *(dav a pron relativo)* lo; ~ **che voglio** lo que quiero; ~ **nondimeno** no obstante lo cual.

ci'occa, che ['tʃ-] *sf* mechón *m.*

ciocco'lata [tʃ-] *sf* chocolate *m.*

cioccola'tino [tʃ-] *sm* chocolatín *m.*

ciocco'lato [tʃ-] *sm* chocolate *m.*

cioè [tʃo'ɛ] *av* es decir, o sea.

ciondo'lare [tʃ-] *vi* oscilar, mecerse; *(fig)* holgazanear.

ci'ondolo ['tʃ-] *sm* dije *m*, pendiente *m.*

ci'otola ['tʃ-] *sf* tazón *m.*

ci'ottolo ['tʃ-] *sm* guijarro, piedrita.

ci'piglio [tʃi'piʎʎo] *sm* ceño.

ci'polla [tʃi'polla] *sf* (BOT) cebolla; *(fig: orologio)* reloj *m* de bolsillo.

ci'presso [tʃ-] *sm* ciprés *m.*

'cipria ['tʃ-] sf polvo.
'circa ['tʃ-] av aproximadamente // prep: ~ la tua richiesta acerca de o en lo que hace a tu pedido; eravamo ~ 100 éramos cerca de 100.
'circo, chi ['tʃ-] sm circo.
circo'lare [tʃ-] vi circular // ag circular // sf (AMM) circular f; (autobus) línea de circunvalación.
circolazi'one [tʃirkolat'tsjone] sf circulación f.
'circolo ['tʃ-] sm círculo.
circon'dare ['tʃ-] vt rodear, cercar; ~rsi di rodearse de.
circon'dario [tʃ-] sm distrito.
circonfe'renza [tʃirkonfe'rentsa] sf circunferencia.
circonvallazi'one [tʃirkonvallat'tsjone] sf circunvalación f.
circo'scrivere [tʃ-] vt (anche fig) circunscribir, limitar.
circo'scritto, a [tʃ-] pp di circoscrivere.
circoscrizi'one [tʃirkoskrit'tsjone] sf circunscripción f.
circo'spetto, a [tʃ-] ag circunspecto(a).
circospezi'one [tʃirkospet'tsjone] sf circunspección f, cautela.
circo'stante [tʃ-] ag colindante, limítrofe.
circo'stanza [tʃirkos'tantsa] sf circunstancia.
cir'cuito, a [tʃir'kuito] ag engatusado(a), engañado(a) // sm circuito.
C.I.S.L. abbr f di Confederazione Italiana Sindacati Lavoratori.
ci'sterna [tʃ-] sf cisterna, aljibe m.
'cisti ['tʃ-] sf quiste m.
C.I.T. abbr [tʃit] f di Compagnia Italiana di Turismo.
ci'tare [tʃ-] vt citar.
citazi'one [tʃitat'tsjone] sf citación f.
ci'tofono [tʃ-] sm portero eléctrico; (in uffici) teléfono interno.
ci'trato [tʃ-] sm citrato.
cit'tà [tʃi-] sf inv ciudad f.
cittadi'nanza [tʃittadi'nantsa] sf (abitanti) ciudadanos mpl; (DIR) ciudadanía.
citta'dino, a [tʃ-] ag, sm/f ciudadano(a).
ci'uco, a, chi, che ['tʃ-] sm (ZOOL) asno, borrico; (fig) burro.
ci'uffo ['tʃ-] sm (di capelli) mechón m; (di penne) penacho; (di erba) mata.
ci'vetta [tʃ-] sf (ZOOL) lechuza; (fig) coqueta.
civet'tare [tʃ-] vi (fig) coquetear.
civette'ria [tʃ-] sf coquetería.
'civico, a, ci, che ['tʃ-] ag cívico(a).
ci'vile [tʃ-] ag civil, cívico(a); (cortese) amable, cortés // sm civil m; abito ~ traje de paisano.
civiliz'zare [tʃivilid'dzare] vt civilizar; ~rsi vr civilizarse.
civiltà [tʃ-] sf inv civilización f; (fig)

urbanidad f, cortesía.
'clacson sm inv (AUTO) claxon m, bocina.
cla'more sm vocerío, gritería; (scalpore) ruido, tumulto.
clamo'roso, a ag clamoroso(a).
clande'stino, a ag clandestino(a) // sm polizón m.
clari'netto sm clarinete m.
'classe sf clase f.
classi'cismo [-'tʃ-] sm clasicismo.
'classico, a, ci, che ag clásico(a) // sm clásico.
clas'sifica sf clasificación f.
classifi'care vt clasificar; ~rsi vr clasificarse.
classificazi'one [-t'ts-] sf clasificación f.
'clausola sf cláusula.
'clava sf clava, cachiporra.
clavi'cembalo [-'tʃ-] sm clavicémbalo.
cla'vicola sf clavícula.
cle'mente ag clemente; (clima, tempo) apacible.
cle'menza [-tsa] sf (vedi ag) clemencia; apacibilidad f.
cleri'cale ag clerical.
'clero sm clero.
cli'ente sm/f cliente m/f.
clien'tela sf clientela.
'clima, i sm clima.
cli'matico, a, ci, che ag climático(a).
climatizzazi'one [-ddzat'tsjone] sf (TECN) climatización f, aire acondicionado; impianto di ~ instalación de aire acondicionado.
'clinico, a, ci, che ag (anche fig) clínico(a) // sf clínica.
clo'aca, che sf cloaca.
cloro'filla [-lla] sf clorofila.
cloro'formio sm cloroformo.
club sm inv club m; sci ~ (SPORT) club de esquí.
coabi'tare vi cohabitar, convivir.
coadiu'tore, 'trice sm/f coadjutor/ora; (SCOL) suplente m/f.
coadiu'vare vt coadyuvar.
coagu'lare vt coagular; ~rsi vr coagularse.
coalizi'one [-t'ts-] sf coalición f, alianza.
co'atto, a ag forzoso(a).
'cobra sm inv cobra.
coca'ina sf cocaína.
coc'carda sf escarapela.
'coccio [-tʃo] sm (vaso) cacharro, vasija; (frammento) pedazo, añicos mpl; (materiale) barro cocido.
cocciu'taggine [kottʃu'taddʒine] sf testarudez f, terquedad f.
cocci'uto, a [-t'tʃ-] ag terco(a), testarudo(a).
'cocco, chi sm (MED) coco; (BOT: pianta) cocotero; (: frutto): noce di ~ coco // sm/f (fam) preferido/a, mimado/a.
cocco'drillo [-llo] sm cocodrilo.
cocco'lare vt mimar.
co'cente ag ardiente.

co'comero *sm* sandía.

co'cuzzolo [-tts-] *sm* cima, cumbre *f*.

'coda *sf* cola; **mettersi in** ~ ponerse en la cola.

co'dardia *sf* cobardía.

co'dardo, a *ag. sm/f* cobarde *(m/f)*.

co'dazzo [-ttso] *sm* séquito, acompañamiento.

'codice [-tʃe] *sm* código; ~ **di avviamento postale (C.A.P.)** código postal; ~ **della strada** (AUTO) código de la circulación.

codifi'care *vt* codificar.

coeffici'ente [-'tʃ-] *sm* coeficiente *m*.

coercizi'one [koertʃit'tsjone] *sf* coerción *f*, constricción *f*.

coe'rente *ag* coherente.

coe'renza [-tsa] *sf (anche fig)* coherencia.

coesi'one *sf* (CHIM) cohesión *f*; *(fig)* acuerdo.

coe'sistere *vi (aus essere)* coexistir.

coe'taneo, a *ag* coetáneo(a) // *sm/f* contemporáneo/a.

'cofano *sm* (AUTO) capo.

'cogli [-ʎʎi] *prep + det vedi* **con**.

'cogliere [-ʎʎ-] *vt* coger; *(fig: occasione)* aprovechar; *(: significato)* coger al vuelo, comprender; ~ **la palla al balzo** *(fig)* aprovechar la volada o ocasión; ~ **alla sprovvista** *(fig)* coger desprevenido.

co'gnato, a [-ɲ'ɲ-] *sm/f* cuñado/a.

cognizi'one [koɲɲit'tsjone] *sf*: ~**i** *fpl* saber *m*, conocimientos *mpl*; **con** ~ **di causa** con conocimiento de causa.

co'gnome [-ɲ'ɲ-] *sm* apellido.

'coi *prep + det vedi* **con**.

coinci'denza [kointʃi'dɛntsa] *sf (anche fig)* coincidencia; *(di mezzo di trasporto)* empalme *m*.

coin'volgere [-dʒ-] *vt*: ~ **in** implicar o comprometer en.

col *prep + det vedi* **con**.

cola'brodo, cola'pasta *sm inv* colador *m*.

co'lare *vt (liquido)* colar, filtrar; *(metallo)* fundir // *vi (aus essere)* gotear, chorrear; ~ **a fondo/a picco** (NAUT) hundirse/irse a pique.

co'lata *sf* (GEOL) salida de la lava en erupción; (METALLURGIA) colada, vaciado.

colazi'one [-t'ts-] *sf (mattino)* desayuno; *(mezzogiorno)* almuerzo.

co'lei *pron vedi* **colui**.

co'lera *sm inv* cólera.

colibrì *sm* colibrí *m*.

'colica, che *sf* cólico.

'colla [-lla] *prep + det vedi* **con** // *sf* cola, engrudo.

collabo'rare [-ll-] *vi*: ~ **(a qc)** colaborar (en algo).

collabora'tore, 'trice [-ll-] *sm/f* colaborador/a.

collaborazi'one [kollaborat'tsjone] *sf* colaboración *f*.

col'lana [-l'l-] *sf* collar *m*; *(di libri)* colección *f*.

col'lant [kɔ'lã] *sm inv* leotardo.

col'lare [-l'l-] *sm* collar *m*.

col'lasso [-l'l-] *sm* colapso.

collate'rale [-ll-] *ag* colateral.

collau'dare [-ll-] *vt* (AUTO) examinar; (TECN) probar.

col'laudo [-l'l-] *sm* prueba.

collazi'one [kollat'tsjone] *sf* cotejo, comparación *f*.

'colle [-lle] *sm* colina.

col'lega, ghi, ghe [-l'l-] *sm/f* colega *m/f*.

collega'mento [-ll-] *sm* enlace *m*, conexión *f*.

colle'gare [-ll-] *vt* unir, conectar; *(stanze)* poner en comunicación; *(fig)* conexionar, relacionar; ~**rsi** *vr* (RADIO, TV) ponerse en comunicación.

col'legio, gi [kol'lɛdʒo] *sm* colegio.

'collera [-ll-] *sf* cólera, ira.

col'lerico, a, ci, che [-l'l-] *ag* colérico(a).

col'letta [-l'l-] *sf* colecta.

collettività [-ll-] *sf* colectividad *f*.

collet'tivo, a [-ll-] *ag* colectivo(a) // *sm* (POL) órgano de consulta y deliberación.

col'letto [-l'l-] *sm* cuello.

collezi'one [kollet'tsjone] *sf* colección *f*.

colli'mare [-ll-] *vi (anche fig)* coincidir, concordar.

col'lina [-l'l-] *sf* colina.

colli'noso, a [-ll-] *ag* ondulado(a).

col'lirio [-l'l-] *sm* colirio.

collisi'one [-ll-] *sf* colisión *f*, choque *m*.

'collo [-llo] *sm* cuello.

colloca'mento [-ll-] *sm (lavoro)* empleo, colocación *f*; **ufficio di** ~ agencia de colocación.

collo'care [-ll-] *vt* colocar; ~**rsi** *vr* colocarse, situarse.

col'loquio [kol'lɔkwjo] *sm* coloquio.

col'mare *vt (anche fig)* colmar, llenar.

'colmo, a *ag (anche fig)* colmo(a) // *sm* cima, cumbre *f*; **è il** ~**!** *(fig)* ¡es el colmo!

co'lombo, a *sm/f* palomo/a.

co'lonia *sf* colonia; **acqua di** ~ agua de colonia.

coloni'ale *ag (commercio, stile)* colonial // *sm* colono.

coloniz'zare [-d'dz-] *vt* colonizar.

colonizzazi'one [-ddzat'tsjone] *sf* colonización *f*.

co'lonna *sf* columna; *(fila)* hilera, fila; ~ **vertebrale** (ANAT) columna vertebral.

colon'nello [-llo] *sm* (MIL) coronel *m*.

co'lono *sm* colono.

colo'rante *sm* colorante *m*.

colo'rare *vt* colorar, colorear; ~**rsi** *vr* teñirse.

co'lore *sm* color *m*; **a** ~**i** de colores; **farsi/diventare di tutti i** ~**i** salirle a uno los colores.

colo'rito, a *ag* (*anche fig*) colorido(a) // *sm* colorido.

co'loro *pron pl vedi* colui.

colos'sale *ag* colosal.

co'losso *sm* coloso.

'colpa *sf* culpa.

col'pevole *ag, sm/f* culpable (*m/f*).

col'pire *vt* golpear; (*ferire*) golpear, herir; (*sog: malattia*) atacar; (: *catastrofe*) asolar; (*fig*) impresionar, conmover.

'colpo *sm* golpe *m*; (*emozione*) impresión *f*; *di arma da fuoco*) tiro, disparo; (MED) a ~ que *m*; **di ~** de golpe, de repente; **sul ~** instantáneamente, de golpe; **fallire il ~** fracasar el golpe; **~ di fulmine** (*fig*) flechazo; **~ di Stato** (POL) golpe *m* de estado; **~ di telefono** telefonazo; **~ di testa** (*fig*) capricho; **~ di vento** (NAUT) ráfaga.

coltel'lata [-l'l-] *sf* cuchillada.

col'tello [-llo] *sm* cuchillo; **~ a serramanico** cuchillo de resorte.

colti'vabile *ag* cultivable.

colti'vare *vt* (*anche fig*) cultivar; **~rsi** *vr* cultivarse.

coltiva'tore *sm* cultivador *m*.

coltivazi'one [-t'ts-] *sf* cultivación *f*, cultivo.

'colto, a *pp di* cogliere // *ag* (*istruito*) culto(a), instruido(a).

'coltre *sf* colcha, frazada; (*fig*) manto.

col'tura *sf* cultivo.

co'lui, co'lei, *pl* co'loro *pron el m*, la *f*, los *mpl*, las *fpl*; **~/colei** *etc* **che** el/la *etc* que.

'coma *inv* coma *m*.

comanda'mento *sm* mandamiento.

coman'dante *sm* (MIL) comandante *m*.

coman'dare *vt* (*esercito*) comandar, mandar; (*imporre*) imponer; (*controllare: meccanismo*) controlar; (*pranzo*) ordenar.

co'mando *sm* (*ordine*) orden *f*, mando; (*autorità*) comando; (TECN) mando.

co'mare *sf* comadre *f*.

combaci'are [-t'ʃ-] *vi* coincidir, unirse perfectamente.

combat'tente *ag, sm* combatiente (*m*).

com'battere *vt, vi* (*anche fig*) combatir; **~rsi** *vr* combatirse.

combatti'mento *sm* (*anche fig*) combate *m*, lucha.

combi'nare *vt* combinar; (*organizzare*) arreglar, organizar; (*guaio etc*) hacer; **~rsi** *vr* (CHIM) combinarse.

combinazi'one [-t'ts-] *sf* combinación *f*; (*caso fortuito*) casualidad *f*; **per ~** por casualidad.

combu'stibile *ag, sm* combustible (*m*).

combusti'one *sf* combustión *f*.

com'butta *sf* (*peg*) pandilla.

'come *av* cómo // *cong* como // *sm*: **il ~** el cómo; **~ mai?** ¿cómo es eso?; **~?** ¿cómo?; **~ sei bravo!** ¡cómo eres hábil!; **~ se** como si; **~ arrivò si mise** a lavorare como o en cuanto llego se puso a trabajar.

co'meta *sf* cometa *m*.

'comico, a, ci, che *ag* cómico(a); (*buffo*) gracioso(a), divertido(a) // *sm* cómico, comediante *m*.

co'mignolo [-ɲɲ-] *sm* chimenea (*el cañón sobre el tejado*).

cominci'are [-t'ʃ-] *vt* comenzar, iniciar // *vi* (*aus* essere *se usato assolutamente*) empezar; **~ a fare** empezar a hacer; **~ col fare** empezar haciendo.

comi'tato *sm* comité *m*.

comi'tiva *sf* comitiva, compañía.

co'mizio [-ttsjo] *sm* (POL) mitin *m*.

'comma, i *sm* (DIR) apartado.

com'mando *sm inv* (MIL) comando.

com'media *sf* (*anche fig*) comedia; **fare/recitare la ~** (*fig*) hacer la comedia.

commedi'ante *sm/f* (*anche fig*) comediante/a.

commemo'rare *vt* conmemorar.

commenda'tore *sm* comendador *m*.

commen'tare *vt* comentar.

commenta'tore, 'trice *sm/f* comentarista *m/f*.

com'mento *sm* (*di un testo*) interpretación *f*; (*critica*) comentario.

commerci'ale [-'tʃ-] *ag* (*anche fig*) comercial.

commerci'ante [-'tʃ-] *ag, sm/f* comerciante (*m/f*).

commerci'are [-'tʃ-] *vt* comerciar, vender // *vi*: **~ in** comerciar o negociar en.

com'mercio [-tʃ-] *sm* (*attività*) comercio; **essere in ~** (*sog: merce*) estar en venta; **essere nel ~** estar en el comercio; **~ all'ingrosso/minuto** comercio al por mayor/al por menor.

com'messo, a *pp di* commettere // *sm/f* empleado/a, dependiente *m/f* // *sf* (COMM) pedido; **~ viaggiatore** viajante *m*.

comme'stibile *ag* comestible; **~i** *smpl* comestibles *mpl*.

com'mettere *vt* cometer.

commi'ato *sm* despedida.

commi'nare *vt* (DIR) conminar, apercibir.

commise'rare *vt* compadecer.

commiserazi'one [-t'ts-] *sf* compasión *f*, lástima.

commissari'ato *sm* comisaría.

commis'sario *sm* comisario; (SCOL) *miembro de una comisión de examen*.

commissio'nario *sm* comisionista *m*.

commissi'one *sf* comisión *f*; (COMM: *ordinazione*) pedido; **~i** *fpl* (*acquisti*) compras *fpl*.

commit'tente *sm/f* comitente *m/f*.

com'mosso, a *pp di* commuovere //

commo'vente *ag* conmovedor(a).

commozi'one [-t'ts-] *sf* conmoción *f*, emoción *f*; ~ **cerebrale** (MED) conmoción cerebral.

commu'overe *vt* conmover, impresionar; ~**rsi** *vr* conmoverse, impresionarse.

commu'tare *vt* cambiar, trocar; (ELETTR) conmutar.

como'dino *sm* mesita de noche.

comodità *sf inv* comodidad *f*.

'comodo, a *ag* cómodo(a) // *sm* conveniencia; **con** ~ sin apuro; **fare il proprio** ~ hacer lo que a uno le conviene; **far** ~ venir bien.

compae'sano, a *sm/f* paisano/a, compatriota *m/f*.

com'pagine [-dʒ-] *sf* equipo.

compa'gnia [-ɲ'nia] *sf* compañía.

com'pagno, a [-ɲɲo] *sm/f* compañero/a.

compa'rabile *ag* comparable.

compa'rare *vt* comparar, cotejar.

compara'tivo, a *ag* comparativo(a) // *sm* (LING) comparativo.

com'pare *sm* compadre *m*.

compa'rire *vi* (aus **essere**) aparecer; (DIR) comparecer.

com'parso, a *pp di* **comparire** // *sf* aparición *f*; (TEATRO, CINE) comparsa; (DIR) comparecencia; **fare la propria** ~**a** hacer su aparición; **fare da** ~**a** (TEATRO, CINE *fig*) hacer de comparsa.

comparti'mento *sm* (FERR) compartimiento; (AMM) circunscripción *f*; ~ **stagno** (NAUT *fig*) compartimiento estanco.

compas'sato, a *ag* mesurado(a), correcto(a).

compassi'one *sf* compasión *f*, piedad *f*; **avere** ~ **di qd** tener compasión de alguien; **mostrare** ~ **per/verso qd** demostrar compasión por/hacia alguien; **fare** ~ (peg) dar lástima.

com'passo *sm* compás *m*.

compa'tibile *ag* compatible.

compati'mento *sm* compasión *f*; indulgencia.

compa'tire *vt* compadecer; (scusare) excusar.

compatri'ota, i, e *sm/f* compatriota *m/f*.

compat'tezza [-tsa] *sf* compactibilidad *f*; (fig) concordancia.

com'patto, a *ag* compacto(a); (fig) unido(a), concorde.

compendi'are *vt* (anche fig) compendiar, resumir; ~**rsi** *vr* resumirse, sintetizarse.

com'pendio *sm* compendio, resumen *m*.

compene'trare *vt* (anche fig) penetrar; ~**rsi** *vr* compenetrarse.

compen'sare *vt* remunerar; (indennizzare) resarcir, indemnizar; (fig) compensar.

com'penso *sm* (vedi *vb*) remuneración *f*; indemnización *f*; compensación *f*; **in** ~ en cambio.

'compera *sf* = **compra**.

compe'rare *vt* = **comprare**.

compe'tente *ag* competente.

compe'tenza [-tsa] *sf* competencia; **essere di mia/sua** ~ ser de competencia mia/suya.

com'petere *vi* competir, rivalizar; (DIR) competer; ~ **con qd per qc** competir con alguien por algo.

competi'tore, 'trice *sm/f* competidor/a.

competizi'one [-t'ts-] *sf* competición *f*.

compia'cente [-'tʃ-] *ag* complaciente, cortés.

compia'cenza [-'tʃɛntsa] *sf* complacencia; (cortesia) amabilidad *f*.

compia'cere [-'tʃ-] *vt* complacer, satisfacer; ~**rsi** *vr*: ~**rsi di** o **per** complacerse de o por; ~**rsi con** alegrarse con.

compiaci'uto, a [-'tʃ-] *pp di* **compiacere**.

compi'angere [-dʒ-] *vt* compadecer, lamentar.

compi'anto, a *pp di* **compiangere** // *ag* (di defunto) llorado(a) // *sm* dolor *m*, pena.

'compiere *vt* cumplir; (portare a termine) concluir, terminar; ~**rsi** *vr* (previsione) cumplirse; ~ **gli anni** cumplir años.

compi'lare *vt* compilar.

compila'tore, 'trice *sm/f* compilador/a.

compilazi'one [-t'ts-] *sf* compilación *f*.

compi'mento *sm* cumplimiento, conclusión *f*.

com'pire *vt* = **compiere**.

compi'tare *vt* deletrear.

compi'tezza [-tsa] *sf* compostura, finura.

'compito *sm* encargo, tarea; (dovere, SCOL) deber *m*.

com'pito, a *ag* bien educado(a), correcto(a).

comple'anno *sm* cumpleaños *m inv*.

complemen'tare *ag* complementario(a).

comple'mento *sm* complemento; **di** ~ (MIL) de reserva.

complessità *sf inv* complejidad *f*.

comples'sivo, a *ag* total, general.

com'plesso, a *ag* complejo(a); (ragionamento) complicado(a) // *sm* complejo; (MUS) conjunto; **in** o **nel** ~ en conjunto o general.

comple'tare *vt* completar.

com'pleto, a *ag* completo(a); **al** ~ completo(a), lleno(a).

compli'care *vt* complicar; ~**rsi** *vr* complicarse.

complicazi'one [-t'ts-] *sf* complicación *f*.

'complice [-'tʃe] *sm/f* cómplice *m/f*.

complimen'tare *vt* felicitar; ~**rsi con** congratularse con.

compli'mento *sm* cumplido; ~**i!** *mpl* ¡felicitaciones! *fpl*; **senza** ~**i** sin cumplidos o ceremonias.

complot'tare *vt* complotar, conspirar.

com'plotto *sm* complot *m*, conspiración *f*.

compo'nente *sm/f* componente *m/f*.

componi'mento *sm* (*DIR*) ajuste *m*, transacción *f*; (*SCOL*) redacción *f*; (*poetico, teatrale*) composición *f*.

com'porre *vt* componer; (*mettere in ordine: capelli*) arreglar.

comporta'mento *sm* comportamiento, conducta.

compor'tare *vt* comportar, implicar; ~**rsi** *vr* comportarse, portarse.

composi'tore, 'trice *sm/f* compositor/a.

composizi'one [-'t'ts-] *sf* composición *f*; (*DIR*) arreglo, conciliación *f*.

compo'stezza [-ttsa] *sf* urbanidad *f*, compostura.

com'posto, a *pp di* **comporre** // *ag* (*vedi vb*) compuesto(a); arreglado(a), ordenado(a) // *sm* mezcla, composición *f*; (*CHIM*) compuesto // *sf* (*CUC*) compota.

'compra *sf* compra.

com'prare *vt* (*anche fig*) comprar; ~ **a buon mercato/in contanti/a credito** comprar barato/ al contado/ a plazo.

compra'tore, 'trice *sm/f* comprador/a.

com'prendere *vt* comprender, entender; (*contenere*) contener.

compren'sibile *ag* comprensible.

comprensi'one *sf* comprensión *f*.

compren'sivo, a *ag* comprensivo(a); **prezzo** ~ **di trasporto** precio que comprende el transporte.

com'preso, a *pp di* **comprendere.**

com'pressa *sf* (*MED: garza*) compresa; (: *pastiglia*) comprimido.

compressi'one *sf* compresión *f*.

com'presso, a *pp di* **comprimere** // *ag* comprimido(a).

com'primere *vt* comprimir.

compro'messo, a *pp di* **compromettere** // *sm* compromiso; (*DIR*) convenio, acuerdo.

compro'mettere *vt* comprometer; ~**rsi** *vr* comprometerse, arriesgarse.

compro'vare *vt* (*DIR*) probar, comprobar.

com'punto, a *ag* compungido(a), contrito(a).

compunzi'one [-'ts-] *sf* compunción *f*, contrición *f*.

compu'tare *vt* computar, contar.

computiste'ria *sf* contabilidad *f*.

'computo *sm* cómputo, cálculo.

comu'nale *ag* municipal.

co'mune *ag* común // *sm* común *m*; (*AMM*) municipalidad *f*, ayuntamiento // *sf* (*di persone*) comunidad *f*; (*POL*) comuna; **in** ~ en común.

comuni'care *vt* comunicar; (*REL*) comulgar // *vi* (*anche fig*) comunicar; ~**rsi** *vr* comunicarse; (*REL*) comulgar.

comunica'tivo, a *ag* comunicativo(a) // *sf* comunicabilidad *f*.

comuni'cato, a *ag* comunicado(a) // *sm* comunicado; ~ **stampa** comunicado de prensa.

comunicazi'one [-'t'ts-] *sf* comunicación *f*.

comuni'one *sf* comunión *f*.

comu'nismo *sm* comunismo.

comu'nista, i, e *ag, sm/f* comunista (*m/f*).

comunità *sf inv* comunidad *f*; **C~ Economica Europea (C.E.E.)** Comunidad Económica Europea (C.E.E.).

co'munque [-kwe] *av* de todos modos // *cong*: ~ **vada, dirò tutto** como quiera que ande, diré todo.

con *prep* (*seguito da det diventa* **con** + **il** = **col, con** + **gli** = **cogli, con** + **i** = **coi, con** + **la** = **colla, con** + **le** = **colle**) con; ~ **me/te/sé** conmigo/contigo/consigo; ~ **tutti i suoi difetti** con o a pesar de todos sus defectos; ~ **tutto ciò** con eso y todo.

co'nato *sm* conato.

'conca, che *sf* cuenca.

concate'nare *vt* (*fig*) concatenar.

'concavo, a *ag* cóncavo(a).

con'cedere [-'tʃ-] *vt* conceder, otorgar; (*ammettere*) convenir, admitir; ~**rsi** *vr* concederse, darse.

concentra'mento [-tʃ-] *sm* concentración *f*.

concen'trare [-tʃ-] *vt* reunir, agrupar; (*fig*) concentrar; ~**rsi** *vr* concentrarse.

concentrazi'one [kontʃentrat'tsjone] *sf* concentración *f*.

con'centrico, a, ci, che [-'tʃ-] *ag* concéntrico(a).

conce'pibile [-tʃ-] *ag* concebible, imaginable.

concepi'mento [-tʃ-] *sm* concepción *f*.

conce'pire [-tʃ-] *vt* concebir.

con'cernere [-'tʃ-] *vt* concernir, atañer.

concer'tare [-tʃ-] *vt* (*MUS*) concertar; (*truffa, attacco*) organizar, arreglar; ~**rsi** *vr* concertarse.

con'certo [-'tʃ-] *sm* concierto.

concessio'nario, a [-tʃ-] *ag* concesionario(a) // *sm* (*COMM*) concesionario, agente *m*.

concessi'one [-tʃ-] *sf* concesión *f*; (*permesso*) permiso, licencia.

con'cesso, a [-'tʃ-] *pp di* **concedere.**

con'cetto [-'tʃ-] *sm* concepto; (*opinione*) opinión *f*, juicio.

concezi'one [kontʃet'tsjone] *sf* concepción *f*.

con'chiglia [kon'kiʎʎa] *sf* concha, valva.

'concia [-tʃa] *sf* (*della pelle*) curtiembre *f*; (*sostanza*) adobo.

conci'are [-'tʃ-] *vt* curtir; (*fig*) maltratar, arruinar; ~**rsi** *vr* (*sparcarsi*) ensuciarse; (*vestirsi*) arreglarse; ~ **qd per le feste** (*fig*) pegarle una paliza a uno.

concil'abolo [-tʃ-] *sm* conciliábulo.

concili'are [-tʃ-] *vt* conciliar; ~**rsi** *vr* (*accattivarsi*) granjearse; ~**rsi con** conciliarse o ponerse de acuerdo con.

conciliazi'one [kontʃiljat'ts-] *sf* conciliación *f*, acuerdo.

con'cilio [-'tʃ-] *sm* (*REL*) concilio.

conci'mare [-tʃ-] *vt* abonar, fertilizar.

con'cime [-'tʃ-] *sm* abono.

concisi'one [-tʃ-] *sf* concisión *f*.

con'ciso, a [-'tʃ-] *ag* conciso(a).

conci'tato, a [-tʃ-] *ag* encendido(a), apasionado(a).

concitta'dino, a [-tʃ-] *sm/f* conciudadano/a.

conclu'dente *ag* concluyente.

con'cludere *vt* concluir, terminar; (*MIL*, *POL*) concertar, estipular; (*COMM*) realizar, arreglar // *vi* concluir, convencer; ~**rsi** *vr* concluirse, resolverse.

conclusi'one *sf* (*vedi vb*) conclusión *f*; estipulación *f*, arreglo.

conclu'sivo, a *ag* conclusivo(a).

con'cluso, a *pp di* **concludere**.

concor'danza [-tsa] *sf* acuerdo, conformidad *f*; (*LING*) concordancia.

concor'dare *vt* concordar.

concor'dato *sm* acuerdo, convenio; (*REL*) concordato.

con'corde *ag* acorde, concorde.

con'cordia *sf* concordia.

concor'rente *ag*, *sm/f* concurrente (*m/f*).

concor'renza [-tsa] *sf* (*COMM*) competencia.

con'correre *vi* (*MAT*): ~ **(in)** convergir (en); ~ **a** participar a; (*SCOL*) hacer oposiciones a, concursar.

con'corso, a *pp di* **concorrere** // *sm* concurso.

con'creto, a *ag* concreto(a) // *sm* real *m*, concreto.

concu'bina *sf* concubina.

con'danna *sf* condena.

condan'nare *vt* (*DIR*) condenar; (*rimproverare, criticare*) reprobar; ~ **qd all'ergastolo** condenar a alguien a cadena perpétua.

condan'nato, a *ag* condenado(a) // *sm* condenado, galeote *m*.

conden'sare *vt* condensar; ~**rsi** *vr* condensarse.

condensazi'one [-t'ts-] *sf* condensación *f*.

condi'mento *sm* condimento.

con'dire *vt* (*CUC*) condimentar, sazonar; (*fig*) embellecer.

condiscen'denza [kondiʃʃen'dentsa] *sf* condescendencia.

condi'scendere [-ʃʃ-] *vi*: ~ **a qc/fare qc** condescender a algo/a hacer algo.

condi'sceso, a [-ʃʃ-] *pp di* **condiscendere**.

condi'videre *vt* compartir.

condi'viso, a *pp di* **condividere**.

condizio'nale [-tts-] *ag* condicional // *sm* (*LING*) potencial *m* // *sf* (*DIR*) sentencia en suspenso.

condizio'nare [-tts-] *vt* condicionar.

condiziona'tore [-tts-] *sm* (*TECN*) acondicionador *m*.

condizi'one [-t'ts-] *sf* condición *f*.

condogli'anze [kondoʎ'ʎantse] *sfpl* pésame *m*.

condo'minio *sm* propiedad *f* horizontal.

condo'nare *vt* (*DIR*) perdonar, condonar.

con'dono *sm* (*DIR*) anulación de pena o deuda.

con'dotta *sf vedi* **condotto**.

condotti'ero *sm* capitán *m*, caudillo.

con'dotto, a *pp di* **condurre** // *ag* (*medico*) municipal // *sm* caño, cañería; (*ANAT*) conducto // *sf* (*modo di comportarsi*) conducta, proceder *m*; (*incarico sanitario*) empleo y zona destinada del médico municipal.

condu'cente [-tʃ-] *sm* conductor *m*.

con'durre *vt* conducir; (*dirigere: azienda, locale*) dirigir; (*TECN: acqua, gas*) transportar; (*qd: da qualche parte*) llevar // *vi* (*SPORT*) aventajar; ~ **a/verso** (*strada*) conducir a/hacia; **condursi** *vr* portarse, comportarse.

condut'tore, 'trice *ag* conductor(a) // *sm* conductor *m*; (*FERR*) jefe *m* del tren.

con'farsi *vr*: ~ **a** convenir o adaptarse a.

confederazi'one [-t'ts-] *sf* confederación *f*.

confe'renza [-tsa] *sf* conferencia; ~ **stampa** conferencia de prensa.

conferenzi'ere, a [-'ts-] *sm/f* conferenciante *m/f*.

conferi'mento *sm* asignación *f*, otorgamiento.

confe'rire *vt* conferir, asignar // *vi* conferenciar.

con'ferma *sf* confirmación *f*; **a** ~ **di** en confirmación de.

confer'mare *vt* confirmar.

confes'sare *vt* confesar; ~**rsi** *vr* confesarse.

confessio'nale *sm* confesionario.

confessi'one *sf* confesión *f*.

confes'sore *sm* confesor *m*.

con'fetto *sm* confite *m*; (*MED*) comprimido, pastilla.

confezio'nare [-tts-] *vt* (*pacco*) embalar; (*vestito*) confeccionar, hacer.

confezi'one [-t'ts-] *sf* embalaje *m*; ~**i** *fpl* (*indumenti*) confecciones *fpl*.

confic'care *vt* hincar, clavar; (*fig: idea*) imprimir, grabar; ~**rsi** *vr* clavarse.

confi'dare *vt* confiar // *vi*: ~ **in** tener confianza en; ~**rsi con qd** confiarse o abrirse con alguien.

confi'dente *ag* confiado(a) // *sm/f* confidente *m/f*; (*spia*) delator *m*.

confi'denza [-tsa] sf confianza; (dimestichezza) familiaridad f; (rivelazione) confidencia; prendere ~ con qd/qc tomar familiaridad con alguien/algo.

confidenzi'ale [-'ts-] ag confidencial.

configu'rarsi vr configurarse.

configurazi'one [-'ts-] sf configuración f.

confi'nare vi confinar, lindar // vt (POL) desterrar; (fig: rinchiudersi) encerrar; ~rsi vr encerrarse.

Confin'dustria sf (abbr di Confederazione Generale dell'Industria Italiana) ≈ CEOE.

con'fine ṣm confin m, límite m.

con'fino sm destierro.

con'fisca sf confiscación f.

confi'scare vt confiscar.

conflagrazi'one [-'ts-] sf (anche fig) conflagración f.

con'flitto sm conflicto.

conflu'enza [-tsa] sf (di fiumi, strade) confluencia; (fig) unión f, acuerdo.

conflu'ire vi (vedi sf) confluir; unirse, concertar.

con'fondere vt mezclar, desordenar; (fig) confundir, turbar; ~rsi vr turbarse, confundirse.

confor'mare vt: ~a conformar o adecuar a; ~rsi a adecuarse a.

conforme'mento av conforme, con arreglo a.

confor'mista, i, e sm/f conformista m/f.

confor'tante ag confortante.

confor'tare vt confortar; ~rsi vr confortarse.

confor'tevole ag confortable.

con'forto sm alivio, consuelo.

confron'tare vt comparar, confrontar.

con'fronto sm comparación f; in o a ~ di en comparación con; nei miei/tuoi etc ~i en lo que a mi/ti etc respecta.

confusi'one sf confusión f, mezcla; (PSICO) turbación f.

con'fuso, a pp di confondere // ag confuso(a), desordenado(a).

confu'tare vt (tesi) confutar; (DIR) impugnar.

confutazi'one [-'ts-] sf (vedi vb) confutación f; impugnación f.

conge'dare [-dʒ-] vt despedir; (MIL) licenciar; ~rsi vr despedirse.

con'gedo [-'dʒ-] sm despedida; (MIL) licencia.

conge'gnare [kondʒeɲ'ɲare] vt (anche fig) armar, componer.

con'gegno [kon'dʒeɲɲo] sm dispositivo, instrumento.

conge'lare [-dʒ-] vt congelar.

congela'tore [-dʒ-] sm congelador m.

con'genito, a [-'dʒ-] ag congénito(a), hereditario(a).

congestio'nare [-dʒ-] vt (MED) congestionar; (fig: traffico) embotellar, atascar.

congesti'one [-dʒ-] sf congestión f; embotellamiento.

conget'tura [-dʒ-] sf conjetura, suposición f.

congettu'rare [-dʒ-] vt conjeturar, suponer.

congi'ungere [kon'dʒundʒere] vt unir; ~rsi vr unirse.

congiunti'vite [-dʒ-] sf conjuntivitis f.

congiun'tivo [-dʒ-] sm (LING) subjuntivo.

congi'unto, a [-'dʒ-] pp di congiungere // sm/f pariente m/f.

congiun'tura [-dʒ-] sf (circostanza) ocasión f, oportunidad f; (ECON) coyuntura.

congiunzi'one [kondʒun'tsjone] sf conjunción f.

congi'ura [-'dʒ-] sf conjura, conspiración f.

congiu'rare [-dʒ-] vi conjurar complotar; ~ contro qd complotar contra alguien.

conglome'rato sm aglomeración f, montón m; (EDTL) hormigón m, mazacote m.

congratu'larsi vr: ~ con qd per qc congratularse con alguien por algo.

congratulazi'oni [-'ts-] sfpl congratulaciones fpl, felicitaciones fpl; ~! escl ¡felicitaciones!

con'grega, ghe sf camarilla, banda; (REL) confraternidad f.

congregazi'one [-'ts-] sf congregación f.

con'gresso sm congreso.

congru'ente ag congruente, oportuno(a).

congru'enza [-tsa] sf congruencia.

'congruo, a ag oportuno(a), adecuado(a).

conguagli'are [-ʎʎ-] vt igualar, compensar.

congu'aglio [-ʎʎo] sm igualación f; (ECON: somma) saldo.

coni'are vt (monete) acuñar; (fig) crear, inventar.

'conico, a, ci, che ag cónico(a).

co'nifere sfpl (BOT) coníferas.

co'niglio [-ʎʎo] sm (ZOOL) conejo; (fig) cobarde m.

coniu'gare vt (LING) conjugar; ~rsi vr casarse; (LING) conjugar.

coniugazi'one [-'ts-] sf (LING) conjugación f.

'coniuge [-dʒe] sm/f cónyuge m/f.

connazio'nale [-tts-] ag, sm/f compatriota (m/f).

connessi'one sf (anche fig) conexión f.

con'nesso, a pp di connettere.

con'nettere vt juntar, unir; (ELETTR) conectar; (fig) relacionar, ligar; non connette più desatina.

conni'vente sm/f cómplice m/f.

conni'venza [-tsa] sf connivencia, complicidad f.

conno'tati smpl filiación f, descripción f.

con'nubio sm unión f, alianza.

'**cono** sm cono; ~ **gelato** cucurucho.
cono'scente [-ʃʃ-] sm/f conocido/a.
cono'scenza [konoʃ'ʃentsa] sf
conocimiento; (persona conosciuta)
conocido; **perdere** ~ perder el
conocimiento.
co'noscere [-ʃʃ-] vt conocer; ~**rsi** vr
conocerse.
conosci'tore, 'trice [-ʃʃ-] sm/f
conocedor/a, entendedor/a.
conosci'uto, a [-'ʃ'ʃ-] pp di **conoscere** //
ag (noto) renombrado(a).
conqu'ista [-'kw-] sf conquista.
conqui'stare [-kw-] vt conquistar.
consa'crare vt (REL) consagrar;
(dedicare) dedicar, reservar; ~**rsi a**
entregarse o dedicarse a.
consacrazi'one [-t'ts-] sf (REL)
consagración f.
consangu'ineo, a [-'gw-] ag, sm/f
consanguíneo(a).
consa'pevole ag: ~ **di** (conscio)
consciente de.
consapevo'lezza [-ttsa] sf conciencia.
'**conscio, a, sci, sce** [-ʃo] ag: ~ **di**
consciente de // sm (PSICO) consciente m.
consecu'tivo, a ag consecutivo(a).
con'segna [-ɲɲa] sf (COMM) entrega;
(custodia) depósito; (MIL: ordine)
consigna, orden f; (: punizione) castigo,
prohibición f de salida.
conse'gnare [-ɲ'ɲ-] vt entregar,
consignar; (MIL) castigar, prohibir la
salida.
consegu'ente [-'gw-] ag consiguiente.
consegu'enza [-'gwentsa] sf
consecuencia; **di** ~ por consiguiente; **in**
~ **di** como consecuencia de.
consegui'mento [-gw-] sm
conseguimiento, obtención f.
consegu'ire [-'gw-] vt conseguir, obtener
// vi (aus essere) resultar.
con'senso sm (DIR) aprobación f;
(assenso) consentimiento.
consen'tire vt permitir, autorizar // vi:
~ **a** consentir en.
con'serva sf (CUC) conserva.
conser'vare vt guardar; (CUC)
conservar; ~**rsi** vr conservarse,
mantenerse.
conserva'tore, 'trice sm/f (POL)
conservador/ora.
conserva'torio sm conservatorio.
conservazi'one [-t'ts-] sf conservación f.
conside'rare vt examinar; ~**rsi** vr
considerarse.
considerazi'one [-t'ts-] sf consideración
f; **tenere qd in** ~ tener a alguien en
consideración.
conside'revole ag considerable,
notable.
consigli'are [-ʎ'ʎ-] vt aconsejar; ~**rsi**
con qd aconsejarse con alguien.
consigli'ere, a [-ʎ'ʎ-] sm/f consejero/a.
con'siglio [-ʎʎo] sm consejo; **C**~ **dei**
Ministri (POL) Consejo de Ministros.

consi'stente ag consistente, sólido(a);
(fig) fundado(a), válido(a).
consi'stenza [-tsa] sf consistencia; (fig)
valor m.
con'sistere vi (aus essere): ~ **in**
consistir en.
consi'stito, a pp di **consistere**.
consoci'are [-'tʃ-] vt asociar.
conso'lare ag consular // vt consolar,
confortar; ~**rsi** vr consolarse.
conso'lato sm consulado.
consolazi'one [-t'ts-] sf consolación f,
alivio; (persona, cosa) consuelo; **premio
di** ~ premio consuelo o de consolación.
'**console** sm cónsul m.
con'sole sf (tavolo) consola.
consolida'mento sm consolidación f.
consoli'dare vt consolidar, afirmar;
~**rsi** vr consolidarse, afirmarse.
conso'nante sf consonante f.
conso'nanza [-tsa] sf (MUS. LING)
consonancia; (fig) correspondencia,
acuerdo.
'**consono, a** ag: ~ **a** conforme a.
con'sorte sm/f consorte m/f.
con'sorzio [-tsjo] sm consorcio.
con'stare (aus essere) vi: ~ **di** constar
de, consistir en // vb impersonale: **mi
consta che me** consta que.
consta'tare vt comprobar, constatar.
constatazi'one [-t'ts-] sf comprobación f,
constatación f.
consu'eto, a ag acostumbrado(a),
habitual.
consue'tudine sf costumbre f, usanza.
consu'lente sm/f asesor/a.
consu'lenza [-tsa] sf asesoramiento.
con'sulta sf consulta.
consul'tare vt consultar; ~**rsi** vr
consultarse, aconsejarse.
consultazi'one [-t'ts-] sf consulta.
con'sulto sm (MED) consulta.
consul'torio sm consultorio.
consu'mare vt (logorare) gastar; (acqua,
luce, gas) usar; (colazione) consumir,
comer; ~**rsi** vr (anche fig) consumirse.
consuma'tore sm (COMM) consumidor m.
consumazi'one [-t'ts-] sf consumición f;
~ **al banco** consumición en la barra.
consu'mismo sm consumismo.
con'sumo sm consumo; (AUTO) gasto.
consun'tivo sm (ECON) balance m.
con'sunto, a ag consumido(a),
gastado(a).
consunzi'one [-'ts-] sf (MED) consunción f.
con'tabile ag contable // sm/f
contador/a.
contabilità sf (ECON) contabilidad f;
tenere la ~ llevar la contabilidad.
contadi'nesco, a, schi, sche ag
campesino(a).
conta'dino, a sm/f campesino/a.
contagi'are [-'dʒ-] vt contagiar.
con'tagio [-dʒo] sm contagio.
contagi'oso, a [-'dʒ-] ag contagioso(a).

conta'gocce [-tt∫e] *sm inv* cuentagotas *m
inv.*
contami'nare *vt* contaminar, ensuciar;
(fig) corromper, viciar.
contaminazi'one [-t'ts-] *sf (vedi vb)*
contaminación *f*; corrupción *f.*
con'tante *ag* contante // ~i *smpl* dinero
efectivo; **pagare in ~i** pagar al
contado.
con'tare *vt* contar, calcular // *vi* contar;
~**rsi** *vr* contarse; ~ **su qd** contar con
alguien.
conta'tore *sm (della luce etc)* contador
m.
contat'tare *vt* establecer contacto con.
con'tatto *sm* contacto; *(fig)* trato,
relación *f.*
'conte *sm* conde *m.*
con'tea *sf* condado.
conteggi'are [-d'dʒ-] *vt* contar, calcular.
con'teggio [-ddʒo] *sm* cuenta, cálculo.
con'tegno *sm* comportamiento.
contem'plare *vt* contemplar; *(DIR)*
prever.
contemplazi'one [-t'ts-] *sf*
contemplación *f.*
contempo'raneo, a *ag, sm/f*
contemporáneo(a).
conten'dente *sm/f* contendiente *m/f.*
con'tendere *vt* disputar; *(diritto)* poner
en duda, impugnar // *vi:* ~ **in qc con
qd** rivalizar o competir en algo con
alguien; ~**rsi** *vr* disputarse.
conte'nere *vt (anche fig)* contener; ~**rsi**
vr contenerse, dominarse.
conteni'tore *sm* contenedor *m.*
conten'tare *vt* contentar, satisfacer;
~**rsi di** contentarse con.
conten'tezza [-ttsa] *sf* contento,
satisfacción *f.*
con'tento, a *ag* contento(a), feliz; ~ **di**
contento de.
conte'nuto *sm* contenido.
con'teso, a *pp di* **contendere** // *sf*
disputa, litigio.
con'tessa *sf* condesa.
conte'stabile *ag* contestable,
impugnable.
conte'stare *vt* negar, disputar;
(protestare) protestar; *(DIR)* notificar.
contesta'tore, 'trice *sm/f* persona que
protesta.
contestazi'one [-t'ts-] *sf* protesta.
con'testo *sm* contexto.
con'tiguo, a *ag* contiguo(a), adyacente.
continen'tale *ag* continental // *sm/f*
habitante *m/f* del continente.
conti'nente *ag, sm* continente *(m).*
conti'nenza [-tsa] *sf* continencia.
contin'gente [-'dʒ-] *ag* contingente // *sm
(COMM)* cuota, contingente *m*; ~ **di leva**
(MIL) contingente.
contin'genza [-'dʒɛntsa] *sf* contingencia;
(ECON): **indennità di ~** plus de carestía
de la vida.

continu'are *vt* continuar, seguir // *vi*
continuar; ~ **a fare** continuar a hacer.
continuazi'one [-t'ts-] *sf* continuación *f.*
continuità *sf inv* continuidad *f.*
con'tinuo, a *ag* continuo(a), incesante;
(ELETTR) continuo(a); **di ~** de continuo,
continuamente.
'conto *sm* cuenta; *(calcolo)* cuenta,
cómputo; **fare i ~i** arreglar las cuentas;
fare i ~i con qd ajustar cuentas con
alguien; **tener ~ di qd/qc** tener en
cuenta a alguien/algo; **per ~ di** por
cuenta de; **per mio ~** por mi parte o
cuenta; **a ~ fatti, in fin dei ~i** en
resumidas cuentas.
con'torcersi [-tʃ-] *vr (dal dolore etc)*
retorcerse.
contor'nare *vt* contornear, rodear.
con'torno *sm* contorno; *(CUC)* guarnición
f.
contorsi'one *sf* contorsión *f*, torcedura.
con'torto, a *pp di* **contorcere** // *ag
(strada, ragionamento)* torcido(a).
contrabbandi'ere, a *ag, sm/f*
contrabandista *(m).*
contrab'bando *sm* contrabando.
contrab'basso *sm* contrabajo.
contraccambi'are *vt (favore etc)*
devolver.
contrac'colpo *sm* rebote *m*; *(fig)*
repercusión *f.*
con'trada *sf (strada)* calle *f*; *(a Siena:
quartiere)* barrio.
contrad'detto, a *pp di* **contraddire.**
contrad'dire *vt* contradecir;
(affermazione) contradecir, refutar; ~**rsi**
vr contradecirse.
contraddi'torio, a *ag* contradictorio(a)
// *sm* disputa.
contraddizi'one [-t'ts-] *sf* contradicción
f.
contraf'fare *vt (voce, stile etc)* imitar;
(firma) falsificar.
contraf'fatto, a *pp di* **contraffare.**
contraffazi'one [-t'ts-] *sf (vedi vb)*
imitación *f*; falsificación *f.*
contrap'peso *sm* contrapeso; **fare da
~ a** hacer contrapeso a.
contrap'porre *vt* contraponer, oponer;
contrapporsi *vr* oponerse.
contrap'posto, a *pp di* **contrapporre.**
contraria'mente *av* al contrario;
contrariamente.
contrari'are *vt* contrariar; ~**rsi** *vr*
irritarse, fastidiarse.
contrarietà *sf inv* contrariedad *f.*
con'trario, a *ag* desfavorable,
adverso(a) // *sm* contrario; **al o in ~**
por el o en contrario.
con'trarre *vt* contraer; **contrarsi** *vr*
contraerse, encogerse.
contrasse'gnare [-ɲɲ-] *vt*
contramarcar.
contras'segno [-ɲɲo] *sm* distintivo;
pagare qc ~ pagar algo contra
reembolso.

contra'stare vt obstaculizar, contrariar // vi contrastar.

con'trasto sm contraste m, oposición f; (conflitto) choque m, disputa; (fig) conflicto; (TV. FOTO) contraste m; **mettere in ~ due persone** crear un conflicto entre dos personas.

contrat'tacco sm contraataque m; (fig) réplica; **passare al ~** contraatacar.

contrat'tare vt contratar.

contrattazi'one [-t'ts-] sf contrato, trato.

contrat'tempo sm contratiempo.

con'tratto, a pp di **contrarre** // sm (DIR) contrato.

contrattu'ale ag contractual.

contravve'nire vi: ~ **a** contravenir, transgredir.

contravvenzi'one [-'ts-] sf (DIR) contravención f, transgresión f; (: ammenda) multa.

contrazi'one [-t'ts-] sf contracción f; ~ **dei prezzi** reducción f de los precios.

contribu'ente sm/f contribuyente m/f.

contribu'ire vi: ~ **a** contribuir a.

contri'buto sm contribución f, aportación f.

con'trito, a ag arrepentido(a), contrito(a).

contrizi'one [-t'ts-] sf contrición f, arrepentimiento.

'contro prep contra // sm inv contra m; **procedere ~ vento** ir en contra del viento; ~ **pagamento** (COMM) contra pagamento; ~ **di** en contra de; ~ **di me/lui** contra mí/él.

contro'battere vt contrabatir.

controfi'gura sf (CINE) contrafigura.

controfir'mare vt refrendar.

control'lare [-l'l-] vt controlar; **~rsi** vr controlarse.

con'trollo [-llo] sm control m; ~ **doganale** control de aduana.

control'lore [-l'l-] sm (FERR) revisor m; (in autobus) inspector m.

contro'parte sf (DIR) parte f adversaria.

controsenso sm contrasentido.

contro'versia sf controversia.

controverso, a ag controvertido(a), discutido(a).

contro'voglia [-ʎʎa] av de mala gana.

contu'macia [-tʃa] sf (DIR) contumacia, rebeldía.

contur'bare vt turbar; **~rsi** vr agitarse.

contusi'one sf contusión f, golpe m.

convale'scente [-ʃʃ-] ag, sm/f convaleciente (m/f).

convale'scenza [-ʃʃɛntsa] sf convalecencia.

convali'dare vt (DIR) convalidar, ratificar; (fig) confirmar.

con'vegno [-ɲɲo] sm reunión f.

conve'nevoli smpl: **scambiarsi/tralasciare i ~** cambiarse/olvidar los cumplidos.

conveni'ente ag conveniente, ventajoso(a).

conveni'enza [-tsa] sf conveniencia.

conve'nire (aus **essere**) vi reunirse, concurrir; (aus **avere**: concordare) convenir; (confarsi): ~ **a** convenir o adaptarse a // vb impersonale: **conviene fare/che** conviene hacer/que; **ne convengo** estoy de acuerdo.

con'vento sm convento.

convenzio'nale [-ts-] ag convencional.

convenzi'one [-'ts-] sf convención f.

conver'gente [-dʒ-] ag convergente.

conver'genza [-'dʒɛntsa] sf convergencia.

con'vergere [-dʒ-] vi (aus **essere**: anche fig) convergir.

con'verso, a pp di **convergere**.

conver'sare vi conversar.

conversazi'one [-t'ts-] sf conversación f; ~ **urbana/interurbana** (TELEC) conferencia urbana/interurbana.

conversi'one sf conversión f; ~ **ad U** (AUTO) giro en redondo.

conver'tire vt convertir; **~rsi** vr convertirse.

convessità sf convexidad f.

con'vesso, a ag convexo(a).

con'vincere [-tʃ-] vt convencer; **~rsi** vr convencerse; ~ **qd di qc** convencer a alguien de algo.

con'vinto, a pp di **convincere**.

convinzi'one [-'ts-] sf convicción f.

convis'suto, a pp di **convivere**.

convi'tato sm convidado.

con'vitto sm colegio.

convit'tore, 'trice sm/f colegial/ala.

convi'vente sm/f conviviente m/f.

convi'venza [-tsa] sf convivencia.

con'vivere vi convivir.

convo'care vt convocar, reunir.

convocazi'one [-t'ts-] sf convocación f.

convogli'are [-ʎʎ-] vt encaminar, dirigir.

con'voglio [-ʎʎo] sm caravana de autos; (FERR) convoy m, tren m.

convulsi'one sf convulsión f.

convul'sivo, a ag convulsivo(a).

con'vulso, a ag (attività) febril, agitado(a); (pianto) convulso(a).

coope'rare vi: ~ **(a)** cooperar o contribuir (a).

coopera'tiva sf cooperativa.

cooperazi'one [-t'ts-] sf cooperación f, colaboración f.

coordina'mento sm coordinación f.

coordi'nare vt coordinar.

coordi'nata sf (MAT) coordenada; **~e** fpl (GEOGR) coordenadas fpl.

co'perchio [-kjo] sm tapa.

co'perta sf manta, frazada; (NAUT) cubierta.

coper'tina sf cubierta, tapa.

co'perto, a pp di **coprire** // ag cubierto(a); (fig: sole) nublado(a); (:rischio) protegido(a) // sm cubierto; **al ~ a** cubierto; ~ **di** cubierto de.

coper'tone sm (AUTO) cubierta.

coper'tura *sf* cobertura.

'copia *sf* copia; **brutta** ~ borrador *m*; **bella** ~ copia en limpio.

copi'are *vt* copiar.

copia'trice [-tʃe] *sf* (TECN) copiadora.

copia'tura *sf* copia.

copi'one *sm* (CINE) guión *m*; (TEATRO) libreto.

copi'oso, a *ag* copioso(a), abundante.

'coppa *sf* copa; ~ **dell'olio** (AUTO) cárter *m*.

'coppia *sf* pareja.

coprifu'oco, che *sm* queda.

co'prire *vt* cubrir, tapar; (*difendere*) proteger, defender; (*occupare*) ocupar; (ECON: *debito etc*) cubrir; ~**rsi** *vr* cubrirse, repararse.

co'raggio [-ddʒo] *sm* coraje *m* // *escl* ¡ánimo!

coraggi'oso, a [-d'dʒ-] *ag* valiente, valeroso(a).

co'rallo [-llo] *sm* coral *m*.

co'rano *sm* (REL) corán *m*.

co'razza [-ttsa] *sf* coraza; (*di animali*) caparazón *f*.

coraz'zata [-t'ts-] *sf* (MIL) acorazado *m*.

corazzi'ere [-t'ts-] *sm* (MIL) coracero; (*fig*) persona alta y robusta.

corbelle'ria [-ll-] *sf* necedad *f*, tontería.

'corda *sf* cuerda; **tenere sulla** ~ **qd** (*fig*) tener a alguien en suspenso; ~**e vocali** cuerdas *fpl* vocales; **tagliare la** ~ (*fig*) poner pies en polvorosa.

cor'dame *sm* cordaje *m*.

cordi'ale *ag* amable, cordial // *sm* (*bevanda*) cordial *m*.

cordialità *sf inv* cordialidad *f*.

cordi'cella [-'tʃɛlla] *sf* cuerdecita.

cor'doglio [-ʎʎo] *sm* pesar *m*, congoja.

cor'done *sm* cordón *m*; ~ **ombelicale** (ANAT) cordón umbilical.

coreogra'fia *sf* coreografía.

core'ografo *sm* coreógrafo.

cori'andolo *sm* (BOT) cilandro; ~**i** *mpl* (*di carnevale*) confeti *m*.

cori'care *vt* (*bambino*) acostar; ~**rsi** *vr* acostarse.

co'rista, i, e *sm/f* corista *m/f*.

cor'nacchia [-kkja] *sf* corneja.

corna'musa *sf* cornamusa.

'cornea *sf* córnea.

cor'netta *sf* (MUS) corneta; (TELEC: *ricevitore*) tubo.

cor'netto *sm* (CUC) medialuna, croissant *m*; ~ **acustico** (MED) trompetilla acústica.

cor'nice [-tʃe] *sf* (*anche fig*) marco.

cornici'one [-'tʃ-] *sm* coronamiento, cornisamento.

'corno *sm* (ZOOL: *pl(f)* ~**a**) cuerno; (MUS) trompa, cuerno; **fare le** ~**a qd** (*fig*) ponerle los cuernos a alguien, serle infiel.

cor'nuto, a *ag* (*anche fam!*) cornudo(a).

'coro *sm* coro.

co'rona *sf* corona.

corona'mento *sm* coronamiento.

coro'nare *vt* coronar.

cor'petto *sm* (*da neonato*) batita; (*da donna*) cuerpo.

'corpo *sm* cuerpo; (FIS) cuerpo, materia; (*di opere*) colección *f*; **dare/prendere** ~ dar/tomar cuerpo; ~ **di ballo/di guardia** cuerpo de baile/de guardia; ~ **diplomatico** cuerpo diplomático.

corpora'tura *sf* cuerpo.

corporazi'one [-t'ts-] *sf* corporación *f*, asociación *f*.

cor'poreo, a *ag* (*del corpo*) corporal; (*che ha corpo*) corpóreo(a).

corpu'lento, a *ag* corpulento(a), fornido(a).

corpu'lenza [-tsa] *sf* corpulencia.

corre'dare *vt* ~ **di** proveer de.

cor'redo *sm* mueblaje *m*, utensilios *mpl*; (*di sposa*) ajuar *m*.

cor'reggere [-ddʒ-] *vt* corregir, enmendar; ~**rsi** *vr* enmendarse.

correlazi'one [-t'ts-] *sf* relación *f*.

cor'rente *ag* corriente // *sm*: **essere/mettere al** ~ estar/poner al corriente // *sf* corriente *f*; (*tendenza*) usanza, moda.

'correre *vi* (*aus essere*) vi correr; ~ **dietro a qd** correr detrás de alguien.

corret'tezza [-ttsa] *sf* corrección *f*.

cor'retto, a *pp di* **correggere** // *ag* (*comportamento*) correcto(a).

corret'tore, 'trice *sm/f* corrector/a.

correzi'one [-t'ts-] *sf* corrección *f*.

corri'doio *sm* corredor *m*, pasillo; (*passaggio*) pasaje *m* angosto.

corri'dore *sm* (SPORT) corredor *m*.

corri'era *sf* ómnibus *m* interurbano.

corri'ere *sm* correo.

corrispet'tivo, a *ag* respectivo(a), correspondiente // *sm* (*somma*) retribución *f*.

corrispon'dente *ag* correspondiente // *sm/f* (*impiegato*) encargado/a de la correspondencia; (*giornalista*) corresponsal *m/f*.

corrispon'denza [-tsa] *sf* correspondencia.

corri'spondere *vt* pagar // *vi*: ~ **a** corresponder a; ~ **con** (*scrivere lettere etc*) corresponderse o cartearse con.

corri'sposto, a *pp di* **corrispondere**.

corrobo'rante *ag* corroborante // *sm* tónico.

corrobo'rare *vt* corroborar; ~**rsi** *vr* corroborarse.

cor'rodere *vt* corroer, desgastar; ~**rsi** *vr* desgastarse.

cor'rompere *vt* corromper.

corrosi'one *sf* corrosión *f*.

corro'sivo, a *ag* (*anche fig*) corrosivo(a) // *sm* corrosivo.

cor'roso, a *pp di* **corrodere**.

cor'rotto, a *pp di* **corrompere**.

corrucci'arsi [-t'tʃ-] *vr* resentirse, enojarse.

corru'gare *vt* fruncir.
corruzi'one [-t'ts-] *sf* corrupción *f*.
'corsa *sf* carrera; (*di autobus, taxi*) viaje *m*, recorrido.
cor'saro *sm* corsario.
cor'sia *sf* (AUTO) carril *m*; (*di ospedale*) dormitorio largo.
'Corsica *sf* Córcega.
cor'sivo, a *pp* cursivo(a) // *sm* (TIP) cursivo.
'corso, a *pp di* **correre** // *sm* curso; (*strada*) avenida, calle *f* principal; (*sfilata*) desfile *m*; **moneta fuori/in ~** (FIN) moneda fuera de circulación/corriente; **in ~** en curso, pendiente; **fuori ~** (SCOL) estudiante que *repite curso*.
'corte *sf* corte *f*; (*cortile*) patio; (DIR) tribunal *m*, corte; **C~ d'Assise** Audiencia; **C~ dei Conti** Tribunal de Cuentas.
cor'teccia, ce [-ttʃa] *sf* corteza.
corteggia'mento [-ddʒ-] *sm* galanteo, cortejo.
corteggi'are [-d'dʒ-] *vt* hacer la corte a; cortejar.
corteggia'tore, 'trice [-ddʒ-] *sm/f* cortejador/a.
cor'teo *sm* cortejo.
cor'tese *ag* cortés, gentil.
corte'sia *sf* cortesía, gentileza.
cortigi'ano, a [-'dʒ-] *ag, sm/f* cortesano/a.
cor'tile *sm* patio.
cor'tina *sf* cortina.
'corto, a *ag* corto(a); **essere a ~ di qc** estar escaso de algo.
cor'vetta *sf* corbeta.
'corvo *sm* cuervo.
'cosa *sf* cosa; **(che) ~?** ¿qué? **a ~ pensi?** ¿en qué piensas?; **è ~ fatta** es asunto concluido; **fra le altre ~** entre otras cosas, además.
'coscia, sce [-ʃʃa] *sf* muslo.
cosci'ente [-ʃʃ-] *ag* consciente.
cosci'enza [koʃ'ʃentsa] *sf* conciencia.
coscienzi'oso, a [koʃʃen'tsjoso] *ag* concienzudo(a), escrupuloso(a).
cosci'otto [-ʃʃ-] *sm* (CUC) pernil *m*.
co'scritto *sm* (MIL) recluta *m*, conscripto (*spec AM*).
così *av* así; (*seguito da ag*) tan // *ag inv*: **non ho mai visto un film ~** no he visto nunca una película semejante // *cong* (*perciò*) entonces, por consiguiente; **~ ... come, ~ ... quanto** tan ... como; **~ ... che** tan ... que; **non è ~ intelligente come sembra** no es tan inteligente como parece; **~ grande quanto bello** tan grande como hermoso; **ero ~ stanco che non riuscivo a lavorare** estaba tan cansado que no lograba trabajar; **come stai? ~ ~** ¿cómo estás? así así; **e ~ sia** así sea; **e ~ via** y así por el estilo; **per ~ dire** por así decirlo.

cosid'detto, a *ag* así llamado(a), alias.
co'smesi *sf* cosmética.
co'smetico, a, ci, che *ag* cosmético(a) // *sm* cosmético.
'cosmico, a, ci, che *ag* cósmico(a).
'cosmo *sm* cosmos *m*, universo.
cosmo'nauta, i, e *sm/f* cosmonauta *m/f*.
cosmo'nave *sf* cosmonave *f*.
cosmo'polita, i, e *ag, sm/f* cosmopolita (*m/f*).
co'spargere [-dʒ-] *vt*: **~ di** rociar o cubrir de.
co'sparso, a *pp di* **cospargere**.
co'spetto *sm* presencia; **al ~ di** en presencia de.
co'spicuo, a *ag* importante, considerable.
cospi'rare *vi* (*anche fig*): **~ contro** conspirar contra.
cospira'tore, 'trice *sm/f* conspirador/a.
cospirazi'one [-t'ts-] *sf* conspiración *f*.
'costa *sf* costa; (*di libro*) lomo; **a mezza ~** (*di montagna*) a media cuesta.
co'stante *ag* constante, invariable // *sf* constante *f*.
co'stanza [-tsa] *sf* constancia.
co'stare *vi* (*aus essere*), *vt* costar; **~ caro** costar caro.
co'stata *sf* chuleta.
co'stato *sm* tórax *m*.
costeggi'are [-d'dʒ-] *vt* costear.
co'stei *pron vedi* **costui**.
coster'nare *vt* consternar, afligir.
costernazi'one [-t'ts-] *sf* consternación *f*, desolación *f*.
costi'ero, a *ag* costero(a) // *sf* litoral *m*.
costitu'ire *vt* constituir; (*società, Stato*) fundar, organizar; **~rsi** *vr* constituirse, formarse; (DIR) constituirse, entregarse.
costituzio'nale [-tts-] *ag* constitucional.
costituzi'one [-t'ts-] *sf* constitución *f*.
'costo *sm* costo, coste *m*; **a ~ di** a costa de; **a ogni/qualunque ~ o a tutti i ~i** a toda costa.
'costola *sf* (ANAT) costilla; (GEOGR) cresta; (*di libro, pettine*) lomo.
costo'letta *sf* chuleta.
co'storo *pron vedi* **costui**.
co'stoso, a *ag* costoso(a), caro(a).
co'stretto, a *pp di* **costringere**.
co'stringere [-dʒ-] *vt* obligar, constreñir; **~ qd a fare qc** obligar a alguien a hacer algo.
costrizi'one [-t'ts-] *sf* constricción *f*.
costru'ire *vt* construir; (*fig*) forjar, componer.
co'strutto *sm* (LING) construcción *f*.
costruzi'one [-t'ts-] *sf* construcción *f*.
co'stui, costei, costoro *pron* ése(a), éste(a), éstos(as).
co'stume *sm* (*abitudine*) costumbre *f*, hábito; (*indumento*) traje *m*; **~ da bagno** traje de baño, malla (*spec AM*); **il buon ~** (*fig: moralità*) la moral, las buenas costumbres; **donna di facili ~i** mujer de conducta ligera.

co'togna [-ɲɲa] *sf* membrillo.
co'togno [-ɲɲo] *sm* membrillo.
coto'letta *sf* chuleta.
co'tone *sm* (BOT) algodonero; (*tessuto*) algodón *m*.
cotoni'ficio [-tʃo] *sm* fábrica algodonera.
'cotta *sf* (REL) sobrepelliz *f*; (*fam*) encaprichamiento, chifladura; **prendersi una ~ per qd** (*fam*) volverse loco por alguien.
'cottimo *sm* destajo; **lavorare a ~** trabajar a destajo.
'cotto, a *pp di* **cuocere** // *ag* cocido(a); (*fam: innamorato*) chiflado(a).
cot'tura *sf* cocción *f*.
co'vare *vt* empollar; (*fig: malattia*) incubar; (*: odio, rancore*) guardar.
co'vata *sf* (*quantità di uova*) nidada; (*: di pulcini*) pollada.
'covo *sm* cubil *m*, madriguera; (*di ladri etc*) cueva.
co'vone *sm* gavilla de mieses.
coz'zare [-tts-] *vi*: **~ contro** chocar contra.
'cozzo [-ttso] *sm* choque *m*.
C.P. *abbr vedi* **casella.**
'crampo *sm* calambre *m*.
'cranio *sm* cráneo.
'crasso *ag*: **intestino ~** intestino grueso.
cra'tere *sm* cráter *m*.
cra'vatta *sf* corbata.
cre'anza [-tsa] *sf* crianza, educación *f*.
cre'are *vt* crear.
cre'ato *sm* creación *f*, universo.
crea'tore, 'trice *ag* creador(a) // *sm* creador *m*, autor *m*; **il C~** (REL) el Creador.
crea'tura *sf* criatura.
creazi'one [-ts-] *sf* creación *f*.
cre'dente *sm/f* creyente *m/f*.
cre'denza [-tsa] *sf* creencia, opinión *f*; (*armadio*) aparador *m*.
credenzi'ale [-'ts-] *ag*, *sf* (COMM) credencial *f*; (**lettere**) **~i** *fpl* (cartas) credenciales *fpl*.
'credere *vt* crear // *vi*: **~ in, ~ a** creer en; **~rsi** *vr* creerse, considerarse; **~ qd onesto** considerar a alguien honesto; **~ di fare/che** creer que se hace/qu
cre'dibile *ag* creíble.
'credito *sm* crédito; **comprare/vendere a ~** comprar/vender a plazo.
credo *sm inv* (REL) credo.
credulità *sf* credulidad *f*.
'credulo, a *ag* crédulo(a).
crema *sf* crema; **~ per calzature** betún *m*.
cre'mare *vt* cremar.
'cremisi *sm* carmesí *m*.
'crepa *sf* grieta.
cre'paccio [-ttʃo] *sm* quebrada, hendidura.
crepacu'ore *sm* dolor *m* angustioso.
cre'pare *vi* (*aus* **essere**: *fam: morire*) espichar, estirar la pata; **~rsi** *vr*

(*spaccarsi*) rajarse, agrietarse; **~ dal ridere/dalla rabbia** morirse de risa/de rabia.
crepi'tare *vi* crepitar.
crepi'tio, 'tii *sm* chisporroteo.
cre'puscolo *sm* (*anche fig*) crepúsculo.
'crescere [-ʃʃ-] *vi* (*aus* **essere**) crecer.
'crescita [-ʃʃ-] *sf* crecimiento.
cresci'uto, a [-ʃʃ-] *pp di* **crescere.**
'cresima *sf* (REL) confirmación *f*.
cresi'mare *vt* (REL) confirmar.
'crespo, a *ag* (*capelli*) crespo(a) // *sm* crespón *m*, crep *m*.
'cresta *sf* cresta; **essere sulla ~ dell'onda** (*fig*) estar en la cresta de la ola.
'creta *sf* arcilla, greda.
creti'neria *sf* idiotez *f*.
cre'tino, a *ag*, *sm/f* idiota (*m/f*), imbécil (*m/f*).
cric *sm inv* (TECN) gato, cric *m*.
'cricca, che *sf* camarilla, gavilla.
crimi'nale *ag*, *sm/f* criminal (*m/f*).
'crimine *sm* crimen *m*, delito.
criminolo'gia *sf* criminología.
'crine *sm* crin *f*, cerda.
crini'era *sf* melena, crines *fpl*; (*fig*) cabellera.
'cripta *sf* cripta.
cri'salide *sf* crisálida.
crisan'temo *sm* crisantemo.
'crisi *sf inv* crisis *f*; **~ di nervi** crisis de nervios.
'crisma, i *sm* (*fig*) aprobación *f*.
cristalliz'zare [-llid'dzare] *vt* (*aus* **essere**) cristalizar; **~rsi** *vr* (*fig*) fosilizarse.
cri'stallo [-llo] *sm* cristal *m*.
cristia'nesimo *sm* cristianismo.
cristi'ano, a *ag*, *sm/f* cristiano(a).
'Cristo *sm* Cristo.
cri'terio *sm* criterio.
'critica, che *sf* crítica.
criti'care *vt* criticar.
'critico, a, ci, che *ag* crítico(a) // *sm* crítico.
cri'vello [-llo] *sm* criba, tamiz *m*.
'crocchio [-kkjo] *sm* corrillo.
'croce [-tʃe] *sf* cruz *f*; **in ~** en cruz; **C~ Rossa** Cruz Roja.
croce'figgere [krotʃe'fiddʒere] *etc* = **crocifiggere** *etc*.
croce'via [-tʃ-] *sm inv* encrucijada.
croci'ato, a [-'tʃ-] *ag*: **parole ~e** palabras *fpl* cruzadas // *sm* cruzado // *sf* (MIL) cruzada; (*fig*) campaña, lucha.
cro'cicchio [kro'tʃikkjo] *sm* encrucijada.
croci'era [-'tʃ-] *sf* crucero.
croci'figgere [krotʃi'fiddʒere] *vt* crucificar.
crocifissi'one [-tʃi-] *sf* crucifixión *f*.
croci'fisso, a [-tʃi-] *pp di* **crocifiggere** // *sm* crucifijo.
crogi'olo, crogiu'olo [-'dʒ-] *sm* (*anche fig*) crisol *m*.

crol'lare [-l'l-] vi (aus **essere**: anche fig) caer, derrumbarse, hundirse.

'crollo [-llo] sm caída, derrumbe m; (fig: di speranze) fracaso; **il ~ dei prezzi** (ECON) la caída de los precios.

cro'matico, a, ci, che ag cromático(a).

'cromo sm cromo.

cromo'soma, i sm cromosoma m.

'cronaca, che sf crónica; (sul giornale) gacetilla, crónica; **~ nera** gacetilla de crímenes, crónica policial; **fatto/episodio di ~** hecho/episodio de crónica.

'cronico, a, ci, che ag crónico(a).

cro'nista, i sm cronista m, repórter m.

cronolo'gia [-dʒia] sf cronología.

'crosta sf corteza; (di ghiaccio) capa, estrato; (MED) costra; (fig: peg) cuadro sin ningún valor; **~ terrestre** corteza terrestre.

cro'staceo [-tʃeo] sm crustáceo.

cro'stino sm (CUC) tostada.

'cruccio [-ttʃo] sm disgusto, irritación f.

cruci'verba [-tʃ-] sm inv crucigrama m, palabras fpl cruzadas.

cru'dele ag cruel, inhumano(a).

crudeltà sf crueldad f, brutalidad f.

cru'dezza [-ttsa] sf (del clima, tempo) inclemencia, rigor m; (fig) dureza, aspereza.

'crudo, a ag crudo(a); (aspro) duro(a).

cru'miro sm (peg) esquirol m.

'crusca sf afrecho, salvado.

cru'scotto sm (AUTO) cuadro, tablero.

'cubico, a, ci, che ag cúbico(a).

cu'bismo sm cubismo.

'cubo sm cubo.

cuc'cagna [-ɲɲa] sf: **paese della ~** Jauja; **albero della ~** cucaña.

cuc'cetta [-t'tʃ-] sf litera.

cucchiai'ata [-kkj-] sf cucharada.

cucchia'ino [-kkj-] sm cucharilla, cucharita.

cucchi'aio [-k'kj-] sm cuchara.

'cuccia, ce [-ttʃa] sf (del cane) perrera.

'cucciolo [-ttʃ-] sm cachorro.

cu'cina [-tʃ-] sf cocina.

cuci'nare [-tʃ-] vt cocinar.

cu'cire [-'tʃ-] vt coser.

cu'cito sm costura.

cuci'trice [kutʃi'tritʃe] sf (TECN) abrochadora.

cuci'tura [-tʃ-] sf costura.

cucù sm inv, **'cuculo** sm (ZOOL) cuclillo, cucú m.

'cuffia sf cofia; (TECN) protector m; **uscire per il rotto della ~** (fig) salir a gatas de algún lío.

cu'gino, a [-'dʒ-] [-'dʒ-] sm/f primo/a.

'cui pron relativo (nei complementi indiretti): **la persona a ~ accennavi la** persona a la cual te referías; **il progetto a ~ accennavi** el proyecto al que te referías; **le ragazze di ~ ti ho parlato** las chicas de las cuales te hablé; **i libri di ~ ti ho parlato** los libros de que te

hablé; **il quartiere in ~ abito** el barrio en que vivo; (inserito tra l'articolo e il sostantivo): **il ~ nome** cuyo nombre; **la ~ madre** cuya madre; **i ~ mariti** cuyos maridos; **il signore, la ~ figlia ho incontrato** el señor, cuya hija he encontrado; **il signore dal ~ figlio ho avuto il libro** el señor de cuyo hijo he recibido el libro.

culi'naria sf arte f culinaria.

'culla [-lla] sf cuna.

cul'lare [-l'l-] vt acunar, mecer; **~rsi** vr: **~rsi in** (fig) ilusionarse con.

culmi'nare vi (aus essere): **~ in/con** culminar en/con.

'culmine sm cumbre f, ápice m.

'culto sm culto.

cul'tura sf cultura.

cultu'rale ag cultural.

cumu'lare vt acumular, amontonar.

cumula'tivo, a ag acumulativo(a).

'cumulo sm montón m; (METEOR) cúmulo.

'cuneo sm cuña.

cu'ocere vt cocer; **~rsi** vr cocerse.

cu'oco, a, chi, che sm/f cocinero/a.

cu'oio sm cuero, piel f; **~ capelluto** (ANAT) cuero cabelludo; (fig: pl(f) **~a**): **tirare le ~a** estirar la pata.

cu'ore sm corazón m; **stringersi qd al ~** estrechar a alguien contra el pecho; **~i** mpl (CARTE) corazones mpl; **amico/donna del ~** amigo/mujer del alma; **avere in ~ di fare tener** grandes ganas de hacer; **stare a ~ a qd** ser de mucho interés para alguien.

cupi'digia [-dʒa] sf codicia, avidez f.

'cupo, a ag oscuro(a), lóbrego(a); (fig) sombrío(a), tétrico(a).

'cupola sf cúpula.

'cura sf cuidado, atención f; (MED) cura; **aver ~ di** ocuparse de; **a ~ di** (libro) a cargo de, cuidado por.

cu'rante ag: **medico ~** médico de cabecera.

cu'rare vt curar; **~rsi** vr curarse; **~rsi di** (badare a) ocuparse de.

cu'rato sm cura m, párroco.

cura'tore, trice sm/f (DIR) curador/a.

curio'sare vi curiosear.

curiosità sf inv curiosidad f.

curi'oso, a ag curioso(a); (fig: bizzarro) raro(a), singular.

cur'vare vt curvar // vi (veicolo) doblar; (strada) hacer una curva; **~rsi** vr curvarse.

curva'tura sf (MAT) curvatura.

'curvo, a ag curvo(a) // sf curva.

cusci'netto [-ʃʃ-] sm cojinete m // ag inv: **stato/zona ~** (fig) estado/zona tapón; **~ a sfere** cojinete m de bolas.

cu'scino [-ʃʃ-] sm almohada; **~ d'aria** (TECN) almohada de aire.

'cuspide sf cúspide f.

cu'stode sm guardián/ana, portero/a.

cu'stodia sf guardia, custodia; (astuccio) estuche m; **avere la ~ di qd** o **qd in ~**

tener la custodia de alguien o a alguien
en custodia.
custo'dire vt conservar, custodiar.
'cute sf cutis m.
cu'ticola sf cutícula.
C.V. (abbr di cavallo vapore) h.p.

D

da prep (da + il = dal, da + lo = dallo,
da + l' = dall', da + la = dalla, da + i
= dai, da + gli = dagli, da + le =
dalle) de; (agente, moto per luogo) por;
(tempo) desde hace; **sono ~
un'amica/lui** estoy en lo de una
amiga/en su casa; **arrivare ~ Milano**
llegar desde Milán; **venire ~
casa/scuola** venir de casa/de la
escuela; **andare ~ un amico** ir a lo de
un amigo; **vengo dall'Italia** vengo de
Italia; **il Po nasce dal Monviso** el Po
nace del Monviso; **sono nato ~ una
famiglia povera** he nacido en una
familia pobre; **una ragazza dai capelli
biondi** una muchacha de cabellos
rubios; **comportarsi ~ uomo**
comportarse como un hombre; **~
giovane, viaggiavo molto** de joven,
viajaba mucho; **andare ~ Palermo a
Torino** ir desde Palermo a Turín; **dalla
mattina alla sera** de la mañana a la
noche; **~ oggi in poi** desde hoy en
adelante; **l'ho fatto ~ me** lo hice yo
solo; **buono ~ mangiare** bueno para
comer; **vino ~ tavola** vino de mesa;
fare ~ padre hacer de padre.
dabbe'naggine [-ddʒ-] sf necedad f,
bobería.
dab'bene ag inv honesto(a), honrado(a).
dac'capo, da 'capo av de nuevo, otra
vez.
dacché [dak'ke] cong desde que o
cuando.
dada'ismo sm dadaísmo.
'dado sm (da gioco) dado; (cuc) cubito;
(TECN) tuerca.
daf'fare sm inv quehacer m, trabajo.
'dagli [-ʎʎi], **'dai** prep + det vedi **da**.
'daino sm gamo.
dal, dall' [-ll], **'dalla** [-lla], **'dalle** [-lle],
'dallo [-llo] prep + det vedi **da**.
'dama sf dama; (gioco) damas.
da'naro sm = **denaro**.
dana'roso, a ag adinerado(a), rico(a).
da'nese ag, smf danés(esa),
dinamarqués(esa).
Dani'marca sf Dinamarca.
dan'nare vt: **far ~ qd** desesperar o
volver loco a alguien.
dan'nato, a ag smf condenado(a).
dannazi'one [-t'ts-] sf condenación f //
escl ¡maldición!

danneggi'are [-d'dʒ-] vt perjudicar,
dañar; **~rsi** vr perjudicarse.
'danno sm daño, perjuicio.
dan'noso, a ag dañoso(a), perjudicial.
'danza [-tsa] sf danza, baile m.
dan'zare [-'ts-] vt, vi bailar.
dapper'tutto av por todos lados, en
todas partes.
dap'poco ag inv (persona) inútil,
inepto(a); (questione) irrelevante, sin
importancia.
dap'presso av de cerca.
dap'prima av antes, en un primer
momento.
'dare sm debe m // vt (medicine,
sacramento) suministrar, dar // vi
(guardare): **~ su** dar a; **~rsi** vr darse,
dedicarse; **~ tutto se stesso agli studi**
(dedicarsi) entregarse completamente a
los estudios; **~ per certo/morto** dar
por cierto/muerto; **~ nell'occhio**
llamar la atención; **~ alla testa** (vino
etc) subirse a la cabeza, marear; **~rsi
per vinto** darse por vencido; **~rsi da
fare** preocuparse o afanarse por.
'darsena sf dársena.
'data sf fecha.
da'tare vt fechar // vi datar.
'dato ag dado(a) // sm dato; **~ che** dado
que.
'dattero sm dátil m.
dattilogra'fare vt dactilografiar,
escribir a máquina.
dattilogra'fia sf dactilografía.
datti'lografo, a smf dactilógrafo/a.
da'vanti av adelante, delante // ag inv
delantero(a), anterior // sm frente m; **~
a** prep delante de; (in presenza di)
delante de, ante.
davan'zale [-'ts-] sm alféizar m,
antepecho.
da'vanzo, d'avanzo [-'tso] av de sobra.
dav'vero av de veras, verdaderamente;
~? ¿es verdad?, ¿de veras?
'dazio ['dattsjo] sm (somma) derecho;
(luogo) fielato.
d.C. (abbr di dopo Cristo) d. de J.C.
'dea sf diosa.
debili'tare vt debilitar; **~rsi** vr
debilitarse.
'debito, a ag debido(a) //.sm (DIR)
deuda; **a tempo ~** a su debido tiempo.
debi'tore, 'trice smf deudor/a.
'debole ag débil; **lato/punto ~ di
qd/qc** lado/punto débil o flaco de
alguien/algo.
debo'lezza [-ttsa] sf debilidad f.
debut'tare vi debutar.
de'butto sm debut m.
deca'denza [-tsa] sf decadencia; (DIR)
caducidad f, prescripción f.
decaffei'nato, a ag descafeinado(a).
de'cano, a smf decano/a.
decan'tare vt decantar, ponderar.
decapi'tare vt decapitar.
decapitazi'one [-t'ts-] sf decapitación f.

decappot'tabile ag (AUTO) descapotable
// sf auto descapotable.
dece'duto, a [-tʃ-] ag fallecido(a) // sm
muerto.
de'cennio [-'tʃ-] sm decenio.
de'cente [-'tʃ-] ag decente.
decen'trare [-tʃ-] vt (POL) descentralizar.
de'cenza [de'tʃentsa] sf decencia.
de'cesso [-'tʃ-] sm fallecimiento, muerte f.
de'cidere [-'tʃ-] vt decidir; (DIR)
deliberar, juzgar; **~rsi** vr decidirse; **~
di qc/fare** decidir sobre algo/hacer.
deci'frare [-tʃ-] vt descifrar.
deci'male [-tʃ-] ag decimal.
deci'mare [-tʃ-] vt diezmar, reducir.
de'cimetro [-'tʃ-] sm decímetro.
'decimo, a [-tʃ-] num décimo(a).
de'cina [-'tʃ-] sf decena.
decisi'one [-tʃ-] sf decisión f; **prendere
una ~** tomar una decisión.
de'ciso, a [-'tʃ-] pp di **decidere** // ag
decidido(a), resuelto(a).
decla'mare vt declamar.
declas'sare vt rebajar.
decli'nare vi declinar // vt (LING)
declinar; (invito) rechazar.
declinazi'one [-t'ts-] sf (LING) declinación
f.
de'clino sm declinación f, decadencia.
de'clivio sm declive m, pendiente f.
decol'lare [-l'l-] vi despegar.
de'collo [-llo] sm despegue m.
decom'porre vt descomponer;
decomporsi vr descomponerse.
decomposizi'one [-t'ts-] sf
descomposición f.
decom'posto, a pp di **decomporre**.
deconge'lare [-dʒ-] vt descongelar.
deco'rare vt decorar; **~ qd di**
(onorificenza) condecorar a alguien con.
decora'tore, 'trice smf/f decorador/a.
decorazi'one [-t'ts-] sf decoración f;
(onorificenza) condecoración f.
de'coro sm decoro.
deco'roso, a a decoroso(a).
de'correre vi (DIR) tener efecto a partir
de; (interessi) correr; (tempo) pasar,
transcurrir; **a ~ da** a partir de.
de'corso, a pp di **decorrere** // sm (di
una malattia) evolución f, proceso.
de'cotto sm (MED) decocción f, tisana.
de'crepito, a ag decrépito(a).
de'crescere [-ʃʃ-] vi (aus **essere**) bajar,
disminuir.
decresci'uto, a [-ʃ'ʃ-] pp di
decrescere.
decretare vt decretar.
de'creto sm decreto.
'dedica, che sf dedicatoria.
dedi'care vt dedicare; **~rsi** vr
dedicarse.
'dedito, a ag dedicado(a), entregado(a).
de'dotto, a pp di **dedurre**.
de'durre vt (idee. teorie) deducir, inferir;
(detrarre: spese etc) sustraer, sacar.

deduzi'one [-t'ts-] sf (conclusione)
deducción f; (detrazione) sustracción f.
defal'care vt desfalcar.
defe'rente ag (ANAT) deferente;
(rispettoso) obsequioso(a), deferente.
defe'renza [-tsa] sf deferencia.
defe'rire vt (DIR) deferir.
defezi'one [-t'ts-] sf defección f.
defici'ente [-'tʃ-] ag deficiente,
insuficiente // smf/f idiota m/f.
defici'enza [defi'tʃentsa] sf deficiencia;
(lacuna) falta.
'deficit [-tʃ-] sm inv (ECON) déficit m.
defi'nire vt definire; (DIR) resolver.
defini'tivo, a ag definitivo(a).
definizi'one [-t'ts-] sf definición f; (DIR)
resolución f.
deflazi'one [-t'ts-] sf (ECON) deflación f.
deflagrazi'one [-t'ts-] sf deflagración f.
de'flusso sm reflujo.
defor'mare vt deformar; **~rsi** vr
deformarse.
de'forme ag deforme.
deformità sf inv deformidad f.
defrau'dare vt: **~ di** defraudar de.
de'funto, a ag, smf/f difunto(a).
degene'rare [-dʒ-] vi degenerar.
degenerazi'one [dedʒenerat'tsjone] sf
degeneración f.
de'genere [-dʒ-] ag degenerado(a).
de'genza [de'dʒentsa] sf internación f.
'degli [-ʎʎi] prep + det vedi **di**.
de'gnare [-ɲɲ-] vt: **~ qd di qc** juzgar
alguien digno de algo; **~rsi di** dignarse
a.
'degno, a [-ɲɲo] ag digno(a).
degra'dare vt degradar; **~rsi** vr
rebajarse.
degradazi'one [-t'ts-] sf degradación f.
degu'stare vt probar, gustar.
degustazi'one [-t'ts-] sf prueba; (pubblico
esercizio) catadura.
'dei, del prep + det vedi **di**.
dela'tore, 'trice smf/f delator/ ora.
'delega, ghe sf (DIR) poder m.
dele'gare vt (DIR) delegar.
dele'gato, a ag, smf/f delegado(a).
delegazi'one [-t'ts-] sf delegación f.
dele'terio, a ag perjudicial,
pernicioso(a).
del'fino sm delfín m.
delibe'rare vt, vi deliberar.
deliberazi'one [-t'ts-] sf deliberación f.
delica'tezza [-ttsa] sf delicadeza.
deli'cato, a ag delicado(a).
delimi'tare vt delimitar.
deline'are vt trazar, delinear; **~rsi** vr
presentarse, aparecer.
delinqu'ente smf/f (DIR) delincuente m/f;
(fam) pillo/a.
delinqu'enza [-tsa] sf delincuencia.
deli'rare vi delirar.
de'lirio sm delirio.
de'litto sm delito.
de'lizia [-ttsja] sf delicia.
delizi'oso, a [-t'ts-] ag delicioso(a).

dell' [-ll], **'della** [-lla], **'delle** [-lle], **'dello** [-llo] *prep* + *det vedi* **di**.
'delta *sm inv* delta *m*.
delucidazi'one [-t'ts-] *sf* dilucidación *f*, explicación *f*.
de'ludere *vt* defraudar, desilusionar.
delusi'one *sf* desilusión *f*.
de'luso, a *pp di* **deludere**.
dema'gogo, ghi *sm* demagogo.
de'manio *sm* hacienda pública.
de'mente *ag* (MED) demente, enajenado(a) // *smf* loco/a, estúpido/a.
de'menza [-tsa] *sf* (MED) demencia, locura; (*fam*) estupidez *f*.
demo'cratico, a, ci, che *ag* democrático(a).
democra'zia *sf* [-t'tsia] democracia.
demogra'fia *sf* demografía.
demo'lire *vt* (*edificio*) demoler, derribar; (*fig*) arruinar.
demolizi'one [-t'ts-] *sf* demolición *f*.
'demone *sm* demonio.
demo'niaco, a, ci, che *ag* demoniaco(a).
de'monio *sm* demonio, diablo; (*ragazzo vivace*) diablillo.
demoraliz'zare [-d'dz-] *vt* desmoralizar, desalentar; **~rsi** *vr* desmoralizarse, desalentarse.
demoralizzazi'one [-ddzat'tsjone] *sf* desmoralización *f*.
de'naro *sm* (*soldi*) dinero; (CARTE) oro.
deni'grare *vt* denigrar, difamar.
denigrazi'one [-t'ts-] *sf* denigración *f*, difamación *f*.
denomi'nare *vt* denominar; **~rsi** *vr* llamarse.
denominazi'one [-t'ts-] *sf* denominación *f*; **~ d'origine controllata (D.O.C.)** denominación de origen controlada (DOC).
deno'tare *vt* denotar, indicar.
densità *sf inv* densidad *f*.
'denso, a *ag* denso(a), espeso(a).
den'tale *ag* dental.
den'tario, a *ag* dentario(a), dental.
denta'tura *sf* dentadura *f*.
'dente *sm* diente *m*; **al ~** (CUC) no muy cocido; **mettere qc sotto i ~i** (*fig*) comer un bocado; **~i da latte** dientes de leche; **~i del giudizio** muelas del juicio.
denti'era *sf* dentadura postiza.
denti'fricio [-t'ʃo] *sm* dentífrico.
den'tista, i, e *smf* dentista *m/f*.
'dentro *av* adentro; (*fig: nell'intimo*) por dentro // *prep* dentro de, adentro de; (*moto*) adentro; **~ a** dentro de; **~ in** adentro de; **~ di sé** por dentro; **dal di ~** desde adentro; **essere/mettere ~** (*fam: in prigione*) estar/meter adentro.
denu'dare *vt* desnudar; **~rsi** *vr* desnudarse.
de'nuncia, ce o **cie** [-t'ʃa], **de'nunzia** [-tsja] *sf* (DIR) denuncia; **~ delle**

nascite/dei decessi (DIR) declaración *f* de nacimientos/defunciones.
denunci'are [-'tʃ-], **denunzi'are** [-'tsj] *vt* (DIR) denunciar.
denu'trito, a *ag* desnutrido(a).
denutrizi'one [-t'ts-] *sf* desnutrición *f*.
deodo'rante *sm* desodorante *m*.
depe'rire *vi* (*aus essere*) decaer, debilitarse.
depi'lare *vt* depilar.
depila'torio, a *ag* depilatorio(a) // *sm* depilatorio.
depilazi'one [-t'ts-] *sf* depilación *f*.
deplo'revole *ag* deplorable.
de'porre *vt* dejar, depositar; (DIR) declarar, atestiguar; (*da una carica*) deponer; **~ la corona** (POL) abdicar.
depor'tare *vt* deportar.
deportazi'one [-t'ts-] *sf* deportación *f*.
deposi'tare *vt* depositar.
de'posito *sm* depósito; **~ bagagli** depósito de equipajes.
deposizi'one [-t'ts-] *sf* deposición *f*.
de'posto, a *pp di* **deporre**.
depra'vare *vt* depravar, pervertir.
depre'care *vt* censurar, condenar.
depre'dare *vt* saquear.
depressi'one *sf* depresión *f*.
de'presso, a *pp di* **deprimere** // *ag* deprimido(a); (ECON: *zona*) subdesarrollado(a) // *smf* (MED) deprimido/a.
deprez'zare [-t'ts-] *vt* depreciar.
de'primere *vt* deprimir; **~rsi** *vr* deprimirse.
depu'rare *vt* depurar.
depu'tato, a o **essa** *sm/f* diputado/a.
deputazi'one [-t'ts-] *sf* (POL) diputación *f*.
deragli'amento [-ʎʎ-] *sm* descarrilamiento.
deragli'are [-ʎ'ʎ-] *vi* descarrilar.
dere'litto, a *ag* abandonado(a) // *smf* desamparado/a.
dere'tano *sm* trasero.
de'ridere *vt* burlar, ridiculizar.
derisi'one *sf* irrisión *f*, escarnio.
de'riso, a *pp di* **deridere**.
de'riva *sf* deriva; **andare alla ~** ir a la deriva.
deri'vare *vt* (*aus essere*) derivar // *vi*: **~ (da)** derivar (de).
derivazi'one [-t'ts-] *sf* derivación *f*.
dermatolo'gia [-'dʒia] *sf* dermatología.
'deroga, ghe *sf* derogación *f*, anulación *f*.
dero'gare *vi*: **~ a** (DIR) contravenir a.
derogazi'one [-t'ts-] *sf* derogación *f*.
der'rate *sfpl*: **~ (alimentari)** productos o géneros *mpl* alimenticios.
deru'bare *vt* robar; **~ qd di qc** robar algo a alguien.
de'scritto, a *pp di* **descrivere**.
de'scrivere *vt* describir.
descrizi'one [-t'ts-] *sf* descripción *f*.
de'serto, a *ag* desierto(a) // *sm* (GEOGR) desierto.

deside'rare vt desear; **farsi** ~ hacerse esperar.
desi'derio sm deseo.
deside'roso, a ag deseoso(a); ~ **di** deseoso de.
desi'gnare [-ɲ'n-] vt designar.
de'sistere vi desistir.
desi'stito, a pp di **desistere**.
deso'lato, a ag desolado(a).
desolazi'one [-t'ts-] sf desolación f.
'despota, i sm déspota m, tirano.
de'stare vt despertar; (fig: provocare) suscitar; ~**rsi** vr despertarse.
desti'nare vt destinar.
destinazi'one [-t'ts-] sf destino; (uso) destinación f.
de'stino sm destino.
destitu'ire vt destituir.
destituzi'one [-t'ts-] sf destitución f.
'desto, a ag despierto(a).
'destra sf vedi **destro**.
destreggi'arsi [-d'dʒ-] vr ingeniarse, manejarse.
de'strezza [-ttsa] sf (di mano) destreza, habilidad f; (fig) astucia.
'destro, a ag derecho(a); (abile) diestro(a), listo(a) // sf derecha.
de'sumere vt deducir.
de'sunto, a pp di **desumere**.
dete'nere vt tener; (POL) detentar; (DIR) detener, encarcelar.
dete'nuto, a smf detenido/a, preso/a.
detenzi'one [-'ts-] sf posesión f; (di una persona) detención f.
deter'gente [-'dʒ-] ag, sm detergente (m).
deterio'rare vt deteriorar; ~**rsi** vr deteriorarse.
determi'nare vt determinar, establecer; ~**rsi a** decidirse o determinarse a.
determinazi'one [-t'ts-] sf determinación f.
deter'sivo sm detergente m.
dete'stabile ag detestable.
dete'stare vt detestar; ~**rsi** vr detestarse.
deto'nare vi estallar, explotar.
detonazi'one [-t'ts-] sf detonación f.
de'trarre vt: ~ **(da)** detraer o deducir (de).
de'tratto, a pp di **detrarre**.
detrat'tore, trice smf detractor/a.
detrazi'one [-t'ts-] sf detracción f.
detri'mento sm detrimento, perjuicio; **a** ~ **di** en detrimento o perjuicio de.
de'trito sm detrito.
detroniz'zare [-d'dz-] vt destronar.
'detta sf: **a** ~ **di** según.
dettagli'ante [-ʎ'ʎ-] smf minorista mf.
dettagli'are [-ʎ'ʎ-] vt detallar.
det'taglio [-ʎʎo] sm detalle m; **vendere/vendita al** ~ (COMM) vender/venta al por menor; **entrare nei dettagli** entrar en detalles.
det'tame sm dictamen m.
det'tare vt dictar; (condizioni) imponer, dictar; (fig) sugerir, aconsejar.

det'tato sm dictado.
detta'tura sf dictado; **sotto** ~ **al** dictado.
'detto, a pp di **dire** // ag (soprannominato) llamado(a); (già nominato) dicho(a) // sm dicho; ~ **fatto** dicho y hecho.
detur'pare vt desfigurar; (fig) estropear, arruinar.
deva'stare vt devastar, asolar; (fig) arruinar, destruir.
devastazi'one [-t'ts-] sf devastación f.
devi'are vi, vt desviar.
deviazi'one [-t'ts-] sf desviación f, desvio; (MED) desviación f.
devo'luto, a pp di **devolvere**.
devoluzi'one [-t'ts-] sf (DIR) transmisión f, transferencia.
de'volvere vt: ~ **(a)** (DIR) transferir (a).
de'voto, a ag, smf devoto(a).
devozi'one [-t'ts-] sf devoción f.
di prep (di + il = **del**, di + lo = **dello**, di + l' = **dell'**, di + la = **della**, di + i = **dei**, di + gli = **degli**, di + le = **delle**) de; (mezzo) con; **passa** ~ **là**! ¡pasa por allá!; **d'inverno** en invierno; ~ **giorno/notte de** dia/ noche; ~ **sera/mattina** por la tarde/mañana; ~ **lunedi/martedi** el lunes/ martes; ~ **giorno in giorna** dia a dia; ~ **strada in strada** de calle en calle // det: **comperare del pane/della frutta/dei libri** comprar pan/fruta/libros.
dì sm dia m.
dia'bete sm diabetes f.
dia'bolico, a, ci, che ag diabólico(a).
di'acono sm diácono.
dia'dema, i sm diadema f.
di'afano, a ag diáfano(a).
dia'framma, i sm diafragma m.
di'agnosi sf diagnosis f.
diagnosti'care vt diagnosticar.
dia'gnostico, a, ci, che ag diagnóstico(a).
diago'nale ag, sf diagonal (f).
dia'gramma, i sm diagrama m.
dialet'tale ag dialectal.
dia'letto sm dialecto.
di'alogo, ghi sm diálogo.
dia'mante sm diamante m.
di'ametro sm diámetro.
di'amine escl ¡diantre!
di'ario sm diario.
di'avolo sm diablo; (fig) demonio; **è un povero** ~ (fig) es un pobre diablo; **al** ~ (fam) ¡al diablo!
di'battere vt discutir, debatir; ~**rsi** vr debatirse.
di'battito sm debate m.
dibat'tuto, a pp di **dibattere**.
dica'stero sm ministerio.
di'cembre [-'tʃ-] sm diciembre m.
dichia'rare [-kj-] vt declarar; ~**rsi** vr declararse.

dichiarazi'one [dikjarat'tsjone] sf
  declarazione f; ~ dei redditi (DIR)
  declaración de réditos.
dician'nove [-tʃ-] num diecinueve.
dicias'sette [-tʃ-] num diecisiete.
dici'otto [-'tʃ-] num dieciocho.
dici'tore, 'trice [-tʃ-] smf (TEATRO)
  declamador/a.
dici'tura [-tʃ-] sf inscripción f.
di'dattica, che sf didáctica.
di'eci ['djɛtʃi] num diez.
die'cina [-tʃ-] sf = decina.
di'eresi sf diéresis f.
di'esel sm inv diesel m.
di'eta sf dieta; essere a ~ estar a dieta.
die'tetica, che sf dietética.
di'etro av detrás, atrás // prep (anche: ~
  di) detrás de; (tempo: dopo) tras // ag
  inv posterior, trasero(a) // sm parte f
  trasera o posterior; ~
  domanda/pagamento (COMM) a
  pedido/pagar.
di'fendere vt defender; ~rsi vr
  defenderse.
difen'sivo, a ag defensivo(a) // sf
  defensiva; stare sulla ~a (fig) estar a
  la defensiva.
difen'sore, a smf defensor/a.
di'feso, a pp di difendere // sf defensa.
difet'tare vi: ~ di carecer de.
difet'tivo, a ag defectivo(a).
di'fetto sm (mancanza) falta, carencia;
  (di fabbricazione) falla, defecto; (morale)
  defecto; far ~ (mancare) faltar; (essere
  difettoso) caer mal, hacer defecto.
difet'toso, a ag defectuoso(a),
  imperfecto(a).
diffa'mare vt difamar.
diffamazi'one [-'ts-] sf difamación f.
diffe'rente ag diferente.
diffe'renza [-tsa] sf diferencia; a ~ di a
  diferencia de.
differenzi'ale [-'ts-] sm diferencial m.
differenzi'are [-'ts-] vt diferenciar;
  ~rsi vr diferenciarse.
differi'mento sm aplazamiento,
  postergación f.
diffe'rire vt aplazar, postergar // vi
  diferir, distinguirse.
dif'ficile [-tʃ-] ag difícil // sm difícil m,
  dificultad f.
difficoltà sf inv dificultad f.
dif'fida sf (DIR) intimación f.
diffi'dare vi: ~ di desconfiar de // vt
  (DIR) notificar, intimar; ~ qd dal fare
  qc desafiar a alguien a hacer algo.
diffi'dente ag desconfiado(a).
diffi'denza [-tsa] sf desconfianza.
dif'fondere vt difundir; ~rsi vr
  difundirse.
diffusi'one sf difusión f.
dif'fuso, a pp di diffondere // ag
  difuso(a).
difi'lato av directamente.
difte'rite sf difteria.
'diga, ghe sf dique m.

dige'ribile [-dʒ-] ag digerible.
dige'rire [-dʒ-] vt (MED) digerir; (fig)
  soportar, tolerar.
digesti'one [-dʒ-] sf digestión f.
dige'stivo, a [-dʒ-] ag digestivo(a) // sm
  (liquore) digestivo.
digi'tale [-dʒ-] ag digital.
digiu'nare [-dʒ-] vi ayunar.
digi'uno, a [-'dʒ-] ag ayuno(a) // sm
  (anche fig) ayuno.
dignità [-ɲɲ-] sf inv dignidad f.
digni'toso, a [-ɲɲ-] ag (uomo) digno(a);
  (abito) decoroso(a).
digressi'one sf digresión f.
digri'gnare [-ɲʲn-] vt rechinar.
dila'gare vi (aus essere) derramarse,
  esparcirse; (fig: notizia, epidemia)
  difundirse, propagarse.
dilani'are vt rasgar, desgarrar.
dilapi'dare vt dilapidar.
dila'tare vt dilatar; ~rsi vr dilatarse.
dilatazi'one [-'ts-] sf dilatación f.
dilazio'nare [-tts-] vt demorar, dilatar.
dilazi'one [-'tts-] sf dilación f, demora.
dilegu'are vi deligvar; ~rsi vr disiparse.
di'lemma, i sm dilema m.
dilet'tante ag diletante, aficionado(a) //
  smf diletante m/f.
dilet'tare vt deleitar, divertir; ~rsi vr
  deleitarse, divertirse; ~rsi di divertirse
  con.
dilet'tevole ag agradable // sm
  agradable m.
di'letto, a ag preferido(a) // sm gusto,
  placer m.
dili'gente [-dʒ-] ag diligente; (lavoro)
  esmerado(a), prolijo(a).
dili'genza [dili'dʒentsa] sf esmero,
  prolijidad f; (carrozza) diligencia.
dilu'ire vt diluir, disolver.
dilun'garsi vr extenderse.
diluvi'are vi diluviar; (fig) menudear
di'luvio sm diluvio; (fig) exceso,
  profusión f.
dima'grante ag adelgazador(a).
dima'grire vi (aus essere) adelgazar.
dime'nare vt menear; ~rsi vr agitarse,
  debatirse.
dimensi'one sf dimensión f.
dimenti'canza [-tsa] sf olvido; (errore)
  descuido, negligencia.
dimenti'care vt olvidar; (doveri, amici)
  descuidar; ~rsi di olvidarse de.
di'messo, a pp di dimettere // ag
  modesto(a), humilde.
dimesti'chezza [-'kettsa] sf familiaridad
  f.
di'mettere vt: ~ da (dall'ospedale) dar
  de alta; (da un impiego) dar de baja,
  destituir; ~rsi (da) (carica, impiego)
  renunciar (a), dimitir.
dimez'zare [-d'dz-] vt reducir a la mitad.
diminu'ire vt disminuir, reducir.
diminuzi'one [-'tts-] sf disminución f.
dimissi'oni sfpl renuncia, dimisión f;
  dare/presentare/

rassegnare le ~i
dar/presentar/resignar
la renuncia.
di'mora *sf* morada; *(DIR)* residencia,
domicilio.
dimo'rare *vi* habitar, residir.
dimo'strare *vt* manifestar; *(provare)*
probar, demostrar // *vi* manifestar;
~rsi *vr* manifestarse.
dimostra'tivo, a *ag* demostrativo(a).
dimostrazi'one [-'ts-] *sf* demostración *f.*
di'namico, a, ci, che *ag* dinámico(a)
// *sf* dinámica.
dina'mismo *sm* dinamismo.
dina'mite *sf* dinamita.
'dinamo *sf inv* dínamo *f.*
di'nanzi [-tsi]: **~ a** *prep* delante de, ante.
dina'stia *sf* dinastía.
dini'ego, ghi *sm* denegación *f.*
din'torno *av* alrededor // *sm*: **i ~i** *mpl*
los alrededores.
'dio, *pl* **'dei** *sm*: **D~** Dios *m*; **D~ mio!**
¡Dios mío!; **gli dei** los dioses.
di'ocesi [-tʃ-] *sf* diócesis *f.*
dipa'nare *vt (lana)* devanar, ovillar; *(fig:
faccenda)* desenredar, desentrañar.
diparti'mento *sm (AMM. POL)*
departamento.
dipen'dente *ag* dependiente; *(LING)*
subordinado(a) // *smf* dependiente *m/f.*
dipen'denza [-tsa] *sf* dependencia;
essere alle ~e di qd estar bajo la
dependencia de alguien.
di'pendere *vi (aus essere)*: **~ da**
depender o derivar de; *(impiegato, verbo)*
depender de.
di'peso, a *pp di* **dipendere.**
di'pingere [-dʒ-] *vt* pintar; *(fig)*
describir, pintar; **~rsi** *vr (truccarsi)*
pintarse, maquillarse.
di'pinto, a *pp di* **dipingere** // *ag*
pintado(a) // *sm* pintura, cuadro.
di'ploma, i *sm* diploma *m.*
diplo'matico, a, ci, che *ag*
diplomático(a) // *sm* diplomático.
diplo'mazia [-t'tsia] *sf* diplomacia.
di'porto *sm*: **imbarcazione/
nautica da ~** embarcación/
nautica de deporte.
dira'dare *vt (visite)* espaciar; *(bosco)*
clarear; **~rsi** *vr (nebbia)* disiparse;
(folla) dispersarse.
dira'mare *vt* difundir, divulgar // *vi
(strade)* dividirse; **~rsi** *vr (vene)*
ramificarse; *(teorie)* derivarse; *(strade)*
dividirse.
'dire *sm* decir *m*, dicho // *vt* decir;
(poesia) recitar, decir; *(sog: esperienza,
sguardo)* demostrar, decir; **si dice
che... se dice que...; ~ a qd di fare
qc** decir a alguien que haga algo; **voler
~ (che)** querer decir (que); **che ne
dici di...?** ¿qué dices o piensas de...?;
~ di si/no decir que sí/no; **a ~ il
vero** en verdad; **per così ~** por así
decirlo; **dica, signorina?** ¿qué desea,

señorita?; **te lo dico io** yo se lo que te
digo; **~ la sua** *(fam)* decir su opinión.
diret'tissimo *sm (FERR)* rápido.
di'retto, a *pp di* **dirigere** // *ag (strada,
luce)* directo(a); *(conseguenza)*
inmediato(a) // *sm (FERR)* directo.
diret'tore, 'trice *smf/f* director/a.
direzi'one [-t'ts-] *sf* dirección *f*; **in ~ di**
en dirección a.
diri'gente [-'dʒ-] *smf/f* dirigente *m/f.*
di'rigere [-dʒ-] *vt* dirigir; **~rsi** *vr*
dirigirse.
diri'gibile [-'dʒ-] *sm* dirigible *m.*
dirim'petto *av* enfrente, al frente; **~ a**
prep frente a.
di'ritto, a *ag (sentiero)* derecho(a);
(persona) recto(a), derecho(a) // *av*
derecho // *sm (DIR)* derecho.
dirit'tura *sf* alineación *f*, línea recta; **~
d'arrivo** meta, línea de llegada.
diroc'cato, a *ag* derruido(a).
di'rotto, a *ag (pianto)* incontenible;
piovere a ~ llover a cántaros.
di'rupo *sm* despeñadero, precipicio.
disabi'tato, a *ag* deshabitado(a),
desierto(a).
disabitu'are *vt* desacostumbrar; **~rsi**
vr desacostumbrarse.
disac'cordo *sm* desacuerdo.
disadat'tato, a *smf/f* inadaptado/a.
disa'datto, a *ag*: **~ (a o per)**
inadecuado(a) (a o para).
disa'dorno, a *ag* desnudo(a), sin adorno.
disa'gevole [-'dʒ-] *ag* incómodo(a),
difícil.
disagi'ato, a [-'dʒ-] *ag* pobre,
necesitado(a) // *smf/f* pobre *m/f.*
di'sagio [-dʒo] *sm* incomodidad *f*; *(fig)*
malestar *m*, embarazo;
essere/trovarsi/sentirsi a ~
estar/encontrarse/sentirse molesto o
incómodo.
disappro'vare *vt* desaprobar, censurar.
disapprovazi'one [-t'ts-] *sf*
desaprobación *f*, censura.
disap'punto *sm* decepción *f*,
contrariedad *f.*
disar'mare *vt* desarmar; *(EDIL)*
desencajonar.
di'sarmo *sm* desarme *m.*
di'sastro *sm* desastre *m.*
disa'stroso, a *ag* desastroso(a).
disat'tento, a *ag* desatento(a),
distraído(a).
disattenzi'one [-'ts-] *sf* desatención *f*,
distracción *f*; *(fig: scortesia)* desatención,
descortesía.
disa'vanzo [-tso] *sm (ECON)* déficit *m*,
pasividad *f*; **chiudere il bilancio in ~**
cerrar el balance en déficit.
disavve'duto, a *ag* incauto(a),
inadvertido(a).
disavven'tura *sf* desventura.
di'sbrigo, ghi *sm* ejecución *f*, despacho.

di'scapito sm pérdida, perjuicio; **andare a ~ di qc/qd** ir en perjuicio de algo/alguien.

discen'dente [-ʃʃ-] ag descendente // smf descendiente m/f.

discen'denza [diʃʃen'dentsa] sf descendencia.

di'scendere [-ʃ'ʃ-] vi (aus essere) descender, bajar; (fig: derivare) descender.

di'scepolo [-ʃ'ʃ-] sm discípulo.

di'scernere [-ʃ'ʃ-] vt discernir, distinguir.

discerni'mento [-ʃʃ-] sm discernimiento.

di'sceso, a [-ʃ'ʃ-] pp di **discendere** // sf bajada; (SCI) descenso; **in ~a** en bajada.

dischi'udere [-'kj-] vt abrir; **~rsi** vr abrirse.

dischi'uso, a [-'kj-] pp di **dischiudere**.

disci'ogliere [diʃ'ʃɔʎʎere] vt derretir, disolver; **~rsi** vr disolverse.

disci'olto, a [-ʃ'ʃ-] pp di **disciogliere**.

disci'plina [-ʃʃ-] sf disciplina.

discipli'nare [-ʃʃ-] ag disciplinario(a) // vt disciplinar; (DIR) reglamentar.

'disco, schi sm disco; **~ orario** (AUTO) disco de estacionamiento; **~ volante** platillo volador.

'discolo sm pillastre m, bribón m.

di'scolpa sf (DIR) disculpa, descargo; **dire qc a sua ~** decir algo en su descargo.

discol'pare vt disculpar, justificar.

disco'noscere [-ʃʃ-] vt desconocer.

disconosci'uto, a [-ʃ'ʃ-] pp di **disconoscere**.

discon'tinuo, a ag discontinuo(a).

discor'danza [-tsa] sf (MUS) disonancia; (fig) discordancia, disenso.

di'scorde ag discorde, opuesto(a).

di'scordia sf discordia, desacuerdo.

di'scorrere vi hablar, conversar.

discor'sivo, a ag discursivo(a).

di'scorso, a pp di **discorrere** // sm discurso; (LING) oración f; **~i** mpl (chiacchiere) charla, cháchara.

di'scosto, a ag distante, apartado(a) // av lejos; **~ da** prep lejos de.

disco'teca, che sf discoteca.

discredi'tare vt desacreditar; **~rsi** vr desacreditarse.

discre'panza [-tsa] sf discrepancia.

di'screto, a pp di **discernere** // ag discreto(a), reservado(a); (abbastanza buono) discreto(a), regular.

discrezi'one [-t'ts-] sf discreción f.

discrimi'nante ag discriminatorio(a).

discriminazi'one [-t'ts-] sf discriminación f.

discussi'one sf discusión f.

di'scusso, a pp di **discutere**.

di'scutere vt discutir.

disde'gnare [-ɲ'ɲ-] vt desdeñar, despreciar.

di'sdegno [-ɲɲo] sm desdeño, desprecio.

di'sdetto, a pp di **disdire** // sf (DIR) rescisión f; (sfortuna) mala suerte.

di'sdire vt (affermazioni) desmentir; (DIR: contratto) rescindir.

dise'gnare [-ɲ'ɲ-] vt dibujar.

disegna'tore, 'trice [-ɲɲa-] sm/f dibujante m/f.

di'segno [-ɲɲo] sm dibujo; (abbozzo) bosquejo; (progetto) proyecto; **~ di legge** (DIR) proyecto de ley.

disere'dare vt desheredar.

diser'tare vt abandonar // vi (MIL) desertar.

diser'tore sm desertor m.

diserzi'one [-'ts-] sf (DIR. MIL) deserción f.

di'sfare vt demoler, derruir; (letto) deshacer; (nodo) desatar; **~rsi** vr (fig: sciogliersi) derretirse; (: andare in pezzi) deshacerse; **~rsi di** librarse de.

di'sfatto, a pp di **disfare** // sf derrota.

disfunzi'one [-'ts-] sf (MED) trastorno; (POL. AMM) desorden m.

disge'lare [-dʒ-] vt deshelar, derretir; **~rsi** vr derretirse.

di'sgelo [-'dʒ-] sm deshielo.

disgi'ungere [diz'dʒundʒere] vt separar, dividir.

disgi'unto, a [-'dʒ-] pp di **disgiungere**.

di'sgrazia [-ttsja] sf desgracia, infortunio.

disgrazi'ato, a [-'tts-] ag infortunado(a) // sm/f desgraciado/a.

disgu'ido [-'gw-] sm extravío.

disgu'stare vt disgustar, desagradar.

di'sgusto sm asco, repugnancia.

disgu'stoso, a ag repugnante; (fig) desagradable, enojoso(a).

disidra'tare vt deshidratar.

disil'ludere [-l'l-] vt desilusionar, decepcionar; **~rsi** vr desilusionarse, decepcionarse.

disillusi'one [-ll-] sf desilusión f.

disimpa'rare vt desaprender.

disimpe'gnare [-ɲ'ɲ-] vt desempeñar; (da una promessa) librar; **~rsi** vr librarse.

disim'pegno [-ɲɲo] sm desempeño; (da promessa) liberación f.

disinfet'tante ag, sm desinfectante (m).

disinfet'tare vt desinfectar.

disinfezi'one [-'ts-] sf desinfección f.

disingan'nare vt desengañar.

disin'ganno sm desengaño.

disinne'stare vt desembragar.

disinte'grare vt desintegrar; **~rsi** vr desintegrarse.

disinteres'sarsi vr: **~ di** desinteresarse por o de.

disinte'resse sm desinterés m.

disintossi'care vt desintoxicar.

disin'volto, a ag desenvuelto(a).

disinvol'tura sf desenvoltura.

dislo'care vt disponer.

dismi'sura sf desmesura, exceso; **a ~** excesivamente.

disobbe'dire etc = **disubbidire** etc.

disoccu'pato, a ag, sm/f desocupado(a).

disoccupazi'one [-t'ts-] sf desocupación f, desempleo.

disonestà *sf* deshonestidad *f*.
diso'nesto, a *ag* deshonesto(a).
disono'rare *vt* deshonrar; ~**rsi** *vr* deshonrarse.
diso'nore *sm* deshonor *m*, deshonra.
disono'revole *ag* deshonroso(a).
di'sopra *av* arriba // *ag inv* superior, de arriba // *sm inv* parte *f* superior.
disordi'nato, a *ag* desordenado(a).
di'sordine *sm* desorden *m*; (*sregolatezza*) exceso, desorden *m*.
disorien'tare *vt* desorientar, desconcertar; ~**rsi** *vr* desorientarse, desconcertarse.
disos'sare *vt* deshuesar, desosar.
di'sotto *av* debajo // *ag inv* inferior // *sf inv* parte *f* inferior, lo de abajo.
di'spaccio [-tʃo] *sm* despacho.
dispa'rato, a *ag* distinto(a), diverso(a).
'dispari *ag* impar; (*fig: impari*) desigual, inferior.
disparità *sf inv* desigualdad *f*, disparidad *f*.
di'sparte: in ~ *av* aparte; **tenersi o starsene in** ~ mantenerse o estar a un lado o aparte; **mettere in** ~ hacer a un lado.
dispendi'oso, a *ag* costoso(a).
di'spensa *sf* (*luogo*) despensa; (*mobile di cucina*) fresquera, (ARG) fiambrera; (DIR: atto) dispensa; (*fascicolo*) fascículo.
dispen'sare *vt* distribuir, repartir; ~ **qd da qc/dal fare qc** dispensar o eximir a alguien de algo/de hacer algo.
dispe'rare *vi*: ~ (**di**) desesperar (de); ~**rsi** *vr* desesperarse.
dispe'rato, a *ag, sm/f* desesperado(a).
disperazi'one [-t'ts-] *sf* desesperación *f*.
di'sperdere *vt* esparcir, diseminar; (MIL) derrotar, dispersar; (*fig: dissipare*) desperdiciar, malgastar; ~**rsi** *vr* (*banditi, esercito*) desbandarse; (*calore, energia*) consumirse.
dispersi'one *sf* dispersión *f*.
di'sperso, a *pp di* **disperdere** // *sm/f* desaparecido/a.
di'spetto *sm* despecho; **a** ~ **di** a despecho de; **fare un** ~ hacer un desaire.
dispet'toso, a *ag* guasón(ona), irritante.
dispia'cere [-tʃ-] *sm* pena, pesar *m* // *vi* (*aus essere*): ~ **a** disgustar o desagradar a; (*addolorare*) apenar, afligir // *vb impersonale* (*aus essere*): **mi dispiace** (**che**) lamento o siento mucho (que); **se non le dispiace, me ne vado** si no tiene inconveniente, me voy; ~**rsi** *vr* apenarse.
dispo'nibile *ag* disponible; (*fig*) servicial, disponible.
disponibilità *sf* disponibilidad *f*.
di'sporre *vt* disponer, ordenar; (DIR: stabilire) resolver, disponer // *vi* (*decidere*) decidir, disponer; ~ **di** disponer de; **disporsi** *vr* disponerse.
disposizi'one [-t'ts-] *sf* disposición *f*.

di'sposto, a *pp di* **disporre**.
di'spotico, a, ci, che *ag* despótico(a).
dispo'tismo *sm* despotismo.
disprez'zabile [-t'ts-] *ag* despreciable.
disprez'zare [-t'ts-] *vt* despreciar, menospreciar; ~**rsi** *vr* despreciarse.
di'sprezzo [-ttso] *sm* desprecio.
'disputa *sf* disputa, discusión *f*.
dispu'tare *vt* (SPORT) jugar // *vi*: ~ **di** discutir de, disputar sobre; ~**rsi** *vr* discutir, disputar.
disquisizi'one [diskwizit'tsjone] *sf* disquisición *f*.
dissangua'mento *sm* desangramiento.
dissec'care *vt* desecar, secar; ~**rsi** *vr* desecarse.
dissemi'nare *vt* diseminar, esparcir; (*fig: divulgare*) difundir, divulgar.
dis'senso *sm* disenso, desacuerdo.
dissente'ria *sf* disentería.
dissen'tire *vi*: ~ (**da qd**) disentir (con alguien).
disser'tare *vi*: ~ **su** disertar sobre.
dissertazi'one [-t'ts-] *sf* disertación *f*.
disser'vizio [-t'tsjo] *sm* mal servicio, desorden *m*.
disse'stare *vt* (ECON) desorganizar, desequilibrar.
dis'sesto *sm* (ECON) crisis *f*, crac *m*; (*fig*) desequilibrio, desorden *m*.
disse'tante *ag* refrescante.
disse'tare *vt* apagar o quitar la sed a; ~**rsi** *vr* beber.
dissezi'one [-t'ts-] *sf* disección *f*.
dissi'dente *ag* disidente, discorde // *sm/f* disidente *m/f*.
dissi'denza [-tsa] *sf* disidencia, disensión *f*.
dis'sidio *sm* disenso.
dis'simile *ag* disímil, diferente.
dissimu'lare *vt* disimular.
dissimulazi'one [-t'ts-] *sf* disimulo.
dissi'pare *vt* disipar; ~**rsi** *vr* disiparse.
dissipa'tezza [-ttsa] *sf* disipación *f*.
dissoci'are [-'tʃ-] *vt* disociar, separar.
disso'dare *vt* roturar.
dis'solto, a *pp di* **dissolvere**.
dissolu'tezza [-ttsa] *sf* disolución *f*, libertinaje *m*.
disso'luto, a *pp di* **dissolvere** // *ag* disoluto(a), libertino(a).
dis'solvere *vt* disolver; (*nebbia, fumo*) disipar; ~**rsi** *vr* disiparse, desaparecer.
disso'nante *ag* disonante.
disso'nanza [-tsa] *sf* (MUS) disonancia; (*fig*) discordancia.
dissotter'rare *vt* desenterrar, exhumar.
dissu'adere *vt*: ~ (**da**) disuadir (de).
dissuasi'one *sf* disuasión *f*.
dissu'aso, a *pp di* **dissuadere**.
distacca'mento *sm* (MIL) destacamento.
distac'care *vt* alejar; (MIL) destacar, destinar; (SPORT) superar; ~**rsi** *vr* alejarse, separarse.

di'stacco, chi sm separación f; (fig)
desinterés m, indiferencia; (sport)
ventaja.
di'stante av lejos // ag distante,
alejado(a).
di'stanza [-tsa] sf distancia; (fig:
differenza) desigualdad f, distancia.
distanzi'are [-'ts-] vt distanciar; (sport)
dejar atrás, aventajar; (fig) superar.
di'stare vi: ~ **da** distar o estar lejos de.
di'stendere vt (nervi) distender, relajar;
(spiegare: foglio, lenzuolo) extender,
desplegar; (sul letto) acostar; ~**rsi** vr
calmarse, relajarse; (sul letto) acostarse,
recostarse.
distensi'one sf distensión f.
di'steso, a pp di **distendere** // sf
extensión f, amplitud f.
distil'lare [-l'l-] vt destilar.
distillazi'one [-llat'tsjone] sf destilación
f.
distille'ria [-ll-] sf destilería.
di'stinguere [-gw-] vt distinguir; ~**rsi** vr
distinguirse.
di'stinta sf (dir) nota.
distin'tivo, a ag distintivo(a) // sm
distintivo.
di'stinto, a pp di **distinguere** // ag
distinguido(a); ~**i saluti** (in una lettera)
respetuosos saludos mpl.
distinzi'one [-'ts-] sf distinción f.
di'stogliere [-ʎʎ-] vt: ~ **(da)** alejar o
apartar (de); (fig) desaconsejar (de),
disuadir (de).
di'stolto, a pp di **distogliere.**
distorsi'one sf distorsión f; (med)
torcedura.
di'strarre vt distraer; **distrarsi** vr
distraerse.
di'stratto, a pp di **distrarre** // ag
distraído(a).
distrazi'one [-'ts-] sf distracción f.
di'stretto sm (amm) distrito.
distribu'ire vt distribuir.
distribu'tore sm (di benzina) surtidor m;
(di film) distribuidora; (automatico)
distribuidor m.
distribuzi'one [-'ts-] sf distribución f.
distri'care vt (groviglio) desenredar,
desenmarañar; (fig) aclarar; ~**rsi** vr
desembarazarse.
di'struggere [-ddʒ-] vt destruir; ~**rsi** vr
arruinarse.
distrut'tivo, a ag destructivo(a).
di'strutto, a pp di **distruggere.**
distruzi'one [-'ts-] sf destrucción f.
distur'bare vt molestar, importunar;
~**rsi** vr incomodarse.
di'sturbo sm molestia, incomodidad f;
(med) trastorno, indisposición f; (tecn)
desarreglo.
disubbidi'ente ag desobediente.
disubbidi'enza [-tsa] sf desobediencia.
disubbi'dire vi: ~ **(a)** desobedecer (a).
disuguagli'anza [-ʎ'ʎantsa] sf
desigualdad f.

disugu'ale ag diferente;
(terreno)desigual, irregular.
disu'mano, a ag inhumano(a).
disu'nire vt desunir, separar.
di'suso sm desuso; **andare** o **cadere in**
~ ir o caer en desuso.
di'tale sm dedal m.
di'tata sf huella, impresión f.
'dito, pl(f) **dita** sm dedo.
'ditta sf empresa, firma.
dit'tafono sm dictáfono.
ditta'tore sm dictador m.
ditta'tura sf dictadura.
dit'tongo, ghi sm diptongo.
di'urno, a ag diurno(a) // sm servicio
diurno de baños públicos.
'diva sf vedi **divo.**
diva'gare vi divagar.
divagazi'one [-'ts-] sf divagación f.
divam'pare vi (aus essere) estallar.
di'vano sm diván m.
divari'care vt abrir.
di'vario sm divergencia.
dive'nire vi (aus essere) hacerse,
volverse.
dive'nuto, a pp di **divenire.**
diven'tare vi (aus essere) volverse,
tornarse; ~ **bianco** (fig) encanecer; ~
rosso (fig) ruborizarse, ponerse
colorado.
di'verbio sm disputa, altercado.
diver'gente [-dʒ-] ag divergente.
diver'genza [-'dʒentsa] sf divergencia.
di'vergere [-dʒ-] vi divergir.
diversifi'care vt diferenciar; ~**rsi** vr
diferenciarse.
diversi'one sf desvío, desviación f; (mil)
diversión f.
diversità sf inv diversidad f, diferencia.
diver'sivo sm distracción f.
di'verso, a ag diverso(a), diferente;
~**i(e)** det pl varios(as), muchos(as);
(alcuni, certuni): ~**i nostri colleghi**
algunos de nuestros colegas // pron pl
algunos(as).
diver'tente ag divertido(a),
entretenido(a).
diverti'mento sm diversión f,
entretenimiento; (mus) divertimento.
diver'tire vt divertir, entretener; ~**rsi**
vr divertirse.
divi'dendo sm dividendo.
di'videre vt dividir; ~**rsi** vr dividirse,
separarse.
divi'eto sm prohibición f; '~ **di sosta'**
(auto) 'prohibido estacionar'.
divinco'larsi vr debatirse, forcejear.
divinità sf inv divinidad f.
di'vino, a ag divino(a); (fig) perfecto(a),
excelente // sm divino.
di'visa sf uniforme m; (fin, motto) divisa.
divi'sibile ag divisible.
divisi'one sf división f.
di'viso, a pp di **dividere.**
divi'sorio, a ag divisorio(a) // sm
tabique m.

'divo, a *smf* divo/a.
divo'rare *vt* devorar; ~rsi *vr* devorarse.
divorzi'are [-'ts-] *vi*: ~ (da) divorciarse (de).
di'vorzio [-tsjo] *sm* divorcio.
divul'gare *vt* divulgar; ~rsi *vr* divulgarse, difundirse.
dizio'nario [-tts-] *sm* diccionario.
dizi'one [-'t'ts-] *sf* dicción *f*.
do *sm inv* (*MUS*) do.
D.O.C. *abbr vedi* denominazione.
'doccia, ce [-tt∫a] *sf* ducha; (*ARCHIT*) canalón *m*.
do'cente [-'t∫-] *ag, smf* docente (*mf*).
do'cenza [do't∫ɛntsa] *sf* docencia.
'docile [-t∫-] *ag* dócil.
docilità [-t∫-] *sf* docilidad *f*.
documen'tare *vt* documentar; ~rsi *vr* documentarse.
documen'tario, a *ag* documental // *sm* documental *m*.
documentazi'one [-'t'ts-] *sf* documentación *f*.
docu'mento *sm* documento.
dodi'cenne [-'t∫-] *smf* (niño/a) de doce años.
dodi'cesimo, a [-'t∫-] *num* duodécimo(a).
'dodici [-t∫i] *num* doce.
do'gana *sf* aduana; (*tassa*) arancel *m*, derecho de aduana; pagare la ~ pagar los derechos de aduana.
doga'nale *ag* aduanero(a).
dogani'ere *sm* aduanero.
'doglie [-ʎʎe] *sfpl* dolores *mpl*.
'dogma, i *sm* dogma *m*.
'dolce [-t∫e] *ag* dulce; (*fig: clima*) suave, agradable; (: *pendio*) suave // *sm* dulce *m*; (*CUC*) dulce, torta.
dol'cezza [dol't∫ettsa] *sf* dulzura.
dolci'umi [-t∫-] *smpl* dulces *mpl*, confituras *fpl*.
do'lente *ag* dolorido(a); essere ~ di lamentar, sentir.
do'lere *vi* (*aus* essere) doler; ~rsi *vr* lamentarse, dolerse.
'dollaro [-ll-] *sm* dólar *m*.
'dolo *sm* dolo.
Dolo'miti *sfpl*: le ~ las Dolomitas.
do'lore *sm* dolor *m*.
dolo'roso, a *ag* doloroso(a); (*sguardo, sospiro*) doliente.
do'loso, a *ag* doloso(a).
do'manda *sf* pregunta; (*DIR*) petición *f*, solicitud *f*; (*ECON*) demanda; presentare una ~ in carta da bollo (*DIR*) presentar una solicitud en papel sellado; fare una ~ hacer una pregunta.
doman'dare *vt* pedir; (*interrogare*) preguntar; ~rsi *vr* preguntarse; ~ qc a qd pedir algo a alguien; ~ di qd preguntar por alguien.
do'mani *av* mañana // *sm* mañana *m*.
do'mare *vt* domar, amansar; (*fig: incendio, popolo*) dominar.
doma'tore, 'trice *smf* domador/a.
domat'tina *av* mañana por la mañana.

do'menica, che *sf* domingo.
domeni'cale *ag* dominical.
domeni'cano, a *ag* dominicano(a) // *sm* dominico.
do'mestica, che *sf vedi* domestico.
do'mestico, a, ci, che *ag* doméstico(a) // *smf* criado/a, sirviente/a.
domicili'are [-t∫-] *ag* domiciliario(a).
domicili'arsi [-t∫-] *vr* domiciliarse.
domi'cilio [-'t∫-] *sm* domicilio.
domi'nare *vt* dominar; ~rsi *vr* dominarse, controlarse.
dominazi'one [-'t'ts-] *sf* dominación *f*.
do'minio *sm* (*anche fig*) dominio.
do'nare *vt* donar, regalar // *vi* (*fig*) sentar bien; ~rsi *vr* dedicarse, entregarse.
dona'tore, 'trice *smf* donador/a; (*MED*) donante *mf*.
donazi'one [-'t'ts-] *sf* donación *f*.
dondo'lare *vt* mecer; ~rsi *vr* balancearse.
dondo'lio *sm* vaivén *m*, balanceo.
'dondolo *sm*: cavallo a ~ caballo de balancín; sedia a ~ mecedora.
'donna *sf* mujer *f*; (*anche*: ~ di servizio) empleada, doméstica; ~ di casa mujer de su casa; ~ di servizio criada, doméstica.
donnai'olo *sm* mujeriego.
'donnola *sf* comadreja.
'dono *sm* regalo, don *m*; (*fig: qualità*) don.
'dopo *av* después // *prep* (*tempo*) después de, luego de; (*luogo*) después de // *cong*: ~ aver studiato después de haber estudiado; ~ mangiato después de comer // *ag inv* siguiente; il giorno ~ el día siguiente; un anno ~ un año después; ~ di me/lui después de mí/él; ~ Cristo después de Cristo.
dopodo'mani *av* pasado mañana.
dopogu'erra [-'gw-] *sm inv* posguerra.
dopo'pranzo [-tzo] *av* después de almuerzo, por la tarde.
doposci [-'∫∫i] *sm inv* botas para después de esquiar.
doposcu'ola *sm inv* actividades escolares realizadas fuera del horario oficial.
dopo'tutto *av* después de todo.
doppi'aggio [-ddʒo] *sm* doblaje *m*.
doppi'are *vt* doblar.
doppi'ezza [-ttsa] *sf* doblez *f*, falsedad *f*.
'doppio, a *ag* doble // *sm* doble *m* // *av* doble, dos veces.
doppi'one *sm* duplicado.
doppio'petto *sm* traje *m* cruzado.
do'rare *vt* dorar.
dora'tura *sf* dorado, doradura.
dormicchi'are [-k'kj-] *vi* dormitar.
dormigli'one, a [-ʎʎ-] *smf* dormilón/ona.
dor'mire *vi, vt* dormir.
dor'mita *sf* sueño largo.
dormi'torio *sm* dormitorio.
dormi'veglia [-ʎʎa] *sm inv* duermevela.

'dorso sm (ANAT) espalda, lomo;
(: di mano, piede) dorso, revés m; (di un
libro) lomo; (NUOTO) espaldas fpl; (di
montagna) cresta, cima.
do'sare vt dosificar.
'dose sf dosis f inv.
'dosso sm badén m.
do'tare vt: ~ di dotar o proveer de.
dotazi'one [-t'ts-] sf dotación f.
'dote sf dote f.
dott. (abbr di dottore) dr.
'dotto, a ag docto(a) // sm docto, sabio;
(MED) conducto, canal m.
dotto'rato sm doctorado.
dot'tore, 'essa sm/f doctor/a.
dot'trina sf doctrina.
dottri'nale ag doctrinal.
dott.ssa (abbr di dottoressa) dr.
'dove av dónde; (moto a luogo) adónde //
sm dónde m; **da o di ~ vieni?** ¿de
dónde vienes?; **da ~ vedo tutta
la città desde donde vivo veo toda la
ciudad; di ~ sei?** ¿de dónde eres?; **per
~ si passa?** ¿por dónde se pasa?; **per
~ è partito?** ¿adónde ha partido?
do'vere sm deber m, obligación f // vt
(seguito dall'infinito: obbligo): ~ **fare** qc
deber o tener que hacer algo; **è dovuto
partire** ha tenido que partir; (:
necessità): **deve dormire almeno 3 ore**
debe o tiene que dormir por lo menos 3
horas; (: probabilità): **dev'essere tardi**
debe ser tarde; (essere debitore) deber;
~ **qc a qd** deber algo a alguien.
dove'roso, a ag debido(a).
do'vizia [-'ttsja] sf abundancia, riqueza.
do'vunque [-kwe-] av (dappertutto)
dondequiera; ~ **io vada** dondequiera
que vaya.
do'vuto, a pp di dovere // ag (causato):
~ **a** debido a.
doz'zina [-d'dz-] sf docena.
dozzi'nale [-ddz-] ag común,
ordinario(a).
'draga, ghe sf draga.
dra'gare vt dragar.
'drago, ghi sm dragón m.
'dramma, i sm drama m.
dram'matico, a, ci, che ag
dramático(a).
drammatiz'zare [-d'dz-] vt dramatizar.
dramma'turgo, ghi sm dramaturgo.
drappeggi'are [-d'dʒ-] vt cubrir,
revestir; ~**rsi** vr cubrirse.
drap'pello [-llo] sm grupo, pandilla.
'drappo sm paño, tela.
dre'naggio [-ddʒo] sm drenaje m,
desagüe m; (MED) drenaje.
dre'nare vt drenar.
driz'zare [-t'ts-] vt enderezar; (antenna,
scala) poner derecho, enderezar; ~**rsi** vr
levantarse; ~ **le orecchie** parar las
orejas.
'droga, ghe sf especia; (stupefacente,
anche fig) droga.
dro'gare vt drogar; ~**rsi** vr drogarse.

dro'gato, a sm/f drogadicto/a.
droghe'ria [-g-] sf tienda de
ultramarinos.
droghiere, a [-'gj-] sm/f vendedor/a de
ultramarinos.
drome'dario sm dromedario.
dua'lismo sm dualidad f.
'dubbio, a ag dudoso(a), incierto(a);
(equivoco) ambiguo(a) // sm duda;
mettere in ~ qc poner algo en duda;
avere il ~ che tener la duda que.
dubbi'oso, a ag dudoso(a).
dubi'tare vi dudar; ~ **di** qd (non fidarsi)
sospechar o desconfiar de alguien.
dubita'tivo, a ag dubitativo(a).
'duca, chi sm duque m.
du'cato sm ducado.
du'chessa [-'k-] sf duquesa.
'due num dos.
due'cento [-'tʃ-] num doscientos // sm: **il
D~** el siglo XIII, el 1200.
duel'lante [-l'l-] sm/f duelista m/f.
duel'lare [-l'l-] vi batirse (en duelo).
du'ello [-llo] sm duelo.
due'pezzi [-ttsi] sm inv bikini m.
du'etto sm (MUS) dúo.
'duna sf duna.
'dunque [-kwe] cong pues, por lo tanto;
(allora) entonces // sm inv conclusión f.
'duo sm inv (MUS) dúo.
duo'deno sm duodeno.
du'omo sm catedral f.
dupli'cato sm duplicado.
'duplice [-tʃe] ag doble, dúplice.
duplicità [-tʃ-] sf doblez f, duplicidad f.
du'rante prep durante, mientras.
du'rare vi durar.
du'rata sf duración f.
dura'turo, a ag duradero(a), durable.
du'revole ag duradero(a).
du'rezza [-ttsa] sf dureza.
'duro, a ag duro(a) // av, sm duro; ~
d'orecchi duro de oídos; **avere la
testa ~a** ser duro de mollera; **fare il
~** ser un duro.
du'rone sm dureza, callosidad f.

E

e, d ay V spesso **ed** cong y.
E (abbr di est) E.
eba'nista, i sm ebanista m.
'ebano sm ébano.
eb'bene cong y bien; (dunque) pues bien.
eb'brezza [-ttsa] sf (di vino) ebriedad f;
(fig) embriaguez f.
'ebbro, a ag ebrio(a), borracho(a).
'ebete ag idiota // sm/f estúpido/a,
cretino/a.
ebollizi'one [ebollit'tsjone] sf ebullición f.
e'braico, a, ci, che ag hebraico(a) //
sm (LING) hebreo.

e'breo, a ag, sm/f hebreo(a), judío(a).
eca'tombe sf (fig) matanza, masacre m.
ecc av (abbr di eccetera) etc.
ecce'denza [ettʃe'dɛntsa] sf exceso; in ~ en exceso.
ec'cedere [et'tʃ-] vt superar, exceder.
eccel'lente [ettʃel'lɛnte] ag excelente.
eccel'lenza [ettʃel'lɛntsa] sf excelencia; per ~ por excelencia.
ec'cellere [et'tʃɛllere] vi sobresalir, distinguirse; ~ negli studi/su tutti sobresalir en los estudios/sobre todos.
ec'celso, a [et'tʃ-] pp di eccellere // ag excelso(a), altísimo(a).
ec'centrico, a, ci, che [et'tʃ-] ag excéntrico(a).
ecces'sivo, a ag excesivo(a).
ec'cesso [et'tʃ-] sm exceso; in ~ en exceso; andare agli ~i (fig) pasar los límites.
ec'cetera [et'tʃ-] av etcétera.
ec'cetto [et'tʃ-] prep excepto, salvo; ~ che cong a menos que, salvo que; vado d'accordo con tutti ~ che con lui me entiendo con todos menos con él.
eccettu'are [et'tʃ-] vt exceptuar.
eccezio'nale [ettʃettsj-] ag excepcional.
eccezi'one [ettʃet'tsjone] sf excepción f.
ecci'tabile [et'tʃ-] ag excitable, irritable.
ecci'tare [et'tʃ-] vt excitar, estimular; ~rsi vr excitarse.
eccitazi'one [ettʃitat'tsjone] sf excitación f.
ecclesi'astico, a, ci, che ag eclesiástico(a) // sm eclesiástico, sacerdote m.
'ecco av he aquí, he allí; ~ il treno! ¡he aquí el tren!; quand'~... hete aquí...; (dav pronomi): ~mi! ¡héme aquí!; ~ ne uno! ¡he aquí uno!; (dav pp): ~ fatto! ¡ya está (hecho)!; ~ci arrivati! ¡hénos aquí!
echeggi'are [eked'dʒare] vi resonar, retumbar.
e'clettico, a, ci, che ag ecléctico(a).
e'clissi sf inv eclipse m; ~ solare/lunare eclipse de sol/luna.
'eco (pl(m) echi) sm o f eco; (fig) eco, resonancia.
ecolo'gia [-dʒia] sf ecología.
econo'mia sf economía; fare ~ hacer economía.
eco'nomico, a, ci, che ag económico(a).
economiz'zare [-d'dz-] vt, vi economizar.
e'conomo, a ag parco(a) // sm/f económo/a.
ec'zema [ek'dzema] sm eczema m.
ed cong vedi e.
e'dema, i sm edema m.
'edera sf hiedra.
e'dicola sf quiosco.
edifi'care vt edificare, construire; (fig: teoria) crear, fundar.
edi'ficio [-tʃo] sm edificio.
edi'tore, trice ag, sm/f editor(a).

editori'ale ag editorial // sm editorial m.
edizi'one [-t'ts-] sf edición f; (di fiera, spettacolo) réplica.
edu'care vt educar.
educa'tore, 'trice sm/f educador/a.
educazi'one [-t'ts-] sf educación f; ~ fisica educación física, gimnasia.
effemi'nato, a ag afeminado(a) // sm afeminado, marica m.
efferve'scente [-ʃ'ʃ-] ag efervescente; (fig) vivaz.
efferve'scenza [-ʃ'ʃentsa] sf efervescencia; (fig) agitación f, fermento.
effet'tivo, a ag efectivo(a), real // sm efectivo.
ef'fetto sm efecto; in ~ in efecto.
effettu'are vt efectuar, realizar.
effi'cace [-tʃe] ag eficaz.
effi'cacia [-'tʃa] sf eficacia.
effici'ente [-tʃ-] ag eficiente, eficaz.
effici'enza [effi'tʃɛntsa] sf eficiencia; essere in piena ~ estar en plena eficiencia.
ef'figie [-dʒe] sf inv efigie f, imagen f.
ef'fimero, a ag efímero(a), fugaz.
effusi'one sf efusión f.
E'geo [e'dʒɛo] sm: l'~ el Egeo.
E'gitto [e'dʒ-] sm Egipto.
egizi'ano, a [edʒit'tsjano] ag, sm/f egipcio(a).
'egli ['eʎʎi] pron m, 'ella [ella] f, 'essi mpl, 'esse fpl el m, ella f, ellos mpl, ellas fpl.
ego'ismo sm egoismo.
ego'ista, i, e ag, sm/f egoísta (m/f).
egr. abbr di egregio.
e'gregio, a, gi, gie [-dʒo] ag (nelle lettere): ~ signore muy señor mío.
eguagli'anza [egwaʎ'ʎantsa] etc vedi uguaglianza etc.
elabo'rare vt elaborar.
elaborazi'one [-t'ts-] sf elaboración f; (INFORM): ~ dei dati elaboración de datos.
elasti'cità [-tʃ-] sf elasticidad f, flexibilidad f; (scioltezza) agilidad f; (fig) elasticidad, ductilidad f.
e'lastico, a, ci, che ag elástico(a) // sm elástico; (del letto) somier m.
ele'fante sm elefante m.
ele'gante ag elegante.
ele'ganza [-tsa] sf elegancia.
e'leggere [-ddʒ-] vt elegir.
eleg'gibile [-d'dʒ-] ag (DIR) elegible.
elemen'tare ag elemental; le ~i (SCOL) la escuela primaria.
ele'mento sm elemento; (fig) medio ambiente, elemento; trovarsi nel proprio ~ (fig) encontrarse en su elemento o ambiente.
ele'mosina sf limosna.
elen'care vt enumerar; (fare l'elenco) hacer una lista de.
e'lenco, chi sm lista.

e'letto, a *pp* di eleggere // *ag*
(*prediletto*) elegido(a): (*pregiato*)
selecto(a), superior // *sm* nombrado.
elet'to'rale *ag* electoral.
elet'to'rato *sm* electorado.
elet'tore, 'trice *sm/f* elector/a.
elet'trauto *sm inv* (*officina etc*) taller *m*
de autoelectricidad; (*tecnico*) técnico
autoeléctrico.
elettri'cista, i [-'tʃ-] *sm* electricista *m*.
elettricità [-tʃ-] *sf* electricidad *f*; (*fig*)
tensión *f*, nerviosidad *f*.
e'lettrico, a, ci, che *ag* eléctrico(a) //
sm trabajador de la industria eléctrica.
elettriz'zare [-d'dz-] *vt* electrizar; (*fig*)
entusiasmar, exaltar; ~rsi *vr*
electrizarse; (*fig*) entusiasmarse,
exaltarse.
elettrocardio'gramma, i *sm*
electrocardiograma *m*.
e'lettrodo *sm* electrodo.
elettrodo'mestico, a, ci, che *ag*
electrodoméstico(a) // *sm*
electrodoméstico.
elettroencefalo'gramma, i
[-tʃ-] *sm* electroencefalograma *m*.
elettro'lisi *sf* electrólisis *f*.
elettroma'gnetico, a, ci, che [-ɲ'n-] *ag*
electromagnético(a).
elet'trone *sm* electrón *m*.
elet'tronico, a, ci, che *ag*
electrónico(a) // *sf* electrónica.
ele'vare *vt* elevar; (*migliorare*) elevar,
mejorar; (*protesta, multa*) hacer; ~ a
potenza elevar a potencia.
eleva'tore *sm* elevador *m*.
elevazi'one [-t'ts-] *sf* elevación *f*.
elezi'one [-t'ts-] *sf* elección *f*.
'elica, che *sf* hélice *f*.
eli'cottero *sm* helicóptero *m*.
elimi'nare *vt* eliminar, excluir.
elimina'toria *sf* (*sport*) eliminatoria.
'ella ['ella] *pron f vedi* egli.
el'lisse *sf* elipse *f*.
el'metto *sm* casco.
elogi'are [-'dʒ-] *vt* elogiar, alabar.
e'logio [-dʒ-] *sm* elogio.
eloqu'ente [-'kw-] *ag* elocuente; (*fig*)
elocuente, expresivo(a).
eloqu'enza [elo'kwentsa] *sf* elocuencia;
(*di gesto etc*) expresividad *f*.
e'ludere *vt* eludir, evitar; (*sorveglianza*)
burlar.
elu'sivo, a *ag* evasivo(a).
ema'nare *vt* (*profumo*) exhalar,
despedir; (*fig: leggi etc*) promulgar // *vi*
emanar, derivar.
emanazi'one [-t'ts-] *sf* emanación *f*.
emanci'pare [-tʃ-] *vt* (*dir*) emancipar;
(*liberare*) liberar; ~rsi *vr* emanciparse,
liberarse.
emancipazi'one [emantʃipat'tsjone] *sf*
emancipación *f*.
em'blema, i *sm* emblema *m*, símbolo.
embo'lia *sf* embolia.
embri'one *sm* embrión *m*.

emenda'mento *sm* rectificación *f*; (*dir*)
enmienda.
emen'dare *vt* enmendar, corregir; (*dir*)
enmendar, modificar.
emer'genza [-'dʒɛntsa] *sf* emergencia; in
caso di ~ en caso de emergencia;
stato di ~ estado de emergencia;
dispositivo/freno di ~
dispositivo/freno de auxilio.
e'mergere [-dʒ-] *vi* (*aus essere*)
emerger, surgir; (*fig*) descollar,
sobresalir.
e'merito, a *ag* emérito(a).
emersi'one *sf* emersión *f*.
e'merso, a *pp* di emergere.
e'messo, a *pp* di emettere.
e'mettere *vt* emitir; (*dir*) pronunciar,
fallar.
emi'crania *sf* hemicrania, jaqueca.
emi'grante *ag, sm/f* emigrante (*m/f*).
emi'grare *vi* emigrar.
emigrazi'one [-t'ts-] *sf* emigración *f*.
emi'nenza [-tsa] *sf* (*titolo*) eminencia; ~
grigia (*fig*) eminencia gris.
emi'sfero *sm* hemisferio.
emis'sario *sm* (*di fiume*) desaguadero;
(*agente, spia*) emisario.
emissi'one *sf* emisión *f*.
emit'tente *ag* emisor(a) // *sf* (*radio, tv*)
emisora.
emoglo'bina *sf* hemoglobina.
emolli'ente [-ll-] *sm* emoliente *m*.
emorra'gia, 'gie [-'dʒia] *sf* hemorragia.
emor'roidi *sfpl* (*med*) hemorroides *fpl*,
almorranas *fpl*.
emo'tivo, a *ag* emotivo(a).
emozio'nante [-tts-] *ag* emocionante.
emozi'one [-t'ts-] *sf* emoción *f*.
empietà *sf* impiedad *f*.
'empio, a *ag* impío(a).
em'pirico, a, ci, che *ag* empírico(a);
(*peg: non scientifico*) experimental.
empi'rismo *sm* empirismo.
em'porio *sm* emporio.
emu'lare *vt* emular.
emulsi'one *sf* emulsión *f*.
en'ciclica, che *sf* (*rel*) encíclica.
enciclo'pedico, a, ci, che *ag*
enciclopédico(a).
en'comio *sm* encomio, elogio.
endove'noso, a *ag* endovenoso(a).
E.N.E.L. *abbr m* di Ente Nazionale per
l'Energia Elettrica.
ener'gia, 'gie [-'dʒia] *sf* energía.
e'nergico, a, ci, che *ag* enérgico(a).
'enfasi *sf* énfasis *m inv*.
en'fatico, a, ci, che *ag* enfático(a).
e'nigma, i *sm* (*anche fig*) enigma *m*.
enig'matico, a, ci, che *ag*
enigmático(a).
E.N.I.T. ['ɛnit] *abbr m* di Ente Nazionale
Italiano per il Turismo.
en'nesimo, a *ag* enésimo(a): per l'~a
volta por enésima vez.
e'norme *ag* enorme.

enormità *sf inv* enormidad *f*, exceso;
(*azione, parole*) desatino.
'ente *sm* ente *m*.
ente'rite *sf* enteritis *f*.
entità *sf* (*FILOSOFIA*) entidad *f*;
(*importanza*) valor *m*, importancia.
en'trambi, e *pron pl* ambos(as), los(las)
dos // *ag* ambos(as).
en'trare *vi* (*aus essere*) entrar,
penetrar; ~ **in** (*luogo*) entrar en; (*fig:
essere contenuto*) entrar o caber en;
(*: essere ammesso a*) entrar o ingresar
en; **entrarci** (*con*) tener que ver con;
entrarci (*starci*) entrar por; **far** ~ **qc**
in testa a qd meter a alguien algo en la
cabeza; ~ **in guerra/lotta/**
sciopero entrar en guerra/lucha/
huelga; ~ **nell'escercito/in convento**
entrar en el ejército/en un convento;
questo non c'entra (*fig*) esto no tiene
nada que ver.
en'trata *sf* entrada; ~**e** *fpl* (*ECON*)
entradas, ingresos; **le** ~**e e le uscite**
(*ECON*) las entradas y las salidas.
'entro *prep* dentro de; ~ **un mese**
dentro de un mes.
entusia'smare *vt* entusiasmar; ~**rsi**
(**per**) entusiasmarse (por).
entusi'asmo *sm* entusiasmo.
entusi'astico, a, ci, che *ag* entusiasta.
enume'rare *vt* enumerar.
enumerazi'one [-t'ts-] *sf* enumeración *f*.
enunci'are [-'tʃ-] *vt* enunciar, proponer.
enunciazi'one [enuntʃat'tsjone] *sf*
enunciación *f*.
Eolie *sfpl*: **le** ~ las Eólidas.
e'patico, a, ci, che *ag* hepático(a) //
sm enfermo hepático/a.
'epico, a, ci, che *ag* épico(a).
epicu'reo, a *ag* epicúreo(a).
epide'mia *sf* epidemia.
epi'demico, a, ci, che *ag*
epidémico(a).
epi'dermide *sf* epidermis *f inv*.
Epifa'nia *sf* Epifanía, día *m* de los
Reyes.
e'pigrafe *sf* epígrafe *m*.
epiles'sia *sf* epilepsia.
epi'lettico, a, ci, che *ag, sm/f*
epiléptico(a).
e'pilogo, ghi *sm* epílogo.
episco'pato *sm* episcopado, obispado.
epi'sodio *sm* episodio.
e'pistola *sf* epístola.
e'piteto *sm* epíteto.
'epoca, che *sf* época.
epo'pea *sf* epopeya.
ep'pure *cong* con todo, sin embargo.
epu'rare *vt* purgar, expurgar.
epurazi'one [-t'ts-] *sf* expurgación *f*.
equa'tore [ekw-] *sm* ecuador *m*.
equatori'ale [ekw-] *ag* ecuatorial.
equazi'one [ekwat'ts-] *sf* ecuación *f*.
equ'estre [e'kw-] *ag* ecuestre.
equili'brare [ekw-] *vt* equilibrar.
equi'librio [ekw-] *sm* equilibrio.

equili'brista, i, e [ekw-] *sm/f*
equilibrista *m/f*.
equ'ino, a [e'kw-] *ag* equino(a).
equi'nozio [ekwi'nɔttsjo] *sm* equinoccio;
~ **di primavera/**
d'autunno equinoccio de primavera/
otoño.
equipaggi'are [ekwipad'dʒare] *vt*
equipar, aprovisionar; ~**rsi** *vr*
equiparse, aprovisionarse.
equi'paggio [ekwi'paddʒo] *sm* equipaje
m.
equipa'rare [ekw-] *vt* equiparar, igualar.
equità [ekw-] *sf* equidad *f*.
equitazi'one [ekwitat'tsjone] *sf*
equitación *f*.
equiva'lente [ekw-] *ag, sm* equivalente
(*m*).
equiva'lenza [ekwiva'lɛntsa] *sf*
equivalencia.
equivo'care [ekw-] *vi* equivocarse.
equ'ivoco, a, ci, che [e'kw-] *ag*
equivoco(a), ambiguo(a) // *sm*
equivoco, error *m*; **a scanso di** ~**i** para
evitar equivocos.
'equo, a ['ɛkwo] *ag* ecuo(a), equitativo(a).
'era *sf* era.
'erba *sf* hierba; ~**e** *fpl* (*verdure*)
hortalizas; ~ **medica** alfalfa; ~**e**
aromatiche hierbas aromáticas; **fare**
d'ogni ~ **un fascio** (*fig*) hacer de cada
hierba un fardo; **in** ~ (*fig*) debutante,
en ciernes.
er'bivoro, a *ag, sm/f* herbivoro(a).
er'boso, a *ag* herboso(a); **tappeto** ~
césped *m*.
e'rede *sm/f* heredero/a.
eredità *sf inv* (*DIR*) herencia; **lasciare**
qc in ~ **a qd** dejar algo en herencia a
alguien.
eredi'tare *vt* heredar.
eredi'tario, a *ag* hereditario(a).
ere'mita, i *sm* ermitaño, eremita *m*.
ere'sia *sf* (*REL*) herejía; (*fig*) idiotez *f*,
disparate *m*.
e'retico, a, ci, che *sm/f* herético/a.
e'retto, a *pp di* **erigere** // *ag*
derecho(a), erecto(a).
erezi'one [-t'ts-] *sf* erección *f*.
er'gastolo *sm* (*DIR*) cadena perpétua;
(*casa di pena*) prisión *f*, cárcel *f*.
'erica *sf* (*BOT*) brezo.
e'rigere [-dʒ-] *vt* erigir, levantar; ~**rsi a**
erigirse en.
ermel'lino [-l'l-] *sm* armiño.
er'metico, a, ci, che *ag* hermético(a);
(*fig*) impenetrable, misterioso(a).
'ernia *sf* hernia.
e'roe, i *sm* héroe *m*.
ero'gare *vt* (*somme, capitali*) erogar;
(*gas, servizi*) suministrar.
e'roico, a, ci, che *ag, sm/f* heroico(a).
ero'ina *sf* heroína.
ero'ismo *sm* heroismo.

e'rompere vi (folla) irrumpir, volcarse; ~ in pianto romper a llorar, prorrumpir en llanto.

erosi'one sf erosión f.

e'rotico, a, ci, che ag erótico(a).

e'rotto, a pp di erompere.

erpi'care vt gradar, traillar.

'erpice [-tʃe] sm grada, trailla.

er'rare vi errar, vagar; (sbagliare) errar, equivocarse.

er'roneo, a ag erróneo(a), equivocado(a).

er'rore sm error m, equivocación f; (peccato) falta, culpa; per ~ por error; ~ di ortografia/ grammatica falta de ortografía/ gramática.

'erta sf: stare all' ~ (fig) estar alerta o sobre aviso.

eru'dito, a ag, sm/f erudito(a).

erudizi'one [-t'ts-] sf erudición f.

erut'tare vt (sog: vulcano) echar lava; (fig: sog: persona) eructar.

eruzi'one [-t'ts-] sf erupción f.

esacer'bare [-tʃ-] vt exacerbar, agravar; (fig) irritar, exacerbar.

esage'rare [-dʒ-] vt exagerar, abultar // vi: ~ (in) exagerar o excederse (en).

esagerazi'one [-dʒerat'ts-] sf exageración f.

esago'nale ag hexagonal.

esal'tare vt exaltar; (entusiasmare) exaltar, entusiasmar; ~rsi vr exaltarse.

esaltazi'one [-t'ts-] sf exaltación f.

e'same sm examen m; ~ del sangue análisis de sangre; ~ di maturità examen de bachillerato; passare un ~ (superarlo) aprobar un exámen.

esami'nare vt examinar; ~ qd in qc examinar a alguien en algo.

e'sanime ag exánime.

esaspe'rare vt exasperar; ~rsi vr exasperarse.

esasperazi'one [-t'ts-] sf exasperación f.

esat'tezza [-ttsa] sf exactitud f.

e'satto, a pp di esigere // ag exacto(a); (persona: preciso) formal, puntual.

esat'tore sm recaudador m.

esatto'ria sf recaudación f.

esau'dire vt acceder a.

esauri'ente ag concluyente.

esauri'mento sm agotamiento; ~ nervoso agotamiento nervioso.

esau'rire vt agotar; ~rsi vr agotarse.

e'sausto, a ag exhausto(a).

'esca, pl esche sf cebo, carnada; (fig) añagaza; dare ~ al fuoco (fig) echar leña al fuego, fomentar algo.

escande'scenza [-ʃʃentsa] sf: dare in ~e hacer alharacas.

escla'mare vi exclamar.

esclama'tivo, a ag exclamativo(a).

esclamazi'one [-t'ts-] sf exclamación f.

e'scludere vt excluir.

esclusi'one sf exclusión f; senza ~ di colpi sin escatimar golpes.

esclu'sivo, a ag exclusivo(a) // sf (DIR) exclusiva; (COMM) monopolio, exclusiva; in ~a en exclusiva; ~a di vendita exclusiva para la venta.

escogi'tare [-dʒ-] vt imaginar, inventar.

escre'mento sm excremento.

escursi'one sf excursión f; (METEOR) amplitud f.

ese'crare vt execrar, maldecir.

esecu'tivo, a ag ejecutivo(a) // sm ejecutivo.

esecu'tore, 'trice sm/f (MUS) ejecutante m/f; (DIR) ejecutor/a; ~ testamentario ejecutor m testamentario, albacea m.

esecuzi'one [-t'ts-] sf ejecución f; (DIR) cumplimiento, ejecución f; dare ~ a qc dar cumplimiento a algo; ~ capitale (DIR) ejecución capital.

esegu'ire [-'gw-] vt ejecutar, llevar a cabo; (MUS) ejecutar, interpretar.

e'sempio sm ejemplo; prendere qd/qc come ~ tomar a alguien/algo como ejemplo; per ~ por ejemplo.

esem'plare ag ejemplar // sm ejemplar m.

esemplifi'care vt ejemplificar.

esen'tare vt: ~ qd da eximir o exentar a alguien de; ~rsi vr: ~rsi da eximirse de.

e'sente ag: ~ da exento(a) de.

esenzi'one [-'ts-] sf exención f.

e'sequie [-kwje] sfpl exequias fpl, funerales mpl.

eser'cente [-'tʃ-] sm/f comerciante m/f.

eserci'tare [-tʃ-] vt ejercer; (allenare) adiestrar, ejercitar; (professione) ejercitar; ~rsi vr ejercitarse; ~rsi in o a qc/a fare qc ejercitarse en o para algo/en hacer algo.

esercitazi'one [-t'ts-] sf ejercitación f.

e'sercito [-tʃ-] sm (MIL) ejército; (fig) multitud f.

eser'cizio [-'tʃittsjo] sm ejercicio; (ECON) gestión f; tenersi in ~ ejercitarse; in ~ en ejercicio o actividad; nell'~ delle proprie funzioni en el ejercicio de sus funciones; ~ pubblico (COMM) tienda, negocio.

esi'bire vt exhibir; ~rsi vr exhibirse.

esibizi'one [-t'ts-] sf exhibición f.

esi'gente [-'dʒ-] ag exigente.

esi'genza [ezi'dʒentsa] sf exigencia.

e'sigere [-dʒ-] vt exigir; (imposte, crediti) recaudar, cobrar.

e'siguo, a ag exiguo(a), pequeño(a).

esila'rante ag divertido(a); (gas) hilarante.

'esile ag delgado(a).

esili'are vt exiliar.

e'silio sm exilio.

e'simere vt: ~ qd da eximir o dispensar a alguien de; ~rsi vr (da obbligo, impegno) eximirse, liberarse.

esi'stenza [-tsa] sf existencia.

e'sistere vi (aus essere) existir.

esi'tare vi vacilar, titubear; ~ **a fare qc** vacilar en hacer algo.

esitazi'one [-t'ts-] sf vacilación f, titubeo.

'**esito** sm éxito.

'**esodo** sm éxodo.

e'sofago, gi sm esófago.

esone'rare vt: ~ **qd da** exonerar a alguien de.

e'sonero sm exoneración f.

esorbi'tante ag exorbitante, excesivo(a).

esorciz'zare [ezortʃid'dzare] vt exorcizar.

esordi'ente ag, sm/f principiante (m/f).

e'sordio sm exordio; (fig: debutto) debut m.

esor'dire vi (iniziare) empezar, comenzar; (debuttare) debutar; ~ **nella professione/in teatro** debutar en la profesión/en teatro.

esor'tare vt exhortar; ~ **qd a qc/fare qc** exhortar a alguien a algo/a hacer algo.

esortazi'one [-t'ts-] sf exhortación f.

e'sotico, a, ci, che ag exótico(a).

e'spandere vt extender, ensanchar; ~**rsi** vr difundirse, propagarse; (FIS) dilatarse.

espansi'one sf expansión f.

espatri'are vi (aus essere) expatriar.

espedi'ente sm expediente m, recurso.

e'spellere [-ll-] vt expulsar.

esperi'enza [-tsa] sf experiencia; **avere ~ in qc** tener experiencia en algo; **parlare per ~** hablar por experiencia.

esperi'mento sm experimento.

e'sperto, a ag experto(a) // sm experto, perito; **essere ~ in** ser experto en.

espi'are vt expiar.

espia'torio, a ag expiatorio(a); **capro ~** (fig) chivo emisario.

espi'rare vt, vi espirar.

espli'care vt (attività) desarrollar.

e'splicito, a [-tʃ-] ag explícito(a), claro(a); **proposizione ~a** (LING) oración f final.

e'splodere vi (aus essere) (bomba, dinamite) explotar, estallar; (fig: sfogarsi) prorrumpir; (: primavera etc) estallar // vt disparar.

esplo'rare vt (territorio) explorar; (problema, situazione) indagar, investigar.

esplora'tore sm explorador m; (scout) boy scout m, explorador; (NAUT) barco explorador.

esplorazi'one [-t'ts-] sf exploración f; (MED) sondeo.

esplosi'one sf explosión f; (fig: di gioia etc) estallido.

esplo'sivo, a ag (anche fig) explosivo(a) // sm explosivo.

e'sploso, a pp di esplodere.

espo'nente sm/f (rappresentante) exponente m/f; (MAT) exponente.

e'sporre vt (merce, quadri) exponer; (fatti, idee) interpretar, explicar; **esporsi a** exponerse a.

espor'tare vt exportar.

esporta'tore, 'trice ag, sm/f exportador(a).

esportazi'one [-t'ts-] sf exportación f.

esposizi'one sf [-t'ts-] exposición f; (di fatti, idee etc) narración f.

e'sposto, a pp di esporre // ag (messo in mostra) expuesto(a), exhibido(a); (rivolto: al sole etc) expuesto(a) // sm petición f, memorial m.

espressi'one sf expresión f, manifestación f; (LING) locución f; (MAT) expresión.

espres'sivo, a ag expresivo(a).

e'spresso pp di esprimere // ag expreso(a) // sm (treno, lettera) expreso; **caffè ~** café expreso.

e'sprimere vt expresar, exprimir; ~**rsi** vr expresarse, exprimirse.

espu'gnare [-ɲ'ɲ-] vt (MIL) expugnar, asaltar.

espulsi'one sf expulsión f.

e'spulso, a pp di espellere.

'**essa** pron vedi esso.

es'senza [-tsa] sf esencia.

essenzi'ale [-ts-] ag, sm esencial (m).

'**essere** sm ser m // vb con attributo (aus essere) ser; (temporaneo) estar // vb ausiliare (aus essere) haber // vi (esistere, accadere) ser; (stare, trovarsi) estar; **è giovane/professore** es joven/profesor; ~ **di Ferrara** ser de Ferrara; **è di mio fratello** es de mi hermano; ~ **per qd/qc** (destinazione) ser para alguien/algo; **è per questo motivo che... es** por esto que...; **è l'una** es la una; **sono le otto** son las ocho; **è il 29 giugno** es 29 de junio; **siamo nel 1984** estamos en 1984; **è nuvolo/sereno** está nublado/sereno; **sono 3 anni che sono qui** hace 3 años que estoy aquí; ~ **da fare** (obbligo) ser para hacer; ~ **facile/difficile da** o a ser fácil/difícil de; ~ **sul punto di** estar a punto de; **esserci: c'è un libro** hay un libro; **ci sono uomini** hay hombres; **che c'è?** ¿qué hay?; **non può esserci dubbio** no puede haber duda; **ci siamo!** ¡ya está!; **c'è da piangere** es para llorar.

'**esso** pron m, '**essa** f, '**essi** mpl, '**esse** fpl él m, ella f, ellos mpl, ellas fpl; **o chi per ~** o en su lugar.

est sm, ag inv este (m); **a ~** al este; (direzione) hacia el este; **a ~ di** al este de.

'**estasi** sf éxtasis m; **andare in ~** extasiarse.

estasi'are vt, ~**rsi** vr extasiarse.

e'state sf verano; **d'~** o **in ~** en verano.

e'statico, a, ci, che ag extático(a).

estempo'raneo, a ag improvisado(a).

e'stendere vt (territori, conoscenze) extender, ampliar; (benefici, diritti) aumentar; ~rsi vr extenderse, ampliarse.

estensi'one sf extensión f; (di significato) amplitud f; per ~ por extensión.

esteri'ore ag exterior.

ester'nare vt exteriorizar.

e'sterno, a ag externo(a) // sm externo, exterior m; (allievo) externo; ~i mpl (CINE) exteriores mpl; per uso ~ para uso externo.

'estero, a ag extranjero(a); (POL) exterior // sm: l'~ el extranjero, el exterior; Ministero degli (affari) esteri ≈ Ministerio de Relaciones Exteriores.

e'steso, a pp di estendere // ag extenso(a), amplio(a); scrivere per ~ escribir por extenso.

e'steta, i, e sm/f esteta m/f.

e'stetica sf estética.

e'stetico, a, ci, che ag estético(a).

este'tista sf estetista.

e'stinguere [-'gw-] vt (fuoco) extinguir, apagar; (DIR: debito) liquidar; ~ la sete (fig) apagar la sed; ~rsi vr extinguirse.

e'stinto, a pp di estinguere.

estin'tore sm extintor m.

estinzi'one [-'ts-] sf extinción f.

estir'pare vt (erbacce) arrancar; (MED) extraer; (fig: dubbio etc) disipar, alejar.

e'stivo, a ag veraniego(a).

e'storcere [-tʃ-] vt: ~ qc (a qd) arrancar o sonsacar algo (a alguien).

estorsi'one sf extorsión f.

e'storto, a pp di estorcere.

estradizi'one [-'ts-] sf (DIR) extradición f.

e'straneo, a ag, sm/f extraño(a).

e'strarre vt extraer, sacar; (MAT, minerali) extraer; (premi, numeri del lotto) sortear.

e'stratto, a pp di estrarre // ag extraido(a), quitado(a) // sm (prodotto) extracto; (di rivista, libro) compendio, extracto; (DIR: di certificato) partida; (: di atto processuale) acta; ~ di carne extracto de carne; ~ conto (FIN) extracto o copia de cuenta.

estrazi'one [-'ts-] sf extracción f; (del lotto) sorteo.

estre'mista, i, e sm/f extremista m/f.

estremità sf inv extremidad f // sfpl extremidades fpl.

e'stremo, a ag extremo(a) // sm extremidad f, extremo; essere agli ~i estar en las últimas; gli ~i di un documento/reato los elementos esenciales de un documento/delito.

'estro sm estro, inspiración f; (capriccio) rareza, antojo.

e'stroso, a ag (temperamento) caprichoso(a), antojadizo(a); (lavoro) original.

estro'verso, a ag, sm/f extrovertido(a).

estu'ario sm estuario.

esube'rante ag (fig) exuberante.

esube'ranza [-tsa] sf (fig) exuberancia.

'esule sm/f exiliado/a.

esul'tare vi: ~ da (gioia etc) exultar por, regocijarse con; ~ per qc exultar por algo.

età sf inv edad f; all'~ di 8 anni a la edad de 8 años; minore/maggiore ~ menor/mayor edad; l'~ del ferro la edad del hierro.

etc av (abbr di eccetera) etc.

'etere sm (CHIM) éter m; ~ etilico éter etílico.

c'tereo, a ag otóreo(a).

eternità sf eternidad f.

e'terno, a ag eterno(a).

etero'geneo, a [-dʒ-] ag heterogéneo(a).

'etica sf ética.

eti'chetta [-'k-] sf etiqueta, rótulo; (cerimoniale) etiqueta.

'etico, a, ci, che ag ético(a).

etimo'logico, a, ci, che [-dʒ-] ag etimológico(a).

'etnico, a, ci, che ag étnico(a).

etnogra'fia sf etnografía.

e'trusco, a, ci, che ag, sm/f etrusco(a).

'ettaro sm hectárea.

'etto sm (abbr di ettogrammo) hecto // pref hecto ....

etto'grammo sm hectogramo.

Eucari'stia sf (REL) Eucaristía.

eufo'nia sf eufonía.

Eu'ropa sf Europa.

euro'peo, a ag, sm/f europeo(a).

eurovisi'one sf (TV) eurovisión f.

eutana'sia sf (MED) eutanasia.

evacu'are vt evacuar.

evacuazi'one [-'ts-] sf evacuación f.

e'vadere vi (aus essere): ~ da (prigione, luogo etc) evadirse o escaparse de; (fig: preoccupazioni) huir de // vt (pratica, corrispondenza) despachar, dar curso a; ~ le tasse evadir los impuestos.

evange'lico, a, ci, che [-'dʒ-] ag (del Vangelo) evangélico(a).

evange'lista, i [-dʒ-] sm evangelista m.

evangeliz'zare [evandʒelid'dzare] vt evangelizar.

evapo'rare vi evaporar.

evaporazi'one [-'ts-] sf evaporación f.

evasi'one sf evasión f; (di pratica, corrispondenza) curso.

eva'sivo, a ag evasivo(a), ambiguo(a).

e'vaso, a pp di evadere // sm/f fugado/a, evadido/a.

eveni'enza [-tsa] sf eventualidad f, casualidad f; per ogni ~ por cualquier eventualidad.

e'vento sm acontecimiento, evento; lieto ~ (fig) feliz evento.

eventu'ale ag eventual, posible.

evi'dente ag evidente.

evi'denza [-tsa] *sf* evidencia; **mettere in**
~ poner en evidencia.
evidenzi'are [-'ts-] *vt* evidenciar.
evi'tare *vt* evitar, sortear; ~ **di fare**
evitar hacer.
'evo *sm* edad *f*.
evo'care *vt* evocar.
evo'luto, a *pp di* **evolvere.**
evoluzi'one [-'ts-] *sf* evolución *f*.
e'volvere *vt* desenvolver, desarrollar;
~rsi *vr* desarrollarsi, progresar.
ev'viva *escl* ¡viva!
ex *pref* ex-; ~ **presidente/fidanzato**
ex-presidente/novio.
'extra *prep, ag inv, sm inv* extra (*m*);
spese ~ **bilancio** gastos extra balance;
pagare gli ~ pagar los extras.
extraconiu'gale *ag* extraconyugal.
extraparlamen'tare *ag, sm/f*
extraparlamentario(a).
eziolo'gia [-'dʒia] *sf* (MED)
etiología.

F

fa *sm inv* fa *m inv* // *av*: **dieci anni** ~
diez años atrás, hace diez años.
'fabbrica *sf* fábrica.
fabbri'cante *sm* fabricante *m*.
fabbri'care *vt* construir, edificar;
(*produrre*) fabricar, producir; (*fig:
inventare*) inventar.
'fabbro *sm* herrero.
fac'cenda [-t'tʃ-] *sf* (*vicenda*) asunto;
(*cosa da fare*) tarea, quehacer *m*.
fac'chino [-k'k-] *sm* mozo de cuerda,
changador *m* (ARG).
'faccia, ce [-ttʃa] *sf* cara; **non guardare
in** ~ **a nessuno** (*fig*) no hacer
excepción con nadie; **dire in** ~ decir
en la cara; ~ **a** ~ cara a cara; ~ **tosta**
(*fig*) caradura.
facci'ata [-t'tʃ-] *sf* fachada.
fa'ceto, a [-'tʃ-] *ag* chistoso(a),
gracioso(a).
'facile [-tʃ-] *ag* fácil;
(*accomodante*) complaciente, tratable; (*al
bere, all'ira*) propenso(a); **è** ~ **che
piova** es probable que llueva.
facilità [-tʃ-] *sf inv* facilidad *f*.
facili'tare [-tʃ-] *vt* facilitar.
facilitazi'one [fatʃilitat'tsjone] *sf*
facilitación *f*.
facino'roso, a [-tʃ-] *ag* facineroso(a).
facoltà *sf inv* (*capacità*) aptitud *f*;
(*potere*) autoridad *f*, facultad *f*;
(*proprietà: di sostanza*) virtud *f*,
propiedad *f*; (SCOL) facultad *f*; ~
mentali facultades mentales.
facolta'tivo, a *ag* facultativo(a).
facol'toso, a *ag* rico(a).
fagi'ano [-'dʒ-] *sm* faisán *m*.

fagio'lino [-dʒ-] *sm* judía verde, chaucha
(ARG).
fagi'olo [-'dʒ-] *sm* judía, poroto (*spec* AM).
fa'gotto *sm* paquete *m*, bulto; (*fig*)
adefesio; (MUS) fagot *m*; **far** ~ (*fig*) liar
el petate.
fa'ina *sf* garduña.
fa'lange [-dʒe] *sf* falange *f*.
'falce [-tʃe] *sf* hoz *f*; ~ **di luna** media
luna.
falci'are [-'tʃ-] *vt* segar.
falcia'trice [faltʃa'tritʃe] *sf* segadora.
'falco, chi *sm* halcón *m*; (*fig: persona
intelligente*) águila.
'falda *sf* (*di neve*) copo; (*di roccia*) capa,
estrato; (*di vestito*) faldón *m*; (*di monte*)
falda; ~ **freatica** (GEOL) capa freática.
fale'gname [-ɲ'ɲ-] *sm* carpintero.
fal'lace [fal'latʃe] *ag* falaz.
falli'mento [-ll-] *sm* fracaso; (DIR)
quiebra.
fal'lire [-l'l-] *vi* (*aus* essere) fracasar;
(DIR) quebrar // *vt* errar; ~ **il colpo**
errar el tiro.
fal'lito, a [-l'l-] *ag* fracasado(a); (DIR) que
ha quebrado // *sm/f* fracasado/a.
'fallo [-llo] *sm* falta, culpa; (SPORT) error
m, falta; **senza** ~ sin falta; ~ **di mano**
(CALCIO) mano; **mettere un piede in** ~
dar un paso en falso; **cogliere qd in** ~
coger en falta a alguien.
fal'sare *vt* falsear, alterar; (*monete,
documente*) falsificar.
fal'sario *sm* falsario, falsificador *m*.
fal'setto *sm* falsete *m*.
falsifi'care *vt* falsificar.
falsità *sf inv* falsedad *f*.
'falso, a *ag* falso(a) // *sm* (DIR) falso;
(*opera d'arte*) falsificación *f*; **fare un
passo** ~ (*fig*) dar un paso en falso;
giurare il ~ jurar en falso.
'fama *sf voz f*, rumor *m*; (*reputazione*)
fama.
'fame *sf* hambre *f*; **aver** ~ tener
hambre.
fa'melico, a, ci, che *ag* hambriento(a),
famélico(a).
fa'miglia [-ʎʎa] *sf* familia; **essere di** ~
(*fig*) ser de casa; (*sog: vizio*) ser de
familia.
famili'are *ag, sm* familiar (*m*).
familiarità *sf* familiaridad *f*; **avere** ~
con estar familiarizado con.
familiariz'zare [-d'dz-] *vi* familiarizar;
~rsi *vr* familiarizarse.
fa'moso, a *ag* famoso(a).
fa'nale *sm* farol *m*.
fa'natico, a, ci, che *ag, sm/f*
fanático(a).
fana'tismo *sm* fanatismo.
fanci'ulla *sf vedi* **fanciullo.**
fanciul'lesco, a, schi, sche
[-tʃul'l-] *ag* pueril, infantil.
fanciul'lezza [fantʃul'lettsa] *sf* niñez *f*.
fanci'ullo, a [fan'tʃullo] *sm/f* niño(a).
fan'donia *sf* embuste *m*, bola.

'**fango, ghi** *sm* barro, fango; **fare i** ~**i** (*MED*) hacer baños de fango.

fan'goso, a *ag* fangoso(a).

fannul'lone, a [-l'l-] *sm/f* haragán/ana.

fantasci'enza [-ʃ'ʃɛntsa] *sf* ciencia ficción.

fanta'sia *sf* fantasía // *ag inv*: **seta/vestito/gioiello** ~ seda/vestido/alhaja de fantasía.

fantasi'oso, a *ag* fantasioso(a).

fan'tasma, i *sm* fantasma *m* // *ag inv*: **governo** ~ (*fig*) gobierno clandestino.

fantasti'care *vt* imaginar // *vi* fantasiar.

fantastiche'ria [-k-] *sf* fantasía.

fan'tastico, a, ci, che *ag* fantástico(a).

'**fante** *sm* infante *m*; (*CARTE*) sota.

fante'ria *sf* infantería.

fan'toccio [-ttʃo] *sm* títere *m*, muñeco; (*fig*) fantoche *m* // *ag inv*: **governo** ~ gobierno títere.

fara'ona *sf* gallina de Guinea.

far'dello [-llo] *sm* fardo, lío.

'**fare** *vt* hacer; (*errore*) cometer; **qui la strada fa angolo** aquí la calle hace o forma esquina; ~ **l'avvocato/il medico** ejercer como abogado/médico; ~ **qd direttore** hacer o nombrar director a alguien; ~ **i piatti** lavar los platos; ~ **la spesa/da mangiare** hacer las compras/de comer; ~ **il morto/l'ignorante** hacerse el muerto/el ignorante; ~ **il giro dei negozi** recorrer los negocios; ~ **benzina/acqua** cargar gasolina/agua; ~ **la fame** correr la liebre; **non fa niente** no es nada, no importa; **2 più 2 fa 4** 2 más 2 son 4; **farcela: non ce la faccio più** no aguanto más; **farla a qd** hacérsela a alguien; **farla finita** acabar de una vez // *vi*: **questa casa non fa per lui** esta casa no es para él; **fece per parlare quando...** intentó hablar cuando...; ~ **in modo di** hacer de modo que; ~ **in tempo a** llegar a tiempo para; **faccia pure!** ¡haga nomás! // *vb impersonale*: **fa caldo/freddo** hace calor/frío; ~ **andare una macchina** hacer marchar un coche; **fammi vedere** hazme o déjame ver; **fammi pensare un momento** déjame pensar un momento; ~**rsi** *vr* (*diventare*) hacerse, volverse; ~**rsi sedurre** dejarse seducir; ~**rsi notare** hacerse notar; ~**rsi la macchina** comprarse el coche; ~**rsi avanti** acercarse; ~**rsi degli amici** hacerse amigos; ~**rsi una risata** reírse.

far'falla [-lla] *sf* mariposa.

fa'rina *sf* harina; **non è** ~ **del tuo sacco** (*fig*) no es de tu cosecha, no es idea tuya.

fa'ringe [-dʒe] *sf* faringe *f*.

farin'gite [-dʒ-] *sf* faringitis *f*.

fari'noso, a *ag* harinoso(a).

farma'ceutico, a, ci, che [-'tʃ-] *ag* farmacéutico(a).

farma'cia, 'cie [-'tʃia] *sf* farmacia.

farma'cista, i, e [-'tʃ-] *sm/f* farmacéutico/a, boticario/a.

'**farmaco, ci** o **chi** *sm* fármaco.

'**faro** *sm* faro.

'**farsa** *sf* farsa.

fa'scetta [-ʃ'ʃ-] *sf* faja.

'**fascia, sce** [-ʃʃa] *sf* tira, cinta; (*di territorio*) faja; **in fasce** (*neonato*) en pañales.

fasci'are [-ʃ'ʃ-] *vt* vendar; (*neonato*) fajar; ~**rsi** *vr* vendarse.

fa'scicolo [-ʃ'ʃ-] *sm* (*di documenti*) legajo; (*pubblicazione*) fascículo.

fa'scino [-ʃʃ-] *sm* atracción *f*, encanto.

'**fascio** [-ʃʃo] *sm* haz *m*.

fa'scismo [-ʃ'ʃ-] *sm* fascismo.

'**fase** *sf* fase *f*; **essere fuori** ~ (*fig*) no estar en forma.

fa'stidio *sm* fastidio, molestia.

fastidi'oso, a *ag* fastidioso(a), aburrido(a); (*persona*) quisquilloso(a).

'**fasto** *sm* fasto.

fa'stoso, a *ag* fastuoso(a).

'**fata** *sf* hada.

fa'tale *ag* fatal.

fata'lismo *sm* fatalismo.

fatalità *sf* fatalidad *f*.

fa'tica, che *sf* fatiga; **uomo di** ~ peón *m*; **a** ~ a duras penas.

fati'care *vi*: ~ **per trabajar** intensamente para, hacer un gran esfuerzo para.

fati'coso, a *ag* fatigoso(a).

'**fato** *sm* hado, destino.

'**fatto, a** *pp di* **fare** // *ag* hecho(a); (*frutto*) maduro(a) // *sm* hecho; ~ **a mano** hecho a mano; **a conti** ~**i** (*fig*) al fin de cuentas; **ormai è fatta!** lo hecho, hecho está; **passare a vie di** ~ agarrarse, venir a las manos; **il** ~ **sta** o **è che** lo cierto es que; **in** ~ **di** en cuanto a.

fat'tore, 'essa *sm/f* (*AGR*) granjero/a // *sm* factor *m*.

fatto'ria *sf* granja, hacienda rural.

fatto'rino *sm* mandadero.

fat'tura *sf* (*di abito etc*) hechura; (*COMM*) factura; (*magia*) hechizo, brujería.

fattu'rare *vt* facturar.

'**fatuo, a** *ag* necio(a), fatuo(a); **fuoco** ~ fuego fatuo.

'**fauna** *sf* fauna.

fau'tore, 'trice *sm/f* partidario/a.

fa'vella [-lla] *sf* habla.

fa'villa [-lla] *sf* chispa; **far** ~**e** (*fig*) hacer chispas.

'**favola** *sf* fábula.

favo'loso, a *ag* fabuloso(a).

fa'vore *sm* favor *m*; **chiedere/fare un** ~ **a qd** pedir/hacer un favor a alguien; **per** ~ por favor.

favo'revole *ag* favorable.

favo'rire vt favorecer; (un invito) aceptar; **vuoi** ~? ¿quieres?; **favorisca in salotto** tenga a bien pasar a la sala.
favo'rito, a ag, sm/f favorito(a).
fazi'one [-t'ts-] sf facción f.
fazzo'letto [fattso'letto] sm pañuelo.
feb'braio sm febrero.
'**febbre** sf fiebre f; ~ **da fieno** fiebre del heno; ~ **gialla** fiebre amarilla.
feb'brile ag febril.
'**feccia, ce** [-'ttʃa] sf (del vino etc) heces fpl, asiento; (fig) hez f, escoria.
'**fecola** sf fécula.
fecon'dare vt fecundar.
fecondità sf fecundidad f.
fe'condo, a ag fecundo(a).
'**fede** sf fe f; (anello) alianza; **aver** ~ **in** tener fe en.
fe'dele ag fiel // sm/f (RFL) fiel m/f, creyente m/f; (fig) partidario/a.
fedeltà sf fidelidad f.
'**federa** sf funda.
fede'rale ag federal.
federa'lismo sm federalismo.
federazi'one [-t'ts-] sf federación f.
'**fegato** sm hígado; (fig) coraje m, audacia; **rodersi il** ~ (fig) rabiar.
'**felce** [-tʃe] sf helecho.
fe'lice [-tʃe] ag feliz.
felicità [-tʃ-] sf felicidad f.
felici'tarsi [-tʃ-] vr: ~ **con qd per qc** felicitar a alguien por algo.
fe'lino, a ag felino(a) // sm felino.
'**feltro** sm fieltro.
'**femmina** sf hembra.
femmi'nile ag femenino(a) // sm (LING) femenino.
femmi'nismo sm feminismo.
'**femore** sm fémur m.
'**fendere** vt hender, partir; (onde. folla) cruzar, atravesar.
fenome'nale ag fenomenal.
fe'nomeno sm fenómeno.
'**feretro** sm féretro.
'**ferie** sfpl vacaciones fpl.
feri'ale ag laborable.
fe'rire vt herir, lastimar; ~**rsi** vr herirse, lastimarse.
fe'rita sf herida, lastimadura.
feri'toia sf tronera; (finestrella) tragaluz m; (fessura) hendidura.
'**ferma** sf (MIL) servicio militar, conscripción f; (CACCIA) muestra, punta.
fer'maglio [-ʎʎo] sm broche m.
fer'mare vt parar; (sog: polizia) arrestar, detener; (fissare) fijar // vi (autobus) parar; ~**rsi** vr pararse, detenerse.
fer'mata sf parada; ~ **obbligatoria/facoltativa** parada obligatoria/a pedido.
fer'mento sm fermento; (lievito) levadura; (fig: agitazione) agitación f.
fer'mezza [-ttsa] sf firmeza.
'**fermo, a** ag parado(a), detenido(a); (fig: deciso) firme // sm (di cancello) fiador m; (di meccanismo) tope m; (DIR) detención f,

arresto; **per** ~ por paro; **il** ~ **di polizia** el arresto policial; ~ **restando che** a condición que.
fe'roce [-tʃe] ag feroz.
fe'rocia, cie [-tʃa] sf ferocidad f.
ferra'gosto sm el 15 de agosto.
ferra'menta sfpl herramientas fpl; **negozio di** ~ ferretería.
fer'rare vt herrar.
fer'rato, a ag herrado(a); ~ **in** (fig) docto(a) en.
'**ferreo, a** ag férreo(a).
'**ferro** sm hierro; (MAGLIA: riga) hilera; **una bistecca ai** ~**i** una chuleta a la plancha; ~**i da calza** agujas de tejer; ~ **di cavallo** herradura; ~ **(da stiro)** plancha.
ferro'via sf ferrocarril m.
ferrovi'ario, a ag ferroviario(a).
ferrovi'ere sm ferroviario.
'**fertile** ag fértil.
fertiliz'zante [-d'dz-] ag, sm fertilizante (m).
fer'vente ag ferviente.
'**fervido, a** ag férvido(a).
fer'vore sm fervor m, calor m.
'**fesso, a** pp di **fendere** // ag (persona) tonto(a), bobo(a) // sm tonto; **far** ~ **qd** (fig) engañar a alguien.
fes'sura sf hendidura, rendija.
'**festa** sf fiesta; **far** ~ no trabajar; **far la** ~ **a qd** (fig) liquidar a alguien; **far** ~ **a qd** (fig) hacer fiestas a alguien.
festeggi'are [-d'dʒ-] vt festejar; (amici, sposi) agasajar.
fe'stino sm festín m.
fe'stivo, a ag feriado(a).
fe'stone sm festón m.
fe'stoso, a ag festivo(a).
fe'ticcio [-ttʃo] sm fetiche m.
'**fetido, a** ag fétido(a).
'**feto** sm feto.
'**fetta** sf tajada.
feu'dale ag feudal.
'**feudo** sm (anche fig) feudo.
FF.SS. (abbr di Ferrovie dello Stato) ≈ RENFE.
fi'aba sf cuento de hadas.
fi'acca sf cansancio; **battere la** ~ (fig) no hacer nada.
fiac'care vt quebrar, quebrantar.
fi'acco, a, chi, che ag flojo(a), cansado(a).
fi'accola sf antorcha, tea.
fi'ala sf ampolla.
fi'amma sf llama; (fig: colore) rojo vivo; (fig: persona amata) amor m; **andare in** ~**e** ser devorado por las llamas; **diventare di** ~ (fig) ponerse rojo como un tomate.
fiam'mante ag: **nuovo** ~ neuvo flamante.
fiam'mifero sm cerilla, fósforo.
fiam'mingo, a, ghi, ghe ag, sm/f flamenco(a).

fiancheggi'are [-d'dʒ-] vt flanquear, costear; (fig) sostener, ayudar.

fi'anco, chi sm costado, flaco; **di** ~ **de** costado; ~ **a** ~ uno al lado del otro; **stare al** ~ **di qd** (fig) estar al lado o cerca de alguien.

fi'asco, schi sm botella; (fig) fiasco, chasco; **fare** ~ **(in)** (fig) fracasar (en).

fi'ato sm aliento, hálito; (SPORT) fuerza, vigor m; **d'un** ~ de un tirón; **avere il** ~ **grosso** tener la respiración afanosa; **prendere** ~ tomar aliento; **restare senza** ~ (fig) quedar sin aliento.

'fibbia sf hebilla.

'fibra sf fibra.

fic'care vt hincar, clavar; ~ **rsi** vr meterse; ~ **il naso in qc** (fam) meter las narices en algo; ~**rsi in testa qc** (fam) meterse una idea en la cabeza.

'fico, chi sm higo; **non vale un** ~ **(secco)** (fam) no vale nada; ~ **d'India** (pianta) nopal; (frutto) higo chumbo, higo de tuna; ~ **secco** pasa de higo.

fidanza'mento [-ts-] sm compromiso; (periodo) noviazgo.

fidan'zare [-ts-] vt: ~ **(con o a)** prometer en matrimonio (con o a); ~**rsi** vr: ~**rsi (con qd)** prometerse (a alguien).

fi'darsi vr: ~ **di qd/qc** fiarse de alguien/algo.

fi'dato, a ag leal, seguro(a).

'fido sm (FIN) fiado, crédito.

fi'ducia [-tʃa] sf confianza.

fiduci'oso, a [-'tʃ-] ag confiado(a).

fi'ele sm hiel f, bilis f.

fie'nile sm henil m.

fi'eno sm heno.

fi'era sf (di paese) feria, mercado; (di libri etc) exposición f; ~ **campionaria/di beneficenza** feria de muestras/de beneficencia.

fie'rezza [-ttsa] sf fiereza.

fi'ero, a ag (aspetto) cruel; (orgoglioso) orgulloso(a).

'figlia [-ʎʎa] sf hija.

figli'astro, a [-ʎʎ-] sm/f hijastro/a.

'figlio [-ʎʎo] sm hijo; ~**i** mpl hijos mpl, prole f; ~ **d'arte** actor hijo de actores; ~ **di papà** (fig) señoritingo.

figli'occio, a [fiʎ'ʎɔttʃo] sm/f ahijado/a.

fi'gura sf figura; **fare una bella** ~ lucirse; **fare una brutta** ~ hacer un papelón.

figu'rare vi figurar; ~**rsi** vr figurarse, imaginarse; **figurati!** ¡ni por asomo!, ¡figúrate!

figura'tivo, a ag figurativo(a).

figu'rina sf figurita.

figu'rino sm figurín m.

'fila sf fila, hilera; **di** ~ seguido(a); **stare/mettere in** ~ estar/poner en fila; **fare la** ~ hacer cola.

fila'mento sm filamento.

filantro'pia sf filantropía.

fi'lare vt hilar; (NAUT) largar, soltar; (sog: baco, ragno) tejer // vi (discorso) ser coherente; (aus essere: automobile) correr; (formaggio) derretirse; (aus essere): ~ **diritto** (fig) marchar derecho; ~ **via** escabullirse.

filar'monico, a, ci, che ag filarmónico(a) // sf filarmónica.

fila'strocca, che sf canción infantil sin nexo lógico.

filate'lia sf filatelia.

fi'lato, a ag hilado(a); (fig: ragionamento) lógico(a); **dormire per due giorni** ~**i** dormir durante dos días seguidos // sm hilado.

fila'tura sf hilatura; (luogo) hilandería.

fi'letto sm (di vite) rosca; (di carne) solomillo; (di pesce) filete m.

fili'ale ag, sf filial (f).

filiazi'one [-'ts-] sf filiación f.

fili'grana sf filigrana.

fil'lossera sf filoxera.

film sm inv película; ~ **d'avventura** película de aventura; ~ **d'attualità** noticiero.

fil'mare vt filmar.

'filo sm hilo, hebra; (di coltello, spada etc) filo; (metallico) alambre m; **il** ~ **di un discorso** el hilo de un discurso; **dare del** ~ **da torcere a qd** poner en aprietos a alguien; **per** ~ **e per segno** detalladamente; ~ **di ferro** alambe m; ~ **spinato** alambre de púas; ~ **di perle** hilo o sarta de perlas.

'filobus sm inv trolebús m.

filolo'gia [-'dʒia] sf filología.

fi'lone sm filón m; (pane) barra; (movimento culturale) corriente f.

filoso'fia sf filosofía.

fil'trare vt, vi filtrar.

'filtro sm filtro.

'filza [-tsa] sf sarta, hilo; (fig) serie f.

fi'nale ag, sm final m // sf (SPORT) final f.

finalità sf finalidad f.

fi'nanza [-tsa] sf: **la** ~ (banca) la banca, las finanzas; ~**e** fpl (dello Stato) hacienda pública; (dell'individuo) recursos, medios; **Ministero delle F~e** Ministerio de Hacienda; **la (Guardia di) F~** ≈ la policía tributaria.

finanzi'ario, a [-'ts-] ag financiero(a).

finanzi'ere [-'ts-] sm financista m; (guardia di finanza) aduanero, carabinero.

finché [-'ke] cong hasta que; **aspetta** ~ **(non) ritornerò** espera hasta que vuelva.

'fine ag fino(a); (fig) agudo(a) // sf fin m; (morte) final m // sm fin m, finalidad f; **secondo** ~ segunda finalidad; **in/alla** ~ en/al fin; **senza** ~ sin fin; **fare una brutta** ~ terminar mal; **essere in** ~ **di vita** estar muriéndose; ~ **settimana** sm o f inv fin m de semana.

fi'nestra sf ventana.

fine'strino sm ventanilla.

fi'nezza [-ttsa] *sf* fineza.

'fingere [-dʒ-] *vt* fingir; ~rsi *vr* fingirse.

fini'menti *smpl* arreos *mpl*, guarniciones *fpl*.

fini'mondo *sm* (*fig*) catástrofe *f*, hecatombe *f*.

fi'nire *vt* terminar, concluir; (*smettere*) acabar; (*uccidere*) matar // *vi* (*aus essere*) acabarse, terminar; **finirla** acabarla, terminarla; ~ **in una bolla di sapone** (*fig*) terminar en nada; ~ **male** acabar o terminar mal.

fini'tura *sf* perfeccionamiento.

'fino, a *ag* fino(a) // *av* (*spesso troncato in* fin) hasta *prep* (*spesso troncato in* fin): **fin quando?** ¿hasta cuándo?; **fin qui/lassù** hasta aquí/allá arriba; ~ **a** hasta; ~ **da: fin da domani** desde mañana; **fin da ieri** desde ayer; **fin dalla nascita** desde el nacimiento.

fi'nocchio [-kkjo] *sm* hinojo; (*fam: pederasta*) marica.

fi'nora *av* hasta ahora.

'finta *sf* ficción *f*, simulación *f*; (*SPORT*) finta, amago; **far** ~ (**di**) simular, aparentar.

'finto, a *pp di* fingere.

finzi'one [-'ts-] *sf* ficción *f*.

fioc'care *vi* nevar, caer a copos; (*fig: critiche*) menudear.

fi'occo, chi *sm* moño; (*di lana, neve*) copo; (*NAUT*) foque *m*; **coi** ~**i** (*fig*) espléndido(a).

fi'ocina [-tʃ-] *sf* arpón *m*.

fi'oco, a, chi, che *ag* débil.

fi'onda *sf* honda.

fio'raio, a *sm/f* florista *m/f*.

fio'rami *smpl*: **a** ~ floreado(a).

fiorda'liso *sm* lirio.

fi'ordo *sm* fiord *m* o fiordo.

fi'ore *sm* flor *f*; ~**i** *mpl* (*CARTE*) trébol *m*; **nel** ~ **degli anni** en la flor de la edad; **il fior** ~ **della società** la flor y nata de la sociedad.

fio'retto *sm* (*SCHERMA*) florete *m*; (*REL*) promesa.

fio'rire *vi* florecer; (*ammuffire*) ponerse mohoso; (*fig: prosperare*) prosperar.

fiori'tura *sf* florecimiento; (*di umidità*) floración *f*.

Fi'renze [-tse] *sf* Florencia.

'firma *sf* firma; ~ **in bianco** firma en blanco.

firma'mento *sm* firmamento.

fir'mare *vt* firmar.

firma'tario, a *sm/f* firmante *m/f*, subscriptor/a.

fisar'monica *sf* acordeón *m*.

fi'scale *ag* fiscal; (*fig*) riguroso(a), severo(a).

fiscalità *sf inv* régimen tributario.

fischi'are [-'kj-] *vi* silbar // *vt* (*canzone*) silbar; (*attore*) chiflar; (*sport: fallo*) pitar.

fischi'etto [-'kj-] *sm* pito, silbato.

'fischio [-kjo] *sm* silbido, chiflido; (*strumento*) pito, silbato.

'fisco *sm* fisco.

'fisico, a, ci, che *ag* físico(a) // *sm/f* físico/a // *sf* (*scienza*) física.

fisiolo'gia [-'dʒia] *sf* fisiología.

fisiono'mia *sf* fisonomía.

fisiotera'pia *sf* fisioterapia.

fis'sare *vt* fijar, clavar; (*fig: prenotare*) reservar; ~**rsi** *vr* (*stabilirsi*) establecerse, fijar residencia en; ~**rsi su** (*sog: attenzione, sguardo*) fijarse en; (*fig: ostinarsi*) obstinarse en; ~ **gli occhi/l'attenzione su** fijar los ojos/la atención en.

fissazi'one [-t'ts-] *sf* fijación *f*.

'fisso, a *ag* fijo(a) // *sm* (*stipendio*) sueldo fijo; **avere** ~**a dimora** tener residencia estable.

'fitta *sf vedi* fitto.

fit'tizio, a [-ttsjo] *ag* ficticio(a).

'fitto, a *ag* espeso(a); (*rete*) apretado(a); (*chiodo*) fijado(a), clavado(a) // *sf* punzada; **a capo** ~ a ciegas.

fiu'mana *sf* aluvión *m*, inundación *f*; (*fig*) desborde *m*.

fi'ume *sm* río; (*fig*) abundancia; **romanzo** ~ novelón *m*.

fiu'tare *vt* oler, olfatear; (*fig*) sospechar, husmear.

fi'uto *sm* olfato.

flagel'lare [-dʒel'l-] *vt* flagelar.

fla'gello [-'dʒɛllo] *sm* flagelo.

fla'grante *ag* flagrante; **cogliere qd in** ~ coger a alguien en flagrante.

fla'nella [-lla] *sf* franela.

flash *sm inv* flash *m inv*.

flau'tista, i, e *sm/f* flautista *m/f*.

'flauto *sm* flauta.

'flebile *ag* débil, flojo(a).

fle'bite *sf* flebitis *f inv*.

'flemma *sf* lentitud *f*, cachaza.

fles'sibile *ag* flexible.

flessi'one *sf* flexión *f*; (*di prezzi*) disminución *f*.

'flesso, a *pp di* flettere.

flessuosità *sf* flexuosidad *f*.

flessu'oso, a *ag* flexuoso(a).

'flettere *vt* doblar.

'flora *sf* flora.

'florido, a *ag* floreciente.

'floscio, a, sci, sce [-ʃʃo] *ag* flexible.

'flotta *sf* flota.

flot'tiglia [-ʎʎa] *sf* flotilla.

fluidità *sf* fluidez *f*.

'fluido, a *ag* fluido(a) // *sm* fluido.

flu'ire *vi* (*aus essere*) fluir, correr.

fluore'scente [-ʃ'ʃ-] *ag* fluorescente.

flu'oro *sm* flúor *m*.

'flusso *sm* flujo; (*fig: di folla*) tropel *m*, multitud *f*; (*marea*) flujo, marea; ~ **e riflusso** flujo y reflujo.

fluttu'are *vi* ondear, oscilar; (*fig: persona*) fluctuar, vacilar; (*ECON*) fluctuar.

fluvi'ale *ag* fluvial.

'foca, che *sf* foca.

fo'caccia, ce [-ttʃa] *sf* panecillo.

'foce [-tʃe] sf desembocadura; ~ a delta/estuario desembocadura en delta/estuario.
foco'laio sm foco, centro.
foco'lare sm hogar m, fogón m.
'fodera sf forro.
fode'rare vt forrar.
'fodero sm vaina.
'foga sf ímpetu m, arrebato.
'foggia, ge [-ddʒa] sf manera, modo; (di abito) forma, moda.
'foglia [-ʎʎa] sf hoja; mangiare la ~ (fig) comprender al vuelo; ~ morta hoja seca o muerta.
fogli'ame [-ʎʎ-] sm follaje m.
'foglio [-ʎʎo] sm hoja; ~ rosa (AUTO) permiso provisorio para conducir; ~ di via orden de expulsión.
'fogna [-ɲɲa] sf cloaca.
fogna'tura [-ɲɲ-] sf cloaca.
folgo'rare vt fulminar.
'folla [-lla] sf gentío, muchedumbre f.
'folle [-lle] ag loco(a); (progetto) insensato(a); in ~ (AUTO) en punto muerto.
folleggi'are [folled'dʒare] vi loquear.
fol'letto [-l'l-] sm duende m; (fig) diablillo.
fol'lia [-l'l-] sf locura; amare alla ~ amar con locura; far ~e (per qd/qc) hacer locuras (por alguien/algo).
'folto, a ag tupido(a), poblado(a) // sm (di bosco) espesura.
fomen'tare vt fomentar.
fonda'mento sm base f, fundamento; le ~a fpl (EDIL, fig) los cimientos; notizie senza ~ noticias sin fundamento.
fon'dare vt fundar; ~ qc su (fig) fundar algo en; ~rsi vr: ~rsi si qc fundarse en algo.
fondazi'one [-ts-] sf fundación f; le ~i fpl (EDIL) los cimientos.
'fondere vt fundir, derretir; (METALLURGIA) fundir; (fig: colori) concertar // vi fundir; ~rsi vr (al calore) derretirse; (fig: unirsi) fundirse.
fonde'ria sf fundición f.
fondi'ario, a ag inmobiliario(a).
'fondo, a ag hondo(a) // sm fondo; (di aceto etc) asiento; (unità immobiliare) fundo, heredad f; ~i (FIN) fondos mpl, caudales mpl; ~i di magazzino restos mpl, saldos mpl; in ~ a al fondo de; andare/mandare a ~ (NAUT) ir/echar a pique; da cima a ~ de arriba abajo; in ~ en el fondo; andare fino in ~ (fig) proceder hasta las últimas consecuencias; F~ Monetario Internazionale (FMI) Fondo Monetario Internacional (F.M.I.).
fo'netica sf fonética.
fo'nografo sm fonógrafo.
fon'tana sf fuente f.
'fonte sf fuente f // sm: ~ battesimale pila bautismal.
fo'raggio [-ddʒo] sm forraje m.

fo'rare vt agujerear; (pneumatico) pinchar.
'forbici [-tʃi] sfpl tijeras fpl.
for'bito, a ag esmerado(a), elegante.
'forca, che sf (AGR) horquilla, horcón m; (patibolo) horca.
for'cella [-lla] sf horquilla; (di albero) horcadura.
for'chetta [-'k-] sf tenedor m.
for'cina [-'tʃ-] sf horquilla.
for'cuto, a ag ahorquillado(a); (coda etc) bifurcado(a).
fo'resta sf floresta.
fore'stale ag forestal.
foresti'ero, a ag extraño(a) // sm/f forastero/a.
'forfora sf caspa.
'forgia, ge [-dʒa] sf fragua.
forgi'are [-'dʒ-] vt forjar.
'forma sf forma; (per calzature) horma; essere in ~ (persona) estar en forma; in ~ privata/ ufficiale en forma privada/ oficial.
formag'gino [-d'dʒ-] sm quesito blando.
for'maggio [-ddʒo] sm queso.
for'male ag formal.
formalità sf inv formalidad f.
for'mare vt formar; ~rsi vr formarse.
for'mato sm formato, forma; ~ tascabile formato de bolsillo.
formazi'one [-ts-] sf formación f.
'formica, che sf hormiga.
formi'caio sm (anche fig) hormiguero.
formico'lare vi (gamba, braccio) sentir hormigueo; ~ di (strada etc) pulular o bullir de.
formico'lio sm hormigueo.
formi'dabile ag formidable.
'formula sf fórmula.
for'nace [-tʃe] sf calera, horno.
for'naio sm panadero.
for'nello [-llo] sm hornillo.
forni'care vi fornicar.
for'nire vt: ~ qd di qc proveer o abastecer a alguien de algo.
forni'tore, 'trice sm/f proveedor/a, abastecedor/a.
forni'tura sf abastecimiento.
'forno sm horno.
'foro sm (buco) agujero; (piazza) plaza; (tribunale) foro.
'forse av quizá(s), tal vez; ~ è meglio partire tal vez sea mejor partir; saranno ~ le 8 serán más o menos las 8 // sm inv: essere/ mettere in ~ estar/poner en duda.
forsen'nato, a ag loco(a), desatinado(a).
'forte ag fuerte; (cartone) duro(a), resistente; (notevole) grande, considerable; (luce, colore) violento(a); essere ~ in estar fuerte o muy preparado en // av fuerte // sm fuerte m.
for'tezza [-ttsa] sf fortaleza.

fortifi'care vt (MIL) fortificar; (irrobustire) fortalecer.

for'tuito, a ag fortuito(a).

for'tuna sf fortuna; **mezzi/ atterraggio di** ~ medios/ aterrizaje improvisado(s); **per** ~ por suerte; **aver** ~ **in qc** tener suerte o fortuna en algo; **portar** ~ traer suerte.

fortu'nato, a ag afortunado(a).

forvi'are vt, vi = **fuorviare**.

'forza [-tsa] sf fuerza; **per** ~ a la fuerza, necesariamente; **per** ~ **di cose** por las circunstancias; **a viva** ~ por la fuerza; ~ **di gravità** fuerza de gravedad; ~ **maggiore** (DIR) fuerza mayor.

for'zare [-'ts-] vt forzar, violentar; ~ **qd a fare** forzare a alguien a hacer; ~ **la mano a qd** (fig) forzar la mano a alguien.

for'zato, a [-'ts-] ag forzoso(a); (allegria) forzado(a) // sm forzado.

fo'schia [-'kia] sf neblina.

'fosco, a, schi, sche ag sombrío(a), triste.

fo'sfato sm fosfato.

fosfore'scente [-'ʃʃ-] ag fosforescente.

'fosforo sm fósforo.

'fossa sf foso, zanja; (tomba, ANAT) fosa; (GEOL) hoya, fosa; ~ **biologica** fosa séptica; ~ **oceanica** hoya o fosa oceánica.

fos'sato sm zanja.

fos'setta sf hoyuelo.

'fossile ag, sm fósil (m).

'fosso sm zanja; (MIL) foso.

'foto sf (abbr di **fotografia**) foto.

foto'copia sf fotocopia.

fotogra'fare vt fotografiar.

fotogra'fia sf fotografía; ~ **a colori/in bianco e nero** fotografía en colores/en blanco y negro.

fo'tografo, a sm/f fotógrafo/a.

fotomon'taggio [-ddʒo] sm fotomontaje m.

fotoro'manzo [-dzo] sm fotonovela.

foto'sintesi sf fotosíntesis f.

fra prep = **tra**.

fracas'sare vt quebrar, destrozar; ~**rsi** vr quebrarse, destrozarse.

fra'casso sm estrépito, ruido; **far** ~ (fig) hacer ruido.

'fradicio, a, ci, ce [-'tʃo] ag podrido(a), corrompido(a); **bagnato** ~ empapado; **ubriaco** ~ borracho perdido.

'fragile [-dʒ-] ag frágil.

fragilità [-dʒ-] sf fragilidad f.

'fragola sf fresa, frutilla (spec AM).

frago'roso, a ag estruendoso(a).

fra'grante ag fragante.

frain'tendere vt malentender.

frain'teso, a pp di **fraintendere**.

fram'mento sm fragmento.

'frana sf (anche fig) derrumbe m, hundimiento.

fra'nare vi desmoronarse, hundirse.

france'scano, a [-tʃ-] ag franciscano(a) // sm franciscano.

fran'cese [-'tʃ-] ag, sm/f francés(esa).

fran'chezza [fran'kettsa] sf franqueza.

fran'chigia, gie [fran'kidʒa] sf franquicia, exención f.

'franco, a, che, chi ag franco(a), sincero(a); (COMM) franco(a), libre // sm (moneta) franco; **farla** ~**a** (fig) salir bien; ~ **tiratore** francotirador m.

franco'bollo [-llo] sm sello, estampilla (spec AM).

fran'gente [-'dʒ-] sm (onda) oleada, marejada; (fig) aprieto, mal trance m.

'frangere [-dʒ-] vt romper, despedazar; ~**rsi** vr romper, estrellarse.

'frangia, ge [-dʒa] sf (di ornamento) fleco; (di capelli) flequillo; (fig: settore) sector m, parte f.

frantu'mare vt despedazar, hacer añicos; (fig) demoler; ~**rsi** vr hacerse añicos.

fran'tumi smpl fragmentos, añicos; **andare** o **ridursi in** ~ hacerse añicos.

'frasca, sche sf follaje m, fronda.

'frase sf frase f; ~ **fatta** frase hecha.

fraseolo'gia [-'dʒia] sf fraseología.

'frassino sm fresno.

frastagli'are [-ʎʎ-] vt recortar.

frastu'ono sm estruendo.

'frate sm fraile m.

fratel'lanza [fratel'lantsa] sf fraternidad f.

fra'tello [-llo] sm hermano; ~ **d'arme** compañero de armas.

fraternità sf fraternidad f.

fraterniz'zare [-d'dz-] vi: ~ **con** fraternizar con.

fra'terno, a ag fraterno(a).

fratri'cida, i, e [-'tʃ-] ag, sm/f fratricida (m/f).

frat'tanto av mientras tanto.

frat'tempo sm: **nel** ~ en el interín, mientras tanto.

frat'tura sf fractura.

fraudo'lento, a ag fraudulento(a).

frazio'nare [-tts-] vt fraccionar.

frazi'one [-'tts-] sf fracción f; (di comune) barrio.

'freccia, ce [-'ttʃa] sf flecha; ~ **di direzione** (AUTO) flecha luminosa.

frecci'ata [-t'tʃ-] sf flechazo.

fred'dare vt dejar seco a, matar; (fig) fulminar.

fred'dezza [-'ttsa] sf frialdad f.

'freddo, a ag frío(a) // sm frío; **fa** ~ hace frío; **aver** ~ tener frío; **non mi fa né caldo né** ~ no me importa un pito; **a** ~ (TECN) en frío; (fig) a sangre fría.

freddo'loso, a ag friolento(a).

fred'dura sf chiste m, broma.

fre'gare vt frotar, fregar; (fam: truffare) engañar, embrollar; (: rubare) robar; ~**rsi le mani** (anche fig) frotarse las manos; **fregarsene**

(*fam!*) no importarle un pito; **se ne frega di tutto e di tutti** (*fam!*) le importa un pito de todo y de todos.
fre'gata *sf* fregado; (*fam: truffa*) engaño, embrollo; (*NAUT*) fragata.
'fregio [-dʒo] *sm* friso.
'fremere *vi* bramar, temblar.
'fremito *sm* temblor *m*, estremecimiento.
fre'nare *vt* frenar; (*fig*) reprimir, contener; **~rsi** *vr* (*fig*) contenerse.
fre'nata *sf* frenazo, frenado.
frene'sia *sf* frenesí *m*, locura.
fre'netico, a, ci, che *ag* frenético(a).
'freno *sm* freno; **~ a disco/a mano/motore** freno de disco/de mano/de motor.
frequen'tare [-kw-] *vt* frecuentar.
frequenta'tore, 'trice [-kw-] *sm/f* frecuentador/a.
frequ'ente [-'kw-] *ag* frecuente; **di ~** con frecuencia, a menudo.
frequ'enza [fre'kwentsa] *sf* frecuencia.
fre'schezza [fres'kettsa] *sf* frescura.
'fresco, a, schi, sche *ag* fresco(a) // *sm* fresco; **stare ~** (*fig*) estar fresco; **mettere in ~** (*bibite etc*) poner al fresco; **andare al ~** (*fig: in prigione*) ir a parar a la cárcel.
'fretta *sf* prisa; **in ~ de prisa: in ~ e furia** volando; **aver ~ (di fare)** tener prisa (en hacer).
fretto'loso, a *ag* presuroso(a); (*lavoro*) apresurado(a).
fri'abile *ag* friable.
'friggere [-ddʒ-] *vt* freír // *vi* (*olio*) chirriar; (*fig*) roerse, bullir.
frigidità [-dʒ-] *sf* frigidez *f*.
'frigido, a [-dʒ-] *ag* frígido(a).
'frigo *sm inv abbr di* **frigorifero.**
frigo'rifero, a *ag* frigorífico(a) // *sm* frigorífico, nevera.
fringu'ello [frin'gwello] *sm* pinzón *m*, chingolo (*spec AM*).
frit'tata *sf* tortilla; **fare una ~** (*fig*) armar un lío.
frit'tella [-lla] *sf* (*CUC*) buñuelo; (*fig: fam*) mancha de grasa.
'fritto, a *pp di* **friggere** // *ag* frito(a) // *sm* frito, fritura; **~ misto** (*CUC*) fritura mixta.
Fri'uli *sm* Friul *m*.
frivo'lezza [-ttsa] *sf* frivolidad *f*.
'frivolo, a *ag* frívolo(a).
frizi'one [-t'ts-] *sf* (*massaggio*) fricción *f*; (*AUTO*) embrague *m*; (*fig*) roce *m*, choque *m*.
friz'zante [-d'dz-] *ag* (*bibita*) con gas; (*vento*) penetrante; (*fig*) agudo(a).
'frizzo [-ddzo] *sm* chiste *m*, agudeza.
fro'dare *vt*: **~ qc a qd** defraudar algo a alguien.
'frode *sf* fraude *m*; **~ fiscale** fraude fiscal.
'frodo *sm*: **cacciatore/pescatore di ~** cazador/pescador furtivo; **merce di ~** mercaderías de contrabando.

'frollo, a [-llo] *ag* (*carne*) manido(a).
'fronda *sf* rama; (*POL*) revuelta, rebelión *f*; **~e** *fpl* follaje *m*.
fron'tale *ag* frontal.
'fronte *sf* frente *f* // *sm* frente *m*; **a ~ alta** con la frente alta; **testo a ~** texto al frente; **essere/trovarsi di ~** estar/encontrarse de frente; **di ~ a** (*posizione*) enfrente de; (*paragone*) frente a; **~ popolare** *etc* (*POL*) frente *m* popular *etc*.
fronteggi'are [-d'dʒ-] *vt* hacer frente a; (*sog: edificio*) estar enfrente de.
fronte'spizio [-ttsjo] *sm* (*EDIL*) fachada, frente *m*; (*di libro*) frontispicio.
fronti'era *sf* frontera.
'fronzolo [-dz-] *sm* perendengue *m*, perifollo; **~i** *mpl* (*fig*) floreo, adornos *mpl*.
'frottola *sf* embuste *m*, patraña.
fru'gale *ag* frugal.
frugalità *sf* frugalidad *f*.
fru'gare *vi* hurgar, revolver // *vt* registrar, hurgar.
fru'ire *vi*: **~ di** disfrutar de.
frul'lare [-l'l-] *vt* batir // *vi* aletear; **che ti frulla per la testa?** (*fig*) ¿qué se te antoja?
fru'mento *sm* trigo.
fru'scio [-ʃʃio] *sm* murmullo, rumor *m*.
'frusta *sf* látigo; (*CUC*) batidor *m*.
fru'stare *vt* azotar.
fru'stata *sf* latigazo, azote *m*.
fru'stino *sm* fusta.
fru'strare *vt* frustrar.
frustrazi'one [-t'ts-] *sf* frustración *f*.
'frutta *sf inv* fruta; **essere alla ~** estar en los postres; **~ secca/candita** fruta seca/escarchada.
frut'tare *vt* producir, rendir; (*fig*) acarrear.
frut'teto *sm* huerto frutal.
frut'tifero, a *ag* frutal; (*FIN: capitale*) fructífero(a).
frutti'vendolo, a *sm/f* frutero/a, verdulero/a.
'frutto *sm* fruto; (*fig: vantaggio*) provecho, utilidad *f*; (*: risultato*) consecuencia; (*: FIN: reddito*) renta, interés *m*; **senza ~** sin resultado; **~i di mare** mariscos *mpl*.
fruttu'oso, a *ag* fructuoso(a).
FS (*abbr di Ferrovie dello Stato*) ≈ RENFE.
fu *forma del vb* **essere** // *ag inv* finado(a), difunto(a).
fuci'lare [-tʃ-] *vt* fusilar.
fuci'lata [-tʃ-] *sf* fusilazo.
fucilazi'one [futʃilat'tsjone] *sf* fusilamiento.
fu'cile [-'tʃ-] *sm* fusil *m*.
fu'cina [-'tʃ-] *sf* herrería; (*fig*) fragua.
fuci'nare [-tʃ-] *vt* fraguar, forjar.
'fuga *sf* fuga, huida; (*di gas etc*) escape *m*; (*di capitali*) fuga, evasión *f*; (*CICLISMO*)

escapada; **prendere la** ~ darse a la
fuga; **essere in** ~ ser prófugo.
fu'gace [-'tʃe] *ag* fugaz.
fu'gare *vt* ahuyentar.
fug'gevole [-d'dʒ-] *ag* fugaz, efímero(a).
fuggi'asco, a, schi, sche
[-d'dʒ-] *ag, sm/f* fugitivo(a), prófugo(a).
fuggi'fuggi [fuddʒi'fuddʒi] *sm* huida
desordenada.
fug'gire [-d'dʒ-] *vi* (*aus essere*) huir,
escapar // *vt* evitar.
fuggi'tivo, a [-ddʒ-] *sm/f* fugitivo/a,
prófugo/a.
'fulcro *sm* punto de apoyo; (*fig*) nudo.
ful'gore *sm* fulgor *m*.
fu'liggine [-ddʒ-] *sf* hollín *m*.
fuliggi'noso, a [-ddʒ-] *ag* fuliginoso(a).
fulmi'nare *vt* fulminar; ~ **qd con
un'occhiata** fulminar a alguien con una
mirada.
'fulmine *sm* rayo; ~ **a ciel sereno** (*fig*)
una desgracia imprevista.
fumai'olo *sm* chimenea.
fu'mare *vi* fumar; (*camino, caffè*)
humear // *vt* fumar.
fu'mata *sf* señal de humo, humareda.
fuma'tore, 'trice *sm/f* fumador/a.
fu'metto *sm* historieta.
fu'mista, i *sm* fumista *m*.
'fumo *sm* humo; (*il fumare tabacco*) fumar
m; ~**i** *mpl* (*di vino*) vapores *mpl*; (*di ira*)
arrebatos; **andare in** ~ hacerse humo;
vender ~ (*fig*) vender humos.
fu'moso, a *ag* humoso(a).
fu'nambolo, a *sm/f* acróbata *m/f*,
equilibrista *m/f*; (*fig*) veleta *m/f*,
oportunista *m/f*.
'fune *sf* soga.
'funebre *ag* fúnebre.
fune'rale *sm* entierro, sepelio.
fune'stare *vt* afligir, entristecer.
fu'nesto, a *ag* funesto(a).
'fungere *vi*: ~ **da** hacer de.
'fungo, ghi *sm* hongo.
funico'lare *sf* funicular *m*.
funi'via *sf* teleférico.
funzio'nare [-ts-] *vi* funcionar; ~ **da**
funcionar como o hacer de.
funzio'nario [-ts-] *sm* funcionario.
funzi'one [-'ts-] *sf* función *f*; **in** ~ **di** en
función de; **fare la** ~ **di qd** reemplazar
a alguien en algo.
fu'oco *sm* fuego; (*OTTICA*) foco; **prender**
~ encenderse; **mettere a** ~ (*FOTO*)
poner a foco, enfocar; ~ **d'artificio**
fuego artificial; ~ **di paglia** (*fig*)
amorío, pasión pasajera.
fuorché [-'ke] *cong* salvo, excepto // *prep*
menos.
fu'ori *av* fuera, afuera // *escl* ¡fuera!,
¡afuera! // *prep*: ~ (**di**) fuera de // *sm*:
il di ~ el exterior; **lasciar** ~ **qd** (*fig*)
dejar afuera a alguien; **far** ~ **qd** (*fig*)
eliminar a alguien; **essere di** ~ ser de
afuera; **essere** ~ **di sé** estar fuera de
sí; ~ **luogo** fuera de lugar; ~ **pericolo**

fuera de peligro; ~ **questione** más allá
de toda discusión; ~ **uso** en desuso.
fuori'bordo *sm* fuera-borda *m inv*;
(*motore*) motor *m* fuera de borda.
fuori'classe *ag inv* excepcional // *sm/f*
campeón/ona.
fuorigi'oco ['-dʒ-] *sm inv* (*SPORT*) fuera de
juego *m*.
fuori'legge [-ddʒe] *sm/f inv* bandido,
delincuente *m/f*.
fuori'serie *ag inv* fuera de serie // *sf*
(*AUTO*) fuera de serie.
fuoriu'scito, fuoru'scito [-ʃ'ʃ-] *sm* (*POL*)
desterrado, prófugo.
fuorvi'are *vt* desviar // *vi* desviarse.
furbe'ria *sf* astucia, picardía; (*atto
scaltro*) ardid *m*, artimaña.
'furbo, a *ag* astuto(a), pícaro(a) // *sm/f*
sinvergüenza *m/f*.
fu'rente *ag*: ~ (**contro**) furibundo(a)
(con).
fur'fante *sm* bribón *m*, tunante *m*.
fur'gone *sm* furgón *m*.
'furia *sf* furia, cólera; (*impeto*) ímpetu *m*,
furor *m*; (*fretta*) prisa; **a** ~ **di** a fuerza
de; **andare su tutte le** ~**e** (*fig*)
enfurecerse.
furi'bondo, a *ag* furibundo(a).
furi'oso, a *ag* furioso(a).
fu'rore *sm* furor *m*.
fur'tivo, a *ag* furtivo(a); (*merce*)
clandestino(a).
'furto *sm* robo, hurto.
fu'scello [fuʃ'ʃello] *sm* palito, pajita.
fu'sibile *sm* fusible *m*.
fusi'one *sf* fusión *f*, fundición *f*; (*DIR*)
unión *f*; ~ **nucleare** fusión nuclear.
'fuso *sm* huso; ~ **orario** huso horario.
fu'stagno [-ɲɲo] *sm* fustán *m*.
'fusto *sm* (*BOT*) tallo, tronco; (*di colonna*)
fuste *m*; (*recipiente*) tonel *m*, barril *m*;
(*fam: persona*) guapo, buen mozo.
'futile *ag* fútil.
futilità *sf* futilidad *f*.
fu'turo, a *ag* futuro(a) // *sm* futuro; **in**
~ en el futuro.

G

gab'bare *vt* embaucar, embrollar; ~**rsi**
vr: ~**rsi di qd** burlarse de alguien.
'gabbia *sf* (*per uccelli*) jaula;
(*dell'ascensore*) caja; (*fig*) cárcel *f*, cana
(*spec AM*); ~ **di matti** (*fig*) manicomio;
~ **toracica** (*ANAT*) caja toráxica.
gabbi'ano *sm* gaviota.
gabi'netto *sm* retrete *m*; (*di
medico*)gabinete *m*; (*di decenza*) retrete
m; (*ministero*) gabinete, ministerio.
gagliar'detto [-ʎʎ-] *sm* (*NAUT*) gallardete
m; (*insegna*) banderín *m*, insignia.
gagli'ardo, a [-ʎʎ-] *ag* gallardo(a).

gagli'offo [-ʎ'ʎ-] *sm* bribón *m*,
sinvergüenza *m*.
gai'ezza [ga'jezza] *sf* alegría, regocijo.
'gaio, a *ag* alegre, festivo(a).
'gala *sm* (*festa*) fiesta de gala; (*NAUT*)
empavesado // *sf*: **mettersi in** ∼
vestirse de gala; **abito/**
pranzo/serata di ∼ vestido/
comida/noche de gala.
ga'lante *ag* galante.
galante'ria *sf* galantería.
galan'tina *sf* galantina.
galantu'omo, pl galantu'omini *sm*
caballero, gentilhombre *m*.
gala'teo *sm* urbanidad *f*.
gale'otto *sm* galeote *m*, forzado.
ga'lera *sf* cárcel *f*; **andare in** ∼ ir a la
cárcel.
galla [-lla] *sf* (*BOT*) agalla; **a** ∼ a flote;
stare a ∼ flotar; (*fig*) saobrevivir,
darse vuelta; **venire a** ∼ (*fig*)
descubrirse.
galleggi'ante [galled'dʒante] *ag* flotante
// *sm* (*NAUT*) boya; (*TECN. di lenza*)
flotador *m*.
galleggi'are [galled'dʒare] *vi* flotar.
galle'ria [-ll-] *sf* túnel *m*; (*d'arte*) galería;
(*TEATRO*) gallinero, paraíso; ∼ **del vento**
o aerodinamica túnel del viento o
aerodinámico.
gal'lina [-l'l-] *sf* gallina.
'gallo [-llo] *sm* gallo; **fare il** ∼
hacerse el gallito, envalentonarse.
gal'lone [-l'l-] *sm* galón *m*.
galop'pare *vi* galopar.
galop'pata *sf* galopada.
ga'loppo *sm* galope *m*.
galvaniz'zare [-d'dz-] *vt* (*ELETTR*)
galvanizar; (*fig*) excitar, electrizar.
'gamba *sf* pierna; (*di animali*) pata; (*di
tavolo etc*) pie *m*; **in** ∼ (*fig*) inteligente,
capaz; **prendere qc sotto** ∼ (*fig*)
tomar algo a la ligera.
'gambero *sm* (*ZOOL*) camarón *m*, gamba;
camminare come un ∼ (*fig*) echarse
atrás.
'gambo *sm* (*BOT*) tallo; (*di calice, vite*)
mango, pie *m*.
'gamma *sf* gama.
ga'nascia, sce [-ʃʃa] *sf* quijada.
'gancio [-tʃo] *sm* gancho.
'ganghero [-g-] *sm*: **uscire dai** ∼**i** (*fig*)
perder la paciencia.
'ganglio [-gljo] *sm* ganglio.
'gara *sf* prueba, competición *f*; **fare a** ∼
a fare qc competir o rivalizar en hacer
algo.
garan'tire *vt* (*DIR*) garantizar; (*dare per
certo*) afirmar, asegurar;
∼**rsi** *vr* asegurarse.
garan'zia [-tsia] *sf* garantía.
gar'bato, a *ag* amable, cortés.
'garbo *sm* amabilidad *f*, cortesía; (*di un
vestito etc*) gracia, elegancia.

gareggi'are [-d'dʒ-] *vi* competir,
rivalizar; ∼ **con qd in qc** competir con
alguien en algo.
garga'nella [-lla]: **bere a** ∼ *loc av*
beber a gollete.
garga'rismo *sm* gárgara; (*liquido*)
gargarismo; **fare i** ∼**i** hacer gárgaras.
ga'rofano *sm* (*BOT*) clavel *m*; **chiodo di**
∼ (*CUC*) clavo de olor.
'garza [-dza] *sf* gasa.
gar'zone [-'dz-] *sm* aprendiz *m*.
gas *sm inv* gas *m*; **a tutto** ∼ (*fig*) a todo
gas; **camera a** ∼ cámara de gas.
ga'sarsi *vr* (*fig: fam*) darse aires.
ga'solio *sm* gasóleo.
ga's(s)are *vt* gasear; (*uccidere col gas*)
asfixiar.
gas'sometro *sm* gasómetro.
gas'soso, a *ag* gaseoso(a).
'gastrico, a, ci, che *ag* gástrico(a).
ga'strite *sf* gastritis *f*.
gastrono'mia *sf* gastronomía.
gastro'nomico, a, ci, che *ag*
gastronómico(a).
'gatta *sf* gata; **qui** ∼ **ci cova!** (*fig*) ¡aquí
hay gato encerrado!
'gatto *sm* gato; ∼ **selvatico** gato
montés; ∼ **tigrato** gato atigrado.
gatto'pardo *sm* guepardo.
gat'tuccio [-ttʃo] *sm* lija.
ga'vetta *sf* gamella; **venire dalla** ∼
(*fig*) salir de la nada.
ga'zometro [-d'dz-] *sm vedi* **gassometro**.
'gazza [-ddza] *sf* urraca.
gaz'zarra [-d'dz-] *sf* algazara.
gaz'zella [gad'dzella] *sf* (*ZOOL*) gacela;
(*dei Carabinieri*) coche muy rápido de la
policía.
gaz'zetta [-d'dz-] *sf* periódico, diario; (*fig:
pettegola*) chismosa; **G** ∼ **Ufficiale (G.U.)**
Boletín Oficial del Estado (B.O.E.).
gaz'zoso, a [-d'dz-] *ag* = **gassoso**.
ge'lare *vt* congelar // *vi* (*aus essere*)
congelarse // *vb impersonale* helar.
ge'lata [dʒ-] *sf* helada.
gelate'ria [dʒ-] *sf* heladería.
gela'tina [dʒ-] *sf* gelatina.
ge'lato [dʒ-] *ag* helado(a) // *sm* helado;
cono ∼ cucurucho de helado.
'gelido, a ['dʒ-] *ag* helado(a), gélido(a).
'gelo ['dʒ-] *sm* frío intenso; (*ghiaccio, fig*)
hielo.
ge'lone [dʒ-] *sm* sabañón *m*.
gelo'sia [dʒ-] *sf* celos *mpl*; (*nel lavoro*)
rivalidad *f*.
ge'loso, a [dʒ-] *ag* celoso(a).
'gelso ['dʒ-] *sm* morera.
gelso'mino [dʒ-] *sm* jazmín *m*.
gemel'laggio [dʒemel'laddʒo] *sm*
hermandad *f*.
ge'mello, a [dʒe'mello] *ag, sm/f*
gemelo(a), mellizo(a); (*di
camicia*) gemelos *mpl*: **G** ∼ **i** (*ASTROL*)
Géminis *m*.
'gemere ['dʒ-] *vi* gemir; (*fig: ruote, assi*)
chirriar.

'**gemito** ['dʒ-] *sm* gemido.

'**gemma** ['dʒ-] *sf* (BOT) yema, botón *m*; (*pietra*) gema.

gen'darme [dʒ-] *sm* gendarme *m*; (*fam: donna virile*) marimacho.

genealo'gia [dʒenealo'dʒia] *sf* genealogia.

genea'logico, a, ci, che [dʒenea'lɔdʒiko] *ag* genealógico(a).

gene'rale [dʒ-] *ag, sm* general (*m*); **in ~** en general.

generalità [dʒ-] *sf inv* generalidad *f* // *sfpl* datos *mpl* de identidad.

generaliz'zare [dʒeneralid'dzare] *vt* generalizar.

gene'rare [dʒ-] *vt* generar; **~rsi** *vr* generarse.

genera'tore [dʒ-] *sm* (TECN) generador *m*.

generazi'one [dʒenerat'tsjone] *sf* generación *f*.

'**genere** ['dʒ-] *sm* género; **in ~** en general; **~i alimentari** géneros *mpl* alimenticios.

ge'nerico, a, ci, che [dʒ-] *ag* vago(a), genérico(a); (*medico*) clínico(a) // *sm* generalidad *f*, vaguedad *f*; **restare nel ~** mantenerse en la generalidad.

'**genero** ['dʒ-] *sm* yerno.

generosità [dʒ-] *sf* generosidad *f*.

gene'roso, a [dʒ-] *ag* generoso(a).

'**genesi** ['dʒ-] *sf* génesis *f*.

ge'netico, a, ci, che [dʒ-] *ag* genético(a) // *sf* genética.

gen'giva [dʒen'dʒiva] *sf* encía.

geni'ale [dʒ-] *ag* genial.

genialità [dʒ-] *sf* genialidad *f*.

'**genio** ['dʒ-] *sm* genio; **andare a ~ a qd** gustar a alguien.

geni'tale [dʒ-] *ag* genital; **~i** *smpl* genitales *mpl*.

geni'tivo [dʒ-] *sm* genitivo.

geni'tore [dʒ-] *sm* progenitor *m*, padre *m*; **~i** *mpl* padres *mpl*.

geni'trice [dʒeni'tritʃe] *sf* madre *f*.

gen'naio [dʒ-] *sm* enero.

geno'vese [dʒ-] *ag, sm/f* genovés(esa).

gen'taglia [dʒen'taʎʎa] *sf* (*peg*) populacho.

'**gente** ['dʒ-] *sf* gente *f*.

gen'tile [dʒ-] *ag* gentil.

genti'lezza [dʒenti'lettsa] *sf* gentileza, amabilidad *f*.

genuflessi'one [dʒ-] *sf* genuflexión *f*.

genuinità [dʒ-] *sf* pureza, legitimidad *f*.

genu'ino, a [dʒ-] *ag* genuino(a).

geogra'fia [dʒ-] *sf* geografía.

geo'grafico, a, ci, che [dʒ-] *ag* geográfico(a).

ge'ografo, a [dʒ-] *sm/f* geógrafo/a.

geolo'gia [dʒeolo'dʒia] *sf* geología.

geo'logico, a, ci, che [dʒeo'lɔdʒiko] *ag* geológico(a).

ge'ometra, i, e *sm/f* agrimensor/a.

geome'tria [dʒ-] *sf* geometría.

geo'metrico, a, ci, che [dʒ-] *ag* geométrico(a).

ge'ranio [dʒ-] *sm* geranio.

gerar'chia [dʒerar'kia] *sf* jerarquía.

ge'rarchico, a, ci, che [dʒe'rarkiko] *ag* jerárquico(a).

ge'rente [dʒ-] *sm/f* gerente *m/f*.

'**gergo, ghi** ['dʒ-] *sm* jerga.

geria'tria [dʒ-] *sf* geriatría.

Ger'mania [dʒ-] *sf* Alemania.

'**germe** ['dʒ-] *sm* germen *m*.

germogli'are [dʒermoʎ'ʎare] *vi* germinar, brotar.

ger'moglio [dʒer'moʎʎo] *sm* brote *m*.

gero'glifico [dʒero'glifico] *sm* jeroglífico.

'**gesso** ['dʒ-] *sm* yeso; (SCULTURA) escultura en yeso; (*per scrivere*) tiza.

gestazi'one [dʒestat'tsjone] *sf* gestación *f*; (*fig*) preparación *f*; **in ~** (*fig*) en ciernes.

gestico'lare [dʒ-] *vi* gesticular.

gesti'one [dʒ-] *sf* gestión *f*, administración *f*.

ge'stire [dʒ-] *vt* administrar.

'**gesto** ['dʒ-] *sm* gesto; **un bel ~** (*fig*) una buena acción.

ge'store [dʒ-] *sm* gestor *m*, administrador *m*.

Gesù [dʒ-] *sm* Jesús *m*; **~ mio!** ¡Jesús!

gesu'ita, i [dʒ-] *sm* jesuita *m*.

get'tare [dʒ-] *vt* arrojar, lanzar; (*metalli etc*) fundir; (*ponte*) construir; (*emettere*) manar; **~rsi** *vr* arrojarse; (*fiume*) desembocar; **~ via** arrojar; **~ le fondamenta di** (*anche fig*) echar los cimientos de; **~ uno sguardo su** echar una mirada a.

get'tata [dʒ-] *sf* colada; (*diga*) dique *m*.

'**getto** ['dʒ-] *sm* chorro; (METALLURGIA) fundición *f*, colada; (BOT) brote *m*, vástago; **a ~ continuo** sin interrupción; **di ~** (*fig*) de una vez, de golpe.

get'tone [dʒ-] *sm* ficha; **~ del telefono** ficha para el teléfono; **~ di presenza** premio de asistencia.

'**ghetto** ['g-] *sm* (*anche fig*) gueto.

ghiacci'aio [gjat'tʃajo] *sm* ventisquero, glaciar *m*.

ghiacci'are [gjat'tʃare] *vi* (*aus essere*) helar; **~rsi** *vr* helarse.

ghi'accio ['gjattʃo] *sm* hielo; **rompere il ~** (*fig*) romper el hielo.

ghiacci'olo [gjat'tʃɔlo] *sm* carámbano; (*gelato*) polo ®.

ghi'aia ['gj-] *sf* grava; (*per strade, giardini*) pedrisco.

ghiai'oso, a [gj-] *ag* guijoso(a).

ghi'anda ['gj-] *sf* bellota.

ghi'andola ['gj-] *sf* glándula.

ghigliot'tina [giʎʎo-] *sf* guillotina.

ghi'gnare [giɲ'ɲare] *vi* reír sarcásticamente.

ghi'otto, a ['gj-] *ag* goloso(a); (*fig*) ávido(a).

ghiot'tone, a [gj-] *sm/f* glotón/ona.

ghiottone'ria [gj-] *sf* glotonería; (*cibo*) golosina; (*fig*) maravilla.

ghiri'bizzo [giri'biddzo] *sm* capricho, antojo.

ghiri'goro [gi-] *sm* garabato.

ghir'landa [g-] *sf* guirnalda.

'ghiro ['g-] *sm* lirón *m*.

'ghisa ['g-] *sf* fundición *f*.

già [dʒa] *av* ya; (*ex, in precedenza*) ex-; **l'ho ~ fatto** lo he hecho ya; **non ci siamo ~ incontrati?** ¿no nos hemos encontrado ya o antes?; (*fin da adesso*): **posso ~ immaginare la fine** desde ya puedo imaginar el final; (*fin da allora*): **~ da bambino amava la musica** ya amaba la música desde niño; (*affermazione*): **~, è proprio vero!** ¡ya, es verdad!

gi'acca, che ['dʒ-] *sf* chaqueta, saco (*spec* AM); **~ a vento** anorak *m*.

giacché [dʒak'ke] *cong* ya que, pues que.

giac'chetta [dʒak'ketta] *sf* chaquetilla, saquito (*spec* AM).

gia'cenza [dʒa'tʃentsa] *sf* (*di capitali etc*) improductividad *f*; (*periodo*) estancia, permanencia; **~e** *fpl* existencias *fpl*, stock *m*; **~e di magazzino** artículos *mpl* sobrantes.

gia'cere [dʒa'tʃere] *vi* (*aus* **essere**) yacer.

giaci'mento [dʒatʃ-] *sm* yacimiento.

gia'cinto [dʒa'tʃinto] *sm* jacinto.

giaggi'olo [dʒad'dʒɔlo] *sm* lirio.

giagu'aro [dʒa'gwaro] *sm* jaguar *m*.

gi'allo ['dʒallo] *ag* amarillo(a); (*fig: poliziesco*) policíaco(a) // *sm* amarillo; (*fig: romanzo, film*) policial *m*.

giam'mai [dʒ-] *av* jamás, nunca.

giappo'nese [dʒ-] *ag, sm/f* japonés(esa).

gi'ara ['dʒ-] *sf* jarra.

giardi'naggio [dʒardi'naddʒo] *sm* jardinería.

giardini'ere, a [dʒ-] *sm/f* jardinero/a // *sf* jardinera; (CUC) encurtidos *mpl* surtidos; **maestra ~a** (SCOL) maestra jardinera.

giar'dino [dʒ-] *sm* jardín *m*; **~ d'infanzia** escuela de párvulos; **~ pubblico** jardín o paseo público.

giarretti'era [dʒ-] *sf* liga.

giavel'lotto [dʒ-] *sm* (*arma*) venablo; (*attrezzo sportivo*) jabalina; **lancio del ~** (SPORT) lanzamiento de la jabalina.

gi'gante, 'tessa [dʒ-] *sm/f* gigante/a // *ag inv* enorme, gigante; **fare passi da ~** (*fig*) hacer enormes progresos.

gigan'tesco, a schi, sche [dʒ-] *ag* gigantesco(a).

gigan'tessa [dʒ-] *sf vedi* **gigante**.

'giglio ['dʒiʎʎo] *sm* azucena.

gilè [dʒi'lɛ] *sm* chaleco.

gin [dʒin] *sm* gin *m*.

ginecolo'gia [dʒinekolo'dʒia] *sf* ginecología.

gine'praio [dʒ-] *sm* enebral *m*; (*fig*) berenjenal *m*.

gi'nepro [dʒ-] *sm* enebro.

gi'nestra [dʒ-] *sf* retama.

gingil'larsi [dʒindʒil'larsi] *vr* juguetear, entretenerse; (*fig*) perder el tiempo.

gin'gillo [dʒin'dʒillo] *sm* chuchería, dije *m*.

gin'nasio [dʒ-] *sm instituto de 2a. enseñanza clásica.*

gin'nasta, i, e [dʒ-] *sm/f* gimnasta *m/f*.

gin'nastica [dʒ-] *sf* gimnasia.

gi'nocchio [dʒi'nɔkkjo], *pl(m)* **ginocchi** *o pl(f)* **ginocchia** *sm* rodilla; **in ~ de** rodillas; **mettersi in ~ davanti a qd** (*fig*) arrastrarse o humillarse ante alguien.

ginocchi'oni [dʒinok'kjoni] *av* de rodillas.

gio'care [dʒ-] *vt, vi* jugar; **~ un brutto tiro a qd** (*fig*) jugarle una mala pasada a alguien.

gioca'tore, 'trice [dʒ-] *sm/f* jugador/a.

gio'cattolo [dʒ-] *sm* juguete *m*.

giocherel'lare [dʒokerel'lare] *vi* juguetear.

gio'chetto [dʒo'ketto] *sm* broma, chanza.

gi'oco, chi ['dʒ-] *sm* juego; **per ~** jugando; **farsi ~ di qd** (*fig*) burlarse de uno; **fare il doppio ~** (*fig*) hacer el doble juego.

gio'coso, a [dʒ-] *ag* jocoso(a), alegre.

gio'gaia [dʒ-] *sf* (GEOGR) cadena.

gi'ogo, ghi ['dʒ-] *sm* yugo.

gi'oia ['dʒ-] *sf* alegría; **~e** *fpl* (*gioielli*) joyas, alhajas; **darsi alla pazza ~** (*fig*) pasárselo en grande.

gioiel'leria [dʒojelle'ria] *sf* joyería.

gioiel'liere, a [dʒojel'ljere] *sm/f* joyero/a.

gioi'ello [dʒo'jello] *sm* joya, alhaja.

gioi'oso, a [dʒ-] *ag* alegre.

giorna'laio, a [dʒ-] *sm/f* vendedor/a de diarios.

gior'nale [dʒ-] *sm* diario, periódico; (*registro*) diario; **~ di bordo** cuaderno de bitácora, diario de navegación; **~ radio** diario hablado; **~ di viaggio** diario de viaje.

giornali'ero, a [dʒ-] *ag* diario(a), cotidiano(a) // *sm* jornalero.

giorna'lista, i, e [dʒ-] *sm/f* periodista *m/f*.

giornal'mente [dʒ-] *av* diariamente.

gior'nata [dʒ-] *sf* día *m*; (*guadagno*) jornal *m*; **in o nella ~** en el día; **lavorare a ~** trabajar a jornal; **vivere alla ~** (*fig*) vivir al día.

gi'orno ['dʒ-] *sm* día *m*; **di ~ in ~ de** día en día; **da un ~ all'altro** de un día para el otro; **al ~ d'oggi** hoy en día.

gi'ostra ['dʒ-] *sf* tiovivo.

giova'mento [dʒ-] *sm* provecho, utilidad *f*.

gi'ovane ['dʒ-] *ag* joven; (*vino, formaggio*) nuevo(a), fresco(a) // *sm/f* joven *m/f*.

giova'nile [dʒ-] *ag* juvenil.

giova'notto [dʒ-] *sm* mozo.
gio'vare [dʒ-] *vi*: ~ **a** servir o ser útil a // *vb impersonale* haber que, importar; ~**rsi** *di* servirse de.
giovedì [dʒ-] *sm inv* jueves *m*; ~ **grasso** jueves lardero.
gioventù [dʒ-] *sf* juventud *f*.
giovi'ale [dʒ-] *ag* jovial.
giovialità [dʒ-] *sf* jovialidad *f*.
giovi'nezza [dʒovi'nettsa] *sf* juventud *f*.
gira'dischi [dʒira'diski] *sm inv* tocadiscos *m inv*.
gi'raffa [dʒ-] *sf* jirafa.
gira'mento [dʒ-] *sm* giro, vuelta; ~ **di testa** vértigo.
gira'mondo [dʒ-] *sm/f inv* trotamundos *m/f inv*.
gi'randola [dʒ-] *sf (giocattolo)* molinete *m*; *(fuoco d'artificio)* rueda de fuegos; *(banderuola, fig)* veleta.
gi'rare [dʒ-] *vt* girar, dar vueltas a; *(percorrere)* visitar, recorrer; *(CINE)* rodar; *(COMM)* endosar // *vi* girar; *(per le strade)* andar, callejear; *(cambiare direzione)* doblar; ~**rsi** *vr* darse vuelta; **far** ~ **la testa (a qd)** hacer perder la cabeza (a alguien); ~**rsi verso qd** volverse hacia alguien.
gira'sole [dʒ-] *sm* girasol *m*.
gi'rata [dʒ-] *sf* vuelta, paseo; *(COMM)* endoso; ~ **in bianco** firma en blanco.
gira'volta [dʒ-] *sf* vuelta, pirueta; *(curva)* recodo; *(fig)* cambio.
girel'lare [dʒirel'lare] *vi* callejear, vagar.
gi'rello [dʒi'rɛllo] *sm (da bambino)* andaderas *fpl*.
gi'revole [dʒ-] *ag* giratorio(a).
'giro ['dʒ-] *sm* vuelta; *(turistico)* viaje *m*, excursión *f*; *(in macchina, a piedi)* paseo, vuelta; *(di persone etc, anche peg)* circulación *f*; *(della droga)* circuito; *(CARTE)* mano; **prendere in** ~ *(fig)*. tomar el pelo; **dare un** ~ **di vite** *(fig)* dar una vuelta de tuerca; **fare un** ~ dar una vuelta; **andare in** ~ pasear; **essere nel/fuori dal** ~ *(fig)* estar en/fuera de circulación; **a stretto** ~ **di posta** a vuelta de correo; **nel** ~ **di un mese** en el curso de un mes; ~ **d'affari** giro de negocios; **il G**~ **(d'Italia)** la Vuelta (a Italia); ~ **di parole** circunloquio.
giro'collo [dʒiro'kɔllo] *sm*: **a** ~ *(maglione etc)* de cuello al ras.
gi'rone [dʒ-] *sm (SPORT)* vuelta; ~ **di andata/ritorno** primera/segunda vuelta.
gironzo'lare [dʒirondzo'lare] *vi* callejear.
gi'rovago, a, ghi, ghe [dʒ-] *ag*, *sm/f* vagabundo(a).
'gita ['dʒ-] *sf* jira, excursión *f*.
gi'tante [dʒ-] *sm/f* excursionista *m/f*.
giù [dʒu] *av* abajo; **scendi subito** ~! ¡baja inmediatamente!; *(decrescendo)*: **da 30 in** ~ de 30 para abajo; **in** ~

hacia abajo; ~ **di lì, su per** ~ más o menos, aproximadamente; **essere** ~ *(fig)* estar deprimido; **cadere** ~ **per** rodar por; **camminare su e** ~ **per** ir y venir por; **venire** ~ **per** bajar por; **buttar** ~ echar abajo, demoler; **tirar** ~ *(portare)* bajar, traer abajo; *(proferire)* soltar; **venire** ~ desmoronarse, venirse abajo.
giub'botto [dʒ-] *sm* cazadora.
giubi'lare [dʒ-] *vi* alegrarse, regocijarse.
gi'ubilo ['dʒ-] *sm* júbilo.
giuda'ismo [dʒ-] *sm* judaísmo.
giudi'care [dʒ-] *vt, vi* juzgar.
gi'udice ['dʒuditʃe] *sm* juez *m*; ~ **d'arrivo** *(SPORT)* juez de llegada; ~ **conciliatore** juez de paz; ~ **popolare** jurado popular.
giu'dizio [dʒu'dittsjo] *sm* juicio; **a mio** ~ a mi juicio; **mettere** ~ *(fig)* sentar juicio.
giudizi'oso, a [dʒudit'tsjoso] *ag* juicioso(a).
gi'ugno ['dʒuɲɲo] *sm* junio.
giu'livo, a [dʒ-] *ag* alegre, festivo(a).
giul'lare [dʒul'lare] *sm* juglar *m*.
giu'menta [dʒ-] *sf* yegua.
gi'unco, chi ['dʒ-] *sm* junco.
gi'ungere [dʒundʒere] *vi (aus essere)* llegar; **questo mi giunge nuovo** esto me resulta una novedad; ~ **in porto** *(fig)* llegar a buen puerto; ~ **in tempo** llegar a tiempo.
gi'ungla ['dʒ-] *sf* jungla.
gi'unto, a ['dʒ-] *pp di* giungere // *ag*: **a mani** ~**e** a manos juntas // *sm (TECN)* junta, juntura // *sf* añadidura; *(AMM. POL)* junta; **per** ~**a** para colmo, por añadidura.
giun'tura [dʒ-] *sf* enlace *m*; *(ANAT)* articulación *f*.
giuo'care ['dʒ-] *vt, vi* = **giocare**.
giu'oco ['dʒ-] *sm* = **gioco**.
giura'mento [dʒ-] *sm* juramento.
giu'rare [dʒ-] *vt, vi* jurar.
giu'rato, a [dʒ-] *ag* jurado(a) // *sm/f* jurado *m/f*; **i** ~ el jurado.
giu'ria [dʒ-] *sf* jurado.
giu'ridico, a, ci, che [dʒ-] *ag* jurídico(a).
giurisdizi'one [dʒurizdit'tsjone] *sf* jurisdicción *f*.
giurispru'denza [dʒurispru'dɛntsa] *sf* jurisprudencia.
giu'rista, i, e [dʒ-] *sm/f* jurista *m/f*.
giu'stezza [dʒus'tettsa] *sf* justeza.
giustifi'care [dʒ-] *vt* justificar; ~**rsi** *vr*: ~**rsi (di o per)** justificarse (por).
giustificazi'one [dʒustifikat'tsjone] *sf* justificación *f*.
giu'stizia [dʒus'tittsja] *sf* justicia; ~ **è fatta** sera justicia.
giustizi'are [dʒustit'tsjare] *vt* ajusticiar.
giustizi'ere [dʒustit'tsjɛre] *sm* verdugo, ejecutor *m*.

gi'usto, a ['dʒ-] *ag* justo(a) // *av* justo, justamente // *sm/f* persona justa // *sm* justo; **arrivare ~ (in tempo)** llegar justo (a tiempo).

glaci'ale [-'tʃ-] *ag* glacial.

gla'diolo *sm* gladiolo.

gli [ʎi] *det mpl* (*dav V, s impura, gn, pn, ps, x, z*) los // *pron* (*a lui*) le; (*in coppia con lo, la, li, le, ne*): **gliela se la; glielo se lo; gliele se las; glieli se los; gliene: parlagliene** háblale de ello; **glielo dico** se lo digo; **dagliela!** ¡dásela!; **devo parlargli** tengo que hablarle.

glice'rina [glitʃ-] *sf* glicerina.

'glicine ['glitʃine] *sf* glicina.

gli'ela ['ʎeia], **gli'ele** ['ʎcic] *etc vedi* **gli**

glo'bale *ag* global.

'globo *sm* globo.

'globulo *sm* glóbulo.

'gloria *sf* gloria // *sm inv* (*REL*) gloria *m inv.*

glorifi'care *vt* glorificar.

glorificazi'one [-t'ts-] *sf* glorificación *f.*

glori'oso, a *ag* glorioso(a).

glos'sario *sm* glosario.

glu'cosio *sm* glucosa.

'gnocchi ['ɲɔkki] *smpl* (*CUC*) ñoquis *mpl.*

'gnomo ['ɲ-] *sm* gnomo.

'gobba *sf* joroba.

'gobbo, a *ag, sm/f* jorobado(a).

'goccia, ce [-ttʃa] *sf* gota.

goccio'lare [-ttʃo-] *vi* (*aus essere*) gotear.

goccio'lio [-ttʃ-] *sm* goteo.

go'dere *vi*: **godere (di)** gozar (de) // *vt* disfrutar; **~rsi** *vr* gozar; **~sela** divertirse, regalarse; **~rsi la vita/la pace** disfrutar de la vita/la paz.

gode'reccio, a [-ttʃo] *ag* regalado(a), jaranero(a).

godi'mento *sm* gozo, placer *m*; (*DIR*) goce *m*, usufructo.

'goffo, a *ag* (*persona*) torpe, desgarbado(a); (*vestito, modi*) mal hecho(a), sin gracia.

'gola *sf* garganta; (*vizio*) glotonería; (*GEOGR*) garganta, desfiladero; **fare ~** (*fig*) apetecer.

golf *sm inv* pullóver *m*; (*SPORT*) golf *m.*

'golfo *sm* golfo.

golosità *sf* glotonería.

go'loso, a *ag* goloso(a).

gomi'tata *sf* codazo.

'gomito *sm* codo; (*di strada*) vuelta, recodo.

go'mitolo *sm* ovillo.

'gomma *sf* goma; **~ a terra** (*AUTO*) goma en llanta.

gommapi'uma *sf* ® gomapluma.

gom'mista, i *sm* gomista *m.*

gom'moso, a *ag* gomoso(a).

'gondola *sf* góndola.

gondoli'ere *sm* gondolero.

gonfa'lone *sm* gonfalón *m*, estandarte *m.*

gonfi'are *vt* (*anche fig*) inflar; **~rsi** *vr* (*fiume*) ensancharse, crecer; (*viso, mano etc*) hincharse; (*fig*) engreírse.

gonfi'ato, a *ag* hinchado(a), inflado(a); **essere un pallone ~** (*fig*) ser un engeído.

'gonfio, a *ag* hinchado(a); (*fiume*) crecido(a); (*fig*) engreído(a).

gonfi'ore *sm* hinchazón *f.*

gongo'lare *vi* alegrarse, regocijarse.

'gonna *sf* falda, pollera (*spec AM*).

'gonzo, a [-dzo] *ag, sm/f* bobo(a).

gorgheggi'are [gorged'dʒare] *vi* gorjear.

gor'gheggio [gor'geddʒo] *sm* gorjeo.

'gorgo, ghi *sm* remolino.

gorgogli'are [-ʎ'ʎ-] *vi* gorgotear.

go'rilla [-lla] *sm inv* (*anche fig*) gorila *m.*

'gotico, a, ci, che *ag* gótico(a) // *sm* gótico.

'gotta *sf* gota.

gover'nante *sm* gobernante *m* // *sf* ama de llaves.

gover'nare *vt* gobernar; (*bestiame*) cuidar.

governa'tivo, a *ag* gubernativo(a).

governa'tore *sm* gobernador *m.*

go'verno *sm* gobierno.

'gozzo [-ttso] *sm* (*ZOOL*) buche *m*; (*MED*) bocio; (*fam*) estómago.

gozzovigli'are [gottsoviʎ'ʎare] *vi* parrandear, ir de jarana.

gracchi'are [-k'kj-] *vi* graznar, grajear; (*fig*) refunfuñar.

graci'dare [-tʃ-] *vi* croar; (*fig*) rezongar.

'gracile [-tʃ-] *ag* grácil, delicado(a).

gracilità [-tʃ-] *sf* gracilidad *f.*

gra'dasso *sm* fanfarrón *m*; **fare il ~** fanfarronear.

gradazi'one [-t'ts-] *sf* gradación *f.*

gra'devole *ag* agradable.

gradi'mento *sm* agrado; **non è di mio ~** no es de mi agrado.

gradi'nata *sf* gradas *fpl*, gradería.

gra'dino *sm* escalón *m.*

gra'dire *vt* agradar, gustar; (*desiderare*) apetecer, desear.

gra'dito, a *ag* bien recibido(a), grato(a).

'grado *sm* grado; **andare per ~i** proceder gradualmente; **essere in ~ di** estar en condición de.

gradu'ale *ag* gradual.

gradu'are *vt* graduar.

gradu'ato, a *ag* (*scala, termometro*) graduato(a) // *sm* (*MIL*) cabo.

gradua'toria *sf* lista, clasificación *f.*

graduazi'one [-t'ts-] *sf* graduación *f.*

'graffa *sf* (*metallica*) grapa; (*segno grafico*) llave *f.*

graffi'are *vt* arañar, rasguñar.

graffia'tura *sf* rasguño.

'graffio *sm* arañazo, rasguño.

graf'fito *sm* grafito.

gra'fia *sf* grafia, escritura.

'grafico, a, ci, che *ag* gráfico(a) // *sm* (*disegno*) gráfico; (*professione*) artista *m* gráfico // *sf* gráfica; **arti ~che** artes gráficas.

gra'fite *sf* grafito.

grafolo'gia [-'dʒia] *sf* grafología.

gra'migna [-ɲɲa] *sf* gramínea.
gram'matica, che *sf* gramática.
grammati'cale *ag* gramatical.
'grammo *sm* gramo.
gram'mofono *sm* gramófono.
'gramo, a *ag* mísero(a), triste.
gran *ag vedi* **grande.**
'grana *sf* grano; (*fam: seccatura*) lío, escándalo; (: *soldi*) dinero, guita // *sm inv* queso de rallar.
gra'naio *sm* granero.
gra'nata *sf* granada; (*pietra preziosa*) granate *m.*
granati'ere *sm* (MIL) granadero.
Gran Bre'tagna [-ɲɲa] *sf* Gran Bretaña.
'granchio [-kjo] *sm* cangrejo; (*fig*) error *m,* equivocación *f.*
'grande, *qualche volta* **gran** + C, **grand'** +V *ag* grande, gran // *sm/f* adulto/a // *sm* grandeza; **una gran bella donna** una hermosísima mujer; **un gran rumore** un ruido muy fuerte; **una gran sete/fame** mucha sed/hambre; **essere abbastanza ~ per** ser lo suficientemente grande para; **non è una gran cosa** o **un gran che** no es gran cosa; **da ~** en la edad adulta, de grande.
grandeggi'are [-d'dʒ-] *vi* (*emergere*) sobresalir, descollar.
gran'dezza [-ttsa] *sf* tamaño; (*importanza*) magnitud *f*; (FIS. MAT) cantidad *f*; (*d'animo etc*) grandeza; **in ~ naturale** en tamaño natural; **manie di ~** manías de grandeza.
grandi'nare *vb impersonale* granizar // *vi* (*aus* **essere**) (*fig*) menudear.
grandi'nata *sf* granizada.
'grandine *sf* granizo.
grandiosità *sf* grandiosidad *f.*
grandi'oso, a *ag* grandioso(a).
gran'duca, chi *sm* gran duque *m.*
grandu'cato *sm* gran ducado.
gra'nello [-llo] *sm* grano.
gra'nita *sf* granizada.
gra'nitico, a, ci, che *ag* granítico(a).
gra'nito *sm* granito.
'grano *sm* grano.
gran'turco *sm* maíz *m.*
'granulo *sm* granito; (MED) gránulo.
granu'loso, a *ag* granuloso(a).
'grappa *sf* aguardiente *m,* grapa (ARG).
'grappolo *sm* racimo; (*fig*) grupo, conjunto.
gras'sezza [-ttsa] *sf* gordura.
'grasso, a *ag* gordo(a); (*cibo*) grasiento; (*terreno*) fértil; (*fig: guadagno, annata*) provechoso(a); (: *persona: volgare*) grosero(a) // *sm* grasa.
gras'soccio, a [-ttʃo] *ag* regordete(a).
'grata *sf* rejilla, reja.
gra'tella [-lla] *sf* parrilla.
gra'ticcio [-ttʃo] *sm* estera.
gra'ticola *sf* (*per arrostire*) parrilla; (*per chiudere*) rejilla.
gra'tifica, che *sf* gratificación *f.*

gratifi'care *vt* gratificar.
gratificazi'one [-t'ts-] *sf* gratificación *f.*
'gratis *av* gratis.
grati'tudine *sf* gratitud *f.*
'grato, a *ag* agradecido(a); **essere ~ a qd di** o **per qc** estar agradecido a alguien de o por algo.
gratta'capo *sm* preocupación *f,* rompedero de cabeza.
grattaci'elo [-tʃ-] *sm* rascacielos *m inv.*
grat'tare *vt* rascar; (*pane, formaggio*) rallar; (*con carta vetrata*) raspar; (*fam: rubare*) robar // *vi* (*vetro: stridere*) chirriar; (AUTO: *frizione*) rechinar; **~rsi** *vr* rascarse.
grat'tata *sf* rascadura; (AUTO) raspadura
grat'tugia, gie [-dʒa] *sf* (CUC) rallador *m.*
grattugi'are [-dʒ-] *vt* rallar.
gratuità *sf* gratuidad *f.*
gra'tuito, a *ag* gratuito(a).
gra'vame *sm* gravamen *m*; **~ fiscale** gravamen fiscal.
gra'vare *vt* gravar, cargar.
'grave *ag* grave.
gravi'danza [-tsa] *sf* preñez *f,* embarazo.
'gravido, a *ag* (*donna*) embarazada, preñada; (*fig*) lleno(a), repleto(a).
gravità *sf* gravedad *f.*
gravi'tare *vi* gravitar.
gravitazi'one [-t'ts-] *sf* gravitación *f.*
gra'voso, a *ag* gravoso(a), pesado(a).
'grazia [-ttsja] *sf* gracia; **quanta ~ di Dio!** (*fam*) ¡qué cantidad de cosas buenas!
grazi'are [-t'ts-] *vt* indultar.
'grazie [-ttsje] *escl, sm inv* gracias; **~ infinite!** ¡infinitas gracias!; **~ mille!** ¡un millón de gracias!; **~ tante!** ¡muchas gracias!; **~ a** gracias a.
grazi'oso, a [-t'ts-] *ag* gracioso(a).
'Grecia [-tʃa] *sf* Grecia.
'greco, a, ci, che *ag,* *sm/f* griego(a).
'gregge, *pl(f)* **i** [-ddʒe] *sm* (*anche fig*) rebaño.
'greggio, a, gi, ge [-ddʒo] *ag* crudo(a); (*diamante*) bruto(a) // *sm* petróleo crudo.
gregori'ano, a *ag* gregoriano(a).
grembi'ule *sm* delantal *m*; (*sopravveste*) guardapolvo.
'grembo *sm* regazo; (*della madre, anche fig*) seno; **nel ~ di** en el seno de.
gre'mire *vt* llenar, abarrotar; **~rsi** *vr* llenarse, abarrotarse.
gre'mito, a *ag* lleno(a), abarrotado(a).
'greto *sm* arenal *m,* orilla.
gret'tezza [-ttsa] *sf* mezquindad *f,* sordidez *f.*
'gretto, a *ag* tacaño(a); (*fig*) mezquino(a), miserable.
'greve *ag* pesado(a), bochornoso(a).
'grezzo, a [-ddzo] *ag* = **greggio.**
gri'dare *vi* gritar; (*strillare*) chillar // *vt* gritar; (*notizia*) vocear; **~ aiuto** pedir ayuda; **~ evviva** aclamar; **~ a**

squarciagola gritar a voz en cuello; ~ **vendetta** (fig) clamar venganza.

'**grido**, pl(m) **i** o pl(f) **a** sm grito; **di** ~ famoso(a).

gri'fone sm (uccello) grifo; (cane) tipo de perrillo faldero.

grigi'astro, a [-'dʒ-] ag grisáceo(a).

'**grigio, a, gi, gie** [-dʒo] ag gris; (fig) monótono(a), gris // sm gris m.

'**griglia** [-ʎʎa] sf rejilla; (per arrostire) parrilla; **alla** ~ a la parrilla.

gril'letto [-l'l-] sm gatillo.

'**grillo** [-llo] sm (ZOOL) grillo; (fig) capricho, antojo; **avere ~i per la testa** tener una cabeza de chorlito.

grimal'dello [-llo] sm ganzúa.

'**grinta** sf energía, voluntad f; (SPORT) fuerza, garra.

'**grinza** [-tsa] sf arruga; **non fa una ~** (fig) no tiene vuelta de hoja.

grin'zoso, a [-'ts-] ag arrugado(a).

grip'pare vi agarrotarse.

gris'sino sm colín m.

'**gronda** sf alero.

gron'daia sf gotera.

gron'dare vi (aus essere) chorrear, gotear; ~ **di** chorrear // vt verter, derramar.

'**groppa** sf grupa, ancas.

'**groppo** sm nudo; **avere un ~ alla gola** (fig) tener un nudo en la garganta.

grop'pone sm ancas; (fam) lomo.

gros'sezza [-ttsa] sf grosor m; (corpulenza) gordura.

gros'sista, i, e sm/f mayorista m/f.

'**grosso, a** ag grueso(a), gordo(a); (importante) importante, grande; (guaio, rischio) grave // sm: **il ~ di** la mayor parte de; **qualcosa di ~** algo muy importante; **farla ~a** meter la pata; **dirle ~** e decir patrañas; **sbagliarsi di ~** equivocarse completamente; ~ **modo** grosso modo, más o menos.

grossolanità sf grosería, chabacanería.

grosso'lano, a ag (stoffa, lavoro) ordinario(a); (persona) grosero(a), vulgar.

'**grotta** sf gruta.

grot'tesco, a, schi, sche ag grotesco(a) // sm grotesco.

grovi'era sm o f inv gruyera.

gro'viglio [-ʎʎo] sm enredo, maraña.

gru sf inv (ZOOL) grulla; (EDIL) grúa.

'**gruccia, ce** [-ttʃa] sf (per camminare) muleta; (per abiti) percha.

gru'gnire [-ɲ-] vi gruñir; (fig) rezongar.

gru'gnito [-ɲ-] sm gruñido.

'**grugno** [-ɲɲo] sm (del porco) hocico; (peg) morro, jeta.

'**grullo, a** [-llo] ag, sm/f tonto(a), necio(a).

'**grumo** sm (di sangue) coágulo; (di latte etc) grumo.

gru'moso, a ag grumoso(a).

'**gruppo** sm grupo; (TECN) equipo; ~ **elettrogeno** grupo electrógeno; ~ **sanguigno** grupo sanguíneo.

gruvi'era sm o f inv = **groviera**.

GU abbr vedi **gazzetta**.

guada'gnare [-ɲɲ-] vt ganar.

gua'dagno [-ɲɲo] sm ganancia; (vantaggio) beneficio, provecho; ~ **lordo/netto** ganancia bruta/neta.

gu'ado sm vado; **passare a ~** vadear.

gu'ai escl: ~ **(a)** guay o ay (de).

gu'aina sf vaina; (BUSTO) faja; (ANAT) involucro.

gu'aio sm (impiccio) molestia, fastidio; (danno) lío, desastre m; **avere un sacco di ~i** tener un montón de problemas; **che ~!** ¡qué desastre!

gu'ancia, ce [-tʃa] sf mejilla.

guanci'ale [-tʃ-] sm almohada.

gu'anto sm guante m.

guarda'boschi [-ski] sm inv guardabosque m.

guarda'caccia [-ttʃa] sm inv montero.

guarda'coste sm inv guardacostas m inv.

guarda'linee sm inv (FERR) guardagujas m inv; (CALCIO) juez m de línea.

guar'dare vt mirar; (fare la guardia a) cuidar, vigilar // vi: ~ **a** (badare) tener cuidado con, estar atento a; (luogo: essere orientato) dar a, estar orientado hacia; ~ **di** tratar de; ~**rsi** vr (allo specchio) mirarse, contemplarse; ~**rsi da** (stare in guardia) tener cuidado con; ~ **di buon/mal occhio** mirar con buenos/malos ojos; ~ **dall'alto in basso qd** (fig) mirar a alguien de arriba abajo; ~ **a vista** vigilar de cerca.

guarda'roba sm inv guardarropa m.

guardarobi'ere, a sm/f encargado/a del guardarropa.

gu'ardia sf guardia; **stare in ~** (fig) estar en guardia; **mettere in ~ qd contro qc** poner en guardia a alguien contra algo; ~ **di finanza** carabinero; ~ **d'onore** guardia de honor.

guardi'ano, a sm/f guardián/ana; ~ **notturno** guardián nocturno.

guar'dingo, a, ghi, ghe ag cauto(a), prudente.

guardi'ola sf (del portinaio) cuarto del portero; (MIL) garita.

gua'ribile ag curable.

guarigi'one [-'dʒ-] sf cura.

gua'rire vt curar // vi (aus essere) curarse, sanar.

guarnigi'one [-'dʒ-] sf guarnición f.

guar'nire vt adornar; (per difesa) guarnecer; (un piatto) aderezar.

guarnizi'one [-'ts-] sf adorno; (CUC) aderezo; (TECN) guarnición f.

guasta'feste sm/f inv aguafiestas m/f inv.

gua'stare vt estropear, dañar; (stomaco) dañar; (fig: corrompere) arruinar; ~**rsi** vr romperse; (tempo, cibo) descomponerse, arruinarse; (amici) desavenirse.

guasta'tore sm (MIL.) gastador m, zapador m.

gu'asto, a ag (meccanismo) descompuesto(a), roto(a); (cibo) podrido(a); (fig: corrotto) corrompido(a) // sm desperfecto, descompostura; (fig) podredumbre f, corrupción f.

gu'azza [-ttsa] sf rocío.

guazza'buglio [gwattsa'buʎʎo] sm barullo, confusión f.

gu'azzo [-ttso] sm (PITTURA) aguada.

gu'ercio, a, ci, ce ['gwertʃo] ag, sm/f bizco(a), tuerto(a).

gu'erra ['gw-] sf guerra; **mettersi in ~ con qd** declararse la guerra con alguien; **~ tra partiti** guerra de partidos.

guerreggi'are [gwerred'dʒare] vi guerrear, combatir; **~ con** o **contro qd/qc** guerrear contra alguien/algo.

guer'resco, a, schi, sche [gw-] ag guerrero(a), belicoso(a).

guerri'ero, a [gw-] ag guerrero(a), batallador(a) // sm guerrero.

guer'riglia [gwer'riʎʎa] sf guerrilla.

'gufo sm (ZOOL) búho.

'guglia [-ʎʎa] sf (EDIL) aguja; (GEOGR) pináculo.

gugli'ata [-ʎ'ʎ-] sf hebra de hilo.

gu'ida ['gw-] sf guía; (AUTO) conducción f; (tappeto) alfombra estrecha // ag inv: **stato/partito ~** estado/partido guía; **~ a sinistra/destra** (AUTO) conducción por la izquierda/la derecha; **~e** fpl riendas.

gui'dare [gw-] vt (fare da guida) guiar; (azienda, spedizione) dirigir, guiar; (animali) llevar, transportar; (AUTO) conducir, manejar; (fig) guiar, aconsejar; **sai ~?** ¿sabes conducir o manejar?

guida'tore [gw-] sm conductor m.

guin'zaglio [gwin'tsaʎʎo] sm traílla.

gu'isa ['gw-] sf: **a ~ di** a guisa de.

guiz'zante [gwit'tsante] ag ondulante.

guiz'zare [gwit'tsare] vi (pesci) colear; (serpenti) culebrear; (aus essere: balzare) saltar; (sgusciare) escabullirse.

gu'izzo ['gwittso] sm sobresalto.

'guscio [-ʃʃo] sm cáscara; (di tartaruga etc) caparazón m; **~ d'uovo** (fig) cáscara de huevo.

gu'stare vt gustar, saborear.

'gusto sm gusto; **al ~ di fragola** gusto a fresa; **lavorare/mangiare di ~** trabajar/comer con ganas; **prenderci ~** tomarle gusto; **è questione di ~i** es una cuestión de gustos; **aver buon/cattivo ~** tener buen/mal gusto.

gu'stoso, a ag gustoso(a), sabroso(a); (spettacolo, lettura) divertido(a), agradable.

guttu'rale ag gutural.

I

i det vedi **il.**

i'ato sm hiato.

ibernazi'one [-t'ts-] sf hibernación f.

'ibrido, a ag híbrido(a); (misto) heterogéneo(a) // sm mezcla, cruzamiento.

I.C.E. abbr m di Istituto Nazionale per il Commercio Estero.

i'cona sf icono.

icono'clasta, i, e sm/f iconoclasta m/f.

iconogra'fia sf iconografía.

Id'dio sm Dios m.

i'dea sf idea; **una bella ~!** ¡es una idea!; **neanche** o **neppure per ~!** ¡ni por asomo!; **farsi un'~ di qc** hacerse una idea sobre algo.

ide'ale ag, sm ideal (m).

idea'lismo sm idealismo.

idealiz'zare vt idealizar.

ide'are vt idear, imaginar.

i'dentico, a, ci, che ag idéntico(a).

identifi'care vt identificar; **~rsi con** identificarse con.

identificazi'one [-t'ts-] sf identificación f.

identità sf inv identidad f.

ideo'gramma, i sm ideograma m.

ideolo'gia, gie [-'dʒia] sf ideología.

ideo'logico, a, ci, che [-dʒ-] ag ideológico(a).

i'dillio [-lljo] sm idilio.

idi'oma, i sm idioma m.

idio'matico, a, ci, che ag idiomático(a).

idiosincra'sia sf (MED) idiosincrasia; (fig) aversión f.

idi'ota, i, e ag, sm/f idiota (m/f).

idio'zia [-t'tsia] sf idiotez f.

idola'trare vt idolatrar.

idola'tria sf idolatría.

'idolo sm ídolo.

idoneità sf idoneidad f.

i'doneo, a ag idóneo(a).

i'drante sm boca de riego.

i'draulico, a, ci, che ag hidráulico(a) // sm fontanero, plomero (spec AM).

idroe'lettrico, a, ci, che ag hidroeléctrico(a).

i'drofilo, a ag hidrófilo(a).

i'drofobo, a ag hidrófobo(a), rabioso(a).

i'drogeno [-dʒ-] sm hidrógeno.

idrogra'fia sf hidrografía.

idro'scalo sm base para hidroaviones.

idrovo'lante sm hidroavión m.

i'ena sf hiena.

i'eri av ayer; **~ l'altro** o **l'altro ~** anteayer; **~ mattina** ayer por la mañana; ~ **notte** anoche; ~ **sera** ayer por la tarde o la noche.

ietta'tore, 'trice *sm/f el/la que da mala suerte,* yetador/a *(spec AM).*

igi'ene [i'dʒ-] *sf* higiene *f; **ufficio d'**~ dirección *f* de sanidad; ~ **pubblica** higiene pública.

igi'enico, a, ci, che [i'dʒ-] *ag* higiénico(a); *(fig: fam)* aconsejable.

i'gnaro, a [iɲ'ɲ-] *ag:* ~ **di** ignaro o ignorante de.

i'gnifugo, a, ghi, ghe [iɲ'ɲ-] *ag* ignífugo(a).

i'gnobile [iɲ'ɲ-] *ag* infame, vil.

igno'minia [iɲɲ-] *sf* ignominia.

igno'rante [iɲɲ-] *ag* ignorante.

igno'ranza [iɲɲo'rantsa] *sf* ignorancia.

igno'rare [iɲɲ-] *vt* ignorar.

i'gnoto, a [iɲ'ɲ-] *ag* desconocido(a) // *sm* desconocido.

il *m, pl* **i** *det* el (los).

'ilare *ag* alegre, festivo(a).

ilarità *sf* hilaridad *f.*

i'liaco, a, ci, che *ag* ilíaco(a).

illangui'dire [illangwi'dire] *vi (aus* **essere)** languidecer.

illazi'one [illat'tsjone] *sf* ilación *f.*

il'lecito, a [il'letʃito] *ag* ilícito(a).

ille'gale [ill-] *ag* ilegal.

illegalità [ill-] *sf* ilegalidad *f; (atto)* acto ilegal.

illeg'gibile [illed'dʒibile] *ag* ilegible.

ille'gittimo, a [ille'dʒ-] *ag* ilegítimo(a) // *sm/f* hijo(a) ilegítimo(a).

il'leso, a [il'l-] *ag* ileso(a).

illette'rato, a [ill-] *ag* iletrado(a).

illi'bato, a [ill-] *ag* puro(a).

illimi'tato, a [ill-] *ag* ilimitado(a).

illivi'dire [ill-] *vt* hacer amoratar // *vi (aus* **essere)** *(anche:* ~**rsi)** amoratarse.

ill.mo *abbr di* **illustrissimo.**

il'logico, a, ci, che [il'lɔdʒiko] *ag* ilógico(a).

il'ludere [il'l-] *vt* ilusionar; ~**rsi** *vr* ilusionarse.

illumi'nare [ill-] *vt* iluminar; ~**rsi** *vr* iluminarse.

illuminazi'one [illuminat'tsjone] *sf* iluminación *f; (apparecchi)* alumbrado; *(fig)* inspiración *f.*

illusi'one [ill-] *sf* ilusión *f.*

illustra'tivo, a [ill-] *ag* ilustrativo(a).

illustrazi'one [illustrat'tsjone] *sf* ilustración *f.*

il'lustre [il'l-] *ag* ilustre.

illu'strissimo [ill-] *ag* ilustrísimo; *(nelle lettere)* distinguido.

ILOR *abbr f di* **Imposta Locale sui Redditi.**

imbacuc'care *vt* arropar, tapar; ~**rsi** *vr* arrebujarse.

imbal'laggio [imbal'laddʒo] *sm* embalaje *m.*

imbal'lare [-'l'l-] *vt* embalar; *(lana, cotone)* enfardar; ~**rsi** *vr (AUTO)* embalarse.

imbalsa'mare *vt* embalsamar.

imbambo'lato, a *ag* aturullado(a), abombado(a) *(spec AM).*

imbandie'rare *vt* embanderar.

imban'dito, a *ag (tavola)* preparado(a), puesto(a).

imbaraz'zare [-'t'ts-] *vt* estorbar, obstaculizar; *(turbare)* embarazar, turbar.

imba'razzo [-'ttso] *sm* turbación *f,* vergüenza.

imbarca'dero *sm* embarcadero.

imbar'care *vt* embarcar; ~**rsi** *vr* embarcarse.

imbarcazi'one [-'t'ts-] *sf* embarcación *f,* bote *m;* ~ **di salvataggio** bote salvavidas.

im'barco, chi *sm* embarco; *(di merce)* embarque *m; (banchina)* embarcadero.

imba'stire *vt* hilvanar; *(fig)* trazar, bosquejar.

im'battersi *vr:* ~ **in** encontrarse o toparse con.

imbat'tibile *ag* insuperable, imbatible.

imbavagli'are [-ʎ'ʎ-] *vt* amordazar.

imbec'care *vt (pulcini)* embuchar; *(fig)* soplar, sugerir.

imbec'cata *sf (vedi vb)* bocado; soplada.

imbe'cille [-lle] *ag, sm/f* imbécil *(m/f).*

imbel'lire [-'l'l-] *vt* adornar, embellecer // *vi* embellecerse.

im'berbe *ag* imberbe.

imbestia'lire *vi* enfurecerse.

im'bevere *vt* absorber, empapar; ~**rsi** *vr* embeberse, empaparse.

imbian'care *vt* blanquear; *(muro, stanza)* encalar // *vi (aus* **essere)** encanecer.

imbian'chino [-'kino] *sm* pintor *m* de brocha gorda.

imbion'dire *vi* volverse rubio.

imbizzar'rire [-ddz-] *vi* desbocarse.

imboc'care *vt (bambino)* alimentar; *(fig)* sugerir, soplar; *(strada, porto)* embocar.

imbocca'tura *sf (apertura)* abertura, boca; *(ingresso)* entrada; *(di cavallo)* bocado.

im'bocco, chi *sm* entrada.

imborghe'sire [-g-] *vi (anche:* ~**rsi)** aburguesarse.

imbo'scare *vt* esconder; ~**rsi** *vr* emboscarse.

imbo'scata *sf* emboscada.

imbottigli'are [-ʎ'ʎ-] *vt* embotellar.

imbot'tire *vt (materasso, giacca)* rellenar, acolchar; *(panino)* rellenar; *(fig)* llenar.

imbotti'tura *sf (operazione)* acolchado; *(materiale)* relleno.

imbracci'are [-t'tʃ-] *vt (scudo)* embrazar; *(fucile)* empuñar.

imbrat'tare *vt* ensuciar, embadurnar.

imbratta'tele *sm/f inv* pintor(a) chapucero(a).

imbroc'care *vt* acertar.

imbrogli'are [-ʎ'ʎ-] *vt* enredar; *(ingannare)* embrollar, engañar; ~**rsi** *vr*

enredarse, complicarse; ~ **le carte**
hacer trampa con las cartas.
im'bro̩glio [-ʎʎo] *sm* enredo, maraña;
(*situazione confusa*) lío, embrollo;
(*inganno*) trampa, embuste *m*.
imbro̩gli'one, a [-ʎʎ-] *sm/f* tramposo/a.
imbronci'ato, a [-'tʃ-] *ag* (*tempo*)
desapacible; (*persona*) enfadado(a),
enfurruñado(a).
imbru'nire *sm*: **sull'**~ al anochecer.
imbrut'tire *vt* afear // *vi* (*aus* **essere**)
(*anche*: ~**rsi**) ponerse feo(a).
imbu'care *vt* echar al buzón.
imbur'rare *vt* untar con mantequilla.
im'buto *sm* embudo.
imi'tare *vt* imitar.
imita'tore, 'trice *sm/f* imitador/a.
imitazi'one [-t'ts-] *sf* imitación *f*.
immaco'lato, a *ag* inmaculado(a); **I~a**
(**Concezione**) Inmaculada
(Concepción).
immagazzi'nare [-ddz-] *vt* almacenar;
(*fig*) acumular.
immagi'nare [-dʒ-] *vt* imaginar;
s'immagini! ¡imagínese!
immagi'nario, a [-dʒ-] *ag*
imaginario(a).
immaginazi'one [immadʒinat'tsjone] *sf*
imaginación *f*.
im'magine [-dʒ-] *sf* imagen *f*.
imman'cabile *ag* (*certo*) infalible,
seguro(a); (*costante*) asiduo(a),
infaltable.
im'mane *ag* enorme, gigantesco(a);
(*spaventoso*) terrible, espantoso(a).
imma'nente *ag* inmanente.
immangi'abile [-dʒ-] *ag* incomible.
immatrico'lare [-dʒ-] *vt* matricular;
~**rsi** *vr* matricularse.
immatricolazi'one [-t'ts-] *sf*
matriculación *f*.
immaturi'tà *sf* falta de madurez.
imma'turo, a *ag* inmaturo(a); (*MED*)
prematuro(a).
immedi'ato, a *ag* inmediato(a).
immedia'tezza [-ttsa] *sf* inmediatez *f*.
immemo'rabile *ag* inmemorial.
im'memore *ag*: ~ **di** olvidadizo de.
im'menso, a *ag* inmenso(a).
im'mergere [-dʒ-] *vt* sumergir, hundir;
~**rsi** *vr* sumergirse, zambullirse; ~**rsi**
in hundirse o sumirse en.
immeri'tato, a *ag* inmerecido(a).
immeri'tevole *ag* indigno(a).
immersi'one *sf* inmersión *f*.
im'merso, a *pp di* **immergere**
im'mettere *vt* introducir.
immi'grare *vi* (*aus* **essere**) inmigrar.
immi'grato, a *ag*, *sm/f* inmigrante
(*m/f*).
immigrazi'one [-t'ts-] *sf* inmigración *f*.
immi'nente *ag* inminente.
immischi'are [-'kj-] *vt*: ~ **qd in**
implicar o mezclar a alguien en; ~**rsi**
vr: ~**rsi in** entrometerse en.
immissi'one *sf* introducción *f*.

im'mobile *ag* inmóvil // *sm* (*DIR*: *anche*:
bene ~) inmueble *m*.
immobili'are *ag* inmobiliario(a).
immobili'tà *sf* inmovilidad *f*.
immobiliz'zare [-d'dz-] *vt* inmovilizar.
immobilizzazi'one
[-ddzat'tsjone] *sf* inmovilización *f*.
immo'lare *vt* inmolar, sacrificar; ~**rsi**
vr inmolarse, sacrificarse.
immon'dizia [-ttsja] *sf* inmundicia; ~**e**
fpl (*spazzatura*) basura.
im'mondo, a *ag* inmundo(a).
immo'rale *ag* inmoral.
immorali'tà *sf* inmoralidad *f*.
immorta'lare *vt* inmortalizar.
immor'tale *ag* inmortal.
immortali'tà *sf* inmortalidad *f*.
im'mune *ag* inmune.
immuni'tà *sf* inmunidad *f*.
immuniz'zare [-d'dz-] *vt* inmunizar.
immu'tato, a *ag* inmutato(a).
impacchet'tare [-kk-] *vt* empaquetar.
impacci'are [-t'tʃ-] *vt* estorbar.
impacci'ato, a [-t'tʃ-] *ag* estorbado(a),
obstaculizado(a); (*non disinvolto*)
cohibido(a), empachado(a).
im'paccio [-ttʃo] *sm* estorbo, obstáculo;
(*imbarazzo*) turbación *f*, embarazo.
im'pacco, chi *sm* compresa.
impadro'nirsi *vr*: ~**rsi di** apoderarse
de.
impa'gabile *ag* impagable.
impagi'nare [-dʒ-] *vt* compaginar.
impagli'are [-ʎʎ-] *vt* (*sedie,*
fiaschi) empajar; (*animali*) disecar.
impa'lato, a *ag* (*fig*)
empalado(a), atónito(a).
impalca'tura *sf* (*EDIL*) andamio.
impalli'dire [-ll-] *vi* (*aus* **essere**)
palidecer.
impalli'nare [-ll-] *vt* herir con perdigones.
impal'pabile *ag* impalpable.
impa'nare *vt* empanar.
impanta'nare *vt* empantanar; ~**rsi** *vr*
empantanarse.
impappi'narsi *vr* confundirse, trabarse.
impa'rare *vt*: ~ **qc/a fare qc**
aprender algo/a hacer algo.
impareggi'abile [-d'dʒ-] *ag*
incomparable.
imparen'tarsi *vr*: ~**rsi con**
emparentarse con.
'impari *ag inv* desigual, inferior; (*dispari*)
impar.
impar'tire *vt* impartir.
imparzi'ale [-'ts-] *ag* imparcial.
imparziali'tà [-ts-] *sf* imparcialidad *f*.
impas'sibile *ag* impasible.
impa'stare *vt* (*pasta*) amasar; (*colori*)
mezclar.
im'pasto *sm* (*CUC*) masa; (*EDIL*) mezcla;
(*fig*) mezcolanza.
im'patto *sm* impacto.
impau'rire *vt* asustar, atemorizar // *vi*
(*aus* **essere**) (*anche*: ~**rsi**) tener miedo,
asustarse.

im'pavido, a *ag* impávido(a).
impazi'ente [-t'ts-] *ag* impaciente.
impazi'enza [impat'tsjentsa] *sf* impaciencia.
impaz'zata [-t'ts-] *sf*: **all'~** a tontas y a locas.
impaz'zire [-t'ts-] *vi* (*aus* essere) enloquecer, volverse loco; **~ per qd/qc** volverse loco por alguien/algo.
impec'cabile *ag* impecable.
impedi'mento *sm* impedimento.
impe'dire *vt* obstaculizar, obstruir; **~ a qd di fare qc** (*vietare*) impedir a alguien hacer algo.
impe'dito, a *ag* (*fam: impacciato*) apurado(a), cortado(a).
impe'gnare [-ɲ'n-] *vt* (*dare in pegno*) empeñar; (*occupare*) ocupar; **~rsi** *vr*: **~rsi a** comprometerse a; **~rsi in** empeñarse en.
impe'gnato, a [-ɲ'n-] *ag* (*data in pegno*) empeñado(a); (*vincolato*) comprometido(a), obligado(a); (*occupato*) ocupado(a).
impego'larsi *vr* meterse en líos.
impel'lente [-l'l-] *ag* urgente, imperioso(a).
impene'trabile *ag* impenetrable; (*fig*) incomprensible.
impen'narsi *vr* (*cavallo*) encabritarse; (NAUT. AER) empinarse.
impen'nata *sf* (NAUT. AER. *di cavallo*) empinamiento; (*fig*) irritación *f*, cólera.
impen'sabile *ag* impensable.
impen'sato, a *ag* impensado(a).
impensie'rire *vt* preocupar; **~rsi** *vr* preocuparse.
impe'rare *vi*: **~ (su)** dominar (sobre o en).
impera'tivo, a *ag* imperativo(a) // *sm* imperativo.
impera'tore *sm* emperador *m*.
impera'trice [-tʃe] *sf* emperatriz *f*.
impercet'tibile [-tʃ-] *ag* imperceptible.
imperdo'nabile *ag* imperdonable.
imper'fetto, a *ag* imperfecto(a) // *sm* imperfecto.
imperfezi'one [-t'ts-] *sf* imperfección *f*.
imperi'ale *ag* imperial.
imperia'lismo *sm* imperialismo.
imperi'oso, a *ag* imperioso(a).
impe'rizia [-ttsja] *sf* incapacidad *f*.
imperma'lire *vt* enfadar, irritar; **~rsi** *vr* enfadarse, irritarse.
imperme'abile *ag, sm* impermeable (*m*).
impermeabiliz'zare [-d'dz-] *vt* impermeabilizar.
imperni'are *vt* (*fig*) fundar, basar.
im'pero *sm* imperio.
imperscru'tabile *ag* inescrutable.
imperso'nale *ag* impersonal.
imperso'nare *vt* personificar, encarnar.
imper'territo, a *ag* impertérrito(a).
imperti'nente *ag* impertinente.
imperti'nenza [-tsa] *sf* impertinencia.

impertur'babile *ag* imperturbable.
impertur'bato, a *ag* impasible.
imperver'sare *vi* (*malattia, tempesta*) arreciar; **~ contro qd/in qc** encarnizarse con alguien/con algo.
im'pervio, a *ag* (*montagna*) inaccesible; (*sentiero*) intransitable.
'impeto *sm* ímpetu *m*; **con ~** con ímpetu.
impet'tito, a *ag* tieso(a), erguido(a).
impetu'oso, a *ag* impetuoso(a).
impian'tare *vt* establecer, instalar; **~rsi** *vr* establecerse.
impi'anto *sm* instalación *f*.
impi'astro *sm* (MED) emplasto, ungüento; (*fig: fam*) cataplasma, zoquete *m*.
impiccagi'one ['-dʒ-] *sf* ahorcadura.
impic'care *vt* ahorcar, colgar; **~rsi** *vr* ahorcarse, colgarse.
impicci'are [-t'tʃ-] *vt* estorbar, molestar; **~rsi** *vr* entrometerse.
im'piccio [-ttʃo] *sm* estorbo, molestia.
impie'gare *vt* emplear, usar; (*metterci: tempo*) echar, tardar; (*assumere*) ocupar, emplear; (*denaro: spendere*) gastar; (: *investire*) invertir, colocar; **~rsi** *vr* emplearse.
impie'gato, a *sm/f* empleado/a.
impi'ego, ghi *sm* uso, empleo; (*occupazione*) empleo, puesto; (ECON) inversión *f*.
impieto'sire *vt* apiadar, conmover; **~rsi** *vr* conmoverse.
impigli'are [-ʎ'ʎ-] *vt* enredar, enganchar; **~rsi** *vr* engancharse.
impi'grire *vi* (*aus* essere) (*anche:* **~rsi**) volverse ocioso, entorpecerse.
impla'cabile *ag* implacable.
impli'care *vt* implicar; **~rsi** *vr* comprometerse.
implicazi'one [-t'ts-] *sf* implicación *f*.
im'plicito, a [-t'ʃ-] *ag* implícito(a).
implo'rare *vt* implorar.
implorazi'one [-t'ts-] *sf* imploración *f*, súplica.
impollinazi'one [impollinat'tsjone] *sf* polinización *f*.
impoltro'nire *vi* (*aus* essere) (*anche:* **~rsi**) apoltronarse.
impolve'rare *vt* empolvar; **~rsi** *vr* empolvarse.
imponde'rabile *ag* imponderable.
impo'nente *ag* imponente.
impo'nibile *ag* imponible // *sm* base *f* tributaria.
impopo'lare *ag* impopular.
impopolarità *sf* impopularidad *f*.
im'porre *vt* imponer; (*nome*) dar; **imporsi** *vr* imponerse; **~ a qd di fare qc** imponer a alguien que haga algo.
impor'tante *ag* importante.
impor'tanza [-tsa] *sf* importancia; **dare ~ a qc** dar importancia a algo.
impor'tare *vt* importar // *vi* (*aus* essere) importar, interesar; *vb impersonale* (*aus* essere) convenir, ser

importante; **non importa!** ¡no importa!, ¡no es nada!

importazi'one [-t'ts-] *sf* importación *f*.

im'porto *sm* importe *m*, monto.

importu'nare *vt* importunar, molestar.

impor'tuno, a *ag* importuno(a).

imposizi'one [-t'ts-] *sf* (*ordine*) imposición *f*; (*tassa*) impuesto.

imposses'sarsi *vr*: ~ **di** apoderarse de.

impos'sibile *ag* imposible; (*carattere*) difícil, inaguantable // *sm* imposible *m*; **fare l'**~ hacer lo imposible.

impossibilità *sf* imposibilidad *f*; **essere nell'**~ **di fare qc** encontrarse en la imposibilidad de hacer algo.

im'posta *sf* impuesto; ~ **diretta/ indiretta** impuesto directo/ indirecto; ~ **sul valore aggiunto (I.V.A.)** impuesto al valor agregado.

impo'stare *vt* (*predisporre*) preparar, disponer; (*avviare*) encaminar; (*INFORM*) preparar.

impostazi'one [-t'ts-] *sf* preparación *f*, disposición *f*; ~ **della voce** impostación *f* de la voz.

im'posto, a *pp di* **imporre**.

impo'store, a *sm/f* impostor/a.

impo'tente *ag*, *sm* impotente (*m*).

impo'tenza [-tsa] *sf* impotencia.

impoveri'mento *sm* empobrecimiento.

impove'rire *vt* empobrecer // *vi* (*aus* **essere**) (*anche*: ~**rsi**) empobrecerse.

imprati'cabile *ag* intransitable, impracticable.

imprati'chire [-'k-] *vt* ejercitar, adiestrar; ~**rsi** *vr* ejercitarse.

impre'care *vi* imprecar, maldecir.

imprecazi'one [-t'ts-] *sf* imprecación *f*, maldición *f*.

impre'ciso, a [-'tʃ-] *ag* impreciso(a), vago(a).

impre'gnare [-ɲ'ɲ-] *vt* impregnar.

impren'dibile *ag* que no se puede coger; (*MIL*) inexpugnable.

imprendi'tore *sm* empresario.

imprepa'rato, a *ag* mal preparado(a).

im'presa *sf* empresa.

impre'sario *sm* empresario.

impressio'nabile *ag* impresionable.

impressio'nare *vt* impresionar; ~**rsi** *vr* impresionarse.

impressi'one *sf* (*impronta*) huella, marca; (*stampa, fig*) impresión *f*; **fare buona/cattiva** ~ hacer buena/mala impresión; **aver l'**~ **che** tener la impresión que.

im'presso, a *ag* (*fig*) grabado(a), impreso(a).

impreve'dibile *ag* imprevisible.

imprevi'dente *ag* imprevisor(ora).

impre'visto, a *ag* imprevisto(a) // *sm* imprevisto; **in caso d'**~ por si acaso.

imprigiona'mento [-dʒ-] *sm* encarcelación *f*.

imprigio'nare [-dʒ-] *vt* encarcelar.

im'primere *vt* imprimir.

impro'babile *ag* improbable.

improdut'tivo, a *ag* improductivo(a).

im'pronta *sf* impresión *f*, huella; ~ **digitale** impresión digital.

impron'tato, a *ag*: ~ **a** (*fig*) caracterizado(a) por.

impro'perio *sm* improperio, injuria.

im'proprio, a *ag* impropio(a).

improro'gabile *ag* improrrogable.

improvvisa'mente *av* de repente.

improvvi'sare *vt* improvisar; ~**rsi** *vr* improvisar.

improvvi'sata *sf* sorpresa.

improv'viso, a *ag* improviso(a), inesperado(a); **all'**~ al improviso.

impru'denza [-tsa] *sf* imprudencia.

impu'denza [-tsa] *sf* impudencia.

impu'dico, a, chi, che *ag* impúdico(a).

impu'gnare [-ɲ'ɲ-] *vt* empuñar; ~ **una sentenza** (*DIR*) impugnar una sentencia.

impugna'tura [-ɲɲ-] *sf* empuñadura.

impul'sivo, a *ag* impulsivo(a).

im'pulso *sm* impulso, empuje *m*; ~ **elettrico** impulso eléctrico.

impu'nito, a *ag* impune.

impun'tarsi *vr* pararse; (*fig*) obstinarse.

impun'tura *sf* pespunte *m*.

impurità *sf* *inv* impureza.

im'puro, a *ag* impuro(a).

impu'tare *vt*: ~ **qc a** imputar algo a; ~ **qd qi** (*DIR: accusare*) imputar a alguien de.

impu'tato, a *sm/f* acusado/a.

imputazi'one [-t'ts-] *sf* imputación *f*, acusación *f*.

imputri'dire *vi* (*aus* **essere**) podrirse.

in (*in* + *il* = **nel**, *in* + *lo* = **nello**, *in* + *l'* = **nell'**, *in* + *la* = **nella**, *in* + *i* = **nei**, *in* + *gli* = **negli**, *in* + *le* = **nelle**) *prep* en; (*moto a luogo*) a; (*moto per luogo*) por; (*scopo, materia*) de; **nel 1980** en 1980; **lo farò** ~ **giornata** lo haré en el dia; **dare qc** ~ **dono a** dar algo de regalo a; **venire** ~ **aiuto** acudir en ayuda; **Maria Bianchi** ~ **Rossi** María Bianchi de Rossi; **siamo** ~ **quattro** somos cuatro.

i'nabile *ag* (*MIL*) no apto; ~ **a** inepto para.

inabilità *sf* incapacidad *f*.

inabis'sare *vt* abismar, hundir; ~**rsi** *vr* hundirse, abismarse.

inabi'tabile *ag* inhabitable.

inacces'sibile [-tʃ-] *ag* inaccesible; (*fig*) incomprensible.

inaccet'tabile [-tʃ-] *ag* inaceptable.

inacer'bire [-tʃ-] *vt* irritar, exasperar; ~**rsi** *vr* irritarse, exasperarse.

inaci'dire [-tʃ-] *vt* (*anche fig*) agriar // *vi* (*aus* **essere**) (*anche*: ~**rsi**) agriarse.

ina'datto, a *ag* insuficiente, no apto(a).

inadegu'ato, a *ag* inadecuado(a).

inadempi'ente *ag* que no cumple con su deber // *sm/f* quien no cumple con su deber.

inadempi'enza [-tsa] *sf* incumplimiento.

inaffer'rabile *ag* inasible.
inala'tore *sm* (MED) inhalador *m*; ~ **d'ossigeno** (AER) máscara de oxígeno.
inalbe'rare *vt* enarbolar, izar; ~**rsi** *vr* (*cavallo*) encabritarse; (*fig*) encolerizarse.
inalte'rabile *ag* inalterable.
inalte'rato, a *ag* inalterado(a).
inami'dare *vt* almidonar.
inammis'sibile *ag* inadmisible.
inani'mato, a *ag* inanimado(a).
inappa'gabile *ag* insatisfecho(a).
inappel'labile *ag* inapelable.
inappun'tabile *ag* irreprochable, perfecto(a).
inar'care *vt* (*schiena*) arquear; (*sopracciglia*) alzar; ~**rsi** *vr* encorvarse.
inari'dire *vt* secar // *vi* (*aus* essere) (*anche:* ~**rsi**) secarse.
inarre'stabile *ag* imparable.
inascol'tato, a *ag* desoído(a).
inaspet'tato, a *ag* inesperado(a).
ina'sprire *vt* exasperar, agravar; ~**rsi** *vr* (*esacerbarsi*) exasperarse; (*divenire aspro*) agriarse.
inattac'cabile *ag* inatacable; (*fig: argomento*) irrefutable; (: *reputazione*) irreprochable.
inatten'dibile *ag* infundado(a).
inat'teso, a *ag* inesperado(a).
inattività *sf* inactividad *f*.
inat'tivo, a *ag* inactivo(a).
inattu'abile *ag* irrealizable.
inau'dito, a *ag* inaudito(a).
inaugu'rale *ag* inaugural.
inaugu'rare *vt* (*scuola, mostra*) inaugurar; (*sistema, moda*) estrenar.
inaugurazi'one [-t'ts-] *sf* inauguración *f*.
inavve'duto, a *ag* incauto(a); (*incurante*) descuidado(a).
inavver'tenza [-tsa] *sf* inadvertencia, descuido.
incagli'are [-ʎʎ-] *vi* (*aus* essere) (NAUT: *anche:* ~**rsi**) encallar // *vt* estorbar, paralizar.
in'caglio, gli [-ʎʎo] *sm* (NAUT) encalladura; (*ostacolo*) paralización *f*.
incalco'labile *ag* incalculable.
incal'lire [-l'l-] *vi* (*anche:* ~**rsi**) encallecer // *vt* volver calloso.
incal'lito, a [-l'l-] *ag* (*fig*) empedernido(a).
incal'zare [-'ts-] *vt* perseguir // *vi* apremiar.
incame'rare *vt* confiscar.
incammi'nare *vt* encaminar; ~**rsi** *vr* encaminarse.
incana'lare *vt* canalizar, encauzar; ~**rsi** *vr* canalizarse.
incancel'labile [-tʃeʎ'l-] *ag* imborrable.
incancre'nire *vi* (*aus* essere) (*anche:* ~**rsi**) gangrenarse.
incande'scente [-ʃʃ-] *ag* incandescente.
incan'tare *vt* (*fig*) encantar; (: *sog: musica etc*) arrebatar, embelesar;

~**rsi** *vr* embelesarse; (*meccanismo*) pararse, detenerse.
incanta'tore, 'trice *ag* encantador(a) // *sm/f* hechicero/a.
incan'tesimo *sm* (*magia*) hechizo; (*attrazione*) atractivo, encanto.
incan'tevole *ag* encantador(ora).
in'canto *sm* encanto; **come per** ~ como por encanto; **all'**~ (DIR) en subasta, en remate.
incanu'tire *vi* (*aus* essere) encanecer // *vt* hacer encanecer.
inca'pace [-tʃe] *ag* incapaz.
incapacità [-tʃ-] *sf* incapacidad *f*.
incapo'nirsi *vr* obstinarse, emperrarse.
incap'pare *vi* (*aus* essere) toparse, dar con.
incapsu'lare *vt* encapsular; (*dente*) enfundar.
incarce'rare [-tʃ-] *vt* encarcelar.
incari'care *vt* encargar; ~**rsi** *vr* encargarse.
incari'cato, a *ag* encargado(a); **professore** ~ profesor *m* encargado // *sm* encargado; ~ **d'affari** encargado de negocios.
in'carico, chi *sm* encargo.
incar'nare *vt* encarnar; ~**rsi** *vr* encarnarse.
incarnazi'one [-t'ts-] *sf* encarnación *f*.
incarta'mento *sm* expediente *m*, legajo.
incar'tare *vt* envolver, empaquetar.
incas'sare *vt* encajar; (*gemma*) engarzar; (*fiume, strada*) encauzar; (ECON) cobrar; (SPORT, MIL) aguantar.
in'casso *sm* (ECON) ingreso, cobro.
incasto'nare *vt* engarzar.
incastona'tura *sf* engarce *m*.
inca'strare *vt* encajar; ~**rsi** *vr* encajarse.
in'castro *sm* ensamble *m*; (*incassatura*) encajadura.
incate'nare *vt* encadenar; (*fig*) atar, limitar.
incatra'mare *vt* alquitranar.
in'cauto, a *ag* incauto(a).
inca'vare *vt* cavar, ahuecar.
inca'vato, a *ag* hundido(a).
incava'tura *sf* hueco, cavidad *f*.
in'cedere [-tʃ-] *vi* marchar majestuosamente // *sm* marcha majestuosa.
incendi'are [-tʃ-] *vt* incendiar; (*fig*) inflamar; ~**rsi** *vr* incendiarse; (*fig*) arder.
incendi'ario, a [-tʃ-] *ag*, *sm/f* incendiario(a).
in'cendio [-tʃ-] *sm* incendio.
incene'rire [-tʃ-] *vt* quemar; (CHIM) incinerar; ~**rsi** *vr* quemarse.
incineri'tore [-tʃ-] *sm* incinerador *m*.
incen'sare [-tʃ-] *vt* venerar, incensar.
in'censo [-'tʃ-] *sm* incienso.
incensu'rato, a [-tʃ-] *ag* sin antecedentes penales.
incen'tivo [-tʃ-] *sm* incentivo.

incep'pare [-t∫-] vt obstaculizar, trabar; ~rsi vr (meccanismo) pararse.
incer'tezza [int∫er'tettsa] sf duda, incertidumbre f; (esitazione) vacilación f, titubeo.
in'certo, a [-t∫-] ag incierto(a); (instabile) variable, inconstante // sm incertidumbre f; (imprevisto) percance m, gaje m.
inces'sante [-t∫-] ag incesante.
in'cesto [-t∫-] sm incesto.
incestu'oso, a [-t∫-] ag incestuoso(a).
in'cetta [-t∫-] sf acopio; fare ~ di qc hacer acopio de algo.
inchi'esta [-'kj-] sf investigación f, sumario; (di giornalista, sondaggio) sondeo, encuesta; ~ giudiziaria/ parlamentare investigación judicial/parlamentaria.
inchi'nare [-k-] vt inclinar, reclinar; ~rsi vr inclinarse.
in'chino [-'k-] sm (del capo) inclinación f; (della persona) reverencia.
inchio'dare [-kj-] vt clavar; ~ l'auto (fig) clavar los frenos, frenar de golpe.
inchi'ostro [-'kj-] sm tinta.
inciam'pare [-t∫-] vi tropezar.
inci'ampo [-t∫-] sm tropiezo, estorbo.
inciden'tale [-t∫-] ag incidental.
incidental'mente [-t∫-] av accidentalmente.
inci'dente [-t∫-] sm accidente m; (disputa) incidente m, cuestión f; ~ d'auto accidente de automóvil.
inci'denza [int∫i'dɛntsa] sf incidencia.
in'cidere [-'t∫-] vi: ~ su tener incidencia sobre // vt grabar; (legno) entallar.
in'cinta [-t∫-] ag f encinta.
incipri'are [-t∫-] vt empolvar; ~rsi vr empolvarse.
in'circa [-t∫-] av: all'~ más o menos, casi.
incisi'one [-t∫-] sf corte m; (disegno) grabado; (registrazione) grabación f; (MED) incisura.
inci'sivo, a [-t∫-] ag incisivo(a) // sm incisivo.
in'ciso, a [-t∫-] ag tallado(a), grabado(a) // sm: per ~ de paso.
incita'mento [-t∫-] sm incitación f.
inci'tare [-t∫-] vt incitar, instigar.
inci'vile [-t∫-] ag incivil; (villano) descortés, grosero(a).
incivi'lire [-t∫-] vt civilizar; ~rsi vr civilizarse.
inciviltà [-t∫-] sf inv (di popolo) barbarie f; (grossolanità) grosería, mala educación.
inclassifi'cabile ag inclasificable.
incli'nare vt inclinar, bajar // vi (fig) inclinarse, propender.
incli'nato, a ag (anche fig) inclinado(a).
inclinazi'one [-tts-] sf inclinación f.
in'cline ag propenso(a), proclive.
in'cludere vt incluir, adjuntar; (inserire) insertar, incluir.

inclusi'one sf inclusión f.
inclu'sivo, a ag: ~ di que incluye, con inclusión de.
in'cluso, a pp di includere // ag adjunto(a), incluido(a); (compreso) incluso(a).
incoe'rente ag incoherente.
in'cognito, a [-ɲɲ-] ag incógnito(a), desconocido(a) // sm: in ~ de incógnito // sf incógnita.
incol'lare [-l'l-] vt pegar.
incolle'rire [-ll-] vi (aus essere) (anche: ~rsi) encolerizarse, enfurecerse.
incolon'nare vt disponer en columna; ~rsi vr ponerse en columna.
inco'lore ag incoloro(a).
incol'pare vt: ~ qd di acusar o culpar a alguien de.
in'colto, a ag inculto(a); (capelli) enmarañado(a).
in'colume ag incólume.
incolumità sf incolumidad f.
incom'benza [-tsa] sf encargo.
in'combere vi amenazar; ~ a corresponder o incumbir a.
incominci'are [-t∫-] vt, vi (aus essere) empezar, comenzar.
in'comodo, a ag incómodo(a) // sm incomodidad f, molestia; il terzo ~ el tercero en discordia.
incompa'rabile ag incomparable.
incompa'tibile ag incompatible.
incompe'tenza [-tsa] sf incompetencia.
incompi'uto, a ag incompleto(a).
incom'pleto, a ag incompleto(a).
incompren'sibile ag incomprensible.
incomprensi'one sf incomprensión f.
incom'preso, a ag incomprendido(a).
incomunicabilità sf incomunicabilidad f.
incon'cepibile [-t∫-] ag inconcebible.
inconcili'abile [-t∫-] ag inconciliable.
inconclu'dente ag inútil, inconducente.
incondizio'nato, a [-tts-] ag incondicional.
inconfu'tabile ag irrefutable.
incongru'enza [-tsa] sf incongruencia.
in'congruo, a ag desproporcionado(a).
inconsa'pevole ag: ~ di ignorante o ignaro(a) de.
in'conscio, a, sci, sce [-∫o] ag inconsciente // sm inconsciente m.
inconsi'stenza [-tsa] sf inconsistencia.
inconso'labile ag inconsolable.
inconsu'eto, a ag insólito(a), inusitado(a).
incon'sulto, a ag irreflexivo(a).
inconten'tabile ag insaciable.
inconte'stato, a ag incontestado(a).
inconti'nenza [-tsa] sf incontinencia.
incon'trare vt encontrar, hallar; (gareggiare con) enfrentar; ~rsi vr encontrarse; (gareggiare) enfrentarse.
incontra'stabile ag incontrastable.
in'contro av: ~ a al encuentro de // sm encuentro; (riunione) convenio, reunión f;

(*gara*) competición *f*, encuentro; ∼ **di calcio** partido de fútbol.
inconveni'ente *sm* inconveniente *m*.
incoraggia'mento [-ddʒ-] *sm* estímulo, incentivo.
incoraggi'are [-d'dʒ-] *vt* animar, alentar; ∼**rsi** *vr* animarse.
incornici'are [-'tʃ-] *vt* enmarcar.
incoro'nare *vt* coronar.
incoronazi'one [-t'ts-] *sf* coronación *f*.
incorpo'rare *vt* incorporar.
incorreg'gibile [-d'dʒ-] *ag* incorregible.
in'correre *vi* (*aus* **essere**): ∼ **in** incurrir en.
incorrut'tibile *ag* incorruptible.
incosci'ente [-ʃ'ʃ-] *ag* inconsciente.
incosci'enza [inkoʃ'ʃentsa] *ef* inconsciencia.
inco'stante *ag* inconstante.
incre'dibile *ag* increíble.
incredulità *sf* incredulidad *f*.
in'credulo, a *ag*, *sm/f* incrédulo(a).
incremen'tare *vt* incrementar.
incre'mento *sm* incremento.
incresci'oso, a [-ʃ'ʃ-] *ag* desagradable, molesto(a).
incre'spare *vt* (*tessuto*) fruncir; (*capelli*) rizar.
incrimi'nare *vt* acusar, culpar.
incri'nare *vt* rajar, resquebrar; ∼**rsi** *vr* rajarse.
incrina'tura *sf* rajadura; (*MED*) fisura.
incroci'are [-'tʃ-] *vt* cruzar // *vi* (*NAUT.* *AER*) patrullar; ∼**rsi** *vr* cruzarse.
incrocia'tore [-tʃ-] *sm* crucero.
in'crocio [-tʃo] *sm* cruce *m*, intersección *f*; (*BIOL*) cruzamiento.
incrol'labile [-l'l-] *ag* (*fig*) inquebrantable.
incro'stare *vt* incrustar; ∼**rsi** *vr* incrustarse.
incuba'trice [-tʃe] *sf* incubadora.
incubazi'one [-t'ts-] *sf* incubación *f*.
'incubo *sm* pesadilla.
in'cudine *sf* yunque *m*.
incul'care *vt* inculcar.
incune'are *vt* acuñar, calzar; ∼**rsi** *vr* introducirse, penetrar.
incu'rabile *ag* incurable.
incu'rante *ag*: ∼ (**di**) indiferente (a).
in'curia *sf* negligencia, desidia.
incurio'sire *vt* despertar la curiosidad de; ∼**rsi** *vr* intrigarse.
incursi'one *sf* incursión *f*
incur'vare *vt* encorvar, arquear; ∼**rsi** *vr* arquearse.
incusto'dito, a *ag* sin guarda.
in'cutere *vt* inspirar, infundir.
'indaco, chi *sm* añil *m*.
indaffa'rato, a *ag* atareado(a).
inda'gare *vt* indagar, investigar.
in'dagine [-dʒ-] *sf* investigación *f*; ∼ **statistica** encuesta estadística.
indebi'tare *vt* endeudar; ∼**rsi** *vr* endeudarse.

in'debito, a *ag* indebido(a) // *sm* (*DIR*) indebido.
indeboli'mento *sm* debilitamiento.
indebo'lire *vt* debilitar // *vi* (*aus* **essere**) (*anche:* ∼**rsi**) debilitarse.
inde'cente [-'tʃ-] *ag* indecente.
inde'cenza [-'tʃentsa] *sf* indecencia.
indeci'frabile [-tʃ-] *ag* indescifrable.
indecisi'one [-tʃ-] *sf* indecisión *f*.
inde'ciso, a [-'tʃ-] *ag* indeciso(a).
indefi'nibile *ag* indefinible.
indefi'nito, a *ag* indefinido(a).
in'degno, a [-ɲɲo] *ag* indigno(a).
inde'lebile *ag* indeleble.
indemoni'ato, a *ag* endemoniado(a).
in'denne *ag* indemne.
indennità *sf inv* indemnización *f*, reembolso; ∼ **di trasferta** dieta, gastos *mpl* de residencia.
indenniz'zare [-d'dz-] *vt* indemnizar, resarcir.
inden'nizzo [-ddzo] *sm* indemnización *f*.
in'dentro *av* adentro; **all'**∼ hacia adentro.
indero'gabile *ag* que no se puede derogar.
indeside'rabile *ag* indeseable.
indetermi'nato, a *ag* indeterminado(a); (*LING*) indefinido(a).
in'detto, a *pp* di **indire**.
indiavo'lato, a *ag* endiablado(a).
indi'care *vt* indicar; (*mostrare*) mostrar, señalar.
indica'tivo, a *ag* significativo(a); (*LING*) indicativo(a) // *sm* (*LING*) indicativo.
indica'tore, 'trice *ag* indicador(a) // *sm* señalador *m*, indicador *m*.
indicazi'one [-t'ts-] *sf* indicación *f*.
'indice [-tʃe] *ag*, *sm* índice (*m*).
indi'cibile [-'tʃ-] *ag* indecible.
indietreggi'are [-d'dʒ-] *vi* retroceder.
indi'etro *av* atrás; **all'**∼ hacia atrás; **lasciare** ∼ **qc** descuidar algo; **rimanere** ∼ quedar atrasado; **essere** ∼ estar atrasado; (*orologio*) atrasar.
indiffe'rente *ag* indiferente.
indiffe'renza [-tsa] *sf* indiferencia.
in'digeno, a [-dʒ-] *ag*, *sm/f* indígena (*m/f*).
indi'gente [-'dʒ-] *ag* indigente.
indi'genza [-'dʒentsa] *sf* indigencia.
indigesti'one [-dʒ-] *sf* indigestión *f*.
indi'gesto, a [-'dʒ-] *ag* indigesto(a).
indi'gnare [-ɲ'ɲ-] *vt* indignar; ∼**rsi** *vr* indignarse.
indignazi'one [indiɲɲat'tsjone] *sf* indignación *f*.
indimenti'cabile *ag* inolvidable.
indipen'dente *ag* independiente.
indipen'denza [-tsa] *sf* independencia.
in'dire *vt* convocar; (*concorso*) publicar.
indi'retto, a *ag* indirecto(a)
indiriz'zare [-t'ts-] *vt* encaminar, dirigir; (*fig*) guiar, encaminar; (*lettera*) dirigir, mandar.

indi'rizzo [-ttso] *sm* dirección *f*; (*direzione*) orientación *f*.
indiscipli'nato, a [-*ʃʃ*-] *ag* indisciplinado(a).
indi'screto, a *ag* indiscreto(a).
indiscrezi'one [-t'ts-] *sf* indiscreción *f*.
indi'scusso, a *ag* cierto(a), indiscutible.
indispen'sabile *ag* indispensable // *sm* necesario, indispensable *m*.
indispet'tire *vt* despechar, enfadar // *vi* (*aus essere*) (*anche*: ~rsi) enfadarse, enojarse.
indi'sporre *vt* indisponer, disgustar.
indisposizi'one [-t'ts-] *sf* indisposición *f*.
indi'sposto, a *ag* indispuesto(a).
indisso'lubile *ag* indisoluble.
indistrut'tibile *ag* indestructible.
in'divia *sf* escarola.
individu'ale *ag* individual.
individua'lismo *sm* individualismo.
individualità *sf* individualidad *f*.
individu'are *vt* individuar.
indi'viduo *sm* (*anche peg*) individuo.
indivi'sibile *ag* indivisible; (*amici*) inseparable.
indizi'are [-t'ts-] *vt*: ~ **qd di** indiciar a alguien de.
indizi'ato, a [-t'ts-] *ag, sm/f* indiciado(a).
in'dizio [-ttsjo] *sm* indicio.
'indole *sf* índole *f*.
indo'lente *ag* indolente.
indo'lenza [-tsa] *sf* indolencia.
indolen'zito, a [-'ts-] *ag* dolorido(a).
indo'mabile *ag* indomable.
indo'mani *sm*: **l'**~ el día siguiente.
indos'sare *vt* vestir, llevar.
indossa'tore, 'trice *sm/f* modelo *m/f*.
in'dotto, a *pp di* **indurre**.
indottri'nare *vt* adoctrinar.
indovi'nare *vt* adivinar.
indovi'nato, a *ag* (*azzeccato*) acertado(a).
indovi'nello [-llo] *sm* adivinanza.
indo'vino, a *sm/f* adivino/a.
indubbia'mente *av* indudablemente.
in'dubbio, a *ag* cierto(a), seguro(a).
indugi'are [-'dʒ-] *vi* vacilar; ~ **a fare qc** demorarse en hacer algo.
in'dugio [-dʒo] *sm* demora; **senza** ~ inmediatamente.
indul'gente [-'dʒ-] *ag* indulgente.
indul'genza [-'dʒentsa] *sf* indulgencia.
in'dulgere [-dʒ-] *vi*: ~ **a** condescender a.
in'dulto, a *pp di* **indulgere** // *sm* (DIR) indulto.
indu'mento *sm* indumento, prenda de vestir.
induri'mento *sm* endurecimiento.
indu'rire *vt* (*anche fig*) endurecer // *vi* (*aus essere*) (*anche*: ~rsi) endurecerse.
in'durre *vt* inducir.
in'dustria *sf* industria.
industri'ale *ag, sm* industrial (*m*).
industrializ'zare [-d'dz-] *vt* industrializar.

industrializzazi'one [-ddzat'tsjone] *sf* industrialización *f*.
industri'arsi *vr* ingeniarse, arreglárselas.
industri'oso, a *ag* industrioso(a).
indut'tivo, a *ag* inductivo(a).
indut'tore *ag* inductor(ora) // *sm* inductor *m*.
induzi'one [-t'ts-] *sf* inducción *f*.
inebe'tito, a *ag* alelado(a), atónito(a).
inebri'are *vt* embriagar, extasiar; ~rsi *vr* embriagarse, extasiarse.
inecce'pibile [-tt*ʃ*-] *ag* irreprensible.
i'nedia *sf* inanición *f*.
i'nedito, a *ag* inédito(a).
inef'fabile *ag* inefable.
effi'cace [-t*ʃ*e] *ag* ineficaz.
ineffi'cacia [-t*ʃ*a] *sf* ineficacia.
ineffi'cienza [-'t*ʃ*entsa] *sf* ineficiencia.
inegu'ale *ag* desigual.
inelut'tabile *ag* ineluctable.
ine'rente *ag*: ~ **a** inherente a.
i'nerme *ag* inerme.
inerpi'carsi *vr* trepar.
i'nerte *ag* inerte.
i'nerzia [-tsja] *sf* inercia.
ine'satto, a *ag* inexacto(a); (AMM: *non riscosso*) no cobrado(a).
inesau'ribile *ag* inagotable.
inesi'stente *ag* inexistente.
ineso'rabile *ag* inexorable.
inesperi'enza [-tsa] *sf* inexperiencia.
ine'sperto, a *ag* inexperto(a).
inespli'cabile *ag* inexplicable.
ine'sploso, a *ag* que no ha explotado.
inespu'gnabile [-ɲ'ɲ-] *ag* inexpugnable.
inesti'mabile *ag* inestimable.
i'netto, a *ag* incapaz, inhábil; ~ **a** no apto para.
inevi'tabile *ag* inevitable.
i'nezia [-ttsja] *sf* bagatela, tontería.
infagot'tare *vt* (*fig*) arropar, abrigar; ~rsi *vr* abrigarse.
infal'libile [-l'l-] *ag* infalible.
infa'mare *vt* infamar.
in'fame *ag* infame.
in'famia *sf* infamia.
infan'gare *vt* embarrar, enfangar; ~rsi *vr* embarrarse.
infanti'cida, i, e [-'t*ʃ*-] *sm/f* infanticida *m/f*.
infan'tile *ag* infantil.
in'fanzia [-tsja] *sf* infancia.
infari'nare *vt* enharinar.
infarina'tura *sf* (*fig*) barniz *m*.
in'farto *sm* infarto.
infasti'dire *vt* fastidiar, molestar; ~rsi *vr* irritarse.
infati'cabile *ag* infatigable.
in'fatti *cong* en efecto.
infatu'arsi *vr*: ~ **di** o **per** encapricharse por.
infatuazi'one [-t'ts-] *sf* capricho, chifladura.
infe'dele *ag* infiel.
infedeltà *sf* infidelidad *f*.

infe'lice [-tʃe] *ag* infeliz, desdichado(a); (*mal riuscito*) mal hecho(a).
infelicità [-tʃ-] *sf* infelicidad *f*.
inferi'ore *ag* inferior // *sm/f* subordinado/a.
inferiorità *sf* inferioridad *f*.
infermi'ere, a *sm/f* enfermero/a.
infermità *sf inv* enfermedad *f*.
in'fermo, a *ag, sm/f* enfermo(a).
infer'nale *ag* infernal.
in'ferno *sm* infierno.
infero'cire [-tʃ-] *vt* enfurecer; ~**rsi** *vr* enfurecerse, encarnizarse.
inferri'ata *sf* reja.
infervo'rare *vt*: ~ qd a entusiasmar a alguien por; ~**rsi** *vr* entusiasmarse.
infe'stare *vt* infestar.
infet'tare *vt* infectar; ~**rsi** *vr* infectarse.
infet'tivo, a *ag* infeccioso(a).
in'fetto, a *ag* infectado(a).
infezi'one [-ts-] *sf* infección *f*.
infiac'chire [-k'k-] *vt* debilitar; ~**rsi** *vr* debilitarse.
infiam'mabile *ag* inflamable.
infiam'mare *vt* encender, inflamar; (*MED*) inflamar; ~**rsi** *vr* inflamarse.
infiamma'torio, a *ag* inflamatorio(a).
infiammazi'one [-ts-] *sf* inflamación *f*.
in'fido, a *ag* pérfido(a), infiel.
infie'rire *vi*: ~ **su** ensañarse con.
in'figgere [-ddʒ-] *vt* clavar, hincar; ~**rsi** *vr* clavarse.
infi'lare *vt* (*ago, collana*) enhebrar; (*chiave, anello*) introducir; (*scarpe, indumenti*) poner, vestir; (*fig: azzeccare*) acertar, adivinar; ~**rsi** *vr* introducirse, meterse; (*indossare*) ponerse.
infil'trarsi *vr* infiltrarse; (*fig*) insinuarse.
infiltrazi'one [-ts-] *sf* infiltración *f*; (*MED*) derrame *m*.
infil'zare [-ts-] *vt* espetar, ensartar.
'infimo, a *ag* ínfimo(a).
in'fine *av* (*alla fine*) por fin, finalmente; (*in conclusione*) en resumen.
infin'gardo, a *ag* perezoso(a).
infinità *sf* infinidad *f*; **un'~ di** una infinidad o gran cantidad de.
infi'nito, a *ag* infinito(a); (*LING*) infinitivo(a) // *sm* infinito; (*LING*) infinitivo; **all'~** infinitamente.
infinocchi'are [-k'kj-] *vt* (*fam*) dar el pego a, engañar.
infiore'scenza [infjoreʃ'ʃɛntsa] *sf* inflorescencia.
infischi'arsi [-'kj-] *vr*: ~ **di** no importarle un pito de.
in'fisso *sm* contramarco.
infit'tire *vt* espesar; ~**rsi** *vr* espesarse, tupirse.
inflazi'one [-ts-] *sf* inflación *f*.
infles'sibile *ag* inflexible.
inflessi'one *sf* inflexión *f*.
in'fliggere [-ddʒ-] *vt* infligir, imponer.
influ'ente *ag* influyente.

influ'enza [-tsa] *sf* influencia; (*MED*) gripe *f*.
influ'ire *vi*: ~ **su** influir en.
in'flusso *sm* influjo, influencia.
infol'tire *vt* espesar // *vi* (*aus essere*) espesarse.
infon'dato, a *ag* infundado(a).
in'fondere *vt* infundir.
infor'care *vt* (*bicicletta, cavallo*) montar a horcajadas en; (*occhiali*) colocar.
infor'mare *vt* informar; ~**rsi** *vr* informarse; ~**rsi da** o **presso qd** informarse en lo de alguien.
infor'matica *sf* informática.
informa'tivo, a *ag* informativo(a).
informa'tore *sm* informante *m*.
informazi'one [-ts-] *sf* información *f*.
in'forme *ag* informe.
infor'nare *vt* meter al horno.
infor'nata *sf* hornada.
infortu'narsi *vr* herirse, tener un accidente.
infortu'nato, a *ag* herido(a).
infor'tunio *sm* desgracia, accidente *m*; ~ **sul lavoro** accidente de trabajo.
infos'sato, a *ag* hundido(a).
in'frangere [-dʒ-] *vt* quebrar, estrellar; (*fig*) romper, violar; ~**rsi** *vr* romperse, estrellarse.
infran'gibile [-'dʒ-] *ag* irrompible.
in'franto, a *ag* roto(a).
infra'rosso *sm* infrarrojo.
infrastrut'tura *sf* infraestructura.
infrazi'one [-ts-] *sf* infracción *f*.
infredda'tura *sf* resfriado.
infreddo'lito, a *ag* enfriado(a).
infrut'tifero, a *ag* infructífero(a); (*ECON*) improductivo(a).
infruttu'oso, a *ag* infructuoso(a).
infu'ori *av*: **all'~** hacia afuera; **all'~ di** con excepción de, excepto.
infuri'are *vi* (*imperversare*) arreciar; ~**rsi** *vr* enfurecerse.
infusi'one *sf* infusión *f*.
in'fuso, a *pp di* infondere // *ag* infuso(a) // *sm* infusión *f*.
ingabbi'are *vt* enjaular.
ingabbia'tura *sf* (*EDIL*) armazón *f*, esqueleto.
ingaggi'are [-d'dʒ-] *vt* enganchar, alistar; (*dare inizio a*) entablar.
in'gaggio [-ddʒ-] *sm* enganche *m*, reclutamiento; (*somma*) contrata.
ingan'nare *vt* engañar; (*fisco*) estafar, defraudar; (*deludere*) desengañar; (*fig: tempo*) matar.
ingan'nevole *ag* engañoso(a).
in'ganno *sm* engaño; (*menzogna*) falsedad *f*, mentira; **trarre qd in ~** engañar a alguien.
ingarbugli'are [-ʎ'ʎ-] *vt* enredar, embrollar; ~**rsi** *vr* enredarse, embrollarse.
inge'gnarsi [indʒeɲ'narsi] *vr* ingeniarse, arreglarse.

inge'gnere [indʒeɲˈɲɛre] *sm* ingeniero;
~ **civile/minerario/**
navale ingeniero civil/de
minas/naval.
ingegne'ria [indʒeɲɲeˈria] *sf* ingeniería.
in'gegno [inˈdʒeɲɲo] *sm* ingenio.
inge'gnoso, a [indʒeɲˈɲoso] *ag*
ingenioso(a).
ingelo'sire [-dʒ-] *vt* dar celos a // *vi (aus
essere) (anche:* ~**rsi)** tener celos.
in'gente [-'dʒ-] *ag* ingente.
ingenuità [-dʒ-] *sf* ingenuidad *f.*
in'genuo, a [-'dʒ-] *ag* ingenuo(a).
inge'renza [indʒeˈrɛntsa] *sf* ingerencia.
inge'rire [-dʒ-] *vt* ingerir, tragar; ~**rsi**
vr entrometerse.
inges'sare [-dʒ-] *vt* enyesar.
ingessa'tura [-dʒ-] *sf* enyesado, yeso.
inghiot'tire [-gj-] *vt (anche fig)* tragar.
ingial'lire [indʒalˈlire] *vi (aus essere)*
amarillear.
ingigan'tire [-dʒ-] *vt* agigantar // *vi (aus
essere)* crecer, aumentar.
inginocchi'arsi [indʒinokˈkjarsi] *vr*
arrodillarse.
inginocchia'toio [indʒinokkjaˈtojo] *sm*
reclinatorio.
ingiù [-'dʒu] *av* abajo; **all'**~ hacia abajo.
ingi'ungere [in'dʒundʒere] *vt* mandar,
ordenar; ~ **a qd di fare qc** ordenar a
alguien que haga algo.
ingiunzi'one [indʒunˈtsjone] *sf* orden *f,*
imposición *f;* (*DIR*) intimación *f,*
requerimiento; ~ **fiscale/di**
pagamento intimación fiscal/de pago.
ingi'uria [-dʒ-] *sf* injuria; (*DIR*) ultraje *m.*
ingiuri'are [-dʒ-] *vt* injuriar.
ingiuri'oso, a [-dʒ-] *ag* injurioso(a),
ofensivo(a).
ingiu'stizia [indʒusˈtittsja] *sf* injusticia.
ingi'usto, a [-'dʒ-] *ag* injusto(a).
in'glese *ag, sm/f* inglés(esa); **andarsene**
o **filare all'**~ tomar las de Villadiego.
ingoi'are *vt* engullir, devorar.
ingol'fare *vt* ahogar; ~**rsi** *vr* ahogarse.
ingom'brare *vt* llenar, abarrotar.
in'gombro *sm* embarazo, estorbo;
(*di oggetto etc: spazio occupato*)
dimensión *f,* volumen *m.*
ingor'digia [-dʒa] *sf* glotonería; (*fig*)
avidez *f.*
in'gordo, a *ag* goloso(a); (*bramoso*)
ávido(a), codicioso(a).
ingor'garsi *vr* atascarse.
in'gorgo, ghi *sm* atasco, obstrucción *f;*
(*di traffico*) embotellamiento.
ingoz'zare [-'tts-] *vt* cebar; ~**rsi** *vr*
atiborrarse.
ingra'naggio [-ddʒo] *sm* engranaje *m.*
ingra'nare *vi, vt* engranar; ~ **la**
marcia (*AUTO*) poner o meter la marcha.
ingrandi'mento *sm* ampliación *f.*
ingran'dire *vt* agrandar; (*FOTO*) ampliar;
~**rsi** *vr* agrandarse.
ingras'sare *vt* engordar; (*AGR: terreno*)
fertilizar, abonar; (*motore, meccanismo*)

engrasar // *vi (aus essere) (anche:*
~**rsi)** engordar.
in'grasso *sm (di animali)* engorde *m;* (*di
terreno*) abono.
ingrati'tudine *sf* ingratitud *f.*
in'grato, a *ag* ingrato(a).
ingrazi'arsi [-'tts-] *vr* ganarse,
cautivarse.
ingredi'ente *sm* ingrediente *m.*
in'gresso *sm* ingreso, entrada; ~ **libero**
entrada libre.
ingros'sare *vt* agrandar, acrecentar //
vi (aus essere) (anche: ~**rsi)** crecer,
aumentar.
in'grosso *av:* **all'**~ (*COMM*) al por
mayor; (*all'incirca*) más o menos.
ingual'cibile [-'tʃ-] *ag* inarrugable.
ingua'ribile *ag* incurable.
'inguine [-gw-] *sf* ingle *f.*
ingurgi'tare [-dʒ-] *vt* engullir, tragar.
ini'bire *vt* inhibir; ~**rsi** *vr* inhibirse.
inibizi'one [-'tts-] *sf* inhibición *f.*
iniet'tare *vt* inyectar; ~**rsi** *vr*
inyectarse.
iniet'tore *sm* inyector *m.*
iniezi'one [-'tts-] *sf* inyección *f.*
inimi'care *vt* enemistar; ~**rsi qd**
enemistarse con alguien.
inimi'cizia [-'tʃittsja] *sf:* ~ (**contro** o
verso) enemistad (hacia).
inimi'tabile *ag* inimitable.
inimmagi'nabile [-dʒ-] *ag* inimaginable.
ininter'rotto, a *ag* ininterrumpido(a).
iniquità [-kw-] *sf* iniquidad *f.*
i'niquo, a [-'kwo] *ag* inicuo(a).
inizi'ale [-'tts-] *ag, sf* inicial (*f*).
inizi'are [-'tts-] *vi (aus essere)* iniciar,
empezar // *vt* comenzar, iniciar; ~ **qd**
a iniciar a alguien en.
inizia'tiva [-tts-] *sf* iniciativa.
inizi'ato, a [-'tts-] *sm/f* iniciado/a.
i'nizio [-ttsjo] *sm* inicio, principio; ~**i** *mpl*
inicios *mpl,* comienzos *mpl;* **all'**~ al
principio.
innaffi'are *etc* = **annaffiare** etc.
innal'zare [-'ts-] *vt* levantar, alzar;
(*monumento*) edificar, levantar; ~**rsi** *vr*
levantarse, alzarse.
innamo'rarsi *vr:* ~ (**di qd**)
enamorarse (de alguien); ~ **di qc**
enamorarse de o entusiasmarse con algo.
innamo'rato, a *ag, sm/f* enamorado(a).
in'nanzi [-tsi] *av (poi)* antes // *prep:* ~ **a**
(*luogo*) delante de; (*tempo*) antes de;
ante; ~ **tutto** antes que nada; **farsi** ~
adelantarse; **d'ora** ~ desde ahora en
adelante.
in'nato, a *ag* innato(a).
innatu'rale *ag* no natural.
inne'gabile *ag* innegable.
inneggi'are [-d'dʒ-] *vi:* ~ (**a**) aplaudir o
celebrar (a).
innervosire *vt* poner nervioso a,
exasperar; ~**rsi** *vr* ponerse nervioso.
inne'scare *vt* cebar.
in'nesco, schi *sm* fulminante *m.*

inne'stare vt (BOT. MED) injertar; (meccanismo) poner en marcha, conectar.

in'nesto sm (BOT. MED) injerto.

'inno sm himno.

inno'cente [-'tʃ-] ag inocente.

inno'cenza [-'tʃɛntsa] sf inocencia.

in'nocuo, a ag innocuo(a), inofensivo(a).

inno'vare vt innovar.

innovazi'one [-t'ts-] sf innovación f.

innume'revole ag innumerable.

inocu'lare vt inocular.

ino'doro, a ag **ino dore** ag inodoro(a).

inoffen'sivo, a ag inofensivo(a).

inol'trare vt (AMM) tramitar, presentar; ~**rsi** vr penetrar, meterse.

i'noltre av además

inon'dare vt inundar.

inondazi'one [-t'ts-] sf inundación f.

inope'roso, a ag inactivo(a).

inoppor'tuno, a ag inoportuno(a).

inor'ganico, a, ci, che ag inorgánico(a).

inorgo'glire [-ʎ'ʎ-] vt enorgullecer // vi (aus essere) (anche: ~**rsi**) enorgullecerse.

inorri'dire vt espantar, horrorizar // vi (aus essere) espantarse, horrorizarse.

inospi'tale ag inhospitalario(a); (regione) inhabitable, solitario(a).

inosser'vante ag: ~ **(di)** inobservante (de).

inosser'vato, a ag inobservado(a).

inossi'dabile ag inoxidable.

I.N.P.S. abbr m di Istituto Nazionale Previdenza Sociale.

inqua'drare [-kw-] vt enmarcar; (fig) situar, colocar; (FOT. CINE) encuadrar.

inquie'tare [-kwj-] vt inquietar; ~**rsi** vr (preoccuparsi) inquietarse; (stizzirsi) irritarse, impacientarse.

inqui'eto, a [-'kwj-] ag inquieto(a).

inquie'tudine [-kwj-] sf inquietud f.

inqui'lino, a [-kw-] sm/f inquilino/a.

inquina'mento [-kw-] sm contaminación f, inquinamiento.

inqui'nare [-kw-] vt inquinar, contaminar.

inquisi'tore, 'trice [-kw-] ag inquisidor(a), indagador(a) // sm inquisidor m.

inquisizi'one [inkwizit'tsjone] sf inquisición f, investigación f.

insabbi'are vt enarenar; (fig) echar tierra sobre; ~**rsi** vr enarenarse; (fig) quedarse en un cajón.

insac'care vt (carne) embutir.

insa'lata sf ensalada.

insalati'era sf ensaladera.

in'salubre ag insalubre.

insa'nabile ag incurable.

insangui'nare [-gw-] vt ensangrentar.

in'sania sf insania, locura.

in'sano, a ag insano(a), loco(a).

insapo'nare vt enjabonar.

insapo'rire vt dar sabor a.

insa'puta sf: **all'**~ **di** a espaldas de; **a mia/tua** etc ~ a mis/tus etc espaldas.

insazi'abile [-t'ts-] ag insaciable.

insca'tolare vt enlatar.

inscin'dibile [-ʃ-] ag inseparable.

insedia'mento sm (in una carica) toma de posesión; (GEOL) hábitat m.

insedi'are vt instalar, colocar; ~**rsi** vr tomar posesión de un cargo.

in'segna [-ɲɲa] sf insignia; (di albergo, negozio) letrero.

insegna'mento [-ɲɲ-] sm enseñanza.

inse'gnante [-ɲ'ɲ-] ag docente // sm/f maestro/a, profesor/a; **corpo** ~ cuerpo docente.

inse'gnare [-ɲ'ɲ-] vt enseñar; ~ **qc a qd** enseñar algo a alguien; ~ **a qd a fare qc** enseñar a alguien a hacer algo.

insegui'mento [-gw-] sm persecución f.

insegui're [-'gw-] vt perseguir.

insegui'tore, 'trice sm/f [-gw-] perseguidor/a.

inselvati'chire [-'k-] vi (aus essere) (anche: ~**rsi**) (ZOOL. BOT) volverse salvaje; (persona) embrutecerse.

insena'tura sf ensenada.

insen'sato, a ag insensato(a).

insen'sibile ag insensible.

insepa'rabile ag inseparable.

inseri'mento sm inserción f, introducción f.

inse'rire vt introducir, meter; (aggiungere) agregar; ~**rsi** vr introducirse; (aggiungersi) agregarse.

in'serto sm suplemento.

inservi'ente sm/f sirviente/a.

inserzi'one [-'ts-] sf inserción f; (annuncio in un giornale) anuncio, aviso.

inserzio'nista [-ts-] sm/f anunciador/a.

insetti'cida, i, e [-'tʃ-] ag, sm insecticida (m).

in'setto sm insecto.

in'sidia sf (pericolo) emboscada, trampa.

insidi'are vt asechar // vi: ~ **a** atentar contra.

insidi'oso, a ag tramposo(a), engañoso(a).

insi'eme av junto(a); (contemporaneamente) juntos(as) // prep: ~ **a** o **con** junto a o con // sm (anche MODA) conjunto; **l'**~ **di** la totalidad de, todo(a); **tutti** ~ todos juntos; **tutto** ~ (bere) de un trago; **d'**~ (veduta) de conjunto; **nell'**~ en conjunto; **questo libro non sta più** ~ este libro se está deshaciendo.

in'signe [-ɲɲe] ag insigne, ilustre.

insignifi'cante [-ɲɲ-] ag insignificante.

insi'gnire [-ɲ'ɲ-] vt condecorar.

insinda'cabile ag incensurable.

insinu'are vt introducir; (fig) insinuar; ~**rsi** vr introducirse.

insinuazi'one [-t'ts-] sf insinuación f.

in'sipido, a ag insípido(a).

insi'stente ag insistente.

insi'stenza [-tsa] sf insistencia.

in'sistere vt: ~ **in qc/a fare qc** insistir en algo/en hacer algo; ~ **su qc** insistir sobre algo.

'insito, a ag insito(a).

insoddi'sfatto, a ag insatisfecho(a).

insoddisfazi'one [-t'ts-] sf insatisfacción f.

insoffe'rente ag intolerante.

insoffe'renza [-tsa] sf intolerancia.

insolazi'one [-t'ts-] sf insolación f.

inso'lente ag insolente.

inso'lenza [-tsa] sf insolencia.

in'solito, a ag insólito(a).

inso'lubile ag insoluble.

inso'luto, a ag irresoluto(a); (non pagato) insoluto(a).

insol'vibile ag insolvente.

in'somma av (in breve) en resumidas cuentas, al fin y al cabo; (dunque) pues // escl ¡en fin!

in'sonne ag insomne.

in'sonnia sf insomnio.

insonno'lito, a ag adormilado(a).

insoppor'tabile ag insoportable.

in'sorgere [-dʒ-] vi (aus essere) sublevarse, rebelarse.

insormon'tabile ag insuperable.

in'sorto, a pp di **insorgere** // ag, sm/f insurrecto(a), rebelde (m/f).

insospet'tire vt despertar sospechas en // vi (aus essere) (anche: ~**rsi**) sospechar, desconfiar.

insoste'nibile ag insostenible; (dolore. pena) insoportable.

inspe'rato, a ag inesperado(a).

inspie'gabile ag inexplicable.

inspi'rare vt inspirar.

inspirazi'one [-t'ts-] sf inspiración f.

in'stabile ag inestable.

instabilità sf inestabilidad f.

instal'lare [-l'l-] vt instalar; ~**rsi** vr instalarse.

installazi'one [installat'tsjone] sf instalación f.

instan'cabile ag incansable.

instau'rare vt instaurar; ~**rsi** vr instaurarse.

insubordinazi'one [-t'ts-] sf insubordinación f.

insuc'cesso [-t'tʃ-] sm fracaso.

insudici'are [-'tʃ-] vt ensuciar; ~**rsi** vr ensuciarse.

insuffici'ente [-'tʃ-] ag insuficiente.

insuffici'enza [-'tʃɛntsa] sf insuficiencia.

insu'lare ag insular.

in'sulso, a ag insulso(a).

insul'tare vt insultar.

in'sulto sm insulto.

insuper'bire vi (aus essere) (anche: ~**rsi**) engreírse, enorgullecerse.

insurrezi'one [-t'ts-] sf insurrección f.

insussi'stente ag inexistente.

intac'care vt (corrodere) atacar, corroer; (fig: risparmi) gastar, recurrir a; (: onore. reputazione) ofender, agraviar.

intagli'are [-ʎ'ʎ-] vt tallar, esculpir.

intaglia'tore [-ʎʎ-] sm entallador m, grabador m.

in'taglio [-ʎʎo] sm talla.

intan'gibile [-'dʒ-] ag intangible.

in'tanto av mientras tanto; ~ **che** cong mientras.

intarsi'are vt taracear.

in'tarsio sm taracea, marquetería.

intasa'mento sm obstrucción f; ~ **del traffico** embotellamiento del tráfico.

inta'sare vt obstruir, atascar; (traffico) embotellar; ~**rsi** vr obstruirse, taparse.

inta'scare vt meter en el bolsillo; (guadagnare) embolsar, ganar.

in'tatto, a ag intacto(a).

intavo'lare vt entablar, iniciar.

inte'grale ag integral.

inte'grare vt integrar; ~**rsi** vr integrarse.

inte'grato, a ag integrado(a), adaptado(a).

integrità sf integridad f.

'integro, a ag íntegro(a).

intelaia'tura sf armazón f.

intel'letto [-l'l-] sm intelecto.

intellettu'ale [-ll-] ag, sm/f intelectual (m/f).

intelli'gente [intelli'dʒente] ag inteligente.

intelli'genza [intelli'dʒentsa] sf inteligencia.

intelli'gibile [intelli'dʒibile] ag inteligible.

intempe'rante ag intemperante.

intem'perie sfpl intemperie f.

intempe'stivo, a ag intempestivo(a).

inten'dente sm (MIL) intendente m.

inten'denza [-tsa] sf intendencia; ~ **di finanza** oficina tributaria.

in'tendere vt entender; (udire) oír, escuchar; ~**rsi** vr entenderse; ~ **fare qc** querer o tener la intención de hacer algo; ~ **dire** querer decir; ~**rsi di qc** ser entendido en algo; **intendersela con qd** flirtear con alguien; **se ne intende** entiende de esto.

intendi'mento sm entendimiento.

intendi'tore, 'trice sm/f conocedor/a.

intene'rire vt (anche fig) enternecer; ~**rsi** vr enternecerse.

intensifi'care vt intensificar; ~**rsi** vr intensificarse.

intensità sf intensidad f.

inten'sivo, a ag intensivo(a).

in'tenso, a ag intenso(a); (colore) vivo(a); (sguardo) ardiente.

inten'tato, a ag: **non lasciare nulla di ~** no dejar por intentar nada.

in'tento, a ag atento(a), ocupado(a) // sm intento, propósito; ~ **a qc/a fare qc** ocupado en algo/en hacer algo.

intenzio'nale [-ts-] ag intencional.

intenzio'nato, a [-ts-] ag: **bene/male ~** bien/mal intencionado(a).

intenzi'one [-'ts-] *sf* intención *f*; **avere ~ di fare qc** tener la intención de hacer algo.

interca'lare *sm* (*parola*) estribillo // *vt* intercalar.

interca'pedine *sf* hueco, intersticio.

inter'cedere [-'tʃ-] *vi* interceder, mediar.

intercessi'one [-'tʃ-] *sf* intercesión *f*, mediación *f*.

intercetta'mento [-tʃ-] *sm* = **intercettazione**.

intercet'tare [-tʃ-] *vt* interceptar.

intercettazi'one [intertʃettat'tsjone] *sf* interceptación *f*.

inter'correre *vi* (*aus* **essere**) mediar, pasar.

inter'detto, a *ag* turbado(a), perplejo(a) // *sm/f* (*DIR*) incapacitado/a // *sm* (*DIR*) interdicción *f*.

inter'dire, *vt* interdecir, prohibir; (*DIR*) incapacitar.

interdizi'one [-'ts-] *sf* interdicción *f*.

interessa'mento *sm* interés *m*.

interes'sante *ag* interesante; **essere in stato ~** estar en estado interesante o encinta.

interes'sare *vt* concernir, atañer; (*attirare*: *qd*) interesar, gustar; (*far prendere interesse*) interesar // *vi* (*aus* **essere**): **~ a** interesar a; **~rsi** *vr*: **~rsi a** interesarse por; **~rsi di** ocuparse de.

inte'resse *sm* interés *m*.

interfe'renza [-tsa] *sf* interferencia.

interfe'rire *vi* interferir.

interiezi'one [-'ts-] *sf* interjección *f*.

interi'ora *sfpl* entrañas *fpl*, vísceras *fpl*.

interi'ore *ag* interno(a); (*fig*) interior.

inter'linea *sf* interlinea.

interlocu'tore, 'trice *sm/f* interlocutor/a.

interloqu'ire [-'kw-] *vi* intervenir, entrometerse.

intermedi'ario, a *ag*, *sm/f* intermediario(a).

inter'medio, a *ag* intermedio(a).

inter'mezzo [-ddzo] *sm* (*intervallo*) intermedio, intervalo; (*TEATRO*) entremés *m*.

intermi'nabile *ag* interminable.

intermit'tente *ag* intermitente.

inter'nare *vt* encerrar; (*MED*) internar.

internazio'nale [-'ts-] *ag* internacional.

in'terno, a *ag* interno(a); (*fig*) interior // *sm* interior *m*; (*TELEC*) línea derivada // *sm/f* (*SCOL*) interno/a, pupilo/a; **per uso ~** (*MED*) para uso interno; **Ministero dell'~** o **degl'~i** Ministerio del Interior; **all'~ di** en el interior de; **~i** (*CINE*) interiores *mpl*.

in'tero, a *ag* entero(a); (*somma*) íntegro(a); (*fiducia*) completo(a), absoluto(a).

interpel'lanza [-l'lantsa] *sf* interpelación *f*.

interpel'lare [-l'l-] *vt* interpelar.

inter'porre *vt* interponer; **interporsi** *vr* interponerse.

interpre'tare *vt* interpretar.

interpretazi'one [-l'ts-] *sf* interpretación *f*.

in'terprete *sm/f* intérprete *m/f*.

inter'rare *vt* enterrar; **~rsi** *vr* enterrarse.

interro'gare *vt*: **~ (qd su qc)** preguntar (algo a alguien), interrogar (a alguien acerca de algo); (*DIR*) interrogar (a alguien acerca de algo); **~ (qd in qc)** (*SCOL*) examinar (a alguien sobre algo).

interroga'tivo, a *ag* interrogativo(a) // *sm* interrogante *m*, incógnita *f*.

interroga'torio, a *ag* interrogativo(a) // *sm* (*DIR*) interrogatorio.

interrogazi'one [-'ts-] *sf* interrogación *f*.

inter'rompere *vt* interrumpir; **~rsi** *vr* interrumpirse.

inter'rotto, a *pp di* **interrompere**.

interrut'tore *sm* interruptor *m*.

interruzi'one [-'ts-] *sf* interrupción *f*.

interse'care *vt* atravesar, cruzar; **~rsi** *vr* intersecarse.

inter'stizio [-'ttsjo] *sm* intersticio.

interur'bano, a *ag* interurbano(a) // *sf* llamada de larga distancia.

inter'vallo [-llo] *sm* intervalo.

interve'nire *vi* (*aus* **essere**) intervenir.

inter'vento *sm* intervención *f*.

inter'vista *sf* entrevista.

intervi'stare *vt* entrevistar.

in'teso, a *pp di* **intendere** // *ag* convenido(a) // *sf* acuerdo; (*POL*) alianza, pacto; **agire d'~a con qd** actuar en colaboración con alguien.

inte'stare *vt* (*lettera*) encabezar; (*appartamento, automobile etc*) poner a nombre de; **~rsi** *vr* obstinarse.

intestazi'one [-'ts-] *sf* (*di lettera*) membrete *m*; (*di libro*) encabezamiento; (*registrazione*) matriculación *f*.

intesti'nale *ag* intestinal.

inte'stino, a *ag* intestino(a) // *sm* (*ANAT*) intestino.

intiepi'dire *vt* entibiar // *vi* (*aus* **essere**) (*anche*: **~rsi**) entibiarse.

inti'mare *vt* intimar.

intimazi'one [-'ts-] *sf* intimación *f*.

intimidazi'one [-'ts-] *sf* intimidación *f*.

intimi'dire *vt* intimidar // *vi* (*anche*: **~rsi**) intimidarse.

intimità *sf* intimidad *f*.

'intimo, a *ag* íntimo(a) // *sm* (*persona*) íntimo, persona de confianza; (*dell'animo*) íntimo.

intimo'rire *vt* asustar, atemorizar; **~rsi** *vr* asustarse.

in'tingere [-dʒ-] *vt* mojar.

in'tingolo *sm* salsa.

intiriz'zire [-d'dz-] *vt* aterir // *vi* (*aus* **essere**) (*anche*: **~rsi**) aterirse.

intito'lare *vt* titular; (*dedicare*) dedicar.

intolle'rabile [-ll-] *ag* intolerable.

intolle'rante [-ll-] ag intolerante.
intolle'ranza [intolle'rantsa] sf
    intolerancia.
intona'care vt revocar.
in'tonaco, ci o chi sm revoque m.
into'nare vt entonar.
intonazi'one [-t'ts-] sf entonación f.
inton'tire vt aturdir // vi (aus essere)
    aturullarse.
in'toppo sm obstáculo, tropiezo.
intorbi'dare vt enturbiar; (fig) turbar //
    vi (anche: ~rsi: farsi torbido)
    enturbiarse; (: offuscarsi) turbarse,
    oscurecerse.
in'torno av alrededor // ~ a prep
    (attorno a) alrededor de; (riguardo)
    acerca de; (circa) hacia, alrededor de.
intorpi'dire vt entorpecer // vi (aus
    essere) (anche: ~rsi) entorpecerse.
intossi'care vt intoxicar.
intossicazi'one [-t'ts-] sf. intoxicación f.
intralci'are [-'tʃ-] vt obstaculizar,
    impedir; ~rsi vr (a vicenda) estorbarse.
intransi'gente [-'dʒ-] ag intransigente.
intrapren'dente ag emprendedor(a);
    (fig: audace) atrevido(a).
intrapren'denza [-tsa] sf (vedi ag)
    iniciativa; atrevimiento.
intra'prendere vt emprender,
    comenzar.
intrat'tabile ag intratable; (argomento)
    delicado(a), difícil.
intratte'nere vt entretener; (amicizia
    etc) mantener, cultivar; ~rsi vr
    entretenerse.
intrave'dere vt entrever, vislumbrar;
    (fig) intuir, adivinar.
intrecci'are [-t'tʃ-] vt (capelli) trenzar;
    (intessere: anche fig) entretejer; (dita)
    entrelazar; ~rsi vr entrelazarse.
in'treccio [-tt'ʃo] sm enlace m; (fig: di
    romanzo) trama.
in'trepido, a ag intrépido(a).
intri'cato, a ag (fig) complicado(a),
    intrincado(a).
in'trigo, ghi sm intriga.
in'trinseco, a, ci, che ag intrínseco(a).
in'triso, a ag empapado(a).
intri'stire vi (aus essere)pervertirse.
intro'durre vt introducir;
    (accompagnare) presentar; introdursi
    vr: introdursi in introducirse en.
introduzi'one [-t'ts-] sf introducción f;
    (presentazione) presentación f.
in'troito sm (COMM) entrada, ingreso.
intro'mettersi vr ingerir.
introspezi'one [-t'ts-] sf introspección f.
in'truglio [-ʎʎo] sm menjunje m;
    (imbroglio) enredo.
intrusi'one sf intrusión f.
in'truso, a sm/f intruso/a.
intu'ire vt intuir.
in'tuito sm intuición f.
intuizi'one [-t'ts-] sf intuición f.
inu'mano, a ag inhumano(a).
inu'mare vt inhumar.

inumazi'one [-t'ts-] sf inhumación f.
inumi'dire vt humedecer; ~rsi vr
    humedecerse.
i'nutile ag inútil.
inutilità sf inutilidad f.
inva'dente ag entrometido(a).
in'vadere vt invadir.
invadi'trice [-tʃe] ag vedi invasore.
inva'ghirsi [-'g-] vr prendarse,
    enamorarse.
invali'cabile ag infranqueable.
invalidità sf invalidez f.
in'valido, a ag, sm/f inválido(a).
in'vano av en vano, inútilmente.
invari'abile ag invariable.
invari'ato, a ag invariado(a).
inva'sare vt (in vaso) envasar; (turbare)
    obsesionar.
invasi'one sf (anche fig) invasión f.
in'vaso, a pp di invadere.
inva'sore, invadi'trice [-tʃe] ag
    invasor(ora) // sm invasor m.
invecchia'mento [-kkj-] sm
    envejecimiento.
invecchi'are [-k'kj-] vi (aus essere), vt
    envejecer.
in'vece [-tʃe] av en cambio; ~ di prep en
    lugar de, en vez de.
inve'ire vi: ~ contro maldecir contra.
inven'tare vt inventar.
inven'tario sm inventario.
inven'tivo, a ag inventivo(a) // sf
    inventiva.
inven'tore sm inventor m.
invenzi'one [-'ts-] sf invención f.
inver'nale ag invernal.
in'verno sm invierno.
inversi'one sf inversión f; ~ di marcia
    (AUTO) inversión de la marcha.
in'verso, a ag contrario(a) // sm
    opuesto.
inverte'brato, a ag invertebrado(a) //
    sm invertebrado.
inver'tire vt (direzione) invertir; (posto,
    disposizione) cambiar.
inver'tito, a ag invertido(a) // sm
    invertido.
investi'gare vt, vi investigar.
investiga'tore, 'trice ag, sm/f
    investigador(a).
investigazi'one [-t'ts-] sf investigación f.
investi'mento sm (AUTO) choque m;
    (ECON) insumo, inversión f.
inve'stire vt (sog: automobile etc)
    embestir, chocar; (ECON) invertir;
    (apostrofare) atacar; ~ qd di (carica,
    potere) investir a alguien de.
investi'tura sf investidura.
invete'rato, a ag inveterado(a).
invet'tiva sf invectiva, ataque m.
invi'are vt enviar.
invi'ato, a sm/f enviado/a; ~ speciale
    (di giornale, TV etc) corresponsal m.
in'vidia sf envidia.
invidi'are vt envidiar.
invidi'oso, a ag envidioso(a).

invin'cibile [-'tʃ-] *ag* invencible.
in'vio, 'vii *sm* envio.
inviolabilità *sf* inviolabilidad *f.*
invio'lato, a *ag* inviolado(a).
invipe'rito, a *ag* envenenado(a), furioso(a).
invischi'are [-'kj-] *vt* enviscar; *(fig)* engatusar; ~**rsi** *vr* enredarse.
invi'sibile *ag* invisible.
invisibilità *sf* invisibilidad *f.*
invi'tare *vt* invitar; *(CARTE)* envidar; ~ **qd a fare qc** invitar a alguien a hacer algo.
invi'tato, a *sm/f* invitado/a.
in'vito *sm* invitación *f; (CARTE)* envite *m.*
invo'care *vt* invocar.
invogli'are [-ʎʎ-] *vt* animar
involon'tario, a *ag* involuntario(a).
invol'tino *sm* pulpeta.
in'volto *sm* paquete *m,* envoltorio.
in'volucro *sm* envoltura; *(BOT)* involucro.
involuzi'one [-t'ts-] *sf* involución *f.*
invulne'rabile *ag* invulnerable.
inzacche'rare [-kk-] *vt* ensuciar, embarrar; ~**rsi** *vr* ensuciarse, embarrarse.
inzup'pare [-ts-] *vt* bañar, mojar; ~**rsi** *vr* mojarse, bañarse; *(sotto la pioggia)* empaparse.
io *pron* yo // *sm inv* yo.
i'odio *sm* yodo.
i'one *sm* ión *m.*
I'onio *sm:* **lo** ~ el Jonio.
i'osa: a ~ *av* en abundancia o cantidad.
i'perbole *sf (LING)* hipérbole *f; (MAT)* hipérbola.
ip'nosi *sf* hipnosis *f.*
ip'notico, a, ci, che *ag* hipnótico(a).
ipno'tismo *sm* hipnotismo.
ipnotiz'zare [-d'dz-] *vt* hipnotizar.
ipocon'dria *sf* hipocondría.
ipocri'sia *sf* hipocresía.
i'pocrita, i, e *ag* hipócrita.
ipo'teca, che *sf* hipoteca.
ipote'care *vt (anche fig)* hipotecar.
i'potesi *sf inv* hipótesis *f inv;* **per** ~ por hipótesis.
ipo'tetico, a, ci, che *ag* hipotético(a).
'ippico, a, ci, che *ag* hípico(a) // *sf* hípica.
ippoca'stano *sm* castaño de la India.
ip'podromo *sm* hipódromo.
ippo'potamo *sm* hipopótamo.
'ira *sf* ira.
ira'scibile [-ʃʃ-] *ag* irascible.
'iride *sf (arcobaleno)* arco iris *m; (ANAT)* iris *m; (BOT)* lirio.
iride'scente [-ʃʃ-] *ag* iridescente.
iro'nia *sf* ironia.
i'ronico, a *ag* irónico(a).
I.R.P.E.F. *sf (abbr di Imposta sul Reddito delle Persone Fisiche)* IRPF.
irradi'are *vt* irradiar // *vi (aus essere) (anche:* ~**rsi)** irradiarse, esparcirse.
irradiazi'one [-t'ts-] *sf* irradiación *f.*
irraggi'are [-d'dʒ-] *vt* = **irradiare.**

irraggiun'gibile [irraddʒun'dʒibile] *ag* inalcanzable.
irragio'nevole [-dʒ-] *ag* desatinado(a), irracional.
irrazio'nale [-tts-] *ag* irracional.
irre'ale *ag* irreal.
irrealiz'zabile [-d'dz-] *ag* irrealizable.
irrecupe'rabile *ag* irrecuperable.
irrefre'nabile *ag* irrefrenable.
irrefu'tabile *ag* irrefutable.
irrego'lare *ag* irregular.
irregolarità *sf inv* irregularidad *f.*
irremo'vibile *ag* firme; *(fig)* tenaz, porfiado(a).
irrepa'rabile *ag* irreparable.
irrepe'ribile *ag* que no se puede encontrar.
irrepren'sibile *ag* irreprensible.
irrequi'eto, a [-'kwj-] *ag* inquieto(a).
irresi'stibile *ag* irresistible.
irreso'luto, a *ag* indeciso(a), perplejo(a).
irrespon'sabile *ag* irresponsable.
irre'tire *vt (fig)* seducir, engatusar.
irrevo'cabile *ag* irrevocable.
irridu'cibile [-'tʃ-] *ag* irreducible.
irri'gare *vt* regar, irrigar; *(sog: fiume etc)* bañar.
irrigazi'one [-t'ts-] *sf* irrigación *f.*
irrigi'dire [-dʒ-] *vt* atiesar; *(fig)* endurecer; ~**rsi** *vr* entumecerse; *(fig)* endurecerse, insensibilizarse.
irrimedi'abile *ag* irremediable.
irri'sorio, a *ag* irrisorio(a).
irri'tabile *ag* irritable.
irri'tare *vt* irritar; ~**rsi** *vr* irritarse.
irritazi'one [-t'ts-] *sf* irritación *f.*
irrive'rente *ag* irreverente.
irrive'renza [-tsa] *sf* irreverencia.
irrobu'stire *vt* robustecer; ~**rsi** *vr* robustecerse.
ir'rompere *vi:* ~ **in** irrumpir en.
irro'rare *vt* rociar; *(AGR)* regar.
irru'ente *ag* impetuoso(a), violento(a).
irruzi'one [-t'ts-] *sf* irrupción *f.*
i'scritto, a *pp di* **iscrivere** // *sm/f* inscripto/a; **per o in** ~ por escrito.
i'scrivere *vt* inscribir; *(COMM: sul bilancio)* asentar, registrar; ~**rsi** *vr:* ~**rsi a** inscribirse en.
iscrizi'one [-t'ts-] *sf* inscripción *f.*
'isola *sf* isla; ~ **pedonale** zona peatonal.
isola'mento *sm* aislamiento; *(solitudine)* soledad *f.*
iso'lano, a *ag, sm/f* isleño(a).
iso'lante *ag* aislador(a) // *sm* aislador *m.*
iso'lare *vt* aislar; ~**rsi** *vr* apartarse, aislarse.
iso'lato, a *ag* aislado(a); *(luogo)* solitario(a) // *sm* manzana.
ispet'rato *sm* inspección *f.*
ispet'tore *sm* inspector *m.*
ispezio'nare [-tts-] *vt* inspeccionar.
ispezi'one [-t'ts-] *sf* inspección *f.*
'ispido, a *ag* hirsuto(a).

ispi'rare vt inspirar; ~rsi vr: ~rsi a inspirarse en.

ispirazi'one [-t'ts-] sf inspiración f.

is'sare vt izar.

istan'taneo, a ag instantáneo(a) // sf instántanea.

i'stante sm instante m; **all' ~, sull' ~** al instante, inmediatamente.

i'stanza [-tsa] sf (domanda scritta) petición f, solicitud f; (DIR) instancia.

i'sterico, a, ci, che ag histérico(a).

iste'rismo sm histeria.

isti'gare vt instigar.

istigazi'one [-t'ts-] sf instigación f.

istin'tivo, a ag instintivo(a).

i'stinto sm instinto.

istitu'ire vt instituir.

isti'tuto sm instituto.

istituzi'one [-t'ts-] sf institución f; ~i fpl instituciones fpl.

'istmo sm istmo.

'istrice [-tʃe] sm puerco espín m.

istri'one sm (peg) histrión m.

istru'ire vt instruir.

istrut'tivo, a ag instructivo(a).

istrut'tore, 'trice sm/f instructor/a // ag: **giudice ~** juez m de instrucción.

istrut'toria sf instrucción f.

istruzi'one [-t'ts-] sf instrucción f.

I'talia sf Italia.

itali'ano, a ag, sm/f italiano(a).

itine'rario sm itinerario.

itte'rizia [-ttsja] sf ictericia.

'ittico, a, ci, che ag íctico(a).

Iugos'lavia sf Yugoeslavia.

iugos'lavo, a ag, sm/f yugoeslavo(a).

i'uto sf yute m.

I.V.A. abbr f vedi **imposta**.

L

l' det vedi **la, lo**.

la det f (dav V **l'**) la // pron (oggetto) la; (: forma di cortesia) usted // sm inv (MUS) la m.

là av allá, allí; **farsi in ~** apartarse; **andare in ~** avanzar, ir hacia adelante; **di ~** (nell'altra stanza) allá adentro; (moto da luogo) desde allí; (moto per luogo) por allí; **essere in ~ con gli anni** ser de edad avanzada.

'labbro sm (pl(f): **labbra**: ANAT) labio; (pl(m): **labbri**: di ferita. vaso) borde m.

'labile ag efímero(a), fugaz; (debole) flaco(a).

labi'rinto sm laberinto.

labora'torio sm laboratorio; (di artigiano) taller m; ~ **linguistico** laboratorio lingüístico.

laboriosità sf inv laboriosidad f.

labori'oso, a ag laborioso(a); (difficile) penoso(a).

labu'rista, i, e ag, sm/f laborista (m/f).

'lacca, che sf (vernice) laca; (per acconciature) laca.

'laccio [-tʃo] sm lazo; **i lacci delle scarpe** los cordones de los zapatos.

lace'rante [-tʃ-] ag desgarrador(ora).

lace'rare [-tʃ-] vt rasgar, desgarrar; ~rsi vr desgarrarse, rasgarse.

lacerazi'one [latʃerat'tsjone] sf desgarramiento; (MED: di tessuti etc) laceración f.

'lacero, a [-tʃ-] ag rotoso(a); (MED): **ferita ~-contusa** llaga contusa.

la'conico, a, ci, che ag lacónico(a).

'lacrima sf lágrima; (di liquido) gota; **in ~e** en lágrimas.

lacri'mare vi llorar, lagrimear.

lacrimazi'one [-'tsjone] sf lagrimeo.

lacri'mogeno, a [-dʒ-] ag lacrimógeno(a).

lacri'moso, a ag lacrimoso(a).

la'cuna sf (fig) laguna, vacío.

lacu'noso, a ag incompleto(a).

'ladro sm ladrón m; **al ~!** ¡al ladrón!

ladro'cinio [-'tʃ-] sm latrocinio, robo.

laggiù [lad'dʒu] av allá abajo.

la'gnanza [laɲ'nantsa] sf queja, lamento.

la'gnarsi [-ɲ'ɲ-] vr: ~ **(di o per)** quejarse (de o por).

'lago, ghi sm lago; (fig) charco.

'lagrima etc vedi **lacrima** etc.

la'guna sf laguna.

'laico, a, ci, che ag, sm/f laico(a) // sm lego.

'lama sf hoja // sm inv (ZOOL) llama; (REL) lama m.

lambic'care vt (distillare) alambicar, destilar; ~rsi vr: ~rsi **il cervello** devanarse los sesos.

lam'bire vt lamer.

la'mella [-lla] sf (BOT) hoja; (di metallo etc) lámina.

lamen'tare vt lamentar; ~rsi vr: ~rsi **(per)** lamentarse (de).

lamen'tela sf queja.

lamen'tevole ag lamentoso(a); (destino) lamentable.

la'mento sm lamento.

lamen'toso, a ag lamentoso(a).

la'metta sf hoja; ~ **da barba** hoja de afeitar.

lami'era sf lámina, chapa.

'lamina sf lámina, hoja.

lami'nare ag laminoso(a) // vt laminar.

lami'nato, a ag laminado(a) // sm laminado.

'lampada sf lámpara; ~ **a petrolio** lámpara de petróleo; ~ **da saldatore** soplete m; ~ **tascabile** linterna.

lampa'dario sm araña.

lampa'dina sf bombilla, foco (spec AM).

lam'pante ag evidente, claro(a).

lampeggi'are [-d'dʒ-] vi (luce, fari) hacer señales // vb impersonale relampaguear.

lampeggia'tore [-ddʒ-] sm (AUTO) luz f intermitente.

lam'peggio [-ddʒ-] *sm* relampagueo.
lampi'one *sm* farol *m*.
'lampo *sm* relámpago // *ag inv:*
cerniera ~ cierre relámpago;
guerra/intervista ~ guerra/
entrevista relámpago.
lam'pone *sm* frambuesa.
lam'preda *sf* lamprea.
'lana *sf* lana; ~ **d'acciaio** esponja de
acero; ~ **mista/vergine** lana
mixta/virgen; ~ **di vetro** lana de
vidrio.
lan'cetta [-'tʃ-] *sf* manecilla.
'lancia [-tʃa] *sf* (*arma*) lanza; (NAUT)
lancha; **spezzare una** ~ **in favore di**
qd (*fig*) jugarse por alguien.
lanciafi'amme [-tʃ-] *sm inv* lanzallamas
m inv.
lanci'are [-'tʃ-] *vt* (*anche fig*) lanzar;
~**rsi** *vr* (*anche fig*) lanzarse.
lanci'ere [-'tʃ-] *sm* lancero.
lanci'nante [-tʃ-] *ag* desgarrador(ora).
'lancio [-tʃo] *sm* lanzamiento; (*col*
paracadute) salto; ~ **del disco**
lanzamiento del disco.
'landa *sf* landa, páramo.
'languido, a [-gw-] *ag* (*voce*) débil;
(*occhi*) lánguido(a).
langu'ire [-'gw-] *vi* languidecer.
langu'ore [-'gw-] *sm* languidez *f*.
lani'ero, a *ag* lanero(a).
lani'ficio [-tʃo] *sm* lanificio.
la'noso, a *ag* lanudo(a).
lan'terna *sf* (*lampada*) farol *m*; (*faro*)
faro; (ARCHIT) claraboya.
la'nugine [-dʒ-] *sf* vello; (BOT) pelusa.
lanugi'noso, a [-dʒ-] *ag* velloso(a).
lapi'dare *vt* lapidar.
lapidazi'one [-'tsjone] *sf* lapidación *f*.
'lapide *sf* lápida.
la'pillo [-llo] *sm* lapilli *mpl*.
'lapis *sm* lápiz *m*.
lapi'slazzuli [-tts-] *sm* lapislázuli *m*.
'lardo *sm* tocino.
largheggi'are [larged'dʒare] *vi:* ~ **di** *o*
in abundar en.
lar'ghezza [lar'gettsa] *sf* ancho; (*fig*)
amplitud *f*; (: *liberalità*) largueza,
munificencia.
'largo, a, ghi, ghe *ag* ancho(a); (*fig:*
ricompensa) abundante, magnífico(a); (:
persona) generoso(a), pródigo(a) // *sm*
(*piazza*) plaza; **il** ~ (*mare*) el mar
adentro; **farsi** ~ abrirse paso; ~ **ai**
giovani! ¡paso a los jóvenes!; **andare al**
~ alejarse; **essere al** ~ **di** estar a la
altura de.
'larice [-tʃe] *sm* alerce *m*.
la'ringe [-dʒe] *sf* laringe *f*.
larin'gite [-'dʒ-] *sf* laringitis *f inv*.
'larva *sf* larva.
la'sagne [-ɲɲe] *sfpl* lasañas *fpl*.
lasci'are [-'ʃʃ-] *vt* dejar; (*abbandonare*)
abandonar, dejar; (*mollare*) largar;
(*affidare*) dar, confiar // *vb ausiliare:* ~
fare qd dejar hacer a alguien; ~**rsi** *vr:*

~**rsi andare** descuidarse; ~**rsi**
truffare dejarse estafar; ~ **andare** *o*
correre *o* **perdere** pasar por alto; ~
stare dejar estar; ~ **a desiderare**
dejar que desear.
'lascito [-'ʃʃ-] *sm* legado.
la'scivo, a [-'ʃʃ-] *ag* lascivo(a).
'laser *ag, sm/f* laser (*m*).
lassa'tivo, a *ag, sm* laxante (*m*).
'lasso *sm* lapso.
lassù *av* allá arriba.
'lastra *sf* losa, laja; ~ **fotografica** placa;
~ **di ghiaccio** témpano.
lastri'care *vt* adoquinar.
lastri'cato, a *ag* adoquinado(a) // *sm*
adoquinado.
'lastrico, ci *o* **chi** *sm* empedrado;
abbandonare/ridursi sul ~ (*fig*)
abandonar/caer en extrema pobreza.
la'tente *ag* latente.
late'rale *ag* lateral // *sm* (CALCIO) medio.
late'rizio, a [-'rittsjo] *ag* de ladrillo //
smpl ladrillos.
lati'fondo *sm* latifundio.
la'tino, a *ag, sm/f* latino(a).
lati'tante *ag, sm/f* prófugo(a).
lati'tudine *sf* latitud *f*.
'lato, a *ag* (*fig*) lato(a) // *sm* lado; (*fig*)
aspecto; **in senso** ~ en sentido lato.
la'trare *vi* ladrar.
la'trato *sm* ladrido.
la'trina *sf* letrina.
latro'cinio [-'tʃ-] *sm* = **ladrocinio**.
'latta *sf* lata.
lat'taio, a *sm/f* lechero/a.
lat'tante *ag, sm/f* lactante (*m/f*).
'latte *sm* leche *f*; ~ **magro** *o* **scremato**
leche magra *o* descremada; ~ **secco** *o*
in polvere leche en polvo; ~
detergente leche de limpieza.
'latteo, a *ag* lácteo(a).
latte'ria *sf* lechería.
latti'cini [-'tʃ-] *smpl* quesillos *mpl*.
lat'tuga *sf* lechuga.
'laurea *sf* doctorado.
laure'ando, a *sm/f* candidato/a al
doctorado.
laure'arsi *vr* doctorarse, graduarse.
laure'ato, a *ag* doctorado(a),
graduado(a) // *sm/f* doctor/ora,
graduado/a.
'lauro *sm* laurel *m*.
'lauto, a *ag* espléndido(a), opíparo(a).
'lava *sf* lava.
la'vabile *ag* lavable.
la'vabo *sm* lavabo.
la'vaggio [-ddʒo] *sm* lavado; ~ **del**
cervello lavado de cerebro.
la'vagna [-ɲɲa] *sf* pizarra.
la'vanda *sf* (MED) lavado; (BOT) lavanda.
lavan'daia *sf* lavandera.
lavande'ria *sf* lavadero, tintorería.
lavan'dino *sm* fregadero.
lavapi'atti *sm/f inv* lavaplatos *m/f inv*.
la'vare *vt* lavar; ~**rsi** *vr* lavarse; ~ **a**
secco lavar en seco.

lava'secco *sm o f inv* tintorería de lavado
en seco.

lavasto'viglie [-ʎʎe] *sm o f inv*
lavaplatos *m/f inv.*

lava'toio *sm* lavadero.

lava'trice [-tʃe] *sf* lavadora.

lava'tura *sf* lavado.

lavo'rante *sm/f* obrero/a.

lavo'rare *vi, vt* trabajar.

lavora'tivo, a *ag* laborable.

lavora'tore, 'trice *a, sm/f*
trabajador(ora).

lavorazi'one [-'tsjone] *sf* (*di legno, ferro
etc*) elaboración *f*, trabajo; (*di vestito etc*)
confección *f*; (*di film*) rodaje *m.*

lavo'rio *sm* trabajo incesante.

la'voro *sm* trabajo; (*attività retribuita*)
empleo, trabajo; (*prodotto*) obra, trabajo;
andare al ~ ir al trabajo; ~**i**
femminili labores femeninas; ~**i**
forzati trabajos forzados; ~**i pubblici**
obras públicas.

le *det fpl* las // *pron* (*complemento oggetto:
fpl*) las; (*fsg: a lei, a essa*) le; (: *forma de
cortesia*) usted; ~ **pensa tutte** no sabe
ya qué inventar.

le'ale *ag* leal.

lealtà *sf inv* lealtad *f.*

'lebbra *sf* lepra.

leb'broso, a *ag, sm/f* leproso(a).

'lecca 'lecca *sm inv* pirulí *m.*

leccapi'edi *sm/f inv* (*peg*) chupamedias
m/f inv.

lec'care *vt* lamer; (*fig*) adular; ~**rsi** *vr*:
~**rsi le dita** chuparse los dedos; ~**rsi i**
baffi (*fig*) relamerse.

lec'cata *sf* lamida.

'leccio [-ttʃo] *sm* acebo.

lec'cornia *sf* golosina.

'lecito, a [-tʃ-] *ag* lícito(a), honesto(a).

'ledere *vt* (*offendere*) agraviar; (*MED*)
lesionar.

'lega, ghe *sf* (*associazione*) unión *f*,
confederación *f*; (*di metalli*) aleación *f*;
(*misura*) legua; **far** ~ **con qd**
entenderse con alguien; **leghe leggere**
aleaciones ligeras.

le'gaccio [-ttʃo] *sm* cordón *m*; **punto** ~
(*MAGLIA*) punto al derecho.

le'gale *ag* legal // *sm* abogado.

legalità *sf inv* legalidad *f.*

legaliz'zare [-d'dz-] *vt* legalizar.

le'game *sm* (*fig*) vínculo.

lega'mento *sm* (*ANAT*) ligamento.

le'gare *vt* atar; (*CHIM*) alear, ligar; (*fig*)
unir, vincular // *vi* (*far lega*) pegar;
~**rsi in matrimonio** unirse en
matrimonio.

lega'tario, a *sm/f* legatario/a.

le'gato *sm* legado.

lega'tura *sf* atadura; (*MUS*) ligadura.

legazi'one [-'tsjone] *sf* legación *f.*

'legge [-ddʒe] *sf* ley *f.*

leg'genda [-d'dʒ-] *sf* leyenda; (*didascalia*)
explicación *f.*

leggen'dario, a [-ddʒ-] *ag* legendario(a).

'leggere [-ddʒ-] *vt* leer; ~ **nel futuro**
predecir el futuro.

legge'rezza [leddʒe'rettsa] *sf* (*anche fig*)
ligereza.

leg'gero, a [-d'dʒ-] *ag* liviano(a),
ligero(a); (*fig*) leve; (*tè, caffè etc*)
ligero(a); (*fig: frivolo*) vano(a),
frivolo(a); **alla** ~**a** livianamente, con
ligereza.

leggia'dria [-ddʒ-] *sf* hermosura, gracia.

leggi'adro, a [-d'dʒ-] *ag* hermoso(a),
agraciado(a).

leg'gibile [-d'dʒ-] *ag* legible.

leg'gio, 'gii [-d'dʒ-] *sm* atril *m.*

legio'nario, a [-dʒ-] *ag* legionario(a) //
sm legionario.

legi'one [-'dʒ-] *sf* legión *f*; (*dei carabinieri*)
regimiento; ~
straniera legión extranjera.

legisla'tivo, a [-dʒ-] *ag* legislativo(a).

legisla'tore [-dʒ-] *sm* legislador *m.*

legisla'tura [-dʒ-] *sf* legislatura.

legislazi'one [ledʒislat'tsjone] *sf*
legislación *f.*

legitti'mare [-dʒ-] *vt* (*render legittimo*)
legitimar; (*fig*) justificar.

legittimità [-dʒ-] *sf inv* legitimidad *f.*

le'gittimo, a [-'dʒ-] *ag* legítimo(a).

'legna [-ɲɲa] *sf* leña.

le'gname [-ɲ'ɲ-] *sm* madera.

le'gnata [-ɲ'ɲ-] *sf* garrotazo.

'legno [-ɲɲo] *sm* madera; ~
compensato madera conglomerada.

le'gnoso, a [-ɲ'ɲ-] *ag* leñoso(a).

le'gume *sm* legumbre *f*; ~**i** *mpl*
hortalizas.

'lei *pron* ella; (*forma di cortesia: anche:*
L~) usted // *sm*: **dare del** ~ **a qd**
tratar de usted a alguien; ~ **stessa** ella
misma.

'lembo *sm* borde *m*, extremidad *f*; (*di
terra*) franja.

'lemme 'lemme *av* despacito,
lentamente.

'lena *sf* ahinco, afán *m*; **di buona** ~ de
buena gana.

le'nire *vt* aliviar, calmar.

'lente *sf* lente *m/f*; ~ **d'ingrandimento**
lente de aumento; ~**i a contatto** o
corneali lentes de contacto.

len'tezza [-ttsa] *sf* lentitud *f.*

len'ticchia [-kkja] *sf* lenteja.

len'tiggine [-ddʒ-] *sf* peca.

lentiggi'noso, a [-ddʒ-] *ag* pecoso(a).

'lento, a *ag* lento(a); (*molle: fune, nodo*)
flojo(a).

'lenza [-tsa] *sf* sedal *m.*

lenzu'olo [-'tswɔlo] *sm* sábana; ~**a** *fpl*
sábanas.

le'one *sm* león *m*; **L**~ (*ASTROL*) Leo.

leo'pardo *sm* leopardo.

lepo'rino, a *ag*: **labbro** ~ labio
leporino.

'lepre *sf* liebre *f.*

'lercio, a, ci, cie [-tʃo] *ag* sucio(a).

lerci'ume [-'tʃ-] *sm* suciedad *f*, mugre *f.*

lesi'nare vt escatimar // vi cicatear; ~ su regatear en.
lesi'one sf lesión f.
'**leso, a** ag leso(a).
les'sare vt hervir.
'**lessico, ci** sm léxico.
'**lesso, a** ag hervido(a) // sm (CUC) puchero.
'**lesto, a** ag ágil, rápido(a); ~ **di mano** rápido de mano.
le'tale ag letal.
leta'maio sm (anche fig) basurero, muladar m.
le'tame sm estiércol m.
le'targo, ghi sm (MED) letargo; (ZOOL) hibernación f; (fig) modorra.
le'tizia [-tɛ-] sf regocijo.
'**lettera** sf letra; (missiva) carta; ~**e fpl** literatura; (SCOL: facoltà) Filosofía y Letras; **alla ~** a la letra; ~ **di cambio** (COMM) letra de cambio.
lette'rale ag literal.
lette'rario, a ag literario(a).
lette'rato, a ag, sm/f literato(a).
lettera'tura sf literatura.
letti'era sf pajaza.
let'tiga, ghe sf (per malati etc) camilla.
'**letto, a** pp di **leggere** // ag leído(a) // sm cama; (di fiume, lago) lecho; **andare a** ~ ir a la cama; **mettersi a** ~ meterse en cama; ~ **a castello** litera; ~ **a due piazze** o **matrimoniale** cama de dos plazas o matrimonial; ~ **a una piazza** cama de una plaza.
let'tore sm lector m.
let'tura sf lectura.
leuce'mia [-tʃ-] sf leucemia.
'**leva** sf palanca; (fig) aliciente m, estímulo; **far ~ su qc** apelar a algo; **essere di** ~ (MIL) estar haciendo el servicio militar; **servizio di** ~ servicio militar.
le'vante sm levante m, oriente m.
le'vare vt alzar, levantar; (togliere: divieto) sacar, retirar; (: dente) extraer, sacar; (: fame, sete) quitar; ~**rsi** vr (vestito) quitarse; ~**rsi di mezzo** o **dai piedi** quitarse de encima.
le'vata sf (di sole) salida; (di posta) recolección f; ~ **di scudi** (fig) protesta.
leva'trice [-tʃe] sf partera.
leva'tura sf talla, envergadura.
levi'gare vt alisar, pulir.
levigazi'one [-'tsjone] sf alisadura.
levri'ere sm lebrel m.
lezi'one [-'tsjone] sf (anche fig) lección f.
lezi'oso, a [-'tsjoso] ag remilgado(a).
'**lezzo** [-ddzo] sm hedor m.
li pron mpl les.
lì av (luogo) allí, ahí; (tempo) ahí mismo, en ese momento; **di** o **da** ~ (moto per luogo) por allí; (moto da luogo) de allí; **di** ~ **a pochi giorni** unos pocos días después; ~ **per** ~ en el momento; **essere** ~ (~) **per fare qc** estar a

punto de hacer algo; ~ **dentro** ahí dentro; ~ **sotto** allí abajo; vedi anche **là**.
libagi'one [-'dʒ-] sf libación f.
'**libbra** sf libra.
li'beccio [-ttʃo] sm ábrego, sudoeste m.
li'bello [-llo] sm libelo.
li'bellula [-ll-] sf libélula.
libe'rale ag, sm/f liberal (m/f).
libera'lismo sm liberalismo.
liberalità sf inv generosidad f.
liberaliz'zare [-d'dz-] vt liberalizar.
libe'rare vt liberar; (da pericoli) librar; (ECON: azione) rescatar; (meccanismo) desbloquear, zafar.
libera'tore, 'trice ag, sm/f libertador(ora).
liberazi'one [-'tsjone] sf liberación f.
'**libero, a** ag libre; (linguaggio) licencioso(a); (posto, toilette, linea telefonica) desocupado(a); ~ **professionista** profesional (m/f); ~ **scambio** libre cambio.
libertà sf inv libertad f; **prendersi delle** ~ **con qd** propasarse con alguien.
liberti'naggio [-ddʒo] sm libertinaje m.
liber'tino, a ag, sm/f libertino(a).
li'bidine sf libídine f.
libidi'noso, a ag libidinoso(a).
li'braio sm librero.
li'brarsi vr mecerse.
li'brario, a ag librario(a).
libre'ria sf librería; (mobile) biblioteca.
li'bretto sm librito; (MUS) libreto; (taccuino) libreta; ~ **di risparmio** (FIN) cartilla de ahorros; ~ **degli assegni** talonario de cheques; ~ **di circolazione** (AUTO) permiso de circulación; ~ **di lavoro** cartilla de trabajo; ~ **universitario** libreta universitaria.
'**libro** sm libro.
lice'ale [-tʃ-] ag de liceo // sm/f alumno/a de instituto de 2a. enseñanza.
li'cenza [li'tʃentsa] sf (di pesca, caccia) permiso, autorización f; (MIL: congedo) permiso; (SCOL) diploma m; (libertà) licencia, libertad f; **andare in** ~ (MIL) salir con permiso.
licenzia'mento [litʃentsja'mento] sm despido.
licenzi'are [litʃen'tsjare] vt (impiegato etc) despedir, echar; (SCOL) diplomar; ~**rsi** vr (impiegato) renunciar.
licenziosità [litʃentsjosi'ta] sf inv libertinaje m.
licenzi'oso, a [litʃen'tsjoso] ag licencioso(a).
li'ceo [-tʃ-] sm instituto de 2a. enseñanza; ~ **classico/scientifico/linguistico** instituto clásico/científico/lingüístico.
li'chene [-'ke-] sm líquen m.
licitazi'one [litʃitat'tsjone] sf (asta) subasta; (BRIDGE) declaración f.
'**lido** sm playa.
li'eto, a ag alegre.

li'eve *ag* leve.
lievi'tare *vi* (*aus* **essere**) leudare.
li'evito *sm* levadura; ~ **di birra** levadura de cerveza.
'ligio, a, gi, gie [-dʒo] *ag*: ~ **a** fiel o devoto(a) a.
li'gnaggio [liɲˈnaddʒo] *sm* linaje *m*.
'ligneo, a [-ɲɲ-] *ag* leñoso(a).
'lilla, lillà [-lla] *ag*, *sm* lila.
'lima *sf* lima.
limacci'oso, a [-tˈtʃ-] *ag* cenagoso(a).
li'mare *vt* limar; (*fig*) pulir, perfeccionar.
lima'tura *sf* (*anche fig*) limadura.
'limbo *sm* limbo.
limi'tare *sm* umbral *m* // *vt* limitar; ~**rsi** *vr*: ~**rsi in** no excederse en; ~**rsi a** limitarse a.
limi'tato, a *ag* limitado(a).
limitazi'one [-ˈtsjone] *sf* limitación *f*; (*di tempo*) límite *m*.
'limite *sm* límite *m* // *ag inv* extremo(a), límite; **al** ~ (*fig*) en última instancia; ~ **di velocità** límite de velocidad.
li'mitrofo, a *ag* limítrofe.
limo'nata *sf* limonada.
li'mone *sm* (BOT: *pianta*) limonero; (: *frutto*) limón *m*.
'limpido, a *ag* límpido(a); (*stile*) claro(a), puro(a); (*voce*) sonoro(a).
'lince [-tʃe] *sf* lince *m*.
linci'aggio [linˈtʃaddʒo] *sm* linchamiento.
linci'are [-ˈtʃ-] *vt* linchar.
'lindo, a *ag* pulcro(a), limpio(a).
'linea *sf* línea; **a grandi** ~**e** a grandes rasgos; **mantenere la** ~ mantener la línea; **di** ~ de línea; ~ **di partenza/d'arrivo** (SPORT) línea de arranque/de llegada.
linea'menti *smpl* rasgos *mpl*.
line'are *ag* lineal.
line'etta *sf* guión *m*.
'linfa *sf* (ANAT, *fig*) linfa; (BOT) savia.
lin'fatico, a, ci, che *ag* linfático(a).
lin'gotto *sm* lingote *m*.
'lingua *sf* lengua; (*idioma*) lengua, idioma; **aver la** ~ **lunga** (*fig*) tener la lengua larga; **hai perso la** ~? ¿te han comido la lengua?; ~ **madre** lengua madre.
linguacci'uto, a [-tˈtʃ-] *ag* charlatán(ana).
lingu'aggio [-ˈddʒo] *sm* lenguaje *m*.
lingu'etta [-ˈgw-] *sf* lengüeta; (*di busta*) fijasellos *m*.
lingu'ista, i, e [-ˈgw-] *sm/f* lingüista *m/f*.
lingu'istico, a, ci, che [-ˈgw-] *ag* lingüístico(a).
lini'mento *sm* linimento.
'lino *sm* lino.
li'noleum *sm* linóleo.
lique'fare [-kw-] *vt* licuar; ~**rsi** *vr* licuarse.
liquefazi'one [likwefatˈtsjone] *sf* licuefacción *f*.

liqui'dare [-kw-] *vt* liquidar; (*conti, debiti*) saldar, pagar; (*fig*: *risolvere*) resolver, decidir.
liquida'tore, 'trice [-kw-] *sm/f* liquidador/ora.
liquidazi'one [likwidatˈtsjone] *sf* liquidación *f*.
liquidità [-kw-] *sf inv* liquidez *f*.
'liquido, a [-kw-] *ag* líquido(a) // *sm* líquido.
liqui'rizia [likwiˈrittsja] *sf* orozuz *m*.
liqu'ore [-ˈkw-] *sm* licor *m*.
'lira *sf* lira; **uccello** ~ (ZOOL) ave lira.
'lirico, a, ci, che *ag* lírico(a) // *sf* lírica.
'lisca, che *sf* espina.
lisci'are [-ʃˈʃ-] *vt* alisar, pulir; (*fig*) adular; ~**rsi** *vr* acicalarse.
'liscio, a, sci, sce [-ʃʃo] *ag* liso(a); (*bevanda*) puro(a); **passarla** ~**a** (*fig*) sacarla barata.
'liso, a *ag* raído(a).
'lista *sf* tira; (*elenco*) lista; ~ **delle vivande** lista de platos, menú *m*; ~**e elettorali** padrones electorales.
li'stare *vt* rayar.
li'stino *sm* boletín *m*, catálogo; ~ **di borsa/dei cambi** boletín de cotizaciones/de los cambios; **di** ~ (*prezzo*) en lista.
lita'nia *sf* (*anche fig*) letanía.
'lite *sf* disputa, riña; (DIR) litigio, pleito.
liti'gante *ag*, *sm/f* litigante (*m/f*).
liti'gare *vi* pelear, reñir; (DIR) pleitar, litigar.
li'tigio [-dʒo] *sm* discusión *f*, pelea.
litigi'oso, a [-ˈdʒo-] *ag* pendenciero(a); (DIR) pleiteador(ora).
lito'rale *ag*, *sm* litoral (*m*).
lito'raneo, a *ag* ribereño(a).
'litro *sm* litro.
litur'gia, 'gie [-dʒ-] *sf* liturgia.
li'uto *sm* laúd *m*.
li'vella [-lla] *sf* nivel *m*; ~ **a bolla d'aria** nivel de burbuja.
livella'mento [-ll-] *sm* nivelación *f*.
livel'lare [-lˈl-] *vt* nivelar; ~**rsi** *vr* nivelarse.
li'vello [-llo] *sm* nivel *m*; **ad alto** ~ de alto nivel.
'livido, a *ag* morado(a), lívido(a) // *sm* equimosis *f*, moretón *m*.
livi'dore *sm* lividez *f*.
li'vore *sm* envidia, rencor *m*.
Li'vorno *sf* Liorna.
li'vrea *sf* librea.
'lizza [-ttsa] *sf*: **entrare/scendere in** ~ entrar en liza.
lo *det m* (*dav s impura, gn, ps, x, z*; **l'** *dav V*) el // *pron m* (*oggetto: persona*) le; (: *cosa*) lo; (*con valore neutro*): ~ **sapevo** lo sabía; **dillo** dílo.
'lobo *sm* lóbulo.
lo'cale *ag*, *sm* local (*m*).
località *sf inv* lugar *m*, localidad *f*.

localiz'zare [-d'dz-] *vt* determinar,
localizar; (*circoscrivere: incendio etc*)
limitar, circunscribir; **~rsi** *vr*
localizarse.
lo'canda *sf* fonda, posada.
locandi'ere, a *sm/f* posadero/a.
loca'tario, a *sm/f* inquilino/a,
arrendatario/a.
locazi'one [-'tsjone] *sf* arriendo, alquiler
m.
locomo'tiva *sf* locomotora.
locomo'tore, 'trice *ag* locomotor(ora)
// *sm* locomotora.
locomozi'one [-'tsjone] *sf* locomoción *f*;
mezzi di ~ medios de transporte.
'loculo *sm* nicho.
lo'custa *sf* langosta.
locuzi'one [-'tsjone] *sf* locución *f.*
lo'dare *vt* alabar, elogiar; (*Dio*) loar;
~rsi *vr* alabarse, elogiarse.
'lode *sf* alabanza, elogio; (*scol*) **trenta e
~** matrícula de honor, (*ARG*) diez y
felicitaciones; **laurearsi con la ~**
graduarse con matrícula de honor.
lo'devole *ag* loable.
loga'ritmo *sm* logaritmo.
'loggia, ge [-ddʒa] *sf* galería,
porche *m*; (*circolo massonico*) logia.
loggi'ato [-d'dʒ-] *sm* galería grande.
loggi'one [-d'dʒ-] *sm* paraíso.
'logico, a, ci, che [-dʒ-] *ag* lógico(a) //
sf lógica; **è ~** es claro.
logo'rare *vt* (*anche fig*) desgastar,
deteriorar; **~rsi** *vr* desgastarse,
deteriorarse.
logo'rio *sm* (*anche fig*) desgaste *m.*
'logoro, a *ag* raído(a), gastado(a);
(*fig*) exhausto(a), cansado(a).
lom'baggine [-ddʒ-] *sf* lumbago.
Lombar'dia *sf* Lombardía.
lom'bata *sf* lomo.
'lombo *sm* lomo.
lom'brico, chi *sm* lombriz *f.*
'Londra *sf* Londres *m.*
longevità [-dʒ-] *sf inv* longevidad *f.*
lon'gevo, a [-dʒ-] *ag* longevo(a).
longitudi'nale [-dʒ-] *ag* longitudinal.
longi'tudine [-dʒ-] *sf* longitud *f.*
lonta'nanza [-tsa-] *sf* lejanía, distancia;
(*assenza*) ausencia, alejamiento.
lon'tano, a *ag* lejano(a); (*assente*)
ausente; (*vago: sospetto*) vago(a); (*nel
tempo*) remoto(a) // *av* lejos; **più ~** más
lejos; **da o di ~** desde lejos; **~ da** lejos
de; **alla ~a** superficialmente; **essere ~
dal fare** estar lejos de hacer.
'lontra *sf* nutria.
loqu'ace [lo'kwatʃe] *ag* locuaz.
loquacità [lokwatʃi'ta] *sf inv* locuacidad
f.
'lordo, a *ag* sucio(a); (*peso, importo etc*)
bruto(a).
'loro *pron pl* ellos(as); (*complemento: a
loro*) les; **dite ~ che** decidles que;
(*forma di cortesia: anche* **L~**) ustedes;
il(la) ~, i(le) ~ *det* su, sus // *pron*

possessivo el(la) suyo(a), los(las)
suyos(as); **~ stessi(e)** ellos mismos
(ellas mismas).
'losco, a, schi, sche *ag* sospechoso(a),
poco(a) claro(a).
'loto *sm* loto.
'lotta *sf* lucha.
lot'tare *vi* luchar.
lotta'tore, 'trice *sm/f* luchador/ora.
lotte'ria *sf* lotería.
'lotto *sm* parte *f*; (*EDIL*) lote *m*; (*gioco*)
tipo de lotería.
lozi'one [-'tsjone] *sf* loción *f.*
lubrifi'cante *ag, sm* lubrificante (*m*).
lubrifi'care *vt* lubrificar, engrasar.
lubrificazi'one [-'tsjone] *sf* lubrificación
f.
luc'chetto [-k'k-] *sm* candado.
lucci'cante [-ttʃ-] *ag* brillante.
lucci'care [-ttʃ-] *vi* brillar.
lucci'chio [luttʃi'kio] *sm* centelleo, brillo.
lucci'cone [-ttʃ-] *sm* lagrimón *m.*
'luccio [-ttʃo] *sm* lucio.
'lucciola [-ttʃ-] *sf* (*zool*)
luciérnaga; (*fig: maschera*) acomodador
m.
'luce [-tʃe] *sf* luz *f*; (*ARCHIT*) vano, luz;
mettere in buona/cattiva ~ hacer
resaltar el aspecto
favorable/desfavorable; **fare ~ su**
esclarecer, aclarar; **venire alla ~**
nacer.
lu'cente [-tʃ-] *ag* luciente,
resplandeciente.
lucen'tezza [lutʃen'tettsa] *sf* resplandor
m, brillo.
lu'cerna [-tʃ-] *sf* linterna, farolito.
lucer'nario [-tʃ-] *sm* claraboya.
lu'certola [-tʃ-] *sf* lagartija.
luche'rino [-k-] *sm* chamariz *m.*
luci'dare [-tʃ-] *vt* lustrar.
lucida'tore, 'trice [-tʃ-] *sm/f*
lustrador/ora // *sf* (*elettrodomestico*)
enceradora.
lucidità [-tʃ-] *sf inv* lucidez *f.*
'lucido, a [-tʃ-] *ag* brillante, luciente;
(*cosciente*) lúcido(a) // *sm* (*lucentezza*)
brillo; (*per scarpe*) betún *m*; (*disegno*)
calcado.
lu'cignolo [-'tʃiɲɲ-] *sm* pabilo.
lu'crare *vt* ganar.
'lucro *sm* lucro.
lu'croso, a *ag* lucroso(a).
lu'dibrio *sm* escarnio; (*oggetto di
scherno*) hazmerreír *m.*
'luglio [-ʎʎo] *sm* julio.
'lugubre *ag* lúgubre, triste.
'lui *pron* él; **preferisco ~** lo prefiero a
él; **beato ~!** ¡dichoso él!; **~ stesso** él
mismo.
lu'maca, che *sf* (*zool*) caracol *m*; (*fig*)
tortuga.
luma'cone *sm* (*zool*) babosa; (*fig*)
persona lerda.

'**lume** *sm* luz *f*; *(lampada)* lámpara, velador *m*; **perdere il ~ della ragione** estar fuera de sí.
lumi'naria *sf* iluminación pública.
lu'mino *sm* mariposa.
luminosità *sf inv* luminosidad *f*.
lumi'noso, a *ag* luminoso(a); **idea ~a** idea excelente.
'**luna** *sf* luna; **avere la ~** *(fig)* estar malhumorado(a); **mezza ~** *(cuc)* media luna.
lu'nare *ag* lunar.
lu'nario *sm* almanaque *m*.
lu'natico, a, ci, che *ag* lunático(a).
lunedì *sm inv* lunes *m*.
lu'netta *sf* (EDIL) luneto.
lun'gaggine [-ddʒ-] *sf* prolijidad *f*, lentitud *f*.
lun'ghezza [lun'gettsa] *sf* largo, longitud *f*; *(durata)* extensión *f*, duración *f*; (IPPICA) cuerpo; **~ d'onda** (FIS) longitud de onda.
'**lungi** [-dʒi] *av*: **~ da** lejos de.
'**lungo, a ghi, ghe** *ag* largo(a); *(prolisso)* prolijo(a); *(lento)* lento(a), lerdo(a); *(diluito)* aguado(a) // *sm* largo, longitud *f* // *sf*: **alla ~a** a la larga, con el tiempo; **di gran ~a** en mucho // *prep (rasente)* junto a; *(durante)* durante; **procedeva ~ la strada** avanzaba por la calle; **a ~ por mucho tiempo; più a ~** más allá; **andare in ~ o per le lunghe** ir para largo; **essere in ~** estar de (vestido) largo; **in ~ e in largo** a lo largo y a lo ancho; **alla ~a** a la larga, con el tiempo; **di gran ~a** mucho; **saperla ~a** saber mucho de eso.
lungo'mare *sm* rambla.
lu'ogo, ghi *sm* lugar *m*; **in ~ di** en lugar de; **aver ~** tener lugar; **dar ~ a** dar lugar a; **~ comune** lugar común.
luogote'nente *sm* lugarteniente *m*.
'**lupo, a** *sm/f* lobo/a.
'**luppolo** *sm* lúpulo.
'**lurido, a** *ag* sucio(a), asqueroso(a).
luri'dume *sm* suciedad *f*, mugre *f*.
lu'singa, ghe *sf* lisonja.
lusin'gare *vt* lisonjear, halagar; **~rsi** *vr* ilusionarse.
lusinga'tore, 'trice *sm/f* adulador/ora.
lusinghi'ero, a [-'gj-] *ag* halagüeño(a).
lus'sare *vt* dislocar.
lussazi'one [-'tsjone] *sf* luxación *f*.
Lussem'burgo *sm* Luxemburgo.
'**lusso** *sm* lujo; **di ~** de lujo.
lussu'oso, a *ag* lujoso(a).
lussureggi'are [-d'dʒ-] *vi* crecer lujuriante.
lus'suria *sf* lujuria.
lussuri'oso, a *ag* lujurioso(a).
lu'strare *vt* lustrar.
lustra'scarpe *sm inv* lustrabotas *m inv*.
lustra'tore, 'trice *sm/f* lustrador/ora.
lu'strino *sm* lentejuela.
'**lustro** *sm* lustre *m*, brillo; *(quinquennio)* lustro.

lute'rano, a *ag*, *sm/f* luterano(a).
'**lutto** *sm* luto; **essere in ~** estar de luto; **portare il ~** llevar luto.
luttu'oso, a *ag* luctuoso(a).

M

ma *cong* pero; *(eppure)* mas; *(al contrario, anzi)* sino // *escl (chissà)*: ¡quién sabe!; **~ insomma!** ¡pero, caramba!; **strano ~ vero** extraño pero cierto; **non per lui, ~ per me** no por él, sino por mí.
'**macabro, a** *ag* macabro(a).
ma'caco, chi *sm* macaco.
macché [-k'ke] *escl* ¡pero no!
macche'roni [-k'k-] *smpl* macarrones *mpl*.
'**macchia** [-kkja] *sf* mancha; *(fig)* borrón *m*, baldón *m*; *(tipo di boscaglia)* monte *m*; (ARTE) mancha, bosquejo; **darsi/vivere alla ~** *(fig)* entrar/vivir en la clandestinidad.
macchi'are [-k'kjare] *vt* manchar; **~rsi** *vr (anche fig)* mancharse.
macchi'etta [-k'kjetta] *sf (ARTE: schizzo)* esbozo; *(fig)* rico tipo; (TEATRO) personaje *m* cómico.
'**macchina** [-kk-] *sf* máquina; *(automobile)* automóvil *m*, coche *m*; *(: persona)* máquina, robot *m*; **andare in ~** *(AUTO)* ir en coche; (STAMPA) imprimirse; **~ burocratica/dello Stato** *(fig)* maquinaria burocrática/del Estado; **~ da cucire** máquina de coser; **~ fotografica** máquina fotográfica; **~ da presa** filmadora; **~ da scrivere** máquina de escribir; **~ a vapore** máquina de vapor; **~ utensile** máquina herramienta.
macchi'nale [-kk-] *ag* maquinal, automático(a).
macchi'nare [-kk-] *vt* maquinar, tramar.
macchi'nario [-kk-] *sm* maquinaria.
macchi'nista, i [-kk-] *sm (di treno, nave)* maquinista *m*; (TEATRO, TV) tramoyista *m*.
macchi'noso, a [-kk-] *ag* complicado(a).
mace'donia [-tʃ-] *sf* macedonia.
macel'laio [matʃel'lajo] *sm* carnicero.
macel'lare [matʃel'lare] *vt (anche fig)* carnear, sacrificar.
macelle'ria [matʃelle'ria] *sf* carnicería.
ma'cello [ma'tʃello] *sm (mattatoio)* matadero; *(fig: strage)* matanza, carnicería; *(fam: disastro)* desastre *m*; **carne da ~** *(fig)* carne de cañón.
mace'rare [-tʃ-] *vt* remojar, macerar.
ma'cerie [-'tʃ-] *sfpl* escombros *mpl*.
'**macero, a** [-tʃ-] *ag (fig)* deshecho(a) // *sm (macerazione)* maceración *f*; *(fossa)* macerador *m*.
ma'cigno [ma'tʃiɲɲo] *sm* peña, peñasco.

maci'lento, a [-tʃ-] *ag* macilento(a).

'macina [-tʃ-] *sf* muela.

macinacaffè [-tʃ-] *sm inv* molinillo (de café).

macina'pepe [-tʃ-] *sm inv* molinillo de pimienta.

maci'nare [-tʃ-] *vt* moler, triturar.

maci'nato [-tʃ-] *sm* (*prodotto della macinazione*) molido; (*fam: carne tritata*) carne molida.

maci'nino [-tʃ-] *sm* molinillo; (*fam: veicolo*) cacharro.

maciul'lare [matʃul'lare] *vt* (*stritolare*) moler.

macrobi'otica *sf* macrobiótica.

'madia *sf* artesa.

'madido, a *ag·* ~ (**di**) empapado (de).

Ma'donna *sf* Virgen *f.*

mador'nale *ag* garrafal, craso(a).

'madre *sf* madre *f;* (*matrice di bolletta*) talonario // *ag* (*posposto al s*): **ragazza** ~ madre *f* soltera; **casa** ~ casa matriz; **idea** ~ idea esencial; ~ **dell'aceto** madre *f* del vinagre.

madre'lingua *sf* lengua madre.

madre'perla *sf* nácar *m.*

madri'gale *sm* madrigal *m.*

ma'drina *sf* madrina.

maestà *sf inv* majestuosidad *f;* (*titolo*) majestad *f.*

mae'stoso, a *ag* majestuoso(a); (*MUS*) maestoso(a).

ma'estra *sf vedi* **maestro.**

mae'strale *sm* viento de noroeste, mistral *m.*

mae'stranze [-tse] *sfpl* cuadrilla obrera.

mae'stria *sf* maestria, habilidad *f.*

ma'estro, a *sm/f* maestro/a // *ag* maestro(a); (*NAUT*) mayor; **Gran** ~ Gran Maestre; ~ **di ballo/cerimonie** maestro de baile/ceremonias; ~ **elementare** maestro primario.

'mafia *sf* mafia.

mafi'oso, a *ag, sm/f* mafioso(a).

ma'gagna [-ɲɲa] *sf* (*acciacco*) achaque *m.*

ma'gari *escl:* ~ **fosse vero!** ¡ojalá fuera cierto!; **ti piacerebbe andare in Spagna?** ~! ¿te gustaria ir a España? ¡ya lo creo! // *av* (*anche*) hasta, incluso; (*forse*) tal vez.

magazzi'naggio [magaddzi'naddʒo] *sm* almacenaje *m.*

magazzini'ere [-ddz-] *sm* almacenero.

magaz'zino [-d'dz-] *sm* (*deposito di merci*) depósito, almacén *m;* (*grande emporio*) tienda, almacén *m;* **grande** ~ gran almacén *m* de lujo.

'maggio [-ddʒo] *sm* mayo; **il primo** ~ el primero de mayo.

maggio'rana [-ddʒ-] *sf* mejorana.

maggio'ranza [maddʒo'rantsa] *sf* mayoría.

maggio'rare [-ddʒ-] *vt* aumentar.

maggior'domo [-ddʒ-] *sm* mayordomo.

maggi'ore [-d'dʒ-] *ag* mayor // *sm* (*MIL*) mayor *m* // *sf:* **andare per la** ~ ser a la moda, sobresalir; **la maggior parte** la mayor parte, la mayoría.

maggio'renne [-ddʒ-] *ag, sm/f* mayor (*m/f*) de edad.

maggior'mente [-ddʒ-] *av* mayormente.

ma'gia [-'dʒia] *sf* magia; (*fig*) hechizo, encanto.

'magico, a, ci, che [-dʒ-] *ag* mágico(a); (*fig: affascinante*) encantador(ora).

magi'stero [-dʒ-] *sm* (*anche fig*) magisterio; **facoltà di** ~ (*SCOL*) facultad del magisterio.

magi'strale [-dʒ-] *ag* magistral.

magi'strato [-dʒ-] *sm* magistrado.

magistra'tura [-dʒ-] *sf* magistratura.

'maglia [-ʎʎa] *sf* malla; (*nel lavoro ai ferri*) punto; (*lavoro ai ferri*) labor *f* de punto; (*indumento*) jersey *m*, pullóver *m;* (*: SPORT*) camiseta; (*di catena*) eslabón *m;* **perdere una** ~ escaparse un punto; ~ **diritta/ rovescia** punto al derecho/al revés.

maglie'ria [-ʎʎ-] *sf* artículos *mpl* de punto.

magli'ficio [maʎʎi'fitʃo] *sm* fábrica de artículos de punto.

'maglio [-ʎʎo] *sm* mazo; (*macchina*) martillo pilón.

ma'gnanimo, a [-ɲ'ɲ-] *ag* magnánimo(a).

ma'gnate [-ɲ'ɲ-] *sm* magnate *m.*

ma'gnesia [-ɲ'ɲ-] *sf* magnesia.

ma'gnesio [-ɲ'ɲ-] *sm* magnesio.

ma'gnete [-ɲ'ɲ-] *sm* imán *m;* (*apparecchiatura*) magneto.

ma'gnetico, a, ci, che [-ɲ'ɲ-] *ag* magnético(a).

magne'tismo [-ɲɲ-] *sm* (*anche fig*) magnetismo.

magnetiz'zare [maɲɲetid'dzare] *vt* magnetizar.

magnifi'care [-ɲɲ-] *vt* magnificar, exaltar.

magnifi'cenza [maɲɲifi'tʃentsa] *sf* magnificencia; ~**e** *fpl* bellezas.

ma'gnifico, a, ci, che [-ɲ'ɲ-] *ag* magnífico(a).

ma'gnolia [-ɲ'ɲ-] *sf* magnolia.

'mago, ghi *sm* mago.

ma'grezza [-ttsa] *sf* delgadez *f.*

'magro, a *ag* delgado(a), flaco(a); (*carne, formaggio*) magro(a); (*fig: annata, cena*) escaso(a); (*: scusa, figura*) mezquino(a), pobre // *sf* (*di fiume*) estiaje *m;* (*fig*) escasez *f.*

'mai *av* nunca; (*talvolta*) alguna vez; **non ... ~** no ... nunca; ~ **più** nunca más; **come** ~? ¿cómo?; **chi/ dove** ~? ¿quién/cuándo?

mai'ale *sm* (*anche fig*) cerdo.

mai'olica, che *sf* loza, mayólica; ~**e** *fpl* loza.

maio'nese *sf* mayonesa.

'mais *sm inv* maiz *m.*

mai'uscolo, a *ag* mayúsculo(a).
malac'corto, a *ag* imprudente, incauto(a).
mala'fatta, *pl* **male'fatte** *sf* error *m*, falta.
mala'fede *sf* mala fe.
mala'lingua, *pl* **male'lingue** *sf* lengua viperina.
mala'mente *av* mal, malamente.
malan'dato, a *ag* (*salute*) quebrantado(a); (*condizioni finanziarie*) malo(a); (*trascurato*) gastado(a), raido(a).
malan'drino, a *ag, sm/f* malandrín(ina).
ma'lanimo *sm* rencor *m*, animosidad *f*; **di** ~ de mala gana.
ma'lanno *sm* achaque *m*.
mala'pena *sf*: **a** ~ **a** duras penas.
ma'laria *sf* paludismo.
mala'sorte *sf* mala suerte.
mala'ticcio, a [-'tt∫o] *ag* enfermizo(a).
ma'lato, a *ag, sm/f* (*anche fig*) enfermo(a).
malat'tia *sf* (MED) enfermedad *f*; (*fig*) plaga, vicio.
malau'gurio *sm* mal agüero.
mala'vita *sf* hampa.
mala'voglia [-ʎʎa] *sf* mala gana; **di** ~ de mala gana.
malcapi'tato, a *ag* malaventurado(a).
mal'concio, a, ci, ce [-t∫o] *ag* maltrecho(a).
malcon'tento, a *ag*: ~ **(di)** insatisfecho (de) // *sm* descontento.
malco'stume *sm* inmoralidad *f*.
mal'destro, a *ag* desmañado(a), torpe.
maldi'cente [-'t∫-] *ag* chismoso(a), murmurador(ora).
maldi'cenza [-'t∫entsa] *sf* murmuración *f*, maledicencia.
maldi'sposto, a *ag* mal intencionado(a), hostil.
'male *av* mal // *sm* (*ingiustizia, disonestà*) mal *m*; (*danno*) daño, perjuicio; (*sventura*) desgracia; (*dolore fisico*) dolor *m*; (*malattia*) mal *m*; **di** ~ **in peggio** de mal en peor; **sentirsi** ~ sentirse mal; **stare** ~ estar malo o enfermo; **restarci** o **rimanerci** ~ quedar mal; **andare a** ~ echarse a perder; **non c'è** ~ regular, más o menos; **meno** ~! ¡menos mal!; **aversene a** ~ tomar a mal; **mal di mare** mareo; **mal di testa** dolor de cabeza.
male'detto, a *ag* (*anche fig*) maldito(a).
male'dire *vt* maldecir.
maledizi'one [-'tsjone] *sf* maldición *f*.
maledu'cato, a *ag* mal educado(a).
male'ficio [-t∫o] *sm* maleficio.
ma'lefico, a, ci, che *ag* (*aria, cibo*) nocivo(a); (*influsso, azione*) maléfico(a), perjudicial.
ma'lessere *sm* (MED) malestar *m*; (*fig: turbamento*) inquietud *f*;

(: *disagio economico*) apremio, estrechez *f*.
ma'levolo, a *ag* malévolo(a).
malfa'mato, a *ag* de mala fama.
malfat'tore, 'trice *sm/f* malhechor/ora.
mal'fermo, a *ag* incierto(a), inestable.
malformazi'one [-'tsjone] *sf* deformidad *f*.
malgo'verno *sm* desgobierno.
mal'grado *prep* a pesar de, no obstante // *cong* aunque; **mio/tuo** *etc* ~ a pesar mío/tuyo *etc*.
ma'lia *sf* maleficio, brujería.
mali'gnare [-ɲ'ɲ-] *vt* denigrar, criticar.
malignità [-ɲɲ-] *sf inv* maldad *f*; (MED) malignidad *f*.
ma'ligno, a [-ɲɲ-] *ag* malo(a), malvado(a); (MED) maligno(a).
malinco'nia *sf* melancolía.
malin'conico, a, ci, che *ag* melancólico(a).
malincu'ore: a ~ *av* a regañadientes, de mala gana.
malintenzio'nato, a [-ts-] *ag* malintencionado(a).
malin'teso *sm* malentendido, error *m*.
ma'lizia [-tsja] *sf* malicia.
malizi'oso, a [-'ts-] *ag* malicioso(a).
malle'abile [-ll-] *ag* maleable.
mal'leolo [-'ll-] *sm* tobillo.
mal'loppo [-'ll-] *sm* (*fam*) botín *m*.
malme'nare *vt* pegar, vapulear; (*fig*) maltratar.
mal'messo, a *ag* (*persona*) desaliñado(a), descuidado(a); (*casa*) mal arreglado(a).
malnu'trito, a *ag* desnutrido(a).
ma'locchio [-kkjo] *sm* mal de ojo.
ma'lora *sf* ruina, perdición *f*; **andare in** ~ arruinarse; **mandare in** ~ disipar.
ma'lore *sm* malestar *m*, indisposición *f*.
mal'sano, a *ag* malsano(a).
malsi'curo, a *ag* inseguro(a).
'malta *sf* argamasa.
mal'tempo *sm* mal tiempo.
'malto *sm* malta.
mal'tolto *sm* robado.
maltratta'mento *sm* maltrato.
maltrat'tare *vt* (*anche fig*) maltratar; (*abito*) ajar; (*lingua*) chapurrear.
malu'more *sm* mal humor.
'malva *sf* malva.
mal'vagio, a, gi, gie [-dʒo] *ag* malvado(a).
malvagità [-dʒ-] *sf inv* maldad *f*.
mal'visto, a *ag* mal considerado(a).
malvi'vente *sm* malhechor *m*, delincuente *m*.
malvolenti'eri *av* de mala gana.
malvo'lere *vt*: **farsi** ~ **da qd** hacerse tomar ojeriza por alguien; **essere malvoluto da tutti** ser detestado por todos // *sm* malevolencia.
'mamma *sf* mamá; ~ **mia!** ¡madre mía!, ¡por Dios!
mam'mella [-lla] *sf* mama, teta.

mam'mifero sm mamífero.

'mammola sf violeta.

ma'nata sf (colpo) manotazo; (manciata) puñado.

'manca sf: **a ~ a** la izquierda; **a dritta e a ~** por todas partes.

manca'mento sm desvanecimiento; (fig) falta, defecto.

man'canza f [-tsa] sf falta; (assenza) ausencia; (colpa) falta, culpa; **per ~ di tempo** por falta de tiempo; **in ~ di meglio** a falta de algo mejor.

man'care vi (aus essere) faltar; (essere assente) estar ausente, faltar; (morire) morir; (sbagliare) equivocar, errar // vt (bersaglio, colpo) fallar, errar; **~ di** carecer de; **~ a** (non mantenere) faltar a; **poco** faltar poco; **mancò poco che morissi** casi me muero; **tu mi manchi** te echo de menos, te extraño.

man'cato, a ag fallido(a).

'mancia, ce [-tʃa] sf propina; **~ competente** recompensa legal.

manci'ata f [-tʃ-] sf puñado.

man'cino, a [-tʃ-] ag (braccio) izquierdo(a); (persona) zurdo(a); **tiro ~** (fig) mala jugada.

'manco av ni, ni siquiera; **~ per idea** nunca jamás; **~ male** menos mal.

man'dante sm/f instigador/ora.

man'dare vt mandar; (lettera) despachar, enviar; (destinare) enviar, destinar; (grido) lanzar, pegar; **~ a chiamare/prendere qd** mandar a llamar/buscar a alguien; **~ giù qc** (anche fig) tragarse algo; **~ via qd** echar a alguien.

manda'rino sm (BOT: albero) mandarino, mandarinero; (: frutto) mandarina; (funzionario cinese) mandarín m.

man'data sf (della serratura) vuelta de llave.

manda'tario sm (DIR) mandatario.

man'dato sm mandato; (DIR: d'arresto, comparizione) orden f; (diplomatico) misión f; **~ di pagamento** orden f de pago.

man'dibola sf mandíbula.

'mandorla sf almendra.

mandor'lato sm almendrado.

'mandorlo sm almendro.

'mandria sf manada.

mandri'ano sm mayoral m.

man'drino sm mandril m.

maneggi'are [-d'dʒ-] vt manipular, usar; (pennelli, armi) manejar; (fig: denaro etc) manejar, administrar.

ma'neggio [-ddʒo] sm manejo, uso; (manovra) intriga, maquinación f; (EQUITAZIONE) picadero.

ma'nesco, a, schi, sche ag ligero(a) de manos.

ma'netta sf palanca; **~e** fpl esposas fpl.

manga'nello [-llo] sm cachiporra.

manga'nese sm manganeso.

mange'reccio, a [mandʒe'rettʃo] ag comestible.

mangi'are [-'dʒ-] vt comer; (fig: consumare) gastar, consumir; (: intaccare) corroer, carcomer; (CARTE) matar; (SCACCHI) comer // sm (atto) comer m; (ciò che si mangia) comida; **far da ~** hacer de comer; **~rsi le parole** (fig) pronunciar mal.

mangi'ata [-'dʒ-] sf comilona.

mangia'toia [-dʒ-] sf pesebre m.

mangia'tore, 'trice [-dʒ-] sm/f comilón/ona.

man'gime [-'dʒ-] sm forraje m.

mangiucchi'are [mandʒuk'kjare] vt picar.

'mango, ghi sm mango.

ma'nia sf manía.

ma'niaco, a, ci, che ag maníaco(a).

'manica sf manga; (tubo) manguera; (fig: peg: banda) banda, pandilla; **la M~** (GEOGR) la Mancha; **essere di ~ larga/stretta** ser generoso/agarrado o mezquino; **~ a vento** (AER) manga de ventilación.

manica'retto sm exquisitez f, delicia.

mani'chino [-'k-] sm maniquí m.

'manico, ci sm mango; (di strumento a corda) mástil m.

mani'comio sm (anche fig) manicomio.

mani'cotto sm manguito.

mani'cure sf inv manicura.

mani'era sf manera, modo; **~e** fpl modos, modales mpl; **alla ~ di** al uso de; **in ~ che/da** de modo que/de; **buone/cattive ~e** buenos/ malos modales; **in tutte le ~e** a toda costa.

manifat'tura sf (lavorazione) manufactura; (impresa) fábrica, taller m.

manife'stare vt manifestar // vi participar a una manifestación; **~rsi** vr manifestarse.

manifestazi'one [-'tsjone] sf manifestación f.

mani'festo, a ag manifiesto(a), evidente // sm (da affiggere) anuncio, cartel m; (scritto ideologico) manifiesto.

ma'niglia [-ʎʎa] sf manija; (SPORT: di attrezzo) arzón m.

manipo'lare vt amasar, manipular; (fig: elezioni) falsear.

manipolazi'one [-'tsjone] sf manipulación f; (fig) manipuleo.

mani'scalco, chi sm herrador m.

'manna sf maná m.

man'naia sf (del boia) hacha; (per carni) cuchilla.

man'naro: lupo ~ sm licántropo.

'mano sf mano f; **di prima/seconda ~** de primera/segunda mano; **man ~ che** a medida que; **avere qc in ~** (fig) traer una cosa entre manos; **restare a ~i vuote** quedarse con las manos vacías; **chiedere la ~ di una donna** pedir la mano de una mujer; **mettere le ~i avanti** (fig) desentenderse de antemano; **fatto a ~** hecho a mano; **disegno a ~ libera** dibujo libre; **venire alle ~i** irse a las manos; **fuori ~ a** trasmano; **~i in alto!** ¡arriba las manos!

mano'dopera sf mano de obra.

ma'nometro sm manómetro.

mano'mettere vt alterar, falsificar; (*cassetti, lettere*) abrir abusivamente, revisar.

ma'nopola sf manopla; (*rivestimento di impugnatura*) mango, puño; (*pomello*) botón m.

mano'scritto, a ag manuscrito(a) // sm manuscrito.

mano'vale sm peón m.

mano'vella [-lla] sf palanca.

ma'novra sf maniobra; (*fig*) manejos, treta.

mano'vrare vt manejar, maniobrar; (*fig*) manejar // vi maniobrar; (*fig*) intrigar.

manro'vescio [-ʃo] sm revés m, cachetada.

man'sarda sf ático.

mansi'one sf tarea, deber m.

mansu'eto, a ag pacífico(a), dócil.

mante'cato sm (*gelato*) mantecado.

man'tello [-llo] sm capa; (*ZOOL*) pelo, pelaje m.

mante'nere vt mantener; **~rsi** vr mantenerse.

manteni'mento sm mantenimiento, sustento; (*conservazione*) conservación f.

mante'nuto, a ag (*peg*) mantenido(a).

'mantice [-tʃe] sm fuelle m.

'manto sm manto; (*strato*) capa, manto.

manu'ale ag, sm manual (m).

ma'nubrio sm manubrio; (*GINNASTICA*) pesas fpl.

manu'fatto, a ag hecho(a) a mano // sm manufactura.

manutenzi'one [-'tsjone] sf mantenimiento, manutención f.

'manzo [-dzo] sm (*ZOOL*) novillo; (*carne macellata*) carne f de vaca.

'mappa sf mapa m.

mappa'mondo sm mapamundi m.

ma'rasma, i sm marasmo.

mara'tona sf maratón m.

'marca, che sf marca; (*fig*) marca, huella; **~ assicurativa** póliza de seguro; **~ da bollo** sello o estampilla fiscal.

mar'care vt sellar; (*SPORT: gol*) apuntar; (*: avversario*) marcar; **~ visita** (*MIL*) pedir visita médica.

mar'cato, a ag marcado(a), acentuado(a).

mar'chese, a [-'k-] sm/f marqués/esa.

marchi'are [-'kjare] vt marcar.

'marchio [-kjo] sm marca; (*incisione*) sello; (*fig*) estigma m.

'marcia, ce [-tʃa] sf marcha; **far ~ indietro** dar marcha atrás.

marciapi'ede [-tʃ-] sm (*di strada*) acera, vereda (*spec AM*); (*FERR*) andén m; **battere il ~** (*fig*) hacer la calle, prostituirse.

marci'are [-'tʃ-] vi marchar.

'marcio, a, ci, ce [-tʃo] ag podrido(a).

mar'cire [-'tʃ-] vi (*aus essere*) (*anche fig*) podrirse.

marci'ume [-'tʃ-] sm (*anche fig*) podredumbre f.

'marco, chi sm marco.

'mare sm (*anche fig*) mar m; **in alto ~** en alta mar; **essere in alto ~** (*fig*) no saber a qué santo encomendarse.

ma'rea sf marea.

mareggi'ata [-d'dʒ-] sf marejada.

ma'remma sf marisma.

mare'moto sm maremoto.

maresci'allo [mareʃ'ʃallo] sm (*MIL*) grado superior de los suboficiales.

ma'retta sf cabrilleo.

marga'rina sf margarina.

marghe'rita [-g-] sf margarita.

margi'nale [-dʒ-] ag marginal.

'margine [-dʒ-] sm orilla, borde m; (*di foglio*) margen m.

ma'rina sf marina; (*tratto costiero*) playa, costa.

mari'naio sm marinero.

mari'nare vt (*cuc*) escabechar; **~ la scuola** (*fig*) hacer la rabona.

mari'nata sf escabeche m.

ma'rino, a ag marino(a).

mari'olo sm (*fam*) pilluelo.

mario'netta sf (*anche fig*) títere m, marioneta.

mari'tale ag marital.

mari'tare vt casar; **~rsi** vr: **~rsi a** o **con qd** casarse con alguien.

ma'rito sm marido.

ma'rittimo, a ag marítimo(a) // sm (*marinaio*) marinero; (*chi lavora in porti etc*) portuario.

mar'maglia [-ʎʎa] sf gentuza.

marmel'lata [-l'l-] sf mermelada.

mar'mitta sf (*da cucina*) marmita, olla; (*AUTO*) caño de escape.

'marmo sm mármol m.

mar'mocchio [-kkjo] sm (*fam*) mocoso.

mar'moreo, a ag marmóreo(a).

mar'motta sf marmota.

Ma'rocco sm Marruecos.

maroc'chino, a [-k'k-] ag, sm/f marroquí (m/f).

'marra sf (*AGR*) azada; (*EDIL*) legón m; (*NAUT: dell'ancora*) uña.

mar'rone sm (*BOT*) castaña; (*colore*) marrón m.

mar'sina sf frac m.

martedì sm inv martes m; **~ grasso** martes de carnaval.

martel'lare [-l'l-] vt martillar; (*picchiare*) golpear; (*fig*) atormentar, martillar // vi latir.

mar'tello [-llo] *sm* martillo; *(di porta)* aldaba, llamador *m*; *(della campana)* badajo.

marti'netto *sm* gato, elevador *m*.

'martire *sm/f (anche fig)* mártir *m/f*.

mar'tirio *sm* martirio.

'martora *sf* marta.

martori'are *vt* martirizar, torturar.

mar'xismo *sm* marxismo.

mar'xista, i, e *ag, sm/f* marxista *(m/f)*.

marza'pane [-ts-] *sm* mazapán *m*.

marzi'ale [-'ts-] *ag (anche fig)* marcial.

'marzo [-tso] *sm* marzo.

mascal'zone [-'ts-] *sm* sinvergüenza *m*.

ma'scella [maʃ'ʃella] *sf* mandíbula.

'maschera [-k-] *sf* máscara, careta; *(TECN. SPORT)* careta; *(MED: da chirurgo)* mascarilla; *(nel cinema)* acomodador *m*; *(fig)* careta, disfraz *m*.

maschera'mento [-k-] *sm* disfraz *m*; *(MIL)* camuflaje *m*.

masche'rare [-k-] *vt* enmascarar, disfrazar; *(fig: mimetizzare)* camuflar, ocultar; *(: celare)* disimular; **~rsi da** disfrazarse de.

ma'schile [-'k-] *ag* masculino(a).

'maschio, a [-k-] *ag* macho; *(voce, lineamenti)* varonil, viril // *sm* varón *m*, macho; *(TECN)* gorrón *m*, espiga; *(: punzone)* macho; *(ARCHIT)* torreón *m*, fortaleza.

masco'lino, a *ag* masculino(a).

ma'scotte *sf inv* mascota.

'massa *sf* masa; *(di errori)* montón *m*; *(ELETTR)* tierra, masa; **in ~** en masa.

massa'crare *vt* asesinar, matar.

mas'sacro *sm* matanza, carnicería; *(fig)* desastre *m*.

massaggi'are [-d'dʒ-] *vt* masajear.

mas'saggio [-ddʒo] *sm* masaje *m*; **~ cardiaco** masaje cardíaco.

mas'saia *sf* ama de casa.

masse'ria *sf* alquería, granja.

masse'rizie [-ts-] *sfpl* enseres domésticos.

mas'siccio, a, ci, ce [-ttʃo] *ag* macizo(a); *(corporatura)* grande, robusto(a); *(costruzione)* sólido(a) // *sm* macizo.

'massima *sf vedi* **massimo**.

massi'male *sm* máximo.

'massimo, a *ag* máximo(a) // *sm* máximo // *sf* máxima; *(regola)* principio, regla; *(METEOR)* temperatura máxima; **al ~** al máximo; **in ~a parte** en máxima parte; **di ~a o in linea di ~a** en líneas generales.

'masso *sm* roca.

mas'sone *sm* masón *m*.

massone'ria *sf* masonería.

ma'stello [-llo] *sm* tina.

masti'care *vt* masticar; *(fig)* mascullar.

'mastice [-tʃe] *sm* masilla.

ma'stino *sm* mastín *m*.

masturbazi'one [-'tsjone] *sf* masturbación *f*.

ma'tassa *sf* madeja.

mate'matico, a, ci, che *ag, sm/f* matemático(a) // *sf* matemática.

mate'rasso *sm* colchón *m*.

ma'teria *sf* materia; **~ grigia** materia gris; **~e prime** materias primas.

materi'ale *ag* material; *(fig)* grosero(a) // *sm* material *m*.

materia'lista, i, e *sm/f* materialista *m/f*.

materializ'zare [-d'dz-] *vt* materializar; **~rsi** *vr* materializarse.

maternità *sf inv* maternidad *f*.

ma'terno, a *ag* materno(a).

ma'tita *sf* lápiz *m*.

ma'trice [-tʃe] *sf* matriz.

matri'cida, i, e [-'tʃ-] *sm/f* matricida *m/f*.

ma'tricola *sf* matrícula; *(studente)* estudiante del primer año de la universidad.

ma'trigna [-ɲɲa] *sf* madrastra.

matrimoni'ale *ag* matrimonial.

matri'monio *sm* matrimonio.

ma'trona *sf (fig)* matrona.

mat'tina *sf* mañana; **domenica ~** domingo por la mañana; **a domani ~!** ¡hasta mañana por la mañana!

matti'nata *sf* mañana; *(spettacolo)* función temprana.

mattini'ero, a *ag* madrugador(ora).

mat'tino *sm* mañana; **di buon ~** de madrugada.

'matto, a *ag* loco(a); *(fig: piacere etc)* enorme, loco(a) // *sm/f* loco/a // *sf (CARTE)* comodín *m*.

mat'tone *sm (anche fig)* ladrillo // *ag inv* ladrillo.

matto'nella [-lla] *sf* baldosa, azulejo; *(di biliardo)* banda.

matu'rare *vt* madurar // *vi (aus essere)* madurar; *(ECON)* devengar.

maturità *sf inv* madurez *f*; *(SCOL)* bachillerato.

ma'turo, a *ag* maduro(a); *(SCOL)* bachiller.

mauso'leo *sm* mausoleo.

'mazza [-ttsa] *sf (bastone)* garrote *m*; *(da golf etc)* maza.

maz'zata [-t'ts-] *sf* garrotazo.

'mazzo [-tso] *sm* ramo; *(di carte)* baraja; *(di chiavi)* mazo; *(di matite)* juego.

me *pron (con prep)* mí; *(comparativo)* yo; **con ~** conmigo; **ha chiamato ~, non** te me ha llamado a mí, no a tí; **povero ~!** ¡pobre de mí!; **sei bravo quanto ~** eres tan capaz como yo; *(sta in luogo di "mi" unito a lo, la, li, le, ne)*: **~ ne dai?** ¿me das?; **dimmelo** dímelo; **~ stesso(a)** yo mismo(a); *(con prep)* mí mismo(a).

me'andro *sm* meandro.

mec'canico, a, ci, che *ag (anche fig)* mecánico(a) // *sm* mecánico // *sf* mecánica.

mecca'nismo sm (anche fig) mecanismo.

me'daglia [-ʎʎa] sf medalla.

medagli'one [-ʎʎ-] sm medallón m.

me'desimo, a ag mismo(a).

'media sf vedi **medio**.

medi'ano, a ag medio(a), mediano(a) // sm (SPORT) medio.

medi'ante prep mediante.

medi'are vt mediar.

media'tore, 'trice sm/f mediador/ora // sm (COMM) corredor m.

mediazi'one [-'tsjone] sf mediación f; (COMM) corretaje m.

medica'mento sm medicamento.

medi'care vt curar; ~rsi vr curarse.

medicazi'one [-'tsjone] sf cura.

medi'cina [-'tʃ-] sf medicina; (farmaco) medicamento, medicina.

medici'nale [-tʃ-] ag medicinal // sm medicamento, remedio.

'medico, a, ci, che ag médico(a) // sm médico.

medie'vale ag medieval.

'medio, a ag medio(a) // sm (dito) medio, cordial m // sf media; (SCOL: voto) promedio; **in** ~**a** en término medio.

medi'ocre ag mediocre.

mediocrità sf inv mediocridad f.

medioe'vale ag = **medievale**.

medio'evo sm edad media.

medi'tare vt meditar; (progettare) planear, proyectar // vi meditar.

meditazi'one [-'tsjone] sf meditación f.

mediter'raneo, a ag mediterráneo(a); **il (mare) M**~ el (mar) Mediterráneo.

me'dusa sf medusa.

me'fitico, a, ci, che ag mefítico(a).

megaloma'nia sf megalomanía.

'meglio [-ʎʎo] av, ag inv mejor // sm mejor m; **alla** ~ sin pretensiones, como salga; **andar di bene in** ~ andar de bueno en mejor; **andar** ~ andar mejor; **ho fatto del mio** ~ **(per)** he hecho cuanto he podido (para); **avere la** ~ **(su qd)** llevar la mejor parte (ante alguien).

'mela sf manzana.

mela'grana sf granada.

melan'zana [-'dz-] sf berenjena.

me'lassa sf melaza.

me'lenso, a ag (insulso) insignificante.

me'lissa sf melisa.

mel'lifluo, a [-l'l-] ag melifluo(a).

'melma sf barro, fango.

mel'moso, a ag fangoso(a).

'melo sm manzano.

melo'dia sf melodía.

me'lodico, a, ci, che ag melódico(a).

melo'dramma, i sm melodrama m.

me'lone sm melón m.

'membra sfpl vedi **membro**.

mem'brana sf membrana.

'membro sm (arto: pl(f) ~**a**) miembro.

memo'rabile ag memorable.

memo'randum sm inv memorándum m inv.

'memore ag: ~ **di** que recuerda; (riconoscente) agradecido por.

me'moria sf memoria; ~**e** fpl memorias; **a** ~ de memoria.

memori'ale sm memorial m; (DIR: supplica) petición f.

mena'dito: a ~ av al dedillo.

me'nare vt conducir, llevar; (picchiare) pegar, zurrar; ~**rsi** vr pelearse; **menarla per le lunghe** (fig) hacer ir para largo.

mendi'cante sm/f mendigo/a.

mendi'care vt mendigar.

mendicità [-tʃ-] sf mendicidad f.

'meno av, ag inv, prep menos // sm menos m inv; **i** ~ **(la minoranza)** los menos; ~ **... di,** ~ **... che** menos ... que; **8** ~ **3 è uguale a 5** 8 menos 3 es igual a 5; **sono le 8** ~ **un quarto** son las 8 menos cuarto; **dobbiamo decidere se accettare o** ~ debemos decidir si aceptamos o no; **a** ~ **che** cong a menos que; **a** ~ **di fare qc** a menos que se haga algo; **fare a** ~ **di qc/di fare qc** prescindir de algo/de hacer algo; **non potevo fare a** ~ **di ridere** no podía dejar de reírme; **in** ~ (tempo) en menos; **mille lire in** ~ mil liras menos; ~ **male** menos mal.

meno'mare vt mutilar.

'mensa sf (tavola) mesa; (locale) comedor m.

men'sile ag mensual // sm (periodico) publicación mensual; (stipendio) mes m, mensualidad f.

'mensola sf anaquel m; (ARCHIT) ménsula.

'menta sf menta.

men'tale ag mental.

mentalità sf inv mentalidad f.

'mente sf mente f; (memoria) memoria; **imparare/sapere qc a** ~ aprender/saber algo de memoria; **avere in** ~ **di fare qc** tener la intención de hacer algo.

men'tire vi mentir.

'mento sm mentón m.

'mentre cong mientras.

menzio'nare [-ts-] vt mencionar.

menzi'one [-'tsjone] sf mención f.

men'zogna [men'tsɔɲa] sf mentira.

mera'viglia [-ʎʎa] sf maravilla; **a** ~ a las mil maravillas.

maravigli'are [-ʎʎ-] vt maravillar; ~**rsi** vr maravillarse.

maravigli'oso, a [-ʎʎ-] ag maravilloso(a).

mer'cante sm comerciante m.

mercanteggi'are [-d'dʒ-] vt vender // vi (contrattare) regatear.

mercan'tile ag mercantil // sm nave f mercante.

mercan'zia [-'tsia] sf mercadería, mercancía.

mer'cato *sm* mercado; ~ **dei cambi** mercado de cambios; ~ **comune (europeo)** mercado común (europeo); ~ **nero** mercado negro.

'merce [-tʃe] *sf* mercancía.

mercé [-'tʃe] *sf* merced *f*, ayuda.

merce'nario, a [-tʃ-] *ag* mercenario(a) // *sm* mercenario.

merce'ria [-tʃ-] *sf* mercería.

mercoledì *sm inv* miércoles *m*.

mer'curio *sm* mercurio.

me'renda *sf* merienda.

meridi'ano, a *ag* meridiano(a) // *sm* meridiano // *sf* (*orologio*) reloj *m* de sol.

meridio'nale *ag*, *sm/f* meridional (*m/f*).

meridi'one *sm* sur *m*.

me'ringa, ghe *sf* merengue *m*.

meri'tare *vt* merecer.

meri'tevole *ag* merecedor(ora).

'merito *sm* mérito; **in** ~ **a** en lo que concierne a, respecto a.

mer'letto *sm* encaje *m*, puntilla.

'merlo *sm* (*zool*) mirlo; (*archit*) almena.

mer'luzzo [-ttso] *sm* merluza.

'mescere [-ʃʃ-] *vt* escanciar, servir.

meschinità [-k-] *sf inv* mezquindad *f*.

me'schino, a [-'k-] *ag* mezquino(a).

mesco'lanza [-tsa] *sf* mezcla, mescolanza.

mesco'lare *vt* (*anche fig*) mezclar; ~**rsi** *vr* mezclarse.

'mese *sm* mes *m*.

'messa *sf* (*rel*) misa; (*il mettere*) puesta; ~ **in moto/in opera** puesta en marcha/en funcionamiento; ~ **in piega** marcado, peinado; ~ **in scena** *vedi* **messinscena**.

messag'gero [-d'ʤ-] *sm* mensajero.

mes'saggio [-ddʤo] *sm* (*anche fig*) mensaje *m*.

mes'sale *sm* misal *m*.

'messe *sf* mies *f*, grano.

mes'sia *sm inv*: **il M**~ el Mesías.

'Messico *sm* Méjico, México.

messin'scena [-'ʃ-] *sf* escenificación *f*.

'messo, a *pp di* **mettere** // *sm* (*messaggero*) mensajero, mandadero; (*comunale, giudiziario*) alguacil *m*.

mesti'ere *sm* (*lavoro*) trabajo, oficio; (*professione*) profesión *f*; **di** ~ de oficio; **non essere del** ~ (*fig*) no tener práctica en algo; **conoscere i trucchi del** ~ (*fig*) conocer los trucos del oficio.

'mesto, a *ag* melancólico(a).

'mestola *sf* (*cuc*) cucharón *m*; (*edil*) cuchara.

'mestolo *sm* cazo, cucharón *m*.

mestruazi'one [-'tsjone] *sf* menstruación *f*.

'meta *sf* meta.

metà *sf inv* mitad *f*; **dividere qc a o per** ~ dividir algo por la mitad; **fare a** ~ hacer a medias; **a** ~ **prezzo** a mitad de precio; **a** ~ **strada** en la mitad del camino.

metabo'lismo *sm* metabolismo.

meta'fisico, a, ci, che *ag* metafísico(a) // *sf* metafísica.

me'tafora *sf* metáfora.

meta'forico, a, ci, che *ag* metafórico(a).

me'tallico, a, ci, che [-ll-] *ag* metálico(a).

me'tallo [-llo] *sm* metal *m*.

metallur'gia [metallur'dʒia] *sf* metalurgia.

metalmec'canico, a, ci, che *ag* metalúrgico(a) // *sm* metalúrgico.

meta'morfosi *sf* metamorfosis *f inv*.

me'tano *sm* metano.

me'teora *sf* meteoro.

meteo'rite *sm* meteorito.

meteoro'logico, a, ci, che [-dʒ-] *ag* meteorológico(a).

me'ticcio, a, ci, ce [-ttʃo] *sm/f* mestizo/a.

metico'loso, a *ag* meticuloso(a).

me'todico, a, ci, che *ag* metódico(a).

'metodo *sm* método.

'metrico, a, ci, che *ag* métrico(a) // *sf* métrica.

'metro *sm* metro.

me'tropoli *sf* metrópolis *f inv*.

metropoli'tano, a *ag* metropolitano(a) // *sf* metro, (*arg*) subte *m*.

'mettere *vt* poner, colocar, meter; (*posare: piedi*) apoyar, meter; (*applicare: francobollo etc*) poner, pegar; (*installare, appendere*) colocar; (*indossare: abito etc*) poner; (*fig: causare: fame etc*) causar; ~**rsi** *vr* ponerse, meterse; (*abito etc*) ponerse; ~**rsi a** ponerse a; ~**rci** (*dedicare: impegno etc*) poner, prestar; (*riferito a tempo*) emplear; **mettiamo che...** (*fig*) supongamos que...; ~ **qd a sedere** hacer sentar a alguien; ~ **a tacere qc** silenciar o tapar algo; ~ **a tacere qd** hacer callar a alguien; ~ **un compito in bella/un testo in musica** pasar un deber en limpio/un texto a música; ~ **insieme** (*somma, cose*) amasar; (*persone*) juntar, reunir; (*sforzi*) mancomunar; ~ **su** (*abito, casa*) poner; (*organizzare*) organizar; (*negozio*) abrir; (*far cuocere*) poner a cocinar; ~ **via** sacar; **mettercela tutta** hacer todo lo posible.

mez'zadro [-d'dz-] *sm* aparcero.

mezza'luna [-ddz-] *sf* media luna; (*coltello*) tajadera.

mezza'nino [-ddz-] *sm* entresuelo.

mez'zano, a [-d'dz-] *sm/f* mediador/ora; (*ruffiano*) alcahuete/a // *sf* (*naut*) mesana.

mezza'notte [-ddz-] *sf* medianoche *f*.

'mezzo, a [-ddzo] *ag* medio(a) // *sm* medio; (*di strada etc*) medio, centro; ~**i** *mpl* (*finanziari, di trasporto etc*) medios; **le nove/ mezzogiorno e** ~ **o** ~**a** las nueve/doce y media; ~ **litro** medio litro; **di** ~**a età**

de media edad; **a** ~**a voce** en voz baja;
di ~ (*centrale*) en el medio; **via di** ~
solución intermedia; **andarci di** ~
(*dover rispondere*) resultar implicado;
(*sog: salute etc*) perjudicarse, arruinarse;
levarsi o **togliersi di** ~ salir del
medio; **in** ~ **a** en medio de; **per** ~ o **a**
~ **di** por medio de; ~ **da sbarco** (MIL)
barcaza de desembarco.
mezzogi'orno [meddzo'dʒɔrno] *sm* (*ora*)
mediodía *m*; (GEOGR) sud *m*.
mez'z'ora, mez'zora, [-d'dz-] *pl*
'mezze'ore *sf* media hora.
mi *pron* (*dav. lo. la. li. le, ne diventa* **me**)
me // *sm* (MUS) mi *m*.
'mia *vedi* **mio**.
miago'lare *vi* maullar; (*fig*) lloriquear.
miago'lio *sm* maullido.
'mica *sf* (CHIM) mica // *av* (*fam*): **non ...**
~ **no ... en absoluto;** ~ **lo so** no lo sé
en absoluto; **non hai** ~ **un libro?**
¿tienes, por casualidad, un libro?;
male nada mal, bastante bien.
'miccia, ce [-ttʃa] *sf* mecha.
micidi'ale [-tʃ-] *ag* mortal.
'microbo *sm* microbio.
micro'cosmo *sm* microcosmo.
mi'crofono *sm* micrófono.
micro'scopio *sm* microscopio.
mi'dollo [-llo], *pl*(*f*) ~**a** *sm* médula.
'mie, miei *vedi* **mio**.
mi'ele *sm* miel *f*.
mi'etere *vt* (AGR) segar; (*fig: uccidere*)
arrebatar, matar;
(: *raccogliere*) cosechar.
mieti'tura *sf* siega.
migli'aio [-ʎ-], *pl*(*f*) ~**a** *sm* millar *m*,
miles *mpl*.
'miglio [-ʎʎo] *sm* (BOT) mijo; (*pl*(*f*) ~**a:**
unità di misura) milla.
migliō'rare [-ʎʎ-] *vt, vi* mejorar.
migli'ore [-ʎ-] *ag* mejor // *sm/f*: **il/la**
~ el/la mejor.
'mignolo [-ɲɲ-] *sm* meñique *m*.
mi'grare *vi* emigrar.
migra'tore, 'trice *ag* migratorio(a).
migrazi'one [-'tsjone] *sf* (*di persone*)
emigración *f*; (ZOOL) migración *f*.
mila'nese *ag, sm/f* milanés(esa);
cotoletta alla ~ milanesa.
Mi'lano *sf* Milán *m*.
miliar'dario, a *sm/f* multimillonario/a.
mili'ardo *sm* mil millones.
mili'are *ag* miliar.
mili'one *sm* millón *m*.
mili'tante *ag, sm/f* militante (*m/f*).
mili'tare *vi* (*anche fig*) militar // *ag, sm*
militar (*m*).
'milite *sm*: ~ **ignoto** soldado
desconocido.
mi'lizia [-tsɦ-] *sf* milicia.
millanta'tore, 'trice [-ll-] *sm/f*
jactancioso/a, farolero/a.
'mille [-lle] *ag inv, sm inv* mil (*m*).
mille'foglie [mille'fɔʎʎe] *sm inv* hojaldre
m.

mil'lennio [-l'l-] *sm* mil años, milenio.
millepi'edi [-ll-] *sm* milpiés *m inv*.
mil'lesimo, a [-l'l-] *ag*
milésimo(a) // *sm* milésimo.
milli'grammo [-ll-] *sm* miligramo.
mil'limetro [-l'l-] *sm* milímetro.
'milza [-tsa] *sf* bozo.
mime'tismo *sm* mimetismo.
mimetiz'zare [-d'dz-] *vt* mimetizar;
~**rsi** *vr* (MIL) camuflarse; (ZOOL)
mimetizarse.
'mimica *sf* mímica.
'mimo *sm* mimo.
mi'mosa *sf* mimosa.
'mina *sf* mina.
mi'naccia, ce [-ttʃa] *sf* amenaza.
minacci'are [-t'tʃ-] *vt* amenazar; ~ **di**
fare *qc* amenazar con hacer algo.
minacci'oso, a [-t'tʃ-] *ag*
amenazador(ora).
mi'nare *vt* (*anche fig*) minar.
mina'reto *sm* minarete *m*.
mina'tore *sm* minero.
mina'torio, a *ag* conminatorio(a).
mine'rale *ag, sm* mineral (*m*).
mineralo'gia [-'dʒia] *sf* mineralogía.
mine'rario, a *ag* minerario(a).
mi'nestra *sf* (CUC) sopa; ~ **in brodo**
sopa en caldo.
mine'strone *sm* (CUC) sopa *de verduras*
con arroz o pastas; (*fig*) enredo, lío.
mingher'lino, a [-g-] *ag* menudo(a),
flaco(a).
minia'tura *sf* miniatura; **in** ~ en
miniatura.
mini'era *sf* mina.
'minimo, a *ag* mínimo(a) // *sm* mínimo;
(AUTO) ralentí *m*; **al** ~ al mínimo.
'minio *sm* minio.
ministeri'ale *ag* ministerial.
mini'stero *sm* ministerio.
mi'nistro *sm* ministro.
mino'ranza [-tsa] *sf* minoría.
mino'rato, a *ag, sm/f* retrasado(a).
mi'nore *ag* menor // *sm/f*: **il/la** ~ el/la
menor.
mino'renne *ag* (DIR) menor // *sm/f*
menor *m/f* de edad.
mi'nuscolo, a *ag* minúsculo(a) // *sf*
minúscula.
mi'nuta *sf* borrador *m*.
mi'nuto, a *ag* menudo(a);
(*corporatura. lineamenti*) pequeño(a) //
sm minuto; **comprare/vendere al** ~
(COMM) comprar/vender al por menor.
mi'nuzia [-ts-] *sf* minucia, bagatela.
'mio, 'mia, mi'ei, 'mie *det* mi, mis; **il**
~, **la mia, i miei, le mie** *pron* el mío,
la mía, los míos, las mías; **i miei**
(*parenti*) los míos, mi familia.
'miope *ag* miope.
mio'pia *sf* miopía.
'mira *sf* puntería; (*fig fine*)
objetivo, intención *f*; (*congegno di mira*)
mira; **prendere la** ~ apuntar;

prendere di ~ qd (fig) coger a alguien como blanco.
mi'rabile ag extraordinario(a), maravilloso(a).
mi'racolo sm milagro.
miraco'loso, a ag milagroso(a).
mi'raggio [-dʒo] sm espejismo.
mi'rare vi: ~ **a** apuntar a; (fig) aspirar a.
mi'riade sf (fig) miríada.
mi'rino sm (TECN) mira; (FOT) visor m.
mir'tillo [-llo] sm arándano.
mi'santropo sm misántropo.
mi'scela [-'ʃ'ʃ-] sf mezcla.
miscel'lanea [miʃʃel'lanea] sf miscelánea.
'mischia [-k-] sf entrevero.
mischi'are [-'k-] vt mezclar; **~rsi** vr mezclarse.
miscre'dente sm/f ateo/a.
mi'scuglio [-ʎʎo] sm mezcla.
mise'rabile ag miserable.
mi'seria sf miseria; **porca ~!, ~ ladra!** (fam) ¡vida perra!, ¡maldita suerte!
miseri'cordia sf misericordia.
mi'sero, a ag pobre, misero(a); (stipendio) escaso(a), miserable; (animo) miserable, mezquino(a).
mi'sfatto sm fechoría.
mi'sogino [-dʒ-] sm misógino.
'missile sm misil m.
missio'nario, a ag, sm/f misionario(a).
missi'one sf misión f.
misteri'oso, a ag misterioso(a).
mi'stero sm misterio.
'mistico, a, ci, che ag místico(a).
mistifi'care vt mistificar.
'misto, a ag mixto(a).
mi'stura sf mezcla, menjunje m.
mi'sura sf medida; (MUS) compás m; (discrezione) moderación f, medida; (fig: capacità) fuerza, posibilidad f; (: criterio di giudizio) criterio; **a ~ che** a medida que; **su ~** a medida; **oltre ~** desmedidamente; **aver colmato la ~** (fig) haber colmado la medida.
misu'rare vt (anche fig) medir // vi medir; **~rsi** vr (nelle spese etc) moderarse, medirse; (fig: con un avversario) competir, medirse.
misura'tore sm medidor m.
misurazi'one [-'tsjone] sf medición f.
'mite ag bondadoso(a), dulce; (clima) apacible, suave; (animale) manso(a); (prezzo, interesse) módico(a), razonable.
mi'tezza [-ttsa] sf (vedi ag) bondad f; suavidad f; mansedumbre f; moderación f.
'mitico, a, ci, che ag mítico(a).
miti'gare vt mitigar; **~rsi** vr aplacarse.
'mito sm mito.
mitolo'gia, 'gie [-'dʒia] sf mitología.
'mitra sf (REL) mitra // sm inv metralleta.

mi'traglia [-ʎʎa] sf metralla.
mitraglia'trice [mitraʎʎa'tritʃe] sf ametralladora.
mit'tente sm/f remitente m/f.
'mobile ag móvil; (bene) mueble; (sabbie, acqua) movedizo(a) // sm mueble m.
mo'bilia sf mueblaje m, moblaje m.
mobili'are ag mobiliario(a); **credito ~** crédito mobiliario.
mo'bilio sm = **mobilia**.
mobilità sf inv movilidad f.
mobili'tare vt movilizar; **~rsi** vr movilizarse.
mobilitazi'one [-'tsjone] sf movilización f.
mocas'sino sm mocasín m.
mocci'oso, a [-t'tʃ-] sm/f mocoso/a.
'moccolo sm (di candela) cabo; (fam: bestemmia) juramento; (: moccio) moco; **reggere il ~** (fig) tener la vela.
'moda sf moda; **alla ~** a la moda; **di ~** de moda.
modalità sf inv modalidad f.
mo'della [-lla] sf modelo f.
model'lare [-l'l-] vt modelar; **~rsi** vr: **~rsi su** amoldarse a.
mo'dello [-llo] sm modelo; (stampo, forma) molde m // ag inv modelo, ejemplar; **~ di carta** molde de papel.
mode'rare vt moderar.
modera'tore, 'trice ag, sm/f moderador(ora).
moderazi'one [-'tsjone] sf moderación f.
mo'derno, a ag moderno(a).
mo'destia sf modestia.
mo'desto, a ag modesto(a).
'modico, a, ci, che ag módico(a).
mo'difica, che sf cambio, modificación f.
modifi'care vt modificar; **~rsi** vr modificarse, transformarse.
mo'dista sf sombrerera.
'modo sm modo; **~i** mpl modos, modales mpl; **a suo ~ o a ~ suo** a su modo; **di o in ~ che** de modo que; **in ~ da fare** qc de modo de hacer algo; **ad ogni ~**, **in tutti i ~i** de todos modos; **in qualche ~** de alguna manera; **in qualunque o ogni ~** a toda costa; **per ~ di dire** por ejemplo, por así decirlo.
modu'lare vt modular.
modula'tore sm modulador m.
modulazi'one [-'tsjone] sf modulación f; **~ di frequenza** frecuencia modulada.
'modulo sm modelo, formulario; (ARCHIT. TECN. MAT) módulo.
'mogano sm caoba.
'mogio, a, gi, gie [-dʒo] ag triste, abatido(a).
'moglie [-ʎʎe] sf mujer f, esposa.
mo'ine sfpl zalamerías; (leziosità) melindres mpl.
'mola sf muela.
mo'lare vt amolar, afilar // ag, sm (dente) molar (m).

'mole sf (anche fig) mole f, masa.
mo'lecola sf molécula.
moleco'lare ag molecular.
mole'stare vt molestar.
mo'lesto, a ag molesto(a).
mo'lino sm = mulino.
'molla [-lla] sf resorte m; (fig) aliciente
m; ~e fpl tenazas mpl.
mol'lare [-l'l-] vt largar, aflojar; (NAUT)
largar, soltar; (fig: ceffone) encajar,
soltar // vi aflojar, ceder; fare a tira e
molla (fig) estar tira y afloja.
'molle [-lle] ag blando(a); (senza forza)
blando(a), débil; (bagnato)
empapado(a), mojado(a); (fig: mite)
dulce.
mol'letta [-l'l-] sf (per capelli) tenacilla;
(per panni stesi) broche m, pinza; ~e fpl
(per zollette) tenacillas.
mol'lezza [mol'lettsa] sf blandura,
debilidad f; ~e fpl molicia.
'mollica, che [-ll-] sf miga.
mol'lusco, schi [-l'l-] sm molusco.
'molo sm muelle m.
mol'teplice [-tʃe] ag múltiple.
molteplicità [-tʃ-] sf inv multiplicidad f.
moltipli'care vt multiplicar; ~rsi vr
multiplicarse.
moltiplica'tore, 'trice sm
multiplicador(ora) // sm multiplicador
m.
moltiplicazi'one [-'tsjone] sf
multiplicación f.
molti'tudine sf multitud f.
'molto, a ag mucho(a); (grande) grande
// av mucho; ~ buono/
apprezzato (superlativo) muy
bueno/apreciado; ~ i(e) pron
muchos(as).
momen'taneo, a ag momentáneo(a).
mo'mento sm momento; da un ~
all'altro de un momento a otro; al ~ di
en el momento de; per il ~ por el
momento; dal ~ che visto que.
'monaca, che sf monja.
'monaco, ci sm (REL) monje m.
mo'narca, chi sm monarca m.
monar'chia [-'kia] sf monarquía.
mona'stero sm monasterio.
monche'rino [-k-] sm muñón m.
'monco, a, chi, che ag manco(a); (fig)
incompleto(a).
mon'cone sm muñón m.
mon'dano, a ag mundano(a) // sf
prostituta.
mon'dare vt (frutta) mondar, pelar;
(riso, grano) cerner, cribar; (fig: anima)
purgar.
mon'dezza [-ttsa] sf pureza.
mondez'zaio [-t'ts-] sm basurero.
mondi'ale ag mundial.
'mondo sm mundo; venire al ~ venir al
mundo; andare all'altro ~ irse al otro
mundo; ~ cane o birbone o ladro!
(fam) ¡mundo de mierda!
monelle'ria [-ll-] sf travesura.

mo'nello, a [-llo] sm/f pilluelo/a.
mo'neta sf moneda; ~ debole/
forte moneda débil/fuerte; ~ estera
moneda extranjera; ~ legale moneda
legal.
mone'tario, a ag monetario(a).
mongo'loide sm/f mongólico/a.
'monito sm reproche m, admonición f.
'monitor sm inv monitor m.
mo'nocolo sm monóculo.
monoco'lore ag monocromo(a);
governo ~ (POL) gobierno de un solo
partido.
monoga'mia sf monogamia.
monogra'fia sf monografía.
mono'gramma, i sm monograma m.
mo'nologo, ghi sm monólogo.
mono'polio sm monopolio.
monopoliz'zare [-d'dz-] vt (anche fig)
monopolizar.
mono'sillabo, a [-ll-] ag monosílabo(a)
// sm monosílabo.
monoto'nia sf monotonía.
mo'notono, a ag monótono(a).
monsi'gnore [-ɲ'ɲ-] sm monseñor m.
mon'sone sm monzón m.
'monta sf (accoppiamento) apareamiento;
(EQUITAZIONE) monta, montadura.
monta'carichi [-ki] sm montacargas m
inv.
mon'taggio [-dd3o] sm montaje m.
mon'tagna [-ɲɲa] sf montaña; andare in
~ ir a la montaña.
monta'gnoso, a [-ɲ'ɲ-] ag montañoso(a).
monta'naro, a ag, sm/f montañés(esa).
mon'tano, a ag montés(esa).
mon'tare vt (CUC) batir; (impianto etc)
armar, instalar; (fecondare) montar;
(incastonare) engastar, montar; (CINE)
montar // vi (aus essere) montar;
(acque, maionese) crecer, aumentar;
~rsi vr envanecerse, engreírse; ~ la
testa a qd (fig) calentarle la cabeza a
alguien; ~ in bicicletta/in treno/
a cavallo montar o subir en
bicicleta/en el tren/a caballo; ~ una
notizia (fig) exagerar una noticia; ~
una persona exagerar la importancia
de alguien.
monta'tura sf (di occhiali) armazón f; (di
gioiello) engaste m; (fig) bluff m,
exageración f.
'monte sm monte m, montaña; (cumulo)
montón m; mandare a ~ qc hacer
fracasar algo; ~ di pietà (FIN) banco de
préstamos.
mon'tone sm carnero.
montu'oso, a ag montañoso(a).
monumen'tale ag monumental.
monu'mento sm monumento.
'mora sf mora.
mo'rale ag moral // sf moral f; (di una
favola etc) moraleja // sm moral f,
ánimo.
mora'lista, i, e sm/f moralista m/f.
moralità sf inv moralidad f.

moraliz'zare [-d'dz-] *vt* moralizar.
mora'toria *sf* moratoria.
morbi'dezza [-ttsa] *sf* suavidad *f*,
blandura.
'morbido, a *ag* blando(a), suave.
mor'billo [-llo] *sm* sarampión *m*.
'morbo *sm* enfermedad *f*, morbo.
mor'boso, a *ag* morboso(a).
'morchia [-k-] *sf* poso, borra.
mor'dace [-t∫e] *ag* (*fig*) mordaz.
mor'dente *sm* (*CHIM*) mordiente *m*; (*MUS*)
mordente *m*; (*fig*) eficacia.
'mordere *vt* morder; ~ **il freno** (*fig*)
tascar el freno.
mo'rente *ag* moribundo(a),
desfalleciente.
mor'fina *sf* morfina.
morfi'nomane *sm/f* morfinómano/a.
mo'ria *sf* mortandad *f*.
mori'bondo, a *ag* moribundo(a),
agonizante.
morige'rato, a [-dʒ-] *ag* sobrio(a),
moderado(a).
mo'rire *vi* (*aus* essere) morir; (*fig:*
scomparire) extinguirse, desaparecer;
terminar; (*: luce, suono, colore*)
debilitarse, apagarse; ~ **dalla**
fame/sete morir de hambre/sed; ~
dalla voglia di morir(se) de ganas de;
un sonno/caldo da ~ un sueño/un
calor de morirse.
mormo'rare *vi* murmurar.
mormo'rio *sm* murmullo.
'moro, a *ag*, *sm/f* moreno(a); **i M~i**
(*STORIA*) los moros.
mo'roso, a *ag* (*debitore*) moroso(a) //
sm/f (*fam*) novio/a.
'morsa *sf* prensa; (*fig*) opresión *f*.
morsi'care *vt* morder.
morsica'tura *sf* mordedura.
'morso *sm* (*di cane*) mordedura; (*di*
vipera, insetto) picadura; (*fig*) comezón *f*;
(*parte della briglia*) bocado.
morta'della [-lla] *sf* mortadela.
mor'taio *sm* mortero.
mor'tale *ag*, *sm* mortal *m*.
mortalità *sf inv* mortalidad *f*.
mortifi'care *vt* mortificar; ~**rsi** *vr*
mortificarse.
'morto, a *pp di* morire // *ag*, *sm/f*
muerto(a); ~ **di sonno/di stanchezza**
muerto de sueño/
cansancio; **fare il** ~ hacerse el muerto.
mor'torio *sm* (*fig*) velorio, fiesta
aburrida.
mo'saico *sm* mosaico.
'mosca, sche *sf* mosca; ~ **cieca** (*gioco*)
gallina ciega.
'Mosca *sf* Moscú *m*.
moscar'dino *sm* muscardino.
mo'scato *sm* moscato.
mosce'rino [-ʃʃ-] *sm* mosquito.
mo'schea [-'k-] *sf* mezquita.
moschetti'ere [-'k-] *sm* mosquetero.
mo'schetto [-k-] *sm* (*fucile militare*)
carabina; (*archibugio*) mosquete *m*.

moschi'cida, i, e [moski't∫ida] *ag*
insecticida.
'moscio, a, sci, sce [-ʃʃo] *ag* flojo(a).
mo'scone *sm* moscardón *m*.
'mosso, a *pp di* **muovere** // *ag* (*mare*)
agitado(a); (*capelli*) ondulado(a); (*FOTO*)
movido(a) // *sf* movimiento, gesto; (*nel*
gioco) jugada.
mo'starda *sf* mostaza.
'mostra *sf* muestra, exposición *f*; **far** ~
di aparentar, simular.
mo'strare *vt* mostrar; (*ostentare*)
exhibir; (*indicare*) señalar, mostrar;
(*fingere*) fingir, aparentar; ~**rsi** *vr*
aparecer; (*addolorato, malato*) fingirse.
'mostro *sm* monstruo.
mostru'oso, a *ag* (*anche fig*)
monstruoso(a).
mo'tel *sm inv* motel *m inv*.
moti'vare *vt* (*causare*) motivar,
ocasionar; (*giustificare*) justificar.
motivazi'one [-'tsjone] *sf* motivación *f*.
mo'tivo *sm* motivo; (*letterario, musicale*)
tema *m*, motivo.
'moto *sm* movimiento; (*azione istintiva*)
impulso; (*tentativo rivoluzionario*) motín
m, sublevación *f* // *sf* moto *f*; **mettere in**
~ (*AUTO, motore etc*) poner en marcha;
(*fig*) movilizar.
motoci'cletta [-t∫-] *sf* motocicleta.
motoci'clismo [-t∫-] *sm* motociclismo.
motoci'clista, i, e [-t∫-] *sm/f*
motociclista *m/f*.
mo'tore, 'trice *ag* motor(triz) // *sm*
motor *m*; (*fig*) causa // *sf* automotriz *f*; **a**
~ **a** motor; ~ **a combustione**
interna/a reazione motor de
combustión interna/de reacción.
motoriz'zato, a [-d'dz-] *ag*
motorizado(a).
moto'scafo *sm* lancha motora, motora.
mot'teggio [-ddʒo] *sm* burla, broma.
'motto *sm* lema *m*.
mo'vente *sm* motivo, razón *f*.
movimen'tare *vt* animar, mover.
movi'mento *sm* movimiento.
movi'ola *sf* moviola.
mozi'one [-'tsjone] *sf* moción *f*; ~ **di**
fiducia moción de confianza o de apoyo.
moz'zare [-'ts-] *vt* cortar; ~ **il fiato** o
respiro (*fig*) cortar el aliento.
mozza'rella [mottsa'rɛlla] *sf* mozzarella.
mozzi'cone [-tts-] *sm* resto, residuo; (*di*
sigaretta) colilla; (*di candela*) cabo.
'mozzo ['mɔddzo] *sm* (*di ruota*) cubo;
['mottso] (*NAUT*) grumete *m*; ~ **di stalla**
mozo de cuadra.
'mucca, che *sf* vaca.
'mucchio [-kk-] *sm* montón *m*.
'muco, chi *sm* mucosidad *f*.
mu'cosa *sf* mucosa.
'muffa *sf* moho.
mug'gire [-d'dʒ-] *vi* mugir; (*fig*) rugir.
mug'gito [-d'dʒ-] *sm* (*vedi vb*) mugido *m*,
rugido.
mu'ghetto [-'g-] *sm* muguete *m*.

mu'gnaio, a [-ɲ'ɲ-] *sm/f* molinero/a.
mugo'lare *vi (cane)* gañir; *(fig: persona)* gemir.
mugo'lío *sm (vedi vb)* gañido; gemido.
mulatti'era *sf* camino de herradura.
mu'latto *sm* mulato.
mu'liebre *ag* mujeril.
muli'nare *vi* remolinear.
muli'nello [-llo] *sm (d'acqua)* remolino; *(di vento)* torbellino; *(NAUT)* molinete *m*, cabrestante *m*; *(di canna da pesca)* carrete *m*.
mu'lino *sm* molino; ~ **a vento** molino de viento.
'mulo *sm* mulo.
'multa *sf* multa.
mul'tare *vt* multar.
multico'lore *ag* multicolor.
multi'forme *ag* multiforme.
'multiplo, a *ag* múltiple // *sm (MAT)* múltiplo.
'mummia *sf* momia.
mummifi'care *vt* momificar.
'mungere [-dʒ-] *vt* ordeñar; *(fig)* exprimir, explotar.
munici'pale [-tʃ-] *ag* municipal.
muni'cipio [-'tʃ-] *sm* ayuntamiento, municipalidad *f*.
mu'nire *vt*: ~ **qd/qc di** proveer a alguien/algo de.
munizi'oni [-'tsjoni] *sfpl* municiones *fpl*.
'munto, a *pp di* **mungere**.
mu'overe *vt* mover; *(obiezione, critica)* hacer, manifestar; ~**rsi** *vr* moverse.
'mura *sfpl vedi* **muro**.
mu'raglia [-ʎʎa] *sf* muralla.
mu'rale *ag* mural.
mu'rare *vt* emparedar; *(finestra, porta)* cegar.
mura'tore *sm* albañil *m*.
mura'tura *sf* albañilería.
'muro *sm (EDIL)* muro, pared *f*; *(fig)* cortina, barrera; ~**a** *fpl (di cinta)* murallas; **a** ~ *(armadio etc)* empotrado; ~ **del suono** barrera del sonido.
'muschio [-kjo] *sm* almizcle *m*.
musco'lare *ag* muscular.
'muscolo *sm* músculo.
musco'loso, a *ag* musculoso(a).
mu'seo *sm* museo.
museru'ola *sf* bozal *m*.
'musica *sf* música.
musi'cale *ag* musical.
musi'cista, i, e [-'tʃ-] *sm/f* músico/a, compositor/ora.
'muso *sm (di animale)* hocico; *(peg: viso umano)* jeta; *(fig: di auto etc)* trompa; **tenere il** ~ **a qd** *(fig)* estar enojado con alguien.
mu'sone, a *sm/f* murrio/a.
musul'mano, a *ag, sm/f* musulmán(ana).
'muta *sf (ZOOL)* muda; *(per immersioni subacquee)* traje *m* de buceador; *(gruppo di cani)* jauría.
muta'mento *sm* cambio.

mu'tande *sfpl* calzoncillos *mpl*.
mutan'dine *sfpl* bragas *fpl*.
mu'tare *vt* mudar, cambiar // *vi (aus essere)* cambiar.
mutazi'one [-'tsjone] *sf* cambio, variación *f*.
mu'tevole *ag* variable; *(fig)* voluble, veleidoso(a).
muti'lare *vt* mutilar.
muti'lato, a *sm/f* mutilado/a.
mutilazi'one [-'tsjone] *sf* mutilación *f*.
mu'tismo *sm* mutismo.
'muto, a *ag* mudo(a).
'mutua *sf* mutualidad *f*.
mutu'ato, a *sm/f* mutualista *m/f*.
'mutuo, a *ag* mutuo(a) // *sm (ECON)* préstamo.

N

N. *(abbr di* **nord)** N.
na'babbo *sm (fig)* pachá *m*
'nacchere [-kk-] *sfpl* castañue ̨a ̨
na'dir *sm* nadir *m*.
'nafta *sf* nafta.
nafta'lina *sf* naftalina.
'naia *sf (ZOOL)* naja; *(fam: servizio militare)* quinta.
'naiade *sf* náyade *f*.
'nailon ® *sm* nylon ® *m*.
'nanna *sf*: **fare la** ~ *(fam)* ir a la cama o a dormir.
'nano, a *ag, sm/f* enano(a).
napole'tano, a *ag* napolitano(a) // *sf* cafetera napolitana.
'Napoli *sf* Nápoles *m*.
'nappa *sf (pelle)* napa.
narci'sismo [-tʃ-] *sm* narcisismo.
nar'ciso [-'tʃ-] *sm* narciso.
nar'cosi *sf* narcosis *f inv*.
nar'cotico, a *sm* narcótico.
na'rice [-tʃe] *sf* nariz *f*.
nar'rare *vt* narrar.
narra'tivo, a *ag* narrativo(a) // *sf* narrativa.
narra'tore, 'trice *sm/f* narrador/ora.
narrazi'one [-'tsjone] *sf* narración *f*.
na'sale *ag* nasal.
na'scente [-ʃ'ʃ-] *ag* naciente.
'nascere [-ʃʃ-] *vi (aus essere)* nacer; *(dente)* salir; *(fig: derivare)* originarse, derivar.
'nascita [-ʃʃ-] *sf* nacimiento; **nobile/umile di** ~ de origen noble/humilde.
na'scondere *vt* esconder, ocultar.
nascon'diglio [-ʎʎo] *sm* escondite *m*.
na'scosto, a *pp di* **nascondere** // *ag* oculto(a), secreto(a); **di** ~ **a** escondidas.
na'sello [-llo] *sm (ZOOL)* merluza.
'naso *sm (ANAT)* nariz *f*; *(fiuto)* olfato; **avere** ~ *(fig)* tener buen olfato.

'nassa *sf* nasa.
'nastro *sm* cinta; *(decorazione)* condecoración *f*; ~ **(di partenza)** *(SPORT)* línea de partida; ~ **adesivo** cinta adhesiva.
na'sturzio [-ts-] *sm* berro.
na'tale *ag* natal, nativo(a) // *sm*: **N~** Navidad *f*; ~**i** *mpl* nacimiento.
natalità *sf inv* natalidad *f*.
nata'lizio, a [-tts-] *ag* navideño(a).
na'tante *sm* barco.
nata'torio, a *ag* natatorio(a).
'natica, che *sf* nalga.
na'tio, a *ag* nativo(a), natal.
nativttà *sf inv* natividad *f*.
na'tivo, a *ag* nativo(a) // *sm/f* natural *m/f*.
'nato, a *pp di* **nascere** // *ag*: **un oratore/artista** ~ **un** orador/ artista nato; ~**a Rossi** de soltera Rossi; ~ **per qc** nacido para algo // *sm/f* hijo/a.
NATO *abbr f* OTAN.
na'tura *sf* naturaleza; *(indole)* carácter *m*, temperamento; **vivere contro** ~ vivir contra natura; **pagare/scambiare in** ~ pagar/hacer trueque en especie; ~ **morta** naturaleza muerta.
natu'rale *ag* natural.
natura'lezza [-ttsa] *sf* naturalidad *f*.
natura'lismo *sm* naturalismo.
natura'lista, i, e *sm/f* naturalista *m/f*.
naturaliz'zare [-d'dz-] *vt* naturalizar.
naufra'gare *vi* naufragar; *(fig)* fracasar.
nau'fragio [-dʒo] *sm* naufragio; *(fig)* fracaso, quiebra.
'naufrago, ghi *sm* náufrago.
'nausea *sf* náusea.
nausea'bondo, a *ag* nauseabundo(a).
nause'are *vt* repugnar.
'nautico, a, ci, che *ag* náutico(a) // *sf* náutica.
na'vale *ag* naval.
na'vata *sf* nave *f*.
'nave *sf* barco, buque *m*; ~ **passeggeri/da guerra** buque transatlántico/de guerra.
na'vetta *sf* lanzadera; **fare la** ~ *(fig: autobus etc)* ir y venir.
navi'cella [navi't∫ella] *sf (di aerostato)* barquilla; ~ **spaziale** nave *f* espacial.
navi'gabile *ag* navegable.
navi'gare *vi* navegar; ~ **in buone/cattive acque** *(fig)* hallarse en un buen/mal momento.
navi'gato, a *ag (fig)* experimentado(a).
navigazi'one [-'tsjone] *sf* navegación *f*.
na'viglio [-ʎʎo] *sm (canale)* canal *m*.
nazio'nale [-tts-] *ag* nacional // *sf (SPORT)* equipo nacional.
naziona'lismo [-tts-] *sm* nacionalismo.
nazionalità [-tts-] *sf inv* nacionalidad *f*.
nazionaliz'zare [nattsjonalid'dzare] *vt* nacionalizar.
nazi'one [-t'tsi-] *sf* nación *f*.
NB *(abbr di nota bene)* NB.

ne *pron (di lui, lei, loro)* de él/ella/ ellos/ellas; ~ **riconosco la voce** reconozco su voz; **non** ~ **sappiamo più nulla** no sabemos nada más de él; *(di questa, quella cosa)*: ~ **voglio ancora** quiero más (de eso); **dammene** dame (de eso); *(con valore partitivo)*: **hai dei libri? si,** ~ **ho/no, non** ~ **ho** ¿tienes libros? si, tengo/no, no tengo; **quanti anni hai? -** ~ **ho 17** ¿cuántos años tienes? tengo 17 // *av*: ~ **vengo ora** vengo de allí en este momento.
né *cong*: **non parla** ~ **l'italiano** ~ **il tedesco** no habla ni el italiano ni el alemán; **non piove** ~ **nevica** no llueve ni nieva.
ne'anche [-ke] *av* ni, ni siquiera // *cong*: ~ **se volesse potrebbe venire** aunque quisiera no podría venir; ~ **per idea** o **sogno** ni por asomo.
'nebbia *sf* niebla.
nebuliz'zare [-d'dz-] *vt* vaporizar.
nebu'losa *sf* nebulosa.
nebulosità *sf inv* nebulosidad *f*.
necessaria'mente [-t∫-] *av* necesariamente.
neces'sario, a [-t∫-] *ag* necesario(a).
necessità [-t∫-] *sf inv* necesidad *f*.
necessi'tare [-t∫-] *vt* necesitar // *vi (aus essere) (aver bisogno)*: ~ **di** tener necesidad de.
necro'logio [-dʒo] *sm* necrología.
ne'cropoli *sf* necrópolis *f inv*.
necro'scopico, a, ci, che *ag* necroscópico(a).
nefan'dezza [-ttsa] *sf* infamia, maldad *f*.
ne'fando, a *ag* infame, abominable.
ne'fasto, a *ag* nefasto(a).
ne'frite *sf* nefritis *f inv*.
ne'gare *vt* negar; ~ **di aver fatto/che** negar que se ha hecho/que.
nega'tivo, a *ag* negativo(a) // *sf* negativa; *(FOTO)* negativo.
negazi'one [-'tsjone] *sf* negación *f*.
ne'gletto, a *pp di* **negligere** // *ag* descuidado(a), negligente.
'negli [-ʎʎi] *prep + det vedi* **in**.
negli'gente *ag* negligente.
negli'genza [negli'dʒentsa] *sf* negligencia.
negozi'ante [-t'ts-] *sm/f* comerciante *m/f*.
negozi'are [-t'ts-] *vt* negociar.
negozi'ato [-t'ts-] *sm* negociación *f*.
ne'gozio [-tts-] *sm* negocio, tienda; *(DIR)* negocio.
negri'ere *sm (anche fig)* negrero.
'negro, a *ag, sm/f* negro(a).
'nei, nel, nell' [-ll], **'nella, 'nelle, 'nello** *prep + det vedi* **in**.
'nembo *sm* nubarrón *m*.
ne'mico, a, ci, che *ag, sm/f* enemigo(a).
nem'meno *av* = **neanche**.
'nenia *sf* cantilena.
'neo *sm* lunar *m*; *(fig)* defectillo.

neo... *pref* neo....
neo'litico, a, ci, che *ag* neolitico(a) // *sm* neolítico.
neolo'gismo [-'dʒ-] *sm* neologismo.
'neon *sm inv* neón *m*.
neo'nato, a *ag, sm/f* recién nacido(a).
nepo'tismo *sm* nepotismo.
nep'pure *av, cong* = **neanche.**
ne'rastro, a *ag* negruzco(a).
'nerbo *sm* látigo; (*fig*) fuerza, energía.
nerbo'ruto, a *ag* robusto(a).
ne'retto *sm* (TIP) negrita.
'nero, a *ag* negro(a); (*fig: umore etc*) malo(a); **cronaca ~a** (*nei giornali*) crónica policíaca // *sm* (*colore*) negro.
nerva'tura *sf* (ANAT) nervios; (BOT, ARCHIT) nervadura; (*di libro*) nervura.
'nervo *sm* nervio; **avere i ~i** (*fig*) estar nervioso o de mal humor; **non avere i ~i a posto** no estar bien de los nervios.
ner'voso, a *ag* nervioso(a) // *sm* nerviosidad *f*.
'nespola *sf* (BOT) níspero, níspola; (*fig fam*) golpe *m*; ~**e!** ¡caramba!
'nesso *sm* nexo.
nes'suno, a *det* (*dav sm* **nessun** + C. V. **nessuno** + *s impura, gn, ps, x, z; dav sf* **nessun'** + V) ninguno(a); (*qualche*) alguno(a); **hai ~a obiezione?** ¿tienes alguna objeción? // *pron* nadie; (*qualcuno*) alguien; **è venuto ~ a cercarmi?** ¿ha venido alguien a buscarme?; **nessun altro** (*persona*) nadie más; (*cosa*) ninguno(a) más; **in nessun luogo** en ningún lugar.
netta'mente *av* netamente.
net'tare *vt* (*riso*) mondar; (*verdura*) limpiar.
net'tezza [-ttsa] *sf* limpieza; (*di stile, linguaggio*) pureza; ~ **urbana** servicio de limpieza urbana.
'netto, a *ag* limpio(a); (*risposta, taglio*) claro(a), tajante; (ECON) neto(a).
nettur'bino *sm* barrendero.
neu'rite *sf* neuritis *f inv*.
neurolo'gia [-'dʒia] *sf* neurología.
neu'rosi *sf* = **nevrosi.**
neu'trale *ag* neutral.
neutralità *sf inv* neutralidad *f*.
neutraliz'zare [-d'dz-] *vt* neutralizar.
neutralizzazi'one [-ddzat'tsjone] *sf* neutralización *f*.
'neutro, a *ag* neutro(a); (*atteggiamento*) neutral.
ne'vaio *sm* ventisquero.
'neve *sf* nieve *f*.
nevi'care *vb impersonale* nevar.
nevi'cata *sf* nevada.
ne'vischio [-kjo] *sm* nevisca.
ne'voso, a *ag* nevoso(a).
nevral'gia [-'dʒia] *sf* neuralgia.
ne'vralgico, a, ci, che [-dʒ-] *ag* (*anche fig*) neurálgico(a).
nevraste'nia *sf* neurastenia.
ne'vrite *sf* = **neurite.**
ne'vrosi *sf* neurosis *f inv*.

'nibbio *sm* milano.
'nicchia [-kkja] *sf* nicho.
nicchi'are [-k'kj-] *vi* vacilar, titubear.
'nichel [-k-] *sm* níquel *m*.
nico'tina *sf* nicotina.
nidi'ata *sf* (ZOOL) nidada; (*fig*) prole *f*.
nidifi'care *vi* nidificar.
'nido *sm* nido; **a ~ d'ape** (*tessuto*) de nido de abeja.
ni'ente *pron* (*nessuna cosa*) nada; (*qualcosa*) algo // *sm* nada; (*poca cosa*) pequeñez *f* // *av* (*in nessuna misura*): **non è ~ buono** no es nada bueno; ~ **affatto** de ninguna manera; **nient'altro** nada más; **nient'altro che** nada más que; **per ~** (*affatto*) de ningún modo; (*invano, gratuitamente*) por nada; ~ **paura!** ¡nada de miedo!; **non fa ~** no es nada; ~ **da fare!** ¡nada que hacer!
niente'meno *av* nada menos.
'nimbo *sm* nimbo, aureola.
'ninfa *sf* ninfa.
nin'fea *sf* nenúfar *m*.
'ninna 'nanna o **ninna'nanna** *sf* arrorró *m*.
nin'nare *vt* arrullar.
'ninnolo *sm* (*gingillo*) dije *m*; (*fig*) chuchería.
ni'pote *sm/f* (*di zii*) sobrino/a; (*di nonni*) nieto/a; ~**i** *mpl* descendientes *mpl*.
nip'ponico, a, ci, che *a* nipón(ona).
niti'dezza [-ttsa] *sf* nitidez *f*.
'nitido, a *ag* nítido(a).
ni'trato *sm* nitrato.
'nitrico, a, ci, che *ag* nítrico(a).
ni'trire *vi* relinchar.
ni'trito *sm* (*di cavallo*) relincho; (CHIM) nitrito.
nitroglice'rina [-tʃ-] *sf* nitroglicerina.
'niveo, a *ag* níveo(a).
no *av* no; **come/perché ~?** ¿cómo/por qué no?; **verrai, ~?** ¿vendrás, no? // *sm inv* no.
'nobile *ag* noble.
nobili'are *ag* nobiliario(a).
nobili'tare *vt* (*fig*) elevar, mejorar.
nobiltà *sf inv* nobleza.
'nocca, che *sf* nudo.
nocci'ola [not'tʃɔla] *ag inv* (*posposto al s*) avellana // *sf* (BOT) avellana.
nocci'olo [not'tʃɔlo] *sm* (BOT: *albero*) avellano; ['nɔttʃolo] (*di frutto*) hueso, carozo (*spec* AM); (FIS, fig) núcleo.
'noce [-tʃe] *sm* (*albero, legno*) nogal *m* // *sf* nuez *f*; (CUC: *pezzetto*) cucharadita; ~ **di vitello** babilla o rabada de ternera.
no'civo, a [-tʃ-] *ag* nocivo(a).
no'dale *ag* nodal.
'nodo *sm* nudo; (ASTR, BOT) nodo; (*fig: impedimento*) dificultad *f*, punto grave.
no'doso, a *ag* nudoso(a).
'noi *pron* nosotros(as); ~ **italiani** nosotros los italianos; ~ **stessi(e)** nosotros(as) mismos(as).

'**noia** sf tedio, aburrimiento; ~**e** fpl
(fastidi) problemas mpl; **avere qd/qc a
~** aburrirse con alguien/algo; **venire a
~** aburrir, cansar; **dare ~ (a)** molestar
(a).
noi'oso, a ag aburrido(a); (fastidioso)
fastidioso(a), molesto(a).
noleggi'are [-d'dʒ-] vt alquilar.
noleggia'tore, 'trice [-ddʒ-] sm/f
alquilador/ora.
no'leggio [-ddʒo] sm alquiler m; (prezzo)
flete m, precio; (impresa) empresa de
alquiler.
'**nolo** sm flete m; **prendere/dare a ~**
qc alquilar algo.
'**nomade** ag, sm/f nómade (m/f).
'**nome** sm nombre m; (LING) nombre m,
sustantivo; (fig: fama) renombre m; **aver
per ~** llamarse; **~ d'arte** seudónimo.
no'mea sf mala reputación.
nomencla'tura sf nomenclatura.
no'mignolo [-ɲɲ-] sm apodo.
'**nomina** sf nombramiento.
nomi'nale ag nominal.
nomi'nare vt nombrar.
nomina'tivo, a ag nominativo(a) // sm
(AMM) nombre m; (LING) nominativo.
non av no // pref no; vedi **affatto,
appena.**
nonché [-'ke] cong (per di più) así como,
y además.
noncu'rante ag: ~ **(di)** indiferente (a).
noncu'ranza [-tsa] sf descuido,
indiferencia.
nondi'meno cong sin embargo, a pesar
de todo.
'**nonno, a** sm/f abuelo/a; **i ~i** mpl los
abuelos; **i nostri ~i** nuestros
antepasados.
non'nulla [-lla] sm inv nadería, pequeñez
f.
'**nono, a** num noveno(a).
nono'stante prep no obstante, a pesar de
// cong aunque; **ciò ~** sin embargo.
nontiscordardimé sm nomeolvides m.
nord ag inv, sm inv norte (m).
nor'dest sm nordeste m.
'**nordico, a, ci, che** ag nórdico(a).
nor'dovest sm noroeste m.
'**norma** sf norma, regla; **a ~ di legge**
conforme a la ley.
nor'male ag normal.
normalità sf inv normalidad f.
normaliz'zare [-d'dz-] vt normalizar.
Nor'vegia [-dʒa] sf Noruega.
nostal'gia [-'dʒia] sf nostalgia.
no'stalgico, a, ci, che [-dʒ-] ag, sm/f
nostálgico(a).
no'strano, a ag local.
'**nostro, a** det: **il(la) ~(a)** etc nuestro(a)
// pron: **il(la) ~(a)** etc el(la)
nuestro(a).
no'stromo sm contramaestre m.
'**nota** sf nota; (fattura) cuenta; (elenco)
lista; **degno di ~** digno de nota.

no'tabile ag ilustre, notable // sm
prohombre m.
no'taio sm notario.
no'tare vt señalar, notar; **farsi ~** (anche
peg) hacerse ver.
nota'rile ag notarial.
notazi'one [-'tsjone] sf notación f.
no'tevole ag notable.
no'tifica, che sf comunicación f, aviso.
notifi'care vt (DIR) notificar.
notificazi'one [-'tsjone] sf (DIR)
notificación f.
no'tizia [-ttsja] sf noticia; (informazione)
información f.
notizi'ario [-tts-] sm noticiario,
informativo.
'**noto, a** ag conocido(a).
notorietà sf inv notoriedad f.
no'torio, a ag notorio(a).
not'tambulo, a ag noctámbulo(a).
not'tata sf noche f.
'**notte** sf noche f; **di ~** de noche; **buona
~!** ¡buenas noches!; (fig) y se acabó;
peggio che andar di ~ peor que
nunca.
notte'tempo av por la o de noche.
'**nottola** sf (ZOOL) murciélago.
not'turno, a ag nocturno(a).
no'vanta num noventa.
novan'tenne ag, sm/f nonagenario(a).
novan'tesimo, a ag nonagésimo(a).
novan'tina sf: **una ~ di** unos noventa;
la ~ los noventa años.
'**nove** num nueve.
nove'cento [-'tʃ-] num novecientos // sm:
il N~ el siglo XX.
no'vella [-lla] sf cuento; **la buona ~** el
evangelio.
novelli'ere [-l'l-] sm cuentista m.
novel'lino, a [-l'l-] ag novato(a).
no'vello, a [-llo] ag nuevo(a), fresco(a).
no'vembre sm noviembre m.
no'vena sf novena.
novità sf inv novedad f.
nozi'one [-'tsjone] sf noción f.
'**nozze** [-ttse] sfpl casamiento, boda;
andare a ~ (fig) estar como unas
castañuelas; **~ d'argento/d'oro** bodas
de plata/oro.
ns (abbr commerciale di **nostro**) n/.
'**nube** sf nube f.
nubi'fragio [-dʒo] sm temporal m.
'**nubile** ag soltero(a).
'**nuca** sf nuca.
nucle'are ag nuclear.
'**nucleo** sm núcleo.
nu'dismo sm nudismo.
nu'dista, i, e sm/f nudista m/f.
nudità sf inv desnudez f // sfpl
desnudeces fpl.
'**nudo, a** ag desnudo(a); (montagna)
pelado(a) // sm desnudo.
'**nugolo** sm nube f.
'**nulla** [-lla] pron, av = **niente** // sm: **il
~** la nada.

nulla'osta [-ll-] *sm inv* permiso, autorización *f*.
nullate'nente [-ll-] *ag* pobre, sin bienes.
nullità [-ll-] *sf inv* nulidad *f*.
'nullo, a [-llo] *ag* nulo(a).
nume'rale *ag* numeral.
nume'rare *vt* numerar.
numera'tore, 'trice *ag* numerador(ora) // *sm* (MAT) numerador *m*.
numerazi'one [-'tsjone] *sf* numeración *f*.
nu'merico, a, ci, che *ag* numérico(a).
'numero *sm* número; **dare i ~i** (*fam*) hacer un escándalo.
nume'roso, a *ag* numeroso(a).
numi'smatico, a, ci, che *ag* numismático(a) // *sm* numismático // *sf* numismática.
nunzio [-tsjo] *sm* nuncio.
nu'ocere [-tʃ-] *vi*: ~ **a** perjudicar a.
nu'ora *sf* nuera.
nuo'tare *vi* (*anche fig*) nadar.
nuota'tore, 'trice *sm/f* nadador/ora.
nu'oto *sm* natación *f*.
nu'ovo, a *ag* nuevo(a) // *sf* nueva, noticia.
nu'trice [-tʃe] *sf* nodriza.
nutri'ente *ag* nutritivo(a).
nutri'mento *sm* alimento.
nu'trire *vt* alimentar, nutrir; (*fig*) cultivar; **~rsi di** nutrirse de.
nutri'tivo, a *ag* nutritivo(a).
nutrizi'one [-'tsjone] *sf* alimentación *f*, nutrición *f*.
'nuvola *sf* nube *f*; **essere nelle ~e** (*fig*) estar en la luna.
nuvo'laglia [-ʎʎa] *sf* masa de nubes.
'nuvolo *ag* nublado(a).
nuvolosità *sf inv* nebulosidad *f*.
nuvo'loso, a *ag* nublado(a).
nuzi'ale [-t'ts-] *ag* nupcial.

O

o *cong* (*dav V spesso* **od**) o, u (*dav 'o', 'ho'*); ~ ... ~ o ... o; ~ **l'uno** ~ **l'altro** o uno u otro.
O. (*abbr di* **ovest**) O.
'oasi *sf inv* oasis *m inv*.
obbedi'ente *vedi* **ubbidiente**.
obbedi'enza *vedi* **ubbidienza**.
obbe'dire *vedi* **ubbidire**.
obbli'gare *vt*: ~ **qd a** obligar a alguien a; **~rsi** *vr* (DIR) obligarse; (*impegnarsi*) comprometerse.
obbliga'torio, a *ag* obligatorio(a).
obbligazi'one [-'tsjone] *sf* obligación *f*.
'obbligo, ghi *sm* obligación *f*, deber *m*.
ob'brobrio *sm* oprobio.
obe'lisco, schi *sm* obelisco.
obe'rato, a *ag* lleno(a), abrumado(a).
obesità *sf inv* obesidad *f*.
o'beso, a *ag* obeso(a).

obiet'tare *vt* objetar.
obiettività *sf inv* objetividad *f*.
obiet'tivo, a *ag* objetivo(a) // *sm* objetivo.
obiet'tore *sm* objetor *m*.
obiezi'one [-'tsjone] *sf* objeción *f*.
obliquità [-kw-] *sf inv* oblicuidad *f*.
'obliquo, a [-kwo] *ag* oblicuo(a).
oblite'rare *vt* (*francobollo*) matar, poner el matasellos a.
oblò *sm* ojo de buey.
o'blungo, a, ghi, ghe *ag* oblongo(a).
'oboe *sm* oboe *m*.
obo'ista, i *sm* oboe *m*.
'obolo *sm* óbolo.
obsole'scenza [-ʃ'ʃɛntsa] *sf* obsolescencia.
'oca, pl oche *sf* (ZOOL) ganso; (*fig*) tonta, boba; ~ **selvatica** ánsar *m*.
oca'rina *sf* ocarina.
occasi'one *sf* ocasión *f*; **cogliere l'** ~ aprovechar la ocasión; **d'** ~ de ocasión.
occhi'aie [ok'k-] *sfpl*: **avere le** ~ tener ojeras.
occhia'laio [okk-] *sm* óptico.
occhi'ali [ok'k-] *smpl* gafas *fpl*, anteojos *mpl*.
occhi'ata [ok'k-] *sf* mirada.
occhieggi'are [okkjed'dʒare] *vt* ojear // *vi* despuntar.
occhi'ello [ok'kjɛllo] *sm* ojal *m*.
'occhio ['ɔkkjo] *sm* ojo; ~! ¡ojo!; **a** ~ **nudo** a simple vista; **a occhi aperti** (*fig*) con ojo avizor; **a occhi chiusi** (*fig*) a ojos cerrados; **a quattr'occhi** a solas; **dare all'** ~ o **nell'** ~ llamar la atención; **fare l'** ~ **a** acostumbrarse a; **tenere d'** ~ vigilar; **fare gli occhi dolci a qd** mirar a alguien con ojos tiernos; **vedere di buon/mal** ~ ver con buenos/malos ojos.
occhio'lino [okk-] *sm* ojito; **fare l'** ~ hacer ojitos, guiñar el ojo.
occiden'tale [ottʃ-] *ag*, *sm/f* occidental (*m/f*).
occi'dente [ottʃ-] *sm* ocaso, oeste *m*; **l'O~** (POL) el occidente *m*.
occipi'tale [ottʃ-] *ag* occipital.
oc'cipite [ot'tʃ-] *sm* occipucio.
oc'cludere *vt* obstruir.
occlusi'one *sf* oclusión *f*.
oc'cluso, a *pp di* **occludere**.
occor'rente *sm* necesario.
occor'renza [-tsa] *sf* necesidad *f*; **all'** ~ en caso necesario.
oc'correre *vi* (*aus* **essere**) ser necesario.
oc'corso, a *pp di* **occorrere**.
occul'tare *vt* ocultar, esconder.
oc'culto, a *ag* oculto(a); **scienze ~e** ciencias ocultas.
occu'pante *sm/f* ocupante *m/f*.
occu'pare *vt* ocupar; **~rsi** *vr*: **~rsi di** ocuparse en.
occupazi'one [-'tsjone] *sf* ocupación *f*; (*impiego*) trabajo, empleo.

oce'anico, a, ci, che [otʃ-] *ag* oceánico(a).

o'ceano [o'tʃ-] *sm* océano.

'oche ['ɔke] *sfpl di* **oca.**

'ocra *sf* ocre *m.*

OCSE (*abbr di Organizzazione per la Cooperazione e lo Sviluppo*) O.C.E.D.

ocu'lare *ag* ocular.

ocula'tezza [-ttsa] *sf* circunspección *f.*

ocu'lato, a *ag* circunspecto(a), cauto(a).

ocu'lista, i, e *sm/f* oculista *m/f.*

ocu'listico, a, ci, che *ag* oculístico(a) // *sf* oftalmología.

oda'lisca, sche *sf* odalisca.

'ode *sf* oda.

odi'are *vt* odiar.

odi'erno, a *ag* (*di oggi*) de hoy, (*attuale*) actual.

'odio *sm* odio; **avere in ~ qc/qd** odiar una cosa/a alguien.

odi'oso, a *ag* odioso(a).

odis'sea *sf* odisea.

odonto'iatra, i, e *sm/f* odontólogo/a.

odontoia'tria *sf* odontología.

odo'rare *vt, vi* oler.

odo'rato *sm* olfato.

o'dore *sm* olor *m;* **gli ~i** *mpl* (*cuc*) las hierbas aromáticas.

odo'roso, a *ag* perfumado(a).

of'fendere *vt* ofender; **~rsi** *vr* ofenderse.

offendi'trice *sf vedi* **offensore.**

offen'sivo, a *ag* ofensivo(a) // *sf* (MIL) ofensiva.

offen'sore, offendi'trice [-tʃe] *sm/f* ofensor/ora.

offe'rente *sm/f* ofrecedor/ora; (*chi propone un prezzo*) postor/ora.

of'ferto, a *pp di* **offrire** // *sf* ofrecimiento; (*obolo*) ofrenda; (*di matrimonio, lavoro*) oferta, propuesta; (*COMM*) oferta.

offer'torio *sm* ofertorio.

of'feso, a *pp di* **offendere** // *sf* ofensa; (*MIL*) ataque *m;* (*DIR*) injuria.

offici'are [-tʃ-] *vi* oficiar.

offi'cina [-'tʃ-] *sf* taller *m.*

of'frire *vt* ofrecer; **~rsi** *vr* ofrecerse.

offu'scare *vt* ofuscar, oscurecer; (*fig: intelletto*) cegar, ofuscar; (*: fama*) eclipsar; **~rsi** *vr* oscurecerse.

of'talmico, a, ci, che *ag* oftálmico(a).

oggettività [oddʒ-] *sf inv* objetividad *f.*

ogget'tivo, a [oddʒ-] *ag* objetivo(a).

og'getto [od'dʒ-] *sm* objeto.

'oggi ['ɔddʒi] *av, sm* hoy (*m*); **~ a otto** dentro de ocho días.

oggigi'orno [oddʒi'dʒorno] *av* hoy día.

o'giva [o'dʒ-] *sf* ojiva.

'ogni ['ɔɲɲi] *det* cada; (*tutti, qualsiasi*) todo(a); **~ uomo è mortale** todo hombre es mortal; **a ~ costo** a toda costa; **viene ~ due giorni** viene cada dos días; **il tram passa ~ 20 minuti** el tranvía pasa cada 20 minutos; **~ cosa** todo; **in ~ luogo** en todo lugar; **~ tanto** cada tanto; **~ volta che** cada vez que.

Ognis'santi [oɲɲ-] *sm* todos los santos.

o'gnuno, a [oɲ'ɲ-] *pron* cada uno/a, cada cual.

'ohi ['ɔi] *escl* ¡ay!

ohimè [oi'mɛ] *escl* ¡ay de mí!

O'landa *sf* Holanda.

olan'dese *ag, sm/f* holandés (esa).

ole'andro *sm* adelfa, laurel *m.*

olei'ficio [-tʃo] *sm* fábrica de aceite.

oleo'dotto *sm* oleoducto.

oleosità *sf* oleosidad *f.*

ole'oso, a *ag* aceitoso(a).

o'lezzo [-ddzo] *sm* fragancia.

olfat'tivo, a *ag* olfativo(a).

ol'fatto *sm* olfato.

oli'are *vt* aceitar.

olia'tore *sm* aceitera.

oli'era *sf* aceiteras *fpl.*

oligar'chia [-'k-] *sf* oligarquía.

olim'piadi *sfpl* olimpíada.

o'limpico, a, ci, che *ag* olímpico(a).

'olio *sm* aceite *m;* **~ d'oliva** aceite de oliva.

o'liva *sf* aceituna, oliva.

oli'vastro, a *ag* aceitunado(a).

oli'veto *sm* olivar *m.*

o'livo *sm* olivo.

'olmo *sm* olmo.

olo'causto *sm* holocausto.

oltraggi'are [-d'dʒ-] *vt* ultrajar.

oltraggia'tore, 'trice [-ddʒ-] *sm/f* ultrajador/ora.

ol'traggio [-ddʒo] *sm* ultraje *m.*

oltraggi'oso, a [-d'dʒ-] *ag* ultrajoso(a).

ol'tralpe *av* más allá de los Alpes; **d' ~** de más allá de los Alpes.

ol'tranza [-tsa] *sf:* **a ~ a** ultranza.

'oltre *av* (*andare, passare*) más allá; (*aspettare*) más // *prep* (*di là da*) más allá de; (*più di*) más de; (*in aggiunta a: anche:* **~ a**) además; **~ a** (*eccetto*) fuera de.

oltre'mare *av* ultramar; **d' ~** de ultramar.

oltre'modo *av* sobremanera.

oltrepas'sare *vt* aventajar, superar.

oltre'tomba *sm inv* ultratumba.

o'maggio [-ddʒo] *sm* obsequio; (*segno di respetto*) homenaje *m;* **buono ~** bono gratuito.

ombeli'cale *ag* umbilical.

ombe'lico, chi *sm* ombligo.

'ombra *sf* sombra; (*fantasma*) espectro; (*fig: riparo*) amparo; **sedere all' ~** sentarse a la sombra.

ombreggi'are [-d'dʒ-] *vt* sombrear.

om'brello [-llo] *sm* paraguas *m inv;* (*fig*) cobertura.

ombrel'lone [-l'l-] *sm* sombrilla.

om'bretto *sm* sombra.

om'broso, a *ag* sombrío(a), oscuro(a); (*che dà ombra*) espantadizo(a); (*: persona*) receloso(a), desconfiado(a).

ome'lia *sf* homilía.

omeopa'tia *sf* homeopatía.

omeo'patico, a, ci, che *ag* homeopático(a) // *sm* homeópata *m*.

o'merico, a, ci, che *ag* homérico(a).

'omero *sm* húmero.

omertà *sf inv* complicidad *f*.

o'messo, a *pp di* omettere.

o'mettere *vt* omitir.

omi'cida, i, e [-'tʃ-] *ag* homicida // *sm/f* (DIR) homicida *m/f*, asesino/a.

omi'cidio [-'tʃ-] *sm* homicidio.

omissi'one *sf* omisión *f*.

omogeneità [-dʒ-] *sf inv* homogeneidad *f*.

omogeneiz'zato [omodʒeneid'dzato] *sm* homogeneizado.

omo'geneo, a [-'dʒ-] *ag* homogéneo(a).

omolo'gare *vt* (DIR) homologar, convalidar; (*partita, primato*) ratificar.

omologazi'one [-'tsjone] *sf* homologación *f*.

o'mologo, a, ghi, ghe *ag* homólogo(a).

o'monimo, a *ag, sm/f* homónimo(a).

omosessu'ale *ag, sm/f* homosexual (*m/f*).

on. *abbr di* onorevole.

'oncia, ce [-'tʃa] *sf* onza; (*fig*) pizca.

'onda *sf* ola; ~e *fpl* (FIS) ondas *fpl*; mettere o mandare in ~ trasmitir; ~e sonore/luminose ondas sonoras/luminosas; ~e corte/medie/lunghe ondas cortas/medias/largas.

on'data *sf* oleada.

'onde *cong* a fin de que, para que; (*seguito da infinito*) para.

ondeggi'are [-d'dʒ-] *vi* ondear, ondular; (*fig: muoversi come le onde*) flotar; (: *barcollare*) balancearse; (: *essere incerto*) fluctuar, vacilar.

on'doso, a *ag* ondoso(a).

ondula'torio, a *ag* ondulatorio(a).

ondulazi'one [-'tsjone] *sf* ondulación *f*.

'onere *sm* (DIR) gravamen *m*; (*fig*) peso, carga.

one'roso, a *ag* gravoso(a).

onestà *sf inv* honestidad *f*.

o'nesto, a *ag* honesto(a).

'onice [-tʃe] *sf* ónix *m*.

onnipo'tente *ag* omnipotente.

onnisci'ente [-ʃʃ'ʃ-] *ag* omnisciente.

onniveg'gente [-d'dʒ-] *ag* omnividente.

ono'mastico, ci *sm* onomástico.

onomato'pea *sf* onomatopeya.

ono'rabile *ag* honorable.

onorabilità *sf inv* honorabilidad *f*.

ono'ranze [-tse] *sfpl* honras *fpl*.

ono'rare *vt* honrar; (*promessa*) mantener; ~rsi *vr* gloriarse.

ono'rario, a *ag* honorario(a) // *sm* honorario.

o'nore *sm* honor *m*; "ho l'~ di ..." "tengo el honor de ..."; fare gli ~i di casa hacer los honores de casa; fare ~

a hacer honor a; farsi ~ in qc lucirse en algo.

ono'revole *ag* honorable // *sm/f* (POL) título reservado a los miembros del Parlamento.

onorifi'cenza [-'tʃentsa] *sf* honra, distinción *f*.

ono'rifico, a *ag* honorífico(a).

'onta *sf* vergüenza.

on'tano *sm* aliso.

ONU *sf* (*abbr di* Organizzazione delle Nazioni Unite) NN.UU.

opacità [-tʃ-] *sf inv* opacidad *f*.

o'paco, a, chi, che *ag* opaco(a).

o'pale *sm o f* ópalo.

OPEC *abbr f* OPEP *f*.

'opera *sf* obra; ~ d'arte obra de arte; ~e pubbliche obras públicas.

ope'raio, a *ag, sm/f* obrero(a).

ope'rare *vt* efectuar, realizar; (MED) operar; ~rsi *vr* producirse, realizarse.

opera'tivo, a *ag* operativo(a).

opera'tore *sm* (TV, CINE *etc*) operador *m*; (*sanitario etc*) trabajador *m*; ~ economico hombre de negocios, empresario.

opera'torio, a *ag* operatorio(a).

operazi'one [-'tsjone] *sf* operación *f*.

ope'retta *sf* opereta.

operosità *sf inv* laboriosidad *f*.

ope'roso, a *ag* activo(a), laborioso(a).

opi'ficio [-tʃo] *sm* fábrica, establecimiento.

opi'nabile *ag* discutible.

opi'nare *vt, vi* opinar.

opini'one *sf* opinión *f*.

'oppio *sm* opio.

oppo'nente *sm/f* opositor/ora.

op'porre *vt* oponer; opporsi *vr*: opporsi (a) oponerse (a).

opportu'nista, i, e *sm/f* oportunista (*m/f*).

opportunità *sf inv* oportunidad *f*.

oppor'tuno, a *ag* oportuno(a).

opposi'tore, 'trice *sm/f* opositor/ora.

opposizi'one [-'tsjone] *sf* oposición *f*.

op'posto, a *ag* opuesto(a) // *sm* contrario u opuesto.

oppressi'one *sf* opresión *f*.

oppres'sivo, a *ag* opresivo(a).

op'presso, a *pp di* opprimere.

oppres'sore *sm* opresor *m*.

oppri'mente *ag* opresivo(a).

op'primere *vt* oprimir.

oppu'gnare [-ɲ'ɲ-] *vt* (*fig*) impugnar, rebatir.

op'pure *cong* o, o bien.

op'tare *vi*: ~ per optar por.

opu'lento, a *ag* opulento(a).

opu'lenza [-tsa] *sf* opulencia.

o'puscolo *sm* opúsculo.

opzi'one [-'tsjone] *sf* opción *f*.

'ora *sf* hora; è ~ di partire es hora de partir; non veder l'~ (di) no ver la hora (de); che ~ è?, che ~e sono? ¿qué hora es? // *av* ahora; (*poco fa*) è

uscito proprio ~ acaba de salir; (*tra poco*): ~ **arrivo** ya llego; ~ ... ~ **ora** ... ora; ~ **uno** ~ **l'altro** ora uno ora otro; **d'** ~ **in avanti** de ahora en adelante; **or** ~ ahora mismo.
o'racolo *sm* oráculo.
'orafo *sm* orfebre *m*.
o'rale *ag, sm* oral (*m*).
ora'mai = ormai.
o'rario, a *ag* horario(a) // *sm* horario; (*dei treni*) guía.
o'rata *sf* dorada.
ora'tore, 'trice *sm/f* orador/ora.
ora'torio, a *ag* oratorio(a) // *sm* oratorio // *sf* oratoria.
orazi'one [-'tsjone] *sf* oración *f*.
or'bene *cong* ahora bien.
'orbita *sf* órbita.
orbi'tale *ag* orbital.
'orbo, a *ag* ciego(a).
'orca, che *sf* orca.
or'chestra [-'k-] *sf* orquesta.
orche'strale [-k-] *ag* orquestal // *sm/f* miembro de una orquesta.
orche'strare [-k-] *vt* (*MUS*) orquestar; (*fig*) organizar, planear.
orchi'dea [-k-] *sf* orquidea.
'orco, chi *sm* ogro.
'orda *sf* horda.
or'digno [-ɲɲ-] *sm* mecanismo.
ordi'nale, a *ag* ordinal (*m*).
ordina'mento *sm* orden *m*, disposición *f*; (*scolastico, giudiziario*) sistema *m*.
ordin'anza [-tsa] *sf* (*DIR*) mandato; (*MIL*) ordenanza.
ordi'nare *vt* ordenar; (*COMM*) encargar, pedir; (*prescrivere: medicina*) prescribir; (*in locale pubblico*) pedir; ~ **a qd di fare qc** ordenar a alguien que haga algo.
ordi'nario, a *ag* ordinario(a), común; (*grossolano*) vulgar, ordinario(a); (*SCOL: professore*) titular // *sm* común; (*SCOL*) profesor *m* titular.
ordina'tivo, a *ag* ordenador(ora), ordinativo(a).
ordi'nato, a *ag* ordenado(a)
ordinazi'one [-'tsjone] *sf* pedido, encargo; (*REL*) ordenación *f*.
'ordine *sm* orden *m*; (*COMM: ordinazione*) pedido; **essere in** ~ estar en orden; **assegno all'**~ **di** (*COMM*) cheque a nombre de; **di prim'**~ de primer orden; ~ **del giorno** orden del día.
or'dire *vt* (*tessere*) tejer; (*fig*) planear, tramar.
or'dito *sm* trama.
orec'chino [-k'k-] *sm* arete *m*, aro (*spec AM*).
o'recchio, chi [-kkjo] *sm* oído; (*pl*(*f*) **orecchie**) (*ANAT*) oreja, oído; (*udito*) oído.
orecchi'oni [-k'k-] *smpl* paperas *fpl*.
o'refice [-tʃe] *sm* orfebre *m*.
orefice'ria [-tʃ-] *sf* orfebrería; (*gioielleria*) joyería.

'orfano, a *ag, sm/f* huérfano(a).
orfano'trofio *sm* orfanato.
orga'netto *sm* organillo.
or'ganico, a, ci, che *ag* orgánico(a) // *sm* (*complesso di persone*) escalafón *m*; (*MIL*) efectivos.
organi'gramma, i *sm* organigrama *m*.
orga'nismo *sm* organismo.
orga'nista, i, e *sm/f* organista *m/f*.
organiz'zare [-d'dz-] *vt* organizar; ~**rsi** *vr* organizarse.
organizza'tore, 'trice [-ddz-] *ag, sm/f* organizador(ora).
organizzazi'one [organiddzat'tsjone] *sf* organización *f*.
'organo *sm* órgano; (*pubblicazione*) vocero, periódico.
or'gasmo *sm* orgasmo.
'orgia, ge [-dʒa] *sf* orgia.
or'goglio [-ʎʎo] *sm* orgullo.
orgogli'oso, a [-ʎʎ-] *ag* orgulloso(a).
orien'tale *ag* oriental.
orienta'mento *sm* orientación *f*.
orien'tare *vt* orientar; ~**rsi** *vr* orientarse.
ori'ente *sm* oriente *m*; **a** ~ **en el oriente**; (*moto a luogo*) hacia oriente; **Vicino/Medio/Estremo O** ~ Cercano/Medio/Extremo Oriente.
ori'ficio [-tʃo], **ori'fizio** [-ttsjo] *sm* orificio.
o'rigano *sm* orégano.
origi'nale [-dʒ-] *ag* original.
originali'tà [-dʒ-] *sf inv* originalidad *f*.
origi'nare [-dʒ-] *vt* originar, causar.
origi'nario, a [-dʒ-] *ag* (*nativo*) oriundo(a); (*primitivo*) originario(a).
o'rigine [-dʒ-] *sf* origen *m*.
origli'are [-ʎʎ-] *vi* escuchar escondido, espiar.
o'rina *sf* orina.
ori'nale *sm* orinal *m*.
ori'nare *vi* orinar.
orina'toio *sm* mingitorio.
ori'undo, a *ag* oriundo(a) // *sm/f* natural *m/f*.
orizzon'tale [-ddz-] *ag* horizontal.
oriz'zonte [-d'dz-] *sm* horizonte *m*.
or'lare *vt* ribetear.
orla'tura *sf* ribete *m*, orilla.
'orlo *sm* borde *m*; (*di vestito etc*) dobladillo.
'orma *sf* huella; **ricalcare le** ~**e di qd** seguir el camino trazado por alguien.
or'mai *av* ya.
ormeggi'are [-d'dʒ-] *vt* fondear, anclar.
or'meggio [-ddʒo] *sm* anclaje *m*; (*luogo*) amarradero.
ornamen'tale *ag* ornamental.
orna'mento *sm* adorno.
or'nare *vt* adornar; ~**rsi** *vr* embellecerse.
or'nato, a *ag* elegante // *sm* (*ARCHIT*) ornamento, adorno; (*DISEGNO*) dibujo ornamental.
ornitolo'gia [-'dʒia] *sf* ornitología.

orni'tologo, gi *sm* ornitólogo.
'oro *sm* oro; gli ~i las alhajas de oro.
orogra'fia *sf* orografía.
orologe'ria [-dʒ-] *sf* relojería; bomba a
~ bomba de efecto retardado.
orologi'aio [-'dʒ-] *sm* relojero.
oro'logio [-dʒo] *sm* reloj *m*; ~ a
pendolo/da tasca/da polso reloj de
pared/de bolsillo/de pulsera.
o'roscopo *sm* horóscopo.
or'rendo, a *ag* horrendo(a).
or'ribile *ag* horrible.
'orrido, a *ag* espantoso(a), horrible.
orripi'lante *ag* horripilante.
or'rore *sm* horror *m*; avere ~ di tener
horror a.
orsacchi'otto [-k'k-] *sm* osito de felpa.
'orso *sm* oso.
orsù *escl* ¡vamos!
or'taggio [-ddʒo] *sm* hortaliza.
or'tensia *sf* hortensia.
or'tica, che *sf* ortiga.
orti'caria *sf* urticaria.
orticol'tore *sm* horticultor *m*.
orticol'tura *sf* horticultura.
'orto *sm* huerto.
ortodos'sia *sf* ortodoxia.
orto'dosso, a *ag* ortodoxo(a).
ortogra'fia *sf* ortografía.
orto'grafico, a, ci, che *ag*
ortográfico(a).
orto'lano, a *sm/f* hortelano/a.
orto'pedico, a, ci, che *ag*
ortopédico(a) // *sm* ortopédico.
orzai'olo, orzaiu'olo [-dz-] *sm* orzuelo.
or'zata [-'dz-] *sf* horchata.
'orzo [-dzo] *sm* cebada.
osan'nare *vi*: ~ a ensalzar a.
o'sare *vt* osar.
oscenità [oʃʃ-] *sf inv* obscenidad *f*; (*fig*)
porquería.
o'sceno, a [oʃ'ʃ-] *ag* obsceno(a).
oscil'lare [oʃʃil'lare] oscilar; (*prezzi*)
fluctuar; (*fig*) vacilar.
oscillazi'one [oʃʃillat'tsjone] *sf* oscilación
f; (*di prezzi*) fluctuación *f*; (*di
temperatura*) variación *f*; (*fig*) vacilación
f.
oscura'mento *sm* oscurecimiento.
oscu'rare *vt* oscurecer; ~rsi *vr*
ensombrecerse.
o'scuro, a *ag* oscuro(a); (*fig*:
incomprensibile*) confuso(a), oscuro(a); (:
ignoto*) desconocido(a) // *sm*: all'~ di
qc a oscuras de algo.
ospe'dale *sm* hospital *m*.
ospedali'ero, a *ag* del hospital // *sm*
dependiente de un hospital.
ospi'tale *ag* hospitalario(a).
ospitalità *sf inv* hospitalidad *f*.
ospi'tare *vt* hospedar.
'ospite *sm/f* huésped/a.
o'spizio [-ttsjo] *sm* hospicio, asilo.
os'sario *sm* osario.
ossa'tura *sf* esqueleto.
'osseo, a *ag* óseo(a).

ossequi'are [-'kwjare] *vt* presentar sus
respetos a.
os'sequio [-kwjo] *sm* respeto, homenaje
m; riceva i miei ossequi tenga a bien
aceptar mis respetos.
ossequi'oso, a [-'kw-] *ag* obsequioso(a).
osser'vante *sm/f* observante *m/f*.
osser'vanza [-tsa] *sf* observancia,
respeto.
osser'vare *vt* observar.
osserva'tore, 'trice *ag*, *sm/f*
observador(ora).
osserva'torio *sm* (*ASTR*) observatorio;
(*MIL*) atalaya.
osservazi'one [-'tsjone] *sf* observación *f*;
tenere in ~ tener en observación.
ossessio'nare *vt* obsesionar.
ossessi'one *sf* obsesión *f*.
os'sesso, a *ag* obseso(a).
os'sia *cong* o sea, o bien.
ossi'cino [-'tʃ-] *sm* huesecillo.
ossi'dabile *ag* oxidable.
ossi'dare *vt* oxidar.
ossidazi'one [-'tsjone] *sf* oxidación *f*.
'ossido *sm* óxido.
ossige'nare [-dʒ-] *vt* oxigenar.
os'sigeno [-dʒ-] *sm* oxígeno.
'osso, i *sm* (*di animali*) hueso; (*pl*(*f*)
ossa: *di corpo umano*) hueso; d'~ de
hueso.
osso'buco, *pl* ossi'buchi *sm* (*CUC*) plato
a base de tuétanos de ternera cocinados en
salsa.
os'suto, a *ag* huesudo(a).
ostaco'lare *vt* obstaculizar, estorbar.
o'stacolo *sm* obstáculo.
o'staggio [-ddʒo] *sm* rehén *m*.
'oste, o'stessa *sm/f* posadero/a.
osteggi'are [-d'dʒ-] *vt* estorbar, oponer.
o'stello [-llo] *sm* albergue *m*; ~ della
gioventù albergue de la juventud.
osten'sibile *ag* ostensible.
osten'sorio *sm* custodia.
osten'tare *vt* ostentar.
ostentazi'one [-'tsjone] *sf* ostentación *f*.
oste'ria *sf* hostería, fonda.
o'stessa *sf vedi* oste.
o'stetrico, a, ci, che *ag* obstétrico(a)
// *sm* obstetra *m* // *sf* partera.
'ostia *sf* hostia.
'ostico, a, ci, che *ag* desagradable.
o'stile *ag* hostil.
ostilità *sf inv* hostilidad *f* // *sfpl* (*MIL*)
hostilidades *fpl*.
osti'narsi *vr* obstinarse; ~ in qc/a fare
qc obstinarse en algo/en hacer algo.
ostinazi'one [-'tsjone] *sf* obstinación *f*.
ostra'cismo [-'tʃ-] *sm* ostracismo.
'ostrica, che *sf* ostra.
ostricol'tura *sf* ostricultura.
ostru'ire *vt* obstruir.
ostrut'tivo, a *ag* obstructivo(a).
ostruzi'one [-'tsjone] *sf* obstrucción *f*.
ostruzio'nismo [-tts-] *sm*
obstruccionismo.

ostruzio'nista, i, e [-tts-] *sm/f* obstruccionista *m/f.*

otorinolaringoia'tria *sf* otorrinolaringología.

'otre *sm* odre *m.*

ottago'nale *ag* octagonal.

ot'tagono *sm* octágono.

ot'tanta *num* ochenta.

ottan'tenne *ag* octogenario(a).

ottan'tina *sf:* **una ~ di** unos ochenta.

ot'tava *sf vedi* **ottavo.**

ot'tavo, a *num* octavo(a) // *sm* octavo / *sf* octava.

ottempe'rare *vi:* **~ a** ejecutar, obedecer a.

otte'nebrare *vt* oscurecer; **~rsi** *vr* oscurecerse.

otte'nere *vt* obtener.

otte'nibile *ag* obtenible.

'ottico, a, ci, che *ag* óptico(a) // *sm* óptico // *sf* óptica.

otti'mismo *sm* optimismo.

otti'mista, i, e *sm/f* optimista *m/f.*

'ottimo, a *ag* óptimo(a).

'otto *num* ocho.

ot'tobre *sm* octubre *m.*

otto'cento [-tʃ-] *ag* ochocientos(as) // *sm:* **l'O~** el siglo XIX.

ot'tone *sm* latón *m*; **gli ~i** (MUS) los cobres.

ottuage'nario, a [-dʒ-] *ag* octogenario(a).

ot'tundere *vt* (*fig*) embotar, entorpecer.

ottu'rare *vt* obturar, tapar; (*dente*) empastar, obturar; **~rsi** *vr* taparse, obstruirse.

ottura'tore *sm* obturador *m.*

otturazi'one [-'tsjone] *sf* (MED) empaste *m.*

ottusità *sf inv* torpeza, estupidez *f.*

ot'tuso, a *pp di* **ottundere** // *ag* obtuso(a); (*fig*) torpe, obtuso(a).

o'vaia *sf,* **o'vaio** *sm* ovario.

o'vale *ag* ovalado(a), oval // *sm* óvalo.

o'varico, a, ci, che *ag* ovárico(a).

o'vatta *sf* algodón en rama.

ovat'tare *vt* acolchar; (*fig*) atenuar.

ovazi'one [-'tsjone] *sf* ovación *f.*

'ovest *sm* oeste *m*; **a ~ di** al oeste de.

o'vile *sm* redil *m.*

o'vino, a *ag* ovino(a); **gli ~i** los ovinos.

o'viparo *sm* oviparo.

ovulazi'one [-'tsjone] *sf* ovulación *f.*

'ovulo *sm* óvulo.

o'vunque [-kwe] *av* por doquiera.

ov'vero *cong* o, o bien.

ovvi'are *vi:* **~ a** remediar.

'ovvio, a *ag* obvio(a).

ozi'are [ot'ts-] *vi* holgazanear.

'ozio ['ɔttsjo] *sm* ocio; **stare in ~** estar ocioso.

oziosità [otts-] *sf inv* ociosidad *f.*

ozi'oso, a [ot'ts-] *ag* ocioso(a).

o'zono [od'dzɔno] *sm* ozono.

P

pa'cato, a *ag* pacífico(a), calmo(a).

pac'chetto [-k'k-] *sm* (*di sigarette*) atado; (POL. ECON) paquete *m.*

pacchi'ano, a [-k'kj-] *ag* grosero(a), ramplón(ona).

'pacco, chi *sm* paquete *m*, bulto.

'pace *sf* [-tʃe] paz *f*; **darsi ~** resignarse; **stare/vivere in ~** estar/vivir en paz; **lasciare qd in ~** dejar en paz a alguien.

pachi'derma, i [-k-] *sm* paquidermo.

paci'ere, a [-'tʃ-] *sm/f* pacificador/a.

pacifi'care [-tʃ-] *vt* pacificar.

pacifica'tore, 'trice [-tʃ-] *ag, sm/f* pacificador(a).

pacificazi'one [patʃifikat'tsjone] *sf* pacificación *f.*

pa'cifico, a, ci, che [-'tʃ-] *ag* pacífico(a); (*fig: interpretazione*) indiscutible.

paci'fista, i, e [-tʃ-] *ag, sm/f* pacifista (*m/f*).

pa'della [-lla] *sf* sartén *f*; (*per infermi*) chata.

padigli'one [-ʎʎ-] *sm* (*di fiera*) pabellón *m*; (AUTO) techo; **~ auricolare** (ANAT) pabellón del oído.

'Padova *sf* Padua.

'padre *sm* padre *m*; **~i** *mpl* antepasados *mpl.*

pa'drino *sm* padrino.

pa'drona *sf* dueña, propietaria; **~ di casa** ama de casa.

padro'nale *ag* patronal.

padro'nanza [-tsa] *sf* (*controllo*) dominio; (*conoscenza*) conocimiento, dominio.

pa'drone *sm* (*di casa*) propietario, dueño; (*datore di lavoro*) patrón *m*; (*dominatore*) señor *m*, patrón; (*conoscitore*) conocedor *m*; **essere ~ di sé** ser dueño de sí.

padroneggi'are [-d'dʒ-] *vt* dominar; **~rsi** *vr* dominarse.

pae'saggio [-ddʒo] *sm* paisaje *m.*

pae'sano, a *ag* paisano(a) // *sm/f* aldeano/a.

pa'ese *sm* país *m*, territorio; (POL) país, nación *f*; (*villaggio*) pueblo, aldea; **i P~i Bassi** los Países Bajos.

paf'futo, a *ag* mofletudo(a), rollizo(a).

'paga, ghe *sf* sueldo, paga.

pa'gabile *ag* pagadero(a).

paga'mento *sm* pago; **~ in contanti/natura** pago al contado/en productos.

paga'nesimo *sm* paganismo.

pa'gano, a *ag, sm/f* pagano(a).

pa'gare *vt* pagar; ~ alla consegna pagar contra entrega; ~ da bere a qd pagar de beber a alguien.

pa'gella [pa'dʒɛlla] *sf* libreta escolar.

'paggio [-ddʒo] *sm* paje *m*.

'pagina [-dʒ-] *sf* página; ~e gialle páginas de avisos.

'paglia [-ʎʎa] *sf* paja.

pagliac'cetto [paʎʎat'tʃetto] *sm* (*femminile*) combinación *f*; (*per bambini*) pelele *m*.

pagliacci'ata [paʎʎat'tʃata] *sf* payasada.

pagli'accio [paʎ'ʎattʃo] *sm* payaso.

pagli'aio [-ʎ'ʎ-] *sm* pajar *m*.

paglie'riccio [paʎʎe'rittʃo] *sm* colchón *m* de paja.

paglie'rino, a [-ʎʎ-] *ag* pajizo(a).

pagli'etta [-ʎ'ʎ-] *sf* (*cappello*) canotié *m*; (*paglia di ferro*) esponja de acero.

pagli'uzza [paʎ'ʎuttsa] *sf* pajita; (*d'oro*) brizna, partícula.

pa'gnotta [-ɲ'ɲ-] *sf* pan *m*.

'pago, a, ghi, ghe *ag*: ~ di satisfecho(a) de.

pa'goda *sf* pagoda.

'paio, *pl*(*f*) paia *sm* par *m*; un ~ di (*fig*) un par de.

pai'olo, paiu'olo *sm* caldero.

'pala *sf* pala; (*dipinto*) retablo.

pala'fitta *sf* palafito.

palafreni'ere *sm* palafrenero.

palan'drana *sf* gabán *m*.

pa'lato *sm* paladar *m*.

pa'lazzo [-ttso] *sm* palacio; (*edificio*) edificio; ~ di giustizia palacio de justicia.

pal'chetto [-'k-] *sm* anaquel *m*.

'palco, chi *sm* (TEATRO) palco; (*tavolato*) tribuna, palco.

palco'scenico, ci [-ʃ'ʃ-] *sm* escenario.

paleontolo'gia [-dʒia] *sf* paleontologia.

paleon'tologo, a, gi, ghe *sm/f* paleontólogo/a.

pale'sare *vt* revelar, manifestar; ~rsi *vr* manifestarse.

pa'lese *ag* patente, manifiesto(a).

pa'lestra *sf* (SPORT) gimnasio; (*fig*) ejercicio, gimnasia.

pa'letta *sf* pala; (*giocattolo*) palita; (*di capostazione*) paleta; (*per i dolci*) paleta.

pa'letto *sm* pestillo.

'palio *sm*: il P~ carrera de caballos, de tradición medieval, que se desarrolla en Siena; mettere in ~ qc poner en juego algo.

palis'sandro *sm* palisandro.

paliz'zata [-t'ts-] *sf* empalizada; alzare una ~ construir una empalizada.

'palla [-lla] *sf* pelota; (*pallottola*) proyectil *m*, bala; (*da biliardo, per carcerati*) bola; mettere la ~ al piede a (*fig*) estorbar u obstaculizar a; ~canestro *sf* baloncesto; ~nuoto *sf* polo acuático; ~volo *sf* balonvolea.

palleggi'are [palled'dʒare] *vi* pelotear.

pal'leggio [pal'leddʒo] *sm* boleo.

pallia'tivo [-ll-] *sm* paliativo.

'pallido, a [-ll-] *ag* pálido(a).

pal'lina [-l'l-] *sf* bolita.

pallo'nata [-ll-] *sf* pelotazo.

pallon'cino [pallon'tʃino] *sm* globo; (*lampioncino*) farolillo.

pal'lone [-l'l-] *sm* (SPORT) pelota; (*aerostato*) globo aerostático; gioco del ~ fútbol *m*; ~ gonfiato (*fig*) vanidoso, farolero.

pal'lore [-l'l-] *sm* palidez *f*.

pal'lottola [-l'l-] *sf* (*di pistola*) bala; (*di carta*) bolita, pelotilla.

pallottoli'ere [-ll-] *sm* contador *m*.

'palma *sf* (*pianta*) palma, palmera; (*ramo*) ramo, palma; (*segno di vittoria*) palma; ~ da datteri palmera.

pal'mento *sm*: mangiare a quattro ~i devorar.

pal'mipede *sm* palmípedo.

'palmo *sm* (ANAT) palma; (*misura*) palmo; restare con un ~ di naso quedar con un palmo de narices; conoscere qc ~ a ~ conocer algo en detalle.

'palo *sm* palo; fare da o il ~ (*fig*) estar de comparsa.

palom'baro *sm* buzo.

pa'lombo *sm* mero.

pal'pabile *ag* palpable; (*fig*) evidente, claro(a).

pal'pare *vt* palpar, tocar.

'palpebra *sf* párpado.

palpi'tare *vi* palpitar, latir.

palpitazi'one [-t'ts-] *sf* palpitación *f*.

'palpito *sm* latido, pulsación *f*; (*agitazione*) zozobra.

paltò *sm* gabán *m*, sobretodo.

pa'lude *sf* pantano.

palu'doso, a *ag* pantanoso(a).

pa'lustre *ag* palustre.

'pampino *sm* pámpano.

'panca, che *sf* banco.

pan'chetto [-'k-] *sm* banquillo.

pan'china [-'k-] *sf* asiento, banco.

'pancia, ce [-tʃa] *sf* panza, barriga; a ~ piena/vuota con la panza llena/vacía; mettere su ~ engordar.

panci'era [-'tʃ-] *sf* faja.

panci'olle [-'tʃɔlle]: in ~ *av* cómodamente.

panci'one [-'tʃ-] *sm* panzón *m*, gordo.

panci'otto [-'tʃ-] *sm* chaleco.

panci'uto, a [-'tʃ-] *ag* panzudo(a).

pan'cone *sm* tablón *m*.

'pancreas *sm inv* páncreas *m inv*.

'panda *sm inv* panda *m*.

pande'monio *sm* pandemonium *m*, batahola.

'pane *sm* pan *m*; pan di Spagna bizcocho; ~ tostato tostada.

pane'girico, ci [-'dʒ-] *sm* panegírico.

panet'teria *sf* panadería.

panetti'ere, a *sm/f* panadero/a.

panet'tone *sm* pasta con frutas y pasas de uva, típica de Milán en Navidad.

pangrat'tato *sm* pan rallado.

'**panico, ci** *sm* pánico.
pani'ere *sm* panera.
panificazi'one [-t'ts-] *sf* panificación *f*.
pani'ficio [-tʃo] *sm* (*forno*) horno de pan;
  (*negozio*) panadería.
pa'nino *sm* panecillo; ~ **imbottito**
  bocadillo.
'**panna** *sf* crema, nata; **mettere in** ~
  (NAUT) poner al pairo, pairar; ~
  montata crema batida.
pan'nello [-llo] *sm* panel *m*; (ELETTR)
  tablero.
'**panno** *sm* paño; ~**i** *mpl* (*abiti*) ropa;
  mettersi nei ~**i di qd** (*fig*) ponerse en
  el lugar de alguien.
pan'nocchia [-kkja] *sf* mazorca.
pano'rama, i *sm* panorama *m*
pano'ramico, a, ci, che *ag*
  panorámico(a).
pantagru'elico, a, ci, che *ag*
  pantagruélico(a).
panta'loni *smpl* pantalones *mpl*.
pan'tano *sm* pantano.
pante'ismo *sm* panteísmo.
pan'tera *sf* (ZOOL) pantera; (*polizia*)
  coche de la policía italiana.
pan'tofola *sf* pantufla.
panto'mima *sf* pantomima.
pan'zana [-'ts-] *sf* patraña, embuste *m*.
pao'nazzo, a [-'ttso] *ag* morado(a).
'**papa, i** *sm* (REL) papa *m*.
papà *sm inv* papá *m*.
pa'pale *ag* papal.
pa'pato *sm* papado.
pa'pavero *sm* amapola.
'**papero, a** *sm/f* ganso/a // *sf* (*fig*) error
  m, pifia; **prendere una** ~ cometer un
  error.
pa'pilla [-lla] *sf* papila.
pa'piro *sm* papiro.
'**pappa** *sf* papa, papilla; ~ **reale** (BOT)
  jalea real.
pappa'gallo [-llo] *sm* (ZOOL) papagayo,
  loro; (*fig*) loro;
  (: *seccatore*) picaflor *m*, don juan *m*.
pappa'gorgia, ge [-dʒa] *sf* papada.
pap'pare *vt* comer, devorar.
'**para** *sf* caucho; **suola di** ~ suela de
  caucho.
parà *abbr m inv di* **paracadutista**.
pa'rabola *sf* parábola.
para'bolico, a, ci, che *ag*
  parabólico(a).
para'brezza [-ddza] *sm inv* parabrisas *m*
  inv.
paraca'dute *sm inv* paracaídas *m inv*.
paracadu'tista, i, e *sm/f* paracaidista
  m/f.
para'carro *sm* guardacantón *m*.
para'digma, i *sm* paradigma *m*.
paradi'siaco, a, ci, che *ag*
  paradisíaco(a).
para'diso *sm* paraíso.
parados'sale *ag* paradójico(a).
para'dosso *sm* paradoja.
para'fango, ghi *sm* guardabarros *m inv*.

paraf'fina *sf* parafina.
parafra'sare *vt* parafrasear.
pa'rafrasi *sf* paráfrasis *f inv*.
para'fulmine *sm* pararrayos *m inv*.
pa'raggi [-ddʒi] *smpl* alrededores *mpl*.
parago'nabile *ag* comparable.
parago'nare *vt*: ~ **con** *o* **a** comparar
  con; ~**rsi** *vr* compararse.
para'gone *sm* comparación *f*; **stare** *o*
  reggere al ~ admitir comparación.
pa'ragrafo *sm* párrafo.
pa'ralisi *sf* (MED) parálisis *f inv*; (*fig*)
  paralización *f*.
para'litico, a, ci, che *sm/f*
  paralítico(a).
paraliz'zare [-d'dz-] *vt* paralizar; (*fig*:
  traffico) detener, parar.
paral'lelo, a [-l'l-] *ag* paralelo // *sm* (MAT.
  GEOGR) paralelo; (*confronto*) comparación
  f, paralelo // *sf* paralela; ~**e** *fpl*
  (*attrezzo*) barras *fpl* paralelas.
para'lume *sm* pantalla.
para'mento *sm* paramento.
pa'rametro *sm* parámetro.
para'noia *sf* paranoia.
para'noico, a, ci, che *ag, sm/f*
  paranoico(a).
para'occhi [-kki] *sm inv* anteojera.
para'petto *sm* parapeto.
para'piglia [-ʎʎa] *sm inv* bulla, batahola.
pa'rare *vt* (*addobbare*) adornar, ataviar;
  (*colpo*) parar, atajar // *vi* parar,
  terminar; ~**rsi** *vr* aparecer, surgir.
para'sole *sm inv* sombrilla.
paras'sita, i, e *ag* parásito(a) // *sm*
  parásito.
parassi'tismo *sm* parasitismo.
parasta'tale *ag* paraestatal // *sm/f*
  empleado/a paraestatal.
pa'rata *sf* (SPORT) parada; (*rivista
  militare*) desfile *m*.
para'tia *sf* mamparo.
para'urti *sm inv* parachoques *m inv*.
para'vento *sm* biombo.
par'cella [par'tʃella] *sf* (*di professionista*)
  honorarios.
parcheggi'are [parked'dʒare] *vt*
  aparcar, estacionar.
par'cheggio [par'keddʒo] *sm* aparcadero,
  estacionamiento.
par'chimetro [-'k-] *sm* parcómetro.
'**parco, a, chi, che** *ag*: ~ **(in)** parco(a)
  (en) // *sm* parque *m*.
pa'recchio, a [-kkjo] *det* bastante; ~**i(e)**
  pl varios(as) // *av* bastante; (*a lungo,
  molto*) mucho // *pron* mucho(a); ~**i(e)**
  pl varios(as), unos(as) cuantos(as); **ci
  vuole** ~ **tempo** hace falta mucho
  tiempo.
pareggi'are [-d'dʒare] *vt* igualar; (*conti*)
  equilibrar // *vi* (SPORT) empatar.
pa'reggio [-ddʒo] *sm* (ECON) balance *m*;
  (SPORT) empate *m*.
paren'tado *sm* parentela.
pa'rente *sm/f* pariente/a.
paren'tela *sf* parentela.

pa'rentesi sf paréntesis m inv.
pa'rere sm opinión f, parecer m // vi
(aus **essere**) parecer // vb impersonale
(aus **essere**): **(mi) pare che** (me)
parece que; **fai come ti pare** haz como
te parezca; **che ti pare del mio
vestito?** ¿qué te parece mi vestido?; **a
mio** ~ según mi opinión.
pa'rete sf pared f.
'pargolo, a sm/f párvulo/a.
'pari ag inv igual; (in giochi, SPORT)
empatado/a; (MAT) par; (fig)
adecuado(a), suficiente // sm (titolo) par
m // sm/f igual m/f; **alla** ~ al mismo
nivel; (FIN) a la par; **ragazza alla** ~
muchacha que presta servicios en una casa
a cambio de comida y alojamiento;
mettersi in ~ **(con)** ponerse al día
(con); **andare di** ~ **passo con** estar al
día con; **al** ~ **di** (come) tanto como; ~
a igual que.
parie'tale ag parietal.
parificazi'one [-t'ts-] sf equiparación f.
Pa'rigi [-dʒi] sf París m.
parità sf paridad f, igualdad f; (SPORT)
empate m.
parlamen'tare ag parlamentario(a) //
sm/f diputado/a // vi parlamentar,
hablar.
parla'mento sm ≈ Cortes fpl, congreso
(spec AM).
parlan'tina sf (fam) labia, charla.
par'lare vi hablar; (conversare)
conversar, charlar // vt hablar; ~**rsi** vr
hablarse.
par'lata sf habla.
parla'tore, 'trice sm/f orador/a.
parla'torio sm locutorio.
parlot'tare vi cuchichear.
parmigi'ano [-'dʒ] sm parmesano.
paro'dia sf parodia.
pa'rola sf palabra, término; (DIR)
palabra; (facoltà) habla; (promessa)
palabra, promesa; ~**e** fpl (chiacchiere)
palabras, charlas; **prendere in** ~ coger
a uno la palabra; **sulla** ~ bajo palabra;
~ **d'onore** palabra de honor; ~
d'ordine santo, contraseña.
paro'laccia, ce [-tt'ʃa] sf palabrota, mala
palabra.
paros'sismo sm paroxismo.
parri'cida, i, e [-t'ʃ-] sm/f parricida m/f.
parri'cidio [-t'ʃ-] sm parricidio.
par'rocchia [-kkja] sf parroquia.
parrocchi'ale [-k'kj-] ag parroquial.
parrocchi'ano, a [-k'kj-] sm/f
parroquiano/a.
'parroco, ci sm párroco.
par'rucca, che sf peluca.
parrucchi'ere, a [-k'kj-] sm/f
peluquero/a.
parsi'monia sf parsimonia, sobriedad f.
parsimoni'oso, a ag parsimonioso(a),
sobrio(a).
'parte sf parte f; (lato) lado, parte f;
(TEATRO) papel m; (fig: compito, ruolo)

papel m, cometido; **da che** ~
vieni/vai? ¿de dónde vienes/
adónde vas?; **a** ~ por separado // prep
aparte de, excepto; **prendere** ~ **a**
tomar parte en; **starsene da** ~ estar
aparte; **lasciare da** ~ dejar de lado;
mettere da ~ poner a un lado; **d'altra**
~ por otro lado; **da** ~ **di** de parte de;
da ~ **mia** por mi parte.
parteci'pante [-tʃ-] sm/f participante
m/f.
parteci'pare [-tʃ-] vi: ~ **(a)** participar
(en).
partecipazi'one [partetʃipat'tsjone] sf
participación f.
par'tecipe [-tʃ-] ag partícipe.
parteggi'are [-d'dʒ-] vi: ~ **per** tomar
partido por, estar con.
par'tenza [-tsa] sf partida, marcha;
(SPORT) inicio.
parti'cella [parti'tʃella] sf partícula.
parti'cipio [-'tʃ-] sm participio.
partico'lare ag, sm particular (m).
particolareggi'are [-d'dʒ-] vt
pormenorizar.
particolarità sf inv particularidad f.
partigi'ano, a [-'dʒ-] ag (di parte)
partidario(a); (dei partigiani)
guerrillero(a) // sm guerrillero.
par'tire vi (aus **essere**) partir,
marcharse; (sparo) dispararse; (motore)
arrancar, ponerse en marcha; ~ **da**
(luogo) salir o irse de; (sog: strada, muro)
salir de;
(: proposta etc) nacer de.
par'tita sf (COMM) partida, lote m; (SPORT)
partido; (CARTE, SCACCHI etc) partida; ~
doppia (COMM) partida doble.
parti'tivo, a ag partitivo(a).
par'tito sm partido; (decisione) proceder
m, determinación f.
parti'tura sf partitura.
'parto sm parto.
partori'ente sf parturienta.
parto'rire vt (MED) parir, alumbrar; (fig)
producir.
par'venza [-tsa] sf apariencia.
parzi'ale [-'ts-] ag parcial.
parzialità [-ts-] sf parcialidad f.
'pascere [-ʃʃ-] vt (brucare) pacer; (far
pascolare) apacentar; (fig) nutrir,
alimentar; ~**rsi** vr nutrirse, alimentarse.
pascià [-'ʃʃa] sm pachá m.
pasci'uto [-'ʃʃ-] pp di **pascere** // ag
florido(a); **ben** ~ robusto, gordo.
pasco'lare vt apacentar // vi pacer.
'pascolo sm pacedura; (distesa erbosa)
pasto, pastizal m.
'Pasqua [-kwa] sf Pascua.
pasqu'ale [-'kw-] ag pascual.
pas'sabile ag pasable.
pas'saggio [-d'dʒo] sm pasaje m;
(transito) paso, tránsito; (SPORT) pase m;
essere di ~ estar de paso; **dare un** ~
a qd llevar a alguien; ~ **a**

livello/pedonale paso a
nivel/peatonal.
passamane'ria sf pasamanería.
pas'sante sm/f transeúnte m/f // sm
presilla.
passa'porto sm pasaporte m.
pas'sare vi (aus essere) pasar; (aria.
sole. luce) penetrar, pasar; (tempo) pasar,
transcurrir; (fig: proposta di legge) ser
aprobado(a) // vt pasar; (messaggio)
transmitir; (dare) dar; (esame) superar,
aprobar; (verdure) triturar; (filtrare:
liquido) colar, filtrar; (perdonare)
aceptar; (oltrepassare) pasar, superar; (:
fig) superar; ~ a guado vadear; ~
attraverso (anche fig) pasar a través
de; ~ avanti a qd (fig) pasar por
encima de alguien; ~ a un esame
aprobar un examen; ~ da ... a o in
(luogo) ir de ... a; ~ di mente irse de
la cabeza; ~ oltre ir más allá de; ~
per (luogo. esperienza) pasar por; ~ per
stupido/un genio pasar por
estúpido/un genio; ~ sopra qc (fig)
pasar por alto algo; ~ qd al telefono
llamar a alguien al teléfono; passarsela
pasarlo.
pas'sata sf (occhiata) vistazo; (di straccio)
pasada, repasada; (di vernice) mano f.
passa'tempo sm pasatiempo.
pas'sato, a ag pasado(a) // sm pasado;
(LING) pretérito; ~ prossimo pretérito
perfecto.
passaver'dura sm inv pasapuré m.
passeg'gero, a [-d'dʒ-] ag pasajero(a),
transitorio(a) // sm/f pasajero/a,
viajero/a.
passeggi'are [-d'dʒ-] vi pasear.
passeggi'ata [-d'dʒ-] sf paseo; fare una
~ dar un paseo o una vuelta.
passeg'gino [-d'dʒ-] sm cochecito.
pas'seggio [-ddʒo] sm paseo.
passe'rella [-lla] sf pasarela.
'passero sm gorrión m.
pas'sibile ag: ~ di (DIR) pasible de.
passio'nale ag pasional.
passi'one sf pasión f.
passività sf pasividad f; (ECON) pasivo,
déficit m.
pas'sivo, a ag pasivo(a) // sm pasivo.
'passo sm paso; (fig: mossa) táctica, paso;
(: brano. luogo da cui si passa) pasaje m;
(CINE) tamaño; a ~ d'uomo (AUTO) a
paso de hombre; di pari ~ a la par;
fare due o quattro ~i dar una vuelta;
~ carraio o carrabile paso de
vehículos.
'pasta sf (pastasciutta) pastas fpl; (per
dolci, pizze etc) masa; (massa di materia)
pasta; (fig) índole m, genio; ~e fpl
pastelillos mpl; ~ dentifricia pasta
dentífrica; ~ frolla/sfoglia
pastaflora/masa de hojaldre.
pastasci'utta [-ʃʃ-] sf pastas fpl.
pasteggi'are [-d'dʒ-] vi comer.
pa'stello [-llo] sm pastel m.

pa'sticca, che sf pastilla.
pasticce'ria [-tʃ-] sf (arte) repostería;
(negozio) pastelería, confitería.
pasticci'are [-tʃ-] vt chapucear.
pasticci'ere, a [-t'tʃ-] sm/f repostero/a.
pa'sticcio [-ttʃo] sm (cuc) pastel m;
(lavoro disordinato) chapucería,
frangollo; (imbroglio) enredo, embrollo;
cacciarsi o mettersi/trovarsi nei ~i
meterse/encontrarse en un atolladero.
pasticci'one, a [-t'tʃ-] sm/f chapucero/a,
frangollón/ona.
pasti'ficio [-tʃo] sm fábrica de pastas.
pa'stiglia [-ʎʎa] sf pastilla.
pa'stina sf fideos mpl finos.
'pasto sm comida.
pa'stone sm (per animali) cebo, comida;
(peg: cibo troppo cotto) engrudo.
pasto'rale ag (di. da pastore) pastoril;
(sacerdotale) pastoral // sf pastoral f.
pa'store sm pastor m; ~ tedesco (ZOOL)
ovejero alemán.
pasto'rizia [-ttsja] sf ganadería.
pastoriz'zare [-d'dz-] vt pasteurizar.
pastosità sf pastosidad f, blandura.
pa'stoso, a ag pastoso(a), pegajoso(a).
pa'strano sm gabán m.
pa'stura sf pasto.
pastu'rare vt pastar.
pa'tata sf patata.
pata'trac sm inv desastre m.
pa'tella [-lla] sf lapa.
pa'tema, i sm aflicción f, congoja.
pa'tente sf (documento) permiso,
licencia; (anche: ~ di guida) carnet m,
licencia.
pater'nale sf reprimenda, sermón m.
paterna'lismo sm paternalismo.
paternità sf paternidad f.
pa'terno, a ag paternal.
pa'tetico, a, ci, che ag patético(a) //
sm drama m.
'pathos sm pathos m.
pa'tibolo sm patíbulo.
'patina sf barniz m, pátina.
pa'tire vt soportar, tolerar // vi padecer,
sufrir.
pa'tito, a sm/f (appassionato) fanático/a.
patolo'gia [-'dʒia] sf patología.
pato'logico, a, ci, che [-dʒ-] ag
patológico(a).
'patria sf patria.
patri'arca, chi sm patriarca m.
pa'trigno [-ɲɲo] sm padrastro.
patrimoni'ale ag patrimonial.
patri'monio sm patrimonio.
'patrio, a ag (del padre) paterno(a);
(della patria) patrio(a).
patri'ota, i, e sm/f patriota m/f.
patri'ottico, a, ci, che ag patriótico(a).
patriot'tismo sm patriotismo.
pa'trizio, a [-ttsjo] sm/f patricio/a.
patroci'nare [-tʃ-] vt (DIR) defender;
(una causa etc) patrocinar, sostener.
patrocina'tore, 'trice [-tʃ-] sm/f (DIR)
defensor/a; (delle arti) patrocinador/a.

patro'cinio [-'tʃ-] *sm* (*DIR*) defensa; (*REL*) patrocinio, amparo.
patro'nato *sm* (*REL*) patronato.
'patta *sf* tapa.
patteggi'are [-d'dʒ-] *vt* negociar, tratar // *vi* pactar.
patti'naggio [-ddʒo] *sm* patinaje *m*; ~ **sul ghiaccio** patinaje sobre hielo; ~ **a rotelle** patinaje sobre ruedas.
patti'nare *vi* patinar.
pattina'tore, 'trice *sm/f* patinador/a.
'pattino *sm* patín *m*; ~**i a rotelle** patines de ruedas.
'patto *sm* (*accordo*) pacto, acuerdo; (*condizione*) condición *f*; **a** ~ **che** a condición de que.
pat'tuglia [-ʎʎa] *sf* patrulla.
pattu'ire *vt* pactar, estipular.
pat'tume *sm* basura.
pattumi'era *sf* basurero.
pa'ura *sf* miedo, temor *m*; (*timore, preoccupazione*) preocupación *f*; **aver** ~ **di** tener miedo de; **ho** ~ **che non venga** me temo que no vendrá.
pau'roso, a *ag* (*che fa paura*) terrible, espantoso(a); (*che ha paura*) miedoso(a); (*fig*) extraordinario(a), fenomenal.
'pausa *sf* interrupción *f*, pausa; (*MUS*) pausa, silencio.
pavimen'tare *vt* (*una stanza*) embaldosar; (*una strada*) adoquinar.
pavimentazi'one [-t'ts-] *sf* pavimentación *f*.
pavi'mento *sm* piso, suelo.
pa'vone *sm* pavo real.
pavoneggi'arsi [-d'dʒ-] *vr* pavonearse.
pazien'tare [-tts-] *vi* aguantar, tolerar.
pazi'ente [-t'ts-] *ag* paciente // *sm/f* paciente *m/f*, enfermo/a.
pazi'enza [pat'tsjentsa] *sf* paciencia; **perdere la** ~ perder la paciencia.
paz'zesco, a, schi, sche [-t'ts-] *ag* (*fig*) absurdo(a), descabellado(a).
paz'zia [-t'tsia] *sf* locura.
'pazzo, a [-ttso] *ag, sm/f* loco(a); **cose da** ~**i** cosas *fpl* de locos; ~ **d'amore/di gelosia** loco de amor/de celos.
'peca, che *sf* vicio, defecto.
pec'care *vi* pecar.
pec'cato *sm* pecado; (*errore*) error *m*, falta; **è un** ~ **che** es una lástima que; **che** ~**!** ¡qué lástima!
'pece [-tʃe] *sf* pez *f*.
'pecora *sf* (*ZOOL*) oveja; (*fig*) títere *m*, pelele *m*; ~ **nera** (*fig*) oveja negra.
peco'raio *sm* pastor *m*.
peco'rella [-lla] *sf* ovejita; **cielo a** ~**e** (*fig*) cielo aborregado.
peco'rino *sm* queso de oveja.
pecu'lato *sm* peculado.
peculi'are *ag* peculiar.
pe'culio *sm* peculio.
pecuni'ario, a *ag* pecuniario(a).
pe'daggio [-ddʒo] *sm* peaje *m*.
pedago'gia [-'dʒia] *sf* pedagogía.

peda'gogico, a, ci, che [-dʒ-] *ag* pedagógico(a).
peda'lare *vi* pedalear.
peda'lata *sf* pedaleo.
pe'dale *sm* pedal *m*.
pe'dana *sf* tarima.
pe'dante *ag, sm/f* (*peg*) pedante (*m/f*).
pedante'ria *sf* pedantería.
pe'data *sf* puntapié *m*, patada; **prendere a** ~**e** *qd/qc* agarrar a patadas a alguien/algo.
pede'rasta, i *sm* pederasta *m*.
pe'destre *ag* (*anche fig*) pedestre.
pedi'atra, i, e *sm/f* pediatra *m/f*.
pedia'tria *sf* pediatría.
pedi'luvio *sm* pediluvio.
pe'dina *sf* (*nei giochi*) peón *m*; (*fig*) marioneta.
pedi'nare *vt* seguir, vigilar.
pedo'nale *ag* peatonal.
pe'done *sm* peatón *m*; (*SCACCHI*) peón *m*.
'peggio [-ddʒo] *av, ag inv, sm inv* peor (*m*).
peggiora'mento [-ddʒ-] *sm* empeoramiento.
peggio'rare [-ddʒ-] *vt, vi* (*aus essere*) empeorar.
peggiora'tivo, a [-ddʒ-] *ag* peyorativo(a), despectivo(a).
peggi'ore [-d'dʒ-] *ag, sm/f* peor (*m/f*).
'pegno [-ɲɲo] *sm* prenda; (*fig: segno*) prueba, testimonio.
pe'lare *vt* pelar; (*spennare, anche fig*) desplumar; (*sbucciare*) mondar, pelar; ~**rsi** *vr* pelarse.
pel'lame [-l'l-] *sm* cueros *mpl*, pieles *fpl*.
'pelle [-lle] *sf* piel *f*, cutis *m*; (*carnagione*) tez *f*; (*pellame*) cuero, piel; (*buccia*) piel, cáscara; (*fig*) pellejo, vida; **lasciarci/ salvare la** ~ dejar/salvar el pellejo; **avere la** ~ **d'oca** (*fig*) tener carne de gallina.
pellegri'naggio [pellegri'naddʒo] *sm* peregrinaje *m*.
pelle'rossa, pelli'rossa, *pl* **pelli'rosse** [-ll-] *sm/f* piel roja *m/f*.
pellette'ria [-ll-] *sf* peletería.
pelli'cano [-ll-] *sm* pelícano.
pellicce'ria [pellittʃe'ria] *sf* peletería.
pel'liccia, ce [pel'littʃa] *sf* piel *f*; (*indumento*) abrigo de piel.
pellicci'aio, a [pellit'tʃajo] *sm/f* peletero/a.
pel'licola [-l'l-] *sf* película.
'pelo *sm* pelo; (*di panni di lana*) lanilla; (*mantello di animale*) piel *f*; (*dell'acqua*) nivel *m*, superficie *f*; (*fig*) instante *m*, pelo; **per un** ~ por un pelo; **non avere** ~**i sulla lingua** (*fig*) no tener pelos en la lengua.
pe'loso, a *ag* peludo(a).
'peltro *sm* peltre *m*.
pe'luria *sf* (*del tessuto*) pelusa; (*del corpo*) vello.

'pena *sf* pena; **essere** o **stare in** ~ **per qd** estar preocupado por alguien; **far** ~ dar lástima; **a mala** ~ **a duras penas.**

pe'nale *ag* penal.

penalità *sf inv* penalidad *f.*

penalizzazi'one [penaliddzat'tsjone] *sf* penalización *f.*

pe'nare *vi* penar.

penco'lante *ag* tambaleante.

pen'dente *ag* colgante; (*DIR*) pendiente // *sm* pendiente *m.*

pen'denza [-tsa] *sf* (*inclinazione*) declive *m*, inclinación *f*; (*MAT*) inclinación; (*DIR*) pendencia; (*ECON*) partida pendiente.

pendere *vi* (*essere inclinato*) inclinarse, ladearse; ~ **da** (*essere appeso*) colgar de; ~ **su** amenazar; ~ **dalle labbra di qd** estar pendiente de las palabras de uno.

pen'dio, 'dii *sm* pendiente *f*, cuesta.

'pendola *sf* péndola.

pendo'lare *ag* pendular // *sm/f* persona que viaja a menudo.

'pendolo *sm* (*peso*) plomada; (*orologio*) péndola; (*FIS*) péndulo.

'pene *sm* pene *m.*

pene'trare *vi* penetrar; (*introdursi*) entrar, penetrar // *vt* entender, comprender.

penetrazi'one [-'tts-] *sf* penetración *f.*

penicil'lina [penit∫il'lina] *sf* penicilina.

pe'nisola *sf* península.

peni'tente *ag, sm/f* penitente (*m/f*).

peni'tenza [-tsa] *sf* castigo; (*REL*) confesión *f.*

penitenzi'ario, a [-'ts-] *ag* penitenciario(a) // *sm* cárcel *f.*

'penna *sf* pluma; (*fig*) ingenio, pluma; ~ **e** *fpl* (*CUC*) tipo de pastas corto y hueco; ~ **a sfera** bolígrafo; ~ **stilografica** pluma estilográfica.

penna'rello [-llo] ® *sm* pluma de fieltro.

pennel'lare [-l'l-] *vt* pintar, dar pinceladas a.

pennel'lata [-l'l-] *sf* pincelada.

pen'nello [-llo] *sm* pincel *m*; **a** ~ **a la** perfección; ~ **da barba** brocha de afeitar; ~ **per labbra/occhi** pincel para labios/ojos.

pen'nino *sm* plumita.

pen'none *sm* (*stendardo*) pendón *m*, gallardete *m*; (*NAUT*) verga.

pen'nuto *sm* ave *f.*

pe'nombra *sf* penumbra.

pe'noso, a *ag* penoso(a).

pen'sabile *ag* imaginable.

pen'sare *vi* pensar // *vt* pensar; (*inventare*) idear, imaginar; (*ritenere*) creer, considerar; ~ **a** pensar en; ~ **di fare qc** pensar hacer algo.

pensi'ero *sm* pensamiento; (*ansia*) preocupación *f*, inquietud *f*; (*dottrina*) sistema, doctrina; (*sentenza*) máxima; (*fig: dono*) regalo; **stare in** ~ **per qd** estar preocupado por alguien.

pensie'roso, a *ag* pensativo(a).

'pensile *ag* colgante.

pensi'lina *sf* cobertizo.

pensio'nante *sm/f* pensionista *m/f.*

pensio'nato, a *sm/f* jubilado/a // *sm* pensionado, residencia.

pensi'one *sf* jubilación *f*; (*vito e alloggio, luogo*) pensión *f*; **andare in** ~ jubilarse.

pen'soso, a *ag* meditabundo(a).

pen'tagono *sm* pentágono.

Pente'coste *sf* Pentecostés *m.*

penti'mento *sm* arrepentimiento.

pen'tirsi *vr*: ~ **di** arrepentirse de.

'pentola *sf* olla; **avere qc in** ~ (*fig*) haber gato encerrado.

pe'nultimo, a *ag, sm/f* penúltimo(a).

pe'nuria *sf* penuria, estrechez *f.*

penzo'lante [-dz-] *ag* colgante.

penzo'lare [-dz-] *vi*: ~ **(da)** colgar o pender (de).

penzo'loni [-dz-] *av* colgando; **stare con le braccia/gambe** ~ estar con los brazos/las piernas colgando.

pe'onia *sf* peonia.

pe'pare *vt* sazonar con pimienta.

pe'pato, a *ag* picante; (*fig*) hiriente.

'pepe *sm* (*BOT*) pimentero; (*spezie*) pimienta; ~ **macinato** pimienta molida.

pepero'nata *sf* plato a base de pimientos.

pepe'rone *sm* pimiento.

pe'pita *sf* pepita.

per *prep* por; (*destinazione, direzione, scopo, tempo determinato, opinione*) para; (*con infinito: scopo*) para; (*: causa*) por; (*durante*) durante; **sedere** ~ **terra** sentarse en el suelo; **lo finirò** ~ **lunedì** lo terminaré para el lunes; ~ **me è inutile** para mí es inútil; ~ **tutta l'estate** durante todo el verano; ~ **conto terzi** por cuenta de terceros; ~ **forza** forzosamente; ~ **cento** por ciento; ~ **quanto riguarda** por lo que va de.

'pera *sf* pera.

pe'raltro *av* además, por otra parte.

per'bene *ag inv* honesto(a) // *av* bien, cuidadosamente.

percentu'ale [-t∫-] *sf* porcentaje *m.*

perce'pibile [-t∫-] *ag* perceptible.

perce'pire [-t∫-] *vt* percibir; (*ricevere*) cobrar.

percet'tibile [-t∫-] *ag* perceptible.

percezi'one [pert∫et'tsjone] *sf* percepción *f.*

perché [-'ke] *av* (*interrogativo: diretto*) por qué; (*: indiretto*) por qué // *cong* (*causale*) porque; (*finale*) para que; (*consecutivo*): **è troppo forte** ~ **si possa batterlo** es demasiado fuerte para que se le pueda vencer // *sm inv* porqué *m*, motivo.

perciò [-t∫ɔ] *cong* por eso.

percor'renza [-tsa] *sf* recorrido, trayecto.

per'correre *vt* atravesar, cruzar.

per'corso, a pp di **percorrere** // sm recorrido.

per'cossa sf golpe m.

per'cosso, a pp di **percuotere**.

percu'otere vt golpear, azotar.

percussi'one sf: **strumenti a ~** (MUS) instrumentos de percusión.

'**perdere** vt perder; (mandare in rovina) arruinar // vi perder; **~rsi** vr perderse; **~ qc/qd di vista** perder algo/a alguien de vista; **lascia ~**! ¡déjalo!, ¡no te preocupes por eso!

perdigi'orno [-'dʒ-] sm/f inv vago/a, holgazán/ana.

'**perdita** sf pérdida; **a ~ d'occhio** hasta el alcance de la vista.

perdi'tempo sm/f inv holgazán/ana.

perdizi'one [-t'ts-] sf perdición f, ruina.

perdo'nabile ag perdonable.

perdo'nare vt, vi perdonar.

per'dono sm perdón m; **chiedere ~** pedir perdón.

perdu'rare vi perdurar.

perduta'mente av perdidamente.

per'duto, a pp di **perdere**.

peregri'nare vi vagar.

pe'renne ag perenne.

peren'torio, a ag perentorio(a).

perequazi'one [perekwat'tsjone] sf igualación f, equilibrio.

per'fetto, a ag perfecto(a) // sm (LING) perfecto.

perfeziona'mento [-tts-] sm perfeccionamiento.

perfezio'nare [-tts-] vt perfeccionar; **~rsi** vr perfeccionarse.

perfezi'one [-t'ts-] sf perfección f.

per'fidia sf perfidia, maldad f.

'**perfido, a** ag pérfido(a).

per'fino av hasta, incluso.

perfo'rare vt perforar, agujerear.

perfora'tore, 'trice ag perforador(a) // sm perforador m // sf perforadora.

perforazi'one [-t'ts-] sf perforación f.

perga'mena sf pergamino.

'**pergola** sf emparrado, glorieta.

pergo'lato sm pérgola; (della vite) parral m.

peri'cardio sm pericardio.

perico'lante ag inestable, tambaleante.

pe'ricolo sm peligro.

perico'loso, a ag peligroso(a).

perife'ria sf periferia.

peri'ferico, a, ci, che ag periférico(a).

pe'rifrasi sf perífrasis f inv.

pe'rimetro sm perímetro.

peri'odico, a, ci, che ag periódico(a) // sm periódico, diario.

pe'riodo sm período.

peripe'zie [-t'tsie] sfpl peripecias fpl.

'**periplo** sm periplo.

pe'rire vi (aus essere) morir, sucumbir.

peri'scopio sm periscopio.

pe'rito, a pp di **perire** // sm/f (titolo) perito/a; (esperto) experto/a, perito/a.

pe'rizia [-ttsja] sf pericia, práctica; (DIR) peritaje m.

'**perla** sf (ornamento) perla; (fig: persona) joya; (: cosa) maravilla.

perlu'strare vt explorar.

perlustra'tore, 'trice sm/f explorador/a.

perlustrazi'one [-t'ts-] sf exploración f.

perma'loso, a ag quisquilloso(a), susceptible.

perma'nente ag, sf permanente (f).

perma'nenza [-tsa] sf permanencia; (presenza durevole) duración f; **in ~** continuamente.

perma'nere vi mantenerse, continuar.

perme'are vt impregnar, empapar; (fig) influenciar.

per'messo, a pp di **permettere** // sm permiso, autorización f; (licenza) licencia; **~?, è ~?** ¿se puede?; **~ di lavoro** permiso de trabajo; **~ di pesca** licencia de pesca.

per'mettere vt permitir, autorizar; **~rsi** vr permitirse; **~ a qd di fare qc** permitir a alguien que haga algo.

'**permuta** sf permuta.

permu'tare vt permutar.

'**pero** sm peral m.

però cong pero; (tuttavia) sin embargo.

'**perone** sm peroné m.

pero'rare vt defender, sostener.

perpendico'lare ag, sf perpendicular (f).

perpen'dicolo sm: **a ~ a** plomo.

perpe'trare vt perpetrar, cometer.

perpetu'are vt perpetuar.

per'petuo, a ag perpetuo(a).

perplessi'tà sf inv perplejidad f.

per'plesso, a ag perplejo(a).

perqui'sire [-kw-] vt (persona) registrar, cachear; (stanza) revisar; (casa) allanar.

perquisizi'one [perkwizit'tsjone] sf (di persona) cacheo; (di casa) allanamiento.

persecu'tore sm perseguidor m.

persecuzi'one [-t'ts-] sf persecución f; **mania di ~** manía persecutoria.

persegu'ire [-gw-] vt perseguir; **~ in giudizio** demandar ante la justicia.

persegui'tare [-gw-] vt perseguir, correr; (fig) molestar.

perseve'ranza [-tsa] sf perseverancia.

perseve'rare vi: **~ in** perseverar en.

persi'ana sf persiana, celosía.

per'sino av = **perfino**.

persi'stente ag persistente.

per'sistere vi persistir, insistir; ~ **in qc/a fare qc** persistir en algo/en hacer algo.

'perso, a pp di **perdere**.

per'sona sf persona; (corpo) cuerpo, figura; **di** ~ personalmente.

perso'naggio [-dʒo] sm personaje m; (persona ragguardevole) personalidad f.

perso'nale ag personal // sm (insieme di addetti) personal m, plantilla; (aspetto) físico, aspecto // sf exposición f personal.

personalità sf inv personalidad f.

personifi'care vt personificar, representar.

perspi'cace [-tʃe] ag perspicaz.

persua'dere vt persuadir, convencer; ~**rsi** vr convencerse; ~ **qd di qc/a fare qc** persuadir o convencer a alguien de algo/a hacer algo.

persuasi'one sf persuasión f.

persua'sivo, a ag persuasivo(a), convincente.

persu'aso, a pp di **persuadere**.

per'tanto cong por lo tanto.

'pertica, che sf vara, pértiga; (attrezzo ginnico) pértiga; (fam) palo, persona muy alta y delgada.

perti'nace [-tʃe] ag pertinaz, tenaz.

perti'nente ag pertinente.

per'tosse sf tos f ferina o convulsa.

per'tugio [-dʒo] sm agujero.

pertur'bare vt turbar.

perturba'tore, 'trice ag, sm/f perturbador(a).

perturbazi'one [-t'ts-] sf (ASTR. METEOR) perturbación f.

perva'dere vt penetrar, invadir.

per'vaso, a pp di **pervadere**.

perve'nire vi (aus essere) ~ **a** llegar a.

perve'nuto, a pp di **pervenire**.

perversi'one sf perversión f.

perversità sf inv perversidad f, maldad f.

per'verso, a ag perverso(a).

perver'tire vt pervertir, corromper.

pervertii'tore, 'trice ag corruptor(a).

per'vinca, che sf pervinca // sm inv (colore) pervinca m inv.

p. es. (abbr di per esempio) p. ej.

'pesa sf pesaje m, peso; (luogo) balanza; ~ **pubblica** báscula de control.

pe'sante ag pesado(a); (fig: aria, tempo etc) bochornoso(a); (: corpo, passo) cansado(a), pesado(a); (: sonno) profundo(a), pesado(a); (: stile, persona) aburrido(a), latoso(a); (: lavoro) fatigoso(a), pesado(a).

pesan'tezza [-ttsa] sf peso, pesantez f; (di stomaco, testa) pesadez f.

pe'sare vt pesar; (fig) juzgar, analizar // vi (anche fig) pesar; ~**rsi** vr pesarse.

pe'sata sf pesada.

'pesca sf (pl: **pesche**: frutto) melocotón m; (il pescare) pesca; ~ **di beneficenza** lotería de beneficencia.

pe'scare vt pescar; (prendere a caso) sacar; (fig: trovare) pescar, encontrar.

pesca'tore sm pescador m.

'pesce [-ʃʃe] sm (ZOOL) pez m; (CUC) pescado; **sano come un** ~ (fig) más sano que una manzana; ~ **d'aprile** ≈ inocentada; ~ **fritto/lesso** pescado frito/hervido; ~ **persico** perca; ~ **spada** pez m espada; **P**~ (ASTROL) Piscis m.

pesce'cane [-ʃʃ-] sm tiburón m.

pesche'reccio [peske'rettʃo] sm barco pesquero.

pesche'ria [-k-] sf pescadería.

pesci'vendolo, a [-ʃʃ-] sm/f pescadero/a.

'pesco, schi sm melocotonero.

pe'scoso, a ag rico(a) de peces.

'peso sm peso; (oggetto metallico graduato) pesa; (fig: autorità) importancia, peso; (: onere) peso, carga; ~ **lordo/netto** peso bruto/neto; ~ **mosca/piuma/medio/massimo** (SPORT) peso mosca/pluma/mediano/máximo.

pessi'mismo sm pesimismo.

pessi'mista, i, e ag, sm/f pesimista (m/f).

'pessimo, a ag pésimo(a); **essere di** ~ **umore** estar de pésimo humor.

pe'stare vt pisar; (frantumare) moler; (fig) pegar, apalear.

pe'stata sf pisotón m.

'peste sf peste f // sfpl: **essere o trovarsi nelle** ~ estar o encontrarse en un berenjenal.

pe'stello [-llo] sm majadero, maza.

pe'stifero, a ag molesto(a), fastidioso(a).

pesti'lenza [-tsa] sf pestilencia; (fig) hedor m.

pestilenzi'ale [-ts-] ag pestilencial; (fig) hediondo(a).

'pesto, a ag magullado(a), moreteado(a) // sm (CUC) pesto; **buio** ~ oscuridad total.

'petalo sm pétalo.

pe'tardo sm petardo.

petizi'one [-t'ts-] sf petición f.

'peto sm (fam!) pedo.

petrol'chimica [-k-] sf petroquímica.

petroli'era sf petrolero.

petroli'ere sm petrolero.

petro'lifero, a ag petrolífero(a).

pe'trolio sm petróleo.

pette'golezzo [-ddzo] sm chisme m; **fare** ~**i** chismear.

pet'tegolo, a ag, sm/f chismoso(a).

petti'nare vt peinar; ~**rsi** vr peinarse.

petti'nata sf peinada.

pettina'trice [-tʃe] sf peluquera, peinadora.

pettina'tura sf peinado.
'**pettine** sm peine m.
petti'rosso sm petirrojo.
'**petto** sm pecho; (cuc: di pollo, tacchino) pechuga; (di abito, camicia) pechera; **a doppio ~** (abito) cruzado.
petto'rale ag, sm pectoral (m).
petto'ruto, a ag pechudo(a), pechugón(ona); (impettito) engreído(a), arrogante.
petu'lante ag petulante, insolente.
pe'tunia sf petunia.
'**pezza** [-ttsa] sf pieza; (toppa) retazo, parche m.
pez'zato, a [-t'ts-] ag manchado(a).
pez'zente [-t'ts-] sm/f pordiosero/a.
'**pezzo** [-ttso] sm pedazo, trozo; (brandello) pedazo, fragmento; (di macchina, arnese, scacchi) pieza; (mus) trozo; (di tempo) rato; (stampa) artículo; **andare in ~i** hacerse trizas; **aspettare da un ~** esperar desde hace rato; **tagliare/fare a ~i** qc cortar/romper algo; **un bel ~ d'uomo/ di donna** un hombre/una mujer muy guapo(a); **abito a due ~i** tailleur m, traje sastre m; **~ forte** caballito de batalla; **~ grosso** (fig) personajón m; **due ~i** sm bikini m.
pezzu'ola [-t'ts-] sf pañuelo.
pia'cente [-t'ʃ-] ag placentero(a), agradable.
pia'cere [-t'ʃ-] sm placer m; (favore) favor m // vi (aus essere) gustar; **~ a** gustar a; **gli piace andare in treno** le gusta ir en tren; **~!** (nelle presentazioni) ¡mucho gusto!; **con ~!** ¡con mucho gusto!; **di ~** de recreo; **per ~!** ¡por favor!; **fammi il ~!** ¡por favor!, ¡termínala!
pia'cevole [-t'ʃ-] ag agradable, grato(a).
piaci'uto, a [-t'ʃ-] pp di **piacere**.
pi'aga, ghe sf (med) llaga; (fig) calamidad f, plaga (: fam) persona insoportable.
piagni'steo [-ɲɲ-] sm lloriqueo.
pia'gnone, a [-ɲ'ɲ-] sm/f (fam) llorón/ona.
piagnuco'lare [-ɲɲ-] vi quejarse, lloriquear.
piagnuco'lio [-ɲɲ-] sm lloriqueo.
pi'alla [-lla] sf cepillo.
pial'lare [-l'l-] vt acepillar, cepillar.
pi'ana sf llano, llanura.
pianeggi'ante [-d'dʒ-] ag llano(a).
pia'nella [-lla] sf chinela.
piane'rottolo sm rellano, descanso.
pia'neta sm planeta m // sf (rel) casulla.
pi'angere [-dʒ-] vi llorar // vt sentir, lamentar // sm llanto; **~ di gioia/per il dolore** llorar de alegría/dolor; **~ la morte di qd** lamentar la muerte de alguien.
pianifi'care vt planificar.
pianificazi'one [-t'ts-] sf planificación f.
pia'nista, i, e sm/f pianista m/f.

pi'ano, a ag liso(a), plano(a); (mat) llano(a); (ling) llano(a), grave // av (andare) despacio, lentamente; (parlare) en voz baja; (con cautela) despacio, cuidadosamente // sm plano; (geogr) llano, llanura; (di edificio) piso; (fig: livello) nivel m; (: progetto) plan m; (fam: pianoforte) piano; **passare in secondo ~** (anche fig) pasar a un segundo plano; **di primo ~** (fig) de gran importancia, de primer plano; **pian ~** poco a poco; **~ stradale** nivel m de la calle.
piano'forte sm piano.
pi'anta sf planta; (grafico) plano, plantilla; (carta topografica) plano; **in ~ stabile** permanente, de carrera.
piantagi'one [-'dʒ-] sf plantación f.
pian'tare vt plantar; (conficcare) hincar, clavar; (fig) plantar, dejar; **~rsi** vr clavarse; (fam: lasciarsi) dejarse; **piantala!** (fam) ¡termínala!
pianta'tore, 'trice sm/f plantador/a.
pianter'reno sm planta baja.
pi'anto, a pp di **piangere** // sm llanto.
pianto'nare vt vigilar, espiar.
pian'tone sm portero, cuidador m; (mil) centinela m; (auto) columna de dirección.
pia'nura sf llanura.
pi'astra sf plancha.
pia'strella [-lla] sf (da pavimenti) baldosa; (da muri) azulejo.
pia'strina sf (anat) plaquita; (medaglione) placa.
piatta'forma sf (anche fig) plataforma.
piat'tello [-llo] sm platillo; **tiro al ~** tiro al platillo.
pi'atto, a ag chato(a), plano(a); (mat) plano(a); (fig) vulgar, desabrido(a) // sm plato; (della bilancia) platillo; **~i** mpl (mus) platillos mpl; **~ fondo** plato hondo; **~ forte** plato fuerte.
pi'azza [-ttsa] sf plaza.
piazza'forte, pl piazze'forti [-tts-] sf plaza fuerte.
piaz'zale [-t'ts-] sm explanada, plaza.
piaz'zista, i [-t'ts-] sm corredor m, viajante m.
piaz'zola [-t'ts-] sf plazoleta.
'**picca, che** sf pica, lanza; **~che** fpl (carte) picos mpl.
pic'cante ag picante.
pic'carsi vr: **~ di fare** tener la pretensión de hacer.
pic'cata sf (cuc) escalope m.
picchet'tare [-k-] vt (delimitare) jalonar; (fabbrica etc) colocar piquetes de huelga frente a.
pic'chetto [-k'k-] sm piquete m.
picchi'are [-k'kj-] vt golpear; (colpire) pegar, azotar // vi golpear; **~rsi** vr pegarse, reñir.
picchi'ata [-k'kj-] sf paliza; (aer) picada; **in ~** (aer) en picada.

picchiet'tare [-kkj-] vt puntear // vi repiquetear, tamborilear.

'picchio [-kkjo] sm pájaro carpintero.

pic'cino, a [-t'tʃ-] ag pequeño(a); (fig) mezquino(a) // sm/f niño/a; (cucciolo) cachorrito/a.

picci'olo [-t'tʃ-] sm cabillo, tronquito.

piccio'naia [-ttʃ-] sf palomar m; (TEATRO) paraíso.

picci'one [-t'tʃ-] sm paloma; ~ **viaggiatore** paloma mensajera.

picciu'olo [-ttʃ-] sm = **picciolo**.

'picco, chi sm pico; **andare** o **colare a** ~ irse a pique; (fig) fracasar, irse a pique.

picco'lezza [-ttsa] sf pequeñez f; (sciocchezza) nimiedad f, tontería; (fig) mezquindad f.

'piccolo, a ag pequeño(a); (di dimensione) pequeño(a), chico(a); (scarso) poco(a); (di breve durata) breve, corto(a); (di scarsa importanza) insignificante; (modesto) pequeño(a), modesto(a); (fig: meschino) mezquino(a) // sm/f niño/a, chicuelo/a; **in** ~ en pequeña escala.

pic'cone sm pico.

pic'cozza [-ttsa] sf piqueta.

pic'nic sm inv picnic m.

pi'docchio [-kkjo] sm piojo.

pidocchi'oso, a [-k'kj-] ag piojoso(a); (taccagno) avaro(a).

pi'ede sm pie m; (ZOOL) pata; (di tavolo, divano) pata, base f; **essere** o **stare in** ~**i** estar de pie; **andare a** ~**i** ir a pie; **su due** ~**i** de golpe o repente; **prendere** ~ (fig) cobrar fuerzas; **tenere in** ~**i** (fig) tener en pie, mantener; **mettere in** ~**i** (fig) preparar, organizar; **essere sul** ~ **di pace/guerra** estar en pie de paz/de guerra.

piedi'stallo, piede'stallo [-llo] sm pedestal m.

pi'ega, ghe sf pliegue m; (segno) arruga, doblez m; (fam) cariz m, aspecto; **il tuo ragionamento non fa una** ~ (fig) tu razonamiento es perfecto.

piega'mento sm flexión f.

pie'gare vt plegar, doblar; (braccio, gamba) cruzar; (tovagliolo, camicia) doblar; (fig) convencer // vi torcer; (dirigersi) volver, doblar; ~**rsi** vr doblarse; ~ **la testa** o **il capo** inclinar la cabeza.

pieghet'tare [-g-] vt plisar, tablear.

pie'ghevole [-'g-] ag flexible; (porta) plegable, plegadizo(a).

pi'eno, a ag lleno(a); (potere, giornata) pleno(a); (muro, mattone) macizo(a); (viso, fianchi) rollizo(a), gordo(a) // sm máximo // sf crecida; (gran folla) muchedumbre f; **nel** ~ **di** en mitad de; **in** ~**(a) giorno/notte** en pleno día/noche; **a** ~**e mani** (fig) a manos

llenas; **fare il** ~ (di benzina) llenar el tanque.

pietà sf piedad f.

pie'tanza [-tsa] sf plato, comida.

pie'toso, a ag conmovedor(a).

pi'etra sf piedra; ~ **sepolcrale** lápida, losa.

pie'trame sm pedrisco.

pietrifi'care vt petrificar; (fig) asombrar, helar; ~**rsi** vr petrificarse.

pie'trisco, schi sm pedregullo.

'piffero sm pífano.

pigi'ama [-'dʒ-] sm piyama m, pijama m.

'pigia 'pigia ['pidʒa 'pidʒa] sm inv gentío.

pigi'are [-'dʒ-] vt pisar, exprimir.

pigia'trice [pidʒa'tritʃe] sf pisador m.

pigia'tura [-dʒ-] sf pisa.

pigi'one [-'dʒ-] sf alquiler m.

pigli'are [-ʎ'ʎ-] vt coger, agarrar.

'piglio [-ʎʎo] sm expresión f.

pigmentazi'one [-'ts-] sf pigmentación f.

pig'meo, a sm/f pigmeo/a; (fig) enano/a.

'pigna [-ɲɲa] sf piña.

pi'gnatta [-ɲ'ɲ-] sf olla.

pignole'ria [-ɲɲ-] sf formalismo, pedantería.

pi'gnolo, a [-ɲ'ɲ-] ag meticuloso(a).

pignora'mento [-ɲɲ-] sm embargo.

pigno'rare [-ɲɲ-] vt embargar.

pigo'lare vi piar.

pigo'lio, 'lii sm pío.

pi'grizia [-ttsja] sf pereza.

'pigro, a ag perezoso(a); (fig) lento(a), torpe.

'pila sf pila; (catasta) pila, montón m.

pi'lastro sm pilar m, pilastra; (fig) sostén m, soporte m.

'pillola [-ll-] sf píldora, pastilla; ~ **(anticoncezionale)** píldora (anticonceptiva).

pi'lone sm pilar m.

pi'lota, i ag inv piloto inv // sm/f piloto; **classe** ~ clase piloto o experimental; ~ **automatico** piloto automático.

pilo'taggio [-ddʒo] sm pilotaje m.

pilo'tare vt pilotear, guiar.

piluc'care vt picar.

pim'pante ag pimpante, contento(a).

pinaco'teca, che sf pinacoteca.

pi'neta sf pinar m.

'ping-pong [piŋ'pɔŋ] sm inv ® ping pong m inv.

'pingue [-gwe] ag obeso(a), gordo(a); (fig) abundante, rico(a).

pingu'edine [-'gw-] sf obesidad f, gordura.

pingu'ino [-'gw-] sm pingüino.

'pinna sf aleta.

pin'nacolo sm pináculo.

'pino sm pino.

pi'nolo sm piñón m.

'pinta sf pinta.

'pinza [-tsa] sf pinza.

pin'zetta [-'ts-] sf pinza.

'pio, a, 'pii, 'pie ag devoto(a), pío(a).

pi'oggia, ge [ddʒa] *sf* lluvia; *(fig)* abundancia.

pi'olo *sm* estaca.

piom'bare *vi (aus* **essere)** *(cadere)* caer; *(gettarsi)* arrojarse, abalanzarse // *vt* emplomar, precintar.

piomba'tura *sf* empaste *m,* emplomadura.

piom'bino *sm* plomo; *(sigillo)* sello de plomo; *(del filo a piombo)* plomada.

pi'ombo *sm* plomo; *(sigillo)* sello de plomo; **a ~ a** desplomo.

pioni'ere, a *sm/f* pionero/a, precursor/a.

piop'peto *sm* alameda.

pi'oppo *sm* álamo.

pi'overe *(aus* **essere)** *vb impersonale* llover // *vi* caer; *(affluire)* llegar, llover; **~ a catinelle** llover a cántaros; **~ a dirotto** llover sin parar.

pioviggi'nare [-ddʒ-] *vi* lloviznar.

pio'voso, a *ag* lluvioso(a).

pi'ovra *sf* pulpo gigante; *(fig)* sanguijuela.

'pipa *sf* pipa.

pipi'strello [-llo] *sm* murciélago.

'pira *sf* hoguera, pira.

pi'ramide *sf* pirámide *f.*

pi'rata, i *sm* pirata *m* // *ag inv* pirata *inv;* **~ della strada** *(fam)* asesino de la carretera.

pirate'ria *sf* piratería.

'pirex *sm* ℝ pirex *f* ℝ.

pi'rite *sf* pirita.

piro'etta *sf* pirueta.

pi'rofila *sf* pirex *f.*

pi'roga, ghe *sf* piragua.

pi'romane *sm/f* pirómano/a.

pi'roscafo *sm* vapor *m.*

pisci'are [-ʃʃ-] *vi (fam!)* mear, orinar.

pi'scina [-ʃʃ-] *sf* piscina.

pi'sello [-llo] *sm* guisante *m.*

piso'lino *sm* siesta.

'pista *sf* pista; *(traccia)* pista, huella.

pi'stacchio [-kkjo] *sm* pistacho.

pi'stillo [-llo] *sm* pistilo.

pi'stola *sf* pistola; **~ a spruzzo** pulverizador *m.*

pi'stone *sm* pistón *m.*

pi'tocco, a, chi, che *ag* tacaño(a).

pi'tone *sm* pitón *m.*

'pittima *sf* emplasto; *(fig)* pegote *m.*

pit'tore, 'trice *sm/f* pintor/a.

pitto'resco, a, schi, sche *ag* pintoresco(a).

pit'tura *sf* pintura.

pittu'rare *vt* pintar; **~rsi** *vr (fam)* pintarse, maquillarse.

più *av* más; **~ grande/buono (di** o **che)** más grande/bueno (que) // *prep* más // *ag inv* más; *(parecchi)* varios(as); **~ ... di** o **che** más ... que // *sm inv* (ᴍᴀᴛ) más *m inv;* **il ~** *(la maggior parte)* lo mayor; *(la cosa più importante)* lo más; **i ~** la mayoría, los más; **siamo a ~ due** *(temperatura)* hace dos grados

arriba de cero; **a ~ non posso** a más no poder; **di ~** *(maggiormente)* más; **per di ~** además; **in ~** de más; **al ~ presto/tardi** lo más pronto/tarde posible; **~ lavora ~ è contento** cuanto más trabaja, (tanto) más contento; **il ~ delle volte** la mayoría de las veces; **per lo ~** en general.

piuccheper'fetto [-kk-] *sm* pluscuamperfecto.

pi'uma *sf* pluma; **peso ~** peso pluma.

piu'maggio [-ddʒo] *sm* plumaje *m.*

piu'mato, a *ag* emplumado(a).

piu'mino *sm* edredón *m;* *(per cipria)* borla; *(per spolverare)* plumero.

piu'moso, a *ag* plumoso(a); *(fig)* suave, blando(a).

piut'tosto *av* más bien; *(alquanto)* bastante; **~ che** antes que.

pi'vello, a [-llo] *sm/f* principiante *m/f.*

'pizza [-ttsa] *sf* pizza.

pizzai'olo, a [-tts-] *sm/f* picero/a.

pizze'ria [-tts-] *sf* pizzería.

pizzi'cagnolo, a [pittsi'kaɲolo] *sm/f* salchichero/a.

pizzi'care [-tts-] *vt* pellizcar; (ᴍᴜs) puntear; *(fam)* sorprender // *vi* picar.

pizziche'ria [pittsike'ria] *sf* salchichería.

'pizzico, chi [-tts-] *sm* pellizco; *(quantità)* pizca; *(morso)* picadura.

pizzi'core [-tts-] *sm* picazón *f.*

pizzi'cotto [-tts-] *sm* pellizco.

'pizzo [-ttso] *sm* encaje *m;* *(barbetta)* pera.

pla'care *vt* aplacar, calmar; **~rsi** *vr* calmarse.

'placca, che *sf* placa, chapa; (ᴇʟᴇᴛᴛʀ) placa; (ᴍᴇᴅ) membrana; **(: sui denti)** placa.

plac'care *vt* enchapar; (ʀᴜɢʙʏ) hacer un placaje a.

plac'chetta [-k'k-] *sf* placa.

pla'centa [-tʃ-] *sf* placenta.

'placido, a [-tʃ-] *ag* plácido(a), calmo(a).

plagi'are [-'dʒ-] *vt* plagiar.

'plagio [-dʒo] *sm* plagio.

pla'nare *vi* planear.

'plancia, ce [-tʃa] *sf* plancha, puente *m.*

'plancton *sm inv* plancton *m.*

plane'tario, a *ag* planetario(a) // *sm* planetario.

planime'tria *sf* (ᴍᴀᴛ) planimetría; *(rappresentazione)* plano.

plani'sfero *sm* planisferio.

plan'tigrado *sm* (ᴢᴏᴏʟ) plantígrado; *(fig: peg)* bestia.

'plasma, i *sm* plasma *m.*

pla'smare *vt* plasmar, forjar.

'plastico, a, ci, che *ag* plástico(a) // *sm (modello)* maqueta; *(esplosivo)* plástico // *sf* plástica.

plasti'lina *sf* ℝ plastilina ℝ.

'platano *sm* plátano.

pla'tea *sf* platea.

'platino *sm* platino.

pla'tonico, a, ci, che *ag* platónico(a).

plau'sibile *ag* plausible, admisible.

'plauso sm aplauso, aprobación f.
ple'baglia [-ʎʎa] sf chusma, populacho.
'plebe sf plebe f.
ple'beo, a ag plebeyo(a); (fig) vulgar // sm/f plebeyo/a.
plebi'scito [-ʃ'ʃ-] sm plebiscito.
ple'nario, a ag plenario(a); adunanza ~a reunión plenaria.
pleni'lunio sm plenilunio.
pleo'nasmo sm pleonasmo.
'pletora sf plétora.
'plettro sm plectro.
'pleura sf pleura.
pleu'rite sf pleuresía.
'plico, chi sm pliego, paquete m.
plo'tone sm pelotón m.
'plumbeo, a ag plumbeo(a).
plu'rale ag, sm plural (m).
plurien'nale ag de varios años.
'plurimo, a ag múltiple.
plusva'lore sm plusvalía.
pluviale ag pluvial.
pneu'matico, a, ci, che ag neumático(a) // sm neumático.
po' av, vedi poco.
'poco, a, chi, che ag, pron poco(a) // av, sm (preceduto da un diventa po') poco; sta ~ bene no está muy bien; sono un po' stanco estoy un poco cansado; arriverà fra ~ o un po' llegará dentro de poco; un po' di un poco de; ~ prima/dopo poco antes/ después; ~ fa hace poco; a ~ a ~ poco a poco; c'è ~ da fare/ridere no hay nada que hacer/de qué reírse.
po'dere sm cortijo.
pode'roso, a ag poderoso(a).
podestà sf inv podestá m.
'podio sm palco, tarima.
po'dismo sm pedestrismo.
po'dista, i, e sm/f corredor/a.
po'ema, i sm poema m.
poe'sia sf poesía.
po'eta, 'essa sm/f poeta/isa.
po'etico, a, ci, che ag poético(a).
poggi'are [-d'dʒ-] vt apoyar.
poggia'testa [-ddʒ-] sm inv cabezal m.
'poggio [-ddʒo] sm colina.
poggi'olo [-d'dʒ-] sm balcón m.
'poi av después, luego; (inoltre) además; (alla fine) al final; (indica contrapposizione): questo ~ proprio no! ¡esto, para colmo, no!
poiché [-'ke] cong porque, ya que.
'poker [-k-] sm inv póker m.
po'lacco, a, chi, che ag, sm/f polaco(a).
po'lare ag polar.
polarità sf polaridad f.
polariz'zare [-d'dz-] vt polarizar; ~rsi vr (fig) orientarse.
'polca, che sf polca.
po'lemico, a, ci, che ag polémico(a) // sf polémica.
polemiz'zare [-d'dz-] vi polemizar, discutir.

po'lenta sf polenta.
poliambula'torio sm consultorio, dispensario.
poli'clinico, ci sm policlínica.
poli'edro sm poliedro.
poliga'mia sf poligamia.
poli'glotta, i, e ag, sm/f políglota(a).
po'ligono sm polígono.
polimerizzazi'one [-iddzat'tsjone] sf polimerización f.
polio(mie'lite) sf polio(mielitis) f.
'polipo sm pólipo.
polisti'rolo sm poliesterol m.
poli'tecnico, ci sm instituto politécnico.
po'lite'ismo sm politeísmo.
politiciz'zare [-tʃid'dzare] vt politizar.
po'litico, a, ci, che ag político(a) // sm/f politico/a // sf política.
poliva'lente ag polivalente.
poli'zia [-t'tsia] sf policía; ~ stradale policía de la vialidad.
polizi'esco, a, schi, sche [-t'ts-] ag policíaco(a).
polizi'otto [-t'ts-] sm policía, esbirro; donna/cane ~ mujer/perro policía.
'polizza [-ttsa] sf póliza; ~ di assicurazione póliza de seguro.
pol'laio [-l'l-] sm gallinero.
pol'lame [-l'l-] sm gallinería.
pol'lastro [-l'l-] sm (ZOOL) pollastro; (fig) ingenuo.
polle'ria [-ll-] sf pollería.
'pollice ['pollitʃe] sm pulgar m; (misura) pulgada.
'polline [-ll-] sm polen m.
polli'vendolo, a [-ll-] sm/f vendedor/a de pollos.
'pollo [-llo] sm (ZOOL) pollo; (fig) tonto, pavo.
pol'lone [-l'l-] sm retoño, vástago.
polmo'nare ag pulmonar.
pol'mone sm pulmón m.
polmo'nite sf pulmonía.
'polo sm polo; (fig: estremità) extremo, polo.
Po'lonia sf Polonia.
'polpa sf pulpa.
pol'paccio [-ttʃo] sm pantorrilla.
polpa'strello [-llo] sm yema.
pol'petta sf albóndiga.
polpet'tone sm (CUC) albóndiga gigante; (fig) folletón m, ladrillo.
'polpo sm pulpo.
pol'poso, a ag pulposo(a), carnoso(a).
pol'sino sm puño.
'polso sm muñeca; (pulsazione) pulso; (fig) poder m, fuerza.
pol'tiglia [-ʎʎa] sf guiso, gachas.
pol'trire vi holgazanear.
pol'trona sf sillón m, sofá m; (TEATRO, su aereo, traghetto) butaca; (fig) cargo.
pol'trone, a sm/f holgazán/ana, haragán/ana.
'polvere sf polvo; in ~ en polvo; ~ di carbone/d'oro etc polvo de carbón/oro etc; ~ da sparo pólvora.

polveri'era *sf* santabárbara, polvorín *m*.
polveriz'zare [-d'dz-] *vt* pulverizar; (*cospargere*) vaporizar.
polve'rone *sm* polvareda.
po'mata *sf* pomada.
po'mello [-llo] *sm* pomo.
pomeridi'ano, a *ag* de la tarde.
pome'riggio [-ddʒo] *sm* tarde *f*.
'pomice [-tʃe] *sf* pómez *f*; **pietra ~ piedra pómez**.
pomici'are [-tʃ-] *vi* (*fam*) acariciarse.
'pomo *sm* pomo; (*della sella*) perilla; **~ d'Adamo** (ANAT) nuez *f* de Adán.
pomo'doro *sm* tomate *m*.
'pompa *sf* pompa; (TECN) bomba; (*fam: distributore di benzina*) surtidor *m* (de gasolina).
pom'pare *vt* bombear.
pom'pelmo *sm* pomelo.
pompi'ere *sm* bombero.
pom'pon *sm inv* pompón *m*.
pom'poso, a *ag* pomposo(a).
ponde'rare *vt* ponderar, considerar.
ponderazi'one [-t'ts-] *sf* ponderación *f*, consideración *f*.
po'nente *sm* poniente *m*, ocaso.
'ponte *sm* puente *m*; (*impalcatura*) andamio; **fare il ~** (*fig*) hacer puente; **~ levatoio/sospeso** puente *m* levadizo/colgante; **~ di comando** (NAUT) puente *m* de mando; **~ di volo/lancio** (NAUT) plataforma de vuelo/lanzamiento.
pon'tefice [-tʃe] *sm* pontífice *m*, papa *m*.
ponti'ficio, a, ci, cie [-ttʃo] *ag* pontificio(a).
'pony *sm inv* poney *m*.
popo'lare *ag* popular // *vt* poblar; **~rsi** *vr* llenarse.
popolarità *sf* popularidad *f*.
popolazi'one [-t'ts-] *sf* población *f*.
'popolo *sm* pueblo.
popo'loso, a *ag* populoso(a).
'poppa *sf* (NAUT) popa; (*mammella*) teta.
pop'pante *sm/f* niño/a de pecho.
pop'pare *vt* mamar.
pop'pata *sf* mamada.
poppa'toio *sm* biberón *m*.
por'caio *sm* porquerizo.
porcel'lana [portʃel'lana] *sf* porcelana.
por'cello, a [por'tʃello] *sm/f* lechón *m*; (*persona*) mugriento/a.
porche'ria [-k-] *sf* suciedad *f*, mugre *f*; (*fig*) porquería, asquerosidad *f*.
por'chetta [-'k-] *sf* lechón asado.
por'cile [-'tʃ-] *sm* chiquero.
por'cino, a [-'tʃ-] *ag* porcino(a) // *sm* (BOT) boleto.
'porco, ci *sm* cerdo, chanco (*spec* AM); (*fig*) puerco.
porco'spino *sm* puerco espín *m*.
'porfido *sm* pórfido.
'porgere [-dʒ-] *vt* dar, tender; (*fig: occasione*) ofrecer; (*: saluti*) saludar; **una mano a qd** tender la mano a alguien.

pornogra'fia *sf* pornografía.
porno'grafico, a, ci, che *ag* pornográfico(a).
'poro *sm* poro.
po'roso, a *ag* poroso(a).
'porpora *sf* púrpura; (*colore*) rojo, púrpura.
'porre *vt* poner, meter; (*collocare*) colocar, poner; (*fig*) suponer; **porsi** *vr*: **porsi a sedere** sentarse; **porsi in cammino** ponerse en marcha; **~ le basi** poner los cimientos; **~ confini** o **limiti a qc** fijar límites a algo; **~ una domanda a qd** hacer una pregunta a alguien; **~ mano a qc** meterse a hacer algo; **~ fine** o **termine a qc** poner fin a algo.
'porta *sf* puerta; (SPORT) portería; **a ~e chiuse** (DIR) a puertas cerradas.
portaba'gagli [-ʎʎi] *sm inv* (*facchino*) maletero, changador *m* (*spec* AM); (AUTO) portaequipajes *m inv*.
portabandi'era *sm inv* abanderado.
porta'carte *sm inv* papelera.
porta'cenere [-'tʃ-] *sm inv* cenicero.
portachi'avi [-'kj-] *sm inv* llavero.
porta'cipria [-'tʃ-] *sm inv* polvera.
porta'erei *ag inv* portaaviones // *sf inv* (*nave*) portaaviones *m inv* // *sm inv* (*aereo*) portaaviones *m inv*.
portafi'nestra, *pl* **portefi'nestre** *sf* puerta ventana.
porta'foglio [-ʎʎo] *sm* cartera.
portafor'tuna *sm inv* amuleto.
portagi'oie [-'dʒ-] *sm inv,* **portagioi'elli** *sm inv* portaalhajas *m inv*, joyero.
por'tale *sm* portón *m*, portal *m*.
porta'lettere *sm/f inv* cartero.
portama'tite *sm inv* portalápices *m inv*.
porta'mento *sm* porte *m*.
portamo'nete *sm inv* monedero.
por'tante *ag* de sustentación.
portan'tina *sf* litera.
portaom'brelli [-lli] *sm inv* paragüero.
porta'pacchi [-kki] *sm inv* portaequipajes *m inv*.
por'tare *vt* llevar; (*verso il sog*) traer; (*nome, titolo*) tener; (*condurre: a spasso, in centro*) llevar, conducir; (*fig: indurre*) inducir; (*: odio, rancore*) tener, sentir; **~rsi** *vr* (*trasferirsi*) marcharse; **~ qd come candidato** presentar a alguien como candidato; **~ danno/fortuna/neve** provocar daño/suerte/nieve; **~ bene gli anni** llevar bien los años; **~ via** (*rubare*) robar; (*spostare*) quitar; (*allontanare una persona*) llevárselo; (*morire*) arrebatar; (*sog: vento*) arrancar; (*: valanga*) arrastrar.
portasa'pone *sm inv* jabonera.
portasiga'rette *sm inv* cigarrera.
porta'spilli [-lli] *sm inv* alfiletero.
por'tata *sf* (*vivanda*) plato; (*capacità di carico*) capacidad *f*; (*volume d'acqua*) volumen *m*; (*fig: limite*) alcance *m*; (:

importanza) importancia, magnitud *f*;
alla ~ **di tutti** al alcance de todos; **a**
~ **di mano** al alcance de la mano.
por'tatile *ag* portátil.
por'tato, a *ag*: ~ **a** aficionado(a) a.
porta'tore, 'trice *sm/f* (*di lettera,
messaggio*) dador/a; (MED, FIN)
portador/a.
portatovagli'olo [-ʎʎ-] *sm* servilletero.
portau'ovo *sm inv* huevera.
portavi'vande *sm inv* portaplatos *m inv*,
mesita rodante.
porta'voce [-tʃe] *sm/f inv* (*fig*) portavoz
m/f, vocero.
por'tento *sm* portento, prodigio.
porten'toso, a *ag* portentoso(a),
prodigioso(a).
porti'cato *sm* pórtico.
'portico, ci *sm* pórtico, galería.
porti'era *sf* (AUTO) portezuela.
porti'ere *sm* portero.
porti'naio, a *sm/f* portero/a.
portine'ria *sf* portería.
'porto, a *pp di* porgere // *sm* (NAUT)
puerto; **spese di** ~ (COMM) gastos de
franqueo; **franco di** ~ franco de porte;
~ **d'armi** tenencia de armas; **condurre
in** ~ **un affare** (*fig*) llevar un negocio
a buen puerto.
Porto'gallo [-llo] *sm* Portugal *m*.
porto'ghese [-'g-] *ag, sm/f*
portugués(esa).
por'tone *sm* portón *m*.
portu'ale *ag* del puerto // *sm* trabajador
m portuario.
porzi'one [-'ts-] *sf* porción *f*.
'posa *sf* colocación *f*, instalación *f*; (*di
modello*) pose *f*; (FOTO: *esposizione*)
exposición *f*;
(: *fotografia*) foto *f*; (*atteggiamento*)
actitud *f*, pose *f*.
posa'cenere [-'tʃ-] *sm inv* cenicero.
po'sare *vt* poner, colocar // *vi* posar;
~**rsi** *vr* posarse, apoyarse.
po'sata *sf* cubierto.
po'sato, a *ag* serio(a), reflexivo(a).
po'scritto *sm* postdata.
posi'tivo, a *ag* positivo(a); (*affermativo*)
positivo(a), afirmativo(a); (*reale*)
efectivo(a), cierto(a); (*certo, sicuro*)
seguro(a), cierto(a); (*persona*)
práctico(a).
posizi'one [-'ts-] *sf* posición *f*; (*luogo*)
lugar *m*, sitio; (*fig*) situación *f*; **luci di** ~
(AUTO) luces *fpl* de posición.
posolo'gia [-'dʒia] *sf* posología.
po'sporre *vt* postergar.
po'sposto, a *pp di* posporre.
posse'dere *vt* poseer, tener; (*fig:
dominare*) dominar, poseer; (: *conoscere*)
dominar, conocer.
possedi'mento *sm* propiedad *f*.
pos'sente *ag* poderoso(a), fuerte.
posses'sivo, a *ag* posesivo(a).
pos'sesso *sm* posesión *f*.
posses'sore *sm* poseedor *m*.

pos'sibile *ag, sm* posible (*m*); **fare
(tutto) il** ~ hacer (todo) lo posible.
possibilità *sf inv* posibilidad *f*.
possi'dente *sm/f* propietario/a.
'posta *sf* correo; (*corrispondenza*)
correspondencia; (*nei giochi d'azzardo*)
apuesta; ~**e** *fpl* correo; **fermo** ~ lista
de correos; ~ **aerea** vía aérea;
ministro delle P~**e e
Telecomunicazioni** ministro de
Correos y Telecomunicaciones.
posta'giro [-'dʒ-] *sm* giro postal.
po'stale *ag* postal // *sm* (*treno*) tren *m*
postal.
post'bellico, a, ci, che [-ll-] *ag*
postbélico(a).
posteggi'are [-d'dʒ-] *vt* aparcar,
estacionar.
po'steggio [-ddʒo] *sm* estacionamiento.
postelegra'fonico, a, ci, che *ag* de
correos y telecomunicaciones // *sm*
empleado de correos y
telecomunicaciones.
'posteri *smpl* descendientes *mpl*.
posteri'ore *ag* posterior.
po'sticcio, a, ci, ce [-ttʃo] *ag* postizo(a).
postici'pare [-tʃ-] *vt* posponer, aplazar.
po'stilla [-lla] *sf* apostilla, nota.
po'stino *sm* cartero.
'posto, a *pp di* porre // *sm* lugar *m*;
(*impiego*) puesto, empleo; (*spazio*) lugar
m, espacio; (: *al teatro, in treno etc*)
asiento; (MIL) puesto; **al** ~ **di** en el lugar
de; **sul** ~ en el lugar; ~ **di blocco**
puesto de control, barrera.
postopera'torio, a *ag* postoperatorio(a).
post'scriptum *sm inv* postscriptum *m*
inv.
postu'lato *sm* postulado.
'postumo, a *ag* póstumo(a); ~**i** *smpl*
consecuencias *fpl*.
po'tabile *ag* potable.
po'tare *vt* podar.
po'tassio *sm* potasio.
pota'tura *sf* poda.
po'tente *ag* potente, fuerte // *sm*
poderoso.
po'tenza [-tsa] *sf* potencia.
potenzi'ale [-'ts-] *ag, sm* potencial (*m*).
po'tere *sm* poder *m* // *vb* + *infinito*
poder // *vb impersonale*: **può darsi
(che)** puede ser (que); ~ **d'acquisto**
poder de adquisición.
potestà *sf* (DIR) potestad *f*, autoridad *f*.
'povero, a *ag* pobre; (*raccolto*) escaso(a);
(*terreno*) estéril, yermo(a); (*che desta
pietà*) pobre, desgraciado(a); (*fam:
defunto*) finado(a) // *sm/f* pobre *m/f*; **un**
~ **diavolo** un pobre diablo; ~ **me!**
¡pobre de mí!
povertà *sf* pobreza.
pozi'one [-'ts-] *sf* poción *f*.
'pozza [-ttsa] *sf* charco.
poz'zanghera [pot'tsangera] *sf* charco.
'pozzo [-ttso] *sm* pozo.
pran'zare [-'dz-] *vi* almorzar, comer.

'pranzo [-dzo] sm comida, almuerzo.

'prassi sf práctica.

pratai'olo sm seta.

prate'ria sf pradera.

'pratica, che sf práctica; (esperienza) práctica, experiencia; (DIR) expediente m; **in** ~ en la práctica; **mettere in** ~ poner en práctica.

prati'cabile ag factible; (luogo) transitable.

prati'cante sm/f practicante m/f.

prati'care vt ejercitar, practicar; (frequentare) tratar, frecuentar; (eseguire) hacer, realizar.

'pratico, a, ci, che ag práctico(a); (esperto): ~ **di** hábil o práctico en // sm experto.

'prato sm prado; (di giardino) césped m; (pascolo) pradera.

pre'ambolo sm preámbulo.

preannunzi'are [-'ts-] vt prenunciar.

preavvi'sare vt avisar, advertir.

preav'viso sm aviso.

pre'bellico, a, ci, che [-ll-] ag prebélico(a).

pre'cario, a ag precario(a), provisorio(a) // sm/f trabajador(a) precario(a).

precauzi'one [-'ts-] sf precaución f, cautela.

prece'dente [-tʃ-] sm antecedente m.

prece'denza [pretʃe'dɛntsa] sf precedencia, prioridad f; (AUTO) paso, precedencia.

pre'cedere [-'tʃ-] vt preceder.

pre'cetto [-'tʃ-] sm (REL) precepto; (norma) regla, norma; (MIL) llamado de reclutamiento.

precet'tore [-tʃ-] sm preceptor m.

precipi'tare [-tʃ-] vi (aus essere) caer, precipitarse; (fig) precipitarse // vt (fig) apurar, precipitar; ~**rsi** vr (gettarsi) arrojarse; (affrettarsi) precipitarse, apurarse.

precipitazi'one [pretʃipita'tsjone] sf lluvia; (fig) prisa.

precipi'toso, a [-tʃ-] ag rápido(a), precipitoso(a); (fig) apresurado(a), precipitado(a).

preci'pizio [pretʃi'pittsjo] sm precipicio; **a** ~ (fig) atropelladamente.

pre'cipuo, a [-'tʃ-] ag principal.

preci'sare [-tʃ-] vt determinar, aclarar.

precisazi'one [pretʃizat'tsjone] sf aclaración f.

precisi'one [-tʃ-] sf precisión f.

pre'ciso, a [-'tʃ-] ag preciso(a), exacto(a); (ben determinato) claro(a); (uguale) igual, exacto(a); **sono le 9** ~**e** son las 9 en punto.

pre'cludere vt impedir.

pre'cluso, a pp di **precludere**.

pre'coce [-tʃe] ag precoz.

precon'cetto, a [-'tʃ-] ag preconcebido(a) // sm prejuicio.

preconiz'zare [-d'dz-] vt preconizar.

pre'correre vt prevenir.

pre'corso, a pp di **precorrere**.

precur'sore ag m, sm precursor (m).

'preda sf presa, botín m; (animale) presa; (fig) víctima, presa; **essere in** ~ **a qc** ser presa de algo.

preda'tore, 'trice ag de rapiña.

predeces'sore, a [-tʃ-] sm/f predecesor/a; (antenato) antepasado/a.

pre'della [-lla] sf tarima.

predel'lino [-l'l-] sm estribo.

predesti'nare vt predestinar.

pre'detto, a pp di **predire**.

'predica, che sf sermón m.

predi'care vt predicar // vt predicar, decir.

predi'cato sm predicado.

predica'tore, 'trice ag predicador(a) // sm predicador m.

predi'letto, a ag, sm/f preferido(a).

predilezi'one [-'ts-] sf predilección f, preferencia.

predi'ligere [-dʒ-] vt preferir.

pre'dire vt predecir.

predi'sporre vt predisponer; **predisporsi** vr: **predisporsi a** prepararse a.

predisposizi'one [-'ts-] sf (MED) predisposición f; (fig) inclinación f.

predizi'one [-'ts-] sf profecía.

predomi'nare vi predominar.

predo'minio sm predominio.

pre'done sm salteador m, bandido.

prefabbri'care vt prefabricar.

prefazi'one [-'ts-] sf prefacio, prólogo.

prefe'renza [-tsa] sf preferencia.

preferenzi'ale [-'ts-] ag preferente.

prefe'rire vt preferir; ~ **fare qc** preferir hacer algo.

prefet'tizio, a [-'tʃ-] ag prefectoral.

pre'fetto sm ≈ gobernador m civil.

prefet'tura sf ≈ gobernación f civil.

pre'figgere [-ddʒ-] vt prefijar; ~**rsi** vr proponerse, fijarse.

pre'fisso, a pp di **prefiggere** // sm prefijo.

pre'gare vt (REL) rezar, orar; (chiedere) rogar, pedir; ~ **qd di fare qc** rogar o pedir a alguien que haga algo.

pre'gevole [-dʒ-] ag estimable, notable.

preghi'era [-'g-] sf (REL) oración f; (domanda) ruego, petición f.

pre'giarsi [-'dʒ-] vr (AMM): **mi pregio di farle sapere che... ** tengo el honor de comunicar a Usted que. . . .

pregi'ato, a [-'dʒ-] ag de valor.

'pregio [-dʒo] sm valor m.

pregiudi'care [-dʒ-] vt perjudicar, comprometer.

pregiudi'cato, a [-dʒ-] sm/f (DIR) persona con antecedentes penales.

pregiu'dizio [predʒu'dittsjo] sm prejuicio.

'pregno, a [-ɲɲo] ag preñado(a); (saturo): ~ **di** lleno(a) de.

'prego escl (a chi ringrazia) de nada, no hay de qué; (invitando qd ad accomodarsi, passare prima etc) por favor.

pregu'stare vt probar.

prei'storia sf prehistoria.

prei'storico, a, ci, che ag prehistórico(a).

pre'lato sm prelado.

prela'vaggio [-ddʒo] sm lavado preliminar.

preleva'mento sm cobro.

prele'vare vt sacar, llevar; (FIN) retirar, cobrar; (MED) sacar, extraer.

preli'bato, a ag exquisito(a).

preli'evo sm (campione) toma, muestra.

prelimi'nare ag preliminar // smpl preliminares mpl.

pre'ludere vi: ~ **a** anunciar.

pre'ludio sm (MUS) preludio; (discorso introduttivo) preámbulo; (fig) preludio, señal f.

pre-ma'man sm inv vestido de futura mamá.

prema'turo, a ag prematuro(a).

premedi'tare vt premeditar, tramar.

premeditazi'one [-'ts-] sf premeditación f.

'premere vt apretar // vi: ~ **su** hacer presión sobre; ~ **a** (fig: importare) importar a.

pre'messo, a pp di **premettere** // sf premisa.

pre'mettere vt anteponer.

premi'are vt premiar.

premiazi'one [-'ts-] sf distribución f de premios.

premi'nente ag preeminente.

'premio sm premio; (FIN) prima; (AMM: gratifica) sobresueldo.

premo'lare sm premolar m.

premonizi'one [-'ts-] sf premonición f.

premu'nire vt precaver; ~**rsi** vr: ~**rsi di/contro** precaverse de/contra.

premunizi'one [-'ts-] sf prevención f.

pre'mura sf prisa, apuro; (riguardo) atención f, deferencia.

premu'roso, a ag atento(a).

'prendere vt tomar; (oggetto, direzione, persona, mezzo di trasporto) tomar, coger; (andare a prendere: oggetto o persona) buscar, recoger; (portare con sé) llevar; (catturare) coger, capturar; (rubare) coger, robar; (conquistare: città) tomar, conquistar; (ricevere) tomar, recibir; (collaboratore, dipendente) asumir, emplear; (fotografia) sacar; (note) tomar, apuntar; (misure) tomar, calcular; (percepire) ganar; (chiedere: somma, prezzo) pedir, preguntar // vi (colla) pegar; (cemento) cuajar, endurecerse; (pianta) prender; (fuoco) encenderse; ~**rsi** vr (afferrarsi) agarrarse; ~ **qd per la mano/in braccio** coger a alguien de la mano/en brazos; ~ **qc da** (ereditare) recibir algo de; ~ **qd/qc per** (scambiare) confundir a alguien/algo con; ~ **a**

destra tomar a la derecha; ~ **fuoco** prender fuego; ~ **origine** originarse; ~ **piede** (fig) divulgarse; ~ **posto** tomar asiento; ~ **sonno** dormirse; ~ **il sole** tomar sol; ~ **forma** cobrar forma, delinearse; ~ **sopra di sé** tomar sobre sus espaldas; ~**rsi cura di qd/qc** ocuparse de alguien/algo; **prendersela** (preoccuparsi) preocuparse; (adirarsi) enfadarse, enojarse; **prendersela con qd** agarrárselas con alguien; ~**rsi per i capelli/a botte** agarrarse de las mechas/a patadas.

preno'tare vt reservar; ~**rsi** vr ponerse en lista.

prenotazi'one [-'ts-] sf reserva.

'prensile ag prensil.

preoccu'pare vt preocupar; ~**rsi** vr preocuparse.

preoccupazi'one [-'ts-] sf preocupación f.

prepa'rare vt preparar; (predisporre) predisponer, disponer; (elaborare) preparar, elaborar; ~**rsi** vr: ~**rsi (a)** prepararse (a o para).

prepa'rativi smpl preparativos mpl.

prepa'rato sm producto, preparado.

prepara'torio, a ag preparatorio(a).

preparazi'one [-'ts-] sf preparación f; (addestramento) adiestramiento; (: SPORT) preparación, entrenamiento.

prepond'rante ag preponderante.

pre'porre vt anteponer.

preposizi'one [-'ts-] sf preposición f.

pre'posto, a pp di **preporre**.

prepo'tente ag prepotente.

prepo'tenza [-tsa] sf prepotencia; (sopruso) arbitrariedad f, abuso.

pre'puzio [-ttsjo] sm prepucio.

preroga'tiva sf prerrogativa.

'presa sf toma; (conquista) toma, conquista; (di cemento) toma, fraguado; (appiglio) agarradero; (ELETTR) enchufe m; (piccola quantità) pizca, pellizco; ~ **in giro** (fig) burla; ~ **di possesso** toma de posesión; ~ **di posizione** (fig) compromiso, toma de posición.

pre'sagio [-dʒo] sm presagio.

presa'gire [-'dʒ-] vt presagiar.

presbio'pia sf presbicia.

'presbite ag présbite.

presbi'terio sm presbiterio.

pre'scelto, a [-ʃʃ-] pp di **prescegliere** // ag escogido(a).

pre'scindere [-ʃʃ-] vi: ~ **da** prescindir de; **a** ~ **da** prescindiendo de.

pre'scritto, a pp di **prescrivere**.

pre'scrivere vt prescribir, recetar.

prescrizi'one [-'ts-] sf prescripción f.

presen'tare vt presentar, mostrar; (far conoscere) presentar; (proporre) proponer, presentar; (offrire) ofrecer; ~**rsi** vr presentarse; **le presento il mio fidanzato** le presento a mi novio.

presentazi'one [-t'ts-] *sf* presentación *f*;
fare le ~i presentar; **una lettera di ~**
una carta de presentación o
recomendación.
pre'sente *ag* presente // *sm/f* presente
m/f // *sm* (LING) presente *m* // *sf* (*lettera*)
presente *f*; **aver ~ qc/qd** tener
presente algo/a alguien.
presenti'mento *sm* presentimiento.
presen'tire *vt* presentir.
pre'senza [-tsa] *sf* presencia; **alla o in
~ di** en presencia de.
presenzi'are [-'ts-] *vt, vi* presenciar.
pre'sepe, pre'sepio *sm* pesebre *m*.
preser'vare *vt* proteger, preservar.
preserva'tivo *sm* preservativo,
profiláctico.
preservazi'one [-t'ts-] *sf* preservación *f*.
'preside *sm/f* (*di scuola*) director/a; (*di
università*) decano/a.
presi'dente, 'essa *sm/f* presidente/a.
presi'denza [-tsa] *sf* presidencia.
presidenzi'ale [-'ts-] *ag* presidencial.
presidi'are *vt* presidiar, ocupar; (*fig*)
defender, proteger.
pre'sidio *sm* (MIL) guarnición *f*; (*fig*)
defensa.
presi'edere *vt* dirigir // *vi*: **~ a**
presidir.
'preso, a *pp di* **prendere**.
'pressa *sf* (*calca*) gentío, multitud *f*;
(TECN) prensa.
pressap'poco *av* casi, más o menos.
pres'sare *vt* apretar, prensar; (*fig*)
apremiar.
pressi'one *sf* (*anche fig*) presión *f*; **far ~
su qd** presionar a alguien.
'presso *av* cerca // *prep* (*vicino a*) cerca
de, al lado de; (*in casa di*) en lo de, en
casa de; (*nelle lettere*) en casa de;
ambasciatore ~ la Santa Sede
embajador ante la Santa Sede; **lavora
~ di noi** trabaja con nosotros.
pressoché [-'ke] *av* casi.
pressuriz'zare [-d'dz-] *vt*
sobrecomprimir, presurizar.
prestabi'lire *vt* preestablecer.
presta'nome *sm/f inv* (DIR) testaferro.
pre'stante *ag* apuesto(a).
pre'stanza [-tsa] *sf* elegancia.
pre'stare *vt* prestar; **~rsi** *vr*
(*adoperarsi*) prestarse, ser disponible;
(*essere adatto*) prestarse.
prestazi'one [-t'ts-] *sf* servicio,
prestación *f*; (DIR) trabajo.
prestidigitazi'one
[-dʒitat'tsjone] *sf* prestidigitación *f*.
prestidigita'tore, 'trice [-dʒ-] *sm/f*
prestidigitador/a.
pre'stigio [-dʒo] *sm* prestigio; **gioco di
~** juego de manos.
'prestito *sm* préstamo; **dare/prendere
in o a ~** dar/tomar en préstamo.
'presto *av* (*tra poco*) pronto, dentro de
poco; (*in fretta*) rápido, enseguida; (*di
buon'ora*) temprano; **~!** ¡rápido!; **a ~**

hasta pronto; **fare ~ a fare qc** darse
prisa en hacer algo; **si fa ~ a criticare**
es fácil criticar; **~ o tardi** antes o
después.
pre'sumere *vt* suponer, conjeturar; (DIR)
presumir.
pre'sunto, a *pp di* presumere // *ag*
(DIR) presunto(a).
presuntu'oso, a *ag* presuntuoso(a).
presunzi'one [-'ts-] *sf* presunción *f*,
jactancia; (DIR) sospecha, presunción *f*.
presup'porre *vt* presuponer.
presupposizi'one [-t'ts-] *sf* presupuesto.
'prete *sm* cura *m*.
preten'dente *sm/f* pretensor/a;
(*corteggiatore*) pretendiente *m/f*.
pre'tendere *vt* pretender, exigir;
(*presumere*) sostener, presumir // *vi*: **~
a** aspirar a.
pretensi'one *sf* pretensión *f*.
pretenzi'oso, a [-'ts-] *ag* pretencioso(a).
preterintenzio'nale [-ts-] *ag*
involuntario(a).
pre'teso, a *pp di* pretendere // *sf*
pretensión *f*.
pre'testo *sm* pretexto, excusa; **col ~ di**
con el pretexto de.
pre'tore *sm* juez *m* de primera instancia.
'pretto, a *ag* puro(a), genuino(a).
pre'tura *sf* juzgado de primera instancia.
preva'lente *ag* prevaleciente,
predominante.
preva'lenza [-tsa] *sf* preponderancia.
preva'lere *vi* prevalecer, predominar.
pre'valso, a *pp di* prevalere.
prevaricazi'one [-t'ts-] *sf* prevaricación
f.
preve'dere *vt* prever, prevenir.
preve'dibile *ag* previsible.
preveg'genza [-d'dʒɛntsa] *sf*
previsión *f*.
preve'nire *vt* prevenir.
preventi'vare *vt* calcular.
preven'tivo, a *ag* preventivo(a) // *sm*
presupuesto.
prevenzi'one [-'ts-] *sf* prevención *f*.
previ'dente *ag* prudente, previsor(a).
previ'denza [-tsa] *sf* previsión *f*; **~
sociale** seguridad *f* social.
previsi'one *sf* previsión *f*; **~i
meteorologiche o del tempo**
pronóstico del tiempo.
pre'visto, a *pp di* prevedere // *sm*
(*quantità*) presupuesto; (*tempo*) lo
previsto.
prezi'oso, a [-t'ts-] *ag* precioso(a),
valioso(a); (*fig: manoscritto, consiglio*)
precioso(a); (*: affettato*) preciosista,
amanerado(a) // *sm* alhaja, joya.
prez'zemolo [-t'ts-] *sm* perejil *m*.
'prezzo [-t'tso] *sm* precio.
prigi'one [-'dʒ-] *sf* prisión *f*, cárcel *f*.
prigio'nia [-dʒ-] *sf* detención *f*.
prigioni'ero, a [-dʒ-] *ag, sm/f*
prisionero(a), preso(a).

'prima sf vedi **primo** // av antes; **credevo di fare** ~ creía que lo hacía más rápido; ~ **tu, poi io** primero tú, después yo; ~ **di** prep antes de; ~ **di me** antes que yo; ~ **di fare qc** antes de hacer algo; **vieni** ~ **che puoi** ven lo antes que puedas; ~ **o poi** antes o después; ~ **di tutto** antes que nada.

pri'mario, a, ri, rie ag primario(a) // sm (MED) médico en jefe; **scuola** ~**a** escuela de primera enseñanza.

pri'mate sm primado.

prima'ticcio, a [-ttʃo] ag temprano(a), precoz.

prima'tista, i, e sm/f (SPORT) marquista m/f.

pri'mato sm primacía, superioridad f; (SPORT) record m.

prima'vera sf primavera.

primave'rile ag primaveral.

primeggi'are [-d'dʒ-] vi sobresalir, aventajar.

primi'tivo, a ag primitivo(a); (fig) vulgar, simple // sm/f primitivo/a.

pri'mizia [-ttsja] sf primicia.

'primo, a ag primero(a) // sm primero // sf (TEATRO. CINE) estreno; (AUTO) primera; **viaggiare in** ~ (su treno, nave) viajar en primera; **ai** ~**i di maggio** a principios de mayo; **di** ~ **grado** de primer grado; **in** ~ **luogo** en primer lugar; **di prim'ordine** o ~**a qualità** de primera; **in un** ~ **tempo** al principio; ~**a donna** (TEATRO) primera actriz.

primo'genito, a [-'dʒ-] ag, sm/f primogénito(a).

primordi'ale ag primordial.

pri'mordio sm principio, origen m.

'primula sf vellorita.

princi'pale [-tʃ-] ag principal // sm (fam: padrone) jefe m, patrón m.

'principe [-tʃ-] sm príncipe m.

princi'pesco, a, schi, sche [-tʃ-] ag principesco(a).

princi'pessa [-tʃ-] sf princesa.

principi'ante [-tʃ-] sm/f principiante m/f.

principi'are [-tʃ-] vt empezar, comenzar // vi iniciar.

prin'cipio [-'tʃ-] sm principio; **al** o **in** ~ al principio.

pri'ore sm prior m.

priorità sf inv prioridad f.

'prisma, i sm prisma m.

pri'vare vt: ~ **qd/qc di** privar a alguien/algo de.

priva'tiva sf (DIR) monopolio.

pri'vato, a ag privado(a) // sm/f particular m/f.

privazi'one [-t'ts-] sf privación f.

privilegi'are [-'dʒ-] vt privilegiar.

privi'legio [-dʒo] sm privilegio.

'privo, a ag: ~ **di** carente de.

pro prep pro // sm inv provecho; **a che** ~? ¿para qué?; **il** ~ **e il contro** el pro y el contra.

probabilità sf inv probabilidad f.

pro'bante ag probador(a).

probità sf probidad f, rectitud f.

pro'blema, i sm problema m.

proble'matico, a, ci, che ag problemático(a) // sf problemática.

pro'boscide [-ʃʃ-] sf trompa.

procacci'are [-t'tʃ-] vt procurar.

pro'cace [-tʃe] ag procaz, descarado(a).

pro'cedere [-'tʃ-] vi (aus essere) (avanzare) avanzar, marchar; (fig: proseguire) ir, marchar; (comportarsi) comportarse, actuar; ~ **da** (derivare) proceder de; - **a** comenzar a; ~ **contro** (DIR) iniciar procedimiento judicial contra.

procedi'mento [-tʃ-] sm procedimiento.

proce'dura [-tʃ-] sf procedimiento.

procel'laria [protʃel'larja] sf petrel m.

proces'sare [-tʃ-] vt procesar.

processi'one [-tʃ-] sf procesión f.

pro'cesso [-'tʃ-] sm proceso.

processu'ale [-tʃ-] ag procesual.

pro'cinto [-'tʃ-] sm: **in** ~ **di** a punto de.

pro'clama, i sm edicto.

procla'mare vt proclamar; ~**rsi** vr proclamarse, declararse.

proclamazi'one [-t'ts-] sf proclamación f.

procrasti'nare vt aplazar.

procrastinazi'one [-t'ts-] sf aplazamiento.

procre'are vt procrear.

procrea'tore, 'trice sm/f procreador/a.

procreazi'one [-t'ts-] sf procreación f.

pro'cura sf (DIR) poder m; ~ **(della Repubblica)** fiscalía.

procu'rare vt procurar; (causare) ocasionar.

procura'tore, 'trice sm/f: ~ **(della Repubblica)** fiscal m; ~ **generale** (in Corte di Cassazione) fiscal m del Tribunal Supremo.

'prode ag valiente.

pro'dezza [-ttsa] sf proeza.

prodigalità sf prodigalidad f.

prodi'gare vt prodigar, dispensar; ~**rsi** vr dedicarse, ocuparse.

pro'digio [-dʒo] sm prodigio; (individuo eccezionale) portento.

prodigi'oso, a [-'dʒ-] ag prodigioso(a).

'prodigo, a, ghi, ghe ag pródigo(a), generoso(a).

pro'dotto, a pp di **produrre** // sm producto.

pro'durre vt producir; (far nascere) criar, engendrar; (AMM. DIR: certificato, testimone) presentar; (causare) provocar, ocasionar; **prodursi** vr (sog: attore) estrenarse.

produttività sf productividad f.

produt'tivo, a ag productivo(a).

produt'tore, 'trice *ag, sm/f*
 productor(a).
produzi'one [-t'ts-] *sf* producción *f*;
 (*opera*) producto; (*DIR*) exhibición *f*.
pro'emio *sm* prólogo, introducción *f*.
profa'nare *vt* profanar.
profana'tore, 'trice *sm/f* profanador/a.
pro'fano, a *ag* profano(a) // *sm* profano
 // *sm/f* profano/a; (*incompetente*)
 ignorante *m/f*.
profe'rire *vt* pronunciar, proferir.
profes'sare *vt* declarar, manifestar;
 (*una professione*) profesar, ejercer; **~rsi**
 vr declararse.
professio'nale *ag* profesional.
professi'one *sf* profesión *f*.
professio'nista, i, e *sm/f* profesional
 m/f.
profes'sore, 'essa *sm/f* profesor/a.
pro'feta, i *sm* profeta *m*.
profe'tessa *sf* profetisa.
pro'fetico, a, ci, che *ag* profético(a).
profetiz'zare [-d'dz-] *vt* profetizar.
profe'zia [-t'tsia] *sf* profecía.
prof'ferta *sf* oferta.
pro'ficuo, a *ag* provechoso(a), útil.
profi'lare *vt* perfilar, delinear; (*ornare*)
 adornar; **~rsi** *vr* perfilarse.
profi'lassi *sf* profilaxis *f*.
profi'lattico, a, ci, che *ag*
 profiláctico(a) // *sm* profiláctico,
 preservativo.
pro'filo *sm* perfil *m*, linea; (*di un corpo*)
 silueta, contorno; (*sommaria descrizione*)
 semblanza; (*bordatura*) ribete *m*.
pro'fitto *sm* provecho, ventaja; (*fig:
 progresso*) adelanto, progreso; (*COMM*)
 ganancia, beneficio; **trarre ~ da qc**
 sacar provecho de algo.
pro'fondere *vt* derrochar, disipar; **~rsi**
 vr: **~rsi in** prodigarse o deshacerse en.
profondità *sf inv* profundidad *f*.
pro'fondo, a *ag* profundo(a) // *sm*
 profundidad *f*; **il bacino è ~ 8 metri** la
 cuenca tiene 8 metros de profundidad;
 nel ~ del cuore en lo profundo del
 corazón.
'profugo, a, ghi, ghe *sm/f* prófugo/a.
profu'mare *vt* perfumar // *vi* oler bien;
 ~rsi *vr* perfumarse.
profume'ria *sf* perfumería.
pro'fumo *sm* perfume *m*.
profusi'one *sf* profusión *f*, abundancia; **a
 ~** en abundancia.
pro'fuso, a *pp di* **profondere**.
pro'genie [-'dʒ-] *sf inv* prole *f*,
 descendencia.
progeni'tore, 'trice [-dʒ-] *sm/f*
 padre/madre; (*antenato*) antepasado/a.
proget'tare [-dʒ-] *vt* proyectar, planear.
proget'tista, i, e [-dʒ-] *sm/f* proyectista
 m/f.
pro'getto [-'dʒ-] *sm* proyecto, plan *m*.
'prognosi [-ɲɲ-] *sf* prógnosis *f*.
pro'gramma, i *sm* programa *m*; **fuori
 ~** (*fig*) fuera de programa.

program'mare *vt* programar.
programma'tore, 'trice *sm/f*
 programador/a.
programmazi'one [-t'ts-] *sf*
 programación *f*.
progre'dire *vi* progresar.
progressi'one *sf* progresión *f*.
progres'sista, i, e *sm/f* progresista *m/f*.
progres'sivo, a *ag* progresivo(a).
pro'gresso *sm* progreso;
 (*perfezionamento*) mejora,
 perfeccionamiento; **fare ~i** hacer
 progresos.
proi'bire *vt* prohibir; **~ a qd di fare
 qc** prohibir a alguien que haga algo.
proibi'tivo, a *ag* prohibitivo(a).
proibizi'one [-t'ts-] *sf* prohibición *f*.
proiet'tare *vt* (*gettare*) echar, arrojar;
 (*CINE, MAT*) proyectar.
proi'ettile *sm* proyectil *m*, bala.
proiet'tore *sm* proyector *m*.
proiezi'one [-t'ts-] *sf* proyección *f*.
'prole *sf* prole *f*.
proletari'ato *sm* proletariado.
prole'tario, a *ag, sm/f* proletario(a).
prolife'rare *vi* proliferar.
prolifi'care *vi* generarse, reproducirse.
pro'lifico, a, ci, che *ag* prolífico(a).
prolissità *sf* verborragia, labia.
pro'lisso, a *ag* largo(a), verboso(a).
'prologo, ghi *sm* (*TEATRO*) prólogo; (*fig*)
 comienzo, preámbulo.
pro'lunga, ghe *sf* alargador *m*.
prolunga'mento *sm* prolongación *f*.
prolun'gare *vt* prolongar, alargar; **~rsi**
 vr prolongarse.
prome'moria *sm inv* memorándum *m*.
pro'messa *sf* promesa.
pro'messo, a *pp di* **promettere**.
pro'mettere *vt, vi* prometer; **~rsi** *vr*
 comprometerse; **~ a qd di fare qc**
 prometer a alguien que se hará algo.
promi'nenza [-tsa] *sf* altura, elevación *f*.
promiscuità *sf* promiscuidad *f*.
pro'miscuo, a *ag* promiscuo(a).
promon'torio *sm* promontorio.
pro'mosso, a *pp di* **promuovere** // *sm/f*
 (*SCOL*) aprobado/a.
promo'tore, 'trice *ag, sm/f*
 promotor(a).
promozio'nale [-t'ts-] *ag* de propaganda.
promozi'one [-t'ts-] *sf* promoción *f*;
 (*avanzamento*) promoción, ascenso.
promul'gare *vt* (*DIR*) promulgar;
 (*diffondere*) divulgar.
promulgazi'one [-t'ts-] *sf* promulgación
 f.
promu'overe *vt* promover; (*SCOL*)
 aprobar; (*far avanzare*) promover,
 ascender.
proni'pote *sm/f* biznieto/a.
pro'nome *sm* pronombre *m*.
pronomi'nale *ag* pronominal.
pronosti'care *vt* pronosticar.
pro'nostico, ci *sm* pronóstico.
pron'tezza [-ttsa] *sf* rapidez *f*.

'pronto, a ag listo(a), preparado(a); (*rapido*) pronto(a), rápido(a); ~ **a** (*disposto*) proclive o dispuesto(a) a; ~! (*al telefono*) ¡hola!; ~ **soccorso** (*MED*) servicio de urgencia.

prontu'ario sm compendio, manual m.

pro'nuncia [-tʃa] etc = **pronunzia** etc.

pro'nunzia [-tsja] sf pronunciación f; (*accento dialettale*) acento.

pronunzi'are [-'ts-] vt pronunciar; ~**rsi** vr pronunciarse.

pronunzi'ato, a [-'ts-] ag acentuado(a), saliente.

propa'ganda sf propaganda.

propagan'dista, i, e sm/f propagandista m/f.

propa'gare vt propagar, difundir; ~**rsi** vr difundirse.

propagazi'one [-t'ts-] sf propagación f, difusión f; (*FIS*) transmisión f.

pro'paggine [-ddʒ-] sf (*fig*) ramificación f.

propel'lente [-l'l-] sm combustible m.

pro'pendere vi: ~ **per** tender a.

propensi'one sf tendencia, inclinación f.

pro'penso, a pp di **propendere**.

propi'nare vt propinar, suministrar.

propizi'arsi [-t'ts-] vr ganarse.

pro'pizio, a [-ttsjo] ag propicio(a), favorable.

proponi'mento sm propósito, intención f.

pro'porre vt proponer; (*qd: presentare*) presentar; **proporsi** vr proponerse; **proporsi qc/di fare qc** proponerse algo/hacer algo.

proporzio'nale [-ts-] ag proporcional.

proporzio'nare [-ts-] vt: ~ **qc a** adecuar algo a.

proporzi'one [-t'ts-] sf proporción f; ~**i** fpl (*dimensioni*) dimensiones fpl; **in** ~ **en** proporción.

pro'posito sm propósito, intención f; **a** ~ **di** en cuanto a; **di** ~ a propósito, adrede.

proposizi'one [-t'ts-] sf (*LING*) oración f.

pro'posto, a pp di **proporre** // sf propuesta.

proprietà sf inv propiedad f.

proprie'tario, a sm/f propietario/a.

'proprio, a ag propio(a); (*possessivo*) su // av verdaderamente; (*precisamente*) exactamente; **non ne ho** ~ **voglia** no tengo ningunas ganas; **mi fa** ~ **piacere rivederti** me alegro muchísimo de volver a verte; **di mia** ~**a iniziativa** por iniciativa propia; ~ **di** (*particolare*) típico de.

propu'gnare [-ɲ'ɲ-] vt sostener, defender.

propulsi'one sf propulsión f.

propul'sivo, a ag propulsivo(a).

propul'sore sm propulsor m.

'prora sf proa.

'proroga, ghe sf prórroga.

proro'gare vt prorrogar, aplazar.

pro'rompere vi prorrumpir.

pro'rotto, a pp di **prorompere**.

'prosa sf prosa.

pro'saico, a, ci, che ag (*fig*) vulgar.

prosci'ogliere [proʃ'ʃɔʎʎere] vt librar, eximir; (*DIR*) absolver.

prosciogli'mento [proʃʃoʎʎi'mento] sm exención f; (*DIR*) sobreseimiento.

prosci'olto, a [-ʃʃ-] pp di **prosciogliere**.

prosciuga'mento [-ʃʃ-] sm desagüe m.

prosciu'gare [-ʃʃ-] vt secar; ~**rsi** vr secarse.

prosci'utto [-ʃʃ-] sm jamón m; ~ **cotto/crudo** jamón cocido/crudo.

pro'scritto, a pp di **proscrivere** // sm desterrado, exiliado.

pro'scrivere vt desterrar, exiliar.

proscrizi'one [-t'ts-] sf destierro, exilio.

prosecuzi'one [-t'ts-] sf prosecución f, continuación f.

prosegui'mento [-gw-] sm proseguimiento.

prosegu'ire [-'gw-] vt proseguir, seguir.

pro'selito, a sm/f prosélito/a, partidario/a.

prospe'rare vi prosperar.

prosperità sf prosperidad f.

'prospero, a ag próspero(a), floreciente.

prospe'roso, a ag robusto(a), lozano(a).

prospet'tare vt exponer; ~**rsi** vr presentarse.

prospet'tiva sf perspectiva; (*fig*) probabilidad f.

pro'spetto sm (*rappresentazione*) vista, panorama m; (*facciata*) frente m, fachada; (*opuscolo*) folleto, prospecto.

prospici'ente [-'tʃ-] ag que da hacia.

prossimità sf proximidad f, cercanía f; **in** ~ **di** cerca de.

'prossimo, a ag cercano(a); (*nel tempo*) próximo(a) // sm prójimo; ~ **a** cercano a.

'prostata sf próstata.

proster'narsi vr postrarse, arrodillarse.

prosti'tuire vt prostituir; ~**rsi** vr prostituirse.

prosti'tuta sf prostituta.

prostituzi'one [-t'ts-] sf prostitución f.

pro'strare vt (*fig*) postrar; ~**rsi** vr postrarse.

prostrazi'one [-t'ts-] sf postración f, depresión f.

protago'nista, i, e sm/f protagonista m/f.

pro'teggere [-ddʒ-] vt proteger.

prote'ina sf proteína.

pro'tendere vt extender, tender; ~**rsi** vr extenderse.

pro'teso, a pp di **protendere**.

pro'testa sf protesta.

prote'stante ag, sm/f protestante (m/f).

protestan'tesimo sm protestantismo.

prote'stare vt declarar, manifestar; (*DIR*) protestar // vi protestar, oponerse; ~**rsi** vr profesarse, declararse.

protesta'tario, a *ag* de protesta.
pro'testo *sm* protesto.
protet'tivo, a *ag* protectivo(a).
pro'tetto, a *pp di* proteggere // *sm/f* protegido/a, favorito/a.
protetto'rato *sm* protectorado.
protet'tore, 'trice *ag, sm/f* protector(a); (*peg*) explotador(a).
protezi'one [-t'ts-] *sf* protección *f*.
protezio'nismo [-tts-] *sm* proteccionismo.
protocol'lare [-l'l-] *ag* protocolar.
proto'collo [-llo] *sm* protocolo.
pro'tone *sm* protón *m*.
pro'totipo *sm* prototipo.
proto'zoi [-d'dzoi] *smpl* protozoos *mpl*.
pro'trarre *vt* prolongar.
pro'tratto, a *pp di* protrarre.
protrazi'one [-t'ts-] *sf* prórroga.
protube'ranza [-tsa] *sf* protuberancia.
'prova *sf* prueba; (*SCOL*) prueba, examen *m*; (*TEATRO*) ensayo; **a ~ di** (*resistente a*) a prueba de; (*in testimonianza di*) en prueba de; (*mettere in ~ (vestito*) probarse; **mettere qd/qc alla ~** poner a algien/algo a prueba.
pro'vare *vt* probar; (*sentire: dolore etc*) sentir, tener; (*abito. scarpe*) probar, medir; **~rsi** *vr* ejercitarse; **~ a fare qc** intentar hacer algo; **essere provato da** (*indebolito*) quedar malparado por.
proveni'enza [-tsa] *sf* procedencia, origen *m*.
prove'nire *vi* (*aus essere*): **~ da** provenir *o* venir de.
pro'vento *sm* entrada, ingreso.
proverbi'ale *ag* proverbial.
pro'verbio *sm* refrán *m*.
pro'vetta *sf* probeta.
pro'vetto, a *ag* experimentado(a), práctico(a).
pro'vincia, ce *o* **cie** [-t'ʃa] *sf* provincia.
provinci'ale [-'tʃ-] *ag* provincial; (*peg*) provinciano(a) // *sm/f* provinciano/a // *sf* carretera secundaria.
pro'vino *sm* (*CINE*) prueba; (*campione*) muestra.
provo'cante *ag* provocativo(a).
provo'care *vt* provocar.
provoca'tore, 'trice *ag, sm/f* provocador(a).
provoca'torio, a *ag* provocatorio(a).
provocazi'one [-t'ts-] *sf* provocación *f*.
provve'dere *vi*: **~ (a)** ocuparse de; (*POL*) encarar, hacer frente a; **~rsi** *vr*: **~rsi di** proveerse de.
provvedi'mento *sm* disposición *f*, medida.
provvedito'rato *sm* superintendencia provincial.
provvi'denza [-tsa] *sf* providencia.
provvidenzi'ale [-'ts-] *ag* providencial.
'provvido, a *ag* sabio(a), prudente.
provvigi'one [-dʒ-] *sf* comisión *f*.
provvi'sorio, a *ag* provisional.
prov'vista *sf* provisión *f*.

pro'zio, a [-t'tsio] *sm/f* tío(a) abuelo(a).
'prua *sf* proa.
pru'dente *ag* prudente.
pru'denza [-tsa] *sf* prudencia.
'prudere *vi* picar.
'prugna [-ɲɲa] *sf* ciruela.
'pruno *sm* ciruelo.
prurigi'noso, a [-dʒ-] *ag* pruriginoso(a).
pru'rito *sm* picazón *f*.
P.S. (*abbr di postscriptum*) P.D.; *abbr di* **Pubblica Sicurezza**.
pseu'donimo [ps-] *sm* seudónimo.
psica'nalisi [ps-] *sf* psicoanálisis *m*.
psicana'lista, i, e [ps-] *sm/f* psicoanalista *m/f*.
'psiche ['psike] *sf* psiquis *f*.
psiche'delico, a, ci, che [psik-] *ag* psicodélico(a).
psichi'atra, i, e [psi'k-] *sm/f* psiquiatra *m/f*.
psicolo'gia [psikolo'dʒia] *sf* psicología.
psico'logico, a, ci, che [psiko'lodʒiko] *ag* psicológico(a).
psi'cologo, a, gi, ghe [ps-] *sm/f* psicólogo/a.
psico'patico, a, ci, che [ps-] *ag, sm/f* psicopático(a).
P.T. (*abbr di Posta e Telegrafi*) CTT.
pubbli'care *vt* publicar.
pubblicazi'one [-t'ts-] *sf* publicación *f*.
pubbli'cista, i, e [-'tʃ-] *sm/f* publicista *m/f*.
pubblicità [-t'ʃ-] *sf inv* publicidad *f*.
'pubblico, a, ci, che *ag* público(a) // *sm* público; **~ funzionario** funcionario público; **P~ Ministero** fiscal *m*.
'pube *sm* pubis *m inv*.
pubertà *sf inv* pubertad *f*.
'pudico, a, ci, che *ag* púdico(a).
pu'dore *sm* pudor *m*.
puericul'tore, 'trice *sm/f* puericultor/a.
puericul'tura *sf* puericultura.
pue'rile *ag* pueril, infantil.
pu'erpera *sf* puérpera.
pugi'lato [-dʒ-] *sm* boxeo.
'pugile [-dʒ-] *sm* boxeador *m*.
'Puglia [-ʎʎa] *sf*: **la ~** la Pulla.
pugna'lare [-ɲɲ-] *vt* apuñalar, herir.
pugna'lata [-ɲɲ-] *sf* puñalada.
pu'gnale [-ɲ'ɲ-] *sm* puñal *m*.
'pugno [-ɲɲo] *sm* puño; (*colpo*) puñetazo; (*quantità*) puñado; **tenere qd in ~** tener a alguien en su poder.
'pula *sf* cascarrilla.
'pulce [-tʃe] *sf* pulga.
pul'cino [-'tʃ-] *sm* polluelo, pollito.
pu'ledro, a *sm/f* potro/potranca.
pu'leggia, ge [-ddʒa] *sf* polea.
pu'lire *vt* limpiar.
pu'lito, a *ag* limpio(a), aseado(a); (*fig*) honesto(a), decente // *sf* limpia.
puli'tura *sf* limpieza.
puli'zia [-t'tsia] *sf* limpieza; **fare le ~e** hacer la limpieza.

'pullman [-ll-] *sm inv* pullman *m*, autobús *m*.

pul'lover [-l'l-] *sm inv* jersey *m*, pulóver *m*.

pullu'lare [-ll-] *vi* pulular.

pul'mino *sm* autobús *m*, (ARG) colectivo.

'pulpito *sm* púlpito.

pul'sante *sm* botón *m*.

pul'sare *vi* pulsar, latir.

pulsazi'one [-t'ts-] *sf* latido.

pul'viscolo *sm* polvillo.

'puma *sm inv* puma *m*.

pun'gente [-'dʒ-] *ag* punzante.

'pungere [-dʒ-] *vt* pinchar; (*pizzicare*) picar; (*fig*) fastidiar. irritar.

pungigli'one [pundʒiʎ'ʎone] *sm* aguijón *m*.

pungi'topo [-dʒ-] *sm* brusco.

pungo'lare *vt* aguijonear.

'pungolo *sm* aguijada.

pu'nibile *ag* punible.

pu'nire *vt* castigar, punir.

punizi'one [-t'ts-] *sf* castigo; (CALCIO) penalty *m*.

'punta *sf* punta; (GEOGR) pico, cima; (*di cane da caccia*) muestra; (*minima parte*) pizca.

pun'tale *sm* puntera.

pun'tare *vt* (*gomiti sul tavolo*) apoyar; (*lancia. pistola*) apuntar; (*piedi a terra*) clavar; (*sog: cane da caccia*) parar; (*al gioco*) apostar // *vi* dirigirse; (*fig*) aspirar, pretender.

punta'spilli [-lli] *sm* alfiletero.

pun'tata *sf* escapada, excursión *f*; (*scommessa*) apuesta; (*parte di opera*) entrega, episodio; **un romanzo a** ~**e** una novela por entregas o en episodios.

punteggi'are [-d'dʒ-] *vt* puntuar; (*fig*) abundar en.

punteggia'tura [-ddʒ-] *sf* puntuación *f*.

pun'teggio [-ddʒo] *sm* puntaje *m*.

puntel'lare [-l'l-] *vt* apuntalar, sostener.

pun'tello [-llo] *sm* puntal *m*; (*fig*) amparo, sostén *m*.

puntero'olo *sm* punzón *m*.

pun'tiglio [-ʎʎo] *sm* porfia, obstinación *f*.

puntigli'oso, a [-ʎ'ʎ-] *ag* puntilloso(a).

pun'tino *sm* puntito; **a** ~ perfectamente; ~**i di sospensione** (LING) puntos suspensivos.

'punto, a *pp di* **pungere** // *sm* punto; (*di discorso, libro*) paso, trozo; (*momento*) momento, ocasión *f*; (CUCITO. MAGLIA) puntada, punto // *av*: **non ... ~** no ... para nada; **fare il ~** (NAUT) tomar la estrella; (*fig*) analizar la situación; **a tal** ~ hasta tal punto; **alle 6 in** ~ a las 6 en punto; **essere a buon** ~ estar adelantado; **mettere a** ~ (*anche fig*) arreglar, acomodar; **di** ~ **in bianco** de buenas a primeras; ~ **catenella/erba** punto cadeneta/hierba; ~ **esclamativo/interrogativo** punto de admiración/interrogación; ~ **nero** espinilla, barrito; ~ **di vendita** puesto de venta; ~ **di vista** (*fig*) punto de vista.

puntu'ale *ag* puntual.

puntualità *sf* puntualidad *f*.

puntualiz'zare [-d'dʒ-] *vt* definir, aclarar.

pun'tura *sf* (*punzecchiatura*) picadura; (MED) inyección *f*.

punzecchi'are [puntsek'kjare] *vt* molestar, fastidiar.

pun'zone [-'ts-] *sm* punzón *m*.

'pupa *sf* muñeca.

pu'pazzo [-ttso] *sm* muñeco, titere *m*.

pu'pillo, a [-llo] *sm/f* (DIR) pupilo/a // *sm* (*fig*) preferido // *sf* (ANAT) pupila; **la** ~**a dei propri occhi** (*fig*) la niña de sus ojos.

purché [-'ke] *cong* con tal que.

'pure *cong* (*sebbene*) aunque // *av* (*anche*) también; **pur di** con tal que; **fai** ~**!** ¡haz pues!

purè *sm*, **pu'rea** *sf* puré *m*.

pu'rezza [-ttsa] *sf* pureza.

'purga, ghe *sf* purga; (TECN) escoria.

pur'gante *sm* purgante *m*.

pur'gare *vt* purgar; ~**rsi** *vr* purgarse; (*fig*) purificarse.

purga'torio *sm* purgatorio.

purifi'care *vt* purificar; ~**rsi** *vr* purificarse.

purificazi'one [-t'ts-] *sf* purificación *f*.

pu'rismo *sm* purismo.

pu'rista, i, e *ag*, *sm/f* purista (*m/f*).

purita'nesimo *sm* puritanismo.

puri'tano, a *ag*, *sm/f* (*anche fig*) puritano(a).

'puro, a *ag* puro(a).

puro'sangue [-gwe] *ag inv* pura sangre, de raza // *sm/f* caballo/yegua de raza.

pur'troppo *av* lamentablemente, desgraciadamente.

puru'lento, a *ag* purulento(a).

pus *sm* pus *m*.

pusil'lanime [-l'l-] *ag* pusilánime // *sm/f* cobarde *m/f*.

'pustola *sf* pústula.

puta'tivo, a *ag* putativo(a).

puti'ferio *sm* batahola.

putre'fare *vi* (*anche*: ~**rsi**) pudrirse, corromperse.

putre'fatto, a *pp di* **putrefare**.

putrefazi'one [-t'ts-] *sf* putrefacción *f*.

'putrido, a *ag* podrido(a) // *sm* (*fig*) corrupción *f*.

put'tana *sf* puta, prostituta.

'putto *sm* amorcillo, angelito.

'puzza [-ttsa] *sf* = **puzzo**.

puz'zare [-t'ts-] *vi*: ~ **di** heder a.

'puzzo [-ttso] *sm* mal olor, hediondez *f*.

'puzzola [-tts-] *sf* turón *m*.

puzzo'lente [-tts-] *ag* hediondo(a), maloliente.

Q

qua [kwa] *av* aqui, acá; **in** ~ (*verso questa parte*) hacia aquí; **da un anno in** ~ desde hace un año; **da quando in** ~? ¿desde cuando?; **di** ~ (*moto da luogo*) desde aquí; **essere di** ~ (*origine*) ser de aquí; **per di** ~ por aquí; **al di** ~ de este lado.

qua'derno [kw-] *sm* cuaderno.

qua'drangolo [kw-] *sm* cuadrilátero.

qua'drante [kw-] *sm* cuadrante *m*; (*di orologio*) esfera.

qua'drare [kw-] *vi* corresponder; (*fig*) caer o sentar bien // *vt* cuadrar.

qua'drato, a [kw-] *ag* cuadrado(a); (*persona*) equilibrado(a) // *sm* cuadrado.

quadra'tura [kw-] *sf* cuadratura; (*dei conti*) intervención *f*, revisión *f*.

quadret'tato, a [kw-] *ag* cuadriculado(a).

qua'dretto [kw-] *sm* cuadrito; (*fig*) cuadro, escena.

quadrien'nale [kw-] *ag* cuadrienal.

quadri'foglio [kwadri'fɔʎʎo] *sm* trébol *m*.

qua'driglia [kwa'driʎʎa] *sf* cuadrilla.

quadri'latero [kw-] *sm* cuadrilátero.

quadripar'tito, a [kw-] *ag* cuadripartito(a).

quadri'sillabo [kwadri'sillabo] *sm* cuatrisílabo.

qua'drivio [kw-] *sm* encrucijada.

'quadro ['kw-] *sm* cuadro; (TECN: *pannello*) tablero, tabla; (TEATRO, *fig*) cuadro, escena; ~**i** *mpl* (POL. AMM) cuadros *mpl*; (CARTE.) diamante *m*.

qua'drupede [kw-] *sm* cuadrúpedo.

quadrupli'care [kw-] *vt* cuadruplicar; ~**rsi** *vr* multiplicarse.

'quadruplo, a [kw-] *ag* cuádruple // *sm* cuádruplo.

quaggiù [kwad'dʒu] *av* aquí; (*sulla terra*) en este mundo; **da** o **di** ~ de aquí.

'quaglia ['kwaʎʎa] *sf* codorniz *f*.

'qualche ['kwalke] *det* algún(a); **ho comprato** ~ **libro** he comprado algunos libros; **devo arrivare a** ~ **decisione** tengo que tomar una decisión; **è una persona di** ~ **rilievo** es una persona de cierta importancia; ~ **cosa** *vedi* **qualcosa**; **in** ~ **modo** de algún modo; ~ **volta** a veces.

qualche'duno [kwalke'duno] *pron* = **qualcuno**.

qual'cosa [kw-] *pron* algo; **qualcos'altro** algo más; ~ **di bello** algo hermoso.

qual'cuno [kw-] *pron* alguien, alguno; (*alcuni*) ~ **è favorevole a noi** algunos

nos apoyan; **ho letto** ~ **dei suoi libri** he leído algunos de sus libros; **qualcun'altro/a** alguno/a.

'quale ['kw-] (*spesso troncato in* **qual**) *det* qué; (*escl*): ~ **disgrazia!** ¡qué desgracia! // *pron* (*interrogativo*) qué, cuál; (*relativo: soggetto: persona*) el(la)cual, que; (: *cosa*) que; (: *con prep: persona*) quien; (: *cosa*) que; **è un libro del** ~ **tutti riconoscono i meriti** es un libro al cual todos le reconocen sus méritos // *av* como.

quali'fica, che [kw-] *sf* calificación *f*; (*titolo professionale*) título.

qualifi'care [kw-] *vt* calificar; (*preparare: lavoratore*) especializar; ~**rsi** *vr* (SPORT) calificarse.

qualifica'tivo, a [kw-] *ag* calificativo(a).

qualificazi'one [kwalifikat'tsjone] *sf* calificación *f*; (*di lavoratore*) especialización *f*.

qualità [kw-] *sf inv* cualidad *f*; (*pregio*) calidad *f*, clase *f*; (*requisito*) cualidad, carácter *m*; **in** ~ **di** en carácter de.

qua'lora [kw-] *cong* si acaso.

qual'siasi [kw-], **qua'lunque** [kwa'lunkwe] *det inv* cualquier (*delante de s*), cualquiera; (*ogni*) todo(a); (*posposto: mediocre*) cualquiera; **per lui farei** ~ **cosa** haría por él de todo; **ti darò** ~ **cosa mi chieda** te daré lo que me pidas; **a** ~ **costo** a toda costa; **hai fatto male,** ~ **ne sia il motivo** has hecho mal, sea cual fuere el motivo; ~ **cosa accada...** suceda lo que suceda...; **un medico** ~ un médico cualquiera; **l'uomo** ~ el hombre de la calle; ~ **persona** cualquier persona.

'quando ['kw-] *cong* cuando; (*mentre*) mientras // *av* cuándo; **fammi sapere** ~ **verrai** hazme saber cuándo vendrás; ~ **sarò ricco...** cuando sea rico...; **da** ~ **desde que; da** ~ **sei qui?** (*interrogativo*) ¿desde cuándo estás aquí?; **quand'anche** aunque; **quando mai?** ¿desde cuándo?

quantità [kw-] *sf inv* cantidad *f*, número; (*abbondanza*) abundancia; **in** ~ en abundancia.

quantita'tivo, a [kw-] *ag* cuantitativo(a) // *sm* cantidad *f*.

'quanto, a [kw-] *det* (*interrogativo*) cuánto(a); (*esclamativo*): ~ **fracasso!** ¡qué ruido!; ~**e storie racconti!** ¡cuántas historias cuentas!; (*relativo*): **prendi** ~**i libri vuoi** coge todos los libros que quieras; **ho** ~ **denaro mi occorre** tengo tanto dinero cuanto necesito // *pron* (*interrogativo*) cuánto(a); (: *tempo*) cuánto; **da** ~ **sei qui?** ¿desde cuándo estás aquí?; (*relativo: ciò che*) lo que; ~**i(e)** *pl* todos(as) los(las) que // *av* (*interrogativo*) cuánto; (*esclamativo*) qué; ~ **sono contento!** ¡qué contento estoy!; (*con valore relativo*): **studierò ~ posso** estudiaré lo que pueda; **~i ne abbiamo oggi?** (*data*) ¿a cuánto estamos hoy?; **~i anni hai?** ¿cuántos años tienes?; **~ costa?, quant'è?** ¿cuánto cuesta?, ¿cuánto es?; **in ~** *av* (*in qualità di*) como; (*poiché*) porque; **per ~: per ~** brava, fa degli errori aunque sea capaz, comete errores; **per ~ io sappia** por lo que sé; **per ~ sia difficile** aunque sea difícil; **(in) ~ a** en cuanto a; **~ prima** cuanto antes; **~ tempo?** ¿cuánto tiempo?; *vedi* **tanto**.

quan'tunque [kwan'tunkwe] *cong* aunque, a pesar de.

qua'ranta [kw-] *num* cuarenta.

quaran'tena [kw-] *sf* cuarentena.

quaran'tesimo, a [kw-] *ag* cuadragésimo(a) // *sm* cuarentavo.

quaran'tina [kw-] *sf*: **una ~ di** unos cuarenta; (*età*): **la ~** los cuarenta; **essere sulla ~** ser cuarentón/ona.

qua'resima [kw-] *sf* cuaresma.

'quarta ['kw-] *sf vedi* **quarto**.

quar'tetto [kw-] *sm* cuarteto.

quarti'ere [kw-] *sm* barrio; **~ generale** (*MIL*) cuartel *m* general.

quar'tina [kw-] *sf* cuarteta.

'quarto, a ['kw-] *ag, sm/f* cuarto(a) // *sm* cuarto // *sf* (*AUTO*) cuarta; **~ d'ora** cuarto de hora; **~i di finale** (*SPORT*) cuartos *mpl* de final.

'quarzo ['kwartso] *sm* cuarzo.

'quasi ['kw-] *av* casi // *cong* (*anche*: **~ che**) como si; **~ ~ me ne andrei** casi casi me iría.

quas'sù [kw-] *av* (*in questo luogo*) acá; **da o di ~** de acá.

'quatto, a ['kw-] *ag* agachado(a), agazapado(a); **~ ~ a** escondidas, a la chita callando.

quat'tordici [kwat'torditʃi] *num* catorce.

quat'trino [kw-] *sm* cuarto; **~i** *mpl* dinero, plata (*spec AM*); **non avere un ~** estar sin blanca, no tener plata (*spec AM*).

'quattro ['kw-] *num* cuatro; **abito a ~ passi** vivo a dos pasos; **fare ~ chiacchiere** charlar un rato; **farsi in ~ per qd** desvivirse por alguien; **in ~ e quattr'otto** en un abrir y cerrar de ojos.

quattro'cento [kwattro'tʃento] *ag inv* cuatrocientos(as) // *sm*: **il Q~** el siglo XV.

quattro'mila [kw-] *num* cuatromil.

'quello, a ['kwello] *det* (*dav sm* **quel** + *C*, **quell'** + *V*, **quello** + *s impura. gn. pn. ps. x, z*; *pl* **quei** + *C*, **quegli** + *V o s impura. gn. pn. ps. x, z*; *dav sf* **quella** + *C*, **quell'** + *V*; *pl* **quelle**) ese(esa); (*più lontano*) aquel(aquella) // *pron* aquél(aquélla); **~ che** (*ciò che*) lo que; **~(a) che** (*colui, colei*) el(la) que; **~i(e) che** (*coloro*) los(las) que; **~(a) ... lì** o **là** *det* ese(esa); **quell'uomo** lì ese

hombre; **~(a) lì** o **là** *pron* ése(ésa); **~i(e) lì** o **là** ésos(ésas).

'quercia, ce ['kwɛrtʃa] *sf* encina.

que'rela [kw-] *sf* querella, acusación *f*; **sporgere ~ contro qd** denunciar o querellar a alguien.

quere'lare [kw-] *vt* querellar, denunciar.

que'sito [kw-] *sm* interrogación *f*; (*DIR*) cuestión *f*, problema *m*; **porre un ~** plantear una cuestión.

questio'nario [kw-] *sm* cuestionario.

questi'one [kw-] *sf* cuestión *f*, problema *m*; (*litigio*) pleito; (*politica, sociale*) cuestión.

'questo, a ['kw-] *det* este(esta) // *pron* éste(ésta); (*ciò*) esto; **~(a) ... qui** o **qua** *det* este(esta); **~ ragazzo qui** este muchacho; **~(a) qui** o **qua** *pron* éste(ésta); **~i(e) qui** o **qua** éstos(éstas); **io prendo ~ cappotto, tu prendi quello** yo cojo este abrigo, tú coge aquél; **preferisci ~ o quello?** ¿prefieres éste o aquél?; **vengono Paolo e Luigi: ~ da Roma, quello da Palermo** vendrán Pablo y Luís: éste de Roma, aquél de Palermo; **quest'oggi** hoy.

que'store [kw-] *sm* jefe *m* de policía.

ques'tua ['kw-] *sf* colecta.

questu'are [kw-] *vt* mendigar.

ques'tura [kw-] *sf* jefatura de policía.

qui [kwi] *av* aquí; (*in questo momento*) ahora, en este momento; **da o di ~** desde aquí; **è di ~** es de aquí; **di ~ in avanti** de ahora en adelante; **di ~ a poco/una settimana** dentro de poco/una semana; **~ dentro/dietro** aquí adentro/detrás.

quie'tanza [kwje'tantsa] *sf* recibo.

quie'tare [kwj-] *vt* calmar, aquietar; **~rsi** *vr* calmarse.

qui'ete [kwj-] *sf* calma, tranquilidad *f*.

qui'eto, a [kwj-] *ag* tranquilo(a), sereno(a); (*mare*) calmo(a).

'quindi ['kw-] *av* después, luego // *cong* por lo tanto, por consiguiente.

'quindici ['kwinditʃi] *num* quince.

quindi'cina [kwindi'tʃina] *sf*: **una ~ di** unos quince; (*età*): **la ~** los quince años.

quinquen'nale [kwinkwen'nale] *ag* quinquenal.

quin'quennio [kwin'kwɛnnjo] *sm* quinquenio.

'quinte ['kw-] *sfpl*: **fra le ~e** (*TEATRO*) entre bastidores *mpl*.

quin'tale [kw-] *sm* quintal *m*.

quin'tetto [kw-] *sm* quinteto.

'quinto, a ['kw-] *num* quinto(a).

qui'squilia [kwis'kwilja] *sf* pequeñez *f*, menudencia.

quiz [kwidz] *sm inv* adivinanza; (*TV*) programa de preguntas y respuestas.

'quorum ['kw-] *sm* quorum *m*.

'quota ['kw-] *sf* cuota; (*AER*) altura; **prendere/perdere ~** (*AER*) ganar/perder altura.

quo'tare [kw-] *vt* cotizar; (*fig*) apreciar, estimar.

quotazi'one [kwotat'tsjone] *sf* cotización *f*; (*fig*) aprecio, afecto.

quotidi'ano, a [kw-] *ag* cotidiano(a) // *sm* periódico, diario.

quozi'ente [kwot'tsjente] *sm* cociente *m*.

R

ra'barbaro *sm* ruibarbo.

'rabbia *sf* enojo, rabia; (MED) rabia, hidrofobia; (*invidia*) envidia; (*violenza*) furia, violencia.

rab'bino *sm* rabino.

rabbi'oso, a *a* rabioso(a), enojado(a); (*facile all'ira*) colérico(a); (*violento*) furioso(a), violento(a); (MED) rabioso(a).

rabbo'nire *vt* calmar, tranquilizar.

rabbrivi'dire *vi* (*aus essere*) estremecerse.

rabbui'arsi *vr* (*tempo*) nublarse, encapotarse; (*fig*) enfadarse.

raccapez'zarsi [-t'ts-] *vr* entender, comprender.

raccapricci'ante [-t'tʃ-] *ag* horripilante.

raccatta'palle [-lle] *sm inv* quien recoge las pelotas en el juego del tennis.

raccat'tare *vt* levantar, recoger.

rac'chetta [-k'k-] *sf* raqueta; ~ **da neve** raqueta de nieve; ~ **da sci** palo de esquí.

racchi'udere [-k'k-] *vt* contener, comprender; (*fig*) implicar.

rac'cogliere [-ʎʎ-] *vt* coger, recoger; (*frutti, messi*) cosechar, recolectar; (*mettere insieme*) juntar, reunir; (*francobolli etc*) coleccionar, juntar; ~**rsi** *vr* (*riunirsi*) reunirse, juntarse; (*fig*) ensimismarse, concentrarse; ~ **la sfida** aceptar el desafío.

raccogli'mento [-ʎʎ-] *sm* recogimiento, meditación *f*.

raccogli'tore, 'trice [-ʎʎ-] *sm/f* coleccionista *m/f* // *sm* clasificador *m*.

rac'colta *sf* recolección *f*; (*collezione*) colección *f*; (*adunata*) reunión *f*.

rac'colto, a *pp di* **raccogliere** // *ag* juntado(a), reunido(a); (*assorto*) concentrado(a), abstraído(a); (*luogo: solitario*) apartado(a), tranquilo(a) // *sm* (AGR) cosecha.

raccoman'dabile *ag* recomendable.

raccoman'dare *vt* aconsejar, recomendar; (*affidare*) recomendar; (*appoggiare*) sostener, apoyar; ~**rsi** *vr* encomendarse; **mi raccomando!** ¡se lo recomiendo!

raccoman'dato, a *ag* recomendado(a) // *sm/f* recomendado/a // *sf* (*anche:* **lettera ~a**) certificada.

raccomandazi'one [-t'ts-] *sf* recomendación *f*.

raccomo'dare *vt* componer, arreglar.

raccon'tare *vt* contar.

rac'conto *sm* narración *f*; (*fatto raccontato*) historia; (*componimento letterario*) cuento.

raccorci'are [-t'tʃ-] *vt* (*vestito*) acortar; (*articolo*) abreviar.

raccor'dare *vt* empalmar.

rac'cordo *sm* enlace *m*, juntura; (AUTO. FERR) empalme *m*; ~ **anulare** (AUTO) carretera de circunvalación.

ra'chitico, a, ci, che [-'k-] *ag* raquítico(a).

rachi'tismo [-k-] *sm* raquitismo.

racimo'lare [-tʃ-] *vt* juntar, rejuntar.

'rada *sf* rada.

'radar *ag inv, sm inv* radar *m*.

raddol'cire [-'tʃ-] *vt* (*fig*) aplacar, ablandar; ~**rsi** *vr* suavizarse, ablandarse; (*tempo*) templarse.

raddoppi'are *vt* aumentar, duplicar /; *vi* aumentar, duplicarse.

rad'doppio *sm* duplicación *f*.

raddriz'zare [-t'ts-] *vt* enderezar; (*fig*) corregir.

ra'dente *ag* rasante.

'radere *vt* (*barba*) afeitar; (*bosco*) derribar, cortar; (*fig: rasentare*) rasar; ~**rsi** *vr* afeitarse; ~ **al suolo** destruir, arrasar.

radi'ale *ag* radial.

radi'ante *ag* radiante, brillante.

radi'are *vt* eliminar.

radia'tore *sm* radiador *m*; (*termosifone*) termosifón *m*.

radiazi'one [-t'ts-] *sf* (*raggi*) irradiación *f*; (*radioattività*) radiación *f*; (*espulsione*) expulsión *f*.

'radica *sf* raíz *f* de érica.

radi'cale *ag, sm/f* radical (*m/f*).

radi'cato, a *ag* arraigado(a).

ra'dicchio [-kkjo] *sm* achicoria.

ra'dice *sf* [-tʃe] raíz *f*.

'radio *sf inv* radio *f* // *sm* (CHIM) radio.

radioama'tore, 'trice *sm/f* radioaficionado/a.

radioattività *sf* radioactividad *f*.

radioat'tivo, a *ag* radioactivo(a).

radiodiffusi'one *sf* radiodifusión *f*.

radiolo'gia [-dʒia] *sf* radiología.

radi'ologo, a, gi, ghe *sm/f* radiólogo/a.

radi'oso, a *ag* resplandeciente, luminoso(a); (*fig*) feliz, radioso(a).

'rado, a *ag* (*non fitto*) ralo(a); (*non frequente*) raro(a), ocasional.

radu'nare *vt* reunir, juntar; ~**rsi** *vr* reunirse.

ra'duno *sm* reunión *f*.

ra'dura *sf* claro.

raffazzo'nare [-tts-] *vt* chapucear.

raf'fermo, a *ag* duro(a).

'raffica, che *sf* ráfaga; (*di colpi*) lluvia, menudeo.

raffigu'rare vt representar;
(simboleggiare) simbolizar.
raffi'nare vt refinar.
raffina'tezza [-ttsa] sf fineza,
refinamiento.
raffi'nato, a ag refinado(a).
raffine'ria sf refinería.
rafforza'mento [-ts-] sm refuerzo.
rafforzare ['ts-] vt reforzar, fortificar.
raffredda'mento sm enfriamiento; ~
ad acqua/ad aria (TECN) refrigeración
con agua/aire.
raffred'dare vt enfriar; (fig) disminuir,
atenuar; ~rsi vr enfriarse; (fig)
entibiarse; (prendere un raffreddore)
resfriarse.
raffred'dore sm resfrío, resfriado.
raf'fronto sm comparación f.
'rafia sf rafia.
raga'nella [-lla] sf (ZOOL) rana verde;
(strumento) matraca.
ra'gazza [-ttsa] sf vedi **ragazzo**.
ragaz'zata [-t'ts-] sf granujería.
ra'gazzo, a [-ttso] sm/f (fanciullo) niño/a;
(giovane) muchacho/a, chico/a; (figlio)
hijo/a; (fam: fidanzato) novio/a; ~i mpl
niños, chicos.
raggi'ante [-d'dʒ-] ag radiante,
esplendoroso(a).
raggi'era [-d'dʒ-] sf: **a** ~ en abanico.
'raggio [-ddʒo] sm rayo; (MAT) radio;
(distanza) radio, alcance m; ~ **d'azione**
radio de acción.
raggi'rare [-ddʒ-] vt (fig) embaucar,
engañar.
rag'giro [-d'dʒ-] sm engaño, estafa.
raggi'ungere [rad'dʒundʒere] vt
alcanzar; (toccare: luogo) llegar a; (fig)
lograr.
raggiun'gibile [raddʒun'dʒibile] ag
alcanzable.
raggiungi'mento [raddʒundʒi'mento]
sm logro.
raggomito'larsi vr acurrucarse.
raggranel'lare [-l'l-] vt juntar, ahorrar.
raggrin'zare [-'ts-] vt fruncir // vi
(anche: ~rsi) arrugarse.
raggruppa'mento sm agrupamiento;
(gruppo) grupo.
raggrup'pare vt agrupar, reunir; ~rsi
vr agruparse, reunirse.
ragguagli'are [ragwaʎʎare] vt
(informare) informar.
raggu'aglio [rag'gwaʎʎo] sm
(informazione) informe m.
ragguar'devole [-ggw-] ag estimado(a);
(notevole) considerable, apreciable.
'ragia [-dʒa] sf resina; **acqua** ~ (CHIM)
esencia de trementina.
ragiona'mento [-dʒ-] sm razonamiento.
ragio'nare [-dʒ-] vi razonar; ~ **di**
conversar de.
ragi'one [-'dʒ-] sf razón f; (motivo) razón,
motivo; **aver** ~ tener razón; **a o con** ~
con razón; **in** ~ **del 10 per cento** en
proporción del 10 por ciento; **in** ~

dell'età en razón de la edad; **picchiare**
qd di santa ~ pegarle una buena
paliza a alguien; **a ragion veduta**
teniendo en cuenta todo.
ragione'ria [-dʒ-] sf contabilidad f;
(ufficio) contaduría.
ragio'nevole [-dʒ-] ag racional; (sensato)
razonable.
ragioni'ere, a [-dʒ-] sm/f contador/a.
ragli'are [-ʎ'ʎ-] vi rebuznar.
'raglio [-ʎʎo] sm rebuzno.
ragna'tela [-ɲɲ-] sf telaraña.
'ragno ['raɲɲo] sm araña.
ragù sm inv salsa de tomates y carne.
RAI-TV ['raiti'vu] sf (abbr di
Radio televisione italiana) ≈ R.N.E.; TVE.
rallegra'menti [-ll-] smpl felicitaciones
fpl.
ralle'grare [-ll-] vt alegrar; ~rsi vr
alegrarse; ~rsi **con qd** felicitar a
alguien.
rallenta'mento [-ll-] sm disminución f;
(della velocità) moderación f.
rallen'tare [-ll-] vt aflojar; (la corsa, il
passo) moderar // vi disminuir la
velocidad.
raman'zina [-'dz-] sf reprimenda.
ra'marro sm lagarto.
'rame sm cobre m.
ramifi'care vi echar ramos; ~rsi vr
ramificarse.
ramificazi'one [-t'ts-] sf ramificación f.
ra'mingo, a, ghi, ghe ag vagabundo(a).
rammari'carsi vr apenarse.
ram'marico, chi sm pesar m, pena.
rammen'dare vt remendar.
ram'mendo sm remiendo.
rammen'tare vt recordar; ~rsi vr:
~rsi **(di)** acordarse (de).
rammol'lire [-l'l-] vt ablandar // vi
(anche: ~rsi) ponerse chocho,
reblandecerse.
'ramo sm rama; (di strada, fiume, croce)
ramal m; (settore) ramo.
ramo'scello [-ʃʃello] sm gajo, ramito.
'rampa sf rampa; (di scala) tramo; ~ **di**
lancio rampa de lanzamiento.
rampi'cante ag trepador(a).
ram'pino sm gancho.
ram'pollo [-llo] sm (fig) heredero,
descendiente m.
ram'pone sm (NAUT) arpón m; (ALPINISMO)
crampón m; (per arrampicarsi) clavo.
'rana sf rana.
'rancido, a [-tʃ-] ag rancio(a).
'rancio [-tʃo] sm rancho.
ran'core sm rencor m.
ran'dagio, a, gi, gie o ge [-dʒo]
ag (gatto) de tejado; (cane) callejero(a),
vagabundo(a).
randel'lata [-l'l-] sf garrotazo.
ran'dello [-llo] sm palo, garrote m.
'rango, ghi sm rango; (MIL) fila.
rannicchi'arsi [-k'k-] vr acurrucarse.
rannuvo'larsi vr encapotarse, nublarse.
ra'nocchio [-kkjo] sm rana.

'rantolo sm estertor m.
ra'nuncolo sm ranúnculo.
'rapa sf nabo; (fig) burro, ignorante.
ra'pace [-tʃe] ag (animale) de rapiña //
sm ave f de rapiña.
ra'pare vt rapar.
'rapida sf vedi rapido.
rapidità sf rapidez f.
'rapido, a ag rápido(a), veloz; (breve)
rápido(a), breve // sm (FERR) expreso //
sf raudal m, rápidos.
rapi'mento sm rapto; (fig) embeleso,
éxtasis m.
ra'pina sf asalto, robo; ~ a mano
armata asalto a mano armada.
rapi'nare vt asaltar, robar.
rapina'tore, 'trice sm/f asaltante m/f,
ladrón/ona.
ra'pire vt raptar; (fig) arrebatar,
embelesar.
rapi'tore, 'trice sm/f raptor/a.
rappez'zare [-t'ts-] vt remendar.
rappor'tare vt (riferire) referir, relatar;
(confrontare) comparar; (disegno)
reproducir.
rapporta'tore sm transportador m.
rap'porto sm informe m, relato; (MIL)
parte m; (legame, nesso) relación f; (MAT)
razón f; ~i sessuali relaciones sexuales.
rap'prendersi vr coagularse.
rappre'saglia [-ʎʎa] sf represalia;
(COMM) embargo.
rappresen'tante sm/f representante
m/f; (COMM) viajante m/f, agente m/f.
rappresen'tanza [-tsa] sf
representación f.
rappresen'tare vt representar.
rappresenta'tivo, a ag
representativo(a) // sf equipo
representante.
rappresentazi'one [-t'ts-] sf
representación f; (spettacolo) función f,
espectáculo.
rap'preso, a pp di rapprendere.
rapso'dia sf rapsodia.
rare'fare vt rarificar; ~rsi vr
enrarecerse.
rare'fatto, a pp di rarefare.
rarità sf inv (poca frequenza) rareza;
(cosa rara) curiosidad f, cosa rara.
'raro, a ag (poco frequente) raro(a), no
frecuente; (non comune) extraño(a),
raro(a).
ra'sare vt (barba etc) afeitar; (siepi, erba)
cortar; ~rsi vr afeitarse.
raschi'are [-'k-] vt raspar // vi
carraspear.
raschi'etto [-'k-] sm rascador m.
rasen'tare vt rozar; (fig) frisar; ~ la
cinquantina frisar en los cincuenta.
ra'sente prep: ~ (a) al ras (de).
'raso, a pp di radere // ag (bicchiere:
pieno) lleno(a), colmado(a) // sm raso;
~ terra al ras.
ra'soio sm navaja de afeitar; ~
elettrico máquina de afeitar.

ras'segna [-ɲɲa] sf reseña; (MIL) revista;
(mostra) exposición f; passare in ~
(MIL) revistar.
rasse'gnare [-ɲ'ɲ-] vt: ~ le dimissioni
presentar la renuncia; ~rsi vr
resignarse.
rassegnazi'one [-ɲɲat'tsjone] sf
resignación f.
rassere'nare vt serenar, despejar; (fig)
tranquilizar, calmar; ~rsi vr despejarse.
rasset'tare vt arreglar, ordenar.
rassicu'rare vt asegurar; ~rsi vr
tranquilizarse.
rasso'dare vt (terra, muscoli) endurecer;
(fig) consolidar, afirmar // vi (anche:
~rsi) endurecerse.
rassomigli'anza [-ʎ'ʎantsa] sf
semejanza, parecido.
rassomigli'are [-ʎ'ʎ-] vi: ~ a parecerse
a; ~rsi vr parecerse.
rastrel'lare [-l'l-] vt rastrillar.
rastrelli'era [-l'l-] sf (AGR) pesebre m;
(per piatti) escurridor m.
ra'strello [-llo] sm rastrillo.
'rata sf cuota, plazo; pagare a ~e pagar
a plazos.
rate'ale ag a plazos.
rate'are, rateiz'zare [-d'dz-] vt dividir
en cuotas.
ra'tifica sf ratificación f.
'ratto sm (DIR) rapto; (ZOOL) rata.
rattop'pare vt remendar.
rat'toppo sm remiendo.
rattrap'pire vt contraer, entumecer;
~rsi vr contraerse, entumecerse.
rattri'stare vt entristecer, afligir; ~rsi
vr entristecerse.
rau'cedine [-'tʃ-] sf ronquera.
'rauco, a, chi, che ag ronco(a).
rava'nello [-llo] sm rabanillo, rabanito.
ravi'oli smpl ravioles mpl.
ravve'dersi vr corregirse, enmendarse.
ravve'duto, a pp di ravvedere // ag
arrepentido(a).
ravvici'nare [-tʃ-] vt acercar; (fig)
reconciliar; ~rsi vr reconciliarse.
ravvici'nato, a [-tʃ-] ag cercano(a); a
distanza ~a de cerca.
ravvi'sare vt reconocer.
ravvi'vare vt reanimar; (fuoco) atizar;
(fig) reavivar, animar;
~rsi vr animarse, encenderse.
razio'cinio [rattsjo'tʃinjo] sm sentido
común, juicio.
razio'nale [-tts-] ag racional.
razio'nare [-tts-] vt racionar.
razi'one [-t'ts-] sf ración f.
'razza [-ttsa] sf raza; (stirpe) estirpe f,
abolengo; (sorta) clase f; di ~ de raza.
raz'zia [rat'tsia] sf razzia, saqueo.
razzi'ale [-t'ts-] ag racial.
raz'zismo [-t'ts-] sm racismo.
raz'zista, i, e [-t'ts-] sm/f racista m/f.
'razzo [rattso] sm cohete m.
razzo'lare [-tts-] vi escarbar, arañar.
re sm inv rey m; (MUS) re m.

rea'gente [-'dʒ-] *sm* reactivo.

rea'gire [-'dʒ-] *vi* reaccionar.

re'ale *ag* (*vero*) real, efectivo(a); (MAT. *di re*) real // *sm* real *m*, realidad *f*.

rea'lismo *sm* realismo.

rea'lista, i, e *sm/f* realista *m/f*.

realiz'zare [-d'dz-] *vt* efectuar, realizar; (ECON) cobrar; (SPORT) marcar; **~rsi** *vr* realizarse.

realizzazi'one [realiddzat'tsjone] *sf* realización *f*; **~ scenica/ televisiva** representación escénica/televisiva.

rea'lizzo [-ddzo] *sm* cobranza.

realtà *sf inv* realidad *f*; **in ~** en realidad.

re'ato *sm* delito.

reat'tore *sm* reactor *m*; (AER) avión *m* a reacción.

reazio'nario, a [-tts-] *ag* reaccionario(a).

reazi'one [-t'ts-] *sf* reacción *f*; **a ~** a reacción.

recapi'tare *vt* entregar.

re'capito *sm* entrega; (*indirizzo*) domicilio, dirección *f*.

re'care *vt* llevar; (*portare da*) traer; (*apportare*) causar, provocar; **~rsi** *vr* ir.

re'cedere [-'tʃ-] *vi* (*fig*) renunciar, abandonar; (DIR) desistir.

recensi'one [-tʃ-] *sf* reseña, crítica.

recen'sore, a [-tʃ-] *sm/f* crítico/a.

re'cente [-'tʃ-] *ag* reciente; **di ~** hace poco, recientemente.

recessi'one [-tʃ-] *sf* (ECON) recesión *f*.

re'cidere [-'tʃ-] *vt* cortar.

reci'divo, a [-tʃ-] *ag*, *sm/f* reincidente (*m/f*).

recin'tare [-tʃ-] *vt* cercar.

re'cinto [-'tʃ-] *sm* recinto; **~ delle grida** (BORSA) corro.

recinzi'one [retʃin'tsjone] *sf* recinto.

recipi'ente [-tʃ-] *sm* recipiente *m*.

re'ciproco, a, ci, che [-'tʃ-] *ag* reciproco(a).

re'ciso, a [-'tʃ-] *pp di* **recidere**.

'recita [-'tʃ-] *sf* recital *m*.

reci'tare [-tʃ-] *vt* recitar, declamar; (TEATRO, CINE) interpretar.

recitazi'one [retʃitat'tsjone] *sf* recitación *f*; (*interpretazione*) interpretación *f*.

recla'mare *vi* reclamar, protestar // *vt* pedir, exigir.

ré'clame *sf inv* propaganda.

reclamiz'zare [-d'dz-] *vt* propagandear.

re'clamo *sm* reclamación *f*, protesta.

recli'nare *vt* inclinar, reclinar.

reclusi'one *sf* encierro, detención *f*.

re'cluso, a *sm/f* preso/a, detenido/a.

re'cluta *sf* recluta *m*.

recluta'mento *sm* enrolamiento; (*fig: di personale*) alistamiento.

reclu'tare *vt* (MIL.) enrolar, reclutar; (*fig*) enganchar.

re'condito, a *ag* recóndito(a), oculto(a).

recriminazi'one [-t'ts-] *sf* recriminación *f*.

recrude'scenza [-ʃ'ʃɛntsa] *sf* empeoramiento.

redargu'ire [-'gw-] *vt* reprobar, censurar.

re'datto, a *pp di* **redigere**.

redat'tore, 'trice [-tts-] *sm/f* redactor/a.

redazi'one [-t'ts-] *sf* redacción *f*.

reddi'tizio, a [-tts-] *ag* rentable, provechoso(a).

'reddito *sm* (*utile*) provecho, ganancia; (ECON) renta.

re'dento, a *pp di* **redimere**.

reden'tore, 'trice *ag* redentor(a) // *sm/f* redentor/a // *sm*: **il R~** el Redentor.

redenzi'one [-t'ts-] *sf* redención *f*, salvación *f*.

re'digere [-dʒ-] *vt* redactar.

re'dimere *vt* redimir, rescatar.

'redine *sf* rienda; **~i** *fpl* (*anche fig*) riendas *fpl*.

redi'vivo, a *ag* resucitado(a).

re'duce [-tʃe] *ag*: **~ da** de vuelta de // *sm/f* veterano/a.

'refe *sm* hilo.

refe'rendum *sm inv* referéndum *m*.

refe'renza [-tsa] *sf* referencia, informe *m*.

re'ferto *sm* (MED) parte *m*.

refet'torio *sm* refectorio, comedor *m*.

refezi'one [-t'ts-] *sf* comida.

refrat'tario, a *ag* refractario(a); (*fig*) rebelde, reacio(a).

refrige'rare [-dʒ-] *vt* enfriar; (*rinfrescare*) refrescar.

refrigerazi'one [refridʒerat'tsjone] *sf* refrigeración *f*.

refri'gerio [-'dʒ-] *sm* alivio, descanso.

rega'lare *vt* regalar.

re'gale *ag* real, regio(a).

re'galo *sm* regalo.

re'gata *sf* regata.

reg'gente [-d'dʒ-] *ag* regente // *sm/f* regente/a.

reg'genza [red'dʒɛntsa] *sf* regencia.

'reggere [-dʒ-] *vt* sostener; (*scala*) tener, sostener; (*peso*) soportar, aguantar; (*guidare*) gobernar, dirigir; (LING) regir // *vi*: **~ a** resistir a; (*tempo*) durar, mantenerse; **il tuo è un ragionamento che non regge** tu razonamiento es insostenible.

'reggia, ge ['rɛddʒa] *sf* palacio.

reggi'calze [reddʒi'kaltse] *sm inv* liguero.

reggi'mento [-ddʒ-] *sm* regimiento.

reggi'petto [-ddʒ-] *sm*, **reggi'seno** [-ddʒ-] *sm* sostén *m*.

re'gia, 'gie [re'dʒia] *sf* dirección *f*.

re'gime [-'dʒ-] *sm* regimen *m*.

re'gina [-'dʒ-] *sf* reina.

'regio, a, gi, gie [rɛdʒo] *ag* real, regio(a).

regio'nale [-dʒ-] *ag* regional.

regi'one [-'dʒ-] sf región f.
re'gista, i, e [-'dʒ-] sm/f director/a.
regi'strare [-dʒ-] vt registrar; (nastro, disco etc) grabar; (mettere a punto) revisar.
registra'tore, 'trice [-dʒ-] ag registrador(a) // sm grabador m; ~ **di cassa** caja registradora.
registrazi'one [redʒistrat'tsjone] sf registro, inscripción f; (di nastro, disco etc) grabación f.
re'gistro [-'dʒ-] sm libro, registro; (MUS) registro.
re'gnare [-ɲ'ɲ-] vi reinar.
'regno [-ɲɲo] sm reino.
'regola sf regla, norma; **a ~ d'arte** esmeradamente; **di ~** normal; **in ~** en regla.
regolamen'tare ag reglamentario(a) // vt reglamentar.
regola'mento sm reglamento; (di debito) saldo, liquidación f; ~ **di conti** (fig) ajuste de cuentas.
rego'lare ag regular; (in regola) en regla, correcto(a); (uniforme) liso(a), uniforme; (puntuale) puntual // vt regular, normalizar; (sistemare: meccanismo) arreglar; ~**rsi** vr (comportarsi) conducirse, comportarse; ~**rsi nel bere/mangiare** (moderarsi) moderarse en la bebida/comida.
regolarità sf regularidad f.
regolariz'zare [-d'dz-] vt regularizar, ordenar.
'regolo sm regla; ~ **calcolatore** regla de cálculo.
regre'dire vi (aus essere) regresar, retroceder.
re'gresso sm atraso, regresión f.
reinte'grare vt reintegrar, restituir; (fig) devolver, reintegrar.
relatività sf relatividad f.
rela'tivo, a ag relativo(a); ~ **a** relativo(a) a // sf (LING) relativa.
relazi'one [-t'ts-] sf relación f; (rapporto scritto) informe m, memorial m; ~**i** fpl (conoscenze) relaciones fpl, amistades fpl.
rele'gare vt desterrar, exiliar; (fig) abandonar.
relè sm inv relé m, relevador m.
religi'one [-'dʒ-] sf religión f.
religi'oso, a [-'dʒ-] ag, sm/f religioso(a).
re'liquia [-kwja] sf reliquia.
re'litto sm (NAUT) restos mpl, despojos mpl; (fig) paria m, piltrafa.
re'mare vi remar.
remini'scenza [-ʃʃentsa] sf reminiscencia, recuerdo.
remissi'one sf (REL) perdón m; (DIR) retiro, desistimiento.
remis'sivo, a ag deferente, indulgente.
'remo sm remo.
re'moto, a ag remoto(a).
'rendere vt devolver, restituir; (fruttare) rendir, producir; (rappresentare)

expresar, representar; (far diventare): ~ **qd forte/qc possibile** hacer fuerte a alguien/posible algo; ~**rsi** vr: ~**rsi utile/antipatico** hacerse útil/ antipático; ~ **la vista/la salute a qd** devolver la vista/la salud a alguien; ~ **grazie a qd** agradecer a alguien; ~ **omaggio a qd** rendir homenaje a alguien; ~**rsi conto di qc** darse cuenta de algo.
rendi'conto sm (FIN) rendición f de cuentas; (resoconto) informe m.
rendi'mento sm (utile) renta, rédito; (di manodopera, motore) rendimiento.
'rendita sf renta, rédito.
'rene sm riñón m.
'reni sfpl riñones mpl.
reni'tente ag: ~ **a** reluctante o reacio(a) a // sm (MIL): ~ **alla leva** contumaz m, rebelde m.
'renna sf reno.
'reo, a ag culpable, reo(a) // sm/f criminal m/f.
re'parto sm (di negozio) sección f; (di ospedale) pabellón m; (MIL) división f, unidad f; ~ **acquisti/vendite** sección de compras/ventas; ~ **scarpe** sección zapatería.
repel'lente [-l'l-] ag repelente, antipático(a).
repen'taglio [-ʎʎo] sm: mettere a ~ poner en peligro.
repen'tino, a ag improviso(a), brusco(a).
repe'ribile ag que se encuentra.
repe'rire vt hallar, encontrar.
re'perto sm (oggetto trovato) pieza, objeto; (MED) pericia.
reper'torio sm repertorio; (registro) fichero.
'replica, che sf (ripetizione) repetición f; (risposta) respuesta, contestación f; (obiezione) réplica, objeción f; (TEATRO, CINE) bis m, nueva representación.
repli'care vt (ripetere) repetir, reiterar; (rispondere) replicar, responder; (TEATRO, CINE) repetir.
repor'tage [-ʒ] sm reportaje m, entrevista.
repressi'one sf represión f.
re'primere vt reprimir.
re'pubblica sf república.
repubbli'cano, a ag, sm/f republicano(a).
repulsi'one sf repulsión f.
repu'tare vt estimar, considerar; ~**rsi** vr creerse, considerarse.
reputazi'one [-t'ts-] sf reputación f.
'requie ['rɛkwje] sf descanso, reposo; **senza ~** sin descanso.
requi'sire [-kw-] vt requisar, embargar.
requi'sito [-kw-] sm requisito.
requi'sitoria [-kw-] sf (DIR) acusación f; (rimprovero) reprensión f.
requisizi'one [rekwizit'tsjone] sf requisa.

'resa *sf* rendición *f*; (*restituzione*) devolución *f*, restitución *f*; (*utilità*) rendimiento; ~ **dei conti** (*anche fig*) rendición *f* de cuentas.

resi'dente *ag* residente, domiciliado(a) // *sm* residente *m*.

resi'denza [-tsa-] *sf* sede *f*, domicilio; (*abitazione*) casa, residencia.

residenzi'ale [-'ts-] *ag* residencial.

re'siduo, a *ag* residual // *sm* residuo.

'resina *sf* resina.

resi'stente *ag* resistente.

resi'stenza [-tsa] *sf* resistencia; **la R~** (*POL*) la Resistencia.

re'sistere *vi* resistir.

'reso, a *pp di* **rendere**.

reso'conto *sm* informe *m*.

respin'gente [-'dʒ-] *sm* (*FERR*) tope *m*.

re'spingere [-dʒ-] *vt* rechazar; (*rifiutare*) rehusar, rechazar; (*SCOL: bocciare*) suspender, (*ARG*) bochar.

re'spinto, a *pp di* **respingere**.

respi'rare *vi, vt* respirar.

respira'tore *sm* respirador *m*.

respira'torio, a *ag* respiratorio(a).

respirazi'one [-'ts-] *sf* respiración *f*.

re'spiro *sm* respiración *f*; (*fiato*) respiro; (*fig*) pausa, respiro; **mandare un ~ di sollievo** lanzar un suspiro de alivio.

respon'sabile *ag, sm/f* responsable (*m/f*).

responsabilità *sf inv* responsabilidad *f*.

re'sponso *sm* dictamen *m*, veredicto.

'ressa *sf* gentío, muchedumbre *f*.

re'stare *vi* (*aus essere*) quedarse; (*in atteggiamento, posizione*) permanecer; (*avanzare*) faltar, quedar; ~ **d'accordo** quedar de acuerdo; **restarci male** ofenderse; (*dispiacersi*) disgustarse; (*essere deluso*) quedarse desilusionado(a).

restau'rare *vt* reparar, restaurar; (*fig*) restablecer.

restaurazi'one [-'ts-] *sf* restauración *f*.

re'stauro *sm* arreglo, restauración *f*.

res'tio, a, 'tii, 'tie *ag* (*cavallo, mulo*) indócil, terco(a); (*persona*) ~ **a** reacio o reluctante a.

restitu'ire *vt* devolver, restituir.

restituzi'one [-'ts-] *sf* devolución *f*.

'resto *sm* resto, residuo; (*denaro*) vuelta; (*MAT*) resto; ~**i** *mpl* despojos, restos; **del ~** por otra parte.

re'stringere [-dʒ-] *vt* reducir; (*fig*) limitar; ~**rsi** *vr* (*strada*) estrecharse, angostarse; (*persona*) limitarse; (*tessuti*) encoger.

restrit'tivo, a *ag* restrictivo(a).

restrizi'one [-'ts-] *sf* restricción *f*, limitación *f*.

re'taggio [-ddʒo] *sm* (*fig*) herencia.

'rete *sf* red *f*; (*metallica*) enrejado, tela metálica; (*fig: insidia*) trampa, lazo; (*CALCIO*) gol *m*; ~ **del letto** elástico.

reti'cente [-tʃ-] *ag* reticente.

retico'lato *sm* (*rete metallica*) alambrado; (*intreccio di linee*) red *f*; (*di parole crociate*) encasillado.

'retina *sf* (*ANAT*) retina.

re'tina *sf* (*per i capelli*) redecilla.

re'torico, a, ci, che *ag* retórico(a) // *sf* retórica.

re'trattile *ag* retráctil.

retribu'ire *vt* pagar, remunerar.

retribuzi'one [-'ts-] *sf* sueldo, remuneración *f*.

re'trivo, a *ag* (*fig*) reaccionario(a), retrógrado(a).

'retro *sm inv* parte *f* posterior // *av*: **vedi ~** ver atrás.

retrobot'tega *sm inv* trastienda.

retro'cedere [-tʃ-] *vi* (*aus essere*) retroceder // *vt* (*SPORT*) relegar, pasar; (*MIL*) degradar.

retrocessi'one [-tʃ-] *sf* (*vedi vb*) retroceso; degradación *f*.

retroda'tare *vt* antedatar.

re'trogrado, a *ag* retrógrado(a).

retrogu'ardia [-'gw-] *sf* retaguardia.

retro'marcia [-tʃa] *sf* marcha atrás.

retro'scena [-ʃ'ʃ-] *sf* (*TEATRO*) bastidores *mpl* // *sm inv* (*fig*) secreto.

retrospet'tivo, a *ag* retrospectivo(a).

retrovi'sore *sm* retrovisor *m*.

'retta *sf* recta; (*somma*) precio, mensualidad *f*; (*fig*): **dar ~ a qd/qc** prestar oídos a alguien/algo.

rettango'lare *ag* rectangular.

ret'tangolo *ag* rectángulo(a) // *sm* rectángulo.

retti'fica, che *sf* rectificación *f*.

rettifi'care *vt* (*strada, curva*) enderezar; (*fig*) corregir, enmendar.

'rettile *sm* reptil *m*.

retti'lineo, a *ag* rectilíneo(a); (*fig*) coherente // *sm* línea recta.

retti'tudine *sf* rectitud *f*.

'retto, a *pp di* **reggere** // *ag* recto(a), rectilíneo(a); (*fig: onesto*) recto(a), honesto(a); (*: giusto*) justo(a), correcto(a) // *sm* (*ANAT*) recto.

ret'tore *sm* rector *m*.

reuma'tismo *sm* reumatismo.

reve'rendo, a *ag* reverendo(a).

revisio'nare *vt* revisar, controlar.

revisi'one *sf* revisión *f*; (*ECON*) control *m*.

revi'sore *sm* revisor *m*; ~ **di bozze** corrector *m* de pruebas; ~ **dei conti** censor *m* de cuentas.

'revoca *sf* abrogación *f*, anulación *f*.

revo'care *vt* anular, abrogar.

Rh (*abbr di Rhesus*) RH.

riabili'tare *vt* rehabilitar; ~**rsi** *vr* rehabilitarse.

riabilitazi'one [-'ts-] *sf* rehabilitación *f*.

rial'zare [-'ts-] *vt* levantar; (*prezzi*) aumentar.

ri'alzo [-tso] *sm* (*di prezzi*) aumento; (*sporgenza*) elevación *f*, prominencia;

giocare al ~ (BORSA) jugar al alza;
essere in ~ estar en alza.
rianimazi'one [-t'ts-] *sf* reanimación *f*.
ri'armo *sm* rearme *m*.
rias'setto *sm* orden *m*, arreglo; *(nuovo
ordinamento)* reorganización *f*.
rias'sumere *vt* *(riprendere)* volver a
tomar; *(sintetizzare)* resumir.
rias'sunto, a *pp di* **riassumere** // *sm*
resumen *m*.
ria'vere *vt* recuperar; ~**rsi** *vr*
recobrarse.
riba'dire *vt* afirmar, confirmar.
ri'balta *sf* proscenio; *(illuminazione)*
candilejas *fpl*; *(fig)* escena, tablas *fpl*;
luci della ~ candilejas *fpl*; **venire alla**
~ *(fig)* volverse famoso.
ribal'tare *vt* volcar, tumbar // *vi* *(aus
essere)(anche:* ~**rsi)** volcar.
ribas'sare *vt* rebajar // *vi (aus essere)*
bajar.
ri'basso *sm* baja; **giocare al** ~ (BORSA)
jugar a la baja; **essere in** ~ estar en
baja.
ri'battere *vt* batir nuevamente;
(respingere) rechazar; *(replicare)*
replicar, refutar.
ribel'larsi [-l'l-] *vr:* ~ **(a)** rebelarse (a).
ri'belle [-lle] *ag, sm/f* rebelde *(m/f)*.
ribelli'one [-l'l-] *sf* rebelión *f*.
'ribes *sm inv* (BOT: *pianta)* grosellero; *(:
frutto)* grosella.
ribol'lire [-l'l-] *vi* *(fare bolle)* fermentar,
rebullir; *(fig)* hervir.
ri'brezzo [-ddzo] *sm* repugnancia,
repulsión *f*.
ribut'tante *ag* repugnante, asqueroso(a).
rica'dere *vi (aus essere)* *(abiti, capelli)*
colgar, caer; *(colpa)* recaer,
corresponder.
rica'duta *sf* recaída.
rical'care *vt* calcar; *(fig)* imitar, seguir.
rica'mare *vt* bordar; *(fig: peg)* exagerar,
inflar.
ricambi'are *vt* *(contraccambiare)*
devolver, corresponder.
ri'cambio *sm* cambio; ~**i, pezzi di** ~
(TECN) repuestos *mpl*, piezas *fpl* de
repuesto.
ri'camo *sm* bordado; ~**i** *mpl* *(fig)*
embustes *mpl*, exageraciones *fpl*.
ricapito'lare *vt* recapitular.
ricat'tare *vt* chantajear.
ricatta'tore, 'trice *sm/f* chantajista
m/f.
ri'catto *sm* chantaje *m*.
rica'vare *vt* sacar; *(dedurre)* recabar,
deducir; *(ottenere: utile, guadagno)*
obtener, sacar.
ri'cavo *sm* ganancia, rendimiento.
ric'chezza [rik'kettsa] *sf* riqueza; *(quanto
posseduto)* fortuna, patrimonio;
(abbondanza) abundancia; ~**e** *fpl* bienes
mpl, riquezas.

'riccio, a ['rittʃo] *ag* crespo(a),
enrulado(a) // *sm* erizo; *(anche:* ~ **di
mare)** erizo de mar.
'ricciolo [-ttʃ-] *sm* rizo, rulo *(spec* AM).
ricci'uto, a [-t'tʃ-] *ag* ensortijado(a),
enrulado(a) *(spec* AM).
'ricco, a, chi, che *ag* rico(a); *(stoffe,
decorazioni)* suntuoso(a), magnífico(a);
(terreno, regione) rico(a), fértil; *(fig:
fantasia)* rico(a), desbordante // *sm/f*
rico/a; **i** ~**chi** los ricos; ~ **di** *(materie
prime)* rico o abundante en; *(fantasia)*
lleno de.
ri'cerca, che [-'tʃ-] *sf* búsqueda;
(indagine, studio) investigación *f*.
ricer'care [-tʃ-] *vt* buscar; *(indagare)*
investigar, averiguar; *(scegliere: parole)*
elegir.
ricerca'tezza [ritʃerka'tettsa] *sf*
afectación *f*.
ricer'cato, a [-tʃ-] *ag* *(apprezzato)*
buscado(a), apreciado(a); *(affettato)*
rebuscado(a) // *sm* *(delinquente)* hombre
buscado.
ricetrasmit'tente [-tʃ-] *sf* receptora-
transmisora.
ri'cetta [-'tʃ-] *sf* receta.
ricet'tacolo [-tʃ-] *sm* refugio; (BOT)
receptáculo.
ricet'tario [-tʃ-] *sm* recetario.
ricetta'tore, 'trice [-tʃ-] *sm/f*
comprador/a ilegal.
ricettazi'one [ritʃettat'tsjone] *sf*
encubrimiento, compra de objetos
robados.
ri'cevere [-'tʃ-] *vt* recibir; *(riscuotere)*
cobrar; *(accogliere)* recibir, acoger.
ricevi'mento [-tʃ-] *sm* recibimiento;
(trattenimento) fiesta, recepción *f*.
ricevi'tore [-tʃ-] *sm* receptor *m*.
ricevito'ria [-tʃ-] *sf* despacho.
rice'vuta [-tʃ-] *sf* recibo.
ricezi'one [ritʃet'tsjone] *sf* recepción *f*.
richia'mare [-k-] *vt* llamar; *(far tornare)*
hacer volver; *(ritelefonare)* volver a
llamar; *(rimproverare)* reprender; *(fig:
rievocare)* evocar; *(: attrarre)* atraer;
(riportare) recordar; ~**rsi a** referirse a;
~ **l'attenzione di qd su qc** llamar la
atención de alguien por algo.
richi'amo [-'k-] *sm* llamamiento;
(rimprovero) reprensión *f*; *(segno, gesto)*
señal *f*, llamada; *(attrazione)* atracción *f*;
(segno di rinvio) llamada.
richi'edere [-'k-] *vt* (AMM: *atti, documenti)*
solicitar, requerir; *(pretendere)* exigir,
reclamar.
richi'esto, a [-'k-] *pp di* **richiedere** // *sf*
pedido; (AMM: *istanza)* solicitud *f*,
demanda; *(esigenza)* pedido, exigencia; **a**
~ a pedido.
'ricino [-tʃ-] *sm* ricino; **olio di** ~ aceite
de ricino.
ricogn izi'one [rikoɲɲit'tsjone] *sf* (MIL)
exploración *f*, reconocimiento.
ri'colmo, a *ag* lleno(a), colmado(a).

ricominci'are [-'tʃ-] vt recomenzar // vi
volver a empezar; ~ **a fare qc**
recomenzar a hacer algo.

ricom'pensa sf recompensa.

ricompen'sare vt recompensar.

riconcili'are [-tʃ-] vt reconciliar; ~**rsi**
vr reconciliarse, hacer las paces.

riconciliazi'one [rikontʃiliat'tsjone] sf
reconciliación f.

ricono'scente [-'ʃʃ-] ag reconocido(a),
agradecido(a).

ricono'scenza [-'ʃʃentsa] sf
reconocimiento, agradecimiento.

rico'noscere [-ʃʃ-] vt reconocer;
(distinguere) distinguir, identificar;
(ammettere) confesar, admitir.

riconosci'mento [-ʃʃ-] sm
reconocimiento; (compenso) recompensa.

ricopi'are vt copiar; (trascrivere)
transcribir.

rico'prire vt cubrir.

ricor'dare vt recordar; (menzionare)
mencionar, nombrar; ~**rsi** vr
recordarse, acordarse; ~**rsi di qc/di
aver fatto qc** acordarse de algo/de
haber hecho algo.

ri'cordo sm recuerdo; ~**i** mpl recuerdos,
memorias fpl.

ricor'rente ag, sm/f recurrente (m/f).

ricor'renza [-tsa] sf periodicidad f;
(festività) aniversario.

ri'correre vi (aus essere) (date, feste)
caer, celebrarse; (fenomeno) repetirse;
~ **a** recurrir a.

ri'corso sm recurso, uso; (domanda)
petición f; (DIR) recurso, instancia.

ricostitu'ente ag, sm reconstituyente
(m).

ricostitu'ire vt reconstituir; (MED)
restablecer, reponer.

ricostru'ire vt reconstruir.

ricostruzi'one [-t'ts-] sf reconstrucción f.

ri'cotta sf requesón m.

ricove'rare vt internar; (offrire asilo)
refugiar, hospedar; **far ~ qd
all'ospedale** hacer internar a alguien
en el hospital.

ri'covero sm internación f; (rifugio)
refugio, abrigo; (per vecchi, indigenti)
hospicio.

ricre'are vt recrear; (divertire)
entretener, divertir.

ricreazi'one [-t'ts-] sf (distrazione)
entretenimiento, diversión f; (SCOL)
recreo.

ri'credersi vr cambiar idea.

ricu'ocere [-tʃ-] vt recocer; (metallo)
caldear.

ricupe'rare vt recuperar; (NAUT:
naufraghi) recoger, salvar; (fig:
delinquente) reeducar.

ri'cupero sm recuperación f; (fig: di
delinquente) reeducación f.

ricu'sare vt (non volere): ~ qd recusar
a alguien; ~ **di fare qc** negarse a hacer
algo; ~ **qc** rechazar algo.

ridacchi'are [-k'k-] vi reír de malagana.

ridanci'ano, a [-'tʃ-] ag socarrón(ona),
burlón(ona).

ri'dare vt devolver, restituir.

'ridere vi reír, reírse; ~ **di qd** reírse o
burlarse de alguien; **si faceva per ~**
era en broma.

ri'dicolo, a ag ridículo(a).

ridimensio'nare vt (industria)
reorganizar; (fig) reconsiderar.

ri'dire vt repetir; (criticare) criticar,
observar; **trova sempre qualcosa da
~** encuentra siempre algo que criticar.

ridon'dante ag redundante.

ri'dotto, a pp di **ridurre** // ag: **guarda
come sei ~ !** ¡mira cómo te has puesto!

ri'durre vt convertir, transformar;
(spese) reducir, limitar; (accorciare:
vestito, opera letteraria) acortar; (MAT.
CHIM) reducir; ~ **qd a** (costringere)
constreñir a alguien a; ~**rsi** vr
reducirse; ~**rsi alla elemosina** verse
obligado a pedir limosna; ~**rsi pelle e
ossa** quedar sólo piel y huesos.

riduzi'one [-t'ts-] sf reducción f,
disminución f; (CHIM. MAT) reducción f.

riempi'mento sm llenado.

riem'pire vt llenar; (modulo) rellenar;
(fig) colmar; ~**rsi** vr llenarse; (mangiare
troppo) atiborrarse, atracarse; ~ **qc di
qc** llenar algo con algo.

riempi'tivo, a ag superfluo(a)
// sm (fig) comodín m; **fare da ~**
cubrir un hueco.

rien'tranza [-tsa] sf entrada.

rien'trare vi (aus essere) volver a
entrar; (tornare a casa) regresar;
(riguardare) estar comprendido.

ri'entro sm retorno, vuelta.

riepilo'gare vt recapitular, resumir.

rie'pilogo, ghi sm resumen m,
recapitulación f.

ri'fare vt rehacer; (ricostruire)
reconstruir; (ripetere) repetir;
(ripercorrere) desandar; (contraffare)
imitar; ~**rsi** vr rehacerse; (risalire nel
tempo) referirse; ~**rsi di** (risarcirsi)
recuperar; (vendicarsi) desquitarse o
vengarse de; ~**rsi l'occhio** deleitarse la
vista.

ri'fatto, a pp di **rifare**.

riferi'mento sm referencia; **in o con ~
a** con referencia a.

rife'rire vt referir, contar // vi
informar; ~**rsi** vr: ~**rsi a** referirse a;
~ **qc a** (mettere in relazione) relacionar
algo con.

rifi'lare vt (fam: pugno) encajar; (: qc di
sgradevole) cargar, endosar.

rifi'nire vt pulir.

rifini'tura sf acabado; ~**e** fpl
(guarnizioni) adornos mpl.

rifiu'tare vt rehusar, rechazar; (non
concedere) negar; ~ **di fare qc** negarse
a hacer algo.

rifi'uto *sm* rechazo; *(diniego)* negativa; *(fig: cosa, persona)* despojo, piltrafa; ~**i** *mpl (spazzatura)* basura.
riflessi'one *sf* reflexión *f*.
ri'flesso, a *pp di* **riflettere** // *ag* reflejado(a) // *sm* reflejo; **di** o **per** ~ por reflejo.
ri'flettere *vt* reflejar; *(fig)* manifestar // *vi* reflexionar; ~**rsi** *vr* reflejarse; ~**rsi su** influir en.
riflet'tore *sm* reflector *m*.
ri'flusso *sm* reflujo.
rifocil'lare [-tʃil'lare] *vt* reconfortar, entonar; ~**rsi** *vr* volver a cobrar fuerzas.
ri'fondere *vt (fig)* reembolsar.
ri'forma *sf* reforma.
rifor'mare *vt* reformar; *(modificare)* corregir, modificar; *(MIL)* dar de baja.
riforma'tore *sm* reformador *m*.
riforma'torio *sm* reformatorio.
riforni'mento *sm* abastecimiento; ~**i** *mpl* provisiones *fpl*; **fare** ~ **di** hacer provisión de.
rifor'nire *vt*: ~ **qd di** abastecer a alguien de.
ri'frangere [-dʒ-] *vt* refractar; ~**rsi** *vr (luce)* refractarse; *(suono)* repercutir.
ri'fratto, a *pp di* **rifrangere**.
rifrazi'one [-t'tsi-] *sf* refracción *f*.
rifug'gire [-d'dʒ-] *vi (aus essere)*: ~ **da** *(fig)* rehuir, evitar.
rifugi'arsi [-'dʒ-] *vr* refugiarse.
rifugi'ato, a [-'dʒ-] *sm/f* refugiado/a, exiliado/a.
ri'fugio [-dʒ-] *sm* refugio.
'riga, ghe *sf* linea, raya *(fila)* fila; *(scrittura)* línea; *(scriminatura)* raya; **mettersi in** ~ ponerse en fila; **a** ~**ghe** a rayas.
ri'gagnolo [-ɲɲ-] *sm* arroyuelo.
ri'gare *vt* rayar // *vi*: ~ **diritto** portarse bien.
rigatti'ere *sm* ropavejero.
riget'tare [-dʒ-] *vt (fig: respingere)* rechazar, rehusar; *(vomitare)* arrojar, vomitar.
ri'getto [-dʒ-] *sm* rechazo.
rigidità [-dʒ-] *sf* rigidez *f*; *(fig)* severidad *f*, rigor *m*.
'rigido, a [-dʒ-] *ag* rígido(a), tieso(a); *(METEOR)* riguroso(a), frío(a); *(fig)* severo(a), inflexible.
rigi'rare [-dʒ-] *vt (fig)* alterar, maniobrar; ~**rsi** *vr* darse vuelta; ~ **qc tra le mani** dar vueltas a algo entre las manos.
'rigo, ghi *sm* renglón *m*; *(MUS)* pentagrama *m*.
rigogli'oso, a [-ʎʎ-] *a (pianta)* exuberante, lujuriante; *(fig)* rozagante.
ri'gonfio, a *ag* hinchado(a); *(fig)* inflado(a).
ri'gore *sm (METEOR)* rigor *m*, aspereza; *(fig)* severidad *f*, inflexibilidad *f*;

(coerenza logica) rigurosidad *f*; *(SPORT: anche: calcio di* ~*)* penalty *m*; **di** ~ *(prescritto)* de rigor o etiqueta; **a rigor di logica** de acuerdo a la lógica.
rigo'roso, a *ag* riguroso(a).
rigover'nare *vt* fregar o lavar (los platos).
riguada'gnare [rigwadaɲ'ɲare] *vt* recuperar.
riguar'dante [-gw-] *ag* referente, concerniente.
riguar'dare [-gw-] *vt* mirar nuevamente; *(stimare)* considerar; *(rivedere)* revisar, controlar; *(concernere)* interesar, atañer; ~**rsi** *vr* cuidarse.
rigu'ardo [-'gw-] *sm (precauzione)* cuidado, precaución *f*; *(considerazione)* cortesía, consideración *f*; ~ **a** en relación con; **non aver** ~**i nel fare qc** no tener escrúpulos en hacer algo.
rigurgi'tare [-dʒ-] *vi (aus essere)* rebosar; *(fig: aus avere)*: ~ **di** estar repleto de.
rilanci'are [-tʃ-] *vt* relanzar; *(offerta)* aumentar; *(POKER)* alzar (la apuesta).
ri'lancio [-tʃ-] *sm* relance *m*; *(nelle aste)* puja; *(POKER)* envite *m*.
rilasci'are [-ʃʃ-] *vt (rimettere in libertà)* soltar, liberar; *(AMM: documenti)* expedir, otorgar.
ri'lascio [-ʃʃo] *sm (vedi vb)* liberación *f*; otorgamiento.
rilas'sare *vt (nervi)* relajar, aflojar; *(disciplina)* relajar; ~**rsi** *vr* relajarse.
rile'gare *vt (libro)* encuadernar.
rilega'tura *sf* encuadernación *f*.
ri'leggere [-ddʒ-] *vt* releer; *(rivedere)* repasar.
ri'lento: a ~ *av* despacio, lentamente.
rileva'mento *sm (statistico)* estadística; *(topografico)* relieve *m*, trazado; *(COMM)* adquisición *f*, compra; *(NAUT)* marcación *f*.
rile'vante *ag* considerable, notable.
rile'vare *vt (mettere in evidenza)* notar; *(venire a conoscenza)* saber; *(raccogliere dati)* juntar; *(TOPOGRAFIA)* levantar un plano de; *(MIL: dare il cambio a)* dar el cambio a, relevar; *(COMM: ditta, pacchetto azionario)* adquirir, comprar.
rili'evo *sm* relieve *m*; *(fig)* relieve, importancia; *(TOPOGRAFIA)* trazado; **in** ~ en relieve; **dar** ~ **a** o **mettere in** ~ **qc** dar importancia a o poner en evidencia una cosa.
rilut'tante *ag* reticente, reacio(a).
'rima *sf* rima; ~**e** *fpl (poesie)* rimas *fpl*, versos *mpl*.
riman'dare *vt* enviar nuevamente; *(restituire)* devolver; *(differire)* aplazar, postergar; *(fare riferimento)* remitir; *(SCOL)* suspender; ~ **qd** mandar de vuelta a alguien.
ri'mando *sm (dilazione)* postergación *f*; *(riferimento)* remisión *f*, llamada; **di** ~ en respuesta.

rima'nente *ag* restante // *sm* resto, residuo; **~i** *mpl (persone)* restantes *mpl*.

rima'nenza [-tsa] *sf* resto, residuo; **~e** *fpl (COMM)* existencias *fpl*.

rima'nere *vi (aus essere)* quedarse, permanecer; *(trovarsi)* quedarse; *(diventare)* quedar; *(avanzare)* sobrar; *(persistere)* durar; **non ci rimane che accettare** no nos queda más remedio que aceptar; **rimangono poche settimane a Pasqua** faltan pocas semanas para Pascua; **rimane da vedere se...** queda por ver si...; **~ chiuso** quedar cerrado; **rimanerci** *(fam: morire)* morirse; **rimanerci male** quedar disgustado.

rimangi'are ['dʒ-]: **~rsi** *vr*: **~rsi la promessa/parola** *(fig)* faltar a la promesa/palabra.

rimar'chevole [-'k-] *ag* notable.

ri'mare *vt*, *vi* rimar.

rimargi'nare [-dʒ-] *vt* cicatrizar // *vi (aus essere) (anche:* **~rsi)** cicatrizarse.

rima'suglio [-ʎʎo] *sm* resto, sobras *fpl*.

rimbal'zare [-'ts-] *vi* rebotar.

rim'balzo [-tso] *sm* rebote *m*; **di ~** *(fig)* de rebote.

rimbam'bito, a *ag* chocho(a).

rimboc'care *vt* arremangar, levantar; *(letto)* remeter; *(coperte, lenzuola a qd)* arropar, acomodar; **~rsi** *vr*: **~rsi le maniche** *(fig)* arremangarse.

rimbom'bare *vi* retumbar.

rim'bombo *sm* retumbo.

rimbor'sare *vt* reembolsar.

rim'borso *sm* reembolso.

rim'brotto *sm* reproche *m*.

rimedi'are *vi*: **~ a** poner remedio a; *(provvedere)* proveer a // *vt (fam)* conseguir, procurar.

ri'medio *sm*: **~ contro** medicina o remedio para; **~ a** *(soluzione)* remedio o solución para.

rimesco'lare *vt* revolver, mezclar; **sentirsi ~ il sangue nelle vene** *(fig)* sentirse sobrecoger.

ri'messa *sf (per veicoli)* cochera, garaje *m*; *(: di denaro)* remesa; *(SPORT: anche:* **~ in gioco)** saque *m*.

ri'messo, a *pp di* **rimettere**.

rime'stare *vt* mezclar, revolver; *(fig)* desempolvar, examinar.

ri'mettere *vt* reponer; *(affidare)* confiar; *(condonare)* perdonar, condonar; *(COM: merci, denaro)* remitir; *(CALCIO)* devolver; *(vomitare)* vomitar; *(differire)* aplazar, postergar; **rimetterci** *(perdere)* perder; **rimetterci la pelle** dejar el pellejo; **~rsi al bello** mejorarse; **~rsi in salute** restablecerse.

'rimmel *sm* ® rimmel *m* ®.

rimoder'nare *vt* modernizar.

ri'monta *sf (SPORT)* recuperación *f*.

rimon'tare *vt (meccanismo)* armar nuevamente.

rimorchi'are [-'kj-] *vt* remolcar; *(fig)* arrastrar, convencer.

rimorchia'tore [-kj-] *sm* remolcador *m*.

ri'morchio [-kjo] *sm* remolque *m*; *(cavo)* cabo de remolque.

ri'morso *sm* remordimiento.

rimo'stranza [-tsa] *sf* protesta, queja.

rimozi'one [-'ts-] *sf (da impiego)* cesantía; *(di ostacolo)* recogida; *(di veicolo)* traslado, *acción de quitar*.

rim'pasto *sm (fig)* recomposición *f*, reajuste *m*.

rimpatri'are *vi*, *vt* repatriar.

rim'patrio *sm* repatriación *f*.

rimpi'angere [-dʒ-] *vt* deplorar, lamentar.

rimpi'anto, a *pp di* **rimpiangere** // *sm* pesar *m*.

rimpiat'tino *sm* escondite *m*.

rimpiaz'zare [-'ts-] *vt* reemplazar.

rimpicco'lire *vt* empequeñecer, achicar.

rimpin'zare [-'ts-] *vt* atiborrar, hartar; **~rsi** *vr* atiborrarse, hartarse.

rimprove'rare *vt* reprochar.

rim'provero *sm* reproche *m*.

rimugi'nare [-dʒ-] *vt (fig)* rumiar, reflexionar.

rimune'rare *vt* remunerar, recompensar.

rimunerazi'one [-'ts-] *sf* remuneración *f*; *(paga)* sueldo, salario.

rimu'overe *vt (spostare)* quitar, sacar; *(allontanare)* destituir, alejar.

ri'nascere [-ʃʃ-] *vi (aus essere)* renacer.

rinasci'mento [-ʃʃ-] *sm* renacimiento; **il R~** el Renacimiento.

ri'nascita [-ʃʃ-] *sf* renacimiento, resurgimiento.

rincal'zare [-'ts-] *vt (muro)* reforzar; *(coperte, lenzuola)* acomodar.

rin'calzo [-tso] *sm* afianzamiento; *(sostegno)* ayuda, apoyo; **~i** *mpl (MIL.)* refuerzos *mpl*; **di ~** refuerzo.

rinca'rare *vt* aumentar // *vi (aus essere)* subir, aumentar.

rin'caro *sm* aumento, alza.

rinca'sare *vi (aus essere)* regresar.

rinchi'udere [-'kj-] *vt (delinquente, ammalato)* encerrar; *(gioielli)* guardar; **~rsi** *vr* encerrarse.

rinchi'uso, a [-'kj-] *pp di* **rinchiudere**.

rinco'rare *vt* animar, alentar; **~rsi** *vr* animarse.

rin'correre *vt* perseguir; **~rsi** *vr*: **giocare a ~rsi** jugar a alcanzarse.

rin'corsa *sf* carrerita.

rin'crescere [-ʃʃ-] *vb impersonale (aus essere)*: **mi rincresce che/di non poter fare** lamento que/no poder hacer.

rincresci'mento [-ʃʃ-] *sm* pesar *m*, sentimiento.

rincu'lare *vi* recular, retroceder; *(fucile)* dar un culatazo.

rinfacci'are [-t'tʃ-] vt echar en cara, reprochar.

rinfor'zare [-'ts-] vt fortalecer, endurecer; (edificio) apuntalar; (fig) sostener, apoyar // vi (anche: ~**rsi**) reforzarse.

rin'forzo [-ts-] sm refuerzo; ~**i** mpl (MIL) refuerzos mpl.

rinfran'care vt reanimar; ~**rsi** vr reanimarse.

rinfre'scare vt (camera) airear, ventilar; (pareti) remozar, poner como nuevo; (vestito) arreglar, retocar // vi (aus essere) refrescar; ~**rsi** vr tomar algo fresco; (lavarsi) lavarse, refrescarse.

rin'fresco, schi sm reunión f; ~**schi** mpl (bibite etc) refrescos mpl.

rin'fusa sf: **alla** ~ a granel.

ringalluz'zire [-llut'tsire] vt enorgullecer, alegrar // vi (anche: ~**rsi**) envanecerse, enorgullecerse.

ringhi'are [-'gj-] vi gruñir.

ringhi'era [-'gj-] sf baranda.

'ringhio [-gjo] sm gruñido.

ringiova'nire [-dʒ-] vt, vi (aus essere) rejuvenecer.

ringrazia'mento [-tts-] sm agradecimiento; ~**i** mpl gracias fpl.

ringrazi'are [-t'ts-] vt agradecer; ~ **qd di qc** agradecer algo a alguien.

ri'nite sf rinitis f.

rinne'gare vt renegar, abjurar.

rinne'gato, a ag, sm/f renegado(a).

rinnova'mento sm renovación f.

rinno'vare vt modernizar, reestructurar; (domanda, contratto) renovar.

rin'novo sm renovación f.

rinoce'ronte [-tʃ-] sm rinoceronte m.

rino'mato, a ag renombrado(a), célebre.

rinsal'dare vt consolidar, afianzar; ~**rsi** vr consolidarse.

rinsa'vire vi (aus essere) sentar cabeza, volverse juicioso.

rinta'narsi vr (fig) esconderse, ocultarse.

rin'tocco, chi sm (di campana) repique m, campanada; (di orologio) campanada.

rintracci'are [-t'ts-] vt (selvaggina) seguir las huellas de; (fig: ladro) descubrir.

rintro'nare vi retumbar // vt aturdir.

rintuz'zare [-t'ts-] vt (fig: sentimento) reprimir, contener; (: accusa, assalto) rechazar.

ri'nuncia etc = **rinunzia** etc.

ri'nunzia [-ts-] sf rechazo, renuncia.

rinunzi'are [-t's-] vi: ~ **a** renunciar a.

rinveni'mento sm descubrimiento.

rinve'nire vt descubrir, hallar // vi (aus essere) (persona) volver en sí; (cuc) remojar.

rinvi'are vt reexpedir; (differire) postergar, aplazar; (fare un rimando) remitir.

rinvigo'rire vt fortalecer, vigorizar // vi (aus essere) (anche: ~**rsi**) fortalecerse.

rin'vio, 'vii sm (differimento) postergación f; (in un testo) remisión f; (DIR) prórroga.

ri'one sm barrio.

riordi'nare vt ordenar; (riorganizzare) reorganizar.

riorganiz'zare [-d'dz-] vt reorganizar.

ripa'gare vt (ricompensare) resarcir.

ripa'rare vt (proteggere) defender, reparar; (correggere) eliminar, corregir; (aggiustare) reparar, arreglar; (SCOL: esame) rehacer, repetir // vi (aus essere): ~ **a** corregir, enmendar; (rifugiarsi) buscar refugio, huir.

riparazi'one [-t'ts-] sf (di danno, errore) corrección f; (di guasto, scarpe) compostura, arreglo; (DIR) resarcimiento, indemnización f.

ri'paro sm reparo, abrigo.

ripar'tire vt repartir, distribuir // vi (aus essere) marcharse.

ripas'sare vi (aus essere) volver // vt repasar.

ri'passo sm (di lezioni) repaso.

ripen'sare vi reflexionar; (cambiare pensiero) cambiar de idea; ~ **a** recordar.

ripercu'otere vt (riflettere) reflejar; ~**rsi** vr (luce) reflejarse; (suoni, fig) repercutir.

ripercussi'one sf repercusión f.

ripe'scare vt (cadavere) recuperar, recobrar; (fig) dar con, volver a descubrir.

ri'petere vt repetir; ~**rsi** vr repetirse.

ripeti'tore sm repetidor m.

ripetizi'one [-t'ts-] sf repetición f; (SCOL) lección f particular; **a** ~ de repetición.

ripi'ano sm estante m.

'ripido, a ag escarpado(a), empinado(a).

ripie'gare vt plegar // vi replegar, retirarse.

ripi'ego, ghi sm recurso, expediente m; **vivere di** ~**ghi** vivir de expedientes.

ripi'eno, a ag (imbottito) relleno(a) // sm relleno.

ri'porre vt (mettere via) guardar; (fiducia etc): ~ **qc in qd** reponer algo en alguien.

ripor'tare vt (portare indietro) devolver; (riferire) referir, contar; (citare) citar; (ricevere) recibir, resultar con: (MAT) llevar; (danni, ferite) sufrir.

ripo'sare vt descansar // vi reposar; ~**rsi** vr descansar.

ri'poso sm reposo, descanso; **buon** ~! ¡que duerma bien!; ~! (MIL) ¡descanso!; **a** ~ jubilado(a).

ripo'stiglio [-ʎʎo] sm desván m.

ri'posto, a pp di **riporre**.

ri'prendere vt recoger; (riconquistare) reconquistar; (ricominciare) recomenzar, reanudar; (*assumere di nuovo*) reasumir, readmitir; (*rimproverare*) reprender, amonestar; (*foto*) fotografiar; (*cine*) filmar; ~rsi *vr* (*da una malattia*) reponerse; (*da una crisi*) rehacerse; (*corregersi*) corregirse, enmendarse.

ri'preso, a *pp di* riprendere // *sf* reanudación *f*; (*da malattia, emozione*) restablecimiento; (*econ*) recuperación *f*; (*riconquista*) reconquista; (*di motore*) arranque *m*; (*teatro, cine*) reposición *f*, reestreno; (*sport*) segundo tiempo; (*: pugilato*) round *m*; (*foto, cine*) toma; a più ~e en varias veces; (*ripetutamente*) repetidamente.

ripristi'nare *vt* restablecer; (*edificio*) restaurar.

ripro'durre *vt* (*copia; eseguire*) reproducir, copiar; (*stampare*) publicar; (*ritrarre*) representar, retratar; riprodursi *vr* reproducirse.

riproduzi'one [-t'ts-] *sf* reproducción *f*; (*copia*) copia; ~ vietata prohibida la reproducción.

ri'prova *sf* (*conferma*) confirmación *f*; a ~ en confirmación.

ripro'vevole *ag* reprobable, censurable.

ripudi'are *vt* (*persona*) repudiar; (*cose. idee*) rechazar, condenar.

ripu'gnante [-ɲ'ɲ-] *ag* repugnante.

ripu'gnare [-ɲ'ɲ-] *vi* repugnar, asquear.

ripu'lire *vt* (*nettare bene*) repulir; (*sog: ladri*) desvalijar; (*fig*) desplumar.

riqu'adro [-'kw-] *sm* cuadro.

ri'sacca, che *sf* resaca.

ri'saia *sf* arrozal *m*.

risa'lire *vi* (*aus* essere) volver a subir; (*fig: con la mente*) remontarse; la chiesa risale al Cinquecento la iglesia se remonta al 1500.

risal'tare *vi* (*fig*) sobresalir, destacarse.

ri'salto *sm* relieve; mettere o porre in ~ qc poner algo en evidencia.

risana'mento *sm* (*bonifica*) bonificación *f*; (*di quartieri urbani*) saneamiento; (*econ*) reforma.

risa'nare *vt* curar, sanar; (*luogo*) sanear, bonificar; (*econ*) sanear.

risarci'mento [-tʃ-] *sm* resarcimiento; (*somma*) indemnización *f*.

risar'cire [-'tʃ-] *vt* reembolsar; ~ qd di qc indemnizar a alguien por algo.

ri'sata *sf* carcajada.

riscalda'mento *sm* calefacción *f*; (*aumento di temperatura*) recalentamiento; ~ centrale calefacción *f* central.

riscal'dare *vt* calentar; (*fig*) irritar, calentar.

riscat'tare *vt* rescatar; (*dir*) recuperar; (*fig*) redimir; ~rsi *vr* liberarse.

ri'scatto *sm* rescate *m*; a ~ (*dir*) con pacto de retro.

rischia'rare [-k-] *vt* iluminar, alumbrar; ~rsi *vr* (*tempo, cielo*) despejarse; (*fig: volto*) iluminarse.

rischi'are [-'k-] *vt* arriesgar // *vi*: ~ di fare qc correr el riesgo de hacer algo.

'rischio [-k-] *sm* riesgo; a suo ~ e pericolo por su cuenta y riesgo.

rischi'oso, a [-k-] *ag* arriesgado(a), peligroso(a).

risciac'quare [riʃʃak'kware] *vt* enjuagar.

riscon'trare *vt* (*confrontare*) comparar; (*esaminare*) verificar, controlar; (*rilevare: irregolarità*) encontrar.

ri'scontro *sm* (*confronto*) comparación *f*; (*controllo*) control *m*, verificación *f*; (*corrispondenza*) correspondencia.

ri'scosso, a *pp di* riscuotere // *sf* rebelión *f*.

riscossi'one *sf* cobranza.

riscu'otere *vt* (*fig*) sacudir, despertar; (*somma*) cobrar; ~rsi *vr* sacudirse, despertarse.

risenti'mento *sm* resentimiento.

risen'tire *vt* (*soffrire*) sufrir // *vi*: ~ di sufrir de; ~rsi *vr* resentirse, ofenderse.

risen'tito, a *ag* resentido(a), ofendido(a).

ri'serbo *sm* reserva, discreción *f*.

ri'serva *sf* reserva; (*di caccia*) coto; essere in ~ (*auto*) viajar con la reserva; senza ~e sin reservas o reparo; di ~ de reserva.

riser'vare *vt* reservar, conservar; (*prenotare*) reservar.

riserva'tezza [-ttsa] *sf* reserva, discreción *f*.

risi'edere *vi* residir, domiciliarse.

'risma *sf* (*di carta*) resma; (*fig*) clase *f*, calaña.

'riso, a *pp di* ridere // *sm* (*pl*(*f*)) ~a: il ridere) risa; (*bot*) arroz *m*; ~ in bianco arroz hervido.

riso'lino *sm* risita.

ri'solto, a *pp di* risolvere.

risolu'tezza [-ttsa] *sf* resolución *f*, decisión *f*.

riso'luto, a *ag* resuelto(a), decidido(a).

risoluzi'one [-t'ts-] *sf* resolución *f*, solución *f*; (*decisione*) decisión *f*, deliberación *f*.

ri'solvere *vt* resolver; ~ di fare qc decidir o resolver hacer algo; ~rsi *vr*: ~rsi a fare qc resolverse o decidirse a hacer algo; ~rsi in queder en.

riso'nanza [-tsa] *sf* (*fig*) resonancia, repercusión *f*; (*amplificazione*) sonoridad *f*, repercusión *f*; (*fis*) eco.

riso'nare *vt, vi* = risuonare.

ri'sorgere [-dʒ-] *vi* (*aus* essere) (*rel*) resucitar; (*rinascere*) renacer.

risorgi'mento [-dʒ-] *sm*: il R~ il Resurgimiento.

ri'sorsa *sf* recurso, expediente *m*; ~e *fpl* recursos *mpl*.

ri'sorto, a *pp di* risorgere.

ri'sotto *sm* arroz guisado.

risparmi'are *vt* economizar, ahorrar; (*fare a meno di*) evitar; (*salvare*) salvar.

ri'sparmio *sm* ahorro.

rispecchi'are [-k'kj-] vt reflejar.
rispet'tabile ag respetable; (considerevole) notable, considerable.
rispet'tare vt respetar, obedecer; (idee, diritti altrui) respetar; (festa, legge) observar, respetar.
ri'spetto sm respeto; ~i mpl. (saluti) saludos mpl; ~ a respecto a.
rispet'toso, a ag respetuoso(a).
ri'splendere vi resplandecer; (fig) lucirse, sobresalir.
rispon'dente ag: ~ a conforme a.
rispon'denza [-tsa] sf correspondencia.
ri'spondere vi responder, contestar; (apparecchio, freni) funcionar, responder; ~ a (corrispondere) corresponder; ~ di responder por, ser responsable de; ~ **picche** (fig) rehusar un pedido.
ri'sposta sf respuesta; (di meccanismo, organismo) (buen) funcionamiento; **in** o **per** ~ **a** en respuesta a.
'rissa sf pelea.
ristabi'lire vt restablecer; ~rsi vr recuperarse.
rista'gnare [-ɲ'ɲ-] vi estancarse; (fig) paralizarse.
ri'stagno [-ɲɲ-] sm (vedi vb) estancamiento; paralización f.
ri'stampa sf reimpresión f, reedición f.
risto'rante sm restaurante m.
risto'rare vt reposar; ~rsi vr descansar.
ri'storo sm alivio, descanso.
ristret'tezza [-ttsa] sf estrechez f; (fig: di denaro) falta, escasez f; (: di idee) limitación f; ~**e** fpl pobreza, escasez f.
ri'stretto, a pp di **restringere** // ag (spazio) angosto(a), estrecho(a); (limitato): ~**(a)** limitado(a) (a); (brodo) concentrado(a); (caffè) cargado(a), fuerte; (fig) mezquino(a).
ri'succhio [-kkjo] sm remolino.
risul'tante ag resultante // sf conclusión f; (FIS) resultante f.
risul'tare vi (aus essere) resultar; (provenire): ~ **da** derivar o ser consecuencia de.
risul'tato sm resultado.
risuo'lare vt poner suelas a.
risuo'nare vt repetir, tocar // vi resonar.
risurrezi'one [-t'ts-] sf resurrección f.
risusci'tare [-ʃʃ-] vt, vi (aus essere) resucitar.
risvegli'are [-ʎ'ʎ-] vt despertar; (fig) sacudir, despabilar; ~rsi vr despertarse.
ri'sveglio [-ʎʎo] sm despertar m; (fig) renacimiento.
ri'svolto sm (di giacca, libro) solapa; (di pantaloni) botamanga; (fig) aspecto.
ritagli'are [-ʎ'ʎ-] vt recortar.
ritar'dare vi (persona) demorar, tardar; (orologio) atrasar // vt (rallentare) disminuir; (far arrivare tardi) demorar, retrasar; (differire) prorrogar, aplazar.

ritarda'tario, a sm/f persona impuntual.
ri'tardo sm retraso, atraso; (indugio) demora, tardanza.
ri'tegno [-ɲɲo] sm freno, mesura.
rite'nere vt (giudicare) opinar, considerar.
rite'nuta sf descuento, deducción f.
riti'rare vt retirar; ~**rsi** vr apartarse; (da la política, da un esame) retirarse; (MIL) retirarse, replegar; (stoffa) encoger; (acqua, marea) bajar.
riti'rata sf (MIL: arretramento) retirada; (: segnale) retreta.
ri'tiro sm retiro; (di soldi) cobranza; (rinunzia) renuncia.
'ritmo sm ritmo, cadencia; (di cuore) ritmo, latido.
'rito sm (REL) rito; (usanza) ritual m, costumbre f.
ritoc'care vt retocar; (fig) corregir, mejorar.
ri'tocco, chi sm (vedi vb) retoque m; corrección f.
ritor'nare vi (aus essere) regresar, volver; (ridiventare) resultar, volverse.
ritor'nello [-llo] sm estribillo; (fig) muletilla.
ri'torno sm retorno, regreso; **essere di** ~ estar de vuelta.
ritorsi'one cf retorsión f.
ri'trarre vt retirar; (riprodurre) representar, reproducir; (descrivere) describir.
ritrat'tare vt retractar.
ri'tratto, a pp di **ritrarre** // sm retrato.
ritro'vare vt encontrar, hallar; ~**rsi** vr encontrarse, hallarse; (raccapezzarsi) orientarse, comprender; (incontrarsi) encontrarse.
ritro'vato sm recurso, expediente m.
ri'trovo sm reunión f.
'ritto, a ag (persona) de pie, levantado(a); (coda, capelli) erizado(a); (palo) derecho(a), recto(a).
ritu'ale sm ritual m.
riuni'one sf reunión f.
riu'nire vt juntar, reunir; (riconciliare) reconciliar, unir; ~**rsi** vr reunirse; (tornare insieme) juntarse, unirse.
riu'scire [-ʃʃ-] vi (aus essere) resultar, salir bien; (aver successo) tener éxito; ~ **a fare qc** lograr hacer algo; (essere, apparire): ~ **nuovo/gradito** resultar nuevo/apreciado; ~ **in qc** salirle bien a uno algo; **in matematica non riesce bene** en matemáticas no le va muy bien.
riu'scita [-ʃʃ-] sf éxito, buen resultado.
'riva sf costa, orilla.
ri'vale sm/f rival m/f.
rivalità sf inv rivalidad f.
ri'valsa sf desquite m, revancha.
rivalu'tare vt revalorizar.
rive'dere vt volver a ver; (rincontrare) volver a encontrar, reencontrar;

(rileggere) releer, revisar; *(verificare: meccanismo)* revisar, controlar.

rive'dibile *ag (MIL)* suspendido(a).

rive'lare *vt* revelar; ~**rsi** *vr* demostrarse, revelarse; ~**rsi onesto/un mascalzone** demostrarse honesto/un sinvergüenza.

rivela'tore, 'trice *ag* revelador(a) // *sm (TECN)* detector *m*; *(FOTO)* revelador *m*.

rivelazi'one [-'tts-] *sf* revelación *f*.

rivendi'care *vt (DIR)* reivindicar; *(territorio, diritto)* reclamar, reivindicar.

ri'vendita *sf (bottega)* tienda.

rivendi'tore, 'trice *sm/f (venditore al minuto)* revendedor/a.

ri'verbero *sm* reflejo, reverberación *f*.

rive'renza [-tsa] *sf (rispetto)* respeto, reverencia; *(inchino)* reverencia, inclinación *f*.

rive'rire *vt (rispettare)* respetar; *(salutare)* saludar.

river'sare *vt (fig: colpa)* achacar, echar; *(: collera)* desahogar; ~**rsi** *vr* afluir, irrumpir.

rivesti'mento *sm* revestimiento.

rive'stire *vt* vestir nuevamente; *(fig)* asumir; *(ricoprire)* revestir; ~**rsi** *vr* volverse a vestir.

rivi'era *sf* costa, litoral *m*.

ri'vincita [-tʃ-] *sf (SPORT)* desquite *m*; *(rivalsa)* revancha.

ri'vista *sf* revista; *(rassegna)* inspección *f*.

ri'vivere *vi (aus essere)*, *vt* revivir.

'rivo *sm* riachuelo, arroyo.

ri'volgere [-dʒ-] *vt* dirigir; *(distogliere)* volver; ~**rsi** *vr*: ~**rsi a** recurrir a.

ri'volta *sf* rebelión *f*, insurrección *f*.

rivol'tare *vt* revolver; ~**rsi** *vr* rebelarse.

rivol'tella [-lla] *sf* revólver *m*.

ri'volto, a *pp di* **rivolgere**.

rivoluzio'nare [-tts-] *vt* revolucionar.

rivoluzio'nario, a [-tts-] *ag* revolucionario(a).

rivoluzi'one [-'tts-] *sf* revolución *f*; *(di ruota etc)* giro, vuelta; *(ASTR)* rotación *f*.

'roba *sf* cosa; *(possesso, bene)* cosa, objeto; *(masserizie)* enseres *mpl*; *(indumento)* ropa, vestidos *mpl*; *(merce)* mercadería; ~ **da matti** o **da chiodi** *(fam)* cosa de locos.

ro'busto, a *ag* robusto(a), fuerte; *(catena)* resistente, sólido(a).

'rocca, che *sf (fortezza)* fortaleza; *(arnese)* rueca.

roc'chetto [-k'k-] *sm (di filo)* carretel *m*.

'roccia, ce ['rɔttʃa] *sf* roca, peñasco.

ro'daggio [-ddʒo] *sm* rodaje *m*.

ro'dare *vt* rodar.

rodi'tore *sm* roedor *m*.

rodo'dendro *sm* rododendro.

'rogna [-ɲɲa] *sf (MED)* sarna; *(fig)* engorro, molestia.

ro'gnone [-ɲ'ɲ-] *sm* riñón *m*.

ro'gnoso, a [-ɲ'ɲ-] *ag (MED)* sarnoso(a); *(fig)* molesto(a), engorroso(a).

'rogo, ghi *sm* hoguera.

rol'lio [-l'l-] *sm* balanceo.

'Roma *sf* Roma.

Roma'nia *sf* Rumania.

ro'manico, a, ci, che *ag* románico(a).

ro'mano, a *ag, sm/f* romano(a); **fare alla** ~**a** pagar cada cual su parte.

romanti'cismo [-'tʃ-] *sm* romanticismo.

ro'mantico, a, ci, che *ag* romántico(a).

ro'manza [-dza] *sf (componimento)* romance *m*; *(MUS)* romanza.

roman'zesco, a schi, sche [-'dz-] *ag* novelesco(a).

romanzi'ere [-'dz-] *sm* novelista *m*.

ro'manzo, a [-dzo] *ag* romance // *sm (opera medievale)* romance *m*; *(opera moderna)* novela; ~ **d'appendice** folletín *m*; ~ **giallo** novela policial.

rom'bare *vi* zumbar, retumbar.

'rombo *sm (di motore)* zumbido; *(di cannone)* estruendo; *(MAT)* rombo; *(ZOOL)* rodaballo.

'rompere *vt* romper; *(fig: interrompere)* interrumpir, romper; *(: violare)* romper, violar // *vi* romper; ~**rsi** *vr* romperse; ~ **le scatole** o **l'anima a qd** *(fam)* dar el follón a alguien.

rompi'capo *sm (preoccupazione)* quebradero de cabeza; *(enigma)* adivinanza, rompecabezas *m inv*.

rompi'collo [-llo] *sm* tarambana *m*; **a** ~ *av* a tontas y a locas.

rompighi'accio [-tʃʃo] *sm* rompehielos *m inv*.

rompi'scatole *sm/f inv (fam)* pesado/a, follón/ona, hinchabolas *m/f inv (spec AM)*.

'ronda *sf* ronda.

ron'della [-lla] *sf* arandela.

'rondine *sf* golondrina.

ron'done *sm* vencejo.

ron'zare [-'dz-] *vi* zumbar; ~ **intorno a qd** *(fig)* dar vueltas alrededor de uno.

ron'zino [-d'z-] *sm* rocín *m*.

ron'zio, zii [-'dz-] *sm* zumbido.

'rosa *sf (BOT)* rosa; *(fig)* grupo // *ag inv, sm inv (colore)* rosa (*m*); ~ **dei venti** rosa de los vientos.

ro'saio *sm* rosal *m*.

ro'sario *sm* rosario.

ro'sato, a *ag* rosado(a) // *sm (vino)* clarete *m*, rosado.

'roseo, a *ag* rosado(a); *(fig: avvenire)* rosa, halagüeño(a).

ro'setta *sf (pagnotta)* pan *m* roseta; *(rondella)* arandela; *(diamante)* diamante *m* rosa.

rosicchi'are [-k'k-] *vt* roer.

rosma'rino *sm* romero.

'roso, a *pp di* **rodere**.

roso'lare *vt* soasar.

roso'lia *sf* sarampión *m*.

ro'solio *sm* rosolí *m*.

ro'sone *sm* rosetón *m*.

'rospo *sm* sapo.

ros'setto *sm* (*per guance*) colorete *m*; (*per labbra*) lápiz *m* de labios.

'rosso, 'a *ag* (*colore*) rojo(a); (*capelli, peli*) pelirrojo(a) // *sm* (*colore*) rojo // *sm/f* (*di capelli, POL*) rojo/a; ~ d'uovo yema.

ros'sore *sm* rubor *m*.

rosticce'ria [-tʃ-] *sf* tienda de asados.

'rostro *sm* (*becco*) pico; (*sperone*) espolón *m*.

ro'tabile *ag* (*FERR*): **materiale** ~ material móvil.

ro'taia *sf* (*solco*) surco; (*FERR*) vía.

ro'tare *vi* girar; (*volare a larghe ruote*) rodar, dar vueltas // *vt* torcer.

rota'torio, a *ag* giratorio(a), circular.

rotazi'one [-'ts-] *sf* rotación *f*.

rote'are *vi* (*aus essere*) (*uccello*) dar vueltas, cernerse // *vt* voltear, mover.

ro'tella [-lla] *sf* ruedita, ruedecilla; (*di meccanismo*) rodillo.

roto'lare *vt* hacer rodar // *vi* (*aus essere*) rodar; ~rsi *vr* revolcarse.

'rotolo *sm* rollo; **andare a** ~**i** (*fig*) salir mal, malograrse.

ro'tondo, a *ag* redondo(a) // *sf* rotonda.

ro'tore *sm* rotor *m*.

'rotta *sf* rumbo, dirección *f*; (*MIL*) derrota; **a** ~ **di collo** precipitadamente; **essere in** ~ **con qd** (*fig*) estar enojado con alguien.

rot'tame *sm* resto, residuo; (*di nave*) restos; (*macchina vecchia*) cacharro; (*fig: persona*) ruina, deshecho; ~**i** *mpl* (*diferro*) chatarra.

'rotto, a *pp di* rompere // *ag* roto(a), quebrado(a); (*lacerato*) desgarrado(a), roto(a); (*pesto: ossa*) molido(a), roto(a); ~ **a** (*persona: pratico, abituato*) práctico para; **per il** ~ **della cuffia** (*fig*) a gatas, milagrosamente.

rot'tura *sf* rotura, ruptura; (*fig: violazione*) ruptura, violación *f*; (*: cessazione di rapporti*) ruptura; (*MED*) fractura; (*fam: seccatura*) molestia, fastidio.

ro'vente *ag* incandescente, muy caliente.

'rovere *sm* roble *m*.

rovesci'are [-ʃʃ-] *vt* volcar; (*capovolgere, gettare a terra*) derribar; (*fig: governo*) derribar, hacer caer; (*rivoltare: tasche*) volver al revés; (*piegare all'indietro*) volver, doblar; ~**rsi** *vr* (*vaso etc*) volcarse; (*macchina*) darse vuelta, volcar; (*liquido*) volcarse.

ro'vescio, sci [-ʃʃo] *sm* (*di stoffa, moneta*) reverso; (*della mano*) dorso; (*di pioggia*) chaparrón *m*, aguacero; (*fig: danno*) revés *m*, pérdida; (*MAGLIA: anche*: **punto** ~) revés *m*; (*TENNIS*) revés *m*; **a** ~ al revés.

ro'vina *sf* ruina; (*fig: disfacimento*) ruina, derrumbe *m*; (*: cosa, persona*) calamidad *f*; ~**e** *fpl* ruinas *fpl*; **andare in** ~ arruinarse.

rovi'nare *vi* (*aus essere*) caer, derrumbarse // *vt* arruinar; ~**rsi** *vr* arruinarse.

rovi'noso, a *ag* desastroso(a).

rovi'stare *vt* revolver, hurgar.

'rovo *sm* zarza.

'rozzo, a [-ddzo] *ag* (*non rifinito*) burdo(a), ordinario(a); (*fig*) bruto(a), grosero(a).

'ruba *sf*: **andare a** ~ venderse rápidamente.

ru'bare *vt*: ~ **qc a qd** robar algo a alguien; ~ **sul peso** robar en el peso.

rubi'condo, a *ag* rubicundo(a).

rubi'netto *sm* grifo.

ru'bino *sm* rubí *m*.

'rubrica, che *sf* (*RADIO, TV, STAMPA*) sección *f*; (*quadernetto*) libretita de direcciones; ~ **telefonica** guía telefónica.

'rude *ag* grosero(a), rudo(a).

'rudere *sm* (*fig*) ruina; ~**i** *mpl* ruinas *fpl*.

rudimen'tale *ag* rudimental.

rudi'menti *smpl* nociones *fpl* elementales.

ruffi'ano, a *sm/f* alcahuete/a.

'ruga, ghe *sf* arruga.

'ruggine [-ddʒ-] *sf* herrumbre *f*.

rug'gire [-'dʒ-] *vi* rugir.

rug'gito [-'dʒ-] *sm* rugido.

rugi'ada [-'dʒ-] *sf* rocío.

ru'goso, a *ag* arrugado(a).

rul'lare [-l'l-] *vi* (*tamburo*) redoblar; (*AER*) correr, desplazarse.

rul'lino [-l'l-] *sm* rollo.

'rullo [-llo] *sm* (*di tamburo*) redoble *m*; (*di macchina da scrivere*) rodillo; (*FOTO*) rollo, película; ~ **compressore** apisonadora.

rum *sm* ron *m*.

ru'meno, a *ag, sm/f* rumano(a).

rumi'nante *ag* rumiante; ~**i** *smpl* rumiantes *mpl*.

rumi'nare *vi* rumiar.

ru'more *sm* ruido; (*fig*) rumor *m*, noticia.

rumoreggi'are [-d'dʒ-] *vi* hacer ruido.

rumo'roso, a *ag* ruidoso(a), rumoroso(a).

ru'olo *sm* (*elenco*) lista, catálogo; (*TEATRO*) papel *m*, parte *f*; (*fig*) parte *f*, función *f*; **essere di** ~ ser de carrera.

ru'ota *sf* rueda; **a** ~ (*forma*) circular; ~ **anteriore/posteriore** rueda delantera/trasera; ~ **di scorta** rueda de auxilio.

ruotare *etc* = rotare *etc*.

'rupe *sf* roca, peñasco.

ru'rale *ag* rural.

ru'scello [ruʃ'ʃello] *sm* arroyuelo.

'ruspa *sf* excavadora.

ru'spante *ag* triguero(a).

rus'sare *vi* roncar.

'Russia *sf* Rusia.

'russo, a *ag, sm/f* ruso(a).

'rustico, a, ci, che *ag* rústico(a), tosco(a); (*fig*) grosero(a) // *sm* casa de campo.

'ruta *sf* ruda.
rut'tare *vi* eructar.
'rutto *sm* eructo.
'ruvido, a *ag* áspero(a)
ruzzo'lare [-tts-] *vi* (*aus* **essere**) derrumbarse, rodar.
ruzzo'lone [-tts-] *sm* caída, resbalón *m*.
ruzzo'loni [-tts-] *av* a tumbos.

S

S. (*abbr di sud*) S.
'sabato *sm* sábado.
'sabbia *sf* arena.
sabbi'oso, a *ag* arenoso(a).
sabo'taggio [-ddʒo] *sm* sabotaje *m*.
sabo'tare *vt* sabotear.
'sacca, che *sf* bolsa, saco; (*insenatura*) ensenada; (*cavità*) saco.
sacca'rina *sf* sacarina.
sac'cente [-t'tʃ-] *ag* sabihondo(a), presumido(a).
saccheggi'are [sakked'dʒare] *vt* saquear, robar.
sac'cheggio [sak'keddʒo] *sm* saqueo.
'sacco, chi *sm* bolsa; (ANAT. BOT. ZOOL) saco; (*saccheggio*) saqueo; (*fig*) montón *m*; **~ a pelo** bolsa de dormir.
sacer'dote [-tʃ-] *sm* sacerdote *m*.
sacra'mento *sm* sacramento.
sacrifi'care *vt* sacrificar; **~rsi** *vr* sacrificarse.
sacri'ficio [-tʃo] *sm* sacrificio.
sacri'legio [-dʒo] *sm* sacrilegio.
'sacro, a *ag* sagrado(a).
'sadico, a, ci, che *ag* sádico(a) // *sm/f* sádico(a).
sa'dismo *sm* sadismo.
sa'etta *sf* rayo.
sag'gezza [sad'dʒettsa] *sf* sabiduría, juicio.
saggi'are [-d'dʒ-] *vt* (*metalli*) aquilatar; (*provare*) probar.
'saggio, gi, ge ['saddʒo] *ag* sabio(a), cuerdo(a) // *sm* (*persona*) sabio; (*campione*) muestra; (*ricerca*) ensayo, estudio.
Sagit'tario [-dʒ-] *sm* Sagitario.
'sagoma *sf* perfil *m*; (*modello*) figura, modelo.
'sagra *sf* verbena.
sagre'stano *sm* sacristán *m*.
sagre'stia *sf* sacristía.
'saio *sm* cogulla.
'sala *sf* sala, salón *m*; **~ d'aspetto** sala de espera; **~ da ballo** salón *m* de baile; **~ operatoria** sala de operaciones; **~ da pranzo** comedor *m*.
sala'mandra *sf* salamandra.
sa'lame *sm* salame *m*.
sala'moia *sf* salmuera.
sa'lare *vt* salar.

salari'ato, a *sm/f* asalariado/a.
sa'lario *sm* salario, paga.
sa'lato, a *ag* salado(a); (*fig*) caro(a).
sal'dare *vt* soldar; (*conto, fattura*) saldar.
salda'tura *sf* soldadura.
sal'dezza [-ttsa] *sf* firmeza, solidez *f*.
'saldo, a *ag* robusto(a), resistente; (*stabile*) sólido(a), firme // *sm* (*svendita*) saldo, liquidación *f*; (*cifra da pagare*) saldo.
'sale *sm* sal *f*; (*fig*) cordura, juicio.
'salice [-tʃe] *sm* sauce *m*.
sali'ente *ag* importante, notable.
sali'era *sf* salero.
sa'lino, a *ag* salino(a) // *sf* salina.
sa'lire *vi* (*aus* **essere**) subir; (*fig: fama, prestigio*) ascender; (*prezzi, livello*) subir, aumentar // *vt* subir; **~ su** subir o trepar a.
sa'lita *sf* subida; (*erta, strada*) cuesta, subida.
sa'liva *sf* saliva.
'salma *sf* cadáver *m*, despojos.
sal'mastro, a *ag* salobre.
salmì *sm* salmorejo.
'salmo *sm* salmo.
sal'mone *sm* salmón *m*.
sa'lotto *sm* sala, salón *m*.
sal'pare *vi* (*aus* **essere**) zarpar; **~ l'ancora** levar el ancla.
'salsa *sf* salsa; **~ di pomodoro** salsa de tomates.
sal'sedine *sf* salinidad *f*.
sal'siccia, ce [-tʃa] *sf* salchicha.
sal'tare *vi* saltar; (*scoppiare*) explotar, estallar; (*salire*) saltar, trepar // *vt* (*ostacolo*) saltar, salvar; (*fig: pranzo, capitolo*) saltar, pasar por alto; (CUC) saltear; **~ fuori da** (*apparire*) salir improvisamente de.
saltel'lare [-l'l-] *vi* retozar, brincar.
'salto *sm* salto; (*dislivello*) desnivel *m*; (*fig*) salto, cambio; **fare un ~ in città/da qd** hacerse una escapada a la ciudad/a lo de alguien; **fare o spiccare un ~** pegar o dar un salto; **~ in lungo/alto/con l'asta** salto de longitud/de altura/con pértiga.
saltu'ario, a *ag* saltuario(a).
salume'ria *sf* salchichería.
sa'lumi *smpl* embutidos *mpl*.
salu'tare *ag* saludable // *vt* saludar; (*accogliere*) aclamar; **~rsi** *vr* saludarse.
sa'lute *sf* salud *f*; **~!** ¡salud!
sa'luto *sm* saludo; **distinti ~i** (COMM) saludo a Usted muy atentamente.
salvacon'dotto *sm* salvaconducto.
salva'gente [-dʒ-] *sm* (NAUT) salvavidas *m inv*; (*stradale*) refugio.
salvaguar'dare [-gw-] *vt* defender, salvaguardar.
sal'vare *vt* salvar; (*proteggere*) proteger, defender; **~rsi** *vr* salvarse.
salva'taggio [-ddʒo] *sm* salvataje *m*.
salva'tore, 'trice *sm/f* salvador/a.
'salve *escl* (*fam*) ¡hola!

sal'vezza [-ttsa] *sf* salvación *f*.
'salvia *sf* salvia.
'salvo, a *ag* salvo(a), ileso(a) // *prep* salvo, excepto; ~ **che** *cong* salvo que; ~ **errore od omissione** salvo error u omisión.
sam'buca *sf* anisete *m*.
sam'buco *sm* saúco.
sa'nare *vt* sanear.
sana'torio *sm* sanatorio.
san'cire [-tʃ-] *vt* sancionar, ratificar.
'sandalo *sm* (BOT) sándalo; (*calzatura*) sandalia.
'sangue [-gwe] *sm* sangre *f*; **farsi cattivo** ~ hacerse mala sangre; ~ **freddo** (*fig*) sangre fría.
sangu'igno, a [-'gwiɲɲo] *ag* sanguineo(a).
sangui'nare [-gw-] *vi* sangrar.
sangui'noso, a [-gw-] *ag* ensangrentado(a); (*cruento*) sangriento(a).
sangui'suga [-gw-] *sf* sanguijuela.
sanità *sf* sanidad *f*; **Ministero della S~** Ministerio de Salud Pública.
sani'tario, a *ag* sanitario(a) // *sm* médico.
'sano, a *ag* sano(a); (*fig: educazione, ambiente*) honesto(a), recto(a); **di** ~**a pianta** de cabo a rabo.
santifi'care *vt* santificar, canonizar.
santità *sf* santidad *f*; **Sua/Vostra S~** Su Santidad.
'santo, a *ag* (*seguito da nome proprio: dav sm* **san** + *C*, **sant'** + *V*, **santo** + *s impura. gn. pn. ps. x. z; dav sf* **santa** + *C*, **sant'** + *V*) san, santo(a) // *sm/f* santo/a.
santu'ario *sm* santuario.
sanzi'one [-'ts-] *sf* sanción *f*.
sa'pere *vt* saber // *vi*: ~ **di** (*aver sapore*) tener sabor a, saber a; (*aver odore*) oler a; **mi sa che non è vero** me parece que no es verdad // *sm* saber *m*.
sapi'enza [-tsa] *sf* sabiduría.
sa'pone *sm* jabón *m*; ~ **da bucato** jabón *m* de lavar.
sapo'netta *sf* jabón *m* de tocador.
sa'pore *sm* sabor *m*.
sapo'rito, a *ag* sabroso(a), gustoso(a).
sara'ceno, a [-tʃ-] *ag* sarraceno(a); **grano** ~ alforfón *m*, trigo sarraceno.
saraci'nesca [-tʃ-] *sf* cortina metálica.
sar'casmo *sm* sarcasmo.
Sar'degna [-ɲɲa] *sf* Cerdeña.
sar'dina *sf* sardina.
'sardo, a *ag, sm/f* sardo(a).
sar'donico, a, ci, che *ag* sardónico(a).
'sarto, a *sm/f* sastre *m*/modista.
sarto'ria *sf* sastrería.
sassai'ola *sf* pedrea.
sas'sifraga *sf* saxifraga.
'sasso *sm* piedra, cascote *m*.
sas'sofono *sm* saxofón *m*.
sas'soso, a *ag* pedregoso(a).
'Satana *sm* Satanás *m*.

sa'tanico, a, ci, che *ag* (*fig*) diabólico(a), perverso(a).
sa'tellite [-ll-] *ag, sm* satélite (*m*).
'satira *sf* sátira.
sa'tirico, a, ci, che *ag* satírico(a).
satu'rare *vt* saturar.
saturazi'one [-t'ts-] *sf* saturación *f*.
'saturo, a *ag* saturado(a); ~ **di** (*fig*) lleno(a) de.
S.A.U.B. *sf* (*abbr di Struttura Amministrativa Unificata di Base*) ≈ Seguridad Social.
savoi'ardo *sm* bizcocho saboyano.
sazi'are [-t'ts-] *vt* saciar; (*fig*) satisfacer; ~**rsi** *vr*: ~**rsi di** saciarse de.
sazietà [-tts-] *sf* saciedad *f*, hartura; **mangiare a** ~ comer hasta hartarse.
'sazio, a [sattsjo] *ag*: ~ (**di**) lleno(a) o harto(a) (de); (*completamente appagato*) harto(a), cansado(a).
sba'dato, a *ag* descuidado(a), distraído(a).
sbadigli'are [-ʎʎ-] *vi* bostezar.
sba'diglio [-ʎʎo] *sm* bostezo.
sbagli'are [-ʎʎ-] *vt* equivocar, errar; (*persona, strada*) confundir, equivocar // *vi* equivocarse; ~**rsi** *vr* equivocarse.
'sbaglio [-ʎʎo] *sm* error *m*, equivocación *f*; (*colpa morale*) falta.
sbal'lare [-l'l-] *vt* desembalar // *vi* (*aus essere*) (*al gioco*) perder.
sballot'tare [-ll-] *vt* agitar, tambalear.
sbalor'dire *vt* asombrar, sorprender.
sbalor'ditivo, a *ag* asombroso(a), increíble; (*esagerato*) exagerado(a).
sbal'zare [-'ts-] *vt* hacer saltar, lanzar; (*modellare*) repujar.
'sbalzo [-tso] *sm* salto, vuelco; (*di temperatura*) cambio; (*arte*) repujado; **procedere a** ~**i** avanzar dando tumbos.
sban'dare *vi* (NAUT) escorar, inclinarse; (AUTO) ladearse.
sban'dato, a *ag, sm/f* descarriado(a), inadaptado(a).
sbandie'rare *vt* agitar; (*fig*) ostentar, alardear.
sbaragli'are [-ʎʎ-] *vt* derrotar, vencer.
sba'raglio [-ʎʎo] *sm* derrota, fuga; **mandare qd allo** ~ exponer a alguien a un peligro; **gettarsi** o **buttarsi allo** ~ arriesgarlo todo.
sbaraz'zarsi [-t'ts-] *vr*: ~**rsi di** liberarse de.
sbar'care *vt* desembarcar, descargar // *vi* (*aus essere*) desembarcar, bajar; ~ **il lunario** (*fig*) vivir al día.
'sbarco *sm* (*di merce*) desembarque *m*; (*di persone*) desembarco.
'sbarra *sf* barrera; (*bastone, spranga*) barrote *m*; (*di aula di tribunale*) barra, barandilla; (SPORT) barra.
sbarra'mento *sm* barrera, obstáculo.
sbar'rare *vt* (*chiudere con sbarre*) cerrar, obstruir; (*impedire l'accesso*) atajar,

interceptar; (*spalancare: occhi*) abrir, desencajar; (*assegno*) cruzar.

'sbattere vt (*porta*) cerrar violentamente; (*panni, tappeti*) sacudir, desempolvar; (*urtare*) golpear, chocar; (*cuc*) batir // vi golpearse; (*urtare contro*) estrellarse, chocar.

sbat'tuto, a ag (*colorito, espressione*) pálido(a), extenuado(a); (*uovo*) batido(a).

sba'vare vi babear.

sbia'dire vt descolorar // vi (*anche:* ~**rsi**) desteñirse, descolorarse.

sbia'dito, a ag (*fig*) desteñido(a), soso(a).

sbian'care vt blanquear // vi (*aus essere*) palidecer.

sbi'eco, a, chi, che ag torcido(a), oblicuo(a); **di** o **per** ~ al sesgo o bies.

sbigot'tire vt asustar, apabullar // vi (*aus essere*) (*anche:* ~**rsi**) anonadarse, estremecerse.

sbilanci'are [-'tʃ-] vt desequilibrar; ~**rsi** vr (*fig*) comprometerse.

sbirci'are [-'tʃ-] vt mirar de reojo.

'sbirro sm (*peg*) polizonte m, cana m (*spec AM*).

sbizzar'rirsi [-ddz-] vr desahogarse, sacarse el gusto.

sbloc'care vt liberar.

'sblocco sm liberalización f.

sboc'care vi (*aus essere*) desembocar; (*fig*) concluirse.

sboc'cato, a ag deslenguado(a), grosero(a).

sbocci'are [-t'tʃ-] vi (*aus essere*) abrirse, florecer.

'sbocco, chi sm (*di fiume*) desembocadura; (*di strada*) bocacalle f; (*ECON*) mercado, salida.

sbol'lire [-l'l-] vi (*aus essere*) (*fig*) calmarse.

'sbornia sf (*fam*) borrachera, mona.

sbor'sare vt desembolsar.

sbot'tare vi (*aus essere*) estallar, prorrumpir.

sbotto'nare vt desabrochar; ~**rsi** vr desabrocharse; (*fig*) desahogarse.

sbracci'ato, a [-t'tʃ-] ag (*abito*) sin mangas; de mangas cortas; (*persona*) con los brazos descubiertos.

sbrai'tare vi desgañitarse, gritar.

sbra'nare vt despedazar, descuartizar.

sbricio'lare [-tʃ-] vt desmenuzar, desmigajar; ~**rsi** vr desmigajarse.

sbri'gare vt despachar, concluir; ~**rsi** vr darse prisa, apurarse.

sbriga'tivo, a ag rápido(a), expeditivo(a).

sbrindel'lato, a [-l'l-] ag harapiento(a), roto(a).

sbrodo'lare vt manchar, ensuciar; ~**rsi** vr mancharse, volcarse encima.

sbrogli'are [-ʎ'ʎ-] vt desenredar; (*fig*) resolver.

'sbronza [-tsa] sf (*fam*) borrachera, chupa (*spec AM*).

sbruf'fone sm fanfarrón m.

sbu'care vi (*aus essere*) aparecer, salir improvisamente.

sbucci'are [-t'tʃ-] vt pelar, mondar; (*braccio, ginocchio*) raspar, desollar.

sbudel'lare [-l'l-] vt (*animale*) destripar; (*fig: persona*) acuchillar, despanzurrar.

sbuf'fare vi (*persona, cavallo*) resoplar; (*treno*) echar humo.

'sbuffo sm resoplido; (*di treno*) bocanada; **a** ~ (*manica*) abullonado(a).

'scabbia sf sarna.

'scabro, a ag áspero(a), escabroso(a).

scabrosità sf aspereza; (*fig*) escabrosidad f.

sca'broso, a ag áspero(a), escabroso(a); (*fig*) escabroso(a), escandaloso(a).

scacchi'era [-k'k-] sf tablero.

scacci'are [-t'tʃ-] vt echar; (*fig*) ahuyentar, desechar.

'scacco, chi sm (*pezzo del gioco*) pieza; (*quadretto di scacchiera*) casilla; (*fig*) derrota; ~**chi** mpl ajedrez m; **a** ~**chi** (*tessuto*) a cuadros; **giocare a** ~**chi** jugar al ajedrez.

scacco'matto sm jaque m mate.

sca'dente ag ordinario(a).

sca'denza [-tsa] sf (*di cambiale, contratto*) vencimiento; (*di pagamento, impegno*) plazo; **a breve/lunga** ~ a corto/largo plazo.

sca'dere vi (*aus essere*) (*contratto, bollo*) vencerse; (*decadere*) decaer, empeorar.

sca'fandro sm escafandra.

scaf'fale sm anaquel m, estante m.

'scafo sm casco.

scagio'nare [-dʒ-] vt (*da colpa*) excusar, perdonar; (*da accusa*) sobreseer.

'scaglia [-ʎʎa] sf (*ZOOL*) escama; (*frammento, scheggia*) astilla, esquirla.

scagli'are [-ʎ'ʎ-] vt lanzar, arrojar; ~**rsi** vr: ~**rsi su** o **contro qd** lanzarse o arrojarse contra alguien; ~**rsi contro qd** (*fig*) encarnizarse con alguien.

scaglio'nare [-ʎʎ-] vt (*MIL*) repartir; (*pagamenti*) escalonar.

scagli'one [-ʎ'ʎ-] sm (*MIL*) grupo, reparto; (*ECON*) escalafón m.

'scala sf escalera; (*MUS, di colori o valori*) escala; ~**e** fpl escalinata, escalera; **su grande** ~/~ **ridotta** en gran/pequeña escala; ~ **mobile** escalera mecánica; ~ **mobile dei salari** (*ECON*) escala móvil de salarios.

sca'lare vt escalar; (*somma*) restar, descontar.

sca'lata sf escalada.

scala'tore, 'trice sm/f escalador/a.

scalda'bagno [-ɲɲo] sm calentador m de baño, termo.

scal'dare vt calentar; ~**rsi** vr calentarse; (*fig*) apasionarse.

scaldavi'vande sm inv calientaplatos m inv.

scal'fire vt rasguñar, arañar.

scali'nata sf escalinata.

sca'lino sm escalón m; (fig) grado.

'scalmo sm tolete m, escálamo.

'scalo sm escala; **fare** ~ hacer escala; ~ **merci** (FERR) apartadero para mercaderías.

scalop'pina sf escalope m.

scal'pello [-llo] sm cincel m; (di scultore) escoplo; (MED) escalpelo.

scal'pore sm ruido.

'scaltro, a ag vivo(a), astuto(a).

scal'zare [-'ts-] vt (pianta) excavar, desarraigar; (fig: autorità) socavar, minar; (: collega) quitar el puesto a.

'scalzo, a [-tso] ag descalzo(a).

scambi'are vt cambiar; (opinioni) intercambiar; (confondere): ~ **qd/qc per** tomar a alguien/ algo por; ~ **quattro parole** conversar, echar un párrafo; ~**rsi** vr (auguri) darse; (confidenza) hacerse; (visite) visitarse.

scambi'evole ag mutuo(a), recíproco(a).

'scambio sm cambio, trueque m; (FERR) aguja.

scampa'gnata [-ɲ'ɲ-] sf excursión f campestre.

scam'pare vt (evitare) evitar // vi (aus essere) escaparse, salvarse; **scamparla bella** salvarse por milagro.

'scampo sm salvación f; (ZOOL) cigala, langostino.

'scampolo sm retazo.

scanala'tura sf surco, ranura.

scandagli'are [-ʎ'ʎ-] vt sondear.

scan'daglio [-ʎʎo] sm (strumento) sonda; (atto) sondeo.

scandaliz'zare [-d'dz-] vt escandalizar; ~**rsi** vr escandalizarse.

'scandalo sm escándalo.

scanda'loso, a ag escandaloso(a).

Scandi'navia sf Escandinavia.

scan'dire vt destacar.

scan'nare vt degollar.

'scanno sm escaño, asiento.

scansafa'tiche [-ke] sm/f inv haragán/ana.

scan'sare vt (schiaffo, colpo) esquivar; (fatica, persona) rehuir, evitar; ~**rsi** vr apartarse, hacerse a un lado.

scan'sia sf estante m.

'scanso sm: **a** ~ **di** para evitar.

scanti'nato sm sótano.

scanto'nare vi doblar, escabullirse.

scapacci'one [-t'tʃ-] sm pescozón m.

scape'strato, a ag desenfrenado(a).

'scapito sm: **a** ~ **di** qc/qd en detrimento de algo/alguien.

'scapola sf omoplato, paleta.

'scapolo ag soltero // sm soltero, solterón m.

scappa'mento sm escape m.

scap'pare vi (aus essere) escapar, fugarse; (andar via in fretta) marcharse, correr; **lasciarsi** ~ (occasione) perder, dejar escapar; (parola) escapársele; ~ **di mano** resbalársele, caérsele; ~ **di mente** irse de la memoria, olvidársele.

scap'pata sf escapada, huida.

scappa'tella [-lla] sf calaverada, escapada.

scappa'toia sf escapatoria, expediente m.

scappel'lotto [-l'l-] sm coscorrón m.

scara'beo sm escarabajo.

scarabocchi'are [-k'kj] vt garabatear.

scara'bocchio [-kkjo] sm garabato.

scara'faggio [-ddʒo] sm cucaracha.

scaraven'tare vt arrojar, tirar.

scarce'rare [-tʃ-] vt excarcelar, liberar.

scardi'nare vt desquiciar.

'scarica, che sf (di armi, elettricità) descarga; (di sassi, pugni) andanada, lluvia.

scari'care vt (merci, camion) descargar; (arma) disparar; (sog: corso d'acqua) desaguar; (fig) liberar; ~**rsi** vr descargarse; (fig) relajarse; (fulmine, tuono) caer; (orologio) pararse.

scarica'tore sm descargador m.

'scarico, a, chi, che ag descargado(a); (vuoto) vacío(a); (orologio) sin cuerda // sm (di merci, materiali) descarga; (di rifiuti, immondizie) vaciado; (TECN) desagüe m; (AUTO) escape m; (COMM) descargo.

scarlat'tina sf escarlatina.

scar'latto, a ag escarlata.

'scarno, a ag (magro, esile) flaco(a), enjuto(a); (fig: povero) pobre, escaso.

'scarpa sf zapato; **fare le** ~**e a** qd (fig) comportarse hipócritamente con alguien; ~**e da tennis** zapatillas de tennis.

scar'pata sf declive m.

scarseggi'are [-d'dʒ-] vi escasear.

scar'sezza [-ttsa] sf escasez f, falta.

'scarso, a ag escaso(a), insuficiente.

scarta'mento sm (FERR) vía; **a** ~ **ridotto** (fig) de tamaño reducido.

scar'tare vt (pacco, involucro) desenvolver; (idea, progetto) eliminar, descartar; (CARTE) descartar; (SPORT) driblar // vi desviar, ladearse.

'scarto sm eliminación f; (CARTE) descarte m; (deviazione) desviación f; (materiale inutile) desecho; (distacco) ventaja, diferencia.

scassi'nare vt forzar.

'scasso sm (DIR) efracción f; **furto con** ~ robo con efracción.

scate'nare vt desencadenar; ~**rsi** vr (fig: sollevarsi) sublevarse, rebelarse; (: pioggia, tempesta) desencadenarse, largarse.

'scatola sf caja; **in** ~ en conserva o lata; ~ **cranica** cráneo.

scat'tare vt (FOTO) sacar // vi (aus essere) (meccanismo) andar, funcionar;

(*aumentare la velocità*) acelerar, picar;
(*fig*) enfurecerse; ~ **in piedi** ponerse
de pie.

'**scatto** *sm* disparador *m*; (*di arma da
fuoco*) gatillo; (*balzo*) salto;
(*accelerazione*) aceleración *f*; (*fig: di ira*)
arrebato, impulso;
(: *d'anzianità, di stipendio*) ascenso; **di** ~
de repente.

scatu'rire *vi* (*aus essere*) brotar,
manar; (*fig*) derivarse, provenir.

scaval'care *vt* salvar, saltar; (*qd:
superare*) aventajar, dejar atrás.

sca'vare *vt* cavar, excavar; (*legno,
tronco*) vaciar, ahuecar.

'scavo *sm* excavación *f*.

'scegliere ['ʃeʎʎere] *vt* elegir, escoger;
(*preferire*) preferir.

sce'icco, chi [ʃ-] *sm* jeque *m*.

scelle'rato, a [ʃell-] *ag* perverso(a),
malvado(a).

scel'lino [ʃel'lino] *sm* chelín *m*.

'scelto, a ['ʃ-] *pp di* scegliere // *ag*
selecto(a); (*tiratore*) de primera // *sf*
elección *f*; (*parte migliore*) selección *f*;
(*assortimento*) surtido; **di**
prima/seconda ~a (*COMM*) de
primera/segunda calidad.

'scemo, a ['ʃ-] *ag* tonto(a), bobo(a).

'scempio ['ʃ-] *sm* estrago,
violencia; (*fig*) vergüenza, mancilla.

'scena ['ʃ-] *sf* escena; ~e *fpl* escándalo,
alboroto; (*fig*) representarse;
calcare le ~e (*TEATRO*) pisar las tablas.

sce'nario [ʃ-] *sm* escenario

sce'nata [ʃ-] *sf* escándalo, escena.

'scendere ['ʃ-] *vi* (*aus essere*) bajar;
(*strada*) descender; (*fig: di grado,
intensità*) disminuir; (: *sera, notte*) caer;
~ (**da**) (*treno, cavallo*) bajar o apearse
(de) // *vt* bajar.

'scenico, a, ci, che ['ʃ-] *ag* escénico(a).

scerve'llato, a [ʃervel'lato] *ag*
descabellado(a), absurdo(a).

scetti'cismo [ʃetti'tʃizmo] *sm*
escepticismo.

'scettico, a, ci, che ['ʃ-] *ag* escéptico(a).

'scettro ['ʃ-] *sm* cetro.

'scheda ['sk-] *sf* ficha; ~
elettorale/bianca papeleta
electoral/blanca.

sche'dare [sk-] *vt* fichar.

'scheggia, ge ['skeddʒa] *sf* astilla.

'scheletro ['sk-] *sm* esqueleto.

'schema, i ['sk-] *sm* esquema *m*,
bosquejo.

sche'matico, a, ci, che [sk-] *ag*
esquemático(a).

'scherma ['sk-] *sf* esgrima.

scher'maglia [sker'maʎʎa] *sf* (*fig*)
discusión *f*, polémica.

'schermo ['sk-] *sm* reparo, defensa; (*CINE.
TV. ELETTR*) pantalla.

scher'nire [sk-] *vt* burlar, escarnecer.

'scherno ['sk-] *sm* escarnio, menosprecio.

scher'zare [sker'tsare] *vi* bromear.

'scherzo ['skertso] *sm* broma; (*MUS*)
capricho; (*fig*) juego de niños; **un brutto**
~ una mala pasada; **per** ~ en broma.

scher'zoso, a [sker'tsoso] *ag* chistoso(a),
burlesco(a).

schiaccia'noci [skjattʃa'notʃi] *sm*
cascanueces *m inv*.

schiacci'are [skjat'tʃare] *vt* aplastar;
(*noci*) romper, cascar; (*dito*) apretar,
magullar; (*fig*) aplastar, destruir; ~**rsi**
vr magullarse; ~ **un pisolino** echar una
cabeceada.

schiaffeggi'are [skjaffed'dʒare] *vt*
abofetear.

schi'affo ['skj-] *sm* bofetada; (*fig*) ofensa,
humillación *f*.

schiamaz'zare [skjamat'tsare] *vi*
cacarear.

schian'tare [skj-] *vt* romper; ~**rsi** *vr*
romperse.

schi'anto [skj-] *sm* ruido, estruendo;
(*fam*) maravilla, belleza.

schia'rire [skj-] *vt* aclarar // *vi* (*aus
essere*)(*anche*: ~**rsi**) aclararse,
desteñir; (*tempo*) despejarse; (*capelli*)
aclararse.

schiavitù [skj-] *sf* esclavitud *f*.

schi'avo, a [skj-] *ag, sm/f* esclavo(a).

schi'ena ['skj-] *sf* espalda; **a** ~ **d'asino** o
di mulo (*ponte, strada*) en escarpa o
subida.

schie'nale [skj-] *sm* respaldo.

schi'era [skj-] *sf* (*MIL*) escuadra, pelotón
m; (*gruppo*) grupo.

schiera'mento [skj-] *sm* formación *f*.

schie'rare [skj-] *vt* formar; ~**rsi** *vr*
alinearse, formarse; (*fig*) alistarse,
ponerse de la parte de.

schi'etto, a [skj-] *ag* (*fig*) franco(a),
sincero(a).

'schifo ['sk-] *sm* asco, repugnancia; **fare**
~ **a** qd dar asco a alguien.

schi'foso, a [sk-] *ag* asqueroso(a),
repugnante; (*scadente*) horrible.

schi'udere ['sk-] *vt* entreabrir; ~**rsi** *vr*
abrirse.

schi'uma ['skj-] *sf* espuma.

schiu'mare [skj-] *vt* espumar // *vi* hacer
espuma.

schi'vare [sk-] *vt* esquivar, evitar.

'schivo, a ['sk-] *ag* esquivo(a), reluctante.

schizo'frenico, a, ci, che [skiddz-] *ag*
esquizofrénico(a).

schiz'zare [skit'tsare] *vt* salpicar,
chorrear; (*fig: abbozzare*) trazar, esbozar
// *vi* (*aus essere*) brotar; (*in acqua*)
saltar; (*dal letto*) saltar, levantarse.

schizzi'noso, a [skitts-] *ag* delicado(a),
melindroso(a).

'schizzo ['skittso] *sm* salpicadura;
(*abbozzo*) bosquejo.

sci [ʃi] *sm* esquí *m*.

'scia, pl 'scie ['ʃia] *sf* (*di imbarcazione*)
estela; (*di profumo, odore*) reguero,
huella.

scià [ʃa] *sm* chá *m*.

sci'abola ['ʃ-] *sf* sable *m.*

scia'callo [ʃa'kallo] *sm* (*zool*) chacal *m*; (*fig*) explotador *m.*

sciac'quare [ʃak'kware] *vt* enjuagar, lavar; ~**rsi** *vr* lavarse.

scia'gura [ʃ-] *sf* (*disgrazia*) desgracia, catástrofe *f*; (*sfortuna*) desventura.

sciagu'rato, a [ʃ-] *ag* desgraciado(a), desdichado(a); (*malvagio*) malvado(a), infame.

scialac'quare [ʃalak'kware] *vt* despilfarrar, derrochar.

scia'lare [ʃ-] *vi* parrandear.

sci'albo, a ['ʃ-] *ag* descolorido(a), pálido(a); (*fig*) insulso(a), insignificante.

sci'alle ['ʃalle] *sm* chal *m.*

scia'luppa [ʃ-] *sf* chalupa.

sci'ame [ʃ-] *sm* (*zool*) enjambre *m*; (*fig*) muchedumbre *f*, multitud *f.*

sci'are [ʃ-] *vi* esquiar.

sci'arpa [ʃ-] *sf* bufanda; (*fascia*) banda.

sci'atica [ʃ-] *sf* ciática.

scia'tore, 'trice [ʃ-] *sm/f* esquiador/a.

sci'atto, a [ʃ-] *ag* (*persona, aspetto*) desaliñado(a), descuidado(a); (*stile, prosa*) chapucero(a).

scien'tifico, a, ci, che [ʃ-] *ag* científico(a).

sci'enza ['ʃentsa] *sf* ciencia.

scienzi'ato, a [ʃen'tsjato] *sm/f* científico/a.

'scimmia ['ʃ-] *sf* mono.

scimmiot'tare [ʃ-] *vt* imitar, remedar.

scimpanzé [ʃimpan'tse] *sm inv* chimpancé *m.*

scimu'nito, a [ʃ-] *ag* estúpido(a).

'scindere ['ʃ-] *vt* dividir, escindir; ~**rsi** *vr* dividirse, escindirse.

scin'tilla [ʃin'tilla] *sf* chispa; (*fig*) motivo, causa.

scintil'lare [ʃintil'lare] *vi* chispear, brillar.

scioc'chezza [ʃok'kettsa] *sf* tontería, estupidez *f*; (*inezia*) tontera, insignificancia.

sci'occo, a, chi, che ['ʃokko] *ag* sonso(a), tonto(a).

sci'ogliere ['ʃɔʎʎere] *vt* (*nodo, nastro*) desatar, deshacer; (*liberare: animale*) soltar, desatar; (: *persona*) soltar, liberar; (*neve, zucchero*) derretir; (*fig: contratto, impegno*) anular, rescindir; (: *seduta, assemblea*) levantar, dar por concluido; ~**rsi** *vr* desatarse; derretirse, disolverse.

sciogli'mento [ʃoʎʎi'mento] *sm* (*dir: di contratto*) rescisión *f*, anulación *f*; (*di assemblea*) disolución *f.*

sciol'tezza [ʃol'tettsa] *sf* soltura, agilidad *f*; (*fig*) desenvoltura.

sci'olto, a ['ʃ-] *pp di* **sciogliere** // *ag* ágil; (*fig*) desenvuelto(a).

sciope'rante [ʃ-] *sm/f* huelguista *m/f.*

sciope'rare [ʃ-] *vi* hacer huelga.

sci'opero ['ʃ-] *sm* huelga; ~ **bianco** trabajo a reglamento.

sci'rocco [ʃ-] *sm* siroco, viento sudeste.

sci'roppo [ʃ-] *sm* jarabe *m.*

'scisma, i ['ʃ-] *sm* cisma *m.*

scissi'one [ʃ-] *sf* escisión *f*; (*fig*) división *f*, escisión *f.*

'scisso, a ('ʃ-] *pp di* **scindere.**

sciu'pare [ʃ-] *vt* gastar, deteriorar; (*dissipare: tempo, denaro*) malgastar, desperdiciar; ~**rsi** *vr* deteriorarse, ajarse; (*deperire*) arruinarse.

scivo'lare [ʃ-] *vi* (*aus* essere) resbalar.

'scivolo [ʃ-] *sm* (*tecn*) plano inclinado; (*gioco*) tobogán *m.*

scle'rosi *sf* esclerosis *f.*

scoc'care *vt* disparar, arrojar // *vi* (*aus* essere) (*scintilla*) saltar, brillar; (*ore*) tocar, dar.

scocci'are [-t'tʃ-] *vt* (*fam*) jorobar, fastidiar; ~**rsi** *vr* (*fam*) perder la paciencia, irritarse.

sco'della [-lla] *sf* tazón *m.*

scodinzo'lare [-ts-] *vi* menear la cola.

scogli'era [-ƙƙ-] *sf* escollera.

'scoglio [-ʎʎo] *sm* escollo; (*fig*) obstáculo, tropiezo.

scoi'attolo *sm* ardilla.

sco'lare *vt* (*fiaschi, bottiglia*) vaciar; (*spaghetti, verdure*) escurrir, colar // *vi* (*aus* essere) escurrir.

scola'resca *sf* alumnado.

sco'laro, a *sm/f* alumno/a.

sco'lastico, a, ci, che *ag* escolar.

scol'lare [-l'l-] *vt* (*staccare*) despegar; ~**rsi** *vr* despegarse.

scol'lato, a [-l'l-] *ag* escotado(a).

scolla'tura [-ll-] *sf* escote *m.*

'scolo *sm* (*di liquidi*) desagüe *m.*

scolo'rire *vt* desteñir // *vi* (*aus* essere)(*anche:* ~**rsi**) desteñirse; (*impallidire*) palidecer.

scol'pire *vt* esculpir.

scombi'nare *vt* desbaratar, arruinar.

scombusso'lare *vt* (*piano, progetto*) desbaratar, hacer fracasar; (*cervello, stomaco*) trastornar.

scom'messa *sf* apuesta.

scom'mettere *vt* apostar.

scomo'dare *vt* molestar, incomodar; ~**rsi** *vr* molestarse.

'scomodo, a *ag* incómodo(a).

scompagi'nare [-dʒ-] *vt* descompaginar.

scompa'rire *vi* (*aus* essere) desaparecer; (*fig*) desmerecer, hacer mal papel.

scom'parsa *sf* desaparición *f*; (*morte*) muerte *f.*

scomparti'mento *sm* compartimiento.

scom'parto *sm* compartimiento.

scompigli'are [-ƙƙ-] *vt* desordenar, desbarajustar; (*fig*) trastornar.

scom'piglio [-ʎʎo] *sm* desbarajuste *m*, desorden *m.*

scom'porre *vt* descomponer; **scomporsi** *vr* turbarse, alterarse.

scom'posto, a pp di **scomporre** // ag (gesto) grosero(a); (capelli) despeinado(a), desgreñado(a).
sco'munica sf excomunión f.
scomuni'care vt excomunicar.
sconcer'tare [-tʃ-] vt desconcertar.
scon'cezza [skon'tʃettsa] sf obscenidad f.
'sconcio, a, ci, che [-tʃ-] ag obsceno(a), vulgar // sm vergüenza, escándalo.
sconfes'sare vt condenar, rechazar.
scon'figgere [-dd3-] vt derrotar, vencer.
sconfi'nare vi atravesar la frontera; (fig): ~ **da** salirse de.
sconfi'nato, a ag infinito(a), ilimitado(a).
scon'fitto, a pp di **sconfiggere** // sf derrota; (fig: insuccesso) fracaso.
scon'forto sm desconsuelo, abatimiento.
scongiu'rare [-d3-] vt (pericolo) conjurar; (implorare) suplicar.
scongi'uro [-'d3-] sm conjuro.
scon'nesso, a pp di **sconnettere** // ag (fig: discorso) incoherente.
sconosci'uto, a [-ʃʃ-] ag desconocido(a), ignorado(a) // sm/f desconocido/a.
sconside'rato, a ag desconsiderado(a).
sconsigli'are [-ʎʎ-] vt desaconsejar.
sconso'lato, a ag desconsolado(a).
scon'tare vt (COMM) descontar; (colpa, pena) cumplir, expiar; (errori) pagar.
scon'tento, a ag descontento(a), disgustado(a) // sm mal humor m, descontento.
'sconto sm descuento.
scon'trarsi vr (veicoli) chocar; (eserciti) enfrentarse; ~ **con** chocar contra; (fig) estar en desacuerdo con.
scon'trino sm ticket m, talón m.
'scontro sm (combattimento) combate m; (di auto, treni) colisión f, choque m; (fig) desacuerdo.
scon'troso, a ag intratable, arisco(a).
scon'volgere [-d3-] vt trastornar; (turbare) apenar, turbar.
scon'volto, a pp di **sconvolgere**.
'scopa sf escoba; (CARTE) juego de naipes.
sco'pare vt barrer.
scoperchi'are [-'kj-] vt (pentola, tegame) destapar; (tetto, casa) destechar.
sco'perto, a pp di **scoprire** // ag abierto(a), descubierto(a) // sf descubrimiento // sm: **dormire allo** ~ dormir al sereno; **agire allo** ~ actuar al descubierto; **assegno/conto** ~ (FIN) cheque/ cuenta en descubierto.
'scopo sm objeto, finalidad f; **a che** ~? ¿para qué?
scoppi'are vi (aus essere) reventar, explotar; (fig: incendio, rivoluzione) estallar; (: persona: cedere) flaquear, ceder; ~ **a piangere/in lacrime** romper a llorar/en llanto; ~ **dalle risa** o **dal ridere** reventar de risa.

'scoppio sm (vedi vb) explosión f; (fig) estallido; **a** ~ **ritardato** (fig) con atraso.
sco'prire vt descubrir; (gambe, braccia) desvestir, descubrir; (lapide, monumento) inaugurar, descubrir; ~**rsi** vr (svestirsi) desabrigarse; (fig) descubrirse, delatarse.
scoraggi'are [-d'd3-] vt desalentar, desanimar; ~**rsi** vr desanimarse.
scorcia'toia [-tʃ-] sf atajo.
'scorcio [-tʃo] sm (ARTE) escorzo; (di secolo, periodo) fines mpl; postrimerías fpl.
scor'dare vt olvidar; ~**rsi** vr: ~**rsi di** olvidarse de.
'scorgere [-d3-] vt divisar.
'scoria sf escoria.
'scorno sm bochorno, vergüenza.
scorpacci'ata [-t'tʃ-] sf atracón m, panzada.
scorpi'one sm escorpión m; **S** ~ (ASTROL) Escorpio.
scorraz'zare [-t'ts-] vi corretear.
'scorrere vt hojear // vi (aus essere) fluir; (tempo) pasar, transcurrir; (anche fig: penna, periodo) deslizarse, fluir.
scor'retto, a ag incorrecto(a), errado(a); (comportamento) incorrecto(a).
scor'revole ag corredizo(a); (fig) fluido(a), fácil.
scorri'banda sf (MIL) incursión f, correría; (escursione) excursión f.
'scorso, a pp di **scorrere** // ag pasado(a) // sf hojeada.
scor'soio, a ag corredizo(a).
'scorta sf escolta; (di viveri, gasolio) reserva, provisión f.
scor'tare vt escoltar.
scor'tese ag descortés.
scorte'sia sf descortesía.
scorti'care vt (animale) desollar; (dito) lastimar; ~**rsi** vr lastimarse, rasparse.
'scorto, a pp di **scorgere**.
'scorza [-dza] sf (di albero) corteza; (di frutto) cáscara.
sco'sceso, a [-ʃʃ-] ag escarpado(a), abrupto(a).
'scosso, a ag alterado(a), turbado(a) // sf (ELETTR) descarga; (balzo) sacudida.
sco'stante ag antipático(a), repulsivo(a).
sco'stare vt apartar, alejar; ~**rsi** vr apartarse.
scostu'mato, a ag indecente, desvergonzado(a).
scot'tare vt quemar // vi quemar; (fig) ser candente; ~**rsi** vr quemarse.
scotta'tura sf quemadura.
'scotto, a ag recocido(a) // sm (fig): **pagare lo** ~ pagarlo caro.
sco'vare vt (selvaggina) desemboscar; (fig) descubrir.
scoz'zese [-t'ts-] ag, sm/f escocés(esa).
scredi'tare vt desacreditar; ~**rsi** vr desacreditarse.

screpo'lare vt agrietar; ~**rsi** vr
agrietarse.

screpola'tura sf grieta.

screzi'ato, a [-t'ts-] ag jaspeado(a).

'screzio [-ttsjo] sm desacuerdo, discordia.

scricchio'lare [-kkj-] vi crujir.

scricchio'lio [-kkj-] sm crujido.

'scrigno [-ɲɲo] sm joyero, cofre m.

scrimina'tura sf raya.

'scritto, a pp di **scrivere** // sm obra //
sf inscripción f, cartel m.

scrit'toio sm escritorio.

scrit'tore, 'trice sm/f escritor/a.

scrit'tura sf escritura; **la Sacra S~**
(REL) la Biblia.

scrittu'rare vt contratar.

scriva'nia sf escritorio.

'scrivere vt escribir.

scroc'cone, a sm/f sablista m/f.

'scrofa sf cerda.

scrol'lare [-'l'l-] vt sacudir, agitar; ~**rsi**
vr sacudirse; ~ **il capo** sacudir la
cabeza; ~ **le spalle** encogerse de
hombros.

scrol'lata [-'l'l-] sf sacudida.

scrosci'are [-ʃʃ-] vi (aus essere) (acqua,
pioggia) caer; (fig) estallar.

'scroscio [-ʃʃo] sm (vedi vb) estruendo;
estallido.

scro'stare vt (muro, intonaco)
descostrar, descascarar; ~**rsi** vr
descascararse.

'scrupolo sm escrúpulo.

scrupo'loso, a ag escrupuloso(a).

scru'tare vt escrutar, averiguar.

scruta'tore, 'trice sm/f escrutador/a.

scru'tinio sm escrutinio.

scu'cire [-'tʃ-] vt descoser; ~**rsi** vr
descoserse.

scude'ria sf caballeriza; (di cavalli da
corsa) cuadra; (AUTO) escudería.

scu'detto sm (SPORT) campeonato;
(distintivo) distintivo.

'scudo sm escudo; **farsi** ~ **di qd/con**
qc escudarse en alguien/algo.

scul'tore, 'trice sm/f escultor/a.

scul'tura sf escultura.

scu'ola sf escuela; ~
elementare/materna/media escuela
primaria/maternal/
secundaria; ~ **guida** auto escuela.

scu'otere vt sacudir, agitar; (fig)
conmover, turbar; ~**rsi** vr (fig)
sacudirse, moverse; ~ **la testa** o **il**
capo menear o sacudir la cabeza.

'scure sf hacha.

'scuro, a ag oscuro(a), sombrío(a);
(capelli, occhi) oscuro(a), moreno(a);
(fig) hosco(a), sombrío(a) // sm
(imposta) postigo; **d'inverno fa** ~ **alle**
4 del pomeriggio en invierno oscurece
a las 4 de la tarde; **verde/rosso** etc ~
verde/rojo etc oscuro.

scur'rile ag vulgar, grosero(a).

'scusa sf excusa; (pretesto) excusa,
pretexto; **chiedere** ~ **a qd** pedir
disculpas a uno.

scu'sare vt disculpar, perdonar;
(giustificare) justificar; ~**rsi** vr; ~**rsi**
(di) excusarse o disculparse (por).

sdebi'tarsi vr (fig) desempeñarse.

sde'gnato, a [-ɲ-] ag indignado(a),
airado(a).

'sdegno [-ɲɲo] sm indignación f, ira;
(disprezzo) desdén m, desprecio.

sde'gnoso, a [-ɲ-] ag desdeñoso(a).

sden'tato, a ag desdentado(a).

sdolci'nato, a [-tʃ-] ag (fig) meloso(a),
zalamero(a).

sdoppi'are vt desdoblar, dividir.

sdrai'arsi vr tenderse, recostarse.

'sdraio sm: **sedia a** ~ silla de tijeras.

sdruccio'lare [-ttʃ-] vi (aus essere)
resbalar, caer.

se pron vedi **si** // cong **si** // sm inv pero;
resta qui ~ **preferisci** quédate aquí si
lo prefieres; ~ **mai si** acaso; **siamo**
noi, ~ **mai, che dobbiamo**
ringraziare somos nosotros, en todo
caso, quienes debemos agradecer; ~
non excepto; ~ **non altro** al menos.

sé pron sí; **di per** ~ de por sí; **la porta**
si chiude da ~ la puerta se cierra sola;
se stesso(a) sí mismo(a); **se stessi(e)**
pl sí mismos(as).

seb'bene cong aunque, aún cuando.

'secca sf vedi **secco**.

sec'care vt secar; (fig) molestar,
importunar // vi (aus essere) secarse;
~**rsi** vr secarse; (fig) fastidiarse,
irritarse.

secca'tore, 'trice sm/f cargoso/a,
importuno/a.

secca'tura sf (fig) molestia, fastidio.

'secchio ['sekkjo] sm balde m.

'secco, a, chi, che ag seco(a); (magro:
persona) flaco(a), delgado(a); (fig)
brusco(a), seco(a) // sm (siccità) sequía
// sf (del mare) bajío; **restarci** ~ (fig)
quedar seco; **far** ~ **qd** dejar seco a
alguien; **lavare a** ~ lavar en seco;
rimanere a ~ (fig) quedarse sin
dinero.

seco'lare ag secular; (laico) seglar.

'secolo sm siglo; **l'attrice Didì, al** ~
Maria Bianchi la actriz Didì, en la
vida real María Bianchi.

se'conda sf vedi **secondo**.

secon'dario, a ag secundario(a),
accesorio(a); (scuola) de segunda
enseñanza.

secon'dino sm celador m.

se'condo, a ag segundo(a) // sm
segundo; (di pranzo) segundo plato // sf
(AUTO) segunda // prep según;
(conformemente a) según, conforme a; (in
rapporto a) según, con arreglo a; ~ **me** a mi
modo de ver; **a** ~**a di** según; **a** ~**a che**
según como.

secondo'genito, a [-'dʒ-] ag, sm/f segundogénito(a).
secrezi'one [-'t-ts-] sf secreción f.
'sedano sm apio.
seda'tivo, a ag, sm sedante (m).
'sede sf sede f; (di banca; dipendente da una centrale) sucursal f; (di spettacolo, manifestazione) centro; **aver ~ in** tener su sede en; **Bologna è ~ di un'antica unversità** Bolonia es la sede de una antigua universidad; **questa scuola è ~ di esami** en esta escuela se efectuarán los exámenes; **ne parleremo in separata ~** hablaremos de esto en privado; **in ~ di** (in occasione di) en ocasión de.
seden'tario, a ag sedentario(a).
se'dere vi (aus essere) sentarse; (in adunanza, tribunale etc) ocupar asiento; **~rsi** vr sentarse // sm trasero.
'sedia sf silla.
sedi'cente [-'tʃ-] ag pretendido(a), presunto(a).
sedi'cesimo, a [-'tʃ-] num decimosexto(a).
'sedici [-tʃi] num dieciséis.
se'dile sm asiento.
sedi'mento sm sedimento.
sedizi'one [-'t-ts-] sf sedición f.
sedizi'oso, a [-'t-ts-] ag sedicioso(a).
se'dotto, a pp di sedurre.
sedu'cente [-'tʃ-] ag atractivo(a), seductor(a).
se'durre vt seducir, atraer.
se'duta sf sesión f; **~ stante** (fig) inmediatamente.
seduzi'one [-'t-ts-] sf seducción f.
'sega, ghe sf sierra.
'segale sf centeno.
se'gare vt (ramo, tronco) aserrar, cortar; (recidere) segar.
sega'tura sf aserrín m.
'seggio [-ddʒo] sm (POL) escaño; (in tribunale) asiento; **~ elettorale** mesa electoral.
'seggiola [-ddʒ-] sf silla.
seggio'lone [-ddʒ-] sm silla de niño.
seggio'via [-ddʒ-] sf telesilla.
seghe'ria [-g-] sf aserradero.
seg'mento sm segmento.
segna'lare [-ɲɲ-] vt señalar; (annunciare) avisar, anunciar; (fig) indicar, señalar; **~rsi** vr distinguirse, destacarse.
se'gnale [-ɲ'ɲ-] sm señal f; (stradale, luminoso) cartel m; (d'allarme, d'emergenza) señal f, timbre m; **~ orario** (RADIO, TV) hora oficial.
se'gnare [-ɲ'ɲ-] vt señalar; (prender nota) apuntar, anotar; (indicare) indicar, marcar; (SPORT) marcar; **~rsi** vr persignarse; **~ il passo** marcar el paso.
'segno ['seɲɲo] sm signo, señal f; (gesto, cenno) seña, gesto; (alfabetico etc) signo; (impronta) huella, vestigio; (bersaglio) blanco; **cogliere** o **colpire nel ~** (fig) adivinar.

segre'gare vt segregar, apartar; **~rsi** vr aislarse.
segregazi'one [-'t-ts-] sf segregación f.
segre'tario, a sm/f secretario/a.
segrete'ria sf secretaría; **~ telefonica** secretaría telefónica.
segre'tezza [-ttsa] sf secreto, reserva.
se'greto, a ag secreto(a) // sm secreto.
segu'ace [se'gwatʃe] sm/f partidario/a, adherente m/f.
segu'ente [-'gw-] ag siguiente.
segu'ire [-'gw-] vt seguir // vi (aus essere) (venire dopo) seguir, suceder; (continuare: testo) continuar.
segui'tare [-gw-] vi: **~ a** continuar a.
'seguito [-gw-] sm (scorta) séquito, acompañamiento; (favore) apoyo; (successione) serie f; (continuazione) continuación f; **di ~** sin interrupción o parar; **in ~** más adelante, después; **in ~ a o a ~ di** como consecuencia de.
sei num seis (m).
sei'cento [-'tʃ-] num seiscientos(as) // sm: **il S~** el siglo XVII.
selci'ato [-'tʃ-] sm adoquinado.
selezio'nare [-tts-] vt seleccionar.
selezi'one [-'t-ts-] sf selección f.
'sella ['sella] sf (EQUITAZIONE) silla de montar; (di bicicletta, moto) asiento.
sel'lare [-l'l-] vt ensillar.
selvag'gina [-d'dʒ-] sf caza.
sel'vaggio, a, gi, ge [-dʒo] ag salvaje; (territorio) yermo(a) // sm/f salvaje m/f.
sel'vatico, a, ci, che ag (pianta) silvestre; (animale) salvaje; (fig: persona) hosco(a), huraño(a).
se'maforo sm semáforo.
sem'brare (aus essere) vi, vb impersonale parecer.
'seme sm (BOT) semilla; (sperma) semen m; (CARTE) palo; (fig) causa, origen m.
se'mestre sm semestre m.
'semi... pref semi...
semi'cerchio [-'tʃerkjo] sm semicírculo.
semifi'nale sf semifinal f.
semi'freddo, a ag helado(a) // sm (CUC) tipo de dulce helado.
'semina sf siembra.
semi'nare vt (AGR) sembrar; (SPORT) aventajar, dejar atrás.
semi'nario sm seminario.
se'mitico, a, ci, che ag semítico(a).
sem'mai cong si acaso // av en todo caso.
'semola sf sémola.
'semplice [-tʃe] ag (di un solo elemento) simple; (elementare) fácil, sencillo(a); (sobrio) sobrio(a), sencillo(a).
semplice'mente [-tʃ-] av simplemente.
semplicità [-tʃ-] sf simplicidad f, sencillez f.
semplifi'care vt simplificar; **~rsi** vr simplificarse.
'sempre av siempre; **per ~** para siempre; **una volta per ~** de una vez por todas; **da ~** desde siempre; **~ che**

cong siempre que; ~ **più/meno** siempre más/menos; ~ **peggio/meglio** siempre peor/mejor.

sempre'verde ag perennifolio.

'senape sf mostaza.

se'nato sm senado.

sena'tore, 'trice sm/f senador/a.

se'nile ag senil.

'senno sm sensatez f, buen sentido; **uscire di** ~ perder la cabeza.

'seno sm seno, pecho; (fig) corazón m, alma; (MAT) seno; **in** ~ **a** en el seno de.

sensazio'nale [-tts-] ag sensacional.

sensazi'one [-t'ts-] sf sensación f; **fare** ~ causar sensación.

sen'sibile ag sensible; (rilevante) notable, importante.

sensibilità sf sensibilidad f.

'senso sm sentido; (sensazione) sensación f; (significato) significación f, sentido; (direzione) dirección f; ~**i** mpl (sensualità) sentidos mpl; (nelle lettere): **gradisca i** ~**i della mia gratitudine** reciba Usted todo mi agradecimiento; ~ **comune** sentido común; ~ **vietato/unico** (AUTO) dirección prohibida/única; **perdere i** ~**i** desmayarse; **riprendere i** ~**i** volver en sí.

sensu'ale ag sensual.

sensualità sf sensualidad f.

sen'tenza [-tsa] sf sentencia.

sentenzi'are [-'ts-] vi (DIR) juzgar, fallar; (esprimere giudizi altezzosi) dictaminar.

senti'ero sm sendero; (fig) vía, senda.

sentimen'tale ag sentimental; romántico(a).

senti'mento sm sentimiento.

senti'nella [-lla] sf centinela m.

sen'tire vt sentir; (assaggiare) probar; (dar retta) escuchar, hacer caso a; (consultare) consultar; (presagire) sentir, presentir; ~**rsi** vr sentirse; ~**rsi di fare qc** estar dispuesto a hacer algo.

sen'tito, a ag (sincero) sincero(a), vivo(a); **per** ~ **dire** de oídas.

'senza prep, cong sin; ~ **di me/te** etc sin mí/ti etc; **senz'altro,** ~ **dubbio** sin duda, por cierto.

sepa'rare vt separar; ~**rsi** vr: ~**rsi da** separarse de.

separazi'one [-t'ts-] sf separación f.

se'polcro sm sepulcro.

se'polto, a pp di **seppellire**.

seppel'lire [-l'l-] vt enterrar; ~**rsi** vr (fig) encerrarse, aislarse.

'seppia sf jibia, sepia.

sequ'enza [se'kwɛntsa] sf serie f; (CINE) secuencia.

seque'strare [-kw-] vt (DIR) secuestrar, embargar; (persona) secuestrar.

sequ'estro [-'kw-] sm (DIR) embargo; ~ **di persona** secuestro de persona.

'sera sf tarde f, anochecer m; **domani** ~ mañana por la noche.

se'rale ag nocturno(a).

se'rata sf (periodo) noche f; (spettacolo, ricevimento) velada.

serba'toio sm tanque m, depósito.

'serbo sm: **mettere/tenere/avere in** ~ **qc** poner/conservar/tener en reserva algo.

sere'nata sf serenata.

serenità sf serenidad f.

se'reno, a ag sereno(a).

ser'gente [-dʒ-] sm sargento.

'serie sf sucesión f, progresión f; (raccolta) serie f, colección f; (SPORT) división f; **modello di/fuori** ~ modelo de serie/fuera de serie; **produzione in** ~ producción en serie.

serietà sf seriedad f.

'serio, a ag serio(a); **sul** ~ en serio.

ser'mone sm sermón m.

serpeggi'are [-d'dʒ-] vi zigzaguear; (fig) cundir.

ser'pente sm serpiente f.

'serra sf invernadero.

serra'mento sm cierre m.

ser'randa sf cierre metálico.

ser'rare vt cerrar, atrancar; (pugni) cerrar, apretar; (nemico) acosar, acometer.

ser'rata sf paro, cierre m.

serra'tura sf cerradura.

'serva sf vedi **servo**.

ser'vire vt servir; (lavorare come domestico) trabajar; (clienti) atender // vi (TENNIS) servir, sacar; (aus **essere**) servir, ser útil; ~**rsi** vr: ~**rsi di** emplear, utilizar; (giovarsi di qd) servirse de; (prendere: cibo, vivanda): ~**rsi (di)** servirse (de); ~**rsi da** (essere cliente) surtirse o comprar siempre en.

servitù sf inv (personale) servicio doméstico; (schiavitù) esclavitud f; (DIR) servidumbre f.

servizi'evole [-t'ts-] ag servicial.

ser'vizio [-ttsjo] sm servicio; (lavoro domestico) servicio doméstico; (attività lavorativa) empleo, trabajo; (STAMPA, TV, RADIO) reportaje m; (da tè, caffè) juego; (TENNIS, PALLACANESTRO) saque m; ~**i** mpl (di casa) sanitarios mpl.

'servo, a sm/f criado/a.

ses'santa num sesenta.

sessan'tina sf: **una** ~ **di** unos sesenta; **la** ~ (età) los sesenta.

sessi'one sf sesión f.

'sesso sm sexo.

sessu'ale ag sexual.

se'stante sm sextante m.

se'stetto sm sexteto.

'sesto, a ag sexto(a) // sm sexto; **arco a tutto** ~ (ARCHIT) arco de medio punto.

'seta sf seda.

'sete sf sed f; **avere** ~ tener sed.

'setta sf secta.

set'tanta num setenta.

settan'tina sf: **una** ~ **di** unos setenta; **la** ~ (età) los setenta.

'**sette** num siete.

sette'cento [-'tʃ-] num setecientos(as) // sm: il S~ el siglo XVIII.

set'tembre sm septiembre m.

settentrio'nale ag septentrional.

settentrio'ne sm norte m, septentrión m.

'**settico, a, ci, che** ag séptico(a).

setti'mana sf semana.

settima'nale ag semanal // sm semanario.

'**settimo, a** num séptimo(a).

'**setto** sm (ANAT) tabique m.

set'tore sm (spazio, zona) sector m, sección f; (MAT) sector; (fig) sector, campo.

severità sf severidad f.

se'vero, a ag severo(a).

se'vizie [-ttsje] sfpl torturas fpl, malos tratos mpl.

sevizi'are [-t'ts-] vt torturar, maltratar.

sezio'nare [-tts-] vt seccionar, dividir; (MED) disecar.

sezi'one [-t'ts-] sf sección f; (MED) disección f.

sfaccen'dato, a [-ttʃ-] ag holgazán(ana).

sfacci'ato, a [-t'tʃ-] ag desfachatado(a), descarado(a).

sfa'celo [-'tʃ-] sm (fig) desastre m, ruina.

sfal'darsi vr escamarse.

sfa'mare vt quitar (el hambre); ~rsi vr quitarse (el hambre).

'**sfarzo** [-tso] sm lujo, magnificencia.

sfasci'are [-ʃʃ-] vt quitar las vendas a; (distruggere) destruir, destrozar; ~rsi vr romperse, destruirse; (fig) engordar.

sfa'tare vt demoler, desmitificar.

sfavil'lare [-l'l-] vi centellear, chispear; (brillare) fulgurar.

sfavo'revole ag desfavorable, contrario(a).

'**sfera** sf (MAT) esfera; (fig: condizione sociale) clase f, condición f; (: ambito) medio, esfera.

'**sferico, a, ci, che** ag esférico(a).

sfer'rare vt (fig) pegar, soltar.

sfer'zare [-'ts-] vt azotar; (fig) criticar.

sfiata'toio sm respiradero.

sfi'brare vt (carta, legno) deshebrar; (fig: indebolire) debilitar, abatir.

'**sfida** sf desafío.

sfi'dare vt desafiar, retar.

sfi'ducia [-tʃa] sf desconfianza; (pessimismo) desaliento.

sfigu'rare vt desfigurar, afear // vi hacer mal papel.

sfi'lare vt sacar, extraer // vi desfilar; ~rsi vr quitarse, sacarse; (collana) desenhebrarse; (calza) correrse, engancharse.

sfi'lata sf desfile m.

'**sfinge** [-dʒe] sf esfinge f.

sfi'nire vt agotar, extenuar.

sfio'rare vt rozar; (tema) tocar, tratar; (successo) tocar, acariciar.

sfio'rire vi (aus essere) ajarse, marchitarse; (fig) ajarse.

sfo'cato, a ag desenfocado(a).

sfoci'are [-tʃ-] vi (aus essere): ~ in desembocar en.

sfo'gare vt desahogar, descargar; ~rsi vr (confidarsi) confiarse, abrirse; (sfogare la propria rabbia) desahogarse, estallar.

sfoggi'are [-d'dʒ-] vt ostentar.

'**sfoglia** [-ʎʎa] sf: pasta ~ hojaldre m.

sfogli'are [-ʎ'ʎ-] vt (fiore) deshojar; (libro) hojear.

'**sfogo, ghi** sm (di gas, liquidi) escape m, salida; (di ambiente) abertura, respiradero; (MED) erupción f; (fig) efusión f, arrebato.

sfolgo'rare vi fulgurar, resplandecer.

sfol'lare [-l'l-] vt dispersar, despejar // vi (aus essere) evacuar, irse.

sfon'dare vt desfondar; (MIL) romper, desbaratar // vi ir adelante, progresar.

'**sfondo** sm (ARTE) fondo; (fig) escenario, ambiente m.

sfor'mato sm ≈ pastel m.

sfor'nare vt sacar del horno.

sfor'nito, a ag desprovisto(a), carente.

sfor'tuna sf mala suerte f, adversidad f.

sfortu'nato, a ag desafortunado(a).

sfor'zare [-'ts-] vt cansar, forzar; ~rsi vr esforzarse.

'**sforzo** [-tso] sm esfuerzo.

sfrat'tare vt desalojar.

'**sfratto** sm desalojo.

sfrecci'are [-t'tʃ-] vi (aus essere) pasar velozmente.

sfregi'are [-'dʒ-] vt (persona) afear, marcar; (quadro) dañar, estropear.

'**sfregio** [-dʒo] sm (vedi vb) marca, cicatriz f; marca, señal f; (fig) ultraje m, afrenta.

sfre'nato, a ag (fig) desatado(a), enloquecido(a).

sfron'tato, a ag desfachatado(a), insolente.

sfrutta'mento sm explotación f; (fig) aprovechamiento, abuso.

sfrut'tare vt explotar; (spazio) aprovechar, utilizar; (fig: approfittare) aprovechar.

sfug'gire [-d'dʒ-] vi (aus essere): ~ a (persona) evitar; (cattura, pericolo) salvarse de, escapar a; ~ a qd (non ricordare) irse de la memoria, olvidársele; (non vedere) pasársele por alto, escapársele; ~ qc di mano a qd resbalársele algo de entre las manos a alguien.

sfug'gita [-d'dʒ-]: **di** ~ av de prisa.

sfu'mare vt matizar, esfumar // vi (aus essere) desvanecerse, disiparse.

sfuma'tura sf matiz m, gradación f; (fig) alusión f, matiz m.

sfuri'ata sf arrebato, explosión f.

sga'bello [-llo] sm banqueta, taburete m.

sgabuz'zino [-d'dz-] sm trastero.

sgam'betto sm zancadilla.

sganasci'arsi [-ʃʃ-] vr: ~ dalle risa desternillarse de risa.

sganci'are [-'tʃ-] *vt* desenganchar, soltar; (MIL: *bomba*) largar, dejar caer; **~rsi** *vr* desabotonarse; (*fig*) librarse, evitar.
sganghe'rato, a [-g-] *ag* desquiciado(a); (*illogico*) incoherente.
sgar'bato, a *ag* descortés, grosero(a).
'sgarbo *sm* grosería, desaire *m*.
sgattaio'lare *vi* zafarse, escaparse.
sge'lare [zdʒ-] *vt* descongelar; **~rsi** *vr* derretirse.
'sghembo, a ['zg-] *ag* oblicuo(a), torcido(a).
sghignaz'zare [zgiɲɲat'tsare] *vi* sonreír sarcásticamente.
sgob'bare *vi* (*fam*) trabajar como un perro.
sgob'bone *sm* trabajador *m* incansable.
sgoccio'lare [-ttʃ-] *vi* (*aus essere*) (*acqua, pioggia*) gotear; (*vuotarsi*) vaciarse.
sgo'larsi *vr* desgañitarse.
sgombe'rare *vt* (*tavolo*) levantar; (*stanza*) desocupar; (*piazza, città*) despejar; (*evacuare*) evacuar.
'sgombro, a *ag* desocupado(a), vacío(a); (*fig*) libre, exento(a) // *sm* (ZOOL) caballa.
sgomen'tare *vt* atemorizar, preocupar; **~rsi** *vr* preocuparse, afligirse.
sgo'mento, a *ag* afligido(a), preocupado(a) // *sm* preocupación *f*, aflicción *f*.
sgonfi'are *vt* desinflar; **~rsi** *vr* desinflarse; (MED) deshincharse.
'sgorbio *sm* borrón *m*, garabato.
sgor'gare *vi* (*aus essere*) manar, brotar.
sgoz'zare [-t'ts-] *vt* degollar.
sgra'devole *ag* desagradable.
sgra'dito, a *ag* desagradable, disgustoso(a).
sgra'nare *vt* pelar, desgranar; **~ gli occhi** (*fig*) desencajar los ojos.
gran'chirsi [-'k-] *vr* estirar, desentorpecer; **~ le gambe** estirar las piernas.
sgranocchi'are [-k'kj-] *vt* masticar.
sgras'sare *vt* (*brodo*) desengrasar; (*vestito*) limpiar.
'sgravio *sm* desgravación *f*.
sgrazi'ato, a [-t'ts-] *ag* desmañado(a), torpe.
sgreto'larsi *vr* desmenuzarse.
sgri'dare *vt* regañar.
sgri'data *sf* regaño.
sgua'iato, a *ag* descarado(a), desvergonzado(a).
sgual'cire [zgwal'tʃire] *vt* ajar, manosear.
sgual'drina *sf* (*peg*) zorra, puta.
sgu'ardo *sm* mirada.
sguaz'zare [-t'ts-] *vi* chapotear, chapalear; (*fig*) nadar.
sguinzagli'are [zgwintsaʎ'ʎare] *vt* soltar.
sgusci'are [-ʃʃ-] *vt* desgranar, pelar // *vi* (*aus essere*) deslizarse, escurrirse.
'shampoo *sm inv* champú *m*.

'shock *sm inv* shock *m*, choque *m*.
si *pron* (*dav lo, la, li, le ne diventa* **se**) se; **ci ~ vede domani** nos vemos mañana; (*la gente*): **~ dice che** se dice que; (*noi*): **tra poco ~ parte** dentro de poco partimos // *sm inv* (MUS) si *m inv*.
sì *av* sí; **questa ~ che è bella!** ¡esto sí que es buena!; **un giorno ~ e uno no** un día sí y otro no.
'sia *cong*: **~ ... ~** (o . . . o): **~ che lavori, ~ che non lavori** trabajes o no; (*tanto ... quanto*): **verranno ~ Luigi ~ suo fratello** vendrá tanto Luis como su hermano.
sia'mese *ag* siamés(esa); **fratelli ~i** hermanos *mpl* siameses.
sibi'lare *vi* silbar.
'sibilo *sm* silbido.
si'cario *sm* pistolero, asesino a sueldo.
sicché [sik'ke] *cong* así que, por lo cual.
siccità [-ttʃ-] *sf* sequía.
sic'come *cong* como, puesto que.
Si'cilia [-'tʃ-] *sf* Sicilia.
sicili'ano, a [-'tʃ-] *ag, sm/f* siciliano(a).
sicu'rezza [-ttsa] *sf* seguridad *f*; (*fiducia*) confianza; **di ~** de seguridad; **agente di Pubblica S~** agente *m* de seguridad.
si'curo, a *ag* seguro(a); (*esperto*) seguro(a), experto(a); (*convinto*) seguro(a), confiado(a) // *av* seguro, ciertamente; **di ~** de seguro; **essere/mettere al ~** estar/poner a salvo; **andare sul ~** obrar sin correr riesgos.
'sidro *sm* sidra.
si'epe *sf* valla, cercado.
si'ero *sm* suero.
si'esta *sf* siesta.
si'filide *sf* sífilis *f*.
si'fone *sm* sifón *m*.
Sig. (*abbr di signore*) Sr.
siga'retta *sf* cigarrillo.
'sigaro *sm* cigarro.
Sigg. (*abbr di signori*) Sres.
sigil'lare [sidʒil'lare] *vt* sellar; (*bottiglia, busta*) cerrar, lacrar.
si'gillo [si'dʒillo] *sm* sello; (*fig*) cierre hermético.
'sigla *sf* sigla; **~ musicale** (RADIO, TV) sintonía.
si'glare *vt* firmar, marcar.
Sig.na (*abbr di signorina*) Srta.
signifi'care [-ɲɲ-] *vt* significar.
significa'tivo, a [-ɲɲ-] *ag* significativo(a).
signifi'cato [-ɲɲ-] *sm* significado.
si'gnora [-ɲ'ɲ-] *sf* señora.
si'gnore [-ɲ'ɲ-] *sm* señor *m*; **il S~** (REL) el Señor; **i ~i Bianchi** los señores Bianchi.
signo'rile [-ɲɲ-] *ag* señorial.
signo'rina [-ɲɲ-] *sf* señorita.
Sig.ra (*abbr di signora*) Sra.
si'lenzio [-tsjo] *sm* silencio; (MIL) toque *m* de queda; (*fig*) discreción *f*.
silenzi'oso, a [-'ts-] *ag* silencioso(a).

'**sillaba** [-ll-] *sf* sílaba.

silu'rare *vt* (*nave*) torpedear; (*fig: da un incarico*) destituir.

si'luro *sm* torpedo.

simboleggi'are [-d'dʒ-] *vt* simbolizar.

sim'bolico, a, ci, che *ag* simbólico(a).

simbo'lismo *sm* simbolismo.

'**simbolo** *sm* símbolo.

'**simile** *ag* (*analogo*) semejante; (*siffatto*) igual; ~**i** *smpl* semejantes *mpl*.

simme'tria *sf* simetría.

sim'metrico, a, ci, che *ag* simétrico(a).

simpa'tia *sf* simpatía.

sim'patico, a, ci, che *ag* simpático(a) // *sm* (MED) simpático; **inchiostro** ~ tinta simpática.

simpatiz'zante [-d'dz-] *ag, sm/f* simpatizante (*m/f*).

simpatiz'zare [-d'dz-] *vi*: ~ **con** simpatizar con.

sim'posio *sm* congreso, simposio.

simu'lacro *sm* estatua, efigie *f*.

simu'lare *vt* aparentar, fingir.

simula'tore, 'trice *sm/f* simulador/a // *sm* (TECN) simulador *m*.

simulazi'one [-t'ts-] *sf* simulación *f*, ficción *f*; (DIR) simulación *f*.

simul'taneo, a *ag* simultáneo(a).

sina'goga, ghe *sf* sinagoga.

since'rità [-tʃ-] *sf* sinceridad *f*.

sin'cero, a [-'tʃ-] *ag* sincero(a).

'**sincope** *sf* (MED) síncope *m*; (MUS, LING) síncopa.

sincroniz'zare [-d'dz-] *vt* sincronizar.

'**sincrono, a** *ag* sincrónico(a), simultáneo(a).

sinda'cale *ag* gremial, sindical.

sindaca'lista, i *sm/f* sindicalista *m/f*.

sinda'cato *sm* sindicato.

'**sindaco, ci** *sm* alcalde *m*; ~**i** *mpl* interventores *mpl* de cuentas.

'**sindrome** *sf* síndrome *m*.

sinfo'nia *sf* sinfonía.

singhioz'zare [-t'ts-] *vi* sollozar.

singhi'ozzo [-ttso] *sm* (MED) hipo; (*pianto*) sollozo; **a** ~ (*fig*) escalonado(a).

singo'lare *ag* original, raro(a); (LING) singular // *sm* (LING) singular *m*; ~ **maschile/ femminile** (TENNIS) simple *m* caballeros/damas.

'**singolo, a** *ag* cada; (*camera, cabina*) individual // *sm* (*individuo*) individuo, persona; (TENNIS) = **singolare**.

si'nistro, a *ag* izquierdo(a); (*fig*) amenazador(a), hostil; (: *rumore*) lúgubre, espantoso(a) // *sm* (*incidente*) desgracia, accidente *m* // *sf* (POL) izquierda; **a** ~**a** a la izquierda.

'**sino** *prep* = **fino**.

'**sinodo** *sm* sínodo.

si'nonimo, a *ag* sinónimo(a) // *sm* sinónimo.

sin'tassi *sf* sintáxis *f*.

'**sintesi** *sf* síntesis *f*.

sin'tetico, a, ci, che *ag* sintético(a).

sintetiz'zare [-d'dz-] *vt* sintetizar.

sinto'matico, a, ci, che *ag* sintomático(a).

'**sintomo** *sm* síntoma *m*; (*fig*) señal *f*, síntoma.

sintoniz'zare [-d'dz-] *vt* sintonizar.

sinu'oso, a *ag* sinuoso(a), tortuoso(a).

S.I.P. *abbr sf di Società Italiana per l'esercizio telefonico*.

si'pario *sm* telón *m*.

si'rena *sf* sirena.

si'ringa, ghe *sf* jeringa.

'**sismico, a, ci, che** *ag* sísmico(a).

si'smografo *sm* sismógrafo.

si'stema, i *sm* sistema *m*.

siste'mare *vt* ordenar, arreglar; (*procurare un'occupazione*) emplear, acomodar; (*dare sede o alloggio*) ubicar, alojar; ~**rsi** *vr* emplearse; alojarse.

siste'matico, a, ci, che *ag* sistemático(a).

sistemazi'one [-t'ts-] *sf* (*vedi vb*) arreglo; empleo, trabajo; alojamiento.

situ'are *vt* situar, colocar.

situazi'one [-t'ts-] *sf* situación *f*.

slacci'are [-t'tʃ-] *vt* desatar.

slanci'arsi [-'tʃ-] *vr* elevarse, alzarse.

slanci'ato, a [-'tʃ-] *ag* esbelto(a).

'**slancio** [zlantʃo] *sm* impulso, arranque *m*; (*fig*) arrojo, ímpetu *m*.

sla'vato, a *ag* descolorido(a), lavado(a).

'**slavo, a** *ag, sm/f* eslavo(a).

sle'ale *ag* desleal.

sle'gare *vt* desatar, soltar.

'**slitta** *sf* trineo.

slit'tare *vi* (*aus essere*) (*ruote, AUTO*) patinar; (*fig*) saltar, postergarse.

slo'gare *vt* dislocar.

sloga'tura *sf* luxación *f*.

sloggi'are [-d'dʒ-] *vt* desalojar, echar // *vi* mudarse, marcharse.

smacchi'are [-k'kj-] *vt* limpiar.

'**smacco, chi** *sm* fracaso.

smagli'are [-ʎʎ-] *vt* romper, enganchar; ~**rsi** *vr* romperse, engancharse; (MED) estriarse, arrugarse.

smalizi'ato, a [-t'ts-] *ag* despabilado(a).

smal'tare *vt* esmaltar.

smal'tire *vt* (*merci, scorta*) vender, agotar; (*acque di scarico, rifiuti*) desaguar, dar salida a; (*cibo*) digerir; ~ **la sbornia** (*fig*) dormir la mona.

'**smalto** *sm* esmalte *m*; ~ **per unghie** esmalte de uñas.

'**smania** *sf* inquietud *f*, desasosiego; (*fig*) manía, afán *m*.

smani'are *vi* agitarse, inquietarse; (*fig*) desvivirse.

smantel'lare [-ll-] *vt* desmantelar.

smarri'mento *sm* extravío, pérdida; (*sbigottimento*) turbación *f*.

smar'rire *vt* perder, extraviar; ~**rsi** *vr* perderse, extraviarse; (*fig*) turbarse, confundirse.

smasche'rare [-k-] vt desenmascarar.

S.M.E. (abbr di Sistema Monetario Europeo) S.M.E.

smemo'rato, a ag desmemoriado(a).

smen'tire vt (negare) desmentir; (sconfessare) contradecir; ~rsi vr desmentirse.

smen'tita sf mentis m.

sme'raldo sm esmeralda.

smerci'are [-'tʃ-] vt vender, despachar.

'smercio [-tʃo] sm venta, salida.

sme'riglio [-ʎʎo] sm esmeril m.

'smettere vt abandonar, interrumpir; (indumenti) dejar de lado // vi: ~ di fare qc dejar de hacer algo.

'smilzo, a [-tso] ag espigado(a), delgado(a).

sminu'ire vt disminuir.

sminuz'zare [-t'ts-] vt desmigajar.

smi'stare vt clasificar, separar.

smisu'rato, a ag desmesurado(a), inmenso(a).

smobili'tare vt desmovilizar.

smo'dato, a ag excesivo(a), exagerado(a).

'smoking ['smoukiŋ] sm inv smoking m.

smon'tare vt (mobile, macchina) desarmar; (fig: scoraggiare) enfriar, desalentar // vi (aus essere) (scendere) bajar, apearse; (terminare il lavoro) terminar el turno; ~rsi vr desalentarse.

'smorfia sf mueca; (atteggiamento lezioso) melindre m, remilgo.

smorfi'oso, a ag melindroso(a), afectado(a).

'smorto, a ag (carnagione etc) pálido(a), descolorido(a); (colore) apagado(a).

smor'zare [-'ts-] vt (suoni) amortiguar; (colori) atenuar, suavizar; (fig) aplacar, moderar; ~rsi vr moderarse, atenuarse.

'smosso, a pp di smuovere.

smotta'mento sm derrumbe m.

smot'tare vi derrumbarse, desmoronarse.

'smunto, a ag demacrado(a), pálido(a).

smu'overe vt remover, cambiar de sitio; (fig: commuovere) conmover, ablandar; (: dall'inerzia) sacudir; (: da un proposito) disuadir, hacer cambiar; ~rsi vr moverse; (fig) cambiar de idea.

smus'sare vt (angolo) biselar; (lama) desafilar; (fig) suavizar; ~rsi vr desafilarse.

snatu'rato, a ag desnaturalizado(a), inhumano(a).

'snello, a [-llo] ag esbelto(a), espigado(a); (fig) airoso(a), desenvuelto(a).

sner'vare vt enervar, debilitar; ~rsi vr cansarse, extenuarse.

sni'dare vt sacar, desalojar.

snob'bare vt tratar despreciativamente.

snoccio'lare [-ttʃ-] vt deshuesar; (fig) soltar, espetar.

sno'dare vt (articolazioni) aflojar, agilizar; (elemento rigido) articular; ~rsi

vr (articolarsi) articularse; (strada, fiume) serpentear, culebrear.

so'ave ag suave.

sobbal'zare [-'ts-] vi sobresaltarse, asustarse.

sob'balzo [-tso] sm sobresalto.

sobbar'carsi vr: ~ a cargar con.

sob'borgo, ghi sm suburbio, arrabal m.

sobil'lare [-l'l-] vt incitar, instigar.

'sobrio, a ag sobrio(a), moderado(a).

socchi'udere [-k'k-] vt (porta) entornar; (occhi) entrecerrar.

soc'correre vt socorrer, ayudar.

soc'corso, a pp di soccorrere // sm socorro, ayuda; ~i mpl (MIL) refuerzos mpl.

socialdemocra'zia [sotʃaldemokrat'tsia] sf socialdemocracia.

soci'ale [-'tʃ-] ag social.

socia'lismo [-tʃ-] sm socialismo.

socia'lista, i, e [-tʃ-] ag, sm/f socialista (m/f).

società [-tʃ-] sf inv sociedad f; ~ per azioni (S.p.A.) sociedad por acciones (S.p.A.); ~ a responsabilità limitata (S.r.l.) sociedad de responsabilidad limitada (S.R.L.).

soci'evole [-'tʃ-] ag sociable.

'socio ['sotʃo] sm socio.

'soda sf soda.

soda'lizio [-ttsjo] sm sociedad f, asociación f.

soddi'sfare vt satisfacer; (promessa, impegno) cumplir // vi: ~ a cumplir con.

soddi'sfatto, a pp di soddisfare // ag satisfecho(a).

soddisfazi'one [-t'ts-] sf (vedi vb) satisfacción f; cumplimiento.

'sodo, a ag duro(a), compacto(a) // av fuerte, duro; dormire ~ dormir profundamente.

sofà sm inv sofá m.

soffe'renza [-tsa] sf sufrimiento.

sof'ferto, a pp di soffrire // ag vivido(a), experimentado(a).

soffi'are vt soplar; (fig: notizia, segreto) delatar, soplar; (: fidanzata, posto) birlar // vi soplar.

'soffice [-tʃe] ag blando(a), mullido(a).

'soffio sm soplo.

sof'fitta sf desván m, buhardilla.

sof'fitto sm techo, cielo.

soffo'care vt sofocar; (fig) ocultar // vi (anche: ~rsi) sofocarse, ahogarse.

sof'friggere [-ddʒ-] vt rehogar.

sof'frire vt sufrir; (sopportare) aguantar, soportar // vi sufrir; (MED): ~ di sufrir de.

sof'fritto, a pp di soffriggere.

sof'fuso, a ag difuso(a).

sofisti'care vt adulterar // vi sutilizar.

sofisti'cato, a ag sofisticado(a).

sogget'tivo, a [-ddʒ-] ag subjetivo(a).

sog'getto, a [-d'dʒ-] ag: ~ a (sottomesso) sometido a; (esposto) sujeto o propenso a

// *sm* (LING. DIR) sujeto; (*tema*) tema *m*, asunto.

soggezi'one [soddʒet'tsjone] *sf* sumisión *f*, subordinación *f*; (*timidezza*) temor *m*, respeto.

sogghi'gnare [soggiɲ'ɲare] *vi* sonreír irónicamente.

soggior'nare [-dʒ-] *vi* pasar, vivir.

soggi'orno [-d'dʒ-] *sm* temporada; (*stanza*) cuarto de estar.

'soglia ['sɔʎʎa] *sf* umbral *m*; (*fig*) principio.

'sogliola [-ʎʎ-] *sf* lenguado.

so'gnare [-ɲ'ɲ-] *vt* soñar, desear // *vi* soñar; (*anche*: ~**rsi**): ~ **di qc** soñar con algo; ~ **di fare qc** soñar con hacer algo; ~ **a occhi aperti** soñar con los ojos abiertos.

sogna'tore, 'trice [-ɲɲ-] *sm/f* soñador/a.

'sogno [-ɲɲo] *sm* sueño.

'soia *sf* soja.

sol *sm inv* (MUS) sol *m inv*.

so'laio *sm* desván *m*, trastero.

so'lare *ag* solar.

sol'care *vt* (*fig: mare*) surcar, cruzar; (: *lasciare traccia*) surcar.

'solco, chi *sm* surco.

sol'dato *sm* soldado.

'soldo *sm* (*fig*): **non avere/spendere un** ~ no tener/gastar un cuarto; **non valere un** ~ no valer un cuarto; ~**i** *mpl* dinero.

'sole *sm* sol *m*; **prendere il** ~ tomar sol.

so'lenne *ag* solemne.

solennità *sf inv* solemnidad *f*.

sol'fato *sm* sulfato.

sol'feggio [-ddʒo] *sm* solfeo.

sol'furo *sm* sulfuro.

soli'dale *ag* solidario(a).

solidarietà *sf* solidariedad *f*.

solidifi'care *vt* solidificar // *vi* (*aus essere*)(*anche*: ~**rsi**) solidificarse.

solidità *sf* solidez *f*.

'solido, a *ag* sólido(a) // *sm* sólido.

so'lista, i, e *sm/f* solista *m/f*.

solita'mente *av* generalmente.

soli'tario, a *ag* solitario(a) // *sm* solitario.

'solito, a *ag* usual // *sm* acostumbrado; **essere** ~ **fare qc** acostumbrar o soler hacer algo; **di** ~ habitualmente, generalmente; **al** ~ como siempre, como de costumbre.

soli'tudine *sf* soledad *f*.

solleci'tare [solletʃi'tare] *vt* (*chiedere*) reclamar; (*incitare*) estimular; (TECN) forzar; ~ **qd a fare qc** insistir con alguien para que haga algo.

sol'lecito, a [sol'letʃito] *ag* (*premuroso*) solícito(a), diligente; (*rapido*) rápido(a), pronto(a) // *sm* reclamo.

solleci'tudine [solletʃ-] *sf* solicitud *f*, celo.

solleti'care [-ll-] *vt* hacer cosquillas a; (*fig*) despertar, estimular.

solleva'mento [-ll-] *sm* levantamiento; (*insurrezione*) sublevación *f*; ~ **pesi** (SPORT) levantamiento de pesos.

solle'vare [-ll-] *vt* levantar, alzar; (*fig: da dolore, fatica*) aliviar; (: *questione, gazzarra*) causar, promover; ~**rsi** *vr* levantarse; (*fig: ribellarsi*) sublevarse, rebelarse.

solli'evo [-ll-] *sm* alivio; (*conforto*) consuelo.

'solo, a *ag* solo(a); (*unico*) solo(a), único(a); (*con ag numerale*): **siamo venuti noi tre** ~**i** hemos venido nosotros tres solos // *av* sólo; **non** ~ ... **ma anche** no sólo ... sino también; **fare qc da** ~ hacer algo uno solo.

sol'stizio [-tstjo] *sm* solsticio.

sol'tanto *av* solamente.

so'lubile *ag* soluble.

soluzi'one [-t'ts-] *sf* solución *f*.

sol'vente *ag, sm* solvente (*m*).

so'maro, a *sm/f* burro/a.

somigli'anza [somiʎ'ʎantsa] *sf* parecido, semejanza.

somigli'are [-ʎ'ʎ-] *vi* (*aus essere*) parecerse, asemejar; ~**rsi** *vr* parecerse.

'somma *sf* suma.

som'mare *vt* sumar.

som'mario, a *ag* sumario(a), breve; (DIR) sumario(a) // *sm* resumen *m*.

som'mergere [-dʒ-] *vt* sumergir, hundir.

sommer'gibile [-'dʒ-] *sm* submarino.

som'merso, a *pp di* **sommergere**.

som'messo, a *ag* (*voce*) bajo(a), quedo(a).

sommini'strare *vt* suministrar.

sommità *sf inv* cumbre *f*, cúspide *f*.

'sommo, a *ag* (*vetta, monte*) más alto(a); (*fig*) supremo(a) // *sm* cumbre *f*, cúspide *f*; (*fig*) ápice *m*; **per** ~**i capi** en resumen, brevemente.

som'mossa *sf* sublevación *f*, insurrección *f*.

so'naglio [-ʎʎo] *sm* cascabel *m*; **serpente a** ~**i** víbora de cascabel.

so'nare *etc* = **suonare** *etc*.

son'daggio [-ddʒo] *sm* sondeo, exploración *f*.

son'dare *vt* sondear, explorar; (*fig*) sondear, averiguar.

so'netto *sm* soneto.

son'nambulo, a *sm/f* sonámbulo/a.

sonnecchi'are [-k'kj-] *vi* dormitar.

son'nifero *sm* somnífero.

'sonno *sm* sueño; **prendere** ~ dormirse; **aver** ~ tener sueño.

sonno'lenza [-tsa] *sf* somnolencia, modorra.

so'noro, a *ag* sonoro(a).

sontu'oso, a *ag* suntuoso(a).

sopo'rifero, a *ag* narcótico(a), soporífero(a).

soppe'sare *vt* pesar; (*fig*) calcular.

soppian'tare *vt* suplantar, sustituir.

soppi'atto: di ~ *av* a escondidas o hurtadillas.

soppor'tare vt sostener, soportar; (fig) soportar; (: tollerare: persona) soportar, aguantar.

soppressi'one sf supresión f.

sop'primere vt suprimir, anular; (fig: uccidere) matar, suprimir.

'**sopra** prep sobre, encima de; (oltre, riguardo a) sobre // av arriba; (precedentemente) antes, anteriormente; ~ **i 30 anni** más de 30 años; **mi interessa ~ ogni altra cosa** me interesa por encima de cualquier otra cosa; **con ~** con encima; **di ~** arriba; **metterci una pietra ~** (fig) no volver más sobre un asunto, hacer borrón y cuenta nueva.

so'prabito sm sobretodo.

soprac'ciglio [soprat't∫iʎʎo], pl (f) **soprac'ciglia** sm ceja.

sopracco'perta sf (di letto) colcha, cubrecama m; (di libro, quaderno) tapa, sobrecubierta.

sopraf'fare vt (dominare) dominar, oprimir; (superare: anche fig) vencer, arrollar.

sopraf'fatto, a pp di **sopraffare**.

sopraf'fino, a ag superfino(a).

sopraggi'ungere [soprad'dʒundʒere] vi (aus essere) llegar de improviso; (accadere) suceder improvisamente.

soprainten'dente etc = **sovrintendente** etc.

sopran'naturale ag sobrenatural.

sopran'nome sm sobrenombre m, apodo.

soprannomi'nare vt apodar, llamar.

so'prano sm soprano f.

soprappensi'ero av: **essere ~** estar pensativo o preocupado.

sopras'salto sm: **di ~** de repente o improviso.

soprasse'dere vi demorar, aplazar.

soprat'tutto av sobre todo.

sopravve'nire vi (aus essere) llegar, caer; (accadere) acaecer.

soprav'vento sm ventaja, predominio.

soprav'vivere vi (aus essere) sobrevivir; **~ (a)** sobrevivir (a); **~ (in)** pervivir (en).

so'pruso sm atropello, abuso.

soqqu'adro [-k'kw-] sm desorden m, desbarajuste m; **mettere a ~** desordenar, poner patas para arriba.

sor'betto sm sorbete m.

sor'bire vt sorber.

'**sordido, a** ag sórdido(a).

sor'dina sf: **in ~** calladamente; (fig) disimuladamente.

sordità sf inv sordera.

'**sordo, a** ag, sm/f sordo(a).

sordo'muto, a ag, sm/f sordomudo(a).

so'rella [-lla] sf hermana.

sorel'lastra [-l'l-] sf hermanastra.

sor'gente [-'dʒ-] sf manantial m, fuente f.

'**sorgere** [-dʒ-] vi (aus essere) (ergersi) alzarse, levantarse; (scaturire) surgir,

brotar; (ASTR) nacer, salir; (fig) surgir, presentarse.

sormon'tare vt (fig) superar, pasar por alto.

sorni'one, a ag socarrón(ona).

sorpas'sare vt sobrepasar, superar.

sor'prendere vt sorprender; **~rsi** vr sorprenderse.

sor'preso, a pp di **sorprendere** // sf sorpresa.

sor'reggere [-ddʒ-] vt sostener; (fig) ayudar, apoyar; **~rsi** vr tenerse en pie.

sor'ridere vi sonreír.

sor'riso, a pp di **sorridere** // sm sonrisa.

'**sorso** sm sorbo.

'**sorta** sf especie f, suerte f; **di ~** de ningún tipo.

'**sorte** sf suerte f; **tirare a ~** sortear.

sorteggi'are [-d'dʒ-] vt sortear.

sor'teggio [-ddʒo] sm sorteo.

sorti'legio [-dʒo] sm sortilegio, hechizo.

sor'tire vt obtener.

sor'tita sf salida.

'**sorto, a** pp di **sorgere**.

sorvegli'anza [sorveʎʎantsa] sf vigilancia.

sorvegli'are [-ʎʎ-] vt vigilar, controlar.

sorvo'lare vt sobrevolar // vi: **~ (su)** pasar por alto.

'**sosia** sm inv sosias m inv.

so'spendere vt suspender; (impiegato) echar.

sospensi'one sf suspensión f.

so'speso, a pp di **sospendere** // ag (ponte) colgante; (fig) intranquilo(a), dudoso(a); **in ~** en suspenso, pendiente; **stare col fiato ~** (fig) estar con el jesús en la boca, estar pendiente de algo.

sospet'tare vt (tranello, inganno) temer, desconfiar // vi sospechar; **~ qd di qc** sospechar de alguien por algo.

so'spetto, a ag sospechoso(a) // sm sospecha.

sospet'toso, a ag desconfiado(a), suspicaz.

so'spingere [-dʒ-] vt empujar.

sospi'rare vt desear, anhelar // vi suspirar.

so'spiro sm suspiro.

'**sosta** sf (fermata) parada; (pausa) descanso, pausa.

sostan'tivo sm sustantivo.

so'stanza [-tsa] sf sustancia; **~e** fpl (ricchezze) bienes mpl, patrimonio; **in ~** en resumen.

sostanzi'oso, a a [-ts-] ag sustancioso(a), nutritivo(a).

so'stare vi detenerse, pararse; (fare una pausa) interrumpirse.

so'stegno [-ɲɲo] sm sostén m, soporte m; (fig) apoyo, amparo.

soste'nere vt sostener; (fig: sopportare) hacer frente a, cargar con; (: aiutare) ayudar; (: asserire) sostener, afirmar;

(*prezzi*) mantener alto; ~**rsi** *vr* mantenerse en pie.

sosteni'tore, 'trice *ag* sostenedor(a) // *sm/f* defensor/a.

sosten'tare *vt* mantener, sustentar.

soste'nuto, a *pp di* **sostenere** // *ag* (*contegno, aria*) reservado(a), grave; (MUS) sostenido; (*prezzo, mercato*) elevado(a), sostenido(a).

sostitu'ire *vt* sustituir, reemplazar.

sosti'tuto, a *sm/f* sustituto/a, reemplazante *m/f*; ~ **procuratore** (DIR) fiscal *m* suplente.

sostituzi'one [-t'ts-] *sf* sustitución *f*; **in** ~ **di** en lugar de.

sotta'ceti [-tʃ-] *smpl* encurtidos *mpl*, pickles *mpl*.

sot'tana *sf* sotana.

sotter'fugio [-dʒo] *sm* escapatoria, evasiva.

sotter'raneo, a *ag* subterráneo(a) // *sm* subterráneo.

sotter'rare *vt* enterrar, sepultar.

sottigli'ezza [sottiʎʎettsa] *sf* sutileza.

sot'tile *ag* (*filo, lama*) fino(a); (*figura*) delgado(a), grácil; (*: fig: aria, profumo*) tenue, sutil; (*: vista, olfatto*) agudo(a); (*: mente, discorso*) sutil, agudo(a).

sottin'tendere *vt* sobreentender.

sottin'teso, a *pp di* **sottintendere**.

'sotto *prep* bajo; (*luogo*) debajo de, abajo de // *av* abajo; (*oltre: detto. scritto*) luego; **portare le gonne** ~ **il ginocchio** llevar las faldas debajo de la rodilla; ~ **i 30 anni/i 30 kg** menos de 30 años/30 kg; **abita di** ~ vive abajo; **va di** ~ va abajo; **avere** ~ **mano qc** tener algo al alcance de la mano; **tenere qd sott'occhio** vigilar de cerca a alguien; ~ **Natale** hacia Navidad; ~ **terra** bajo tierra; ~ **voce** en voz baja; ~ **vuoto** al vacío; ~ **zero** bajo cero.

soto'fondo *sm* fondo.

sottoline'are *vt* subrayar.

sottoma'rino, a *ag* submarino(a) // *sm* submarino.

sotto'messo, a *pp di* **sottomettere**.

sotto'mettere *vt* someter, dominar; ~**rsi** *vr* someterse.

sottopas'saggio [-dʒo] *sm* pasaje *m* subterráneo.

sotto'porre *vt* obligar; (*fig*) presentar; **sottoporsi** *vr* someterse.

sotto'posto, a *pp di* **sottoporre**.

sotto'scritto, a *pp di* **sottoscrivere**.

sotto'scrivere *vt* (*domanda. documento*) suscribir, firmar; (*aderire*) suscribir, adherir a.

sotto'scrizione [-t'ts-] *sf* suscripción *f*.

sottosegre'tario *sm* subsecretario.

sotto'sopra *av* (*fig*) en desorden, patas para arriba.

sotto'stare *vi* (*aus essere*) (*fig*) someterse, ceder.

sotto'terra *av* bajo tierra.

sotto'veste *sf* combinación *f*, enagua.

sotto'voce [-tʃe] *av* en voz baja.

sot'trarre *vt*: ~ **qd/qc a** (*pericolo*) salvar a alguien/algo de; (MAT): ~ **qc da** restar algo de; (*fig*): ~ **qc a qd** quitar o robar algo a alguien; **sottrarsi** *vr* apartarse.

sot'tratto, a *pp di* **sottrarre**.

sottrazi'one [-t'ts-] *sf* resta; (*furto*) robo.

sovi'etico, a, ci, che *ag, sm/f* soviético(a).

sovraccari'care *vt* sobrecargar.

sovrac'carico, a, chi, che *ag*: ~ **di** sobrecargado de // *sm* sobrecarga.

sovrannatu'rale *ag* = **soprannaturale**.

so'vrano, a *ag, sm/f* soberano(a).

sovrap'porre *vt* superponer; **sovrapporsi** *vr* agregarse, superponerse.

sovra'stare *vt* dominar; (*fig*) amenazar.

sovrinten'dente *sm/f* superintendente *m/f*.

sovrinten'denza [-tsa] *sf* superintendencia.

sovru'mano, a *ag* sobrenatural; (*fig*) sobrehumano(a).

sovvenzi'one [-'ts-] *sf* subvención *f*, subsidio.

sovver'sivo, a *ag* subversivo(a).

sovver'tire *vt* trastornar, perturbar.

S.p.A. *abbr vedi* **società**.

spac'care *vt* partir, romper; ~**rsi** *vr* romperse.

spacca'tura *sf* hendedura; (*fenditura*) grieta; (POL) ruptura, escisión *f*.

spacci'are [-t'tʃ-] *vt* vender; ~**rsi** *vr*: ~**rsi per** hacerse pasar por.

spaccia'tore, 'trice [-ttʃ-] *sm/f* vendedor/a, traficante *m/f*.

'spaccio ['spattʃo] *sm* venta; (*bottega*) tienda, negocio.

'spacco, chi *sm* hendedura, grieta; (*di gonna*) tajo.

spac'cone *ag* fanfarrón(ona).

'spada *sf* espada; ~**e** *fpl* (CARTE) espadas.

spae'sato, a *ag* ajeno(a), desubicado(a).

spa'ghetti *smpl* espaguetis *mpl*.

'Spagna [-ɲɲa] *sf* España.

spa'gnolo, a [-ɲ'ɲ-] *ag, sm/f* español(a).

'spago, ghi *sm* bramante *m*.

spalan'care *vt* abrir de par en par; ~**rsi** *vr* abrirse de par en par.

spa'lare *vt* quitar (con la pala).

'spalla [-lla] *sf* (ANAT) hombro; (*di abito*) espalda; **avere qd sulle** ~**e** (*fig*) tener que mantener a alguien; **alle** ~**e di qd** por detrás de uno.

spalleggi'are [spalled'dʒare] *vt* respaldar, sostener.

spal'letta [-l'l-] *sf* parapeto.

spalli'era [-ll-] *sf* respaldo; (GINNASTICA) espalderas *fpl*.

spal'mare *vt* untar.

'spalti *smpl* (SPORT) gradas.

'spandere vt verter, derramar; (profumo) esparcir, derramar; ~**rsi** vr desparramarse, difundirse.

spa'rare vt tirar, disparar; (pugni, calci) soltar, pegar; (fig) soltar, decir // vi tirar.

spara'toria sf tiroteo.

sparecchi'are [-k'kj-] vt levantar, quitar.

spa'reggio [-ddʒo] sm (SPORT) desempate m.

'spargere [-dʒ-] vt desparramar; (versare) derramar, verter; (emanare) divulgar, difundir; ~**rsi** vr divulgarse.

spargi'mento [-dʒ-] sm derramamiento.

spa'rire vi (aus essere) desaparecer.

spar'lare vi murmurar, hablar mal.

'sparo sm disparo, tiro.

sparpagli'are [-ʎʎ-] vt desparramar; ~**rsi** vr desbandarse.

'sparso, a pp di **spargere** // ag suelto(a); (MIL): **ordine** ~ orden abierto.

spar'tire vt repartir, dividir.

spar'tito sm partitura.

sparti'traffico sm refugio.

spa'ruto, a ag (aspetto, figura) escuálido(a), desmirriado(a); (gruppo) reducido(a).

sparvi'ero sm gavilán m.

spasi'mante sm galán m, admirador m.

spasi'mare vi sufrir; (fig): ~ **per qd** volverse loco por alguien.

'spasimo sm (fisico) dolor m, sufrimiento; (morale) angustia, aflicción f.

'spasmo sm espasmo.

spa'smodico, a, ci, che ag angustioso(a), torturante.

spassio'nato, a ag desapasionado(a), imparcial.

'spasso sm diversión f, entretenimiento; **andare a** ~ ir a pasear; **essere a** ~ (fig) estar sin hacer nada; **mandare a** ~ (fig) mandar a paseo.

'spatola sf espátula.

spau'racchio [-kkjo] sm espantapájaros m inv, esperpento.

spa'valdo, a ag petulante, jactancioso(a).

spaven'tare vt asustar, atemorizar; ~**rsi** vr asustarse.

spa'vento sm miedo, temor m.

spaven'toso, a ag terrible, espantoso(a); (fam) tremendo(a).

spazien'tire [-tts-] vi (aus essere) (anche: ~**rsi**) impacientarse.

'spazio ['spattsjo] sm espacio.

spazi'oso, a [-tts-] ag espacioso(a), ancho(a).

spazzaca'mino [-tts-] sm deshollinador m.

spaz'zare [-t'ts-] vt barrer; **spazzar via** (fig) eliminar; (: mangiare avidamente) liquidar.

spazza'tura [-tts-] sf basura.

spaz'zino [-t'ts] sm barrendero.

'spazzola [-tts-] sf cepillo; ~ **per i capelli** cepillo de pelo.

spazzo'lare [-tts-] vt cepillar.

spazzo'lino [-tts-] sm cepillo; ~ **da denti** cepillo de dientes.

specchi'arsi [-k'kj-] vr mirarse en el espejo; (riflettersi) reflejarse; (fig): ~ **in qd** tomar a alguien como ejemplo.

'specchio ['spekkjo] sm espejo.

speci'ale [-tʃ-] ag especial.

specia'lista, i, e [-tʃ-] sm/f especialista m/f.

specialità [-tʃ-] sf inv especialidad f.

specializ'zare [spetʃalid'dzare] vt especializar; ~**rsi** vr: ~**rsi in** especializarse en.

'specie [-tʃe] sf inv especie f; (tipo, qualità) clase f, calidad f; **una** ~ **di** una especie de; **fare** ~ impresionar, sorprender.

specifi'care [-tʃ-] vt especificar.

spe'cifico, a, ci, che [-'tʃ-] ag específico(a).

specu'lare vi especular.

speculazi'one [-tʃts-] sf especulación f.

spe'dire vt (pacco, lettera) despachar, mandar; (persona) enviar.

spedizi'one [-'tts-] sf despacho, envío; (scientifica etc) expedición f.

spedizioni'ere [-tts-] sm expedidor m.

'spegnere [-ɲɲ-] vt apagar; (rancori) cancelar, extinguir; ~**rsi** vr apagarse; (morire) morir.

spel'lare [-l'l-] vt (scuoiare) desollar, despellejar; (fam: mani, ginocchia) pelar; ~**rsi** vr despellejarse.

'spendere vt gastar, emplear.

spen'nare vt desplumar.

spensie'rato, a ag despreocupado(a).

'spento, a pp di **spegnere** // ag apagado(a), mortecino(a).

spe'ranza [-ts-] sf esperanza.

spe'rare vt esperar // vi: ~ **in** confiar en.

sper'duto, a ag (isolato) remoto(a), solitario(a); (imbarazzato) perdido(a).

spergi'uro, a [-'dʒ-] ag perjuro(a) // sm perjuro.

speriman'tale ag experimental.

sperimen'tare vt experimentar.

'sperma, i sm esperma.

spermato'zoo [-d'dzoo] sm espermatozoide m.

spe'rone sm (per stivali) espuela; (GEOGR) promontorio.

sperpe'rare vt despilfarrar, derrochar.

'spesa sf gasto; (compera) compra; **fare la** ~ (fam) hacer las compras; **a** ~**e di** a cargo de.

'spesso, a ag (denso) denso(a); (fitto) tupido(a); **un cartone** ~ **3 centimetri** un cartón de 3 centímetros de espesor; ~**e volte** muchas veces // av a menudo, frecuentemente.

spes'sore sm espesor m.

Spett. abbr vedi **spettabile**.

spet'tabile *ag*: ~ **ditta** X Señores X.
spet'tacolo *sm* espectáculo.
spet'tanza [-tsa] *sf*: **di mia/tua** *etc* ~ **de** competencia mía/tuya *etc*.
spet'tare *vi* (*aus essere*): ~ **a** corresponder o tocar a.
spetta'tore, 'trice *sm/f* espectador/a; (*di avvenimento*) testigo/a.
spetti'nare *vt* despeinar; ~**rsi** *vr* despeinarse.
'spettro *sm* espectro.
'spezie ['spettsje] *sfpl* especias *fpl*.
spez'zare [-t'ts-] *vt* romper, destrozar; (*fig*) cortar, interrumpir; ~**rsi** *vr* romperse, destrozarse.
spezza'tino [-tts-] *sm* (*CUC*) guisado.
spezzet'tare [-tts-] *vt* partir.
'spia *sf* espía *m*; (*della polizia*) delator *m*, informante *m*; (*ELETTR*) indicador luminoso; (*fessura*) mirilla; (*fig*) indicio.
spia'cente [-tʃ-] *ag*: **sono** ~ **di non poter venire** siento mucho no poder venir.
spia'cevole [-'tʃ-] *ag* desagradable.
spi'aggia, ge ['spjaddʒa] *sf* playa.
spia'nare *vt* (*terreno*) aplanar, nivelar; (*CUC: pasta*) estirar; (*edificio, quartiere*) demoler.
spi'ano *sm*: **a tutto** ~ (*fig*) sin parar, a más no poder.
spian'tato, a *sm/f* pelagatos *m/f*, pobretón/ona.
spi'are *vt* espiar.
spi'azzo [-ttso] *sm* claro.
spic'care *vt* (*balzo*) dar; (*mandato di cattura*) firmar, emanar // *vi* resaltar, destacarse; ~ **il volo** tomar el vuelo.
spic'cato, a *ag* notable, relevante.
'spicchio ['spikkjo] *sm* (*di agrumi*) gajo; (*di aglio*) diente *m*; (*porzione*) tajada.
spicci'arsi *vr* darse prisa.
'spicciolo, a [-ttʃ-] *ag*: **moneta** ~**a**, ~**i** *smpl* cambio, sueltos *mpl*.
'spicco, chi *sm* relieve *m*, resalto.
spi'edo *sm* asador *m*, spiedo.
spiega'mento *sm* despliegue *m*.
spie'gare *vt* (*vele, tovaglia*) desplegar, extender; (*fig*) explicar; ~**rsi** *vr* explicarse, hablar claro; (*vele*) desplegarse, abrirse; (*divenire comprensibile*) explicarse, ser claro.
spiegazi'one [-t'tʃ-] *sf* explicación *f*.
spiegaz'zare [-t'tʃ-] *vt* manosear, arrugar.
spie'tato, a *ag* despiadado(a).
spiffe'rare *vt* pregonar, divulgar // *vi* silbar.
'spiga, ghe *sf* espiga.
spigli'ato, a [-ʎʎ-] *ag* desenvuelto(a).
spigo'lare *vt* (*AGR*) espigar.
'spigolo *sm* esquina, ángulo; (*MAT*) arista.
'spilla [-lla] *sf* broche *m*, prendedor *m*; ~ **da balia o di sicurezza** imperdible *m*.
spil'lare [-l'l-] *vt* (*vino*) sacar; (*fig: denaro*) sonsacar, arrancar.
'spillo [-llo] *sm* alfiler *m*.

spi'lorcio, a, ci, ce [-tʃo] *ag* miserable, avaro(a).
'spina *sf* espina; (*ELETTR*) enchufe *m*; **alla** ~ (*birra*) de barril.
spi'naci [-tʃi] *smpl* espinacas *fpl*.
spi'nale *ag* espinal.
'spingere [-dʒ-] *vt* empujar; (*fig: sguardo*) extender, alargar; (: *indurre*) instigar, incitar; ~**rsi** *vr* avanzar.
spi'noso, a *ag* espinoso(a).
'spinta *sf* empujón *m*; (*FIS*) empuje *m*, arranque *m*; (*fig: stimolo*) empuje *m*, estímulo; (: *appoggio*) enchufe *m*.
spio'naggio [-ddʒo] *sm* espionaje *m*.
spi'overe *vi* (*aus essere*) (*scorrere*) gotear, chorrear; (*ricadere*) caer.
'spira *sf* espiral *f*, rosca.
spi'raglio [-ʎʎo] *sm* (*fessura*) rendija; (*raggio di luce*) rayo; (*fig*) indicio, atisbo.
spi'rale *sf* (*MAT*) espiral *f*; (*MED*) espiral *m*; (*fig*) huracán *m*, espiral *f*; **a** ~ **en espiral**.
spi'rare *vi* (*vento, brezza*) soplar; (*persona*) morir, expirar.
spiri'tato, a *ag* pasmado(a) // *sm/f* endemoniado/a.
spiri'tismo *sm* espiritismo.
'spirito *sm* espíritu *m*; (*fantasma*) espectro, fantasma *m*; (*arguzia*) gracia, agudeza; (*essenza*) espíritu, esencia.
spiri'toso, a *ag* gracioso(a), chistoso(a).
spiritu'ale *ag* espiritual.
'splendere *vi* brillar, resplandecer.
'splendido, a *ag* espléndido(a).
splen'dore *sm* (*luce intensa*) esplendor *m*, brillo; (*sfarzo*) esplendidez *f*.
spode'stare *vt* deponer, destituir.
'spoglia [-ʎʎa] *sf* vedi **spoglio**.
spogli'are [-ʎʎ-] *vt* (*persona*) desnudar, desvestir; (*togliere ornamenti*) colgar; (*fig*) despojar, saquear; ~**rsi** *vr* desvestirse, desnudarse; ~**rsi di** (*privarsi*) desposeerse o privarse de.
spoglia'toio [-ʎʎ-] *sm* vestuario.
'spoglio, a [-ʎʎo] *ag* desnudo(a) // *sm* selección *f*, clasificación *f*; (*delle schede*) escrutinio // *sf* (*cadavere*) restos; **sotto mentite** ~**e** bajo falso nombre.
'spola *sf* lanzadera; **fare la** ~ (*fig*) ir de un lado a otro.
spol'pare *vt* descarnar.
spolve'rare *vt* desempolvar // *vi* limpiar, quitar el polvo.
'sponda *sf* (*di corso d'acqua*) orilla; (*bordo*) borde *m*.
spon'taneo, a *ag* espontáneo(a).
spopo'lare *vt* despoblar // *vi* atraer, entusiasmar; ~**rsi** *vr* despoblarse.
spo'radico, a, ci, che *ag* esporádico(a).
spor'care *vt* ensuciar; (*fig*) mancillar, infamar; ~**rsi** *vr* ensuciarse; (*fig*) rebajarse.

spor'cizia [spor'tʃittsja] *sf* suciedad *f;*
(*fig*) porquería, obscenidad *f.*

'sporco, a, chi, che *ag* sucio(a);
(*faccenda*) deshonesto(a), sucio(a);
(*volgare*) pornográfico(a).

spor'genza [spor'dʒentsa] *sf* saliente *f.*

'sporgere [-dʒ-] *vt* asomar; (*DIR*)
presentar // *vi* (*aus* **essere**) sobresalir;
~rsi *vr* asomarse.

sport *sm inv* deporte *m.*

'sporta *sf* cesta.

spor'tello [-llo] *sm* (*di treno, auto*)
portezuela; (*di banca, ufficio*) ventanilla.

'sporto, a *pp di* **sporgere**.

spor'tivo, a *ag* deportivo(a).

'sposa *sf vedi* **sposo**.

sposa'lizio [-ttsjo] *sm* casamiento.

spo'sare *vt* casar, desposar; (*fig*) adherir
a, abrazar; **~rsi** *vr* casarse.

'sposo, a *sm/f* esposo(a); **~i** *mpl* novios,
recién casados.

spossa'tezza [-ttsa] *sf* agotamiento,
cansancio.

spo'stare *vt* correr, mover; (*differire*)
cambiar; **~rsi** *vr* (*persona*) correrse,
moverse; (*cosa*) moverse.

'spranga, ghe *sf* barra, garrote *m.*

'sprazzo [-ttso] *sm* haz *m*, rayo; (*fig*)
relámpago.

spre'care *vt* malgastar, derrochar; **~rsi**
vr perder el tiempo.

'spreco *sm* derroche *m*, despilfarro.

spre'gevole [-dʒ-] *ag* despreciable.

spregiudi'cato, a [-dʒ-] *ag*
desprejuiciado(a).

'spremere *vt* exprimir.

spre'muta *sf* jugo, zumo.

sprez'zante [-t'ts-] *ag* desdeñoso(a).

sprigio'nare [-dʒ-] *vt* (*fig*) despedir,
exhalar; **~rsi** *vr* desprenderse, salir.

spriz'zare [-t'ts-] *vt* (*fig*) rebosar de // *vi*
(*aus* **essere**) brotar.

sprofon'dare *vi* (*aus* **essere**) (*cadere*)
hundirse; (*terreno*) derrumbarse;
(*affondare*) sumergirse, hundirse; (*fig*)
abstraerse.

spro'nare *vt* espolear; (*fig*) excitar,
azuzar.

'sprone *sm* espuela; (*fig*) acicate *m*,
estímulo.

sproporzio'nato, a [-ts-] *ag*
desproporcionado(a).

sproporzi'one [-'ts-] *sf* desproporción *f.*

sproposi'tato, a *ag* disparatado(a); (*fig*)
exagerado(a).

spro'posito *sm* disparate *m*, desatino;
(*errore*) error *m*; **a ~** inoportunamente.

sprovve'duto, a *ag* desprevenido(a).

sprov'visto, a *ag*: **~ (di)** desprovisto o
carente (de); **alla ~a** de improviso.

spruz'zare [-t'ts-] *vt* rociar, salpicar.

'spruzzo [-ttso] *sm* rociada, salpicadura;
verniciatura a ~ pintura a pistola.

'spugna [-ɲɲa] *sf* esponja.

spu'gnoso, a [-ɲ'ɲ-] *ag* esponjoso(a).

'spuma *sm* espuma; (*CUC*) mousse *f.*

spu'mante *sm* espumante *m.*

spumeggi'ante [-d'dʒ-] *ag* (*fig*)
vaporoso(a).

spu'mone *sm* mantecado.

spun'tare *vt* (*coltello, pennino*)
despuntar; (*capelli*) cortar las puntas a //
vi (*aus* **essere**) (*nascere*) asomar, salir;
(*apparire improvvisamente*) aparecer;
~rsi *vr* perder la punta; **spuntarla**
salirse con la suya.

spun'tino *sm* merienda, piscolabis *m.*

'spunto *sm* (*battuta*) apunte *m*;
(*occasione*) inspiración *f*, motivo;
prendere ~ da originarse en,
motivarse en.

spur'gare *vi* limpiar.

spu'tare *vt* escupir; (*fig*) arrojar, lanzar
// *vi* escupir.

'sputo *sm* salivazo, escupida.

squ'adra [skw-] *sf* escuadra; (*di operai*)
cuadrilla; (*SPORT*) equipo.

squa'drare [skw-] *vt* (*foglio*) encuadrar;
(*trave, legno*) escuadrar; (*osservare*)
mirar de hito en hito.

squa'driglia [skwa'driʎʎa] *sf* escuadrilla.

squa'drone [skw-] *sm* escuadrón *m.*

squagli'arsi [skwaʎ'ʎarsi] *vr* derretirse;
squagliarsela (*fig*) escabullirse,
marcharse.

squa'lifica [skw-] *sf* descalificación *f.*

squalifi'care [skw-] *vt* descalificar;
~rsi *vr* desacreditarse.

squa'llido, a [skwal'lido] *ag* escuálido(a).

squal'lore [skwal'lore] *sm* escualidez *f*,
miseria.

squ'alo [skw-] *sm* tiburón *m.*

squ'ama [skw-] *sf* escama.

squa'mare [skw-] *vt* escamar; **~rsi** *vr*
escamarse, secarse.

squarcia'gola [skwartʃa'gola]: **a ~** *av* a
voz en cuello, a los gritos.

squar'tare [skw-] *vt* descuartizar.

squattri'nato, a [skw-] *ag* pobre,
pelado(a).

squili'brare [skw-] *vt* desequilibrar.

squi'librio [skw-] *sm* desequilibrio; (*MED*)
locura.

squil'lante [skwil'lante] *ag* resonante.

squil'lare [skwil'lare] *vi* sonar.

squ'illo ['skwillo] *sm* timbre *m*; **ragazza
~** call-girl *f.*

squi'sito, a [skw-] *ag* exquisito(a),
delicioso(a); (*pensiero, gesto*) gentil,
delicado(a).

squit'tire [skw-] *vi* chillar.

sradi'care *vt* extirpar, descuajar; (*fig*)
eliminar.

sragio'nare [-dʒ-] *vi* disparatar.

srego'lato, a *ag* desordenado(a);
(*dissoluto*) disoluto(a).

S.r.l. *abbr vedi* **società**.

S.S. *abbr di* **strada statale**.

'stabile *ag* (*solido*) firme, sólido(a);
(*fisso: anche fig*) estable, permanente;
(*ECON*) estable // *sm* edificio, propiedad
f.

stabili'mento *sm* establecimiento, fábrica; **~ balneare** balneario; **~ termale** termas *fpl*.

stabi'lire *vt (residenza)* fijar, establecer; *(decidere)* decidir; **~rsi** *vr* establecerse.

stabilità *sf* estabilidad *f*.

stabiliz'zare [-d'dz-] *vt* estabilizar.

stabilizza'tore [-ddz-] *sm* estabilizador *m*.

stac'care *vt (separare)* quitar; *(strappare)* arrancar; *(scandire)* destacar; *(SPORT)* dejar atrás, aventajar; *(fig: sguardo)* apartar // *vi (fam: cessare il lavoro)* terminar, desocuparse; **~rsi** *vr* desprenderse, despegarse; **~rsi da** *(fig)* abandonar.

'stadio *sm (SPORT)* estadio; *(fig)* fase *f*.

'staffa *sf (di sella, ANAT)* estribo; **perdere le ~e** *(fig)* perder los estribos; **tenere il piede in due ~e** *(fig)* nadar entre dos aguas.

staf'fetta *sf* estafeta; *(SPORT)* relevo.

stagio'nale [-dʒ-] *ag* estacional.

stagio'nare [-dʒ-] *vt* estacionar, madurar.

stagi'one [-'dʒ-] *sf* estación *f*; *(periodo: teatrale, estivo etc)* temporada; **alta/bassa ~** estación alta/baja.

stagli'arsi [-ʎʎ-] *vr* destacarse, resaltar.

sta'gnante [-ɲɲ-] *ag (acqua)* estancado(a); *(fig: economia)* paralizado(a).

sta'gnare [-ɲɲ-] *vt (vaso, tegame)* estañar; *(barca, botte)* tapar, cerrar // *vi (acqua)* estancarse; *(aria)* viciarse; *(fig)* paralizarse.

'stagno, a [-ɲɲo] *ag* estanco // *sm* estaño.

sta'gnola [-ɲɲ-] *sf* papel *m* plateado.

stalag'mite *sf* estalagmita.

stalat'tite *sf* estalactita.

'stalla ['stalla] *sf* establo.

stal'lone [-l'l-] *sm* padrillo.

sta'mani, stamat'tina *av* esta mañana.

stam'becco, chi *sm* íbice *m*, cabra montés.

'stampa *sf* imprenta; *(quotidiani e giornalisti)* prensa; *(FOTO)* copia; *(riproduzione)* grabado; **~e** *fpl* impresos; **andare in ~** ir a imprenta, publicarse.

stam'pare *vt (libri, giornali)* publicar, imprimir; *(imprimere: anche fig)* imprimir.

stampa'tello [-llo] *sm* letra de imprenta.

stam'pella [-lla] *sf* muleta.

'stampo *sm* molde *m*; *(fig)* carácter *m*, tipo.

sta'nare *vt* desalojar, desemboscar.

stan'care *vt* cansar, fatigar; *(annoiare)* aburrir, fastidiar; **~rsi** *vr* cansarse; aburrirse.

stan'chezza [-ttsa] *sf (vedi vb)* cansancio; aburrimiento.

'stanco, a, chi, che *ag* cansado(a); *(annoiato)* aburrido(a), harto(a).

standardiz'zare [-d'dz-] *vt* estandarizar.

'stanga, ghe *sm* barra.

stan'gata *sf* garrotazo; *(fig)* golpe *m*, mazazo; *(: SCOL)* suspensión *f*.

sta'notte *av* esta noche, anoche.

'stante *ag*: **a sé ~** independiente; **seduta ~** de inmediato.

stan'tio, a, 'tii, 'tie *ag (pane)* viejo(a), duro(a); *(formaggio)* rancio(a), pasado(a); *(fig)* pasado(a) de moda.

stan'tuffo *sm* pistón *m*.

'stanza [-tsa] *sf* habitación *f*, cuarto; *(POESIA)* octava real; **~ da letto/pranzo** dormitorio/comedor.

stanzi'are [-'ts-] *vt* asignar, destinar.

stap'pare *vt* destapar.

'stare *vi (aus essere)* estar; *(restare)* estar, permanecer; *(abitare)* vivir, estar; *(essere situato)* estar, quedar; *(consistere)* consistir, residir; *(essere)*: **le cose stanno così** las cosas son así; *(dipendere)*: **~ in me** depender de mí; **~ a** *(spettare)* corresponder a; *(attenersi a)* atenerse a; **starci** caber; *(accettare)*. aceptar, estar de acuerdo; **~ bene/male** estar bien/mal; *(vestito, colore)* sentar bien/mal; **~ per fare qc** estar por hacer algo; **~ a vedere** esperar para ver.

starnu'tire *vi* estornudar.

star'nuto *sm* estornudo.

sta'sera *av* esta tarde; esta noche.

sta'tale *ag* estatal; **~i** *smpl* empleados estatales.

sta'tista, i *sm* estadista *m*.

sta'tistico, a, ci, che *ag* estadístico(a) // *sf* estadística.

'stato, a *pp di* **essere** // *sm* estado; *(condizione)* estado, condición *f*; *(ceto)* clase *f*; **~ d'accusa** *(DIR)* imputación *f*.

'statua *sf* estatua.

sta'tura *sf* estatura; *(fig)* altura.

sta'tuto *sm* estatuto.

sta'volta *av* esta vez.

stazio'nario, a [-tts-] *ag* estacionario(a).

stazi'one [-t'ts-] *sf (anche FERR)* estación *f*; *(marittima)* escala; **~ degli autobus** estación de autobuses; **~ dei carabinieri** jefatura de policía; **~ di servizio** estación de servicio.

'stecca, che *sf (di biliardo)* taco; *(di sigarette)* cartón *m*; *(stonatura)* desafinación *f*, nota falsa.

stec'cato *sm* cerca, empalizada.

stec'chito, a [-k'k-] *ag (ramo, persona)* seco(a), delgado(a); *(fig: rigido)* seco(a); *(: sbigottito)* helado(a).

'stele *sf* estela.

'stella [-lla] *sf (anche fig)* estrella; *(destino)* estrella, suerte *f*; **~ alpina** edelweiss *m*; **~ di mare** *(ZOOL)* estrella de mar.

'stelo *sm (BOT)* tallo; **lampada a ~** lámpara de pie.

'stemma, i *sm* escudo de armas, blasón *m*.

stempe'rare *vt* diluir, desleír.

sten'dardo *sm* estandarte *m*.

'stendere vt extender; (panni. bucato)
tender; (mettere a giacere) acostar;
(pasta) estirar; (colore) extender,
distribuir; ~ **un verbale/atto** (DIR)
levantar un acta; ~ **qd** derribar o
voltear a alguien.

stenogra'fare vt taquigrafiar.

ste'nografo, a sm/f taquígrafo/a.

sten'tare vi: ~ **a fare qc** hacer algo a
duras penas.

'stento sm esfuerzo, trabajo; ~**i** mpl
penurias fpl, estrecheces fpl; **a ~** av a
duras penas, a gatas.

'sterco, chi sm estiércol m.

stereo'fonico, a, ci, che ag
estereofónico(a).

stereoti'pato, a ag estereotipado(a).

'sterile ag (persona, animale) estéril;
(siringa, ambiente) esterilizado(a); (fig)
vano(a), inútil.

sterilità sf esterilidad f.

sterili'zzare [-d'dz-] vt esterilizar.

ster'lina sf libra (esterlina).

stermi'nare vt destruir, exterminar.

stermi'nato, a ag inmenso(a).

ster'minio sm exterminio.

'sterno sm esternón m.

'sterpo sm zarza.

ster'zare [-ts-] vt doblar, virar.

'sterzo [-tso] sm volante m.

'steso, a pp di **stendere**.

'stesso, a ag mismo(a) // pron: **io(la)**
~**(a)** lo(la) mismo(a); **per me è lo ~**
para mí es lo mismo; **fa lo ~** no es
nada, es igual.

ste'sura sf escritura, redacción f.

steto'scopio sm estetoscopio.

'stigma, i sm estigma m.

'stigmate sfpl estigmas fpl.

stigmatiz'zare [-d'dz-] vt censurar,
desaprobar.

sti'lare vt redactar, extender.

'stile sm estilo.

sti'lista, i sm diseñador m.

stiliz'zato, a [-d'dz-] ag estilizado(a).

stil'lare [-l'l-] vi (aus essere) gotear.

stilli'cidio [stilli't∫idjo] sm gotera.

stilo'grafica sf (anche: penna ~)
estilográfica.

'stima sf (apprezzamento) estima,
aprecio; (valutazione) tasación f,
valuación f.

sti'mare vt (persona) estimar, apreciar;
(terreno, casa) tasar, valuar; ~**rsi** vr
considerarse, creerse.

stimo'lante ag interesante // sm
fortificante m.

stimo'lare vt exhortar, incitar.

'stimolo sm estímulo; (fig) impulso,
incentivo.

'stinco, chi sm canilla.

'stingere [-dʒ-] vt descolorar // vi (aus
essere)(anche: ~**rsi**) desteñir,
desteñirse.

'stinto, a pp di **stingere**.

sti'pare vt amontonar; ~**rsi** vr
amontonarse.

stipendi'are vt pagar, retribuir.

sti'pendio sm sueldo.

'stipite sm montante m.

stipu'lare vt estipular, concertar.

sti'rare vt (abito) planchar; (esercitare
trazione) estirar; ~**rsi** vr desperezarse.

'stirpe sf estirpe f, linaje m.

stiti'chezza [-'kettsa] sf estreñimiento.

'stitico, a, ci, che ag estreñido(a).

sti'vale sm bota.

'stizza ['stittsa] sf berrinche m, rabieta.

stiz'zirsi [-'tts-] vr enojarse,
encolerizarse.

stiz'zoso, a [-'tts-] ag colérico(a),
irascible; (gesto, risposta) áspero(a),
irritado(a).

stocca'fisso sm bacalao.

stoc'cata sf estocada; (fig) pinchazo,
púa.

'stoffa sf (tessuto) tela; (fig) madera.

'stoico, a, ci, che ag estoico(a).

'stola sf estola.

'stolto, a ag necio(a), estúpido(a).

'stomaco, chi sm estómago; **dare di ~**
vomitar.

sto'nare vt desafinar // vi desentonar,
chocar.

stona'tura sf (MUS) desafinamiento; (fig)
discordancia, nota falsa.

stop sm inv stop m.

'stoppa sf estopa.

'stoppia sf rastrojo.

stop'pino sm mecha.

'storcere [-t∫-] vt torcer; ~**rsi** vr
(caviglia, dito) torcerse; (deformarsi)
deformarse.

stordi'mento sm aturdimiento.

stor'dire vt aturdir, atontar; ~**rsi** vr
aturdirse.

'storia sf historia; (racconto) cuento,
narración f; (faccenda) asunto, cuestión f;
~**e** fpl (pretesti) excusas, pretextos; **è la
solita ~** es la historia de siempre.

'storico, a, ci, che ag histórico(a) //
sm historiador m.

stori'one sm esturión m.

stor'mire vi susurrar, murmurar.

stor'nare vt (COMM: trasferire) transferir.

'storno sm (ZOOL) estornino.

storpi'are vt (fig) estropear, chapucear.

'storpio, a ag tullido(a), deforme.

'storto, a pp di **storcere** // ag
torcido(a); (fig) erróneo(a),
disparatado(a) // sf (distorsione)
torcedura; (recipiente) retorta.

sto'viglie [-ʎʎe] sfpl vajilla.

'strabico, a, ci, che ag estrábico(a),
bizco(a).

stra'bismo sm estrabismo.

strabuz'zare [-d'dz-] vt: ~ **gli occhi**
poner los ojos en blanco.

stracci'are [-t't∫-] vt romper, rasgar;
(fam) ganar, vencer; ~**rsi** vr rasgarse,
romperse.

'**straccio, a, ci, ce** ['strattʃo] *ag*: **carta**
~**a** papel *m* de desecho // *sm* trapo;
~**ci** *mpl* (*vestiti*) harapos *mpl*, andrajos
mpl.

stracci'one, a [-t'tʃ-] *sm/f* harapiento/a,
mendigo/a.

'**stracco, a, chi, che** *ag* cansado(a),
rendido(a).

stra'cotto, a *ag* recocido(a) // *sm* (CUC)
estofado.

'**strada** *sf* carretera; (*di città*) calle *f*;
(*cammino, fig*) camino; (*varco*) paso; **di**
~ (*peg*) de la calle; **farsi** ~ (*fig*)
abrirse camino, hacer carrera; **essere**
fuori ~ (*fig*) estar desencaminado o
equivocado; ~ **facendo** andando; ~
senza uscita calle *f* sin salida; ~
statale carretera nacional.

stra'dale *ag* caminero(a) // *sf* (*anche:*
polizia ~) policía caminera.

strafalci'one [-'tʃ-] *sm* disparate *m*, error
m garrafal.

stra'fare *vi* exagerar, hacer demasiado.

strafot'tente *ag* insolente,
fanfarrón(ona).

'**strage** [-dʒe] *sf* masacre *f*.

stral'ciare [-'tʃ-] *vt* quitar, eliminar;
(ECON) liquidar.

stralu'nare *vt*: ~ **gli occhi** poner los
ojos en blanco.

stralu'nato, a *ag* pasmado(a),
trastornado(a).

stramaz'zare [-t'ts-] *vi* (*aus*
essere)desplomarse, caer.

'**strambo, a** *ag* estrambótico(a),
alocado(a).

stra'nezza [-ttsa] *sf* extrañeza, rareza.

strango'lare *vt* estrangular; ~**rsi** *vr*
sofocarse.

strani'ero, a *ag, sm/f* extranjero(a) //
sm (*nemico*) enemigo, invasor *m*.

'**strano, a** *ag* extraño(a), raro(a).

straordi'nario, a *ag* extraordinario(a)
// *sm* horas *fpl* extraordinarias.

strapaz'zare [-t'ts-] *vt* maltratar; ~**rsi**
vr fatigarse, cansarse.

stra'pazzo [-ttso] *sm* trajín *m*, fatiga; **da**
~ (*fig: artista*) comicastro; (: *abito*) de
batalla o entrecasa.

strapi'ombo *sm* barranco, precipicio; **a**
~ a pico.

strapo'tere *sm* superpoder *m*.

strap'pare *vt* (*fiori, foglia*) arrancar;
(*carta, fazzoletto*) romper, rasgar;
(*allontanare*) arrancar, separar; (*fig:*
ottenere) arrancar, sonsacar; ~**rsi** *vr*
romperse, rasgarse.

'**strappo** *sm* (*lacerazione*) desgarrón *m*,
rotura; (MED) tirón *m*, distensión *f*;
(SPORT) arrancada; (*fig*) infracción *f*,
transgresión *f*.

strapun'tino *sm* asiento plegadizo.

strari'pare *vi* desbordar.

strasci'care [-ʃʃ-] *vt* arrastrar.

'**strascico, chi** [-ʃʃ-] *sm* cola; (*fig*)
consecuencia; **rete a** ~ (PESCA) red *f*
barredera, traíña.

strata'gemma, i [-dʒ-] *sm* ardid *m*,
estratagema.

strate'gia, 'gie [-'dʒia] *sf* estrategia; (*fig*)
tacto, habilidad *f*.

stra'tegico, a, ci, che [-dʒ-] *ag*
estratégico(a).

'**strato** *sm* estrato; (*di marmellata, burro*)
capa.

strato'sfera *sf* estratósfera.

strava'gante *ag* extravagante.

strava'ganza [-tsa] *sf* extravagancia.

strave'dere *vi* (*fig*): ~ **per qd**
desvivirse por alguien.

stra'vizio [-ttsjo] *sm* exceso.

stra'volgere [-dʒ-] *vt* (*fig: mente, animo*)
trastornar, turbar; (: *verità, realtà*) torcer,
falsear.

stra'volto, a *pp di* **stravolgere**.

strazi'are [-t'ts-] *vt* atormentar, afligir.

'**strazio** [-ttsjo] *sm* ensañamiento;
masacre *f*; (*noia*) lata.

'**strega, ghe** *sf* bruja.

stre'gare *vt* (*fig*) cautivar, hechizar.

stre'gone *sm* brujo, hechicero.

'**stregua** *sf*: **alla** ~ **di** del mismo modo
que, en comparación con.

stre'mare *vt* agotar.

'**stremo** *sm*: **allo** ~ en el límite.

'**strenna** *sf* aguinaldo.

'**strenuo, a** *ag* valiente, valeroso(a).

strepi'toso, a *ag* estrepitoso(a); (*fig*)
enorme, completo(a).

'**stretta** *sf vedi* **stretto**.

stret'tezza [-ttsa] *sf* angostura, estrechez
f; ~**e** *fpl* miseria, pobreza.

'**stretto, a** *pp di* **stringere** // *ag*
apretado(a); (*gonna, mobile, passaggio*)
estrecho(a), angosto(a); (*amico*)
íntimo(a); (*parente*) cercano(a) // *sm*
estrecho // *sf* (*pressione*) apretón *m*;
(*momento critico*) aprieto, crisis *f inv*;
(*fig*) angustia, dolor *m*; **lo** ~
necessario o **indispensabile** lo
estrictamente necesario o indispensable;
mettere alle ~**e** poner entre la espada
y la pared.

stret'toia *sf* (*di strada*) estrechamiento;
(*fig*) aprieto, callejón *m* sin salida.

stri'ato, a *ag* rayado(a).

stric'nina *sf* estricnina.

stri'dente *ag* chillón(ona).

'**stridere** *vi* (*porta*) chirriar; (*animale*)
chillar; (*fig*) chocar, desentonar.

'**strido,** *pl(f)* '**strida** *sm* chillido, grito.

stri'dore *sm* chirrido.

'**stridulo, a** *ag* chillón(ona).

stril'lare [-l'l-] *vt* vocear, gritar // *vi*
gritar.

'**strillo** [-llo] *sm* grito, chillido.

stril'lone [-l'l-] *sm* vendedor de
periódicos, canillita *m* (spec AM).

strimin'zito, a [-'ts-] *ag* (*vestito*) ajustado(a); (*persona*) flaco(a).

strimpel'lare [-l'l-] *vt* aporrear.

'stringa, ghe *sf* correa.

strin'gato, a *ag* preciso(a), conciso(a).

'stringere [-dʒ-] *vt* apretar; (*abito, gonna*) ajustar; (*premere dolorosamente*) oprimir, apretar; (*incalzare*) apremiar, apretar; (*fig: cuore*) oprimir, afligir; (*: patto*) arreglar, estipular; ~**rsi** *vr* estrecharse, apretujarse; ~ **la mano a qd** estrechar la mano a alguien.

'striscia, sce [-ʃʃa] *sf* (*di carta, tessuto*) tira; (*traccia*) huella, rastro; ~**sce** *fpl* (*passaggio pedonale*) rayas *fpl* blancas.

strisci'are [-ʃʃ-] *vt* arrastrar; (*muro, macchina*) rozar, raspar // *vi* (*serpente*) culebrear, arrastrarse; (*passare rasente*) pasar rozando; ~**rsi** *vr* acercarse, rozar.

'striscio [-ʃʃo] *sm* roce *m*, herida superficial; (MED) rasguño, arañazo; **di** ~ *av* de refilón.

strito'lare *vt* triturar, machacar.

striz'zare [-'tts-] *vt* (*panni*) estrujar, retorcer; ~ **l'occhio** guiñar el ojo.

'strofa *sf*, **'strofe** *sf inv* estrofa.

strofi'nare *vt* frotar; ~**rsi** *vr* frotarse.

stron'care *vt* cansar, moler; (*fig: ribellione*) reprimir, desbaratar; (*: film, libro*) demoler, criticar.

stropicci'are [-t'tʃ-] *vt* frotar, fregar; ~**rsi** *vr*: ~**rsi gli occhi** frotarse los ojos; ~**rsi le mani** refregarse las manos.

stroz'zare [-t'ts-] *vt* estrangular, sofocar; ~**rsi** *vr* estrangularse.

stroz'zatura [-tts-] *sf* estrechamiento, angostura.

stroz'zino [-'ts-] *sm* usurero.

'struggersi [-dʒ-] *vr* (*fig*): ~ **di** consumirse de.

strumen'tale *ag* instrumental.

strumentaliz'zare [-d'dz-] *vt* instrumentalizar.

strumentazi'one [-'ts-] *sf* (MUS) instrumentación *f*; (MECCANICA) equipo.

stru'mento *sm* herramienta, utensilio; (MUS) instrumento; (*fig*) medio, instrumento.

'strutto *sm* manteca de cerdo.

strut'tura *sf* estructura.

struttu'rare *vt* estructurar.

'struzzo [-tso] *sm* avestruz *m*.

stuc'care *vt* estucar.

stuc'chevole [-k'k-] *ag* empalagoso(a); (*fig*) fastidioso(a), aburrido(a).

'stucco, chi *sm* estuco; **rimanere** o **restare di** ~ (*fig*) caérsele a uno el alma a los pies.

stu'dente, 'tessa *sm/f* estudiante *m/f*.

studen'tesco, a, schi, sche *ag* estudiantil.

studi'are *vt* estudiar.

'studio *sm* estudio; (*stanza*) escritorio; (*di professionista*) consultorio.

studi'oso, a *ag* estudioso(a) // *sm/f* especialista *m/f*, investigador/a.

'stufa *sf* estufa.

stu'fare *vt* (CUC) estofar, guisar; (*fam*) hartar, cansar.

stu'fato *sm* (CUC) estofado.

'stufo, a *ag* (*fam*) harto(a), cansado(a).

stu'oia *sf* estera.

stupefa'cente [-'tʃ-] *ag* sorprendente, insólito(a) // *sm* estupefaciente *m*.

stu'pendo, a *ag* estupendo(a), magnífico(a).

stupi'daggine [-ddʒ-] *sf* estupidez *f*, sandez *f*.

stupidità *sf* estupidez *f*.

'stupido, a *ag* estúpido(a).

stu'pire *vt* sorprender, asombrar // *vi* (*aus essere*) (*anche*: ~**rsi**) sorprenderse, asombrarse.

stu'pore *sm* asombro, sorpresa.

'stupro *sm* estupro.

stu'rare *vt* destapar.

stuzzica'denti [-tts-] *sm* escarbadientes *m*, mondadientes *m*.

stuzzi'care [-tts-] *vt* hurgar, manosear; (*fig*) fastidiar, provocar.

su *prep* (*su + il* = **sul**, *su + lo* = **sullo**, *su + l'* = **sull'**, *su + la* = **sulla**, *su + i* = **sui**, *su + gli* = **sugli**, *su + le* = **sulle**) en; (*moto a luogo*) a; (*riguardo a*) sobre; (*circa*) unos // *av* arriba // *escl* ¡vamos!; **ci vediamo sul tardi** nos vemos más bien tarde; **una ragazza sui 17 anni** una muchacha de unos 17 años; **pensarci** ~ reflexionar; **in** ~ *av* (*verso l'alto*) hacia arriba; (*al nord*) hacia el norte; **dalle mille lire in** ~ de mil liras para arriba; ~ **misura** a medida; **prestito** ~ **pegno** préstamo bajo fianza; **uno** ~ **dieci** uno de cada diez.

'sua *det vedi* **suo**.

sub *sm inv* (*abbr di* **subacqueo**) submarinista *m*.

su'bacqueo, a [-kkw-] *ag* submarino(a) // *sm* submarinista *m*.

sub'buglio [-ʎʎo] *sm* alboroto, tumulto.

subcosci'ente [-ʃʃ-] *sm* subconsciente *m*.

'subdolo, a *ag* falso(a), taimado(a).

suben'trare *vi* (*aus essere*): ~ **a qd in qc** sustituir o reemplazar a alguien en algo.

su'bire *vt* (*offese*) soportar; (*danni*) sufrir.

subis'sare *vt* (*fig*) colmar, cubrir.

subi'taneo, a *ag* repentino(a), improviso(a).

'subito *av* enseguida, inmediatamente; ~ **prima/dopo** inmediatamente antes/después.

su'blime *ag* sublime.

subnor'male *ag* anormal.

subodo'rare *vt* sospechar, barruntar.

subordi'nato, a *ag* subordinado(a).

succe'daneo [-ttʃ-] *sm* sucedáneo.

suc'cedere [-t'tʃ-] *vi* (*aus essere*) (*accadere*) suceder, ocurrir; ~ **a**

(*prendere il posto*) suceder o reemplazar a; ~**rsi** vr sucederse.

successi'one [-tʃ-] *sf* sucesión *f*.

succes'sivo, a [-ttʃ-] *ag* sucesivo(a).

suc'cesso, a [-t'tʃ-] *pp di* **succedere** // *sm* éxito.

succes'sore [-ttʃ-] *sm* sucesor *m*; (*erede*) heredero.

succhi'are [-k'kj-] *vt* chupar.

suc'cinto, a [-t'tʃ-] *ag* (*stile, discorso*) conciso(a); (*abito*) muy corto(a).

'succo, chi *sm* jugo, zumo.

suc'coso, a *ag* jugoso(a); (*fig*) sustancioso(a).

'succube *sm/f*: **essere ~ di** estar dominado por.

succur'sale *sf* sucursal *f*.

sud *ag inv*, *sm* sur (*m*).

su'dare *vi* sudar; (*fig*) yugar; ~ **freddo** sudar en frío.

su'data *sf* sudor *m*; (*fatica*) sudada, esfuerzo.

sud'detto, a *ag* antedicho(a), citado(a).

'suddito, a *sm/f* súbdito/a.

suddi'videre *vt* subdividir.

suddivisi'one *sf* subdivisión *f*.

su'dest *sm* sudeste *m*.

sudici'ume [-'tʃ-] *sf* suciedad *f*.

su'dore *sm* sudor *m*.

sudo'riparo, a *ag* sudoriparo(a).

sud'ovest *sm* sudoeste *m*.

'sue *det vedi* **suo**.

suffici'ente [-'tʃ-] *ag* suficiente.

suffici'enza [-'tʃɛntsa] *sf* suficiencia; (*SCOL*) promedio; **a ~** *av* bastante.

suf'fisso *sm* sufijo.

suf fragio [-dʒo] *sm* sufragio, voto.

suggel'lare [suddʒel'lare] *vt* (*fig*) saldar, confirmar.

suggeri'mento [-ddʒ-] *sm* sugerencia.

sugge'rire [-ddʒ-] *vt* (*lezione, risposta*) apuntar, soplar; (*consiglio*) sugerir, aconsejar; (*ricordare*) recordar.

suggeri'tore, 'trice [-ddʒ-] *sm/f* apuntador/a.

suggestio'nare [-ddʒ-] *vt* sugestionar.

suggesti'one [-ddʒ-] *sf* sugestión *f*.

sugge'stivo, a [-ddʒ-] *ag* sugestivo(a).

'sughero [-g-] *sm* alcornoque *m*, corcho.

'sugo, ghi *sm* (*CUC*) salsa; (*succo*) jugo; (*fig*) gusto, satisfacción *f*.

'sui *prep* + *det vedi* **su**.

sui'cida, i, e [-'tʃ-] *sm/f* suicida *m/f*.

suici'darsi [-tʃ-] *vr* suicidarse.

sui'cidio [-'tʃ-] *sm* suicidio.

su'ino, a *ag* de cerdo // *sm* cerdo.

sul, sull' [-ll], **'sulla** [-lla], **'sulle** [-lle], **'sullo** [-llo] *prep* + *det vedi* **su**.

sulta'nina *sf* pasa de Corinto.

sul'tano, a *sm/f* sultán/ana.

'suo, 'sua, 'sue, su'oi *det* su, sus; (*forma di cortesia: anche*: S~) Su(Sus); **il ~, la sua** *etc pron* el suyo, la suya *etc*; **i suoi** (*parenti*) los suyos.

su'ocero, a [-tʃ-] *sm/f* suegro/a; **i ~i** *mpl* los suegros.

su'oi *det vedi* **suo**.

su'ola *sf* suela.

su'olo *sm* suelo, piso.

suo'nare *vt* (MUS) tocar; (*ore*) dar // *vi* (*emettere suoni*) sonar; (*fig*) sonar, parecer.

suone'ria *sf* timbre *m*.

su'ono *sm* sonido.

su'ora *sf* monja, hermana.

supe'rare *vt* superar; (*sorpassare: veicolo*) pasar, aventajar; (*fig: pericolo, ostacolo*) vencer, salvar; ~ **qd in altezza/peso** superar a alguien en altura/peso.

su'perbia *sf* soberbia.

su'perbo, a *ag* soberbio(a).

superfici'ale [-'tʃ] *ag* superficial.

super'ficie, ci [-'tʃ-] *sf* superficie *f*.

su'perfluo, a *ag* superfluo(a).

superi'ore *ag* superior; (*piano, arto*) superior, de arriba; (*statura, livello*) más alto(a), mayor; (*fig: eccellente*) mejor, excelente // ~, **a** *sm/f* (*REL*) superior/a.

superiorità *sf* superioridad *f*.

superla'tivo, a *ag* enorme, superlativo(a) // *sm* superlativo.

supermer'cato *sm* supermercado.

su'perstite *ag*, *sm/f* sobreviviente (*m/f*).

superstizi'one [-t'ts-] *sf* superstición *f*.

superstizi'oso, a [-t'ts-] *ag* supersticioso(a).

su'pino, a *ag* supino(a).

suppel'lettile [-l'l-] *sf* mueble *m*.

suppergiù [-'dʒu] *av* más o menos.

supple'mento *sm* suplemento; (*sovrapprezzo*) sobretasa.

sup'plente *ag*, *sm/f* suplente (*m/f*).

sup'plenza [-tsa] *sf* suplencia.

supple'tivo, a *ag* supletorio(a).

supplì *sm inv* croqueta de arroz.

'supplica, che *sf* súplica; (*domanda scritta*) solicitud *f*, instancia.

suppli'care *vt* suplicar.

sup'plire *vi*: ~ **a** proveer a.

sup'plizio [-ttsjo] *sm* suplicio.

sup'porre *vt* suponer, presumir.

sup'porto *sm* soporte *m*, sostén *m*.

supposizi'one [-t'ts-] *sf* suposición *f*.

sup'posta *sf* supositorio.

suppu'rare *vi* supurar.

supre'mazia [-t'tsia] *sf* supremacía.

su'premo, a *ag* supremo(a).

surge'lare [-dʒ-] *vt* congelar.

sur'plus *sm inv* excedente *m*.

surriscal'dare *vt* recalentar.

surro'gato *sm* sucedáneo.

suscet'tibile [-ʃʃ-] *ag* susceptible; ~ **di** (*capace di*) susceptible o capaz de.

susci'tare [-ʃʃ-] *vt* provocar, suscitar.

su'sina *sf* ciruela.

su'sino *sm* ciruelo.

susse'guirsi [-'gw-] *vr* sucederse.

sussidi'ario, a *ag* subsidiario(a), auxiliar // *sm* manual *m*; **fermata ~a** parada discrecional.

sus'sidio *sm* subsidio.

sussi'stenza [-tsa] *sf* subsistencia.
sus'sistere *vi* (*aus* essere) subsistir.
sussul'tare *vi* temblar, agitarse.
sussur'rare *vt, vi* susurrar.
sus'surro *sm* susurro.
su'tura *sf* sutura.
sva'gare *vt* distraer; ~rsi *vr* divertirse, distraerse.
'svago, ghi *sm* distracción *f*, diversión *f*.
svaligi'are [-'dʒ-] *vt* desvalijar, robar.
svalu'tare *vt* devaluar; (*fig*) menospreciar; ~rsi *vr* devaluarse.
svalutazi'one [-t'ts-] *sf* devaluación *f*.
sva'nire *vi* (*aus* essere) desvanecerse, evaporarse; (*sogno*) disiparse, desaparecer; (*fig*) desvanecerse.
sva'nito, a *ag* (*fig*) chocho(a).
svan'taggio [-ddʒo] *sm* desventaja.
svantaggi'oso, a [-d'dʒ-] *ag* desventajoso(a).
svapo'rare *vi* (*aus* essere) evaporarse, desaparecer.
svari'ato, a *ag* múltiple.
'svastica *sf* esvástica.
sve'dese *ag, sm/f* sueco(a).
'sveglia [-ʎʎa] *sf* despertador *m*.
svegli'are [-ʎʎ-] *vt* despertar; ~rsi *vr* despertarse.
'sveglio, a [-ʎʎo] *ag* despierto(a).
sve'lare *vt* revelar.
'svelto, a *ag* (*passo*) rápido(a); (*mente*) ágil, despierto(a); (*figura*) esbelto(a); **alla** ~**a** de prisa.
'svendita *sf* liquidación *f*.
sveni'mento *sm* desmayo, desvanecimiento.
sve'nire *vi* (*aus* essere) desmayarse.
sven'tare *vt* desbaratar, malograr.
sven'tato, a *ag* (*distratto*) atolondrado(a); (*imprudente*) imprudente.
svento'lare *vt* (*fazzoletto*) agitar; (*fuoco*) abanicar // *vi* ondear, flamear.
sven'trare *vt* despanzurrar, destripar; (*fig: edificio*) demoler.
sven'tura *sf* desventura, adversidad *f*; (*disgrazia*) desgracia, infortunio.
sventu'rato, a *ag* desventurado(a), desdichado(a).
sve'nuto, a *pp di* svenire.
svergo'gnato, a [-ɲ'ɲ-] *ag* desvergonzado(a).
sve'stire *vt* desnudar, desvestir; ~rsi *vr* desvestirse.
'Svezia [-ts-] *sf* Suecia.
svezza'mento [-tts-] *sm* destete *m*.
svez'zare [-t'ts-] *vt* (*neonato*) destetar.
svi'are *vt* desviar, despistar; (*fig*) descarriar.
svi'gnarsela [-ɲ'ɲ-] *vr* escaparse, huir.
svi'lire *vt* (*svalutare*) depreciar, desvalorizar; (*fig*) humillar.
svilup'pare [-ɲ'ɲ-] *vt* desarrollar; (*foto*) revelar; ~rsi *vr* desarrollarse; (*originarsi*) declararse.

svi'luppo *sm* desarrollo; (*foto*) revelación *f*.
svinco'lare *vt* (*fig*) rescatar, desempeñar; ~rsi *vr* librarse.
'svincolo *sm* rescate *m*; (*stradale*) carretera de enlace.
svisce'rare [-ʃʃ-] *vt* (*fig*) desentrañar, investigar.
svisce'rato, a [-ʃʃ-] *ag* entrañable.
'svista *sf* equivocación *f*.
svi'tare *vt* destornillar.
'Svizzera [-tts-] *sf* Suiza.
'svizzero, a [-tts-] *ag, sm/f* suizo(a).
svogli'ato, a [-ʎʎ-] *ag* desganado(a), perezoso(a).
svolaz'zare [-t'ts-] *vi* revolotear; (*capelli, gonna*) flotar, ondear.
'svolgere [-dʒ-] *vt* desenrollar; (*fig: tema*) desarrollar, exponer; (: *piano*) explicar; ~rsi *vr* (*fig*) suceder, desarrollarse.
svolgi'mento [-dʒ-] *sm* desarrollo.
'svolta *sf* (*atto*) vuelta; (*curva*) recodo, curva; (*fig*) cambio.
svol'tare *vi* doblar.
'svolto, a *pp di* svolgere.
svuo'tare *vt* vaciar; (*fig*) desvirtuar.

T

tabac'caio *a, sm/f* estanquero/a, cigarrero/a (*spec AM*).
tabacche'ria [-kk-] *sf* estanco, cigarrería (*spec AM*).
tabacchi'era [-k'k-] *sf* tabaquera.
ta'bacco, chi *sm* tabaco.
ta'bella [-lla] *sf* cuadro; (*elenco*) lista; ~ **di marcia** indicador *m* de horarios.
tabel'lone [-l'l-] *sm* cartel *m*, cartelón *m*.
taber'nacolo *sm* tabernáculo.
tabu'lato *sm* tabulado.
'tacca, che *sf* corte *m*, surco; **di mezza** ~ (*fig*) de media estatura.
tac'cagno, a [-ɲɲo] *ag* tacaño(a), avaro(a).
tac'chino [-k'k-] *sm* pavo.
tacci'are [-t'tʃ-] *vt* tachar, acusar.
'tacco, chi *sm* taco.
taccu'ino *sm* libreta de apuntes.
ta'cere [-'tʃ-] *vi* callar; (*smettere di parlare*) guardar silencio, callarse; (*suoni, rumori*) cesar, acallarse // *vt* callar, ocultar.
tachicar'dia [-k-] *sf* taquicardia.
ta'chimetro [-k-] *sm* taquímetro.
taci'tare [-tʃ-] *vt* (*fig*) acallar.
'tacito, a [-tʃ-] *ag* callado(a), silencioso(a); (*inespresso*) tácito(a), sobreentendido(a).
taci'turno, a [-tʃ-] *ag* taciturno(a).
ta'fano *sm* tábano.
taffe'ruglio [-ʎʎo] *sm* alboroto, batahola.

taffettà sm tafetán m.

'taglia [-ʎʎa] sf (statura) talla; (di abito) medida; (ricompensa) recompensa.

taglia'carte [-ʎʎ-] sm inv cortapapeles m inv.

taglia'legna [taʎʎa'leɲɲa] sm inv leñador m.

tagli'ando [-ʎʎ-] sm cupón m, cédula.

tagli'are [-ʎʎ-] vt cortar; (interrompere) cortar, interrumpir; (abbreviare) abreviar, acortar; (vino) cortar, mezclar // vi (prendere una scorciatoia) acortar; ~rsi vr cortarse; ~ **corto** (fig) ir al grano; ~ **la curva** acortar una curva.

taglia'telle [taʎʎa'tɛlle] sfpl tallarines mpl.

tagli'ente [-ʎʎ-] a afilado(a); (fig) punzante, mordaz.

tagli'ere [-ʎʎ-] sm picador m, tajadero.

'taglio ['taʎʎo] sm corte m; (di carne) corte m, trozo; (MED) tajo, herida; (parte tagliente) filo; (di vini) mezcla; **banconota di piccolo/grosso ~** billete pequeño/grande; **di ~ de filo**.

tagli'ola [-ʎʎ-] sf trampa.

tagli'one [-ʎʎ-] sm talión m.

tagliuz'zare [taʎʎut'tsare] vt cortajear.

'talco, chi sm talco.

'tale det tal; (indefinito) cierto; (questo, quello) ese(esa); (così grande) tanto(a) // pron (persona già menzionata) éste(ésta); **un(a) ~** un(a) fulano(a); ~ **da** o **che** tal que; **il tuo vestito è ~ quale il mio** tu vestido es tal cual el mío; **il ~ giorno** el día tal; **la ~ persona** la persona tal; **quel ~** ese fulano.

ta'lea sf estaca.

ta'lento sm talento, capacidad f.

tali'smano sm talismán m.

tallon'cino [tallon'tʃino] sm talón m.

tal'lone [-l'l-] sm talón m.

tal'mente av tan, a tal punto.

ta'lora av a veces.

'talpa sf topo.

tal'volta av a veces, alguna que otra vez.

tama'rindo sm tamarindo.

tambu'rello [-llo] sm pandero.

tam'buro sm tambor m; **a ~ battente** (fig) a tambor batiente.

tampo'nare vt (otturare) cerrar, obturar; (urtare) embestir, chocar; (MED) taponar.

tam'pone sm tapón m; (per timbri) almohadilla, tampón m; (respingente) tope m; ~ **assorbente** absorbente higiénico.

'tana sf madriguera, cueva.

'tanfo sm tufo, mal olor.

tan'gente [-dʒ-] ag tangente // sf (MAT) tangente f; (quota) cuota, parte f.

tan'gibile [-dʒ-] ag tangible.

'tango, ghi sm tango.

tan'nino sm tanino.

'tantalo sm tántalo.

tan'tino: un ~ av un tantico o poquito.

'tanto, a det tanto(a); (al pl: molti) mucho(a) // pron tanto(a) // av tanto; (con ag, av) tan; **due volte ~** dos veces más; **vanno ~ d'accordo!** ¡están muy de acuerdo!; ~ **per cambiare** aunque más no sea para cambiar; **una volta ~** aunque sea una vez; ~ **è inutile** de todos modos es inútil; **ha ~a volontà che ...** tiene tanta voluntad que ...; **era ~ stanco che ...** estaba tan cansado que ...; ~ ... **da** tan ... que; **ho ~i libri quanto loro** tengo tantos libros cuanto ellos; **è ~ bravo quanto suo fratello** es tan capaz como su hermano; **conosco ~ Carlo quanto suo padre** conozco tanto a Carlos como a su padre; **è ~ bello quanto buono** es tan hermoso cuan bueno; **scrive ~ quanto parla** escribe tanto cuanto habla; **costa un ~ al metro** cuesta un tanto por metro; **guardare con ~ d'occhi** (fig) mirar con los ojos muy abiertos; **di ~ in ~, ogni ~** cada tanto; ~ **più che** tanto más que.

tapi'oca sf tapioca.

ta'piro sm tapir.

'tappa sf etapa; (fermata) parada; **a ~e** por etapas.

tap'pare vt tapar, cerrar; ~rsi **la bocca/le orecchie/gli occhi** (fig) taparse la boca/los oídos/los ojos.

tap'peto sm alfombra; (di tavolo) tapete m.

tappez'zare [-t'ts-] vt tapizar.

tappezze'ria [-tts-] sf tapicería; (tessuto) tela de tapicería; (carta da parato) empapelado; **far ~** (fig) quedarse en el poyete.

tappezzi'ere [-t'ts-] sm tapicero.

'tappo sm tapón m, tapa.

'tara sf tara.

ta'rantola sf tarántula.

ta'rare vt tarar.

tarchi'ato, a [-'k-] ag robusto(a), membrudo(a).

tar'dare vi demorar, tardar; (indugiare) retardar.

'tardi av tarde; **più ~** más tarde; **al più ~** a más tardar.

tar'divo, a ag (che giunge tardi) tardío(a); (che giunge troppo tardi) atrasado(a); (fig) retrasado(a), anormal.

'tardo, a a lento(a), perezoso(a); tardío(a).

'targa, ghe sf placa; (AUTO) chapa.

tar'gare vt poner chapa a.

ta'riffa sf tarifa.

'tarlo sm carcoma.

'tarma sf polilla.

ta'rocco, chi sm tarot m.

tar'sia sf taracea, marquetería.

tartagli'are [-ʎʎ-] vi tartamudear.

tar'tarico, a, ci, che ag tártrico(a).

'tartaro, a ag tártaro(a) // sm tártaro; (MED) sarro.

tarta'ruga, ghe *sf* (zool) tortuga; (*materiale*) carey *m.*

tartas'sare *vt* maltratar; (*a un esame*) apretar, vapulear.

tar'tina *sf* rebanada de pan.

tar'tufo *sm* trufa.

'tasca, sche *sf* bolsillo; (anat) bolsa, cavidad *f.*

ta'scabile *ag* de bolsillo.

tasca'pane *sm* morral *m.*

ta'schino [-'k-] *sm* bolsillo.

'tassa *sf* impuesto; ~ **di circolazione** (auto) impuesto de circulación.

tas'sabile *ag* imponible.

tas'sametro *sm* (*di taxi*) taxímetro; (*di parcheggio*) parquímetro.

tas'sare *vt* gravar, poner impuesto a.

tassa'tivo, a *ag* taxativo(a), terminante.

tassazi'one [-t'ts-] *sf* imposición *f.*

tas'sello [-llo] *sm* (*per muri*) taco; (*per mobili*) cuña; (*assaggio*) trozo que se cata.

tassì *sm* = **taxi.**

tas'sista, i *sm* taxista *m.*

'tasso *sm* (bot) tejo; (zool) tejón *m;* ~ **di cambio** (econ) cambio; ~ **di interesse** porcentaje *m* de interés; ~ **di natalità** indice *m* de natalidad.

ta'stare *vt* tocar, palpar; (*polso*) tomar; (*fig*) sondear.

tasti'era *sf* teclado.

'tasto *sm* tecla.

ta'stoni *av* a tientas.

'tattica *sf* táctica.

'tattile *ag* táctil.

'tatto *sm* tacto.

tatu'aggio [-dʒo] *sm* tatuaje *m.*

tatu'are *vt* tatuar.

'tavola *sf* tabla; (*mobile*) mesa; (*prospetto, tabella*) cuadro, planilla; ~ **calda** snack-bar *m;* ~ **rotonda** mesa redonda.

tavo'lata *sf* convidados *mpl,* mesa.

tavo'lato *sm* tablado, entarimado; (geogr) meseta.

tavo'letta *sf* barra, tableta; **andare a** ~ (*fam:* auto) marchar a gran velocidad.

'tavolo *sm* mesa.

tavo'lozza [-ttsa] *sf* paleta.

'taxi *sm inv* taxi *m.*

'tazza ['tattsa] *sf* taza.

TCI *abbr di Touring Club Italiano.*

te *pron vedi* **ti.**

tè *sm inv* té *m.*

tea'trale *ag* teatral.

te'atro *sm* teatro.

'tecnico, a, ci, che *ag* técnico(a) // *sm/f* técnico/a, perito(a) // *sf* técnica.

tecnolo'gia [-dʒia] *sf* tecnología.

'tedio *sm* tedio, aburrimiento.

te'game *sm* sartén *f.*

'tegola *sf* teja.

tei'era *sf* tetera.

'tela *sf* tela; (*quadro*) tela, lienzo; ~ **cerata** hule *m.*

te'laio *sm* telar *m.*

tele'camera *sf* telecámara.

telecomunicazi'one [-t'ts-] *sf* telecomunicación *f.*

tele'cronaca *sf* telecrónica.

tele'ferica, che *sf* teleférico.

telefo'nare *vi, vt* telefonear.

telefo'nata *sf* llamada (telefónica).

tele'fonico, a, ci, che *ag* telefónico(a).

telefo'nista, i, e *sm/f* telefonista *m/f.*

te'lefono *sm* teléfono; ~ **a gettoni** teléfono automático.

telegior'nale [-dʒ-] *sm* telediario, informativo.

telegra'fare *vi, vt* telegrafiar.

telegra'fia *sf* telegrafía.

tele'grafico, a, ci, che *ag* telegráfico(a).

te'legrafo *sm* telégrafo.

tele'gramma, i *sm* telegrama *m.*

telepa'tia *sf* telepatía.

tele'scopio *sm* telescopio.

telescri'vente *sf* teletipo.

teleselezi'one [-t'ts-] *sf* servicio automático, teleselección *f.*

telespetta'tore, 'trice *sm/f* teleespectador/a.

televisi'one *sf* televisión *f.*

televi'sivo, a *ag* televisivo(a).

televi'sore *sm* televisor *m.*

'telex *sm inv* télex *m.*

te'lone *sm* telón *m.*

'tema, i *sm* tema *m;* (scol) redacción *f.*

te'matico, a, ci, che *ag* temático(a).

teme'rario, a *ag* temerario(a), audaz.

te'mere *vt* temer; (*freddo, caldo*) sufrir // *vi:* ~ **per** temer o estar preocupado por; ~ **di** o che sospechar de o que.

te'mibile *ag* temible.

'tempera *sf* temple *m;* (*dipinto*) pintura al temple.

temperama'tite *sm inv* sacapuntas *m inv.*

tempera'mento *sm* temperamento.

tempe'rare *vt* (*matita*) sacar punta a.

tempe'rato, a *ag* (*clima*) templado(a); (*entusiasmo*) moderado(a).

tempera'tura *sf* temperatura.

tempe'rino *sm* cortaplumas *m inv.*

tem'pesta *sf* tormenta.

tempe'stare *vt:* ~ **di colpi** golpear o azotar con; ~ **qd di domande** acosar a alguien con preguntas; ~ **di diamanti** adornar o cubrir con diamantes.

tempe'stivo, a *ag* oportuno(a).

tempe'stoso, a *ag* tempestuoso(a).

'tempia *sf* sien *f.*

'tempio *sm* templo.

'tempo *sm* tiempo; (*di film, gioco*) parte *f;* **un** ~ una vez, antes; ~ **fa** hace tiempo; **al** ~ **stesso** o **a un** ~ al mismo tiempo; **per** ~ (*presto*) enseguida; (*di buon'ora*) temprano; **fare a o in** ~ **a** llegar a tiempo para; **a** ~ **pieno** la jornada completa; ~ **libero** tiempo libre; **in** ~ **utile** antes que venza el plazo.

tempo'rale *ag* temporal // *sm* tormenta, temporal *m.*

tempora'lesco, a, schi, sche ag
tormentoso(a), tempestuoso(a).

tempo'raneo, a ag temporáneo(a),
provisional.

temporeggi'are [-d'dʒ-] vi ganar tiempo,
retardar.

tem'prare vt templar.

te'nace [-tʃe] ag resistente, duro(a); (fig)
tenaz, terco(a).

te'nacia [-tʃa] sf tenacidad f.

te'naglie [-ʌʌe] sfpl tenazas fpl; (: per
denti) pinza.

'tenda sf toldo; (di finestra) cortina; (per
campeggio) tienda; ~ a ossigeno (MED)
tienda de oxígeno.

ten'denza [-tsa] sf tendencia.

tendenzi'oso, a [-'ts-] ag tendencioso(a),
parcial.

'tendere vt extender; (braccia) alargar;
(mano) tender // vi: ~ a tender a;
(colore) tirar a; ~ l'orecchio aguzar el
oído.

ten'dina sf visillo.

'tendine sm tendón m.

ten'done sm toldo.

'tenebre sfpl tinieblas.

tene'broso, a ag tenebroso(a),
sombrío(a).

te'nente sm teniente m.

te'nere vt tener; (avere con sé) tener,
llevar; (sog: recipiente) contener;
(serbare) guardar, reservar; (spazio)
ocupar; (conferenza) dar; (direzione)
mantener, seguir // vi resistir; (colla)
agarrar; ~rsi vr (aggrapparsi) aferrarse;
(stare) mantenerse, estar; ~rsi a
(attenersi) atenerse a; ~ a qc dar
importancia a algo; ~ a fare qc dar
importancia al hecho de hacer algo; ~
d'occhio vigilar; ~ conto di qc tener
en cuenta algo; tieni questo libro!
¡toma este libro!

tene'rezza [-ttsa] sf ternura.

'tenero, a ag tierno(a), blando(a); (fig)
afectuoso(a), tierno(a).

'tenia sf tenia.

'tennis sm inv tenis m inv.

te'nore sm tenor m; (proporzione)
proporción f.

tensi'one sf tensión f.

ten'tacolo sm tentáculo.

ten'tare vt tentar; (provare) intentar; ~
di fare intentar hacer.

tenta'tivo sm intento, tentativa.

tentazi'one [-'ts-] sf tentación f.

tenten'nare vi tamblearse, vacilar; (fig)
vacilar.

ten'toni av tientas.

'tenue ag (anche fig) tenue // sm (anche:
intestino ~) intestino delgado.

te'nuta sf (capacità) cabida, capacidad f;
(divisa) uniforme m; (AGR) finca, estancia
(spec AM); ~ di strada (AUTO)
estabilidad f; a ~ d'acqua/d'aria
hermético al agua/al aire.

teolo'gia [-dʒ-] sf teología.

te'ologo, gi sm teólogo.

teo'rema, i sm teorema m.

teo'ria sf teoría; in ~ en teoría,
teóricamente.

te'orico, a, ci, che ag, sm/f teórico(a).

'tepido, a ag = tiepido.

te'pore sm tibieza, calor m.

'teppa sf hampa.

tep'pismo sm vandalismo, delincuencia.

tep'pista, i, e sm/f delincuente m/f.

tera'pia sf terapéutica.

tergicri'stallo [terdʒikris'tallo] sm
limpiaparabrisas m inv.

tergiver'sare [-dʒ-] vi buscar pretextos.

'tergo sm: a ~ al dorso, atrás.

ter'male ag termal.

'terme sfpl termas, baños termales.

'termico, a, ci, che ag térmico(a).

termi'nale ag, sm terminal (m).

termi'nare vt concluir, acabar // vi
terminar.

'termine sm (di tempo) término, límite
m; (DIR) término, plazo; (estremità) fin m,
terminación f; (MAT. LING) término; ~i
mpl (fig) términos; senza mezzi ~i sin
ambigüedades; a breve/medio/lungo
~ a corto/mediano/largo plazo.

terminolo'gia [-dʒ-] sf terminología.

ter'mite sf termita.

ter'mometro sm termómetro.

termonucle'are ag termonuclear.

termosi'fone sm termosifón m, radiador
m.

ter'mostato sm termóstato.

'terno sm terno.

'terra sf tierra; (suolo) piso, suelo;
(regione) territorio, región f; mettere a
~ (ELETTR) conectar a tierra; a o per ~
en el suelo; (cadere) al suelo.

terra'cotta sf terracota.

terra'ferma sf continente m, tierra
firme.

terrapi'eno sm terraplén m.

ter'razza [-ttsa] sf (su edificio)
azotea; a ~e (AGR) en terrazas.

ter'razzo [-ttso] sm balcón m, terraza;
(AGR) terraza.

terre'moto sm terremoto.

ter'reno, a ag terrenal // sm terreno;
(MIL) campo de operaciones.

ter'restre ag terrestre.

ter'ribile ag terrible.

ter'riccio [-ttʃo] sm tierra.

terrifi'cante ag horripilante.

ter'rina sf vasija.

territori'ale ag territorial.

terri'torio sm territorio.

ter'rore sm terror m.

terro'rismo sm terrorismo.

terro'rista, i, e sm/f terrorista m/f.

terroriz'zare [-d'dz-] vt aterrorizar,
espantar.

'terso, a ag terso(a).

ter'zino [-'ts-] sm (CALCIO) defensa.

'terzo, a [-tso] ag tercero(a) // sm tercio;
(estraneo) tercero; ~i smpl terceros.

'tesa *sf* ala.

'teschio [-kjo] *sm* calavera, cráneo.

'tesi *sf* tesis *f inv.*

'teso, a *ag* tieso(a), tirante; (*fig*) tenso(a), nervioso(a).

tesore'ria *sf* tesorería.

tesori'ere *sm* tesorero.

te'soro *sm* tesoro; **Ministero del T~** ≈ Ministerio de Hacienda.

'tessera *sf* (*documento*) carnet *m*, tarjeta; (*di mosaico*) tesela.

'tessere *vt* tejer.

'tessile *ag* textil // *sm* (*materiale*) tejido; ~i *mpl* obreros textiles.

tessi'tore, 'trice *sm/f* tejedor/a.

tessi'tura *sf* textura; (*stabilimento*) fábrica de tejidos.

tes'suto *sm* tejido; (*fig*) urdimbre *f*, red *f*.

'testa *sf* cabeza; (*fig*) inteligencia, cerebro; (*di cose*) cabeza, punta; **a ~ per cabeza; di ~** (*vettura etc*) en la delantera; **tener ~ a qd** hacer frente a alguien; **fare di ~ propria** hacer algo por propia iniciativa; **passare/essere in ~** (*gara, gioco*) pasar/estar a la cabeza; ~ **quadra** (*fig*) persona equilibrada; ~ **di serie** (TENNIS) primero/a de la categoría; ~ **o croce** cara o cruz; ~ **coda** *sm inv* tornillazo.

testa'mento *sm* testamento.

te'stardo, a *ag* porfiado(a), testarudo(a).

te'stata *sf* cabecera; (*colpo*) cabezazo; (*di giornale*) título; (*del motore*) culata; (*di missile*) ojiva.

'teste *sm/f* testigo/a.

te'sticolo *sm* testículo.

testi'era *sf* (*di cavallo*) cabezada; (*di letto*) cabecera.

testi'mone *sm/f* testigo/a.

testimoni'anza [-tsa] *sf* testimonio; (*dichiarazione*) deposición *f*, declaración *f*; (*fig: di affetto*) prueba.

testimoni'are *vt* atestiguar, testimoniar; (*fig*) probar // *vi* declarar.

te'stina *sf* (CUC) cabeza de ternera; (TECN) cabeza.

'testo *sm* texto; **fare ~** (*fig*) ser un ejemplo.

testu'ale *ag* textual.

te'stuggine [-dʒ-] *sf* tortuga.

'tetano *sm* tétano.

'tetro, a *ag* lóbrego(a), sombrío(a); (*fig*) triste, tétrico(a).

'tetto *sm* tejado, techo.

tet'toia *sf* cobertizo.

'Tevere *sm* Tíber *m*.

thermos ® *sm inv* termo ®.

ti *pron* (*dav lo, la, li, le ne diventa te*) te; (*riflessivo*): **vestiti!** ¡vístete!

ti'ara *sf* tiara.

'tibia *sf* tibia.

tic *sm inv* tic *m*.

ticchet'tio [-kk-] *sm* repiqueteo.

'ticchio [-kk-] *sm* tic *m*; (*fig*) antojo, capricho.

ti'epido, a *ag* tibio(a).

ti'fare *vi* ser hincha de.

'tifo *sm* (MED) tifus *m inv*; (*fig*) afición *f*.

ti'fone *sm* tifón *m*.

ti'foso, a *ag* hincha, aficionado(a) // *sm/f* hincha *m/f*.

'tiglio [-ʎʎ-] *sm* tilo.

'tigna [-ɲɲa] *sf* tiña.

ti'grato, a *ag* atigrado(a).

'tigre *sf* tigre *m*.

tim'ballo [-llo] *sm* timbal *m*.

tim'brare *vt* sellar.

'timbro *sm* (*marchio*) marca; (*bollo*) sello, timbre *m*; (*di voce*) timbre *m*.

timi'dezza [-ttsa] *sf* timidez *f*.

'timido, a *ag* tímido(a).

'timo *sm* tomillo.

ti'mone *sm* timón *m*.

timoni'ere *sm* timonel *m*.

ti'more *sm* temor *m*.

timo'roso, a *ag* temeroso(a).

'timpano *sm* (ANAT) tímpano; (MUS) timbal *m*.

'tinca, che *sf* tenca.

ti'nello [-llo] *sm* comedor *m*.

'tingere [-dʒ-] *vt* teñir.

'tino *sm* cuba, lagar *m*.

ti'nozza [-ttsa] *sf* tina.

'tinta *sf* tinta.

tinta'rella [-lla] *sf* bronceado.

tinteggia'tura [-ddʒ-] *sf* teñido.

tintin'nare *vi* tintinear.

'tinto, a *pp di* tingere.

tinto'ria *sf* tintorería.

tin'tura *sf* tintura; ~ **di iodio** tintura de yodo.

'tipico, a, ci, che *ag* típico(a), característico(a).

'tipo *sm* tipo.

tipogra'fia *sf* imprenta.

tipo'grafico, a, ci, che *ag* tipográfico(a).

ti'pografo *sm* tipógrafo.

TIR (*abbr di Trasporti Internazionali su Strada*) TIR.

ti'raggio [-ddʒo] *sm* (*di camino*) tiro.

tiranneggi'are [-d'dʒ-] *vt* tiranizar.

tiran'nia *sf* tiranía.

ti'rannico, a, ci, che *ag* tiránico(a).

ti'ranno *sm* tirano.

ti'rare *vt* tirar; (*cassetto*) abrir; (*riga*) trazar; (*scostare*) correr; (*lanciare*) tirar, arrojar; (*stampare*) tirar, imprimir; (*sparare*) tirar, disparar // *vi* tirar; (*vento*) soplar; (*abito*) apretar; (*sparare*) tirar, disparar; ~**rsi** *vr*: ~**rsi avanti/indietro** correrse hacia adelante/atrás; ~ **avanti** (*fig*) ir adelante; ~ **fuori** sacar; ~ **giù** (*abbassare*) bajar; (*buttare*) arrojar; ~ **su** (*calze*) levantar; (*capelli*) recogerse; (*fig: allevare*) criar.

ti'rata *sf* tirón *m*; ~ **d'orecchi** (*fig*) tirón de orejas.

ti'rato, a *ag* tenso(a).

tira'tore, 'trice *sm/f* tirador/a; ~ **scelto** buen tirador.

tira'tura *sf* tirada.

'tirchio, a [-k-] *ag* tacaño(a), mezquino(a).

'tiro *sm* tiro; *(fig: fam: scherzo)* trastada, pasada; *(: sigaretta)* calada, fumada; **da** ~ **de tiro; venire a** ~ **llegar** oportunamente; ~ **a segno** tiro al blanco.

tiro'cinio [-'tʃ-] *sm* aprendizaje *m*, práctica.

ti'roide *sf* tiroides *m*.

tiro'lese *ag* tirolés(esa).

ti'sana *sf* tisana, té *m*.

'tisi *sf* tisis *f inv*.

'tisico, a, ci, che *ag* tísico(a)

tito'lare *ag* titular // *sm/f* profesor/a titular; *(proprietario)* propietario/a.

tito'lato, a *ag* con título, noble.

'titolo *sm* título; *(qualificazione)* antecedente *m*; *(CHIM)* grado, porcentaje *m*; **a** ~ **di** a título de; ~ **di credito/di proprietà** título de crédito/de propiedad; **~i accademici** antecedentes *mpl* académicos.

titu'bante *ag* titubeante, vacilante.

'tizio, a [tittsjo] *sm/f* fulano/a.

tiz'zone [-t'ts-] *sm* tizón *m*.

toc'cante *ag* conmovedor(a).

toc'care *vt* tocar; *(fig: commuovere)* conmover; *(: far cenno a)* tratar, tocar // *vi:* ~ **a tocar a;** *(essere obbligato)* tener que, deber; ~ **(il fondo)** *(del mare)* tocar (el fondo), hacer pie; **tocca a te giocare** te toca a ti jugar; **a chi tocca?** ¿a quién le toca?

tocca'sana *sm inv* sanalotodo.

'tocco, chi *sm* toque *m*.

'toga, ghe *sf* toga.

'togliere [-ʎʎ-] *vt* quitar, sacar; *(MAT: sottrarre)* quitar; *(liberare)* liberar, sacar; **~rsi** *vr* quitarse; ~ **qc a qd** quitar algo a alguien; **ciò non toglie che ...** eso no quita que ...; **~rsi di mezzo** hacerse a un lado.

to'letta *sf (mobile)* tocador *m*; *(gabinetto)* baño; *(abito)* atavío.

tolle'ranza [tolle'rantsa] *sf* tolerancia.

tolle'rare [-ll-] *vt* tolerar.

'tolto, a *pp di* **togliere.**

'tomba *sf* tumba.

tom'bale *ag* tumbal.

tom'bino *sm* alcantarilla.

'tombola *sf* lotería; *(fam: ruzzolone)* caída, tumbo.

tombo'lare *vi* caer, rodar.

'tonaca, che *sf* hábito.

to'nare *vi* = **tuonare.**

tondeggi'ante [-d'dʒ-] *ag* redondeado(a).

'tondo, a *ag* redondo(a) // *sm* redondel *m*, círculo; *(ARTE)* medallón *m*.

'tonfo *sm* ruido sordo.

'tonico, a, ci, che *ag* tónico(a) // *sm* tónico.

tonifi'care *vt* tonificar, vigorizar.

tonnel'lata [-l'l-] *sf* tonelada.

'tonno *sm* atún *m*.

'tono *sm* tono; **rispondere a** ~ responder a propósito.

ton'silla [-lla] *sf* amígdala.

tonsil'lite [-l'l-] *sf* amigdalitis *f inv*.

ton'sura *sf* tonsura.

'tonto, a *ag* tonto(a), estúpido(a).

to'paia *sf* ratonera.

to'pazio [-ttsjo] *sm* topacio.

'topo *sm* ratón *m*.

topogra'fia *sf* topografía.

'toppa *sf (serratura)* cerradura; *(pezza)* remiendo.

to'race [-tʃe] *sm* tórax *m*.

'torba *sf* turba.

'torbido, a *ag* turbio(a); *(fig)* hosco(a); **pescare nel** ~ *(fig)* pescar en río revuelto.

torbi'era *sf* turbera.

'torcere [-tʃ-] *vt* torcer, retorcer; *(incurvare)* torcer; *(bucato)* retorcer; **~rsi** *vr* retorcerse; **dare del filo da** ~ **a qd** *(fig)* dar qué hacer a alguien.

torchi'are [-'k-] *vt* prensar.

'torchio [-k-] *sm* prensa; **essere sotto il** ~ *(fig)* estar sudando la gota gorda.

'torcia, ce [-tʃ-] *sf* antorcha.

torci'collo [tortʃi'kɔllo] *sm* tortícolis *f inv*.

'tordo *sm* tordo.

to'rello [-ll-] *sm* torito, novillo.

To'rino *sf* Turín *m*.

tor'menta *sf* tormenta.

tormen'tare *vt* atormentar; **~rsi** *vr* afligirse.

tor'mento *sm* tormento, tortura.

torna'conto *sm* interés *m*, ganancia.

tor'nado *sm* tornado.

tor'nante *sm* curva cerrada.

tor'nare *vi (aus* **essere)** volver, regresar; *(andare di nuovo)* volver; *(ridiventare)* volverse; *(riuscire giusto: conto)* resultar exacto.

torna'sole *sm inv* tornasol *m*.

tor'nata *sf* sesión *f*.

tor'neo *sm* torneo.

'tornio *sm* torno.

tor'nire *vt* tornear; *(fig)* pulir, perfeccionar.

'toro *sm* toro.

tor'pedine *sf* torpedo.

torpedini'era *sf* torpedero.

tor'pore *sm* entumecimiento; *(pigrizia)* pereza.

'torre *sf* torre *f*; ~ **campanaria** campanario; ~ **di comando** torre de mando.

torrefazi'one [-'tts-] *sf* torrefacción *f*, tostado.

tor'rente *sm* torrente *m*.

torrenzi'ale [-'ts-] *ag* torrencial.

tor'retta *sf* torreta.

'torrido, a *ag* tórrido(a).

torri'one *sm* torreón *m*.

tor'rone *sm* turrón *m*.

torsi'one *sf* torsión *f*, torcedura.

'torso sm tronco.

'torsolo sm tronco.

'torta sf torta.

tortel'lini [-l'l-] smpl tortellini.

torti'era sf tortera.

'torto, a pp di torcere // sm (ingiustizia) ofensa, injusticia; (colpa) culpa; aver ~ tener la culpa.

'tortora sf tórtola.

tortu'oso, a ag tortuoso(a).

tor'tura sf tortura.

tortu'rare vt torturar.

'torvo, a ag torvo(a).

to'sare vt (pecore) esquilar; (siepi) podar.

tosa'tura sf (vedi vb) esquila; poda.

To'scana sf Toscana.

to'scano, a ag, sm/f toscano(a).

'tosse sf tos f; ~ convulsa o canina tos convulsiva.

'tossico, a, ci, che ag tóxico(a).

tossi'comane sm/f toxicómano/a.

tos'sina sf toxina.

tos'sire vi toser.

to'stare vt tostar.

tosta'pane sm inv tostador m.

'tosto, a ag: faccia ~a cara dura.

to'tale ag, sm total (m).

totalità sf inv totalidad f.

totali'tario, a ag totalitario(a).

totaliz'zare [-d'dz-] vt alcanzar, reunir; (punti) totalizar.

totalizza'tore [-ddz-] sm totalizador m.

toto'calcio [-tʃ-] sm quiniela.

to'vaglia [-ʎʎa] sf mantel m.

tovagli'olo [-ʎʎ-] sm servilleta.

'tozzo, a [-ttso] ag (ragazzo) rechoncho(a); (edificio) macizo(a) // sm: ~ di pane pedazo de pan, mendrugo.

tra prep entre; (attraverso) por; (tempo) dentro de; è il migliore ~ i miei amici es el mejor de mis amigos; ~ (di) noi/voi etc entre nosotros/vosotros etc; ~ poco dentro de poco.

trabal'lare [-l'l-] vi tambalearse, vacilar.

tra'biccolo sm (fam) armatoste m.

traboc'care vi (aus essere) rebosar.

traboc'chetto [-k'k-] sm (fig) trampa.

tracan'nare vt beber, trasegar.

'traccia, ce [trattʃa] sf rastro, huella; (orma) huella; (segno, testimonianza) pista, indicio; (schema) bosquejo, esquema m.

tracci'are [-t'tʃ-] vt trazar.

tracci'ato [-t'tʃ-] sm trazado.

tra'chea [-'k-] sf traquea.

tra'colla [-lla] sf bandolera; a ~ en bandolera.

tra'collo [-llo] sm (fig) ruina, desastre m.

traco'tante ag prepotente, arrogante.

tradi'mento sm traición f; a ~ a traición; (all'improvviso) de sorpresa.

tra'dire vt traicionar; (deludere) traicionar, desilusionar; (rivelare) revelar, demostrar.

tradi'tore, 'trice sm/f traidor/a.

tradizio'nale [-tts-] ag tradicional.

tradizi'one [-t'ts-] sf tradición f.

tra'dotta sf tren m militar.

tra'dotto, a pp di tradurre.

tra'durre vt traducir; ~ in cifre volcar en cifras; ~ in acto efectuar.

tradut'tore, 'trice sm/f traductor/a.

traduzi'one [-t'ts-] sf traducción f; (di detenuto) traslado, transporte m.

tra'ente sm/f (ECON) librador/a.

trafe'lato, a ag jadeante.

traffi'cante sm/f (peg) traficante m/f.

traffi'care vi (affaccendarsi) ajetrearse, ocuparse // vt (peg) traficar.

'traffico sm (anche peg) tráfico; (movimento) trajín m.

tra'figgere [-ddʒ-] vt herir, traspasar.

trafi'letto sm suelto.

trafo'rare vt horadar, perforar; (intagliare) calar.

tra'foro sm perforación f; (galleria) túnel m; (intaglio) calado.

trafu'gare vt robar.

tra'gedia [-'dʒ-] sf tragedia.

traghet'tare vt transbordar.

tra'ghetto sm transbordo; (anche: nave ~) transbordador m, ferry-boat m.

'tragico, a, ci, che [-'dʒ-] ag trágico(a) // sm trágico; (tragicità) tragedia.

tragi'comico, a, ci, che [-dʒ-] ag tragicómico(a).

tra'gitto [-'dʒ-] sm paso; (cammino) trayecto, recorrido.

tragu'ardo [-'gw-] sm meta.

traiet'toria sf trayectoria.

trai'nare vt remolcar.

'traino sm remolque m.

tralasci'are [-ʃ'ʃ-] vt interrumpir, suspender; (omettere) omitir.

'tralcio [-tʃo] sm sarmiento.

tra'liccio [-ttʃo] sm enrejado; (ELETTR) poste m.

tram sm inv tranvía m.

'trama sf trama; (intrigo) maquinación f, complot m.

traman'dare vt trasmitir.

tra'mare vt (fig) tramar.

tram'busto sm alboroto, bochinche m.

trame'stio sm confusión f, desbarajuste m.

tramez'zino [-d'dz-] sm bocadillo.

tra'mezzo [-ddz-] sm tabique m.

'tramite prep por medio de.

tramon'tana sf viento norte, cierzo.

tramon'tare vi (aus essere) ponerse, tramontar.

tra'monto sm puesta, ocaso.

tramor'tire vt desmayar.

trampo'lino sm trampolín m.

'trampolo sm zanco.

tramu'tare vt cambiar, mudar.

'trancia, ce [-tʃa] sf cizalla.

'trancio [-tʃo] sm lonja, tajada.

tra'nello [-llo] sm trampa, engaño.

trangugiare [trangu'dʒare] vt tragar, engullir.

'**tranne** *prep* salvo; ~ **che** *cong* salvo que.

tranquil'lante [trankwil'lante] *sm* tranquilizante *m*.

tranquillità [trankwilli'ta] *sf inv* tranquilidad *f*.

tranquilliz'zare [trankwillid'dzare] *vt* tranquilizar.

tran'quillo, a [tran'kwillo] *ag* tranquilo(a).

transa'tlantico, a, ci, che *ag* transatlántico(a) // *sm* transatlántico.

transazi'one [-t'ts-] *sf* transacción *f*; (*DIR*) compromiso, pacto.

tran'senna *sf* barandilla, barrera.

tran'setto *sm* crucero.

tran'sigere [-dʒ-] *vi* transigir.

transi'store *sm* transistor *m*.

transi'tabile *ag* transitable.

transi'tare *vi* (*aus* **essere**) transitar, pasar.

transi'tivo, a *ag* transitivo(a).

'**transito** *sm* tránsito; (*passaggio*) paso, tránsito.

transi'torio, a *ag* transitorio(a), pasajero(a); (*provvisorio*) provisorio(a).

transizi'one [-t'ts-] *sf* transición *f*.

tranvi'ario, a *ag* tranviario(a).

tranvi'ere *sm* tranviario.

trapa'nare *vt* taladrar.

'**trapano** *sm* taladro; (*da dentista*) torno.

trapas'sare *vt* traspasar, atravesar.

trapas'sato *sm* (*LING*) pretérito.

tra'passo *sm* paso, pasaje *m*.

trape'lare *vi* (*aus* **essere**) manifestarse, revelarse; (*notizie*) filtrarse.

tra'pezio [-ttsjo] *sm* trapecio.

trapian'tare *vt* trasplantar.

trapi'anto *sm* trasplante *m*.

'**trappola** *sf* trampa.

tra'punta *sf* manta acolchada.

trapun'tare *vt* pespuntar.

'**trarre** *vt* traer, sacar; (*ottenere*) sacar; ~ **origine da qd** descender de alguien; ~ **origine da qc** derivar de algo; ~ **in inganno** inducir en error; ~ **d'impaccio** sacar de apuros.

trasa'lire *vi* sobresaltarse.

trasan'dato, a *ag* desaliñado(a).

trasbor'dare *vt, vi* transbordar.

trascenden'tale [-ʃʃ-] *ag* trascendental.

trasci'nare [-ʃʃ-] *vt* arrastrar; ~**rsi** *vr* arrastrarse.

tra'scorrere *vt* transcurrir // *vi* (*aus* **essere**) pasar, correr.

tra'scorso, a *pp di* **trascorrere** // *ag* pasado(a) // *sm* error *m*.

tra'scritto, a *pp di* **trascrivere**.

tra'scrivere *vt* transcribir, copiar.

trascrizi'one [-t'ts-] *sf* transcripción *f*, copia.

trascu'rare *vt* descuidar; (*non considerare*) no tener en cuenta.

trascura'tezza [-ttsa] *sf* negligencia, descuido.

trascu'rato, a *ag* descuidado(a); (*persona*) desaliñado(a), negligente.

traseco'lato, a *ag* asombrado(a), pasmado(a).

trasferi'mento *sm* transferencia, traspaso; (*cambiamento di sede*) traslado.

trasfe'rire *vt* transferir, ceder; (*sede*) cambiar.

tra'sferta *sf* traslado; (*indennità*) comisión *f*, dieta; **in ~** (*SPORT*) en traslado.

trasfigu'rare *vt* cambiar; ~**rsi** *vr* transfigurarse.

trasfigurazi'one [-t'ts-] *sf* transfiguración *f*.

trasfor'mare *vt* transformar.

trasforma'tore *sm* transformador *m*.

trasformazi'one [-t'ts-] *sf* transformación *f*.

trasfusi'one *sf* transfusión *f*.

trasgre'dire *vt* transgredir, violar.

trasgressi'one *sf* transgresión *f*, violación *f*.

trasgres'sore *sm* transgresor *m*.

tra'slato, a *ag* metafórico(a).

traslo'care *vt* trasladar // *vi* mudarse.

tra'sloco, chi *sm* (*di casa*) mudanza; (*di mobili, masserizie*) traslado.

tra'smettere *vt* transmitir, pasar; (*RADIO, TV*) transmitir.

trasmetti'tore *sm* transmisor *m*.

trasmis'sibile *ag* trasmisible.

trasmissi'one *sf* transmisión *f*.

trasmit'tente *ag* transmisor(a) // *sf* estación transmisora; (*apparecchio*) aparato transmisor.

traso'gnato, a [-ɲ-] *ag* (*assorto*) absorto(a), ensimismado(a); (*sbalordito*) aturdido(a), pasmado(a).

traspa'rente *ag, sm* trasparente (*m*).

traspa'renza [-tsa] *sf* trasparencia.

traspa'rire *vi* (*aus* **essere**) trasparentarse; (*fig*) traslucirse.

traspi'rare *vi* (*aus* **essere**) transpirar, sudar.

traspirazi'one [-t'ts-] *sf* transpiración *f*, sudor *m*.

traspor'tare *vt* transportar, llevar; (*disegno*) trasladar.

trasporta'tore, 'trice *sm/f* transportista *m/f* // *sm* transportador *m*.

tra'sporto *sm* transporte *m*; (*fig*) arrebato, pasión *f*.

trasposizi'one *sf* transposición *f*.

trastul'lare *vt* divertir, entretener.

trasu'dare *vi* (*aus* **essere**) exudar, rezumar // *vt* trasudar.

trasver'sale *ag* transversal.

trasvo'lare *vt* cruzar.

trasvo'lata *sf* travesía, viaje *m*.

'**tratta** *sf* (*ECON*) letra (de cambio; **la ~ delle bianche** la trata de blancas.

trat'tabile *ag* tratable.

tratta'mento *sm* trato; (*servizio, alloggio*) servicio; (*stipendio*) sueldo, retribución *f*; (*MED, TECN*) **tratamiento**.

trat'tare vt tratar; (lavorare) trabajar, tratar; (commerciare) trabajar, comerciar // vi tratar; **si tratta di ...** se trata de ....

tratta'tiva sf trámite m, negociación f; ~e sfpl negociaciones fpl.

trat'tato sm tratado; (patto) acuerdo, tratado.

trattazi'one [-t'ts-] sf desarrollo, exposición f.

tratteggi'are [-d'dʒ-] vt trazar; (fig) bosquejar, describir.

tratte'nere vt hacer quedar; (frenare) detener; (lettera, somma) retener; (riso, pianto) contener, refrenar; **~rsi** vr contenerse, refrenarse; (fermarsi) detenerse.

tratteni'mento sm diversión f, fiesta.

tratte'nuta sf retención f, deducción f.

trat'tino sm guión m.

'tratto sm trozo; (di penna, matita) rasgo; (di strada) trecho; (di tempo) lapso; **a un ~, d'un ~** de golpe o repente; **~i** mpl (lineamenti) rasgos.

trat'tore sm tractor m.

tratto'ria sf restaurante m.

'trauma, mi sm trauma m.

trau'matico, a, ci, che ag traumático(a).

tra'vaglio [-ʎʎo] sm tribulación m, pesar m; (MED) dolor m.

trava'sare vt trasegar.

tra'versa sf (trave) travesaño; (via traversa) atajo, calle f transversal; (FERR) durmiente m; (lenzuolo) sábana plegada; (CALCIO) larguero.

traver'sata sf travesía.

traver'sie sfpl (fig) peripecias.

traver'sina sf durmiente m, traviesa.

tra'verso, a ag (via) transversal // sm (NAUT) través; **di ~** al través; **andare di ~** (cibo etc) atragantarse; **guardare qd di ~** mirar a alguien de reojo.

travesti'mento sm disfraz m.

trave'stire vt disfrazar; **~rsi** vr disfrazarse.

trave'stito, a ag disfrazado(a) // sm homosexual m.

travi'are vt (fig) descarriar, pervertir; **~rsi** vr descarriarse.

travi'sare vt (fig) alterar, tergiversar.

tra'volgere [-dʒ-] vt atropellar, arrollar.

trazi'one [-t'ts-] sf tracción f.

tre num tres (m inv).

trebbi'are vt trillar.

trebbia'trice [-tʃe] sf trilladora.

trebbia'tura sf trilla.

'treccia, ce [-tʃa] sf trenza.

tre'cento [-'tʃ-] ag inv trescientos(as) // sm inv: **il T~** el siglo XIV.

'tredici [-'tʃ-] ag inv, sm inv trece (m inv).

'tregua [-gwa] sf tregua.

tre'mendo, a ag tremendo(a).

tremen'tina sf trementina.

tre'mila ag inv, sm inv tres mil (m inv).

'tremito sm temblor m.

tremo'lare vi temblar, temblequear.

tremo'lio, 'lii sm temblor m, temblequeo.

tre'more sm temblor m, escalofrío.

'treno sm tren m; ~ **di gomme** juego de neumáticos; ~ **merci** tren de mercaderías; ~ **straordinario** tren suplementario; ~ **viaggiatori** tren de pasajeros.

'trenta num treinta (m inv).

tren'tesimo, a ag trigésimo(a) // sm treintavo.

trepi'dante ag ansioso(a), preocupado(a).

trepi'dare vi temer, preocuparse.

treppi'ede sm trípode m; (da cucina) trébedes fpl.

'tresca, sche sf (fig) intriga; (: relazione) relación f.

'trespolo sm caballete m.

tri'angolo sm triángulo.

tribo'lare vi sufrir.

tribolazi'one [-t'ts-] sf tribulación f, sufrimiento.

tri'bordo sm estribor m.

tri'bù sf inv tribu f.

tri'buna sf tribuna.

tribu'nale sm tribunal m.

tribu'tare vt tributar, rendir.

tribu'tario, a ag tributario(a) // sf policía tributaria.

tri'buto sm impuesto; (fig) tributo, homenaje m.

tri'checo, chi [-'k-] sm morsa.

tri'ciclo [-'tʃ-] sm triciclo.

trico'lore ag tricolor // sm la bandera italiana.

tri'dente sm tridente m.

tri'foglio [-ʎʎo] sm trébol m.

'trifora sf trífora.

'triglia [-ʎʎa] sf salmonete m.

trigonome'tria sf trigonometría.

tril'lare [-l'l-] vi trinar.

'trillo [-llo] sm trino; (di campanello) tintineo.

trilo'gia, 'gie [-'dʒia] sf trilogía.

trime'strale ag trimestral.

tri'mestre sm trimestre m.

'trina sf puntilla.

trin'cea [-'tʃ-] sf trinchera.

trince'rare [-tʃ-] vt atrincherar; **~rsi** vr atrincherarse; (fig) escudarse.

trin'chetto [-'k-] sm trinquete m.

trincia'pollo [-tʃ-] sm inv tijera de cortar aves.

trinci'are [-'tʃ-] vt trinchar, cortar.

Trinità sf inv Trinidad f.

'trio, ii sm trío.

trion'fale ag triunfal.

trion'fare vi triunfar.

tri'onfo sm triunfo.

tripar'tito, a ag tripartito(a) // sm gobierno tripartito.

tripli'care vt triplicar.

'triplice [-tʃ-] ag triple.

'triplo, a ag triplo(a), triple.**

'**tripode** sm trípode m.

'**trippa** sf (cuc) callos, mondongo; (fam) panza.

tri'**pudio** sm alegría, alborozo.

tri'**savolo, a** sm/f tatarabuelo/a.

'**triste** ag triste.

tri'**stezza** [-tsa] sf tristeza.

'**tristo, a** ag (cattivo) malvado(a); (meschino) triste, deplorable.

trita'**carne** sm inv máquina de picar carne.

tri'**tare** vt picar, triturar.

'**trito, a** ag picado(a), triturado(a); (fig) trillado(a), resabido(a) // sm (cuc) sofrito.

tri'**tolo** sm tritol m.

tri'**tone** sm tritón m.

'**trittico, ci** sm tríptico.

tritu'**rare** vt triturar.

tri'**vella** [-lla] sf barreno; (per legno) taladro.

trivel'**lare** [-l'l-] vt taladrar.

trivi'**ale** ag grosero(a), vulgar.

trivia'**lità** sf inv vulgaridad f; (atto, parola) grosería.

tro'**feo** sm trofeo.

'**trogolo** sm comedero.

'**troia** sf (zool) cerda; (fam!) mujerzuela, puta.

'**tromba** sf (mus) trompeta; (anat) trompa; ~ **delle scale** hueco de la escalera; ~ **d'aria** remolino; ~ **marina** tromba.

trombetti'**ere** sm corneta m.

trombet'**tista, i, e** sm/f trompetista m/f.

trom'**bone** sm trombón m.

trom'**bosi** sm trombosis f inv.

tron'**care** vt troncar; (fig) interrumpir, cortar; (LING) truncar, apocopar.

'**tronco, a, chi, che** ag trunco(a); (LING) agudo(a) // sm (BOT, ANAT) tronco; (fig: di lancia) resto, trozo; (: di strada, canale) ramal m; **licenziato in** ~ despedido sin aviso.

troneggi'**are** [-d'dʒ-] vi dominar.

tron'**fio, a** ag engreído(a), arrogante.

'**trono** sm trono.

tropi'**cale** ag tropical.

'**tropico, ci** sm trópico.

'**troppo, a** det, pron demasiado(a) // av demasiado; ~ **i(e)** pron pl muchos(as); **di** ~ de más; **essere di** ~ estar de más.

'**trota** sf trucha.

trot'**tare** vi (cavallo) trotar; (persona) marchar de prisa.

trotterel'**lare** [-l'l-] vi (cavallo) trotar; (bambino) caminar a saltitos.

'**trotto** sm trote m.

'**trottola** sf trompo.

tro'**vare** vt encontrar, hallar; (lavoro) conseguir, encontrar; (sorprendere) coger, sorprender; ~**rsi** vr encontrarse, reunirse; (essere, stare) estar; (per caso) hallarse; (essere situato) hallarse, estar; **andare/venire a** ~ qd ir/venir a visitar a alguien; ~ qd **molto deperito** encontrar a alguien muy desmejorado; **trovo che me parece que**; ~ **da ridire** encontrar algo de criticar.

tro'**vata** sf ocurrencia, idea, hallazgo.

trova'**tello, a** [-llo] sm/f huérfano/a, expósito/a.

truc'**care** vt alterar, falsificar; (persona) maquillar; ~**rsi** vr maquillarse.

trucca'**tore, 'trice** sm/f maquillador/a.

'**trucco, chi** sm (inganno) treta, ardid m; (artificio scenico) truco; (cosmesi) maquillaje m.

'**truce** [-tʃe] ag feroz, cruel.

truci'**dare** [-tʃ-] vt asesinar, matar.

tru'**ciolo** [-tʃ-] sm viruta.

'**truffa** sf estafa.

truf'**fare** vt estafar.

truffa'**tore, 'trice** sm/f estafador/a.

'**truppa** sf tropa.

tu pron tú; **dare del** ~ a qd tutear a alguien.

'**tua** det vedi **tuo**.

'**tuba** sf (mus) tuba; (anat) trompa; (cappello) sombrero de copa, galera (spec AM).

tu'**bare** vi arrullar; (fig) atortolarse, hacerse mimos.

tuba'**tura, tubazi'one** [-t'ts-] sf cañería.

tu'**bercolo** sm tubérculo.

tuberco'**losi** sf tuberculosis f inv.

'**tubero** sm tubérculo.

tube'**rosa** sf nardo.

tu'**betto** sm tubo.

'**tubo** sm tubo, caño; (flessibile) manguera; (anat) tubo; ~ **di scappamento** caño de escape.

tubo'**lare** ag tubular // sm tubular m.

'**tue** det vedi **tuo**.

tuf'**fare** vt zambullir; ~**rsi** vr zambullirse; (fig) entregarse, dedicarse.

'**tuffo** sm zambullida; (fig) vuelco.

tu'**gurio** sm tugurio.

tuli'**pano** sm tulipán m.

'**tulle** [-lle] sm tul m.

tume'**fatto, a** ag hinchado(a).

tumefazi'**one** [-t'ts-] sf hinchazón f.

'**tumido, a** ag hinchado(a).

tu'**more** sm tumor m.

tumu'**lare** vt enterrar.

tu'**multo** sm tumulto, sublevación f; (fig) alboroto, confusión f.

tumultu'**oso, a** ag tumultuoso(a).

'**tundra** sf tundra.

'**tunica, che** sf túnica.

'**tuo, 'tua, tu'oi, 'tue** det (anche: **il(la)** ~**a**) etc tu, tus // pron: **il(la)** ~**a**) etc el(la) tuyo(a); **i tuoi** (parenti) los tuyos.

tu'**oi** det vedi **tuo**.

tuo'**nare** vb impersonale tronar // vi (fig) tronar, retumbar.

tu'**ono** sm trueno.

tu'**orlo** sm yema.

tu'**racciolo** [-tʃ-] sm corcho.

tu'**rare** vt tapar; ~**rsi il naso/gli orecchi/la bocca** taparse la nariz/los oídos/la boca.

turba'mento *sm* turbación *f*.
tur'bante *sm* turbante *m*.
tur'bare *vt* molestar; *(fig)* turbar, conmover.
tur'bina *sf* turbina.
turbi'nare *vi* remolinear.
'turbine *sm* torbellino, remolino; *(fig)* multitud *f*, nube *f*.
turbi'nio *sm* remolino; *(fig)* revoloteo, tumulto.
turbo'lento, a *ag* turbulento(a), revoltoso(a).
turbo'lenza [-tsa] *sf* turbulencia.
tur'chese [-'k-] *sf* turquesa.
tur'chino, a [-'k-] *ag, sm* azul turquí *(m)*.
'turco, a, chi, che *ag, sm/f* turco(a); **fumare come un ~** *(fam)* fumar como un murciélago.
'turgido, a [-dʒ-] *ag* turgente, hinchado(a).
tu'ribolo *sm* incensario.
tu'rismo *sm* turismo; **fare del ~** hacer turismo.
tu'rista, i, e *sm/f* turista *m/f*.
tu'ristico, a, ci, che *ag* turístico(a).
'turno *sm* turno; **a ~** *(rispondere)* uno a la vez; *(lavorare)* por turno; **fare a ~ a fare qc** turnarse para hacer algo.
'turpe *ag* infame.
turpi'loquio [-kwjo] *sm* lenguaje obsceno.
'tuta *sf* mono.
tu'tela *sf* tutela.
tute'lare *vt* proteger, amparar.
tu'tore, 'trice *sm/f* tutor/a.
tutta'via *cong* sin embargo.
'tutto, a *det, pron* todo(a) // *av* completamente, todo // *sm* todo; **a ~e le ore** a todas horas; **~i e due/cinque** los dos/cinco; **a ~a velocità** a toda velocidad; **in ~** en total; **è ~ suo padre** es idéntico a su padre; **del ~** del todo; **o ~ o niente** o todo o nada; **tutt'a un tratto** de golpe o repente; **tutt'altro** al contrario; **tutt'altro che** todo lo contrario de; **~ considerato** teniendo en cuenta todo; **tutt'oggi** hasta el presente; **tutt'al più** cuanto más; *(nel peggiore dei casi)* en el peor de los casos; **è tutt'uno con** es la misma cosa que.
tutto'fare *ag inv* para todo servicio.
tut'tora *av* todavía.

U

ubbidi'ente *ag* obediente.
ubbidi'enza [-tsa] *sf* obediencia.
ubbi'dire *vi*: **~ a** obedecer a; *(meccanismo, macchina)* responder a, obedecer a.
ubicazi'one [-t'ts-] *sf* ubicación *f*.
ubiquità [-kw-] *sf inv* ubicuidad *f*.

ubria'care *vt* emborrachar; *(fig)* aturdir; **~rsi** *vr* emborracharse.
ubria'chezza [-'kettsa] *sf* ebriedad *f*, borrachera.
ubri'aco, a, chi, che *ag* borracho(a); *(fig)*: **~ di ebrio(a) de** // *sm/f* borracho/a.
uccellagi'one [uttʃella'dʒone] *sf* caza de aves con redes o trampas.
uccelli'era [uttʃel'ljɛra] *sf* pajarera.
uc'cello [ut'tʃɛllo] *sm* pájaro, ave *f*; **essere uccel di bosco** *(fig)* ser uno a quien no se encuentra nunca.
uc'cidere [-t'tʃ-] *vt* matar; *(fig)* destruir; **~rsi** *vr* suicidarse; *(in incidente, guerra etc)* matarse.
uccisi'one [-tʃ-] *sf* homicidio, asesinato.
uc'ciso, a [-'tʃ-] *pp di* **uccidere**.
ucci'sore [-tʃ-] *sm* asesino, homicida *m*.
UCE *abbr di* Unità di Conto Europea.
u'dibile *ag* oíble.
udi'enza [-tsa] *sf* audiencia; **chiedere/accordare o concedere un'~** pedir/conceder una audiencia.
u'dire *vt* oír.
udi'tivo, a *ag* auditivo(a).
u'dito *sm* oído.
udi'tore, 'trice *ag, sm/f* oyente *(m/f)*.
udi'torio *sm* auditorio.
uffici'ale [-'tʃ-] *ag* oficial; *(autorizzato)* autorizado(a) // *sm* (AMM) funcionario; (MIL) oficial *m*.
uf'ficio [-'tʃo] *sm* oficio, *(luogo)* oficina, *(DIR)* función *f*; **~ di collocamento** oficina de empleos; **~ postale** correo.
ufficiosità [-tʃ-] *sf inv* oficiosidad *f*.
uffici'oso, a [-'tʃ-] *ag* oficioso(a).
UFO *abbr m* OVNI *m*.
uggi'are [-ddʒ-] *vi* gañir.
uggi'oso, a [-d'dʒ-] *ag* aburrido(a), pesado(a).
'ugola *sf* úvula, campanilla.
uguagli'anza [ugwaʎ'ʎantsa] *sf* igualdad *f*.
uguagli'are [ugwaʎ'ʎare] *vt* igualar; **~ qd in qc** igualar a alguien en algo.
ugu'ale [u'gwale] *ag, sm* igual *(m)* // *av* mismo.
UIL *abbr di* Unione Italiana del Lavoro.
'ulcera [-tʃ-] *sf* úlcera.
ulce'rare [-tʃ-] *vt* ulcerar; **~rsi** *vr* ulcerarse.
u'liva *etc* = **oliva** *etc*.
ulteri'ore *ag* sucesivo(a), nuevo(a).
ulti'mare *vt* concluir, acabar.
'ultimo, a *ag* último(a); *(fig)* máximo(a) // *sm* final *m* // *sm/f* último/a; **all'~** al final; **da ~** por último; **in ~** últimamente.
ultimo'genito, a [-dʒ-] *ag* nacido(a) último(a).
ultramo'derno, a *ag* modernísimo(a).
ultrasu'ono *sm* ultrasonido.
ultravio'letto, a *ag* ultravioleta.
ulu'lare *vi* aullar.
ulu'lato *sm* aullido.

uma'nesimo *sm* humanismo.

uma'nista, i, e *sm/f* humanista *m/f*.

umanità *sf inv* humanidad *f*; (*fig*) bondad *f*, humanidad.

umani'tario, a *ag* humanitario(a).

umaniz'zare [-d'dz-] *vt* humanizar.

u'mano, a *ag* humano(a) // *sm* humano.

'Umbria *sf* Umbria.

umet'tare *vt* humedecer.

umidità *sf inv* humedad *f*.

'umido, a *ag* húmedo(a) // *sm* (*umidità*) humedad *f*; in ~ (*cuc*) guiso; vitello in ~ guiso de ternera.

'umile *ag* humilde, modesto(a).

umili'are *vt* humillar; ~rsi *vr* humillarse, rebajarse.

umiliazi'one [-'tts-] *sf* humillación *f*.

umiltà *sf inv* humildad *f*, modestia.

u'more *sm* humor *m*.

umo'rismo *sm* humorismo; fare dell'~ ejercer el humor.

umo'rista, i, e *sm/f* humorista *m/f*.

umo'ristico, a, ci, che *ag* humorístico(a).

un, un', 'una *vedi* uno.

u'nanime *ag* unánime.

unanimità *sf inv* unanimidad *f*; all'~ por unanimidad.

'una 'tantum *sf* impuesto extraordinario.

unci'nare [-tʃ-] *vt* enganchar.

unci'nato, a [-tʃ-] *ag* ganchudo(a).

unci'netto [-tʃ-] *sm* ganchillo, crochet *m*.

un'cino [-'tʃ-] *sm* gancho, garfio.

'undici [-tʃi] *num* once (*m*).

'ungere [-dʒ-] *vt* untar; (*TECN*) engrasar, lubrificar; (*REL*) ungir; (*fig*) coimear; ~rsi *vr* untarse; (*macchiarsi*) ensuciarse, engrasarse.

Unghe'ria [-ge-] *sf* Hungría.

'unghia [-gja] *sf* uña.

unghi'ata [-gj-] *sf* rasguño, arañazo.

ungu'ento [-'gw-] *sm* unguento.

unicellu'lare [-tʃell-] *ag* unicelular.

unicità [-tʃ-] *sf inv* unicidad *f*.

'unico, a, ci, che *ag, sm/f* único(a); figlio ~ hijo único.

unifi'care *vt* unificar; ~rsi *vr* unificarse, aunarse.

unificazi'one [-'tts-] *sf* unificación *f*.

unifor'mare *vt* uniformar; ~rsi *vr*: ~rsi (a) adecuarse (a).

uni'forme *ag* uniforme, igual // *sf* uniforme *m*.

uniformità *sf inv* uniformidad *f*.

uni'genito, a [-'dʒ-] *ag* unigénito(a).

unilate'rale *ag* unilateral.

uni'one *sf* unión *f*; (*POL*) alianza, unión.

u'nire *vt* unir; ~rsi *vr* unirse.

u'nisono, a *ag* unísono(a) // *sm*: all'~ (*fig*) al unísono.

unità *sf inv* unidad *f*; (*MIL*) batallón *m*, unidad; ~ di misura unidad de medida; ~ monetaria unidad monetaria.

uni'tario, a *ag* unitario(a).

u'nito, a *ag* unido(a).

univer'sale *ag* universal.

universalità *sf inv* universalidad *f*.

università *sf inv* universidad *f*.

universi'tario, a *ag, sm/f* universitario(a).

uni'verso *sm* universo.

u'nivoco, a, ci, che *ag* unívoco(a).

'uno, a *det* (*dav sm* un + C, V, uno + *s impura, gn, pn, ps, x, z; dav sf* un' + V, una + C) uno(a), un (*dav sm*) // *sm* uno // *pron* uno(a) // *sf*: è l'~a es la una; l'~ o l'altro uno u otro; aiutarsi l'un l'altro ayudarse uno a otro.

'unto, a *pp di* ungere // *sm* grasa.

un'tume *sm* grasa, mugre *f*.

untuosità *sf inv* untuosidad *f*; (*peg*) hipocresia.

untu'oso, a *ag* grasiento(a).

unzi'one [-'ts-] *sf*: estrema ~ (*REL*) extremaunción *f*.

u'omo, *pl* u'omini *sm* hombre *m*; (*fam*) macho; da ~ de hombre; ~ rana hombre rana.

u'opo *sm*: all'~ en el caso.

u'ovo *sm*, *pl(f)* u'ova huevo; ~ bazzotto/sodo/in camicia huevo pasado por agua/duro/escalfado; ~ al tegame o all'occhio di bue huevo al plato; ~ alla coque huevo en cáscara; ~ a strapazzate huevos revueltos; l'~ di Colombo el huevo de Colón; ~ di Pasqua huevo de Pascua.

'upupa *sf* abubilla.

ura'gano *sm* huracán *m*.

u'ranio *sm* uranio.

urba'nesimo *sm* urbanismo.

urba'nistica *sf* urbanística.

ur'bano, a *ag* urbano(a); (*fig*) educado(a), cortés.

u'retra *sf* uretra.

ur'gente [-dʒ-] *ag* urgente.

ur'genza [-'dʒa] *sf* urgencia.

'urgere [-dʒ-] *vi* urgir, ser necesario.

u'rina *sf* = orina.

ur'lare *vi* gritar, desgañitarse // *vt* gritar.

'urlo, *pl(m)* 'urli, *pl(f)* 'urla *sm* grito.

'urna *sf* urna; andare alle ~e ir a votar.

urolo'gia [-'dʒia] *sf* urología.

urrà *escl* ¡hurra!

URSS *abbr f*: l'~ la URSS.

ur'tante *ag* chocante, irritante.

ur'tare *vt* topar, chocar; (*fig*) irritar, ofender // *vi*: ~ contro o in (*andare addosso*) chocar contra; (*fig*) dar con; ~rsi *vr* chocar; (*fig: irritarsi*) ofenderse, irritarse.

'urto *sm* choque *m*; (*fig*) desavenencia, desacuerdo.

USA *abbr mpl*: gli ~ los EE.UU.

u'sanza [-tsa] *sf* uso, usanza.

u'sare *vt* usar; (*essere solito*) soler // *vi* (*essere di moda*) usarse; ~ di (*servirsi*) servirse o valerse de.

u'sato, a *ag* usado(a) // *sm* ocasión *f*, objetos usados.

usci'ere [-ʃʃ-] *sm* portero.

'uscio ['uʃʃo] *sm* puerta.

u'scire [-ʃ'ʃ-] *vi* (*aus essere*) salir; (*essere pubblicato*) publicarse, salir; ~ **da** salir de; ~ **di casa** salir de casa; (*fig*) marcharse de casa; ~ **dalla porta** salir por la puerta; ~ **in** o **con** (*parola, battuta*) salir con; ~ **in automobile** salir en coche; ~ **di strada** salirse de la carretera; **uscirne** salir bien; **uscirsene** marcharse.

u'scita [-ʃ'ʃ-] *sf* salida; (ECON) gasto; ~ **di sicurezza** salida de emergencia.

usi'gnolo [-ɲ'ɲ-] *sm* ruiseñor *m*.

U.S.L. (*abbr di Unità Sanitaria Locale*) ≈ Seguridad Social.

'uso *sm* uso, empleo; (*abitudine*) uso, costumbre *f*; **a** ~ **di** para uso de.

usti'one *sf* quemadura.

usu'ale *ag* usual.

u'sura *sf* (DIR) usura; (*logoramento*) desgaste *m*, deterioro.

usu'raio *sm* usurero.

usur'pare *vt* usurpar.

usurpazi'one [-'ts-] *sf* usurpación *f*.

u'tensile *sm* utensilio, herramienta; ~**i** *mpl* **da cucina** enseres *mpl* de cocina.

u'tente *sm/f* usuario/a.

'utero *sm* útero, matriz *f*.

'utile *ag* útil // *sm* utilidad *f*, provecho; (*profitto*) ganancia, beneficio; **unire l'** ~ **al dilettevole** unir lo útil con lo agradable.

utilità *sf inv* utilidad *f*.

utili'tario, a *ag* utilitario(a); (*vettura*) barato(a), económico(a) // *sf* (AUTO) coche económico.

utilita'rista, i, e *sm/f* utilitarista *m/f*.

utiliz'zabile [-d'dz-] *ag* utilizable.

utiliz'zare [-d'dz-] *vt* utilizar.

utilizzazi'one [-ddzat'tsjone] *sf* utilización *f*.

uto'pia *sf* utopía.

uto'pista, i, e *sm/f* utopista *m/f*.

'uva *sf* uva; ~ **passa** pasa de uva; ~ **spina** uva crespa; ~ **da tavola** uva para comer.

V

v. (*abbr di vedi*) v.

va'cante *ag* vacante.

va'canza [-tsa] *sf* (*di posto, impiego*) vacante *f*; (*ferie*) vacación *f*; (*giorno di permesso*) día libre; ~**e** *fpl* vacaciones *fpl*; **essere/andare in** ~ estar/ir de vacaciones; **oggi è** ~ hoy es un día libre; ~**e estive** vacaciones de verano.

'vacca, che *sf* vaca.

vacci'nare [-ttʃ-] *vt* vacunar.

vaccinazi'one [vattʃinat'tsjone] *sf* vacunación *f*.

vac'cino, a [-t'tʃ-] *ag* vacuno(a) // *sm* (MED) vacuna.

vacil'lante [vatʃil'lante] *ag* (*anche fig*) vacilante.

vacil'lare [vatʃil'lare] *vi* vacilare, tambalearse; (*luce*) vacilar, temblar; (*fig*) vacilar, titubear.

'vacuo, a *ag* (*fig*) vacuo(a).

vagabon'daggio [-d'dʒo] *sm* vagancia, vagabundeo.

vagabon'dare *vi* vagar, vagabundear.

vaga'bondo, a *ag, sm/f* vagabundo(a); (*fig*) holgazán(ana).

va'gante *ag* errante.

va'gare *vi* vagar, errar.

vagheggi'are [-d'dʒ-] *vt* anhelar, codiciar.

va'gina [-'dʒ-] *sf* vagina.

vagi'nale [-dʒ-] *ag* vaginal.

va'gire [-'dʒ-] *vi* llorar, dar vagidos.

va'gito [-'dʒ-] *sm* vagido.

'vaglia [-ʎʎa] *sm inv* giro; ~ **postale** giro postal.

vagli'are [-ʎ'ʎ-] *vt* cribar; (*fig*) discutir, considerar.

'vaglio [-ʎʎo] *sm* criba; (*fig*) examen *m*, crítica; **passare al** ~ (*fig*) examinar cuidadosamente.

'vago, a, ghi, ghe *ag* vago(a) // *sm* incertidumbre *f*; (ANAT: *nervo*) vago.

va'gone *sm* vagón *m*; ~ **letto** coche-cama; ~**ristorante** coche-comedor.

vai'olo *sm* viruela.

va'langa, ghe *sf* alud *m*; (*fig*) avalancha, multitud *f*.

va'lente *ag* (*bravo*) capaz, excelente; (*abile*) hábil.

va'lere *vi* (*aus essere*) valer; (*avere forza*) contar, pesar // *vt* (*equivalere*) equivaler a; (*prezzo, pena*) valer; (*procurare*) procurar, conseguir; ~**rsi di** servirse de; **vale a dire** es decir; **tanto vale non farlo** es lo mismo no hacerlo.

valeri'ana *sf* valeriana.

va'levole *ag* valedero(a), válido(a).

vali'care *vt* pasar, atravesar.

'valico, chi *sm* paso, desfiladero.

validità *sf inv* validez *f*.

'valido, a *ag* válido(a); (*vigoroso*) robusto(a); (*efficace*) apto(a), idóneo(a).

valige'ria [-dʒ-] *sf* (*fabbrica*) baulería; (*negozio*) tienda del maletero.

va'ligia, gie o **ge** [-dʒa] *sf* maleta; **fare le** ~**gie** (*fig*) liar los petates; ~ **diplomatica** valija diplomática.

val'lata [-l'l-] *sf* valle *m* grande.

'valle ['valle] *sf* valle *m*; **a** ~ cuesta abajo.

val'letta [-l'l-] *sf* (TV) ayudante *f*.

val'letto [-l'l-] *sm* lacayo.

valligi'ano, a [valli'dʒano] *sm/f* habitante del valle.

val'lone [-l'l-] *sm* cañón *m*.

va'lore *sm* valor *m*; ~**i** *smpl* valores *mpl*; ~ **legale** (*di moneta*) curso legal; ~

nominale valor nominal; **~i attivi/passivi** valores activos/pasivos; **~i bollati** sellos.

valoriz'zare [-d'dz-] vt valorizar.

valo'roso, a ag valeroso(a).

va'luta sf divisa, moneda; (giorno da cui decorrono gli interessi) valor.

valu'tare vt valuar, estimar; (fig: considerare, stimare) estimar; (stabilire: peso) calcular.

valutazi'one [-t'ts-] sf valuación f.

'valva sf (ZOOL) valva; (BOT) ventalla.

'valvola sf válvula; **~ di sicurezza** válvula de seguridad.

'valzer [-ts-] sm inv vals m.

vam'pata sf (anche fig) llamarada.

vam'piro sm vampiro.

vanda'lismo sm vandalismo.

'vandalo sm (anche fig) vándalo.

vaneggi'are [-d'dʒ-] vi desvariar, delirar.

va'nesio, a ag vanidoso(a), presumido(a).

'vanga, ghe sf pala.

van'gare vt cavar, zapar.

van'gelo [-'dʒ-] sm evangelio; (fig) verdad absoluta.

va'niglia [-ʎʎa] sf vainilla.

vanità sf inv vanidad f.

vani'toso, a ag vanidoso(a).

'vano, a ag vano(a), vacuo(a); (minaccia) inútil, vano(a) // sm (spazio) espacio, ambiente m; (apertura) hueco; (stanza, locale) habitación f, cuarto.

van'taggio [-ddʒo] sm ventaja; (profitto) beneficio.

vantaggi'oso, a [-d'dʒ-] ag ventajoso(a), conveniente.

van'tare vt alabar; **~rsi** vr jactarse.

vante'ria sf ostentación f, jactancia.

'vanto sm (merito) honor m, gloria; **menar ~** jactarse.

vanvera sf: **a ~** sin ton ni son.

va'pore sm vapor m; (anche: **~ acqueo**) vapor ácueo; (nave) vapor, paquebote m; **a ~** a vapor; **al ~** al vapor.

vapo'retto sm vaporcito.

vapori'era sf locomotora.

vaporiz'zare [-d'dz-] vt vaporizar.

vaporizza'tore [-ddz-] sm vaporizador m, atomizador m.

vaporizzazi'one [vaporiddzat'tsjone] sf (evaporazione) evaporación f; (nebulizzazione) vaporización f.

vapo'roso, a ag (fig: abito, velo) vaporoso(a); (: capelli) suave, dócil.

va'rare vt (NAUT) botar; (fig: proposta etc) realizar, aprobar.

var'care vt cruzar, atravesar.

'varco, chi sm paso, pasaje m; **aspettare qd al ~** (fig) esperar la ocasión propicia para vengarse de uno.

vari'abile ag, sf variable (f).

vari'ante sf variante f.

vari'are vt variar, cambiar // vi: **~ di** variar de.

variazi'one [-t'ts-] sf variación f.

va'rice [-tʃe] sf várice f.

vari'cella [-'tʃɛlla] sf varicela.

vari'coso, a ag varicoso(a).

varie'gato, a ag abigarrado(a).

varietà sf inv variedad f; (diversità: di opinioni) diferencia // sm inv (spettacolo) varieté m, variedades fpl.

'vario, a ag variado(a), distinto(a); (differente) diferente, múltiple; (numeroso) numeroso(a); (mutevole: umore) inestable, cambiante.

vario'pinto, a ag multicolor.

'varo sm (NAUT) botadura; (fig: di provvedimento etc) aprobación f.

va'saio sm alfarero.

'vasca, sche sf tina; (anche: **~ da bagno**) bañera; (bacino) piscina.

va'scello [vaʃ'ʃɛllo] sm navío.

vasco'lare ag vascular.

vase'lina sf vaselina.

vasel'lame [-l'l-] sm vajilla.

'vaso sm vasija; (ANAT) vaso; **~ da fiori** florero; **~ di marmellata** frasco de mermelada.

vas'sallo [-ll-] sm vasallo, súbdito.

vas'soio sm bandeja.

'vasto, a ag vasto(a), amplio(a); (fig: cultura) grande, vasto(a); **su ~a scala** en gran escala.

Vati'cano sm: **il V~** el Vaticano.

ve pron. av vedi vi.

vecchi'aia [-k'k-] sf vejez f.

'vecchio, a [-kkjo] ag, sm/f viejo(a); **sei più ~ di me di 4 anni** eres 4 años mayor que yo; **i ~chi** los viejos, los ancianos.

'vece ['vetʃe] sf: **in ~ di** en lugar de, en vez de; **fare le ~i di** hacer las veces de.

ve'dere vt ver; (scorrere: libro) mirar; (consultare: avvocato) ver, consultar; **~rsi** vr (nello specchio) verse; (incontrarsi) verse, encontrarse; **avere a che ~ con qc/qd** tener que ver con algo/alguien; **non ~ l'ora/il momento di fare qc** no ver la hora/el momento de hacer algo.

ve'detta sf centinela; atalaya; (NAUT: nave) buque de vigilancia costera o de escolta; **stare di ~** estar de centinela.

vedo'vanza [-tsa] sf viudez f.

'vedovo, a sm/f viudo/a.

ve'duta sf vista; **~e** fpl (fig) ideas, opiniones fpl.

vee'menza [-tsa] sf vehemencia.

vege'tale [-dʒ-] ag, sm vegetal (m).

vege'tare [-dʒ-] vi (anche fig) vegetar.

vegetari'ano, a [-dʒ-] ag, sm/f vegetariano(a).

vegetazi'one [vedʒetat'tsjone] sf vegetación f.

'vegeto, a [-dʒ-] ag florido(a), próspero(a).

veg'gente [-d'dʒ-] sm vidente m.

'**veglia** [-ʎʎa] *sf* (*stato di chi è desto*)
vigilia; (*sorveglianza*) vela; (*festa*)
velada; ~ **funebre** velatorio.
vegli'ardo [-ʎʎ-] *sm* anciano.
vegli'are [-ʎʎ-] *vi, vt* velar.
ve'icolo *sm* vehículo; ~ **spaziale**
vehículo espacial.
'**vela** *sf* vela; **volta a** ~ (ARCHIT) bóveda
vaída; **a gonfie** ~**e** (*fig*) viento en popa.
ve'lare *vt* ocultar, velar.
ve'lato, a *ag* (*anche fig*) velado(a).
veleggi'are [-d'dʒ-] *vi* navegar a vela.
ve'leno *sm* (*anche fig*) veneno.
vele'noso, a *ag* venenoso(a).
ve'letta *sf* velo.
veli'ero *sm* velero.
ve'lina *sf* (*anche*: **carta** ~) papel de
seda.
ve'livolo *sm* aeroplano.
velleità [-ll-] *sf inv* veleidad *f*.
'**vello** [-llo] *sm* vellón *m*.
vellu'tato, a [-ll-] *ag* aterciopelado(a).
vel'luto [-l'l-] *sm* terciopelo; ~ **a coste**
pana de canutillo.
'**velo** *sm* (*anche fig*) velo.
ve'loce [-tʃe] *ag* veloz // *av* velozmente.
velo'cista, i, e [-'tʃ-] *sm/f* velocista *m/f*.
velocità [-tʃ-] *sf inv* velocidad *f*; **a**
piccola/grande ~ **a** poca/gran
velocidad; ~ **di crociera/di decollo**
velocidad de crucero/de despegue.
ve'lodromo *sm* velódromo.
'**vena** *sf* vena; (GEOL) filón *m*, veta;
essere in ~ **di qc/di fare qc** estar en
vena de algo/de hacer algo.
ve'nale *ag* venal.
ve'nato, a *ag*: ~ **di** veteado de.
vena'torio, a *ag* venatorio(a).
vena'tura *sf* veteado.
ven'demmia *sf* vendimia.
vendemmi'are *vt, vi* vendimiar.
'**vendere** *vt* (*anche fig*) vender; **averne**
da ~ (*fig*) tener de sobra; ~ **fumo**
(*fig*) vender humo.
ven'detta *sf* venganza.
vendi'care *vt* vengar; ~**rsi** *vr*: ~**rsi di**
qc/su qd vengarse de algo/con alguien.
vendica'tivo, a *ag* vengativo(a).
'**vendita** *sf* venta; (*bottega*) tienda; **in** ~
en venta.
vendi'tore, 'trice *sm/f* vendedor/ora.
ve'nefico, a, ci, che *ag* venenoso(a).
vene'rabile, venerando, a *ag*
venerable.
vene'rare *vt* venerar.
venerdì *sm inv* viernes *m inv*; ~ **Santo**
viernes Santo.
ve'nereo, a *ag* venéreo(a).
'**Veneto** *sm* Véneto.
'**veneto, a** *ag, sm/f* véneto(a),
veneciano(a).
Ve'nezia [venettsja] *sf* Venecia.
veni'ale *ag* venial.
ve'nire *vi* (*aus* **essere**) venir; (*giungere,*
arrivare) llegar, venir; (*manifestarsi,*
accadere) producirse, venir; (*riuscire:*

dolce, fotografia etc) salir; (*costare*)
cuestar; (*come ausiliare: essere*): **viene**
ammirato da tutti es admirado por
todos; ~ **da** (*provenienza*) venir de; ~
a galla salir a flote; ~ **alle mani** irse a
las manos; **vengo al cinema con te**
voy al cine contigo; ~ **giù** (*scendere*)
bajar; (*cadere: neve*) caer; ~ **meno**
(*svenire*) desvanecerse; (*cosa: mancare*)
faltar; ~ **su** (*montare*) subir; (*crescere*)
crecer, criarse; ~ **via** irse; (*staccarsi*)
salirse, despegarse; **far** ~ **qd** mandar a
llamar a alguien; **mi viene un'idea**
tengo una idea; **mi viene da piangere**
tengo ganas de llorar; **quanto ti viene**
¿cuánto te da?
ve'noso, a *ag* venoso(a).
ven'taglio [-ʎʎo] *sm* abanico.
ven'tata *sf* ráfaga.
ven'tenne *ag* de veinte años // *sm/f*
persona de veinte años.
ven'tesimo, a *ag* vigésimo(a) // *sm*
vigésimo.
'**venti** *num* veinte.
venti'cinque [-tʃ-] *num* veinticinco.
venti'lare *vt* ventilar; (AGR: *grano*)
aventar; (*fig: idea*) discutir, examinar.
ventila'tore *sm* ventilador *m*.
ventilazi'one [-t'ts-] *sf* ventilación *f*.
ven'tina *sf*: **una** ~ di unos veinte; (*età*):
essere sulla ~ tener unos veinte años.
'**vento** *sm* viento.
'**ventola** *sf* (*per il fuoco*) pantalla; (*di*
ventilatore) rotor *m*.
ven'toso, a *ag* ventoso(a) // *sf* (ZOOL)
ventosa.
'**ventre** *sm* vientre *m*.
ven'tricolo *sm* ventrículo.
ven'tura *sf* (*buona fortuna*) suerte *f*;
andare alla ~ ir a la ventura.
ven'turo, a *ag* venidero(a), próximo(a).
ve'nuto, a *pp di* **venire** // *sf* llegada.
vera'mente *av* verdaderamente.
ve'randa *sf* galería.
ver'bale *ag* verbal // *sm* acta.
ver'bena *sf* verbena.
'**verno** *sm* (LING) verbo; (REL): **il V** ~ el
Verbo.
ver'dastro, a *ag* verdusco(a).
'**verde** *ag* (*anche fig*) verde // *sm* (*colore*)
verde *m*; (*area verde*) espacio de verde;
~ **per l'invidia** verde de envidia;
essere al ~ estar sin blanca, no tener
plata (*spec* AM); ~ **pubblico** verdo
público.
verdeggi'ante [-d'dʒ-] *ag* lujuriante,
lozano(a).
verde'rame *sm* cardenillo.
ver'detto *sm* veredicto.
ver'dognolo, a *ag* [-ɲɲ-] *ag* verdusco(a).
ver'done *ag* verdinegro(a) // *sm* (ZOOL)
verderón *m*.
ver'dura *sf* verdura.
vere'condo, a *ag* vergonzoso(a).
'**verga, ghe** *sf* vara, azote *m*.
ver'gare *vt* (*listare*) rayar.

vergi'nale [-dʒ-] *ag* virginal.

'vergine [-dʒ] *ag, sf* virgen (*f*); **la V~** (*REL*) la Virgen; (*ASTROL*) la Virgo.

verginità [-dʒ-] *sf inv* virginidad *f*.

ver'gogna [-ɲɲ-] *sf* vergüenza.

vergo'gnarsi [-ɲ'ɲ-] *vr*: **~ (di)** avergonzarse (de).

vergo'gnoso, a [-ɲ'ɲ-] *ag* vergonzoso(a).

ve'ridico, a, ci, che *ag* verídico(a).

ve'rifica, che *sf* verificación *f*, control *m*; **~ dei conti/del bilancio** control de las cuentas/del balance.

verifi'cabile *ag* comprobable.

verifi'care *vt* comprobar, controlar; (*teoria: confermare*) verificar, constatar.

verità *sf inv* verdad *f*; **in ~** en verdad.

veriti'ero, a *ag* verídico(a).

'verme *sm* gusano.

vermi'celli [-'tʃelli] *smpl* fideos.

ver'mifugo, a, ghi, ghe *ag* vermífugo(a), vermicida.

ver'miglio [-ʎʎo] *sm* bermejo.

vermigli'one [-ʎ'ʎ-] *sm* bermellón *m*.

'vermut *sm inv* vermut *m*.

ver'nacolo *sm* dialecto.

ver'nice [-tʃe] *sf* barniz *m*, pintura; (*fig: apparenza*) barniz.

vernici'are [-'tʃ-] *vt* barnizar, pintar.

vernicia'tura [-tʃ-] *sf* barnizado, pintura.

'vero, a *ag* verdadero(a), cierto(a) // *sm* verdad *f*; **~ e proprio** verdadero.

vero'simile *ag* verosimil.

ver'ruca, che *sf* verruga.

versa'mento *sm* derrame *m*; (*ECON*) pago, depósito.

ver'sante *sm* vertiente *f*.

ver'sare *vt* verter; (*spargere: lacrime, sangue*) derramar, verter; (*rovesciare: sale, liquido*) derramar; (*ECON*) pagar, depositar // *vi* (*essere*) estar, hallarse; **~rsi** *vr* verterse, derramarse; (*fiume*) desembocar.

ver'satile *ag* (*fig*) versátil.

verseggi'are [-d'dʒ-] *vi* versificar, poetizar.

ver'setto *sm* versículo.

versifi'care *vi* versificar.

versi'one *sf* (*traduzione*) versión *f*, traducción *f*; (*di fatto, avvenimento*) narración *f*, versión; (*CINE*) versión *f*; (*di auto etc*) tipo.

'verso *sm* (*di poesia*) verso; (*di animale*) grito, voz *f*; (*atteggiamento*) actitud *f*, manera; (*parte, direzione*) dirección *f*; (*di foglio, moneta o carta*) vuelto; (*fig: modo*) modo; **prendere qd per il suo ~ o per il ~ giusto** saber tratar a alguien; **non c'è ~ di persuaderlo** no hay modo de persuadirlo // *prep* (*in direzione di, senso temporale*) hacia; (*dalle parti di*) cerca de; (*nei riguardi di*) por; **volgersi ~ destra** dirigirse hacia la derecha; **~ il fine settimana** a fines de la semana; **~ di me/te etc** por mí/ti etc.

'vertebra *sf* vértebra.

verte'brale *ag* vertebral.

verte'brato, a *ag* vertebrado(a) // *sm* vertebrado.

'vertere *vi* (*DIR*) pender; **~ su** (*argomento*) versar sobre.

verti'cale *ag, sf* vertical (*f*).

'vertice [-tʃe] *sm* cumbre *f*, cima; (*MAT*) vértice *m*; (*POL: incontro*) reunión cumbre.

ver'tigine [-dʒ-] *sf* vértigo, mareo; **~i** *sfpl* vértigo.

vertigi'noso, a [-dʒ-] *ag* (*anche fig*) vertiginoso(a).

ve'scica, che [-'ʃʃ-] *sf* vejiga.

vesco'vile *ag* obispal, episcopal.

'vescovo *sm* obispo.

'vespa *sf* (*ZOOL*) avispa; Ⓡ (*moto*) motocicleta Vespa.

ve'spaio *sm* avispero.

'vespro *sm* tarde *f*; (*REL*) vísperas *fpl*.

ves'sillo [-llo] *sm* bandera.

ve'staglia [-ʎʎa] *sf* batón *m*, bata.

'veste *sf* vestido, traje *m*; (*copertura*) funda; (*fig: forma*) apariencia; (*: qualità*) calidad *f*; **~i** *sfpl* vestimenta; **~ tipografica** presentación tipográfica.

vesti'ario *sm* vestuario.

ve'stibolo *sm* vestíbulo.

ve'stigio, pl(m) gi o pl(f) gia [-dʒ-] *sm* vestigio.

ve'stire *vt* vestir; **~rsi** *vr* vestirse.

ve'stito, a *ag* vestido(a) // *sm* vestido; **essere ~ di bianco** estar vestido de blanco.

vete'rano, a *ag* veterano(a).

veteri'nario, a *ag* veterinario(a) // *sm* veterinario // *sf* veterinaria.

'veto *sm inv* veto, oposición *f*.

ve'traio *sm* vidriero.

ve'trato, a *ag* (*porta, finestra*) vidriado(a); (*carta*) de lija // *sf* vidriera.

vetre'ria *sf* (*stabilimento*) vidriería; (*oggetti di vetro*) cristalería.

ve'trina *sf* (*di negozio*) escaparate *m*, vidriera (*spec AM*); (*armadio a vetri*) vitrina, cristalera.

vetri'nista, i, e *sm/f* decorador/ora de escaparates.

ve'trino *sm* cristal *m*.

vetri'olo *sm* vitriolo.

'vetro *sm* vidrio, cristal *m*.

ve'troso, a *ag* vidrioso(a), vítreo(a).

'vetta *sf* cima, cumbre *f*.

vet'tore *sm* vector *m*.

vetto'vaglie [-ʎʎe] *sfpl* vituallas, víveres *mpl*.

vet'tura *sf* (*autovettura*) coche *m*, automóvil *m*; (*FERR, carrozza*) coche *m*; **in ~!** (*FERR*) ¡al tren!

vettu'rino *sm* cochero.

vezzeggi'are [vettsed'dʒare] *vt* mimar.

vezzeggia'tivo [vettseddʒa'tivo] *sm* (*LING*) diminutivo.

'vezzo [-ttso] *sm* (*abitudine*) costumbre *f*, hábito; **~i** *mpl* (*smancerie*) melindres *mpl*; (*leggiadria*) gracia.

vez'zoso, a [-t'ts-] ag (ragazza)
graçioso(a), bonito(a); (discorso)
zalamero(a).

vi, dav lo, la, li, le, ne diventa ve pron os;
(dimostrativo): non ~ trovo differenza
no noto diferencia en esto // av (in
questo, quel luogo) aquí, allí; (per questo,
quel luogo) por aquí, por allí; ~ darò qc
os daré algo; ve ne pentirete os
arrepentiréis; amatevi! ¡amáos!

'via sf vía; (strada) calle f; (passaggio)
sendero, paso; (fig: mezzo) vía, medio //
av fuera // escl ¡fuera!; ¡vamos!;
(incoraggiamento) ¡vamos!; (segnale di
partenza) ¡ya! // sm señal f de salida;
andar ~ marcharse; ~ ~ che a
medida que; per ~ di con motivo de; in
~ di en vías de; ~ di mezzo solución
intermedia; per ~ diplomatica por vía
diplomática; in ~ provvisoria en
forma provisoria; per ~ aerea/terra
por vía aérea/terrestre; essere ~ (fam)
estar fuera; dare il ~ (SPORT) dar la
señal de salida; (fig) dar vía libre.

viabilità sf inv (practicabilità) viabilidad
f; (rete stradale) vialidad f.

via'dotto sm viaducto, puente m.

viaggi'are [-d'dʒ-] vi viajar.

viaggia'tore, 'trice [-ddʒ-] ag, sm/f
viajero(a).

vi'aggio [-ddʒo] sm viaje m; (cammino)
trayecto.

vi'ale sm avenida, bulevar m.

vian'dante sm transeúnte m.

vi'atico sm viático.

via'vai sm vaivén m.

vi'brare vt arrojar, lanzar // vi vibrar.

vibrazi'one [-t'ts-] sf vibración f.

vi'cario, a ag vicario(a) // sm vicario.

'vice ... pref: ~console [-tʃ-] sm
vicecónsul m.

vi'cenda [-tʃ-] sf suceso, caso; a ~
recíprocamente.

vicen'devole [-tʃ-] ag recíproco(a).

viceré [-tʃ-] sm virrey m.

vice'versa [-tʃ-] av viceversa.

vici'nanza [vitʃi'nantsa] sf vecindad f,
proximidad f; ~e fpl aledaños mpl,
proximidades fpl.

vici'nato [-tʃ-] sm vecindario.

vi'cino, a [-tʃ-] ag (luogo)
cercano(a); (tempo) próximo(a); (fig:
somigliante) parecido(a) // sm/f
vecino a // av cerca; da ~ de cerca; ~
a prep (accanto a) al lado de; (nei pressi
di) cerca de; qui ~ aquí.

vicissi'tudini [-tʃ-] sfpl vicisitudes fpl,
trajines mpl.

'vicolo sm callejón m, calleja; ~ cieco
(anche fig) callejón sin salida.

Vi'enna sf Viena.

vie'tare vt prohibir; ~ a qd di fare qc
prohibir a alguien que haga algo.

vie'tato, a ag prohibido(a); '~ fumare'
'prohibido fumar'; '~ l'ingresso'
'prohibida la entrada'.

vi'gente [-'dʒ-] ag vigente.

vigi'lanza [-dʒi'lantsa] sf vigilancia.

'vigile [-dʒ-] ag vigilante // sm guardia,
vigilante m (spec AM) ; ~ del fuoco
bombero; ~ urbano guardia municipal.

vi'gilia sf víspera, vigilia.

vigli'acco, a, chi, che [-ʎ'ʎ-] ag
cobarde, vil // sm/f bellaco/a.

'vigna ['viɲɲa] sf viña.

vigna'iolo [-ɲɲ-] sm viñero.

vi'gneto [-ɲ'ɲ-] sm viña, viñedo.

vi'gnetta [-ɲ'ɲ-] sf viñeta.

vi'gore sm vigor m, fuerza; (fig: energia)
decision f, energia; essere/entrare in
~ (DIR) estar/entrar en vigor; in ~
vigente.

vigo'roso, a ag vigoroso(a); (fig)
enérgico(a).

'vile ag vil, ruin.

vili'pendere vt vilipendiar.

vili'pendio sm vilipendio.

vili'peso, a pp di vilipendere.

'villa ['villa] sf quinta, chalet m.

vil'laggio [vil'laddʒo] sm aldea, pueblo.

villa'nia [-ll-] sf villanía, grosería;
(ingiuria) insulto, ofensa.

vil'lano, a [-l'l-] ag, sm/f grosero(a).

villeggia'tura [villedd'ʒa'tura] sf (ferie)
veraneo; (luogo) lugar de veraneo.

vil'lino [-l'l-] sm chalet m.

vil'loso, a [-l'l-] ag velloso(a), peludo(a).

viltà sf inv vileza, bajeza.

'vimine sm mimbre m; di ~i de
mimbre.

vi'naccia [-t'tʃa] sf orujo.

vinacci'olo [-t'tʃ-] sm pepita.

vi'naio sm vinatero.

'vincere [-tʃ-] vt vencer; (premio, partita)
ganar // vi vencer; ~la ganarla; ~ qd
in bellezza/bontà superar a alguien en
belleza/ bondad.

'vincita [-tʃ-] sf victoria; (premio)
premio.

vinci'tore [-tʃ-] sm vencedor m.

vinco'lare vt (anche fig) vincular,
obligar.

'vincolo sm vínculo; (DIR: servitù)
sujeción f.

vi'nicolo, a ag vinícola.

'vino sm vino; ~ bianco/rosso/rosato
vino blanco/tinto/rosado.

vi'ola sf (BOT) violeta; (MUS) viola // ag
inv violeta.

vio'laceo, a [-tʃ-] ag violáceo(a),
morado(a).

violaci'occa, che [-t'tʃ-] sf alhelí m.

vio'lare vt violar; (chiesa) profanar.

violazi'one [-t'ts-] sf violación f;
(profanamento) profanación f; ~ di
domicilio violación de domicilio.

violen'tare vt violentar, forzar; (donna)
violar.

vio'lento, a ag violento(a).

vio'lenza [-tsa] sf violencia; ~ carnale
violencia carnal.

vio'letto, a *ag* morado(a) // *sm* morado // *sf* (BOT) violeta.
violi'nista, i, e *sm/f* violinista *m/f*.
vio'lino *sm* violín *m*.
violoncel'lista, i, e [-tʃel'lista] *sm/f* violoncelista *m/f*.
violon'cello [-'tʃello] *sm* violoncelo.
vi'ottolo *sm* sendero.
'vipera *sf* víbora.
vi'raggio [-ddʒo] *sm* (CHIM. FOTO) viraje *m*.
vi'rare *vi* virar.
vi'rata *sf* (NAUT) virada, vuelta.
virginità [-dʒ-] *sf* = **verginità**.
'virgola *sf* coma.
virgo'lette *sfpl* comillas.
vi'rile *ag* (anche fig) viril.
virilità *sf inv* virilidad *f*.
virtù *sf inv* virtud *f*; **in o per ~ di** en virtud de.
virtu'ale *ag* virtual.
virtu'oso, a *ag, sm/f* virtuoso(a).
viru'lento, a *ag* virulento(a); (fig) venenoso(a), mordaz.
'virus *sm inv* virus *m inv*.
'viscere [-ʃʃ-] *sm* (ANAT) víscera; **~e** *sfpl* (di animale, fig) entrañas, vísceras.
'vischio [-kjo] *sm* (BOT) muérdago; (sostanza) visco, liga.
vischi'oso, a [-'k-] *ag* viscoso(a), pegajoso(a).
'viscido, a [-ʃʃ-] *ag* viscoso(a), resbaladizo(a).
'visciola [-ʃʃ-] *sf* (BOT) guinda.
vi'sconte, essa *sm/f* vizconde/esa.
vi'scoso, a *ag* viscoso(a).
vi'sibile *ag* visible.
visi'bilio *sm* montón *m*, multitud *f*; **andare in ~** entusiasmarse, extasiarse.
visibilità *sf inv* visibilidad *f*.
visi'era *sf* visera.
visi'one *sf* visión *f*; (apparizione) ilusión *f*, fantasía; **prima/seconda ~** (CINE) estreno/no estreno; **prendere ~ di qc** examinar una cosa.
'visita *sf* visita; **~ medica** examen médico; **fare ~ a qd** visitar a alguien.
visi'tare *vt* visitar.
visita'tore, 'trice *sm/f* visitante *m/f*.
vi'sivo, a *ag* visivo(a).
'viso *sm* cara, rostro.
vi'sone *sm* visón *m*.
'vispo, a *ag* vivaz, vivaracho(a).
'vista *sf* vista; **sparare a ~** tirar a quemarropa; **a ~ d'occhio** al alcance de la mirada; **conoscere qd di ~** conocer a alguien de vista; **perdere di ~ qd** perder de vista a alguien; **far ~ di** fingir o simular que.
vi'stare *vt* visar.
'visto, a *pp di* **vedere** // *sm* visado, visa (spec AM).
vi'stoso, a *ag* vistoso(a), llamativo(a).
visu'ale *ag* visual // *sf* visual *f*, vista.
'vita *sf* (anche fig) vida; **a ~** (senatore etc) vitalicio(a); **~ di**

campagna/famiglia vida de campo/de familia.
vi'tale *ag* vital.
vitalità *sf inv* (anche fig) vitalidad *f*.
vita'lizio, a [-ttsjo] *ag* vitalicio(a) // *sm* pensión *f*.
vita'mina *sf* vitamina.
'vite *sf* (BOT) vid *f*; (TECN) tornillo.
vi'tello [-llo] *sm* ternero.
vi'ticcio [-ttʃo] (BOT) zarcillo.
viticol'tore *sm* viticultor *m*.
viticol'tura *sf* viticultura.
'vitreo, a *ag* vítreo(a).
'vittima *sf* víctima.
'vitto *sm* alimento, comida; **~ e alloggio** comida y alojamiento.
vit'toria *sf* victoria.
vittori'oso, a *ag* victorioso(a).
vitupe'rare *vt* vituperar, infamar.
vitu'perio *sm* vituperio.
'viva *escl* ¡viva!
vi'vace [-tʃe] *ag* vivaz, vivaracho(a); (intenso: colore) vivo(a), llamativo(a).
vivacità [-tʃ-] *sf inv* vivacidad *f*.
vi'vaio *sm* vivero.
vi'vanda *sf* vianda, comida.
vi'vente *ag* viviente; **i ~i** los seres humanos.
'vivere *vi* (aus **essere**) vivir; (fig: durare) vivir, durar // *vt* vivir; (un brutto momento) pasar; (le pene di qd) sentir, compartir // *sm* vida; **~i** *mpl* víveres *mpl*; **~ di** vivir de.
'vivido, a *ag* vivo(a), vivaz.
vivifi'care *vt* vivificar; (fig) animar.
vi'viparo, a *ag* vivíparo(a).
vivisezi'one [-t'ts-] *sf* vivisección *f*.
'vivo, a *ag* vivo(a); (vivace) vivaz, activo(a); (discussione etc) enérgico(a), fuerte; (sentimento etc) vivo(a), intenso(a); **i ~i los vivos; ~ e vegeto** vivito y coleando; **farsi ~** hacerse presente; **toccare sul o pungere nel ~** (fig) herir en lo vivo; **dal ~** en directa.
vizi'are [-t'ts-] *vt* (bambino) mimar; (moralmente) viciar, corromper.
vizi'ato, a [-t'ts-] *ag* (bambino) mimado(a); (aria, acqua) viciado(a); (DIR) nulo(a).
'vizio [vittsjo] *sm* vicio.
vocabo'lario *sm* vocabulario, diccionario.
vo'cabolo *sm* vocablo.
voca'tivo *sm* vocativo.
vocazi'one [-t'ts-] *sf* (anche fig) vocación *f*.
'voce ['votʃe] *sf* voz *f*; (notizia) noticia, voz; (vocabolo) término, vocablo; **aver ~ in capitolo** (fig) llevar la voz cantante; **~ bianca** (MUS) voz blanca; **~ di bilancio** (ECON) renglón del presupuesto.
voci'are [-tʃ-] *vi* vocear, gritar.
'voga *sf* (NAUT) boga;(usanza) moda, boga.
vo'gare *vi* bogar, remar.

voga'tore, 'trice sm/f remador/ora // sm (attrezzo) remador m.

'voglia [-ʎʎa] sf gana; (macchia) antojo; **aver ~ di qc/di fare qc** tener ganas de algo/de hacer algo; **contro ~ de** mala gana.

'voi pron vosotros(as).

vo'lano sm volante m.

vo'lante ag volador(ora) // sm volante m // sf (anche: **squadra ~**) reparto de policía móvil.

volan'tino sm volante m.

vo'lare vi volar; (fig: schiaffi) menudear; **~ via** volar lejos.

vo'lata sf (fig: corsa) carrera; (SPORT: ciclismo) sprint m, esfuerzo final; **fare qc di ~** hacer algo muy de prisa.

vo'latile ag volátil // sm (ZOOL) ave f.

volente'roso, a ag voluntarioso(a).

volenti'eri av con mucho gusto.

vo'lere sm voluntad f // vt querer; (esigere) exigir, reclamar; (chiedere) pretender, pedir; **vuole un po' di formaggio?** ¿quiere un poco de queso?; **~rci** ser necesario, hacer falta; **quanto ci vuole per andare da Roma a Firenze?** ¿cuánto hace falta para ir desde Roma a Florencia?; **ci vogliono 4 metri di stoffa** hacen falta 4 metros de tela; **~ bene/male a qd** querer bien/mal a alguien; **~ dire** querer decir; **senza ~** sin querer.

vol'gare ag vulgar.

volgarità sf inv vulgaridad f.

volgariz'zare [-d'dz-] vt (semplificare) divulgar.

'volgere [-dʒ-] vt volver; (fig: tramutare) transformar // vi (strada) doblar; (tempo, colore) tender, propender; **~rsi** vr volverse; **~ al termine** cumplirse, acercarse.

'volgo sm vulgo.

voli'era sf pajarera.

voli'tivo, a ag volitivo(a).

'volo sm vuelo.

volontà sf inv voluntad f.

volon'tario, a ag voluntario(a) // sm (MIL) voluntario.

'volpe sf zorro.

'volta sf vez f; (giro) vuelta; (ARCHIT. ANAT) bóveda; (direzione): **alla ~ di** a la vuelta de; **una cosa per ~** una cosa a la vez; **una ~** (nel tempo pasato) una vez; **una ~ per tutte** de una vez por todas; **a ~e** a veces; **una ~ che** una vez que.

volta'faccia [-t'tʃa] sm inv (fig) falta de palabra.

vol'taggio [-dd3o] sm voltaje m.

vol'tare vt volver; (moneta) dar vuelta; (angolo di strada) doblar // vi volverse, doblar; **~rsi** vr darse vuelta, volverse.

volteggi'are [-d'd3-] vi girar, revolotear; (in equitazione etc) hacer volteretas.

vol'teggio [-dd3o] sm voltereta.

'volto sm rostro.

vo'lubile ag voluble, versátil.

vo'lume sm volumen m.

volumi'noso, a ag voluminoso(a).

vo'luta sf espiral m; (ARCHIT) voluta.

voluttà sf inv voluptuosidad f.

voluttu'oso, a ag voluptuoso(a).

vomi'tare vt vomitar.

'vomito sm vómito.

'vongola sf almeja.

vo'race [-tʃe] ag voraz.

vo'ragine [-dʒ-] sf abismo, barranco; (gorgo) vorágine f.

'vortice [-tʃe] sm remolino; (fig: forza travolgente) torbellino, vorágine f.

'vostro, a det: **il(la) ~(a)** etc vuestro(a) // pron: **il(la) ~(a)** etc el(la) vuestro(a) etc.

vo'tante sm/f votante m/f.

vo'tare vi votar // vt (POL) votar; (REL) consagrar.

votazi'one [-t'ts-] sf votación f; **~i** fpl elecciones fpl.

vo'tivo, a ag votivo(a).

'voto sm voto; **~ di fiducio** (POL) voto de confianza.

vs. (abbr commerciale di vostro) s/.

vul'canico, a, ci, che ag volcánico(a).

vulcaniz'zare [-d'dz-] vt vulcanizar.

vul'cano sm volcán m.

vulne'rabile ag (anche fig) vulnerable.

'vulva sf vulva.

vuo'tare vt vaciar; **~rsi** vr vaciarse.

vu'oto, a ag vacío(a); (fig) hueco(a), vano(a) // sm vacío; (spazio libero) hueco; (recipiente vuoto) envase m; **a mani ~e** con las manos vacías **a ~** en vano; **fare il ~ intorno a sé** hacer el vacío alrededor de sí; **~ d'aria** vacío de aire; **~ a rendere** envase para devolver.

Z

zabai'one [dz-] sm sambayón m.

zaf'fata [ts-] sf vaharada.

zaffe'rano [dz-] sm azafrán m; **color ~** color amarillo azafrán.

'zaffiro [dz-] sm zafiro.

'zaino [dz-] sm mochila.

'zampa ['ts-] sf pata; **a quattro ~e** en cuatro patas.

zam'pata [ts-] sf patada.

zampet'tare [ts-] vi (animali) patear; (bambini) patalear.

zampil'lare [tsampil'lare] vi brotar, surtir.

zam'pillo [tsam'pillo] sm surtidor m.

'zanna ['ts-] sf colmillo.

zan'zara [dzan'dzara] sf mosquito.

'zappa ['ts-] sf azada.

zap'pare [ts-] vt cavar, labrar.

zappa'tore, 'trice [ts-] *sm/f* labrador/a, campesino/a // *sf* (*macchina*) excavadora.

zar, za'rina [tsar] *sm/f* zar/zarina.

'zattera ['ts-] *sf* balsa.

za'vorra [dz-] *sf* lastre *m*.

'zazzera ['tsattsera] *sf* melena.

'zebra ['dz-] *sf* cebra; **~e** *fpl* (*fam*) rayas blancas.

'zecca, che ['ts-] *sf* (ZOOL) garrapata; (*fabbrica di monete*) casa de la moneda.

'zefiro ['dz-] *sm* céfiro.

ze'lante [dz-] *ag* celante, diligente.

'zelo ['dz-] *sm* diligencia, esmero.

'zenit ['dz-] *sm* cenit *m*.

'zenzero ['dzendzero] *sm* jengibre *m*.

'zeppa ['ts-] *sf* cuña; **scarpe con la ~** zapatos con plataforma.

'zeppo, a ['ts-] *ag* lleno(a), abarrotado(a); **pieno ~** repleto.

zer'bino [dz-] *sm* felpudo.

'zero ['dz-] *sm* cero; **essere uno ~** (*fig*) ser un cero a la izquierda; **l'ora ~** la hora cero.

'zeta ['dzɛta] *sm o f* zeta.

'zia ['tsia] *sf* tía.

zibel'lino [dzibel'lino] *sm* marta.

zi'bibbo [dz-] *sm* uva moscatel.

'zigomo ['dz-] *sm* pómulo.

zigrina'tura [dz-] *sf* graneado.

zig'zag [dzig'dzag] *sm inv* zigzag *m*.

zim'bello [tsim'bɛllo] *sm* hazmerreir *m*, pelele *m*.

'zinco, chi ['ts-] *sm* cinc *m*.

'zingaro, a [ts-] *sm/f* gitano/a.

'zio, 'zii ['tsio] *sm* tío.

zir'lare [dz-] *vi* silbar.

zi'tella [tsit'tɛlla] *sf* solterona.

zit'tire [ts-] *vt* hacer callar; **~rsi** *vr* acallarse.

'zitto, a ['ts-] *ag* callado(a), silencioso(a); **~!** *escl* ¡silencio!, ¡chitón!

ziz'zania [dzid'dzanja] *sf* cizaña; **seminare** o **spargere ~** sembrar cizaña.

'zoccolo ['ts-] *sm* (*calzatura*) zueco; (*d'animale*) casco; (*basamento*) zócalo.

zo'diaco [dz-] *sm* zodíaco.

zolfa'nello [tsolfa'nɛllo] *sm* cerilla, fósforo.

'zolfo ['ts-] *sm* azufre *m*.

'zolla ['dzolla] *sf* terrón *m*.

zol'letta [dzol'letta] *sf* terroncito, terrón *m*.

'zona ['dz-] *sf* zona; **~ disco/verde** (AUTO) zona azul/verde.

'zonzo ['dzondzo]: **a ~** *av*: **andare a ~** callejear, dar una vuelta.

'zoo ['dzɔo] *sm inv* zoológico.

zoolo'gia [dzoolo'dʒia] *sf* zoología.

zoo'logico, a, ci, che [dzoo'lɔdʒiko] *ag* zoológico(a).

zo'ologo [dz-] *sm* zoólogo.

zootec'nia [dz-] *sf* zootecnia.

zoppi'care [ts-] *vi* cojear, renguear; (*fig*) vacilar, titubear.

zoti'cone [dz-] *sm* grosero, mal educado.

zu'avo, a [dz-] *ag* zuavo(a) // *sm* zuavo; **pantaloni alla ~a** pantalones a la zuava.

'zucca, che ['ts-] *sf* (BOT: *pianta*) calabacera; (: *frutto*) calabaza; (*fam*: *testa*) cabeza, mate *m* (*spec* AM).

zucche'rare [tsukke'rare] *vt* azucarar, endulzar.

zuccheri'era [tsukke'rjɛra] *sf* azucarera.

zuccheri'ficio [tsukkeri'fitʃo] *sm* fábrica de azúcar.

zucche'rino, a [tsukke'rino] *ag* azucarado(a) // *sm* (*pezzetto*) terrón de azúcar; (*fig*) premio.

'zucchero ['tsukkero] *sm* azúcar *m*.

zuc'cone [ts-] *sm* cabezón *m*, burro.

'zuffa ['ts-] *sf* pelea, riña.

zufo'lare [ts-] *vi* tocar el caramillo // *vt* silbar.

'zufolo ['ts-] *sm* flauta, caramillo.

zulù [dz-] *sm/f* zulú *m/f*; (*fig*) salvaje *m/f*.

'zuppa ['ts-] *sf* sopa; (*fig*) mezcla; **~ inglese** plato de nata con bizcochos.

zuppi'era [ts-] *sf* sopera.

'zuppo, a ['ts-] *ag* empapado(a), mojado(a).

ESPAÑOL - ITALIANO
SPAGNOLO - ITALIANO

A

a *prep* (*a* + *el* = **al**) a; (*situación, lugar*): ~ **la derecha/izquierda** a destra/sinistra; **al lado de** accanto a; (*dirección*): **subir** ~ **un avión/un tren** salire su un aereo/un treno; (*con nombres propios*): **voy** ~ **París/Colombia** vado a Parigi/ in Colombia; (*destino*): **ir** ~ **la iglesia/la estación** andare in chiesa/alla stazione; **dirigirse** ~ dirigersi verso; (*tiempo*): ~ **las cuatro** alle quattro; ¿ ~ **qué hora?** a che ora?; **al día siguiente** il giorno dopo; **al poco tiempo** poco dopo; (*manera*): **hacerlo** ~ **la fuerza** farlo per forza; **ir** ~ **caballo/pie** andare a cavallo/piedi; (*con verbo*): **empezó** ~ **llover** cominciò a piovere; **voy** ~ **llevarlo** lo porterò; (*complemento de objeto*): **quiero** ~ **mis padres** amo i miei genitori; (*complemento indirecto*): **se lo dije** ~ **él** glielo dissi; (*complemento circunstancial*): **cercano** ~ vicino a; **por miedo** ~ per paura di; (*frases elípticas*): **¡** ~ **comer!** si mangia!; **¡al patio!** in cortile!; ¿ ~ **qué viene eso?** cosa c'entra?; ~ **ver** vediamo.

abad *sm* abate *m*.

abadejo [-xo] *sm* baccalà *m*.

abacía *sf* abbazia.

abajo [-xo] *ad* giù, in basso; ~ **de** *prep* sotto; **¡** ~ **el gobierno!** abbasso il governo!; **el** ~ **firmante** il sottoscritto; **más** ~ più giù; **echar** ~ (*gobierno*) rovesciare; (*edificio, avión*) abbattere; **venirse** ~ (*también fig*) crollare.

abalanzar [-'θar] *vt* equilibrare; ~**se** *vr* lanciarsi.

abanderado *sm* portabandiera *m*.

abandonado, a *a* abbandonato(a).

abandonar *vt* abbandonare, lasciare; (*carrera, partido*) lasciare; ~**se** *vr* lasciarsi andare, abbandonarsi; ~**se a** darsi a; ~ **la bebida** smettere di bere.

abandono *sm* abbandono; (*DEPORTE*) forfait *m*.

abanicar *vt* sventagliare, fare vento a; ~**se** *vr* farsi vento.

abanico *sm* ventaglio; (*NAUT*) gru *f inv*.

abaratar *vt* ribassare // *vi*, ~**se** *vr* calare, diminuire.

abarcar *vt* abbracciare; (*fig*) comprendere; (*AM*) accaparrare.

abarrotar *vt* sovraccaricare; (*NAUT*) stivare; (*habitación, calle*) ingombrare.

abastecer [-'θer] *vt* rifornire, approvvigionare; (*biblioteca*) dotare.

abastecimiento [-θ-] *sm* rifornimento.

abasto *sm* rifornimento; (*abundancia*) abbondanza; (*AM*) macello; **mercado de** ~ mercato generale; **dar** ~ **con** riuscire a.

abate *sm* abate *m*.

abatido, a *a* abbattuto(a), scoraggiato(a).

abatimiento *sm* demolizione *f*; (*moral*) abbattimento, scoraggiamento; (*NAUT*) abbattuta.

abatir *vt* abbattere; (*fig*) umiliare, avvilire; (*vela, bandera*) ammainare; (*desmontar*) smontare // *vi* derivare; ~**se** *vr* avvilirsi, scoraggiarsi; ~**se sobre** piombare su.

abdicación [-'θjon] *sf* abdicazione *f*.

abdicar *vt* abdicare.

abdomen *sm* addome *m*.

abecedario [-θ-] *sm* abbecedario.

abedul *sm* betulla.

abeja [-xa] *sf* ape *f*.

abejón [-'x-] *sm* calabrone *m*.

aberración [-'θjon] *sf* aberrazione *f*.

abertura *sf* apertura; (*de borde de mar, río*) insenatura; (*en montaña*) crepa, fessura; (*entre montañas*) passaggio; (*en falda*) spacco.

abeto *sm* abete *m*.

abierto, a *pp de* **abrir** // *a* aperto(a); (*flor*) sbocciato(a).

abigarrado, a *a* variopinto(a).

abiselar *vt* smussare.

abismar *vt* sommergere, inghiottire; (*fig*) umiliare, mortificare; ~**se** *vr* sprofondarsi; (*en el trabajo*) immergersi.

abismo *sm* abisso.

abjuración [aβxura'θjon] *sf* abiura.

abjurar [-x-] *vt* abiurare.

ablandar *vt* rammollire; (*carne*) rendere più tenero; (*a alguien enfadado*) calmare; (*con ternezas*) intenerire.

ablución [-'θjon] *sf* abluzione *f*.

abnegación [-'θjon] *sf* abnegazione *f*.

abobado, a *a* stupido(a).

abocar *vt* afferrare, prendere (con la bocca); (*acercar*) avvicinare, accostare // *vi*: ~ **a** (*tarea*) mettersi a; ~**se** *vr* (*a alguien*) avvicinarsi.

abochornado, a [-tʃ-] *a* vergognoso(a).

abochornar [-tʃ-] *vt* soffocare; ~**se** *vr* vergognarsi; (*BOT*) bruciarsi.

abofetear *vt* schiaffeggiare.

abogacía [-'θia] *sf* avvocatura.

abogado *sm* avvocato.

abogar *vi*: ~ **por** o **en** difendere.

abolengo *sm* stirpe *f*.

abolición [-'θjon] *sf* abolizione *f*.

abolir *vt* abolire, annullare.

abolladura [-ʎ-] *sf* ammaccatura.

abollar [-'ʎ-] *vt* ammaccare.

abominación [-'θjon] *sf* disprezzo.

abonado, a *a* (*a revista, teatro*) abbonato(a); (*deuda*) pagato(a); (*tierras*) concimato(a).

abonanzar [-'θar] *vi* calmarsi.

abonar *vt* (*deuda*) saldare, pagare; (*terreno*) concimare; ~**se** *vr* abbonarsi.

abono *sm* (*ver vb*) pagamento, saldo; concime *m*; abbonamento.
abordar *vt* abbordare.
abordo *sm* abbordaggio.
aborigen [-xen] *sm* aborigeno.
aborrecer [-'θer] *vt* detestare.
aborrecible [-'θ-] *a* detestabile.
abortar *vi* abortire; (*fig*) fallire.
aborto *sm* (*ver vi*) aborto; fallimento.
abotonar *vt* abbottonare // *vi* germogliare.
abovedado, a *a* a volta.
abra *sf* (*en playa*) insenatura; (*en montaña*) vallata; (*en el suelo*) crepa; (*en bosque*) radura.
abrasar *vt* bruciare.
abrazar [-'θar] *vt* abbracciare.
abrazo [-θo] *sm* abbraccio; un ~ (*en carta*) ti abbraccio.
abrevadero *sm* abbeveratoio.
abrevar *vt* (*animal*) abbeverare, dar da bere a; (*planta*) innaffiare.
abreviar *vt* abbreviare, accorciare.
abreviatura *sf* abbreviazione *f*.
abrigar *vt* (*proteger*) riparare, coprire; (NAUT) riparare; (*esperanza*) nutrire.
abrigo *sm* protezione *f*; (NAUT) riparo; (*para vestirse*) soprabito, cappotto.
abril *sm* aprile *m*.
abrir *vt* aprire; (*horadar*) bucare, forare; (*tratos*) iniziare, aprire; (*las piernas*) divaricare // *vi* (*flor*) sbocciare; ~se *vr* aprirsi; (*cielo*) rischiararsi; (AM) tagliare la corda; ~se **paso** farsi strada.
abrochar [-'tʃ-] *vt* abbottonare; (AM) cucire (con graffette); (*zapatos*) allacciare.
abrogar *vt* revocare, abrogare.
abrojo [-xo] *sm* (BOT) cardo; ~s *mpl* (NAUT) scogli *mpl*.
abrumar *vt* abbattere, prostrare; ~se *vr* infastidirsi, seccarsi; (*nublarse*) annebbiarsi.
abrupto, a *a* ripido(a).
absceso [-s'θ-] *sm* ascesso.
ábside *sm* abside *f*.
absolución [-'θjon] *sf* assoluzione *f*.
absolutismo *sm* assolutismo.
absoluto, a *a* assoluto(a) // *ad*: **en** ~ per niente; **no tiene miedo en** ~ non ha per niente paura.
absolver *vt* assolvere.
absorber *vt* assorbire.
absorción [-'θjon] *sf* assorbimento.
absorto, a *pp de* **absorber** // *a* assorto(a).
abstemio, a *a* astemio(a).
abstención [-'θjon] *sf* astensione *f*.
abstenerse *vr* astenersi.
abstinencia [-θja] *sf* astinenza.
abstracción [-k'θjon] *sf* astrazione *f*.
abstraer *vt* astrarre // *vi*: ~ **de** astrarre da, fare astrazione da; ~se *vr* astrarsi.
abstraído, a *a* assorto(a).
abstruso, a *a* astruso(a).
absuelto, a *pp de* **absolver**.

absurdo, a *a* assurdo(a) // *sm* assurdo.
abuchear [-tʃ-] *vt* fischiare.
abuela *sf* nonna.
abuelo *sm* nonno.
abultado, a *a* voluminoso(a).
abultar *vt* ingrossare, ingrandire; (*fig*) esagerare, gonfiare.
abundancia [-θja] *sf* abbondanza.
abundante *a* abbondante.
abundar *vi* abbondare.
aburrido, a *a* annoiato(a); (*que aburre*) noioso(a).
aburrimiento *sm* noia.
aburrir *vt* annoiare; ~se *vr* annoiarsi.
abusar *vi* abusare; ~ **de** abusare di.
abuso *sm* abuso.
abyecto, a *a* abietto(a).
acá *ad* qua; **de ayer** ~ da ieri ad oggi; **¿desde cuándo** ~? quando mai?; **más** ~ **de** al di là di; **de** ~ **para allá** di qua e di là.
acabado, a *a* finito(a), terminato(a); (*perfecto*) perfetto(a); (*persona: agotado*) finito(a) // *sm* rifinitura.
acabar *vt* finire; (*llegar al final de*) terminare; (*perfeccionar*) perfezionare; (*consumir*) consumare; (*rematar*) rifinire // *vi* finire; ~se *vr* finire; **¡se acabó!** è finita!; ~ **con** finire con; ~ **de ocurrir** essere appena successo; ~ **por** finire per.
academia *sf* accademia.
académico, a *a* accademico(a) // *sm* accademico.
acaecer [-'θer] *vi* accadere, avvenire.
acallar [-'ʎ-] *vt* far tacere; (*aplacar*) placare.
acaloramiento *sm* riscaldamento; (*excitación*) eccitazione *f*, ardore *m*.
acalorar *vt* riscaldare; ~se *vr* (*fig*) infiammarsi.
acampar *vi* accamparsi.
acanalar *vt* (*metal*) striare; (*río*) incassare; (*tela*) scannellare.
acantilado, a *a* dirupato(a), scosceso(a) // *sm* scogliera.
acantonar *vt* accantonare.
acaparamiento *sm* accaparramento.
acaparar *vt* accaparrare.
acariciar [-'θjar] *vt* accarezzare, carezzare.
acarrear *vt* trasportare; (*fig*) provocare, causare.
acarreo *sm* trasporto; (*precio*) costo di trasporto.
acaso *ad* forse // *sm* caso; **por si** ~ caso mai, in caso che; **si** ~ se per caso; **al** ~ per combinazione, fortuitamente.
acatamiento *sm* obbedienza, sottomissione *f*.
acatar *vt* obbedire.
acatarrarse *vr* prendere un raffreddore.
acaudalado, a *a* agiato(a), ricco(a).
acaudalar *vt* accumulare, arricchire.
acaudillar [-'ʎar] *vt* capeggiare.

acceder [akθ-] vi: ~ a accettare, acconsentire a.
accesible [akθ-] a accessibile.
acceso [ak'θ-] sm accesso; ~ **de tos** accesso di tosse.
accesorio, a [akθ-] a accessorio(a), secondario(a) // sm accessorio.
accidentado, a [akθ-] a accidentato(a); (viaje) movimentato(a) // sm/f ferito/a.
accidental [akθ-] a accidentale.
accidente [akθ-] sm incidente m; (MED) collasso.
acción [ak'θjon] sf azione f; (MIL) battaglia, azione f; (FIN) azione f, titolo.
accionar [akθ-] vt azionare.
accionista [akθ-] sm azionista m.
acebo [a'θ-] sm agrifoglio.
acecinar [aθeθ-] vt salare.
acechar [aθe'tʃar] vt appostarsi, spiare.
acecho [a'θetʃo] sm agguato; **estar al ~** stare in agguato.
acedía [aθ-] sf acidità; (fig) asprezza.
acedo, a [a'θ-] a acido(a).
aceitar [aθ-] vt oliare.
aceite [a'θ-] sm olio.
aceitera [aθ-] sf oliera.
aceitoso, a [aθ-] a oleoso(a).
aceituna [aθ-] sf oliva.
aceitunado, a [aθ-] a olivastro(a).
acelerar [aθ-] vt accelerare.
acendrar [aθ-] vt depurare, purificare; (oro, plata) raffinare.
acento [a'θ-] sm accento.
acentuar [aθ-] vt accentare; (intensificar) accentuare; (luz) aumentare.
acepción [aθep'θjon] sf accezione f.
aceptación [aθepta'θjon] sf accettazione f; (aprobación) approvazione f; (éxito) successo, buona accoglienza.
aceptar [aθ-] vt accettare.
acequia [a'θekja] sf canale m d'irrigazione; (AM) ruscello.
acera [a'θ-] sf marciapiede m.
acerado, a [aθ-] a di acciaio; (incisivo) acuto(a), tagliente; (fig) caustico(a), pungente.
acerbo, a [a'θ-] a acerbo(a).
acerca de [a'θ-] ad a proposito di, riguardo a.
acercar [aθ-] vt avvicinare; ~**se** vr avvicinarsi.
acero [a'θ-] sm acciaio; (arma) arma bianca; (fig: coraje) coraggio, valore m.
acérrimo, a [a'θ-] a robusto(a), solido(a); (fig) tenace.
acertado, a [aθ-] a giusto(a), esatto(a); (oportuno) opportuno(a); (contestación) sensato(a).
acertar [aθ-] vt azzeccare, indovinare; (llegar a encontrar) trovare // vi fare centro; (tener éxito) riuscire; ~ a riuscire a; ~ **con** imbattersi in; ~ **al blanco** fare centro, colpire il bersaglio.
acervo [a'θ-] sm mucchio; (haber común) patrimonio.
aciago, a [a'θ-] a infausto(a), funesto(a).

acicalar [aθ-] vt (armas) forbire; (fig) ornare; ~**se** vr acconciarsi.
acicate [aθ-] sm sperone m; (fig) stimolo.
acicatear [aθ-] vt incitare, stimolare.
acidez [aθi'δeθ] sf acidità.
ácido, a ['aθ-] a acido(a) // sm acido.
acierto [a'θ-] sm buona riuscita, successo; (de enigma) soluzione f; (destreza) capacità f inv.
aclamación [-'θjon] sf acclamazione f.
aclamar vt acclamare.
aclaración [-'θjon] sf chiarimento.
aclarar vt chiarire; (ropa) sciacquare // vi (tiempo) schiarirsi, rasserenarsi; (día) spuntare; ~**se** vr schiarirsi.
aclimatación [-'θjon] sf acclimatazione f.
aclimatar vt acclimatare, adattare; ~**se** vr abituarsi.
acobardar vt impaurire, intimorire.
acogedor, a [-x-] a accogliente.
acoger [-'xer] vt accogliere, ricevere; ~**se** vr rifugiarsi; ~**se a** ricorrere a.
acogida [-x-] sf accoglienza.
acolchar [-'tʃar] vt imbottire.
acólito sm accolito.
acomedirse vr (AM) essere servizievole.
acometer vt attaccare, assalire; (empresa) intraprendere, incominciare.
acometida sf attacco, assalto.
acomodado, a a adeguato(a); (precio) ragionevole, moderato(a); (persona) agiato(a).
acomodador, a sm/f maschera.
acomodar vt sistemare, mettere a posto; (persona) sistemare; (instrumento) regolare; (dar empleo) impiegare; ~**se** vr prendere posto; (en sillón) accomodarsi; ~**se con** accontentarsi di.
acomodo sm sistemazione f, posto; (empleo) impiego, posto.
acompañamiento [-ɲ-] sm seguito; (TEATRO) comparsa; (MUS) accompagnamento; (AM) corteo funebre.
acompañar [-'ɲar] vt accompagnare; (fig) partecipare a; (documentos) allegare, accludere.
acondicionar [-θ-] vt riordinare; (aire) climatizzare.
acongojar [-'xar] vt addolorare.
aconsejar [-'xar] vt consigliare; ~**se** vr: ~**se con** farsi consigliare da.
acontecer [-'θer] vi accadere, avvenire.
acontecimiento [-θ-] sm evento, avvenimento.
acopio sm ammasso.
acoplamiento sm accoppiamento.
acoplar vt accoppiare, connettere.
acorazado, a [-'θ-] a (buque) corazzato(a); (cámara) blindato(a); (fig) insensibile // sm corazzata.
acordar vi mettersi d'accordo su; (MUS) accordare; (colori) armonizzare; (permiso) concedere, dare; (beca) assegnare // vi concordare; ~**se** vr ricordarsi, rammentarsi; (ponerse de acuerdo) mettersi d'accordo.

acorde a (MUS) intonato(a); (sentimiento) concorde // sm accordo; **estar ~s** essere d'accordo; **estar ~ con** essere d'accordo con.
acordeón sm fisarmonica.
acordonado, a a allacciato(a).
acorralar vt (ganado) rinchiudere; (presa, malhechor) braccare.
acortar vt accorciare; **~se** vr accorciarsi.
acosar vt perseguitare; (fig) assillare.
acostar vt (en cama) mettere a letto; (en suelo) sdraiare, adagiare; (barco) approdare; **~se** vr coricarsi.
acostumbrar vt abituare; **~se** vr abituarsi.
acotación [-'θjon] sf (nota) postilla, nota; (GEOGR) quota.
acotar vt delimitare; (AGR) diramare; (GEOGR) quotare; (manuscrito) annotare.
acre a acre, aspro(a); (fig) mordace.
acrecentar [-θ-] vt accrescere.
acreditar vt accreditare; **~se** vr accreditarsi.
acreedor, a a: **~ a** degno di // sm/f creditore/trice.
acribillar [-'ʎar] vt crivellare.
acrisolar vt purificare, affinare.
acritud sf acredine f; (fig) asprezza.
acta sf atto, azione f; (de comisión) verbale m; **~s** fpl rendiconto, resoconto.
actitud sf atteggiamento, attitudine f.
activar vt attivare; **~se** vr darsi da fare.
actividad sf attività f inv.
activo, a a attivo(a) // sm attivo.
acto sm atto, azione f.
actor, a sm/f (JUR) attore/trice // sm attore m.
actriz [-θ] sf attrice f.
actuación [-'θjon] sf comportamento; (CINE etc) parte f, ruolo; (JUR) procedura; **actuaciones** fpl practica, incartamento.
actual a attuale.
actualidad sf attualità f inv; **~es** fpl notizie fpl di attualità; **en la ~** attualmente.
actualizar [-'θar] vt aggiornare.
actuar vi agire, comportarsi; (CINE etc) recitare; (JUR) procedere.
actuario sm (JUR) cancelliere m.
acuarela sf acquerello.
acuático, a a acquatico(a); (deporte) nautico(a).
acuciar [-'θjar] vt assillare.
acucioso, a a [-θ-] a diligente.
acuclillarse [-'ʎ-] vr accocolarsi.
acudir vi arrivare; (con prontitud) accorrere; (presentarse) presentarsi; (caballo) obbedire; **~ a** ricorrere a.
acueducto sm acquedotto.
acuerdo vb ver **acordar** // sm accordo; **¡de ~!** d'accordo!; **de ~ con** (persona) d'accordo con; (acción, documento) in accordo con.
acullá [-'ʎa] ad laggiù.
acumulación [-'θjon] sf accumulazione f.
acumulador sm accumulatore m.

acumular vt accumulare.
acunar vt cullare.
acuñar [-'ɲar] vt coniare.
acuoso, a a acquoso(a).
acurrucarse vr raggomitolarsi.
acusación [-'θjon] sf accusa.
acusar vt accusare.
acuse sm: **~ de recibo** ricevuta di ritorno.
acústico, a a acustico(a) // sf acustica.
achacar [atʃ-] vt imputare.
achacoso, a [atʃ-] a acciaccoso(a), malaticcio(a).
achaque [a'tʃake] sm acciacco.
achicar [atʃ-] vt ridurre; (NAUT) sgottare; (fig) umiliare; **~se** vr abbattersi.
achicharrar [atʃitʃ-] vt bruciacchiare.
achicoria [atʃ-] sf cicoria.
achuchar [atʃu'tʃar] vt (fam) schiacciare; (fig) spingere.
achuras [a'tʃ-] sfpl (AM) frattaglie fpl.
adagio [-xjo] sm adagio, proverbio; (MUS) adagio.
adalid sm capo.
adaptación [-'θjon] sf adattamento.
adaptar vt adattare.
a. de J. C. (abr de antes de Jesucristo) a. C.
adecuado, a a adeguato(a), conveniente.
adefesio sm (fam) spauracchio; (cosa ridícula) assurdità f inv.
adelantado, a a: **estar ~** (reloj) andare avanti; (alunno) essere avanti // sm governatore m; **por ~** in anticipo, anticipatamente.
adelantamiento sm (AUTO) sorpasso; (de país) progresso.
adelantar vt avanzare; (paga etc) anticipare; (paso) affrettare; (trabajo) sbrigare; (reloj) mettere avanti; (AUTO. DEPORTE) superare, sorpassare // vi avanzare; (AUTO. DEPORTE) superare, sorpassare; (reloj) essere avanti; (alunno, malato) fare progressi; (bambino) crescere; **~se** vr andare avanti.
adelante ad avanti // excl avanti!; **de hoy en ~** d'ora innanzi, da oggi in poi; **más ~** più avanti; **sacar ~** (niño) educare, allevare; (proyecto) portare avanti; **salir ~** cavarsela; **seguir ~** proseguire.
adelanto sm anticipo; (progreso) progresso.
adelfa sf oleandro.
adelgazar [-'θar] vt assottigliare; (persona) far dimagrire // vi (con dieta) dimagrire.
ademán sm gesto; **en ~ de** in segno di; **hacer ~ de** accennare a, dar segno di; **ademanes** mpl modi mpl.
además ad inoltre, per di più; **~ de** oltre a.
adentro ad dentro; **mar ~** al largo; **tierra ~** entroterra m inv.
adepto, a sm/f sostenitore/trice.

aderezar [-'θar] vt (mesa) apparecchiare; (comida) preparare; (tela) apprettare; (ensalada) condire; ~se vr prepararsi.

aderezo [-θo] sm abbigliamento; (de tela) apprettatura; (de comida) preparazione f; (de caballo) finimenti mpl; (de joyas) parure f.

adeudar vt dovere // vi imparentarsi; ~se vr indebitarsi.

adherir [aðe-] vi attaccarsi; (vestido) essere aderente; ~se vr aderire a.

adhesión [aðe-] sf adesione f.

adición [-'θjon] sf (MAT) addizione f, somma; (en un restaurante) conto.

adicionar [-θ-] vt addizionare, sommare.

adicto, a a fedele, affezionato(a) // sm seguace m.

adiestrar vt (animal) addestrare; (niño) istruire; (fig) guidare; ~se vr allenarsi.

adinerado, a a ricco(a).

adiós excl addio!; (hasta pronto) arrivederci! // sm addio.

adivinanza [-θa] sf indovinello.

adivinar vt indovinare.

adivino, a sm/f indovino/a.

adjudicación [aðxuðika'θjon] sf aggiudicazione f.

adjudicar [-x-] vt aggiudicare; ~se vr attribuirsi.

adjuntar [-x-] vt accludere, allegare.

adjunto, a [-'x-a] a aggiunto(a); (documento) allegato(a), accluso(a) // sm/f supplente m/f // sm aggiunta.

administración [-'θjon] sf amministrazione f; (de sacramento) somministrazione f.

administrador, a sm/f amministratore/trice.

administrar vt amministrare; (REL: sacramento) somministrare.

administrativo, a a amministrativo(a).

admirable a ammirevole.

admiración [-'θjon] sf ammirazione f; (LING) punto esclamativo.

admirar vt ammirare; ~se vr stupirsi.

admisible a ammissibile.

admitir vt ammettere; (conceder) permettere.

admonición [-'θjon] sf ammonizione f.

adobar vt condire.

adobe sm mattone m crudo.

adobo sm (de carne, pescado) marinata; (de piel, tela) apprettatura; (del rostro) trucco.

adolecer [-'θer] vi ammalarsi; ~ de soffrire di.

adolescente [-sθ-] a, sm/f adolescente (m/f).

adónde ad = dónde.

adopción [-'θjon] sf adozione f.

adoptar vt adottare.

adoquín [-'kin] sm selciato.

adoración [-'θjon] sf adorazione f.

adorar vt adorare.

adormecer [-'θer] vt addormentare; ~se vr addormentarsi; (pierna etc) intorpidirsi.

adornar vt ornare, decorare; ~se vr abbellirsi, ornarsi.

adorno sm ornamento.

adquirir [-k-] vt acquistare.

adquisición [aðkisi'θjon] sf acquisto.

adrede ad apposta.

Adriático sm: el (Mar) ~ l'Adriatico.

aduana sf dogana.

aduanero, a a doganale // sm doganiere m.

aducir [-'θir] vt addurre.

adueñarse ['-ɲ-] vr impadronirsi.

adulación [-'θjon] sf adulazione f.

adular vt adulare.

adulteración [-'θjon] sf adulterazione f.

adulterar vt adulterare; (documento) falsificare.

adulterio sm adulterio.

adulto, a a, sm/f adulto(a).

advenedizo, a [-θo] sm/f (forastero) straniero/a, forestiero/a; (arribista) arrivista m/f; (nuevo rico) parvenu m.

advenimiento sm avvenimento.

adventicio, a [-θjo] a avventizio(a), casuale; bienes ~s (JUR) beni mpl avventizi.

adverbio sm avverbio.

adversario, a a avversario(a) // sm/f avversario/a, nemico/a.

adversidad sf avversità f inv.

adverso, a a avverso(a).

advertencia [-θja] sf avvertenza, avvertimento; (en libro) prefazione f; (NAUT) intimazione f.

advertir vt constatare, osservare.

adviento sm avvento.

adyacente [-θ-] a adiacente, contiguo(a).

aéreo, a a aereo(a).

aeronáutica sf aeronautica.

aeroplano sm aeroplano.

aeropuerto sm aeroporto.

afabilidad sf affabilità.

afable a affabile, gentile.

afamado, a a rinomato(a), noto(a).

afán sm (trabajo) lavoro, fatica; (anhelo) ansia, ardore m.

afanar vt assillare; (AM: fam) arraffare; ~se vr lavorare sodo, sfacchinare; ~se por sforzarsi di, cercare di.

afanoso, a a (trabajo) faticoso(a); (persona) ansioso(a), desideroso(a).

afear vt imbruttire.

afección [-k'θjon] sf affetto; (MED) affezione f.

afectación [-'θjon] sf ricercatezza.

afectado, a a commosso(a), afflitto(a).

afectar vt ostentare, fingere; (atañer) colpire.

afecto, a a affezionato(a) // sm affetto.

afectuoso, a a affettuoso(a).

afeitar vt rasare; (cordero) tosare; ~se vr radersi, farsi la barba.

afeite sm trucco.

afeminado, a *a* effeminato(a).

aferrado, a *a* ostinato(a).

aferrar *vt* (NAUT) ormeggiare; (*con garfio*) agganciare (con la gaffa) // *vi* (NAUT) ancorarsi.

afianzamiento [-θa-] *sm* cauzione *f*.

afianzar [-'θar] *vt* garantire; (*fijar*) fissare, assicurare; (*apoyar*) sostenere; (*reforzar*) rinforzare; (*afirmar*) consolidare; ~**se** *vr*: ~**se en su trabajo** affermarsi nel proprio lavoro.

afición [-'θjon] *sf* inclinazione *f*; (*afán*) zelo; **tener** ~ **a** amare.

aficionado, a [-θ-] *a* entusiasta; (*no profesional*) dilettante // *sm/f* (*de equipo*) tifoso/a; (*de cantante*) fan *m/f*.

aficionar [-θ-] *vt*: ~ **a uno a algo** far prendere gusto a qd per qc; ~**se** *vr*: ~**se a appassionarsi di**; ~**se a alguien** affezionarsi a qd.

afilado, a *a* acuto(a), tagliente.

afilar *vt* affilare; (*punta*) aguzzare.

afiliación [-'θjon] *sf* affiliazione *f*.

afiliar *vt* affiliare; ~**se** *vr* affiliarsi.

afiligranado, a *a* filigranato(a); (*fig*) delicato(a).

afín *a* vicino(a); (*país*) limitrofo(a); (*andlogo*) simile, affine; **afines** *smpl* parenti *mpl*.

afinación [-'θjon] *sf* (TECN) affinamento; (MUS) accordatura.

afinar *vt* (TECN) affinare; (MUS) accordare // *vi* essere intonato(a).

afinidad *sf* affinità *f inv*.

afirmación [-'θjon] *sf* affermazione *f*.

afirmar *vt* affermare, sostenere; (*sostener*) affermare, rendere saldo; ~**se** *vr* affermarsi.

afirmativo, a *a* affermativo(a).

aflicción [-k'θjon] *sf* afflizione *f*.

afligir [-'xir] *vt* affligere, addolorare; ~**se** *vr* affligersi.

aflojar [-'xar] *vt* allentare, rilassare; (*tornillo*) svitare; (*nudo*) sciogliere; (*tensión*) allentare // *vi* diminuire, calare; ~**se** *vr* allentarsi.

afloramiento *sm* affioramento.

afluencia [-θja] *sf* affluenza.

afluente *a, sm* affluente (*m*).

afluir *vi* affluire.

afonía *sf* afonia.

aforismo *sm* aforismo.

afortunado, a *a* fortunato(a), lieto(a); (*que tiene suerte*) fortunato(a), (NAUT) burrascoso(a); (*de dinero*) agiato(a), ricco(a).

afrancesado, a [-θ-] *a* francesizzato(a).

afrenta *sf* affronto, ingiuria; (*deshonor*) vergogna, disonore *m*.

afrentoso, a *a* offensivo(a), oltraggioso(a).

África *sf* Africa.

africano, a *a, sm/f* africano(a).

afrontar *vt* affrontare; ~ **dos personas** mettere a confronto due persone.

afuera *ad* fuori // *excl* fuori!; ~**s** *sfpl* dintorni *mpl*.

agachar [-'tʃar] *vt* chinare; ~**se** *vr* chinarsi; (*someterse*) cedere.

agalla [-ʎa] *sf* (BOT) galla; (ANAT) tonsilla; (ZOOL) branchia; ~**s** *fpl* (MED) angina; (ZOOL) branchie *fpl*; (*fig*) fegato, coraggio.

agarradera *sf* (AM) manico; (: *fam*): **tener** ~**s** avere raccomandazioni.

agarradero *sm* (*de taza, pala*) manico; (*de cortina*) cordone *m*; (*fam*): **tener** ~ essere raccomandato.

agarrado, a *a* preso(a), afferrato(a); (*fam*) tirchio(a).

agarrar *vt* prendere, acchiappare; (*flor*) cogliere; (*empleo*) ottenere, conseguire; (*fiebre*) prendere, buscare; (AM: *autobús*) prendere // *vi* (*planta*) crescere bene, moltiplicarsi; ~**se** *vr*: ~**se (de)** aggrapparsi (a); **agarrárselas con uno** (AM: *fam*) prendersela con qd; ~ **por una calle** (AM) prendere una strada.

agarrotar *vt* (*con cuerda*) stringere; (*suj: frío*) irrigidire; (*reo*) strangolare; ~**se** *vr* (*motor*) gripparsi, bloccarsi; (*persona*) avere i crampi.

agasajar [-'xar] *vt* festeggiare.

agasajo [-xo] *sm* buona accoglienza; (*regalo*) regalo.

agazapar [-θ-] *vt* (*fam*) acchiappare; ~**se** *vr* rannicchiarsi.

agencia [a'xenθja] *sf* agenzia; ~ **de viajes/inmobiliaria/de cambios** agenzia di viaggi/immobiliare/di cambio; ~ **de colocaciones** agenzia di collocamento.

agenciar [axen'θjar] *vt* sollecitare, procurare; ~**se** *vr* (*fam*) arrangiarsi.

agenda [a'x-] *sf* agenda.

agente [a'x-] *sm* agente *m*; ~ **de policía/inmobiliario** agente di polizia/immobiliare.

agigantado, a *a* [ax-] *a* ingigantito(a); (*fig*) gigantesco(a).

ágil ['axil] *a* agile.

agitación [axita'θjon] *sf* agitazione *f*.

agitar [ax-] *vt* agitare; ~**se** *vr* agitarsi, alterarsi.

aglomerar *vt* ammucchiare; ~**se** *vr* ammassarsi.

agnóstico, a [aɣn-] *a, sm/f* agnostico(a).

agobiar *vt* piegare, curvare; (*con penas*) affliggere; (*con preguntas*) tempestare; (*con trabajo*) stancare; ~**se** *vr*: ~**se con** annoiarsi di; ~**se de** stancarsi di.

agolparse *vr* affollarsi, accalcarsi.

agonía *sf* agonia.

agonizante [-θ-] *a* agonizzante.

agonizar [-'θar] *vt* (*fam*) molestare, seccare // *vi* agonizzare.

agorero, a *sm/f* indovino/a // *a*: **noticia** ~**a** cattiva notizia; **ave** ~**a** uccello di malaugurio.

agostar *vt* seccare, inaridire; (AGR) sarchiare, diserbare // *vi* pascolare.

agosto *sm* agosto.
agotado, a *a* esausto(a); *(libro)* esaurito(a).
agotar *vt* svuotare; *(recursos, edición)* esaurire; *(tema)* sviluppare, approfondire; *(paciencia)* far perdere; ~se *vr (persona)* estenuarsi; *(libro)* esaurirsi.
agraciar [-'θjar] *vt (JUR)* graziare.
agradable *a* piacevole, gradevole.
agradar *vi* piacere.
agradecer [-'θer] *vt* ringraziare.
agradecimiento [-θ-] *sm* ringraziamento.
agrado *sm* piacere *m*.
agrandar *vt* ingrandire; *(patrimonio)* aumentare; ~se *vr (niño)* crescere; *(fig)* ingrandirsi.
agrario, a *a* agrario(a).
agravar *vt* aggravare; ~se *vr* aggravarsi.
agraviar *vt (de palabra)* offendere; *(por acto)* fare un torto a; ~se *vr* offendersi.
agravio *sm* offesa; *(JUR)* danno.
agredir *vt* aggredire.
agregado *sm* insieme *m*; ~ **cultural** addetto culturale.
agregar *vt* aggiungere; *(al servicio diplomático)* assegnare, destinare.
agresión *sf* aggressione *f*.
agresivo, a *a* aggressivo(a).
agreste *a* agreste, rurale; *(fig)* rozzo(a).
agriar *vt* inacidire; ~se *vr* inacidire; *(latte)* andare a male; *(fig)* inasprirsi.
agrícola *a* agricolo(a).
agricultor *sm* agricoltore *m*.
agridulce [-θe] *a* agrodolce.
agrietarse *vt* screpolarsi.
agrio, a *a* acido(a), aspro(a).
agronomía *sf* agronomia.
agrónomo *sm* agronomo.
agrupación [-'θjon] *sf* gruppo, raggruppamento.
agrupar *vt* raggruppare; ~se *vr* raggrupparsi.
agua *sf* acqua; *(ARQUIT)* spiovente *m*; ~s *fpl (de piedra preciosa, tela)* riflessi *mpl*; *(MED):* **hacer** ~s orinare; *(MED):* ~s **mayores** feci *fpl*; *(NAUT):* ~s **de flujo y reflujo marea**; ~s **jurisdiccionales** acque territoriali; ~s **abajo/arriba** a valle/a monte; *(nadar)* con la corrente/contro corrente; **estar entre dos** ~s essere indeciso; ~ **de colonia** acqua di colonia; ~ **bendita** acquasanta.
aguacate *sm* avocado.
aguacero [-'θ-] *sm* acquazzone *m*.
aguado, a *a* annacquato(a) // *sf (AGR. NAUT)* acqua; *(MINERIA)* allagamento; *(PINTURA)* guazzo; *(AM)* abbeveratoio.
aguafiestas *sm/f inv* guastafeste *m/f*.
aguamala *sf* medusa.
aguamanil *sm* brocca.
aguamarina *sf* acquamarina.
aguantar *vt (frío)* soffrire; *(alguien)* sopportare; *(rabia)* contenere; *(espera)*

attendere; *(suj: muro)* tenere, reggere // *vi* reggere; ~se *vr* trattenersi, controllarsi.
aguar *vt* annacquare; *(crema)* diluire; ~se *vr (suj: fiesta)* rovinarsi.
aguardar *vt* aspettare, attendere.
aguardiente *sm* acquavite *f*.
aguarrás *sm* acquaragia.
agudeza [-θa] *sf* acutezza; *(fig):* ~ **de ingenio** ingegno, perspicacia.
agudo, a *a* acuto(a); *(cuchillo)* tagliente; *(espíritu)* vivace; *(escritor)* mordace; *(vista)* penetrante.
agüero [a'ɣw-] *sm* presagio.
aguijar [aɣi'xar] *vt* pungere; *(fig)* stimolare // *vi* spicciarsi.
aguijón [aɣi'xon] *sm* aculeo.
aguijonear [aɣix-] *vt* = **aguijar**.
águila ['aɣ-] *sf* aquila.
aguileño, a [aɣi'leɲo] *a* aquilino(a); *(rostro)* allungato(a).
aguilucho [aɣi'lutʃo] *sm* aquilotto.
aguinaldo [aɣ-] *sm* strenna.
aguja [a'ɣuxa] *sf* ago; *(ARQUIT)* guglia; *(TECN)* bulino; *(de reloj)* lancetta; ~s *fpl (ZOOL)* costole *fpl*; *(FERR)* scambio; ~ **de media** ferro da calza.
agujerear [aɣux-] *vt* bucare, forare.
agujero [aɣu'x-] *sm* buco, foro.
agujetas [aɣu'x-] *sfpl* indolenzimento.
aguzar [aɣu'θar] *vt* aguzzare; *(lápiz)* temperare; ~ **el oído** *(fig)* tendere l'orecchio; ~ **la vista** aguzzare gli occhi.
aherrojar [aerro'xar] *vt* incatenare.
ahí [a'i] *ad* là, lì; ~ **está su casa** ecco la sua casa; ~ **llega** eccolo che arriva; **hasta** ~ fin là; **por** ~ di là; ~ **nomás** proprio qui.
ahijado, a [ai'xaðo] *sm/f* figlioccio/a; *(fig)* protetto/a.
ahínco [a'inko] *sm* ardore *m*.
ahitar [ai'tar] *vt* provocare un'indigestione a; *(terreno)* picchettare; ~se *vr* rimpinzarsi.
ahíto, a [a'ito] *a* **estoy** ~ ho fatto indigestione; **estar** ~ **(de)** *(fam)* essere stufo o stanco di.
ahogar [ao'ɣar] *vt* affogare; *(planta, fuego, rebelión)* soffocare; ~se *vr (en el agua)* annegare, affogare; *(por asfixia)* strozzarsi.
ahogo [a'oɣo] *sm* soffocamento; *(fig)* oppressione *f*.
ahondar [ao-] *vt* scavare; *(fig)* approfondire // *vi* penetrare; *(fig)* andare a fondo.
ahora [a'ora] *ad* adesso, ora // *cong* ora; ~ **voy** arrivo; ~ **mismo** subito, immediatamente; **desde** ~ d'ora in poi; **hasta** ~ finora; **por** ~ per ora; ~ **bien, si no te gusta** ebbene, se non ti piace.
ahorcajadas [aorka'x-] *ad* a cavalcioni *loc inv*.
ahorcar [ao-] *vt* impiccare; ~se *vr* impiccarsi.

ahorrar [ao-] vt risparmiare; ~se vr risparmiarsi.

ahorro [a'o-] sm risparmio.

ahuecar [awe-] vt (árbol, piedra) incavare; (tierra) scavare; (voz) ingrossare; ~se vr gonfiarsi.

ahumar [au-] vt affumicare // vi (chimenea) fumare; ~se vr (habitación) riempirsi di fumo; (muros) annerirsi.

ahuyentar [auj-] vt scacciare; (fig) allontanare.

airado, a a a furente, furibondo(a).

airar vt irritare; ~se vr arrabbiarsi.

aire sm aria // excl (fam) aria!; al ~ libre all'aperto; **darse** ~s darsi delle arie; **tomar el** ~ prendere aria; **hablar al** ~ (fig) parlare al vento.

airoso, a a aerato(a), ventilato(a); (tiempo) ventoso(a); (fig) elegante.

aislador, a a a, sm isolante (m).

aislar vt isolare.

ajar [a'xar] vt (vestido) sgualcire; (color) sbiadire; (flor, piel) sciupare.

ajedrez [a'xeðreθ] sm scacchi mpl.

ajenjo [a'xenxo] sm assenzio.

ajeno, a [a'x-] a altrui; (extranjero) estraneo(a); (extraño) strano(a); (diverso) diverso(a); ~ **de** (libre) libero da.

ajetreo [a'x-] sm traffico, trambusto.

ají [a'xi] sm peperoncino; (salsa) salsa di peperoncini.

ajo ['axo] sm aglio; ~ **porro** porro.

ajorca [a'x-] sf braccialetto.

ajuar [a'x-] sm (de casa) mobilia; (de novia) corredo.

ajustado, a [a'x-] a corretto(a); (tornillo) stretto(a); (cálculo) esatto(a); (ropa) attillato(a).

ajustar [ax-] vt adattare; (IMPRENTA) impaginare; (criado, empleado) assumere; (cuenta) saldare; (matrimonio) combinare // vi adattarsi; ~se vr adeguarsi; (fig: enemigos) riconciliarsi; ~ **cuentas** saldare i conti; ~ **un precio** mettersi d'accordo sul prezzo; ~ **el presupuesto** (AM) far quadrare il bilancio.

ajuste [a'x-] sm adattamento; (TECN) assemblaggio; (CINE) raccordo; (entre enemigos) accordo; (de cuenta) saldo, regolamento; (de precios) fissazione f; (IMPRENTA) impaginazione f; (musical) arrangiamento.

ajusticiar [axusti'θjar] vt giustiziare.

al prep + det ver **a**.

ala sf ala; (lado) lato; (de sombrero) falda, tesa; (del corazón) orecchietta; (de techo) gronda; (de hélice) pala.

alabanza [-θa] sf lode f, elogio; (jactancia) vanteria.

alabar vt lodare, elogiare; ~se vr vantarsi.

alabarda sf alabarda.

alabastro sm alabastro.

alabear vt incurvare; ~se vr incurvarsi.

alacena [-θ-] sf armadio a muro.

alacrán sm scorpione m.

alado, a a a alato(a).

alambicado, a a a distillato(a); (idea) lambiccato(a), contorto(a); (persona) complicato(a).

alambicar vt distillare; (precio) esaminare.

alambique [-ke] sm alambicco.

alambre sm filo di ferro; ~ **de púas** filo spinato.

alameda sf pioppaia; (lugar de paseo) viale m.

álamo sm pioppo; ~ **blanco** pioppo bianco; ~ **temblón** pioppo tremolo.

alano sm alano.

alarde sm (MIL) parata; (en cárcel) visita; (ostentación) sfoggio, ostentazione f.

alargar vt allungare; (cuerda) lasciar scorrere; (conversación, vacación) prolungare; (plazo de pago) aumentare; ~se vr (días) allungarsi; (viento) girare; (persona) distendersi; ~se **en un discurso** dilungarsi nel parlare.

alarido sm urlo.

alarma sf allarme m.

alba sf alba.

albacea [-θea] sm/f esecutore/trice testamentario/a.

albañal [-'ɲal] sm fogna.

albañil [-'ɲil] sm muratore m.

albarda sf basto.

albaricoque [-ke] sm albicocca.

albedrío sm: libre ~ libero arbitrio.

alberca sf vasca; (depósito) cisterna.

albergar vt ospitare; (planta) riparare; (esperanzas) nutrire; ~se vr alloggiare.

albergue [-ve] sm alloggio; ~ **de juventud** ostello della gioventù; ~ **de carretera** motel m.

albis: en ~ ad: **quedarse en** ~ non capire nulla.

albóndiga sf polpetta.

albor sm bianchezza, candore m; (del día) alba.

alborada sf alba; (MIL) sveglia.

alborear vi albeggiare.

albornoz [-θ] sm burnus m; (de baño) accappatoio.

alborotar vt agitare, mettere in subbuglio; ~se vr agitarsi.

alboroto sm chiasso, baccano.

alborozar [-'θar] vt rallegrare; ~se vr rallegrarsi.

alborozo [-θo] sm gioia, allegria.

álbum sm album m.

alcachofa [-'tʃ-] sf (BOT) carciofo; (de regadera) cipolla; (de bañera) valvola di scarico.

alcahueta [-a'w-] sf mezzana.

alcahuete [-a'w-] sm ruffiano.

alcaide sm (de fortaleza) governatore m; (de prisión) secondino.

alcalde sm sindaco; ~ **mayor** giudice conciliatore.

alcaldía sf municipio.

alcance [-θe] sm portata; (ECON) deficit m; (de periódico) notizia di ultima ora.

alcanforar *vt* canforare.
alcantarilla [-'ʎa] *sf (de aguas cloacales)* fogna; *(en la calle)* canaletto di scolo.
alcanzar [-'θar] *vt* raggiungere // *vi:* ~ **a hacer** riuscire a fare.
alcázar [-θar] *sm* alcazar *m*.
alcoba *sf* alcova.
alcohol [al'kol] *sm* alcol *m*.
alcoholismo [-ko'l-] *sm* alcolismo.
alcornoque [-ke] *sm (BOT)* sughero; *(fig)* testa di rapa.
alcurnia *sf* stirpe *f*, lignaggio.
alcuza [-θa] *sf* stagnina.
aldaba *sf* battente *m*; *(fig)* raccomandazione *f*.
aldea *sf* villaggio.
aldeano, a *a* paesano(a);*(fig)* rozzo(a) // *sm/f* abitante *m/f* di un villaggio.
aleación [-'θjon] *sf* lega.
aleccionar [-kθ-] *vt* istruire.
aledaño, a [-no] *a* confinante, vicino(a); ~**s** *smpl* confini *mpl*.
alegación [-'θjon] *sf* allegazione *f*.
alegar *vt* allegare, addurre; *(AM)* discutere.
alegato *sm (JUR)* allegato.
alegoría *sf* allegoria.
alegrar *vt* rallegrare; *(fuego)* attizzare; *(TAUR)* provocare; *(NAUT)* allentare; *(fiesta)* animare; ~**se** *vr* essere brillo, ~**se con** rallegrarsi di.
alegre *a* allegro(a); *(fig)* brillo(a).
alegría *sf* allegria, gioia; *(BOT)* sesamo.
alejamiento [-xa-] *sm* allontanamento.
alejar [-'xar] *vt* allontanare; ~**se** *vr* allontanarsi.
aleluya *sm* alleluia // *sf* immaginetta.
alemán, ana *a, sm/f* tedesco(a).
Alemania *sf* Germania.
alentado, a *pp de* **alentar** // *a* valoroso(a), coraggioso(a); *(robusto)* resistente; *(soperbio)* altero(a).
alentar *vt* animare, incoraggiare; ~**se** *vr* imbaldanzirsi.
alerce [-θe] *sm* larice *m*.
alergia [-xja] *sf* allergia.
alero *sm (de tejado)* gronda; *(de carruaje)* parafango.
alerta *ad:* **estar** ~ stare all'erta // *a* vigilante // *excl* all'erta! // *sf* allarme *f*.
aleta *sf* pinna; *(de muro, techo)* ala; *(de radiador)* aletta; *(de coche)* parafango.
aletargar *vt* addormentare; ~**se** *vr* addormentarsi.
aletear *vi* aleggiare.
aleve *a* perfido(a).
alevosía *sf* perfidia.
alfabeto *sm* alfabeto.
alfanje [-xe] *sm* scimitarra; *(pez)* pescespada *m*.
alfarero *sm* vasaio.
alfeñique [-'nike] *sm* zucchero o caramella d'orzo; *(fam: persona)* mingherlino; *(: remilgo)* moina.
alférez [-θ] *sm (oficial)* sottotenente *m*; *(abanderado)* portabandiera *m*; *(NAUT)* insegna.

alfil *sm* alfiere *m*.
alfiler *sm* spillo; ~ **de seguridad** spilla da balia.
alfombra *sf* tappeto.
alfombrar *vt* coprire di tappeti.
alfombrilla [-ʎa] *sf (MED)* vaiolo; *(alfombra)* tappetino.
alforja [-xa] *sf* borsa.
alforza [-θa] *sf* piega; *(fig)* sfregio.
alga *sf* alga.
algarabía *sf* arabo; ¡**qué** ~! che chiasso!
algarroba *sf* carruba.
algazara [-'θ-] *sf* baccano, tumulto.
álgido, a [-x-] *a* algido(a); *(fig)* scottante.
algo *pron* qualcosa // *ad* un po'; **por** ~ **será** qualche ragione ci sarà; ~ **asombroso** qualcosa di sorprendente.
algodón *sm* cotone *m*; ~ **hidrófilo** coton idrofilo; ~ **pólvora** fulmicotone *m*.
algodonero, a *a* cotoniero(a) // *sm (obrero)* cotoniere *m*; *(planta)* cotone *m*.
alguacil [-'θil] *sm (JUR)* usciere *m*; *(AMM)* messo; *(ZOOL)* ragno acquatico; *(: spec AM)* libellula.
alguien ['alɣjen] *pron* qualcuno(a).
alguno, a, algún *a* qualche // *pron* qualcuno(a), uno(a); ~ **que otro libro** qualche libro o alcuni libri; **algún día iré** un giorno ci andrò; **sin interés** ~ senza nessun interesse; ~ **que otro** *pron* qualcuno; ~**s piensan** c'è chi pensa o alcuni pensano.
alharaquiento, a [alara'kjento] *a* chiassone(a).
aliado, a *a* alleato(a).
alianza [-θa] *sf* alleanza; *(anillo)* fede *f*.
aliar *vt* mettere d'accordo; ~**se** *vr* allearsi.
alicaído, a *a* fiacco(a), debole.
alicates *smpl:* ~ **de uñas** forbici *fpl* per unghie.
aliciente [-θ-] *sm* incentivo.
alienación [-'θjon] *sf* alienazione *f*.
aliento *sm* alito; *(respiración)* fiato; **exhaler el último** ~ esalare l'ultimo respiro.
aligerar [-x-] *vt* alleggerire; *(un texto)* ridurre; *(dolor)* mitigare, calmare.
alimaña [-na] *sf* animale nocivo.
alimentación [-'θjon] *sf* alimentazione *f*.
alimentar *vt* alimentare; ~**se** *vr* alimentarsi.
alimenticio, a [-θjo] *a* alimentare.
alimento *sm* alimento, cibo; ~**s** *mpl (JUR)* assegno alimentare, alimenti.
alinear *vt* allineare; ~**se** *vr* far parte di, essere membro di.
aliñar [-'nar] *vt* sistemare, preparare; *(guiso)* condire.
aliño [-'no] *sm* preparazione *f*; *(de casa, persona)* pulizia, ordine *m*; *(de plato)* condimento.
alisar *vt (superficie)* levigare; *(tela, pelo)* lisciare; *(TECN)* pulire.
alistamiento *sm (MIL)* arruolamento.

alistar vt (MIL) arruolare; (registrar) iscrivere; ~se vr arruolarsi; (AM) prepararsi.

aliviar vt alleggerire; (dolor) calmare; ~se vr (paciente) migliorare; ~se de liberarsi di.

alivio sm alleggerimento; (físico) sollievo; (moral) conforto.

aljibe [-'x-] sm cisterna.

aljofaina [-x-] sf = **jofaina.**

alma sf anima.

almacén [-'θen] sm magazzino.

almacenar [-θ-] vt immagazzinare; (fig) accumulare.

almacenero [-θ-] sm magazziniere m.

almáciga [-θ-] sf semenzaio.

almanaque [-ke] sm almanacco.

almeja [-xa] sf vongola.

almena sf merlo.

almendra sf mandorla.

almendro sm mandorlo.

almíbar sm sciroppo.

almibarado, a a sciroppato(a).

almidón sm amido.

almidonar vt inamidare.

almirantazgo [-θ-] sm ammiragliato.

almirante sm ammiraglio.

almohada [-o'a-] sf guanciale m, cuscino.

almohadilla [almoa'ðiʎa] sf cuscinetto; (para sellos) tampone m; (AM) puntaspilli m inv; (ARQUIT) sbalzo.

almoneda sf (subasta) asta; (saldo) saldi mpl; (tienda) antiquario.

almorzar [-'θar] vt mangiare // vi pranzare.

almuerzo [-θo] sm pranzo.

alocado, a a sventato(a), sbadato(a).

alocución [-'θjon] sf allocuzione f.

alojamiento [-x-] sm alloggio; (MIL) campo, accampamento.

alojar [-'xar] vt ospitare, alloggiare; ~se vr alloggiare.

alondra sf allodola.

alpargata sf ≈ espadrilles fpl.

Alpes smpl: **los** ~ le Alpi.

alpiste sm (BOT) scagliola.

alquilar [-k-] vt affittare; (coche) noleggiare; **se alquilan casas** si affittano case.

alquiler [-k-] sm affitto; **coche de** ~ vettura da noleggio.

alquimia [-'k-] sf alchimia.

alquimista [-k-] sm alchimista m.

alquitrán [-k-] sm catrame m.

alrededor ad intorno; ~ **de** (aproximadamente) circa, pressappoco; (rodeando) intorno a; ~**es** smpl dintorni; **mirar a su** ~ guardarsi intorno.

alta sf ver **alto.**

altanería sf alterigia, arroganza.

altar sm altare m.

altavoz [-θ] sm altoparlante m.

alterable a alterabile.

alteración [-'θjon] sf (del pulso) irregolarità; (del orden público) disordine m; (del tiempo) alterazione f; (disputa) litigio, alterco.

alterar vt alterare, turbare; ~se vr alterarsi; (persona) turbarsi.

altercado sm alterco.

alternar vt alternare // vi, ~se vr darsi il cambio.

alternativo, a a alternato(a), alternativo(a); (horario) rotativo(a) // sf alternativa; **alternativas** fpl alternative fpl.

alteza [-θa] sf altezza; (fig) grandezza.

altibajo [-xo] sm (ESCRIMA) fendente m; ~**s** mpl difficoltà fpl; (fig) vicissitudini fpl.

altiplanicie [-θje] sf = **altiplano.**

altiplano sm altipiano.

altisonante a pomposo(a), altisonante.

altivez [-θ] sf alterigia, superbia.

altivo, a a altero(a).

alto, a a alto(a); (precio) elevato(a), alto(a); (río) in piena // sm sosta, fermata; (altura) altezza; (de edificio) piano superiore; (AM) mucchio // ad forte // sf bollettino sanitario // excl alt!, alto là!; **tiene 2 metros de** ~ è alto 2 metri; **en** ~**a mar** al largo; **en voz** ~**a** ad alta voce; **a** ~**as horas de la noche** a tarda notte; **en lo** ~ de in cima a; **pasar por** ~ scordare; **dar de** ~**a** (enfermo) dimettere; **dar el** ~**a** (MIL) entrare in servizio attivo.

altoparlante sm (AM) altoparlante m.

altura sf altezza; (GEOGR) altitudine f; (AER) quota; (NAUT) altura; (fig): **a esta** ~ **del año** a questo punto dell'anno; ~**s** fpl cime fpl; **cincuenta metros de** ~ cinquanta metri di altezza.

alubia sf fagiolo.

alucinación [aluθina'θjon] sf allucinazione f.

alud sm valanga.

aludir vi: ~ **a** alludere a; **no darse por aludido** (fig) far orecchia da mercante.

alumbrado, a a illuminato(a); (chimenea) acceso(a) // sm illuminazione f.

alumbramiento sm illuminazione f; (MED) parto.

alumbrar vt illuminare; (ciego) donare la vista a; (aguas subterráneas) scoprire; (fam) picchiare.

aluminio sm alluminio.

alumno, a sm/f allievo/a, alunno/a.

alusión sf allusione f.

alusivo, a a allusivo(a).

aluvión sm piena, alluvione m; (fig) folla.

alza [-θa] sf rialzo, aumento; **estar en** ~ (fam) essere ben quotato.

alzada [-'θ-] sf (de caballos) altezza al garrese; (pastos) pascolo estivo; (JUR) ricorso.

alzamiento [-θ-] sm innalzamento; (en subasta) maggiore offerta; (sublevación) rivolta, insurrezione f; (FIN) bancarotta fraudolenta.

alzar [-'θar] vt alzare; (muro) innalzare; (precios) aumentare; (cuello del abrigo) rialzare; (*algo del suelo*) raccogliere; (*IMPRENTA*) mettere insieme; ~se *vr* alzarsi; (*rebelarse*) sollevarsi; (*FIN*) dichiarare bancarotta; (*JUR*) far ricorso; (*AM: animal*) tornare allo stato selvaggio; (: *persona*) squagliarsela; ~ **el vuelo** prendere il volo.

allá [a'ʎa] *ad* là; (*tiempo*) una volta; **más** ~ più in là; **por** ~ per di là; **el más** ~ l'aldilà m.

allanar [aʎ-] *vt* spianare, livellare; (*fig*: *obstaculo*) abbattere; (*JUR*) violare; ~**se** *vr* (*edificio*) crollare; (*fig*): ~**se a** sottomettersi a.

allegado, a [aʎ-] *a* vicino(a) // *sm/f* seguace *m/f*; **sus** ~**s** i suoi parenti.

allegar [aʎ-] *vt* raccogliere, riunire; ~**se** *vr* (*a persona*) avvicinarsi; (*a opinión*) aderire.

allende [a'ʎ-] *ad* oltre; (*ademds*) inoltre.

allí [a'ʎi] *ad* lì; ~ **mismo** proprio lì; **hasta** ~ fin là; **por** ~ di lì.

ama *sf* padrona di casa; (*dueña*) proprietaria; (*que cría niños ajenos*) balia; ~ **de llaves** governante *f*.

amabilidad *sf* amabilità.

amable *a* amabile, gentile.

amaestrar *sm* ammaestrare.

amagar *vt* minacciare.

amago *sm* minaccia; (*gesto*) finta; (*de comienzo*) inizio; (*MED*) sintomo.

amainar *vt* ammainare; (*fig*) moderare // vi calmarsi.

amalgama *sf* (*aleación*) lega; (*mezcla*) amalgama *m*.

amalgamar *vt* amalgamare; (*fig*) mescolare.

amamantar *vt* allattare.

amanecer [-'θer] *vb impersonal* albeggiare // *vi*: **el día amaneció nublado** all'alba il cielo era coperto; **el niño amaneció afiebrado** il bambino si è svegliato con la febbre // *sm* alba.

amansador, a *sm/f* domatore/trice.

amansar *vt* addomesticare; (*fig*) ammansire.

amante *a*: ~ **de** amante di // *sm/f* amante *m/f*.

amanzanar [-θ-] *vt* lottizzare.

amapola *sf* papavero.

amar *vt* amare, voler bene a.

amargado, a *a* amareggiato(a).

amargar *vt* amareggiare; (*fig*) affliggere; ~**se** *vr* amareggiarsi.

amargo, a *a* amaro(a); (*fig*) triste.

amargura *sf* (*sabor*) amaro; (*fig*) amarezza.

amarillento, a [-'ʎ-] *a* giallastro(a), giallognolo(a).

amarillo, a [-'ʎo] *a* giallo(a) // *sm* giallo.

amarrar *vt* legare; (*NAUT*) ormeggiare; (*fig*) attirare; ~**se** *vr* consacrarsi.

amartelar *vt* corteggiare; ~**se** *vr*: ~**se de** prendersi una cotta per.

amartillar [-'ʎar] *vt* = **martillar**.

amasar *vt* (*COC*) impastare; (*TECN*) amalgamare; (*MED*) massaggiare; (*fam*) tramare; (*fortuna*) ammassare.

amasijo [-xo] *sm* impasto; (*fig*) pasticcio.

amatista *sf* ametista.

amazona [-'θ-] *sf* amazzone *f*; **el A~s** (*GEOGR*) il Rio delle Amazzoni.

ambages [-xes] *smpl*: **hablar sin** ~ parlare chiaramente.

ámbar *sm* ambra.

ambición [-'θjon] *sf* ambizione *f*.

ambicionar [-θ-] *vt* ambire.

ambicioso, a [-'θ-] *a* ambizioso(a).

ambidextro, a *a* ambidestro(a).

ambiente *a* ambiente, ambientale // *sm* ambiente *m*.

ambigüedad [-ɣw-] *sf* ambiguità *f inv*.

ambigüo, a [-'ɣwo] *a* ambiguo(a).

ámbito *sm* ambito.

ambos, ambas *apl* ambedue, tutti(e) e due, entrambi(e) // *pron pl* tutti(e) e due, entrambi(e).

ambulancia [-θja] *sf* ambulanza.

ambulante *a* ambulante.

amedrentar *vt* intimorire.

amenaza [-θa] *sf* minaccia.

amenazar [-'θar] *vt* minacciare // *vi*: **amenaza llover** minaccia pioggia o di piovere.

amenguar *vt* sminuire; (*fig*) disonorare.

amenidad *sf* amenità *f inv*.

amenizar [-'θar] *vt* animare.

ameno, a *a* ameno(a).

América *sf*: ~ **del Norte/Latina** America del Nord/Latina; ~ **del Sur** Sud America.

americano, a *a*, *sm/f* americano(a) // *sf* (*chaqueta*) giacca; ~ **del sur** sudamericano.

ametralladora [-ʎ-] *sf* mitragliatrice *f*.

amigable *a* amichevole.

amigo, a *a*, *sm/f* amico(a).

amilanar *vt* spaventare; ~**se** *vr* spaventarsi.

aminorar *vt* diminuire; (*marcha*) rallentare.

amistad *sf* amicizia; ~**es** *fpl* amici *mpl*.

amistoso, a *a* amichevole.

amnistía *sf* amnistia.

amo *sm* proprietario.

amodorrarse *vr* assopirsi.

amoldar *vt* adattare; ~**se** *vr* adattarsi.

amonestación [-θjon] *sf* ammonizione *f*, rimprovero; **correr las amonestaciones** fare le pubblicazioni (matrimoniali).

amonestar *vt* ammonire, rimproverare; fare le pubblicazioni (matrimoniali).

amontonar *vt* ammucchiare; ~**se** *vr* ammucchiarsi.

amor *sm* amore *m*; **hacer el** ~ fare all'amore.

amoratado, a *a* livido(a).

amordazar [-'θar] *vt* imbavagliare.

amorío *sm* (*fam*) amore *m*, avventura.

amoroso, a *a* amoroso(a).

amortajar [-'xar] vt coprire con un
lenzuolo mortuario.
amortiguar vt attenuare, attutire.
amortización [-θa'θjon] sf (FIN)
ammortamento.
amotinar vt ammutinare; ~se vr
ammutinarsi.
amparar vt proteggere; ~se vr
ripararsi.
amparo sm protezione f, riparo; **al ~ de**
al riparo da.
ampliación [-'θjon] sf estensione f
proroga; (de edificio) ampliamento; (de
fotografía) ingrandimento.
ampliar vt (ver sf) prorogare; ampliare;
ingrandire.
amplificación [-'θjon] sf amplificazione
f; (desarrollo) sviluppo; (AM: de fotografía)
ingrandimento.
amplificar vt amplificare.
amplio, a a ampio(a), vasto(a); (ancho)
largo(a).
amplitud sf ampiezza, vastità; ~ **de**
ideas ampiezza di vedute.
ampolla [-'ʎa] sf (MED) bolla, vescica; (de
inyección) fiala.
ampulosidad sf ampollosità f inv.
amueblar vt ammobiliare.
amurallar [-'ʎar] vt fortificare.
anales smpl annali mpl.
analfabeto, a a, sm/f analfabeta (m/f).
análisis sm analisi f.
analítico, a a analitico(a).
analizar [-'θar] vt analizzare.
análogo, a a analogo(a).
anana(s) sm ananas m.
anaquel [-'k-] sm scaffale m.
anaranjado, a a [-'x-] a, sm arancione
(m).
anarquía [-'kia] sf anarchia.
anárquico, a [-k-] a anarchico(a).
anatema sm anatema m.
anatomía sf anatomia.
anciano, a [-'θ-] a, sm/f anziano(a).
ancla sf ancora; **echar/levar ~s**
gettare/levare l'ancora.
anclar vi ancorare, ormeggiare.
ancho, a [-tʃo] a largo(a); (falda)
ampio(a); (pared) spesso(a) // sm
larghezza, (FERR) scartamento; **estar**
muy ~ (fam) essere orgoglioso; **estar**
a sus ~as (fam) essere a proprio agio;
quedarse tan ~ (fam) rimanere
imperterrito.
anchoa [-'tʃ-] sf acciuga.
anchura [-'tʃ-] sf larghezza; (fig)
apertura.
andada sf marcia; **volver a las ~s**
rifare gli stessi errori.
andaluz, a [-θ] a, sm/f andaluso(a).
andar vt percorrere, fare // vi
camminare; (tiempo) passare // sm
andatura, passo; ~ **a pie/a caballo/en**
bicicleta andare a piedi/a cavallo/in
bicicletta; ~ **bien/mal** stare
bene/male; ~ **triste/alegre** essere
triste/allegro; ~ **a gatas** andare a

quattro zampe; ¡anda!, ¡andando! su!,
avanti!; **anda en los 40** va per i 40 anni;
~ **con cuidado** fare attenzione; ~
diciendo dire.
andariego, a a a camminatore (trice);
(callejero) vagabondo(a).
andén sm (FERR) binario; (NAUT) molo; (de
carretera) banchina.
Andes smpl: **los ~** le Ande.
andrajo [-xo] sm straccio.
andrajoso, a [-'x-] a cencioso(a) // sm/f
straccione/a.
andurriales smpl posto fuori mano.
anduve etc vb ver **andar**.
anécdota sf aneddoto.
anegar vt allagare; (ahogar) affogare;
~**se** vr annegare; (NAUT: hundirse)
affondare.
anexar vt annettere.
anexión sf annessione f.
anexo, a a annesso(a) // smpl (ANAT)
annessi mpl // sm (edificio) dépendance f
inv.
anfibio, a a anfibio(a) // sm (ZOOL)
anfibio.
anfiteatro sm anfiteatro.
anfitrión sm anfitrione m.
ángel [-xel] sm angelo.
angélico, a [-'x-] a angelico(a).
angina [-'x-] sf angina; ~ **de pecho**
angina pectoris.
anglicano, a a anglicano(a).
angosto, a a stretto(a).
angostura sf strettoia; (paso) gola; (BOT)
angostura.
anguila [-'gi-] sf anguilla.
angular a angolare.
ángulo sm angolo.
angustia sf angoscia.
angustiar vt angosciare.
anhelante [ane-] a ansioso(a); (deseoso)
desideroso(a).
anhelar [ane-] vt desiderare // vi
ansimare.
anhelo [a'ne-] sm desiderio; ~**s** mpl
aspirazioni fpl.
anidar vt accogliere // vi fare il nido,
annidarsi.
anilina sf anilina.
anillo [-'ʎo] sm anello; ~ **de boda** fede f.
ánima sf anima; **sonar las ~s** suonare
l'Angelus.
animación [-'θjon] sf animazione f;
(actividad) movimento; (de mecanismo)
avviamento.
animado, a a animato(a).
animal a (también fig) animale // sm
animale m; (fig) bruto.
animar vt animare; (incitar) incitare.
ánimo sm animo // excl coraggio!; **dar**
~**s** incoraggiare.
animosidad sf rancore m, animosità.
animoso, a a deciso(a), coraggioso(a).
aniquilación [anikila'θjon] sf,
aniquilamiento [-k-] sm
annientamento.

aniquilar [-k-] vt annientare; (*echar por tierra*) abbattere; ~**se** vr annientarsi; (*deteriorarse*) deteriorarsi.

anís sm anice m.

anisado sm anisetta.

aniversario sm anniversario.

ano sm ano.

anoche [-tʃe] ad iersera, ieri sera.

anochecer [-tʃe'θer] vi far notte // sm crepuscolo.

anodino, a a anodino(a), insignificante.

anomalía sf anomalia, irregolarità f inv.

anómalo, a a anomalo(a), irregolare.

anonadamiento sm avvilimento, abbattimento.

anonadar vt annientare; (*fig: abatir*) abbattere, avvilire; vr abbattersi.

anónimo, a a anonimo(a) // sm anonimato.

anormal a, sm anormale (m).

anotación [-'θjon] sf annotazione f, nota.

anotar vt annotare, segnare; (*faltas*) sottolineare.

ansia sf ansia; (*deseo*) desiderio.

ansiar vt desiderare.

ansiedad sf ansietà f inv.

ansioso, a a ansioso(a); (*deseoso*) desideroso(a).

antagónico, a a antagonistico(a).

antagonista sm/f antagonista m/f.

antaño [-no] ad anticamente, tempo fa.

Antártico sm: el ~ l'Antartico.

ante prep (*delante*) davanti a, innanzi a; (*adelante*) // in avanti.

anteanoche [-tʃe] ad l'altra sera.

anteayer ad avantieri.

antebrazo [-'θo] sm avambraccio.

antecámara sf anticamera.

antecedente [-θ-] a anteriore // sm antecedente m; ~**s penales** (JUR) fedina penale.

anteceder [-θ-] vt precedere.

antecesor, a [-θ-] a precedente // sm/f predecessore/a; (*antepasado*) antenato/a.

antedicho, a [-tʃo] a suddetto(a).

antelación [-'θjon] sf anticipazione f; **con** ~ in anticipo.

antemano: de ~ ad anticipatamente.

antena sf antenna.

anteojo [-xo] sm occhiale m; ~ **de larga vista** cannocchiale m; ~ **prismático** binocolo; ~**s** mpl occhiali.

antepasados smpl antenati mpl.

antepecho [-tʃo] sm parapetto; (*de ventana*) davanzale m; (*del caballo*) pettorale m.

anteponer vt anteporre; (*fig*) preferire.

anterior a anteriore.

anterioridad sf anteriorità.

antes ad prima; (*más bien*) piuttosto // prep: ~ **de** prima di // conj: ~ **(de) que** prima di; ~ **bien** piuttosto, anzi; ~ **que** prima di; ~ **muerto que esclavo** piuttosto morto che schiavo; **tomo el avión** ~ **que el barco** preferisco l'aereo alla nave; **cuanto** ~ quanto

prima; **lo** ~ **posible** al più presto possibile; ~ **de Jesucristo** avanti Cristo.

antesala sf anticamera.

anticipación [-'θjon] sf anticipazione f; (*de dinero*) anticipo; **con 10 minutos de** ~ con 10 minuti di anticipo.

anticipado, a [-θ-] a anticipato(a).

anticipar [-θ-] vt anticipare; ~**se** vr prevenire; ~**se a los deseos de alguien** prevenire i desideri di qd.

anticuado, a a antiquato(a).

anticuario sm antiquario.

antifaz [-θ] sm maschera.

antífona sf antifona.

antigüedad [-yw-] sf antichità f inv; (*de trabajo*) anzianità

antiguo, a a antico(a).

antílope sm antilope m.

antipatía sf antipatia.

antipático, a a antipatico(a).

antípoda(s) sf (pl) antipodi mpl.

antítesis sf antitesi f.

antojadizo, a [-xa'διθo] a capriccioso(a); (*voluble*) volubile.

antojarse [-'x-] vr: **se me antoja comprarlo** ho voglia di comperarlo; **se me antoja que...** credo o ho idea che...

antojo [-xo] sm capriccio, voglia.

antología [-'xia] sf antologia.

antorcha [-tʃa] sf torcia.

antro sm antro.

antropología [-'xia] sf antropologia.

anual a annuale.

anualidad sf annualità f inv.

anuario sm annuario.

anublar vt oscurare; (*fig*) offuscare; ~**se** vr coprirsi, rannuvolarsi; (*planta*) appassire; (*fig*) svanire.

anudar vt annodare; (*zapatos*) allacciare; (*amistad*) stringere; ~**se** vr annodarsi.

anulación [-'θjon] sf annullamento.

anular vt cancellare, annullare; (*revocar*) revocare; (*ley*) abrogare; ~**se** vr annullarsi // a anulare m.

anunciación [-θja'θjon] sf annunciazione f.

anunciar [-'θjar] vt annunziare; (*film*) segnalare; (*plan de gobierno*) illustrare; ~**se** vr presentarsi.

anuncio [-θjo] sm avviso, annuncio; ~ **por palabras** annuncio economico, inserzione f; ~ **luminoso** insegna luminosa.

anverso sm (*de moneda*) diritto; (*de página*) faccia.

anzuelo [-'θ-] sm amo.

añadido, a [aɲ-] a aggiunto(a) // sm aggiunta; (*cabellos*) toupet m inv.

añadidura [aɲ-] sf aggiunta; **por** ~ per giunta.

añadir [aɲ-] vt aggiungere.

añejo, a [a'ɲexo] a annoso(a), vecchio(a).

añicos [a'ɲ-] *smpl* pezzi *mpl*; **hacer** ~ far a pezzi.

año ['aɲo] *sm* anno; **¡Feliz Año Nuevo!** Buon Anno!; **tener 15** ~**s** avere 15 anni; ~ **bisiesto/entrante/escolar** anno bisestile/venturo/scolastico.

añoranza [aɲo'ranθa] *sf* nostalgia.

añoso, a [a'ɲ-] *a* vecchio(a).

apacentar [-θ-] *vt* pascolare.

apacible [-'θ-] *a* tranquillo(a), placido(a); (*fig: tiempo, carácter*) mite.

apaciguamiento [-θ-] *sm* pacificazione *f*.

apaciguar [-θ-] *vt* calmare.

apadrinar *vt* (*un niño*) far da padrino a; (*una idea*) patrocinare.

apagado, a *a* spento(a); (*ruido*) attenuato(a), smorzato(a).

apagar *vt* spegnere; (*sonido, color*) smorzare; (*sed*) calmare; (*fig*) soffocare.

apalabrar *vt* accordarsi; (*obrero*) assumere.

apalear *vt* (*animal, persona*) picchiare; (*ropa*) battere; (*frutos*) bacchiare; (*grano*) ventilare.

apandillarse [-'ʎ-] *vr* formare una banda.

apañado, a [-'ɲ-] *a* abile; (*fam*) adatto(a).

apañar [-'ɲ-] *vt* raccogliere; (*asir*) prendere; (*ataviar*) preparare; (*remendar*) rammendare; ~**se** *vr* arrangiarsi.

aparador *sm* credenza.

aparato *sm* apparecchio; (*ostentación*) pompa; (*ANAT*) apparato; (*de gimnasia*) attrezzo.

aparatoso, a *a* vistoso(a), appariscente.

aparecer [-'θer] *vi* apparire, comparire; (*libro*) uscire; (*en lista*) comparire; (*en escena*) apparire; ~**se** *vr* farsi vedere, rivelarsi.

aparecido [-'θ-] *sm* fantasma *m*.

aparejar [-'xar] *vt* preparare; (*caballo*) bardare; (*NAUT*) attrezzare, armare; ~**se** *vr* prepararsi.

aparejo [-xo] *sm* (*ver vt*) preparazione *f*; bardatura; attrezzatura, armatura.

aparentar *vt* fingere, simulare; (*parecer*) dimostrare.

aparente *a* apparente; (*adecuado*) appropriato(a).

aparición [-'θjon] *sf* apparizione *f*; (*publicación*) pubblicazione *f*.

apariencia [-'θja] *sf* apparenza; **en** ~ apparentemente.

apartado, a *a* ritirato(a); (*remoto*) lontano(a) // *sm* casella postale; (*en texto*) comma *m*.

apartamento *sm* appartamento.

apartamiento *sm* allontanamento; (*selección*) separazione *f*; (*piso*) appartamento.

apartar *vt* separare; (*alejar*) allontanare; (*elegir*) scegliere; ~**se** *vr* allontanarsi; (*retirarse*) ritirarsi.

aparte *ad* da parte; (*en otro lugar*) altrove; (*además*) oltre a, a parte // *sm* a parte *m*; **punto y** ~ punto e a capo.

apasionado, a *a* appassionato(a); (*en juicios*) parziale.

apasionar *vt* appassionare; ~**se** *vr* appassionarsi.

apatía *sf* apatia.

apático, a *a* apatico(a).

apdo (*abr de apartado de correos*) CP.

apeadero *sm* (*FERR*) fermata, piccola stazione; (*apartamento*) appartamentino.

apearse *vr* scendere.

apedrear *vt* prendere a sassate; (*matar*) lapidare // *vb impersonal* grandinare.

apegarse *vr*: ~ **a** affezionarsi a.

apego *sm* attaccamento, affetto.

apelación [-'θjon] *sf* appello.

apelante *sm/f* appellante *m/f*.

apelar *vi* appellare; ~ **a** ricorrere a.

apellidar [-ʎ-] *vt* nominare; ~**se** *vr* chiamarsi.

apellido [-'ʎ-] *sm* cognome *m*.

apenar *vt* affliggere; ~**se** *vr* affliggersi.

apenas *ad* appena; (*en cuanto*) (non) appena.

apéndice [-θe] *sm* appendice *m*.

apercibimiento [-θ-] *sm* preparazione *f*; (*aviso*) avviso; (*JUR*) intimazione *f*.

apercibir [-θ-] *vt* preparare, disporre; (*avisar*) avvisare; (*JUR*) intimare; ~**se** *vr* prepararsi; (*AM*) rendersi conto di.

aperitivo *sm* aperitivo.

apero *sm* materiale *m* agricolo; ~**s** *mpl* (*AM*) finimenti *mpl*.

apertura *sf* apertura.

apesadumbrar *vt* rattristare; ~**se** *vr* rattristarsi.

apestar *vt* (*MED*) contagiare; (*fig: fastidiar*) seccare, molestare // *vi* puzzare; ~**se** *vr* ammalarsi.

apetecer [-'θer] *vt*: **¿te apetece una tortilla?** vuoi una frittata?

apetecible [-'θ-] *a* desiderabile; (*gustoso*) appetitoso(a); (*atractivo*) attraente; (*agradable*) piacevole.

apetito *sm* appetito.

apetitoso, a *a* appetitoso(a), gustoso(a); (*agradable*) delizioso(a).

apiadarse *vr* impietosirsi.

ápice [-θe] *sm* apice *m*, culmine *m*; (*parte mínima*) pochino, briciolo.

apiñar [-'ɲar] *vt* accatastare, accumulare.

apio *sm* sedano.

apisonar *vt* spianare.

aplacar *vt* placare, mitigare; ~**se** *vr* acquietarsi.

aplanamiento *sm* livellamento.

aplanar *vt* livellare, spianare.

aplastar *vt* schiacciare; ~**se** *vr* (*AM*) avvilirsi, abbattersi.

aplaudir *vt* applaudire.

aplauso *sm* applauso; (*fig*) elogio.

aplazamiento [-θ-] *sm* aggiornamento, differimento.

aplazar [-'θar] *vt* rimandare, aggiornare.

aplicación [-'θjon] *sf* applicazione *f*; *(puesta en marcha)* messa in atto.

aplicado, a *a* studioso(a).

aplicar *vt* applicare; ~**se** *vr* applicarsi, dedicarsi; *(ponerse)* mettersi; *(inyección)* farsi.

aplomo *sm* serenità, equilibrio; ~**s** *mpl* *(de caballo)* appiombi *mpl*.

apocado, a *a* timido(a).

apocalipsis *sm* apocalisse *f*.

apocar *vt* ridurre; ~**se** *vr* umiliarsi.

apócrifo, a *a* apocrifo(a).

apodar *vt* soprannominare.

apoderado *sm* rappresentante *m*, delegato.

apoderar *vt* dar procura a; ~**se** *vr* impadronirsi.

apodo *sm* soprannome *m*.

apogeo [-'xeo] *sm* apogeo; *(fig)* apice *m*.

apolítico, a *a* apolitico(a).

apología [-'xia] *sf* apologia.

apoplejía [-'xia] *sf* apoplessia.

aporrear *vt* picchiare; ~**se** *vr* picchiarsi.

aporreo *sm* bastonatura.

aportar *vt* apportare // *vi* approdare; ~**se** *vr* (AM) arrivare.

aposentar *vt* alloggiare; ~**se** *vr* installarsi, sistemarsi.

aposento *sm* camera, stanza; *(hospedaje)* alloggio.

apostar *vt* scommettere; ~**se** *vr* appostarsi.

apóstol *sm* apostolo.

apostura *sf* garbo, eleganza.

apoyar *vt* appoggiare.

apoyo *sm* appoggio, sostegno; *(fig)* protezione *f*.

apreciable [-'θ-] *a* degno(a) di stima; *(cosa)* pregevole.

apreciar [-'θjar] *vt* valutare, stimare; *(fig)* apprezzare.

aprecio [-'θjo] *sm* valutazione *f*; *(fig)* stima.

aprehender [-een-] *vt* prendere, acciuffare; *(concepto)* afferrare.

aprehensión [-een-] *sf* cattura; *(de concepto)* comprensione *f*.

apremiante *a* urgente.

apremiar *vt* far fretta a; *(compeler)* costringere, obbligare; *(JUR)* intimare.

apremio *sm* sollecitazione *f*; *(prisa)* premura, fretta; *(JUR)* intimazione *f*.

aprender *vt* imparare.

aprendiz, a [-θ] *sm/f* apprendista *m/f*.

aprendizaje [-'θaxe] *sm* apprendistato, tirocinio.

aprensión *sf* apprensione *f*; *(delicadeza)* riguardo; **aprensiones** *fpl* preconcetti *mpl*.

aprensivo, a *a* apprensivo(a).

apresar *vt* prendere; *(NAUT)* catturare; *(JUR)* arrestare.

aprestar *vt* preparare; *(TECN)* apprettare; ~**se** *vr* accingersi, apprestarsi.

apresto *sm* preparativi *mpl*; *(TECN)* appretto.

apresuramiento *sm* fretta, premura.

apresurar *vt* affrettare; ~**se** *vr* affrettarsi.

apretado, a *a* stretto(a); *(difícil)* difficile; *(peligroso)* pericoloso(a), rischioso(a); *(fam)* spilorcio(a).

apretar *vt* stringere; *(comprimir)* schiacciare; *(activar)* sollecitare; *(fig)* angosciare.

apretón *sm* *(de manos)* stretta; *(dolor)* morso, stretta; *(fam: situación)* difficoltà *f inv*; *(: carrera)* sprint *m*.

apretura *sf* calca; *(presión: de mano)* stretta; *(apuro)* difficoltà *f inv*; *(escasez)* penuria, ristrettezze *fpl*.

aprieto *sm* oppressione *f*; *(dificultad)* ristrettezze *fpl*.

aprisa *ad* in fretta.

aprisionar *vt* imprigionare.

aprobación [-'θjon] *sf* approvazione *f*; *(de examen)* promozione *f*.

aprobar *vt* approvare; *(examen)* superare // *vi* essere promosso.

aprontar *vt* preparare.

apropiación [-'θjon] *sf* appropriazione *f*.

apropiado, a *a* appropriato(a).

apropiar *vt* adattare; ~**se** *vr* appropriarsi.

aprovechado, a [-'tʃ-] *a* applicato(a), diligente // *sm/f* (pey) scroccone/a.

aprovechamiento [-'tʃ-] *sm* profitto; *(empleo)* sfruttamento, utilizzazione *f*.

aprovechar [-'tʃar] *vt* utilizzare, approfittare di; *(explotar)* sfruttare; *(tiempo, conocimientos, tierras)* utilizzare, sfruttare // *vi (persona)* fare progressi; *(cosa)* essere utile; ~**se** *vr*: ~**se de** approfittare di; ¡que aproveche! buon appetito!

aprovisionar *vt* rifornire, approvvigionare.

aproximación [-'θjon] *sf* approssimazione *f*; *(proximidad)* prossimità; (MAT) calcolo approssimativo; (LOTERIA) premio di consolazione.

aproximado, a *a* approssimativo(a).

aproximar *vt* avvicinare; ~**se** *vr* avvicinarsi.

aptitud *sf* attitudine *f*.

apto, a *a* idoneo(a).

apuesta *sf* scommessa.

apuesto, a *a* elegante.

apuntación [-'θjon] *sf* appunto.

apuntalar *vt* puntellare; *(fig)* sostenere.

apuntar *vt* puntare; *(con dedo)* additare; *(anotar)* annotare, segnare; (TEATRO) suggerire // *vi (planta)* germogliare; ~**se** *vr* spuntare, sorgere.

apunte *sm* nota; *(de dibujo)* schizzo; (TEATRO) copione *m*; *(apuesta)* puntata.

apuñalar [-ɲ-] *vt* pugnalare.

apurado, a *a* bisognoso(a); *(dificultoso, peligroso)* difficile, rischioso(a);

(*exhausto*) sfinito(a); (*preciso*) esatto(a);
estar ~ (AM) aver fretta.
apurar *vt* purificare; (*extremar*)
esaurire, consumare; (*agotar*) sfinire,
logorare; (*apremiar*) assillare; ~se *vr*
angosciarsi; (AM) sbrigarsi.
apuro *sm* difficoltà *f inv*; (*escasez*)
bisogno; (*aflicción*) preoccupazione *f*;
(AM) fretta.
aquejar [ake'xar] *vt* angosciare,
affliggere; (MED) soffrire di.
aquel [a'kel], **aquella** [a'keʎa],
aquellos [a'keʎos], as *det* quello(quel)
m; quella *f*; quelli *mpl*; quelle *fpl*.
aquél [a'kel], **aquélla** [a'keʎa],
aquéllos [a'keʎos], as *pron* quello *m*;
quella *f*; quelli *mpl*; quelle *fpl*.
aquello [-'ʎo] *pron* quello, ciò.
aquí [a'ki] *ad* qui; (*tiempo*) allora; **andar**
de ~ para allá andare qua e là; ~
arriba quassù; ~ **mismo** proprio qui;
~ **yace** qui giace; **de ~ a siete días**
tra sette giorni; **de ~ en adelante**
d'ora in poi.
aquietar [akj-] *vt* quietare, pacificare.
ara *sf* ara, altare *m*.
árabe *a*, *sm/f* arabo(a).
Arabia Saudita o **Saudí** *sf* Arabia
Saudita.
arado *sm* aratro.
aragonés, esa *a*, *smlf* aragonese.
arancel [-'θel] *sm* tariffa.
araña [-ɲa] *sf* ragno; (*de luces*)
lampadario.
arañar [-'ɲar] *vt* graffiare.
arañazo [-'ɲaθo] *sm* graffio.
arar *vt* arare.
arbitraje [-xe] *sm* arbitraggio.
arbitrar *vt* (*dirimir*) risolvere;
(*determinar*) decidere; (*entre adversarios*)
arbitrare; ~se *vr* arrangiarsi.
arbitrariedad *sf* abuso.
arbitrario, a *a* arbitrario(a).
arbitrio *sm* arbitrio; (JUR) sentenza
arbitrale; ~ *mpl* tasse *fpl*.
árbitro *sm* arbitro.
árbol *sm* albero; (TECN) asse *m*, albero.
arbolado, a *a* alberato(a) // *sm*
piantagione *f* (di alberi).
arboladura *sf* alberatura.
arbolar *vt* inalberare; (NAUT) alberare;
~se *vr* impennarsi.
arboleda *sf* boschetto.
arbusto *sm* arbusto.
arca *sf* cassa; (*de caudales*) cassaforte *f*;
(REL) arca.
arcada *sf* arcata; (*de puente*) arco; ~s
fpl nausea, conato di vomito.
arcaico, a *a* arcaico(a).
arcángel [-xel] *sm* arcangelo.
arcano, a *a* arcano(a) // *sm* arcano,
mistero.
arce [-θe] *sm* acero.
arcilla [ar'θiʎa] *sf* argilla.
arco *sm* arco; (*de violín*) archetto; (ANAT)
arcata; (*de puente*) arco; ~ **iris**
arcobaleno.

archipiélago [-tʃ-] *sm* arcipelago.
archivar [-tʃ-] *vt* archiviare; (*fig*)
dimenticare.
archivo [-tʃ-] *sm* archivio.
arder *vt* bruciare // *vi*, ~se *vr* ardere,
bruciare.
ardid *sm* stratagemma *m*.
ardido, a *a* intrepido(a), ardito(a).
ardiente *a* ardente.
ardilla [-ʎa] *sf* scoiattolo.
ardor *sm* canicola; (*fig*) ardore *m*; ~es
mpl bruciori *mpl* (di stomaco).
arduo, a *a* arduo(a).
área *sf* area; (MAT) area, superficie *f*;
(*medida*) ara.
arena *sf* sabbia; (*de una lucha*, TAUR)
arena; (MED) calcolo.
arenal *sm* arenile *m*; (*arenas movedizas*)
sabbie *fpl* mobili; (NAUT) banco di sabbia.
arenga *sf* arringa; (*fam*) sermone *m*,
predica.
arengar *vt* arringare.
arenisco, a *a* sabbioso(a) // *sf* arenaria.
arenoso, a *a* sabbioso(a).
arenque [-ke] *sm* aringa.
argamasa *sf* calcina.
Argelia [-'x-] *sm* Algeria.
argelino, a [-x-] *a*, *sm/f* algerino(a).
Argentina [-x-] *sf* Argentina.
argentino, a [-x-] *a*, *sm/f* argentino(a).
argolla [-ʎa] *sf* anello; (*juego*) croquet *m*
inv.
argucia [-θja] *sf* arguzia.
argüir [-'ɣw-] *vt* arguire // *vi*
argomentare, discutere.
argumentación [-'θjon] *sf*
argomentazione *f*.
argumentar *vt* arguire // *vi*
argomentare.
argumento *sm* argomento, tema *m*.
aridez [-θ] *sf* aridità, siccità; (*fig*) aridità.
árido, a *a* arido(a), secco(a); (*aburrido*)
noioso(a).
ario, a *a* ariano(a).
arisco, a *a* scontroso(a), intrattabile;
(*animal*) selvatico(a).
arista *sf* spigolo.
aristócrata *sm/f* aristocratico/a.
aritmética *sf* aritmetica.
arlequín [-'kin] *sm* arlecchino: (*fig*)
buffone *m*.
arma *sf* arma.
armada *sf* armata.
armado, a *a* armato(a).
armadura *sf* armatura; (TECN) armatura,
struttura portante; (ZOOL) scheletro.
armamento *sm* armamento.
armar *vt* armare; (*máquina*) montare;
(*fig*) preparare, organizzare; ~se *vr*
armarsi; (AM) ostinarsi.
armario *sm* armadio.
armatoste *sm* oggetto inutile.
armazón [-'θon] *sf* armatura; (AUTO)
telaio; (TECN) impalcatura, intelaiatura;
(ZOOL) carcassa.
armería *sf* arsenale *m*; (*museo*) museo
delle armi; (*tienda, arte*) armeria.

armiño [-ɲo] *sm* ermellino.
armisticio [-θjo] *sm* armistizio.
armonía *sf* armonia.
armonioso, a *a* armonioso(a).
armonizar [-'θar] *vt* armonizzare,
concordare // *vi* essere in armonia.
arnés *sm* arnese *m*; **arneses** *mpl*
finimenti *mpl*.
aro *sm* anello; (*juego*) cerchio; (*AM*:
pendiente) orecchino.
aroma *sm* aroma *m*, profumo.
aromático, a *a* aromatico(a).
arpa *sf* arpa.
arpía *sf* arpia.
arpón *sm* arpione *m*.
arquear [-k-] *vt* inarcare, piegare; (*NAUT*)
stazzare; ~**se** *vr* inarcarsi, piegarsi
arqueo [-'keo] *sm* curvatura; (*NAUT*)
stazza; (*COMM*) conto cassa.
arqueología [-'xia] *sf* archeologia.
arquero [-'k-] *sm* arciere *m*; (*COMM*)
cassiere *m*; (*AM*: *portero*) portiere *m*.
arquitecto [-k-] *sm* architetto.
arquitectónico, a [-k-] *a*
architettonico(a).
arrabal *sm* sobborgo.
arraigado, a *a* radicato(a).
arraigar *vt* stabilire // *vi* attecchire;
~**se** *vr* radicarsi.
arrancar *vt* strappare; (*BOT*) sradicare
// *vi* mettersi in marcia, partire.
arranque [-ke] *sm* partenza; (*TECN*: *de*
motor) avviamento; (*ANAT*) attaccatura,
articolazione *f*; (*ARQUIT*) base *f*; (*fig*: *de*
ira) scatto; (: *de generosidad*) slancio.
arrasar *vt* spianare; (*destruir*) radere al
suolo; (*llenar*) riempire fino all'orlo // *vi*
schiarirsi.
arrastrado, a *a* miserabile.
arrastrar *vt* trascinare; (*los pies*)
strascicare; (*suj: agua, viento*) trasportare
// *vi* strascicare; ~**se** *vr* strisciare;
(*humillarse*) abbassarsi.
arrayán *sm* mirto.
arrear *vt* incitare; (*poner arreos a*)
bardare // *vi* affrettarsi.
arrebatado, a *a* precipitoso(a),
impetuoso(a); (*enrojecido*)
congestionato(a).
arrebatar *vt* strappare, togliere; (*fig*)
accattivare; ~**se** *vr* infuriarsi;
(*entusiasmarse*) entusiasmarsi; (*torta*)
bruciacchiarsi.
arrebato *sm* scatto; (*éxtasis*) estasi *f*.
arrebol *sm* (*de las nubes*) rosso;
(*colorete*) rossetto.
arrebujarse [-'x-] *vr* avvolgersi.
arreciar [-'θjar] *vi* aumentare (di
violenza).
arrecife [-'θ-] *sm* scogliera corallina.
arreglado, a *a* ordinato(a); (*moderado*)
moderato(a).
arreglar *vt* regolare; (*poner orden*)
sistemare, mettere a posto; (*algo roto*)
riparare; (*concertar*) mettere d'accordo;
(*problema*) sistemare, risolvere; (*MUS*)
accordare; ~**se** *vr* (*vestirse*) vestirsi; (*el*

pelo) aggiustarsi i capelli; (*contentarse*)
accontentarsi.
arreglo *sm* (*ver vt*) regolamento;
sistemazione *f*; riparazione *f*; accordo;
arrangiamento.
arremangar *vt* rimboccare; ~**se las**
faldas rimboccarsi le maniche.
arremeter *vt* assalire // *vi*: ~ **a**
scagliarsi contro.
arremetida *sf* assalto, attacco;
(*empujón*) spintone *m*.
arremolinarse *vr* turbinare; (*gente*)
affollarsi.
arrendador, a *sm/f* locatore/trice;
(*inquilino*) inquilino/a.
arrendamiento *sm* affitto.
arrendar *vt* affittare.
arrendatario, a *sm/f* affittuario/a.
arreo *sm* ornamento; ~**s** *mpl* finimenti
mpl.
arrepentimiento *sm* pentimento.
arrepentirse *vr*: ~ **de** pentirsi di.
arrestado, a *a* arrestato(a).
arrestar *vt* arrestare.
arresto *sm* arresto; (*audacia, arrojo*)
valore *m*, audacia; ~ **domiciliario**
(*JUR*) domicilio coatto.
arriar *vt* ammainare; ~**se** *vr* allagarsi,
inondarsi.
arriate *sm* aiuola.
arriba *ad* su, in alto; (*dirección*) in alto,
in su; **en el piso de** ~ al piano di sopra;
~ **mencionado** suddetto; ~ **de 100**
liras più di 100 lire; **de** ~ gratis; ¡ ~
las manos! mani in alto!
arribar *vi* (*NAUT*) approdare; (*persona*)
arrivare, giungere.
arribo *sm* arrivo.
arriendo *sm* affitto.
arriesgado, a *a* rischioso(a); (*audaz*)
audace.
arriesgar *vt* rischiare; ~**se** *vr*: ~**se a**
arrischiarsi a; ~**se en algo** lanciarsi in
qc.
arrimar *vt* avvicinare, accostare;
(*adosar*) appoggiare; (*dar golpes*)
mollare, appioppare; ~**se** *vr* (*apoyarse*)
appoggiarsi; (*aproximarse*) avvicinarsi;
(*juntarse*) aggregarsi.
arrinconado, a *a* messo(a) in disparte;
(*fig: desatendido*) abbandonato(a);
(*olvidado*) dimenticato(a).
arrinconar *vt* mettere in disparte;
(*dejar de lado*) abbandonare; (*olvidar*)
dimenticare; (*acosar*) mettere alle
strette; ~**se** *vr* chiudersi.
arrobamiento *sm* rapimento, estasi *f*.
arrodillarse [-'λ-] *vr* inginocchiarsi.
arrogancia [-θja] *sf* arroganza.
arrogante *a* arrogante; (*valiente*)
valoroso(a).
arrogarse *vr* arrogarsi.
arrojado, a [-'x-] *a* intrepido(a).
arrojar [-'xar] *vt* lanciare, gettare;
(*demostrar*) dimostrare; (*fam*) vomitare;
~**se** *vr* gettarsi, lanciarsi.
arrojo [-xo] *sm* audacia, slancio.

arrollar [-'ʎar] *vt* arrotolare; (*suj: avalancha*) travolgere; (*enemigos*) sconfiggere.

arropar *vt* avvolgere, coprire; **~se** *vr* coprirsi.

arrorró *sm* ninnananna.

arrostrar *vt* affrontare; (*dificultades*) resistere a; **~se** *vr* misurarsi con, far fronte a.

arroyo *sm* ruscello; (*de la calle*) canaletto di scolo; **poner en el ~** (*fig*) gettare sul lastrico.

arroz [-θ] *sm* riso.

arrozal [-'θal] *sm* risaia.

arruga *sf* ruga; (*de vestido*) grinza.

arrugar *vt* sgualcire; (*frente*) corrugare; **~se** *vr* (*encogerse*) restringersi; (*vestido*) sgualcirsi.

arruinar *vt* rovinare; (*destruir*) distruggere; **~se** *vr* rovinarsi.

arrullar [-'ʎar] *vi* (*palomo*) tubare // *vt* (*fig: niño*) cullare.

arrullo [-'ʎo] *sm* tubare *m*; (*canción*) ninnananna.

arrumaco *sm* carezza.

arsenal *sm* arsenale *m*.

arsénico *sm* arsenico.

arte *sm* (*gen m en sing y siempre f en pl*) arte *f*; **~s** *fpl* arti *fpl*.

artefacto *sm* macchina, apparecchio.

artejo [-xo] *sm* articolazione *f*.

arteria *sf* arteria.

artesa *sf* madia.

artesano *sm* artigiano.

artesonado *sm* soffitto a cassettoni.

ártico, a *a* artico(a); **el A~** l'Artico.

articulación [-'θjon] *sf* articolazione *f*; (*TECN*) giuntura.

articulado, a *a* articolato(a) // *sm* testo (*di legge, trattato etc*).

articular *a* articolare // *vt* articolare.

artículo *sm* articolo.

artífice [-θe] *sm* artefice *m*.

artificio [-θjo] *sm* (*también fig*) artificio.

artificioso, a [-'θ-] *a* ingegnoso(a); (*disimulado*) ingannevole.

artillería [-ʎ-] *sf* artiglieria.

artillero [-'ʎ-] *sm* artigliere *m*.

artista *sm/f* artista *m/f*.

artístico, a *a* artistico(a).

artritis *sf* artrite *f*.

arzobispado [-θ-] *sm* arcivescovato.

arzobispo [-θ-] *sm* arcivescovo.

as *sm* asso.

asa *sf* manico.

asado *sm* arrosto.

asador *sm* spiedo.

asalariar *vt* salariare.

asaltador, a, asaltante *sm/f* assalitore/trice, rapinatore/trice.

asaltar *vt* assaltare, rapinare.

asalto *sm* assalto; (*BOXEO*) ripresa; (*fam: fiesta*) festa a sorpresa.

asamblea *sf* assemblea; (*MIL*) adunata.

asar *vt* arrostire; **~se** *vr* (*fig*) arrostirsi.

ascendencia [asθen'denθja] *sf* (*antepasados*) antenati *mpl*; (*origen*) ascendenza; (*AM*) ascendente *m*.

ascender [asθ-] *vi* salire // *vt* (*ser promovido*) essere promosso; **~ a** ammontare a.

ascendiente [asθ-] *sm* ascendente *m* // *sm/f* antenato/a.

ascensión [asθ-] *sf* salita, ascensione *f*; (*promoción*) promozione *f*.

ascensor [asθ-] *sm* ascensore *m*.

asceta [as'θ-] *sm* asceta *m*.

ascético, a [as'θ-] *a* ascetico(a).

asco *sm* schifo; (*cosa*) schifezza; **dar ~** far schifo.

ascua *sf* brace *f*; **estar sobre ~s** (*fig*) essere sulle spine.

aseado, a *a* pulito(a); (*elegante*) elegante.

asear *vt* (*limpiar*) pulire; (*arreglar*) sistemare; (*adornar*) ornare.

asechanza [ase'tʃanθa] *sf* agguato.

asechar [-'tʃar] *vt* tendere un agguato a.

asediar *vt* assediare; (*perseguir*) assillare; (*molestar*) importunare.

asedio *sm* assedio.

asegurado, a *a* assicurato(a).

asegurar *vt* assicurare; (*consolidar*) fissare; rassicurare; **~se** *vr* assicurarsi.

asemejarse [-'x-] *vr* somigliarsi, assomigliarsi.

asentado, a *a* stabile.

asentar *vt* (*sentar*) mettere a sedere; (*poner*) collocare: (*fundar*) fondare; (*alisar*) spianare; (*anotar*) registrare; (*afirmar*) affermare.

asentimiento *sm* assenso, consenso.

asentir *vi* consentire.

aseo *sm* pulizia.

asequible [-'k-] *a* raggiungibile, accessibile.

aserción [-'θjon] *sf* asserzione *f*.

aserrado, a *a* dentellato(a), seghettato(a).

aserrar *vt* segare.

aserrín *sm* segatura.

asesinar *vt* assassinare; (*fig*) rovinare.

asesinato *sm* assassinio.

asesino, a *a, sm/f* assassino(a).

asesor, a *sm/f* consulente *m/f*.

asesorar *vt* consigliare; **~se** *vr*: **~se con** o **de** farsi consigliare da.

asestar *vt* puntare; (*golpear*) assestare.

aseveración [-'θjon] *sf* affermazione *f*.

aseverar *vt* asseverare, affermare.

asfalto *sm* asfalto.

asfixiar *vt* asfissiare; **~se** *vr* asfissiarsi.

así *ad* (*de esta manera*) così; (*aunque*) anche se, anche quando; (*tan luego como*) finché; **~ que** o **como** non appena; **~ que** sicché; **~ y todo** nondimeno; **¿no es ~?** non è così?, non è vero?

Asia *sf* Asia.

asiático, a *a* asiatico(a).

asidero *sm* manico; (*fig*) pretesto; (*apoyo*) raccomandazione *f*.

asiduidad *sf* assiduità.
asiduo, a *a* assiduo(a) // *sm/f* cliente *m/f* abituale.
asiento *sm* sedia; (*de coche*) sedile *m*; (JUR. AMM. POL) seggio; (*sitio*) posizione *f*, ubicazione *f*; (*fondo de botella, caja*) fondo; (*localidad*) posto, luogo; (*colocación*) collocazione *f*; (*depósito: de líquido*) sedimento; (COMM: *en libro*) scrittura; (*fig: cordura*) buon senso.
asignación [asivna'θjon] *sf* assegnazione *f*; (*subsidio*) assegno; (*sueldo*) stipendio.
asignar [-ɣ'n-] *vt* assegnare.
asignatura [-ɣn-] *sf* materia (d'insegnamento).
asilo *sm* asilo; (*fig*) protezione *f*.
asimilación [-'θjon] *sf* assimilazione *f*.
asimilar *vt* assimilare; ∼**se** *vr* somigliarsi.
asimismo *ad* così; (*también*) anche, pure.
asir *vt* prendere, afferrare; ∼**se** *vr* aggrapparsi.
asistencia [-θja] *sf* assistenza.
asistir *vt* assistere // *vi* presenziare, essere presente.
asno *sm* asino.
asociación [asoθja'θjon] *sf* associazione *f*.
asociado, a [-'θ-] *a* associato(a) // *sm/f* socio/a.
asociar [-'θjar] *vt* associare.
asolar *vt* devastare; ∼**se** *vr* depositarsi.
asolear *vt* esporre al sole; (*casa*) soleggiare; ∼**se** *vr* abbronzarsi.
asomar *vt* mostrare, far vedere // *vi* apparire, comparire; ∼**se** *vr* apparire; (*fam*) essere un po' brillo.
asombrar *vt* ombreggiare, far ombra a; (*fig: causar admiración, sorpresa*) stupire, meravigliare; (: *asustar*) spaventare; ∼**se** *vr* stupirsi; spaventarsi.
asombro *sm* stupore *m*, meraviglia.
asombroso, a *a* sorprendente, stupefacente.
asomo *sm* indizio, segnale *f*; (*sospecha*) sospetto; **ni por** ∼ neanche per sogno.
asonada *sf* sedizione *f*, sommossa.
asonancia [-θja] *sf* assonanza; (*fig*) rapporto, relazione *f*.
aspa *sf* croce di S. Andrea; (*de molino*) pala.
aspaviento *sm* esagerazione *f*.
aspecto *sm* aspetto; **bajo este** ∼ sotto questo aspetto.
aspereza [-θa] *sf* ruvidezza, asprezza.
áspero, a *a* aspro(a), ruvido(a); (*carácter*) sgradevole.
áspid, áspide *sm* aspide *m*.
aspillera [-'ʎ-] *sf* feritoia.
aspiración [-'θjon] *sf* aspirazione *f*.
aspirar *vt* aspirare; (*fig*) pretendere, aspirare a.
asquerosidad [-k-] *sf* schifezza.
asqueroso, a [-k-] *a* ripugnante, schifoso(a).

asta *sf* asta; **a media** ∼ a mezz'asta.
astilla [-ʎa] *sf* scheggia.
astillero [-'ʎ-] *sm* cantiere *m* navale.
astreñir [-'ɲir] *vt* = **astringir**.
astringente [-'x-] *a*, *sm* astringente (*m*).
astringir [-'xir] *vt* restringere.
astro *sm* astro; (*fig*) stella.
astrólogo *sm* astrologo.
astrónomo *sm* astronomo.
astucia [-θja] *sf* astuzia.
astuto, a *a* astuto(a), furbo(a).
asueto *sm* ferie *fpl*.
asumir *vt* assumere.
asunción [-'θjon] *sf* assunzione *f*.
asunto *sm* argomento, tema *m*; (*negocio*) affare *m*; (*caso*) faccenda; (*molestia*) seccatura.
asustadizo, a [-θo] *a* timoroso(a).
asustar *vt* spaventare; ∼**se** *vr* spaventarsi.
atacar *vt* attaccare; (QUIM) intaccare.
atado, a *a* legato(a); (*fig*) impacciato(a) // *sm* pacco, pacchetto.
atadura *sf* laccio; (*acción*) legatura, allacciatura; (*fig*) vincolo; (: *traba*) impedimento.
atajar [-'xar] *vt* tagliare la strada a // *vi* prendere una scorciatoia.
atajo [-xo] *sm* scorciatoia; (*medio*) espediente *m*.
atalaya *sf* torretta; (*elevado*) altura // *sm* sentinella.
atañer [-'ɲer] *vi* concernere.
ataque [-ke] *sm* attacco.
atar *vt* legare; (*zapatos*) allacciare; ∼**se** *vr* (*fig: embarazarse*) turbarsi; (*ceñirse a una cosa*) attenersi; ∼**se la lengua** (*fig*) ammutolire.
atareado, a *a* occupato(a).
atarear *vt* dar lavoro a; ∼**se** *vr* affaccendarsi, darsi da fare.
atascamiento *sm* = **atasco**.
atascar *vt* otturare; (*fig*) ostacolare; ∼**se** *vr* otturarsi.
atasco *sm* ostruzione *f*; (AUTO) ingorgo; (*impedimento*) ostacolo.
ataúd *sm* bara, feretro.
ataviar *vt* ornare; ∼**se** *vr* abbigliarsi.
atavío *sm* abbigliamento.
atavismo *sm* atavismo.
atemorizar [-'θar] *vt* intimorire, spaventare; ∼**se** *vr* spaventarsi.
atemperar *vt* moderare; ∼**se** *vr* moderarsi.
Atenas *sf* Atene *f*.
atención [-'θjon] *sf* attenzione *f*; (*bondad*) gentilezza; (*cortesía*) cortesia // *excl* attenzione!
atender *vt* occuparsi di // *vi* far attenzione.
ateneo *sm* ateneo.
atenerse *vr:* ∼ **a** (*ajustarse*) stare a; (*acogerse*) ricorrere a.
atentado *sm* attentato.
atentar *vi:* ∼ **a** attentare a.
atento, a *a* attento(a); (*cortés*) gentile.

atenuante *a* attenuante // *sm* (AM)
circostanza attenuante.
atenuar *vt* attenuare.
ateo, a *a, sm/f* ateo(a).
aterrador, a *a* terrificante.
aterrar *vt* atterrare, gettare a terra;
(*atemorizar*) atterrire, spaventare; ~se
vr (*estar aterrado*) essere spaventato(a);
(*tener pánico*) essere terrorizzato(a).
aterrizar [-'θar] *vt* atterrare.
aterrorizar [-'θar] *vt* terrorizzare; ~se
vr terrorizzarsi.
atesorar *vt* accumulare.
atestación [-'θjon] *sf* testimonianza,
deposizione *f*.
atestar *vt* riempire, colmare; (JUR)
testimoniare.
atestiguar *vt* (JUR) testimoniare; (*fig*)
dimostrare.
atiborrar *vt* riempire; ~se *vr*
rimpinzarsi.
ático *sm* (*piso*) attico.
atildar *vt* (LING) mettere la tilde;
(*censurar*) criticare; ~se *vr* farsi
bello(a).
atisbar *vt* (*acechar*) spiare; (*mirar con
disimulo*) guardare discretamente.
atizar [-'θar] *vt* attizzare; (*fig*) ravvivare;
~ **un golpe** mollare un pugno.
atlántico, a *a* atlantico(a) // *sm*: **el
(océano) A~** l'(oceano) Atlantico.
atlas *sm* atlante *m*.
atleta *sm/f* atleta *m/f*.
atlético, a *a* atletico(a).
atmósfera *sf* atmosfera.
atolondrado, a *a* sventato(a),
sbadato(a).
atolondramiento *sm* sventatezza,
sbadataggine *f*.
atolladero [-ʎ-] *sm* fangaia; (*fig*) guaio.
atollar [-'ʎar] *vi*, ~se *vr* impantanarsi;
(*fig*) impelagarsi, cacciarsi nei guai.
átomo *sm* atomo.
atónito, a *a* sbalordito(a), stupefatto(a).
atontado, a *a* stordito(a); (*boquiabierto*)
stupefatto(a), stupito(a); (*confundido*)
confuso(a).
atontar *vt* stordire; (*volver tonto*)
intontire; ~se *vr* stordirsi;
(*embrutecerse*) istupidirsi.
atormentador, a *a, sm/f*
tormentatore(trice).
atormentar *vt* tormentare, torturare;
~se *vr* tormentarsi.
atornillar [-'ʎar] *vt* avvitare.
atosigar *vt* intossicare, avvelenare; (*fig*)
seccare.
atracar *vt* (NAUT) ormeggiare; (*robar*)
assalire, rapinare; (*fam*) riempire,
imbottire // *vi* approdare; ~se *vr*
rimpinzarsi.
atracción [-k'θjon] *sf* attrazione *f*.
atraco *sm* aggressione *f*.
atractivo, a *a* attraente // *sm* fascino *m*.
atraer *vt* attrarre, attirare.
atrapar *vt* acciuffare.

atrás *ad* (*movimiento*) indietro; (*tiempo*)
precedentemente, prima; **ir hacia** ~
andare indietro; **estar** ~ essere dietro.
atrasado, a *a* in ritardo; (*mentalmente*)
ritardato(a).
atrasar *vt* (*reloj*) mettere indietro; ~se
vr (*quedarse atrás*) rimanere indietro;
(*llegar tarde*) ritardare, arrivare in
ritardo; (*endeudarse*) indebitarsi; (*en
crecimiento físico o intelectual*) essere
ritardato.
atraso *sm* ritardo.
atravesar *vt* attraversare; (*poner al
través*) mettere di traverso; (*traspasar*)
perforare; (NAUT) mettere alla cappa;
(AM) monopolizzare; ~se *vr* mettersi di
traverso; (*intervenir*) intromettersi; **me
atraviesa** (*fam*) non lo posso
sopportare.
atrayente *a* attraente.
atreverse *vr* azzardarsi, osare.
atrevido, a *a* coraggioso(a) // *sm/f*
sfacciato/a, insolente *m/f*.
atrevimiento *sm* sfacciataggine *f*,
insolenza.
atribución [-'θjon] *sf* attribuzione *f*.
atribuir *vt* attribuire; (*conceder, otorgar*)
conferire.
atribular *vt* affliggere; ~se *vr*
affliggersi.
atributo *sm* attributo.
atril *sm* leggio.
atrincherar [-tʃ-] *vt* trincerare; ~se *vr*
trincerarsi.
atrio *sm* (*de iglesia*) sagrato; (*zaguán*)
ingresso.
atrocidad [-θ-] *sf* atrocità *f inv*.
atrofiarse *vr* atrofizzarsi.
atropellado, a [-'ʎ-] *a* precipitoso(a).
atropellar [-'ʎar] *vt* (*derribar*) atterrare;
(*empujar*) spingere; (*pasar por encima de*)
calpestare; (*agraviar*) malmenare,
strapazzare; (*ultrajar*) insultare; (*con
vehículo*) investire; ~se *vr* agitarsi.
atropello [-'ʎo] *sm* (*accidente*)
investimento, incidente *m*; (*agravio*)
offesa; (*empujón*) spintone *m*; (*insulto*)
affronto, insulto; (*fig*) violazione *f*.
atroz [-θ] *a* atroce, crudele.
atún *sm* tonno.
aturdir *vt* stordire; (*confundir*)
confondere.
audacia [-θja] *sf* audacia.
audaz [-θ] *a* audace // *sm* audace *m*,
temerario.
audiencia [-θja] *sf* udienza; (*tribunal*)
tribunale *m*.
auditor *sm* (JUR) consulente *m*.
auditorio *sm* uditorio; (*edificio*)
auditorio.
auge [-xe] *sm* apogeo, auge *m*.
augurar *vt* pronosticare.
aula *sf* aula.
aullar [-'ʎar] *vi* ululare.
aullido [-'ʎ-] *sm* ululato.
aumentar *vt* aumentare // *vi, vr* ~se
crescere.

aumento *sm* aumento; (ÓPTICA) ingrandimento.

aun *ad* anche, pure, perfino.

aún *ad* ancora.

aunar *vt* unire; (*unificar*) unificare.

aunque [-ke] *conj* benché, anche se.

áureo, a *a* aureo(a).

aureola *sf* aureola.

auricular *a* auricolare // *sm* (*dedo*) mignolo; (*de teléfono*) ricevitore *m*.

aurora *sf* aurora.

ausencia [-θja] *sf* assenza.

ausentarse *vr* assentarsi.

ausente *a, sm/f* assente (*m*).

auspicio [-θjo] *sm* auspicio.

austeridad *sf* austerità.

austero, a *a* austero(a).

austral *a* australe.

Australia *sf* Australia.

australiano, a *a, sm/f* australiano(a).

Austria *sf* Austria.

austríaco, a *a, sm/f* austriaco(a).

autenticar *vt* autenticare, legalizzare.

auténtico, a *a* autentico(a).

auto (JUR) sentenza; (TEATRO) rappresentazione *f* sacra; (*fam*) macchina; ~s *mpl* (JUR) atti *mpl*.

autobús *sm* autobus *m*.

autocar *sm* corriera.

autógrafo, a *a* autografo(a) // *sm* autografo.

autómata *sm* automa *m*.

automático, a *a* automatico(a).

automotor, triz *a* automotore (trice) // *sm* automotrice *f* Diesel.

automóvil *sm* automobile *f*.

autonomía *sf* autonomia.

autónomo, a *a* autonomo(a).

autopista *sf* autostrada.

autopsia *sf* autopsia.

autor, a *sm/f* autore/trice.

autoridad *sf* autorità *f inv*.

autorización [-θjon] *sf* autorizzazione *f*.

autorizado, a [-'θ-] *a* autorizzato(a); (*respetado*) autorevole.

autorizar [-'θar] *vt* autorizzare, permettere; (*documento*) autenticare.

autoservicio [-θjo] *sm* self-service *m inv*.

auxiliar *vt* aiutare, soccorrere.

auxilio *sm* aiuto, soccorso.

avalancha [-tʃa] *sf* valanga.

avalorar *vt* avvalorare; (*fig*) incoraggiare.

avaluar *vt* valutare.

avance [-θe] *sm* avanzamento; (*de dinero*) anticipo.

avanzada [-'θ-] *sf* avamposto.

avanzar [-'θar] *vt* avanzare // *vi*, ~se *vr* progredire; (*en edad*) invecchiare.

avaricia [-θja] *sf* avarizia.

avariento, a *a* tirchio(a).

avaro, a *a, sm/f* avaro(a).

avasallar [-'ʎar] *vt* soggiogare, dominare.

Av *abr de* **Avenida**.

ave *sf* uccello.

avellana [-'ʎ-] *sf* nocciola.

avellanar [-ʎ-] *sm* piantagione *f* di noccioli // *vt* (TECN) alesare.

avellano [-'ʎ-] *sm* nocciolo.

avena *sf* avena.

avenida *sf* viale *m*, corso.

avenir *vt* conciliare; ~se *vr* accordarsi; (*conformarse*) adattarsi.

aventajado, a [-'x-] *a* (*notable*) notevole; (*adelantado*) avvantaggiato(a).

aventajar [-'xar] *vt* superare; ~se *vr* primeggiare, essere avanti.

aventar *vt* ventilare; ~se *vr* gonfiarsi.

aventura *sf* avventura; (*casualidad*) caso; (*peligro*) rischio(a).

aventurado, a *a* rischioso(a).

aventurero, a *a* avventuriero(a) // *sm/f* avventuriero/a; (*fig*) disonesto/a.

avergonzar [-'θar] *vt* svergognare; ~se *vr* vergognarsi.

avería *sf* avaria.

averiado, a *a* avariato(a).

averiarse *vr* guastarsi; (*dañarse*) deteriorarsi.

averiguación [-'θjon] *sf* indagine *f*, ricerca.

averiguar *vt* indagare, investigare; ~se *vr*: ~se con uno (*fam*) intendersela con qd.

aversión *sf* avversione *f*; tener ~ a provare avversione per.

avestruz [-θ] *sm* struzzo.

aviación [-'θjon] *sf* aviazione *f*.

aviador, a *sm/f* aviatore/trice.

avidez [-θ] *sf* avidità.

ávido, a *a* avido(a).

avieso, a *a* scaltro(a), astuto(a).

avinagrado, a *a* acido(a), acre.

avinagrar *vt* far inacidire; ~se *vr* inacidirsi.

avión *sm* aereo; ~ de reacción/sin piloto aereo a reazione/telecomandato.

avisar *vt* avvisare, avvertire.

aviso *sm* avviso; (*advertencia*) avvertimento; (*prudencia*) precauzione *f*.

avispa *sf* vespa.

avispado, a *a* sveglio(a), vispo(a).

avispero *sm* vespaio.

avistar *vt* avvistare; ~se *vr* riunirsi.

avituallar [-'ʎar] *vt* vettovagliare.

avivar *vt* stimolare; (*fig*) eccitare; ~se *vr* riprendersi.

avizorar [-θ-] *vt* spiare.

axioma *sm* assioma *m*.

ay *excl* (*dolor*) ahi!; (*aflicción*) ahimé!; ¡~ de mí! povero me!; ¡~ del que . . .! guai a chi . . .!

aya *sf* governante *f*.

ayer *ad* ieri; antes de ~ avantieri // *sm* ieri *m*.

ayuda *sf* aiuto; (*socorro*) soccorso; (MED) clistere *m* // *sm*: ~ de cámara cameriere *m*.

ayudante *sm* (MIL) maresciallo // *sm/f* aiutante *m/f*, assistente *m/f*.

ayudar *vt* aiutare, assistere; (*socorrer*) soccorrere; ~se *vr* aiutarsi.

ayunar vi digiunare.
ayunas sfpl: **estar en ~** (también fig) essere a digiuno.
ayuno sm digiuno.
ayuntamiento sm consiglio comunale; (edificio) municipio; (cópula) unione f carnale.
azabache [aθa'batʃe] sm giaietto, jais m.
azada [a'θ-] sf zappa.
azadón [aθ-] sm zappa.
azafata [aθ-] sf cameriera; (en avión) hostess f inv.
azafrán [aθ-] sm zafferano.
azahar [aθa'ar] sm zagara.
azar [a'θ-] sm caso; (desgracia) imprevisto.
azaroso, a [aθ-] a azzardato(a); (desgraciado) sfortunato(a), disgraziato(a).
ázimo, a [a'θ-] a azzimo(a).
azogue [a'θoʝe] sm mercurio.
azoramiento [aθ-] sm sbigottimento, sgomento.
azorar [aθ-] vt allarmare, turbare; **~se** vr allarmarsi, turbarsi.
azote [a'θ-] sm (látigo) frusta; (latigazo) frustata; (golpe en las nalgas) sculacciata; (fig: persona) peste f; **~ del viento** ventata.
azotea [aθ-] sf terrazza.
azúcar [a'θ-] sm zucchero.
azucarado, a [aθ-] a zuccherato(a).
azucarero, a [aθ-] a zuccheriero(a) // sm industriale m o operaio del settore zuccheriero; (vaso) zuccheriera // sf (AM) zuccheriera.
azucena [aθu'θena] sf giglio.
azufre [a'θ-] sm zolfo.
azul [a'θ-] a azzurro(a) // sm azzurro.
azulejo [aθu'lexo] sm piastrella.
azuzar [aθu'θar] vt aizzare; (fam) irritare.

B

baba sm bava.
babear vi sbavare.
babor sm babordo.
baboso, a a bavoso(a).
babucha [-tʃa] sf babbuccia, pantofola.
bacalao sm merluzzo.
bacanal sf baccanale m, orgia.
bacilo [-'θ-] sm bacillo.
bacteria sf batterio.
bacteriología [-'xia] sf batteriologia.
báculo sm bastone m; (fig) sostegno, appoggio.
bache [-tʃe] sm rotaia; (AER) vuoto (d'aria).
bachiller [batʃi'ʎer] sm diplomato (di liceo).
bachillerato [-tʃiʎ-] sm ≈ liceo, scuola media superiore.

badajo [-xo] sm battaglio, batacchio.
badulaque [-ke] sm (fig) balordo.
bagaje [-xe] sm (también fig) bagaglio.
bagatela sf bagattella.
bagual sm (ARG) puledro selvatico.
bahía [ba'ia] sf baia.
bailar vt, vi ballare, danzare.
baile sm ballo, danza.
baja [-xa] sf (de los precios) riduzione f, ribasso; (MIL) perdita; **dar de ~ a** (soldado) congedare; (empleado) licenziare.
bajada [-'x-] sf discesa; **la ~ del telón** l'atto di calare il sipario.
bajamar [-xa-] sf bassa marea.
bajar [-'xar] vt abbassare; (escalera) scendere (da); (llevar abajo) scaricare, portar giù // vi scendere; **~se** vr scendere; (doblarse) abbassarsi.
bajeza [ba'xeθa] sf bassezza, viltà f inv.
bajo, a [-xo] a basso(a); (fig: vil) vile, basso(a) // ad da basso, giù; (hablar) a voce bassa, sottovoce // prep sotto // sm (MUS) basso; (piso) pianterreno; (de mar) bassofondo, secca; **~ el reinado de** sotto il regno di; **~ palabra** sulla parola; **~ cero** sotto zero; **Baja Edad Media** basso Medioevo; **~s fondos** bassifondi mpl.
bajorrelieve [-x-] sm bassorilievo.
bala sf pallottola, proiettile m; **como una ~ a** tutta velocità.
baladí a futile.
balance [-θe] sm dondolio, oscillazione f; (NAUT) rollio; (ECON) bilancio; **hacer el ~** fare il bilancio.
balancear [-θ-] vt equilibrare // vi (NAUT) rollare; (fig) tentennare; **~se** vr dondolarsi.
balanceo [-'θeo] sm dondolio.
balancín [-'θin] sm (de coche) bilancino; (mecedora) dondolo; (de máquina) manovella.
balanza [-θa] sf bilancia; **~ comercial o de comercio/de pagos** bilancia commerciale/dei pagamenti; **B~** (ASTROL) = **Libra.**
balar vi belare.
balazo [-θo] sm colpo (di arma da fuoco).
balbucear [-θ-], **balbucir** [-'θir] vi, vt balbettare.
balbuceo [-'θeo] sm balbettio.
balcón sm balcone m.
baldaquín, baldaquino [-'k-] sm baldacchino.
baldar vt paralizzare.
balde sm secchio; **de ~** ad gratis; **de o en ~** invano.
baldear vt lavare a secchi; (NAUT) sgottare.
baldío, a a (terreno) incolto(a), abbandonato(a); (esfuerzo) vano(a), inutile.
baldosa sf mattonella, piastrella.
balear vt (AM) sparare a.
Baleares sfpl: **las (Islas) ~** le (Isole) Baleari.

balido sm belato.

balística sf balistica.

baliza [-θa] sf (NAUT) gavitello; (AER) segnale m di fine pista.

balneario, a a: **estación ~a** stabilimento balneare // sm stabilimento balneare.

balón sm pallone m; **~ de oxígeno** bombola di ossigeno.

balsa sf zattera.

bálsamo sm balsamo.

baluarte sm bastione m; (fig) baluardo.

ballena [-ʎ-] sf balena; (de corsé) stecca di balena.

ballenero [-ʎ-] sm baleniera; (pescador) baleniere m.

ballesta [-ʎ-] sf balestra.

ballet [baˈle] sm balletto.

bambolear vi, **~se** vr dondolare.

bambú sm bambù m.

banca sf panca; (FIN) banca; (AM) seggio; **hacer saltar la ~** (CARTE etc) far saltare il banco.

bancario, a a bancario(a).

bancarrota sf bancarotta.

banco sm banco; (FIN) banca; **~ de carpintero/de prueba** banco da falegname/di prova; **~ de ahorros** (FIN) cassa di risparmio; **~ de crédito** istituto di credito; **~ de hielo** banchisa.

banda sf fascia, sciarpa; (NAUT) fiancata; (billar) sponda; (lado) lato, parte f; (MUS) banda; (peg: de gente) branco; (: de delincuentes) banda; **~ magnética** (TECN) nastro magnetico; **~ de carretera** corsia della strada; **~ de sonidos** colonna sonora.

bandada sf stormo.

bandeja [-xa] sf vassoio; **servir en ~ de plata** (fig) servire su un piatto d'argento.

bandera sf bandiera; **arriar ~** (fig) arrendersi; **bajada de ~** (taxi) presa a bordo di un passeggero; **bajo ~** (MIL) sotto le armi; **~ a media asta** bandiera a mezz'asta.

banderilla [-ʎa] sf (TAUR) banderilla.

banderín sm insegna.

bandido sm bandito.

bando sm bando, editto; (POL) fazione f, partito; **pasar al otro ~** passare in campo avverso.

bandolero sm brigante m.

banquero [-ˈk-] sm banchiere m.

banqueta [-ˈk-] sf panchetta; (escabel) sgabello.

banquete [-ˈk-] sm banchetto.

banquillo [-ˈkiʎo] sm banchetto; (JUR) banco degli accusati; **poner a uno en el ~ de los acusados** (fig) mettere qd sotto accusa.

bañar [-ˈɲar] vt bagnare; (niño) fare il bagno a; (recubrir: objeto) ricoprire; **~se** vr fare il bagno; **bañado en** bagnato di.

bañera [-ˈɲ-] sf vasca.

bañero [-ˈɲ-] sm bagnino.

bañista [-ˈɲ-] sm/f bagnante m/f.

baño [-ɲo] sm bagno; (capa) strato; (bañera) vasca; (fig) infarinatura; **darse un ~** fare un bagno.

baptisterio sm battistero.

baqueta [-ˈk-] sf bacchetta; **mandar a la ~** comandare a bacchetta.

baquetear [-k-] vt (fig) molestare.

baqueteo [-k-] sm scossone m; (fig) seccatura.

baquiano [-ˈki-] sm guida.

bar sm bar m inv.

barahúnda [-aˈu-] sf baraonda.

baraja [-xa] sf mazzo di carte.

barajar [-xar] vt (naipes) mescolare; (fig) confondere; **~ ideas** (fig) discuterne.

baranda sf ringhiera; (de billar) sponda.

baratija [-xa] sf (joya) cianfrusaglia; (fruslería) cosa da niente.

baratillo [-ʎo] sm mercatino; (cosas de poco valor) cianfrusaglie fpl.

barato, a a a buon mercato, economico(a); (fig) facile // sm svendita.

baratura sf basso prezzo.

barba sf barba; (ANAT) mento; **~s** fpl (de plantas) barbe fpl; (del papel) peluria; **en las ~s de uno** (fig) in barba a qd.

barbacoa sf (parrilla) barbecue m inv; (carne) grigliata.

barbado, a a barbuto(a).

barbaridad sf bestialità f inv; (fig) stupidaggine f; **comer una ~** (fam) mangiare in quantità eccessiva; **cuesta una ~** (fam) costa una follia.

barbarie sf barbarie f.

barbarismo sm barbarismo.

bárbaro, a a barbaro(a); (fig) crudele; (: inculto) ignorante; **¡qué ~!** (fam) stupendo!; **es un tío ~** (fam) è un gran tipo // ad: **lo pasamos ~** (fam) ce la siamo spassata.

barbero sm barbiere m.

barbilampiño [-ɲo] sm (fig) imberbe m.

barbilla [-ʎa] sf mento.

barbitúrico sm barbiturico.

barbudo, a a barbuto(a).

barca sf barca; **~ de pesca** barca da pesca; **~ de pasaje** traghetto.

barcaza [-θa] sf chiatta; **~ de desembarco** (MIL) mezzo da sbarco.

Barcelona [-θ-] sf Barcellona.

barcelonés, esa [-θ-] a barcellonese.

barco sm nave f; **~ de pasajeros** nave passeggeri; **~ de carga** nave da carico.

bargueño [-ˈveɲo] sm stipetto.

barítono sm baritono.

barman sm inv barista m, barman m inv.

barniz [-θ] sm vernice f.

barnizar [-ˈθar] vt verniciare.

barómetro sm barometro.

barón sm barone m.

baronesa sf baronessa.

barquero [-ˈk-] sm barcaiolo.

barquinazo [barkiˈnaθo] sm (fam) scossa, urto.

barra *sf* sbarra; (*NAUT, del caballo*) barra;
(*palanca*) leva; ~ **de carmin** rossetto;
~ **de chocolate** tavoletta di cioccolata;
~ **de lacre** bastoncino di ceralacca; ~
de turrón stecca di torrone; ~**s**
paralelas (*DEPORTE*) parallele *fpl*.
barraca *sf* baracca; ~ **de tiro al**
blanco baraccone *m* di tiro al bersaglio.
barranca *sf* = **barranco**.
barranco *sm* burrone *m*, precipizio.
barredor *sm* spazzino.
barreminas *sm inv* dragamine *m inv.*
barrena *sf* trapano; (*de mano*)
punteruolo; (*de minero*) trivella.
barrenar *vt* trapanare, trivellare.
barrer *vt* scopare, spazzare.
barrera *sf* barriera; (*fig*) ostacolo;
poner ~**s** (*fig*) mettere il bastone tra le
ruote; ~ **del sonido** muro del suono.
barricada *sf* barricata.
barrido *sm*, **barrida** *sf* spazzata.
barriga *sf* pancia.
barrigón, ona *a* panciuto(a).
barril *sm* barile *m*, botte *f.*
barrilete *sm* (*de carpintero*) morsetto;
(*de revólver*) tamburo; (*AM*) aquilone *m.*
barrio *sm* quartiere *m*, rione *m*; (*fuera*
del pueblo) frazione *f*; ~**s bajos**
bassifondi *mpl.*
barro *sm* fango, melma; (*MED*) brufolo;
~ **cocido** terracotta.
barroco, a *a* barocco(a) // *sm* barocco.
barroso, a *a* fangoso(a).
barrote *sm* sbarra.
bartola: a la ~ *ad*: **tirarse a la** ~
(*fam*) prendersela comoda.
bártulos *smpl* masserizie *fpl*; **liar los** ~
(*fam*) far fagotto.
barullero, a [-'ʎ-] *a* chiassoso(a).
barullo [-'ʎ-] *sm* (*fam*) chiasso,
confusione *f*; **armar** ~ far chiasso o
confusione.
basalto *sm* basalto.
basamento *sm* basamento.
basar *vt* basare; (*fig*) fondare; ~**se en**
basarsi su.
báscula *sf* bascula, bilancia.
base *sf* base *f*; **a** ~ **de** a base di.
básico, a *a* basico(a).
basílica *sf* basilica.
basilisco *sm* basilisco; **estar hecho un**
~ (*fig*) diventare una belva.
bastante *a* abbastanza *inv*, sufficiente //
ad abbastanza; **lo** ~ **para** quanto basta
per.
bastar *vi* bastare; ~ **con hablar/venir**
basta che parli/venga; **basta**
ir/escuchar basta andare/ascoltare;
basta para basta per; **¡basta!** basta!;
¡basta y sobra! basta e avanza!
bastardilla [-'ʎa] *sf* corsivo.
bastardo, a *a* bastardo(a).
bastidor *sm* intelaiatura; (*AUTO*) telaio;
(*de bordado*) telaio da ricamo; ~**es** *mpl*
(*TEATRO*) quinte *fpl.*
bastimento *sm* bastimento.
bastión *sm* bastione *m.*

basto, a *a* grossolano(a), rozzo(a) // *sm*
(*arnés*) basto // *sf* imbastitura; (*costura*
de colchón) impuntura; ~**s** *mpl* (*NAIPES*)
bastoni *mpl* (*carte napoletane*); **fiori** *mpl*
(*carte francesi*).
bastón *sm* bastone *m.*
basura *sf* spazzatura, immondizia; **cubo**
de ~ secchio della spazzatura.
basural *sm* discarica.
basurero *sm* spazzino.
bata *sf* vestaglia; (*de escolar etc*)
grembiule *m.*
batahola [-a'o-] *sf* (*fam*) chiasso,
schiamazzo.
batalla [-'ʎa] *sf* battaglia; **dar o librar** ~
dar battaglia.
batallar [-'ʎar] *vi* battagliare; (*disputar*)
litigare.
batallón [-'ʎon] *sm* battaglione *m.*
batata *sf* patata americana.
batea *sf* vassoio di legno.
batería *sf* batteria; ~ **de cocina**
batteria da cucina.
batido, a *a* battuto(a); (*huevos*)
sbattuto(a); (*tela*) cangiante // *sf* battuta
// *sm*: ~ **de leche** frullato, frappé *m.*
batidor *sm* (*MIL*) esploratore *m.*
batidora *sf* frullatore *m.*
batiente *sm* battente *m.*
batifondo *sm* (*ARG*) confusione *f.*
batir *vt* battere; (*huevos, alas*) sbattere;
(*pelo*) cotonare; ~ **al enemigo** battere
il nemico; ~**se** *vr* battersi, combattere;
~**se en duelo** battersi a duello; ~**se en**
retirada battersela.
batiscafo *sm* batiscafo.
batista *sf* batista.
batuta *sf* bacchetta; **llevar la** ~ (*fig*)
comandare, dirigere.
baúl *sm* baule *m.*
bautismo *sm* battesimo.
bautizar [-'θar] *vt* battezzare.
baya *sf* bacca.
bayeta *sf* (*tejido*) flanella; (*trapo de*
fregar) straccio.
bayo, a *a* isabella *inv* // *sm* crisalide *f.*
bayoneta *sf* baionetta; **armar o calar**
la ~ innestare la baionetta.
bayonetazo [-θo] *sm* baionettata.
baza [-θa] *sf* (*NAIPES*) levata, mano *f*; (*fig*)
opportunità; **hacer** ~ (*fig*) far fortuna;
meter ~ entrò in intromettersi.
bazar [-'θar] *sm* bazar *m inv.*
bazo [-θa] *sm* milza.
bazofia [-θ-] *sf* avanzi *mpl*; (*fig: comida*
mala) brodaglia; (: *cosa sucia*) porcheria.
beata *sf ver* **beato.**
beatificar *vt* beatificare.
beatitud *sf* beatitudine *f.*
beato, a *a*, *sm/f* beato(a); (*fam*)
bigotto(a) // *sf* (*fam*) peseta.
bebé *sm* bimbo.
bebedero, a *a* bevibile // *sm*
abbeveratoio.
bebedor, a *a* bevitore(trice).
beber *vt* bere // *vi* bere; (*emborracharse*)
sbronzarsi; ~ **a la salud de alguien**

bere o brindare alla salute di qd; ~
como una esponja (*fig*) bere come una
spugna.
bebida *sf* bevanda, bibita; **darse a la ~**
darsi al bere.
beca *sf* borsa di studio.
becerro [-'θ-] *sm* torello; (*piel*) (cuoio di)
vitello; ~ **marino** (*zool*) vitello marino.
bedel *sm* bidello.
beduino *sm* beduino.
befa *sf* beffa.
befar *vt* beffare, burlarsi di.
begonia *sf* begonia.
beldad *sf* bellezza.
belfo *sm* labbro.
belga *a* belga.
Délgica [x] *sf* Belgio.
bélico, a *a* bellico(a).
belicoso, a *a* bellicoso(a).
beligerante [-x-] *a* belligerante.
bellaco, a [-'ʎ-] *a* birbone(a),
mascalzone(a); (*astuto*) furbo(a).
bellaquería [beʎake'ria] *sf* furfanteria.
belleza [be'ʎeθa] *sf* bellezza.
bello, a [-'ʎo] *a* bello(a).
bellota [-'ʎ-] *sf* ghianda.
bemol *sm* bemolle *m*; **tener ~es** (*fam*)
esser difficile.
bencina [-'θ-] *sf* benzina.
bendecir [-'θir] *vt* benedire.
bendición [-'θjon] *sf* benedizione *f*.
bendito, a *pp de* **bendecir** // *a*
benedetto(a); (*feliz*) felice.
benedictino, a *a* benedettino(a); **obra
de ~** opera di certosino // *sm*
benedettino.
beneficencia [-'θenθja] *sf* beneficenza.
beneficiar [-'θjar] *vt* fare del bene a;
(*terreno*) valorizzare; (*mina*) sfruttare;
(*mineral*) lavorare // *vi*: ~ **de**
beneficiare di; **~se** *vr*: **~se con**
beneficiare di.
beneficio [-θjo] *sm* beneficio; (*econ*)
profitto, guadagno; (*agr*) coltivazione *f*;
(*tecn*) sfruttamento; **en ~ propio** per
se stesso; **a ~ de** a favore di; **a ~ de
inventario** (*fig*) con beneficio
d'inventario.
beneficioso, a [-'θ-] *a* vantaggioso(a),
proficuo(a).
benéfico, a *a* benefico(a); **fiesta/obra
~ festa/opera** di beneficenza.
beneplácito [-θ-] *sm* consenso,
beneplacito; **dar su ~** dare il proprio
consenso.
benevolencia [-θja] *sf* benevolenza.
benévolo, a *a* benevolo(a).
benignidad [-ɣn-] *sf* benignità; (*de clima*)
mitezza.
benigno, a [-ɣno] *a* benigno(a); (*clima*)
mite.
beodo, a *a* ubriaco(a).
berberecho [-tʃo] *sm* vongola.
berenjena [-'x-] *sf* melanzana.
berenjenal [-x-] *sm* campo di
melanzane; (*fig: fam*) pasticcio; **meterse
en un ~** mettersi nei pasticci.

Berlín *sm* Berlino.
berlina *sf* berlina.
bermellón [-'ʎon] *sm* vermiglione *m*.
berrear *vi* mugghiare; (*fig*) strillare.
berrido *sm* muggito; (*fig*) strillo; (*mus*)
stecca.
berrinche [-tʃe] *sm* (*fam*) rabbia.
beso *sm* bacio.
bestia *sf* bestia, animale *m*; ~ **de carga**
bestia da soma.
bestial *a* bestiale, brutale; (*fig: fam*)
stupendo, magnifico;
(: *enorme*) enorme.
bestialidad *sf* bestialità.
besugo *sm* (*zool*) orata.
besuquear [-k-] *vt* (*fam*) sbaciucchiare.
betún *sm* bitume *m*; (*para calzado*)
lucido (da scarpe).
biberón *sm* poppatoio.
biblia *sf* bibbia.
bíblico, a *a* biblico(a).
biblioteca *sf* biblioteca.
bibliotecario, a *sm/f* bibliotecario/a.
bicicleta [-θ-] *sf* bicicletta.
bicho [-tʃo] *sm* animaluccio, animaletto;
es un mal ~ (*fig*) è un individuo
pericoloso.
biela *sf* biella.
bien *sm* bene *m* // *ad* bene; (*bastante*)
abbastanza; (*mucho*) assai, molto; **más
~** piuttosto // *a*: **gente ~** gente bene
// *excl*: **¡(muy) ~!** (molto) bene! //
conj: **no ~** non appena; **si ~** sebbene;
~ **que** benché; **¿y ~?** ebbene?; ~ ...
~ **sia ... sia, o ... o;** **~es muebles**
beni mobili; **~es inmuebles** o **raíces**
beni immobili; **~es de consumo** beni di
consumo; **~es gananciales** beni
acquisiti durante il matrimonio.
bienal *a* biennale.
bienaventurado, a *a* beato(a); (*feliz*)
felice; (*fam*) ingenuo(a).
bienestar *sm* benessere *m*.
bienhechor, a [bjene'tʃor] *a* *sm/f*
benefattore(trice).
bienio *sm* biennio.
bienvenida *sf* benvenuto.
bife *sm* (*am*) bistecca; (: *fig*) schiaffo.
bifurcación [-'θjon] *sf* biforcazione *f*.
bígamo, a *a*, *sm/f* bigamo(a).
bigote *sm* baffo; (*tecn: de horno*) foro di
colata.
bilingüe [-gwe] *a* bilingue.
bilioso, a *a* bilioso(a).
bilis *sf* bile *f*.
billar [-ʎar] *sm* biliardo.
billete [-'ʎ-] *sm* biglietto; ~ **simple/de
ida y vuelta** biglietto di andata/di
andata e ritorno.
billetera [-ʎ-] *sf*, **billetero** [-ʎ-] *sm*
portafoglio.
bimensual *a* bimensile.
bimestral *a* bimestrale.
bimotor *sm* bimotore *m*.
binóculo *sm* binocolo.
biografía *sf* biografia.
biombo *sm* paravento.

biplano *sm* biplano.
birlar *vt* (*fig: fam*) soffiare;
(*: matar*) far fuori; **le birlaron la novia**
gli soffiarono la fidanzata.
birrete *sm* tocco.
birria *sf* orrore *m*; (*AM: fam*) odio;
(*capricho*) capriccio.
bisabuelo, a *sm/f* bisnonno/a.
bisagra *sf* cerniera.
bisbisar, bisbisear *vt* bisbigliare.
bisbiseo *sm* bisbiglio.
bisel *sm* smussatura.
biselar *vt* smussare.
bisiesto *a*: **año** ~ anno bisestile.
bisnieto, a *sm/f* pronipote *m/f*.
bisonte *sm* bisonte *m*.
bisoño, a [-ɲo] *a* (*fig*) inesperto(a) // *sm*
(*MIL*) recluta.
bisturí *sm* bisturi *m*.
bizarría [-θ-] *sf* valore *m*; (*generosidad*)
generosità.
bizarro, a [-'θ-] *a* (*ver sf*) valoroso(a);
generoso(a).
bizco, a [-θ-] *a*, *sm/f* guercio(a),
strabico(a); **dejar** ~ **a uno** (*fig*)
strabiliare qd.
bizcocho [biθ'kotʃo] *sm* biscotto; (*COC*)
pan *m* di Spagna; (*porcelana*) biscuit *m*;
~ **borracho** babà *m inv*.
bizquear [-θk-] *vi* (*fam*) guardare storto.
blanco, a a, *sm/f* bianco(a) // *sm* (*color,
intervalo*) bianco; (*de tiro*) bersaglio; (*fig:
hueco*) buco; (*: fin*) scopo, obiettivo // *sf*
(*MUS*) minima; **tiro al** ~ tiro al
bersaglio; **dar en el o hacer** ~ colpire
il bersaglio o fare centro; **quedarse en**
~ (*fig*) non aver capito niente; **ser el**
~ **de las miradas** essere al centro
dell'attenzione; **estar sin** ~a essere al
verde; ~ **de la uña** lunula.
blancura *sf* bianchezza.
blandir *vt* brandire.
blando, a *a* molle; (*tierno*) tenero(a);
(*muelle*) morbido(a); (*carácter*) mite,
dolce; (*fig*) debole, pusillanime.
blandura *sf* morbidezza; (*de carácter*)
mitezza; (*halago*) complimento.
blanquear [-k-] *vt* imbiancare; (*TECN*)
imbianchire // *vi* diventare bianco.
blanqueo [-'keo] *sm* imbiancatura.
blanquecino, a [-ke'θ-] *a* bianchiccio(a).
blasfemar *vi* bestemmiare.
blasfemia *sf* bestemmia.
blasón *sm* blasone *m*, stemma *m*; (*fig*)
gloria, onore *m*.
blasonar *vt* blasonare // *vi* ostentare,
vantarsi di.
bledo *sm* (*BOT*) bietola; **me importa un**
~ (*fig*) me ne infischio.
blindado, a *a* blindato(a).
blindaje [-xe] *sm* blindaggio.
blindar *vt* blindare, corazzare.
bloque [-ke] *sm* blocco; ~ **de motor**
(*AUTO*) monoblocco; **en** ~ in blocco.
bloquear [-k-] *vt* bloccare.
bloqueo [-'keo] *sm* (*MIL. ECON*) blocco.
blusa *sf* blusa, camicetta.

boa *sf* (*ZOOL*) boa *m*.
boato *sm* ostentazione *f*.
bobada *sf* sciocchezza.
bobalicón, ona *a* sempliciotto(a).
bobina *sf* bobina.
bobinar *vt* arrotolare.
bobo, a *a* (*tonto*) sciocco(a), stupido(a);
(*cándido*) sempliciotto(a), ingenuo(a) //
sm (*TEATRO*) buffone *m*.
boca *sf* bocca; (*ZOOL: de crustáceo*) pinza;
(*de río*) bocca, foce *f*; (*TECN: de escoplo*)
taglio; (*: de martillo*) penna; (*de vino*)
sapore *m*; (*de calle: entrada*) imbocco; (*:
salida*) sbocco; ~ **abajo** bocconi ad; ~
arriba supino; **a** ~ **de cañón** a
bruciapelo; **a** ~ **llena** chiaro e tondo;
quedarse con la ~ **abierta** restare a
bocca aperta; ~ **de metro** ingresso
della metropolitana.
bocacalle [-ʎe] *sf* imbocco.
bocadillo [-ʎo] *sm* panino imbottito;
(*comida ligera*) spuntino; **tomar un** ~
mangiare un panino.
bocado *sm* boccone *m*; (*del caballo,
mordisco*) morso; **un buen** ~ (*fig*) un
affare d'oro.
bocanada *sf* boccata; (*de líquido*) sorso;
~ **de gente** (*fig*) ressa; ~ **de viento**
soffio o folata di vento.
boceto [-θ-] *sm* bozzetto.
bocina [-θ-] *sf* (*para hablar*) megafono;
(*de gramófono*) tromba; (*para sordos*)
cornetto acustico; **tocar la** ~ (*AUTO*)
suonare il clacson.
bocha [-tʃa] *sf* boccia; ~s *fpl* (*juego*)
bocce *fpl*.
bochinche [bo'tʃintʃe] *sm* (*fam*) chiasso;
armar ~ far casino.
bochorno [-'tʃ-] *sm* calura; (*fig*)
vergogna.
bochornoso, a [-tʃ-] *a* soffocante; (*fig*)
vergognoso(a).
boda *sf* matrimonio, nozze *fpl*; (*fiesta*)
banchetto o festa di nozze; ~s **de**
oro/de plata nozze d'oro/d'argento.
bodega *sf* (*de vino*) cantina; (*almacén*)
magazzino, deposito; (*AM*) alimentari *m*;
(*de barco*) stiva.
bodegón *sm* osteria; (*pey*) bettola; (*ARTE*)
natura morta.
bodegonero *sm* oste *m*.
bodeguero, a [-'ɣ-] *sm* cantiniere *m*.
bofe *sm* (*fam*) polmone *m*; **echar los** ~s
(*fam*) affannarsi.
bofetada *sf* schiaffo; (*fig*) affronto.
bofetón *sm* = **bofetada**.
boga *sf* voga; (*ZOOL*) boga; **está en** ~
(*fig*) è in voga.
bogar *vi* vogare.
bohemio, a [bo'e-] *sm/f* zingaro/a; (*fig*)
bohémien/ne.
boina *sf* basco.
boj [box] *sm* bosso.
bola *sf* palla; (*betún*) lucido da scarpe;
(*fig: fam*) balle *fpl*; **dejar correr la** ~
(*fig*) lasciar correre; **no dar pie con** ~
(*fig*) non azzeccarne una.

boleadoras *sfpl* (ARG) *lasso alla cui estremità sono attaccate 2 o 3 palle pesanti.*
bolero, a *a* a chi marina la scuola; (*fig: fam*) bugiardo(a) // *sm* bolero // *sm/f* ballerino/a.
boleta *sf* biglietto; (*vale*) buono.
boletería *sf* (AM) biglietteria.
boletín *sm* bollettino; (*billete*) biglietto; ~ **escolar** pagella; ~ **de noticias** (TV) ≈ telegiornale; (RADIO) ≈ giornale-radio; **Boletín Oficial del Estado (B.O.E.)** Gazzetta Ufficiale (GU); ~ **de prensa** comunicato stampa.
boleto *sm* (BOT) boleto; (AM) biglietto; (: *fig*) bugia.
boliche [-tʃe] *sm* (gioco dei) birilli *mpl*; (*bulu*) pallino, boccino; (AM) osteriuccia; (: *tienducha*) botteguccia.
bolígrafo *sm* penna a sfera.
bolívar *sm* bolivar *m*.
boliviano, a *a* boliviano(a).
bolo *sm* (*eje*) asse *m*; (ARQUIT) albero di scala a chiocciola; ~**s** birilli *mpl*; ~ **alimenticio** bolo alimentare.
bolsa *sf* borsa; (*de papel etc*) sacchetto; (ANAT. MINERIA) sacca; **tener ~s debajo de los ojos** avere le borse sotto gli occhi; **la B~** (ECON) la Borsa; **B~ de Comercio** Borsa merci; **B~ de Trabajo** Ufficio collocamento; **¡la ~ o la vida!** o la borsa o la vita!
bolsista *sm* borsista *m*.
bollo [-ʎo] *sm* tasca; (*de chaleco*) taschino; **edición/libro de ~** edizione/libro tascabile; **tener a alguien en el ~** (*fig*) tenere qd in pugno.
bolsista *sm* borsista *m*.
bollo [-ʎo] *sm* pane *m* al latte; (*en el coche*) ammaccatura; **¡no está el horno para ~s!** (*fig*) non è il momento giusto!
bomba *sf* bomba; (TECN) pompa; (*fig*) sorpresa; ~ **atómica/de mano** bomba atomica/a mano; ~ **de incendios** pompa antincendio; ~ **lacrimógeno** candelotto lacrimogeno // *a*: **éxito ~** (*fig*) enorme successo; **noticia ~** notizia bomba.
bombacha [-tʃa] *sf* (AM) calzoni ampi chiusi alle caviglie.
bombardear *vt* bombardare.
bombardeo *sm* bombardamento.
bombear *vt* pompare; (*arquear*) bombare; (*fig*) elogiare.
bombero *sm* pompiere *m*.
bombilla [-ʎa] *sf* (ELEC) lampadina; (AM) *specie di cannuccia per bere il mate.*
bonachón, ona [-tʃon] *a* bonaccione(a).
bonaerense *a* di Buenos Aires // *sm/f* abitante *m/f* di Buenos Aires.
bonanza [-θa] *sf* bonaccia; (*fig*) prosperità *f inv*.
bondad *sf* bontà *f inv*; **tenga la ~ de no fumar** abbia la cortesia di non fumare; **tuvo la ~ de prestármelo** fu tanto gentile da prestarmelo.
bondadoso, a *a* buono(a).
bonete *sm* berretto.

bonetería *sf* berretteria.
bonito, a *a* bello(a), carino(a); (*bueno*) buono(a) // *sm* (ZOOL) tonnina.
bono *sm* buono.
boquear [-k-] *vi* boccheggiare.
boquete [-'k-] *sm* buco; (*brecha*) breccia.
boquiabierto, a [-k-] *a* attonito(a), a bocca aperta *loc inv*.
boquilla [bo'kiʎa] *sf* bocchino; (*para riego*) presa d'acqua.
boquirroto, a [-k-] *a* (*fam*) ciarlone(a).
borbollar [-ʎ-] *vi* gorgogliare.
borbotar *ver* **borbollear**.
borbotón *sm* gorgoglio; **hablar a borbotones** parlare a scatti.
borceguí [-θe'vi] *sm* stivaletto.
borda *sf* bordo; **motor de ~** motore di bordo; **echar por la ~ todos los problemas** (*fig*) liberarsi dai problemi.
bordado *sm* ricamo.
bordar *vt* ricamare.
borde *sm* orlo, bordo; ~ **de un río** riva del fiume; **al ~ de las lágrimas** (*fig*) sull'orlo delle lacrime.
bordo *sm* (NAUT) bordo // *ad*: **a ~** a bordo; **dar ~s** (NAUT) bordeggiare.
bordón *sm* bordone *m*.
boreal *a* boreale.
borla *sf* fiocco; (*para polvos*) piumino.
borra *sf* borra; (*pelusa*) fiocco; (*sedimento*) sedimento.
borrachera [-'tʃ-] *sf* sbornia; (*fig*) ebbrezza, esaltazione *f*.
borracho, a [-'tʃo] *a* ubriaco(a); (*fig*) ebbro(a); ~ **de ira** (*fig*) cieco per l'ira; ~ **como una cuba** (AM) ubriaco fradicio.
borrado, a *a* cancellato(a).
borrador *sm* brutta copia, minuta; (*cuaderno*) quaderno di brutta.
borrajear [-x-] *vt* scarabocchiare.
borrar *vt* cancellare; **goma de ~** gomma per cancellare; ~ **del mapa** (*fig*) cancellare dalla faccia della terra; ~**se** *vr* estraniarsi.
borrasca *sf* burrasca, tempesta.
borrascoso, a *a* burrascoso(a).
borrego *sm* agnello; (*fig*) pecorone *m*.
borrica *sf* asina; (*fig*) somara.
borrico *sm* asino; (*fig*) somaro.
borrón *sm* macchia; (*borrador*) brutta copia; (*de cuadro*) schizzo; ~ **y cuenta nueva** (*fig*) non ne parliamo più.
borroso, a *a* confuso(a); **fotografía ~a** fotografia sfuocata.
bosque [-ke] *sm* bosco.
bosquejar [boske'xar] *vt* fare uno schizzo; (*una idea etc*) abbozzare.
bosquejo [bos'kexo] *sm* (*ver vt*) schizzo; abbozzo.
bosta *sf* sterco.
bostezar [-'θar] *vi* sbadigliare.
bostezo [-θo] *sm* sbadiglio.
bota *sf* borraccia; (*calzado*) stivale *m*.
botadura *sf* varo.
botánica *sf* botanica.
botánico, a *a* botanico(a).

botar vt gettare, scaraventare; (fam) scacciare; (AM) sprecare; ~ **un barco al agua** varare una nave.

botarate sm balordo; (AM) sprecone m.

bote sm balzo; (vasija) vasetto, barattolo; (de tabaco) tabacchiera; (embarcación) canotto, barca; **de ~ en ~** pieno(a) zeppo(a); ~ **salvavidas** scialuppa di salvataggio.

botella [-ʎa] sf bottiglia.

botica sf farmacia; (fam) bottega.

boticario sm farmacista m.

botija [-xa] sf giara.

botín sm stivaletto; (MIL) bottino.

botón sm bottone m; (BOT) bocciolo; (de florete) bottone m; **apretar el ~** premere il bottone; **al divino ~** (fam) inutilmente.

bóveda sf volta; (cripta) cripta; ~ **en cañón** (ARQUIT) volta a botte; ~ **de crucería** volta a crociera; ~ **de medio punto** volta a tutto o pieno sesto.

bovino, a a bovino(a).

boxeo sm boxe m, pugilato.

boya sf boa.

boyero sm bovaro.

bozal [-'θal] a (caballo) selvaggio(a); (fig) tonto(a) // sm (de caballo) capezza; (de perro) museruola.

bozo [-θo] sm lanugine f; (boca) bocca.

braceaje [braθe'axe] sm coniazione f; (NAUT) profondità f inv.

bracear [-θ-] vt (NAUT) sondare, scandagliare // vi sbracciarsi; (nadar) nuotare a stile libero.

bracero [-'θ-] sm bracciante m.

bracete [-'θ-] sm: **ir de ~** andare a braccetto.

braga sf tirante m di fissaggio; (de bebé) pannolino; ~s fpl (de mujer) mutandine fpl.

bragueta [-'ɣ-] sf patta.

bramar vi (vaca, toro) muggire; (ciervo, oso) bramire; (elefante) barrire; (fig: viento, mar) mugghiare.

bramido sm (ver vi)muggito; bramito; barrito; (fig) mugghio.

brasa sf brace f.

brasero sm braciere m.

Brasil sm: **el ~** il Brasile.

brasileño, a [-ɲo] a, sm/f brasiliano(a).

bravata sf bravata.

braveza [-θa] sf furia, violenza.

bravío, a a selvaggio(a).

bravo, a a bravo(a); (valiente) valoroso(a) // excl bravo; **es un muchacho ~** è un bravo ragazzo.

bravura sf (de animal) ferocia; (fig) valore m; (pey) bravata.

braza [-θa] sf braccio; **nadar a la ~** nuotare a rana.

brazada [-θa] sf bracciata.

brazalete [-θ-] sm braccialetto; (banda) bracciale m.

brazo [-θo] sm braccio; (ZOOL) zampa, gamba; (de un sillón) bracciolo; **a ~ partido** a mani nude; **de(l) ~** a

braccetto; **no dar su ~ a torcer** (fig) tenere duro.

brea sf catrame m.

brebaje [-xe] sm beveraggio.

brecha [-tʃa] sf breccia; **estar en la ~** star sulla breccia.

brega sf lotta; (trabajo) faticaccia; **andar a la ~** lavorare affannosamente.

bregar vi lottare; (trabajar) lavorare sodo.

breña [-ɲa] sf boscaglia.

breñal [-'ɲal] sm terreno coperto di boscaglia.

breva sf (BOT: higo) fiorone m; (: bellota) ghianda primaticcia; (cigarro) sigaro; (fam) pacchia, fortuna.

breve a breve, corto(a); (LING) breve // sf (MUS) breve f; **en ~ tiempo** in poco tempo.

brevedad sf brevità.

breviario sm breviario.

brezal [-'θal] sm brughiera.

brezo [-θo] sm erica.

bribón, ona a birbone(a), briccone(a).

bribonear vi fare il birbone o briccone.

brida sf briglia.

brigada sf (MIL) brigata; (de trabajadores) squadra // sm (grado) maresciallo.

brillante [-'ʎ-] a brillante, splendente // sm brillante m.

brillar [-'ʎ-] vi (también fig) brillare.

brillo [-ʎo] sm lucentezza; (fig) splendore m; **sacar ~ a** lucidare.

brincar vi saltare, balzare; ~ **de alegría** saltare dalla gioia.

brinco sm: **dar un ~** spiccar un salto.

brindar vi brindare // vt offrire.

brindis sm brindisi m inv; **ofrecer un ~** fare un brindisi.

brío sm brio, vivacità; (fig) coraggio.

brioso, a a vivace; (fig) coraggioso(a).

brisa sf brezza; (orujo) vinaccia.

británico, a a britannico(a).

brizna [-θ-] sf filo; **una ~ de inteligencia** (fig) una briciola d'intelligenza.

brocado sm broccato.

brocal sm sponda; ~ **de una bota de vino** bocchino dell'otre.

brocha [-tʃa] sf pennello; (de afeitar) pennello da barba; **pintor de ~ gorda** imbianchino; (fig) pittore m da strapazzo.

broche [-tʃe] sm spilla; ~ **de papeles** clip f inv.

broma sf chiasso, baldoria; (chanza) scherzo, burla; ~ **aparte** scherzi a parte; **estar de ~** essere in vena di scherzare; **en ~** per scherzo; **no estar para ~s** non essere di umore per scherzare; **tomar a ~** prendere in giro.

bromear vi scherzare.

bromista a burlone(a).

bronca sf rissa; (reprensión) sgridata; (desagrado colectivo) malcontento.

bronce [-tʃe] *sm* bronzo; **ser de ~** (*fig*) essere di ferro; **~ de cañón** bronzo per cannoni.

bronceado, a [-θ-] *a* abbronzato(a).

bronco, a *a* (*tosco*) rozzo(a); (*voz*) rauco(a); (*carácter*) scontroso(a), intrattabile.

bronquial [-k-] *a* bronchiale.

bronquitis [-'k-] *sf* bronchite *f*.

broquel [-'k-] *sm* scudo.

brotar *vi* spuntare; (*renuevo de planta*) germogliare; (*aguas*) scaturire, sgorgare; (*erupción cutánea*) manifestarsi; (*fig: ideas*) nascere.

brote *sm* germoglio; (*de las aguas*) getto; (*de fiebre*) attacco.

bruces [-θes]: **de ~** *ad* bocconi.

bruja [-xa] *sf* strega, maga; **es una ~** (*fig*) è una strega.

brujería [-x-] *sf* stregoneria.

brujo [-xo] *sm* stregone *m*, mago.

brújula [-x-] *sf* bussola.

bruma *sf* nebbia, foschia.

brumoso, a *a* nebbioso(a).

bruñido [-ɲ-] *sm* brunitura, lucidatura.

bruñir [-'ɲir] *vt* brunire, lucidare; (*fig: fam*) imbellettare; (*AM: fig*) seccare.

brusco, a *a* brusco(a).

Bruselas *sf* Bruxelles *f*.

brutal *a* brutale; **precio ~** (*fam*) prezzo folle.

brutalidad *sf* brutalità *f inv*.

bruto, a *a* sciocco(a); **peso ~** peso lordo; **producto nacional ~** prodotto nazionale lordo; **en ~** (*material*) greggio(a).

bucear [-θ-] *vi* immergersi // *vt* (*fig*) sondare.

buceo [-'θeo] *sm* immersione *f*.

bucle *sm* ricciolo.

buche [-tʃe] *sm* gozzo; (*de líquido*) sorsata, sorso; (*fam*) stomaco; **llenarse el ~** (*fig: fam*) rimpinzarsi.

budín *sm* ≈ budino.

buenamente *ad* facilmente.

buenaventura *sf* fortuna, sorte *f*; **echar o decir la ~** leggere la mano.

bueno, a *a* buono(a); **¡~s días!** buongiorno; **¡~as tardes/noches!** buonasera/buonanotte!; **tiene ~a salud** è in buona salute, sta bene; **darle una ~a reprimanda** fargli una bella sgridata; **¡~a jugada me has hecho!** (*fam*) mi hai fatto un bello scherzo!; **de ~as a primeras** all'improvviso; **por las ~s o por las malas** con le buone o con le cattive; **estar en la ~a** essere in buona // *excl*: **¡~!** basta!, va bene!

buey *sm* bue *m*; **hablar de ~es perdidos** (*AM*) parlare del più e del meno.

búfalo *sm* bufalo.

bufar *vi* sbuffare.

bufete *sm* scrivania; (*de abogado*) studio.

bufido *sm* sbuffo.

bufo, a *a* buffo(a).

bufón, ona *a* buffo(a) // *sm* buffone *m*, pagliaccio.

buhardilla [-ʎa] *sf* soffitta.

búho ['buo] *sm* gufo.

buitre *sm* avvoltoio.

bujía [-'xia] *sf* candela.

bula *sf* bolla.

bulbo *sm* bulbo.

búlgaro, a *a* bulgaro(a).

bulto *sm* (*paquete*) pacco, collo; (*tamaño*) volume *m*; (*MED*) bozzo; (*ARTE*) busto; **~ de mano** bagaglio a mano; **~ de ropa** fagotto; **escurrir el ~** (*fig: fam*) squagliarsela.

bulla [-ʎa] *sf* chiasso; **armar ~** far baccano.

bullicio [bu'ʎiθjo] *sm* schiamazzo.

bullicioso, a [buʎi'θjoso] *a* chiassoso(a).

bullir [-'ʎir] *vi* bollire; // *vt* muovere; **~ de inquietud** (*fig*) agitarsi.

buñuelo [-'ɲ-] *sm* frittella.

buque [-ke] *sm* nave *f*; **~ escuela** nave scuola; **~ insignia** nave ammiraglia.

burbuja [-xa] *sf* bolla.

burdel *sm* bordello; **es un ~** (*fig: fam*) è un casino.

burdo, a *a* rozzo(a).

burgués, esa [-'ɣ-] *a* borghese.

burguesía [-ɣ-] *sf* borghesia.

buril *sm* bulino.

burla *sf* burla, scherzo.

burlar *vt* burlare, canzonare; **~ la vigilancia** eludere la vigilanza; **~ las esperanzas** deludere le speranze; **~se** *vr*: **~se de alguien** prendere in giro qd.

burlesco, a *a* burlesco(a).

burlón, ona *a*, *sm/f* burlone(a).

burocracia [-θja] *sf* burocrazia.

burra *sf* asina; (*fig*) ignorante *f*.

burrada *sf* mandria d'asini; (*fig: fam*) asinata.

burro *sm* asino; (*de aserradero*) cavalletto; (*fig: fam*) somaro; **caerse del ~** (*fig: fam*) ravvedersi.

busca *sf* ricerca; **a la ~ de** alla ricerca di; **en ~ de** in cerca di.

buscapiés *sm* petardo.

buscapleitos *sm* attaccabrighe *m*.

buscar *vt* cercare, ricercare // *vi* cercare; **~ la amistad de alguien** cercare l'amicizia di qd; **~ tres pies al gato** (*AM*) cercare il pelo nell'uovo; **"se busca empleada"** "cercasi impiegata"; **buscarse** (*fam*) cavarsela; (*: provocar*) cercare, provocare.

buscón *sm* ladro, borsaiolo.

buscona *sf* puttana, prostituta.

búsqueda [-'k-] *sf* = busca.

busto *sm* busto.

butaca *sf* poltrona.

butifarra *sf* salsiccia catalana.

buzo [-θo] *sm* palombaro.

buzón [-'θon] *sm* buca delle lettere; *(de un estanque)* scarico; **echar una carta en el ~** imbucare una lettera.

C

c. *abr de* **capítulo.**
C. *abr de* **centígrado; compañía.**
C/ *abr de* **calle.**

cabal *a* giusto(a), esatto(a); *(acabado)* completo(a) // *smpl:* **estar en sus ~es** aver buon senso.

cábala *sf* cabala; *(fig)* macchinazione *f*.

cabalgadura *sf* cavalcatura.

cabalgar *vt* coprire // *vi* cavalcare.

cabalgata *sf* gruppo di cavalieri; *(de máscaras)* sfilata a cavallo.

cabalmente *ad* perfettamente.

caballar [-'ʎar] *a* equino(a).

caballeresco, a [-ʎ-] a cavalleresco(a).

caballería [-ʎ-] *sf* cavalcatura; *(MIL)* cavalleria.

caballeriza [kaβaʎe'riθa] *sf* scuderia.

caballerizo [kaβaʎe'riθo] *sm* caposcuderia.

caballero [-'ʎ-] *sm* cavaliere *m*; *(término de cortesía)* signore *m*; *(hombre galante)* gentiluomo.

caballerosidad [-ʎ-] *sf* nobiltà, gentilezza; *(generosidad)* generosità.

caballete [-'ʎ-] *sm* cavalletto; *(ANAT)* dorso del naso.

caballo [-ʎo] *sm* cavallo; **estar a ~ de algo** *(fig)* conoscere bene qc; **~ de vapor** o **de fuerza** cavallo vapore; **~ marino** *(ZOOL)* ippopotamo; ippocampo; **~ padre** stallone *m*.

cabaña [-ɲa] *sf* capanna; *(rebaño)* gregge *m*; *(AM)* allevamento di bestiame.

cabecear [-θ-] *vt* *(DEPORTE)* colpire di testa // *vi* dondolare la testa; *(hegar)* scrollare la testa; *(caballo)* incensare; *(NAUT)* beccheggiare.

cabecera [-θ-] *sf* testata; *(de la mesa)* capotavola *m*; *(de un río)* sorgente *f*; *(de un distrito)* capoluogo; *(TIP: de libro)* frontespizio.

cabecilla [-'θiʎa] *sm* capo *m*; *(fig: fam)* testa calda.

cabellera [-'ʎ-] *sf* capigliatura; *(ASTR)* chioma.

cabello [-ʎo] *sm* capello; **mesarse los ~s** strapparsi i capelli; **ponerse los ~s de punta** drizzarsi i capelli; **tropezar en un ~** *(fig)* affogare in un bicchier d'acqua.

cabelludo, a [-'ʎ-] a capelluto(a).

caber *vi* entrare; *(corresponder)* toccare, spettare; *(contener)* starci; *(MAT):* **¿cuántas veces cabe 5 en 20?** quante volte il 5 sta nel 20?; **esto no me cabe en la cabeza** ciò non mi entra in testa;

no cabe duda non c'è dubbio; **no caber en sí** non stare nella pelle.

cabestrillo [-ʎo] *sm* fascia *(per tenere il braccio al collo)*; **con el brazo en ~** con il braccio al collo.

cabestro *sm* cavezza.

cabeza [-θa] *sf* testa; *(de alfiler)* capocchia; *(de libro)* taglio; *(de ganado, familia, POL)* capo; **~ hueca** testa di rapa; **~ de turco** capro espiatorio; **conservar la ~** non perdere la testa; **a la ~** in testa, alla testa; **no se te pase por la ~** levatelo dalla testa.

cabezada [-θa] *sf* testata; *(saludo)* cenno di saluto; *(NAUT)* beccheggio; **dar ~s** *(al dormirse)* dondolare la testa.

cabezudo, a [-'θ-] *a* dalla testa grossa // *sm/f* testone/a.

cabida *sf* capienza, capacità *f inv*.

cabildo *sm* *(REL)* capitolo; *(POL)* consiglio comunale; *(: ayuntamiento)* municipio; sala del consiglio.

cabizbajo, a [kaβiθ'βaxo] *a* abbattuto(a).

cable *sm* cavo; *(cablegrama)* cablogramma *m*.

cabo *sm* capo, estremità *f inv*; *(de vela, lápiz)* mozzicone *m*; *(MIL)* caporale *m*; *(NAUT)* corda, cavo; *(GEOGR)* capo, punta; **al ~ de tres días** dopo tre giorni; **al fin y al ~** in fin dei conti; **atar** o **juntar ~s** trarre conclusioni; **de ~ a rabo** da cima a fondo; **llevar a ~** portare avanti.

cabotaje [-xe] *sm* cabotaggio.

cabra *sf* capra.

cabrestante *sm* argano.

cabria *sf* *(TECN)* capra.

cabrilla [-ʎa] *sf* *(de carpintero)* cavalletto // *sfpl* *(en el mar)* ochette *fpl*.

cabrío, a *a* caprino(a); **macho ~** caprone *m*.

cabriola *sf* capriola.

cabriolé *sm* cabriolé *m*.

cabritilla [-ʎa] *sf* capretto.

cabrito *sm* capretto.

cabrón *sm* caprone *m*; *(fig: fam)* cornuto.

cabruno, a *a* = **cabrío**.

cacahuete [-'a'w-] *sm* arachide *f*.

cacao *sm* cacao.

cacarear *vi* chiocciare // *vt* *(fig: fam)* strombazzare.

cacareo *sm* coccodè *m*; *(fig: fam)* vanteria.

cacería [-θ-] *sf* partita di caccia; **ir de ~** andare a caccia.

cacerola [-θ-] *sf* casseruola.

cacique [ka'θike] *sm* *(fig)* ras *m*.

caco *sm* ladro.

cacofonía *sf* cacofonia.

cacto, cactus *sm* cactus *m*.

cacumen *sm* *(fig: fam)* acutezza.

cachalote [-tʃ-] *sm* capodoglio.

cachar [ka'tʃar] *vt* spezzare, rompere; *(madera)* spaccare, fendere; *(AM: el tranvía etc)* prendere; *(: sorprender)* sorprendere; *(: ridiculizar)* beffare.

cacharrería [-tʃ-] *sf* negozio di ceramiche.

cacharro [-'tʃ-] *sm* vaso di terracotta, coccio; (*bártulos*) cianfrusaglia.

cachaza [ka'tʃaθa] *sf* flemma; (*aguardiente*) acquavite *f* di melassa.

cachemira [-tʃ-] *sf* cachemire *m inv*.

cachetada [-tʃ-] *sf* (AM) schiaffo.

cachete [-'tʃ-] *sm* guancia; (*fam: bofetada*) schiaffetto; (*: puñal*) pugnale *m*.

cachiporra [-tʃ-] *sf* mazza, bastone *m*.

cachivache [katʃi'βatʃe] *sm* oggetto inservibile; (*fig: fam*) persona incapace // *smpl* robaccia.

cacho, a ['katʃo] *a* piegato(a) // *sm* pezzo.

cachorro, a [-'tʃ-] *sm/f* cucciolo/a.

cada *a* ogni; ~ **cual**, ~ **uno/a** agnuno/a, ciascuno/a; ~ **dos por tres** molto frequentemente; ~ **vez más** ogni volta di più; **uno de** ~ **diez** uno su dieci.

cadalso *sm* patibolo.

cadáver *sm* cadavere *m*.

cadena *sf* catena; **en** ~ a catena; ~ **perpetua** (JUR) ergastolo.

cadencia [-θja] *sf* cadenza.

cadera *sf* anca.

cadete *sm* cadetto, allievo ufficiale.

caducar *vi* scadere; (*una persona*) rimbambire.

caduco, a *a* decrepito(a); vecchio(a); (JUR) scaduto(a); **ideas** ~**s** idee *fpl* antiquate.

C.A.E. (*abr de cóbrese al entregar*) spedizione *f* contrassegno.

caer *vi* cadere; ~**se** *vr* cascare, cadere; ~ **enfermo** ammalarsi; ~ **a tiempo** capitare in tempo; ~ **como moscas** morire come mosche; ~ **de su peso** essere la conseguenza logica; ~ **en la cuenta** rendersi conto; **no tener dónde** ~ **muerto** essere povero in canna.

café *sm* caffè *m inv*; ~ **con leche** caffellatte *m inv*.

cafetal *sm* piantagione *f* di caffè.

cafetero, a *a* del caffè // *sm/f* proprietario/a di un caffè // *sf* caffettiera.

cáfila *sf* folla; (*di animali*) branco; (*fig*) mucchio.

caída *sf* caduta; (*declive*) pendio; (*disminución*) crollo; (*: de la temperatura etc*) calo; ~ **de ojos** (*fig*) gli occhi dolci; **a la** ~ **de la tarde** sul far della sera; **a la** ~ **del sol** al calar del sel o al tramonto.

caimán *sm* caimano; (*fig*) dritto.

caimiento *sm* = **caída**.

caja [-xa] *sf* scatola; (*ataúd, FIN, MUS*) cassa; (*de escalera*) tromba; ~ **de caudales** cassaforte *f*; ~ **de cambios** (AUTO) scatola del cambio; ~ **torácica** gabbia toracica.

cajero, a [-'x-] *sm/f* cassiere/a.

cajetilla [kaxe'tiʎa] *sf* (*de cigarrillos etc*) pacchetto.

cajista [-'x-] *sm/f* (TIP) compositore/trice.

cajón [ka'xon] *sm* cassa; (*de mueble*) cassetto; ~ **de sastre** (*fig*) miscuglio; **ser de** ~ (*fig: fam*) essere lampante.

cal *sf* calce *f*.

cala *sf* cala, rada; (*de barco*) stiva; (MED) supposta.

calabaza [-θa] *sf* zucca; (*fig: fam*) zuccone *m*.

calabozo [-θo] *sm* cella.

calado *sm* traforo; (*bordado*) ricamo; (NAUT) pescaggio.

calafatear *vt* calafatare.

calamar *sm* calamaro.

calambre *sm* crampo.

calamidad *sf* calamità *f inv*; (*plaga*) flagello.

calandria *sf* (ZOOL, TECN) calandra; (*torno*) argano.

calaña [-ɲa] *sf* modello, tipo; (*de persona*) indole *f*.

calar *a* calcareo(a) // *sm* cava // *vt* penetrare; (*comprender*) capire, afferrare; (*hacer calados*) bucare, forare; (*sumergir: redes*) calare; ~**se** *vr* (*empaparse*) inzupparsi.

calavera *sf* teschio; (*fig*) scapestrato.

calaverada *sf* scappata.

calcañar, calcañal, calcaño [-ɲ-] *sm* calcagno.

calcar *vt* (*reproducir*) ricalcare; (*imitar*) imitare; (*pisar*) calcare.

calce [-θe] *sm* (*de rueda*) cerchio; (*cuña*) cuneo.

calceta [-θ-] *sf* calza; **hacer** ~ lavorare a maglia.

calcetín [-θ-] *sm* calzino.

calcina [-θ-] *sf* calcina.

calcinar [-θ-] *vt* calcinare; (*fig: fam*) seccare.

calcio [-θjo] *sm* calcio.

calco *sm* calco.

calculadora *sf* calcolatrice *f*; ~ **de bolsillo** calcolatrice tascabile.

calcular *vt* calcolare.

cálculo *sm* calcolo.

calda *sf* riscaldamento; ~**s** *fpl* acque *fpl* termali.

caldear *vt* scaldare, riscaldare; (*metales*) arroventare // ~**se** *vr* riscaldarsi.

caldera *sf* (*de vapor*) caldaia; (*caldero*) paiolo; (MINERÍA) pozzo di scarico.

calderería *sf* mestiere *m* o bottega di calderaio.

calderilla [-ʎa] *sf* (REL) acquasantiera; (*moneda*) soldo.

caldero *sm* paiolo; (*contenuto*) paiolata.

calderón *sm* calderone *m*.

caldo *sm* brodo; ~ **de cultivo** (BIOL) brodo di coltura.

calefacción [-k'θjon] *sf* riscaldamento.

calendario *sm* calendario.

calentador *sm* calorifero, termosifone *m*.

calentar *vt* scaldare, riscaldare; ~**se** *vr* scaldarsi; (AM: fig) scaldarsi, arrabbiarsi;

~ **al blanco** o **rojo** arroventare; ~**se la cabeza** spremersi le meningi.

calentura *sf* (MED) febbre *f*.

calenturiento, a *a* febbricitante; *(fig)* eccitato(a).

calera *sf* cava di calce; *(horno* fornace *f*

calero, a *a* calcinoso(a) // *sm* calcinaio.

calesa *sf* calesse *m*.

calesín *sm* calessino.

caleta *sf* cala.

caletre *sm* (*fam*) senno, giudizio.

calibrar *vt* calibrare; *(fig)* valutare, giudicare.

calibre *sm* (MIL, TECN) calibro; *(fig)* importanza.

calicanto *sm* muratura.

calidad *sf* qualità *f inv*; **en ~ de** in qualità di.

cálido, a *a* caldo(a).

caliente *a* caldo(a); *(furioso)* furibondo(a); *(fig)* fervente, fervido(a); **hacer algo en ~** far qc all'istante.

califa *sm* califfo.

calificación [-'θjon] *sf* qualifica; *(ESCOL)* voto.

calificado, a *a* qualificato(a).

calificar *vt* qualificare; *(enaltecer)* nobilitare; *(alumno)* dare un voto a; *(determinar)* determinare.

caligrafía *sf* calligrafia.

calizo, a [-θo] *a* calcareo(a).

calma *sf* tranquillità, quiete *f*.

calmante *a, sm* (MED) calmante *(m)*.

calmar *vt* calmare, placare // *vi* *(viento etc)* cessare, calmarsi.

calmoso, a *a* calmo(a), tranquillo(a).

calor *sm* caldo; **dar ~ a** *(fig)* incoraggiare.

calórico, a *a* calorico(a).

calorífero, a *a* calorifico(a) // *sm* calorifero.

calumnia *sf* calunnia.

calumniador, a *a* calunniatore(trice).

calumnioso, a *a* calunnioso(a).

caluroso, a *a* caldo(a); *(fig)* caloroso(a).

calva *sf* calvizie *f*.

calvario *sm* calvario.

calvicie [-θje] *sf* calvizie *f*.

calvo, a *a* calvo(a); *(terreno)* sterile, nudo(a); *(tejido)* logoro(a), liso(a).

calza [-θa] *sf* *(fam)* calza.

calzado, a [-θ-] *a* calzato(a) // *sm* calzatura, scarpa // *sf* strada, via.

calzador [-θ-] *sm* calzascarpe *m*.

calzar [-'θar] *vt* *(pies)* calzare; *(mueble)* rincalzare; ~**se** *vr* calzare; ¿**qué (número) calza?** che misura porta?

calzoncillos [kalθon'θiλos] *smpl* mutande *fpl*.

callado, a [-'λ-] *a* silenzioso(a); *(reservado)* discreto(a).

callar [-'λar] *vt* *(secreto)* occultare // *vi*, ~**se** *vr* tacere.

calle ['kaλe] *sf* strada; ~ **pública/de un solo sentido** strada pubblica/a senso unico.

calleja [ka'λexa] *sf* viuzza, stradina.

callejear [kaλexe'ar] *vi* girellare, passeggiare.

callejero, a [kaλe'xero] *a* girellone(a); *(venta)* ambulante.

callejón [kaλe'xon] *sm* vicolo; ~ **sin salida** vicolo cieco.

callejuela [kaλe'xwela] *sf* vicoletto.

callista [-'λ-] *sm/f* callista *m/f*.

callo ['kaλo] *sm* callo; ~**s** *mpl* (COC) trippa.

calloso, a [-'λ-] *a* calloso(a).

cama *sf* letto; *(AGR)* bure *f*; *(GEOL)* strato; **estar en ~** essere a letto; **hacer la ~** rifare il letto; **irse a la ~** andare a letto; ~ **de matrimonio/de tijera** letto matrimoniale/pieghevole.

camada *sf* figliata; *(de personas)* gruppo.

camafeo *sm* cammeo.

camaleón *sm* camaleonte *m*.

camandulear *vi* *(fingir)* fingere; *(contar chismes)* spettegolare.

camandulero, a *a* *(ver vb)* ipocrita; pettegolo(a).

cámara *sf* camera, stanza; *(CINE)* macchina da presa; *(fotográfica)* macchina fotografica.

camarada *sm* compagno.

camarera *sf* cameriera.

camarero *sm* cameriere *m*.

camarilla [-'λa] *sf* *(clan)* combriccola, cricca; *(POL)* lobby *f inv*.

camarín *sm* *(detrás de altar)* baldacchino; *(despacho)* studio; *(tocador)* toletta; *(TEATRO)* camerino.

camarón *sm* gamberetto.

camarote *sm* cabina.

camastro *sm* branda.

cambiable *a* *(variable)* mutevole; *(intercambiable)* interscambiabile.

cambiante *a* *(tiempo)* incostante, variabile; *(persona)* volubile // *sm* *(de colores)* cangiante *m*; *(COM)* cambiavalute *m inv*.

cambiar *vt* cambiare; *(saludos)* scambiare // *vi* cambiare; ~**se** *vr* *(mudarse)* traslocare; *(de ropa)* cambiarsi.

cambio *sm* cambio; *(trueque)* scambio; *(COM)* spiccioli *mpl*; *(de tiempo)* cambiamento; *(de ideas)* voltafaccia *m inv*; *(de gobierno)* cambiamento, rimpasto; **tener ~** avere degli spiccioli; **en ~** invece.

cambista *sm* *(COM)* cambiavalute *m inv*; *(FERR)* scambista *m*.

camelar *vt* *(galantear)* corteggiare; *(engañar)* ingannare.

camelia *sf* camelia.

camello [-'λo] *sm* cammello.

camilla [-'λa] *sf* *(cama)* letto basso; *(angarillas)* barella.

caminante *sm/f* viandante *m/f*, passante *m/f*.

caminar vi (*marchar*) camminare; (*viajar*) viaggiare // vt (*recorrer*) percorrere.

caminata sf passeggiata, giro.

camino sm strada; (*fig*) via; **a medio ~** a metà strada; **en el ~** strada facendo; **hacer algo de ~** fare qc strada facendo; **ponerse en ~** mettersi in cammino.

camión sm camion m inv, autocarro.

camisa sf camicia; (*BOT*) involucro; (*de serpiente*) spoglia; **~ de dormir** camicia da notte.

camisería sf camiceria.

camiseta sf camicetta; (*de deportista*) maglia.

camisón sm camicia da notte.

camorra sf (*fam*) baruffa, zuffa.

camorrista, camorrero, a sm/f attaccabrighe m/f inv.

campal a: **batalla ~** battaglia campale.

campamento sm (*de prisioneros, trabajo*) accampamento; (*de veraneo*) campeggio.

campana sf campana; (*TECN*) cappa.

campanada sf rintocco; (*fig*) scalpore m, rumore m.

campanario sm campanile m.

campaneo sm scampanio; (*fig: fam*) ancheggiamento.

campanilla [-ʎa] sf campanella; (*burbuja*) bolla; (*ANAT*) ugola.

campante a (*fam: satisfecho*) soddisfatto(a); (: *ufano*) fiero(a).

campanudo, a a a campana; (*ampuloso*) enfatico(a), ampolloso(a).

campánula sf campanula.

campaña [-ɲa] sf campagna.

campar vi accamparsi; (*sobresalir*) spiccare.

campechano, a [-'tʃ-] a franco(a), alla buona.

campeón, ona sm/f campione/essa.

campeonata sm campionato.

campesino, a a a campestre, campagnolo(a) // sm/f contadino/a.

campestre a campestre.

campiña [-ɲa] sf campagna.

campista sm/f campeggiatore/trice.

campo sm campo; (*fuera de la ciudad*) campagna; **a ~ traviesa** attraverso la campagna; **a ~ raso** all'aria aperta; **~ operativo** (*MED*) campo operatorio.

camposanto sm cimitero.

can sm (*perro*) cane m; (*gatillo*) grilletto.

cana sf ver **cano**.

Canadá sm Canada.

canadiense a, sm/f canadese (m/f).

canal sm canale m; (*comercial*) circuito; (*de tejado*) grondaia.

canalizar [-'θar] vt canalizzare.

canalón sm (*conducto vertical*) tubo, condotto di scarico; (*del tejado*) grondaia.

canalla [-ʎa] sf canaglia // sm mascalzone m, canaglia f.

canapé sm canapè m inv; (*COC*) tartina, canapè m inv.

canario, a a, sm/f (*abitante* m/f) delle Canarie // sm canarino.

canasta sf cesta, cestino; (*juego*) canasta.

canastilla [-ʎa] sf cestino.

canastillo [-ʎo] sm cestello.

canasto sm canestro // excl: **~s!** perbacco!

cancel [-'θel] sm porta girevole, bussola.

cancelación [kanθelaˈθjon] sf annullamento.

cancelar [-θ-] vt annullare; (*deuda*) pagare.

cáncer [-θer] sm (*MED*) cancro; (*fig*) peste f; **C~** (*ASTROL*) Cancro.

canciller [kanθiˈʎer] sm cancelliere m.

cancillería [kanθiʎeˈria] sf cancelleria.

canción [-θjon] sf canzone f; **~ de cuna** ninna nanna.

cancionero [-θ-] sm canzoniere m.

cancha [-tʃa] sf (*DEPORTE*) campo.

candado sm lucchetto.

candeal a: **pan ~** pane bianco; **trigo ~** frumento, grano.

candela sf candela; (*BOT*) fiore m di castagno; **en ~** dritto(a).

candelabro sm candelabro.

candelaria sf (*fiesta*) candelora; (*BOT*) verbasco.

candelero sm candeliere m; (*para pescar*) lampara; **estar en el ~** essere in vista.

candente a incandescente; (*fig*) scottante, grave.

candidato, a sm/f candidato/a; sm (*AM*) pretendente m.

candidez [-θ] sf candore m.

cándido, a a candido(a).

candil sm lucerna; (*cuerno*) ramo.

candileja [-xa] sf lumino; **~s** fpl luci fpl della ribalta.

candor sm candore m.

canelo, a a di color cannella // sm (*BOT*) cannella // sf cannella.

canelón sm condotto di scarico; (*cardmbano*) ghiacciolo; (*pasamaneria*) treccia; (*COC*) cannelloni mpl.

cangrejo [-xo] sm granchio; (*NAUT*) picco; (*FERR*) vagoncino; **C~** (*ASTROL*) Cancro.

canguro sm canguro.

caníbal a, sm cannibale (m).

canijo, a [-xo] a mingherlino(a).

canilla [-ʎa] sf (*ANAT*) stinco; (*TECN: caño*) cannella; (*para el hilo*) rocchetto; (*AM: grifo*) rubinetto.

canillera [-ˈʎ-] sf parastinchi m.

canillita [-ˈʎ-] sm (*ARG*) ragazzo giornalaio.

canino, a a canino(a) // sm canino.

canje [-xe] sm scambio.

canjear [kanxeˈar] vt barattare, scambiare.

cano, a a bianco(a); (*fig*) venerabile; (*pey: viejo*) vecchio(a) // sf capello bianco; (*AM*) polizia; **echar una ~a al aire** spassarsela.

canoa sf canoa.

canon sm canone m.
canónico, a a canonico(a).
canónigo sm canonico.
canonización [-θa'θjon] sf canonizzazione f.
canonizar [-'θar] vt canonizzare; (fig) applaudire.
canonjía [-'xia] sf canonicato; (fig: fam) prebenda.
canoro, a a canoro(a); (melodioso) melodioso(a).
canoso, a a canuto(a).
cansado, a a stanco(a); (tedioso) noioso(a).
cansancio [-θjo] sm stanchezza.
cansar vt (fatigar) stancare, affaticare; (fastidiar) importunare, infastidire; (aburrir) annoiare; ~se vr stancarsi; (fastidiarse) seccarsi, infastidirsi.
cantante a che canta // sm/f cantante m/f.
cantar vt cantare // vi cantare; (rechinar) cigolare; (NAIPES) parlare; (fam) confessare // sm canzone f di gesta.
cántara sf brocca.
cántaro sm brocca; **llover a ~s** piovere a catinelle.
cantatriz [-θ] sf cantatrice f.
cantera sf cava; (fig) ingegno.
cantería sf (fallado) taglio delle pietre; (CONSTR: obra) opera.
cantero sm tagliapietre m inv, scalpellino.
cántico sm cantico.
cantidad sf quantità f inv.
cantil sm dirupo.
cantimplora sf borraccia; (sifón) sifone m.
cantina sf (de escuela) refettorio; (de estación) bar m inv; (sótano) cantina.
cantinela sf, **cantilena** sf cantilena.
cantinero, a sm/f cantiniere/a.
canto sm canto; (borde) bordo; (de cuchillo, libro) taglio; ~ **rodado** ciottolo.
cantor, a a canoro(a) // sm/f cantante m/f.
cantorral sm terreno sassoso.
canturrear vi canticchiare.
caña ['kaɲa] sf canna; (BOT: tallo) gambo; (de la bota) gambale m; (de cerveza) boccale da mezzo litro; (ANAT: del brazo) omero; (: de la pierna) stinco; (: del caballo) cannone m, stinco; (: tuétano) midollo; (ARQUIT) fusto; (MINERIA) galleria; (NAUT) barra; (AM: aguardiente) acquavite f; ~ **de azúcar** canna da zucchero; ~ **de Indias** giunco d'India; ~ **de pescar** canna da pesca.
cañada [-'ɲ-] sf (entre montañas) valletta; (camino) strada incassata; (AM) rigagnolo.
cañamazo [kaɲa'maθo] sm (estopa) stoppa; (para bordar) canovaccio; (bosquejo) abbozzo.
cañamiel [-ɲ-] sf canna da zucchero.
cáñamo [-ɲ-] sm canapa.

cañaveral [-ɲ-] sm canneto.
cañería [-ɲ-] sf tubatura.
caño [-ɲo] sm (tubo) tubo; (de aguas servidas) fogna; (MUS: de órgano) canna; (NAUT: canal) canale m; (de fuente) zampillo.
cañón [-'ɲ-] sm cannone m; (de chimenea) canna; (de pluma de ave) cannello; (GEOGR) gola.
cañonazo [kaɲo'naθo] sm cannonata.
cañonear [-ɲ-] vt cannoneggiare.
cañonera [-ɲ-] sf cannoniera.
cañonero [-ɲ-] sm cannoniere m, artigliere m.
caoba sf mogano.
caos sm caos m.
capa sf mantello; (de barniz) strato, mano; (fig: apariencia) parvenza; (GEOL) strato; (pretexto) scusa, pretesto.
capacidad [-θ-] sf (medida) capacità f inv, capienza; (aptitud) capacità, competenza; (talento) talento.
capacitación [kapaθita'θjon] sf abilitazione f.
capar vt castrare.
caparazón [-'θon] sm (arnés) gualdrappa; (de ave) carcassa; (de tortuga, crustáceo) guscio.
capataz [-θ] sm (de obras) capomastro; (en fábrica) caporeparto.
capaz [-θ] a abile, esperto(a); (amplio) capace.
capea sf (TAUR) l'atto di aizzare il toro con la cappa.
capeador sm torero.
capear vt (TAUR) aizzare il toro con la cappa; (fam: engañar) imbrogliare; (: sortear) superare; (NAUT) sfidare, affrontare // vi (NAUT) navigare alla cappa.
capellán [-'ʎan] sm cappellano.
caperuza [-θa] sf cappuccio.
capilar a capillare.
capilla [-ʎa] sf capella; (clan) gruppo, combriccola; **estar en** ~ essere sulle spine.
capirotazo [-θo] sm buffetto.
capital a capitale, essenziale // sm capitale m // sf capitale f; ~ **de provincia** capoluogo di provincia.
capitalista a, sm/f capitalista (m/f).
capitalizar [-'θar] vt capitalizzare.
capitán sm capitano.
capitana sf (NAUT) nave ammiraglia.
capitanear vt comandare.
capitanía sf capitaneria; (región militar) distretto.
capitel sm (de columna) capitello.
capitoné sm camion m inv per traslochi.
capitulación [-'θjon] sf capitolazione f; (JUR) contratto.
capitular vi capitolare // a capitolare.
capítulo sm capitolo.
capó sm cofano.
caporal sm caposquadra m.
capota sf capote f inv.

capote sm cappotto; (de torero)
mantellina; (en el cielo) nuvolone m.
Capricornio sm Capricorno.
capricho [-tʃo] sm capriccio.
caprichoso, a [-'tʃ-] a capriccioso(a);
(extraño) bizzarro(a).
cápsula sf capsula.
captar vt captare.
captura sf cattura.
capturar vt catturare.
capucha [-tʃa] sf cappuccio.
capuchino [-'tʃ-] sm cappuccino.
capullo [-ʎo] sm (ZOOL) bozzolo; (BOT)
bocciolo; (de bellota) cupola; (ANAT)
prepuzio.
cara sf (ANAT) volto, faccia; (GEOMETRIA)
faccia; (de moneda) diritto; (de edificio)
facciata; ~ a ad rivolto a; de ~ di
fronte; dar la ~ assumersi la
responsabilità di qc; echar en ~
rinfacciare; mirar con mala ~
guardare di traverso; ¡qué ~ dura! che
faccia tosta!
carabela sf caravella.
carabina sf carabina; (fam)
accompagnatrice f.
carabinero sm ≈ finanziere m; (ZOOL)
grosso gamberetto.
caracol sm (ZOOL) lumaca; (ANAT)
chiocciola // excl: ¡~es! perbacco!;
escalera de ~ scala a chiocciola.
caracolear vi caracollare.
carácter (pl caracteres) sm carattere
m; tener mal ~ avere un brutto
carattere.
característica sf caratteristica; (TEATRO)
caratterista m.
característico, a a caratteristico(a)//
sm (TEATRO) vecchio.
caracterizar [-'θar] vt caratterizzare,
distinguere; (TEATRO) interpretare.
caramba excl diamine!
carámbano sm ghiacciolo.
carambola sf carambola; hacer ~ (fig:
fam) prendere due piccioni con una fava;
acertar de ~ azzeccare per puro caso.
caramelo sm caramella; (azúcar
fundida) caramello.
caramillo [-ʎo] sm (MUS) zampogna;
(montón) mucchio; (chisme) pettegolezzo.
caraqueño, a [-'keŋo] a, sm/f (abitante
m/f) di Caracas.
carátula sf (careta) maschera; (TEATRO)
scena; (AM) frontespizio.
caravana sf (de gente) carovana; (de
autos) fila; (fam) gruppo.
caray excl caspita!
carbón sm carbone m.
carbonada sf palata.
carbonato sm carbonato.
carbonero, a sm carbonaio.
carbonizar [-'θar] vt carbonizzare.
carbono sm carbonio.
carbunclo sm, **carbunco** sm (MED)
antrace m; (joya) rubino.
carburador sm carburatore m.

carcaj [-x] sm faretra.
carcajada [-'x-] sf risata.
carcamal sm vecchio bacucco.
carcamán sm bagnarolo.
cárcel [-θel] sf carcere m; (TECN: ranura)
guida di scorrimento;
(: herramienta) sergente m.
carcelero, a [-θ-] a carcerario(a) //
sm/f agente m di custodia.
carcoma sf (ZOOL) tarlo; (ansiedad)
ansietà; (persona: fastidiosa) persona
appiccicosa;
(: gastadora) spendaccione m.
carcomer vt tarlare; (fig) consumare;
~se vr rodersi; tormentarsi.
carcomido, a a tarlato(a); (fig)
consunto(a).
cardar vt cardare.
cardenal sm cardinale m; (equimosis)
livido.
cárdeno, a a (color) violaceo(a); (lívido)
livido(a).
cardíaco, a a cardiaco(a).
cardinal a cardinale.
cardo sm cardo.
cardumen sm banco di pesci.
carear vt (JUR) confrontare; ~se vr
(entrevistarse) trovarsi; (encararse)
spiegarsi.
carecer [-'θer] vi: ~ de essere privo o
mancare di.
carena sf (NAUT) carenaggio.
carenar vt carenare.
carencia [-θja] sf carenza.
careo sm confronto.
carestía sf carestia; (de los precios)
carezza.
careta sf maschera.
carey sm tartaruga.
carga sf (ELEC, MIL) carica; (barco)
cargo; (obligación, responsabilidad)
incarico.
cargado, a a (de bultos) carico(a),
pieno(a); (de años) carico(a),
vecchio(a); (de espaldas) curvo(a); (de
alcohol) pieno(a); (mujer: encinta)
incinta; (café, té) forte; (cielo)
nuvoloso(a); (atmósfera) teso(a).
cargador sm (MIL, TECN) caricatore m.
cargamento sm carico.
cargar vt caricare; (COM: algo en cuenta)
addebitare; (MIL: enemigo) caricare,
attaccare; (NAUT: velas) imbrogliare; (fam:
molestar) seccare, molestare // vi
pesare; (LING: acento) cadere; ~se vr
caricarsi; ~ con caricarsi di; ~ en o
sobre poggiare su; ~ las tintas
esagerare; ~ la mano forzare la mano.
cargazón [-'θon] sf (NAUT) carico; (del
cielo) nuvolosità.
cargo sm (puesto) carica, impiego;
(responsabilidad) dovere m, obbligo;
hacerse ~ del gobierno assumere il
governo; girar o poner a ~ de la
empresa addebitare all'impresa.
carguero [-'g-] sm cargo.
cariar vt cariare; ~se vt cariarsi.

Caribe *sm*: **el** ~ **i** Caraibi.
caricatura *sf* caricatura.
caricia [-θja] *sf* carezza.
caridad *sf* carità.
caries *sfpl* carie *f*.
carilampiño, a [-ɲo] *a* imberbe.
cariño [-ɲo] *sm* affetto, tenerezza; (*caricia*) carezza.
cariñoso, a [-'ɲ-] *a* affettuoso(a).
caritativo, a *a* caritatevole.
cariz [-θ] *sm* aspetto, piega.
carmelita *sm/f* (REL) carmelitano/a // *sf* (BOT) cappuccina.
carmesí *a*, *sm* cremisi *inv* (*m*).
carmín *sm* carminio; (BOT) rosa canina.
carnada *sf* esca.
carnal *a* carnale; **primo/tío** ~ cugino/zio di primo grado.
carnaval *sm* carnevale *m*.
carne *sf* carne *f*; (*de frutos*) polpa; **echar** ~**s** ingrassare; **metido en** ~**s** grassoccio(a); **herida en** ~ **viva** (*fig*) offesa grave; **tener** ~ **de gallina** avere la pelle d'oca.
carnerada *sf* gregge *m* di montoni.
carnero *sm* montone *m*; ~ **marino** foca.
carnestolendas *sfpl* carnevale *m*.
carnicería [-θ-] *sf* macelleria; (*fig*) carneficina.
carnicero, a [-'θ-] *a* carnivoro(a); (*fig*) crudele // *sm* macellaio.
carnívoro, a *a* carnivoro(a).
carnosidad *sf* pinguedine *f*; (MED) escrescenza.
carnoso, a *a* grasso(a).
caro, a *a* caro(a), amato(a) // *ad* caro.
carozo [-θo] *sm* (*de maíz*) tutulo; (*de aceituna, melocotón*) nocciolo.
carpa *sf* (ZOOL) carpa.
carpeta *sf* cartella; (*de mesa*) tappeto.
carpidor *sm* sarchio.
carpintería *sf* falegnameria; **obra de** ~ lavoro di falegnameria.
carpintero *sm* falegname *m*; **pájaro** ~ picchio.
carraca *sf* (*navío*) caracca; (*astillero*) cantiere *m* navale; (MUS) raganella; (TECN) pignone *m*.
carrada *sf* (*fam*) sacco.
carraspera *sf* raucedine *f*.
carrera *sf* (DEPORTE) corsa; (CONSTR) trave *f*; (*del sol*) corso; (*calle*) strada, via; (*trayecto*) percorso, tragitto; (*profesión*) carriera; (ESCOL) studi *mpl*; **hacer** ~ fare carriera.
carreta *sf* carro; ~ **de mano** carretto.
carretada *sf* carrettata.
carrete *sm* bobina, rocchetto; (TECN) rollino; (*de caña de pescar*) mulinello.
carretel *sm* (*de caña de pesca*) mulinello; (AM) rocchetto.
carretela *sf* calesse *m*.
carretera *sf* strada.
carretería *sf* mestiere *m* del carraio.
carretero, a *a* carrozzabile // *sm* (*constructor*) carraio; (*conductor*) carrettiere *m*.

carretilla [-ʎa] *sf* (*de mano*) carriola; (*juguete*) girello; (*cohete*) saltello; ~ **elevadora** carrello elevatore; **saber de** ~ sapere a memoria.
carril *sm* carreggiata; (*surco*) solco; (*camino*) mulattiera; (FERR) rotaia.
carrillera [-'ʎ-] *sf* mascella.
carrillo [-ʎo] *sm* guancia, gota; (*mesa*) carrello; (TECN) carrucola.
carrizo [-θo] *sm* carice *f*.
carro *sm* carro; (TIP) carrello; (AM: *coche*) macchina.
carrocería [-θ-] *sf* carrozzeria.
carroña [-ɲa] *sf* carogna.
carroza [-θa] *sf* carrozza; (*de carnaval. fúnebre*) carro.
carruaje [-xe] *sm* veicolo.
carta *sf* lettera; (COC. NAIPES. GEOGR) carta; ~ **simple/ certificada/expreso** lettera ordinaria/raccomandata/espresso; ~ **de amparo** salvacondotto; ~ **de crédito** lettera di credito; ~ **de ciudadanía** certificato di cittadinanza.
cartabón *sm* (*de agrimensor. dibujante*) squadra; (*de zapatero*) regolo.
cartapacio [-θjo] *sm* (*para libros. dibujos*) cartella; (*cuaderno*) quaderno; (*de documentos*) fascicolo, cartella.
cartearse *vr* scriversi.
cartel *sm* cartello; (*alfabeto*) alfabeto illustrato; **continuar en** ~ (TEATRO *etc*) tenere il cartellone; **'prohibido fijar** ~**es'** 'divieto d'affissione'; **tener gran** ~ avere una buona reputazione.
cartelera *sf* locandina.
cartera *sf* portafoglio; (*de colegial*) cartella; (*de señora*) borsetta; (*para documentos*) portacarte *m inv*; (*de cartero, AM*) borsa.
cartero *sm* postino.
cartilla [-ʎa] *sf* sillabario; (*de racionamiento*) tessera; (*de ahorros*) libretto.
cartógrafo *sm* cartografo.
cartón *sm* cartone *m*.
cartuchera [-'tʃ-] *sf* cartucciera.
cartucho [-'tʃo] *sm* (MIL) cartuccia; (*de papel*) cartoccio.
cartulina *sf* cartoncino.
casa *sf* (*habitación*) casa; (*edificio*) immobile *m*, stabile *m*; (*de tablero de ajedrez*) casella; (*de billar*) buca; **ir a** ~ **de X** andare da X; **estar en** ~ essere a casa; **una mujer de su** ~ una donna di casa; **¡está en su** ~**!** faccia come a casa sua!; ~ **de campo/editorial/ matriz** casa di campagna; editrice/madre; ~ **consistorial** palazzo municipale; ~ **cuna** asilo-nido; ~ **de citas** casa di tolleranza; ~ **remolque** roulotte *f*.
casaca *sf* casacca.
casadero, a *a* da sposare.
casal *sm* cascina; (ZOOL) coppia.
casamata *sf* casamatta.

casamentero, a *a* mediatore (trice) di matrimoni.
casamiento, *sm* matrimonio, nozze *fpl.*
casar *vt* sposare; (*JUR*) cassare; ~**se** *vr* sposarsi.
cascabel *sm* sonaglio; (*MIL*) culatta emisferica; **serpiente de ~** serpente *m* a sonagli.
cascada *sf* cascata.
cascajo [-xo] *sm* pietrisco; (*fam*) ferrovecchio.
cascanueces [-θes] *sm inv* schiaccianoci *m inv.*
cascar *vt* (*huevo*) rompere; (*fam: dar una paliza a*) picchiare, bastonare; (*: pagar*) sborsare // *vi* (*fam: charlar*) chiacchierare; ~**se** *vr* (*quebrarse*) frantumarsi; (*voz*) spezzarsi; (*fam: morir*) crepare.
cáscara *sf* (*de huevo*) guscio; (*de fruta*) buccia; (*de queso*) corteccia, crosta.
cascarón *sm* guscio d'uovo; ~ **de nuez** (*fig*) guscio di noce.
cascarrabias *sm/f* brontolone/a.
cascarriento, a *a* sudicio(a).
casco *sm* elmo, casco; (*de auricular*) cuffia; (*ANAT*) cranio; (*de botella*) coccio; (*de obús*) scheggia; (*de naranja*) spicchio; (*de una población*) perimetro urbano; (*NAUT*) scafo; (*ZOOL: de caballo*) zoccolo; (*botella*) vuoto; **hay 5 pesetas de ~** sono 5 pesetas per il vuoto.
cascote *sm* calcinacci *mpl*, macerie *fpl.*
caserío *sm* gruppo di case.
casero, a *a* domestico(a); (*fam*) casalingo(a); (*ropa*) da camera // *sm/f* (*propietario*) proprietario/a; (*administrador*) amministratore/trice; **pan** ~ pane *m* casareccio.
casi *ad* quasi; ~ **lo matas** per poco non lo ammazzi.
casilla [-ʎa] *sf* casetta; (*de guarda*) casotto; (*TEATRO*) sportello; (*de ajedrez, crucigrama*) casella; ~ **caminera** casa cantoniera.
casillero [-ʎ-] *sm* casellario.
casino *sm* casinò *m inv.*
caso *sm* caso; (*JUR*) processo, causa; **en** ~ **de** in caso di; **el** ~ **es que** il fatto è che; **en último** ~ in caso estremo.
caspa *sf* forfora.
casquete [-'k-] *sm* cuffia; (*polar*) calotta.
casquillo [kas'kiʎo] *sm* (*TECN*) ghiera; (*de lámpara*) attacco; (*de arma*) bossolo.
casquivano, a [-k-] *a* scervellato(a).
casta *sf* casta; (*fig*) tipo, qualità *f inv.*
castaña [-ɲa] *sf ver* **castaño.**
castañar [-'ɲar] *sm* castagneto.
castañeta [-'ɲ-] *sm* (*chasguido*) schiocco; (*instrumento*) nacchere *fpl.*
castañetear [-ɲ-] *vt* suonare le nacchere // *vi* (*dientes*) battere.
castaño, a [-ɲo] *a* castano(a) // *sm* (*BOT*) castagno // *sf* (*fruto*) castogna; (*damajuana*) damigiana; (*fam*) sberla.
castañuela [-'ɲ-] *sf* nacchera; (*BOT*) castagna d'acqua.

castellano, a [-'ʎ-] *a sm/f* castigliano(a) // *sm* (*lengua*) castigliano; (*señor*) castellano, signore *m.*
castidad *sf* castità.
castigar *vt* punire, castigare; (*afligir*) mortificare.
castigo *sm* castigo, punizione *f.*
castillo [-ʎo] *sm* castello; (*NAUT*) cassero.
castizo, a [-θo] *a* (*LING*) puro(a); (*fam*) tipico(a).
casto, a *a* casto(a).
castor *sm* castoro.
castración [-'θjon] *sf* castrazione *f.*
castrado, a *a* castrato(a).
castrar *vt* castrare.
casual *a* casuale, accidentale.
casualidad *sf* caso.
casualmente *ad* casualmente, per caso.
casucha [-tʃa] *sf* casupola.
casulla [-ʎa] *sf* (*REL*) pianeta.
cata *sf* (*degustación, prueba*) assaggio, degustazione *f*; (*porción*) campione *m.*
cataclismo *sm* cataclisma *m.*
catacumbas *sfpl* catacombe *fpl.*
catador *sm* assaggiatore *m*; (*fig*) intenditore *m.*
catadura *sf* degustazione *f*; (*fig: fam*) aspetto.
catalán, ana *a, sm/f* catalano(a).
catalejo [-xo] *sm* cannocchiale *m.*
cataléptico, a *a* catalettico(a).
catálogo *sm* elenco, lista; (*de libros*) catalogo.
Cataluña [-ɲa] *sf* Catalogna.
cataplasma *sf* cataplasma *m.*
catar *vt* assaggiare, degustare.
catarata *sf* cataratta.
catarro *sm* catarro.
catastro *sm* catasto.
catástrofe *sf* catastrofe *f.*
cataviento *sm* anemoscopio.
catear *vt* cercare.
catecismo [-'θ-] *sm* catechismo.
cátedra *sf* cattedra.
catedral *sf* cattedrale *f.*
catedrático, a *sm/f* cattedrattico/a.
categoría *sf* categoria.
categórico, a *a* categorico(a).
catequista [-'k-] *sm/f* catechista *m/f.*
catequizar [kateki'θar] *vt* catechizzare; (*fig*) convincere.
caterva *sf* caterva, mucchio.
catolicismo [-'θ-] *sm* cattolicesimo.
católico, a *a, sm/f* cattolico(a).
catorce [-θe] *num* quattordici (*m*).
catre *sm* branda; (*fam*) letto.
cauce [-θe] *sm* (*de río*) letto; (*canal*) canale *m*; (*acequia*) canaletto d'irrigazione; (*fig: vía*) via; (*: curso*) corso.
caución [kau'θjon] *sf* cauzione *f.*
caucionar [-θ-] *vt* prevenire; (*JUR*) garantire, fare da cauzione per.
caucho [-tʃo] *sm* cauccù *m.*
caudal *sm* (*de río*) portata; (*de dinero*) capitale *m*, ricchezza.

caudaloso, a *a* (*río*) di grande portata; (*persona*) ricco(a).
caudillo [-ʎo] *sm* caudillo, capo.
causa *sf* causa, motivo; (*JUR*) causa, processo.
causar *vt* causare, provocare; (*acarrear*) comportare.
cáustico, a *a* caustico(a).
cautela *sf* cautela, precauzione *f*.
cauteloso, a *a* cauto(a), prudente; (*pey*) timoroso(a).
cauterio *sm* cauterizzazione *f*.
cauterizar [-'θar] *vt* cauterizzare.
cautivar *vt* (*MIL*) catturare; (*fig*) affascinare, sedurre.
cautiverio *sm*, **cautividad** *sf* cattività, prigionia.
cautivo, a *a*, *sm/f* prigioniero(a).
cauto, a *a* cauto(a); (*astuto*) accorto(a).
cavar *vt* scavare; (*AGR*) zappare // *vi* (*fig*) approfondire.
caverna *sf* caverna.
cavernícola *a* cavernicolo(a); (*fig*) reazionario(a) // *sm* cavernicolo; (*fig*) casalingo.
cavernoso, a *a* cavernoso(a).
cavidad *sf* cavità *f inv*.
cavilación [-'θjon] *sf* riflessione *f*.
cavilar *vi* cavillare.
caviloso, a *a* cavilloso(a).
cayado *sm* bastone *m*; (*de obispo*) pastorale *m*.
cayo *sm* scogliera.
caza [-θa] *sf* caccia; (*animales*) selvaggina // *sm* caccia *m*.
cazador, a [-θ-] *a* cacciatore (trice) // *sm* cacciatore *m* // *sf* cacciatora.
cazar [ka'θar] *vt* cacciare; (*NAUT*) cazzare; (*sorprender*) acciuffare, prendere.
cazatorpedero [-θ-] *sm* cacciatorpediniere *m*.
cazo [-θo] *sm* (*vasija*) pentolino; (*cucharón*) mestolo.
cazuela [-'θ-] *sf* (*cacerola*) casseruola; (*guisado*) fricassea; (*TEATRO*) loggione *m*.
cazurro, a [-'θ-] *a* (*huraño*) chiuso(a); (*reservado*) discreto(a); (*taimado*) furbo(a); (*tonto*) sciocco(a); (*testarudo*) testardo(a).
c/c (*abr de cuenta corriente*) c/c.
ceba ['θe-] *sf* (*para animales*) mangime *m*; (*de horno*) combustibile *m*.
cebada [θ-] *sf ver* **cebado.**
cebadera [θ-] *sf* mangiatoia; (*NAUT*) fiocco; (*TECN: de horno*) tramoggia.
cebado, a [θ-] *a* ingozzato(a); (*AM*) feroce // *sf* orzo.
cebar [θ-] *vt* (*animal*) ingozzare; (*pez*) adescare; (*MIL*) innescare; (*TECN*) caricare; (*AM: el mate*) preparare // *vi* penetrare; ~se *vr* infierire.
cebo ['θe-] *sm* (*para animales*) mangime *m*; (*para peces*. fig) esca; (*de arma*) innesco; (*para horno*) combustibile *m*.
cebolla [θe'βoʎa] *sf* cipolla.

cebra ['θ-] *sf* zebra.
ceca ['θ-] *sf*: **ir de la ~ a la Meca** andare da una parte all'altra.
cecear [θeθe'ar] *vi* avere una pronunzia blesa.
ceceo [θe'θeo] *sm* pronunzia blesa.
cecina [θe'θina] *sf* carne seccata e affumicata.
cedazo [θe'ðaθo] *sm* setaccio.
ceder [θ-] *vt* cedere, dare // *vi* rinunziare; (*someterse*) sottomettersi; (*disminuir*) diminuire; (*romperse*) cedere.
cedro ['θ-] *sm* cedro.
cédula ['θ-] *sf* biglietto; ~ **de aduana** documenti *mpl* di sdoganamento; ~ **de identificación** documento d'identità.
C.E.E. *sf abr ver* **comunidad.**
céfiro ['θ-] *sm* zeffiro.
cegar [θ-] *vt* accecare; (*fig. pozzo*) chiudere // *vi* diventar cieco; ~se *vr* accecarsi.
ceguedad, ceguera [θev-] *sf* cecità; (*fig*) offuscamento.
ceja ['θexa] *sf* (*ANAT*) sopracciglio; (*CONSTR*) rialzo; (*en vestido*) bordo; (*de libro*) spigolo; (*de guitarra*) capotasto; (*TECN*) spirale *f* d'acciaio.
cejar [θe'xar] *vi* cedere.
cejijunto, a [θexi'xunto] *a* dalle sopracciglia folte; (*fig*) accigliato(a).
celada [θ-] *sf* (*de armadura*) celata; (*emboscada*) agguato, imboscata.
celador [θ-] *sm* custode *m*, guardiano.
celaje [θe'laxe] *sm* lucernario; (*fig*) presagio.
celar [θ-] *vt* (*vigilar*) vigilare; (*encubrir*) celare, occultare.
celda ['θ-] *sf* cella.
celebración [θeleßra'θjon] *sf* celebrazione *f*.
celebrante [θ-] *sm* celebrante *m*.
celebrar [θ-] *vt* (*misa*) celebrare; (*alaber*) lodare; (*asamblea etc*) tenere; ~se *vr* aver luogo.
célebre ['θ-] *a* celebre, famoso(a).
celebridad [θ-] *sf* celebrità *f inv*.
celeridad [θ-] *sf* celerità, velocità.
celeste [θ-] *a*, *sm* celeste (*m*).
celestial [θ-] *a* celestiale; (*fig*) perfetto(a), delizioso(a).
celestina [θ-] *sf* mezzana.
celibato [θ-] *sm* celibato.
célibe ['θ-] *a*, *sm* celibe (*m*).
celo ['θ-] *sm* zelo; (*de animales*) fregola; ~s *mpl* gelosia.
celofán [θ-] *sm* cellophane *m*.
celosía [θ-] *sf* persiana; (*pasión*) gelosia.
celoso, a [θ-] *a* geloso(a); (*trabajo*) accurato(a); (*desconfiado*) diffidente.
céltico, a [θ-] *a* celtico(a).
célula ['θ-] *sf* cellula.
celular [θ-] *a* cellulare.
celuloide [θ-] *sm* celluloide *m*.
celulosa [θ-] *sf* cellulosa.
cementar [θ-] *vt* cementare.
cementerio [θ-] *sm* cimitero.
cemento [θ-] *sm* cemento.

cena ['θ-] *sf* cena.
cenáculo [θ-] *sm* cenacolo.
cenador [θ-] *sm* chiosco.
cenagal [θ-] *sm* fangaia, pantano; (*fig*) imbroglio.
cenagoso, a [θ-] *a* fangoso(a), pantanoso(a).
cenar [θ-] *vt, vi* cenare.
cenceño, a [θen'θeɲo] *a* magro(a), asciutto(a).
cencerro [θen'θerro] *sm* sonaglio.
cenefa [θ-] *sf* (*de pañuelo etc*) orlatura; (*en muros etc*) fregio.
cenicero [θeni'θero] *sm* posacenere *m inv*.
ceniciento, a [θeni'θjento] *a* cenerino(a).
cenit [θ-] *sm* zenit *m*.
ceniza [θe'niθa] *sf* cenere *f*; ~**s** *fpl* ceneri *fpl*.
censo ['θ-] *sm* (*empadronamiento*) censimento; (*JUR: tributo*) canone *m*; (: *renta*) rendita; (: *carga sobre una casa*) onere *m*, spesa.
censor [θ-] *sm* censore *m*.
censura [θ-] *sf* censura.
censurable [θ-] *a* censurabile.
censurar [θ-] *vt* censurare.
centauro [θ-] *sm* centauro.
centavo [θ-] *sm* (*AM*) centesimo.
centella [θen'teʎa] *sf* fulmine *m*.
centellear [θenteʎe'ar] *vi* scintillare.
centelleo [θente'ʎeo] *sm* scintillio.
centena [θ-] *sf* centinaio.
centenar [θ-] *sm* centinaio; ~**es de** *sm* centinaia *fpl* di.
centenario, a [θ-] *a* centenario(a) // *sm* centenario.
centeno [θ-] *sm* segale *f*.
centígrado, a [θ-] *a* centigrado(a).
centímetro [θ-] *sm* centimetro.
céntimo, a ['θ-] *a* centesimo(a) // *sm* centesimo.
centinela [θ-] *sm* sentinella.
central [θ-] *a, sf* centrale (*f*); ~ **de correos** posta centrale; ~**es obreras** centrali *fpl* sindacali.
centralización [θentraliθa'θjon] *sf* centralizzazione *f*.
centralizar [θentrali'θar] *vt* centralizzare.
centrar [θ-] *vt* centrare.
centrífugo, a [θ-] *a* centrifugo(a).
centrípeto, a [θ-] *a* centripeto(a).
centro ['θ-] *sm* centro.
centroamericano, a [θ-] *a* centroamericano(a).
centuria [θ-] *sf* centuria; (*cien años*) secolo.
ceñido, a [θe'ɲ-] *a* (*adjustado*) stretto(a); (*moderado*) moderato(a).
ceñidor [θe'ɲ-] *sm* cintura, cinghia.
ceñir [θe'ɲir] *vt* (*apretar, ajustar*) stringere; (*abrazar*) circondare; ~**se** *vr* (*presupuesto*) restringersi; (*programa establecido*) limitarsi; (*a las exigencias*)

adattarsi; ~**se el cinturón** stringere la cinghia.
ceño ['θeɲo] *sm* cipiglio; **fruncir el** ~ aggrottare le sopracciglia.
ceñudo, a [θe'ɲ-] *a* accigliato(a).
cepa ['θe-] *sf* (*también fig*) ceppo.
cepillar [θepi'ʎar] *vt* spazzolare; (*madera*) piallare.
cepillo [θe'piʎo] *sm* spazzola; (*de dientes*) spazzolino; (*de carpintero*) pialla.
cepo ['θ-] *sm* ramo; (*de tortura*) ceppo; (*para cazar*) tagliola.
cera ['θ-] *sf* cera; (*del oído*) cerume *m*.
cerámica [θ-] *sf* ceramica.
cerbatana [θ-] *sf* cerbottana; (*MED*) cornetto acustico.
cerca ['θ-] *sf* steccato, recinto // *ad* vicino; ~ **de** *prep* vicino a; **mirar de** ~ guardare da vicino.
cercado [θ-] *sm* recinto; (*valla*) steccato.
cercanía [θ-] *sf* vicinanza, prossimità.
cercano, a [θ-] *a* prossimo(a), vicino(a).
cercar [θ-] *vt* recingere, chiudere; (*MIL*) circondare.
cercén [θer'θen]: **a** ~ *ad* completamente.
cercenar [θerθe-] *vt* mozzare, troncare; (*fig*) togliere.
cerciorar [θerθe-] *vt* accertare; ~**se** *vr* accertarsi.
cerco ['θ-] *sm* cerchio; (*ASTR*) alone *m*; (*MIL*) assedio.
cerda ['θ-] *sf* (*del cerdo*) setola; (*de caballo*) crine *m*; (*hombra del cerdo*) scrofa.
cerdo ['θ-] *sm* maiale *m*.
cerdoso, a [θ-] *a* setoloso(a).
cereal [θ-] *sm* cereale *m*.
cerebral [θ-] *a* cerebrale.
cerebro [θ-] *sm* cervello.
ceremonia [θ-] *sf* cerimonia.
ceremonial [θ-] *a da* cerimonia // *sm* cerimoniale *m*.
ceremonioso, a [θ-] *a* cerimonioso(a).
cerería [θ-] *sf* ceria.
cereza [θe'reθa] *sf* ciliegia.
cerezo [θe'reθo] *sm* ciliegio; ~ **silvestre** ciliegio selvatico.
cerilla [θe'riʎa] *sf* (*fosforo*) cerino; (*vela*) candelina; (*de los oídos*) cerume *m*.
cerner [θ-] *vt* setacciare; (*fig*) osservare, scrutare // *vi* essere in fiore; (*lloviznar*) pioviginare; ~**se** *vr* (*planear*) aleggiare; (*fig*) incombere, minacciare; (*balancearse*) dondolarsi.
cernícalo, [θ-] *sm* (*ZOOL*) poiana; (*fig: tonto*) sciocco, stupido; (: *ignorante*) ignorante *m*.
cernido [θ-] *sm* setacciatura.
cero ['θ-] *sm* zero.
cerote [θ-] *sm* cera (*da calzolaio*); (*fig: fam*) paura.
cerquillo [θer'kiʎo] *sm* tonsura; (*de zapatos*) tramezza.
cerrado, a [θ-] *a* chiuso(a); (*cielo etc*) coperto(a), nuvoloso(a); (*curva, pronunciación*) stretto(a); (*fig*) chiuso(a),

taciturno(a); (*poco inteligente*)
limitado(a).
cerradura [θ-] *sf* (*de puerta*) serratura;
(*de maleta*) chiusura.
cerraja [θe'rraxa] *sf* serrame *m*.
cerrajería [θerraxe'ria] *sf* ferramenta.
cerrajero [θerra'xero] *sm* fabbro.
cerrar [θ-] *vt* chiudere; (*paso, carretera*)
sbarrare, chiudere; (*trato, negocio*)
concludere // *vi* chiudere; ~**se** *vr*
(*noche*) calare; (*persona*) sprofondarsi.
cerrazón [θerra'θon] *sf* buio, tenebre *fpl*;
(*fig*) testardaggine *f*.
cerrero, a [θ-] *a* vagabondo(a).
cerril [θ-] *a* (*terreno*) accidentato(a);
(*animal*) selvatico(a); (*fig*) rozzo(a).
cerro [θ-] *sm* collina; (*zool*) collo.
cerrojo [θe'rroxo] *sm* catenaccio; (*de
fusil*) otturatore *m*.
certamen [θ-] *sm* (*torneo*) gara,
competizione *f*; (*concurso*) concorso.
certero, a [θ-] *a* sicuro(a); (*golpe*)
riuscito(a); (*cierto*) fondato(a).
certeza [θer'teθa] *sf*,
 certidumbre [θ-] *sf* certezza; **tener la
 ~ de que** avere la certezza che.
certificación [θertifika'θjon] *sf*
autenticazione *f*; (*de una carta*)
raccomandazione *f*.
certificado, a [θ-] *a* raccomandato(a)
// *sm* certificato, attestato.
certificar [θ-] *vt* (*atestar*) attestare;
(*carta*) raccomandare.
cerval [θ-] *a* cervino(a).
cervato [θ-] *sm* cerbiatto.
cervecería [θerße̞e'ria] *sf* birreria.
cervecero [θerße'θero] *sm* birraio.
cerveza [θer'ße̞θa] *sf* birra.
cerviz [θer'ßiθ] *sf* nuca.
cesación [θesa'θjon] *sf* cessazione *f*.
cesante [θ-] *a* licenziato(a) // *sm/f*
disoccupato/a.
cesantía [θ-] *sf* licenziamento.
cesar [θ-] *vi* smettere, cessare.
cese [θ-] *sm* cessazione *f*; (*de pago*)
sospensione *f*.
cesión [θ-] *sf* cessione *f*.
cesionario, a [θ-] *a* cessionario(a).
césped [θ-] *sm* erba.
cesta [θ-] *sf* cesta, canestro; (*de pelota
vasca*) cesto.
cestero, a [θ-] *sm/f* cestaio/a.
cesto [θ-] *sm* cesto.
cetrería [θ-] *sf* falconeria.
cetrino, a [θ-] *a* olivastro(a).
cetro [θ-] *sm* scettro; **bajo el ~ de** sotto
il regno di.
ch... *ver bajo la letra CH, después de C*.
Cía (*abr de compañía*) C.ia.
cianuro [θ-] *sm* cianuro.
ciática [θ-] *sf* sciatica.
cicatería [θ-] *sf* taccagneria, spilorceria.
cicatero, a [θ-] *a* spilorcio(a),
taccagno(a).
cicatriz [θika'triθ] *sf* cicatrice *f*.
ciclismo [θ-] *sm* ciclismo.
ciclo [θ-] *sm* ciclo.

ciclón [θ-] *sm* ciclone *m*.
cicuta [θ-] *sf* cicuta.
ciego, a [θ-] *a*, *sm/f* cieco(a).
cielo [θ-] *sm* cielo; (*arquit*) soffitto; ¡~**s!**
santo cielo!
ciempiés [θ-] *sm* millepiedi *m inv*.
cien [θ-] *a ver* **ciento**.
ciénaga [θ-] *sf* fangaia, palude *f*.
ciencia [θ-] *sf* scienza; **a ~ cierta**
senza dubbio.
cieno [θ-] *sm* melma, fango.
científico, a [θ-] *a* scientifico(a) // *sm/f*
scienziato/a.
ciento, cien [θ-] *a* cento // *sm*
centinaio, cento; ~**s de** centinaia *fpl* di;
20 por ~ 20 per cento; **pagar al 10 por
~** pagare il 10 per cento.
cierne [θ-] *sm* fioritura; **estar en ~**
essere in gestazione.
cierre [θ-] *sm* chiusura; ~ **a cremallera**
o **relámpago** chiusura *f* lampo *inv*.
cierto, a [θ-] *a* certo(a); (*veradero*)
vero(a), certo(a); ~ **hombre** un tale; **sí,
es ~** sì, è vero; **estar en lo ~** essere nel
vero; **lo ~ es que** il fatto è che.
ciervo [θ-] *sm* cervo.
cierzo [θ-] *sm* tramontana.
cifra [θ-] *sf* cifra; **en ~** in codice.
cifrar [θ-] *vt* cifrare; (*resumir*)
compendiare.
cigarra [θ-] *sf* cicala.
cigarrera [θ-] *sf* portasigarette *m*.
cigarrero [θ-] *sm* tabaccaio.
cigarrillo [θiva'rriʎo] *sm* sigaretta.
cigarro [θ-] *sm* sigaro.
cigüeña [θi'vweɲa] *sf* (*zool*) cicogna;
(*tecn*) manovella.
cilindrar [θ-] *vt* cilindrare, comprimere.
cilíndrico, a [θ-] *a* cilindrico(a).
cilindro [θ-] *sm* cilindro.
cima [θ-] *sf* cima.
címbalo [θ-] *sm* campanella.
cimborrio, cimborio [θ-] *sm* (*arquit*)
ciborio.
cimbrar, cimbrear [θ-] *vt* far vibrare;
(*fam*) bastonare; (*arquit*) centinare; ~**se**
vr (*doblarse*) curvarsi, piegarsi.
cimentar [θ-] *vt* (*muro*) cementare;
(*hacer los cimientos de*) gettare le
fondamenta di; (*fig*) consolidare.
cimento, cemento [θ-] *sm* cemento.
cimera [θ-] *sf* cimiero.
cimiento [θ-] *sm* (*constr*) fondamenta
fpl; (*fig*) origine *m*.
cimitarra [θ-] *sf* scimitarra.
cinc [θ-] *sm* zinco.
cincel [θin'θel] *sm* (*para metales*) cesello;
(*para piedras*) scalpello.
cincelar [θinθe'lar] *vt* (*metales*)
cesellare; (*piedras*) scalpellare.
cinco [θ-] *num* cinque (*m*).
cincuenta [θin'kwenta] *num* cinquanta
(*m*).
cincha [θ-] *sf* cinghia.
cinchar [θin'tʃar] *vt* (*caballo*) tirare il
sottopancia di; (*tonel*) cerchiare.
cine [θ-] *sm* cinema *m inv*.

cinematográfico, a [θ-] *a* cinematografico(a).

cinerario, a [θ-] *a* cinerario(a) // *sf* (*BOT*) cineraria.

cínico, a ['θ-] *a, sm/f* cinico(a).

cinismo [θ-] *sm* cinismo.

cinta [θ-] *sf* nastro; (*película*) film *m*.

cintillo [θin'tiʎo] *sm* (*de sombrero*) cordoncino; (*de bodas*) fede con pietre preziose.

cinto ['θ-] *sm* cintura.

cintura [θ-] *sf* vita; (*ceñidor*) cintura.

cinturón [θ-] *sm* cintura; ~ **de seguridad** cintura di sicurezza.

ciprés [θ-] *sm* cipresso.

circo ['θ-] *sm* circo.

circuir [θ-] *vt* circuire, circondare.

circuito [θ-] *sm* circuito.

circulación [θirkula'θjon] *sf* circolazione *f*.

circulante [θ-] *a* circolante.

circular [θ-] *a* circolare, tondo(a) // *sf* circolare *f* // *vi* circolare.

círculo ['θ-] *sm* circolo; ~**s** *mpl* ambienti *mpl*.

circuncidar [θirkunθi'ðar] *vt* circoncidere.

circuncisión [θirkunθi'sjon] *sm* circoncisione *f*.

circunciso, a [θirkun'θiso] *pp de* **circuncidar** // *a* circonciso(a).

circundar [θ-] *vt* circondare.

circunferencia [θirkunfe'renθja] *sf* circonferenza.

circunflejo [θirkun'flexo] *sm* accento circonflesso.

circunlocución [θirkunloku'θjon] *sf*, **circunloquio** [θirkun'lokjo] *sm* circonlocuzione *f*.

circunnavegación [θirkunnaβeva'θjon] *sf* circumnavigazione *f*.

circunnavegar [θ-] *vt* circumnavigare.

circunscribir [θ-] *vt* circoscrivere; (*fig*) limitare; ~**se** *vr* limitarsi.

circunscripción [θirkunskrip'θjon] *sf* circoscrizione *f*.

circunspección [θirkunspek'θjon] *sf* circospezione *f*.

circunspecto, a [θ-] *a* circospetto(a).

circunstancia [θirkuns'tanθja] *sf* circostanza.

circunstanciado, a [θirkunstan'θjaðo] *a* circostanziato(a).

circunstante [θ-] *sm/f* presente *m/f*.

circunvalar [θ-] *vt* circondare.

cirio ['θ-] *sm* cero.

cirro ['θ-] *sm* cirro.

ciruela [θ-] *sf* prugna, susina.

ciruelo [θ-] *sm* prugno.

cirugía [θiru'xia] *sf* chirurgia.

cirujano [θiru'xano] *sm* chirurgo.

cisma ['θ-] *sm* scisma *m*.

cismático, a [θ-] *a* scismatico(a).

cisne [θ-] *sm* cigno.

cisterna [θ-] *sf* cisterna.

cisura [θ-] *sf* incisione *f*.

cita ['θ-] *sf* appuntamento; (*referencia*)

citazione *f*; **darse** ~ **en un café** darsi appuntamento in un caffè.

citación [θita'θjon] *sf* citazione *f*.

citar [θ-] *vt* dare appuntamento a; (*JUR, autor*) citare; ~**se** *vr* darsi appuntamento.

cítara ['θ-] *sf* cetra.

cítrico, a ['θ-] *a* citrico(a); ~**s** *smpl* agrumi *mpl*.

ciudad [θ-] *sf* città *f inv*.

ciudadanía [θ-] *sf* cittadinanza.

ciudadano, a [θ-] *a* cittadino(a).

ciudadela [θ-] *sf* cittadella.

cívico, a [ˈθ-] *a* civico(a).

civil [θ-] *a* civile // *sm* (*guardia*) ≈ carabiniere *m*; (*ciudadano*) civile *m*.

civilidad [θ-] *sf* cortesia, urbanità.

civilización [θiβiliθa'θjon] *sf* civiltà *f inv*.

civilizar [θiβili'θar] *vt* civilizzare; ~**se** *vr* civilizzarsi.

civismo [θ-] *sm* civismo.

cizalla [θi'θaʎa] *sf* cesoia.

cizaña [θi'θaɲa] *sf* (*también fig*) zizzania.

clamar *vt* gridare, proclamare // *vi* gridare.

clamor *sm* (*grito*) clamore *m*; (*gemido*) lamento; (*vítores*) acclamazione *f*; (*de campana*) rintocco.

clamorear *vt* reclamare, esigere // *vi* (*de júbilo*) gridare; (*campana*) scampanare.

clamoroso, a *a* clamoroso(a).

clandestino, a *a* clandestino(a).

claque [-'ke] *sf* (*fam*) claque *f inv*.

clara *sf* chiara o bianco d'uovo.

claraboya *sf* lucernario.

clarear *vi* albeggiare; (*cielo*) schiarirsi; ~**se** *vr* schiarirsi.

clarete *sm* rosato, rosatello.

claridad *sf* (*luz*) luce *f*, chiarore *m*; (*fig*) chiarezza.

clarificación [θ-] *sf* chiarificazione *f*; (*explicación*) chiarimento.

clarificar *vt* chiarificare; (*explicar*) chiarire.

clarín *sm* tromba; (*MIL*) trombettiere *m*.

clarinete *sm* clarinetto; (*instrumentista*) clarinettista *m*.

clarividencia [-θja] *sf* chiaroveggenza.

claro, a *a* chiaro(a); (*evidente*) evidente, chiaro(a); (*ralo*) rado(a) // *sm* (*en escritura*) spazio; (*tiempo disponible*) buco; (*en discurso*) pausa; (*en bosque*) radura; (*de luna*) chiaro // *ad* chiaramente, chiaro // *excl* altro che!; **hablar** ~ parlare chiaramente.

claroscuro *sm* chiaroscuro.

clase *sf* classe *f*; (*MIL*) leva, classe; (*ESCOL: lección*) lezione *f*; **tener** ~ avere lezione; ~**s particulares** lezioni *fpl* private; ~ **nocturna** corso serale.

clásico, a *a* classico(a); (*fig*) caratteristico(a).

clasificación [-'θjon] *sf* clasificazione *f*.

clasificar *vt* classificare, ordinare.

claudicar *vi* cedere.

claustro *sm* chiostro; (*en la universidad*) consiglio o senato accademico; ~ **materno** (ANAT) grembo.

cláusula *sf* clausola.

clausura *sf* clausura; (*de reunión etc*) chiusura.

clavar *vt* (*clavo*) inchiodare; (*cuchillo, tenedor*) conficcare, piantare; (*mirada*) fissare; (*fam*) imbrogliare; ~**se** *vr* prendersi una fregatura.

clave *sf* chiave *f* // *sm* (MUS) clavicembalo // *a* chiave.

clavel *sm* garofano.

clavicordio *sm* clavicembalo.

clavícula *sf* clavicola.

clavija [-xa] *sf* tassello; (ELEC) spina.

clavo *sm* (*de metal*) chiodo; (BOT) chiodo di garofano; (*forúnculo*) foruncolo; (*callo*) callo.

clemencia [-θja] *sf* clemenza.

clemente *a* clemente.

clerecía [-'θia] *sf* clero.

clerical *a*, *sm* clericale (*m*).

clérigo *sm* ecclesiastico.

clero *sm* clero.

cliente *sm/f* cliente *m/f*.

clientela *sf* clientela.

clima *sm* clima *m*.

clínica *sf* clinica.

clisé *sm* cliché *m inv*, lastra.

cloaca *sf* cloaca.

clorhídrico, a [-'ri-] *a* cloridrico(a).

cloroformo *sm* cloroformio.

club *sm* club *m inv*, circolo.

C.N.T. *abr de Confederación Nacional de Trabajo.*

coacción [koak'θjon] *sf* coercizione *f*.

coactivo, a *a* coattivo(a).

coadjutor, a [-x-] *sm/f* coadiutore/trice.

coadyuvante *a* coadiuvante.

coadyuvar *vt* coadiuvare.

coagular *vt* coagulare.

coágulo *sm* (*de leche*) grumo; (*de sangre*) coagulo, grumo.

coalición [-'θjon] *sf* coalizione *f*.

coartada *sf* alibi *m inv*.

coartar *vt* limitare.

cobalto *sm* cobalto.

cobarde *a* codardo(a).

cobardía *sf* codardia.

cobayo *sm*, **cobaya** *sf* cavia.

cobertizo [-θo] *sm* tettoia; (*para trastos*) capannone *m*, rimessa.

cobertor *sm* coperta.

cobertura *sf* copertura.

cobija [-xa] *sf* tegola curva; (AM) coperta.

cobijar [-'xar] *vt* coprire; (*fig*) ospitare.

cobra *sf* cobra *m*.

cobrador *sm* (*de autobús, tren*) bigliettaio, controllore *m*; (*de impuestos, gas*) esattore *m*.

cobranza [-θa] *sf* riscossione *m*.

cobrar *vt* (*cheque, sueldo*) riscuotere; (*deuda*) incassare; ~**se** *vr* (*hacerse pagar*) pagarsi; (*desquitarse*) risarcirsi; ~ **ánimo** o **coraje** riprendere animo; ~ **cariño a uno** affezionarsi a qd; ~ **fama**

de **guadagnarsi fama di; ¡vas a** ~**!** (AM) ora le prendi!

cobre *sm* rame *m*; ~**s** *mpl* (MUS) ottoni *mpl*.

cobrizo, a *a* [-θo] *a* color di rame.

cobro *sm* (*paga*) paga, stipendio; (*cobranza*) incasso.

coca *sf* (BOT) coca.

cocaína *sf* cocaina.

cocción [kok'θjon] *sf* cottura.

cocear [-θ-] *vi* scalciare.

cocer [ko'θer] *vt*, *vi* cuocere; ~**se** *vr* cuocersi.

cocido, a [-'θ-] *a* cotto(a) // *sm* lesso, bollito.

cocimiento [-θ-] *sm* cottura; (*tisana*) decotto.

cocina [-θ-] *sf* cucina.

cocinar [-θ-] *vt*, *vi* cucinare.

cocinero, a [-θ-] *sm/f* cuoco/a.

coco *sm* cocco; (*gusano de las frutas*) baco; (*fam*) capoccia, zucca.

cocodrilo *sm* coccodrillo.

cocotal *sm* piantagione *f* di palme da cocco.

cocotero *sm* palma da cocco.

coche ['kotʃe] *sm* (*de caballos*) carrozza; (*automóvil*) macchina, vettura; (*de tren*) carrozza, vettura; (*fúnebre*) carro; (*para niños*) carrozzella; ~ **celular** furgone *m* cellulare.

cochera [-'tʃ-] *a* carraio(a) // *sf* autorimessa, garage *m inv*.

cochero [-'tʃ-] *sm* cocchiere *m*.

cochinada [-tʃ-] *sf* porcheria.

cochinería [-tʃ-] *sf* = **cochinada.**

cochinilla [kotʃi'niʎa] *sf* (*crustáceo*) omisco; (*insecto, colorante*) cocciniglia.

cochino, a [-'tʃ-] *a* sporco(a) // *sm* porco, maiale *m*.

codal *a* cubitale // *sm* cubitiera; (*de la vid*) propaggine *f*; (ARQUIT) tirante *m*.

codazo [-θo] *sm* gomitata.

codear *vi* dare gomitate.

codera *sf* rammendo, toppa.

códice [-θe] *sm* codice *m*.

codicia [-θja] *sf* cupidigia.

codiciar [-θjar] *vt* desiderare.

codicioso, a [-θ-] *a* cupido(a), avido(a).

código *sm* codice *m*.

codillo [-ʎo] *sm* spalla.

codo *sm* gomito; **empinar el** ~ (*fig: fam*) alzare il gomito.

codorniz [-θ] *sf* quaglia.

coeducación [-'θjon] *sf* coeducazione *f*.

coeficiente [-'θ-] *sm* coefficiente *m*; ~ **de incremento** (ECON) tasso d'incremento.

coerción [-'θjon] *sf* coercizione *f*.

coercitivo, a [-θ-] *a* coercitivo(a).

coetáneo, a *a* coetaneo(a).

coexistencia [-θja] *sf* coesistenza.

coexistir *vi* coesistere.

cofia *sf* cuffia.

cofrade *sm* confratello.

cofradía *sf* confraternita.

cofre *sm* baule *m*.

cogedor [-x-] *sm* pattumiera.
coger [ko'xer] *vt* prendre; (*frutas*) raccogliere, cogliere; (*resfriado*) pigliare; (*suj: lluvia, noche*) sorprendere; (*ladrón*) acchiappare // *vi:* ~ **por el buen camino** avviarsi; ~**se** *vr* fregarsi.
cogida [-'x-] *sf* (AGR) raccolta; (TAUR) cornata.
cogido, a [-'x-] *a* (*tomado*) preso(a); (*apresado: ladrón*) catturato(a), preso(a); (*torero*) ferito(a).
cogollo [-´ʎo] *sm* (*de lechuga, col*) cuore *m*; (*de árbol*) germoglio.
cogote *sm* nuca.
cogulla [-´ʎa] *sf* abito.
cohabitar [koa-] *vi* coabitare, convivere.
cohechar [koe't∫ar] *vt* corrompere.
cohecho [ko'et∫o] *sm* corruzione *f*.
coheredero, a [koe-] *sm/f* coerede *m/f*.
coherente [koe-] *a* coerente.
cohesión [koe-] *sf* coesione *f*.
cohete [ko'e-] *sm* razzo.
cohibición [koiβi'θjon] *sf* repressione *f*.
cohibir [koi-] *vt* reprimere, frenare.
cohombro [ko'o-] *sm* cetriolo.
coincidencia [koinθi'ðenθja] *sf* coincidenza.
coincidir [-θ-] *vi* (*en una idea*) coincidere; (*en un lugar*) incontrarsi.
coito *sm* coito.
cojear [-x-] *vi* zoppicare.
cojera [-'x-] *sf* zoppia.
cojín [-'xin] *sm* cuscino.
cojinete [-x-] *sm* cuscinetto.
cojo, a [-xo] *a*, *sm/f* zoppo(a).
col *sf* cavolo.
cola *sf* coda; (*de vestido*) strascico; (*de pegar*) colla; **hacer la** ~ fare la fila.
colaborador, a *sm/f* collaboratore/trice.
colaborar *vi* collaborare.
colación [-'θjon] *sf* collazione *f*.
colada *sf* (*lavado*) bucato; (*de lava,* TECN) colata; (*filtrado*) filtratura; (*camino*) sentiero, passo.
coladera *sf* passino.
colador *sm* colino.
coladura *sf* (*filtración*) filtraggio; (*residuo*) residuo, resto; (*fig: fam*) granchio.
colapso *sm* (MED) collasso; (COM) crollo.
colar *vt* colare; (*ropa*) candeggiare; (*beneficio*) conferire // *vi* (*aire*) passare; ~**se** *vr* intrufolarsi.
colateral *a*, *sm* collaterale (*m*).
colcha [-t∫a] *sf* coperta, copriletto.
colchón [-'t∫on] *sm* materasso.
colchoneta [-t∫-] *sf* materassino; ~ **de aire** materassino gonfiabile.
coleada *sf* (*de animal*) colpo di coda; (*de viento*) colpo di vento.
colear *vi* (*perro*) scodinzolare; (*tren*) dondolare.
colecta *sf* colletta.
colectar *vt* raccogliere.
colectividad *sf* collettività.

colectivo, a *a* collettivo(a) // *sm* (LING) nome collettivo.
colector *sm* collettore *m*; (*sumidero*) bocca di scarico; ~ **de basuras** scarico di immondizie.
colega *sm* collega *m*.
colegial [-'xjal] *a* collegiale // *sm* collegiale *m*, alunno.
colegiala [-'x-] *sf* collegiale *f*, alunna.
colegio [-xjo] *sm* collegio; (*de abogados, médicos*) ordine *f*.
colegir [-'xir] *vt* (*juntar*) raccogliere, riunire; (*deducir*) dedurre.
cólera *sf* collera, furia // *sm* (MED) colera *m*.
colérico, a *a* collerico(a) // *sm/f* (MED) colerico/a.
coletazo [-θo] *sm* colpo di coda.
coleto *sm:* **lo dije para mi** ~ (*fig*) lo dissi fra me e me.
colgadero *sm* uncino, gancio.
colgadura *sf* tappezzeria.
colgante *a* sospeso(a) // *sm* (ARQUIT) festone *m*; (*de araña*) goccia; (*joya*) pendaglio, ciondolo.
colgar *vt* appendere; (*teléfono*) riattaccare; (*fig: fam: en examen*) bocciare // *vi* pendere, penzolare; ~**se** *vr* impiccarsi.
colibrí *sm* colibrì *m*.
cólico *sm* colica.
coliflor *sf* cavolfiore *m*.
coligarse *vr* allearsi.
colilla [-´ʎa] *sf* mozzicone *m*.
colina *sf* collina, colle *m*.
colindante *a* confinante, limitrofo(a).
colindar *vi* confinare.
colisión *sf* collisione *f*; (*fig*) scontro.
colmado, a *a* colmo(a) // *sm* alimentari *mpl*.
colmar *vt* colmare, riempire; ~ **la paciencia** (*fig*) far perdere la pazienza.
colmena *sf* arnia; (*fig*) alveare *m*.
colmenar *sm* apiario.
colmenero, a *sm/f* apicoltore/trice.
colmillo [-´ʎo] *sm* dente canino; (*de elefante*) zanna.
colmo *sm* colmo.
colocación [-'θjon] *sf* collocazione *f*, sistemazione *f*; (*empleo*) occupazione *f*, impiego; (*de mueble*) sistemazione; (*de dinero*) investimento.
colocar *vt* collocare, sistemare; (*dinero*) investire; (*a alguien*) impiegare; ~**se** *vr* impiegarsi.
Colombia *sf* Colombia.
colombiano, a *a*, *sm/f* colombiano(a).
colon *sm* colon *m*.
colonia *sf* colonia; ~ **de vacaciones** colonia estiva.
colonialismo *sm* colonialismo.
colonización [-θa'θjon] *sf* colonizzazione *f*.
colonizador, a [-θ-] *a*, *sm/f* colonizzatore(trice).
colonizar [-'θar] *vt* colonizzare.
colono *sm* colono.

coloquio [-kjo] sm colloquio.
color sm colore m.
colorado, a a colorato(a); (rojo) rosso(a) // sm rosso; **ponerse** ~ arrossire.
colorar vt colorare.
colorear vt colorare // vi arrossire.
colorete sm rossetto.
colorido sm colorito.
colosal a colossale; (fig) straordinario(a).
coloso sm colosso.
columbrar vt scorgere, intravedere; (fig) congetturare.
columna sf colonna; (apoyo) pilastro.
columpiar vt dondolare; ~se vr dondolarsi.
columpio sm altalena.
collado [-ʎ-] sm (cerro) colle m; (camino) valico.
collar [-ʎar] sm collana; (de perro) collare m.
coma sf virgola // sm coma m.
comadre sf (partera) levatrice f; (madrina) madrina; (vecina) vicina.
comadrear vi spettegolare.
comadreja [-xa] sf donnola.
comadreo sm pettegolezzo, ciarla.
comadrona sf (partera) levatrice f; (fam: vecina) comare f.
comandancia [-θja] sf comando.
comandante sm comandante m.
comandar vt comandare.
comandita sf: **sociedad en** ~ società f inv in accomandita.
comanditario, a a in accomandita // sm accomandante m.
comarca sf regione f, territorio.
comarcano, a a vicino(a).
comarcar vi confinare.
comba sf curvatura.
combar vt curvare, piegare.
combate sm combattimento.
combatiente a, sm combattente (m).
combatir vt combattere.
combinación [-'θjon] sf combinazione f; (de bebidas) cocktail m inv; (prenda) sottoveste f.
combinar vt combinare; ~se vr combinarsi.
combo, a a curvo(a).
combustión sf combustione f.
comedero sm (de animales) mangiatoia; (comedor) sala da pranzo.
comedia sf commedia.
comediante sm/f commediante m/f.
comedido, a a (moderado) misurato(a); (cortés) cortese, gentile; (AM: servicial) servizievole.
comedirse vr moderarsi; (AM) offrirsi.
comedor sm sala da pranzo; (restaurante) ristorante m; ~ **escolar** mensa.
comendador sm commendatore m.
comensal sm/f commensale m/f.
comentado, a a commentato(a); (mencionado) menzionato(a).

comentar vt commentare.
comentario sm commento.
comentarista sm commentatore m.
comenzar [-'θar] vt, vi cominciare.
comer vt, vi mangiare; ~se vr mangiarsi.
comercial [-'θjal] a commerciale.
comerciante [-θ-] a, sm/f commerciante (m/f), negoziante (m/f).
comerciar [-'θjar] vi commerciare; (fig) avere dei rapporti.
comercio [-θjo] sm commercio.
comestible a commestibile // sm drogheria.
cometa sm cometa m // sf aquilone m.
cometer vt commettere; ~ **algo a uno** affidare qc a qd.
cometido sm incarico; (deber) obbligo.
comezón [-'θon] sf prurito, pizzicore m; (fig) inquietudine f.
cómico, a a comico(a), buffo(a) // sm/f attore(trice) comico(a).
comida sf cibo; (almuerzo, cena) pasto.
comidilla [-ʎa] sf argomento preferito; (pey) pettegolezzo.
comienzo [-θo] sm inizio, principio.
comilón, ona a ghiotto(a), goloso(a) // sm/f mangione/a // sf scorpacciata, mangiata.
comillas [-ʎas] sfpl virgolette fpl.
comino sm cumino.
comisario sm commissario.
comisión sf incarico; (COM) provvigione f; (delegación) commissione f.
comisionado, a a incaricato(a) // sm commissionario.
comisionista sm commissionario.
comité sm comitato.
comitiva sf comitiva.
como ad come // conj (ya que, puesto que) poiché, siccome; (enseguida que) non appena; ~ **él hay pocos** ce ne sono pochi come lui; **eran** ~ **las ocho** saranno state le otto; ~ **no lo haga hoy** se non lo fa oggi; ~ **si** come se; **tan alto** ~ **ancho** tanto alto quanto largo.
cómo ad come, in che modo // excl come! // sm: **el** ~ **y el porqué** il come e il perché; **¿**~ **no vino?** perché non è venuto?; **¿**~ **es de alto?** quanto è alto?; **¡**~ **no!** (AM) ma, certamente!
cómoda sf cassettone m, comò.
comodidad sf comodità f inv; (interés) utilità, interesse m.
comodín sm matta, jolly m inv.
cómodo, a a confortevole; (fácil) comodo(a), facile.
compacto, a a compatto(a).
compadecer [-'θer] vt compatire; ~se vr dolersi.
compadre sm (padrino) padrino; (vecino, amigo) compare m.
compaginar [-x-] vt (reunir) riunire; (libro) impaginare; (fig) conciliare; ~se vr accordarsi.
compañerismo [-ɲ-] sm cameratismo.
compañero, a [-'ɲ-] sm/f compagno/a.

compañía [-'ɲia] *sf* compagnia.
comparación [-'θjon] *sf* confronto, paragone *f*; **en ~ con** in confronto a.
comparar *vt* confrontare, paragonare.
comparativo, a *a* comparativo(a) // *sm* comparativo.
comparacer [-'θer] *vi* comparire.
comparsa *sf* (TEATRO) comparsa; (*de carnaval*) mascherata.
compartimiento *sm* scompartimento; (*acto*) divisione *f*.
compartir *vt* spartire, dividere; (*fig*) condividere.
compás *sm* (MUS) battuta; (MAT) compasso; (NAUT) bussola; **llevar el ~** battere il tempo.
compasado, a *a* misurato(a), regolato(a).
compasión *sf* compassione *f*, pietà.
compasivo, a *a* compassionevole.
compatibilidad *sf* compatibilità.
compatible *a* compatibile.
compatriota *sm/f* compatriota *m/f*.
compeler *vt* costringere.
compendiar *vt* compendiare, riassumere.
compendio *sm* compendio.
compensación [-'θjon] *sf* (*indemnización*) risarcimento; (*contrapeso*) compensazione *f*; (*recompensa*) compenso, ricompensa.
compensar *vt* compensare.
competencia [-θja] *sf* (*incumbencia*) competenza; (*aptitud*) capacità *f inv*; (*rivalidad*) concorrenza.
competente *a* competente; (*conveniente*) opportuno(a), adeguato(a).
competer *vi*: **~ a** essere di competenza di.
competición [-'θjon] *sf* competizione *f*, gara.
competir *vi* competere, gareggiare.
compilar *vt* compilare.
compinche [-tʃe] *sm/f* amico(a), compagno(a).
complacencia [-'θenθja] *sf* compiacenza, soddisfazione *f*.
complacer [-'θer] *vt* piacere a, compiacere; **~se** *vr* compiacersi, rallegrarsi.
complaciente [-'θ-] *a* compiacente.
complejo, a [-xo] *a* complesso(a) // *sm* complesso.
complementario, a *a* complementare.
completar *vt* completare, integrare.
completo, a *a* completo(à); (*perfecto*) perfetto(a) // *sm prima colazione abbondante*.
complexión *sf* complessione *f*, constituzione *f*.
complicación [-'θjon] *sf* complicazione *f*.
complicar *vt* complicare; (*persona*) coinvolgere.
cómplice [-θe] *sm/f* complice *m/f*.
complicidad [-θ-] *sf* complicità.
complot *sm* complotto.

componenda *sf* accordo, compromesso.
componer *vt* comporre; (*algo roto*) riparare, aggiustare; (*fam: salud*) rimettere; (*adornar, arreglar*) sistemare; (*reconciliar*) riconciliare.
comportamiento *sm* comportamento, condotta.
comportar *vt* (*tolerar*) sostenere, reggere; (*contener*) comportare, comprendere; **~se** *vr* comportarsi, agire.
composición [-'θjon] *sf* composizione *f*; (*redacción escolar*) tema *m*.
compositor, a *sm/f* compositore/trice.
compostura *sf* (*reparación*) riparazione *f*; (*actitud*) contegno.
compra *sf* spesa, acquisto; **hacer las ~s** fare la spesa; **~ en cuotas/al contado** spesa a rate/in contanti.
comprador, a *sm/f* compratore/trice.
comprar *vt* comprare.
compraventa *sf* compravendita.
comprender *vt* capire; comprendere; (*contener*) comprendere; **~se** *vr* intendersi, comprendersi; **viaje todo comprendido** viaggio tutto compreso.
comprensión *sf* comprensione *f*.
comprensivo, a *a* comprensivo(a).
compresa *sf* compressa.
comprimir *vt* comprimere; (*fig*) reprimere; **~se** *vr* (*apretujarse*) stringersi; (*controlarse*) contenersi.
comprobación [-'θjon] *sf* comprovazione *f*, verifica.
comprobante *a* comprovante // *sm* prova; (*recibo*) ricevuta.
comprobar *vt* verificare, controlare; (*demostrar*) (com)provare.
comprometer *vt* compromettere; **~se** *vr* impegnarsi.
compromiso *sm* (*obligación*) impegno; (JUR) compromesso; (COM) accordo; (*matrimonial*) fidanzamento; (*dificultad*) imbarazzo, difficoltà *f inv*.
compuerta *sf* chiusa.
compuesto, a *a* (LING) composto(a); (ARQUIT) composito(a); (*arreglado: objeto*) riparato(a); (*mujer*) agghindato(a); (*discreto, reservado*) discreto(a), riservato(a) // *sm* composto; **~as** *sfpl* (BOT) composite *fpl*.
compulsar *vt* esaminare, confrontare.
compulsión *sf* coercizione *f*, costrizione *f*.
compunción [-'θjon] *sf* compunzione *f*.
computador *sm*, **computadora** *sf* calcolatore *m*.
computar *vt* computare, calcolare.
cómputo *sm* computo, calcolo.
comulgar *vt* comunicare // *vi* comunicarsi.
común *a* comune // *sm* maggioranza, maggior parte *f*.
comunal *a* comunale.
comunicación [-'θjon] *sf* comunicazione *f*; **~ a larga distancia** comunicazione interurbana.

comunicado, a *a* collegato(a) // *sm* comunicato.
comunicar *vt, vi* comunicare; ~**se** *vr* comunicarsi, scambiarsi.
comunicativo, a *a* comunicativo(a).
comunidad *sf* comunità *f inv;* C~ **Económica Europea (C.E.E)** Comunità Economica Europea (C.E.E.).
comunión *sf* comunione *m.*
comunismo *sm* comunismo.
comunista *a, sm/f* comunista (*m/f*).
comúnmente *ad* comunemente.
con *prep* con; ~ **que** allora, dunque; ¿~ **que Ud es el famoso actor?** dunque, lei è il famoso attore?; **torta** ~ **crema** torta alla crema; **chocar** ~ urtare contro; **luchar** ~ **las dificultades** lottare contro le difficoltà; **estar contento** ~ essere contento di; **confiar** ~ **un amigo** confidare in un amico; ~ **apretar el botón** premendo il bottone; **tener cuidado** ~ fare attenzione a.
conato *sm* tentativo.
concavidad *sf* concavità.
cóncavo, a *a* concavo(a).
concebir [-θ-] *vt, vi* concepire.
conceder [-θ-] *vt* concedere, dare; (*reconocer*) consentire.
concejal [konθe'xal] *sm* consigliere *m* comunale.
concejo [kon'θexo] *sm* consiglio comunale.
concentración [konθentra'θjon] *sf* (*agrupamiento*) concentramento; (*meditación*) concentrazione *f.*
concentrar [-θ-] *vt* concentrare; ~**se** *vr* concentrarsi.
concepción [konθep'θjon] *sf* concezione *f.*
concepto [-'θ-] *sm* concetto.
conceptuar [-θ-] *vt* giudicare.
concerniente [-θ-] *a* concernente, riguardante.
concernir [-θ-] *vi* concernere, riguardare.
concertar [-θ-] *vt* (MUS) accordare; (*acordar: precio*) stipulare; (: *tratado*) pattuire, concordare; (*combinar: esfuerzos*) concertare; (*reconciliar: personas*) riconciliare // *vi* (MUS) armonizzare; (*ponerse de acuerdo*) andare d'accordo.
concertista [-θ-] *sm/f* concertista *m/f.*
concesión [-θ-] *sf* concessione *f.*
concesionario [-θ-] *sm* concessionario.
conciencia [kon'θjenθja] *sf* coscienza.
concienzudo, a [konθjen'θuðo] *a* coscienzioso(a).
concierto [-'θ-] *sm* concerto; (*fig*) accordo.
conciliábulo [-θ-] *sm* conciliabolo.
conciliación [konθilja'θjon] *sf* conciliazione *f.*
conciliar, a [-θ-] *a, sm/f* conciliatore(trice).
conciliar [-θ-] *vt* (*personas*) riconciliare; (*actitudes distintas*) conciliare ; ~**se** *vr*

conciliarsi // *a* conciliare // *sm* membro di un concilio.
conciliatorio, a [-θ-] *a* conciliante.
concilio [-'θ-] *sm* concilio.
conciso, a [-'θ-] *a* conciso(a).
concitar [-θ-] *vt* incitare.
conciudadano, a [-θ-] *sm/f* concittadino/a.
cónclave *sm* conclave *m.*
concluir *vt* finire; (*deducir*) dedurre; (*determinar*) decidere, concludere; ~**se** *vr* concludersi.
conclusión *sf* conclusione *f*; **en** ~ insomma.
concluyente *a* concludente.
concordancia [-'θja] *sf* (LING) concordanza; (MUS) accordo.
concordar *vt, vi* concordare.
concordato *sm* concordato.
concordia *sf* concordia.
concretar *vt* concretare; (*resumir*) riassumere; ~**se** *vr* concretarsi; ~**se a** limitarsi a.
concreto, a *a* concreto(a) // *sm* concrezione *f*; **en** ~ insomma, in breve; **no tengo nada en** ~ non ho niente di concreto.
concubina *sf* concubina.
concupiscencia [-s'θenθja] *sf* concupiscenza.
concurrencia [-'θja] *sf* pubblico; (COM) concorrenza.
concurrido, a *a* frequentato(a).
concurrir *vi* (*juntarse: ríos*) confluire; (: *personas*) riunirsi; (*ponerse de acuerdo*) mettersi d'accordo; (*coincidir*) coincidere; (*competir*) concorrere; (: COM) farsi concorrenza; (*contribuir*): ~ **a** concorrere a.
concurso *sm* (*de público*) affluenza; (ESCOL, ADMIN, DEPORTE) concorso; (*competencia*) concorrenza; (*coincidencia*) coincidenza; **prestar su** ~ offrire il proprio aiuto.
concusión *sf* concussione *f*, estorsione *f.*
concha [-'tʃa] *sf* (*de molusco*) conchiglia; (*de tortuga*) guscio; (TEATRO) buca del suggeritore; (*de oreja*) conca.
conchabar [-tʃ-] *vt* (*unir*) unire; (AM) assumere, ingaggiare; ~**se** *vr* (*confabularse*) complottare; (AM) entrare a servizio.
condado *sm* contea.
conde *sm* conte *m.*
condecoración [-'θjon] *sf* decorazione *f.*
condecorar *vt* decorare.
condena *sf* condanna.
condenación [-'θjon] (JUR) condanna; (REL) dannazione *f.*
condenado, a *a, sm/f* condannato(a).
condenar *vt* (JUR) condannare; ~**se** *vr* dichiararsi colpevole; (REL) dannarsi.
condensar *vt* condensare; (*fig*) riassumere; ~**se** *vr* condensarsi.
condescendencia [kondesθen'denθja] *sf* condiscendenza.
condescender [-sθ-] *vi* condiscendere.

condición [-'θjon] *sf* condizione *f*; (*carácter*) carattere *m*; **en mi ~ de** nella mia qualità di; **las condiciones de pago** le modalità di pagamento; **tener condiciones para** avere attitudini per.

condicionado, a [-θ-] *a* condizionato(a).

condicional [-θ-] *a* condizionale.

condimentar *vt* condire.

condimento *sm* condimento.

condiscípulo, a [-s'θ-] *sm/f* condiscepolo/a.

condolerse *vr:* **~ de** o **por** rammarsicarsi di o per.

condominio *sm* condominio.

condonar *vt* condonare.

cóndor *sm* condor *m*.

conducción [-k'θjon] *sf* (*transporte*) trasporto; (*AUTO*) guida; (*FIS*) conduzione *f*.

conducente [-'θ-] *a* appropriato(a); **~ a** destinato a.

conducir [-'θir] *vt, vi* condurre; **~se** *vr* comportarsi; **permiso ∂e ~** patente *f* di guida.

conducta *sf* condotta, comportamento.

conducto *sm* condotto, tubo; (*fig*) mezzo.

conductor, a *a* a conduttore (trice) // *sm* conduttore *m*; (*de un vehículo*) autista *m*, conducente *m*.

conectar *vt* connnettere, collegare.

conejera [-'x-] *sf* conigliera.

conejo [-xo] *sm* coniglio.

conexión *sf* connessione *f*; (*fig*) amicizie *fpl*.

confabular *vi* (*también:* **~se** *vr*) confabulare.

confección [-k'θjon] *sf* confezione *f*.

confeccionar [-kθ-] *vt* confezionare.

confederación [-'θjon] *sf* confederazione *f*.

confederarse *vr* confederarsi.

conferencia [-θja] *sf* conferenza; (*TELEC*) comunicazione *f*.

conferenciar [-'θjar] *vi* discorrere.

conferencista [-'θ-] *sm* conferenziere *m*.

conferir *vt* (*medalla, dignidades*) conferire; (*ministerio*) assegnare; (*varios documentos*) confrontare, raffrontare.

confesar *vt* confessare; **~se** *vr* (*REL*) confessarsi; (*cansado, inquieto*) dichiararsi.

confesión *sf* confessione *f*.

confesionario *sm* confessionale *m*.

confesor *sm* confessore *m*.

confiado, a *a* fiducioso(a), credulo(a); (*presumido*) presuntuoso(a).

confianza [-θa] *sf* fiducia; (*pey*) presunzione *f*; **~s** *fpl* (*secretos*) confidenze *fpl*; **tomarse demasiadas ~s** prendersi troppa confidenza.

confiar *vt* affidare // *vi* fidarsi; **~se** *vr* fidarsi; (*hacer confidencias*) confidarsi.

confidencia [-θja] *sf* confidenza.

confidencial [-θjal] *a* confidenziale.

confidente *a* fedele, sicuro(a) // *sm/f* confidente *m/f*.

configuración [-'θjon] *sf* configurazione *f*.

configurar *vt* configurare.

confín *sm* confine *m*.

confinar *vi* confinare; **~se** *vr* isolarsi.

confirmación [-'θjon] *sf* conferma; (*REL*) cresima.

confirmar *vt* confermare; (*REL*) cresimare.

confiscación [-'θjon] *sf* confisca.

confiscar *vt* confiscare.

confite *sm* confetto.

confitería *sf* pasticceria.

confitura *sf* confettura.

conflagración [-'θjon] *sf* incendio; (*fig*) conflagrazione *f*.

conflicto *sm* conflitto.

confluencia [-θja] *sf* confluenza; (*de caminos*) incrocio.

confluente *a* confluente.

confluir *vi* (*ríos, personas*) confluire; (*caminos*) ricongiungersi.

conformación [-'θjon] *sf* conformazione *f*.

conformar *vt* conformare // *vi* convenire; **~se** *vr* contentarsi, rassegnarsi.

conforme *a* conforme; (*resignado*) rassegnato(a) // *ad* conformemente, in conformità // *excl* d'accordo! // *sm:* **dar el ~** dare il nullaosta; **quedar ~ con** rimanere soddisfatto di.

conformidad *sf* (*semejanza*) somiglianza; (*acuerdo*) accordo, conformità; (*resignación*) rassegnazione *f*; **de ~** (*por común acuerdo*) all'unanimità; **de o en ~ con** in conformità a; **dar su** o **dare il proprio consenso**.

confortable *a* confortevole.

confortar *vt* confortare.

confraternidad *sf* fratellanza.

confrontación [-'θjon] *sf* confronto.

confrontar *vt* (*carear dos personas*) mettere a confronto; (*cotejar*) confrontare // *vi* confinare.

confundir *vt* (*mezclar*) confondere, mescolare; (*equivocar*) sbagliare; **~se** *vr* confondersi.

confusión *sf* confusione *f*.

confuso, a *a* confuso(a).

confutar *vt* confutare.

congelación [konxela'θjon] *sf* (*también fig*) congelamento.

congelar [-x-] *vt* congelare; (*precios, créditos*) congelare, bloccare; **~se** *vr* congelarsi.

congénito, a [-'x-] *a* congenito(a).

congestión [-x-] *sf* congestione *f*.

congestionarse [-x-] *vr* congestionarsi.

conglomerar *vt* agglomerare.

congoja [-xa] *sf* (*angustia*) angoscia; (*desmayo*) svenimento.

congojoso, a [-'x-] *a* angosciato(a).

congraciarse [-'θ-] *vr:* **~ con** attirarsi i favori di.

congratulación [-'θjon] *sf* congratulazione *f*.

congratular vt congratularsi con; **~se** vr congratularsi.
congregación [-'θjon] sf congregazione f.
congregar vt riunire.
congresal sm/f (AM) congressista m/f.
congresista sm/f congressista m/f.
congreso sm congresso.
congruencia [-θja] sf congruenza.
congruente a conveniente; (MAT) congruente.
cónico, a a conico(a).
conífero, a a conifero(a) // sf conifera.
conjetura [-x-] sf congettura.
conjeturar [-x-] vt congetturare.
conjugar [-x-] vt coniugare.
conjunción [konxun'θjon] sf congiunzione f.
conjuntamente [-x-] ad insieme.
conjunto, a [-'x-] a congiunto(a) // sm complesso; (de vestir) completo; **hacer algo en ~** fare qc insieme.
conjura [-'x-] sf congiura, cospirazione f.
conjurar [-x-] vt evitare, scongiurare // vi congiurare, cospirare; **~se** vr complottare.
conjuro [-'x-] sm scongiuro.
conllevar [-ʎ-] vt (soportar) tollerare; (compartir) condividere; (fig): **~ a uno** raggirare qd.
conmemoración [-'θjon] sf commemorazione f.
conmemorar vt commemorare.
conmensurable a commensurabile.
conmigo pron con me.
conminar vt comminare.
conmiseración [-'θjon] sf commiserazione f.
conmoción [-'θjon] sf commozione f; (política, social) sommossa.
conmovedor, a a commovente.
conmover vt commuovere.
conmutador sm čommutatore m.
conmutar vt scambiare; (JUR) commutare.
connaturalizarse [-'θ-] vr: **~ con** abituarse a.
connivencia [-θja] sf connivenza; **estar en ~ con** essere connivente con.
connotación [-'θjon] sf connotazione f.
connotar vt connotare.
cono sm cono.
conocedor, a [-θ-] a esperto(a) // sm/f conoscitore/trice.
conocer [-'θer] vt conoscere; (reconocer) riconoscere; **~se** vr conoscersi; **se conoce que** si vede che.
conocido, a [-'θ-] a conosciuto(a) // sm/f conoscente m/f.
conocimiento [-θ-] sm conoscenza; **~s** mpl cognizioni fpl, conoscenze fpl; **perder él ~** perdere conoscenza; **con ~ de causa** a ragion veduta.
conque [-ke] conj dunque, quindi.
conquista [-'k-] sf conquista.
conquistador, a [-k-] a, sm/f conquistatore(trice).

conquistar [-k-] vt conquistare.
consabido, a a noto(a), risaputo(a).
consagración [-'θjon] sf consacrazione f; (al trabajo etc) dedizione f.
consagrar vt consacrare; (dedicar) dedicare; **~se** vr dedicarsi.
consanguíneo, a [-'gi-] a consanguineo(a).
consanguinidad [-gi-] sf consanguineità.
consciente [-s'θ-] a cosciente.
consecución [-'θjon] sf conseguimento, raggiungimento; (encadenamiento) concatenazione f.
consecuencia [-'kwenθja] sf conseguenza; **a ~ de** in seguito a; **como ~ de** in conseguenza di.
consecuente a coerente.
consecutivo, a a consecutivo(a).
conseguir [-'gir] vt ottenere; (susfines) raggiungere.
conseja [-xa] sf fiaba.
consejero, a [-'x-] sm/f consigliere/a.
consejo [-xo] sm consiglio.
consenso sm consenso.
consentido, a a viziato(a).
consentimiento sm consenso.
consentir vt (permitir) permettere; (mimar) viziare // vi: **~ en** acconsentire a; **~se** vr (quebrarse) incrinarsi.
conserje [-xe] sm portiere m, custode m.
conserva sf conserva.
conservación [-'θjon] sf conservazione f.
conservador, a a, sm/f conservatore(trice).
conservar vt conservare; **~se** vr conservarsi.
conservatorio sm conservatorio.
considerable a considerevole.
consideración [-'θjon] sf considerazione f; **en ~ a** in considerazione di.
considerado, a a (prudente, reflexivo) prudente, riflessivo(a); (respetado) considerato(a), stimato(a).
considerar vt considerare.
consigna [-yna] sf parola d'ordine; (MIL) (para equipajes) deposito.
consignación [konsiyna'θjon] sf consegna; (de créditos) stanziamento; **en ~** in consegna.
consignar [-ynar] vt depositare; (JUR) registrare, mettere a verbale.
consigo pron con sé; **tenerlas todas ~** essere fortunato.
consiguiente [-yj-] a conseguente; **por ~** conseguentemente, di conseguenza.
consistencia [-θja] sf consistenza.
consistente a consistente.
consistir vi: **~ en** consistere in; ¿**en qué consiste la dificultad?** dov'è la difficoltà?; **la casa consiste en 4 habitaciones** la casa è composta di 4 stanze.
consistorio sm (de cardenales) concistoro; (ayuntamiento) municipio.
consocio, a [-θjo] sm/f consocio.
consolación [-'θjon] sf consolazione f.

consolar *vt* consolare; ~se *vr* consolarsi.
consolidación [-'θjon] *sf* consolidamento.
consolidar *vt* consolidare.
consonancia [-θja] *sf* consonanza.
consonante *a* armonioso(a) // *sf* consonante *f*.
consorcio [-θjo] *sm* consorzio, società *f inv*.
consorte *sm/f* consorte *m/f*.
conspicuo, a *a* cospicuo(a).
conspiración [-'θjon] *sf* cospirazione *f*.
conspirador, a *sm/f* cospiratore/trice.
conspirar *vi* cospirare.
constancia [-θja] *sf* (*perseverancia*) costanza; (: *en el estudio*) accanimento; (*certeza*) certezza; (*testimonio*) prova, testimonianza.
constante *a* costante.
constar *vi* (*evidenciarse*) essere certo; (*componerse de*) constare, comporsi; **me consta (que)** sono certo (di); **en su pasaporte no consta su dirección** sul suo passaporto non risulta il suo indirizzo.
constatar *vt* constatare.
constelación [-'θjon] *sf* costellazione *f*.
consternación [-'θjon] *sf* costernazione *f*.
consternar *vt* costernare; ~se *vr* abbattersi.
constipación [-'θjon] *sf* = **constipado**.
constipado, a *a* raffreddato(a) // *sm* raffreddore *m*.
constitución [-'θjon] *sf* costituzione *f*.
constitucional [-θ-] *a* costituzionale.
constituir *vt* costituire, formare; ~se *vr*: ~se **en fiador** rendersi garante; ~se **prisionero** costituirsi.
constitutivo, a *a* costitutivo(a).
constituyente *a* costituente.
constreñir [-'ɲir] *vt* costringere, obbligare; (MED) stringere, chiudere.
construcción [-k'θjon] *sf* costruzione *f*.
constructor, a *a, sm/f* costruttore(trice).
construir *vt* costruire.
consuelo *sm* consolazione *f*, conforto.
cónsul *sm* console *m*.
consulado *sm* consolato.
consulta *sf* consultazione *f*; (*de médico, dentista*) studio.
consultar *vt* consultare.
consultor, a *a, sm* consulente (*m*).
consultorio *sm* studio; (*oficina*) ufficio informazioni.
consumación [-'θjon] *sf* consumazione *f*.
consumado, a *a* consumato(a); (*fig*) perfetto(a); **hecho ~** fatto compiuto.
consumar *vt* consumare; (*cometer*) compiere.
consumición [-'θjon] *sf* consumazione *f*.
consumido, a *a* (*fuego*) spento(a); (*flaco, descarnado*) scarno(a); (*de cansancio, por la fiebre*) spossato(a), sfinito(a).

consumidor, a *sm/f* consumatore/trice.
consumir *vt* consumare; ~se *vr* distruggersi; (*fig*) consumarsi.
consumo *sm* consumo; **bienes de ~** beni *mpl* di consumo.
consunción [-'θjon] *sf* consunzione *f*.
contabilidad *sf* contabilità.
contacto *sm* contatto; (MED) contagio.
contado, a *a* (*dicho*) raccontato(a); ~s (*escasos*) pochi; ~**as veces** raramente // *sm*: **pagar al ~** pagare in contanti.
contador *sm* (*aparato*) contatore *m*; (COM) contabile *m*.
contaduría *sf* (*contabilidad*) contabilità; (*oficina*) ufficio contabile; (*de teatro*) botteghino.
contagiar [-'xjar] *vt* contagiare; ~se *vr* contagiarsi.
contagio [-xjo] *sm* contagio.
contagioso, a [-'x-] *a* contagioso(a).
contaminar *vt* inquinare; (*fig*) contaminare.
contante *a*: **dinero ~** contanti *mpl*.
contar *vt* contare; (*anécdota*) raccontare // *vi* contare; ~se (*incluirse*) includersi; ~ **con** (*ayuda, amigo*) contare su; (*pensión*) disporre di.
contemplación [-'θjon] *sf* contemplazione *f*; ~**es** *fpl* riguardi *mpl*.
contemplar *vt* contemplare; (*situación*) considerare.
contemporáneo, a *a, sm/f* contemporaneo(a).
contemporizar [-'θar] *vi* transigere, venire a patti.
contención [-'θjon] *sf* contenimento; (JUR) lite *f*.
contencioso, a [-'θ-] *a* contenzioso(a).
contender *vi* (*batallar*) lottare, battersi; (*fig: disputar*) discutere; (: *competir*) fare a gara.
contendiente *a, sm/f* avversario(a).
contener *vt* contenere; (*retener*) trattenere.
contenido, a *a* moderato(a) // *sm* contenuto.
contentadizo, a [-θo] *a* contentabile.
contentar *vt* contentare, soddisfare; ~se *vr* contentarsi.
contento, a *a* contento(a) // *sm* contentezza.
contestable *a* contestabile.
contestación [-'θjon] *sf* risposta; (*discusión*) contestazione *f*.
contestar *vt* rispondere; (*atestiguar*) confermare; (*impugnar*) contestare, impugnare.
contexto *sm* contesto.
contextura *sf* struttura.
contienda *sf* conflitto; (*fig*) disputa, alterco.
contigo *pron* con te.
contigüidad [-gw-] *sf* contiguità.
contiguo, a [-gwo] *a* contiguo(a).
continencia [-θja] *sf* continenza.
continental *a* continentale.

continente a continente // sm (GEOGR) continente m; (receptáculo) contenitore m; (fig) contegno.

contingencia [-'xenθja] sf contingenza.

contingente [-'x-] a contingente, accidentale // sm contingente m.

continuación [-'θjon] sf continuazione f; **a ~** immediatamente.

continuar vt continuare, proseguire // vi durare.

continuidad sf continuità.

continuo, a a continuo(a); **de ~** ad continuamente.

contonearse vr dimenarsi.

contorno sm contorno; (de moneda o medalla) orlo; (de población) dintorni mpl.

contorsión sf contorsione f.

contra prep, ad contro // sm contro // sf (dificultad) ostacolo, difficoltà f inv; **llevar la ~ a alguien** (fam) essere in disaccordo con qd; **votar en ~** votare contro.

contraalmirante sm contrammiraglio.

contraataque [-ke] sm contrattacco.

contrabajo [-xo] sm contrabbasso.

contrabandista sm/f contrabbandiere/a.

contrabando sm contrabbando.

contracambio sm cambio.

contracarril sm controrotaia.

contracción [-k'θjon] sf contrazione f.

contracorriente sf corrente f contraria.

contradecir [-'θir] vt contraddire; **~se** vr contraddirsi.

contradicción [-k'θjon] sf contraddizione f.

contradictorio, a a contraddittorio(a) // sf proposizione f contraddittoria.

contraer vt contrarre; **~se** vr contrarsi.

contraespionaje [-xe] sm controspionaggio.

contrafuerte sm contrafforte m.

contragolpe sm contraccolpo.

contrahacer [-aa'θer] vt contraffare, falsificare.

contrahecho, a [-a'e-] a deforme.

contralto sf contralto.

contraluz [-θ] a ~ ad controluce.

contramaestre sm (NAUT) nostromo.

contramarcha [-tʃa] sf contromarcia.

contraorden sf contrordine m.

contraparte, contrapartida sf contropartita.

contrapelo: a ~ ad contropelo; **hacer algo a ~** fare qc alla rovescia.

contrapesar vt controbilanciare; (fig) compensare.

contrapeso sm contrappeso; (fig) compensazione f.

contraponer vt contrapporre; **~se** vr opporsi.

contraproducente [-'θ-] a controproducente.

contrapunto sm contrappunto.

contrariar vt (contradecir) contraddire; (oponerse) contrastare.

contrariedad sf (oposición) opposizione f; (contratiempo) contrattempo.

contrario, a a contrario(a), opposto(a) // sm/f avversario/a; **al ~ o por el ~** al contrario; **de lo ~** altrimenti.

contrarrestar vt (resistir) resistere a; (oponer) opporre; (devolver) rimandare.

contrasentido sm controsenso.

contraseña [-ɲa] sf parola d'ordine.

contrastar vt (resistir) resistere a; (sellar) forare; (pesos, medidas) controllare // vi contrastare; **~se** vr spiccare.

contraste sm contrasto, opposizione f; (en las joyas) marchio, bollo; (de pesos y medidas) controllo; **en ~ con** in opposizione a.

contrata sf = **contrato.**

contratante sm contraente m.

contratar vt contrattare; (obreros) assumere; **~se** vr impiegarsi.

contratiempo sm (accidente) contrattempo; (MUS) controtempo.

contratista sm appaltatore m.

contrato sm contratto.

contravención [-'θjon] sf contravvenzione f.

contraveneno sm contravveleno.

contravenir vi contravvenire.

contraventana sf controfinestra.

contraventor, a a trasgressore(trasgreditrice).

contrayente sm/f contraente m/f.

contribución [-'θjon] sf contribuzione f, contributo.

contribuir vt contribuire.

contribuyente sm/f contribuente m/f.

contrición [-'θjon] sf contrizione f.

contrincante sm/f concorrente m/f.

contristar vt affliggere.

contrito, a a afflitto(a).

control sm controllo.

controversia sf controversia.

controvertir vt opporre // vi discutere.

contumacia [-θja] sf contumacia.

contumaz [-θ] a contumace.

contundente a contundente; (fig) decisivo(a), schiacciante.

conturbar vt preoccupare, allarmare.

contusión [-θ] sf contusione f.

convalecer [-'θer] vi essere in convalescenza.

convaleciente [-'θ-] a, sm/f convalescente (m/f).

convencer [-'θer] vt convincere; **~se** vr convincersi.

convencimiento [-θ-] sm convinzione f.

convención [-θjon] sf convenzione f.

convencional [-θ-] a convenzionale.

convenido, a a stabilito(a), accordato(a).

conveniencia [-θja] sf (conformidad) opportunità f inv; (utilidad) convenienza; (comodidad) convenienza, comodità f inv; (FIN) redditi mpl.

conveniente a conveniente.

convenio sm accordo, convenzione f.

convenir *vi* convenire; ~**se** *vr* mettersi d'accordo.
convento *sm* convento.
convergencia [-'xenθja] *sf* convergenza.
converger [-'xer], **convergir** [-'xir] *vi* convergere.
conversación [-'θjon] *sf* conversazione *f*.
conversar *vi* conversare.
conversión *sf* conversione *f*.
converso, a *a, sm/f* convertito(a).
convertible *a* convertibile.
convertir *vt* convertire; ~**se** *vr* convertirsi.
convexo, a *a* convesso(a).
convicción [-k'θjon] *sf* convinzione *f*.
convicto, a *a*: **reo** ~ reo convinto.
convidado, a *sm/f* invitato/a
convidar *vt* invitare; *(ofrecer)* offrire; *(fig)* incitare.
convincente [-'θ-] *a* convincente.
convite *sm* invito; *(banquete)* banchetto.
convivencia [-θja] *sf* convivenza.
convocación [-'θjon] *sf* convocazione *f*; *(de exámenes)* appello.
convocar *vt* convocare.
convocatoria *sf* = **convocación.**
convoy *sm* convoglio.
convoyar *vt* scortare.
convulsión *sf* convulsione *f*.
convulsionar *vt (fig)* sconvolgere.
conyugal *a* coniugale.
cónyuge [-xe] *sm/f* coniuge *m/f*.
coñac [-'ɲ-] *sm* cognac *m*, brandy *m*.
cooperación [-'θjon] *sf* cooperazione *f*.
cooperador, a *a, sm/f* cooperatore(trice).
cooperar *vi* cooperare.
coordenadas *sfpl* coordinate *fpl*.
coordinar *vt* coordinare.
copa *sf* coppa; *(vaso)* bicchiere *m*; *(de árbol)* cima; *(de sombrero)* cupola; ~**s** *fpl* (NAIPES) coppe *fpl*.
copar *vt (acaparar)* accaparrare, monopolizzare; *(ganar)* raggirare, circuire; ~ **la banca** tenere il banco.
copartícipe [-θ-] *sm/f* compartecipe *m/f*.
copete *sm* ciuffo, ciuffetto; **de alto** ~ *(fig: fam)* dell'alta società.
copia *sf* copia.
copiar *vt* copiare.
copiloto *sm* copilota *m*.
copioso, a *a* abbondante.
copista *sm/f* copista *m/f*.
copita *sf* bicchierino.
copla *sf* strofa; *(canción)* canzonetta.
copo *sm* fiocco.
coposo, a *a* frondoso(a).
cópula *sf* copula.
coque [-ke] *sm* coke *m inv*.
conqueta [-'k-] *sf* civetta.
coquetear [-k-] *vi* civettare.
coquetería [-k-] *sf* civetteria.
coraje [-xe] *sm* coraggio; *(rabia)* rabbia.
corajudo, a [-'x-] *a* collerico(a).

coral *a* corale // *sf (coro)* corale *f*; *(serpiente)* serpente *m* corallo // *sm* corallo.
corambre *sf* pellame *m*.
coraza [-θa] *sf* corazza; (ZOOL) guscio.
corazón [-'θon] *sm* cuore *m*.
corazonada [-θ-] *sf* presentimento; *(impulso)* impulso.
corbata *sf* cravatta.
corbeta *sf* corvetta.
corcova *sf* gobba.
corcovado, a *a* gobbo(a).
corchea [-'tʃea] *sf* croma.
corchete [-'tʃ-] *sm* gancetto; *(de carpintería)* grappa; *(tipográfico)* parentesi *f* quadra.
corcho [-'tʃo] *sm* sughero; *(tapón)* tappo, turacciolo.
cordaje [-xe] *sm* (NAUT) sartiame *m*.
cordel *sm* cordicella, spago.
cordero *sm* agnello.
cordial *a, sm* cordiale *(m)*.
cordialidad *sf* cordialità.
cordillera [-'ʎ-] *sf* cordigliera.
Córdoba *sf* Cordova.
cordobés, esa *a, sm/f* (abitante *m/f*) di Cordova.
cordón *sm (cuerda)* cordone *m*; *(de zapatos)* stringa, laccio; *(zona prohibida)* cordone; **cordones** *smpl* cordellina.
cordura *sf* senno.
coreografía *sf* coreografia.
coreógrafo *sm* coreografo.
coriáceo, a [-θeo] *a* coriaceo(a).
corista *sm/f* corista *m/f*.
cornada *sf* cornata.
cornamenta *sf* corna *fpl*.
cornamusa *sf* cornamusa.
corneja [-xa] *sf* cornacchia.
córneo, a *a* corneo(a).
corneta *sf* (MUS) cornetta; *(bandera)* gagliardetto // *sm* trombettiere *m*.
cornisa *sf* cornicione *m*.
cornudo, a *a* cornuto(a) // *sm (fam)* cornuto.
coro *sm* coro; **hablar en** ~**s** parlare tutti insieme.
corolario *sm* corollario.
corona *sf* corona; *(tonsura)* tonsura.
coronación [-'θjon] *sf* incoronazione *f*; (CONSTR, *fig*) coronamento.
coronar *vt* incoronare; (DAMAS) fare dama; *(fig)* coronare.
coronel *sm* colonnello.
coronilla [-ʎa] *sf* cocuzzolo; **estar hasta la** ~ *(fig: fam)* averne fin sopra i capelli.
corpiño [-ɲo] *sm* corpetto; (AM) reggiseno.
corporación [-'θjon] *sf* corporazione *f*.
corporal *a* corporale.
corpóreo, a *a* corporeo(a).
corpulencia [-θja] *sf* corpulenza.
Corpus *sm* Corpus domini *m*.
corpúsculo *sm* corpuscolo.
corral *sm (de aves)* pollaio; *(de vacas)* stalla; *(de cerdos)* porcile *m*; *(de maderas)* magazzino, deposito.

corralón *sm* cortilone *m*.
correa *sf* cinghia; (*de reloj*) cinturino;
tener ~ (*fam*) avere pazienza.
corrección [-k'θjon] *sf* correzione *f*;
(*honestidad*) correttezza.
correcto, a *a* corretto(a).
corredera *sf* (*TECN*) guida di
scorrimento; (*de molino*) mola superiore;
(*ZOOL*) onisco; (*DEPORTE*) ippodromo.
corredizo, a [-θo] *a* scorrevole; **nudo** ~
nodo scorsoio.
corredor, a *a* da corsa // *sm* (*COM*)
commissionario; (*pasillo*) corridoio;
(*DEPORTE*) corridore *m*; ~ **de fondo**
fondista *m*.
corregible [-'x-] *a* correggibile.
corregir [-'xir] *vt* correggere; ~**se** *vr*
correggersi.
correlación [-'θjon] *sf* correlazione *f*.
correo *sm* (*mensajero*) corriere *m*;
(*servicio postal, cartas*) posta; (*JUR*)
complice *m*; ~ **certificado/urgente**
posta raccomandata/urgente; ~ **aéreo**
posta via aerea; ~ **diplomático** corriere
diplomatico.
correr *vt* correre; (*silla, mueble*)
spostare; (*cortinas*) tirare; (*cerrojo*)
mettere // *vi* correre; (*sangre*) scorrere;
(*moneda*) aver corso; ~**se** *vr* muoversi,
spostarsi; ~ **a cargo de** essere a carico
di; ~ **con los gastos** coprire le spese.
correría *sf* (*MIL*) incursione *f*; (*fig*) gita;
~**s** *fpl* viaggio veloce.
correspondencia [-θja] *sf*
corrispondenza.
corresponder *vi* corrispondere; (*pagar*)
ricambiare; (*pertenecer*) toccare,
spettare; ~**se** *vr* (*escribirse*) scriversi;
(*amarse*) amarsi; **me corresponde pagar
a mí** tocca a me pagare.
correspondiente *a* corrispondente //
sm corrispondente *m*, inviato.
corresponsal *sm/f* corrispondente *m/f*,
inviato/a.
corretaje [-xe] *sm* mediazione *f*.
correveidile *sm/f* pettegolo/a.
corrido, a *a* (*avergonzado*) confuso(a),
sbigottito(a); (*media*) smagliato(a); (*fam*)
furbo(a) // *sm* ballo andaluso // *sf* corsa;
(*de toros*) corrida; (*MINERIA*)
affioramento; **un kilo** ~ un chilo
abbondante; **3 noches** ~**as** 3 notti di
seguito; **leer de** ~ leggere
correntemente; **hacer de** ~**a** fare alla
svelta; **andar a las** ~**as** aver premura.
corriente *a* corrente // *sf* corrente *f*; **a
mediados del** ~ **mes** entro metà mese;
estar al ~ **de** essere al corrente di; ~
alterna/directa corrente alternata/
continua.
corrillo [-ʎo] *sm* circolo, gruppo.
corro *sm* (*de personas*) gruppo; (*infantil*)
girotondo.
corroboración [-'θjon] *sf* corroborazione
f.
corroborar *vt* corroborare.
corroer *vt* corrodere.

corromper *vt* corrompere.
corrosivo, a *a* corrosivo(a).
corrupción [-'θjon] *sf* corruzione *f*.
corruptor, a *sm/f* corruttore/trice.
corsé *sm* busto, corsetto.
corsetero, a *sm/f* bustaio/a.
cortabolsas *sm inv* (*fám*) scippatore *m*.
cortado, a *a* (*con cuchillo*) tagliato(a);
(*leche*) guasto(a); (*confuso*)
imbarazzato(a); (*estilo*) spezzettato(a) //
sm caffè macchiato.
cortador, a *a* a tagliente // *sm/f*
tagliatore/trice // *sf* (*de césped*)
falciatrice *f*; (*de fiambre*) affettatrice *f*.
cortadura *sf* taglio; (*entre montañas*)
passo.
cortante *a* tagliente.
cortapapel(es) *sm* (*inv*) tagliacarte *m*
inv.
cortapisa *sf* restrizione *f*; (*traba*)
ostacolo; (*fig*) fascino,
incanto.
cortaplumas *sm inv* temperino.
cortar *vt* tagliare; (*fig*) fermare,
interrompere; (*camino*) accorciare // *vi*
tagliare; ~**se** *vr* tagliarsi; (*leche*)
guastarsi; (*fig*) turbarsi, confondersi.
cortaviento *sm* paravento.
corte *sm* taglio; (*filo*) filo, taglio; **las C~s**
≈ il Parlamento; **la C~ Suprema** (*AM*)
≈ la Corte di Cassazione.
cortedad *sf* piccolezza; (*timidez*)
timidezza; ~ **de alcances** mancanza di
intelligenza; ~ **de vista** miopia.
cortejar [-'xar] *vt* corteggiare.
cortejo [-xo] *sm* corteo, seguito.
cortés *a* cortese.
cortesano, a *a* cortigiano(a) // *sm*
cortigiano // *sf* squaldrina.
cortesía *sf* cortesia; (*COM*) proroga,
dilazione *f*.
corteza [-θa] *sf* (*de árbol*) corteccia; (*de
pan, terrestre*) crosta; (*fig*) esteriorità *f*
inv.
cortijo [-xo] *sm* cascina.
cortina *sf* tenda.
corto, a *a* corto(a); (*fig*) timido(a); (*poco
inteligente*) limitato(a), ottuso (a); ~ **de
vista** miope; **a la** ~**a o a la larga** presto
o tardi.
corvo, a *a* curvo(a).
corzo, a [-θo] *sm/f* capriolo
(maschio/femmina).
cosa *sf* cosa; **eso es** ~ **mía** sono affari
miei; **es** ~ **de 10 minutos** è questione di
10 minuti; **como si tal** ~ come se niente
fosse; ~ **que** (*AM*) perché.
cosecha [-tʃa] *sf* raccolta; (*fig*)
abbondanza.
cosechar [-'tʃar] *vt* raccogliere; (*fig*)
ottenere, raccogliere.
coser *vt* cucire.
cosmético, a *a* cosmetico(a) // *sm*
cosmetico.
cosmopolita *a*, *sm/f* cosmopolita (*m/f*).
coso *sm* (*de toros*) arena; (*calle*) via
principale; (*carcoma*) tarlo.

cosquillas [kos'kiʎas] *sfpl*: **hacer** ~ fare il solletico; **tener** ~ soffrire il solletico.
cosquilloso, a [koski'ʎoso] *a* solleticoso(a); (*fig*) suscettibile, permaloso(a).
costo *sf* costo, spesa; (AM) costa, spiaggia; **condenar a** ~**s** condannare alle spese; **a** ~ **de** a costo di.
costado *sm* fianco, lato.
costal *a* costale // *sm* sacco grande.
costanero, a *a* (*inclinado*) in pendenza; (*costero*) costiero(a) // *sf* costa; ~**as** *fpl* travi *fpl*.
costar *vt*, *vi* costare.
Costa Rica *sf* Costarica *m*.
coste *sm* = **costo**.
costear *vt* pagare le spese di; (NAUT) costeggiare.
costeño, a [-ɲo] *a* costiero(a).
costilla [-ʎa] *sf* costola; (*fam*) moglie *f*.
costo *sm* costo.
costoso, a *a* costoso(a).
costra *sf* crosta.
costumbre *sf* (*usanza*) costume *m*; (*hábito*) abitudine *f*.
costura *sf* cucitura; (*labor*) cucito.
costurera *sf* sarta.
costurero *sm* cestino da lavoro; (*mesa*) tavolino da lavoro.
cota *sf* quota; ~ **de malla** cotta di maglia.
cotejar [-xar] *vt* confrontare.
cotejo [-xo] *sm* confronto.
cotidiano, a *a* quotidiano(a).
cotización [kotiθa'θjon] *sf* quotazione *f*.
cotizar [-θar] *vt* quotare; ~**se** *vr* essere quotato(a).
coto *sm* (*terreno cercado*) recinto; (*mojón*) confine *m*, limite *m*; (*precio*) prezzo; (*fig*) limite; ~ **de caza** riserva di caccia.
cotonada *sf* cotonina.
cotorra *sf* (ZOOL) pappagallino, cocorita; (*fig*) chiacchierona.
cotorrear *vi* (*fam*) ciarlare.
coyote *sm* coyote *m*.
coyuntura *sf* (ANAT) giuntura, articolazione *f*; (*fig*) congiuntura, opportunità *f inv*.
coz [koθ] *sf* calcio.
C.P. (*abr de contestación pagada*) risposta pagata.
cráneo *sm* cranio.
crapuloso, a *a* libertino(a).
craso, a *a* grasso(a); **error** ~ (*fig*) errore *m* madornale.
cráter *sm* cratere *m*.
creación [-'θjon] *sf* creazione *f*.
creador, a *a*, *sm/f* creatore(trice).
crear *vt* creare, inventare.
crecer [-'θer] *vi* (*niño, planta*) crescere; (*días*) allungarsi; (*río*) ingrossarsi; (*ciudad*) ingrandirsi; ~**se** *vr* acquistare importanza.
creces [-θes] *sfpl* aumento; **pagar con** ~ pagare ad usura.
crecido, a [-'θ-] *a* cresciuto(a).
creciente [-'θ-] *a* crescente // *sf* piena.

crecimiento [-θ-] *sm* crescita; (*de río*) ingrossamento.
credencial [-'θjal] *a* credenziale; **carta** ~ lettera credenziale; ~**es** *sfpl* credenziali *fpl*.
crédito *sm* credito; ~ **a corto/largo plazo** credito a breve/lunga scadenza.
credo *sm* credo.
credulidad *sf* credulità.
crédulo, a *a* credulo(a).
creencia [-θja] *sf* credenza.
creer *vt*, *vi* credere; ~**se** *vr* credersi, ritenersi; ~ **en** credere a; (*tener fe*) credere in; **¡ya lo creo!** attro che!; **creérselas** credersi chissà chi; ~ **que sí/no** credere di sí/no.
creíble *a* credibile.
creído, a *a* credulo(a); (*presumido*) presuntuoso(a).
crema *sf* panna; (*de belleza*) crema; (*de zapatos*) lucido.
cremación [-'θjon] *sf* cremazione *f*.
cremallera [-'ʎ-] *sf* cerniera lampo; **tren a** ~ treno a cremagliera.
cremar *vt* cremare.
crepitación [-'θjon] *sf* crepitio, scoppiettio.
crepitar *vi* crepitare.
crepuscular *a* crepuscolare.
crepúsculo *sm* crepuscolo.
crespo, a *a* riccio(a); (*fig*) irritato(a).
crespón *sm* crespo.
cresta *sf* cresta.
creta *sf* creta.
cretino, a *a*, *sm/f* cretino(a).
cretona *sf* cotonina.
creyente *a*, *sm/f* credente (*m/f*).
cría *sf* (*de animales*) allevamento; (*animal*) cucciolo; (*niño*) bimbo.
criadero *sm* allevamento; (*de ostras*) vivaio.
criado, a *a* allevato(a), educato(a) // *sm* domestico // *sf* domestica; **mal** ~ maleducato; **bien** ~ beneducato.
criador *sm* allevatore *m*.
crianza [-θa] *sf* (*de animales*) allevamento; (*de niños*) educazione *f*; **buena/mala** ~ buona/mala creanza.
criar *vt* (*animal*) allevare; (*niño*) allattare; (*instruir*) educare; (*fig*) provocare; ~**se** *vr* crescere.
criatura *sf* creatura; (*niño*) bambino.
criba *sf* crivello, setaccio.
cribar *vt* vagliare, setacciare.
crimen *sm* crimine *m*.
criminal *a*, *sm/f* criminale (*m/f*).
criminalidad *sf* criminalità.
crin *sf* crine *m*.
crío *sm* (*fam*) bambino.
criollo, a [-'ʎo] *a*, *sm/f* indigeno(a).
cripta *sf* cripta.
crisálida *sf* crisalide *f*.
crisis *sf* crisi *f inv*.
crisma *sf* crisma *m*; (*fig: fam*) testa.
crisol *sm* crogiolo.
crispar *vt* contrarre; ~**se** *vr* irritarsi.
cristal *sm* cristallo; (*de ventana*) vetro.

cristalino, a a limpido(a) // sm
cristallino.

cristalizar [-'θar] vt cristallizzare // vi
cristallizzarsi; (fig) realizzarsi; ~**se** vr
cristallizzarsi.

cristianar vt (fam) battezzare.

cristiandad sf cristianità.

cristianismo sm cristianesimo.

cristianizar [-'θar] vt cristianizzare.

cristiano, a a, sm/f cristiano(a).

Cristo sm Cristo.

criterio sm criterio, giudizio; **a mi ~**
secondo me.

criticar vt criticare.

crítico, a a critico(a) // sm critico // sf
critica.

cromo sm cromo.

crónico, a a cronico(a) // sf cronaca.

cronista sm/f cronista m/f.

cronología [-'xia] sf cronologia.

croqueta [-'k-] sf polpettina.

croquis [-kis] sm schizzo.

cruce [-θe] sm (encrucijada) incrocio,
crocevia m inv; (acto) traversata; (BIOL)
incrocio; (TELEC) interferenza; ~ **a**
nivel/de peatones passaggio a livello/
pedonale.

crucero [-'θ-] sm (MIL: de batalla)
incrociatore m; (ARQUIT) transetto; (NAUT:
viaje) crociera; **C~** (ASTR) Croce f del
Sud.

crucificar [-θ-] vt crocifiggere.

crucifijo [kruθi'fixo] sm crocifisso.

crudeza [-θa] sf crudezza; (rigor) rigore
m.

crudo, a a (no cocido) crudo(a); (no
madura) acerbo(a); (indigesto)
indigesto(a); (petróleo, seda) greggio(a),
grezzo(a); (cruel) rigoroso(a).

cruel a crudele, spietato(a).

crueldad sf crudeltà.

cruento, a a sanguinoso(a), cruento(a).

crujía [-'xia] sf corridoio; (de hospital)
corsia.

crujido [-'x-] sm (de mueble) scricchiolio;
(del viento) mugghio; (de látigo) schiocco.

crujir [-'xir] vi (madera, dedos, nieve)
scricchiolare; (dientes) stridere; (fig)
frusciare.

crustáceo [-θeo] sm crostaceo.

cruz [-θ] sf croce f.

cruzado, a [-'θ-] a incrociato(a); (cheque)
sbarrato(a) // sm crociato // sf crociata.

cruzamiento [-θ-] sm incrocio.

cruzar [-'θar] vt (brazos, animales)
incrociare; (calle) attraversare; (cheque)
sbarrare; ~**se** vr incrociarsi; (personas:
en la calle) incontrarsi; (unas palabras)
scambiarsi.

c.s.f. (abr de costo, seguro y flete) ≈ C.I.F.

CTT (abr de Correo, Telégrafo y Teléfono)
P.T.

c/u abr de **cada uno.**

cuadernillo [kwaðer'niʎo] sm (librito)
libretto, taccuino; (cinco pliegos de papel)
quinterno.

cuaderno [kw-] sm quaderno; (NAUT)
giornale m di bordo.

cuadra ['kw-] sf (caballeriza) scuderia;
(gran sala) salone m; (de hospital)
dormitorio; (de cuartel) camerata; (AM)
isolato.

cuadrado, a [kw-] a quadrato(a); (fig)
perfetto(a) // sm quadrato.

cuadrangular [kw-] a quadrangolare.

cuadrante [kw-] sm quadrante m; (reloj)
meridiana.

cuadrar [kw-] vt dare forma quadrata a;
(MAT) elevare al quadrato; (en
compaginación) inquadrare; (cuadricular)
quadrettare // vi: ~ **con** quadrare con;
~**se** vr (soldado) mettersi sull'attenti.

cuadrilátero, a [kw-] a quadrilatero(a)
// sm quadrilatero; (BOXEO) ring m,
quadrato.

cuadrilla [kwa'ðriʎa] sf gruppo; (de
malhechores) banda; (de obreros) squadra;
(baile) quadriglia.

cuadrillero [kwaðri'ʎero] sm
caposquadra m.

cuadro ['kw-] sm quadro; (marco) cornice
f; (MIL) quadrato; (TECN) telaio; (DEPORTE)
squadra; **dentro del ~ de los acuerdos**
nel quadro degli accordi; ~ **vivo/de**
costumbres quadro plastico/di costumi.

cuádruplo, a, cuádruple
['kw-] a quadruplo(a).

cuajada [kwa'xaða] sf (de leche) cagliata;
(requesón) ≈ ricotta.

cuajar [kwa'xar] vt (leche) cagliare;
(sangre) coagulare; (adornar) costellare
di; ~**se** vr (sangre) coagularsi; (leche)
cagliarsi; (dulce) rapprendersi; (llenarse)
riempirsi; (adormilarse) appisolarsi;
(proyecto) riuscire.

cuajo ['kwaxo] sm (de leche) caglio; (de
sangre) coagulo; (fig: fam) calma;
arrancar de ~ (árbol) sradicare,
strappare; (vicio) estirpare.

cual [kwal] ad come, quale // pron: **el(la)**
~ il(la) quale; **los(las) ~es** i(le) quali;
lo ~ il che; (con prep) cui; **6 pinturas, de**
las ~es 3. . . 6 dipinti, di cui 3. . .; **el**
poeta del ~ te hablé il poeta di cui ti ho
parlato; **cada ~** ciascuno(a); ~ **más,** ~
menos chi di più, chi di meno; **tal** ~ **tale**
e quale.

cuál [kwal] pron interrogativo quale // ad
che, come; **¿~ es el camino?** qual(e) è
la strada?; **¡~ infeliz se sentiría. . .!**
come sarà infelice. . .!

cualidad [kw-] sf qualità f inv.

cualquiera, cualquier [kwal'kj-] a
qualsiasi, qualunque // pron chiunque;
en cualquier parte in qualsiasi posto;
cualquier día de éstos uno di questi
giorni; **no es un hombre** ~ non è un
uomo qualunque o qualsiasi; ~ **que sea**
chiunque sia; ~ **de los presentes**
chiunque tra i presenti; **es un** ~ è uno
qualunque.

cuán [kw-] ad: **¡~ agradable es el día!**
che giornata splendida!

33

cuando ['kw-] ad quando; (aún si) se, anche se // conj (puesto) poiché // prep: yo, ~ niño io, da ragazzo; ~ no sea así anche se non è così; ~ más tutt'al più; ~ menos quanto meno, almeno; ~ no altrimenti, se no; de ~ en ~ ogni tanto.

cuándo ['kw-] ad (interrogativo) quando; ¿de ~ acá? quando mai?; ¿desde ~? da quando o quanto tempo?

cuantía [kw-] sf (cantidad) quantità f inv; (importe) importo; (importancia) importanza; de mayor/menor ~ più/meno importante.

cuantioso, a [kw-] a (considerable) considerevole; (importante) importante.

cuanto, a ['kw-] a tutto(a) // pron tutto quello che, quanto; leyó ~ libro había lesse tutti i libri che c'erano; llévate quieras portati via quanto o tutto quello che vuoi; ~ quedaba se bebió è stato bevuto tutto quel che rimaneva; ~ más que tanto più che; ~s más, mejor più ce n'è, meglio è; en ~ (en seguida de) non appena; (ya que) poiché; en ~ profesor come professore; en ~ a in quanto a; ~ antes quanto prima; unos ~s libros alcuni libri.

cuánto, a ['kw-] a, pron (interrogativo y excl) quanto(a) // ad quanto // ¡~a gente! quanta gente!; ¿~ cuesta? quanto costa?; no sabes ~ lo siento non sai quanto mi rincresce; ¿~ hay de aquí a tu casa? quanto c'è da qui a casa tua?; ¿a ~ estamos? quanti ne abbiamo oggi?; señor no sé ~os un Pinco Pallino.

cuáquero, a ['kwakero] sm/f quacchero/a.

cuarenta [kw-] num quaranta (m).

cuarentena [kw-] sf quarantina; (MED) quarantena.

cuaresma [kw-] sf quaresima.

cuartear [kw-] vt squartare; (dividir) dividere in quattro; ~se vr screpolarsi.

cuartel [kw-] sm quartiere m; (en jardín) aiuola; (MIL) caserma; ~ general quartier generale.

cuartelada [kw-] sf, **cuartelazo** [kwarte'laðo] sm colpo di Stato militare.

cuarteta [kw-] sf quartina.

cuarteto [kw-] sm (poema) quartina; (MUS) quartetto.

cuartilla [kwar'tiʎa] sf foglio.

cuarto, a ['kw-] a quarto(a) // sm quarto; (habitación) camera, stanza // sf quarta; (palmo) spanna, palmo; (NAUT) quadrante m; ~ de baño bagno; ~ de estar soggiorno; ~ de hora quarto d'ora; ~ oscuro camera oscura.

cuarzo ['kwarθo] sm quarzo.

cuasi ['kw-] ad = casi.

cuatro ['kw-] num quattro.

cuba sf botte f; (fig) ubriacone m.

Cuba sf Cuba.

cubano, a a, sm/f cubano(a).

cubero sm bottaio.

cubicar vt elevare al cubo.

cúbico, a a cubico(a); un metro ~ un metro cubo.

cubierta sf coperta; (de libro) copertina; (neumático) copertone m; (de protección) fodera.

cubierto, a pp de cubrir // a coperto(a) // sm coperto; a ~ de al riparo o coperto di.

cubo sm (MAT) cubo; (de madera, plástico) secchio.

cubrecama sm copriletto.

cubrir vt coprire; (recubrir) ricoprire; (ocultar) nascondere; (proteger) coprire, proteggere; (distancia: recorrer) percorrere; ~se vr (cielo) coprirsi, rannuvolarsi.

cucaña [-ɲa] sf cuccagna.

cucaracha [-tʃa] sf (insecto) scarafaggio; (tabaco) tabacco da fiuto.

cuclillas [-ʎas]: en ~ ad accoccolato; ponerse en ~ accocolarsi.

cuclillo [-ʎo] sm cuculo.

cuco, a a (bonito) grazioso(a); (taimado) furbacchione(a); (tramposo) imbroglione(a) // sm cuculo; (fam) orco.

cuchara [-tʃ-] sf cocchiaio; (NAUT) gottazza; (TECN) cazzuola.

cucharada [-tʃ-] sf cucchiaiata.

cucharilla [kutʃa'riʎa], **cucharita** [kutʃ-] sf cucchiaino.

cucharón [-tʃ-] sm mestolo.

cuchichear [kutʃitʃe'ar] vi bisbigliare.

cuchicheo [kutʃi'tʃeo] sm bisbiglio.

cuchilla [ku'tʃiʎa] sf coltello, coltella; (de arma blanca, de arado) lama; ~ de afeitar rasoio.

cuchillada [kutʃi'ʎaða] sf coltellata.

cuchillería [kutʃiʎe'ria] sf coltelleria.

cuchillero [kutʃi'ʎero] sm coltellinaio.

cuchillo [ku'tʃiʎo] sm coltello; (ARQUIT) montante m.

cuchipanda [-tʃ-] sf (fam) baldoria.

cuchitril [-tʃ-] sm bugigattolo.

cuello ['kweʎo] sm collo.

cuenca ['kw-] sf (escudilla) ciotola, scodella; (ANAT) orbita; (GEOGR) conca, bacino.

cuenta ['kw-] sf (cálculo) calcolo; (factura) conto; (de collar) perlina; a fin de ~s in fin dei conti; caer en la ~ accorgersi di qc; dar ~ de rendere conto di; darse ~ de rendersi conto di; tener en ~ tenere in considerazione; echar ~s fare i conti; vivir a ~ de vivere alle spalle di; ~ corriente conto corrente; ~ de ahorros libretto di risparmio.

cuento ['kw-] sm racconto; (fig: chisme) pettegolezzo; (mentira) frottola; ~ de hadas fiaba.

cuerdo, a ['kw-] a (sano de juicio) assennato(a); (prudente) prudente, saggio(a) // sf corda; bajo ~a sottobanco; dar ~a al reloj caricare l'orologio; las ~as gli strumenti a corda.

cuerno ['kw-] sm corno; (de insectos) antenna.

cuero ['kw-] *sm* pelle *f*, cuoio; **andar en ~s** esibirsi tutto(a) nudo(a); **~ cabelludo** cuoio capelluto.

cuerpo ['kw-] *sm* corpo; *(de mueble)* anta; **tomar ~** prendere corpo; **~ del delito** corpo del reato; **de ~ entero** in piedi; **de medio ~** a mezzo busto.

cuervo ['kw-] *sm* corvo.

cuesta ['kw-] *sf* pendio; **ir ~ arriba** andare in salita; **ir ~ abajo** andare in discesa; **llevar algo a ~s** portare qc sulle spalle.

cuestión [kw-] *sf* questione *f*.

cuestionar [kw-] *vt* discutere.

cuestionario [kw-] *sm* questionario.

cueva ['kw-] *sf* grotta, caverna.

cuidado *sm* cura; *(preocupación)* preoccupazione *f*; *(prudencia)* prudenza, attenzione *f* // *excl* attenzione!, attenti!

cuidadoso, a *a (aplicado)* accurato(a), diligente; *(prudente)* attento(a), prudente.

cuidar *vt (MED)* curare; *(ocuparse de)* badare a // *vi*: **~ de** prendersi cura di; **~se** *vr* stare attento(a) a; **~se del frío** stare attento al freddo; **~se del qué dirán** preoccuparsi di ciò che diranno.

cuita *sf* dolore *m*, afflizione *f*.

cuitado, a *a* addolorato(a); *(fig)* timido(a).

culata *sf (de escopeta)* calcio.

culatazo [-θo] *sm* rinculo.

culebra *sf* biscia, serpe *f*.

culebrear *vi* serpeggiare.

culinario, a *a* culinario(a).

culminación [-'θjon] *sf* culminazione *f*.

culo *sm (fam)* culo.

culpa *sf* colpa.

culpabilidad *sf* colpevolezza.

culpable *a*, *sm/f* colpevole *(m/f)*.

culpado, a *sm/f* imputato(a), accusato(a).

culpar *vt* incolpare, accusare; *(reprochar)* rimproverare; **~se** *vr* rimproverarsi.

cultivable *a* coltivabile.

cultivador, a *sm/f* coltivatore/trice // *sf (TECN)* coltivatore *m*.

cultivar *vt* coltivare.

cultivo *sm* coltura.

culto, a *a* colto(a) // *sm* culto.

cultura *sf* cultura.

cumbre *sf* cima; *(fig)* culmine *m*.

cumpleaños [-nos] *sm inv* compleanno.

cumplido, a *a* gentile, cortese; *(deber)* compiuto(a) // *sm* complimento, cortesia; **hacer algo por ~** fare qc per cortesia.

cumplimentar *vt* complimentare; *(JUR)* eseguire.

cumplimiento *sm* complimento; *(de orden)* esecuzione *f*; *(respeto)* rispetto.

cumplir *vt (orden, condena)* eseguire; *(promesa)* mantenere, rispettare; *(años)* compiere // *vi*: **~ con** *(deberes)* fare; *(su palabra)* mantenere; **~se** *vr (plazo*

establecido) scadere; *(aniversario)* celebrarsi; *(deseo)* compiersi.

cumular *vt* = **acumular**.

cúmulo *sm* mucchio; *(nube)* cumulo.

cuna *sf* culla.

cundir *vi* diffondersi, spargersi.

cuneta *sf (de carretera)* fosso; *(en la calle)* canaletto di scolo.

cuña [-na] *sf* cuneo; *(fig)* protezione *f*, appoggio.

cuñado, a [-'n-] *sm/f* cognato/a.

cuño [-no] *sm* conio; *(fig)* impronta.

cuota *sf* quota.

cupé *sm* coupé *m inv*.

cupón *sm* tagliando.

cúpula *sf* cupola; *(NAUT)* torretta blindata.

cura *sf* cura // *sm* prete *m*, curato.

curable *a* guaribile.

curación [-'θjon] *sf* guarigione *f*.

curado, a *a (fig)* incallito(a).

curador, a *sm/f (JUR: tutor)* curatore/trice; *(curandero)* guaritore/trice; *(administrador)* amministratore/trice.

curandero, a *sm/f* guaritore/trice.

curar *vt (herida, enfermo)* curare; *(carne etc)* conservare; *(cueros)* conciare // *vi* guarire; **~se** *vr* guarire, rimettersi.

curativo, a *a* curativo(a).

curato *sm* curato.

cureña [-na] *sf* affusto; **a ~ rasa** senza protezione.

curia *sf* curia.

curiosear *vi* curiosare.

curiosidad *sf* curiosità *f inv*; *(objeto)* rarità *f inv*.

curioso, a *a* curioso(a); *(raro)* strano(a), bizzaro(a) // *sm* ficcanaso.

cursar *vt (circular, carta)* inviare; *(orden)* trasmettere; *(ESCOL: curso)* seguire, frequentare.

cursi *a (fam)* cafone(a), volgare.

cursilería *sf* cafoneria, volgarità.

cursillo [-ʎo] *sm* seminario.

cursivo, a *a* corsivo(a).

curso *sm* corso; **en ~** in corso; **en el ~ de** nel corso di; **dar ~ a** dare seguito a.

curtido, a *a (piel)* abbronzato(a); *(cuero)* conciato(a); *(fig)* indurito(a) // *sm* concia.

curtidor *sm* conciatore *m*.

curtir *vt (cuero)* conciare; *(con el sol)* abbronzare; *(fig)* abituare; **~se** *vr* abituarsi.

curvatura *sf* curvatura.

curvo, a *a* curvo(a) // *sf* curva; *(de río)* ansa.

cúspide *sf* cima; *(fig)* apice *m*.

custodia *sf* custodia, guardia; *(REL)* ciborio.

custodiar *vt* custodire, fare la guardia a.

custodio *sm* custode *m*.

cutáneo, a *a* cutaneo(a).

cutis *sm* pelle *f*, cute *f*.

cuyo, a *pron* il cui, la cui, i cui, le cui; **en ~ caso no iremos** nel qual caso non ci andremo.

CH

chabacano, a [tʃ-] *a* volgare, ordinario(a).
chacal [tʃ-] *sm* sciacallo.
chacota [tʃ-] *sf* scherzo, burla.
chacotear [tʃ-] *vi* scherzare.
chacra ['tʃ-] *sf* (AM) fattoria.
chal [tʃ-] *sm* scialle *m*.
chaleco [tʃ-] *sm* gilè *m inv*.
chalupa [tʃ-] *sf* scialuppa.
chamarasca [tʃ-] *sf* (leños) fascina; (fuego) fiammata.
chambelán [tʃ-] *sm* ciambellano.
champú [tʃ-] *sm* shampoo *m inv*.
chamuscar [tʃ-] *vt* bruciacchiare.
chancear [tʃanθe'ar] *vi* scherzare.
chancero, a [tʃan'θero] *sm/f* burlone/a.
chancillería [tʃanθiʎe'ria] *sf* cancelleria.
chancleta [tʃ-] *sf* ciabatta.
chanclo [tʃ-] *sm* (zueco) zoccolo; (galocha) caloscia.
chancho, a ['tʃantʃo] *a* (AM) sozzo(a) // *sm* maiale *m*.
chantaje [tʃan'taxe] *sm* ricatto.
chanza [tʃ-] *sf* canzonatura, beffa.
chapa ['tʃ-] *sf* (de metal, madera) lastra, lamina; (de botella) tappo; **~ ondulada** lamiera ondulata; **jugar a las ~s** giocare a testa o croce.
chapado, a [tʃ-] *a* placcato(a); **~ a la antigua** all'antica.
chaparro [tʃ-] *sm* cespuglio di leccio; (gordo) persona grassa.
chaparrón [tʃ-] *sm* acquazzone *m*.
chapear [tʃ-] *vt* rivestire, placcare.
chapetón, ona [tʃ-] *a* inesperto(a), novizio(a).
chapitel [tʃ-] *sm* (de torre) cuspide *f*.
chapón [tʃ-] *sm* sgorbio.
chapotear [tʃ-] *vt* bagnare // *vi* (fam) sguazzare.
chapoteo [tʃ-] *sm* sguazzare *m*.
chapucero, a [tʃapu'θero] *a* raffazzonato(a) // *sm/f* pasticcione/a.
chapurrar, chapurrear [tʃ-] *vt* (idioma) biascicare; (bebidas) mescolare.
chapuz [tʃa'puθ] *sm*, **chapuza** [tʃa'puθa] *sf* bagattella.
chapuzar [tʃapu'θar] *vt* immergere // *vi*, **~se** *vr* tuffarsi.
chaqueta [tʃa'keta] *sf* giacca.
charada [tʃ-] *sf* sciarada.
charanguero [tʃaran'gero] *sm* pasticcione *m*.
charca ['tʃ-] *sf* stagno.
charco ['tʃ-] *sm* pozza.
charla ['tʃ-] *sf* chiacchierata; (conferencia) conferenza.

charlar [tʃ-] *vi* chiacchierare; (pey) pettegolare.
charlatán, ana [tʃ-] *a* chiacchierone(a) // *sm/f* chiacchierone/a; (curandero) guaritore/trice.
charlatanería [tʃ-] *sf* ciarlataneria.
charol [tʃ-] *sm* vernice *f*.
charretera [tʃ-] *sf* spallina.
charro, a ['tʃ-] *a* balordo(a); (adornado con mal gusto) di cattivo gusto, volgare.
chascarrillo [tʃaska'rriʎo] *sm* (fam) barzelletta.
chasco ['tʃ-] *sm* (broma, engaño) burla; (desengaño) delusione *f*.
chasquear [tʃaske'ar] *vt* (engañar) imbrogliare; (bromear) prendere in giro; (látigo, lengua) schioccare; **~se** *vr* (sufrir un desengaño) rimanere deluso(a), (fracasar) fallire, riuscire male.
chasquido [tʃas'kiðo] *sm* (de lengua, látigo) schiocco; (ruido seco) scricchiolio.
chato, a ['tʃ-] *a* (aplastado) appiattito(a); (nariz) schiacciato(a) // *sf* (barco) chiatta.
chaval, a [tʃ-] *sm/f* ragazzo/a.
checo(e)slovaco, a [tʃ-] *a, sm/f* cecoslovacco(a).
Checo(e)slovaquia [tʃeko(e)slo'βakja] *sf* Cecoslovacchia.
chelín [tʃ-] *sm* scellino
cheque ['tʃeke] *sm* assegno; **~ sin fondos** assegno scoperto; **~ de viajero** assegno turistico, travellers' cheque *m*.
chequeo [tʃe'keo] *sm* (MED) controllo, accertamento; (AUTO) collaudo.
chicle ['tʃ-] *sm* gomma americana.
chico, a ['tʃiko] *a* piccolo(a) // *sm/f* bambino/a; (muchacho) ragazzo/a.
chicoria [tʃ-] *sf* = **achicoria.**
chicote, a [tʃ-] *sm/f* ragazzotto/a.
chicharra [tʃi'tʃarra] *sf* (ZOOL) cicala.
chichear [tʃitʃe'ar] *vi* zittire.
chichón [tʃi'tʃon] *sm* bernoccolo
chiflado, a [tʃ-] *a* picchiatello(a) // *sm*: **es un ~ por** è uno che va matto per.
chifladura [tʃ-] *sf* (silbido) fischio; (manía) mania, passione *f*.
chiflar [tʃ-] *vt* fischiare; **~se** *vr*: **~se por** andare matto per.
chile ['tʃile] *sm* peperoncino rosso.
Chile ['tʃile] *sm* Cile *m*.
chileno, a [tʃ-] *a, sm/f* cileno(a).
chillar [tʃi'ʎar] *vi* (niño) gridare, strillare; (animal) squittire; (puerta) cigolare.
chillido [tʃi'ʎido] *sm* (de persona) strillo; (de animal) squittio; (de rueda, puerta) cigolio.
chillón, ona [tʃi'ʎon] *a* (niño) che strilla; (color) chiassoso(a), violento(a).
chimenea [tʃ-] *sf* camino, caminetto; (de fábrica, barco, tren) ciminiera.
chimpancé [tʃimpan'θe] *sm* scimpanze *m*.
China ['tʃ-] *sf* Cina.
chinche ['tʃintʃe] *sf* cimice *f* // *sm/f* (fam) scocciatore/trice.

chinchilla [tʃin'tʃiʎa] *sf* cincillà.
chinela [tʃ-] *sf* pianella.
chinesco, a [tʃ-] *a* cinese.
chino, a ['tʃ-] *a, sm/f* cinese *(m/f)*.
chiquero [tʃi'kero] *sm* (*pocilga*) porcile *m*.
chiquillada [tʃiki'ʎaða] *sf* bambinata, ragazzata.
chiquillo, a [tʃi'kiʎo] *sm/f* bambino/a.
chiquito, a [tʃi'kito] *a* piccoletto(a) // *sm/f* bimbo/a.
chiribitil [tʃ-] *sm* soffitta; (*fam*) bugigattolo.
chirimbolo [tʃ-] *sm* (*fam*) aggeggio; ~**s** *mpl* cianfrusaglie *fpl*.
chirimía [tʃ-] *sf* (*MUS*) piva.
chiripa [tʃ-] *sf* colpo di fortuna.
chirle ['tʃ-] *a* insipido(a); (*aguado*) annacquato(a).
chirlo ['tʃ-] *sm* sfregio, cicatrice.
chirriar [tʃ-] *vi* (*goznes*) cigolare; (*pájaros*) cinguettare; (*fam: cantar mal*) stonare.
chirrido [tʃ-] *sm* (*de pájaro*) grido; (*de rueda*) cigolio; (*de aceite hirviendo*) sfrigolio; (*de zapatos*) scricchiolio.
chirrión [tʃ-] *sm* carretta.
chis [tʃis] *excl* zitto!
chisgarabís [tʃ-] *sm* (*fam*) ficcanaso.
chisme ['tʃ-] *sm* pettegolezzo.
chismoso, a [tʃ-] *a, sm/f* pettegolo(a).
chispa ['tʃ-] *sf* scintilla; (*viveza, ingenio*) ingenio, spirito; (*fam: borrachera*) sbornia.
chispazo [tʃis'paθo] *sm* scintilla.
chispeante [tʃ-] *a* scintillante.
chispear [tʃ-] *vi* (*echar crispas*) scintillare; (*lloviznar*) piovigginare.
chisporrotear [tʃ-] *vi* crepitare
chisporroteo [tʃ-] *sm* crepitio.
chistar [tʃ-] *vi* zittire; **sin** ~ senza fiatare o aprire bocca.
chiste ['tʃ-] *sm* scherzo; **caer en el** ~ capire.
chistera [tʃ-] *sf* (*sombrero*) cilindro; (*de pescador*) cesto.
chistoso, a [tʃ-] *a* (*bromista*) scherzoso(a); (*gracioso*) buffo(a).
chivar [tʃi-] *vt* (*fam: fastidiar*) rompere le scatole a; ~**se** *vr* (*fam*) far la spia.
chivato [tʃ-] *sm* capretto.
chivo, a [tʃ-] *sm/f* capro/a.
chocante [tʃ-] *a* sgradevole.
chocar [tʃ-] *vi* (*coches, trenes*) scontrarsi // *vt* urtare; ~ **con** urtare contro; (*fig: enfrentarse con*) cozzare contro; **¡chócala!** qua la mano!
chocarrería [tʃ-] *sf* volgarità, cattivo gusto.
chocarrero, a [tʃ-] *a* volgare.
choclo ['tʃ-] *sm* pannocchia di mais.
chocolate [tʃ-] *a* color cioccolato // *sm* cioccolata, cioccolato.
chochear [tʃotʃe'ar] *vi* (*anciano*) essere rimbambito; (*fig*) perdere la testa.
chochera [tʃo'tʃera] *sf* (*de anciano*) rimbambimento; (*fig*) infatuazione *f*.

chocho, a ['tʃotʃo] *a* (*también fig*) rimbambito(a) // *sm* dolce *m* // *sf* beccaccia.
cholo, a ['tʃ-] *sm/f* (*AM*) meticcio/a.
chopo ['tʃ-] *sm* pioppo
choque ['tʃoke] *sm* urto, scontro.
choricero [tʃori'θero] *sm* salumaio.
chorizo [tʃo'riθo] *sm* salsiccia.
chorlito [tʃ-] *sm* (*ZOOL*) piviere *m*.
chorrear [tʃ-] *vi* (*agua, sudor*) colare; (*gotear*) gocciolare; ~**se** *vr* rubarsi.
chorrillo [tʃo'rriʎo] *sm* getto.
chorro ['tʃ-] *sm* (*de líquido*) getto; (*de luz*) raggio.
choza ['tʃoθa] *sf* capanna.
chubasco [tʃ-] *sm* acquazzone *m*; (*fig*) contrattempo.
chuchería [tʃutʃe'ria] *sf* (*fruslería*) bagattella; (*golosina*) dolce *m*.
chufa ['tʃ-] *sf* cipero.
chufleta [tʃ-] *sf* (*fam*) burla, scherzo.
chuleta [tʃ-] *sf* co(s)toletta.
chulo, a ['tʃ-] *a* insolente // *sm* (*pícaro*) bravaccio; (*fam: joven bonito*) bellimbusto; (*pey*) burino.
chunga ['tʃ-] *sf* (*fam*) scherzo.
chupado, a [tʃ-] *a* (*delgado*) magro(a); (*adjustado*) stretto(a); (*AM*) ubriaco(a).
chupar [tʃ-] *vt* succhiare; (*absorber*) assorbire; (*AM: beber*) bere; ~**se** *vr* dimagrire.
chupón, ona [tʃ-] *a* succhiatore(trice) // *sm* (*BOT*) succhione *m* // *sm/f* scroccone/a.
churro ['tʃ-] *sm* (*COC*) fritella.
chuscada [tʃ-] *sf* buffonata.
chusco, a ['tʃ-] *a* spiritoso(a).
chusma ['tʃ-] *sf* gentaglia.
chuzo ['tʃuθo] *sm* picca.

D

D. (*abr de Don*) Sig.
Da. (*abr de Doña*) Sig.ra.
dable *a* possibile.
dactilógrafo, a *sm/f* dattilografo/a.
dádiva *sf* dono, regalo.
dadivoso, a *a* generoso(a).
dado, a *pp de dar* // *sm* dado // *a*: ~**as las circunstancias** date le circostanze; ~ **a la bebida** dedito al bere.
dador, ora *sm/f* (*de bienes, de sangre*) donatore/trice; (*COM*) traente *m*.
daga *sf* daga.
dama *sf* dama, signora; (*TEATRO*) prima donna; (*AJEDREZ*) regina; ~**s** *fpl* (*juego*) dama.
damajuana [-'x-] *sf* damigiana.
damasco *sm* damasco; (*BOT*) varietà di albicocco e di albicocca.
damnificar *vt* danneggiare.
danés, esa *a, sm/f* danese *(m/f)*.

danza | **59** | **decrepitud**

danza [-θa] sf danza, ballo; **meterse en la** ~ (*fig: fam*) entrare in ballo.

danzar [-'θar] vt, vi danzare, ballare.

dañar [-'nar] vt danneggiare; (*objeto*) rovinare; ~**se** vr sciuparsi, danneggiarsi; (*persona*) farsi male.

dañino, a [-'n-] a dannoso(a), nocivo(a).

daño [-no] sm danno; (*a persona*) male m; ~**s y perjuicios** (*JUR*) danni; **hacer** ~ **a** danneggiare; (*persona*) far male a.

dañoso, a [-'n-] a dannoso(a).

dar vt dare; (*lección. paseo. pena*) fare; (*horas*) battere, suonare; (*cuerda al reloj*) caricare // vi: ~ **a** (*casa, ventana*) dare su; ~ **con** (*persona*) incontrare, imbattersi in; (*objeto*) urtare; ~ **contra** cozzare contro; ~ **en** colpire; (*error*) incorrere in; (*solución*) trovare; (*broma*) capire; ~**se** vr darsi; ~**se a conocer** farsi conoscere; ~**se a creer** credere; ~ **de cabeza/espaldas** cadere di testa/schiena; ~ **de sí** lasciarsi andare; ~ **que hacer/pensar** dare da fare/pensare; **lo mismo** o **qué más da** fa lo stesso.

dardo sm dardo; (*ZOOL*) aculeo; **lanzar un** ~ (*fig*) lanciare una frecciata.

darsena sf darsena.

data sf data; **de larga** ~ di lunga data.

datar vt datare // vi: ~ **de** datare da, risalire a.

dátil sm dattero.

dato sm dato.

d. de J.C. (*abr de después de Jesucristo*) d.C.

de prep (*de* + *el* = **del**) di; (*separación, procedencia, objetivo, estilo*) da; (*causa*) per; **dibujo** ~ **lápiz** disegno a matita; **fue a Londres** ~ **profesor** andò a Londra come professore; **el hombre** ~ **largos cabellos** l'uomo dai capelli lunghi; **máquina** ~ **escribir** macchina da scrivere; **largo** ~ **contar** lungo da raccontare; **dormir** ~ **aburrido** dormire per la noia; **uno** ~ **dos** uno dei due; ~ **mañana/tarde** al mattino/alla sera; ~ **noche** di notte.

debajo [-xo] ad sotto; (*en piso inferior*) sotto, da basso // prep: ~ **de** sotto; **por** ~ **de** al di sotto di.

debate sm dibattito.

debatir vt discutere, dibattere.

debe sm (*FIN*): **el** ~ **y el haber** il dare e il avere.

deber sm dovere m, obbligo; (*ESCOL*) compito // vt, vi dovere; ~**se** vr: ~**se a** doversi a; **debe de hacer calor** deve far caldo.

debidamente ad debitamente; (*convenientemente*) adeguatamente.

débil a debole // sm/f (*mental*) deficiente m/f.

debilidad sf debolezza; (*mental*) deficienza; (*atracción*) debole m; **tener** ~ **por la música** avere un debole per la musica.

debilitar vt debilitare // vi indebolirsi.

débito sm debito.

década sf diecina, decade f.

decadencia [-θja] sf decadenza.

decadente a decadente // sm/f pl (*ARTE*) decadentisti mpl.

decaer vi declinare, decadere; (*estado físico*) indebolirsi.

decaimiento sm decadenza; (*MED*) sfinimento; (*abatimiento*) prostrazione f.

decálogo sm decalogo.

decano, a sm/f decano/a.

decantar vt decantare.

decapitación [-'θjon] sf decapitazione f.

decapitar vt decapitare.

decena [-θ-] sf decina.

decencia [de'θenθja] sf decenza; (*pudor*) decoro.

decenio [-θ-] sm decennio.

decente [-θ-] a decente.

decepción [deθep'θjon] sf delusione f.

decidir [-θ-] vt decidere; (*resolver*) risolvere; (*a alguien*) persuadere; ~**se** vr decidersi.

décimo, a [-θ-] num decimo(a) // sf decimo // sm decimo; (*de lotería*) decima parte di un biglietto.

decir [-'θir] vt dire; ~**se** vr dirsi; **a** ~ **verdad** a dire il vero; **como quien dice** come dire; ~ **que sí/no** dire di sì/no; **por** ~**lo así** per così dire.

decisión [-θ-] sf decisione f; (*firmeza*) fermezza.

decisivo, a [-θ-] a decisivo(a).

declamación [-'θjon] sf recitazione f.

declamar vt, vi declamare, recitare.

declaración [-'θjon] sf (*explicación*) chiarimento; (*de guerra, amor etc*) dichiarazione f; **prestar** ~ **ante el juez** (*JUR*) fare una deposizione davanti al giudice.

declarar vt dichiarare; (*explicar*) chiarire // vi deporre; ~**se** vr dichiararsi; (*en huelga*) mettersi, entrare; ~ **quiebra** fare fallimento.

declinación [-'θjon] sf declinazione f; (*de época, cultura*) decadenza, declino; (*de terreno*) pendenza.

declinar vt declinare; (*JUR*) ricusare // vi (*ASTR*) declinare; (*día*) tramontare; (*salud*) rovinarsi, indebolirsi.

declive sm (*de terreno*) pendio; (*inclinación*) pendenza.

decolorar vt decolorare; ~**se** vr scolorirsi.

decomisar vt confiscare.

decoración [-'θjon] sf (*de casa*) arredamento; (*TEATRO*) scenario.

decorado sm scenario.

decorar vt decorare, ornare.

decorativo, a a decorativo(a).

decoro sm decoro.

decoroso, a a decoroso(a).

decrecer [-'θer] vi decrescere.

decreciente [-'θ-] a decrescente, calante.

decrépito, a a decrepito(a).

decrepitud sf decrepitezza.

decretar vt decretare, stabilire.
decreto sm decreto.
dechado [-'tʃ-] sm modello, esempio.
dedal sm ditale m.
dédalo sm dedalo, labirinto.
dedicación [-'θjon] sf dedizione f.
dedicar vt dedicare; ~**se** vr dedicarsi.
dedicatoria sf dedica.
dedillo [-ʎo] sm: **saber algo al ~**
sapere qc a menadito.
dedo sm dito; ~ **pulgar/índice/**
mayor o **cordial/anular/meñique**
(dito) pollice/indice/medio/anulare/
mignolo; ~ **gordo** alluce m; ~ **chico**
mignolo (del piede); **tener dos ~s de**
frente (fig) essere privo di buon senso.
deducción [-'θjon] sf ritenuta, trattenuta;
(lógica) deduzione f.
deducir [-'θir] vt dedurre; (de un salario)
trattenere; **dedujo que era tarde**
arrivai alla conclusione che era tardi.
defección [-'θjon] sf defezione f,
diserzione f.
defecto sm difetto.
defectuoso, a a difettoso(a).
defender vt difendere, proteggere; ~**se**
vr difendersi.
defensa sf difesa.
defensivo, a a difensivo(a) // sf:
estar/ponerse a la ~a essere/
mettersi sulla difensiva; **jugar a la ~**
(DEPORTE) giocare in difesa.
defensor, ora a difensivo(a) // sm/f
difensore/a.
deferencia [-θ-] sf deferenza.
deferente a deferente.
deferir vt deferire.
deficiencia [-'θjenθja] sf deficienza,
difetto.
deficiente [-'θ-] a scarso(a),
insufficiente; (defectuoso) difettoso.
déficit [-θ-] sm deficit m inv.
definición [-'θjon] sf definizione f.
definir vt definire.
definitivo, a a definitivo(a); **en ~a** in
definitiva.
deformación [-'θjon] sf deformazione f.
deformar vt deformare; ~**se** vr
deformarsi.
deforme a deforme.
deformidad sf deformità f inv; (moral)
vizio.
defraudador, ora a, sm/f
defraudatore(trice).
defraudar vt defraudare; (esperanzas)
frustrare; ~ **al fisco** evadere il fisco.
defunción [-'θjon] sf morte f, decesso;
partida de ~ atto di morte.
degeneración [dexenera'θjon] sf
degenerazione f.
degenerar [-x-] vi degenerare.
deglutir vt vi deglutire.
degollar [-'ʎar] vt (animal) sgozzare;
(persona) decapitare.
degollina [-'ʎ-] sf (fam) carneficina.
degradación [-'θjon] sf degradazione f;
(moral) abiezione f, degradazione.

degradar vt degradare; (color) sfumare;
~**se** vr degradarsi.
degüello [-'ɣweʎo] sm (de animal)
sgozzamento; (MIL) massacro; **pasar a ~**
passare a fil di
spada.
degustación [-'θjon] sf degustazione f.
dehesa [de'esa] sf pascolo.
deificar vt deificare,
divinizzare.
dejadez [dexa'δeθ] sf abbandono,
pigrizia; (descuido) trascuratezza,
negligenza.
dejado, a [-'x-] a pigro(a); (negligente)
negligente; (indolente) svogliato(a),
indolente; (apático) abbattuto(a) // sm/f
persona negligente.
dejar [-'xar] vt lasciare; (a familia, casa)
abbandonare, lasciare; (beneficios)
procurare // vi: ~ **de** smettere di; ~**se**
vr lasciarsi; ~**se rogar** farsi pregare; ~
a un lado lasciare in disparte; ~
hablar lasciar dire; ~ **estar** lasciar
correre; ~ **de historias** smetterla.
dejo ['dexo] sm rinunzia; (inflexión)
accento; (fig: sabor) gusto, sapore m.
del prep + det ver **de**.
delación [-'θjon] sf delazione f.
delantal sm grembiule m.
delante ad davanti, di fronte; ~ **de** prep
davanti o dinanzi o di fronte a; **no**
dejarse llevar por ~ non farsi
calpestare; **tener mucha tarea por ~**
avere molto lavoro davanti a sé; **¡las**
damas por ~! prima le donne!
delantero, a a anteriore // sm (DEPORTE)
attaccante m // sf parte f anteriore; (de
vestido, casa) davanti m; (DEPORTE)
attacco; **llevar la ~a a uno**
avvantaggiarsi su qd.
delatar vt denunziare.
delator, ora sm/f delatore/trice.
delectación [-'θjon] sf piacere m.
delegación [-'θjon] sf delega;
(representación) delegazione f; ~ **de**
policía commissariato di polizia; ~
municipal ufficio comunale; ~ **de**
hacienda intendenza di Finanza.
delegado, a a, sm/f delegato(a); ~ **de**
hacienda intendente m di Finanza.
delegar vt delegare.
deleitar vt dilettare; ~**se** vr dilettarsi.
deleite sm piacere m, diletto.
deleitoso, a a dilettevole, piacevole.
deletéreo, a a deleterio(a), nocivo(a).
deletrear vi compitare.
deletreo sm compitazione f.
deleznable [-θ-] a fragile; (desagradable)
detestabile.
delfín sm delfino.
delgadez [-θ] sf snellezza, sottigliezza.
delgado, a a sottile; (flaco) magro(a),
snello(a); (fig: suave) delicato(a); (: sutil)
acuto(a); **intestino ~** (ANAT) intestino
tenue.
deliberación [-'θjon] sf deliberazione f.
deliberar vt deliberare.

delicadeza [-θa] *sf* delicatezza; *(refinamiento)* gentilezza, cortesia; **¡qué falta de** ~**!** che mancanza di tatto o delicatezza!

delicado, a *a* delicato(a); *(material, motor)* fragile; *(situación)* difficile, delicato(a); **es un problema** ~ è una questione delicata.

delicia [-θja] *sf* delizia, piacere *m*.

delicioso, a [-'θ-] *a* delizioso(a).

delincuencia [-'kwenθja] *sf* delinquenza.

delincuente *sm/f* delinquente *m/f*.

delinear *vt* delineare, tracciare.

delinquir [-'kir] *vi* delinquere.

delirante *a* delirante.

delirar *vi* delirare; *(fig)* sragionare, delirare.

delirio *sm* delirio; *(manía)* mania.

delito *sm* delitto, reato.

delta *sm* delta *m*.

demacrarse *vr* dimagrire.

demagogo *sm* demagogo.

demanda *sf* richiesta, domanda; *(COM, JUR)* domanda.

demandante *sm/f* *(JUR)* attore/trice.

demandar *vt* chiedere; *(JUR)* querelare.

demarcación [-'θjon] *sf* demarcazione *f*.

demarcar *vt* delimitare.

demás *a*, *pron*: **lo(la)** *etc* ~ l'altro(a) *etc*; **lo** ~ il resto // *ad* inoltre; **está** ~ **que lo digas** è inutile o superfluo che tu lo dica; **por lo** ~ in quanto al resto.

demasía *sf* eccesso; *(fig: atrevimiento)* audacia, sfacciataggine *f*; *(: insolencia)* scortesia, insolenza.

demasiado, a *a* troppo(a) // *ad* troppo.

demencia [-θja] *sf* demenza, follia.

demente *sm/f* demente *m/f*, pazzo/a.

democracia [-θja] *sf* democrazia.

demócrata *sm/f* *(POL)* democratico/a.

democrático, a *a* democratico(a).

demoler *vt* demolire, abbattere; *(fig)* distruggere.

demolición [-'θjon] *sf* demolizione *f*.

demonio *sm* demonio, diavolo; **¡demonios!** diavolo!, diamine!; **¿cómo** ~**s estás aquí?** come diamine sei qui?

demora *sf* ritardo.

demorar *vt* ritardare // *vi* tardare; ~**se** *vr* *(AM)* attardarsi, trattenersi.

demostración [-'θjon] *sf* dimostrazione *f*.

demostrar *vt* mostrare, dimostrare; *(manifestar)* manifestare, mostrare.

demostrativo, a *a* dimostrativo(a).

demudar *vt* mutare, cambiare; ~**se** *vr* turbarsi, agitarsi.

denegar *vt* rifiutare; *(JUR)* respingere.

denigrar *vt* denigrare.

denodado, a *a* coraggioso(a), valoroso(a).

denominación [-'θjon] *sf* denominazione *f*; ~ **de origen controlada (D.O.C.)** denominazione di origine controllata (D.O.C.).

denostar *vt* insultare, ingiuriare.

denotar *vt* denotare, significare.

densidad *sf* densità *f inv*.

denso, a *a* denso(a); *(espeso)* spesso(a), denso(a).

dentado, a *a* dentato(a).

dentadura *sf* dentatura; ~ **postiza** dentiera.

dental *a* dentale.

dentellada [-'ʎ-] *sf* dentata, morso.

dentera *sf* *(sensación desagradable)* brividi *mpl*; *(fig)* invidia.

dentición [-'θjon] *sf* dentizione *f*.

dentífrico *sm* dentifricio.

dentista *sm/f* dentista *m/f*.

dentro *ad* dentro // *prep*: ~ **de** dentro; ~ **de 3 meses** tra o entro 3 mesi; **vayamos a** ~ andiamo dentro o rientriamo; **ruidos que vienen de** ~ rumori che vengono da dentro; **mirar por** ~ guardare dentro o all'interno; ~ **de todo no está mal** dopo tutto non è male.

denuedo *sm* coraggio, valore *m*.

denuesto *sm* insulto, ingiuria.

denuncia [-θja] *sf* denuncia; **presentar una** ~ fare una denuncia.

denunciar [-'θjar] *vt* denunciare.

deparar *vt* offrire, concedere.

departamento *sm* *(administrativo)* dipartimento; *(de caja, tren)* scompartimento; *(AM: piso)* appartamento.

departir *vi* conversare.

dependencia [-θja] *sf* dipendenza; *(COM)* succursale *f*; ~**s** *fpl* *(de una casa)* dépendance *f inv*.

depender *vi* dipendere.

dependiente *a* dipendente // *sm* dipendente *m/f*; *(en una tienda)* commesso/a.

deplorable *a* deplorevole.

deplorar *vt* deplorare.

deponer *vt* deporre // *vi* *(JUR)* testimoniare; *(defecar)* defecare.

deportación [-'θjon] *sf* deportazione *f*.

deportar *vt* deportare.

deporte *sm* sport *m inv*; **campo de** ~**s** campo sportivo; ~ **de invierno** sport *m inv* invernali; **náutica/embarcación de** ~ nautica/imbarcazione da diporto.

deportista *a*, *sm/f* sportivo(a).

deposición [-'θjon] *sf* deposizione *f*; *(de presidente, magistrado)* destituzione *f*; *(del vientre)* evacuazione *f*.

depositante *sm/f* o

depositador, ora *sm/f* depositante *m/f*, versante *m/f*.

depositar *vt* *(objetos)* depositare; *(dinero)* versare; ~**se** *vr* depositarsi.

depositario, a *sm/f* *(de secreto)* depositario/a // *sm* tesoriere *m*, cassiere *m*; *(tutor)* tutore *m*.

depósito *sm* deposito.

depravación [-'θjon] *sf* depravazione *f*.

depravar *vt* depravare, pervertire.

depreciación [-θja'θjon] *sf* deprezzamento; *(de moneda)* svalutazione *f*.

depreciar [-'θjar] vt deprezzare, svalutare; ~se vr svalutarsi.
depredación [-'θjon] sf depredazione f, saccheggio; (de fondos) malversazione f.
depredar vt depredare, saccheggiare.
depresión sf depressione f.
deprimido, a a depresso(a).
deprimir vt deprimere; (reducir) ridurre; ~se vr abbattersi, avvilirsi.
depuración [-'θjon] sf depurazione f; (POL) epurazione f.
depurar vt depurare, purificare.
derechamente [-tʃ-] ad direttamente; (manera) chiaramente.
derecho, a [-'tʃo] a diritto(a), dritto(a); (brazo) destro(a) // sm diritto // sf destra // ad diritto, dritto; **tomar a la** ~**a** (calle) prendere a destra; **a** ~**as** come si deve.
derechura [-'tʃ-] sf rettitudine f.
deriva sf (NAUT) deriva; **ir a la** ~ (fig) andare alla deriva.
derivación [-'θjon] sf derivazione f.
derivar vt, vi derivare; ~se vr derivar.
derogación [-'θjon] sf abrogazione f.
derogar vt abrogare.
derramamiento sm (de sangre) spargimento; (de fuerzas) dispersione f.
derramar vt (líquido, lágrimas) versare, spargere; (polvo, luz) spandere; (fig: una noticia) divulgare, diffondere; (impuestos) ripartire; ~se vr spandersi, spargersi.
derrame sm (de líquido) spargimento; (de puerta, ventana) strombatura; (del terreno) declivio; (MED) versamento.
derredor ad: **al** o **en** ~ all'intorno.
derretido, a a fuso(a), sciolto(a); **estar** ~ **por alguien** (fig) essere cotto per qd.
derretir vt fondere, sciogliere; (fig: dinero etc) dissipare, sperperare; ~se vr fondersi, sciogliersi; (fig: de amor) struggersi.
derribar vt abbattere; (persona) atterrare; (gobierno) rovesciare; ~se vr cadere.
derribo sm demolizione f.
derrocamiento sm (del alto) caduta, precipitazione f; (de gobierno) caduta.
derrocar vt (del alto) precipitare; (fig: gobierno) rovesciare; (: persona) sbalzare; (edificio) abbattere, demolire.
derrochar [-'tʃar] vt sperperare, dilapidare.
derroche [-tʃe] sm sperpero, spreco.
derrota sf via, sentiero; (NAUT) rotta; (MIL) sconfitta; (fig) insuccesso, sconfitta.
derrotar vt vincere, sconfiggere; (objeto, salud etc) distruggere, rovinare.
derrotero sm (de un viaje) rotta; (camino) strada, cammino; (fig) linea di condotta.
derruir vt abbattere.
derrumbadero sm precipizio, burrone m; (fig) rischio, pericolo.
derrumbar vt precipitare; ~se vr precipitare; **ver** ~**se todas las**

esperanzas (fig) vedere crollare tutte le speranze.
desabotonar vt sbottonare // vi (flores) sbocciare; ~se vr sbottonarsi.
desacatado, a o **desacatador, ora** a insolente.
desacato sm insolenza; (JUR) oltraggio.
desacertar [-θ-] vi sbagliare, errare.
desacierto [-'θ-] sm errore m, sbaglio.
desacomodado, a a disagiato(a); (sin empleo) disoccupato(a).
desacomodar vt (molestar) incomodare; (dejar sin empleo) licenziare; ~se vr perdere l'impiego.
desacomodo sm (molestia) disagio, scomodità f inv; (falta de empleo) disoccupazione f.
desaconsejado, a [-'x-] a sconsigliato(a) // sm/f imprudente m/f.
desaconsejar [-'x-] vt sconsigliare.
desacoplar vt spaiare (TECN) disaccoppiare.
desacostumbrar vt disabituare; ~se vr disabituarsi.
desacreditar vt screditare.
desacuerdo sm disaccordo; (error) sbaglio; (olvido) dimenticanza.
desafección [-'θjon] sf disinteresse m.
desafecto, a a (opuesto) contrario(a); (hostil) indifferente // sm indifferenza.
desafiar vt sfidare.
desafilar vt smussare; ~se vr smussarsi.
desafinar vi stonare; (fig: fam) farneticare.
desafío sm sfida.
desaforado, a a smisurato(a); (violento) prepotente; (contra la ley) illegale.
desafortunado, a a sfortunato(a).
desafuero sm illegalità f inv, infrazione f; (privación de derecho) abuso, ingiustizia; (fig: desacato) eccesso.
desagradable a spiacevole, sgradevole.
desagradar vi essere sgradevole.
desagradecido, a [-θ-] a ingrato(a).
desagrado sm disgusto, dispiacimento.
desagraviar vt (ofensa) riparare; (daño) risarcire.
desaguadero sm condotto, canale m di scolo.
desaguar vt prosciugare, asciugare // vi (río) sfociare; ~se vr (fig) svuotarsi.
desagüe sm scolo; (cañería) tubo di scarico.
desaguisado, a [-vi-] a illegale // sm offesa, insulto.
desahogado, a [-ao-] a sfacciato(a); (que vive con holgura) agiato(a); (sitio) libero(a).
desahogar [-ao-] vt alleviare; (ánimo) sollevare; (fig: ira) sfogare; ~se vr (distenderse) riposarsi; (de deudas) liberarsi; (fig: de un pesar) sfogarsi.
desahogo [-a'o-] sm (alivio) sollievo; (descaro) sfacciataggine f; (libertad de palabra) disinvoltura; ~ **económico** agiatezza.

desahuciar [-auˈθjar] vt condannare; (inquilino) sfrattare.
desahucio [-aˈuθjo] sm (de inquilino) sfratto.
desairado, a a (desgarbado) trascurato(a); (desestimado) disprezzato(a).
desairar vt disprezzare; (ultrajar) umiliare.
desaire sm (afrenta) sgarbo; (menosprecio) disprezzo; (falta de garbo) trascuratezza.
desajustar [-x-] vt sregolare; ~se vr sregolarsi; (cintura) allargare.
desajuste [-ˈx-] sm (de máquina) guasto; (de acuerdo) rottura.
desalentador, ora a scoraggiante.
desalentar vt (fig) scoraggiare; ~ a uno lasciare qd senza fiato.
desaliento sm scoraggiamento.
desalinear vt far perdere l'allineamento a; ~se vr rompere l'allineamento.
desaliño [-ɲo] sm disordine m, trascuratezza.
desalmado, a a crudele, perverso(a).
desalmarse vr: ~ por bramare.
desalojado, a [-ˈx-] a sfrattato(a).
desalojamiento [-x-] sm sfratto.
desalojar [-ˈxar] vt sfrattare; (abandonar) sgombrare // vi traslocare.
desalquilado, a [-k-] a: apartamento ~ appartamento sfitto.
desamarrar vt (NAUT) disormeggiare; (fig) staccare.
desamor sm disamore m, indifferenza.
desamparar vt abbandonare; (JUR: a sus derechos) rinunziare a.
desamparo sm abbandono.
desandar vt: ~ el camino tornare sui propri passi.
desanimado, a a (persona) scoraggiato(a); (fiesta etc) senza vita, noioso(a).
desanimar vt scoraggiare.
desánimo sm scoraggiamento.
desanudar vt slegare, sciogliere; (fig) chiarire.
desapacible [-ˈθ-] a sgradevole.
desaparecer [-ˈθer] vt far sparire, occultare // vi sparire, scomparire.
desaparejar [-ˈx-] vt (animal) levare i finimenti a; (NAUT) disarmare.
desaparición [-ˈθjon] sf sparizione f, scomparsa.
desapego sm indifferenza, disinteresse m.
desapercibido, a [-θ-] a sprovveduto(a); **pasar ~** passare inosservato.
desaplicación [-ˈθjon] sf (descuido) negligenza; (ocio) svogliatezza.
desaplicado, a a svogliato(a).
desapolillarse [-ˈʎ-] vr (fig) uscire, prendere una boccata d'aria.
desaprensivo, a a noncurante.
desapretar vt allargare, lasciar andare.

desaprobar vt disapprovare.
desaprovechado, a [-ˈtʃ-] a (campo) improduttivo(a); (talento) sprecato(a).
desaprovechamiento [-tʃ-] sm spreco.
desaprovechar [-ˈtʃ-] vt sprecare.
desarbolar vt (NAUT) disalberare.
desarmar vt disarmare; (TECN) smontare.
desarme sm disarmo.
desarraigar vt sradicare.
desarraigo sm sradicamento.
desarreglado, a a (TECN) guasto(a); (desordenado) disordinato(a).
desarreglar vt scompigliare, mettere in disordine; (trastocar) sconvolgere; (TECN) sregolare, guastare; ~se vr guastarsi.
desarreglo sm disordine m; (de un mecanismo) guasto; (MED): ~s intestinales disturbi intestinali.
desarrollar [-ˈʎar] vt srotolare, svolgere; (fig) sviluppare; ~se vr svolgersi; svilupparsi.
desarrollo [-ˈʎo] sm sviluppo.
desarrugar vt spianare.
desarticular vt (huesos) disarticolare; (fig: las piezas de un objeto) scomporre; (: desordenar) scompigliare.
desaseado, a a sudicio(a); (descuidado) trasandato(a).
desaseo sm sporcizia; (desaliño) sciatteria.
desasimiento sm allentamento; (fig: desinterés) disinteresse m; (: indiferencia) distacco.
desasir vt sciogliere, staccare; ~se vr disfarsi.
desasosegar vt inquietare, turbare; ~se vr inquietarsi, turbarsi.
desasosiego sm inquietudine f; (ansiedad) irrequietezza.
desastrado, a a sciatto(a), sudicio(a); (adverso) infelice, disgraziato(a).
desastre sm disastro.
desastroso, a a disastroso(a).
desatar vt slegare; (una discusión) scatenare; ~se vr slacciarsi; (tormenta, persona) scatenarsi.
desatención [-ˈθjon] sf disattenzione f; (voluntaria) scortesia.
desatender vt (lección) non prestare attenzione a; (invitado) trascurare.
desatento, a a disattento(a); (con invitado) scortese.
desatinado, a a insensato(a); (sin juicio) folle, balordo(a).
desatinar vi dire spropositi.
desatino sm balordaggine f; (error) sbaglio; (despropósito) sproposito.
desautorizar [-ˈθ-] vt (acto) non autorizzare; (persona) screditare, privare di autorità.
desavenencia [-θja] sf disaccordo, dissenso.
desavenir vt inimicare; ~se vr inimicarsi, rompere (l'amicizia).

desaventajado, a [-'x-] a inferiore, svantaggiato[-ǝ-]; (*poco ventajoso*) svantaggioso(a).

desayunar vt, vi fare la prima colazione; ~ **café con leche** far la prima colazione con caffellatte; ~**se** vr (*fig*) sapere, venire a conoscenza di.

desayuno sm prima colazione.

desazón [-'θon] sf (*en la comida*) insipidità; (MED) malessere m, indisposizione f; (*fig*) dispiacere m.

desazonar [-ǝ-] vt rendere insipido; (*fig*) disgustare; ~**se** vr sentirsi indisposto.

desbandada sf sbandamento.

desbandarse vr (MIL) disperdersi; (*fig*) disertare.

desbarajuste [-'x-] sm disordine m, trambusto.

desbaratar vt disfare; (*malgastar*) sciupare; (*fig: estorbar*) sconvolgere // vi sragionare; ~**se** vr disfarsi; (*fig*) scomporsi.

desbarrar vi divagare.

desbastar vt (*árbol*) scortecciare; (*metal*) assottigliare; (*fig*) dirozzare, ingentilire; ~**se** vr (*fig*) dirozzarsi, ingentilirsi.

desbocado, a a (*también fig*) sboccato(a); (*caballo*) imbizzarrito(a).

desbocarse vr (*caballo*) imbizzarrirsi; (*fig*) infuriarsi.

desbordamiento sm traboccamento; (*de río*) strariparmento; (*fig*) furore m, collera.

desbordar vi, ~**se** vr (*río*) strariparre; (*persona*) sfogarsi.

descabalgar vi smontare o scendere da cavallo.

descabellado, a [-'ʎ-] a strampalato(a).

descabellar [-'ʎar] vt (*cabellos*) scompigliare, spettinare; (TAUR) dare il colpo di grazia a.

descabezar [-'θar] vt decapitare; ~**se** vr (AGR) sgranarsi; (*fig*) scervellarsi.

descafeinado sm (caffè m inv) decaffeinato.

descalabrado, a a malconcio(a).

descalabro sm infortunio, contrattempo.

descalzar [-'θar] vt (*zapatos*) togliere; (*mueble, árbol*) scalzare; ~**se** vr togliersi le scarpe; (*caballo*) perdere i ferri.

descalzo, a [-θo] a scalzo(a).

descaminado, a a sviato(a); (*fig*) disorientato(a).

descaminar vt sviare, deviare; ~**se** vr deviare; (*fig*) traviarsi.

descamisado, a a scamiciato(a); (*fig*) cencioso(a) // sm/f (ARG) partigiano/a di Perón.

descansado, a a tranquillo(a).

descansar vt (*aliviar el trabajo de alguien*) alleggerire; (*apoyar*) appoggiare // vi riposare; (*dormir*) dormire; ~ **en** (ARQUIT, fig) poggiare su; ~ **la tierra** (AGR) lasciare a maggese.

descanso sm riposo; (*en trabajo etc*) pausa; (DEPORTE) intervallo; (*en escalera*) pianerottolo; (*fig*) sollievo.

descarado, a a, sm/f sfacciato(a), svergognato(a).

descarga sf scarico; (ELEC. MIL) scarica; ~ **cerrada** (MIL) scarica (di artiglieria etc).

descargadero sm scalo.

descargar vt scaricare; (*golpe*) assestare, menare; ~**se** vr scaricarsi.

descargo sm scarico; (JUR) discarico; **testigo de** ~ testimone a discarico.

descargue sm = **descarga** sf.

descarnado, a a scarno(a).

descarnar vt (*hueso*) spolpare; ~**se** vr (*dientes*) scalzarsi.

descaro sm sfacciataggine f.

descarriar vt (*a alguien*) fuorviare, sviare; (*rebaño*) separare; ~**se** vr smarrirsi; (*moralmente*) traviarsi.

descarrilamiento [-sθ-] sm deragliamento; (*fig*) traviamento.

descarrilar vi deragliare; (*fig*) traviarsi.

descartar vt scartare; ~**se** vr (NAIPES) scartare.

descastado, a a snaturato(a).

descendencia [desθen'denθ ja] sf (*prole*) discendenza; (*linaje*) stirpe f.

descender [-sθ-] vt scendere; (*equipajes*) portar giù // vi scendere; ~ **de** discendere da.

descendiente [-sθ-] sm/f discendente m/f.

descendimiento [-sθ-] sm: ~ **de la Cruz** deposizione f dalla Croce.

descenso [-s'θ-] sm discesa; (*de aguas*) abbassamento; (*de temperatura*) diminuzione f, calo; (*de precios*) ribasso, calo.

descentralizar [desθentrali'θar] vt decentrare, decentralizzare.

descerrajar [desθerra'xar] vt scassinare; (*fig: fam: disparar*) sparare.

descifrar [-sθ-] vt decifrare.

descolgar vt staccare; ~**se** vr staccarsi; (*de una montaña etc*) calarsi; ~**se con una estupidez** uscirsene con una stupidaggine.

descollar [-'ʎar] vi emergere.

descomedido, a a scortese, insolente; (*que excede*) esagerato(a).

descomedirse vr eccedere; ~ **con** (*faltar el respeto*) mancare di rispetto verso o a.

descompaginar [-x-] vt scombussolare.

descompasado, a a (*sin proporción*) sproporzionato(a); (*excesivo*) smodato(a).

descomponer vt mettere in disordine; (TECN) guastare; (*fig*) irritare; ~**se** vr (*corromperse*) decomporsi; (*tiempo*) rovinarsi; (TECN) guastarsi; (*salud*) alterarsi; (*fig*) irritarsi.

descomposición [-'θjon] *sf* putrefazione *f*; (*fig*) disgregazione *f*.

descompostura *sf* (*TECN*) guasto; (*de los modales*) sfacciataggine *f*.

descompuesto, a *pp* di **descomponer** // *a* (*alimento*) putrefatto(a); (*TECN*) guasto(a); (*persona*) indisposto(a).

descomulgar *vt* = **excomulgar**.

descomunal *a* enorme, straordinario(a).

desconcertar [-θ-] *vt* sconcertare; ~**se** *vr* rimanere sconcertato.

desconcierto [-θ-] *sm* sconcerto.

desconfianza [-θa] *sf* diffidenza.

desconfiar *vi*: ~ **de** diffidare di.

desconformidad *sf* disaccordo.

desconocer [-θer] *vt* non conoscere, ignorare; (*no reconocer*) non riconoscere; (*no recordar*) non ricordare; (*no aceptar*) disconoscere; (*repudiar*) ripudiare.

desconocimiento [-θ-] *sm* ignoranza; (*repudio*) ripudio; (*ingratitud*) ingratitudine *f*.

desconsolar *vt* desolare, affliggere; ~**se** *vr* affliggersi.

desconsuelo *sm* sconforto, afflizione *f*.

descontar *vt* scontare; (*un precio*) ribassare; (*fig*) prevedere, scontare.

descontento, a *a* scontento(a), insoddisfatto(a) // *sm* malcontento.

descorazonar [-θ-] *vt* scoraggiare, avvilire.

descorchar [-'tʃar] *vt* (*alcornoques*) scortecciare; (*botella*) stappare, sturare.

descorrer *vt* (*cortina*) aprire, tirare.

descortés *a* scortese, sgarbato(a).

descortezar [-'θar] *vt* (*árbol*) scortecciare; (*pan*) togliere la crosta a; (*fruta*) sbucciare, pelare; (*fig*) dirozzare.

descoser *vt* scucire; ~**se** *vr* scucirsi; ~ **de risa** (*fig*) scoppiare dal ridere.

descosido, a *a* scucito(a); (*persona*) chiacchierone(a), indiscreto(a) // *sm* scucitura; **comer como un** ~ mangiare a quattro palmenti.

descote *sm* = **escote**.

descoyuntar *vt* slogare; ~**se** *vr* slogarsi; ~**se de risa** (*fig: fam*) ridere a crepapelle.

descrédito *sm* discredito.

descreído, a *a* incredulo(a).

describir *vt* descrivere.

descripción [-'θjon] *sf* descrizione *f*.

descuajar [-'xar] *vt* sciogliere; (*BOT: árbol*) sradicare.

descubierto, a *a* scoperto(a); (*tiempo, cielo*) sereno(a) // *sm* (*COM*) scoperto.

descubrimiento *sm* scoperta.

descubrir *vt* scoprire; ~**se** *vr* levarsi il cappello.

descuento *sm* sconto; ~ **jubilatorio** ritenuta per la pensione.

descuidado, a *a* distratto(a), noncurante; (*desordenado*) trascurato(a); (*desprevenido*) sprovveduto(a).

descuidar *vt* trascurare // *vi*, ~**se** *vr* distrarsi; (*estar desaliñado*) trascurarsi.

descuido *sm* negligenza; (*distracción*) distrazione *f*, dimenticanza; (*desaliño*) trascuratezza; (*falta*) errore *m*.

desde *ad* da; ~ **que** *conj* da quando; ~ **lejos** da lontano; ~ **hace mucho tiempo** da molto tempo; ~ **luego** naturalmente.

desdecir [-'θir] *vi*: ~ **de** non essere degno di; (*no convenir*) non andare d'accordo o stonare con; ~**se** *vr* ritrattare.

desdén *sm* sdegno.

desdentado, a *a* sdentato(a).

desdeñar [-'ɲar] *vt* disprezzare.

desdicha [-'tʃa] *sf* (*desgracia*) sventura, disgrazia; (*infelicidad*) sfortuna.

desdichado, a *a* [-'tʃ-] sventurato(a), disgraziato(a)

desdoblar *vt* distendere; (*dividir: clase*) sdoppiare.

desdoro *sm* disonore *m*.

desear *vt* desiderare.

desecar *vt* (dis)seccare; ~**se** *vr* (dis)seccarsi.

desechar [-'tʃar] *vt* (*rechazar*) respingere, refiutare; (*subestimar*) disprezzare.

desembarazado, a [-'θ-] *a* sgombro(a), libero(a); (*desenvuelto*) disinvolto(a).

desembarazar [-'θar] *vt* sbarazzare, sgombrare; ~**se** *vr*:; ~**se de algo** disfarsi di qc.

desembarazo [-θo] *sm* disinvoltura.

desembarcar *vt*, *vi*, ~**se** *vr* sbarcare.

desembocadura *sf* (*de río*) foce *f*; (*de calle*) sbocco.

desembocar *vi* sboccare.

desembolsar *vt* (*bolsa*) svuotare; (*fig*) sborsare.

desembolso *sm* sborso, versamento; ~**s** *mpl* (*gastos*) spese *fpl*.

desemejante [-'x-] *a* differente.

desemejanza [-'xanθa] *sf* differenza.

desempeñar [-'ɲar] *vt* disimpegnare, riscattare; (*cargo, función*) adempiere; ~ **un papel** (*TEATRO*) recitare una parte; ~**se** *vr* disimpegnarsi; (*cargo*) cavarsela.

desempeño [-ɲo] *sm* disimpegno; (*de cargo*) adempimento.

desencadenar *vt* slegare; (*tormenta, ira*) scatenare; ~**se** *vr* scatenarsi.

desencajar [-'xar] *vt* (*huesos*) slogare, lussare; (*mecanismo*) disinceppare, disincastrare; ~**se** *vr* (*rostro*) alterarsi.

desencantar *vt* disingannare, disilludere.

desenfadado, a *a* disinvolto(a); (*descarado*) impudente.

desenfado *sm* franchezza; (*desenvoltura*) disinvoltura; (*pey: descaro*) impudenza.

desenfrenarse *vr* scatenarsi.

desenfreno *sm* sfrenatezza.

desenlace [-θe] *sm* epilogo, finale *m*.

desenmarañar [-'ɲar] *vt* sgrovigliare, sciogliere.

desenredar *vt* sbrogliare; (*fig: intriga*) districare, chiarire.

desentenderse vr: ~ **de algo** disinteressarsi di qc.
desenterrar vt dissotterrare; (fig) riesumare.
desentonar vi stonare.
desentrañar [-'nar] vt (fig) penetrare, afferrare.
desenvainar vt sguainare.
desenvoltura sf disinvoltura; (pey) sfacciataggine f.
desenvolver vt (paquete) disfare; (madeja) svolgere; (fig: malentendido) chiarire; (: idea) sviluppare; ~**se** vr svolgersi; (fig) cavarsela.
deseo sm desiderio, voglia.
deseoso, a a desideroso(a).
deserción [-'θjon] sf diserzione f.
desertar vi disertare.
desesperación [-'θjon] sf disperazione f.
desesperar vt disperare; ~**se** vr disperarsi.
desestimar vt disprezzare.
desfachatez [-tʃ-] sf sfacciataggine f.
desfalcar vt defalcare.
desfallecer [-ʎe'θer] vi venir meno, indebolirsi; (desvanecerse) svenire; ~**se** vr indebolirsi.
desfavorable a sfavorevole.
desfigurar vt sfigurare, deformare; (voz) cambiare, contraffare; ~**se** vr turbarsi, alterarsi.
desfiladero sm passo, gola.
desfilar vi sfilare.
desfile sm sfilata.
desgaire sm noncuranza; (menosprecio) alterigia.
desgajar [-'xar] vt strappare; (romper) spezzare; ~**se** vr (fig) separarsi, staccarsi.
desgana sm inappetenza; (fig) svogliatezza; **hacer algo a** ~ fare qc controvoglia.
desgarrar vt stracciare; (fig: corazón) straziare.
desgarro sm (muscular) strappo; (aflicción) strazio, angoscia; (descaro) sfacciataggine f.
desgastar vt consumare, logorare; ~**se** vr (fig) indebolirsi.
desgaste sm logorio, logoramento; (MED) indebolimento; **guerra de** ~ guerra di logoramento.
desgracia [-ðja] sf disgrazia, sventura.
desgraciado, a a [-'θ-] a disgraziato(a); (sin gracia) sgraziato(a); (desagradable) sgradevole // sm/f sventurato/a, disgraziato/a.
desgraciar [-θ-] vt rovinare; ~**se** vr (malograrse) guastarsi; (arruinarse) fallire.
desgreñar [-'ɲ-] vt scompigliare, spettinare.
deshacer [-sa'θer] vt disfare; (enemigo) sconfiggere, distruggere; (desleír) sciogliere, fondere; (contrato) disdire; (fig: intriga) sventare; ~**se** vr disfarsi: (disolverse) sciogliersi; ~**se como el**

humo svanire come il fumo; ~**se en cumplidos** profondersi in cortesie; ~**se en lágrimas** sciogliersi in lacrime; ~**se por complacer a alguien** farsi a pezzi per contentare qd.
deshecho, a [-s'etʃo] a rotto(a), disfatto(a).
deshelar [-se-] vt sgelare; (heladera) sbrinare; ~**se** vr sgelarsi.
deshielo [-s'j-] sm (fig también) disgelo; (de heladera) sbrinamento.
deshilvanado, a [-si-] a (costura) non imbastito(a); (fig) sconnesso(a).
deshojar [-so'x-] vt sfogliare.
deshonesto, a [-so-] a disonesto(a).
deshonra [-s'o-] sf disonore m.
deshonrar [-so-] vt disonorare; (insultar) oltraggiare; ~**se** vr disonorarsi.
deshora [-s'o-] sf ora indebita; **a** ~ inopportunamente.
desierto, a a deserto(a) // sm deserto.
designar [-v'nar] vt (nombrar) proporre, designare; (indicar) indicare.
designio [-vnjo] sm progetto, proposito.
desigual a (terreno) aspro(a), irregolare; (carácter) incostante; (tiempo) variabile.
desilusión sf delusione f.
desilusionar vt deludere; ~**se** vr deludersi.
desinfección [-'θjon] sf disinfezione f.
desinflar vt sgonfiare; ~**se** vr sgonfiarsi.
desinterés sm disinteresse m.
desistir vi desistere.
desleal a sleale // sm traditore m.
deslealtad sf slealtà f inv; (traición) tradimento.
desleír vt sciogliere, diluire; ~**se** vr stemperarsi.
deslenguado, a a pettegolo(a); (grosero) sboccato(a).
desligar vt slegare; (separar) staccare; ~**se** vr (dos personas) separarsi, distaccarsi; (de compromiso) liberarsi.
deslindar vt delimitare.
deslinde sm limite m.
desliz [-θ] sm (de objeto) scivolamento; (de persona) scivolata; (fig: mal paso) fallo.
deslizar [-'θar] vt fare scivolare // vi scivolare; ~**se** vr scivolare; (persona: escaparse) sguisciare via, svignarsela; (aguas mansas) scorrere; (error) infilarsi.
deslucido, a a [-'θ-] a (persona) scialbo(a); (colores) sbiadito(a), scialbo(a); (fiesta) mal riuscito(a); (discurso) monotono(a), noioso(a).
deslucir [-'θir] vt guastare, sciupare; (fig) screditare.
deslumbramiento sm abbagliamento; (fig) turbamento.
deslumbrar vt abbagliare; (fig) affascinare.
desmán sm abuso, prepotenza; (exceso) eccesso.
desmandarse vr (excederse) esagerare, oltrepassare i limiti.

desmayado, a *a* svenuto(a); (*desanimado*) scoraggiato(a); (*agotado*) esaurito(a), sfinito(a); (*fig: color*) scialbo(a); (*: carácter*) fiacco(a).

desmayar *vt* far svenire; (*color*) sfumare // *vi* scoraggiarsi; ~**se** *vr* svenire.

desmayo *sm* svenimento; (*depresión*) sfinimento.

desmedido, a *a* smisurato(a).

desmedirse *vr* esagerare.

desmejorar [-x-] *vt* deteriorare // *vi*. ~**se** *vr* peggiorare.

desmembrar *vt* smembrare.

desmentir *vt* smentire; ~**se** *vr* contraddirsi.

desmenuzar [-'θar] *vt* sminuzzare, spezzettare; (*fig: texto etc*) analizzare.

desmerecer [-'θer] *vt* demeritare // *vi* perdere valore; (*ser inferior*) sfigurare.

desmesurado, a *a* smisurato(a).

desmontar *vt* smontare; (*arma*) scaricare; (*bosque*) disboscare // *vi* (*de caballo*) scendere, smontare.

desmoralizar [-'θar] *vt* demoralizzare.

desmoronar *vt* abbattere; ~**se** *vr* crollare; (*sociedad*) andare in rovina.

desnaturalizar [-'θar] *vt* togliere la cittadinanza a; (*alterar*) alterare.

desnivel *sm* (*también fig*) dislivello.

desnivelar *vt* alterare il livello di; (*fig*) squilibrare.

desnudar *vt* (*también fig*) spogliare; ~**se** *vr* spogliarsi.

desnudo, a *a* nudo(a); (*pared etc*) nudo(a), spoglio(a); ~ **de** privo di // *sm* (*ARTE*) nudo.

desocupación [-'θjon] *sf* (*ocio*) ozio; (*desempleo*) disoccupazione *f*.

desocupado, a *a* ozioso(a); disoccupato(a); (*deshabitado*) vuoto(a), libero(a).

desocupar *vt* vuotare, sgomberare; (*mesa*) sparecchiare; ~**se** *vr* sbarazzarsi, liberarsi.

desoír *vt* (*no escuchar*) non dare ascolto a; (*no darse por enterado*) non badare a.

desolación [-'θjon] *sf* desolazione *f*.

desolar *vt* devastare; ~**se** *vr* desolarsi, affliggersi.

desollar [-'ʎ-] *vt* (*animales*) spellare, scorticare; (*fig: persona*) criticare; ~ **vivo a uno** sparlare di qd; (*estafar*) pelare qd.

desorden *sm* disordine *m*.

desordenar *vt* mettere in disordine.

desorientar *vt* disorientare; ~**se** *vr* disorientarsi.

despabilado, a *a* sveglio(a); (*fig*) vispo(a), vivace.

despabilar *vt* (*vela*) smoccolare; (*fig: ingenio*) aguzzare; (*: despachar*) sbrigare // *vi*, ~**se** *vr* scuotersi, svegliarsi.

despacio [-θjo] *ad* (*lentamente*) adagio; (*gradualmente*) a poco a poco.

despachar [-'tʃar] *vt* (*negocio*) sbrigare; (*telegrama*) spedire; (*mercaderías*) vendere; (*a empleado*) licenziare; (*fig: fam: matar*) uccidere // *vi* spicciarsi, sbrigarsi; ~**se** *vr* sbarazzarsi.

despacho [-tʃo] *sm* spedizione *f*; (*tienda*) negozio, spaccio; (*de ministro, abogado*) studio; (*comunicación*) dispaccio; (*de prensa*) comunicato.

desparejo, a [-xo] *a* disuguale.

desparpajo [-xo] *sm* (*fam*) disinvoltura.

desparramar *vt* sparpagliare; (*noticias*) spargere; (*fig: dinero*) sprecare; ~**se** *vr* sparpagliarsi.

despavorido, a *a* spaurito(a).

despectivo, a *a* dispregiativo(a).

despecho [-tʃo] *sm* dispetto, risentimento; **a** ~ **de** a dispetto di.

despedazar [-'θar] *vt* spezzare; (*libro, revista*) stracciare; (*fig*) straziare.

despedida *sf* addio; (*de un empleado etc*) licenziamento.

despedir *vt* (*amigo*) salutare, accomiatare; (*licenciar: empleado*) licenziare; (*inquilino*) sfrattare; (*desairar*) mettere alla porta; (*exhalar: olor*) esalare, emanare; ~**se** *vr*: ~**se de** (*alguien*) accomiatarsi da; (*algo*) rinunciare a.

despegar *vt* scollare, staccare; (*labios*) aprire; (*olor*) allontanare // *vi* (*avión*) decollare; ~**se** *vr* (*de alguien*) allontanarsi; (*de algo*) distaccarsi.

despego *sm* indifferenza, distacco.

despejado, a [-'x-] *a* sgombro(a), libero(a); (*cielo*) pulito(a), sereno(a); (*persona*) sveglio(a).

despejar [-'xar] *vt* sgombrare; (*MAT*) risolvere; ~**se** *vr* (*cielo*) schiarirsi; (*persona*) svegliarsi.

despejo [-xo] *sm* sgombro; (*de persona*) sveltezza; (*: talento*) intelligenza, vivacità *f inv* di spirito.

despensa *sf* dispensa.

despeñadero [-ɲ-] *sm* precipizio, burrone *m*; (*fig*) rischio, pericolo.

despeñar [-'ɲar] *vt* gettare giù; ~**se** *vr* cadere, precipitare.

desperdiciar [-θ-] *vt* sprecare; ~ **el tiempo** sprecare o perdere tempo.

desperdicio [-θjo] *sm* spreco; (*residuo*) avanzo.

desperezarse [-θ-] *vr* stirarsi.

desperfecto *sm* guasto; (*defecto*) difetto, imperfezione *f*.

despertador *sm* (*reloj*) sveglia; (*fig*) avviso.

despertar *vt* svegliare; (*admiración*) destare, suscitare; (*recuerdos*) risvegliare; (*apetito*) stuzzicare // *vi*, ~**se** *vr* svegliarsi // *sm*: **el** ~ **de una nueva sociedad** il risveglio d'una nuova società.

despido *sm* licenziamento.

despierto, a *pp de* **despertar** // *a* sveglio(a); (*fig*) vispo(a), furbo(a).

despilfarrar vt sperperare.
despilfarro sm sperpero.
despistar vt seminare; (fig) disorientare; ~se vr (fig) smarrirsi, disorientarsi.
desplazamiento [-θ-] sm spostamento.
desplegar vt spiegare; (fig) mostrare.
desplomarse vr crollare.
despoblar vt spopolare; (terreno) diboscare; ~se vr spopolarsi.
despojar [-'xar] vt (de bienes) spogliare; (casa) svuotare; (de cargo) privare; ~se vr spogliarsi.
despojo [-xo] sm spoliazione f; (botín) bottino; ~s mpl: ~s mortales spoglie fpl mortali.
desposar vt sposare; ~se vr sposarsi.
desposeer vt spossessare.
déspota sm despota m.
despreciar [-'θjar] vt disprezzare; ~se vr vergognarsi.
desprecio [-θjo] sm disprezzo; (afrenta) affronto, oltraggio.
desprender vt slegare, slacciare; (olor) esalare, mandare; ~se vr (botón) slacciarsi; (gas, perfume) emanare; (de su coche etc) disfarsi; **de aquí se desprende que** ... da questo si deduce che ....
desprendido, a a disinteressato(a).
desprendimiento sm generosità f inv, disinteresse m; (desapego) indifferenza; (de tierra, rocas) franamento; (de calor, olor) emanazione f; (MED: de retina) distacco; **el ~ de la Cruz** (ARTE) la deposizione dalla Croce.
despreocupado, a a (sin preocupaciones) spensierato(a); (sin prejuicios) spregiudicato(a); (sin cuidado) noncurante.
despreocuparse vr non preoccuparsi; ~ de trascurare, non curarsi di.
desprevenido, a a sprovveduto(a), impreparato(a); **coger a alguien ~** prendere qd alla sprovvista.
desproporción [-'θjon] sf sproporzione f.
después ad dopo; (sucesivamente) poi; ~ de prep dopo; ~ de mí/él dopo di me/lui; ~ de comer dopo mangiato; **un año ~** un anno dopo; ~ **de corregido el texto** dopo aver corretto il testo; ~ **de todo** dopo tutto.
despuntar vt spuntare // vi spuntare; (BOT) germogliare, spuntare.
desquiciar [deski'θjar] vt scardinare; (institución) far vacillare; (persona) sconvolgere, squilibrare.
desquitarse [-k-] vr prendersi la rivincita.
desquite [-'k-] sm rivincita.
destacamento sm distaccamento.
destajo [-xo] sm: **trabajar a ~** lavorare a cottimo; **hablar a ~** (fig: fam) parlare troppo.
destapar vt sturare; (caja, cacerola) scoperchiare; ~se vr (en la cama) scoprirsi; (fig: confiarse) confidarsi, aprirsi.

destartalado, a a disordinato(a); (objeto) sconquassato(a).
destello [-ʎo] sm lampo; (de estrellas) scintillio.
destemplar vt (MUS) scordare; (molestar) disturbare; ~se vr (MED: pulso) accelerar; (TECN: metal) stemprarsi; (fig: persona) irritarsi.
desteñir [-'ɲir] vt stingere // vi. ~se vr stingersi.
desterrar vt esiliare; (fig): ~ **las sospechas** allontanare i sospetti.
destierro sm esilio.
destilar vt distillare // vi gocciolare.
destinar vt destinare; (fondos) assegnare, destinare.
destinatario, a sm/f destinatario/a.
destino sm destino; (empleo etc) destinazione f.
destituir vt destituire.
destornillador [-ʎ-] sm cacciavite m.
destornillar [-'ʎ-] vt svitare; ~se vr svitarsi.
destreza [-θa] sf destrezza, abilità f inv.
destripar vt sventrare, sbudellare.
destronar vt detronizzare.
destrozar [-'θar] vt rompere, fare a pezzi; (estropear) rovinare; (fig: persona) distruggere; (MIL) distruggere, fare a pezzi; ~ **el corazón** (fig) spezzare il cuore; ~se vr rompersi, farsi a pezzi.
destrozo [-θo] sm rottura; (desastre) danno; ~s mpl frantumi mpl.
destrucción [-'θjon] sf distruzione f, rovina.
destruir vt distruggere; ~se vr (MAT: cantidades) annullarsi.
desunión sf separazione f; (fig) discordia.
desvainar vt sgusciare.
desvalido, a a abbandonato(a); (sin fuerzas) sfinito(a).
desván sm soffitta.
desvanecer [-'θer] vt far sparire; (palidar) attenuare; (fig: un error) dissipare; ~se vr (humo) dissiparsi; (colores, recuerdos) svanire; (MED) svenire.
desvanecimiento [-θ-] sm sparizione f; (de colores) attenuazione f; (MED) svenimento.
desvariar vi delirare, farneticare.
desvarío sm delirio; (desatino) stravaganza, follia.
desvelar vt tenere sveglio; ~se vr rimanere sveglio; (fig) darsi da fare.
desvelo sm insonnia; (preocupación) inquietudine f, tormento.
desvencijado, a [-θi'xaðo] a sgangherato(a).
desventaja [-xa] sf svantaggio.
desventura sf sventura, disgrazia.
desvergonzado, a [-θ-] a sfacciato(a).
desvergüenza [-'ɣwenθa] sf sfacciataggine f; (insolencia) insolenza; (mala conducta) scostumatezza.
desviación [-'θjon] sf deviazione f.

desviar vt deviare; ~**se** vr smarrirsi.
desvío sm deviazione f; (fig) indifferenza.
desvirtuar vt alterare; ~**se** vr alterarsi.
desvivirse vr: ~ **por algo** bramare qc; ~ **por ser amable** farsi in quattro per essere gentile.
detallar [-'ʎar] vt dettagliare; (COM) vendere al minuto.
detalle [-ʎe] sm dettaglio, particolare m; **al** ~ in dettaglio; **no perder** ~ non perdere un particolare o dettaglio; **vender al** ~ (COM) vendere al minuto.
detener vt fermare; (ladrón) arrestare; (tener en prisión) detenere, imprigionare; (objeto) tenere, conservare; ~**se** vr arrestarsi, fermarsi.
detenido, a a (preso) detenuto(a); (minucioso) approfondito(a); (tímido) impacciato(a) // sm/f detenuto/a.
deteriorar vt deteriorare, logorare; ~**se** vr deteriorarsi.
deterioro sm deterioramento.
determinación [-'θjon] sf determinazione f; **tomar una** ~ prendere una decisione.
determinar vt determinare, stabilire; (precio) fissare; ~**se** vr decidersi.
detestar vt detestare, odiare.
detracción [-'θjon] sf detrazione f.
detractar vt detrarre.
detrás ad dietro; ~ **de** prep dietro; **venía** ~ **de mí** veniva dietro di me; **por** ~ (fig) alle spalle di qd.
detrimento sm detrimento, danno; **en** ~ **de** a scapito di.
deudo a sm/f parente m/f // sf debito; **estar en** ~**a con alguien** essere in debito con qd.
deudor, a a, sm/f debitore(trice).
devaluación [-'θjon] sf svalutazione f.
devanar vt dipanare; ~**se** vr: ~**se los sesos** (fam) lambiccarsi il cervello.
devaneo sm (MED) delirio; (fig) capriccio.
devastar vt devastare.
devengar vt guadagnare; **intereses devengados** interessi maturati.
devoción [-'θjon] sf devozione f.
devolución [-'θjon] sf restituzione f.
devolver vt restituire, rendere; (carta al correo) rinviare; (COM) rimborsare; (fig: visita) ricambiare; (: palabra) restituire; (fam) rigettare.
devorar vt (fig también) divorare.
devoto, a a, sm/f devoto(a).
día sm giorno; (METEOR) giornata; **al** ~ **siguiente** il giorno seguente, l'indomani; ¡**buenos** ~**s!** buon giorno!; **cualquier** ~ **de estos** uno di questi giorni; ~ **laborable/festivo** giornata lavorativa/festiva; **el** ~ **menos pensado** un bel giorno; **estar al** ~ essere al corrente; **poner al** ~ aggiornare, tenere a giorno; ¿**qué** ~ **es?** che giorno è oggi?; **vivir al** ~ vivere alla giornata.

diablo sm diavolo, demonio.
diablura sf monelleria.
diabólico, a a diavolico(a), infernale.
diadema sf diadema.
diagnóstico [-ɣ'n-] sm diagnosi f.
dialecto sm dialetto.
diálogo sm dialogo.
diamante sm diamante m.
diámetro sm diametro.
diana sf (MIL): **tocar** ~ suonare la sveglia.
diario, a a quotidiano(a) // sm giornale m, quotidiano; (COM) libro; ~ **hablado** giornale m radio.
dibujar [-'xar] vt disegnare; (fig) tracciare, descrivere; ~**se** vr delinearsi, apparire.
dibujo [-xo] sm disegno; ~**s animados** (CINE) cartoni animati.
dicción [-'θjon] sf dizione f; (palabra) parola.
diccionario [-kθ-] sm dizionario.
diciembre [-'θ-] sm dicembre m.
dictado sm dettato; (dignidad) titolo; ~**s** mpl (preceptos) dettami mpl; **escribir al** ~ scrivere sotto dettatura.
dictador sm dittatore m.
dictamen sm parere m; **tomar** ~ **de** prendere consiglio da.
dictaminar vi giudicare.
dictar vt dettare; ~ **clases** (AM) far lezione.
dicho, a ['ditʃo] pp de decir // a: ~ **sea de paso** sia detto per inciso; **en** ~ **país** nel suddetto paese // sm detto; (pensamiento) pensiero // sf felicità f inv; (suerte) fortuna; ~ **y hecho** detto fatto.
dichoso, a [-'tʃ-] a felice, fortunato(a); (fam) benedetto(a).
diente sm dente m; ~ **de ajo** spicchio d'aglio; **dar** ~ **con** ~ battere i denti; **hablar entre** ~**s** parlare fra i denti; (fig) **tener buen** ~ essere una buona forchetta.
diestro, a a abile, esperto(a) // sm (torero) matador m inv; (cabestro) cavezza // sf (mano) destra; **a** ~ **y siniestro** a casaccio.
dieta sf dieta; ~**s** fpl indennità f inv.
diez [djeθ] num dieci.
diezmar [-θ-] vt decimare.
difamar vt diffamare.
diferencia [-θja] sf differenza; (controversia) divergenza, dissenso.
diferenciar [-θ-] vt differenziare, distinguere // vi dissentire; ~**se** vr (diferir) dissentire; (distinguirse) differenziarsi.
diferente a differente, diverso(a).
diferir vt differire, rinviare // vi differire.
difícil [-θil] a difficile.
dificultad sf difficoltà f inv.
dificultar vt ostacolare, impedire.
difundir vt spargere; (divulgare) diffondere, divulgare; ~**se** vr spargersi.

difunto, a *a*, *sm/f* defunto(a); **día de D~s** giorno dei Morti.

difuso, a *pp de* **difundir** // *a* diffuso(a); (*estilo*) verboso(a), prolisso(a).

digerir [-x-] *vt* digerire.

digestión [-x-] *sf* digestione *f*.

dignarse *vr* degnarsi.

dignidad [-vn-] *sf* dignità *f inv*; **tiene ~ de embajador** ha il grado di ambasciatore.

digno, a ['diɣno] *a* degno(a).

digresión *sf* digressione *f*.

dije [-xe] *sm* gingillo; (*fig: fam*) gioiello.

dilación [-'θjon] *sf* dilazione *f*; **sin ~** senza indugio.

dilatación [-'θjon] *sf* dilatazione *f*.

dilatado, a *a* dilatato(a); (*ancho, largo*) ampio(a), esteso(a); (*fig*) vasto(a).

dilatar *vt* dilatare; (*encuentro*) differire, rimandare; **~se** *vr* propagarsi.

dilema *sm* dilemma *m*.

diligencia [-'xenθja] *sf* diligenza; (*prisa*) premura, sollecitudine *f*; (*fam: ocupación*) commissione *f*, faccenda.

diligente [-'x-] *a* diligente.

dilucidar [-θ-] *vt* delucidare.

dilución [-'θjon] *sf* diluzione *f*.

diluir *vt* diluire.

diluvio *sm* diluvio.

dimensión *sf* dimensione *f*.

diminuto, a *a* minuto(a), piccolino(a).

dimisión *sf* dimissione *f*.

dimitir *vi* (*de un cargo*) dimettersi.

Dinamarca *sf* Danimarca.

dinamarqués, esa [-'k-] *a* danese.

dinamita *sf* dinamite *f*.

dínamo *sf* dinamo *f*.

dineral *sm* patrimonio.

dinero *sm* denaro; **~ efectivo** *o* **contante** denaro contante; **hacer ~** far denaro *o* soldi; **persona de ~** persona ricca.

dintel *sm* architrave *m*.

dios *sm* dio.

diosa *sf* dea.

diploma *sm* diploma *m*.

diplomacia [-θja] *sf* diplomazia; (*fig*) tatto, finezza.

diplomático, a *a* diplomatico(a) // *sm* diplomatico.

diputado, a *sm/f* deputàto/a.

dique [-ke] *sm* diga; (*fig*) freno.

dirección [-'θjon] *sf* direzione *f*; (*señas*) indirizzo; (*AUTO*) sterzo; (*TEATRO, CINE*) regio; **~ unica/prohibida** senso unico/vietato.

directo, a *a* diretto(a) // *sm* (*BOXEO*) diretto; **en ~** (*RADIO, TV*) in diretta.

director, ora *a* direttivo(a); (*MAT, fig*) direttore(trice) // *sm/f* direttore/trice; (*CINE, TEATRO*) regista *m/f*.

dirigir [-'xir] *vt* dirigere; (*carta*) indirizzare; (*palabra*) rivolgere; (*mirada*) volgere, dirigere; (*AUTO*) guidare; (*AER*) pilotare; (*NAUT*) governare; **~se** *vr* dirigersi; (*en carta*) rivolgersi.

discernimiento [-sθ-] *sm* discernimento.

discernir [-sθ-] *vt* discernere, distinguere; (*JUR*) incaricare d'ufficio (*per tutela etc*).

disciplina [-sθ-] *sf* disciplina.

disciplinar [-sθ-] *vt* disciplinare; (*azotar*) flagellare; **~se** *vr* disciplinarsi.

discípulo, a [-s'θ-] *sm/f* discepolo/a, allievo/a.

disco *sm* disco; **~ de larga duración** microsolco *o* LP *m inv*.

discordia *sf* discordia.

discreción [-'θjon] *sf* discrezione *f*; **a ~** a discrezione.

discreto, a *a* discreto(a).

disculpa *sf* scusa; **pedir ~s** chiedere scusa.

disculpar *vt* scusare; **~se** *vr* scusarsi.

discurrir *vt* immaginare, ideare // *vi* discorrere; (*por las calles*) vagare, girellare; (*tiempo*) trascorrere.

discurso *sm* discorso.

discusión *sf* discussione *f*.

discutir *vt*, *vi* discutere.

disecar *vt* sezionare; (*animal*) impagliare; (*fig*) spulciare.

diseño [-no] *sm* disegno.

disertar *vi* dissertare.

disfavor *sm* sgarbo.

disforme *a* deforme.

disfraz [-θ] *sm* travestimento; (*fingimiento*) simulazione *f*; (*pretexto*) scusa; **hablar sin ~** parlare senza fronzoli; **baile de ~ces** ballo in maschera.

disfrazar [-'θar] *vt* travestire, mascherare; (*fig*) dissimulare; **~se** *vr*: **~se de marqués** mascherarsi *o* travestirsi da marchese.

disfrutar *vt*, *vi* godere; **~ de buena salud** godere ottima salute.

disfrute *sm* godimento.

disgustar *vt* disgustare; **~se** *vr* disgustarsi.

disgusto *sm* disgusto; (*contrariedad*) dispiacere *m*; (*desavenencia*) alterco.

disimular *vt* dissimulare, nascondere.

disipar *vt* dissipare; **~se** *vr* dissiparsi.

dislocar *vt* slogare, lussare.

disminuir *vt* diminuire.

disolución [-'θjon] *sf* dissoluzione *f*, scioglimento; (*QUIM*) soluzione *f*; (*moral*) dissolutezza.

disoluto, a *a* dissoluto(a).

disolver *vt* sciogliere; **~se** *vr* sciogliersi.

disparar *vt* lanciare; (*tiro*) sparare; (*un pelotazo*) scagliare, tirare // *vi* sparare; **~se** *vr* (*arma*) scaricarsi; (*persona*) fuggire; (*animal*) fuggire all'impazzata.

disparatado, a *a* insensato(a), assurdo(a).

disparatar *vi* dire (*o* fare) assurdità.

disparate *sm* assurdità *f inv*, idiozia; **esto cuesta un ~** questo costa una follia.

dispensar vt dispensare, distribuire; (agravio) scusare, perdonare; ~ **de** (obligación) liberare o dispensare da.

dispersar vt disperdere; ~**se** vr disperdersi.

dispersión sf dispersione f.

displicencia [-'θenθja] sf svogliatezza; (indiferencia) freddezza, indifferenza.

disponer vt disporre; (preparar) preparare // vi disporre; ~**se** vr: ~**se para salir** prepararsi per o a uscire.

disposición [-'θjon] sf disposizione f; (aptitud) predisposizione f, inclinazione f; **últimas** ~s (JUR) ultime volontà.

dispuesto, a pp de **disponer**.

disputa sf disputa, discussione f.

disputar vt discutere // vi litigare; ~**se** vr litigare; (contenderse) disputarsi.

distanciar [-'θjar] vt allontanare, separare; ~**se** vr allontanarsi.

distante a distante, lontano(a).

distar vi distare.

distinción [-'θjon] sf distinzione f, differenza; (claridad) chiarezza; (elegancia) distinzione, signorilità f inv; (honor) onore m.

distinguir [-'ɣir] vt distinguere, differenziare; (rendir homenaje) onorare; ~**se** vr distinguersi.

distintivo, a a caratteristico(a) // sm distintivo.

distinto, a a distinto(a), diverso(a); (bien definido) chiaro(a), distinto(a).

distracción [-'θjon] sf distrazione f.

distraer vt distrarre; ~**se** vr distrarsi.

distribuir vt distribuire.

distrito sm distretto.

disturbio sm disturbo; (POL) disordine m.

disuadir vt dissuadere.

disuelto, a pp de **disolver**.

divagar vi divagare.

divergente [-'x-] a divergente.

diversidad sf diversità f inv, varietà f inv.

diversión sf divertimento, passatempo.

diverso, a a diverso(a), differente; ~**s(as)** pl diversi, parecchi; ~**s** mpl articoli vari.

divertir vt divertire, sollazzare; (apartar) deviare, distrarre; ~**se** vr divertirsi.

dividir vt dividere, separare; (distribuir) suddividere.

divino, a a divino(a).

divisa sf (emblema) distintivo; (moneda) valuta, divisa.

divisar vt scorgere, vedere.

división sf divisione f.

divorciar [-'θjar] vt concedere il divorzio a; ~**se** vr divorziare.

divorcio [-θ-] sm divorzio.

divulgar vt divulgare; ~**se** vr divulgarsi.

dls abr de **dólares**.

do. abr de **descuento**.

dobladura sf piega.

doblar vt piegare; (esquina) voltare, girare; (ganancias) raddoppiare; (CINE,

NAUT) doppiare // vi (las campanas) suonare; ~**se** vr piegarsi; (encorvarse) curvarsi; ~ **a la izquierda** girare o svoltare a sinistra; ~**se de risa** (fig) crepare dal ridere.

doble a doppio(a); (hipócrita) ambiguo(a), doppio(a) // sm doppio; (CINE) controfigura; ~ **de damas/de caballeros** o **masculinos** (TENNIS) doppio femminile/maschile; **con** ~ **sentido** a doppio senso.

doblez [-θ] sm piega; (fig) falsità f inv.

doce ['doθe] num dodici.

docena [-'θ-] sf dozzina.

dócil [-θil] a docile.

docto, a a dotto(a), erudito(a).

doctor, a sm/f dottore/ssa.

doctrinar vt istruire.

documento sm documento.

dogal sm cavezza; **tener el** ~ **al cuello** (fig) trovarsi con l'acqua alla gola.

dólar sm dollaro.

doler vi far male; (lamentar) spiacere; **me duele tener que irme** mi spiace dover andarmene; ~**se** vr lamentarsi; dolersi.

doliente a dolente // sm/f ammalato/a.

dolor sm male m, dolore m; (fig) pena, dolore.

dolorido, a a indolenzito(a); (fig) addolorato(a), afflitto(a).

domar vt domare.

domicilio [-'θ-] sm domicilio; ~ **particular** domicilio privato; ~ **social** sede f sociale.

dominación [-'θjon] sf dominazione f; (MIL) posizione f dominante.

dominante a dominante // sf caratteristica principale; (MUS) dominante f.

dominar vt dominare; (varios idiomas) conoscere a fondo; ~**se** vr frenarsi.

domingo sm domenica; ~ **de Ramos** domenica delle Palme.

dominio sm dominio; (tierras) possedimento, proprietà f inv; (de pasiones) controllo, dominio; (de idiomas) padronanza.

don sm dono, regalo; (fig) dono; (señor) signor; **tener** ~ **de mando** essere nato per comandare.

donaire sm grazia, garbo.

doncella [-'θeʎa] sf fanciulla; (virgen) pulzella.

donde ad dove; **por** ~ per dove; **es un lugar** ~ **se puede estar tranquilo** è un posto dove si può stare tranquillo.

dónde ad interrogativo dove; **¿de** ~ **vienes?** da dove vieni?; **¿por** ~ **se pasa?** per dove si passa?; **¿a** ~ **vas?** dove vai?

doña ['doɲa] sf signora.

dorado, a a dorato(a) // sm orata.

dorar vt dorare; (COC) rosolare; ~ **la píldora** (fig) indorare la pillola.

dormir vi dormire // vt: ~ **la siesta** fare la siesta; (a un niño) addormentare; ~**se** vr addormentarsi; ~ **la mona** (fig:

fam) smaltire la sbornia; **saco de** ~
sacco a pelo; ~**se sobre los laureles**
(*fig*) riposare sugli allori.
dormitar *vi* dormicchiare, appisolarsi.
dormitorio *sm* camera da letto; ~
común dormitorio.
dos *num* due; **el** ~ **de mayo** il due
maggio; **en un** ~ **por tres** in un batter
d'occhio.
dosis *sf* dose *f*.
dotar *vt* dotare.
dote *sf* dote *f*; ~**s** *fpl* doti *fpl*.
dr. (*abr de* **doctor**) dott.
dra. (*abr de* **doctora**) dott.ssa.
drama *sm* dramma *m*.
drenaje [-xe] *sm* (AGR) bonifica; (MED)
drenaggio.
droga *sf* droga.
drogar *vt* drogare; ~**se** *vr* drogarsi.
droguería *sf* negozio di vendita di prodotti
medicinali e chimici.
dromedario *sm* dromedario.
ducha ['dutʃa] *sf* doccia; **darse una** ~
farsi una doccia.
ducho, a [-tʃo] *a* abile, pratico(a).
duda *sf* dubbio; **sin** ~ senza dubbio;
poner en ~ mettere in dubbio.
dudoso, a *a* dubbio(a).
duelo *sm* (*combate*) duello; (*luto*) lutto.
duende *sm* folletto; **tener** ~ (*fig*) avere
fascino.
dueño, a [-ɲo] *sm/f* padrone/a,
proprietario/a; **ser** ~ **de sí mismo**
(*fig*) essere padrone di se stesso.
Duero *sm*: **el** ~ il Duero.
dulce [-θe] *a* dolce / *sm* (*manjar*) dolce
m; (*mermelada*) marmellata.
dulzura [-θ-] *sf* dolcezza.
duna *sf* duna.
duplicar *vt* raddoppiare; (*reproducir*)
riprodurre; ~**se** *vr* raddoppiarsi.
duplicidad [-θ-] *sf* duplicità *f inv*,
doppiezza.
duque, duquesa [-k-] *sm/f*
duca/duchessa.
duración [-'θjon] *sf* durata.
duradero, a *a* duraturo(a).
durante *ad* durante.
durar *vi* durare.
dureza [-θa] *sf* durezza; (*fig*) asprezza,
durezza; (MED) callosità *f inv*.
durmiente *sm/f* dormiglione/a // *sm*
traversa; (FERR) traversina.
duro, a *a* duro(a); (*fig*) violento(a),
crudele; (*carácter*) insensibile // *ad* sodo
// *sm* moneta che vale 5 pesetas.

E

e *conj* (*delante de i o hi*) e.
E (*abr de* **este**) E.
ebanista *sm* ebanista *m*.
ébano *sm* ebano.

ebrio, a *a* ebbro(a), ubriaco(a).
Ebro *sm*: **el** ~ l'Ebro.
ebullición [eβuʎi'θjon] *sf* (*también fig*)
ebollizione *f*.
eclesiástico, a *a* ecclesiastico(a) // *sm*
prete *m*.
eclipse *sm* eclissi *f*; (*fig*) scomparsa,
assenza.
eco *sm* eco.
economía *sf* economia; **hacer** ~**s** fare
economia, risparmiare.
económico, a *a* economico(a).
ecuador *sm* equatore *m*; **el E** ~
l'Ecuador.
ecuatoriano, a *a, sm/f* equadoriano(a).
ecuestre *a* equestre.
echar [e'tʃar] *vt* gettare, lanciare; (*agua,
vino*) versare; (*una carta al buzón*)
imbucare; (*empleado*) licenziare; (*raíces*)
produrre, fare; (*bigotes, barba*) far
crescere; (*dientes*) mettere; (*expulsar:
persona*) scacciare; (*discurso, cuentas*)
fare; (*arrojar: a la basura*) buttare;
(*animales*) accoppiare // *vi*: ~ **a
correr/llorar** mettersi a
correre/piangere; ~ **llave a** chiudere a
chiave; ~ **dos horas para llegar**
metterci due ore per arrivare; ~ **de
comer** dare da mangiare; ~ **el cuerpo
atrás** inclinarsi all'indietro; ~ **abajo**
(*gobierno*) rovesciare; (*edificio*) buttare
giù; ~ **mano a** ricorrere a.
edad *sf* età *f inv*; **¿qué** ~ **tienes?** quanti
anni hai?; **ser mayor de** ~ essere
maggiorenne; **la** ~ **Media** il Medioevo.
edición [-'θjon] *sf* edizione *f*.
edicto *sm* editto.
edificar *vt* edificare, costruire.
edificio [-θjo] *sm* edificio, costruzione *f*.
editar *vt* stampare, pubblicare.
editor, ora *a* editore(trice) // *sm*
editore *m*.
editorial *a* editoriale // *sm* editoriale *m*
// *sf* casa editrice.
educación [-'θjon] *sf* educazione *f*;
Ministerio de la E ~ **Nacional** ≈
Ministero della Pubblica Istruzione.
educar *vt* educare.
EE.UU. *abr mpl ver* **estado**.
efectivo, a *a* effettivo(a) // *sm* contanti
mpl; ~**s** *mpl* (MIL) effettivi; **pagar en** ~
pagare in contanti; **hacer** ~ **un cheque**
incassare un assegno.
efecto *sm* effetto; **causar** ~ (*fig*) fare
impressione; **en** ~ in effetti.
efectuar *vt* effettuare, compiere.
efervescente [-s'θ-] *a* (*también fig*)
effervescente.
eficacia [-θja] *sf* efficacia.
eficaz [-θ] *a* efficace, attivo(a).
efímero, a *a* effimero(a).
efusión *sf* effusione *f*.
egipcio, a [e'xipθjo] *a, sm/f* egiziano(a).
Egipto [e'x-] *sm* Egitto.
egoísmo *sm* egoismo.
egoísta *a, sm/f* egoista *m/f*.
egregio, a [-xjo] *a* egregio(a), insigne.

eje ['exe] *sm* asse *m*; **partirle a uno por el ~** (*fam*) far saltare i programmi di qd.

ejecutar [-x-] *vt* eseguire, fare; (*matar*) giustiziare; (*JUR: sentencia*) eseguire; (: *embargar*) sequestrare.

ejecutivo, a [-x-] *a* perentorio(a); (*poder*) esecutivo(a) // *sm* dirigente *m*; (*POL*) esecutivo.

ejemplar [-x-] *a, sm* esemplare (*m*).

ejemplo [-'x-] *sm* esempio, modello; **por ~** per esempio.

ejercer [exer'θer] *vt, vi* esercitare.

ejercicio [exer'θiθjo] *sm* esercizio.

ejercitar [exerθi'tar] *vt* esercitare; (*con la práctica*) allenare; **~se** *vr* allenarsi.

ejército [e'xerθito] *sm* esercito.

el *det* il, lo.

él *pron* egli; (*cosa*) esso; (*después de prep*) lui.

elaborar *vt* elaborare.

elasticidad [-θ-] *sf* elasticità *f inv*.

elástico, a *a* elastico(a) // *sm* elastico.

elección [-k'θjon] *sf* scelta; (*POL*) elezione *f*.

electorado *sm* elettorato.

electricidad [-θ-] *sf* elettricità *f inv*.

eléctrico, a *a* elettrico(a).

electrizar [-θar] *vt* (*también fig*) elettrizzare.

electrocardiograma *sm* elettrocardiogramma *m*.

electrocución [-'θjon] *sf* elettrocuzione *f*.

electrochoque [-'tʃoke] *sm* elettrochoc *m*.

electrodoméstico, a *a* elettrodomestico(a) // *sm* elettrodomestico.

electrón *sm* elettrone *m*.

electrónico, a *a* elettronico(a) // *sf* elettronica.

elefante *sm* elefante *m*.

elegancia [-θja] *sf* eleganza.

elegante *a* elegante.

elegible [-x-] *a* eleggibile.

elegir [-'xir] *vt* scegliere; (*POL*) eleggere.

elemental *a* elementare.

elemento *sm* elemento; **estar en su ~** essere a proprio agio; **~s** *mpl* rudimenti, elementi.

elevación [-'θjon] *sf* elevazione *f*.

elevado, a *a* alto(a), elevato(a).

elevar *vt* elevare, innalzare; (*fig*) elevare; **~se** *vr* (*edificio*) innalzarsi; (*precios*) aumentare, salire; (*enajenarse*) estasiarsi; (*engreírse*) vantarsi.

eliminar *vt* eliminare, togliere.

elocuencia [-θja] *sf* eloquenza.

elogiar [-'xjar] *vt* elogiare, encomiare.

elogio [-xjo] *sm* elogio, encomio.

eludir *vt* eludere, evitare.

ella ['eʎa] *pron* ella; (*cosa*) essa; (*después de prep*) lei.

ellas ['eʎas] *pron* esse, loro; (*después de prep*) loro.

ello ['eʎo] *pron* ciò.

ellos ['eʎos] *pron* essi, loro; (*después de prep*) loro.

emanar *vi*: **~ de** emanare o derivare da.

emancipar [-θ-] *vt* emancipare, liberare; **~se** *vr* emanciparsi.

embajada [-'x-] *sf* ambasciata.

embajador, ora [-x-] *sm/f* ambasciatore/trice.

embalaje [-xe] *sm* imballaggio.

embalar *vt* imballare.

embarazado, a [-'θ-] *a* imbarazzato(a); (*mujer*) incinta // *sf* donna incinta.

embarazar [-'θar] *vt* ostacolare; (*mujer*) mettere incinta; (*molestar*) disturbare; **~se** *vr* essere imbarazzato; (*confundirse*) confondersi; (*mujer*) essere incinta.

embarazo [-θo] *sm* (*de mujer*) gravidanza; (*impedimento*) difficoltà *f inv*, ostacolo; (*timidez*) goffaggine *f*.

embarcación [-'θjon] *sf* imbarcazione *f*.

embarcadero *sm* imbarco.

embarcar *vt* imbarcare; **~se** *vr* (*también fig*) imbarcarsi.

embargar *vt* ostacolare; (*emocionar*) estasiare, turbare; (*JUR*) sequestrare.

embarque [-ke] *sm* imbarco.

embate *sm* (*del mar*) ondata; (*de tropas*) assalto, urto.

embaular *vt* mettere in un baule.

embelesar *vt* affascinare, rapire; **~se** *vr* affascinarsi, incantarsi.

embellecer [-ʎe'θer] *vt* abbellire // *vi*, **~se** *vr* abbellirsi.

embestida *sf* urto, scontro.

embestir *vt* urtare, assalire.

emblema *sm* emblema *m*.

embobado, a *a* sbalordito(a).

embocadura *sf* imboccatura; (*MUS*) bocchino; (*de vino*) profumo, aroma *m*.

emborrachar [-'tʃar] *vt* ubriacare; **~se** *vr* ubriacarsi.

emboscada *sf* imboscata, agguato.

emboscar *vt* nascondere, imboscare; **~se** *vr* nascondersi, imboscarsi.

embotellar [-'ʎar] *vt* imbottigliare; (*calle*) ostruire, bloccare; **~se** *vr* bloccarsi, ingorgarsi.

embozo [-θo] *sm* (*de capa*) bavero; (*de sábana*) rimboccatura.

embragar *vt* innestare.

embrague [-ye] *sm* (*AUTO*) frizione *f*.

embravecer [-'θer] *vt* inferocire; **~se** *vr* inferocirsi; (*mar*) infuriarsi.

embriagar *vt* ubriacare; **~se** *vr* ubriacarsi.

embriaguez [-'geθ] *sf* ubriachezza; (*fig*) ebbrezza.

embrión *sm* embrione *m*.

embrollar [-'ʎar] *vt* complicare, confondere; **~se** *vr* mettersi in un pasticcio.

embrollo [-ʎo] *sm* imbroglio, confusione *f*; (*pey*) inganno, truffa.

embromar vt (engañar) imbrogliare; (burlarse de) prendere in giro; (fastidiar) seccare.

embrujar [-'xar] vt stregare.

embrutecer [-'θer] vt abbrutire; ~se vr abbrutirsi.

embrutecimiento [-θ-] sm abbrutimento.

embudo sm imbuto.

embuste sm frottola.

embustero, a a, sm/f bugiardo(a).

embutido sm salumi mpl, insaccati mpl; (TECN) intarsio.

embutir vt (TECN) intarsiare; (salchichas etc) insaccare.

emergencia [-'xenθja] sf emergenza; **salida de** ~ uscita di sicurezza.

emigración [-'θjon] sf emigrazione f.

emigrar vi (pájaros) migrare; (personas) emigrare.

eminencia [-θja] sf altura; (fig, título) eminenza.

eminente a eminente.

emisario sm emissario.

emisión sf emissione f; (RADIO, TV) trasmissione f.

emisora sf emittente f.

emitir vt emettere; (RADIO, TV) trasmettere.

emoción [-'θjon] sf emozione f.

emocionante [-θ-] a emozionante.

empacar vt imballare, impacchettare; ~se vr ostinarsi.

empacho [-'tʃo] sm impaccio; (MED) indigestione f.

empalagar vi (alimentos) nauseare; (fastidiar) infastidire, annoiare; ~se vr saziarsi.

empalizada [-'θ-] sf steccato.

empalmar vt (TECN) unire, collegare // vi (dos caminos) collegarsi; (el tren con el ómnibus) coincidere.

empalme sm (TECN) giuntura, innesto; (de caminos) bivio; (de trenes etc) coincidenza.

empanada sf pasticcio di carne, formaggio o pesce avvolto in pasta.

empapar vt inzuppare; ~se vr inzupparsi.

empapelar vt tappezzare con carta; (objeto) incartare.

empaque [-ke] sm imballaggio; (fam) aspetto.

empaquetar [-k-] vt impacchettare.

emparedado, a a murato(a) // sm tramezzino, panino imbottito.

emparejar [-'xar] vt appaiare; (nivelar) livellare.

empastar vt spalmare; (libro) rilegare; (diente) otturare.

empatar vi pareggiare.

empate sm (en elección) ballottaggio; (DEPORTE) pareggio.

empedernido, a a indurito(a).

empedrar vt lastricare.

empellón [-'ʎon] sm spintone m.

empeñar [-'ɲar] vt impegnare; ~se vr impegnarsi; (con deudas) indebitarsi.

empeño [-ɲo] sm impegno; (prenda) pegno; (fig) ostinazione f; **Banco de E ~s** Monte m di Pietà.

empeorar vt peggiorare // vi, ~se vr peggiorare, deteriorarsi.

empequeñecer [empekeɲe'θer] vt rimpiccolire; (fig) sminuire.

emperador sm imperatore m.

empezar [-'θar] vt, vi cominciare, iniziare.

empinado, a a ripido(a); (en puntas de pie) in punta dei piedi; (fig) altezzoso(a).

empinar vt alzare, sollevare; ~ **el codo** (fam) alzare il gomito; ~se vr (persona) alzarsi alla punta dei piedi; (camino) inerpicarsi.

empírico, a a empirico(a).

emplasto, emplaste sm (también fig) impiastro.

emplazamiento [-θ-] sm posizione f; (JUR) citazione f.

emplazar [-'θar] vt (en un lugar) collocare; (JUR) citare.

empleado, a sm/f impiegato/a.

emplear vt usare, adoperare; (dar trabajo) impiegare, dare lavoro a; ~se vr (en un puesto) impiegarsi; (para hacer algo) adoperarsi.

empleo sm (ocupación) lavoro, occupazione f; (uso) uso, impiego.

empobrecer [-'θer] vt impoverire; ~se vr impoverirsi.

empollar [-'ʎar] vt covare.

emponzoñar [-θo'ɲar] vt avvelenare.

emporio sm centro commerciale.

empotrar vt incastrare.

emprender vt intraprendere.

empreñar [-'ɲar] vt fecondare.

empresa sf impresa.

empréstito sm prestito.

empujar [-'xar] vt spingere; ~se vr: ~se a la salida del cine accalcarsi all'uscita del cinema.

empuje [-xe] sm spinta; (fig) vigore m, slancio.

empujón [-'xon] sm spintone m.

empuñar [-'ɲar] vt impugnare.

emulación [-'θjon] sf emulazione f.

emular vt emulare.

en prep in; (sobre) su, sopra; (lugar): ~ **Toledo** a Toledo; ~ **casa** in o a casa; **sentarse** ~ **el suelo** sedersi per terra; ~ **el periódico** sul giornale; (tiempo): **sucedió** ~ **domingo/Navidad** successe di domenica/a Natale; (modo): ~ **voz baja** a voce bassa; **llorar** ~ **silencio** piangere in silenzio; **hablar** ~ **serio** parlare sul serio; **le conoci** ~ **el andar** lo riconobbi dal passo; ~ **llegando a casa ...** (non) appena giunto a casa ....

enaguas sfpl sottoveste f.

enajenación [enaxena'θjon] sf (JUR) alienazione f; (fig) estasi f; ~ **mental** pazzia.

enajenar [-x-] vt (JUR) cedere, alienare; (fig) turbare; ~se vr privarsi; (amigos) inimicarsi.

enamorar vt innamorare; ~se vr innamorarsi.

enano, a a, sm/f nano(a).

enarbolar vt alzare; ~se vr impennarsi.

enardecer [-'θer] vt infiammare, eccitare; (fuego) ravvivare; ~se vr animarsi.

enardecimiento [-θ-] sm eccitamento, entusiasmo.

encabezamiento [-θ-] sm (de carta) intestazione f; (de libro) introduzione f; (registro) registro.

encabezar [-'θar] vt (manifestación) dirigere; (lista) iniziare, essere in testa a; (carta) intestare; (libro) incominciare; (empadronar) censire.

encabritarse vr (caballo) impennarsi; (persona) infuriarsi.

encadenamiento sm incatenamento; (de ideas) concatenazione f.

encadenar vt incatenare; (fig) legare, immobilizzare; (fig: ideas) concatenare.

encajar [-'xar] vt incassare, incastrare; (fig: golpe: dar) sferrare; (: recibir) incassare; ~se vr incastrarsi.

encaje [-xe] sm merletto; (TECN) incastro.

encajonar [-x-] vt imballare, mettere in casse.

encalar vt imbiancare.

encallar [-'ʎar] vi incagliarsi, arenarsi.

encallecer [-ʎe'θer] vi, ~se vr incallire.

encaminar vt (también fig) incamminare, avviare; ~se vr avviarsi, incamminarsi.

encandilar vt abbagliare; (fuego) ravvivare; ~se vr (ojos) brillare.

encantador, ora a incantevole // sm/f mago/a.

encantar vt affascinare; **encantado de conocerle** lieto di conoscerla.

encanto sm incanto, fascino.

encapricharse [-'tʃ-] vr ostinarsi.

encaramar vt (elevar) alzare; (elogiar) adulare; ~se vr (en un puesto) salire; ~se a un árbol arrampicarsi su un albero.

encarar vt affrontare; ~se vr: ~se con affrontare.

encarecer [-'θer] vt rincarare; (de hacer algo) raccomandare // vi, ~se vr rincarare, aumentare.

encarecimiento [-θ-] sm (de precios) rincaro, aumento; (de un pedido) interessamento.

encargar vt incaricare; (mercaderías) ordinare; (recomendar) raccomandare; ~se vr incaricarsi; ~ algo a uno incaricare qd di qc.

encargo sm commissione f, incarico; (recomendación) consiglio, esortazione f; (COM) ordinazione f.

encarnación [-'θjon] sf personificazione f; (REL) incarnazione f.

encarnar vt personificare, rappresentare // vi (REL) incarnarsi; (MED) cicatrizzarsi.

encarnizarse [-'θ-] vr accanirsi.

encarrilar vt avviare; (tren) rimettere sui binari; (fig) orientare; ~se vr (fig) raccapezzarsi.

encasillado [-'ʎ-] sm (de documentos) casellario; (de crucigrama) reticolato.

encauzar [-'θar] vt (aguas) incanalare; (proyecto etc) avviare; (estudios) orientare.

encenagarse [-θ-] vr infangarsi.

encender [-θ-] vt accendere; (fig: incitar) eccitare, infiammare; ~se vr accendersi.

encerado, a [θ-] a (rostro) cereo(a); (un piso etc) cerato(a) // sm (para escribir) lavagna; (tela) tela cerata.

encerar [-θ-] vt incerare, dare la cera a.

encerrar [-θ-] vt rinchiudere; (comprender) includere, contenere; ~se vr rinchiudersi.

encía [en'θia] sf gengiva.

enciclopedia [-θ-] sf enciclopedia.

encierro [-'θ-] sm reclusione f; (calabozo) cella; (de animales) recinto.

encima [-'θ-] ad (sobre) sopra; (además) per giunta, per di più; ~ de prep sopra, su; **echarse ~ más trabajo** addossarsi più lavoro; ~ **de nosotros** sopra di noi; **per ~ de todo** soprattutto.

encina [-'θ-] sf quercia.

encinta [-'θ-] a incinta.

enclavar vt inchiodare; (atravesar) trapassare; (fig: fam) ingannare.

enclenque [-ke] a malaticcio(a).

encoger [-'xer] vt contrarre; (fig) intimidire // vi restringersi; ~se vr contrarsi; (tela) restringersi; (fig) intimidirsi; ~se de hombros scrollare le spalle.

encogido, a [-'x-] a ristretto(a); (músculo) contratto(a), rattrappito(a).

encogimiento [-x-] sm contrazione f; (fig) timidezza.

encolar vt incollare.

encolerizar [-'θar] vt irritare; ~se vr irritarsi.

encomendar vt incaricare; (responsabilidad) affidare; ~se vr raccomandarsi.

encomiar vt encomiare.

encomienda sf (encargo) incarico, commissione f; (precio) tributo, imposta; ~ **postal** (AM) pacco postale.

encomio sm encomio.

enconar vt (MED) infiammare; (fig) esasperare; ~se vr infiammarsi; esasperarsi.

encono sm rancore m, odio.

encontrado, a a contrario(a).

encontrar vt incontrare; (hallar) trovare; ~se vr trovarsi; ~se con uno imbattersi in o incontrare qd.

encopetado, a a aristocratico(a).

encrespar vt arricciare; (agua)
 increspare; (fig) irritare; ~se vr (mar)
 incresparsi; (cabellos) arricciarsi; (fig)
 scaldarsi, irritarsi.
encrucijada [enkruθi'xada] sf crocevia.
encuadernación [-'θjon] sf rilegatura.
encuadernador, ora sm/f
 rilegatore/trice.
encuadernar vt rilegare.
encubiertamente ad segretamente.
encubrir vt occultare, nascondere.
encuentro sm incontro; (de trenes)
 scontro, urto; (MIL) scontro.
encumbrado, a a alto(a), elevato(a);
 (persona) eminente.
encumbrar vt elevare, innalzare; (a
 alguien) elogiare; ~se vr innalzarsi; (fig)
 insuperbirsi.
enchapar [-t∫-] vt placcare.
enchufar [-t∫-] vt (ELEC. TECN) innestare,
 inserire; (fig: fam) essere raccomandato.
enchufe [-'t∫-] sm collegamento,
 raccordo; (ELEC) spina; (: donde se
 enchufa) presa; (fig: fam)
 raccomandazione f.
ende ad: por ~ pertanto, quindi.
endeble a debole, fiacco(a).
endecha [-t∫a] sf lamento.
endemoniado, a a indemoniato(a);
 (fig) malvagio(a).
enderezar [-'θar] vt raddrizzare; (carta)
 indirizzare; (corregir) correggere // vi:
 ~ a/con avviarsi a/con; ~se vr alzarsi;
 (árbol) raddrizzarsi.
endeudarse vr indebitarsi.
endilgar vt (fam) condurre; (trabajo)
 affibbiare; **me endilgó un discurso** mi
 fece una predica.
endiosar vt divinizzare.
endomingarse vr vestirsi da festa.
endosar vt (cheque) girare; ~ **algo a
 uno** (fam) affibbiare qc a qd.
endulzar [-'θar] vt zuccherare; (fig)
 addolcire.
endurecer [-'θer] vt indurire; ~se vr
 indurirsi.
endurecimiento [-θ-] sm ostinazione f;
 (crueldad) durezza.
enemigo, a a, sm/f nemico(a) // sf odio,
 antipatia.
enemistad sf inimicizia.
enemistar vt inimicare; ~se vr
 inimicarsi.
energía [-'xia] sf energia, vigore m; (FIS)
 energia.
enérgico, a [-x-] a energico(a).
enero sm gennaio.
enfadar vt infastidire, molestare; ~se
 vr arrabbiarsi, irritarsi.
enfado sm collera, disgusto.
enfadoso, a a molesto(a), seccante.
énfasis sm enfasi f.
enfático, a a enfatico(a).
enfermar vt far ammalare // vi, ~se
 vr ammalarsi.
enfermedad sf malattia.
enfermería sf infermeria.

enfermero, a sm/f infermiere/a.
enfermizo, a [-θo] a (persona)
 malaticcio(a); (lugar) malsano(a).
enfermo, a a, sm/f malato(a); **caer** ~
 ammalarsi.
enflaquecer [-ke'θer] vt far dimagrire;
 ~se vr dimagrire.
enfrascar vt infiascare; ~se vr
 immergersi.
enfrenar vt frenare; (fig) reprimere.
enfrentar vt affrontare; (persona)
 mettersi di fronte a; (carear) opporre;
 ~se vr (dos personas) affrontarsi;
 (DEPORTE) incontrarsi; (a una situación
 grave) far fronte.
enfrente ad di fronte, dirimpetto.
enfriamiento sm raffreddamento; (MED)
 raffreddore m.
enfriar vt raffreddare; (habitación)
 rinfrescare; ~se vr raffreddarsi.
enfurecer [-'θer] vt irritare, far
 infuriare; ~se vr infuriarsi.
engalanar vt adornare, abbellire; ~se
 vr agghindarsi.
enganchar [-'t∫ar] vt attaccare; (dos
 vagones) agganciare; (TECN) innestare;
 (MIL) ingaggiare, arruolare; (fig: fam)
 abbindolare, raggirare; ~se vr (en una
 rama) impigliarsi; (MIL) arruolarsi.
enganche [-t∫e] sm uncino; (en prenda)
 strappo; (MIL) arruolamento; (de caballo)
 attacco; (de locomotora) agganciamento.
engañar [-'nar] vt ingannare; ~se vr
 ingannarsi.
engaño [-no] sm (error) sbaglio; (fraude)
 inganno.
engañoso, a [-'n-] a ingannevole;
 (mentiroso) bugiardo(a).
engarce [-θe] sm (de anillo)
 incastonatura; (fig) concatenamento.
engarzar [-'θar] vt (anillo) incastonare;
 (fig) concatenare.
engatusar vt (fam) abbindolare,
 raggirare.
engendrar [-x-] vt (hijos) concepire,
 procreare; (fig) provocare.
engordar vt, vi ingrassare.
engorroso, a a noioso(a).
engranaje [-xe] sm ingranaggio.
engranar vt, vi ingranare.
engrandecer [-'θer] vt ingrandire,
 aumentare; (fig: persona) esaltare;
 (: hecho) esagerare.
engrasar vt (máquina) lubrificare;
 (animal) ingrassare.
engreído, a a superbo(a), arrogante.
engreírse vr vantarsi.
engrosar vt ingrandire // vi ingrassare;
 ~se vr (cuerpo) ingrossare.
engullir [-'ʎir] vt inghiottire, divorare.
enhebrar [ene-] vt infilare.
enhiesto, a [e'nj-] a diritto(a).
enhorabuena [eno-] sf congratulazioni
 fpl // ad felicemente.
enigma sm enigma m.
enjabonar [-x-] vt insaponare; (fig: fam)
 dare una lavata di capo a.

enjaezar [enxae'θar] vt bardare.
enjalbegar [-x-] vt imbiancare.
enjambre [-x-] sm sciame m.
enjaular [-x-] vt (animal) ingabbiare; (persona) incarcerare.
enjuagadientes [-x-] sm inv collutorio.
enjuagar [-x-] vt risciacquare; (dientes) sciacquarsi.
enjuague [en'xwage] sm risciacquo; (de dientes) sciacquo; (fig) intrigo.
enjugar [-x-] vt asciugare; (fig: déficit) assorbire; ~se vr asciugarsi.
enjuiciar [enxwi'θjar] vt (JUR) sottoporre a giudizio; (fig) giudicare.
enjuto, a [-'x-] a asciutto(a), secco(a).
enlace [-θe] sm vincolo, collegamento; (casamiento) matrimonio, nozze fpl; (de carretera) raccordo, (de trenes) coincidenza.
enlazar [-'θar] vt allacciare, legare; (conectar) collegare; (AM: animal) prendere al laccio; ~se vr (novios) sposarsi; (dos familias) imparentarsi; (dos hechos) collegarsi.
enlodar vt infangare.
enloquecer [-ke'θer] vt rendere pazzo // vi, ~se vr impazzire.
enlosar vt lastricare.
enlutarse vr portare il lutto.
enmarañar [-'ɲar] vt aggrovigliare; (fig) intricare; ~se vr aggrovigliarsi.
enmascarar vt mascherare; ~se vr mascherarsi.
enmendar vt emendare, correggere; ~se vr emendarsi, correggersi.
enmienda sf emendamento, correzione f; (JUR) emendamento.
enmohecerse [-oe-] vr (metal) arrugginire; (muro) ammuffire.
enmudecer [-'θer] vt far tacere // vi ammutolire.
ennegrecer [-'θer] vt annerire; ~se vr oscurarsi.
ennoblecer [-'θer] vt nobilitare.
enojadizo, a [enoxa'ðiθo] a irritabile, irascibile.
enojar [-'xar] vt irritare; (disgustar) disgustare; ~se vr irritarsi.
enojoso, a [-'x-] a disgustoso(a); (tedioso) noioso(a).
enorgullecerse [-ʎe'θerse] vr inorgoglirsi.
enorme a enorme, smisurato(a).
enormidad sf enormità f inv.
enramada sf (de árbol) rami mpl; (de casa) pergolato.
enrarecer [-'θer] vt far scarseggiare; ~se vr rarefarsi; (producto) scarseggiare.
enredadera sf rampicante m.
enredar vt (ovillo) aggrovigliare; (peces) prendere (nella rete); (situación) ingarbugliare; (meter cizaña) seminare la discordia tra; (implicar) mettere nei pasticci; ~se vr (ovillo) aggrovigliarsi; (fig) ingarbugliarsi; (AM: fam) prendersi una cotta.

enredo sm groviglio; (confusión) imbroglio; (intriga) intreccio.
enrejado [-'x-] sm reticolato; (de edificio) cancellata.
enrejar [-'xar] vt recintare.
enrevesado, a a complicato(a).
enriquecer [-ke'θer] vt arricchire; ~se vr arricchirsi.
enrojecer [-xe'θer] vi (cielo) tingersi di rosso; (rostro) arrossire.
enrollar [-'ʎar] vt arrotolare.
enroscar vt attorcigliare; (tornillo) avvitare; ~se vr attorcigliarsi.
ensalada sf insalata.
ensaladilla [-ʎa] sf ≈ insalata russa.
ensalzar [-'θar] vt elogiare.
ensambladura sf, **ensamblaje** [-xe] sm assemblaggio, incastratura.
ensamblar vt assemblare, incastrare.
ensanchamiento [-tʃ-] sm allargamento.
ensanchar [-'tʃar] vt allargare; ~se vr allargarsi; (pey) insuperbirsi.
ensanche [-tʃe] sm allargamento.
ensangrentar vt insanguinare; ~se vr insanguinarsi.
ensañar [-ɲar] vt far inferocire; ~se con el enemigo accanirsi sul nemico.
ensartar vt (perlas etc) infilare; (carne etc) infilzare.
ensayar vt provare; (TECN) collaudare; (: metal) saggiare; ~se vr allenarsi; (vestido) provarsi.
ensayista sm/f saggista m/f.
ensayo sm prova; (QUIM) esperimento; (obra literaria) saggio.
ensenada sf insenatura.
enseña [-ɲa] sf insegna.
enseñanza [-ɲanθa] sf insegnamento, istruzione f; ~ primaria/secundaria/ universitaria istruzione f elementare/media/universitaria.
enseñar [-'ɲar] vt insegnare; (señalar) mostrare, indicare.
enseres smpl utensili mpl, attrezzi mpl.
ensillar [-'ʎar] vt sellare.
ensimismarse vr raccogliersi, concentrarsi.
ensoberbecerse [-θ-] vr insuperbirsi; (fig: mar) agitarsi, scatenarsi.
ensordecer [-'θer] vt assordare, stordire // vi diventare sordo.
ensortijar [-'xar] vt arricciare; ~se vr arricciarsi.
ensuciar [-'θjar] vt sporcare; (fig) macchiare; ~se vr (fam) farsela addosso.
ensueño [-ɲo] sm sogno, illusione f.
entablado sm (piso) pavimento di legno; (armazón) tavolato.
entablar vt pavimentare in legno; (AJEDREZ, DAMAS) intavolare; (una conversación) intavolare, iniziare; (JUR: un juicio) promuovere.
entallar [-'ʎar] vt (árbol) incidere; (escultura) scolpire; (traje) tagliare // vi:

traje que **entalla bien** vestito ben
tagliato o che sta a pennello.
entender vt capire, comprendere;
(*interpretar*) intendere; (*pensar*) credere;
(*exigir*) intendere, volere // vi: ~ **de**
intendersi di, conoscere; ~ **en** occuparsi
di; ~**se** vr capirsi; (*dos personas*)
intendersi, mettersi d'accordo; (*fam*)
intendersela.
entendido, a a (*comprendido*) inteso(a),
compreso(a) // sm/f intenditore/trice //
excl: ¡~! intesi!, d'accordo!
entendimiento sm comprensione f;
(*facultad intelectual*) intelletto; (*juicio*)
buon senso, giudizio.
enterado, a a informato(a); **estar** ~
de essere informato di // sm/f
conoscitore/trice.
enterar vt informare, mettere al
corrente; ~**se** vr informarsi.
entereza [-θa] sf integrità f inv,
rettitudine f; (*fig*) costanza, fermezza.
enternecer [-'θer] vt intenerire; (*fig*)
intenerire, commuovere; ~**se** vr
intenerirsi; commuoversi.
entero, a a intero(a), completo(a); (*fig*)
integro(a), retto(a); (: *firme*) risoluto(a);
(MAT) intero(a) // sm (COM. FIN) punto.
enterrador sm becchino; (ZOOL)
necroforo.
enterrar vt seppellire; (*objeto*)
sotterrare; (*planta*) piantare; ~**se** vr
seppellirsi, segregarsi.
entibiar vt intiepidire.
entidad sf entità f inv; (*empresa*) società f
inv; (*organismo*) ente m.
entierro sm funerale m.
entonado, a a (MUS) intonato(a),
melodioso(a); (*fig*) presuntuoso(a).
entonación [-'θjon] sf intonazione f; (*fig*)
presunzione f.
entonar vt (MUS) intonare; (*colores*)
armonizzare; (MED) tonificare // vi
essere intonato(a); ~**se** vr (*fig*)
pavoneggiarsi.
entonces [-θes] ad allora; **desde** ~ da
allora; **en aquel** ~ in quel tempo,
allora.
entornar vt socchiudere.
entorpecer [-'θer] vt intorpidire;
(*impedir*) ostacolare.
entorpecimiento [-θ-] sm
intorpidimento; (*del tránsito*) congestione
f, imbottigliamento.
entrada sf entrata, ingresso; (COM)
entrata; (COC) primo (piatto); (TEATRO)
pubblico; (: *billete*) biglietto; (*principio*)
inizio; ~**s y salidas** (COM) entrate e
uscite; ~ **de aire** (TECN) bocca
d'areazione.
entrambos, as a, pron pl entrambi(e).
entrante a: **el año** ~ l'anno entrante o
prossimo // sm/f frequentatore/trice //
sm (GEOGR) insenatura.
entraña [-ɲa] sf: **ser de mala** ~ essere
cattivo; ~**s** fpl (ANAT) interiora fpl; (*fig*)
viscere fpl.

entrañable [-'ɲ-] a intimo(a); (*querido*)
caro(a); **en lo más** ~ **de la selva** nel
profondo della selva.
entrar vt far entrare // vi entrare;
(*comenzar*) cominciare, iniziare; **volver**
a ~ entrare di nuovo, rientrare; ~ **en**
calor scaldarsi; ~ **en religión**
diventare o farsi prete (o suora); ~ **a**
hacer algo iniziare a fare qc.
entre prep fra, tra; **pensaba** ~ **mí**
pensavo tra me e me.
entreabrir vt socchiudere; ~**se** vr
socchiudersi.
entrecejo [-'θexo] sm: **fruncir el** ~
aggrottare le sopracciglia.
entredicho [-tʃo] sm divieto.
entrega sf consegna; (*rendición*) resa;
novela por ~**s** romanzo a puntate.
entregar [-'θar] vt dare, consegnare; ~**se** vr (*a*
dolor) abbandonarsi; (*a policía*)
arrendersi; (*a causa*) dedicarsi, darsi; ~
el alma a Dios morire.
entrelazar [-'θar] vt incrociare,
intrecciare; ~**se** vr intrecciarsi.
entremés sm intermezzo; (COC)
antipasto.
entremeterse vr intromettersi.
entremetido, a a indiscreto(a) // sm/f
ficcanaso m/f.
entrenarse vr allenarsi.
entreoír vt udire confusamente.
entresacar vt scegliere.
entretanto ad frattanto.
entretejer [-'xer] vt intrecciare,
intessere.
entretener vt distrarre, divertire;
(*cuidar*) mantenere; ~**se** vr distrarsi,
divertirsi; (*fig*) trattenersi; ~ **al**
público divertire il pubblico.
entretenido, a a divertente.
entretenimiento sm divertimento,
passatempo; (*cuidado*) manutenzione f.
entrever vt intravvedere; (*fig*) intuire.
entreverar vt mescolare, mischiare;
~**se** vr mescolarsi.
entrevista sf intervista.
entristecer [-'θer] vt rattristare; ~**se** vr
rattristarsi.
entrometerse vr = **entremeterse**.
entronizar [-'θar] vt intronizzare; (*fig*)
esaltare.
entuerto sm torto, offesa.
entumecer [-'θer] vt intorpidire,
intirizzire; ~**se** vr intorpidirsi,
intirizzirsi.
enturbiar vt intorbidare, intorbidire;
(*fig*) confondere; ~**se** vr intorbidarsi;
(*fig*) oscurarsi.
entusiasmar vt entusiasmare; ~**se** vr
entusiasmarsi.
entusiasmo sm entusiasmo.
entusiasta a entusiastico(a) // sm/f
entusiasta m/f.
enumerar vt contare; (*enunciar*)
enumerare.

enunciación [-θja'θjon] *sf,* **enunciado** [-'θ-] *sm* enunciazione *f;* (*declaración*) dichiarazione *f.*

enunciar [-'θ-] *vt* enunciare.

envainar *vt* rinfoderare.

envalentonar *vt* imbaldanzire; ~**se** *vr* imbaldanzirsi.

envanecer [-'θer] *vt* insuperbire; ~**se** *vr* insuperbirsi.

envasar *vt* (*empaquetar*) impacchettare; (*enfrascar*) inbottigliare; (*enlatar*) inscatolare; (*embolsar*) insacchettare // *vi* (*fig*) trincare.

envase *sm* contenitore *m;* (*botella*) bottiglia.

envejecer [-xe'θer] *vt, vi* invecchiare.

envenenar *vt* avvelenare.

envergadura *of* (*AER*) apertura alare; (*fig*) importanza.

envés *sm* rovescio; (*fam: de persona*) schiena.

enviar *vt* inviare, mandare; ~ **a paseo** (*fam*) mandare al diavolo.

envidia *sf* invidia.

envidiar *vt* invidiare.

envilecer [-'θer] *vt* avvilire, degradare; ~**se** *vr* avvilirsi.

envío *sm* invio, spedizione *f.*

enviudar *vi* restare vedovo(a).

envoltura *sf* involucro, incarto.

envolver *vt* avvolgere; (*MIL*) aggirare, circondare; (*implicar*) coinvolgere; ~**se** *vr* (*en algo*) avvolgersi; (*alrededor de algo*) arrotolarsi.

enzarzar [enθar'θar] *vt* (*fig*) coinvolgere; ~**se** *vr* impegolarsi.

épico, a *a* epico(a).

epidemia *sf* epidemia.

epidémico, a *a* epidemico(a).

epidérmico, a *a* epidermico(a).

Epifanía *sf* Epifania.

epígrafe *sm* epigrafe *m.*

epílogo *sm* epilogo.

episcopado *sm* episcopato.

episodio *sm* episodio.

epístola *sf* epistola; (*fam*) lettera.

epitafio *sm* epitaffio.

epíteto *sm* epiteto.

época *sf* epoca; (*período*) tempo.

epopeya *sf* epopea.

equidad [-k-] *sf* equità *f inv.*

equilibrar [-k-] *vt* equilibrare.

equilibrio [-k-] *sm* equilibrio.

equinoccio [eki'nokθjo] *sm* equinozio.

equipaje [eki'paxe] *sm* bagaglio; (*NAUT*) equipaggio; ~ **de mano** bagaglio a mano.

equipar [-k-] *vt* attrezzare, equipaggiare; (*NAUT*) armare.

equipo [-'k-] *sm* equipaggiamento, attrezzatura; (*grupo de personas*) squadra; ~ **de novia** corredo; ~ **de día** turno di giorno; ~ **médico** equipe *f* medica.

equis ['ekis] *sf* (la lettera) X.

equitación [ekita'θjon] *sf* equitazione *f.*

equitativo, a [-k-] *a* equo(a).

equivalente [-k-] *a, sm* equivalente (*m*).

equivaler [-k-] *vi* equivalere.

equivocación [-'θjon] *sf* errore *m,* sbaglio.

equivocarse [-k-] *vr* sbagliarsi.

equívoco, a [-'k-] *a* equivoco(a) // *sm* equivoco.

era *sf* era, epoca; (*AGR*) aia.

erario *sm* erario.

eremita *sm* eremita *m.*

erguir [-yir] *vt* alzare; (*poner derecho*) rizzare; ~**se** *vr* ergersi; (*fig*) insuperbirsi.

erial *a* incolto(a), abbandonato(a) // *sm* terreno o campo incolto.

erigir [-'xir] *vt* erigere, innalzare; ~**se** *vr:* ~**se en juez** erigersi a giudice.

erizarse [-'θ-] *vr* rizzare.

erizo [-θo] *sm* (*ZOOL*) riccio, porcospino; (*: de mar, BOT: de castaña*) riccio; (*mata*) cespuglio spinoso; (*fig*) orso.

ermita *sf* eremo.

ermitaño [-ɲo] *sm* eremita *m.*

errado, a *a* errato(a).

errar *vi* vagare, errare; (*equivocarse*) sbagliarsi, errare // *vt* sbagliare.

erróneo, a *a* erroneo(a).

error *sm* errore *m;* ~ **de imprenta** refuso, errore tipografico; ~ **de máquina** errore di battitura.

erudición [-'θjon] *sf* erudizione *f.*

erudito, a *a, sm/f* erudito(a).

erupción [-'θjon] *sf* eruzione *f.*

esa, esas *det ver* **ese.**

ésa, ésas *pron ver* **ése.**

esbelto, a *a* snello(a).

esbirro *sm* sbirro, poliziotto.

esbozo [-θo] *sm* bozzetto.

escabeche [-tʃe] *sm:* **pescado en ~** pesce marinato.

escabel *sm* sgabello.

escabroso, a *a* scabroso(a); (*fig*) difficile.

escabullirse [-'ʎ-] *vr* svignarsela, squagliarsela.

escala *sf* scala; **hacer ~ en** (*NAUT*) fare scalo a; **en pequeña ~** su piccola scala.

escalafón *sm* (*grado*) grado, livello; (*registro*) organico; (*de salarios*) scala.

escalera *sf* scala; ~ **mecánica** scala mobile.

escalinata *sf* gradinata, scalinata.

escalofrío *sm* brivido.

escalón *sm* gradino; (*fig*) grado.

escalonar *vt* scaglionare.

escalpelo *sm* bisturi *m* a scalpello.

escama *sf* squama; (*de jabón*) scaglia; (*fig*) diffidenza.

escamado, a *a* diffidente; (*AM*) stufo(a).

escamotar, escamotear *vt* far sparire.

escamoteo *sm* (*juego de manos*) gioco di prestigio; (*de una cosa*) sparizione *f;* (*fam*) truffa.

escampar *vb impersonal* spiovere.

escanciar [-'θ-] *vt* versare // *vi* trincare.

escandalizar [-'θar] vt scandalizzare;
~se vr indignarsi.

escándalo sm scandalo; (alboroto)
chiasso.

escandaloso, a a scandaloso(a).

escandinavo, a a, sm/f scandinavo(a).

escaño [-ɲo] sm panca; (en Parlamento)
seggio.

escapar vi scappare, fuggire; (de peligro)
scampare (de a); ~se vr scappare; (gas,
líquido) uscire; ~se de las manos
sfuggire di mano.

escaparate sm vetrina.

escape sm (de gas) fuga; (de un motor)
scappamento; tubo de ~ tubo di
scappamento; correr a todo ~ fuggire
a gambe levate.

escarabajo [-xo] sm scarabeo.

escaramuza [-θa] sf (también fig)
scaramuccia.

escarapela sf coccarda; (fam) rissa.

escarbar vt (suj: gallina) razzolare;
(alrededor de una planta) scavare;
(dientes, orejas) pulire; (fig) frugare in.

escarcha [-tʃa] sf brina.

escarlata sf scarlatto.

escarlatina sf scarlattina.

escarmentar vt castigare, dare una
lezione a // vi correggersi; ~ en
cabeza ajena imparare a spese altrui.

escarmiento sm lezione f, castigo.

escarnecer [-'θer] vt schernire.

escarnio sm, escarnecimiento sm
scherno.

escarola sf scarola.

escarpado, a a scosceso(a).

escasear vt lesinare // vi scarseggiare,
mancare.

escasez [-θ] sf scarsità f inv, scarsezza;
(pobreza) strettezza.

escaso, a a scarso(a).

escatimar vt lesinare; (fig) risparmiare.

escena [es'θena] sf (TEATRO) scena; (fig)
scenata.

escenario [-sθ-] sm (TEATRO)
palcoscenico; (CINE) scenario; (fig:
decorado) sfondo.

escepticismo [esθepti'θismo] sm
scetticismo.

escéptico, a [-s'θ-] a, sm/f scettico(a).

escisión [-sθ-] sf scissione f.

esclarecer [-'θer] vt illuminare; (fig)
chiarire, risolvere.

esclarecido, a [-'θ-] a illustre;
(comprensible) chiaro(a).

esclavitud sf schiavitù f inv.

esclavizar [-'θar] vt schiavizzare.

esclavo, a sm/f schiavo/a.

esclusa sf chiusa.

escoba sf scopa.

escocer [-'θer] vi prudere; (fig) affligere;
~se vr (piel) arrossarsi; (fig) irritarsi.

escocés, esa [-'θes] a, sm/f scozzese
(m/f).

escoger [-'xer] vt scegliere.

escogimiento [-x-] sm scelta.

escolar a scolastico(a); (edad) scolare //
sm/f scolaro/a; año ~ anno scolastico.

escolta sf (acompañante)
accompagnamento; (custodia) scorta.

escoltar vt (ver sf) accompagnare;
scortare.

escollo [-ʎo] sm scoglio; (fig) ostacolo.

escombro sm rottami mpl; (ruina)
macerie fpl.

esconder vt nascondere; ~se vr
nascondersi.

escondite sm nascondiglio; jugar al ~
giocare a rimpiattino o nascondino.

escopeta sf fucile m da caccia.

escoplo sm sgorbia.

escoria sf scoria, residuo.

escorpión sm scorpione m; (pez)
scorpena; E ~ (ASTROL) Scorpione m.

escote sm (de un vestido) scollatura;
pagar a ~ pagare alla romana.

escotilla [-ʎa] sf boccaporto.

escotillón [-'ʎon] sm botola.

escozor [-'θor] sm bruciore m; (fig)
morso, stretta.

escribano, a sm/f notaio m.

escribiente sm/f copista m/f.

escribir vt scrivere; ~ a máquina
battere a macchina.

escrito, a pp de escribir // a scritto(a)
// sm scritto; ~ de puño y letra scritto
di suo pugno; poner algo por ~
mettere qc per iscritto.

escritor, ora sm/f scrittore/trice.

escritorio sm scrivania; (despacho)
ufficio, studio.

escritura sf scrittura; (JUR) atto; ~ de
propiedad titolo di proprietà; ~
pública atto notarile.

escrúpulo sm scrupolo.

escrupuloso, a a scrupoloso(a),
meticoloso(a).

escrutar vt (examinar) scrutare; (contar
votos) scrutinare.

escrutinio sm (examen) verifica; (POL.
ESCOL) scrutinio.

escuadra sf squadra.

escuadrilla [-ʎa] sf squadriglia.

escuadrón sm squadrone m.

escuálido, a a squallido(a),
macilento(a).

escuchar [-'tʃar] vt ascoltare.

escudilla [-ʎa] sf scodella.

escudo sm scudo.

escudriñar [-'ɲar] vt indagare,
investigare; (horizonte) scrutare.

escuela sf scuola.

escueto, a a schietto(a).

esculpir vt scolpire.

escultor, ora sm/f scultore/trice.

escultura sf scultura.

escupidora, escupidera sf (para
escupir) sputacchiera; (para orinar)
pitale m.

escupir vt sputare // vi: 'se prohibe ~
en el suelo' 'vietato sputare per terra'.

escurridizo, a [-θo] a sdrucciolevole;
(que huye con habilidad) sfuggente.

escurrir vt (platos) far sgocciolare o
scolare // vi (líquido) gocciolare;
(resbalarse) scivolare; ~se vr (platos)
sgocciolare; (objeto) scivolare; (persona)
svignarsela.
ese, esa, esos, esas det quello(a), pl
quelli(e).
ése, ésa, ésos, ésas pron quello(a), pl
quelli(e); **ésos no vinieron** quelli là
non sono venuti; **¡no me vengas con
ésas!** non fare storie!
esencia [-θja] sf essenza.
esencial [-'θ-] a essenziale.
esfera sf sfera; (de un reloj) quadrante m.
esférico, a a sferico(a).
esfinge [-xe] sf sfinge f.
esforzado, a [-'θ-] a valoroso(a),
coraggioso(a).
esforzar [-'θar] vt incoraggiare, animare;
~se vr sforzarsi.
esfuerzo [-θo] sm sforzo; (valor)
coraggio.
esgrima sf scherma.
esgrimir vt (arma) maneggiare;
(fig: argumento) far valere.
esguince [es'vinθe] sm (MED) storta,
slogatura; (para evitar un golpe) scarto.
eslabón sm (también fig) anello (di
catena).
eslabonar vt concatenare, collegare.
esmaltar vt smaltare; (fig) adornare.
esmalte sm smalto.
esmerado, a a (trabajo) accurato(a);
(persona) pulito(a), lindo(a).
esmeralda sf smeraldo.
esmerarse vr impegnarsi, sforzarsi.
esmero sm cura, accuratezza; **vestirse
con ~** vestirsi con cura.
eso pron ciò, quello, questo; **a ~ de las
cinco** verso le cinque; **en ~ llegó** in
quel momento arrivò; **~ no me gusta**
ciò non mi piace; **¡~ es!** proprio così!;
¡~ sí que es vida! questa sì che è vita!;
por ~ te lo decía perciò te lo dicevo;
¿qué es ~? cos'è quello?
esos det ver **ese**.
ésos pron ver **ése**.
espabilar vt (vela) smoccolare;
(persona) svegliare; ~se vr svegliarsi,
scuotersi.
espaciar [-'θjar] vt (escritura) spaziare;
(visitas) diradare; (pagos) scaglionare;
~se vr distrarsi; ~se en un tema
dilungarsi su un argomento.
espacio [-θjo] sm spazio.
espacioso, a [-'θ-] a (lugar) spazioso(a),
ampio(a); (persona) lento(a).
espada sf spada; **pez ~** pesce m spada;
(pey: matón) bravaccio, guappo; ~s fpl
(NAIPES) spade; (fig): **estar entre la ~ y
la pared** essere fra l'incudine e il
martello.
espadachín [-'tʃin] sm spadaccino.
espadín sm spadino.
espalda sf (de persona) schiena;
(de traje) spalle fpl; (parte posterior)
dietro; (NATACIÓN) dorso; **a ~s de** (fig)

alle spalle di; **cargado de ~s** con le
spalle curve;
tenderse de ~s sdraiarsi sulla schiena;
guardarse las ~s proteggersi le spalle;
volver la ~ a alguien voltare le spalle o
la schiena a qd.
espaldar sm schienale m; (AGR)
spalliera.
espantadizo, a [-θo] a pauroso(a).
espantajo [-xo] sm spauracchio.
espantapájaros [-x-] sm inv
spaventapasseri m inv.
espantar vt (asustar) spaventare;
(ahuyentar) mettere in fuga, scacciare;
~se vr spaventarsi; (asombrarse)
meravigliarsi, stupirsi.
espanto sm spavento, paura
espantoso, a a spaventoso(a).
España [-ɲa] sf Spagna.
español, a [-'ɲol] a, sm/f spagnolo(a).
esparcido, a [-'θ-] a sparso(a);
(fig) allegro(a), scherzoso(a).
esparcimiento [-θ-] sm spargimento;
(dispersión) sparpagliamento; (fig)
divertimento, svago.
esparcir [-'θir] vt spargere; (noticias)
divulgare; ~se vr spargersi; (persona)
distrarsi, svagarsi.
espárrago sm asparago.
espasmo sm spasimo, spasmo.
especia [-θja] sf spezie fpl.
especial [-'θjal] a speciale.
especie [-θje] sf specie f.
especiería [-θ-] sf (negocio) drogheria;
(conjunto de especies) spezie fpl.
especiero, a [-'θ-] sm/f droghiere/a //
sm armadietto per le spezie.
especificar [-θ-] vt specificare.
espectáculo sm spettacolo.
espectador, ora sm/f spettatore/trice.
espectro sm spettro.
especular vi speculare; (meditar)
riflettere (en, sobre su).
espejismo [-'x-] sm (también fig)
miraggio.
espejo [-xo] sm specchio; (fig) modello,
esempio; **~ de retrovisión** specchietto
retrovisore; **mirarse en el ~** guardarsi
allo specchio.
espeluznante [-θ-] a orripilante.
espera sf attesa; (JUR) termine m; **sala de
~** sala di attesa.
esperanza [-θa] sf speranza.
esperanzar [-'θar] vt promettere.
esperar vt, vi aspettare, attendere;
(desear) sperare; **tendrá que ~** dovrà
attendere o aspettare; **espero poder
pasar el examen** spero di poter
superare l'esame; **¡espérame sentado!**
aspetta pure!
espesar vt far ispessire o rapprendere;
(tejido) rendere più spesso; ~se vr
ispessirsi.
espeso, a a (líquido) denso(a); (bosque)
folto(a); (fig) ingarbugliato(a).
espesor sm (de pared) spessore m; (de
líquido) densità f inv.

espesura sf spessore m; (fig) folto.
espetar vt (carne) infilzare; (pregunta)
sparare; ~ **un sermón** fare una predica.
espetón sm (asador) spiedo; (aguja larga)
spillone m; (empujón) spintone m.
espía sm/f spia m/f.
espiar vt spiare.
espiga sf (BOT) spiga; (de espada) codolo;
(de herramienta) tenone m; (clavija)
chiodo senza capocchia.
espigado, a a snello(a).
espigar vt (AGR) spigolare; (TECN) fare un
tenone a; ~**se** vr crescere.
espigón sm (malecón) molo;
(dique) diga; (punta) punta; (mazorca)
pannocchia.
espina sf spina; (de madera etc) scheggia.
espinaca sf spinacio.
espinar sm roveto // vt (también fig)
pungere.
espinazo [-θο] sm (ANAT) spina dorsale;
doblar el ~ (fig) piegare la schiena.
espino sm (BOT): ~ **blanco** biancospino;
~ **negro** pruno, prugnolo.
espinoso, a a spinoso(a).
espionaje [-xe] sm spionaggio.
espiral a spirale // sm (de reloj) molla a
spirale; (MED) spirale f // sf spirale f;
escalera en ~ scala a chiocciola.
espirar vt, vi espirare.
espiritista a spiritico(a) // sm/f
spiritista m/f.
espíritu sm spirito, anima; (aparecido)
fantasma m; (fig) spirito.
espiritual a spirituale.
espirituoso, a a spiritoso(a).
espita sf (de cuba etc) cannella;
(fig: fam) ubriacone m.
esplendente a splendente.
esplendidez [-θ] sf (abundancia)
larghezza; (magnificencia) lusso.
esplendor sm splendore m; (lustre)
lusso.
espliego sm lavanda.
espolear vt spronare.
espolón sm (de ave, montaña) sprone m;
(de barco) sperone m; (de puerto) diga,
muraglione m; (CONSTR) contrafforte m.
espolvorear vt spolverare.
esponja [-xa] sf spugna; **pasar la** ~
(fam) bere un colpo di spugna a; **ser una**
~ (fam) bere come una spugna.
esponjarse [-'x-] vr (fam: de orgullo)
gonfiarsi; (: físicamente) ingrassare,
rifiorire.
esponjoso, a a [-'x-] a spugnoso(a);
(liviano) soffice.
espontaneidad sf spontaneità f inv.
espontáneo, a a spontaneo(a).
esportillo [-ʎo] sm cesto, sporta.
esposa sf (cónyuge) sposa; ~**s** fpl (para
un reo) manette fpl.
esposo sm sposo.
espuela sf sperone m; (fig) sprone m,
stimolo; ~ **de caballero** (BOT)
cappuccina.

espuma sf spuma, schiuma; **goma** ~
gommapiuma ®.
espumar vt schiumare // vi far
schiuma.
espumoso, a a spumoso(a); (vino)
spumante.
espurio, a a spurio(a).
esquela [-'k-] sf (carta) biglietto;
(invitación impresa) partecipazione f.
esqueleto [-k-] sm scheletro; (fig)
struttura.
esquema [-'k-] sm schema m.
esquila [-'k-] sf tosatura.
esquilar [-k-] vt tosare.
esquilmar [-k-] vt raccogliere; (terreno)
isterilire; (fig) sfruttare.
esquimal [-k-] a, sm/f eschimese m/f.
esquina [-'k-] sf angolo; (de mueble)
spigolo.
esquirol [-k-] sm (fam) crumiro.
esquivar [-k-] vt evitare, scansare; ~**se**
vr dileguarsi, svignarsela.
esquivez [eski'βeθ] sf freddezza,
sgarbatezza.
esquivo, a a [-'k-] a sdegnoso(a); (áspero)
scontroso(a).
esta det ver **este**.
ésta pron ver **éste**.
estabilidad sf stabilità f inv.
estable a stabile, permanente.
establecer [-'θer] vt (fundar) istituire,
fondare; (directivas) decretare, stabilire;
~**se** vr stabilirsi.
establecimiento [-θ-] sm (ver vb)
istituzione f, fondazione f; stabilimento;
(empresa) impresa, società f inv.
establo sm stalla.
estaca sf palo; (AGR) talea.
estacada sf steccato.
estación [-'θjon] sf stazione f; (del año)
stagione f; ~ **de ferrocarril** stazione
ferroviaria; ~ **de servicio** stazione di
servizio.
estacionario, a [-θ-] a stazionario(a).
estada sf permanenza, soggiorno.
estadio sm fase f, stadio; (DEPORTE)
stadio.
estadista sm statista m; (especializado en
estadística) esperto in statistica.
estadística sf statistica.
estado sm stato; ~ **civil** stato civile; ~
de las cuentas (COM) situazione f
contabile; **E~s Unidos (EE.UU.)** Stati
Uniti (USA).
estafa sf truffa.
estafar vt truffare.
estafeta sf (a caballo) staffetta; (de
correos) ufficio postale; ~ **diplomática**
corriere m diplomatico.
estallar [-'ʎar] vi scoppiare, esplodere;
~ **en llanto** scoppiare in pianto.
estallido [-'ʎ-] sm scoppio, esplosione f.
estampa sf stampa, incisione f; (fig:
huella) marchio, impronta; **tener buena**
~ (fig) avere un buon aspetto.
estampado, a a stampato(a) // sm
stampa; (tejido) tessuto stampato.

estampar vt stampare; (con sello) sigillare; (fig) lasciare l'impronta su.

estampido sm scoppio, esplosione f.

estampilla [-ʎa] sf timbro; ~ **de impuesto** marca da bollo; ~ **de correos/fiscal** (AM) francobollo postale/fiscale.

estancar vt (aguas) trattenere; (COM. FIN) monopolizzare; (fig) sospendere; ~**se** vr (líquidos) stagnare; (fig) essere sospeso(a).

estancia [-θja] sf (permanencia) soggiorno; (sala) stanza, camera; (AM) tenuta, azienda agricola.

estanciero, a [-'θ-] sm/f (AM) proprietario/a di una azienda agricola.

estanco, a a stagno(a) // sm monopolio; (negocio) tabaccheria.

estandarte sm stendardo.

estanque [-ke] sm stagno, laghetto; (AGR) serbatoio d'acqua.

estanquero, a [-'k-] sm/f tabaccaio/a.

estante sm scaffale m; (anaquel) ripiano.

estantería sf scaffalatura.

estaño [-ɲo] sm stagno.

estar vi essere; (modo, acción durativa) stare; ~**se** vr: ~**se tranquilo** starsene tranquillo; ~ **esperando/pensando** stare aspettando/pensando; ¿**cómo está Ud**? come sta (Lei)?; **María no está María** non c'è o è in casa; ¿**a cuánto estamos de Madrid**? a quanto siamo da o quanto dista Madrid?; **estamos a 2 de mayo** è il 2 maggio; **estamos a 2** (del mes) ne abbiamo 2; ~ **de** (fiesta, vacaciones etc) essere in; ~ **para hacer algo** stare per fare qc; ~ **por** essere per o a favore di; ~ **por hacer algo** essere sul punto di fare qc; **está por limpiar** resta o è da pulire.

estas det ver **este**.

éstas pron ver **éste**.

estatua sf statua.

estatuir vt statuire, stabilire.

estatura sf statura, altezza.

estatuto sm statuto.

este sm est m.

este, esta, estos, estas a det questo(a), pl questi(e).

éste, ésta, éstos, éstas pron questo(a), pl questi(e).

estela sf (de barco) scia; (funeraria etc) stele f.

estenografía sf stenografia.

estepa sf steppa.

estera sf stuoia.

estercolar vt concimare.

estereotipia sf stereotipia.

estéril a sterile.

esterlina a: **libra** ~ sterlina.

estético, a a estetico(a) // sf estetica.

estibador sm scaricatore m.

estiércol sm sterco.

estigma sm (BOT) stimma m; (cicatriz) segno; ~**s** mpl stimmate fpl.

estigmatizar [-'θar] vt stigmatizzare.

estilar vi, ~**se** vr usare, usarsi.

estilo sm stile m; (BOT) stilo; **nadar** ~ **mariposa** nuotare a farfalla; **algo por el** ~ qualcosa del genere.

estima sf stima, considerazione f.

estimación [-'θjon] sf stima, valutazione f; (aprecio) stima.

estimar vt stimare, valutare; (persona) stimare, apprezzare; (considerar) credere; ~**se** vr ritenersi, stimarsi // vb impersonal: **se estima que ...** si pensa che ....

estimulante a, sm stimolante (m).

estimular vt stimolare.

estímulo sm stimolo.

estío sm estate m.

estipular vt stipulare.

estirado, a a tirato(a); (fig) orglioso(a).

estirar vt allungare; ~**se** vr allungarsi; (desperezarse) stirarsi; (prenda) sformarsi; ~ **el presupuesto** (fig) far durare lo stipendio.

estirón sm strappo, tirata.

estirpe sf stirpe f.

estival a estivo(a).

estofa sf stoffa operata; (clase) qualità f inv.

estofar vt trapuntare; (coc) stufare.

estoico, a a stoico(a) // sm stoico.

estómago sm stomaco; **tener** ~ (fig) aver fegato.

estopa sf stoppa; (trapo viejo) straccio.

estoque [-ke] sm stocco.

estorbar vt (alguien) dar fastidio; (paso etc) ostacolare.

estorbo sm (molestia) disturbo; (obstáculo) impedimento, ostacolo.

estornudar vi starnutire.

estos det ver **este**.

éstos pron ver **éste**.

estrafalario, a a stravagante, bizzarro(a).

estragar vt corrompere, viziare.

estrago sm strage f, distruzione f.

estrangulación [-'θjon] sf strangolamento.

estrangular vt strangolare.

estraperlista sm/f borsanerista m/f, trafficante m/f.

estraperlo sm mercato nero.

estratagema sf stratagemma m.

estrategia [-xja] sf strategia.

estrechar [-'tʃar] vt stringere; (camino) restringere; (MIL: filas) serrare; (: enemigo) incalzare; ~**se** vr stringersi.

estrechez [-'tʃeθ] sf strettezza; (fig) strettezze fpl; ~ **de miras** (fig) ristrettezza di vedute.

estrecho, a [-'tʃo] a stretto(a); (persona) tirchio(a) // sm stretto.

estrella [-ʎa] sf stella; (TIP) asterisco; ~ **de mar** (ZOOL) stella di mare.

estrellar [-'ʎar] vt scagliare, scaraventare; ~**se** vr sfracellarsi, schiantarsi; (ante una dificultad) fallire.

estremecer [-'θer] vt (sacudir) scuotere, scrollare; (con súplicas) commuovere;

~se vr (de frío) rabbrividire; (de miedo) trasalire.

estremecimiento [-θ-] sm sussulto, brivido.

estrenar vt (vestido) mettere per la prima volta; (TEATRO. CINE) dare la prima di; ~se vr (TEATRO) essere rappresentato per la prima volta; (persona) farsi conoscere.

estreno sm (uso) primo uso; (en un empleo) inizio; (CINE. TEATRO) prima.

estreñir [-'ɲir] vt (MED) costipare; ~se vr costiparsi.

estrépito sm strepito; (fig) ostentazione f.

estrepitoso, a a strepitoso(a).

estría sf stria.

estribar vi: ~ en basarsi su.

estribo sm staffa; (de coche, tren) predellino; (CONSTR: de puente) spalla, testata; (fig) fondamento; (GEOGR) contrafforte m.

estribor sm (NAUT) dritta, tribordo.

estricto, a a severo(a), rigoroso(a).

estridente a stridente.

estro sm estro.

estropajo [-xo] sm strofinaccio.

estropear vt rovinarsi, sciupare; (lisiar) ferire, storpiare; ~se vr rovinarsi; ferirsi.

estructura sf struttura.

estruendo sm fragore m, frastuono.

estrujar [-'xar] vt (también fig) spremere; (ropa) torcere; (fig: en abrazo) stringere; ~se vr stringersi; ~se el cerebro spremersi le meningi.

estuario sm estuario.

estuco sm stucco.

estuche [-tʃe] sm astuccio; ~ para joyas portagioielli m inv.

estudiante sm/f studente/essa.

estudiantil a studentesco(a).

estudiantina sf orchestrina di studenti.

estudiar vt studiare; ~se vr studiarsi.

estudio sm studio.

estudioso, a a studioso(a) // sm studioso.

estufa sf stufa.

estupefacto, a a stupefatto(a).

estupendo, a a stupendo(a).

estupidez [θ] sf stupidità f inv; (acción estúpida) stupidaggine f.

estúpido, a a, sm/f stupido(a).

estupro sm stupro.

etapa sf tappa.

etc (abr de etcétera) ecc, etc.

etcétera [-'θ-] ad eccetera.

éter sm etere m.

eternidad sf eternità f inv.

eterno, a a eterno(a).

etimología [-'xia] sf etimologia.

etíope a, sm/f etíope (m/f).

etiqueta [-'k-] sf etichetta.

eufemismo sm eufemismo.

Europa sf Europa.

europeo, a a, sm/f europeo(a).

éuscaro, a a, sm/f basco(a).

Euskadi sm regione basca.

evacuación [-'θjon] sf evacuazione f.

evacuar vt evacuare; (trámite) sbrigare.

evadir vt evitare, eludere; ~se vr evadere.

evangélico, a [-'x-] a evangelico(a).

evangelio [-'x-] sm vangelo.

evaporación [-'θjon] sf evaporazione f.

evaporar vt evaporare; (fig) dissipare; ~se vr (líquido) evaporare; (fig) sparire, squagliarsela.

evasión sf evasione f.

evasivo, a a evasivo(a).

evento sm evento.

eventual a eventuale.

evidencia [-θja] sf evidenza.

evidenciar [-'θ-] vt rendere evidente, provare; ~se vr rendersi evidente.

evitar vt evitare.

evocar vt evocare.

evolución [-'θjon] sf evoluzione f; (MIL) manovra.

ex a ex; el ~ ministro l'ex ministro.

exacerbar [-θ-] vt esacerbare; ~se vr aggravarsi; (fig) irritarsi.

exactitud sf esattezza; (puntualidad) puntualità f inv.

exacto, a a esatto(a); (puntual) puntuale.

exageración [eksaxera'θjon] sf esagerazione f.

exagerar [-x-] vt esagerare.

examen sm esame m.

examinar vt esaminare; ~se vr dare un esame.

exceder [eksθe'ðer] vi eccedere // vt superare, eccedere.

excelencia [eksθe'lenθja] sf eccellenza.

excelente [-θ-] a eccellente.

excéntrico, a [-'θ-] a eccentrico(a).

excepción [eksθep'θjon] sf eccezione f.

excepcional [eksθepθjo'nal] a eccezionale.

excepto [eks'θepto] ad eccetto, tranne.

exceptuar [eksθep'twar] vt eccettuare.

excesivo, a [eksθe'siβo] a eccessivo(a).

exceso [eks'θeso] sm eccesso.

excitación [eksθita'θjon] sf eccitazione f.

excitar [-θ-] vt eccitare; ~se vr eccitarsi.

exclamación [eksklama'θjon] sf esclamazione f; signo de ~ (LING) punto esclamativo.

exclamar vi esclamare.

excluir vt escludere.

exclusión sf esclusione f.

exclusiva, exclusividad sf esclusiva.

exclusivo, a a esclusivo(a).

excomulgar vt scomunicare.

excomunión sf scomunica.

excursión sf escursione f, gita.

excusa sf pretesto, scusa.

excusado sm gabinetto, bagno.

excusar vt scusare, perdonare; ~se , scusarsi.

execrable a esecrabile.

execrar vt esecrare.

exención [eksen'θjon] sf esenzione f.

exequias [ek'sekjas] *sfpl* esequie *fpl*.
exhalación [eksala'θjon] *sf* esalazione *f*.
exhalar [-sa] *vt* esalare.
exhausto, a [-'sa-] *a* esausto(a).
exhibir [-si] *vt* esibire; ~**se** *vr* esibirsi.
exigencia [eksi'xenθja] *sf* esigenza.
exigir [-'xir] *vt* esigere.
eximir *vt* esimere, esentare; (*de servicio militar*) esonerare; (*de culpas*) assolvere.
existencia [eksis'tenθja] *sf* esistenza; ~**s** *fpl* giacenze *fpl*.
existir *vi* esistere.
éxito *sm* successo.
Exmo. *abr de* excelentísimo.
exótico, a *a* esotico(a).
expatriar *vt* espatriare.
expectativa *sf* aspettativa.
expedición [ekskpeδi'θjon] *sf* spedizione *f*.
expediente *sm* pratica; (*JUR*) incartamento.
expedir *vt* spedire; (*documento*) rilasciare.
expensas *sfpl* spese *fpl*.
experiencia [ekspe'rjenθja] *sf* esperienza.
experimentar *vt* sperimentare.
experimento *sm* esperimento.
experto, a *a* esperto(a).
expirar *vi* espirare.
explicación [eksplika'θjon] *sf* spiegazione *f*.
explicar *vt* spiegare; ~**se** *vr* spiegarsi.
explícito, a [eks'pliθito] *a* esplicito(a).
explorador, a *sm/f* esploratore/trice.
explorar *vt* esplorare.
explosión *sf* esplosione *f*, scoppio; **motor a** ~ motore a scoppio.
explosivo, a *a* esplosivo(a).
explotación [eksplota'θjon] *sf* sfruttamento.
explotar *vt* sfruttare // *vi* esplodere.
exponer *vt* esporre.
exportación [eksporta'θjon] *sf* esportazione *f*.
exportar *vt* esportare.
exposición [eksposi'θjon] *sf* esposizione *f*.
exprés *sm* (*AM*: *tren*) espresso.
expresar *vt* esprimere; ~**se** *vr* esprimersi.
expresión *sf* espressione *f*.
expreso, a *pp de* expresar // *a* chiaro(a), evidente; (*tren*) espresso(a) // *sm* (*CORREO, tren*) espresso.
exprimir *vt* spremere; (*fig*) esprimere.
expuesto, a *pp de* exponer.
expulsar *vt* espellere; (*de casa*) sfrattare.
expulsión *sf* espulsione *f*; (*de inquilino*) sfratto.
exquisito, a [ekski'sito] *a* squisito(a).
éxtasis *sm* estasi *f*.
extender *vt* estendere; (*documento, mapa*) stendere; (*certificado*) rilasciare; ~**se** *vr* stendersi; (*epidemia*) estendersi.

extensión *sf* (*de país*) estensione *f*, superficie *f*; (*de libro*) lunghezza; (*de desastre*) vastità *f inv*.
extenso, a *a* esteso(a), lungo(a).
exterior *a* esteriore, esterno(a); (*POL*) estero(a) // *sm* estero.
exterminar *vt* sterminare.
exterminio *sm* sterminio.
externo, a *a* esterno(a).
extinguir [ekstin'gir] *vt* estinguere; ~**se** *vr* estinguersi.
extirpar *vt* estirpare.
extracción [ekstrak'θjon] *sf* estrazione *f*.
extracto *sm* estratto.
extraer *vt* estrarre.
extranjero, a [ekstran'xero] *a*, *sm/f* straniero(a).
extrañar [ekstra'ɲar] *vt* (*de país*) esiliare; (*sorprender*) sorprendere; (*AM*) rimpiangere; ~**se** *vr* meravigliarsi.
extrañeza [ekstra'ɲeθa] *sf* stranezza.
extraño, a [eks'traɲo] *a* estraneo(a); (*raro*) strano(a) // *sm/f* straniero/a.
extraordinario, a *a* straordinario(a) // *sm* (*de periódico*) numero speciale.
extravagante *a* stravagante.
extraviar *vt* smarrire; (*desviar*) fuorviare; ~**se** *vr* smarrirsi, perdersi.
extravío *sm* smarrimento; (*de conducta*) traviamento.
extremar *vt* spingere agli estremi; ~**se** *vr* mettercela tutta.
extremidad *sf* estremità *f inv*.
extremo, a *a* estremo(a) // *sm* estremità *f inv*; (*límite, grado sumo*) estremo; **en último** ~ come utima risorsa.
extrínseco, a *a* estrinseco(a).
exuberancia [eksuße'ranθja] *sf* esuberanza.
exuberante *a* esuberante.
exvoto *sm* ex voto *m inv*.

F

fa *sm inv* fa *m inv*.
fábrica *sf* fabbrica; ~ **de azúcar** zuccherificio.
fabricación [-'θjon] *sf* fabbricazione *f*; ~ **en serie** fabbricazione in serie; **de** ~ **casera** fatto in casa.
fabricante *sm* fabbricante *m*.
fabricar *vt* fabbricare; (*edificio*) costruire.
fábula *sf* favola; (*mentira*) frottola.
facción [fak'θjon] *sf* (*POL*) fazione *f*; (*MIL*): **estar de** ~ essere di servizio.
fácil [-θil] *a* facile.
facilidad [-θ-] *sf* facilità *f inv*; ~**es de pago** facilitazioni *fpl* di pagamento.
facilitar [-θ-] *vt* (*entregar*) dare, procurare; (*hacer posible*) facilitare.
factible *a* fattibile.

factoría sf fabbrica, stabilimento.
factura sf fattura.
facturar vt (COM) fatturare; (FERR) registrare.
facultad sf facoltà f inv.
facultativo, a a facoltativo(a) // sm medico.
facha ['fatʃa] sf (fam) aspetto.
fachada [-'tʃ-] sf facciata; (de libro) frontespizio.
faena sf lavoro; (quehacer) faccenda; **hacer una mala ~ a uno** (fam) giocare un brutto tiro a qd.
faisán sm fagiano.
faja ['faxa] sf (corsé) guaina; **~ fascia**, benda; (banda) sciarpa; **~ postal** fascetta postale.
fajar [-'xar] vt fasciare; (AM: fam) picchiare; **~se** vr fasciarsi.
falange [-xe] sf falange f.
falda sf gonna; (de montaña) falda; (regazo) grembo.
falsear vt falsare; **~se** vr (CONSTR) inclinarsi, sbandarsi; (MUS) stonare.
falsedad sf falsità f inv.
falsificación [-'θjon] sf falsificazione f.
falsificar vt falsificare.
falso, a a falso(a).
falta sf difetto; (ausencia) mancanza; (equivocación) sbaglio; (DEPORTE) fallo, errore m; **a ~ de** in mancanza di; **hacer ~** mancare; (ser necesario) occorrere; **me hace ~ ... mi manca** ...; **mi occorre o ho bisogno di ...; ¡ ~ nos hacía!** ci mancava solo questo!
faltar vt (AM) offendere // vi mancare; **~ el respeto a alguien** mancare di rispetto a qd.
falto, a a privo(a); **estar ~ de** mancare di, essere a corto di.
falla [-'ʎa] sf difetto; (GEOL) faglia; (TECN) guasto.
fallar [-'ʎar] vt (JUR) pronunciare // vi venire meno, mancare; (proyecto) fallire.
fallecer [faʎe'θer] vi morire.
fallecimiento [faʎeθi-] sm morte f.
fallo [-'ʎo] sm (JUR) sentenza, verdetto.
fama sf fama.
famélico, a a famelico(a).
familia sf famiglia.
familiar a, sm familiare (m).
familiaridad sf familiarità f inv.
familiarizar [-'θar] vt abituare; **~se** vr familiarizzarsi.
famoso, a a famoso(a).
fanal sm fanale m.
fanático, a a fanatico(a).
fanatismo sm fanatismo.
fanfarrón, ona a spavaldo(a) // sm/f sbruffone/a, spaccone/a.
fango sm fango.
fantasía sf fantasia; **alhajas de ~** gioielli fantasia.
fantasma sm fantasma m.
fantástico, a a fantastico(a).

fantoche [-tʃe] sm (también fig) fantoccio.
farándula sf (fam) chiacchiera.
fardo sm (lío) fagotto; (bulto) collo.
farfullar [-'ʎar] vt balbettare.
farmacéutico, a [-'θ-] a farmaceutico(a) // sm/f farmacista m/f.
farmacia [-θja] sf farmacia.
faro sm faro.
farol sm lampione m; **¡adelante con los ~es!** (fam) fatti coraggio!, avanti!
farolillo [-'ʎo] sm: **~ chino** lampioncino cinese.
farsa sf farsa.
fascinación [fasθina'θjon] sf fascino.
fascinador, ora [-s-] a affascinante.
fascinar [-s-] vt affascinare.
fase sf fase f.
fastidiar vt infastidire; **~se** vr infastidirsi.
fastidio sm fastidio.
fastidioso, a a fastidioso(a).
fastuoso, a a fastoso(a).
fatal a fatale; **un día ~** (fam) una giornataccia.
fatalidad sf fatalità f inv.
fatiga sf fatica.
fatigar vt affaticare, stancare; **~se** vr affaticarsi, stancarsi.
fatigoso, a a faticoso(a).
fatuo, a a fatuo(a); **fuego ~** fuoco fatuo.
favor sm favore m; **entrada de ~** biglietto di favore; **haga el ~ de esperar** abbia la cortesia di attendere; **hacer un ~ a alguien** fare un favore a qd.
favorable a favorevole.
favorecer [-'θer] vt favorire.
favorito, a a favorito(a) // sm/f prediletto/a.
faz [faθ] sf viso; (anverso) diritto.
fe sf fede f; (confianza) fiducia; (documento) atto, certificato; **actuar con buena/mala ~** agire in buona/mala fede; **~ de errata** errata-corrige m inv.
fealdad sf bruttezza.
febrero sm febbraio.
febril a febbrile.
fecundar vt fecondare.
fecundidad sf fecondità f inv.
fecundo, a a fecondo(a).
fecha ['fetʃa] sf data; **poner ~** datare.
fechar [-'tʃar] vt datare.
federación [-'θjon] sf federazione f.
felicidad [-θ-] sf felicità f inv; **¡felicidades!** auguri!
felicitación [feliθita'θjon] sf congratulazione f.
felicitar [-θ-] vt (dar el parabién) rallegrarsi con; (congratular) congratularsi con.
feliz [-θ] a felice.
felpa sf (tejido) felpa; (de toallas) spugna; (fam: zurra) sacco di botte; (: reprimenda) lavata di capo.
felpudo, a a felpato(a) // sm stuoia.
femenino, a a femminile.
fénix [-ks] sm fenice f.

fenómeno *sm* fenomeno // *a inv*
stupendo(a) // *excl:* ¡ ~! magnifico!
feo, a *a* brutto(a) // *ad* (AM): **oler ~**
esserci cattivo odore.
féretro *sm* feretro, bara.
feria *sf* fiera; (AM) mercato; (*asueto*)
vacanza.
feriado, a *a* festivo(a); **día ~** giorno
festivo.
fermentación [-'θjon] *sf* fermentazione
f.
fermentar *vi* fermentare.
fermento *sm* fermento.
ferocidad [-θ-] *sf* ferocia.
feroz [-θ] *a* feroce.
férreo, a *a* ferreo(a).
ferretería *sf* negozio di ferramenta.
ferrocarril *sm* ferrovia; **~ de**
cremallera ferrovia a cremagliera; **~**
de vía o **trocha angosta/ancha** ferrovia
a scartamento ridotto/largo.
ferroviario, a *a* ferroviario(a) // *sm*
ferroviere *m*.
fértil *a* fertile.
fertilidad *sf* fertilità *f inv*.
fertilizar [-'θar] *vt* fertilizzare.
fervor *sm* fervore *m*.
fervoroso, a *a* ardente.
festejar [-'xar] *vt* festeggiare; (*galantear*)
corteggiare.
festejo [-xo] *sm* festeggiamento.
festín *sm* festino.
festividad *sf* festività *f inv*.
festivo, a *a* festivo(a).
feudo *sm* feudo.
fiado *sm:* **comprar al ~** comprare a
credito.
fiador, ora *sm/f* garante *m/f*; (TECN: *de*
arma) sicura.
fiambre *a* freddo(a) // *sm* antipasto;
(*fam*) cadavere *m*.
fianza [-θa] *sf* garanzia; (JUR) cauzione *f*.
fiar *vt* (*salir garante*) garantire per;
(*vender al fiado*) vendere a credito // *vi.*
~se *vr* fidarsi.
fibra *sf* fibra; **~ de vidrio** lana di vetro.
ficción [fik'θjon] *sf* finzione *f*.
ficticio, a [-θjo] *a* fittizio(a).
ficha ['fitʃa] *sf* (*de biblioteca*) scheda; (*en*
el juego) gettone *m*, fiche *f inv*; (ELEC)
spina; **~ policial** fedina penale; **~**
sanitaria cartella sanitaria.
fichero [-'tʃ-] *sm* schedario.
fidelidad *sf* fedeltà *f inv*, **alta ~** (TECN)
alta fedeltà.
fideos *smpl* spaghetti *mpl*, vermicelli *mpl*.
fiebre *sf* febbre *f*.
fiel *a* fedele // *sm* (*de balanza*) indice *m*;
(*inspector*) ispettore *m*; **los ~es** (REL) i
fedeli.
fieltro *sm* feltro; **un sombrero de ~ gris**
un feltro grigio.
fiera *sf* fiera, belva.
fiero, a *a* crudele.
fierro *sm* (AM) ferro; (AM: *cuchillo*)
coltello; (AM: AUTO) acceleratore *m*.
fiesta *sf* festa.

figura *sf* figura.
figurar *vt* figurare // *vi* far parte; **~se**
vr figurarsi.
figurín *sm* figurino.
fijar [fi'xar] *vt* fissare; **~se** *vr* fissarsi; **~**
en osservare, fare attenzione a; **'se**
prohibe ~ carteles' 'divieto
d'affissione'.
fijo, a ['fixo] *a* fisso(a) // *ad:* **mirar ~**
fissare lo sguardo su.
fila *sf* fila; **ponerse en ~** far la fila;
alistarse en las ~s de (MIL) arruolarsi
come.
filatelia *sf* filatelia.
filete *sm* filetto.
filial *a*, *sf* filiale (*f*).
filo *sm* filo; **sacar ~ a** affilare; **al ~ del**
mediodía allo scoccare di mezzogiorno.
filología [-'xia] *sf* filologia.
filón *sm* filone *m*.
filosofía *sf* filosofia.
filósofo *sm* filosofo.
filoxera *sf* fillossera.
filtrar *vt* filtrare; **~se** *vr* filtrare; **~se**
en una fiesta (*fig*) intrufolarsi in una
festa.
filtro *sm* filtro.
fin *sm* fine *f*; (*finalidad*) fine *m*, scopo; **~**
de semana fine *m* o *f inv* settimana; **al ~**
y al cabo in fin dei conti; **a ~ de** allo
scopo di.
final *a* finale // *sm* finale *m*, fine *f* // *sf*
(DEPORTE) finale *f*.
finalizar [-'θar] *vt* finire, terminare // *vi*, **~se** *vr* concludersi.
finca *sf* proprietà *f inv*, casa di
campagna.
fineza [-θa] *sf* purezza, finezza; (*regalo*)
cortesia, gentilezza.
fingir [-'xir] *vt*, *vi* fingere, simulare; **~se**
vr fingersi.
fino, a *a* fine; (*delgado*) snello(a).
firma *sf* firma; (COM) ditta.
firme *a* fermo(a), fisso(a) // *sm:*
edificar en ~ costruire su terreno solido
// *ad* con fermezza; **trabajar ~** lavorare
sodo // *excl:* ¡ ~! attenti!
firmeza [-θa] *sf* solidità *f inv*, stabilità *f*
inv; (*de decisión*) fermezza.
fisco *sm* fisco.
físico, a *a* fisico(a) // *sf* fisica // *sm*
fisico.
fisonomía *sf* fisionomia.
flaco, a *a* (*persona*) magro(a);
(*argumento*) debole // *sm* debole *m*,
punto debole.
flagelar [-x-] *vt* flagellare.
flagrante *a:* **sorprender en ~** cogliere
in flagrante.
flamante *a* (*brillante*) lucente; (*nuevo*)
nuovissimo(a), nuovo(a) fiammante.
flamenco, a *a* fiammingo(a);
(*agitanado*) zingaresco(a) // *sm* (*canto y*
baile) flamenco; (ZOOL) fenicottero.
flanco *sm* fianco.
flaquear [-k-] *vi* indebolirsi.

flaqueza [-'keθa] *sf* magrezza; (*fig*) debolezza.
flauta *sf* flauto.
fleco *sm* frangia.
flecha [-'tʃa] *sf* freccia.
flechar [-'tʃar] *vt* ferire con frecce; (*fig*) far innamorare.
flema *sf* flemma.
fletamento *o* **fletamiento** *sm* nolo, noleggio.
fletar *vt* noleggiare; (AM: *fam*) cacciar via; ~se *vr* (AM: *fam*) svignarsela.
flete *sm* nolo, noleggio; (AM: *carga*) carico.
flexible *a* flessibile.
flojo, a ['floxo] *a* (*nudo*) lento(a); (*vestido*) largo(a), svolazzante; (*persona*) fiacco(a); (AM: *fig*) pusillanime.
flor *sf* fiore *m*; **la ~ y nata de la sociedad** il fior fiore della società.
florecer [-'θer] *vi* fiorire.
floreciente [-θ-] *a* (BOT) in fiore, fiorito(a); (*fig*) fiorente.
florería *sf* negozio di fiori.
florero *sm/f* fioraio/a // *sm* (*vaso*) vaso da fiori.
floresta *sf* foresta.
florido, a *a* fiorito(a).
flota *sf* flotta.
flotación [-'θjon] *sf* galleggiamento.
flotar *vi* (*en agua*) galleggiare; (*con aire*) sventolare, ondeggiare.
flote *sm* galleggiamento; **a ~ a galla**.
fluctuación [-'θjon] *sf* fluttuazione *f*.
fluctuar *vi* fluttuare, oscillare.
fluidez [-θ] *sf* fluidità *f inv*.
flúido, a *a* fluido(a); (*fig*) scorrevole.
fluir *vi* fluire, scorrere.
flujo ['fluxo] *sm* flusso.
fluvial *a* fluviale.
foca *sf* foca.
foco *sm* fuoco; (*fig*) focolaio; (ELEC) lampione *m*; (AM) lampadina; **fuera de ~** (FOTO) sfuocato(a).
fogón *sm* (*de cocina*) focolare *m*; (*de caldera*) fornello; (AM: *fogata*) falò *m inv*.
fogonero *sm* fuochista *m*.
fogosidad *sf* focosità *f inv*.
fogoso, a *a* focoso(a), impetuoso(a).
follaje [fo'ʎaxe] *sm* fogliame *m*.
folleto [-'ʎ-] *sm* prospetto.
fomentar *vt* (MED) applicare impacchi caldi a; (*fig*) fomentare.
fomento *sm* (MED) impacco caldo; (*promoción*) aiuto, patrocinio.
fonda *sf* (*pensión*) pensione *f*; (*restaurante*) trattoria.
fondeadero *sm* ormeggio.
fondear *vt* scandagliare; (*embarcación*) perquisire // *vi* ormeggiare, ancorarsi.
fondo *sm* fondo; **en el ~ de** in fondo a; (FIN): **cheque sin ~s** assegno scoperto; **~s disponibles** liquidi *mpl*.
fontanería *sf* lavoro dell'idraulico.
fontanero *sm* idraulico.
forajido [-'x-] *sm* fuorilegge *m inv*.

forastero, a *a* estraneo(a) // *sm/f* forestiero/a.
forcejear [forθexe'ar] *vi* far forza; (*fig*) dibattersi.
forja [-xa] *sf* (*de herrero*) fucina; (*acción de forjar*) fucinatura.
forjar [-'xar] *vt* (*metal*) fucinare, forgiare; (*fig: historia*) inventare, immaginare; ~se *vr* immaginarsi.
forma *sf* forma; (*molde*) stampo; (*de libro*) formato; (*modo*) forma, modo; **estar en ~** essere in forma.
formación [-'θjon] *sf* formazione *f*; (ESCOL) formazione *f*, educazione *f*; (MIL) schieramento.
formal *a* formale.
formalidad *sf* formalità *f inv*.
formalizar [-'θar] *vt* concretare, precisare.
formar *vt* formare; (MIL) schierare // *vi* (MIL) schierarsi; ~se *vr* formarsi.
formidable *a* (*temible*) spaventoso(a); (*asombroso*) formidabile, straordinario(a).
fórmula *sf* formula; **por pura ~** pro forma.
fornido, a *a* robusto(a).
foro *sm* (*tribunal*) foro; (TEATRO) *telón* fondale *m*, sfondo.
forraje [-xe] *sm* foraggio.
forrar *vt* foderare; (*libro*) ricoprire; (*cable*) rivestire.
forro *sm* fodera; (*de cuaderno etc*) copertina; (NAUT) fasciame *m*.
fortalecer [-'θer] *vt* fortificare; ~se *vr* fortificarsi.
fortaleza [-θa] *sf* forza, vigore *m*; (MIL) forte *m*, fortezza.
fortín *sm* fortino.
fortuito, a *a* fortuito(a), casuale.
fortuna *sf* fortuna; **correr ~** (NAUT) subire una tempesta.
forzar [-'θar] *vt* forzare; (*mujer*) violentare; (*persona*) costringere, obbligare.
forzoso, a [-θ-] *a* inevitabile, forzato(a).
forzudo, a [-θ-] *a* forte, robusto(a) // *sm* pezzo d'uomo, fusto.
fosa *sf* (*de cementerio*) fossa, sepoltura; (MED) fossa, cavità *f inv*; **~ marina** fossa oceanica; **~ séptica** fossa biologica.
fosforescencia [-'θenθja] *sf* fosforescenza.
fósforo *sm* fosforo; (AM) cerino, fiammifero.
fósil *a*, *sm* fossile (*m*).
foso *sm* fosso, fossato; (TEATRO) sottopalco; (AUTO) fossa.
foto *sf* (*abr de fotografía*) foto *f*.
fotografía *sf* fotografia.
fotografiar *vt* fotografare.
fotógrafo, a *sm/f* fotografo/a.
frac *sm* marsina, frac *m*.
fracaso *sm* insuccesso, fallimento.
fracción [frak'θjon] *sf* frazione *f*; (*fragmento*) parte *f*, porzione *f*.
fraccionar [-θ-] *vt* frazionare.

fractura *sf* frattura.

fragancia [-θja] *sf* fragranza.

fragata *sf* fregata.

frágil [-xil] *a* fragile.

fragilidad [-x-] *sf* fragilità *f inv*.

fragmento *sm* frammento.

fragor *sm* fragore *m*.

fragua *sf* fucina.

fraguar *vt* forgiare, fucinare; (*plan*) tramare // *vi* (*yeso etc*) far presa.

fraile *sm* frate *m*.

frambuesa *sf* lampone *m*.

francés, esa [-'θ-] *a*, *sm/f* francese (*m/f*).

Francia [-θja] *sf* Francia.

franco, a *a* franco(a); (*liberal*) liberale, aperto(a) // *sm* franco; **tener un día ~** (*AM*) avere una giornata libera; **~~ italiano** italo-francese; **~filo** francofilo; **~ de** (*COM*) esente da.

franela *sf* flanella.

franja [-xa] *sf* fascia, striscia; (*fleco*) frangia; **tela a ~s** stoffa a righe.

franquear [-k-] *vt* (*camino*) sbarazzare, sgombrare; (*carta etc*) affrancare; (*obstáculo*) superare; (*puerta*) passare, varcare; **~se** *vr* confidarsi.

franqueo [-'keo] *sm* affrancatura.

franqueza [-'keθa] *sf* franchezza.

frasco *sm* boccetta, flacone *m*.

frase *sf* frase *f*.

fraseología [-'xia] *sf* fraseologia.

fraternal *a* fraterno(a).

fraude *sm* truffa, frode *f*.

fraudulento, a *a* fraudolento(a).

frazada [-'θ-] *sf* coperta.

frecuencia [-θja] *sf* frequenza; **~ modulada** (*RADIO*) modulazione *f* di frequenza.

fregar *vt* strofinare.

fregona *sf* sguattera.

freir *vt* friggere.

fréjol *sm* = **frijol**.

frenesí *sm* frenesia.

frenético, a *a* frenetico(a).

freno *sm* (*también fig*) freno; **~ de mano** freno a mano.

frente *sm* fronte *m*; (*ARQUIT*) facciata // *sf* fronte *f*; **¡de ~!** (*MIL*) avanti!; **en ~ de** fronte; **en ~ de** di fronte a; **~ a ~** faccia a faccia; **~ por ~ de** dirimpetto a.

fresa *sf* (*BOT*) fragola; (*TECN: de dentista*) trapano.

fresco, a *a* fresco(a); (*sereno*) impassibile // *sm* fresco; (*ARTE*) affresco; (*fam*) faccia tosta; **pintar al ~** affrescare.

frescura *sf* freschezza; (*descaro*) sfacciataggine *f*.

fresno *sm* frassino.

frialdad *sf* freddezza.

fricción [frik'θjon] *sf* frizione *f*.

frigidez [fraxi'ðeθ] *sf* frigidità *f inv*.

frigorífico, a [-x-] *a* frigorifero(a) // *sm* (*también AM*) frigorifero.

frijol [-'xol] *sm* fagiolo.

frío, a *a* freddo(a) // *sm*: **un ~ de mil diablos** (*fam*) un freddo cane.

friolera *sf* bagatella, inezia.

frisar *vt* arricciare // *vi*: **~ la cincuentena** essere sulla cinquantina o avvicinarsi ai cinquanta.

friso *sm* (*AM*) fregio.

frito, a *pp de* freir // *a* fritto(a); (*AM: fig*): **estar ~** essere fritto.

frívolo, a *a* frivolo(a).

frondoso, a *a* frondoso(a).

frontera *sf* frontiera.

frontispicio [-θjo] *sm* (*de libro*) frontespizio; (*ARQUIT*) facciata.

frontón *sm* (*ARQUIT*) frontone *m*; (*para jugar*) parete contro cui si getta il pallone.

frotar *vt* (*cuerpo*) frizionare; (*mueble etc*) strofinare; **~se** *vr*: **~se las manos** fregarsi le mani.

frote *sm* sfregamento.

fructífero, a *a* fruttifero(a).

fructificar *vi* fruttificare.

fructuoso, a *a* fruttuoso(a).

frugal *a* frugale.

fruición [-'θjon] *sf* piacere *m*.

fruncir [-'θir] *vt* (*entrecejo*) aggrottare; (*tela*) arricciare.

frustrar *vt* frustrare, deludere.

fruta *sf* frutta.

fruto *sm* frutto.

fuego *sm* fuoco; **¡~!** al fuoco!; **abrir ~** aprire il fuoco; **~s artificiales** fuochi *mpl* d'artificio; **¿tienes ~?** mi fai accendere?

fuente *sf* (*de plaza*) fontana; (*fig*) fonte *f*; (*manantial*) sorgente *f*; (*COC*) piatto da portata; **lo sé de buena ~** (*fig*) lo so da fonte bene informata; **~ bautismal** fonte *m* battesimale.

fuera *ad* fuori; **~ de esto ...** oltre a questo ...; **~ de la ciudad** fuori città; **estar ~ de sí** esser fuori di sé; **mirar algo por ~** guardare qc superficialmente; **~ de serie** fuoriserie *f inv*.

fuero *sm* foro, giurisdizione *f*; (*compilación*) corpo di leggi; (*privilegio*) diritto, privilegio.

fuerte *a* forte; (*resistente*) solido(a); (*grande*) considerevole, grosso(a) // *ad* forte // *sm* (*MIL*) forte *m*; **ser ~ en matemáticas** essere bravo in matematica.

fuerza [-θa] *sf* forza; **cobrar ~s** farsi forza; **hacer algo a la ~** fare qc con la forza.

fuga *sf* fuga; (*ardor*) foga.

fugacidad [-θ-] *sf* fugacità.

fugarse *vr* fuggire, scappare.

fugaz [-θ] *a* fugace.

fugitivo, a [-x-] *a* fugace, fuggevole // *sm/f* fuggiasco/a, fuggitivo/a.

fulano, a *sm/f* tizio/a; **F~, Mengano y Zutano** Tizio, Caio e Sempronio.

fulgor *sm* fulgore *m*.

fulminante *a* fulminante // *sm* (*AM*) fiammifero.

fulminar vt fulminare // vi esplodere.
fumador, ora sm/f fumatore/trice.
fumar vt, vi fumare; ~ **en pipa** fumare la pipa; **'se prohibe ~'** 'vietato fumare'.
función [-'θjon] sf funzione f; (TEATRO) spettacolo.
funcionar [-θ-] vi funzionare.
funcionario, a [-θ-] sm/f funzionario/a.
funda sf (de tela, plástico) fodera; (de almohada) federa; (de pistola) fondina.
fundación [-'θjon] sf fondazione f.
fundamental a fondamentale.
fundamentar vt fondare.
fundamento sm fondamento.
fundar vt fondare; ~**se** vr fondarsi.
fundición [-'θjon] sf (de metal) fusione f; (fábrica) fonderia; (TIP) carattere m.
fundir vt fondere; ~**se** vr fondersi; (AM: COM) fallire, rovinarsi.
fúnebre a funebre.
funesto, a a funesto(a).
furgón sm furgone m; (FERR) bagagliaio.
furia sf furia.
furioso, a a furioso(a).
furor sm furore m; **hacer** ~ far furore.
furtivo, a a furtivo(a).
fusil sm fucile m.
fusilar vt fucilare.
fusión sf fusione f.
fuste sm (de lanza) asta; (de silla) arcione m; (ARQUIT: de columna) fusto; (fig) entità, valore m.
fustigar vt fustigare.
fútil a futile, banale.
futilidad sf, **futileza** [-θa] sf futilità f inv.
futuro, a a futuro(a) // sm futuro.

G

g/ abr de giro.
gabán sm cappotto.
gabinete sm gabinetto.
gaceta [-'θ-] sf gazzetta.
gacetilla [gaθe'tiʎa] sf cronaca; (fam) gazzettino.
gacha [-tʃa] sf brodaglia.
gafas sfpl occhiali mpl.
gaita sf: ~ **(gallega)** cornamusa // sm (AM): **es un** ~ è un galiziano.
gajes ['gaxes] smpl stipendio; **los** ~ **del oficio** le noie del mestiere.
gajo [-xo] sm (de árbol) ramo; (de naranja) spicchio; (de tenedor) rebbio.
gala sf abito di gala; (fig) grazia, garbo; **uniforme de** ~ alta uniforme; **hacer** ~ **de** vantarsi di.
galán sm corteggiatore m; **primer** ~ (TEATRO) primo attore.
galante a galante, gentile.
galantear vt corteggiare.
galantea sm corteggiamento.
galantería sf galanteria.

galardón sm premio, ricompensa.
galardonar vt premiare, ricompensare.
galeote sm galeotto, forzato.
galeoto sm ruffiano.
galera sf (NAUT) galera; (de hospital) corsia; (TIP) vantaggio; (AM: sombrero) cappello a tuba.
galería sf galleria.
galgo, a sm/f levriere m.
galimatías sm miscuglio di parole senza senso.
galopar vi galoppare.
galope sm galoppo.
gallardete [-ʎ-] sm gagliardetto.
gallardía [-ʎ-] sf coraggio, valore m.
gallardo, a [-ʎ-] a gagliardo(a).
gallego, a [-'ʎ-] a, sm/f galiziano(a) // sm/f (AM: pey) spagnolo/a.
galleta [-'ʎ-] sf biscotto; (fam) schiaffo; **colgar la** ~ **a uno** (AM: fam) mettere alla porta qd.
gallina [-'ʎ-] sf gallina // sm (AM: pey) codardo, coniglio; ~ **ciega** (juego) mosca cieca.
gallo ['gaʎo] sm gallo; (fig: al cantar) stecca; (: quien manda) capoccia, caporione m.
gamo, a sm/f (ZOOL) daino // sf gamma.
gamuza [-θa] sf camoscio.
ganá sf voglia **de buena/mála** ~ di buona/mala voglia; **hacer lo que le da la** ~ fare come gli pare; **hacer algo sin** ~s fare qc controvoglia; **tenerle** ~s **a alguien** avere voglia di provocare qd.
ganadería sf (ganado) bestiame m; (cria y comercio) allevamento.
ganado sm bestiame m.
ganancia [-θja] sf guadagno; (beneficio) profitto, utile m.
ganar vt vincere; (dinero, tiempo) guadagnare; (lugar) raggiungere; (MIL) conquistare; ~**se** vr guadagnarsi.
gancho [-tʃo] sm gancio, uncino; **aguja de** ~ uncinetto; ~ **de carnicero** (AM) gancio da macellaio; **hacer** ~ (AM: fig) aiutare qd ad ottenere qc.
ganga sf (ZOOL) francolino; (buena ocasión) cuccagna, buona occasione.
gangrena sf cancrena.
gansada sf (fam) stupidaggine f.
ganso, a sm/f (también fig) oca.
ganzúa [-'θua] sf grimaldello // sm/f (fam) ladro/a.
garabato sm uncino, gancio; (en la escritura) scarabocchio.
garante a, sm/f garante (m/f).
garantizar [-'θar], **garantir** vt garantire.
garapiñado, a [-'ɲ-] a: **almendra** ~a mandorla caramellata.
garbanzo [-θo] sm cece m.
garbo sm garbo, grazia.
garboso, a a elegante, grazioso(a).
garfio sm uncino.
garganta sf gola.
gargantilla [-'ʎa] sf collana.

gárgara *sf* gargarismo; **hacer** ∼**s** fare gargarismi.

gárgola *sf* (*ARQUIT*) gargolla.

garita *sf* garitta.

garra *sf* artiglio; (*fig*) grinta; **tener** ∼ **para** avere grinta per.

garrafa *sf* caraffa; ∼ **de gas** (*AM*) bombola di gas.

garrido, a *a* elegante.

garrote *sm* randello; (*suplicio*) garrotta; (*MED*) laccio emostatico.

garrulería *sf* chiacchiere *fpl*.

gárrulo, a *a* garrulo(a).

garza [-θa] *sf* airone *m*.

garzo, a [-θo] *a* azzurro(a); **ojos** ∼**s** occhi *mpl* azzurri.

gas *sm* gas *m inv*.

gasa *sf* garza.

gaseoso, a *a* gassoso(a); **bebidas** ∼**as** bibite *fpl* gassose o gassate.

gasolina *sf* benzina.

gasómetro *sm* gassometro.

gastado, a *a* consumato(a).

gastador, a *a* spendaccione(a) // *sm* (*MIL*) guastatore m.

gastar *vt* (*dinero*) spendere; (*tiempo, fuerzas*) sprecare; ∼**se** *vr* consumarsi; ∼ **bromas** fare scherzi.

gasto *sm* (*desembolso*) spesa; (*consumo*) consumo; **meterse en** ∼**s** fare delle spese.

gatear *vi* (*andar a gatas*) camminare gattoni; (*trepar*) arrampicarsi; ∼**se** *vr* graffiarsi; (*fig: fam*) fregare.

gatillo [-ʎo] *sm* (*de un arma*) cane *m*; (*fam*) ladruncolo.

gato, a *sm/f* gatto/a;(*TECN*) cric *m*, martinetto; ∼ **callejero** gatto randagio; ∼ **de angora** gatto d'Angora; ∼ **montés** gatto selvatico; **aquí hay** ∼ **encerrado** (*fig*) qui gatta ci cova; **no había ni un** ∼ non c'era un cane; **andar a** ∼**as** camminare gattoni.

gaucho [-tʃo] *sm* gaucho.

gaveta *sf* cassetto.

gavilán *sm* (*ZOOL*) sparviero *m*; (*de lapicera*) punta; (*de espada*) ritto.

gavilla [-ʎa] *sf* (*de cereales*) covone *m*; (*de sarmientos*) fascina; (*fig*) banda.

gaviota *sf* gabbiano.

gazapera [-θ-] *sf* tana.

gazapo [-θ-] *sm* coniglietto; (*TIP*) refuso; (*fig: fam*) volpone *m*.

gazmoño, a [gaθ'moɲo], **gazmoñero, a** [gaθmo'ɲero] *a*, *sm/f* bigotto(a).

gaznate [-θ-] *sm* gola.

gelatinoso, a *a* [x-] *a* gelatinoso(a).

gélido, a [ˈx-] *a* gelido(a).

gema [ˈx-] *sf* gemma.

gemelo, a [x-] *a* gemello(a) // *smpl* (*de teatro*) binocolo; (*de camisa*) gemelli *mpl*; **G**∼**os** (*ASTROL*) Gemelli.

gemido [x-] *sm* gemito.

gemir [x-] *vi* gemere.

genealogía [xenealoˈxia] *sf* genealogia.

generación [xeneraˈθjon] *sf* generazione *f*.

general [x-] *a* generale; (*vago*) generico(a); **en** ∼ in generale o genere; **por lo** ∼ generalmente // *sm* generale *m*.

generalidad [x-] *sf* generalità *f inv*.

generalización [xeneraliθaˈθjon] *sf* generalizzazione *f*.

generalizar [xeneraliˈθar] *vt* generalizzare; ∼**se** *vr* estendersi, generalizzarsi.

generar [x-] *vt* generare.

genérico, a [x-] *a* generico(a).

género [ˈx-] *sm* genere *m*.

generosidad [x-] *sf* generosità.

generoso, a [x-] *a* generoso(a).

génesis [ˈx-] *sf* genesi.

genial [x-] *a* geniale.

genio [x-] *sm* genio; (*carácter*) indole *f*, temperamento; (*humor*) carattere *m*, umore *m*; **tener mal** ∼ avere un cattivo carattere.

gente [ˈx-] *sf* gente *f*; **la** ∼ **menuda** i bambini; **ser** ∼ **de bien** essere gente per bene; ∼ **de negocios** uomini *mpl* d'affari.

gentil [x-] *a* gentile.

gentileza [xentiˈleθa] *sf* gentilezza.

gentilhombre [x-] *sm* gentiluomo.

gentío [x-] *sm* folla.

genuflexión [xenuflekˈsjon] *sf* genuflessione *f*.

genuino, a [x-] *a* genuino(a).

geografía [x-] *sf* geografia.

geógrafo, a [x-] *sm/f* geografo/a.

geología [xeoloˈxia] *sf* geologia.

geometría [x-] *sf* geometria.

gerencia [xeˈrenθja] *sf* amministrazione *f*.

gerente [x-] *sm* amministratore *m*.

germanía [x-] *sf* gergo.

germen [ˈx-] *sm* (*también fig*) germe *m*.

germinar [x-] *vi* germinare.

gesticulación [xestikulaˈθjon] *sf* gesticolazione *f*.

gestión [x-] *sf* (*COM*) gestione *f*; **hacer las gestiones necesarias** fare le pratiche necessarie.

gestionar [x-] *vt* (*puesto*) far le pratiche per; (*negocio*) trattare.

gesto [ˈx-] *sm* gesto.

Gibraltar [x-] *sm* Gibilterra.

gigante [x-] *a* gigantesco(a) // *sm/f* gigante/tessa.

gimnasia [x-] *sf* ginnastica.

gimnasio [x-] *sm* palestra.

gimnástico, a [x-] *a* ginnastico(a).

ginebra [x-] *sf* acquavite *f* di ginepro.

gira [ˈx-] *sf* (*excursión*) gita; **estar en** ∼ (*TEATRO. MUS*) essere in tournée.

girador, a [x-] *sm/f* (*COM*) traente *m/f*.

girar [x-] *vt* girare; (*cheque*) emettere // *vi* girare; ∼ **a la derecha** girare a destra.

girasol [x-] *sm* girasole *m*.

giro ['x-] *sm* giro; (*fig*) piega; ~ **bancario** (*FIN*) bonifico; ~ **postal/telegráfico** vaglia *m inv* postale/telegrafico.
gitano, a [x-] *a* gitano(a) // *sm/f* zingaro/a.
glacial [-'θal] *a* glaciale.
glándula *sf* ghiandola.
glicerina [-θ-] *sf* glicerina.
globo *sm* globo; (*aeróstato, juguete*) pallone *m*; (*fig: fam*) balla, frottola; ~ **ocular/terrestre** globo oculare/terracqueo.
gloria *sf* gloria; **estar en la** ~ andare in gloria.
gloriarse *vr* vantarsi.
glorieta *sf* pergolato.
glorificar *vt* glorificare; ~**se** *vr* gloriarsi.
glorioso, a *a* glorioso(a).
glosario *sm* glossario.
glotón, ona *a* ghiotto(a).
glotonería *sf* ghiottoneria.
gobernación [-'θjon] *sf* governo.
gobernador, a *a a* governante // *sm* governatore *m*.
gobernante *a* governante // *sm* governante *m*.
gobernar *vt* governare.
gobierno *sm* governo; **para su** ~ (*fig*) per sua norma e regola.
goce [-θe] *sm* (*disfrute*) godimento; (*placer*) gusto, piacere *m*.
gola *sf* gola.
goleta *sf* goletta.
golfa *sf* (*fam*) puttana.
golfo *sm* golfo; (*pers*) monello.
golondrina *sf* rondine *f*.
golosina *sf* leccornia; ~**s** *fpl* dolci *mpl*.
goloso, a *a* ghiotto(a).
golpe *sm* colpo; (*choque*) urto; **dar el** ~ far colpo; **de un** ~ in una volta sola; **de** ~ di colpo; **de azar** colpo di fortuna; ~ **de efecto** colpo di scena; ~ **de vista** occhiata.
golpear *vt, vi* (*a la puerta*) bussare; (*persona*) picchiare.
gollete [-'ʎ-] *sm* (*cuello*) gola; (*de botella*) collo.
goma *sf* gomma; ~ **arábiga** gomma arabica; ~ **de pegar** colla; **espuma de** ~ **o gomapluma** gommapiuma ®; ~ **de borrar** (*AM*) gomma per cancellare; ~**s** *fpl* (*AUTO*) gomme *fpl*.
góndola *sf* gondola.
gordo, a *a* grosso(a); (*persona, carne, animal*) grasso(a); (*fig: fam*) importante, grosso(a) // *sm*: **sacarse el** ~ vincere il primo premio della lotteria // *sf* (*fig: fam*): **armarse la** ~ succedere un putiferio.
gorila *sm* gorilla *m*.
gorjear [-x-] *vi* gorgheggiare.
gorjeo [-'eo] *sm* gorgheggio.
gorra *sf* berretto; **vivir de** ~ (*fam*) vivere a sbafo.
gorrión *sm* passerotto.

gorro *sm* berretto; (*de baño*) cuffia.
gorrón *sm* (*guijarro*) ciottolo; (*TECN*) perno.
gota *sf* goccia; (*MED*) gotta.
gotear *vi* gocciolare; (*lloviznar*) piovigginare.
gotera *sf* perdita d'acqua; ~**as** *fpl* (*fam*) acciacchi *mpl*.
gótico, a *a* gotico(a) // *sm* gotico.
gozar [-'θar] *vi* godere.
gozne [-θ-] *sm* cardine *m*.
gozo [-θo] *sm* gioia, allegria.
gozoso, a [-'θ-] *a* gioioso(a), allegro(a).
g.p. *abr de* **giro postal**.
grabado *sm* incisione *f*.
grabador *sm* incisore *m*.
grabadora *sf* registratore *m*.
grabar *vt* (*en madera, discos*) incidere; (*en cintas*) registrare.
gracejo [gra'θexo] *sm* grazia.
gracia [-θja] *sf* grazia; ¡ ~**s!** grazie!; ~**s a** grazie a; **caer en** ~ **a uno** piacere a qd; **eso tiene** ~ questa è bella o mi piace; ¿**cuál es su** ~? com'è il suo nome?; **dar las** ~ **s por algo** ringraziare per qc.
gracioso, a [-'θ-] *a* (*cómico*) buffo(a); (*divertido*) divertente; (*encantador*) grazioso(a); (*simpático*) piacevole // *sm* (*TEATRO*) buffone *m*; **hacerse el** ~ (*fam*) fare lo spiritoso.
grada *sf* (*de escalera*) gradino; (*de anfiteatro*) gradinata; (*AGR*) erpice *m*.
gradación [-'θjon] *sf* gradazione *f*.
gradería *sf* gradinata.
grado *sm* grado; (*ESCOL*) anno; (: *título*) titolo; **hacer algo de buen** ~ fare qc di buon grado.
graduación [-'θjon] *sf* (*de alcohol*) gradazione *f*; (*jerarquía*) grado; (*acto de graduarse*) esame *m* di laurea.
gradual *a* graduale.
graduar *vt* (*termómetro*) graduare; ~**se** *vr* laurearsi; ~ **a uno de** (*MIL*) conferire a qd il grado di; (*ESCOL*) conferire a qd il titolo di.
gráfico, a *a* grafico(a) // *sm* grafico.
Gral (*abr de* **General**) Gen.
gramática *sf* grammatica.
gramo *sm* grammo.
gran *a ver* **grande**.
grana *sf* (*BOT*) granitura; (*ZOOL*) cocciniglia; (*tela*) panno scarlatto.
Granada *sf* Granada.
granada *sf* (*BOT*) melagrana; (*MIL*) granata.
granadino, a *a, sm/f* (*abitante m/f*) di Granada // *sf* granatina.
granado, a *a* (*AGR*) maturo(a); (*fig*) principale, illustre // *sm* (*BOT*) melograno.
granate *a* granato(a) // *sm* granato.
Gran Bretaña [-ɲa] *sf* Gran Bretagna.
grande, gran *a* grande; (*AM: de edad*) anziano(a) // *sm* grande *m*.
grandeza [-θa] *sf* grandezza.
grandioso, a *a* grandioso(a).

grandor *sm* grandezza.

granel *sm*: **a ~** in abbondanza.

granero *sm* granaio.

granito *sm* granello; (MED) foruncolo; (*roca*) granito.

granizada [-'θ-] *sf* grandinata; (*bebida*) granita.

granizar [-'θar] *vi* grandinare.

granizo [-θo] *sm* grandine,*f*.

granja [-xa] *sf* fattoria, cascina.

granjearse [-x-] *vr*: **~ la simpatía de** accattivarsi la simpatia di.

grano *sm* grana; (*de cereal*) grano; (*de café, uva*) chicco; (MED) brufolo; (*partícula*) granello.

granoso, a *a* granuloso(a).

granuja [-xa] *sf* uva // *sm* monello.

grapa *sf* graffetta.

grasa *sf* grasso; (*mugre*) untume *m*; **hechar ~** (*fam*) ingrassare.

grasiento, a *a* unto(a), untuoso(a).

gratificación [-'θjon] *sf* gratificazione *f*.

gratificar *vt* gratificare.

gratis *ad* gratis.

gratitud *sf* gratitudine *f*.

grato, a *a* gradevole, piacevole.

gratuito, a *a* gratuito(a).

gravamen *sm* gravame *m*, onere *m*.

gravar *vt* gravare.

grave *a* grave.

gravedad *sf* gravità; **fuerza de ~** forza di gravità.

gravitación [-'θjon] *sf* gravitazione *f*.

gravitar *vi* gravitare.

gravoso, a *a* gravoso(a).

graznar [-θ-] *vi* (*cuervo*) gracchiare; (*aves*) schiamazzare; (*búho*) stridere.

Grecia [-θja] *sf* Grecia.

greda *sf* creta.

gredoso, a *a* argilloso(a).

gregario, a *a* gregario(a).

gremio *sm* sindacato.

greña [-ɲa] *sf* zazzera.

gresca *sf* (*ruido*) cagnara; (*riña*) rissa, alterco; **armar ~** azzuffarsi.

grey *sf* gregge *m*.

griego, a *a*, *sm/f* greco(a).

grieta *sf* (*de terreno, muro*) fessura, crepa; (*de piel*) screpolatura.

grifo *sm* rubinetto.

grillo [-ʎo] *sm* (ZOOL) grillo; **~s** *mpl* ceppi *mpl*.

gripe *sf* influenza.

gris *a* grigio(a) // *sm* grigio.

gritar *vi*, *vt* gridare.

gritería *sf*, **griterío** *sm* schiamazzo, vocio.

grito *sm* grido; **a ~ pelado** a squarciagola; **poner el ~ en el cielo** protestare violentemente.

grosella [-ʎa] *sf* ribes *m* (*frutto*).

grosería *sf* (*vulgaridad*) rozzezza; (*descortesía*) scortesia.

grosero, a *a* (*vulgar*) rozzo(a); (*descortés*) scortese.

grosor *sm* grossezza, spessore *m*.

grotesco, a *a* grottesco(a).

grúa *sf* gru *f inv*.

grueso, a *a* (*gordo*) grasso(a); (*voluminoso*) grosso(a), grande // *sm* grossezza // *sf* grossa; **intestino ~** (ANAT) intestino crasso; **comprar en ~** (COM) comprare all'ingrosso; **el ~ del ejército** il grosso dell'esercito.

grulla [-ʎa] *sf* gru *f* (ZOOL).

grumete *sm* mozzo.

grumo *sm* grumo.

gruñido [-'ɲ-] *sm* (*de cerdo*) grugnito; (*de persona*) brontolio.

gruñir [-'ɲ-] *vi* (*cerdo*) grugnire; (*persona*) brontolare.

grupa *sf* groppa.

grupo *sm* gruppo.

gruta *sf* grotta.

guadaña [-ɲa] *sf* falce *f*.

guadañar [-'ɲar] *vt* falciare.

gualdrapa *sf* (*de caballo*) gualdrappa; (*fam*) cencio.

guano *sm* guano.

guante *sm* guanto; **echar el ~** gettare il guanto; **~ de cabritilla** guanto scamosciato.

guapo, a *a* (*fam*: *hermoso*) elegante; (*mujer*) bello(a); (*valiente*) valoroso(a) // *sm* (*pey*) bravaccio.

guarda *sm* guardia *m*, custode *m* // *sf* guardia.

guardabosque [-ke] *sm* guardaboschi *m inv*.

guardacostas *sm inv* guardacoste *m inv*.

guardador, a *a* conservatore(trice) // *sm* custode *m*.

guardaespaldas *sm/f inv* guardia del corpo.

guardapolvo *sm* spolverino; (*de niño*) grembiule *m*; (*de muebles*) fodera; (*de reloj*) calotta.

guardar *vt* tenere, conservare; (*secreto*) mantenere; (*animales*) sorvegliare, custodire; (*ordenar*) mettere a posto; **~se** *vr* guardarsi; (*de frío*) proteggersi; **~ cama** stare a letto; **~ distancia** mantenere le distanze.

guardarropa *sm* guardaroba *m inv*.

guardavía *sm* guardalinee *m inv*.

guardia *sf*, *sm* guardia; **estar de ~** essere di guardia; **montar ~** montare la guardia; **ponerse en ~** mettersi in guardia; **~ civil** ≈ carabiniere *m*; **G~ Civil** ≈ Carabinieri *mpl*; **~ de corps** guardia del corpo; **~ de tráfico** vigile *m* urbano.

guardián, ana *sm/f* guardiano/a.

guarecer [-'θer] *vt* proteggere; **~se** *vr*: **~se de la lluvia** ripararsi dalla pioggia.

guarida *sf* tana.

guarismo *sm* (*cifra*) cifra; (*número*) numero.

guarnecer [-'θer] *vt* (*equipar*) fornire, equipaggiare; (*adornar*) guarnire; (*reforzar*) rinforzare; (MIL) fortificare.

guarnición [-'θjon] *sf* guarnizione *f*;
(*arneses*) finimenti *mpl*; (MIL)
guarnigione *f*.
guasa *sf* burla.
Guatemala *sf* Guatemala *m*.
gubernativo, a *a* governativo(a).
guedeja [ge'δexa] *sf* chioma.
guerra ['g-] *sf* guerra; dar ~ (*fam*)
rompere le scatole; ~ de nervios
guerra di nervi *o* psicologica; ~ fría
guerra fredda.
guerrear [g-] *vi* guerreggiare.
guerrero, a [g-] *a*, *sm/f* guerriero(a).
guerrilla [ge'rriʎa] *sf* guerriglia.
guerrillero, a [gerri'ʎero] *sm/f*
guerrigliero/a.
guía ['gia] *sm/f* guida // *sf* guida; (*de
bicicleta*) manubrio; ~ de ferrocarriles
orario ferroviario; ~ de teléfonos
elenco telefonico; ~ turística guida
turistica.
guiar [gi-] *vt* guidare, condurre; ~se *vr*
orientarsi.
guija ['gixa] *sf* ciottolo.
guijarro [gi'xarro] *sm* = guija.
guillotina [giʎ-] *sf* ghigliottina; (*para
papel*) taglierina.
guinda ['g-] *sf* amarena.
guindilla [gin'diʎa] *sf* peperoncino // *sm*
(*fam*) poliziotto.
guindo ['g-] *sm* amareno.
guiñapo [gi'napo] *sm* cencio.
guiñar [gi'nar] *vt* (*el ojo*) strizzare // *vi*
ammiccare; (NAUT) straorzare.
guión [gi-] *sm* (*de cajón*) guida; (LING)
trattino; (CINE) copione *m*.
guirnalda [g-] *sf* ghirlanda.
guisa ['g-] *sf* modo; a ~ de a guisa di.
guisado [g-] *sm* (COC) spezzatino; (*fam*)
faccenda.
guisante [g-] *sm* pisello.
guisar [g-] *vi* cucinare.
guiso ['g-] *sm* spezzatino, umido.
guita ['g-] *sf* (*fig: fam*) soldi *mpl*, grana.
guitarra [g-] *sf* chitarra.
gula *sf* ingordigia, gola.
gusano *sm* baco; (*lombriz*) verme *m*,
lombrico; ~ de seda baco da seta.
gustar *vt* assaggiare, provare // *vi*
piacere; me gusta comer mi piace
mangiare.
gusto *sm* gusto; (*placer*) piacere *m*;
tener buen ~ avere buon gusto;
sentirse a ~ sentirsi a proprio agio;
con (mucho) ~ con piacere; mucho
~ en conocerle piacere di conoscerLa;
tomar ~ a prender gusto a.
gustoso, a *a* gustoso(a), saporito(a);
(*agradable*) piacevole.
gutural *a* gutturale.

H

haba *sf* fava; en todas partes cuecen
~s (*fig*) tutto il mondo è paese.

Habana *sf*: la ~ l'Avana.
habano, a *a*, *sm/f* (abitante *m/f*)
dell'Avana // *sm* avana *m*.
haber *vb aux* (*con vt*) avere; (*con vi*)
essere; de haberlo sabido se lo avessi
saputo; ~ de dovere; han de ser las
siete saranno le sette // *vb impersonal*:
hay esserci; hay que bisogna;
habérselas con uno avere a che fare
con qd; ¿qué hay? cosa c'è?; no hay
de qué prego; tres años ha tre anni fa
// *sm* (FIN) avere *m*; ~es *mpl* averi
mpl.
habichuela [-'tʃ-] *sf* fagiolo.
hábil *a* bravo(a), capace; día ~ giorno
feriale.
habilidad *sf* abilità *f inv*.
habilidoso, a *a* furbo(a), ingegnoso(a).
habilitación [-'θjon] *sf* abilitazione *f*;
(*financiamiento*) finanziamento; (*oficina*)
ufficio di cassa.
habilitado *sm* cassiere *m*.
habilitar *vt* abilitare; (*autorizar*)
autorizzare; (*financiar*) finanziare.
habitación [-'θjon] *sf* (*residencia*)
abitazione *f*, casa; (*cuarto*) stanza,
camera; ~ doble/matrimonial/de
dos camas camera doppia/
matrimoniale/con due letti.
habitante *sm/f* abitante *m/f*.
habitar *vt* abitare // *vi* abitare, vivere.
hábito *sm* (*costumbre*) abitudine *f*; (*de
religioso*) abito; tener el ~ de avere
l'abitudine di.
habitual *a* abituale, solito(a) // *sm/f*
cliente *m/f* abituale.
habituar *vt* abituare; ~se *vr* abituarsi.
habla *sf* parola; (*idioma*) lingua; (*forma
de hablar*) parlata; perder el ~
rimanere senza parola; de ~ francesa
di lingua francese; negar *o* quitar el ~
a uno rifiutare *o* togliere la parola a qd;
al ~ in comunicazione; (NAUT) a portata
di voce.
hablado, a *a* detto(a); bien ~
educato(a); mal ~ sboccato(a).
hablador, a *a*, *sm/f* (*parlanchín*)
chiacchierone(a); (*chismoso*)
pettegolo(a).
habladuría *sf* chiacchiere *fpl*; ~s *fpl*
pettegolezzi *mpl*, chiacchiere *fpl*.
hablar *vt* parlare; (*decir*) dire // *vi*
parlare; ~se *vr* parlarsi; ~ alto *o* en
voz alta/bajo *o* en voz baja parlare a
voce alta/bassa; ~ a solas parlare da
solo; ~ en broma scherzare; ¡ni ~!
neanche per sogno!; ¿quién habla? chi
parla?; hechos que hablan por sí
mismos fatti che parlano chiaro.
hacedor [aθ-] *sm* artefice *m*.
hacendado [aθ-] *sm* possidente *m*,
proprietario.
hacendero, a, hacendoso, a [aθ-] *a*
laborioso(a), attivo(a).
hacer [a'θer] *vt* fare; (*producto*)
produrre, fare; (TECN) costruire, fare;

(*preparar*) preparare, fare; (*TEATRO: papel*) fare la parte di; (*pensar*) pensare, credere; (*acostumbrar*) abituare // vi fare; ~se vr (*fabricarse*) farsi; (*volverse*) diventare, farsi; (*acostumbrarse*) farsi, abituarsi; ¿**qué haces?** cosa fai?; ~ **como que** o **como si** far finta di; ~ **de** fare da; ~ **para** o **por llegar** fare di tutto per arrivare; **no le hace** non fa niente, non importa; **hace dos años** due anni fa; ~ **cine** fare del cinema; ~**se el sordo** fare il sordo; ~**se viejo** invecchiare; ~**se a** abituarsi a; ~**se a un lado** farsi da parte; **se me hace que. . .** (AM) mi pare che. . . .

hacia ['aθja] *prep* verso.

hacienda [a'θ-] *sf* beni, patrimonio, (*propiedad*) proprietà *f inv*, tenuta; ~ **pública** Tesoro; **Ministerio de H~** Ministero delle Finanze o del Tesoro.

hacina [a'θ-] *sf* mucchio; (AGR) covone *m*.

hacha ['atʃa] *sf* ascia; (*antorcha*) torcia.

hada *sf* fata; **cuentos de** ~**s** fiabe *fpl*.

Haití *sm* Haiti *f*.

halagar *vt* (*mostrar afecto*) lusingare; (*agradar*) piacere; (*adular*) adulare.

halago *sm* (*gusto*) piacere *m*; (*adulación*) adulazione *f*.

halagüeño, a [ala'gweɲo] *a* lusinghiero(a).

halcón *sm* falco.

hálito *sm* alito, fiato.

hallar [a'ʎar] *vt* trovare; ~**se** vr trovarsi; **no se halla con. . .** non si trova bene con. . . .

hallazgo [a'ʎaθgo] *sm* scoperta, ritrovamento.

hamaca *sf* amaca.

hambre *sf* fame *f*; (*carencia*) carestia; (*fig*) fame, desiderio; **tener** ~ avere fame; **morir de** ~ morire di fame; ~ **de libertad** (*fig*) sete *f* di libertà.

hambrear *vt* affamare // vi patire la fame.

hambriento, a *a*, *sm/f* affamato(a).

hamburguesa [-'ɣ-] *sf* hamburger *m*.

hampa *sf* malavita.

hampón *sm* malvivente *m*.

haragán, ana *a*, *sm/f* fannullone(a) (*m/f*).

haraganear *vi* oziare, poltrire.

harapiento, a *a* cencioso(a).

harapo *sm* cencio, straccio; **poner a uno como un** ~ (*fig*) umiliare qd.

harina *sf* farina; ~ **de avena/trigo/maíz/leudante** farina di avena/grano/mais/con lievito incorporato; **eso es** ~ **de otro costal** (*fig*) questa è tutta un'altra storia.

harinero, a *a* da farina // *sm/f* mugnaio/a.

harinoso, a *a* farinoso(a).

hartar *vt* saziare; (*fig*) annoiare, stufare; ~**se** vr (*de comida*) rimpinzarsi; (*cansarse*) annoiarsi, stufarsi; ~ **a uno de palos** (*fig*) riempire di botte qd.

hartazgo [-θgo] *sm* indigestione *f*; **darse un** ~ **de** (*también fig*) fare indigestione di.

harto, a *a* (*lleno*) sazio(a); (*cansado*) stufo(a) // *ad* abbastanza; **estar** ~ **de** (*fig*) averne abbastanza di.

hartura *sf* indigestione *f*; (*exceso*) abbondanza; (*satisfacción*) sodisfazione *f*.

hasta *ad* perfino // *prep* fino // *conj*: ~ **que** fino a; ¡~ **luego!** ciao!; ¡~ **la vista!** arrivederci!

hastiar *vt* annoiare; (*disgustar*) disgustare; ~**se** vr: ~**se de** annoiarsi di.

hastío *sm* (*cansancio*) noia; (*repugnancia*) ripugnanza.

hato *sm* (*de ropa*) fagotto; (*de ovejas*) gregge *m*; (*víveres*) provvista *fpl*; (*da ladrones*) branco, banda.

Haya *sf*: **la** ~ l'Aia.

haya *sf* faggio.

haz [aθ] *sm* fascio.

hazaña [a'θaɲa] *sf* prodezza.

hazmerreír [aθ-] *sm* zimbello, scherno.

he *ad*: ~ **aquí** ecco; **heme aquí** eccomi qua.

hebdomadario, a *a*, *sm* settimanale (*m*).

hebilla [-'ʎa] *sf* fibbia.

hebra *sf* (*de hilo*) gugliata; (*BOT*) filo, stelo; (*de madera*) fibra; (*de mineral*) filone *m*, vena.

hebreo, a *a*, *sm/f* ebreo(a).

hectárea *sf* ettaro.

hechicería [etʃiθe'ria] *sf* stregoneria; (*fig*) incanto.

hechicero, a [etʃi'θero] *a* affascinante // *sm* stregone *m* //

hechizar [etʃi'θar] *vt* stregare, incantare; (*fig*) affascinare.

hechizo [e'tʃiθo] *sm* sortilegio, stregoneria; (*fig*) fascino.

hecho, a ['etʃo] *pp de* **hacer** // *a* fatto(a) // *sm* fatto; **bien** ~ ben fatto; **estar** ~ **a** essere abituato a; ~ **y derecho** come si deve; **de** ~ infatti.

hechura [e'tʃura] *sf* (*manufactura*) fattura, lavorazione *f*; (*forma: de traje*) confezione *f*; **a** ~ **de** a somiglianza di.

heder *vi* puzzare.

hediondez [-θ] *sf* puzza.

hediondo, a *a* puzzolente.

hedor *sm* fetore *m*.

helada *sf* brina.

helado, a *a* gelato(a); (*fig*) gelido(a) // *sm* gelato; **dejar** ~ **a uno** lasciare qd senza parola.

helar *vt* (*líquido*) gelare, ghiacciare; (*fig*) sorprendere // *vb impersonal*, vi gelare; ~**se** vr gelarsi, ghiacciarsi.

helecho [-tʃo] *sm* felce *f*.

hélice [-θe] *sf* elica.

helicóptero *sm* elicottero.

hembra *sf* femmina.

hemisferio *sm* emisfero.

hemofilia *sf* emofilia.

hemorragia [-xja] *sf* emorragia.

hemorroides *sfpl* emorroidi *fpl*.
henchir [en'tʃir] *vt* riempire; ~**se** *vr* (*de comida*) rimpinzarsi; (*de aire*) gonfiarsi.
hender *vt* fendere, spaccare.
hendidura, hendedura *sf* fenditura, fessura.
heno *sm* fieno.
heráldico, a *a* araldico(a).
herbicida [-'θ-] *sm* erbicida *m*.
herbívoro, a *a* erbivoro(a).
heredad *sf* (*propiedad*) tenuta agricola; (*granja*) fattoria.
heredar *vt* ereditare.
heredero, a *sm/f* erede (*m/f*).
hereditario, a *a* ereditario(a).
hereje [-xe] *a*, *sm/f* eretico(a).
herejía [-'xia] *sf* eresia.
herencia [-θja] *sf* eredità.
herido, a *a*, *sm/f* ferito(a) // *sf* ferita; (*fig*) offesa, oltraggio; **tocar en la** ~ (*fig*) mettere il dito nella piaga.
herir *vt* (*también fig*) ferire; (*MUS: guitarra*) suonare.
hermanar *vt* affratellare, unire.
hermandad *sf* (*sentimiento*) fratellanza; (*grupo*) confraternita.
hermano, a *sm/f* (*también REL*) fratello/sorella; **medio(a)** ~(a) fratellastro/sorellastra; **primo/a** ~(a) cugino(a) primo(a); ~(a) **político(a)** cognato/a.
hermético, a *a* ermetico(a).
hermosear *vt* abbellire.
hermoso, a *a* bello(a).
hermosura *sf* bellezza.
hernia *sf* ernia.
héroe *sm* eroe *m*.
heroico, a *a* eroico(a).
heroína *sf* eroina.
heroísmo *sm* eroismo.
herrador *sm* maniscalco.
herradura *sf* ferro di cavallo; **mostrar las** ~**s** (*fig*) fuggire a gambe levate; **curva en** ~ curva a gomito.
herramienta *sf* arnese *m*, attrezzo; ~**s** *fpl* ferri *mpl*; (*fam: de toro*) corna *mpl*.
herrar *vt* ferrare.
herrería *sf* fucina.
herrero *sm* fabbro.
herrumbre *sf* ruggine *f*.
hervidero *sm* bollore *m*; (*fig*) brulichio.
hervir *vi* bollire; ~ **de**, ~ **en** (*fig*) essere pieno di.
hervor *sm* bollore *m*; (*fig*) fervore *m*, ardore *m*.
heterodoxo, a *a* eterodosso(a).
heterogéneo, a *a* [-'x-] *a* eterogeneo(a).
heterosexual *a* eterosessuale.
hez [eθ] *sf* feccia; **heces** *fpl* (*excrementos*) feci *fpl*.
hidalgo, a *a* nobile // *sm* gentiluomo // *sf* gentildonna.
hidalguía [-'gia] *sf* nobiltà.
hidráulico, a *a* idraulico(a) // *sf* idraulica.
hidroavión *sm* idrovolante *m*.

hidrocarburo *sm* idrocarburo.
hidroeléctrico, a *a* idroelettrico(a).
hidrofobia *sf* idrofobia.
hidrógeno [-x-] *sm* idrogeno.
hidroplano *sm* hovercraft *m inv*.
hidrovelero *sm* tavola a vela.
hiedra *sf* edera.
hiel *sf* fiele *m*.
hielo *sm* ghiaccio; **romper el** ~ (*fig*) rompere il ghiaccio.
hiena *sf* iena.
hierba *sf* erba; ~**s** *fpl* pascolo, pastura; **mala** ~ (*fig*) cattivo soggetto; ~ **mate** mate *m*.
hierbabuena *sf* menta.
hierra *sf* (*AM*) marcatura del bestiame.
hierro *sm* ferro; (*para marcar ganado*) marchio; ~ **acanalado** lamiera ondulata; ~ **de T/en U** trave *f* a T/a U; ~ **de doble T** putrella; ~ **crudo/forjado/viejo** ferro crudo/battuto/vecchio; ~ **colado** o **fundido** ghisa.
hígado *sm* (*también fig*) fegato.
higiene [i'xjene] *sf* igiene *f*.
higiénico, a [i'x-] *a* igienico(a).
higo *sm* fico; ~ **paso** o **seco** fico secco; ~ **de tuna** fico d'India.
higuera [i'g-] *sf* fico; ~ **de tuna** fico d'India; **estar en la** ~ (*fig*) essere nelle nuvole.
hijastro, a [i'x-] *sm/f* figliastro/a.
hijo, a [ˈixo] *sm/f* figlio/a; ~**s** *mpl* (*descendientes*) figli *mpl*; ~ **de puta** (*fam!*) figlio di puttana; ~**(a) político(a)** genero/nuora.
hijuelo [i'xw-] *sm* rampollo.
hilacha [i'latʃa] *sf* sfilacciatura.
hilado, a *a* filato(a) // *sm* filato.
hilar *vt* filare; (*fig*) ragionare.
hilera *sf* fila.
hilo *sm* filo; **coger/perder el** ~ (*fig*) ritrovare/perdere il filo.
hilvanar *vt* imbastire.
himno *sm* inno.
hincapié *sm*: **hacer** ~ **en** sottolineare, mettere l'accento su.
hincar *vt* ficcare; (*clavo*) conficcare; ~**se** *vr*: ~**se de rodillas** inginocchiarsi.
hinchado, a [-'tʃ-] *a* gonfio(a).
hinchar [in'tʃar] *vt* gonfiare; ~**se** *vr* gonfiarsi.
hinchazón [intʃa'θon] *sf* gonfiore *m*; (*fig*) orgoglio, superbia.
hinojo [-xo] *sm* (*BOT*) finocchio; **de** ~**s** in ginocchio.
hipar *vi* avere il singhiozzo; (*gimotear*) piagnucolare; ~ **por** (*fig*) struggersi per.
hipersensible *a* ipersensibile.
hipertensión *sf* ipertensione *f*.
hípico, a *a* ippico(a).
hipnotismo *sm* ipnotismo.
hipnotizar [-'θar] *vt* ipnotizzare.
hipo *sm* (*MED*) singhiozzo; (*deseo*) voglia; (*animadversión*) antipatia; **quitar el** ~ **a alguien** (*fig*) far rimanere qd di stucco;

tener ~ contra alguien nutrire
antipatia per qd.
hipocondría sf ipocondria.
hipocresía sf ipocrisia.
hipócrita a, sm/f ipocrita (m/f).
hipódromo sm ippodromo.
hipoteca sf ipoteca.
hipotecar vt ipotecare.
hipótesis sf ipotesi f inv.
hipotético, a a ipotetico(a).
hiriente a pungente.
hirsuto, a a irsuto(a).
hirviente a bollente.
hispánico, a a ispanico(a).
hispanismo sm ispanismo.
hispanista sm/f ispanista m/f.
hispano, a a spagnolo(a).
Hispanoamérica sf America spagnola.
hispanoamericano, a a ispano-
americano(a).
histeria sf isterismo.
histérico, a a isterico(a).
historia sf storia; **dejarse de ~s** (fig)
venire al sodo o al punto.
historiador sm storico.
historiar vt raccontare la storia di;
(contar) raccontare; (pintar) istoriare.
histórico, a a storico(a).
historieta sf storiella; **~ muda** fumetto.
historiografía sf storiografia.
histrión a (pey) istrione m.
hito sm (también fig) pietra miliare; (fig:
blanco) bersaglio; **~s** mpl ≈ gioco della
piastrella; **mirar a uno de ~ en ~**
guardare qd da capo a piedi.
hocico [o'θ-] sm muso; **caer o dar de ~s**
cadere bocconi; **poner ~** fare il
broncio; **meter el ~** (fig) ficcare il
naso.
hockey ['xoki] sm hockey m; **~ sobre
patines/sobre hielo** hockey su pista/su
ghiaccio.
hogar sm camino, focolare m;
(fig) casa, famiglia; (TECN) focolare m;
(FERR) caldaia.
hogareño, a [-ɲo] a casalingo(a).
hoguera [o'vera] sf rogo.
hoja ['oxa] sf (BOT) foglia; (de papel)
foglio; (de metal) lamina; (de puerta)
battente m; (de espada etc) lama; **doblar
o volver la ~** (fig) voltare la pagina;
de ~ caduca/perenne a foglie
decidue/perenni; **~ de afeitar** lametta;
~ de lata latta.
hojalata [ox-] sf latta.
hojaldre [o'x-] sm pasta sfoglia.
hojarasca [ox-] sf fogliame m caduto.
hojear [ox-] vt (libro) sfogliare // vi
sfaldarsi.
hola excl ciao!
Holanda sf Olanda.
holandés, esa a, sm/f olandese (m/f).
holgado, a a (suelto) largo(a);
(desempleado) disoccupato(a); (rico)
agiato(a).

holganza [-θa] sf (falta de empleo)
disoccupazione f; (ocio) ozio; (descanso)
riposo.
holgar vi (descansarse) riposare; (estar
sin empleo) essere disoccupato(a); (ser
innecesario) essere superfluo; **~se** vr
divertirsi; **huelga decir que... è**
superfluo dire che....
holgazán, ana [-'θan] a, sm/f
fannullone(a).
holgura sf (soltura) ampiezza; (TECN: de
movimiento) gioco; (ocio) ozio;
(comodidad) agiatezza.
hollar [o'ʎar] vt (también fig) calpestare.
hollín [o'ʎin] sm fuliggine f.
hombre sm uomo // excl diamine!; **¡~
al agua!** (NAUT) uomo in mare!; **~
mundano/de negocios** uomo di
mondo/d'affari; **~ de bien** galantuomo.
hombre-anuncio [-θjo] sm uomo m
sandwich inv.
hombrera sf spallina.
hombro sm spalla; **sacar a uno en ~s**
portare qd a spalle; **cargar algo sobre
los ~s** (fig) buttarsi qc sulle spalle.
hombruno, a a mascolino(a).
homenaje [-xe] sm omaggio.
homeopatía sf omeopatia.
homicida [-θ-] a, sm/f omicida (m/f).
homicidio [-'θ-] sm omicidio.
homogéneo, a [-'x-] a omogeneo(a).
homosexual a, sm/f omosessuale (m/f).
honda sf fionda.
hondo, a a fondo(a), profondo(a); (fig)
intenso(a), profondo(a) // sm fondo.
hondonada sf avvallamento; (GEOGR)
conca.
hondura sf profondità f inv; **meterse en
~s** (fig) mettersi in un ginepraio.
honestidad sf onestà; (decencia)
decenza.
honesto, a a onesto(a).
hongo sm (BOT) fungo; (sombrero)
bombetta.
honor sm onore m; **en ~ a la verdad** a
dire il vero; **hacer ~ a un
compromiso** onorare un impegno;
tener el ~ de avere l'onore di.
honorable a onorevole.
honorario, a a onorario(a) // smpl
onorari mpl.
honra sf onore m.
honradamente ad (con honestidad)
onestamente; (con honor) onorevolmente.
honradez [-θ] sf onestà, probità.
honrado, a a onesto(a).
honrar vt onorare; **~se** vr: **~se con
algo/de hacer algo** essere onorato o
fiero di/di fare qc.
honroso, a a rispettabile.
hora sf ora; **media ~** mezz'ora; **a la ~**
puntualmente; **a primera ~** di
buon'ora; **a última ~** all'ultima ora; **en
buena/mala ~** al momento
giusto/sbagliato; **dar ~** fissare un
appuntamento; **dar la ~** suonare l'ora,
tener ~ avere appuntamento; **a o en**

las altas ~s alle ore piccole; ¡ya es o
era ~! finalmente!; ~ de
oficina/visita/trabajo orario
d'ufficio/di visita/di lavoro; ~ de
recreo ricreazione f; ~s extras o
extraordinarias straordinario; ~s
punta ore fpl di punta.
horadar vt forare, perforare.
horario, a a orario(a) // sm orario;
llegar a ~ (AM) arrivare in tempo.
horca sf forca.
horcajadas [-'x-] ad: a ~ a cavalcioni.
horchata [-'tʃ-] sf orzata.
horda sf orda.
horizonte [-'θ-] sm orizzonte m.
horma sf (TECN) forma; (muro) muro a
secco.
hormiga sf formica.
hormigón sm (concreto) calcestruzzo; ~
armado/
pretensado cemento armato/
precompresso.
hormigueo [-'veo] sm formicolio.
hormiguero [-'v-] sm (también fig)
formicaio; oso ~ formichiere m.
hornillo [-ʎo] sm fornello; ~
eléctrico/de gas fornello elettrico/a
gas.
horno sm forno; el ~ no está para
bollos (fig) non è il momento buono;
alto ~ altoforno; ~ de ladrillos
fornace f per mattoni.
horóscopo sm oroscopo.
horquilla [or'kiʎa] sf (de pelo) forcina;
(herramienta) forcone m; (de bicicleta)
forcella.
horrendo, a a orrendo(a).
horrible a orribile.
horripilante a orripilante.
horripilar vt: ~ a uno far rabbrividire
qd; ~se vr inorridire.
horror sm orrore m; tener algo en ~
avere orrore per qc // ad: me gusta un
~ (fam) mi piace moltissimo.
horrorizar [-'θar] vt far inorridire; ~se
vr inorridire.
horroroso, a a orribile, orrendo(a).
hortaliza [-θa] sf ortaggio, verdura; ~s
fpl ortaggi mpl, verdure fpl.
hortelano, a sm/f ortolano/a.
hortensia sf ortensia.
horticultura sf orticoltura.
hosco, a a scuro(a). fosco(a).
hospedar vt ospitare; ~se vr prendere
alloggio.
hospedero, a sm/f affittacamere m/f.
hospicio [-θjo] sm ospizio.
hospital sm ospedale m.
hospitalario, a a ospitale.
hospitalidad sf ospitalità.
hospitalizar [-'θar] vt ricoverare; ~se
vr (AM) farsi ricoverare.
hosquedad [-k-] sf asprezza.
hostelero, a sm/f oste/essa,
albergatore/trice.
hostería sf osteria, albergo.
hostia sf ostia.

hostigar vt fustigare.
hostil a ostile.
hostilidad sf ostilità f inv; romper las
~s aprire le ostilità.
hotel sm albergo, hotel m; (casa de
campo) villa.
hotelero, a a alberghiero(a) // sm/f
albergatore/trice.
hoy ad oggi // sm oggi m; ~ en día al
giorno d'oggi; ~ por ~ oggi come oggi;
de ~ en ocho días oggi a otto.
hoya sf (agujero) fosso; (sepulcro) fossa;
(GEOGR) vallata.
hoyada sf depressione f.
hoyo sm (agujero) fosso, buca; (fosa)
fossa; (GOLF) buca.
hoyuelo sm fossetta.
hoz [oθ] sf (AGR) falce f; (GEOGR) gola; de
~ y coz senza riguardi.
hucha ['utʃa] sf salvadanaio.
hueco, a a (vacío) vuoto(a); (blando)
soffice; (resonante) cavernoso(a);
(presumido) presuntuoso(a) // sm buco;
(vacío) vuoto; (ARQUIT) apertura; (: de
escalera) tromba; (: de ascensor) gabbia;
(fam) posto vacante.
huelga sf (paro) sciopero; (ocio)
ricreazione f; (TECN) gioco; ~ de brazos
caídos/de hambre/de solidaridad
sciopero bianco/della fame/di
solidarietà.
huelguista [-'v-] sm/f scioperante m/f.
huella ['weʎa] sf (pisada) orma, traccia;
(impresión) impronta; ~ digital
impronta digitale.
huérfano, a a, sm/f orfano(a).
huero, a a sterile; (fig) vuoto(a).
huerta sf grande orto.
huerto sm (de hortalizas) orto; (de frutas)
frutteto.
hueso sm (ANAT) osso; (BOT) nocciolo;
(fig) lavoraccio; tener los ~s molidos
(fig) essere a pezzi; estar en los ~s
essere ridotto pelle e ossa; no dejar ~
sano a uno (fig) rompere le ossa a qd.
huésped, a sm/f ospite m/f; no contar
con la ~a (fig) fare i conti senza l'oste.
huesudo, a a ossuto(a).
hueva sf uovo (di pesce).
huevo sm uovo; ~ pasado por
agua/duro/escalfado/frito uovo
bazzotto/sodo/in camicia/al tegamino;
~s revueltos uova fpl strapazzate.
huida sf (de persona) fuga; (de caballo)
scarto.
huidizo, a [-θo] a (persona) schivo(a);
(impresión) fugace.
huir vi fuggire, scappare.
hule sm tela cerata.
hulla ['uʎa] sf carbon(e) m fossile; ~
blanca carbone bianco.
hullera [u'ʎ-] sf miniera di carbone.
humanidad sf umanità; (fig: fam)
pinguedine f.
humanismo sm umanesimo.
humanista sm/f umanista m/f.

humanizar [-'θar] *vt* umanizzare; **~se** *vr* umanizzarsi.
humano, a *a* umano(a) // *sm/f* essere umano.
humareda *sf* fumata.
humeante *a* fumante.
humear *vi* fumare; (*fig*) vantarsi.
humedad *sf* umidità *f inv.*
humedecer [-'θer] *vt* (*rociar*) inumidire; (*echar humedad*) umidificare; **~se** *vr* inumidirsi.
húmedo, a *a* (*con humedad*) umido(a); (*mojado*) bagnato(a).
humildad *sf* umiltà.
humilde *a* umile.
humillación [umiλa'θjon] *sf* umiliazione *f.*
humillante [-'λ-] *a* umiliante.
humillar [-'λ-] *vt* umiliare; (*cabeza*) chinare, abbassare; **~se** *vr* umiliarsi.
humo *sm* (*de fuego*) fumo; (*vapor*) vapore *m*; **~s** *mpl* (*fig*) case *fpl*, famiglie *fpl*; **darse ~s** (*fig*) darsi delle arie; **hacerse o irse todo en ~** andare in fumo; **bajar los ~s a uno** umiliarlo; **vender ~s** vendere fumo.
humor *sm* (*carácter*) indole *f*, temperamento; (*disposición*) umore *m*, stato d'animo; (*lo que divierte*) spirito; **estar de buen/mal ~** essere di buon/cattivo umore; **seguir el ~ a uno** dare corda a qd.
humorada *sf* burla, facezia.
humorado *a*: **bien ~** di buon umore; **mal ~** di malumore.
humorismo *sm* umorismo.
humorista *sm/f* umorista *m/f.*
humorístico, a *a* umoristico(a).
hundido, a *a* (*ojos*) infossato(a); (*mejillas*) scavato(a).
hundimiento *sm* crollo; (*NAUT*) naufragio, affondamento.
hundir *vt* affondare; (*casa, monumento*) rovinare, distruggere; (*plan*) far fallire; (*fig*) confondere; **~se** *vr* crollare; (*NAUT*) affondare; (*terreno*)franare; (*fig*) sprofondarsi, immergersi.
húngaro, a *a, sm/f* ungherese (*m/f*).
Hungría *sf* Ungheria.
huracán *sm* uragano.
huraño, a [-ɲo] *a* selvatico(a), poco socievole; (*tímido*) riservato(a), schivo(a).
hurgar *vt* frugare; (*fuego*) attizzare; (*fig*) aizzare; **~se** *vr*: **~se la nariz** mettersi le dita nel naso.
hurgonear *vt* attizzare.
hurón, ona *a* selvatico(a) // *sm* furetto.
huronera *sf* tana.
hurtadillas [-'λas] *ad*: **a ~** di soppiatto.
hurtar *vt* (*sog: ladrón*) rubare; (: *mar*) erodere; **~se** *vr* sottrarsi, sfuggire.
hurto *sm* furto; (*robado*) refurtiva.
husmear *vt* fiutare, annusare // *vi* (*carne*) puzzare; (*persona*) curiosare.
husmo *sm* puzza.

huso *sm* (*TECN*) albero, asse *m*; (*de hilar*) fuso; **~ horario** fuso orario.

I

ibérico, a *a* iberico(a).
iberoamericano, a *a*, *sm/f* latinoamericano(a).
iceberg ['aisβerv] *sm* iceberg *m.*
icono *sm* icona.
iconoclasta *a* iconoclasta.
ictericia [-θja] *sf* itterizia.
ida *sf* andata; **~ y vuelta** andata e ritorno.
idea *sf* idea; **no tener la menor ~** non avere la più pallida idea.
ideal *a*, *sm* ideale (*m*).
idealizar [-'θar] *vt* idealizzare.
idear *vt* ideare.
identidad *sf* identità *f inv*; **documento de ~** carta d'identità.
identificación [-'θjon] *sf* identificazione *f.*
identificar *vt* identificare; **~se** *vr*: **~se con** identificarsi con.
ideología [-'xia] *sf* ideologia.
ideológico, a [-x-] *a* ideologico(a).
idioma *sm* idioma *m.*
idiota *a*, *sm/f* idiota (*m/f*).
idiotez [-θ] *sf* idiozia.
ídolatra, a *sm/f* idolatra (*m/f*).
idolatrar *vt* idolatrare.
idolatría *sf* idolatria.
idoneidad *sf* idoneità *f inv.*
idóneo, a *a* idoneo(a).
iglesia *sf* chiesa.
ignominioso, a [ivn-] *a* ignominioso(a).
ignorancia [ivno'ranθja] *sf* ignoranza.
ignorante [ivn-] *a*, *sm/f* ignorante (*m/f*).
ignorar [ivn-] *vt* ignorare.
ignoto, a [iɣn-] *a* ignoto(a).
igual *a*, *sm* uguale (*m*); **me es ~ per me è uguale.
igualar *vt* uguagliare; (*terreno*) spianare // *vi* (*DEPORTE*) essere pari.
igualdad *sf* uguaglianza.
ilegal *a* illegale.
ilegítimo, a [-x-] *a* illegittimo(a).
ileso, a *a* illeso(a).
ilimitado, a *a* illimitato(a).
ilógico, a [-x-] *a* illogico(a).
iluminación [-'θjon] *sf* illuminazione *f.*
iluminado, a *a* illuminato(a) // *sm/f* visionario/a.
iluminar *vt* illuminare.
ilusión *sf* illusione *f.*
iluso, a *a* illuso(a).
ilusorio, a *a* illusorio(a).
ilustración [-'θjon] *sf* illustrazione *f*; (*saber*) istruzione *f*, cultura.
ilustrado, a *a* colto(a), istruito(a); (*libro*) illustrato(a).

ilustrar vt istruire; (con imágenes) illustrare; ~se vr istruirsi.
ilustre a illustre.
imagen [-xen] sf immagine f.
imaginación [imaxina'θjon] sf immaginazione f.
imaginar [-x-] vt immaginare; ~se vr figurarsi.
imaginario, a [-x-] a immaginario(a).
imán sm calamita.
imbécil [-θil] a, sm/f imbecille (m/f).
imberbe a imberbe.
imitación [-'θjon] sf imitazione f; **cartera en ~ cuero** borsa in finta pelle.
imitar vt imitare.
impaciencia [-'θjenθja] sf impazienza.
impaciente [-'θ-] a impaziente.
impalpable a impalpabile; **azúcar ~** zucchero a velo.
impar a dispari.
imparcial [-'θjal] a imparziale.
impasible a impassibile.
impavidez [-θ] sf intrepidezza.
impávido, a a impavido(a).
impecable a impeccabile.
impedimento sm impedimento.
impedir vt impedire.
impeler vt dare impulso a, spingere; (fig) incitare.
impenetrable a impenetrabile.
impenitente a impenitente.
imperar vi imperare.
imperativo, a a imperativo(a).
imperceptible [-θ-] a impercettibile.
imperdible sm spillo di sicurezza o da balia.
imperdonable a imperdonabile.
imperfección [-k'θjon] sf imperfezione f.
imperfecto, a a imperfetto(a).
imperial a imperiale // sf imperiale m.
imperio sm impero.
imperioso, a a imperioso(a).
impermeable a, sm impermeabile (m).
impertérrito, a a imperterrito(a).
impertinencia [-θja] sf impertinenza.
impertinente a impertinente // smpl occhialetto.
imperturbable a imperturbabile.
ímpetu sm impeto, slancio.
impetuoso, a a impetuoso(a).
impiedad sf empietà f inv.
impío, a a empio(a).
implacable a implacabile.
implicar vt implicare // vi impedire.
implícito, a [-θ-] a implicito(a).
implorar vt implorare.
imponente a imponente.
imponer vt imporre; (instruir) informare; (FIN) depositare; ~se vr imporsi; **se impone una decisión** è necessario prendere una decisione.
importación [-'θjon] sf importazione f.
importancia [-θja] sf importanza.
importante a importante.

importar vt (mercaderías) importare; (sumar) ammontare a; (valer) costare // vi importare.
importe sm importo.
importunar vt importunare.
importuno, a a importuno(a).
imposibilidad sf impossibilità.
imposibilitar vt impedire.
imposible a, sm impossibile (m); **hacer lo ~ por** tentare l'impossibile per.
imposición [-'θjon] sf imposizione f; (FIN: depósito) versamento, deposito; (: impuesto) imposta; (de condecoraciones) consegna.
impostor, a sm/f impostore/a.
impotencia [-θja] sf impotenza.
impotente a impotente.
impracticable a impraticabile.
imprecar vt imprecare.
impregnar [-ɣ'nar] vt impregnare, imbevere; ~se vr impregnarsi.
imprenta sf (arte de imprimir) stampa; (edificio) tipografia, stamperia.
imprescindible [-sθ-] a imprescindibile.
impresión sf impressione f; (marca) impronta; (TIP) stampa; **cambiar impresiones** scambiare impressioni.
impresionable a impressionabile.
impresionar vt impressionare; (sonidos) registrare; ~se vr impressionarsi.
impreso, a pp di **imprimir** // sm modulo, formulario; ~s mpl stampe fpl.
impresor sm tipografo.
imprevisión sf imprevidenza.
imprevisor, a a imprevidente.
imprevisto, a a imprevisto(a).
imprimir vt imprimere; (libro etc) stampare.
improbable a improbabile.
ímprobo, a a improbo(a).
improductivo, a a improduttivo(a).
impropio, a a improprio(a).
improvisación [-'θjon] sf improvvisazione f.
improvisar vt improvvisare.
improviso, a a improvviso(a).
imprudencia [-θja] sf imprudenza.
imprudente a imprudente.
impúdico, a a impudico(a).
impudor sm impudicizia.
impuesto, a pp de **imponer** // a imposto(a) // sm tassa, imposta.
impugnar [-ɣ'nar] vt impugnare.
impulsar vt = **impeler**.
impulso sm impulso, spinta.
impune a impunito(a).
impunidad sf impunità.
impureza [-θa] sf impurità f inv.
impuro, a a impuro(a).
imputable a imputabile.
imputación [-'θjon] sf imputazione f.
imputar vt imputare.
inacabable a interminabile.
inaccesible [-kθ-] a inaccessibile.
inacción [-k'θjon] sf inazione f.
inaceptable [-θ-] a inaccettabile.

inactividad *sf* inattività.
inactivo, a *a* inattivo(a).
inadecuado, a *a* inadeguato(a).
inadmisible *a* inammissibile.
inadvertencia [-θja] *sf* distrazione *f*, inavvertenza.
inadvertido, a *a* sbadato(a).
inagotable *a* inesauribile.
inaguantable *a* insopportabile.
inalterable *a* inalterabile.
inanición [-'θjon] *sf* inanizione *f*.
inanimado, a *a* inanimato(a).
inapreciable [-'θ-] *a* inestimabile.
inaudito, a *a* inaudito(a).
inauguración [-'θjon] *sf* inaugurazione *f*.
inaugurar *vt* inaugurare.
incalculable *a* incalcolabile.
incandescente [-s'θ-] *a* incandescente.
incansable *a* instancabile.
incapacidad [-θ-] *sf* incapacità.
incapacitar [-θ-] *vt*: ~ para dichiarare incapace a.
incapaz [-θ] *a* incapace.
incauto, a *a* incauto(a).
incendiar [-θ-] *vt* incendiare; ~se *vr* incendiarsi.
incendiario, a [-θ-] *a* incendiario(a); bomba ~a bomba incendiaria // *sm/f* incendiario/a, piromane *m/f*.
incendio [-'θ-] *sm* incendio.
incentivo [-θ-] *sm* incentivo.
incertidumbre [-θ-] *sf* incertezza.
incesante [-θ-] *a* incessante.
incidencia [inθi'ðenθja] *sf* incidenza.
incidental [-θ-] *a* incidentale.
incidente [-θ-] *a* incidente // *sm* incidente *m*.
incidir [-θ-] *vi* incidere.
incienso [-'θ-] *sm* incenso.
incierto, a [-'θ-] *a* incerto(a).
incinerar [-θ-] *vt* incinerare.
incipiente [-θ-] *a* incipiente.
incisión [-θ-] *sf* incisione *f*.
incisivo, a [-θ-] *a* incisivo(a) // *sm* incisivo.
incitación [inθita'θjon] *sf* incitazione *f*, stimolo.
incitar [-θ-] *vt* incitare, stimolare.
incivil [-θ-] *a* incivile.
incivilidad [-θ-] *sf* inciviltà.
inclemencia [-θja] *sf* inclemenza, rigore *m*.
inclemente *a* inclemente, rigido(a).
inclinación [-'θjon] *sf* inclinazione *f*; (ante un rey etc) inchino.
inclinar *vt* inclinare; (cabeza) chinare; (persuadir) persuadere; ~se *vr* inclinarsi; ~se ante alguien inchinarsi davanti a qd; me inclino a pensar que... sono incline a pensare che....
incluir *vt* includere.
inclusión *sf* inclusione *f*.
inclusive *ad* compreso.
incluso, a *pp de* incluir // *ad* anche // *prep* persino.
incógnito, a [-vn-] *a* sconosciuto(a) // *sf* incognita // *sm*: llegar de ~ arrivare

in incognito; guardar el ~ mantenere l'incognito.
incoherente [-koe-] *a* incoerente.
incoloro, a *a* incolore.
incólume *a* incolume.
incomodar *vt* disturbare, scomodare; ~se *vr* scomodarsi.
incomodidad *sf* disturbo; (de vivienda) mancanza di comodità.
incómodo, a *a* scomodo(a).
incomparable *a* incomparabile.
incompatible *a* incompatibile.
incompetencia [-θja] *sf* incompetenza.
incompetente *a* incompetente.
incompleto, a *a* incompleto(a).
incomprensible *a* incomprensibile.
incomunicado, a *a* isolato(a).
inconcebible [-θ-] *a* inconcepibile.
inconcluso, a *a* incompiuto(a).
incondicional [-θ-] *a* incondizionato(a).
inconexo, a *a* incoerente.
incongruente *a* incongruente.
inconmensurable *a* incommensurabile.
inconsciente [-s'θ-] *a* incosciente // *sm* inconscio.
inconsiderado, a *a* sconsiderato(a).
inconsistente *a* inconsistente.
inconstancia [-θja] *sf* incostanza.
inconstante *a* incostante.
incontinencia [-θja] *sf* incontinenza.
incontinente *a* incontinente.
inconveniencia [-θja] *sf* sconvenienza.
inconveniente *a* sconveniente // *sm* inconveniente *m*, impedimento.
incorporación [-'θjon] *sf* incorporazione *f*.
incorporar *vt* incorporare; ~se *vr* unirsi; (levantarse) alzarsi.
incorrección [-k'θjon] *sf* scorrettezza.
incorrecto, a *a* scorretto(a).
incorregible [-'x-] *a* incorreggibile.
incorruptible *a* incorruttibile.
incredulidad *sf* incredulità.
incrédulo, a *a* incredulo(a).
increíble *a* incredibile.
incremento *sm* incremento.
incruento, a *a* incruento(a).
incrustar *vt* incrostare; ~se *vr* incrostarsi.
incubar *vt* covare.
inculcar *vt* inculcare.
inculpar *vt* incolpare, accusare.
inculto, a *a* incolto(a) // *sm/f* ignorante *m/f*.
incurrir *vi*: ~ en incorrere in.
indagación [-'θjon] *sf* indagine *f*.
indagar *vt* indagare.
indecente [-θ-] *a* indecente.
indecible [-'θ-] *a* indicibile.
indeciso, a [-'θ-] *a* indeciso(a).
indefenso, a *a* indifeso(a).
indefinido, a *a* indefinito(a).
indeleble *a* indelebile.
indemne *a* indenne.
indemnizar [-'θar] *vt* indennizzare, risarcire.

independiente a indipendente.
indeterminado, a a indeterminato(a).
India sf India.
indicación [-'θjon] sf indicazione f.
indicar vt indicare.
índice [-θe] sm indice m.
indicio [-θjo] sm indizio.
indiferencia [-θja] sf indifferenza.
indiferente a indifferente.
indígena [-x-] a, sm/f indigeno(a).
indigencia [-'xenθja] sf indigenza.
indigestión [-x-] sf indigestione f.
indigesto, a [-'x-] a indigesto(a).
indignación [-ynaˈθjon] sf indignazione f.
indignar [-ˈɣnar] vt indignare; **~se** vr:
~se de o **por algo** indignarsi di o per
qc.
indigno, a [-yno] a indegno(a).
indio, a sm/f (de América) indio(a); (de
la India) indiano(a).
indirecta sf insinuazione f, allusione f.
indirecto, a a indiretto(a).
indiscreción [-'θjon] sf indiscrezione f.
indiscreto, a a indiscreto(a).
indiscutible a indiscutibile.
indispensable a indispensabile.
indisponer vt indisporre; **~se** vr
sentirsi male, essere indisposto; **~se
con uno** arrabbiarsi con qd.
indisposición [-'θjon] sf indisposizione f.
indistinto, a a indistinto(a).
individual a individuale // sm (TENIS):
un ~ de damas un singolare o singolo
femminile.
individuo, a a indivisibile // sm
individuo.
indócil [-θil] a ribelle.
indocto, a a incolto(a).
índole sf indole f.
indolencia [-θja] sf indolenza.
indomable a indomabile.
indómito, a a = **indomable**.
inducir [-'θir] vt indurre.
indudable a indubitabile, sicuro(a).
indulgencia [-'xenθja] sf indulgenza.
indultar vt graziare.
indulto sm indulto, grazia.
industria sf industria.
industrial a, sm industriale (m).
inédito, a a inedito(a).
inefable a ineffabile.
ineficaz [-θ] a inefficace.
ineludible a inevitabile.
ineptitud sf inettitudine f.
inepto, a a inetto(a).
inequívoco, a [-'k-] a inequivocabile.
inercia [-θja] sf inerzia.
inerme a inerme.
inerte a inerte.
inesperado, a a inaspettato(a).
inevitable a inevitabile.
inexactitud sf inesattezza.
inexpugnable [-ˈɣn-] a inespugnabile.
infamar vt infamare.
infame a, sm/f infame (m/f).
infamia sf infamia.
infancia [-θja] sf infanzia.

infante sm infante m; (MIL) fante m.
infantería sf fanteria.
infantil a infantile.
infatigable a infaticabile.
infausto, a a infausto(a).
infección [-k'θjon] sf infezione f.
infeccioso, a [-k'θ-] a infettivo(a).
infectar vt infettare; **~se** vr infettarsi.
infelicidad [-θ-] sf infelicità.
infeliz [-θ] a infelice // sm/f
disgraziato/a.
inferior a inferiore // sm/f dipendente
m/f.
infestar vt infestare; (inficionar)
infettare; **~se** vr infettarsi.
inficionar [-θ-] vt infettare.
infidelidad sf infedeltà f inv.
infiel a, sm/f infedele (m/f).
infierno sm inferno; **¡vete al ~!** (fig)
ma va all'inferno!
ínfimo, a a infimo(a).
infinidad sf infinità.
infinito, a a infinito(a) // sm infinito.
inflación [-'θjon] sf (MED) gonfiore m;
(ECON) inflazione f.
inflamar vt infiammare; **~se** vr
infiammarsi.
inflar vt (también fig) gonfiare; **~se** vr
gonfiarsi.
inflexible a inflessibile.
infligir [-'xir] vt infliggere.
influencia [-θja] sf influenza.
influir vt influenzare.
influjo [-xo] sm influenza.
influyente a influente.
información [-'θjon] sf informazione f;
(JUR) inchiesta, indagine f; **~ de último
momento** informazione dell'ultima ora.
informal a (impuntual) poco puntuale;
(poco serio) poco serio(a).
informalidad sf (ver a) mancanza di
puntualità; mancanza di serietà.
informante a informatore (trice) //
sm/f relatore/trice.
informar vt informare // vi (JUR) aprire
un'inchiesta; **~se** vr informarsi.
informe a informe // sm rapporto.
infortunio sm disgrazia.
infracción [-k'θjon] sf infrazione f.
infranqueable [-k-] a insuperabile.
infringir [-'xir] vt infrangere.
infructuoso, a a infrutˌuoso(a).
ínfulas sfpl (fig) presunzione f.
infundado, a a infondato(a).
infundir vt infondere.
ingeniar [-x-] vt inventare, immaginare;
~se vr: **~se para** ingegnarsi per.
ingeniería [-x-] sf ingegneria.
ingeniero [-x-] sm ingegnere m; **~
constructor** ingegnere civile; **~ de
sonido** tecnico del suono; **~ naval**
ingegnere navale.
ingenio [-'x-] sm ingegno; **~ azucarero**
zuccherificio.
ingenioso, a [-x-] a ingegnoso(a).
ingente [-'x-] a ingente.
ingenuidad [-x-] sf ingenuità.

ingenuo, a [-'x-] *a* ingenuo(a).
ingerencia [inxe'renθja] *sf* ingerenza.
ingerir [-x-] *vt* ingerire; **~se** *vr* intromettersi.
ingle *sf* inguine *f*.
inglés, esa *a, sm/f* inglese (*m/f*).
ingratitud *sf* ingratitudine *f*.
ingrato, a *a* a ingrato(a).
ingrediente *sm* ingrediente *m*.
ingresar *vi* entrare // *vt* (*dinero*) versare.
ingreso *sm* (*entrada*) ingresso, entrata; (*de dinero*) incasso.
inhábil [in'aβil] *a* incapace; **día ~** giorno festivo.
inhabilitación [inaβilita'θjon] *sf* inabilitazione *f*.
inhabitable [ina-] *a* inabitabile.
inherente [ine-] *a* inerente.
inhospitalario, a [ino-] *a* inospitale.
inhumano, a [inu-] *a* inumano(a).
inicial [-'θjal] *a, sf* iniziale (*f*).
iniciar [-'θjar] *vt* iniziare.
inicuo, a *a* a iniquo(a).
injerto [-'x-] *sm* (*AGR*) innesto: (*MED*) trapianto.
injuria [-'x-] *sf* ingiuria, offesa.
injuriar [-x-] *vt* ingiuriare.
injurioso, a [-x-] *a* ingiurioso(a).
injusticia [inxus'tiθja] *sf* ingiustizia.
injusto, a [-'x-] *a* ingiusto(a).
inmediación [-'θjon] *sf* contiguità; **inmediaciones** *fpl* dintorni *mpl*, vicinanze *fpl*.
inmediato, a *a* (*contiguo*) contiguo(a); (*cercano*) vicino(a); (*rápido*) istantaneo(a) // *ad*: **de ~** immediatamente.
inmejorable [-x-] *a* ottimo(a).
inmenso, a *a* a immenso(a).
inmerecido, a [-'θ-] *a* immeritato(a).
inmigración [-'θjon] *sf* immigrazione *f*.
inmiscuirse *vr* immischiarsi.
inmoderado, a *a* smodato(a).
inmolar *vt* immolare; **~se** *vr* immolarsi.
inmoral *a* immorale.
inmortalizar [-'θar] *vt* immortalare.
inmotivado, a *a* ingiustificato(a).
inmóvil *a* immobile.
inmundicia [-θja] *sf* immondizia.
inmunidad *sf* immunità.
inmutar *vt* mutare, alterare; **~se** *vr* alterarsi, trasalire.
innato, a *a* innato(a).
innecesario, a [-θ-] *a* non necessario(a).
innoble *a* ignobile.
innocuo, a *a* a innocuo(a).
innovación [ino'θenθja] *sf* innovazione *f*.
innovar *vt* innovare.
inocencia [ino'θenθja] *sf* innocenza.
inocente [-'θ-] *a* innocente.
inocular *vt* inoculare; **~se** *vr* contagiarsi.
inofensivo, a *a* inoffensivo(a).
inolvidable *a* indimenticabile.

inoportuno, a *a* a inopportuno(a).
inopinado, a *a* impensato(a).
inquebrantable [-k-] *a* infrangibile; (*fig*) irremovibile.
inquietar [-k-] *vt* preoccupare; **~se** *vr* preoccuparsi.
inquieto, a [-'k-] *a* inquieto(a); (*travieso*) irrequieto(a).
inquietud [-k-] *sf* inquietudine *f*.
inquilino, a [-k-] *sm/f* inquilino/a.
inquina [-'k-] *sf* avversione *f*.
inquirir [-k-] *vt* indagare o investigare su.
insaciable [-'θ-] *a* insaziabile.
insalubre *a* insalubre.
inscribir *vt* registrare, iscrivere; **~se** *vr* iscriversi.
inscripción [-'θjon] *sf* iscrizione *f*.
insecto *sm* insetto.
inseguridad *sf* insicurezza.
inseguro, a *a* insicuro(a).
insensatez [-θ] *sf* insensatezza.
insensato, a *a* a insensato(a).
insensibilidad *sf* insensibilità *f inv*.
insensible *a* insensibile.
insertar *vt* inserire; **~se** *vr* inserirsi.
insidioso, a *a* insidioso(a).
insigne [-vne] *a* insigne, illustre.
insignia [-'vnja] *sf* (*señal*) insegna; (*estandarte*) bandiera.
insignificante [-vn-] *a* insignificante.
insinuar *vt* insinuare; **~se** *vr* introdursi.
insípido, a *a* scipito(a), insipido(a).
insistencia [-θja] *sf* insistenza.
insistir *vi*: **~ (en** o **por)** insistere (su o per).
insolación [-'θjon] *sf* insolazione *f*.
insolencia [-θja] *sf* insolenza.
insolente *a* insolente.
insólito, a *a* insolito(a).
insoluble *a* insolubile.
insolvencia [-θja] *sf* insolvenza.
insomnio *sm* insonnia.
insondable *a* insondabile.
insoportable *a* insopportabile.
inspección [-k'θjon] *sf* ispezione *f*.
inspeccionar [-kθ-] *vt* ispezionare.
inspector, a *sm/f* ispettore/trice; **~ de tren** controllore *m*.
inspiración [-'θjon] *sf* ispirazione *f*; (*MED*) inspirazione *f*.
inspirar *vt* inspirare; (*fig*) ispirare; **~se** *vr* ispirarsi.
instalar *vt* insediare; (*colocar*) installare; **~se** *vr* stabilirsi.
instancia [-θja] *sf* insistenza; (*JUR*) istanza; **presentar una ~ de divorcio** presentare domanda di divorzio; **en última ~** al limite.
instantáneo, a *a* istantaneo(a) // *sf* (*FOTO*) istantanea.
instante *sm* istante *m*; **a cada ~** ad ogni istante.
instar *vt* insistere // *vi* urgere.
instigar *vt* incitare, istigare.
instinto *sm* istinto.
institución [-'θjon] *sf* istituzione *f*.

instituir *vt* istituire, fondare.
instituto *sm* istituto.
instrucción [-k'θjon] *sf* istruzione *f*; **juez de ~** (JUR) giudice *m* istruttore.
instructivo, a *a* istruttivo(a).
instruir *vt* istruire; **~se** *vr* istruirsi.
instrumento *sm* arnese *m*, attrezzo; (JUR) atto, strumento; (MUS) strumento; **ser un ~ de alguien** (fig) essere uno strumento nelle mani di; **~ de percusión/de cuerda** (MUS) strumento a percussione/a corda.
insubordinarse *vr* ribellarsi.
insuficiencia [-'θjenθja] *sf* insufficienza.
insuficiente [-'θ-] *a* insufficiente.
insufrible *a* insopportabile.
insultar *vt* insultare.
insulto *sm* insulto.
insuperable *a* insuperabile.
insurgente [-'x-] *a*, *sm/f* ribelle (*m/f*).
insurrección [-k'θjon] *sf* insurrezione *f*.
intacto, a *a* intatto(a).
intachable [-'tʃ-] *a* incensurabile.
integrar *vt* completare; (MAT) integrare.
integridad *sf* integrità.
íntegro, a *a* integro(a).
intelecto *sm* intelletto.
intelectual *a*, *sm/f* intellettuale (*m/f*).
inteligencia [-'xenθja] *sf* intelligenza; **estar en ~ con alguien** intendersi con qd; **Servicio de I~** controspionaggio.
inteligente [-'x-] *a* intelligente.
intemperancia [-θja] *sf* intemperanza.
intemperie *sf* intemperie *f inv*.
intención [-'θjon] *sf* intenzione *f*.
intencionado, a [-θ-] *a* intenzionato(a); **bien ~** benintenzionato; **mal ~** malintenzionato.
intendencia [-θja] *sf* intendenza.
intenso, a *a* intenso(a).
intentar *vt* tentare; **~ hacer algo** tentare di fare qc.
intento *sm* tentativo; (propósito) intenzione *f*.
intercalar *vt* intercalare.
intercambio *sm* scambio.
interceder [-θ-] *vi* intercedere; **~ por o en favor de alguien** intercedere per o a favore di qd.
intercesión [-θ-] *sf* intercessione *f*.
interés *sm* interesse *m*; **tener ~ por** avere interesse per.
interesar *vt*, *vi* interessare; **~se** *vr*: **~se en o por** interessarsi a o di; **lo que interesa es. . .** ciò che importa è. . . .
interferir *vt* interferire.
interino, a *a* provvisorio(a), ad interim *loc inv*.
interior *a* interno(a); (fig: vita etc) interiore // *sm* interno; (fig) intimo; **ropa ~** biancheria intima.
interjección [-xek'θjon] *sf* interiezione *f*.
intermediario *sm* intermediario.
intermedio, a *a* intermedio(a) // *sm* intervallo; (AM): **por ~ de** per mezzo di.
intermitente *a* intermittente.

internar *vt* internare; **~se** *vr* addentrarsi; (en su interior) insinuarsi, introdursi.
interno, a *a* interno(a) // *sm/f* convittore/trice, interno/a.
interpelar *vt* interpellare.
interponer *vt* interporre; **~se** *vr* intromettersi.
interposición [-'θjon] *sf* interposizione *f*.
interpretación [-'θjon] *sf* interpretazione *f*.
interpretar *vt* interpretare.
intérprete *sm/f* interprete *m/f*.
interrogar *vt* interrogare.
interrumpir *vt* interrompere.
interrupción [-'θjon] *sf* interruzione *f*.
intersección [-k'θjon] *sf* intersezione *f*.
intersticio [-θjo] *sm* interstizio.
intervalo *sm* intervallo.
intervenir *vt* verificare, controllare; (MED) operare // *vi* intervenire.
interventor *sm* commissario; (FIN) controllore *m*.
intestino, a *a* intestino(a) // *sm* intestino.
intimar *vt* intimare, notificare // *vi* diventare amico.
intimidad *sf* intimità.
íntimo, a *a* intimo(a) // *sm* intimo.
intitular *vt* intitolare.
intolerable *a* intollerabile.
intransitable *a* intransitabile.
intratable *a* intrattabile.
intrepidez [-θ] *sf* intrepidezza.
intrépido, a *a* intrepido(a).
intriga *sf* intrigo.
intrigar *vt* interessare, incuriosire // *vi* intrigare.
intrincado, a *a* intricato(a).
intrínseco, a *a* intrinseco(a).
introducción [-k'θjon] *sf* introduzione *f*.
introducir [-'θir] *vt* introdurre; **~ una persona** presentare una persona.
intruso, a *sm/f* intruso/a.
intuición [-'θjon] *sf* intuizione *f*.
inundación [-'θjon] *sf* inondazione *f*, allagamento.
inundar *vt* inondare, allagare.
inusitado, a *a* inusitato(a).
inútil *a* inutile.
inutilidad *sf* inutilità.
inutilizar [-'θar] *vt* rendere inutile; **~se** *vr* diventare inutile.
invadir *vt* invadere.
inválido, a *a*, *sm/f* invalido/a.
invariable *a* invariabile.
invasión *sf* invasione *f*.
invasor, a *a*, *sm/f* invasore/invaditrice.
invención [-'θjon] *sf* invenzione *f*.
inventar *vt* inventare.
inventariar *vt* inventariare.
inventiva *sf* inventiva.
inventor, a *sm/f* inventore/trice.
inverosímil *a* inverosimile.
inversión *sf* inversione *f*; (FIN) investimento.

inverso, a *a* inverso(a), contrario(a).
invertir *vt* invertire; (*volcar*) capovolgere; (*FIN*) investire; ~ **dos horas para llegar** impiegare *o* metterci due ore per arrivare.
investigación [-'θjon] *sf* indagine *f*; (*estudio*) ricerca.
investigar *vt* indagare.
inveterado, a *a* inveterato(a).
invicto, a *a* invitto(a).
invierno *sm* inverno.
invitar *vt* invitare.
invocar *vt* invocare.
inyección [-k'θjon] *sf* iniezione *f*.
inyectar *vt* iniettare.
iodo *sm* iodio.
ir *vi* andare; ~ **caminando** stare camminando; **va anocheciendo** comincia a far notte; **ya iban leídos tres libros** erano stati già letti tre libri; **voy a hacerlo** sto per farlo o lo farò; **vamos a ver** vediamo; **voy con cuidado** agisco con cautela; **voy para viejo** divento vecchio; ~ **para escuchar un concierto** andare a sentire un concerto; **voy por leña/el médico** vado a prendere legna/chiamare il dottore; **¿cómo le va?** come sta?; **a esto quería** ~ volevo arrivare a questo; **no me va ni me viene** non m'importa; **¡qué va!** suvvia!; ~**se** *vr* andarsene; **¡vámonos!** andiamocene!; **se me fue de las manos** mi è sfuggito di mano; **se nos fue** (*fig: morirse*) se n'è andato.
ira *sf* ira.
iracundo, a *a* iracondo(a).
iris *sm* (*ANAT*) iride *m*; (*arco iris*) arcobaleno.
Irlanda *sf* Irlanda.
irlandés, esa *a, sm/f* irlandese (*m/f*).
ironía *sf* ironia.
irónico, a *a* ironico(a).
irreflexión *sf* sventatezza.
irrefrenable *a* irrefrenabile.
irremediable *a* irrimediabile.
irresoluto, a *a* irresoluto(a).
irrespetuoso, a *a* irrispettoso(a).
irresponsable *a* irresponsabile.
irrigar *vt* irrigare.
irrisorio, a *a* irrisorio(a).
irrupción [-'θjon] *sf* irruzione *f*.
isla *sf* isola.
Islandia *sf* Islanda.
isleño, a *a* [-ɲo] *a, sm/f* isolano(a).
islote *sm* isolotto.
istmo *sm* istmo.
Italia *sf* Italia.
italiano, a *a, sm/f* italiano(a).
itinerario *sm* itinerario.
izar [i'θar] *vt* issare.

izquierdo, a [iθ'kjerðo] *a* sinistro(a) // *sm* sinistra; **a la** ~**a** a sinistra.

J

jabalí [x-] *sm* cinghiale *m*.
jabón [x-] *sm* sapone *m*; ~ **de tocador/de afeitar/en escamas** sapone da toletta/ da barba/a scaglie; **echar un** ~ (*fig: fam*) fare una lavata di capo.
jabonar [x-] *vt* insaponare; (*fig: fam*) dare una lavata di capo a.
jacarandá [x-] *sm* palissandro.
jacarandoso, a [x-] *a* allegro(a).
jacinto [xa'θinto] *sm* giacinto.
jactancia [xak'tanθja] *sf* vanteria, presunzione *f*.
jactarse [x-] *vr* vantarsi.
jadeante [x-] *a* ansimante.
jadear [x-] *vi* ansimare.
jadeo [x-] *sm* fiatone *m*.
jaguar [x-] *sm* giaguaro.
jalear [x-] *vt* (*perros*) aizzare; (*bailarines*) incitare.
jaleo [x-] *sm* incitamento; (*alboroto*) chiasso.
jamás [x-] *ad* mai, giammai.
jamelgo [x-] *sm* ronzino.
jamón [x-] *sm* prosciutto.
Japón [x-] *sm* Giappone *m*.
jaque ['xake] *sm* (*AJEDREZ*) scacco; **tener en** ~ **a uno** avere in pugno qd.
jaqueca [xa'keka] *sf* emicrania.
jarabe [x-] *sm* sciroppo.
jarcia ['xarθja] *sf* (*NAUT*) sartia.
jardín [x-] *sm* giardino.
jardinería [x-] *sf* giardinaggio.
jardinero, a [x-] *sm/f* giardiniere/a.
jarra ['x-] *sf* giara.
jarro ['x-] *sm* brocca.
jaspe ['x-] *sm* diaspro.
jaspeado, a [x-] *a* screziato(a).
jaspear [x-] *vt* venare, screziare.
jaula ['x-] *sf* gabbia; (*de minas*) ascensore *m*.
jauría [x-] *sf* muta.
jazmín [xaθ-] *sm* gelsomino.
jefe ['x-] *sm* capo; ~ **de estación** capostazione *m*; ~ **de redacción** redattore *m* capo *inv*.
jerarquía [xerar'kia] *sf* gerarchia.
jerárquico, a [xe'rarkiko] *a* gerarchico(a).
jerga ['x-] *sf* gergo.
jerigonza [xeri'yonθa] *sf* linguaggio incomprensibile.
jeringa [x-] *sf* siringa.
jeroglífico [x-] *sm* geroglifico.
jesuita [x-] *a, sm* gesuita (*m*).
jilguero [xil'yero] *sm* cardellino.
jinete [x-] *sm* cavaliere *m*.
jira ['x-] *sf* gita.

jirafa [x-] *sf* giraffa.
jirón [x-] *sm* brandello.
jocosidad [x-] *sf* giocosità.
jocoso, a [x-] *a* giocoso(a).
jofaina [x-] *sf* bacinella.
jornada [x-] *sf* giornata; (MIL) spedizione *f*.
jornal [x-] *sm* paga giornaliera, giornata.
jornalero, a [x-] *sm/f* bracciante *m/f*.
joroba [x-] *sf* gobba; (*fig: fam*) seccatura.
jorobado, a [x-] *a, sm/f* gobbo(a); **un día ~** (*fig: fam*) una giornataccia.
jota ['x-] *sf* (*fam*): **no entiendo ni ~** non capisco un'acca.
joven ['x-] *a, sm/f* giovane (*m/f*).
jovial [x-] *a* allegro(a).
jovialidad [x-] *sf* giovialità.
joya ['x-] (*también fig*) gioiello.
joyería [x-] *sf* gioielleria.
joyero [x-] *sm* gioielliere *m*; (*estuche*) portagioielli *m inv*.
juanete [x-] *sm* nodo.
jubilación [xuβila'θjon] *sf* pensione *f*.
jubilar [x-] *vt* mettere in pensione; **~se** *vr* andare in pensione.
júbilo ['x-] *sm* gioia.
judaísmo [x-] *sm* giudaismo.
judía [x-] *sf ver* **judío**.
judicial [xuðí'θjal] *a* giudiziario(a).
judío, a [x-] *a, sm/f* ebreo(a) // *sf* fagiolo.
juego [x-] *sm* gioco; (*conjunto*) servizio; **hacer ~** star bene insieme; **~ de sábanas** completo di lenzuola; **~ de té** servizio da tè.
jueves ['x-] *sm* giovedì *m*.
juez [xweθ] *sm* (JUR) giudice *m*; (DEPORTE: **de línea**) segnalinee *m inv*.
jugada [x-] *sf* giocata; **hacer una mala ~** (*fig: fam*) giocare un brutto tiro.
jugador, a [x-] *sm/f* giocatore/trice.
jugar [x-] *vt, vi* giocare; **~se** *vr* giocarsi.
juglar [x-] *sm* giullare *m*.
jugo ['x-] *sm* succo; **~ de naranja** succo o spremuta di arancio.
jugoso, a [x-] *a* succoso(a); (*fig*) sostanzioso(a).
juguete [xu'vete] *sm* giocattolo.
juguetear [xuv-] *vi* giocherellare.
juicio ['xwiθjo] *sm* giudizio; (JUR) causa; (: *decisión*) sentenza; **sacar de ~** far uscire dai gangheri; **J~ Final** (REL) Giudizio Universale.
juicioso, a [xwiθ-] *a* giudizioso(a).
julio ['x-] *sm* luglio.
junco ['x-] *sm* giunco.
junio ['x-] *sm* giugno.
junquillo [xun'kiʎo] *sm* giunchiglia.
junta [x-] *sf ver* **junto**.
juntamente [x-] *ad* (*conjuntamente*) insieme; (*al mismo tiempo*) allo stesso tempo.
juntar [x-] *vt* unire; (*dinero*) raccogliere; (*puerta*) socchiudere; (*hacer reunión*) riunire; **~se** *vr* unirsi; (*encontrarse*) riunirsi, incontrarsi; (*vivir juntos*) mettersi insieme.

junto, a ['x-] *a* unito(a); (*continuo*) vicino(a) // *sf* giunta; (*asamblea*) assemblea; (TECN) giunto // *ad*: **todo ~** allo stesso tempo; **~ a** *prep* vicino a; **~s** insieme.
juntura [x-] *sf* giuntura; (TECN) giunto.
jurado [x-] *sm* giuria; (*de concurso*) commissione *f* giudicatrice.
juramentar [x-] *vt* far fare giuramento a; **~se** *vr* giurare, fare giuramento.
juramento [x-] *sm* giuramento; (*maldición*) bestemmia.
jurar [x-] *vt* giurare // *vi* giurare; (*echar votos*) bestemmiare; **jurárselas a alguien** giurare vendetta a qd.
jurídico, a [x-] *a* giuridico(a).
jurisdicción [xurisðik'θjon] *sf* giurisdizione *f*.
jurisprudencia [xurispru'ðenθja] *sf* giurisprudenza.
jurista [x-] *sm/f* giurista *m/f*.
justamente [x-] *ad* (*equitativamente*) giustamente; (*precisamente*) precisamente, proprio.
justicia [xus'tiθja] *sf* giustizia.
justiciero, a [xusti'θjero] *a* giusto(a).
justificación [xustifika'θjon] *sf* giustificazione *f*.
justificar [x-] *vt* giustificare; **~se** *vr* giustificarsi.
justo, a ['x-] *a* giusto(a) // *ad*: **~ en ese momento...** proprio in quel momento....
juvenil [x-] *a* giovanile.
juventud [x-] *sf* gioventù.
juzgado [xuθ'vaðo] *sm* tribunale *m*; **~ de paz** ufficio del giudice conciliatore.
juzgar [xuθ'var] *vt* giudicare; (*considerar*) pensare; **a ~ por...** a giudicare da....

K

kepis *sm* chepì *m inv*.
kilo *sm* chilo.
kilogramo *sm* chilogrammo.
kilométrico, a *a* chilometrico(a).
kilómetro *sm* chilometro.
kiosco *sm* = **quiosco**.

L

la *det f, pron* la // *sm* (MUS) la *m*; **~ del sombrero rojo** quella dal cappello rosso.
laberinto *sm* labirinto.
labial *a* labiale.
labio *sm* labbro; **no despegar los ~s** non aprire bocca.
labor *sf* lavoro.

laborable *a* lavorabile; **día** ~ giornata lavorativa.

laborioso, a *a* laborioso(a).

labrado, a *a* lavorato(a) // *sm* lavorazione *f*.

labrador, a *a, sm/f* contadino(a).

labrantío *sm* terreno coltivabile.

labranza [-θa] *sf* lavoro agricolo; **tierras de** ~ terreni agricoli; **útiles de** ~ attrezzi agricoli.

labrar *vt* lavorare; ~**se** *vr* farsi, costruirsi.

labriego, a *sm/f* contadino/a.

laca *sf* lacca.

lacayo *sm* lacchè *m*.

lacerar [-θ-] *vt* ferire, lacerare.

lacio, a [-θjo] *a* (*marchito*) appassito(a); (*sin vigor*) debole; (*no rizado*) liscio(a).

lacónico, a *a* laconico(a).

lacrar *vt* sigillare con ceralacca.

lacre *sm* ceralacca.

lacrimoso, a *a* lacrimoso(a).

lácteo, a *a* latteo(a).

ladear *vt* piegare // *vi* inclinare; ~ **la mirada** (*fig*) deviare lo sguardo.

ladera *sf* pendio.

ladino, a *a* furbo(a).

lado *sm* lato, fianco; **al** ~ **suyo** al suo fianco, accanto a sé; **del** ~ **de** dalla parte di.

ladrar *vi* abbaiare, latrare.

ladrido *sm* abbaio, latrato.

ladrillo [-ʎo] *sm* mattone *m*.

ladrón, ona *sm/f* ladro/a.

lagar *sm* (*para uva*) torchio; (*para aceitunas*) frantoio.

lagarto *sm* lucertola.

lago *sm* lago.

lágrima *sf* lacrima.

laguna *sf* laguna; (*omisión*) lacuna, vuoto.

laico, a *a* laico(a).

lama *sf* (*cieno*) fango, limo // *sm* (REL) lama *m inv*.

lamentable *a* deplorevole; (*triste*) lamentevole.

lamentación [-'θjon] *sf* lamento.

lamentar *vt* dispiacersi per o di; (*deplorar*) deplorare; **lamento haber llegado tarde** mi dispiace di essere in ritardo; ~**se** *vr* lamentarsi.

lamento *sm* = **lamentación**.

lamer *vt* leccare.

lámina *sf* (*de metal*) lamina; (*de libro*) tavola; (: *estampa*) stampa.

laminar *vt* laminare.

lámpara *sf* lampada; (RADIO, TV) valvola; ~ **de alcohol** fornello a spirito; ~ **de gas** lampada a gas; ~ **de mesa** lampada da tavolo.

lampiño, a [-ɲo] *a* imberbe.

lana *sf* lana.

lanar *a*: **ganado** ~ animali da lana.

lance [-θe] *sm* evento, fatto; (*trance*) situazione *f* difficile; (*riña*) litigio, alterco; **libros de** ~ libri d'occasione.

lancero [-'θ-] *sm* lanciere *m*.

lanceta [-'θ-] *sf* lancetta.

lancha [-tʃa] *sf* lancia; ~ **motora** motoscafo; ~ **de pesca** barca da pesca; ~ **salvavidas** lancia o scialuppa di salvataggio.

lanchero [-'tʃ-] *sm* padrone o marinaio di una lancia.

lanero, a *a* laniero(a) // *sm* lanaiolo.

langosta *sf* (ZOOL: *insecto*) cavalletta; (: *crustáceo*) aragosta; (*fig*) piaga.

langostín, langostino *sm* gambero.

languidecer [-gi'δeθ] *vi* languire.

languidez [-gi'δeθ] *sf* languore *m*.

lánguido, a [-giδo] *a* languido(a).

lanilla [-ʎa] *sf* peluria, lanugine *f*.

lanudo, a *a* lanuto(a).

lanza [-θa] *sf* lancia.

lanzadera [-θ-] *sf* spola, navetta.

lanzamiento [-θ-] *sm* lancio.

lanzar [-'θar] *vt* lanciare; (*piedra*) gettare, scagliare; (MED) rigettare; ~**se** *vr*: ~**se al agua** gettarsi o buttarsi in acqua.

lapicero [-'θ-] *sm* portamatite *m*; (*lápiz*) matita.

lápida *sf* lapide *f*.

lapidar *vt* lapidare.

lapidario, a *a* lapidario(a) // *sm* lapidario.

lápiz [-θ] *sm* matita; ~ **de labios** rossetto.

lapso *sm* lasso.

largar *vt* lasciare andare, liberare; (*cable*) allentare; (*fam: trompada*) appioppare; (NAUT: *velas*) spiegare; (: *amarras*) mollare; (*pelota*) buttare, lanciare; (AM: *cosa o persona*) lasciare, abbandonare; ~ **un discurso** fare la predica; ~**se** *vr* (*fam*) squagliarsela.

largo, a *a* lungo(a) // *sm* lunghezza; (MUS) largo // *ad* a lungo; **esperar** ~ **tiempo** aspettare a lungo; **tomar el** ~ (NAUT) andare al lasco.

largueza [-'γeθa] *sf* liberalità.

laringe [-xe] *sf* laringe *f*.

larva *sf* larva.

las *det fpl, pron* le; ~ **que cantan** quelle che cantano.

lascivo, a [-s'θ-] *a* lascivo(a).

lasitud *sf* lassitudine *f*.

lástima *sf* compassione *f*; **dar** ~ **fare pena**; ¡**qué** ~! che peccato!

lastimar *vt* (*herir*) ferire, far male a; (*agraviar*) offendere; ~**se** *vr* ferirsi, farsi male; ~**se de** aver compassione di.

lastimero, a, lastimoso, a *a* commovente, pietoso(a).

lastrar *vt* zavorrare.

lastre *sm* zavorra.

lata *sf* (*metal*) latta; (*envase*) scatola, latta; **tomates en** ~ pomodori in scatola; (*fig: fam*) seccatura; (*fam*): **dar la** ~ attaccare bottone.

latente *a* latente, nascosto(a).

lateral *a* laterale // *sm* lato.

latido *sm* battito, pulsazione *f*.

latigazo [-θo] *sm* (*golpe de látigo*) frustata; (*chasquido*) schiocco; (*fig: fam*) bicchierino.

látigo *sm* frusta.

latín *sm* latino.

latino, a *a* latino(a); ~**americano** latino-americano.

latir *vi* palpitare, battere.

latitud *sf* latitudine *f*.

lato, a *a* lato(a), largo(a).

latón *sm* latta.

latrocinio [-'θ-] *sm* latrocinio.

laúd *sm* liuto.

laudable *a* lodevole.

laurel *sm* lauro, alloro; **dormirse sobre los** ~**es** riposare sugli allori.

lava *sf* lava.

lavabo *sm* lavabo.

lavadero *sm* lavatoio.

lavado *sm* lavaggio; (ARTE) pittura a guazzo.

lavadora *sf* lavatrice *f*.

lavamanos *sm inv* lavamano.

lavandero, a *sm/f* lavandaio/a.

lavar *vt* lavare; (*fig*) cancellare; ~**se** *vr* lavarsi.

laxante *a* lassativo(a) // *sm* lassativo.

laxitud *sf* rilassamento.

laya *sf* (AGR) vanga; **ser de la misma** ~ (*fig*) essere della stessa razza.

lazada [-'θ-] *sf* (*nudo*) nodo; (*de adorno*) laccio.

lazarillo [laθa'riλo] *sm* ragazzo guida di ciechi.

lazo [-θo] *sm* nodo; (*para animales*) laccio; (*fig*) legame *m*; ~ **corredizo** nodo scorsoio; **caer en el** ~ cadere in trappola; **tender un** ~ tendere un agguato.

le *pron* (*directo*) lo; (: *usted*) La; (*indirecto*) gli *m*, le *f*; (: *usted*) Le.

leal *a* leale, sincero(a).

lealtad *sf* lealtà.

lebrel *sm* levriere *m*.

lección [lek'θjon] *sf* lezione *f*; **dar** ~ far lezione.

lector, a *a*, *sm/f* lettore(trice).

lectura *sf* lettura.

leche ['letʃe] *sf* latte *m*; **dientes de** ~ denti di latte; **tener mala** ~ (*fig*) essere cattivo; ~ **en polvo** latte in polvere.

lechera [-'tʃ-] *sf* (*vendedora*) lattaia; (*recipiente*) lattiera; (AM: *también:* **vaca** ~) vacca da latte.

lechería [-tʃ-] *sf* latteria.

lecho ['letʃo] *sm* (*cama*) letto; (*de un río*) alveo, letto; (GEOGR) strato.

lechón [-'tʃ-] *sm* porcellino da latte.

lechoso, a [-'tʃ-] *a* lattiginoso(a).

lechuga [le'tʃ-] *sf* lattuga.

lechugino [letʃu'xino] *sm* damerino.

lechuza [le'tʃuθa] *sf* civetta.

leer *vt* leggere; ~ **en voz alta** leggere a voce alta.

legación [-'θjon] *sf* legazione *f*.

legado *sm* (*herencia*) legato, lascito; (*enviado*) legato.

legajo [-xo] *sm* cartella, incartamento.

legal *a* legale.

legalidad *sf* legalità.

legalizar [-'θar] *vt* autenticare.

legar *vt* legare, lasciare.

legatario, a *sm/f* legatario/a.

legión [-'x-] *sf* legione *f*.

legionario, a [-x-] *a* legionario(a) // *sm* legionario.

legislación [lexisla'θjon] *sf* legislazione *f*.

legislar [-x-] *vi* legiferare, emanare leggi.

legitimar [-x-] *vt* legittimare.

legítimo, a [-'x-] *a* legittimo(a).

lego *sm* (*seglar*) frate laico; (*iletrado*) ignorante *m*.

legua *sf* lega; **a la** ~ **se ve que...** (*fig*) si vede da lontano che....

legumbre *sf* legume *m*.

leído, a *a* colto(a), istruito(a).

lejanía [-x-] *sf* lontananza.

lejano, a [-'x-] *a* lontano(a).

lejía [-'xia] *sf* lisciviа.

lejos [-x-] *ad* lontano; **a lo** ~, **de** o **desde** ~ da lontano; ~ **de** lontano da.

lelo, a *a*, *sm/f* sciocco(a).

lema *sm* motto.

lencería [-θ-] *sf* (*ropa*) biancheria; (*negocio*) negozio di biancheria per la casa.

lengua *sf* lingua; (GEOGR) striscia, lingua; **con la** ~ **afuera** senza fiato.

lenguado *sm* sogliola.

lenguaje [-gwaxe] *sm* linguaggio.

lengüeta [-'gweta] *sf* (ANAT) epiglottide *f*; (*de balanza*) ago; (*de zapatos*, MUS) linguetta.

lenidad *sf* clemenza.

lenitivo, a *a* lenitivo(a).

lente *sm* o *f* lente *f*; ~ **de aumento** lente d'ingrandimento; ~**s** *pl* occhiali *mpl*, lenti *fpl*; ~**s de contacto** lenti *fpl* a contatto.

lenteja [-xa] *sf* lenticchia.

lentitud *sf* lentezza.

lento, a *a* lento(a).

leña ['leɲa] *sf* legna; **dar** ~ (*fig*) dare una bastonata.

leñador [-ɲ-] *sm* boscaiolo.

leño ['leɲo] *sm* legno.

león *sm* leone *m*.

leonino, a *a* leonino(a).

leopardo *sm* leopardo.

lepra *sf* lebbra.

leproso, a *a* lebbroso(a).

lerdo, a *a* lento(a).

lesión *sf* lesione *f*.

letal *a* letale.

letanía *sf* litania.

letargo *sm* letargo.

letra *sf* lettera; (*escritura*) calligrafia; (COM) cambiale *f*, tratta; **poner** o **escribir unas** ~**s** fare o scrivere due righe; **Facultad de L~s** Facoltà di

Lettere; ~ **de imprenta** carattere *m* tipografico; ~ **de cambio** cambiale *f.*

letrado, a *a* dotto(a) // *sm* legale *m,* avvocato.

letrero *sm* insegna; *(etiqueta)* etichetta.

leva *sf* (NAUT) partenza; (MIL) reclutamento; (TECN) camma.

levadizo, a [-θo] *a:* **puente ~ ponte** levatoio.

levadura *sf* lievito.

levantamiento *sm (de pesos)* sollevamento; *(de espaldas)* alzata, scrollata; *(rebelión)* sollevazione *f,* rivolta.

levantar *vt* levare, togliere; *(alzar)* alzare, sollevare; *(alistar)* reclutare; *(construir)* edificare; *(causar)* suscitare, provocare; ~**se** *vr* alzarsi; *(enderezarse)* raddrizzarsi; *(rebelarse)* ribellarsi; *(sol)* sorgere, spuntare; ~ **la voz** alzare la voce; ~ **la mesa** sparecchiare la tavola; ~ **una sesión** togliere una seduta; ~ **el ánimo** rinfrancare l'animo; ~ **una ola de protestas** sollevare un'ondata di proteste.

levante *sm* levante *m;* *(viento)* vento di levante.

levar *vt* (NAUT) levare; ~**se** *vr* salpare.

leve *a* lieve, leggero(a).

levedad *sf* lievità.

levita *sf* redingote *f.*

léxico *sm* lessico.

ley *sf* legge *f.*

leyenda *sf* leggenda.

liar *vt (atar)* legare; *(envolver)* avvolgere; *(enredar)* ingannare, imbrogliare; ~**se** *vr (fam)* battersela; ~ **un sigarrillo** arrotolare una sigaretta.

libar *vt* sorseggiare, degustare.

libelo *sm* libello.

libélula *sf* libellula.

liberal *a* liberale, generoso(a) // *sm/f* liberale *m/f*; **profesión** ~ libera professione.

liberalidad *sf* liberalità.

libertad *sf* libertà *f inv*; **dejar en ~** mettere in libertà; ~ **condicional** condizionale *f.*

libertar *vt* liberare.

libertino, a *a* libertino(a).

libra *sf (peso)* libbra; **L~** (ASTROL) Bilancia; ~ **esterlina** sterlina.

librador, a *sm/f* traente *m/f.*

libramiento *sm* liberazione *f;* (COM) tratta.

libranza [-θa] *sf* (COM) tratta.

librar *vt* liberare; *(batalla)* dare; (COM: *mercancías)* consegnare; *(cheque)* emettere; (JUR: *sentencia)* emettere, pronunciare; ~**se** *vr:* ~**se de** evitare, sfuggire a.

libre *a* libero(a); **al aire ~** all'aria aperta.

librea *sf* livrea.

librería *sf* libreria.

librero *sm* libraio.

libreta *sf* taccuino; ~ **de ahorros/de banco** libretto di risparmio/degli assegni.

libro *sm* libro; ~ **en pasta** o **encuadernado** libro rilegato; ~ **en rústica** libro in brossura.

Lic *abr de* **licenciado, a.**

licencia [liθen'θja] *sf* (MIL) permesso, licenza; ~ **de derecho/de letras** laurea in diritto/lettere; ~ **de conductor** patente *f* di guida; ~ **por enfermedad** congedo per malattia.

licenciado, a [liθen'θiado] *a (del trabajo)* licenziato(a) // *sm/f* (ESCOL) laureato/a.

licenciar [liθen'θjar] *vt (empleado)* licenziare; (MIL: *soldado)* congedare; (ESCOL) laureare; ~**se** *vr:* ~**se en letras** laurearsi in lettere.

licencioso, a [liθen'θjoso] *a* licenzioso(a).

liceo [-'θ-] *sm* circolo letterario; (AM) *scuola secondaria femminile.*

licitador [-θ-] *sm* offerente *m.*

licitar [-θ-] *vt* offrire.

lícito, a [-θ-] *a* lecito(a).

licor *sm* liquore *m.*

lid *sf* lite *f.*

lidia *sf:* **toros de ~** tori da combattimento.

lidiar *vt* combattere // *vi:* ~ **con** o **contra** lottare contro.

liebre *sf* lepre *f.*

lienzo [-θo] *sm* tela; (CONSTR) parete *f.*

liga *sf* lega; *(de medias)* giarrettiera; *(venda)* benda.

ligadura *sf (venda)* fasciatura; (MUS) legatura.

ligamento *sm* legatura; (ANAT) legamento.

ligar *vt* legare; *(relacionar)* collegare // *vi* (MED) allacciare; *(corresponder)* spettare, toccare; ~**se** *vr* legarsi; ~ **una amistad** *(fig)* stringere amicizia.

ligereza [lixe'reθa] *sf* leggerezza; *(frivolidad)* superficialità.

ligero, a [-'x-] *a (veloz)* rapido(a), agile; *(leve)* leggero(a); *(irreflexivo)* superficiale, frivolo(a) // *ad* (AM) presto, in fretta.

lija ['lixa] *sf:* **papel de ~** carta vetrata.

lila *sf* (BOT) lillà *m inv* // *sm (colore)* lilla *m inv.*

lima *sf* lima; ~ **de uñas** limetta (per le unghie); (BOT) limetta.

limar *vt* limare.

limitación [-'θjon] *sf* limitazione *f;* ~ **de velocidad** limite *m* di velocità.

limitar *vt* limitare; ~**se** *vr* limitarsi.

límite *sm* limite *m.*

limítrofe *a* limitrofo(a).

limón *sm* limone *m* // *a:* **amarillo ~** giallo limone.

limosna *sf* elemosina.

limpiabotas *sm inv* lustrascarpe *m inv.*

limpiar *vt* pulire; **me limpiaron el coche** *(fam)* mi hanno rubato la macchina.

limpieza [-θa] *sf* pulizia; **artículos de**
~ prodotti per la pulizia; ~ **en seco**
lavatura a secco.
limpio, a *a* pulito(a); (COM) netto(a) //
ad: **jugar** ~ giocare a carte scoperte //
sm: **pasar en** ~ mettere in bella copia.
linaje [-xe] *sm* lignaggio.
linajudo, a [-'x-] *a* nobile.
linaza [-θa] *sf* linosa, semi *mpl* di lino;
aceite de ~ olio di semi di lino.
lince [-θe] *sm* lince *f*.
lindar *vi* confinare.
linde *sm o f* confine *m*.
lindero, a *a* confinante, limitrofo(a) //
sm confine *m*.
lindo, a *a* gradevole; (*fig*) perfetto(a);
(AM) carino(a), bello(a) // *ad* (AM): **de lo**
~ moltissimo.
línea *sf* linea; (*en un cuaderno*) riga; (*de
pescar*) lenza; **poner unas** ~**s** scrivere
due righe; ~ **de agua** (NAUT) linea di
galleggiamento; ~ **de ataque** (MIL)
prima linea.
lingüista [-'gw-] *sm/f* linguista
m/f.
lingüística [-'gw-] *sf* linguistica.
linimento *sm* linimento.
lino *sm* lino.
linterna *sf* pila; ~ **a pilas** pila
tascabile; ~ **mágica** lanterna magica.
lío *sm* fagotto; (*fig*) imbroglio;
(: *relación amorosa*) relazione *f*.
liquidación [likiða'θjon] *sf* liquefazione
f; (COM. JUR) liquidazione *f*; **artículos en**
~ saldi *mpl*.
liquidar [-k-] *vt* fondere, liquefare; (COM,
fig) liquidare; ~**se** *vr* fondersi,
liquefarsi.
líquido, a [-k-] *a* liquido(a); (*dinero*)
contante // *sm* liquido; ~ **imponible**
(FIN) somma imponibile.
lira *sf* lira.
lirio *sm* iris *f*, iride *f*.
Lisboa *sf* Lisbona.
lisiado, a *a*, *sm/f* invalido(a).
lisiar *vt* storpiare; ~**se** *vr* storpiarsi.
liso, a *a* (*terreno, cabellos*) liscio(a); (*tela*)
a tinta unita.
lisonja [-xa] *sf* lusinga.
lisonjear [-xear] *vt* lusingare; ~**se** *vr*
dilettarsi.
lisonjero, a [-'x-] *a* lusinghiero(a) //
sm/f adulatore/trice.
lista *sf* lista; (*de libros*) elenco; (*de
precios*) listino; **pasar** ~ fare l'appello.
listado, a *a* rigato(a).
listo, a *a* svelto(a), sveglio(a); **pasarse
de** ~ fare il furbo; ¿**estás** ~? sei
pronto?
listón *sm* (*de madera*) listello; (ARQUIT)
modanatura.
litera *sf* (*en barco, tren*) cuccetta; (*en
dormitorio*) letto a castello.
literato, a *a* letterato(a).
literatura *sf* letteratura.
litigar *vt* disputarsi // *vi* litigare.
litigio [-xjo] *sm* lite *f*, litigio.

litografía *sf* litografia.
litoral *a*, *sm* litorale *m*.
litro *sm* litro.
liviano, a *a* leggero(a).
lívido, a *a* livido(a); (AM) pallido(a).
lo *det neutro* il, ciò che; ~ **agradable** ciò
che è piacevole // *pron* lo.
loa *sf* lode *f*.
loable *a* lodevole.
loar *vt* lodare.
lobato *sm* lupacchiotto.
lobo *sm* lupo.
lóbrego, a *a* buio(a), tenebroso(a).
lóbulo *sm* lobo.
locación [-'θjon] *sf*: **contrato de** ~
contratto d'affitto.
local *a*, *sm* locale (*m*).
localidad *sf* località *f inv*, luogo;
(TEATRO): **venta de** ~**es** vendita di
biglietti.
localizar [-'θar] *vt* (*persona*)
rintracciare; (*en mapa*) localizzare,
situare.
loco, a *a*, *sm/f* pazzo(a), matto(a).
locomoción [-'θjon] *sf* locomozione *f*.
locomotora *sf* locomotiva.
locuaz [-θ] *a* loquace.
locución [-'θjon] *sf* locuzione *f*.
locura *sf* pazzia, follia.
lodo *sm* fango.
lógica [-x-] *sf* logica.
lógico, a [-x-] *a* logico(a) // *sm* logico //
sf logica.
lograr *vt* ottenere; ~ **hacer algo**
riuscire a fare qc.
logro *sm* ottenimento; successo.
loma *sf* collina.
lombriz [-θ] *sf* lombrico, verme *m*; ~
solitaria verme solitario.
lomo *sm* (*de animal*) lombo; (*de libro*)
dorso.
lona *sf* olona.
Londres *sm* Londra.
longaniza [-θa] *sf* salsiccia.
longitud [-x-] *sf* lunghezza.
lonja [-xa] *sf* fetta.
lontananza [-θa] *sf* lontananza.
loro *sm* pappagallo.
los *det mpl* i, gli // *pron* li; ~ **que**
vinieron coloro che sono venuti.
losa *sf* lastra; ~ **sepulcral** pietra
sepolcrale.
lote *sm* lotto.
lotería *sf* lotteria, lotto.
loza ['loθa] *sf* ceramica, maiolica; **lavar**
la ~ lavare o fare i piatti.
lozanía [-θ-] *sf* freschezza, gagliardia.
lozano, a [-'θ-] *a* (*plantas*)
lussureggiante.
lubricar *vt* lubrificare.
lucero [-'θ-] *sm* Venere *m*.
lucidez [luθi'ðeθ] *sf* lucidità.
lúcido, a [-θ-] *a* brillante; (*de mente*)
lucido(a).
luciente [-'θ-] *a* lucente.
luciérnaga [-'θ-] *sf* lucciola.

lucimiento [-θ-] *sm* splendore *m*;
quedar con ~ far bella figura.
lucir [lu'θir] *vt* (*traje*) sfoggiare // *vi*
(*también fig*) brillare, splendere; ~**se** *vr*
distinguersi, farsi onore.
lucrar *vt* lucrare.
lucro *sm* lucro.
luctuoso, a *a* luttuoso(a).
lucha ['lut∫a] *sf* lotta.
luchar [-'t∫-] *vi* lottare.
luego *ad* (*después*) dopo, poi;
(*prontamente*) subito // *conj* dunque,
quindi; **haré las compras** ~ farò la
spesa dopo; **desde** ~ naturalmente,
certamente.
lugar *sm* luogo, posto; **hacer** ~ far
posto; **tener** ~ (*suj: ceremonia*) aver
luogo.
lugareño, a [-ɲo] *a* paesano(a) // *sm/f*
abitante *m/f*.
lúgubre *a* lugubre.
lujo ['luxo] *sm* lusso.
lujoso, a [-'x-] *a* lussuoso(a).
lujuria [-'x-] *sf* lussuria.
lumbre *sf* fuoco; **pedir** ~ chiedere di
accendere.
lumbrera *sf* (*en un techo*) lucernario; (*de
barco*) occhio di bue; (*fig*) luminare *m*.
luminoso, a *a* luminoso(a).
luna *sf* luna; (*de ropero*) specchio; (*de
gafas*) lente; (*capricho*) luna, malumore
m; **estar con** ~ avere la luna; **vivir en
la** ~ vivere nel mondo delle nuvole.
lunar *a* lunare // *sm* neo.
lunes *sm inv* lunedì *m*.
luneta *sf* lente *f*.
lustrar *vt* lucidare.
lustre *sm*: **dar** ~ **a** dare lucentezza a.
lustro *sm* lustro.
lustroso, a *a* lucido(a).
luto *sm* lutto; **vestirse de** ~ portare il
lutto.
Luxemburgo *sm* Lussemburgo.
luz [luθ] *sf* luce *f*; **a la** ~ **de una vela** a
lume di candela; **dar a** ~ **un niño** dare
alla luce un bambino; **sacar a** ~
pubblicare; **tener pocas luces** essere
poco intelligente; **prender/apagar la**
~ accendere/spegnere la luce; ~
roja/verde semaforo rosso/verde;
(*AUTO*): ~ **de costado** lampeggiatore *m*;
~ **de freno** luce di arresto.

golpear) bussare; ~ **por teléfono**
telefonare, chiamare; ~**se** *vr* chiamarsi.
llamarada [ʎ-] *sf* fiammata; (*fig*)
vampata.
llamativo, a [ʎ-] *a* vistoso(a),
sgargiante.
llamear [ʎ-] *vi* fiammeggiare.
llanèza [ʎa'neθa] *sf* semplicità.
llano, a ['ʎ-] *a* (*superficie, terreno*)
piano(a), liscio(a); (*trato, persona*)
semplice; (*LING: también*: **palabra** ~
parola piana // *sm* pianura.
llanta ['ʎ-] *sf* (*AUTO*) cerchio; ~ **de goma**
(*AM*) copertone *m*.
llanto ['ʎ-] *sm* pianto.
llanura [ʎ-] *sf* pianura
llave ['ʎ-] *sf* chiave *f*; **cerrar con** ~
chiudere a chiave.
llegada [ʎ-] *sf* arrivo.
llegar [ʎ-] *vi* arrivare; ~ **a las manos**
venire alle mani; ~**se** *vr*: ~**se a** andare
da.
llenar [ʎ-] *vt* riempire; (*de regalos*)
colmare; (*fig: satisfacer*) soddisfare; ~**se**
vr riempirsi.
lleno, a ['ʎ-] *a* pieno(a) // *sm*
abbondanza; (*TEATRO*) piena, pienone *m*;
manos ~**s** a piene mani.
llevadero, a [ʎ-] *a* sopportabile.
llevar [ʎ-] *vt* portare; (*vestido*) portare,
indossare; (*MAT*) riportare; ~**se** *vr*
portarsi via; ~ **dos días en un lugar**
essere da due giorni in un posto; ~ **la
contabilidad** tenere la contabilità;
difícil de ~ (*fig*) difficile da
sopportare; ~ **a uno por delante** (*AM*)
mancare di rispetto a qd; ~**se bien**
andare d'accordo.
llorar [ʎ-] *vt*, *vi* piangere; ~ **a lágrima
viva** piangere a dirotto; ~ **de risa**
crepare dal ridere.
lloro ['ʎ-] *sm* pianto.
llorón, ona [ʎ-] *a* piagnucoloso(a) //
sm/f piagnucolone/a; **sauce** ~ (*BOT*)
salice *m* piangente.
lloroso, a [ʎ-] *a* lacrimoso(a).
llover [ʎ-] *vi* piovere; ~**se** *vr* far passare
acqua; ~ **a cántaros** piovere a
catinelle.
llovizna [ʎo'βiθna] *sf* pioggerellina.
lloviznar [ʎoβiθ'nar] *vi* piovigginare.
lluvia ['ʎ-] *sf* pioggia; (*AM: del baño*)
doccia.
lluvioso, a [ʎ-] *a* piovoso(a).

LL

llaga ['ʎ-] *sf* piaga.
llama ['ʎ-] *sf* fiama; (*ZOOL*) lama *m inv*.
llamada [ʎ-] *sf* chiamata; ~ **a pie de
página** nota a piè di pagina.
llamamiento [ʎ-] *sm* chiamata.
llamar [ʎ-] *vt* chiamare; (*atención*)
richiamare // *vi* chiamare; (*MIL*) essere
chiamato; (*a la puerta*) suonare; (:

M

m *abr de* **metro**; *abr de* **minuto**.
macarrones *smpl* maccheroni.
maceta [-θ-] *sf* vaso.
macilento, a [-θ-] *a* macilento(a).

macizo, a [ma'θiθo] *a* massiccio(a) // *sm* (*de montañas*) massiccio; (*de flores*) cespuglio, aiuola.

mácula *sf* macchia.

machacar [-tʃ-] *vt* pestare // *vi* insistere.

machete [-'tʃ-] *sm* (AM) machete *m.*

macho [-tʃo] *sm* maschio.

madeja [-xa] *sf* (*de lana*) matassa; (*de pelo*) chioma.

madera *sf* legno; **tener ~ para** (*fig: fam*) avere la stoffa di.

madero *sm* trave *f.*

madrastra *sf* matrigna.

madre *sf* madre *f*; (*de vino*) feccia; (*de río*) alveo, letto; **ahí está la ~ del cordero** questa è la vera causa; **salirse de ~** straripare; **lengua ~** madrelingua.

madreselva *sf* caprifoglio.

Madrid *sm* Madrid *f.*

madriguera [-'ɣ-] *sf* tana, covo.

madrina *sf* madrina; (CONSTR) palo; (AM) *animale che guida il branco.*

madrugada *sf* alba.

madrugar *vi* alzarsi presto.

madurar *vi* maturare.

madurez [-θ] *sf* maturità.

maduro, a *a* maturo(a).

maestría *sf* abilità *f inv*, perizia.

maestro, a *a* (*diestro*) abile; (TECN: *principal*) maestro(a) // *sm/f* maestro/a; **obra ~a** capolavoro; **llave ~a** chiave comune.

magia [-xja] *sf* magia; **(como) por arte de ~** (*come*) per incanto.

mágico, a [-x-] *a* magico(a).

magistrado [-x-] *sm* magistrato.

magistral [-x-] *a* magistrale.

magistratura [-x-] *sf* magistratura.

magnánimo, a [-ɣ'n-] *a* magnanimo(a).

magnate [-ɣ'n-] *sm* magnate *m.*

magnético, a [-ɣ'n-] *a* magnetico(a).

magnetizar [maɣneti'θar] *vt* magnetizzare.

magnetofón, magnetófono [-ɣn-] *sm* magnetofono.

magnetofónico, a [-ɣn-] *a* magnetofonico(a); **cinta ~a** nastro magnetofonico.

magnífico, a [-ɣ'n-] *a* magnifico(a).

magnitud [-ɣn-] *sf* grandezza; (*fig*) importanza.

mago, a *sm/f* mago/a.

magro, a *a* magro(a), asciutto(a).

maíz [-θ] *sm* mais *m.*

majada [-x-] *sf* ovile *m.*

majadero, a [-x-] *a*, *sm/f* sciocco(a) // *sm* pestello.

majar [-'xar] *vt* pestare.

majestad [-x-] *sf* maestà *f inv.*

majestuoso, a [-x-] *a* maestoso(a).

majo, a [-xo] *a* bello(a), elegante // *sm* (*fam*) elegantone *m.*

mal *ad* male // *a = malo* // *sm* male *m*; (MED) malattia, male *m*; **oler ~** puzzare; **salir ~** (*en un examen*) essere

bocciato; **hacer un ~ a alguien** fare un torto a qd; **~ que le pese** gli piaccia o no; **si ~ no recuerdo** se ben ricordo.

malabarismo *sm* gioco di destrezza.

malabarista *sm/f* funambolo.

malcriado, a *a* viziato(a).

maldad *sf* cattiveria.

maldecir [-'θir] *vt* maledire // *vi*: **~ de alguien** sparlare di qd; **~ de algo** lamentarsi di qc.

maldiciente [-'θ-] *a* maldicente.

maldición [-'θjon] *sf* maledizione *f.*

maldita *sf* (*fam*) lingua.

maldito, a *a* maledetto(a); **¡~ sea!** mannaggia!

maleante *sm/f* malvivente *m/f.*

malecón *sm* molo.

maledicencia [-'θenθja] *sf* maldicenza.

maleficio [-θjo] *sm* stregoneria.

malestar *sm* malessere *m.*

maleta *sf* valigia.

malevolencia [-θja] *sf* malanimo.

malévolo, a *a* malevolo(a).

maleza [-θa] *sf* erbacce *fpl*; (*arbustos*) roveto.

malgastar *vt* sprecare, sperperare; (*salud*) sciupare.

malhechor, a [male'tʃor] *sm/f* malfattore/trice.

malhumorado, a [-lu-] *a* di malumore.

malicia [-θja] *sf* malizia; **~s** *fpl* sospetti *mpl.*

malicioso, a [-'θ-] *a* malizioso(a).

malignidad [-ɣn-] *sf* malignità *f inv.*

maligno, a [-ɣno] *a* maligno(a).

malintencionado, a [-θ-] *a* malintenzionato(a).

malo, a *a* (*persona, acción*) cattivo(a); (*tiempo*) brutto(a); (*vestido*) sciupato(a); (*enfermo*) ammalato(a) // *sm* (CINE, TEATRO) cattivo // *sf* sfortuna; **estar ~** essere ammalato; **~a suerte** sfortuna; **llegar en ~a hora** arrivare nel momento peggiore; **lo ~ es que...** il guaio è che...; **estar de ~as** essere sfortunato.

malogrado, a *a* sventurato(a), disgraziato(a).

malograr *vt* (*ocasión*) lasciar sfuggire; (*tiempo*) sprecare; **~se** *vr* (*plan*) fallire; (*persona*) morire.

malogro *sm* (*fracaso*) fallimento; (*pérdida*) disastro.

malparado, a *a*: **salir ~** fallire.

malsano, a *a* malsano(a).

maltratar *vt* maltrattare.

maltrato *sm* maltrattamento.

malva *sf* malva.

malvado, a *a*, *sm/f* malvagio(a).

malversar *vt* malversare.

malla [-ʎa] *sf* maglia; (AM: *de baño*) costume *m*; (*de baile*) calzamaglia; **hacer ~** lavorare a maglia.

Mallorca [-'ʎ-] *sf* Maiorca.

mama *sf* mammella.

mamá *sf* mamma.

mamar vt poppare; ~se vr (AM: fam) ubriacarsi.

mamarracho [-tʃo] sm (objeto) oggetto brutto o ridicolo; (persona) fantoccio.

mamotreto sm libraccio.

mampara sf paravento; (separador) porta a vetri.

mampostería sf muratura.

mamut sm mammut m.

maná sm manna.

manada sf (de ovejas) gregge m; (de búfalos etc) branco.

manantial sm sorgente f.

manar vi (agua) scaturire; (sangre) sgorgare.

mancebo [-θ-] sm (joven) giovinetto; (dependiente) garzone m.

mancilla [-'θiʎa] sf (fig) disonore m.

manco, a a monco(a); **no ser** ~ (fig) essere molto bravo.

mancomún: de ~ ad dí comune accordo.

mancomunar vt unire, associare; ~se vr unirsi.

mancomunidad sf unione f, associazione f.

mancha [-tʃa] sf macchia; (ANAT) voglia; (ARTE) schizzo.

manchar [-'tʃar] vt macchiare; ~se vr macchiarsi.

mandadero sm fattorino.

mandado sm commissione f.

mandamiento sm (orden) comando; (REL) coman1amento; ~ **judicial** (JUR) mandato.

mandar vt (ordenar) ordinare; (dirigir) comandare; (enviar) mandare, spedire.

mandarina sf mandarino (frutto).

mandatario, a a, sm/f procuratore(trice); (AM: POL) presidente m.

mandato sm mandato.

mandíbula sf mandibola.

mando sm comando.

manejable [-'x-] a maneggevole.

manejar [-'xar] vt maneggiare; (negocios, dinero) gestire, amministrare; (casa) governare, dirigere; (AM: coche) guidare; ~se vr comportarsi.

manejo [-xo] sm maneggio; (de coche) guida // smpl macchinazioni fpl.

manera sf maniera, modo; **a la** ~ **de** alla maniera di; **de cualquier** ~ non importa come; **de mala** ~ in malo modo; **de ninguna** ~ in nessun modo, per nulla; **de todas** ~s comunque, in ogni modo.

manga sf manica; (de riego) manichetta, canna; (filtro) colino; (NAUT) manica a vento; ~s fpl profitti; ~ **de viento** (AER) manica a vento.

mango sm manico; (BOT) mango.

manguera [-'g-] sf (de riego) manichetta, canna; (de ventilación) manica a vento.

manguito [-'g-] sm manicotto.

maní sm nocciolina.

manía sf mania.

maníaco, a a maniaco(a).

maniatar vt ammanettare.

manicomio sm manicomio.

manifestación [-'θjon] sf manifestazione f.

manifestar vt manifestare.

manifiesto, a a manifesto(a), chiaro(a) // sm manifesto.

maniobra sf manovra.

maniobrar vt manovrare.

manipulación [-'θjon] sf manipolazione f.

manipulador, a sm/f manipolatore/trice; **botón** ~ (TELEC) tasto trasmettitore.

manipular vt manipolare.

maniquí [-'ki] sm manichino // sf indossatrice f.

manivela sf manovella.

manjar [-'xar] sm piatto speciale.

mano sf mano f; (de reloj) lancetta; (de pintura) mano, strato; **¡arriba las** ~s! mani in alto!; **tener entre sus** ~s avere in mano; **quedar** ~ **a** ~ pareggiare; **a** ~ **derecha/izquierda** a destra/sinistra; ~ **de obra** manodopera.

manojo [-xo] sm mazzo.

manosear vt toccare; (AM: acariciar) palpare; (fig) umiliare.

manotazo [-θo] sm manata.

mansalva: a ~ ad senza rischio.

mansedumbre sf mansuetudine f.

mansión sf dimora.

manso, a a mansueto(a).

manta sf coperta.

manteca sf (de cerdo) strutto; (AM) burro.

mantecado sm gelato.

mantel sm tovaglia.

mantener vt mantenere; (conversación) continuare; (costumbres) conservare; ~se vr mantenersi; (seguir de pie) restar fermo; ~ **a distancia** tenere a distanza; ~ **correspondencia con** in corrispondenza con; ~ **sus opiniones** mantenere le proprie opinioni; ~ **una entrevista** fare una intervista; ~se con **su trabajo** vivere del proprio lavoro.

mantenimiento sm mantenimento; (conservación) manutenzione f.

mantequera [-'k-] sf (para hacer) zangola; (para servir) burriera.

mantequilla [-'kiʎa] sf burro.

mantilla [-ʎa] sf (de mujer) mantiglia; ~s fpl (de niño) fasce fpl.

manto sm (de mujer) mantello; (de chimenea) cappa; (de mina) strato.

mantón sm scialle m.

manual a, sm manuale (m).

manubrio sm manubrio.

manufactura sf manifattura.

manuscrito, a a manoscritto(a) // sm manoscritto.

manutención [-'θjon] sf (de familia) mantenimento; (de coche) manutenzione f.

manzana [-'θ-] *sf* (BOT) mela; (AM: *de casas*) isolato.

manzanilla [manθa'niʎa] *sf* (BOT) camomilla; (*vino*) manzanilla.

manzano [-'θ-] *sm* melo.

maña [-ɲa] *sf* (*para hacer algo*) abilità *f inv*; (*en pensar algo*) furberia; (*hábito*) vizio; **darse** ~ arrangiarsi; **tener muchas** ~**s** avere molti vizi.

mañana [-'ɲ-] *ad* domani // *sm* domani *m* // *sf* mattina, mattino; **por la** ~ di mattina o al mattino; ~ **por la** ~ domattina o domani mattina; **de la noche a la** ~ in un batter d'occhio; **¡hasta** ~**!** a domani!; **pasado** ~ dopodomani.

mapa *sm* carta (geografica); **desaparecer del** ~ (*fig*) scomparire.

maqueta [-'k-] *sf* plastico, modello.

maquillaje [maki'ʎaxe] *sm* trucco.

maquillar [maki'ʎar] *vt* truccare; ~**se** *vr* truccarsi.

máquina [-k-] *sf* macchina; (FERR) locomotiva; ~ **de afeitar** rasoio; ~ **de escribir** macchina da scrivere.

maquinación [makina'θjon] *sf* macchinazione *f*.

maquinal [-k-] *a* macchinale.

maquinaria [-k-] *sf* macchinario; (*mecanismo*) meccanica; ~ **administrativa** apparato amministrativo.

maquinista [-k-] *sm* macchinista *m*.

mar *sm o f* mare *m*; **estar hecho un** ~ **de lágrimas** (*fig*) piangere a calde lacrime; **arar en el** ~ fare un buco nell'acqua; **hacerse a la** ~ imbarcarsi; **la** ~ **de** (*fig*: *fam*) un mare di.

maraña [-ɲa] *sf* (*maleza*) boscaglia; (*confusión*) imbroglio.

maravilla [-'ʎa] *sf* meraviglia.

maravillar [-'ʎar] *vt* meravigliare; ~**se** *vr* meravigliarsi.

maravilloso, a [-'ʎ-] *a* meraviglioso(a).

marca *sf* marchio; (*sello*) marca, etichetta; **de** ~ (*excelente*) di marca.

marcado, a *a* notevole.

marcar *vt* (*señalar*) notare, segnalare; (*sellar*) marcare; (*número de teléfono*) fare; (*pelo*) mettere in piega; (DEPORTE, *suj: reloj*) segnare; ~ **el paso** (MIL) segnare il passo // *vi* (DEPORTE) segnare.

marcial [-'θjal] *a* marziale.

marco *sm* (*de cuadro*) cornice *f*; (*de puerta, ventana*) stipite *m*; (ECON) marco; (*fig*) cornice, sfondo.

marcha [-tʃa] *sf* marcia; **poner/estar en** ~ mettere/essere in moto; **dar** ~ **atrás** fare marcia indietro; **sobre la** ~ allo stesso tempo, contemporaneamente.

marchar [-'tʃar] *vi* (*persona*) marciare; (*mecanismo*) funzionare; ~**se** *vr* andarsene.

marchitar (-tʃ-] *vt* far appassire; ~**se** *vr* appassire.

marchito, a [-'tʃ-] *a* appassito(a).

marea *sf* (*también fig*) marea; **contra viento y** ~ nonostante tutto.

marear *vt* causare nausea; (*fig*) dar noia a, infastidire; ~**se** *vr* avere nausea; (*desvanecerse*) svenire.

marejada [-'x-] *sf* mareggiata.

maremoto *sm* maremoto.

mareo *sm* nausea, vertigine *f*.

marfil *sm* avorio.

margarina *sf* margarina.

margarita *sf* margherita.

margen [-xen] *sm* (*también fig*) margine *m* // *sf* riva; ~ **de ganancias** margine di guadagno.

maricón *sm* (*fam: pey*) finocchio.

marido *sm* marito.

marijuana [-'x-] *sf* marihuana.

marina *sf* marina; ~ **mercante** marina mercantile.

marinero, a *a* marinaro(a) // *sm* marinaio // *sf* giacca alla marinara.

marino, a *a* marino(a) // *sm* marinaio.

marioneta *sf* marionetta.

mariposa *sf* farfalla.

marisabidilla [-'ʎa] *sf* (*fam*) saputella.

marisco *sm* frutto di mare.

marisma *sf* maremma.

marítimo, a *a* marittimo(a).

marmita *sf* marmitta.

mármol *sm* marmo.

marmóreo, a *a* marmoreo(a).

marqués, esa [-'k-] *sm* // *f* marchese/a.

marquetería [-k-] *sf* ebanisteria.

marrón *a* marrone // *sm* (BOT) castagna.

marroquí [-'ki] *ag*, *sm/f* marocchino(a).

Marruecos *sm* Marocco.

martes *sm* martedì *m*.

martillar [-'ʎar] *vt* martellare.

martillo [-'ʎo] *sm* martello; ~ **pilón** maglio a vapore.

martín *sm*: ~ **pescador** martin *m inv* pescatore.

mártir *sm/f* martire *m/f*.

martirio *sm* martirio.

marxismo [-ks-] *sm* marxismo.

marzo [-θo] *sm* marzo.

mas *conj* ma, però.

más *ad*, *a*, *conj* più // *sm* (MAT) più *m*; **de** ~ in più; **tengo** ~ **años que tú** ho più anni di te; **¡estaba** ~ **triste!** (*fam*) era così triste!; **está de** ~ **que lo diga** è superfluo che lo dica; ~ **bien** *ad* piuttosto; *a* meglio; ~ **o menos** più o meno; **por** ~ **que le expliqué...** anche se glielo spiegai...; **¿y qué** ~**?** e cos'altro? **2** ~ **3 son 5** 2 più 3 fanno 5; **el** ~ **allá** l'al di là.

masa *sf* massa; (COC, *fig*) pasta; (AM: COC) dolce *m*, pasta.

masaje [-xe] *sm* massaggio.

mascar *vt* masticare; (*fig*) borbottare.

máscara *sf* maschera.

masculino, a *a* maschile.

mascullar [-'ʎar] *vt* borbottare.

masivo, a *a* massivo(a).

masón *sm* massone *m*.

masonería *sf* massoneria.

masoquista [-'k-] *sm/f* masochista *m/f*.
masticar *vt* masticare.
mástil *sm* (*de navío*) albero; (*sostén*) palo.
mastín *sm* mastino.
masturbación [-'θjon] *sf* masturbazione *f*.
mata *sf* cespuglio; **vivir a salto de ~** (*fig*) campare alla giornata.
matadero *sm* mattatoio.
matador, a *a* (*fig*) faticoso(a) // *sm/f* omicida *m/f* // *sm* (*TAUR*) matador *m*.
matamoscas *sm inv* insetticida *m*.
matanza [-θa] *sf* strage *f*, carneficina.
matar *vt* uccidere, ammazzare; **~se** *vr* ammazzarsi.
matasellos [-λos] *sm inv* timbro.
mate *a* opaco(a) // *sm* (*AJEDREZ*) scacco matto; (*AM: bebida*) mate *m*; (: *fig: fam*) zucca.
matemáticas *sfpl* matematica.
matemático, a *a*, *sm/f* matematico(a).
materia *sf* materia; **en ~ de. . .** in fatto di. . . .
material *a*, *sm* materiale (*m*); **casa de ~** (*AM*) casa di mattoni.
materialismo *sm* materialismo.
materialista *sm/f* materialista *m/f*.
maternal *a* materno(a).
maternidad *sf* maternità; (**casa de**) **~** clinica di maternità.
materno, a *a* materno(a).
matinal *a* mattutino(a).
matiz [-θ] *sm* sfumatura.
matizar [-'θar] *vt* sfumare.
matón *sm* duro.
matorral *sm* boscaglia.
matrero, a *a* astuto(a).
matriarcado *sm* matriarcato.
matrícula *sf* (*registro*) elenco, lista; (*AUTO*) targa; (*ESCOL*) iscrizione *f*, matricola.
matricular *vt* iscrivere; (*AUTO*) immatricolare.
matrimonial *a* matrimoniale.
matrimonio *sm* matrimonio.
matriz [-θ] *sf* matrice *f*.
matrona *sf* matrona.
matutino, a *a* mattutino(a).
maullar [-'λar] *vi* miagolare.
mausoleo *sm* mausoleo.
maxilar *sm* mascellare *m*.
máxima *sf ver* **máximo**.
máxime *ad* soprattutto.
máximo, a *a* a massimo(a) // *sf* massima // *sm* massimo.
mayo *sm* maggio.
mayonesa *sf* maionese *f*.
mayor *a* maggiore, più grande // *sm* (*MIL*) maggiore *m*; **~ que. . .** più grande o maggiore di. . .; **su ~ enemigo** il suo maggior nemico; **al por ~** (*COM*) all'ingrosso; **~ de edad** maggiorenne.
mayorazgo [-θ-] *sm* primogenitura.
mayordomo *sm* maggiordomo.
mayoría *sf* maggioranza; **~ de edad** maggiore età *f*.

mayorista *sm/f* grossista *m/f*.
mayoritario, a *a* a maggioritario(a).
mayúsculo, a *a* a maiuscolo(a); (*fam*) enorme // *sf* (*letra*) maiuscola.
maza [-θa] *sf* mazza, clava.
mazapán [-θ-] *sm* marzapane *m*.
mazmorra [-θ-] *sf* segreta.
mazo [-θo] *sm* (*martillo*) maglio; (*de flores*) mazzo.
me *pron* mi; **~ llama** mi chiama; **~ los dio** me li diede.
meandro *sm* meandro.
mecánica *sf* meccanica; (*de aparato*) meccanismo.
mecánico, a *a* meccanico(a) // *sm* meccanico.
mecanografia *sf* dattilografia.
mecanógrafo, a *sm/f* dattilografo/a.
mecedor, a [-θ-] *a* che culla // *sm* altalena // *sf* sedia a dondolo.
mecer [-'θer] *vt* cullare; **~se** *vr* dondolarsi.
mecha [-'tʃa] *sf* (*de lámpara*) stoppino, lucignolo; (*de mina*) miccia.
mechero [-'tʃ-] *sm* accendino; (*de lámpara*) becco; (*de gas*) ladruncolo.
mechón [-'tʃon] *sm* ciocca.
medalla [-λa] *sf* medaglia.
media *sf* (*de mujer*) calza; (*de hombre*) calzino; (*proporción*) media.
mediación [-'θjon] *sf* mediazione *f*.
mediado *a* mezzo(a) vuoto(a); **a ~s de** verso la metà di.
medialuna *sf* cornetto, croissant *m*.
mediano, a *a* medio(a); (*mediocre*) mediocre, passabile.
medianoche [-'tʃe] *sf* mezzanotte *f*.
mediante *prep* mediante, tramite.
mediar *vi* (*llegar a la mitad*) arrivare a metà di; (*estar en medio*) essere in mezzo; (*interceder*) mediare, intervenire.
medicación [-'θjon] *sf* medicazione *f*.
medicamento *sm* medicina.
medicina [-'θ-] *sf* medicina.
medición [-'θjon] *sf* misurazione *f*.
médico, a *a* medico(a) // *sm/f* medico; **examen ~** visita medica; **~ forense** medico legale.
medida *sf* misura; **actuar con ~** agire con misura o prudenza; **en cierta ~** in un certo senso; **en gran ~** in larga misura; **a la ~** su misura.
medio, a *a* mezzo(a); (*promedio*) medio(a) // *ad* mezzo // *sm* (*centro*) mezzo, centro; (*MAT*) medio; (*DEPORTE*) mediano; (*método*) mezzo; (*social, BIOL*) ambiente *m*; **~s** *mpl* mezzi; **estar en el ~** essere in mezzo; **tres horas y ~a** tre ore e mezza; **~a hora** mezz'ora, mezzora; **a ~ terminar** mezzo finito, finito a metà; **a ~as** a metà; **el ~ ambiente** l'ambiente.
mediocridad *sf* mediocrità.
mediodía *sm* mezzogiorno.
medir *vt*, *vi* misurare; **~se** *vr* misurarsi.
meditar *vt* meditare.

mediterráneo, a *a* mediterraneo(a); **el M~** il (mare)Mediterraneo.
medroso, a *a* pauroso(a).
médula, medula *sf* midollo.
medusa *sf* medusa.
megáfono *sm* megafono.
megalómano, a *sm/f* megalomane *m/f.*
mejilla [-'xiʎa] *sf* guancia.
mejor [-'xor] *a* migliore // *ad* meglio; **a lo ~** forse; ¡~! meglio cosi!; **~ dicho** cioè.
mejora [-'x-] *sf* miglioramento.
mejorar [-x-] *vt* migliorare // *vi*, **~se** *vr* (*de salud*) rimettersi; (*tiempo, economía*) migliorare.
melancolía *sf* malinconia.
melancólico, a *a* malinconico(a).
melena *sf* chioma.
melenudo, a *a* capellone.
melindroso, a *a* smorfioso(a), schizzinoso(a).
melocotón *sm* pesca.
melocotonero *sm* pesco.
melodía *sf* melodia.
melodrama *sm* melodramma *m.*
melón *sm* melone *m.*
meloso, a *a* sdolcinato(a).
mella [-ʎa] *sf* tacca; (*fig*) danno; **hacer ~** fare impressione.
mellar [-'ʎar] *vt* sbeccare; (*fig*) screditare.
mellizo, a [-'ʎiθo] *a, sm/f* gemello(a).
membrillo [-ʎo] *sm* cotogno; (*fruto*) cotogna; **dulce de ~** cotognata.
memorable *a* memorabile.
memorandum *sm* memorandum *m.*
memoria *sf* memoria; **si la ~ no me falla se ben ricordo; venir a la ~** ricordare.
memorial *sm* memoriale *m.*
mencionar [-θ-] *vt* menzionare, nominare.
mendigar *vt* mendicare.
mendigo, a *sm/f* mendicante *m/f.*
mendrugo *sm* tozzo.
menear *vt* dimenare, muovere; **~se** *vr* dimenarsi.
menester *sm* bisogno; (*ocupación*) occupazione *f*, faccenda; **~es** *mpl* (*TECN*) attrezzi; **es ~ que... occorre che....**
menestral *sm* operaio.
mengano, a *sm/f* un(a) tale.
mengua *sf* (*disminución*) diminuzione *f*; (*falta*) mancanza; **en ~ de** (*fig*) a scapito di.
menguado, a *a* diminuito(a).
menguante *a* calante // *sf* (*NAUT*) bassa marea; (*de la luna*) ultimo quarto.
menguar *vt* (*fig*) screditare // *vi* diminuire; (*luna*) calare.
menopausia *sf* menopausa.
menor *a* minore, più piccolo(a) // *sm/f* minorenne *m/f*; **el ~ daño** il danno minore; **no tengo la ~ idea** non ne ho la più pallida idea; **al por ~** (*COM*) al minuto; **~ de edad** minorenne.
Menorca *sf* Minorca.

menos *ad* meno // *conj* (*salvo*) tranne; **es ~ dulce que** è meno dolce di; **es lo ~ que puedo hacer** è il minimo che posso fare; **a ~ que** a meno che, tranne che; **echar de ~ algo** o **a alguien** sentire la mancanza di qc o di qd; **al ~, por lo ~** almeno.
menoscabar *vt* deteriorare; (*fig*) denigrare.
menoscabo *sm* danno, scapito; **con ~ de** a scapito di.
menospreciar [-'θjar] *vt* disprezzare.
menosprecio [-θ-] *sm* disprezzo.
mensaje [-xe] *sm* messaggio.
mensajero, a [-'x-] *a, sm/f* messaggero(a); **paloma ~a** piccione *m* viaggiatore.
mensual *a* mensile.
menta *sf* menta.
mental *a* mentale.
mentar *vt* menzionare, nominare.
mente *sf* mente *f.*
mentecato, a *a, sm/f* mentecatto(a).
mentir *vi* mentire.
mentira *sf* bugia; **parece ~ (que)** pare impossibile (che).
mentiroso, a *a, sm/f* bugiardo(a).
menudear *vt* ripetere; (*contar*) particolareggiare // *vi* ripetersi.
menudencia [-θja] *sf* piccolezza.
menudo, a *a* (*pequeño*) minuto(a), piccolo(a); (*exacto*) minuzioso(a); (*fig*) insignificante // *smpl* (*de aves*) rigaglie *fpl*; **la gente ~a** i bambini; **a ~** me **acuerdo de** spesso mi rammento di.
meñique [-'ɲike] *sm* mignolo.
meollo [-ʎo] *sm* midollo; (*de pan*) mollica; (*fig*) sostanza.
mercado *sm* mercato; **M~ Común** Mercato Comune.
mercancía [-'θia] *sf* merce *f.*
mercantil *a* mercantile.
mercar *vt* comperare.
merced [-θ-] *sf* grazia, favore *m*; **~ a** grazie a; **a ~ de** in balia di.
mercenario, a [-θ-] *a* mercenario(a) // *sm* mercenario.
mercería [-θ-] *sf* merceria.
mercurio *sm* mercurio.
merecer [-'θer] *vt* meritare // *vi*, **~se** *vr* meritarsi.
merecimiento [-θ-] *sm* merito.
merendar *vt* mangiare a merenda // *vi* far merenda.
merendero *sm* ristorantino, trattoria.
merengue [-ge] *sm* meringa.
meridiano, a *a* meridiano(a) // *sm* meridiano.
meridional *a, sm/f* meridionale (*m/f*).
merienda *sf* merenda.
mérito *sm* merito.
merluza [-θa] *sf* (*ZOOL*) merluzzo; (*fig: fam*) sbornia.
merma *sf* calo.
mermar *vt* ridurre // *vi*, **~se** *vr* calare, diminuire.
mermelada *sf* marmellata.

mero, a *a* semplice, puro(a).
merodear *vi* gironzolare, vagare (*con cattiva intenzione*).
mes *sm* mese *m*.
mesa *sf* tavolo; (*para comer*) tavola; **sentarse en la ~** mettersi a tavola.
meseta *sf* altipiano.
mesilla [-ʎa] *sf* (*mesa*) tavolino; (ARQUIT: *de escalera*) pianerottolo; (: *de ventana*) davanzale *m*.
mesón *sm* osteria.
mesonero, a *a* alberghiero(a) // *sm/f* albergatore/trice.
mestizo, a [-θo] *a*, *sm/f* meticcio(a).
mesura *sf* moderazione *f*, misura.
meta *sf* meta, scopo; (DEPORTE) porta.
metafísico, a *a*, *sm/f* metafisico(a) // *sf* metafisica.
metáfora *sf* metafora.
metal *sm* metallo; (*de voz*) timbro.
metálico, a *a* metallico(a) // *sm* denaro.
metalurgia [-xja] *sf* metallurgia.
meteoro *sm* meteora.
meter *vt* (*introducir*) introdurre; (*poner*) mettere, collocare; (*añadir*) aggiungere; (DEPORTE: *gol*) fare; (ECON) investire; (*involucrar*) coinvolgere; **~se** *vr:* **~se en** mettersi in; (*río*) sfociare in; **~ la pata** (*fam*) fare una gaffe; **~ en un lío** mettere nei pasticci; **~ ruido** far chiasso; **~se en cama/en un cine** andare a letto/al cinema; **¡no te metás!** (AM) lascia perdere!
meticuloso, a *a* meticoloso(a).
metódico, a *a* metodico(a).
método *sm* metodo.
metralleta [-'ʎ-] *sf* mitra *m*.
métrico, a *a* metrico(a) // *sf* metrica.
metro *sm* (*medida*) metro; (*tren*) metrò *f inv*.
metrópoli *sf* metropoli *f*.
México *sm* Messico.
mezcla [-θ-] *sf* miscuglio.
mezclar [-θ-] *vt* mescolare, mischiare; **~se** *vr* mescolarsi.
mezquino, a [-θ'k-] *a* meschino(a).
mezquita [-θ'k-] *sf* moschea.
mi *sm* (MUS) mi *m*.
mi, mis *det* il(la) mio(a), *pl* i(le) miei(mie).
mí *pron* me; **a ~ a** me; **para ~** per me.
mía *det*, *pron ver* **mío**.
microbio *sm* microbo.
micrófono *sm* microfono.
microscopio *sm* microscopio.
miedo *sm* paura; **por ~** a o de per paura di.
miedoso, a *a* pauroso(a).
miel *sf* miele *m*.
miembro *sm* membro; **~s inferiores/superiores** (ANAT) arti inferiori/superiori.
mientes *sfpl:* **traer a las ~** ricordare.
mientras *conj* mentre, intanto che // *ad* intanto; **~ viva** mentre vivrò; **~ más**

tiene, más quiere quanto più ha, più vuole; **~ tanto** intanto.
miércoles *sm* mercoledì *m*.
mierda *sf* (*fam!*) merda.
mies *sf* messe *f*.
miga *sf* briciola; (*de pan*) mollica; **hacer buenas ~s** (*fig: fam*) fare amicizia.
migajas [-xas] *sfpl* briciole *fpl*.
migración [-'θjon] *sf* migrazione *f*.
mil *num* mille // *sm* migliaio.
milagro *sm* miracolo.
milagroso, a *a* miracoloso(a).
milano *sm* nibbio.
milésimo, a *a* millesimo(a).
mili *sf:* **hacer la ~** (*fam*) fare la naia.
milicia [-θja] *sf* milizia.
milímetro *sm* millimetro.
militante *a*, *sm/f* militante (*m/f*).
militar *a*, *sm* militare (*m*) // *vi* militare.
milla [-ʎa] *sf* miglio.
millar [-'ʎar] *sm* migliaio.
millón [-'ʎon] *sm* milione *m*.
millonario, a [-ʎ-] *sm/f* milionario/a.
mimar *vt* viziare.
mimbre *sm* vimine *m*.
mímica *sf* mimica.
mimo *sm* (*cariño*) carezza; (TEATRO) mimo.
mina *sf* mina; (GEOL, *fig*) miniera.
minar *vt* (*también fig*) minare.
mineral *a*, *sm* minerale (*m*).
minero, a *a* minerario(a) // *sm* minatore *m*.
miniatura *sf* miniatura.
minifalda *sf* minigonna.
mínimo, a *a* minimo(a) // *sm* minimo.
ministerio *sm* ministero.
ministro *sm* ministro.
minoría *sf* minoranza; (*de edad*) minore età *f*.
minucioso, a [-'θ-] *a* minuzioso(a).
minúsculo, a *a* minuscolo(a) // *sf* minuscola.
minuta *sf* (*de comida*) lista; (*borrador*) minuta; (*factura*) distinta; (*de abogado*) parcella.
minutero *sm* lancetta dei minuti.
minuto *sm* minuto.
mío, a *pron:* **el(la) ~(a)** il(la) mio(a); *pl* **los ~s** i miei; **las mías** le mie.
miope *a*, *sm/f* miope (*m/f*).
mira *sf* (*también fig*) mira.
mirada *sf* sguardo; **echar una ~** dare uno sguardo; **ser el blanco de las ~s** essere al centro dell'attenzione.
mirado, a *a* considerato(a); **bien/mal ~** benvoluto/malvoluto.
mirador *sm* belvedere *m*.
miramiento *sm* riguardo; **sin ~s** senza riguardi.
mirar *vt* (*con los ojos*) guardare; (*fig: considerar*) pensare a; (: *vigilar*) controllare, sorvegliare; (: *respetar*) stimare, apprezzare // *vi* (*estar orientado*) dare su, guardare; **~se** *vr* guardarsi; **¡mira lo que haces!** attento a cosa fai!; **~ con buenos ojos**

vedere di buon occhio; ~ **de reojo**
guardare con la coda dell'occhio; ~ **por
encima** guardare dall'alto in basso.
mirlo *sm* merlo.
mirra *sf* mirra.
mirto *sm* mirto.
misa *sf* messa.
misántropo *sm* misantropo.
miscelánea [-θ-] *sf* miscellanea.
miserable *a* (*avaro*) tirchio(a); (*nimio*)
misero(a), infimo(a) // *sm/f* (*malvado*)
miserabile *m/f*; (*indigente*) povero/a.
miseria *sf* miseria; (*tacañería*) avarizia,
meschinità.
misericordia *sf* misericordia.
misión *sf* missione *f*.
misionero, a *sm/f* missionario/a.
mismo, a *a* stesso(a); **en el** ~
momento allo stesso momento; (*con
pronombre*): **yo** ~ **lo vi** l'ho visto io
stesso // *ad*: **aquí** ~ proprio qui; **ahora**
~ proprio ora // *conj*: **lo** ~ **que** lo
stesso che; **por lo** ~ perciò; **por sí** ~
per se stesso.
misterio *sm* mistero.
mística *sf* mistica.
misticismo [-θ-] *sm* misticismo.
mitad *sf* metà *f inv*; **partir por la** ~
dividere a metà; **a** ~ **de precio** a metà
prezzo; **en o a** ~ **del camino** a metà
strada.
mitigar *vt* mitigare, attenuare.
mitin *sm* comizio.
mito *sm* mito.
mixto, a *a* misto(a).
mobiliario *sm* mobilia.
mocedad [-θ-] *sf* giovinezza.
moción [-'θjon] *sf* mozione *f*, proposta.
moco *sm* (*de mucosas*) muco; (*de candil*)
moccolo; **llorar a** ~ **tendido** (*fig: fam*)
piangere a dirotto.
mocoso, a *sm/f* moccioso/a.
mochila [-'tʃ-] *sf* zaino.
mocho, a *a* (-tʃo] mozzo(a).
mochuelo [-'tʃ-] *sm* gufo.
moda *sf* moda.
modales *smpl* maniere, modi.
modelo *a inv* modello, esemplare //
sm/f modello/a // *sm* modello.
moderado, a *a* moderato(a).
moderar *vt* moderare; ~**se** *vr*
moderarsi.
moderno, a *a* moderno(a).
modestia *sf* modestia.
modesto, a *a* modesto(a).
módico, a *a* modico(a).
modificar *vt* modificare, cambiare.
modista *sf* sarta.
modo *sm* modo; **a mi** ~ **de ver** secondo
me; **de ningún** ~ in alcun modo,
affatto; **de todos** ~**s** ad ogni modo.
modorra *sf* sopore *m*, sonnolenza.
modular *vt* modulare.
mofa *sf* beffa, burla; **hacer** ~ **de** farsi
beffa di.
mofar *vi* beffare; ~**se** *vr* burlarsi.
mofletudo, a *a* paffuto(a).

mohino, a *a* mogio(a), triste.
moho *sm* (BOT) muffa; (*oxidación*)
ruggine *f*.
mohoso, a *a* (BOT) ammuffito(a);
(*oxidado*) arrugginito(a).
mojar [-'xar] *vt* (*empapar*) bagnare,
inzuppare; (*humedecer*) inumidire; ~**se**
vr inzupparsi, bagnarsi.
mojigato, a [-x-] *a*, *sm/f* bigotto(a).
mojón [-'xon] *sm* (*en camino*) pietra
miliare.
molde *sm* stampo; (*de costura*) sagoma;
(*fig*) modello; **letra de** ~ carattere *m* di
stampa.
moldear *vt* modellare.
mole *sf* mole *f*.
moledora *sf* macina.
moler *vt* (*triturar*) macinare; (*fig*)
stancare; ~ **a palos** (*fig*) dare un sacco
di legnate.
molestar *vt* disturbare // *vi* dispiacere;
~**se** *vr* offendersi; **¡no se moleste!** non
si disturbi!
molestia *sf* (*fatiga*) stanchezza;
(*incomodidad*) disturbo; (*contrariedad*)
noia, fastidio.
molesto, a *a* (*incómodo*) scomodo(a);
(*enojoso*) spiacevole.
molinillo [-ʎo] *sm* macinino; ~ **de café**
macinaccaffè *m*.
molino *sm* mulino; ~ **de viento/agua**
mulino a vento/ad acqua.
mollejas [mo'ʎexas] *sfpl* animella.
mollera [-'ʎ-] *sf* (ANAT) fontanella; (*fig*)
cervello; **ser duro de** ~ avere la testa
dura.
momentáneo, a *a* momentaneo(a).
momento *sm* momento.
momia *sf* mummia.
monacillo [-'θiʎo], **monaguillo** [-'giʎo]
sm chierichetto.
monarca *sm* monarca *m*.
monarquía [-'kia] *sf* monarchia.
monarquista [-'k-] *sm/f* monarchico/a.
mondar *vt* mondare; (*fig: fam*) spellare;
~**se** *vr*: ~**se los dientes** stuzzicarsi i
denti.
mondongo *sm* trippa.
moneda *sf* moneta; **Casa de la M**~
Zecca; **acuñar** ~ battere moneta; ~
fuerte/blanda moneta forte/debole; ~
papel ~ carta moneta.
monedero *sm* portamonete *m*; ~ **falso**
falsario.
monetario, a *a* monetario(a).
monigote *sm* (*muñeco*) pupazzo;
(*garabato*) scarabocchio.
monja [-xa] *sf* monaca.
monje [-xe] *sm* monaco.
mono, a *a* grazioso(a), carino(a) // *sm/f*
scimmia // *sm* (*de obrero*) tuta; (*de niño*)
tutina; **coger una** ~**a** (*fam*) prendersi
una ciucca.
monocultivo *sm* monocultura.
monolingüe [-gwe] *a inv* monolingue.
monopolio *sm* monopolio.
monopolizar [-'θar] *vt* monopolizzare.

monótono, a *a* monotono(a).
monstruo *sm* mostro // *a* (*fam*) fantastico(a).
monstruoso, a *a* (*también fig*) mostruoso(a).
monta *sf* totale *m*, importo; **de poca ~** (*fig*) di poca importanza.
montacargas *sm inv* montacarichi *m inv*.
montaje [-xe] *sm* montaggio.
montante *sm* (*de máquina*) montante *m*; (*de ventana*) stipite *m*.
montaña [-ɲa] *sf* montagna.
montañés, esa [-'ɲes] *a*, *sm/f* montanaro(a).
montar *vt* montare; (*arma*) armare // *vi* montare; **~se** *vr*: **~se a un árbol** salire su un albero; **~ a** ammontare a.
montaraz [-θ] *a inv* selvatico(a).
monte *sm* (*montaña*) monte *m*, montagna; (*bosque*) bosco, foresta; **~ de Piedad** monte di Pietà; **echarse al ~** darsi alla macchia.
monto *sm* importo, totale *m*.
montón *sm* mucchio.
montura *sf* (*de caballo*) finimenti *mpl*; (*de joyas*) montatura.
monumento *sm* monumento.
moño [-ɲo] *sm* (*de pelo*) crocchia; (*de cintas*) fiocco.
mora *sf* (*BOT, JUR*) mora.
morado, a *a* violetto(a) // *sf* dimora.
morador, a *sm/f* abitante *m/f*.
moral *a* morale // *sf* morale *f*; (*ánimo*) morale *m*; **levantar la ~** tirar su il morale; **tener la ~ por el suelo** essere giù di morale.
moraleja [-xa] *sf* morale *f*.
moralizar [-'θar] *vt* moralizzare.
morar *vi* abitare, risiedere.
morboso, a *a* morboso(a).
morcilla [-'θiʎa] *sf* sanguinaccio.
mordaz [-θ] *a* caustico(a).
mordaza [-θa] *sf* bavaglio.
morder *vt* mordere; (*TECN: coger*) mordere, far presa su; (*fam*) mormorare.
mordisco *sm* morso; (*parte de comida*) boccone *m*.
moreno, a *a* (*de tez*) bruno(a), scuro(a); (*AM*) mulatto(a) // *sm/f* bruno/a // *sf* (*mujer*) bruna; (*ZOOL*) murena; (*GEOL*) morena.
morera *sf* gelso.
morfina *sf* morfina.
morfinómano, a *sm/f* morfinomane *m/f*.
moribundo, a *a* moribundo(a).
morigerar [-x-] *vt* moderare.
morir *vt* morire; (*fuego*) spegnersi; (*camino*) finire; (*día*) tramontare; (*ilusiones*) svanire; **~se** *vr* morire; **~se de frío/risa/ganas** morire di freddo/dal ridere/dalla voglia.
moro, a *a* moro(a) // *sm/f* moro/a; **hay ~s en la costa** (*fig*) non si può parlare ora.

moroso, a *a* moroso(a).
morral *sm* (*para animales*) musetta; (*de cazador*) carniere *m*.
morriña [-ɲa] *sf* nostalgia.
morsa *sf* tricheco.
mortaja [-xa] *sf* lenzuolo mortuario.
mortal *a*, *sm* mortale (*m*).
mortalidad, mortandad *sf* mortalità.
mortecino, a [-'θ-] *a* fievole, morente.
mortero *sm* mortaio.
mortífero, a *a* mortifero(a).
mortificar *vt* mortificare; **~se** *vr* mortificarsi.
mosaico *sm* mosaico.
mosca *sf* mosca; **hacerse la ~ muerta** (*fig: fam*) fare la gatta morta.
moscada *a*: **nuez ~** noce moscata.
moscardón *sm* (*ZOOL*) moscone *m*; (*fig: fam*) rompiscatole *m*, scocciatore *m*.
Moscú *sm* Mosca.
mosquete [-'k-] *sm* moschetto.
mosquitero [-k-] *sm* zanzariera.
mosquito [-'k-] *sm* zanzara.
mostaza [-θa] *sf* (*BOT*) senape *f*; (*salsa*) mostarda, senape *f*.
mosto *sm* mosto.
mostrador *sm* banco.
mostrar *vt* far vedere, mostrare; **~se** *vr* mostrarsi; **~se en público** farsi vedere in pubblico.
mostrenco *sm* balordo, zoticone *m*.
mota *sf* pezzetino.
mote *sm* (*sentencia*) motto; (*apodo*) nomignolo.
motín *sm* rivolta.
motivar *vt* motivare; (*causar*) causare.
motivo *sm* (*razón*) causa, motivo; (*MUS, ARTE*) motivo, tema *m*.
moto, motocicleta [-θ-] *sf* moto *f*, motocicletta.
motociclista [-θ-] *sm/f* motociclista *m/f*.
motor *a* motore(trice) // *sm* motore *m*; **~ de explosión/de reacción** motore a scoppio/a reazione.
motora *sf* motoscafo.
motorizar [-'θar] *vt* motorizzare.
movedizo, a [-θo] *a* mobile.
mover *vt* muovere; (*tierra*) rimuovere; (*máquina etc*) far funzionare; (*fig*) causare; **~se** *vr* muoversi; (*fig*) darsi da fare; **~ a compasión** muovere a compassione; **~ a risa/a llanto** far ridere/piangere.
móvil *a* mobile // *sm* movente *m*.
movilidad *sf* mobilità.
movilizar [-'θar] *vt* mobilitare.
movimiento *sm* movimento; (*COM*) circolazione *f*; (*fig*) animazione *f*; (*social*) agitazione *f*; **poner en ~** mettere in moto.
mozo, a [-θo] *a* giovane // *sm/f* giovane *m/f*; (*soltero*) celibe *m*/nubile *f* // *sm* (*camarero*) cameriere *m*.
muchacho, a [mu'tʃatʃo] *sm/f* ragazzo/a.
muchedumbre [-tʃ-] *sf* folla.

mucho, a [-tʃo] *a* molto(a) // *ad* molto // *pron:* **hay ~ que hacer** c'è molto da fare.

mudanza [-θa] *sf* (*de hábitos*) cambiamento; (*de casa*) trasloco; **~s** *fpl* (*fig*) capricci.

mudar *vt* mutare, cambiare // *vi* mutare; **~se** *vr* cambiarsi; (*de domicilio*) cambiare casa.

mudo, a *a* muto(a).

mueble *sm* mobile *m*; **~s** *mpl* mobilia // *a:* **bienes ~s** beni mobili.

mueblería *sf* negozio di mobili.

mueca *sf* smorfia.

muela *sf* mola; (ANAT) dente *m* molare; **dolor de ~s** mal di denti; **~ del juicio** dente *m* del giudizio.

muelle [-ʎe] *a* molle, soffice // *sm* (*de puerto*) molo; (*de mecanismo*) molla.

muerte *sf* morte *f*; **dar ~** far morire.

muerto, a *pp de* **morir** // *a, sm/f* morto(a); **naturaleza ~a** natura morta; **estar ~ de cansancio/de miedo** (*fig*) essere morto dalla stanchezza/dalla paura.

muestra *sf* cartello, insegna; (*estadística*) campione *m*; (*modelo*) modello; (*fig*) segno; **dar ~s de cariño** far mostra di tenerezza; **dar ~s de vida** dare segno di vita.

muestrario *sm* campionario.

mugido [-'x-] *sm* muggito.

mugir [-'xir] *vi* muggire.

mugre *sf* sudiciume *m*.

muguete [-g-] *sm* mughetto.

mujer [-'xer] *sf* donna; (*esposa*) moglie *f*; **~ de vida airada** donna di strada; **~ de su casa** buona casalinga.

mujeriego [-x-] *a* donnaiolo.

mula *sf* mula; **ser terco como una ~** (*fig*) essere molto testardo.

muladar *sm* mondezzaio.

muleta *sf* stampella; (TAUR) muleta; (*fig*) aiuto, sostegno.

muletilla [-ʎa] *sf* (*fig: estribillo*) ritornello; (: *tic*) tic *m*.

multa *sf* multa.

multar *vt* multare.

multicopista *sm* ciclostile *m*.

multiforme *a inv* multiforme.

múltiple *a inv* multiplo(a), vario(a); **~s** *pl* parecchi(e).

multiplicar *vt* moltiplicare; **~se** *vr* riprodursi, moltiplicarsi.

multitud *sf* moltitudine *f*, folla.

mullido, a [-ʎ-] *a* morbido(a), soffice // *sm* imbottitura.

mundial *a inv* mondiale.

mundo *sm* mondo; **dar la vuelta al ~** fare il giro del mondo; **tener ~** essere uomo di mondo.

munición [-'θjon] *sf* munizione *f*.

municipio [-'θ-] *sm* comune *m*.

muñeca [-'ɲ-] *sf* (ANAT) polso; (*juguete*) bambola.

muñeco [-'ɲ-] *sm* pupazzo; (*fig*) marionetta.

muñequera [muɲe'kera] *sf* braccialetto.

muralla [-ʎa] *sf* muraglia.

murciélago [-'θ-] *sm* pipistrello.

murmullo [-ʎo] *sm* mormorio, fruscio.

murmuración [-'θjon] *sf* mormorazione *f*.

murmurar *vi* mormorare; (*hojas*) stormire.

muro *sm* muro, parete *f*.

músculo *sm* muscolo.

museo *sm* museo.

musgo *sm* muschio.

música *sf* musica; **~ de cámara** musica da camera.

músico, a *a* musicale // *sm/f* musicista *m/f*.

muslo *sm* coscia.

mustio, a *a* (*persona*) triste, malinconico(a); (*plantas*) appassito(a).

mutación [-'θjon] *sf* mutamento.

mutilar *vt* mutilare.

mutuamente *ad* scambievolmente.

mutuo, a *a* mutuo(a), reciproco(a).

muy *ad* molto; **M~ Señor mío** Egregio Signore.

N

N (*abr de* **norte**) N.

n/ (*abr comercial de* **nuestro**) ns.

nabo *sm* rapa.

nácar *sm* madreperla.

nacer [-'θer] *vi* nascere; (*día*) spuntare.

nacido, a [-'θ-] *a* nato(a).

naciente [-'θ-] *a* nascente.

nacimiento [-θ-] *sm* (*de niño*) nascita; (*de río*) sorgente *f*; (*fig*) origine *f*.

nación [-'θjon] *sf* nazione *f*.

nacional [-θ-] *a* nazionale.

nacionalizar [naθjonali'θar] *vt* nazionalizzare; (*persona*) naturalizzare; **~se** *vr* naturalizzarsi.

nada *sf* nulla *m* // *pron* nulla, niente // *ad* per niente o nulla, affatto; **hacer algo por ~** fare qc per niente o gratis.

nadador, a *sm/f* nuotatore/trice.

nadar *vi* nuotare; **~ en sudor** essere in un bagno di sudore; **~ entre dos aguas** (*fig*) tenere il piede in due scarpe.

nadie *sm* persona qualunque // *pron* nessuno; **no había ~** non c'era nessuno; **~ puede decirlo** nessuno può dirlo; **ser un don ~** essere una persona qualunque.

naipe *sm* carta (da gioco).

nalga *sf* natica.

naranja [-xa] *sf* arancia // *a, sm* (*color*) arancione (*m*).

naranjada [-'x-] *sf* aranciata.

naranjo [-xo] *sm* (BOT) arancio.

narciso [-'θ-] *sm* narciso.

narcótico, a *a* narcotico(a) // *sm* narcotico.

narcotizar [-'θar] *vt* narcotizzare.
nardo *sm* nardo.
narigón, ona, narigudo, a *a* nasuto(a).
nariz [-θ] *sf* naso; ~ aguileña/respingada naso aquilino/all'insù; **dar con la puerta en las** ~es sbattere la porta in faccia; **sonarse la** ~ soffiarsi il naso.
narración [-'θjon] *sf* narrazione *f*.
narrador, a *sm/f* narratore/trice.
narrar *vt* narrare, raccontare.
narrativa *sf* narrativa.
nata *sf* panna; **la flor y** ~ (*fig*) il fior fiore.
natación ['θjon] *sf* nuoto.
natal *a* natale.
natalicio [-θjo] *sm* nascita, anniversario.
natillas [-ʎas] *sfpl* sformato *di* crema.
natividad *sf* natività.
nativo, a *a* (*natal*) nativo(a), natio(a); (*natural*) naturale // *sm/f* nativo/a.
nato, a *a* nato(a); **un orador** ~ un oratore nato.
natural *a* naturale // *sm/f* nativo/a // *sm* indole *f*, carattere *m*; **los** ~es i nativi.
naturaleza [-θa] *sf* natura; (*nacionalidad*) cittadinanza; ~ **muerta** natura morta.
naturalidad *sf* naturalezza, semplicità.
naturalización [-θa'θjon] *sf* naturalizzazione *f*.
naturalizar [-'θar] *vt* naturalizzare; ~se *vr* naturalizzarsi.
naufragar *vi* naufragare; (*fig: plan*) fallire, naufragare.
naufragio [-xjo] *sm* naufragio; (*fig*) fallimento, naufragio.
náufrago, a *a, sm/f* naufrago(a).
náusea *sf* nausea.
nauseabundo, a *a* nauseabondo(a).
náutico, a *a* nautico(a).
navaja [-xa] *sf* coltello a serramanico, temperino; (*de barbero etc*) rasoio; **corte a la** ~ taglio al rasoio.
nave *sf* (NAUT) nave *f*; (ARQUIT) navata; ~ **espacial** navicella spaziale.
navegación [-'θjon] *sf* navigazione *f*.
navegante *a, sm/f* navigante (*m/f*).
navegar *vi* navigare.
Navidad *sf* Natale *m*; **¡feliz** ~**!** buon Natale!
navideño, a [-'ɲo] *a* natalizio(a).
navío *sm* vascello.
nazi [-θi] *a, sm/f* nazista (*m/f*).
nazismo [-'θ-] *sm* nazismo.
neblina *sf* nebbia.
nebuloso, a *a* nebuloso(a) // *sf* nebulosa.
necedad [-θ-] *sf* sciocchezza.
necesario, a [-θ-] *a* necessario(a); **es** ~ **trabajar** occorre o è necessario lavorare.
neceser [-θ-] *sm* astuccio; ~ **de viaje** astuccio da viaggio.
necesidad [-θ-] *sf* necessità *f inv*, bisogno; **estar en la mayor** ~ vivere

nella ristrettezza; **hacer sus** ~es fare i propri bisogni.
necesitado, a [-θ-] *a* bisognoso(a) // *sm/f* indigente *m/f*.
necesitar [-θ-] *vt* avere bisogno di // *vi*: ~ **de** avere bisogno di; '**se necesita mucama**' 'cercasi cameriera'.
necio, a [-θjo] *a, sm/f* sciocco(a).
necrología [-'xia] *sf* necrologia.
necrológico, a [-x-] *a* necrologico(a).
necrópolis *sf* necropoli *f*.
néctar *sm* nettare *m*.
nefando, a *a* nefando(a).
nefasto, a *a* nefasto(a).
negación [-'θjon] *sf* negazione *f*.
negar *vt* negare; (*excluir*) respingere; (*rechazar*) rifiutare; ~se a rifiutarsi di; ~ **el saludo a alguien** rifiutare il saluto a qd.
negativo, a *a* negativo(a) // *sm* negativo // *sf* negativa, rifiuto.
negligencia [-'xenθja] *sf* negligenza.
negligente [-x-] *a* negligente.
negociable [-'θ-] *a* negoziabile; **giro** ~ effetto negoziabile.
negociado [-'θ-] *sm* ufficio, sezione *f*; (AM: *pey*) truffa.
negociante [-'θ-] *sm/f* negoziante *m/f*.
negociar [-'θjar] *vt* negoziare; (*asunto*) trattare // *vi* (POL) negoziare; (COM) commerciare.
negocio [-θjo] *sm* (COM) affare *m*; (*asunto*) questione *f*, faccenda; (AM) negozio; **hacer un buen/mal** ~ fare un buon/cattivo affare; ~ **redondo** affarone *m*; **encargado de** ~s incaricato d'affari.
negrero, a *a* negriero(a) // *sm* (*fig*) negriere *m*.
negro, a *a* nero(a); (*de piel*) negro(a) // *sm/f* negro/a // *sm* nero // *sf* (MUS) semiminima; **pasarlas** ~as vedersela brutta.
nene, a *sm/f* bimbo/a.
nenúfar *sm* ninfea.
neologismo [-'x-] *sm* neologismo.
nepotismo *sm* nepotismo.
nervadura *sf* (ARQUIT, BOT) nervatura; (ZOOL) venatura.
nervio *sm* (ANAT) nervo; (*fig*) forza, nerbo; (BOT) nervatura; (MUS) corda; **tener los** ~s **de punta** avere i nervi a fior di pelle.
nerviosidad *sf* nervosità.
nervioso, a, nervudo, a *a* nervoso(a).
neto, a *a* netto(a).
neumático, a *a* pneumatico(a) // *sm* pneumatico; ~ **de repuesto** ruota di scorta.
neumonía *sf* pneumonia.
neurálgico, a [-x-] *a* nevralgico(a).
neurastenia *sf* nevrastenia.
neurasténico, a *a* nevrastenico(a).
neuritis *sf inv* neurite *f*.
neurólogo *sm* neurologo.
neurosis *sf inv* nevrosi *f inv*.
neutralizar [-'θar] *vt* neutralizzare.

neutro, a *a* neutro(a).
nevada *sf* nevicata.
nevar *vi* nevicare.
nevera *sf* frigorifero, frigo.
neviscar *vi* nevischiare.
nevoso, a *a* nevoso(a).
nexo *sm* nesso.
ni *conj* né; (~ *siquiera*) neanche; ~ **un
instante más** neanche un istante in più;
~ **que lo hubiera imaginado** neanche
lo avessi immaginato; ~ **siquiera**
neanche.
Nicaragua *sf* Nicaragua *m*.
nicotina *sf* nicotina.
nicho [-tʃo] *sm* nicchia.
nido *sm* nido.
niebla *sf* nebbia.
nieto, a *sm/f* nipote *m/f* (*dei nonni*).
nieve *sf* neve *f*; **batir las claras a
punto de** ~ (*cOc*) montare le chiare a
neve.
nigromancia [-θja] *sf* negromanzia.
nigromante *sm* negromante *m*.
nihilismo [nii-] *sm* nichilismo.
nimiedad *sf* nonnulla *m*.
nimio, a *a* insignificante.
ninfa *sf* ninfa.
ninfómana *sf* ninfomane *f*.
ninguno, ninguna, ninguna *a*
nessun(a) // *pron* nessuno; **de ningún
modo** niente affatto; **ningún hombre**
nessun uomo.
niña [-ɲa] *sf ver* **niño**.
niñera [-ˈɲ-] *sf* bambinaia.
niñería [-ɲ-] *sf* monelleria.
niñez [-ˈɲeθ] *sf* infanzia.
niño, a [-ɲo] *a, sm/f* bambino(a) //
(*ANAT*) pupilla; ~ **bien** ragazzo perbene;
~ **bonito** cocco.
nitidez [-θ] *sf* nitidezza.
nítido, a *a* nitido(a).
nitrato *sm* nitrato.
nitroglicerina [-θ-] *sf* nitroglicerina.
nivel *sm* livello; (*TECN*) livella.
nivelar *vt* livellare; (*ECON*) equilibrare.
NN.UU. (*abr de Naciones Unidas*) ONU.
no *ad* no; (*delante de vb, ad, s*) non; **ahora**
~ **ora** no; ¿~ **lo sabes?** non lo sai?; ~
mucho non molto; ~ **bien termine, lo
entregaré** non appena avrò finito, lo
consegnerò; **eso sí que** ~ questo no;
decir que ~ dire di no; ~
conformismo anti-conformismo; ~
intervención non intervento.
noble *a, sm/f* nobile (*m/f*).
nobleza [-θa] *sf* nobiltà *f inv*.
noción [noˈθjon] *sf* nozione *f*.
nocivo, a [-θ-] *a* nocivo(a), dannoso(a).
noctámbulo, a *sm/f* nottambulo/a.
nocturno, a *a* notturno(a) // *sm* (*MUS*)
notturno(a).
noche [-tʃe] *sf* notte *f*; ¡**buenas** ~**s!**
buona notte!; **de la** ~ **a la mañana** da
un giorno all'altro; **hacerse de** ~ farsi
notte; **media** ~ mezzanotte *f*.
nochebuena [-tʃ-] *sf* notte *f* di Natale.
nodriza [-θa] *sf* balia.

nogal *sm* noce *m*.
nogueral [-g-] *sm* noceto.
nómada *a inv, sm/f* nomade (*m/f*).
nombradía *sf* reputazione *f*.
nombramiento *sm* nomina.
nombrar *vt* nominare.
nombre *sm* nome *m*; (*fama*) reputazione
f; ~ **de pila** nome di battesimo;
hacerse de un ~ farsi una
reputazione.
nomenclatura *sf* nomenclatura.
nomeolvides *sm inv* nontiscordardimè
m inv.
nómina *sf* (*lista*) lista; (*ADMIN*) busta
paga.
nominal *a* nominale.
nominativo, a *a* nominativo(a) // *sm*
nominativo.
non *a* dispari // *sm*: **pares y** ~ pari e
dispari; **estar de** ~ (*fig*) essere di
troppo.
nonada *sf* nonnulla *m*.
nono, a *a* nono(a).
nordeste *a, sm* nordest *m*.
nórdico, a *a* nordico(a).
noria *sf* noria.
norma *sf* norma, regola.
normal *a* normale.
normalidad *sf* normalità.
normalizar [-ˈθar] *vt* normalizzare; ~**se**
vr normalizzarsi.
normando, a *a, sm/f*
normanno(a).
noroeste *a, sm* nordovest *m*.
norte *sm* nord *m*; (*fig*) guida, punto di
riferimento.
norteamericano, a *a, sm/f*
nordamericano(a), americano(a).
Noruega *sf* Norvegia.
noruego, a *a, sm/f* norvegese (*m/f*).
nos *pron* ci, ce; ~ **lo hará** ce lo farà.
nosotros *pron* noi; **no vayas sin** ~ non
andare senza di noi; ~ **los españoles**
noi spagnoli.
nostalgia [-xja] *sf* nostalgia.
nota *sf* nota; (*nombradía*) fama, merito;
(*ESCOL*) voto; ~ **de entrega** (*COM*) ordine
di cosegna; ~ **en falso** (*MUS*) nota
stonata.
notabilidad *sf* notabilità.
notable *a* notevole // *sm* notabile *m*.
notación [-ˈθjon] *sf* annotazione *f*; (*MAT*,
MUS) notazione *f*.
notar *vt* notare; (*anotar*) prender nota di;
(*censurar*) censurare; ~**se** *vr* vedersi.
notarial *a* notarile.
notario *sm* notaio.
noticia [-θja] *sf* notizia; (*idea*) idea.
noticiario [-ˈθ-] *sm* notiziario.
noticioso, a [-ˈθ-] *a* bene informato(a).
notificación [-ˈθjon] *sf* notificazione *f*.
notificar *vt* notificare.
notoriedad *sf* notorietà.
notorio, a *a* notorio(a).
novato, a *a, sm/f* novellino(a),
principiante (*m/f*).
novedad *sf* novità *f inv*.

novel a, sm/f principiante (m/f).
novela sf romanzo.
novelero, a a fantasioso(a).
novelesco, a a romanzesco(a).
noveno, a a nono(a).
noventa num novanta.
novia sf (prometida) fidanzata; (esposa) sposa.
noviazgo [-θ-] sm fidanzamento. .
novicio, a [-θjo] a nuovo(a) // sm/f (REL) novizio/a.
noviembre sm novembre m.
novilla [-ʎa] sf vitella.
novillada [-'ʎaða] sf (TAUR) corrida di torelli; (conjunto de novillos) mandria di vitelli.
novillero [-'ʎ-] sm (TAUR) torero (di torelli).
novillo [-ʎo] sm torello; **hacer ~s** (fig: fam) marinare la scuola.
novio sm (prometido) fidanzato; (recién casado) sposo; **viaje de ~s** viaggio di nozze.
nubarrón sm nuvolone m.
nube sf nuvola, nube f; **una ~ de mosquitos** (fig) una nube di zanzare; **los precios están por las ~s** i prezzi son saliti alle stelle.
nublado, a a nuvoloso(a).
nublar vt rannuvolare; **~se** vr rannuvolarsi.
nuca sf nuca.
núcleo sm nucleo.
nudillo [-ʎo] sm nocca.
nudo sm nodo; (de madera) nocchio; (fig) legame m, vincolo; **tener un ~ en la garganta** (fig) avere un nodo alla gola.
nudoso, a a nodoso(a).
nuera sf nuora.
nuestro, a det il(la) nostro(a) // pron: **el(la) ~(a)** il(la) nostro(a).
nueva sf notizia, novella.
nuevamente ad di nuovo.
nueve num nove (m).
nuevo, a a nuovo(a); **Año N~** Capodanno.
nuez [-θ] sf noce f; **~ de Adán** (ANAT) pomo d'Adamo.
nulidad sf nullità f inv.
nulo, a a (inepto) incapace; (no válido) nullo(a).
numeración [-'θjon] sf numerazione f.
numeral, a, sm numerale (m).
numerar vt (contar) contare; (poner un número) numerare.
numerario, a a numerario(a) // sm contante m.
numérico, a a numerico(a).
número sm numero; **¿qué ~ calza?** che numero ha?; **~ de matrícula** (AUTO) numero di immatricolazione o targa.
numeroso, a a numeroso(a).
nunca ad mai; **~ lo pensé** non l'ho mai pensato; **~ más** mai più; **no vino ~** non è mai venuto.
nuncio [-θjo] sm nunzio.

nupcias [-θjas] sfpl nozze fpl.
nutria sf lontra.
nutrir vt nutrire; **~se** vr nutrirsi.
nutritivo, a a nutritivo(a).

Ñ

ñame ['ɲ-] sm igname m
ñandú [ɲ-] sm (AM) struzzo americano, nandù m.
ñaña ['ɲaɲa] sf (AM) sorella maggiore.
ñato, a ['ɲ-] a (AM) camuso(a).
ñoñería [ɲoɲe'ria], **ñoñez** [ɲo'ɲeθ] sf stupidaggine f.
ñoño, a ['ɲoɲo] a, sm/f stupido(a), scemo(a).

O

o (abr de oeste) O.
o conj o, oppure.
oasis sm inv oasi f.
obedecer [-'θer] vt ubbidire; **~ a** (deberse a) derivare da.
obediencia [-θja] sf ubbidienza.
obediente a ubbidiente.
obelisco sm obelisco.
obertura sf (MUS) ouverture f.
obesidad sf obesità.
obeso, a a obeso(a).
obispado sm vescovado.
obispo sm vescovo.
objeción [oβxe'θjon] sf obiezione f.
objetar [-x-] vt obiettare, contestare.
objetivo, a [-x-] a obiettivo(a) // sm obiettivo.
objeto [-'x-] sm oggetto; (fin) scopo; (tema) argomento; **tener por ~** avere le scopo di.
oblicuo, a a obliquo(a); (fig: mirada) di soppiatto.
obligación [-'θjon] sf obbligo, dovere m; (FIN) obbligazione f; **cumplir con sus obligaciones** adempiere i propri doveri; **hacer algo por ~** sentirsi nell'obbligo di fare qc.
obligar vt costringere, obbligare; **~se** vr impegnarsi; **~ a alguien a** costringere qd a.
obligatorio, a a obbligatorio(a).
oboe sm oboe m.
óbolo sm obolo.
obra sf opera, lavoro; (CONSTR) edificio, costruzione f; (MUS. TEATRO) opera; **~ hecha a mano** lavoro fatto a mano; **como por ~ de magia** come per incanto; **ponerse manos a la ~** mettersi al lavoro.
obrar vt lavorare; (tener efecto) fare effetto, agire; (producir: milagro) operare

// vi agire, operare; **la carta obra en
su poder** la lettera è nelle sue mani.
obrero, a a, sm/f operaio(a).
obscenidad sf oscenità f inv.
obsceno, a [-s'θ-] a osceno(a).
obscu. . . = oscu. . . .
obsequiar [-'kjar] vt (ofrecer) offrire,
regalare; (agasajar) ossequiare;
(galantear) corteggiare.
obsequio [-kjo] sm (regalo) regalo;
(cortesía) cortesia; **hágame el ~ de
pasar** mi faccia la cortesia di
accomodarsi.
obsequioso, a [-'k-] a ossequioso(a).
observación [-'θjon] sf osservazione f.
observancia [-θja] sf osservanza.
observante a osservante.
observar vt osservare.
observatorio sm osservatorio.
obsesión sf ossessione f.
obsesionar vt ossessionare.
obstaculizar [-'θar] vt ostacolare.
obstáculo sm ostacolo.
obstante: no ~ ad ciò nonostante //
prep malgrado, nonostante.
obstar vi: **~ a** impedire.
obstetricia [-θja] sf ostetricia.
obstétrico, a a, sm/f ostetrico(a).
obstinación [-'θjon] sf ostinazione f.
obstinado, a a ostinato(a).
obstinarse vr ostinarsi; **~ en insistere
su**.
obstrucción [-k'θjon] sf ostruzione f.
obstruir vt ostruire.
obtención [-'θjon] sf ottenimento.
obtener vt ottenere; **~ algo de alguien**
ottenere qc da qd.
obturar vt otturare, chiudere; (diente)
otturare.
obtuso, a a (también fig) ottuso(a).
obús sm obice m.
obviar vt ovviare a, evitare // vi
ostacolare.
obvio, a a ovvio(a).
oca sf oca.
ocasión sf occasione f; (causa) motivo,
pretesto.
ocasionar vt occasionare.
ocaso sm tramonto; (fig) declino.
occidente [okθ-] sm occidente m.
océano [o'θ-] sm oceano.
oceanografía [oθ-] sf oceanografia.
O.C.E.D. sf (abr de Organización de
Cooperación Económica y Desarrollo)
O.C.S.E.
ocelote [oθ-] sm ozelot m inv.
ocio ['oθjo] sm ozio; **~s** mpl divertimenti
mpl.
ociosidad [oθ-] sf oziosità.
ocioso, a a [o'θ-] a ozioso(a).
ocre sm ocra.
octágono sm ottagono.
octavo, a num ottavo(a) // sf (MUS)
ottava.
octogenario, a [-x-] a, sm/f ottantenne
(m/f).
octubre sm ottobre m.

ocular a, sm oculare (m).
oculista sm/f oculista m/f.
ocultar vt occultare, nascondere; **~se** vr
nascondersi.
oculto, a a occulto(a).
ocupación [-'θjon] sf occupazione f;
(actividad) lavoro, impiego.
ocupar vt occupare; **~se** vr: **~se con** o
de o **en** occuparsi di.
ocurrencia [-'θja] sf (ocasión)
opportunità f inv; (agudeza) barzelletta;
(idea) idea; **¡qué ~!** che idea!; **tuve la
~ de. . .** ebbi l'idea di. . . .
ocurrente a spiritoso(a).
ocurrir vt accadere, succedere; **~se** vr
venire in mente; **¿qué ocurre?** cosa
succede?
ochenta [-o'tʃ-] num ottanta (m).
ocho ['otʃo] num otto.
oda sf ode f.
odiar vt odiare.
odio sm odio.
odioso, a a odioso(a).
odontólogo, a sm/f dentista m/f.
odre sm otre m.
O.E.A. sf (abr de Organización de Estados
Americanos) O.S.A.
oeste sm ovest m; **una película del ~**
un (film) western.
ofender vt offendere; **~se** vr offendersi.
ofensa sf offesa.
ofensivo, a a offensivo(a) // sf
offensiva.
oferta sf offerta; **~ y demanda** (ECON)
domanda e offerta; **artículos en ~**
saldi.
oficial [-'θjal] a ufficiale // sm operaio
qualificato; (MIL) ufficiale m.
oficina [-'θ-] sf ufficio.
oficinista [-θ-] sm/f impiegato/a
d'ufficio.
oficio [-θjo] sm (profesión) mestiere m,
occupazione f; (puesto) lavoro; (REL)
funzione f; **ser del ~** essere del
mestiere; **tener mucho ~** avere del
mestiere; **de ~** d'ufficio.
oficiosidad [-θ-] sf premura,
sollecitudine f.
oficioso, a a [-'θ-] a (diligente)
laborioso(a); (no oficial) ufficioso(a).
ofrecer [-'θer] vt offrire; **~se** vr
(persona) offrirsi; (situación) presentarsi;
(ocurrir) succedere; **¿qué se le ofrece?**
cosa desidera?
ofrecimiento [-θ-] sm offerta.
ofrenda sf dono; (REL) offerta.
ofrendar vt offrire.
oftálmico, a a oftalmico(a).
ofuscamiento sm offuscamento.
ofuscar vt (fig) offuscare; **~se** vr
offuscarsi.
oída sf udito; **de ~s** per sentito dire.
oído sm (ANAT) orecchio; (sentido) udito;
hacer ~s sordos far orecchio da
mercante; **prestar ~s a** dare ascolto a;
tener ~ avere orecchio.

oír vt udire, sentire; (asistir a) sentire; (atender a) ascoltare; ¡oye!, ¡oiga! senti!, senta!; ¡oye! ¿estás loco? (fam) senti! sei matto?; como quien oye llover senza prestare attenzione.

ojal [o'xal] sm occhiello.

ojalá [ox-] excl magari!; ¡ ~ viniera! magari venisse!; ¡ ~ lo supiera! magari lo sapessi!

ojeada [ox-] sf sguardo, occhiata.

ojera [o'x-] sf occhiaia.

ojeriza [oxe'riθa] sf rancore m.

ojeroso, a [ox-] a con le occhiaie.

ojiva [o'x-] sf ogiva.

ojival [ox-] a ogivale.

ojo ['oxo] sm occhio; (de aguja) cruna; (de cerradura) buco; (de puente) arcata; cerrar los ~s à (fig) chiudere un occhio su; **clavar los ~s en** fissar lo sguardo su; **en un abrir y cerrar de ~s** in un batter d'occhio; ¡~! (fig) atenzione!

ola sf onda.

olé excl orsù, avanti.

oleada sf (de mar) ondata; (fig) folla, marea.

oleaje [-xe] sm ondosità.

óleo sm olio; **los Santos O~s** l'Estrema Unzione f; **pintar al ~** dipingere ad olio.

oleoducto sm oleodotto.

oleoso, a a oleoso(a).

oler vt annusare; (fig) subodorare, fiutare // vi: ~ **a** avere odore di; ~ **bien/mal** avere buon/cattivo odore.

olfatear vt fiutare.

olfato sm olfatto; (fig) fiuto.

oliente a inv odorante; **mal ~** puzzolente.

oligarquía [-'kia] sf oligarchia.

olimpíada sf: **las O~s** le Olimpiadi o i Giochi Olimpici.

oliva sf oliva.

olivar sm oliveto o uliveto.

olivo sm olivo o ulivo; **tomar el ~** (fam) squagliarsela.

olmo sm olmo.

olor sm odore m.

oloroso, a a fragrante, profumato(a).

olvidadizo, a [-θo] a smemorato(a).

olvidar vt dimenticare, scordare; ~se vr dimenticarsi, scordarsi.

olvido sm oblio; (descuido) dimenticanza.

olla ['oʎa] sf pentola; ~**a presión** o **autopresión** pentola a pressione; ~ **podrida** stufato di carni e verdure varie.

ombligo sm ombelico.

omisión sf omissione f; (falta) negligenza.

omiso, a a omesso(a).

omitir vt omettere.

omnipotencia [-θja] sf onnipotenza.

omnipotente a inv onnipotente.

omnívoro, a a onnivoro(a).

omóplato sm scapola.

O.M.S. sf (abr de Organización Mundial de la Salud) O.M.S.

once ['onθe] num undici.

onda sf onda; (en pelo) ondulazione f.

ondear vt ondulare // vi ondeggiare; ~se vr dondolarsi.

ondulación [-'θjon] sf ondulazione f.

ondulado, a a ondulato(a) // sm (de pelo) ondulazione f.

ondulante a ondulante.

oneroso, a a oneroso(a), gravoso(a).

O.N.U. sf (abr de Organización de las Naciones Unidas) O.N.U.

onza [-θa] sf oncia.

opaco, a a opaco(a).

ópalo sm opale m o f.

opción [op'θjon] sf opzione f.

ópera sf (mus) opera.

operación [-'θjon] sf operazione f; (med) intervento, operazione.

operador, a sm/f opcratore/trice.

operante a operante.

operar vt operare // vi (mat) fare un'operazione; (com) negoziare; ~se vr (ocurrir) avvenire, verificarsi; (med) farsi operar.

operario, a sm/f operaio/a.

opereta sf operetta.

opinar vt pensare; ~ **que...** penso che. . . .

opinión sf opinione f, avviso; **en mi ~** a mio avviso.

oponer vt opporre; ~se vr (objetar) opporsi; ~se **a** (concursar) concorrere a.

oportunidad sf opportunità f inv, occasione f.

oportunismo sm opportunismo.

oportuno, a a opportuno(a).

oposición [-'θjon] sf (contrariedad) contrasto; (antagonismo) opposizione f; **oposiciones** fpl (admin) concorso.

opositor, a sm/f (adversario) oppositore/trice; (en concurso) candidato/a.

opresión sf oppressione f.

opresivo, a a oppressivo(a).

opresor, a a opprimente // sm oppressore m.

oprimir vt (apretar) premere; (hundir) schiacciare; (fig) opprimere.

oprobio sm obbrobrio.

optar vi scegliere; ~ **a** o **por** optare per.

óptica sf ottica.

óptico, a a ottico(a) // sm ottico // sf ottica.

optimismo sm ottimismo.

optimista sm/f ottimista m/f.

óptimo, a a ottimo(a).

opuesto, a a opposto(a).

opulencia [-θja] sf opulenza.

opúsculo sm opuscolo.

oración [-'θjon] sf (discurso) discorso; (rel) preghiera; (ling) proposizione f.

oráculo sm oracolo.

orador, a sm/f oratore/trice, conferenziere/a.

oral a orale.

orangután sm orangutano, orango.

orar vi pregare.

oratoria sf oratoria.

órbita sf orbita.

orden sm ordine m // sf ordine m; **poner** ~ fare ordine; ~ **de arresto** (JUR) mandato di cattura.

ordenación [-'θjon] sf disposizione f; (REL) ordinazione f.

ordenado, a a ordinato(a).

ordenanza [-θa] sf ordinanza // sm (mensajero) usciere m; (MIL) attendente m.

ordenar vt ordinare; (poner orden, mettere in ordine; ~se vr (REL) farsi ordinare.

ordeñadora [-ɲ-] sf mungitrice f.

ordeñar [-'ɲar] vt mungere.

ordinario, a a ordinario(a), solito(a); (bajo) grossolano(a), volgare // sm spesa giornaliera.

orear vt ventilare; ~se vr prender aria.

orégano sm origano.

oreja [-xa] sf (ANAT) orecchio, orecchia; (de zapatos) linguetta; (de vasija) orecchio, ansa; **estar hasta las** ~**s** averne le scatole piene; **mojar la** ~ provocare.

orfandad sf (fig) abbandono.

orfebre sm orefice m.

orfebrería sf oreficeria.

organillo [-ʎo] sm organetto.

organismo sm organismo.

organista sm/f organista m/f.

organización [-θa'θjon] sf organizzazione f.

organizar [-'θar] vt organizzare.

órgano sm organo.

orgasmo sm orgasmo.

orgía [or'xia] sf orgia.

orgullo [-ʎo] sm orgoglio.

orgulloso, a a [-'ʎ-] a orgoglioso(a); **estar** ~ **de** essere fiero di.

orientación [-'θjon] sf (posición) orientazione f; (dirección) orientamento

orientar vt (situar) orientare; (guiar) indirizzare, avviare; ~se vr orientarsi.

oriente sm oriente m; **Cercano/Medio/Lejano O~** Vicino/Medio/Estremo Oriente m.

orificio [-θjo] sm buco, orifizio.

origen [-xen] sm origine f.

original [-x-] a, sm originale (m).

originalidad [-x-] sf originalità f inv.

originar [-x-] vt originare, causare; ~se vr derivare.

originario, a [-x-] a originario(a).

orilla [-ʎa] sf (borde) orlo; (de mar, río) riva, sponda; (de bosque) margine m, estremità; (de tela) cimosa; (de calle) marciapiede m.

orillar [-'ʎar] vt fiancheggiare; (tela) orlare.

orín sm ruggine f.

orina sf orina.

orinal sm orinale m, vaso da notte.

orinar vi orinare, pisciare (fam); ~se vr farsela o pisciarsi (fam) addosso.

orines smpl orina.

oriundo, a a: ~ **de** oriundo(a) di.

orla sf orlo, gallone m.

orlar vt orlare.

ornamentar vt ornare.

ornamento sm ornamento; ~**s** mpl pregi mpl.

ornar vt ornare.

ornato sm ornamento.

oro sm (metal) oro; ~**s** mpl (NAIPES) denari mpl; **enchapado en** ~ placcato oro.

oropel sm orpello.

orozuz [-'θuθ] sm liquirizia.

orquesta [-'k-] sf orchestra.

orquídea [-'k-] sf orchidea.

ortiga sf ortica.

ortodoxia sf ortodossia.

ortodoxo, a [-kso] a ortodosso(a).

ortografía sf ortografia.

ortopedia sf ortopedia.

oruga sf (ZOOL) bruco; (TECN: de vehículo) cingolo.

orujo [-xo] sm (de uva) vinaccia; (de oliva) sansa.

orzuelo [-'θ-] sm orzaiolo.

os pron pers vi; ve; ~ **lo compré** ve lo comprai.

osa sf orsa; **O~ Mayor/Menor** (ASTR) Orsa Maggiore/Minore.

osadía sf audacia.

osar vi osare.

osario sm ossario.

oscilación [osθila'θjon] sf oscillazione f; (ECON) fluttuazione f.

oscilar [-sθ-] vi oscillare; (ECON) fluttuare.

ósculo sm bacio.

oscurecer [-'θer] vt oscurare // vi diventare buio; ~se vr (cielo) rabbuiarsi, oscurarsi.

oscuridad sf oscurità, buio.

oscuro, a a scuro(a), buio(a); (color) scuro(a); (fig) confuso(a); **a** ~**as** all'oscuro.

óseo, a a osseo(a).

ósmosis sf osmosi f.

oso sm orso; ~ **hormiguero** formichiere m; ~ **de peluche** orsacchiotto di peluche.

ostentación [-θjon] sf ostentazione f.

ostentar vt vantare, ostentare.

ostentoso, a a ostentoso(a).

ostra sf ostrica; **estar aburrido como una** ~ (fig) annoiarsi terribilmente.

ostracismo [-'θ-] sm ostracismo.

OTAN sf (abr de Organización del Tratado del Atlántico Norte) N.A.T.O.

otitis sf otite f.

otoñal [-'ɲal] a autunnale.

otoño [-ɲo] sm autunno.

otorgamiento sm (concesión) conferimento; (JUR documento) atto notarile.

otorgar vt (conceder) autorizzare, concedere; (atribuir) dare.

otro, a a, pron un altro, un'altra; ~(**as**) pl altri(e); **el** ~ **día** l'altro giorno; **de** ~**a manera** altrimenti; **en** ~ **momento** in un altro momento; **en** ~**as palabras** in altre parole; **eso es** ~ **cantar** (fig) questo è un altro paio di maniche; ~ **tanto** altrettanto.

otrosí *ad* inoltre.

ovación [-'θjon] *sf* ovazione *f*.

ovacionar [-θ-] *vt* acclamare, applaudire.

oval, ovalado, a *a* ovale.

óvalo *sm* ovale *m*.

oveja [-xa] *sf* pecora.

ovejuno, a [-'x-] *a* ovino(a).

overol *sm* tuta.

ovillar [-'ʎar] *vt* raggomitolare; ~**se** *vr* appallottolarsi, raggomitolarsi.

ovillo [-'ʎo] *sm* gomitolo.

OVNI *sm* (*abr de objeto volante no identificado*) U.F.O.

ovulación [-'θjon] *sf* ovulazione *f*.

óvulo *sm* ovulo.

oxidación [oksiða'θjon] *sf* ossidazione *f*.

oxidar [oks-] *vt* ossidare; ~**se** *vr* ossidarsi.

óxido ['oks-] *sm* ossido.

oxigenado, a [oksixe'nado] *a* ossigenato(a).

oxígeno [ok'sixeno] *sm* ossigeno; **carpa de** ~ (*MED*) tenda a ossigeno.

oyente *sm/f* ascoltatore/trice; (*ESCOL universidad: estudiante*) uditore/trice.

P

pabellón [-'ʎon] *sm* (*carpa*) tenda; (*de cama*) baldacchino; (*de jardín, hospital*) padiglione *m*; (*bandera*) bandiera; ~ **de la oreja** padiglione dell'orecchio.

pabilo *sm* stoppino.

pábulo *sm* (*fig*): **dar** ~ **a** incoraggiare, alimentare.

pacato, a *a* mite, pacato(a).

pacer [-'θer] *vt*, *vi* pascolare.

paciencia [pa'θjenθja] *sf* pazienza.

paciente [-θ-] *a* paziente, tollerante // *sm/f* paziente *m/f*, ammalato/a.

pacificación [paθifika'θjon] *sf* pacificazione *f*.

pacificar [-θ-] *vt* pacificare; ~**se** *vr* calmarsi.

pacífico, a [-'θ-] *a* pacifico(a); **el (océano) P**~ l'oceano Pacifico, il Pacifico.

pacifismo [-θ-] *sm* pacifismo.

pacifista [-θ-] *sm/f* pacifista *m/f*.

pacotilla [-'ʎa] *sf* paccottiglia.

pactar *vt* pattuire, stipulare // *vi* accordarsi.

pacto *sm* patto, accordo.

pachorra [-'tʃ-] *sf* (*fam*) fiacca.

pachorrudo, a [-'tʃ-] *a* pacioccone(a).

padecer [-'θer] *vt* patire; (*dolor, enfermedad*) soffrire; (*soportar*) sopportare.

padecimiento [-θ-] *sm* sofferenza, dolore *m*.

padrastro *sm* patrigno; (*en la uña*) pellina.

padre *sm* padre *m* // *a inv* (*fam*): **un susto** ~ una grande paura; **los** ~**s i** genitori.

padrinazgo [-θ-] *sm* (*respaldo*) patronato.

padrino *sm* padrino.

padrón *sm* (*censo*) censimento, registro; (*TECN*) modello.

paella [-'ʎa] *sf* paella.

paga *sf* (*dinero pagado*) pagamento; (*sueldo*) stipendio.

pagadero, a *a* pagabile; ~ **a la entrega/a plazos** pagabile alla consegna/a rate.

pagador, a *sm/f* pagatore/trice; (*de banco*) cassiere *m*.

pagaduría *sf* tesoreria, cassa.

pagano, a *a*, *sm/f* pagano(a).

pagar *vt* pagare // *vi* fruttare, rendere; ~ **por adelantado/al contado** pagare in anticipo/in contanti; ~**se** *vr*: ~**se de sí mismo** inorgoglirsi.

pagaré *sm* pagherò *m*.

página [-x-] *sf* pagina.

pago *sm* pagamento; (*fig*) rendimento; (*barrio*) distretto; (*AM: pueblo*) paese *m*.

paila *sf* tegame *m*.

país *sm* paese *m*, stato; **los P**~**es Bajos** i Paesi Bassi.

paisaje [-xe] *sm* paesaggio.

paisano, a *a* paesano(a) // *sm/f* compaesano/a.

paja [-xa] *sf* paglia; **hombre de** ~ uomo di paglia, prestanome *m*.

pajar [-'x-] *sm* fienile *m*.

pájara [-x-] *sf* uccello; (*cometa*) aquilone *m*; (*mujer*) ladra.

pajarera [-x-] *sf* uccelliera.

pajarero [-x-] *sm* uccellaio.

pajarilla [paxa'riʎa] *sf* aquilone *m*.

pajarito [-x-] *sm* uccellino.

pájaro [-x-] *sm* uccello; (*fig: fam*) individuo, tizio.

paje [-xe] *sm* paggio.

pajita [-'x-] *sf* cannuccia.

pajizo, a [pa'xiθo] *a* di paglia; (*color*) paglierino(a).

pala *sf* pala, (*contenido*) palata; (*COC*) paletta.

palabra *sf* parola.

palabrero, a *a* ciarlone(a).

palabrota *sf* parolaccia.

palaciego, a [-'θ-] *a* cortigiano(a).

palacio [-θjo] *sm* palazzo.

palada *sf* palata.

paladar *sm* palato.

paladear *vt* assaggiare.

palanca *sf* leva; (*fig*) raccomandazione *f*, appoggio.

palangana *sf* catinella.

palco *sm* palco.

palenque [-ke] *sm* steccato, recinto.

paleolítico, a *a* paleolitico(a) // *sm* paleolitico.

palestra *sf* palestra.

paleta *sf* paletta; (*ARTE*) tavolozza; (*TECN*) cazzuola.
paleto, a *sm/f* (*ZOOL*) daino; (*fam*) zoticone/a.
paliar *vt* calmare; (*dolor*) attutire, mitigare; (*ofensa*) perdonare.
palidecer [-'θer] *vi* impallidire.
palidez [-θ] *sf* pallore *m*.
pálido, a *a* pallido(a).
palillo [-ʎo] *sm* (*para dientes*) stuzzicadenti *m inv*; (*de tambor*) bacchetta.
palio *sm* palio.
paliza [-θa] *sf* bastonata.
palizada [-'θ-] *sf* palizzata; (*lugar cercado*) recinto.
palma *sf* (*BOT*) palma; (*ANAT*) palmo; **batir** o **dar ~s** battere le mani.
palmada *sf* applauso; (*en el hombro*) manata.
palmar *sm* palmeto // *vi* (*fam*) crepare.
palmario, a, palmar *a* patente, evidente.
palmera *sf* palma.
palmo *sm* spanna, palmo; (*fig*) **dejar a uno con un ~ de narices** lasciare qd con un palmo di naso.
palmotear *vi* battere le mani.
palmoteo *sm* (*aplauso*) battimano; (*palmada*) manata.
palo *sm* (*trozo de madera*) legno; (*poste*) palo; (*vara*) pertica; (*mango*) manico; (*DEPORTE*) mazza; (*NAUT*) albero; (*golpe*) colpo, bastonata; (*NAIPES*) seme *m*; **~ de tienda** picchetto di tenda.
paloma *sf* (*ZOOL*) colomba; (*fig*) agnellino; **~s** *fpl* (*NAUT*) ochette *fpl*.
palomar *sm* colombaia.
palomilla [-ʎa] *sf* (*polilla*) tarma; (*ZOOL*) crisalide *f*; (*TECN*) dado.
palomitas *sfpl* pop-corn *m inv*.
palpable *a* palpabile.
palpar *vt* (*tocar*) palpare; (*acariciar*) carezzare; (*caminar a tientas*) brancolare; (*fig*) apprezzare; **~ a uno** perquisire qd.
palpitación [-'θjon] *sf* palpitazione *f*.
palpitar *vi* palpitare; (*MED*) avere le palpitazioni.
palúdico, a *a* palustre.
paludismo *sm* malaria.
palurdo, a *a* rozzo(a), volgare // *sm/f* pezzente *m/f*.
pampa *sf* (*ARG*) pampa.
pan *sm* pane *m*.
pana *sf* velluto.
panacea [-'θea] *sf* panacea.
panadería *sf* panetteria.
panadero, a *sm/f* fornaio/a.
panal *sm* favo.
Panamá *sm* Panama *m*.
pandereta *sf*, **pandero** *sm* tamburello.
pandilla [-ʎa] *sf* gruppo, comitiva; (*de delincuentes*) banda.
panegírico [-'x-] *sm* panegirico.
panel *sm* pannello.
pánico *sm* panico, paura.
panorama *sm* panorama *m*.

pantalones *smpl* pantaloni *mpl*, calzoni *mpl*.
pantalla [-ʎa] *sf* (*de cine*) schermo; (*cubre-luz*) paralume *m*; (*fig*) copertura.
pantano *sm* pantano.
panteón *sm* sepolcro.
pantera *sf* pantera.
pantomima *sf* pantomima.
pantorrilla [-ʎa] *sf* polpaccio.
pantufla *sf* pantofola.
panza [-θa] *sf* pancia.
panzudo, a, panzón, ona [-'θ-] *a* panciuto(a).
pañal [-'ɲ-] *sm* pannolino; **~es** *mpl* (*también fig*) fasce *fpl*.
paño [-ɲo] *sm* tessuto; (*trapo*) strofinaccio; **~s menores** biancheria intima; **~ higiénico** assorbente *m* igienico.
pañuelo [-'ɲ-] *sm* fazzoletto; (*para la cabeza*) foulard *m*.
papa *sf* (*AM*) patata // *sm*: **el P~** il Papa.
papá *sm* (*fam*) papà *m*, babbo.
papada *sf* doppio mento.
papagayo *sm* pappagallo.
papamoscas *sm inv* (*fig: fam*) tontolone *m*.
papanatas *sm inv* (*fam*) sciocco, tonto.
paparrucha [-tʃa] *sf* bagattella, inezia.
papaya *sf* papaia.
papel *sm* carta; (*hoja*) foglio; (*TEATRO*) parte *f*, ruolo; **~es** *mpl* carte *fpl*, documenti *mpl*; **~ de calcar/carbón/de cartas/de envolver/de empapelar** carta da ricalco/carbone/da lettere/da pacchi/da parati; **~ engomado/de estaño/higiénico** carta gommata/stagnola/igienica; **~ de filtro/de fumar/de lija** carta da filtri/da sigarette/vetrata; **desempeñar** o **hacer un ~** (*fig*) svolgere un ruolo.
papeleo *sm* (*fig*) burocrazia.
papelera *sf* (*cesto*) cestino; (*fábrica*) cartiera; (*escritorio*) schedario.
papelería *sf* (*papeles*) scartoffia; (*tienda*) cartoleria.
papeleta *sf* (*pedazo de papel*) biglietto; (*de archivo, para votar*) scheda; (*ESCOL*) pagella scolastica.
paperas *sfpl* orecchioni *mpl*.
paquebote [-k-] *sm* piroscafo, nave *f*.
paquete [-'k-] *sm* pacco, pacchetto; (*NAUT*) piroscafo; (*fam*) snob *m*.
par *a* (*igual*) simile, uguale; (*MAT*) pari // *sm* (*pareja*) paio; (*dignidad*) pari *m*; **abrir de ~ en ~** spalancare; **a la ~ que** allo stesso tempo di; **sin ~** incomparabile, senza pari.
para *prep* per; **no es ~ comer** non è da mangiare; **¿~ qué lo quieres?** lo vuoi per fare cosa?; **~ profesor es muy ignorante** per essere professore è molto ignorante; **no está ~ correr** non è in condizioni di correre.
parabién *sm* complimento.

parábola sf parabola.
parabrisas sm inv parabrezza m.
paracaídas sm inv paracadute m.
paracaidista sm/f paracadutista m/f.
parachoques [-'tʃokes] sm inv paraurti m inv.
parada sf ver **parado**.
paradero sm recapito, destinazione f; (fin) termine m.
parado, a a fermo(a); (AM) in piedi; (sin empleo) disoccupato(a); (confuso) impacciato(a) // sf (acto) fermata, arresto; (lugar) fermata, stazione f; (apuesta) posta, puntata; ~ **discrecional** fermata a richiesta.
paradoja [-xa] sf paradosso.
parador sm albergo.
paraestatal a parastatale.
parafina sf paraffina.
paraguas sm inv ombrello.
Paraguay sm: **el** ~ il Paraguay.
paraíso sm paradiso; (TEATRO) loggione m.
paraje [-xe] sm luogo.
paralelo, a a parallelo(a) // sm (GEOGR) parallelo // sfpl: ~**as** parallele fpl.
parálisis sf paralisi f.
paralítico, a a, sm/f paralitico(a).
paralizar [-'θar] vt paralizzare; ~**se** vr paralizzarsi.
paramento sm paramento; (del caballo) gualdrappa.
páramo sm (meseta) altopiano; (tierra baldía) deserto.
parangón sm paragone m, confronto.
paranoico, a a, sm/f paranoico(a).
parapetarse vr rifugiarsi, proteggersi.
parapeto sm parapetto; (terraplén) terrapieno.
parapléjico, a [-x-] a paraplegico(a).
parar vt (poner fin a) arrestare, fermare; (detener) fermare, bloccare; (DEPORTE, golpe) parare // vi fermarsi; (hospedarse) alloggiare, stare; ~**se** vr fermarsi; (AM) alzarsi; ~ **de** smettere di; ~**se a pensar** mettersi a pensare.
pararrayos sm inv parafulmine m.
parasitario, a a parassitario(a).
parásito, a a, sm/f parassita (m/f).
parasol sm ombrellone m.
parcela [-'θ-] sf porzione f.
parcelar [-θ-] vt (hacienda) lottizzare; (dividir en parcelas) suddividere.
parcial [-'θjal] a parziale // sm/f partigiano/a.
parcialidad [-θ-] sf (prejuicio) parzialità; (partido, facción) frazione f, partito.
parco, a a (frugal) sobrio(a); (mezquino) spilorcio(a), avaro(a); (moderado) parco(a).
parche [-tʃe] sm pezza; (MED) impiastro.
pardal sm passero.
pardo, a a (color café) bruno(a).
parear vt appaiare; (BIOL) accoppiare.
parecer [-'θer] sm (opinión) parere m, giudizio; (aspecto) aspetto // vi sembrare, parere; (asemejarse)

assomigliare; (aparecer, llegar) comparire, capitare; ~**se** vr assomigliarsi; ~**se a** assomigliare a; **según** o **a lo que parece** a quanto pare; **me parece que** mi sembra che.
parecido, a [-θ-] a somigliante, simile // sm somiglianza; **bien/mal** ~ **di** bel/brutto aspetto.
pared sf muro, parete f; ~ **por medio** di fianco a; **subirse por las** ~**es** (fam) darsi delle arie.
paredón sm: **mandar al** ~ mandare al muro.
parejo, a [-xo] a (igual) uguale, pari; (liso) piano(a), liscio(a) // sf (dos) paio, coppia; (el otro: de un par) compagno/a; **correr** ~**as** andare di pari passo.
parentela sf parenti mpl; (parentesco) parentela.
parentesco sm parentela.
paréntesis sm inv parentesi f.
paria sm/f paria m/f.
paridad sf parità.
pariente, a sm/f parente m/f.
parihuela [-i'w-] sf barella.
parir vt, vi partorire.
París sm Parigi f.
parla sf chiacchiera.
parlamentar vi conversare; (negociar) parlamentare.
parlamentario, a a parlamentare // sm/f parlamentare m/f, deputato/a.
parlamento sm parlamento.
parlanchín, ina [-'tʃ-] a, sm/f chiacchierone(a).
parlar vi chiacchierare.
parloteo sm (fam) chiacchiera.
paro sm sciopero, sospensione f del lavoro; (desempleo) disoccupazione f; **subsidio de** ~ indennità di disoccupazione; **en** ~ disoccupato(a).
parodia sf parodia.
parodiar vt parodiare, imitare.
paroxismo sm parossismo.
parpadear vi (ojos) sbattere; (luz) tremolare, vacillare.
parpadeo sm battito di ciglia; (de luz) tremolio.
párpado sm palpebra.
parque [-ke] sm (lugar verde) parco; (depósito) deposito, magazzino; ~ **de atracciones** luna park m inv; ~ **de estacionamiento** parcheggio; ~ **de juegos** parco giochi; ~ **zoológico** zoo, giardino zoologico.
parquedad [-k-] sf (frugalidad) sobrietà, moderazione f; (avaricia) spilorceria.
parquímetro [-'k-] sm parchimetro.
parra sf (viña) vite f; (trepadora) pergolato.
párrafo sm paragrafo; **echar un** ~ (fam) far quattro chiacchiere.
parral sm vite f.
parranda sf (fam) baldoria.
parricida [-'θ-] sm/f parricida m/f.
parricidio [-'θ-] sm parricidio.

parrilla [-ʎa] sf griglia; (AUTO)
mascherina.

parrillada [-'ʎ-] sf grigliata.

párroco sm parroco.

parroquia [-kjə] sf parrocchia; (COM)
clientela.

parroquiano, a [-'k-] sm/f
parrocchiano/a; (COM) cliente m/f
abituale.

parsimonia sf parsimonia.

parte sm comunicazione f; (MIL)
comunicato // sf parte f; (TEATRO) ruolo,
parte; **dar** ~ **de** dichiararsi; **de** ~ **de**
alguien da parte di qd; **por otra** ~
d'altra parte, del resto.

partera sf ostetrica.

partición [-'θjon] sf divisione f.

participación [partiθipa'θjon] sf
partecipazione f; (de lotería) biglietto.

participante [-θ-] sm/f partecipante
m/f.

participar [-θ-] vt comunicare // vi
partecipare, prendere parte; ~ **de o en**
partecipare a.

partícipe [-θ-] sm/f partecipe m/f;
hacer ~ **a uno de algo** rendere qd
partecipe di qc.

particular a particolare, speciale;
(propio) proprio(a); (personal)
privato(a) // sm (punto, asunto) punto,
argomento; (individuo) privato.

particularizar [-'θar] vt specificare;
(detallar) dettagliare.

partida sf (salida) partenza; (FIN)
stanziamento; (COM: contabilidad) voce f;
(: mercadería) partita; (NAIPES. AJEDREZ etc)
partita; (de amigos) gruppo; (de obreros)
squadra; (de delincuentes) banda; **mala**
~ brutto tiro; ~ **de**
nacimiento/matrimonio/ defunción
atto o certificato di
nascita/matrimonio/decesso.

partidario, a a, sm/f sostenitore (trice).

partido sm (POL) partito; (DEPORTE)
partita; (apoya) protezione f; **sacar** ~
de trarre vantaggio da; **tomar** ~ **por**
schierarsi dalla parte di.

partir vt (dividir) separare, dividere;
(compartir, distribuir) repartire,
distribuire; (romper) rompere, spezzare;
(cortar) spaccare // vi (tomar camino)
partire; (comenzar) cominciare; ~**se** vr
rompersi; **a** ~ **de esto** tenendo conto di
ciò.

partitura sf partitura.

parto sm parto; (fig) creazione f; **estar**
de ~ (MED) essere in travaglio.

parturienta sf partoriente f.

parvulario sm asilo, scuola materna.

pasa sf uva passa; ~ **de Corinto/de**
Esmirna uva passa di Corinto/Smirne.

pasable a passabile, discreto(a).

pasada sf ver **pasado**.

pasadero, a a passabile.

pasadizo [-θo] sm (pasillo) corridoio;
(callejuela) vicolo.

pasado, a a passato(a); (malo: comida,
fruta) andato(a) a male, guasto(a); (muy
cocido) stracotto(a); (anticuado)
superato(a), antiquato(a) // sm passato
// sf passaggio; (acción de pulir) passata;
~**s** mpl antenati mpl; ~ **mañana**
dopodomani; **dicho sea de** ~ sia detto
per inciso; **hacer una mala** ~**a** giocare
un brutto tiro.

pasaje [-xe] sm passaggio; (pago de viaje)
biglietto; (los pasajeros) passeggeri mpl.

pasajero, a [-'x-] a passeggero(a) //
sm/f passeggero/a, viaggiatore/trice.

pasamanos sm ringhiera.

pasante sm/f assistente m/f.

pasaporte sm passaporto.

pasar vt passare; (transmitir) mandare,
comunicare; (enfermedad) superare; (AUTO) sorpassare;
(durezas) soffrire // vi passare; (en
examen) essere promosso(a);
(terminarse) cessare, finire; (ocurrir)
succedere; ~**se** vr (COC) scuocersi;
(frutas, etc) andare a male, guastarsi;
(flores) appassire; ~ **la mano/del**
cepillo por el pelo passarsi la mano/la
spazzola nei capelli; ¡**pase!** avanti!; ~**se**
al enemigo passare al nemico; **me**
pasó me ne sono scordato; **no se le**
pasa nada non gli sfugge nulla; ~**se de**
listo fare il furbo.

pasarela sf passerella.

pasatiempo sm passatempo.

pascua sf: **P**~ Pasqua; ~**s** fpl vacanze
fpl di Natale.

pase sm lasciapassare m.

paseante sm/f viandante m/f; (pey)
fannullone/a.

pasear vt portare a spasso // vi, ~**se** vr
passeggiare, fare una passeggiata.

paseo sm passeggiata, giro;
(avenida) viale m; (desfile) sfilata; **dar**
un ~ fare una passeggiata.

pasillo [-ʎo] sm (pasaje) corridoio;
(TEATRO) galleria.

pasión sf passione f; **tener** ~ **por** essere
appassionato di.

pasito ad pian piano.

pasividad sf passività.

pasivo, a a passivo(a) // sm passivo.

pasmado, a a stupefatto(a); **estar** o
quedar ~ rimanere di ghiaccio.

pasmar vt (asombrar) stupire,
sorprendere; (enfriar) raffreddare.

pasmo sm (asombro) stupore m,
sbalordimento; (fig) prodigio,
meraviglia; (tétano) tetano;
(enfriamiento) raffreddore m.

pasmoso, a a stupefacente.

paso, a a secco(a); (uva) passo(a) // sm
(modo de andar, rapidez) passo, andatura;
(huella) orma, impronta; (cruce)
passaggio a livello; (GEOGR) valico, passo
// ad piano, adagio; **salir al** ~ **de**
andare incontro a; **estar de** ~ essere di
passaggio.

pasta *sf* pasta; (*fam*) quattrini *mpl*; ~**s** *fpl* pasta (alimentare); ~ **de dientes** o **dentífrica** dentifricio.

pastar, pastear *vt, vi* portare al pascolo.

pastel *sm* (*dulce*) torta; (*de carne*) pasticcio; (*ARTE*) pastello.

pastelería *sf* pasticceria.

pastelero, a *sm/f* pasticciere/a.

pasteurizado, a [-'θ-] *a* pastorizzato(a).

pastilla [-ʎa] *sf* (*de jabón*) saponetta; (*de chocolate*) tavoletta; (*píldora*) pastiglia.

pasto *sm* (*hierba*) foraggio; (*lugar*) pascolo.

pastor, a *sm/f* pastore/a.

pastorear *vt* far pascolare.

pastoso, a *a* pastoso(a); (*voz*) profondo(a).

pata *sf* zampa; (*de muebles*) piede *m*; (*ZOOL: pato hembra*) anitra femmina; **meter la** ~ fare una gaffe; **tengo mala** ~ non me ne va bene una; ~ **de cabra** (*TECN*) lisciatoio del calzolaio; ~ **de gallo** (*fig*) zampa di gallina.

patada *sf* calcio, pedata.

patalear *vi* pestare o battere i piedi.

pataleo *sm* calpestio.

patán *sm* burino, zoticone *m*.

patata *sf* patata; ~**s fritas** o **a la española** patate *fpl* fritte.

patatús *sm* capogiro.

patear *vt* (*pisar*) calpestare; (*pegar con el pie*) dare pedate a; (*fig*) maltrattare // *vi* battere i piedi.

patente *a* patente, palese; (*COM*) esclusivo(a) // *sf* patente *f*; (*COM*) brevetto.

patentizar [-'θar] *vt* rendere evidente.

paternal *a* paterno(a).

paternidad *sf* paternità.

paterno, a *a* paterno(a).

patético, a *a* patetico(a).

patíbulo *sm* patibolo.

patidifuso, a *a* (*fam*) sbalordito(a).

patillas [-ʎas] *sfpl* basette *fpl*.

patín *sm* pattino.

patinaje [-xe] *sm* pattinaggio.

patinar *vi* pattinare; (*resbalarse*) scivolare; (*coche*) slittare; (*fam*) fare una gaffe.

patio *sm* (*de casa*) cortile *m*; (*TEATRO*) orchestra.

pato *sm* anitra maschio; **pagar el** ~ (*fam*) pagare i cocci.

patología [-'xia] *sf* patologia.

patológico, a [-x-] *a* patologico(a).

patoso, a *a* noioso(a) // *sm/f* (*fam*) rompiscatole *m/f*.

patraña [-ɲa] *sf* frottola.

patria *sf* patria; ~ **chica** città *f* natale.

patriarca *sm* patriarca *m*.

patrimonio *sm* patrimonio.

patriota *sm/f* patriota *m/f*.

patriotero, a *a* campanilista.

patriotismo *sm* patriottismo.

patrocinar [-θ-] *vt* patrocinare.

patrocinio [-'θ-] *sm* patrocinio.

patrón, ona *sm/f* padrone/a // *sm* modello.

patronal *a* padronale.

patronato *sm* patronato; (*ECON*) padronato.

patrulla [-ʎa] *sf* pattuglia.

patrullero [-'ʎ-] *sm* nave *f* da ricognizione.

paulatinamente *ad* piano piano.

paulatino, a *a* lento(a).

paupérrimo, a *a* poverissimo(a).

pausa *sf* pausa.

pausado, a *a* lento(a), calmo(a).

pauta *sf* (*línea*) guida; (*regla*) regola, norma; (*modelo*) norma, modella.

pava *sf* tacchina; **pelar la** ~ (*fam*) fare la corte.

pavimentar *vt* pavimentare.

pavimento *sm* pavimento.

pavo *sm* tacchino; (*fam*) sciocco, imbecille *m*; **comer** ~ (*fam*) far tappezzeria; ~ **real** pavone *m*.

pavón *sm* pavone *m*; (*TECN*) brunitura.

pavonearse *vr* pavoneggiarsi.

pavor *sm* spavento.

pavoroso, a *a* spaventoso(a).

payasada *sf* pagliacciata, buffonata.

payaso *sm* pagliaccio.

paz [paθ] *sf* pace *f*.

P.D. (*abr de posdata*) P.S.

peaje [-xe] *sm* pedaggio.

peatón *sm* pedone *m*.

pebete *sm* (*incienso*) incenso, profumo; (*MIL*) miccia, esca.

peca *sf* lentiggine *f*.

pecado *sm* peccato.

pecador, a *a, sm/f* peccatore(trice).

pecaminoso, a *a* peccaminoso(a).

pecar *vi* peccare.

pecera [-'θ-] *sf* acquario.

pecoso, a *a* lentigginoso(a).

peculiar *a* peculiare, particolare.

peculiaridad *sf* peculiarità.

pecunia *sf* soldi *mpl*.

pecuniario, a *a* pecuniario(a).

pechera [-'tʃ-] *sf* petto.

pecho [-tʃo] *sm* (*ANAT*) petto; (*fig*) cuore *m*; **a** ~ **descubierto** (*fig*) col cuore in mano; **dar el** ~ a allattare; **tomar algo a** ~ prendersi a cuore qc.

pechuga [-'tʃ-] *sf* petto (di pollo).

pedagogía [-'xia] *sf* pedagogia.

pedal *sm* pedale *m*; ~ **de acelerador/de embrague/de freno** pedale dell'acceleratore/della frizione/del freno.

pedalear *vi* pedalare.

pedante *a, sm/f* pedante (*m/f*).

pedantería *sf* pedanteria.

pedazo [-θo] *sm* pezzo.

pederasta *sm* pederasta *m*.

pedernal *sm* selce *m*.

pedestrismo *sm* podismo.

pediatría *sf* pediatria.

pedicuro, a *sm/f* pedicure *m/f*.

pedido *sm* (*COM*) ordinazione *f*; (*petición*) domanda.

pedigüeño, a [pedi'gweɲo] *a* scroccone(a).

pedir *vt* chiedere; *(comida)* ordinare; *(COM: mandar)* ordinare; *(necesitar)* richiedere, esigere // *vi* chiedere; **a ~ de boca** a proposito.

pedrada *sf* sassata.

pedrea *sf* (*pelea*) sassaiuola; *(METEOR)* grandinata.

pedregal *sm* pietraia.

pedregoso, a *a* sassoso(a), ghiaioso(a).

pedrería *sf* pietre *fpl* preziose.

pedrero, a *sm/f* cavapietre *m* // *sf* cava.

pedrisco *sm* (*lluvia*) sassaiola; *(montón)* mucchio di pietre.

pega *sf* incollatura; *(golpeo)* scarica (di pugni); *(trampa)* beffa, inganno; (*problema*) seccatura, contrattempo.

pegadizo, a [-θo] *a* appiccicoso(a); *(enfermedad)* contagioso(a) // *sm/f* parassita *m/f*.

pegajoso, a [-'x-] *a* appiccicoso(a); *(enfermedad)* contagioso(a); *(dulzón)* mellifluo(a).

pegamento *sm* colla.

pegar *vt* (*con goma*) incollare; (*affiche, botón*) attaccare; *(unir: partes)* unire, attaccare; *(MED)* contagiare; *(dar golpes a)* picchiare // *vi* *(adherirse)* attaccarsi; *(BOT)* attecchire; *(ir juntos: colores)* star bene; *(golpear)* urtare; *(quemar: el sol)* picchiare; **~se** *vr* incollarsi; *(COC)* attaccarsi, bruciarsi; **~ un grito** (*fam*) cacciare un urlo; **~ un salto** fare un balzo; **~ en** unirsi a; **~ con uno** incontrare qd; **~se a uno** appiccicarsi a qd; **~se un tiro** spararsi un colpo; **~la** (*AM*) azzeccarci.

peina *sf* pettinino.

peinado, a *a* pettinato(a) // *sm* pettinatura // *sf* pettinata.

peinador, a *sm/f* parrucchiere/a // *sm* accappatoio.

peinar *vt* pettinare; **~se** *vr* pettinarsi.

peine *sm* pettine *m*.

peineta *sf* = **peina**.

p. ej. (*abr de por ejemplo*) p. es.

pelado, a *a* pelato(a); *(árbol)* nudo(a), spoglio(a); *(fruta)* sbucciato(a); *(campo)* brullo(a); *(AM: sin dinero)* squattrinato(a).

peladura *sf* (*acto*) pelatura, sbucciatura; (*parte sin pelo, sin piel*) spellatura; **~s** *fpl* spellatura.

pelagatos *sm inv* povero diavolo.

pelaje [-xe] *sm* pelo; *(fig)* aspetto.

pelambre *sm* (*pelo largo*) capigliatura; (*piel de animal cortado*) pellame *m*; (*falta de piel*) mancanza di pelo.

pelar *vt* (*cortar el pelo a*) pelare; *(quitar la piel: animal*) spellare; (*: verduras, fruta*) sbucciare, mondare; *(fam)* criticare; **~se** *vr* pelarsi; (*piel*) spellarsi.

peldaño [-ɲo] *sm* scalino, gradino.

pelea *sf* (*lucha*) combattimento, lotta; *(discusión)* lite *f*, rissa.

peleador, a *a* (*combativo*) combattivo(a); *(discutidor)* rissoso(a).

pelear *vi* combattere, lottare; *(fig)* battersi; *(: competir)* concorrere; **~se** *vr* azzuffarsi.

pelele *sm* fantoccio; *(fig)* buffone *m*.

peleón, ona *a* aggressivo(a).

peletería *sf* pelliccería.

peliagudo, a *a* difficile, ingarbugliato(a).

pelícano *sm* pellicano.

pelicorto, a *a* dai capelli corti.

película *sf* *(CINE)* film *m*; *(cobertura o rollo)* pellicola.

peligrar *vi* correre pericolo.

peligro *sm* pericolo.

peligroso, a *a* pericoloso(a).

pelillo [-ʎo] *sm*: **echar ~s a la mar** non parlarne più.

pelirrojo, a [-xo] *a* dai capelli rossi.

pelo *sm* (*cabellos*) capelli *mpl*; *(de barba, bigote)* pelo; *(de animal: pellejo)* pelo, mantello; *(de fruta, pájaros)* peluria; *(TECN: fibra)* filamento; *(: de reloj: resorte)* molla; **al ~** perfettamente; **venir al ~** capitare a proposito; **de medio ~** cafone(a); **hombre de ~ en pecho** uomo audace; **por los ~s** appena; **tomar el ~ a uno** prendere in giro qd.

pelota *sf* (*balón*) palla; *(de fútbol)* pallone *m*; (*fam: cabeza*) zucca; **en ~s** nudo.

pelotear *vt* controllare // *vi* *(jugar)* palleggiare; *(discutir)* discutere.

pelotera *sf* (*fam*) alterco, discussione *f*.

pelotón *sm* (*pelota*) pallone *m*; *(muchedumbre)* folla; *(MIL)* plotone *m*.

peltre *sm* peltro.

peluca *sf* parrucca.

peluche [-tʃe] *sm* peluche *f*.

peludo, a *a* peloso(a).

peluquería [-k-] *sf* (*salone m de*) parrucchiere *m*.

peluquero, a [-'k-] *sm/f* parrucchiere/a.

pelleja [pe'ʎexa] *sf* pelle *f*; *(fam)* puttana.

pellejo [pe'ʎexo] *sm* (*de animal*) pelle *f*; (*de fruta*) buccia; **perder el ~** (*fam*) rimetterci la pelle.

pellizcar [peʎiθ'kar] *vt* pizzicare; *(comer)* spizzicare.

pena *sf* pena; *(remordimiento)* rimorso; *(dificultad)* difficoltà *f inv*; *(dolor)* dolore *m*, sofferenza; **merecer** o **valer la ~** valere la pena; **a duras ~s** a mala pena, a stento.

penacho [-tʃo] *sm* ciuffo.

penal *a* penale // *sm* carcere *m*, penitenziario; *(FÚTBOL)* calcio di rigore.

penalidad *sf* (*problema, dificultad*) sofferenza, pena; *(JUR)* pena.

penar *vt* punire, condannare // *vi* soffrire, patire; **~se** *vr* lamentarsi.

pendencia [-θja] *sf* lite *f*, alterco.

pendenciero, a [-'θ-] *a* attaccabrighe, provocatore(trice) // *sm* teppista *m*.

pender *vi* (*colgar*) pendere; *(JUR)* essere pendente.

pendiente a (colgante) sospeso(a), pensile; (por resolver) sospeso(a), pendente // sm orecchino // sf pendio.
péndola sf penna (per scrivere).
pendón sm insegna, bandiera; (fam) pezzente m.
péndulo sm pendolo.
pene sm pene m.
penetración [-'θjon] sf penetrazione f; (agudeza) perspicacia.
penetrar vt, vi penetrare; ~se vr: ~se de compenetrarsi di; (entender a fondo) persuadersi o convincersi di.
penicilina [-θ-] sf penicillina.
península sf penisola.
peninsular a peninsulare.
penitencia [-θja] sf (remordimiento) rimorso; (castigo) penitenza.
penitenciaría [-θ-] sf penitenziario.
penitente a, sm/f penitente (m/f).
penoso, a a (doloroso) doloroso(a); (laborioso) faticoso(a), difficile.
pensador, a sm/f pensatore/trice.
pensamiento sm pensiero; (mente) mente f; (idea) pensiero, idea; (intento) intenzione f; (BOT) viola del pensiero.
pensar vt pensare; (reflexionar) riflettere, meditare; (imaginarse) immaginare; (creer) pensare, credere // vi pensare; ~ en pensare a.
pensativo, a a pensieroso(a).
pensión sf pensione f; (beca) borsa.
pensionista sm/f (jubilado) pensionato/a; (quien vive en pensión) ospite m/f, pensionante m/f.
Pentecostés sm Pentecoste f.
penúltimo, a a penultimo(a).
penumbra sf penombra.
penuria sf penuria.
peña [-ɲa] sf (roca, cuesta) roccia, rupe f; (círculo) circolo.
peñasco [-'ɲ-] sm rupe f, masso.
peñón [-'ɲ-] sm rocca; el P~ de Gibraltar la Rocca di Gibilterra.
peón sm manovale m; (AM: obrero agrícola) bracciante m; (MIL) fante m; (AJEDREZ) pedina; (TECN) albero, asse m.
peonaje [-xe] sm manovali mpl; (AM) braccianti mpl.
peonía sf peonia.
peonza [-'θa] sf trottola; (fam) persona molto indaffarata.
peor a peggiore // ad peggio.
pepinillo [-ʎo] sm cetriolino.
pepino sm cetriolo.
pepita sf (BOT) seme m; (MINERÍA) pepita.
pepitoria sf (fig) guazzabuglio.
pequeñez [peke'neθ] sf piccolezza; (infancia) infanzia; (trivialidad) bagattella, bazzecola.
pequeño, a [pe'keɲo] a piccolo(a); (bajo) basso(a).
pera sf (BOT) pera; (ELEC) interruttore m; (barbita) pizzo.
peral sm pero.
perca sf pesce persico.

percance [-θe] sm incidente m, contrattempo.
percatarse vr: ~ de accorgersi di.
percepción [perθep'θjon] sf (vista) percezione f; (idea) idea; (colecta de fondos) riscossione f.
perceptible [-θ-] a percettibile; (pagable) percepibile.
perceptor, a [-θ-] sm/f percettore/trice.
percibir [-θ-] vt percepire; (COM) riscuotere.
percusión sf percussione f.
percha [-tʃa] sf (poste) pertica; (ganchos) gancio, uncino; (colgador) attaccapanni m inv; (de aves) posatoio.
perchero [-'tʃ-] sm attaccapanni m inv.
perdedor, a a (que pierde) perdente; (olvidadizo) smemorato(a) // sm/f perdente m/f.
perder vt perdere; (palabras) sprecare; (oportunidad) sciupare, perdere; ~se vr (extraviarse) perdersi, smarrirsi; (desaparecer) perdersi; (desgastarse) logorarsi; (arruinarse) rovinarsi; (hundirse) affondare.
perdición [-'θjon] sf rovina.
pérdida sf perdita.
perdido, a a perduto(a), perso(a); (vicioso) inveterato(a) // sm libertino.
perdigón sm perniciotto; ~es mpl pallini mpl.
perdiz [-θ] sf pernice f.
perdón sm (disculpa) scusa, perdono; (compasión) perdono, grazia; ¡~! scusi!; hablando con ~ senza voler offendere.
perdonar vt, vi perdonare.
perdurable a durevole.
perdurar vi perdurare.
perecedero, a [-θ-] a perituro(a); (mortal) effimero(a).
perecer [-'θer] vi perire, morire; (objeto) rompersi.
peregrinación [-'θjon] sf viaggio; (REL) pellegrinaggio.
peregrinar vi viaggiare; (REL) fare un pellegrinaggio.
peregrino, a a (que viaja) viaggiatore(trice); (nuevo) nuovo(a); (exótico) raro(a) // sm/f viandante m/f, pellegrino/a.
perejil [-'xil] sm prezzemolo; ~es mpl (fam) fronzoli mpl.
perenne a perenne.
perentorio, a a (urgente) urgente; (fijo) perentorio(a).
pereza [-θa] sf (flojera) pigrizia, svogliatezza; (lentitud) indolenza.
perezoso, a [-'θ-] a (flojo) pigro(a); (lento) indolente, tardo(a).
perfección [-k'θjon] sf perfezione f.
perfeccionar [-kθ-] vt (hacer perfecto) perfezionare; (acabar) ultimare.
perfecto, a a perfetto(a); (terminado) compiuto(a) // sm passato remoto.
perfidia sf perfidia.

perfil *sm* (*parte lateral*) profilo; (*silueta*) sagoma, contorno; (*CONSTR*) spaccato, sezione *f*; (*fig*) ritratto.
perfilado, a *a* (*bien formado*) ben fatto(a); (*largo: cara*) affilato(a).
perfilar *vt* profilare; ~**se** *vr* mettersi di profilo; (*fig*) definirsi.
perforación [-'θjon] *sf* perforazione *f*.
perforadora *sf* perforatrice *f*.
perforar *vt* (*agujerear*) forare; (*fuente, túnel*) perforare // *vi* trivellare.
perfumado, a *a* profumato(a).
perfumar *vt* profumare.
perfume *sm* profumo.
perfumería *sf* profumeria.
pergamino *sm* pergamena.
pergeñar [perxe'ɲar] *vt* immaginare, ideare.
pergeño [per'xeɲo] *sm* aspetto, aria.
pericia [-θja] *sf* perizia, abilità *f inv*.
perico *sm* pappagallo.
periferia *sf* periferia.
perilla [-ʎa] *sf* (*barbilla*) barbetta; (*ELEC*) interruttore *m*; (*de oreja*) lobo; **venir de** ~**s** capitare a proposito.
periódico, a *a* periodico(a) // *sm* giornale *m*.
periodismo *sm* giornalismo.
periodista *sm/f* giornalista *m/f*.
periodístico, a *a* giornalistico(a).
período, periodo *sm* periodo.
peripecia [-θja] *sf* peripezia.
perito, a *a, sm/f* perito(a), esperto(a).
peritonitis *sf* peritonite *f*.
perjudicar [-x-] *vt* nuocere, danneggiare.
perjudicial [perxuði'θjal] *a* dannoso(a), nocivo(a).
perjuicio [per'xwiθjo] *sm* danno.
perjurar [-x-] *vi* spergiurare.
perjuro, a [-'x-] *a, sm/f* spergiuro(a).
perla *sf* perla.
permanecer [-'θer] *vi* rimanere, restare; (*seguir*) continuare a.
permanencia [-θja] *sf* permanenza.
permanente *a* permanente; (*constante*) costante // *sf* permanente *f*.
permisible *a* permissibile.
permiso *sm* permesso; (*licencia*) permesso, licenza; (*MIL*) licenza; **estar de** ~ (*MIL*) essere in licenza; ~ **de conducir** o **de conductor** patente *f* di guida.
permitir *vt* (*dejar*) consentire, permettere; (*aceptar*) tollerare; ~**se** *vr* permettersi.
permuta *sf* permuta, scambio.
permutar *vt* permutar, scambiare.
pernear *vi* sgambettare.
pernicioso, a [-'θ-] *a* pernicioso(a), dannoso(a); (*persona*) cattivo(a).
pernil *sm* (*ZOOL*) coscia; (*COC*) prosciutto; (*de pantalón*) gamba.
perno *sm* perno, bullone *m*.
pernoctar *vi* pernottare.
pero *conj* ma; (*aún*) però, tuttavia // *sm* (*defecto*) difetto; (*reparo*) obiezione *f*.

perogrullada [-'ʎ-] *sf* verità lapalissiana.
peroración [-'θjon] *sf* perorazione *f*.
perorar *vi* fare un discorso; (*fam*) perorare.
perpendicular *a, sf* perpendicolare (*f*).
perpetración [-'θjon] *sf* perpetrazione *f*.
perpetrar *vt* perpetrare.
perpetuar *vt* perpetuare.
perpetuidad *sf* perpetuità.
perpetuo, a *a* perpetuo(a), eterno(a); (*duradero*) durevole; (*sin cesar*) continuo(a), incessante.
perplejidad [-x-] *sf* perplessità *f inv*.
perplejo, a [-xo] *a* perplesso(a).
perra *sf* cagna.
perrada *sf* muta.
perrera *sf* canile *m*.
perrería *sf* muta; (*fig*) canaglia.
perrillo [-ʎo] *sm* cagnolino; (*MIL*) canile *m*.
perro *sm* cane *m* // *a* (*fam*) da cani; ~ **caliente** hot-dog *m*.
persa *a, sm/f* persiano(a).
persecución [-'θjon] *sf* (*caza*) inseguimento, caccia; (*POL*) persecuzione *f*.
perseguidor, a [-ɣ-] *sm/f* (*cazador*) inseguitore/trice; (*POL*) persecutore/trice.
perseguir ['ɣir] *vt* inseguire; (*cortejar*) corteggiare; (*POL*) perseguitare; (*molestar*) incalzare.
perseverar *vi* perseverare.
persiana *sf* persiana.
persignarse [-ɣ'n-] *vr* farsi il segno della croce.
persistir *vi* persistere.
persona *sf* persona; **en** ~ di persona.
personaje [-xe] *sm* personaggio.
personal *a, sm* personale (*m*).
personalidad *sf* personalità *f inv*.
personalismo *sm* personalismo.
personalizar [-'θar] *vt* (*representar*) rappresentare, simbolizzare // *vi* personalizzare.
personarse *vr* presentarsi.
personificar *vt* (*ejemplificar*) personificare; (*hacer mención especial*) personalizzare.
perspectiva *sf* (*vista*) panorama *m*; (*posibilidad*) prospettiva.
perspicacia [-θja] *sf* perspicacia.
perspicaz [-θ] *a* perspicace.
perspicuidad *sf* chiarezza.
persuadir *vt* persuadere; ~**se** *vr* persuadersi.
persuasión *sf* persuasione *f*; (*estado de mente*) convinzione *f*.
persuasivo, a *a* persuasivo(a), convincente.
pertenecer [-'θer] *vi* appartenere; (*fig*) concernere.
pertenencia [-θja] *sf* appartenenza; ~**s** *fpl* proprietà *f inv*.
pértiga *sf* pertica, palo.
pertinacia [-θja] *sf* pertinacia.
pertinaz [-θ] *a* pertinace.
pertinencia [-θja] *sf* pertinenza.

pertinente a pertinente; ~ **a** attinente a.

pertrechar [-'tʃ-] vt rifornire; (MIL) approvvigionare; ~**se** vr: ~**se de** rifornirsi di.

pertrechos [-'tʃos] smpl (instrumental) attrezzi mpl; (MIL) armi fpl, munizioni fpl.

perturbación [-'θjon] sf perturbazione f.

perturbado, a a, sm/f matto(a).

perturbador, a a, sm/f perturbatore(trice).

perturbar vt (orden) perturbare, alterare; (mentalmente) sconvolgere.

peruano, a a, sm/f peruviano(a).

perversidad sf perversità; (depravación) perversione f.

perversión sf perversione f.

perverso, a a perverso(a), malvagio(a).

pervertido, a a, sm/f pervertito(a).

pervertir vt (corromper) pervertire, depravare; (distorsionar) travisare.

pesa sf peso.

pesadez [-θ] sf (peso) peso; (lentitud) pesantezza; (aburrimiento) noia, stanchezza.

pesadilla [-ʎa] sf incubo.

pesado, a a (que pesa) pesante; (lento) tardo(a), lento(a); (profundo) pesante, profondo(a); (difícil, duro) duro(a), faticoso(a); (aburrido) fastidioso(a), noioso(a); (bochornoso) afoso(a) // sm/f seccatore/trice.

pesadumbre sf tristezza, dispiacere m.

pésame sm condoglianza; **dar el** ~ **fare le condoglianze.**

pesantez [-θ] sf pesantezza.

pesar vt pesare; (examinar) soppesare // vi (ser pesado) pesare, essere pesante; (contar) contare; (afligir) dispiacere // sm dolore m, tristezza; **a** ~ **de** o **pese a (que)** malgrado, nonostante.

pesaroso, a a triste, dolente.

pesca sf pesca; **andar a la** ~ **de algo** (fig) mettersi a cercare qc.

pescadería sf pescheria.

pescado sm pesce m (pescato).

pescador, a sm/f pescatore/trice.

pescante sm (TECN) supporto; (del cochero) cassetta.

pescar vt pescare; (conseguir: trabajo) ottenere; (captar) afferrare; (desenterrar: datos) pescare, riesumare.

pescuezo [-θo] sm collo.

pesebre sm (de cuadra) mangiatoia; (AM: nacimiento) presepio.

peseta sf peseta.

pesetero, a a mercenario(a).

pesimista a, sm/f pessimista (m/f).

pésimo, a a pessimo(a).

peso sm peso; (carga) carico; (balanza) bilancia; **vender al** ~ **vendere a peso.**

pesquisa [-'k-] sf indagine f.

pestaña [-ɲa] sf (ANAT) ciglio; (borde) orlo; ~**s** fpl ciglia fpl.

pestañar, pestañear [-ɲ-] vi battere le ciglia.

peste sf (MED) peste f; (plaga, molestia) seccatura, fastidio; (mal olor) fetore m.

pesticida [-'θ-] sm pesticida m.

pestífero, a a (maloliente) pestilenziale; (dañino) dannoso(a).

pestilencia [-θja] sf (plaga) pestilenza, peste f; (mal olor) fetore m.

pestillo [-ʎo] sm chiavistello.

petaca sf (bolsa grande) borsa; (de tabaco) borsa del tabacco; (AM) baule m.

pétalo sm petalo.

petardista sm/f scroccone/a; (rompehuelgas) crumiro/a.

petardo sm (cohete) petardo; (MIL) esplosivo; (fam) scrocco.

petate sm (tapete) stuoia; (equipaje) bagaglio; **liar el** ~ (fam) **far fagotto.**

petición [-'θjon] sf (pedido) domanda, richiesta; (JUR) istanza, domanda.

peticionario, a [-θ-] sm/f richiedente m/f.

petimetre sm bellimbusto.

peto sm (delantera) pettino; (MIL) petto.

pétreo, a a sassoso(a).

petrificar vt petrificare.

petróleo sm petrolio.

petrolero, a a petrolifero(a) // sm (COM) petroliere m; (NAUT) petroliera; (fam: extremista) estremista m.

petulancia [-θja] sf petulanza.

petulante a petulante.

peyorativo, a a peggiorativo(a).

pez [peθ] sm pesce m // sf pece f.

pezón [-'θ-] sm (ANAT) capezzolo; (BOT) gambo.

piadoso, a a (devoto) devoto(a); (misericordioso) pietoso(a), misericordioso(a).

pianista sm/f pianista m/f.

piano sm piano(forte m).

piar vi pigolare.

piara sf branco.

pica sf picca.

picacho [-tʃo] sm picco.

picadillo [-ʎo] sm carne tritata.

picado, a a (perforado) traforato(a); (diente) cariato(a); (mar) mosso(a); (enfadado) offeso(a) // sf picchiata; (de ave) beccata; (picadura) puntura.

picador sm (TAUR) picador m; (entrenador) domatore m; (minero) minatore m.

picadura sf (de diente) carie f; (de viruela) marchio; (pinchazo) puntura; (mordedura) morso; (tabaco picado) tabacco trinciato.

picaflor sm (AM: ZOOL) colibrì m; (: fam) dongiovanni m.

picante a piccante // sm sapore m piccante.

picapedrero sm tagliapietre m.

picaporte sm maniglia.

picar vt (agujerear) punzonare; (morder: serpiente) mordere; (: insecto) pungere; (incitar) stimolare; (dañar, irritar) irritare, infastidire; (cortar: piedra) tagliare; (quemar: lengua)

bruciare // vi (quemar) prudere,
pizzicare; (de pez) abboccare; (MED)
prudere; (sol) bruciare; ~se vr (ropa)
tarmarsi; (diente) cariarsi; (agriarse)
inacetire; (enojarse) offendersi; ~ en
(fig) avere un'infarinatura di; ~se con
appassionarsi di.
picardear vt traviare // vi essere
monello(a).
picardía sf (malicia) malizia; (astucia)
furberia, astuzia; (trampa) imbroglio.
picaresco, a a malizioso(a); (LITERATURA)
picaresco(a).
pícaro, a a (malicioso) malizioso(a),
furbo(a); (travieso) birichino(a); (fam)
disonesto(a) // sm (ladrón) ladro,
malvivente m; (astuto) birbone m,
furfante m; (sinvergüenza) canaglia.
picazón [-'θon] sf prurito, bruciore m;
(fig) malumore m.
pico sm (de ave) becco; (punto agudo)
sporgenza; (TECN) piccone m; (GEOGR)
picco; **seis y ~** sei e qualcosa.
picota sf berlina, gogna.
picotada sf, **picotazo** [-'θo] sm beccata.
picotear vt beccare // vi mordicchiare;
(fam) chiacchierare; ~se vr bisticciarsi.
pictórico, a a pittorico(a).
pichón [-'tʃ-] sm piccione m.
pie sm (ANAT) piede m; (tronco, base, fig:
fundamento) base f; (tallo) gambo; (parte
de abajo) basso; **ir a ~** andare a piedi;
estar/ponerse de ~ essere/alzarsi in
piedi; **al ~ de la letra** alla lettera; **en
~ de guerra** sul piede di guerra;
buscarle tres ~s al gato cercare il
pelo nell'uovo; **dar ~ a** fornire
l'opportunità di.
piedad sf (misericordia) pietà; (devoción)
devozione f.
piedra sf (de pietra, (roca) roccia; (MED)
calcolo; (METEOR) grandine f; **~ de toque**
pietra di paragone.
piel sf pelle f; (ZOOL) pelo; (abrigo)
pelliccia; (BOT) buccia, pelle; **~ de ante
o de Suecia** camoscio.
pienso sm profenda.
pierna sf gamba.
pieza [-θa] sf pezzo; (AJEDREZ) pedina; (AM:
cuarto) camera, stanza; (MUS) brano;
(TEATRO) opera; **~ de recambio** o
repuesto pezzo di ricambio.
pigmentación [-'θjon] sf pigmentazione
f.
pigmeo, a a, sm/f pigmeo(a).
pijama [-'x-] sm pigiama m.
pila sf (ELEC) pila; (montón) mucchio,
pila; (fuente) vasca.
pilar sm pilone m, pilastro.
píldora sf (también: ~ **anticonceptiva**)
pillola.
pileta sf lavandino.
pilón sm pilone m; (de fuente) vasca.
piloto sm pilota m; (de aparato) spia;
(AUTO) stop m.
pillaje [pi'ʎaxe] sm furto, rapina.

pillar [pi'ʎar] vt rapinare; (fam: atrapar)
acciuffare, beccare.
pillería [-ʎ-] sf (trampa) bricconata;
(rufianes) gentaglia.
pillo, a [-ʎo] a birbone(a) // sm/f
(bellaco) briccone/a; (travieso)
monello/a.
pilluelo, a [-'ʎ-] sm/f monello/a.
pimentón sm paprica.
pimienta sf pepe m.
pimiento sm peperone m.
pimpollo [-'ʎo] sm (BOT) germoglio; (fam)
angelo.
pinacoteca sf pinacoteca.
pináculo sm pinnacolo, cuspide f.
pinar sm pineta.
pincel [-'θel] sm pennello.
pincelada [-θ-] sf pennellata.
pinchar [-'tʃar] vt forare; (incitar)
punzecchiare; (herir) ferire, offendere;
~se vr pungersi.
pinchazo [pin'tʃaθo] sm puntura; (de
neumático) foratura; (fig)
punzecchiatura.
pinchitos [-'tʃ-] smpl salatini mpl.
pingo sm (harapo) straccio; (AM) cavallo.
pingüe [-gwe] a pingue, grasso(a); (fig)
copioso(a), abbondante.
pingüino [-'gw-] sm pinguino.
pininos, pinitos smpl primi passi mpl.
pino sm pino; **en ~** diritto(a).
pinocha [-'tʃa] sf ago di pino.
pinta sf macchia; (estampado) pallino,
pois m inv; (medida) pinta; (apariencia)
aspetto.
pintado, a a macchiato(a); (de muchos
colores) dipinto(a); **viene que ni ~**
capita giusto.
pintar vt (cuadro) dipingere; (mueble
etc) verniciare, pitturare; ~se vr
truccarsi.
pintiparado, a a somigliante
pintor, a sm/f pittore/trice; **~ de
brocha gorda** imbianchino.
pintoresco, a a pittoresco(a).
pintura sf (acto) pittura; (cuadro)
dipinto; **~ a la acuarela** acquerello; **~
al oleo** dipinto ad olio.
pinza [-θa] sf (ZOOL) chela, pinza; (para
colgar ropa) molletta; **~s** fpl (para
depilar) pinzette fpl; (TECN) pinze fpl.
pinzón [-'θon] sm fringuello.
piña [-ɲa] sf (fruto del pino) pigna; (fruta)
ananas m; (fig) gruppo.
piñata [-'ɲ-] sf pignatta.
piñón [-'ɲ-] sm pinolo.
pío, a a pio(a), devoto(a).
piojo [-xo] sm pidocchio.
pionero, a sm/f pioniere/a.
pipa sf pipa.
pipí sm (fam): **hacer ~** far (la) pipi.
pique [-ke] sm (resentimiento) rancore m,
antipatia; (rivalidad) rivalità; **irse a ~**
andare a picco.
piquera [-'k-] sf foro.
piqueta [-'k-] sf piccozza.

piquete [-'k-] *sm* (*herida*) puntura;
(*agujerito*) forellino; (MIL. *de huelguistas*)
picchetto.
piragua *sf* piroga.
pirámide *sf* piramide *f*.
pirata *sm* pirata *m*.
piratear *vi* pirateggiare.
piratería *sf* pirateria.
pirenaico, a *a* pirenaico(a).
Pirineo(s) *sm*(*pl*) Pirenei *mpl*.
piropo *sm* galanteria, complimento.
pirotecnia *sf* pirotecnica.
pirueta *sf* capriola, piroetta.
pisada *sf* (*paso*) passo; (*huella*)
impronta.
pisar *vt* (*caminar sobre*) pestare,
calpestare; (*apretar*) schiacciare // *vi*
camminare.
piscina [-sθ-] *sf* piscina.
piso *sm* (*suelo*) pavimento; (*de edificio*)
piano; (*apartamento*) appartamento.
pisotear *vt* (*pisar fuerte*) calpestare,
pestare; (*aplastar*) schiacciare; (*fig*)
calpestare.
pista *sf* pista; (*huella*) impronta, orma; ~
**de aterrizaje/de baile/de hielo/de
patinaje** pista da atterraggio/da
ballo/di ghiaccio/di pattinaggio.
pisto *sm* (COC) sugo di carne; (*fig*)
miscuglio.
pistola *sf* pistola.
pistolero, a *sm*/*f* bandito, ganster *m* //
sf fondina.
pistón *sm* (TECN) pistone *m*, stantuffo;
(MUS) chiave *f*.
pitada *sf* fischio; (AM: *de cigarrillo*) tiro.
pitanza [-θa] *sf* razione *f*.
pitar *vt*, *vi* fischiare; (AUTO) suonare.
pitillo [-ʎo] *sm* sigaretta.
pito *sm* (*para silbar*) fischietto; (*de coche*)
clacson *m*; (*de tren*) fischio; ~ **real**
picchio verde.
pitón *sm* (ZOOL) pitone *m*; (*protuberancia*)
corno; (BOT) germoglio; (*de jarro*) becco.
pitonisa *sf* pitonessa.
pizarra [-'θ-] *sf* lavagna.
pizca [-θ-] *sf* pizzico.
placa *sf* placca; ~ **de matrícula** targa.
pláceme [-θ-] *sm* congratulazione *f*.
placentero, a [-θ-] *a* piacevole.
placer [-'θer] *sm* piacere *m* // *vt* piacere,
soddisfare.
placidez [plaθi'ðeθ] *sf* calma,
tranquillità.
plácido, a [-θ-] *a* tranquillo(a),
calmo(a).
plaga *sf* flagello; (MED) piaga;
(*abundancia*) sovrabbondanza.
plagar *vt* riempire.
plagiar [-'xjar] *vt* plagiare.
plagio [-xjo] *sm* plagio.
plan *sm* piano, progetto; (*idea, intento*)
intenzione *f*, idea; (MED) dieta.
plana *sf* ver **plano**.
plancha [-'tʃa] *sf* (*para planchar*) ferro da
stiro; (*rótulo*) lastra; (NAUT) ponte *m*,
passerella; (*fam*) figuraccia.

planchado [-'tʃ-] *sm* stiratura.
planchar [-'tʃar] *vt* stirare.
planeador *sm* aliante *m*.
planeadora *sf* bulldozer *m*.
planear *vt* programmare // *vi* planare.
planeta *sm* pianeta *m*.
planicie [-θje] *sf* pianura.
planificación [-'θjon] *sf* pianificazione *f*.
plano, a *a* piano(a) // *sm* piano; (CONSTR)
progetto; (*de ciudad*) pianta // *sf* pagina;
primer ~ primo piano; **caer de** ~
cadere diritto; **estar en primera** ~**a**
occupare il primo posto sul cartellone;
~**a mayor** (MIL) stato maggiore.
planta *sf* pianta; (*fábrica*) fabbrica; (:
eléctrica) centrale *f*; ~ **baja** pianterreno.
plantación [-'θjon] *sf* (AGR) piantagione *f*;
(*acto*) piantatura.
plantado, a *a*: **dejar a uno** ~ fare un
bidone a qd.
plantar *vt* piantare; (*colocar*) sistemare;
(*propinar*) appioppare; ~**se** *vr*
(*mantenerse firme*) piantarsi; (*fig*)
ostinarsi.
planteamiento *sm* impostazione *f*.
plantear *vt* impostare; (*planificar*)
proporre, progettare; ~**se** *vr* porsi.
plantel *sm* (*fig*) équipe *f* *inv*.
plantilla [-ʎa] *sf* (*de zapato*) soletta; (*de
empleados*) organico; (TECN) modello.
plantío *sm* piantagione *f*.
plantón *sm* piantone *m*; (*fam*) attesa
noiosa.
plañidero, a [-ɲ-] *a* lamentoso(a),
piagnucoloso(a) // *sf* prefica.
plañir [-'ɲir] *vi* piangere.
plasma *sm* plasma *m*.
plasmar *vt* plasmare // *vi*: ~ **en**
prendere la forma di.
plasta *sf* pasta.
plástico, a *a* plastico(a) // *sf* plastica,
scultura // *sm* plastica; (*explosivo*)
plastico.
plastilina *sf* ® plastilina ®.
plata *sf* (*metal*) argento; (*cosas hechas de
plata*) argenteria; (AM: *dinero*) soldi *mpl*;
hablar en ~ parlare chiaro.
plataforma *sf* piattaforma.
plátano *sm* (BOT: *fruta*) banano; banana;
(: *árbol frutal*) banano; (: *planta*) platano.
platea *sf* platea.
plateado, a *a* argentato(a).
platería *sf* (*arte*) oreficeria.
platero *sm* orefice *m*.
plática *sf* conversazione *f*.
platicar *vi* conversare.
platillo [-ʎo] *sm* piattino; ~**s** *mpl* (MUS)
piatti *mpl*; ~ **volador** *o* **volante** disco
volante.
platino *sm* platino.
plato *sm* piatto.
plausible *a* plausibile.
playa *sf* spiaggia; ~ **de
estacionamiento** (AM) parcheggio.
playera *sf* maglietta.
plaza [-θa] *sf* piazza; (*mercado*) mercato;
~ **de toros** arena.

plazo [-θo] *sm* (*lapso de tiempo*) termine *m*; (*fecha de vencimiento*) scadenza; (*pago parcial*) rata; **a corto/largo** ~ a breve/lunga scadenza; **comprar a** ~**s** comprare a rate.

plazoleta, plazuela [-θ-] *sf* piazzetta, largo.

pleamar *sf* alta marea.

plebe *sf* plebe *f*, popolino.

plebeyo, a *a* plebeo(a).

plebiscito [-s'θ-] *sm* plebiscito.

plectro *sm* plettro.

plegable, plegadizo, a [-θo] *a* pieghevole.

plegado *sm*, **plegadura** *sf* (*acto*) piegatura; (*pliegue*) piega.

plegar *vt* piegare; ~**se** *vr* piegarsi; (*fig*) sottomettersi.

plegaria *sf* preghiera.

pleitear *vi* litigare.

pleitista *a* litigioso(a) // *sm/f* litigante *m/f*.

pleito *sm* (*JUR*) causa, proceso; (*fig*) disputa.

plenilunio *sm* plenilunio.

plenipotenciario, a [-θ-] *a* plenipotenziario(a) // *sm* plenipotenziario.

plenitud *sf* pienezza.

pleno, a *a* pieno(a) // *sm* riunione plenaria.

plétora *sf* pletora.

pleuresía *sf* pleurite *f*.

pliego *sm* foglio.

pliegue [-ɣe] *sm* piega.

plinto *sm* plinto.

plomada *sf* piombo, piombino.

plomería *sf* tetto di piombo.

plomero *sm* (*AM*) idraulico.

plomizo, a [-θo] *a* plumbeo(a).

plomo *sm* piombo; (*ELEC*) valvola, fusibile *m*; **a** ~ a piombo.

pluma *sf* (*de ave*) piuma; (*para escribir*) penna.

plumaje [-xe] *sm* piumaggio.

plumazo [-θo] *sm* (*golpe de pluma*) tratto (di penna); (*colchón*) piumino.

plúmbeo, a *a* plumbeo(a).

plumero *sm* (*quitapolvos*) piumino; (*adorno*) pennacchio.

plumilla [-ʎa] *sf*, **plumín** *sm* penna.

plumón *sm* (*de ave*) piumino; (*edredón*) piumino imbottito.

plural *a* plurale.

pluralidad *sf* pluralità; ~ **de votos** maggioranza dei voti.

plurivalente *a* polivalente.

plus *sm* gratifica.

plutocracia [-θja] *sf* plutocrazia.

plutonio *sm* plutonio.

pluvial *a* piovano(a).

Po *abr de* **paseo**.

población [-'θjon] *sf* popolazione *f*; (*pueblo*) città *f inv*, paese *m*.

poblacho [-tʃo] *sm* paesucolo.

poblado, a *a* popolato(a) // *sm* paese *m*, villaggio.

poblador, a *sm/f* colonizzatore/trice.

poblar *vt* (*colonizar*) colonizzare; (*habitar*) popolare // *vi* poplarsi.

pobre *a*, *sm/f* povero(a); **¡~ de mí!** povero me!

pobreza [-θa] *sf* povertà.

pocilga [-'θ-] *sf* porcile *m*.

poción [-'θjon], **pócima** [-θ-] *sf* pozione *f*.

poco, a *a* poco(a) // *ad* poco // *sm*: **un** ~ un po'; **tener a uno en** ~ stimare poco *qd*; **por** ~ per poco, per un pelo (*fam*); **dentro de** ~ tra poco; **hace** ~ poco fa.

podadera *sf* falcetto, roncola.

podar *vt* potare.

podenco *sm* épagneul *m inv*.

poder *vt* potere // *sm* potere *m*; (*autoridad*) autorità *f inv*, potere; (*TECN: fuerza*) potenza; (*JUR*) procura; **puede que sea así** può darsi; **¿se puede?** si può?; **¿puedes con eso?** ce la fai?; **a más no** ~ a più non posso; **no** ~ **menos de** non poter fare a meno di; ~ **de compra** o **adquisitivo** potere *m* d'acquisto.

poderío *sm* potere *m*, autorità *f inv*.

poderoso, a *a* potente.

podio *sm* podio.

podredumbre *sf* (*pus*) pus *m*; (*parte podrida*) marcio; (*fig*) corruzione *f*.

podrido, a *a* marcio(a); (*fig*) corrotto(a).

podrir = **pudrir**.

poema *sm* poema *m*.

poesía *sf* poesia.

poeta *sm* poeta *m*.

poético, a *a* poetico(a).

poetisa *sf* poetessa.

póker *sm* poker *m*.

polaco, a *a*, *sm/f* polacco(a).

polaina *sf* ghetta.

polar *a* polare.

polaridad *sf* polarità.

polarizar [-'θar] *vt* polarizzare.

polea *sf* puleggia.

polémica *sf* polemica.

polemizar [-'θar] *vi* polemizzare.

polen *sm* polline *m*.

policía [-'θia] *sm/f* poliziotto/a // *sf* polizia.

policíaco, a [-'θ-] *a* poliziesco(a).

policromo, a *a* policromo(a).

polichinela [-tʃ-] *sm* pulcinella.

poligamia *sf* poligamia.

polígloto, a *sm/f* poliglotta *m/f*.

polígono *sm* poligono.

polilla [-ʎa] *sf* tarma.

polio *sm* polio(mielite) *f*.

politécnico *sm* politecnico.

politene, politeno *sm* polietilene *m*.

político, a *a* politico(a); (*cortés*) diplomatico(a), cortese; (*reservado*) riservato(a) // *sm* politico // *sf* politica.

politiquear [-k-] *vi* far politica.

politiqueo [-'keo] *sm*, **politiquería** [-k-] *sf* politica da caffè.

póliza [-θa] *sf* polizza.

polizón, ona [-'θon] *sm/f* vagabondo/a; *(de barco)* passeggero(a) clandestino(a).
polizonte [-'θ-] *sm (fam)* sbirro, poliziotto.
polo *sm* polo; *(helado* ®) ghiacciolo; ~ **Norte/Sur** polo Nord/Sud.
Polonia *sf* Polonia.
poltrón, ona *a* fannullone(a) // *sf* poltrona.
polución [-'θjon] *sf* inquinamento.
polvareda *sf* polverone *m*.
polvera *sf* portacipria *m*.
polvo *sm* polvere *f*; ~**s** *mpl* cipria; ~ **dentífrico** o **para dientes** dentifricio in polvere; ~ **de talco** talco.
pólvora *sf* polvere *f*; *(fuegos artificiales)* fuochi *mpl* d'artificio.
polvoriento, a *a* polveroso(a).
polvorín *sm (polvo fino)* polvere *f*; *(MIL)* polveriera.
polla [-ʎa] *sf (también fam)* pollastrella; *(NAIPES)* posta.
pollada [-'ʎ-] *sf* covata.
pollera [-'ʎ-] *sf (andador)* girello; *(AM)* gonna.
pollería [-ʎ-] *sf* polleria.
pollino, a [-'ʎ-] *sm/f* asino/a.
pollito [-'ʎ-] *sm* pulcino.
pollo *sm* pollo; ~ **asado** pollo arrosto.
pomada *sf* pomata, unguento.
pomar *sm* frutteto.
pomelo *sm* pompelmo.
pomo *sm (BOT)* pomo; *(botella)* boccetta; *(asa)* maniglia.
pompa *sf (burbuja)* bolla; *(bomba)* pompa; *(esplendor)* fasto, pompa.
pomposo, a *a* fastoso(a), pomposo(a).
pómulo *sm* zigomo.
ponche [-tʃe] *sm* punch *m inv*.
poncho [-tʃo] *sm* poncho.
ponderación [-'θjon] *sf (consideración)* ponderatezza, ponderazione *f*; *(acción de pesar)* equilibrio.
ponderado, a *a* equilibrato(a).
ponderar *vt (considerar)* ponderare; *(elogiar)* elogiare.
ponedora *sf*: **gallina** ~ chioccia.
ponencia [-θja] *sf* relazione *f*.
poner *vt (colocar)* mettere, collocare; *(ropa)* mettere; *(mesa)* apparecchiare, preparare; *(huevos)* deporre; *(reloj)* caricare; *(RADIO. TV)* accendere; *(telegrama)* fare; *(problema)* presentare, porre; *(tiempo)* mettere, impiegare; *(casa)* mettere, sistemare; *(nombre)* dare; *(añadir)* aggiungere; *(TEATRO)* dare, rappresentare // *vi (ave)* deporre o fare le uova; ~**se** *vr* mettersi; *(sol)* tramontare; **póngame con el señor X** vorrei parlare col signore X; ~**se a bien con uno** riconciliarsi con qd; ~**se con uno** discutere con qd.
poniente *sm* ponente *m*.
pontificado *sm* pontificato.
pontífice [-θe] *sm* pontefice *m*.
pontón *sm* pontone *m*.
ponzoña [-'θoɲa] *sf* veleno.

ponzoñoso, a [ponθo'ɲoso] *a* velenoso(a).
popa *sf* poppa.
popelín *sm* popeline *f*.
populachero, a [-'tʃ-] *a* popolaresco(a), volgare.
populacho [-tʃo] *sm* plebe *f*, volgo.
popular *a* popolare.
popularidad *sf* popolarità.
popularizarse [-'θ-] *vr* diventare popolare.
poquedad [-k-] *sf (falta, escasez)* pochezza, mancanza; *(pequeñez)* piccolezza; *(fig)* imbarazzo.
poquísimo, a [-'k-] *a* pochissimo(a).
poquito [-'k-] *sm*: **un** ~ un pochino.
por *prap* per; *(según)* per, secondo; *(en lugar de)* per, come; ~ **correo/avión** per posta/via aerea; ~ **centenares** a centinaia; **(el) 10** ~ **ciento** (il) 10 per cento; ~ **orden/tamaño** per ordine/misura; **camina** ~ **la izquierda** cammina a o sulla sinistra; **entra** ~ **delante/detrás** entra dal davanti/dietro; **tirar algo** ~ **la ventana** buttare qc dalla finestra; ~ **la calle** per la strada; ~ **la mañana/la noche** durante la mattina/la notte; **300 liras** ~ **hora** 300 lire l'ora; ~ **allí** per di lì; **está** ~ **el norte** è a nord; ~ **mucho que... quisiera...** anche se lo volessi...; ¿~ **qué?** perché?; ~ **cuanto** per quanto; ~ **(lo) tanto** pertanto; ~ **cierto** certamente; ~ **ejemplo** per esempio; ~ **fuera/dentro** dal di fuori/dentro; ~ **si (acaso)** nel caso che; ~ **sí mismo** da sé; *ver también* **porque**.
porcelana [-θ-] *sf* porcellana.
porción [-'θjon] *sf (parte)* parte *f*; *(cantidad)* porzione *f*.
pordiosear *vi* mendicare.
pordiosero, a *sm/f* mendicante *m/f*.
porfía *sf* cocciutaggine *f*, testardaggine *f*.
porfiado, a *a* cocciuto(a), testardo(a).
porfiar *vi* insistere.
pormenor *sm* particolare *m*.
pornografía *sf* pornografia.
poro *sm* poro.
poroso, a *a* poroso(a).
porque [-ke] *conj (a causa de)* perché; *(ya que)* poiché; *(con el fin de)* affinché, perché.
porqué [-'ke] *sm* motivo, perché *m*.
porquería [-k-] *sf* sporcizia; *(indecencia)* porcheria.
porra *sf (arma)* manganello; *(TECN)* mazza; *(fam)* vanità, presunzione *f*.
porrazo [θo] *sm* colpo.
porro, a *a (fam)* stupido(a).
porrón, ona *a* pigro(a) // *sm* caraffa.
portada *sf (fachada)* facciata; *(entrada)* portone *m*; *(de libro)* frontespizio.
portador, a *sm/f* portatore/trice.
portal *sm (entrada)* vestibolo, atrio; *(puerta de entrada)* portone *m*; *(de ciudad)* porta; *(DEPORTE)* rete *f*, porta.
portaligas *sm inv* reggicalze *m inv*.

portamaletas sm inv portabagagli m inv.

portamonedas sm inv portamonete m.

portarretratos sm inv portaritratti m inv.

portarse vr comportarsi; ~ **garante** rendersi garante.

portátil a portatile.

portavoz [-θ] sm (megáfono) megafono; (vocero) portavoce m.

portazo [-θo] sm: **dar un** ~ sbattere la porta.

porte sm (COM) trasporto; (comportamiento) condotta, comportamento; (aspecto) aspetto, figura.

portear vt (COM) trasportare.

portento sm portento.

portentoso, a a portentoso(a).

porteño, a [-ɲo] a, sm/f (abitante m/f) di Buenos Aires.

portería sf portineria; (DEPORTE) porta.

portero, a sm/f portiere/a, portinaio/a // sm (DEPORTE) portiere m.

portezuela [-'θw-] sf sportello.

pórtico sm portico.

portilla [-ʎa] sf oblò m.

portillo [-ʎo] sm (abertura) passaggio; (puerta privada) porticina; (GEOGR) passo.

portón sm portone m.

portorriqueño, a [-'keɲo] a, sm/f portoricano(a).

portuario, a a portuario(a).

Portugal sm Portogallo m.

portugués esa [-'ges] a, sm/f portoghese (m/f).

porvenir sm futuro, avvenire m.

pos prep: **en** ~ **de** dietro a.

posada sf locanda, albergo.

posaderas sfpl sedere m.

posadero, a sm/f locandiere/a, albergatore/trice.

posar vt posare; (mano) posare, mettere // vi posare; ~**se** vr (aves) posarsi; (avión) atterrare; (líquido, polvo) depositarsi.

posdata sf poscritto.

pose sf posa.

poseedor, a sm/f posseditore/trice.

poseer vt possedere; (gozar) usufruire di.

poseído, a a posseduto(a) // sm/f ossesso/a, indemoniato/a.

posesión sf possesso; (propiedad) possedimento, proprietà f inv.

posesionarse vr: ~ **de** impossessarsi di.

posesivo, a a possessivo(a).

posguerra [-'g-] sf dopoguerra.

posibilidad sf possibilità f inv.

posibilitar vt facilitare.

posible a possibile; **de ser** ~ **se** è possibile; **en lo** ~ possibilmente.

posición [-'θjon] sf posizione f; (rango social) condizione f.

positivo, a a (afirmativo) positivo(a); (práctico) realista, pratico(a) // sf positiva.

poso sm sedimento, deposito.

posponer vt posporre; (AM: demorar) rinviare, aggiornare.

posta sf (de caballos) posta; (pedazo) fetta // sm corriere m.

postal a postale // sf cartolina.

poste sm (de telégrafos) palo; (columna) pilastro; **dar** ~ **a uno** (fam) far aspettare qd.

postergación [-'θjon] sf rinvio, aggiornamento.

postergar vt (posponer) rinviare, aggiornare; (hacer caso omiso) trascurare.

posteridad sf posterità.

posterior a (de atrás) posteriore; (siguiente) successivo(a).

posterioridad sf: **con** ~ più tardi.

postigo sm (puerta) porta, porticina; (persiana) imposta.

postín sm (fam) eleganza.

postizo, a [-θo] a posticcio(a) // sm posticcio, parrucca.

postor, a sm/f offerente m/f.

postración [-'θjon] sf esaurimento.

postrado, a a esaurito(a), stanco(a).

postrar vi (derrocar) abbattere; (humillar) avvilire; (debilitar) indebolire.

postre sm dessert m // sf: **a la** ~ alla fine.

postremo, a, postrer, ero, a a ultimo(a).

postrimerías sfpl ultimi momenti mpl.

postulado sm postulato.

postular vt postulare.

póstumo, a a postumo(a).

postura sf posizione f; (fig) atteggiamento; (de huevos) cova.

potable a potabile.

potaje [-xe] sm minestrone m.

pote sm vaso.

potencia [-θja] sf (poder) autorità, potere m; (TECN) potenza, forza; **las grandes** ~**s** (POL) le grandi potenze.

potencial [-'θjal] a, sm potenziale (m).

potentado sm pezzo grosso.

potente a poderoso(a), potente.

potestad sf podestà f inv, autorità f inv.

potestativo, a a facoltativo(a).

potro sm puledro; (de tortura) cavalletto.

poyo sm banco.

pozo [-θo] sm (de agua, petróleo) pozzo; (de río) buca.

práctica sf pratica; (método) metodo; (capacidad) esperienza.

practicable a praticabile.

practicante sm/f (MED: ayudante) assistente m/f; (quien practica algo) tirocinante m/f.

practicar vt (ejercer) esercitare; (realizar) praticare, fare.

práctico, a a a pratico(a); (conveniente) comodo(a), pratico(a); (instruido) esperto(a), pratico(a) // sm (MED) medico; (NAUT) pilota m.

pradera sf prateria.

prado *sm* (*campo*) prato, pascolo; (*paseo*) parco pubblico.
pragmático, a *a* prammatico(a).
preámbulo *sm* preambolo, prologo.
prebenda *sf* (REL) prebenda; (*puesto*) sinecura.
precario, a *a* precario(a).
precaución [-'θjon] *sf* precauzione *f*, cautela.
precaver *vi* prevenire; ~**se** *vr*: ~**se de** *o* **contra algo** cautelarsi contro qc.
precavido, a *a* cauto(a), prudente.
precedencia [preθe'ðenθja] *sf* precedenza.
precedente [-θ-] *a* anteriore // *sm* precedente *m*.
preceder [-θ-] *vt*, *vi* precedere.
preceptivo, a [-θ-] *a* obbligatorio(a).
precepto [-'θ-] *sm* precetto.
preceptor, a [-θ-] *sm/f* istitutore/trice.
preciado, a [-'θ-] *a* prezioso(a), stimabile.
preciar [-'θjar] *vt* apprezzare, stimare; ~**se** *vr*: ~**se de** vantarsi di.
precio [-θjo] *sm* prezzo; ~ **al contado/de coste/de oportunidad** prezzo in contanti/di costo/ d'occasione; ~ **tope** prezzo massimo.
preciosidad [-θ-] *sf* (*valor*) rarità *f inv*; (*encanto*) bellezza; (*cosa bonita*) amore *m*; (*pey*) preziosità.
precioso, a [-θ-] *a* prezioso(a); (*fam*) bellissimo(a).
precipicio [preθi'piθjo] *sm* precipizio, burrone *m*.
precipitación [preθipita'θjon] *sf* (*prisa*) fretta; (*lluvia*) precipitazione *f*.
precipitado, a [-θ-] *a* precipitato(a).
precipitar [-θ-] *vt* gettare, precipitare; ~**se** *vr* gettarsi; (*actuar con imprudencia*) precipitarsi.
precipitoso, a [-θ-] *a* (*escarpado*) scosceso(a); (*a la carrera*) affrettato(a); (*imprudente*) avventato(a).
precisar [-θ-] *vt* (*necesitar*) aver bisogno di; (*fijar*) precisare, determinare // *vi* bisognare, occorrere.
precisión [-θ-] *sf* precisione *f*; (*necesidad*) bisogno, necessità *f inv*.
preciso, a [-'θ-] *a* (*exacto*) preciso(a); (*necesario*) necessario(a).
precitado, a [-θ-] *a* succitato(a).
precocidad [-θ-] *sf* precocità.
precolombiano, a [-θ-] *a* precolombiano(a).
preconcebido, a [-θ-] *a* preconcetto(a).
preconizar [-'θar] *vt* (*recomendar*) raccomandare; (*prever*) prevedere.
precoz [-θ] *a* precoce; (*calvicie*) prematuro(a).
precursor, a *a*, *sm/f* precursore (precorritrice).
predecesor, a [-θ-] *sm/f* predecessore/a.
predecir [-'θir] *vt* predire.
predestinado, a *a* predestinato(a).
predeterminar *vt* predeterminare.
prédica *sf* sermone *m*, predica.

predicador, a *sm/f* predicatore/trice.
predicamento *sm* autorità *f inv*, prestigio.
predicar *vt*, *vi* predicare.
predicción [-k'θjon] *sf* predizione *f*; ~ **del tiempo** previsione *f* del tempo.
predilección [-k'θjon] *sf* predilezione *f*, preferenza.
predilecto, a *a* prediletto(a), favorito(a).
predio *sm* tenuta.
predisponer *vt* predisporre; (*pey*) nuocere a.
predisposición [-'θjon] *sf* predisposizione *f*; (*pey*) preconcetto.
predispuesto, a *a* predisposto(a).
predominar *vt*, *vi* predominare, prevalere.
predominio *sm* predominio, prevalenza.
preeminencia [-θja] *sf* preminenza.
preestreno *sm* anteprima.
prefacio [-θjo] *sm* prefazione *f*.
prefecto *sm* prefetto.
prefectura *sf* prefettura.
preferencia [-θja] *sf* preferenza.
preferir *vt* preferire.
prefigurar *vt* prefigurare.
prefijar [-'xar] *vt* prestabilire.
pregón *sm* bando, proclama *m*.
pregonar *vt* pubblicare; (*anunciar verbalmente*) annunziare; (*proclamar*) decantare.
pregonero *sm* banditore *m*.
pregunta *sf* domanda.
preguntar *vt* domandare, chiedere // *vi* interrogare; ~**se** *vr* chiedersi; ~ **por alguien** chiedere di qd.
preguntón, ona *a* ficcanaso(a), curioso(a).
prehistórico, a [prei-] *a* preistorico(a).
prejuicio [pre'xwiθjo] *sm* preconcetto.
prejuzgar [prexuθ'γar] *vt* pregiudicare.
prelación [-'θjon] *sf* preferenza, priorità.
prelado *sm* prelato.
preliminar *a*, *sm* preliminare (*m*).
preludio *sm* (MUS) preludio; (*fig*) preambolo.
preludir *vt* preannunciare.
prematuro, a *a* prematuro(a).
premeditación [-'θjon] *sf* premeditazione *f*; **sin** ~ preterintenzionale.
premeditar *vt* premeditare, tramare.
premiar *vt* premiare.
premio *sm* (*recompensa*) ricompensa; (*en concurso*) premio.
premioso, a *a* (*estrecho*) stretto(a); (*urgente*) incalzante, urgente; (*molesto*) scomodo(a).
premonición [-'θjon] *sf* premonizione *f*.
premura *sf* premura, fretta.
prenatal *a* prenatale.
prenda *sf* (*garantía*) pegno; (*ropa*) capo (di vestiario); ~**s** *fpl* pregio, qualità *f inv*.
prendar *vt* attrarre, affascinare; ~**se** *vr*: ~**se de uno** invaghirsi di qd.
prendedor, prendedero *sm* spilla.

prender vt (captar) afferrare, prendere; (coser) attaccare; (AM: cigarro, estufa) accendere // vi prendere; ~se vr accendersi; (engalanarse) attillarsi.
prendería sf rigatteria.
prendero, a sm/f rigattiere m/f.
prendimiento sm cattura, arresto.
prendido, a a (sujeto, captado) agganciato(a), appuntato(a); (fig) affascinato(a).
prensa sf (TECN) morsa; (periódicos) stampa.
prensado sm lucidatura.
prensar vt pressare.
preñado, a a [-'n-] a (pared) gonfiato(a); (mujer) incinta; ~ de pieno di.
preñar [-'ɲar] vt fecondare.
preñez [-'ɲeθ] sf gravidanza.
preocupación [-'θjon] sf preoccupazione f.
preocupar vt preoccupare; ~se vr preoccuparsi; ~se de algo incaricarsi di qc.
preparación [-'θjon] sf preparazione f; (entrenamiento) allenamento
preparado, a a preparato(a); (coc) pronto(a) // sm prodotto, preparato.
preparador, a sm/f allenatore/trice.
preparar vt (disponer) preparare, allestire; (TECN) trattare; (entrenar) allenare; ~se vr: ~se a o para prepararsi a o per.
preparativo, a a preparatorio(a); ~s smpl preparativi mpl.
preparatorio, a a a preparatorio(a), preliminare.
preponderancia [-θja] sf preponderanza.
preposición [-'θjon] sf preposizione f.
prepucio [-θjo] sm prepuzio.
prerrogativa sf prerogativa, privilegio.
presa sf (captura) arresto, cattura; (cosa apresada) preda; (de agua) diga, sbarramento; (canal) canale m.
presagiar [-'xjar] vt presagire.
presagio [-'xjo] sm presagio.
presbítero sm prete m.
prescindir [-sθ-] vi: ~ de prescindere da.
prescribir vt prescrivere, ordinare.
prescripción [-'θjon] sf prescrizione f; ~ facultativa prescrizione medica.
presencia [-θja] sf presenza; ~ de ánimo presenza di spirito.
presencial [-'θjal] a: testigo ~ testimone oculare.
presenciar [-'θjar] vt (estar presente en) presenziare; (asistir a) assistere a, partecipare a.
presentación [-'θjon] sf presentazione f.
presentador, a sm/f presentatore/trice.
presentar vt presentare; (ofrecer) offrire; (mostrar) esibire; (proponer) presentare, proporre; ~se vr presentarsi.
presente a, sm presente (m); hacer ~ far presente; tener ~ ricordarsi.
presentimiento sm presentimento.

presentir vt presentire, prevedere.
preservación [-'θjon] sf preservazione f.
preservar vt preservare.
preservativo, a a preservativo(a) // sm preservativo.
presidencia [-θja] sf presidenza.
presidente sm/f presidente/tessa.
presidiario, a sm/f carcerato/a.
presidio sm penitenziario, carcere m.
presidir vt presiedere; (fig) predominare // vi presiedere (a).
presilla [-ʎa] sf (de pantalones) patta; (de vestido) linguetta.
presión sf pressione f.
presionar vt premere; (fig) sollecitare // vi: ~ para o por far pressione per.
preso, a a detenuto(a) // sm/f detenuto/a, carcerato/a.
prestación [-'θjon] sf prestazione f.
prestado, a a: pedir ~ chiedere in prestito.
prestamista sm usuraio.
préstamo sm prestito.
prestancia [-θja] sf prestanza.
prestar vt prestare // vi lasciarsi andare; ~se vr: ~se a offrirsi per; ~se para prestarsi per.
prestatario, a sm/f chi prende a prestito.
presteza [-θa] sf prontezza.
prestidigitador, a [-x-] sm/f prestidigitatore/trice.
prestigiar [-'xjar] vt dare prestigio a.
prestigio [-xjo] sm prestigio.
prestigioso, a [-'x-] a prestigioso(a).
presto, a a (rápido) lesto(a), svelto(a); (dispuesto) pronto(a), preparato(a) // ad presto, subito.
presumible a presumibile.
presumir vt presumere // vi (suponerse) reputarsi, credersi; (tener aires) darsi arie.
presunción [-'θjon] sf presunzione f.
presunto, a a presunto(a).
presuntuoso, a a presuntuoso(a).
presuponer vt presupporre.
presupuestar vt preventivare.
presupuesto sm (FIN) bilancio preventivo; (estimación: de costo) preventivo.
presuroso, a a (rápido) svelto(a); (que tiene prisa) frettoloso(a).
pretencioso, a [-'θ-] a pretenzioso(a).
pretender vt pretendere; (intentar) tentare
pretendiente, a sm/f pretendente m/f; (candidato) postulante m/f, richiedente m/f.
pretensión sf pretesa.
pretérito, a a passato(a) // sm passato.
pretextar vt pretestare.
pretexto sm pretesto, scusa.
pretil sm parapetto.
pretina sf cintura.
prevalecer [-'θer] vi prevalere.
prevaleciente [-'θ-] a prevalente.
prevalerse vr: ~se de approfittare di.

prevaricar vi prevaricare.
prevención [-'θjon] sf prevenzione f;
(cautela) disposizione f, provvedimento;
(precaución) precauzione f, riguardo; en
~ de per prevenire.
prevenido, a a (preparado)
preparato(a), pronto(a); (cauteloso)
previdente, cauto(a).
prevenir vt (preparar) preparare;
(impedir) evitare, impedire; (prever)
prevenire; (predisponer) predisporre;
~se vr prepararsi.
preventivo, a a preventivo(a).
prever vt prevedere.
previo, a a previo(a) // prep: ~
acuerdo de los otros previo accordo
degli altri.
previsión sf previsione f; ~ social
previdenza sociale.
prez [-θ] sf onore m.
prieto, a a (oscuro) scuro(a); (fig)
tirchio(a); (comprimido) stretto(a).
prima sf ver **primo**.
primacía [-'θia] sf primato.
primar vt: ~ **sobre** primeggiare su.
primario, a a primario(a).
primavera sf primavera.
primaveral a primaverile.
primer, primero, a a primo(a) // ad
prima // sf prima; **de** ~**a** (fam) di prima
qualità.
primerizo, a [-θo] a, sm/f principiante
(m/f).
primicias [-θjas] sfpl primizie fpl.
primitivo, a a primitivo(a).
primo, a a primo(a) // sm/f cugino/a;
(fam) sciocco/a // sf premio; **materia**
~**a** materia prima.
primogénito, a a [-'x-] a primogenito(a).
primor sm (belleza) bellezza, splendore
m; (elegancia) eleganza; (delicadeza)
delicatezza; (cosa bella) gioiello,
meraviglia.
primordial a primordiale.
primoroso, a a bello(a), delicato(a).
princesa [-'θ-] sf principessa.
principado [-θ-] sm principato.
principal [-θ-] a principale // sm (jefe)
principale m; (capital) capitale m.
príncipe [-θ-] sm principe m.
principiante [-θ-] a, sm/f principiante
(m/f).
principiar [-θ-] vt cominciare, iniziare.
principio [-θ-] sm (comienzo) principio,
inizio; (origen) origine f; (primera etapa)
base f; (moral) principio; **a** ~**s de** ai
primi di; **tener** o **tomar en** ~
cominciare da.
pringar vt (remojar) inzuppare;
(manchar) macchiare; (fam) denigrare.
pringue [-ge] sm (grasa) grasso;
(mancha) untume m.
prioridad sf priorità, precedenza.
prioritario, a a prioritario(a).
prisa sf fretta; (rapidez) rapidità f inv; **a** o
de ~ in fretta; **estar de** o **tener** ~ avere
fretta.

prisión sf (cárcel) carcere m, prigione f;
(período de cárcel) detenzione f.
prisionero, a sm/f carcerato/a,
detenuto/a.
prisma sm prisma m.
prismático, a a prismatico(a); ~s smpl
binocolo.
prístino, a a originario(a).
privación [-'θjon] sf privazione f; (falta)
necessità f inv; **privaciones** fpl
ristrettezze fpl.
privado, a a privato(a) // sm/f
favorito/a.
privanza [-θa] sf favore m.
privar vt privare; (prohibir) vietare,
proibire // vi (gozar de favor) godere di
favore presso; (tener aceptación)
predominare; ~se vr: ~se de privarsi di.
privativo, a a privativo(a).
privilegiado, a [-'x-] a, sm/f
privilegiato(a).
privilegiar [-'xjar] vt privilegiare.
privilegio [-xjo] sm privilegio; ~ **fiscal**
esenzione f fiscale; ~ **de invención**
esclusività.
pro sm o f pro, vantaggio // prep:
asociación ~ **ciegos** associazione per i
ciechi // pref: ~ **soviético/americano**
pro sovietico/americano; **en** ~ **de** a
favore di.
proa sf prua.
probabilidad sf probabilità f inv.
probable a probabile.
probador sm (cuarto) salotto di prova;
(de vino) degustatore m.
probanza [-θa] sf prova.
probar vt (demostrar) provare,
dimostrare; (TECN) collaudare; (ropa)
provare; (comida) assaggiare // vi
provare, tentare; ~se vr provarsi.
probatorio, a a probatorio(a);
documentos ~s **del crimen** corpi mpl
dei reato.
probidad sf probità.
problema sm problema m.
probo, a a probo(a), onesto(a).
procaz [-θ] a procace.
procedencia [proθe'ðenθja] sf
provenienza.
procedente [-θ-] a proveniente.
proceder [-θ-] vi (avanzar) proseguire,
andare avanti; (originar) procedere,
derivare; (actuar) comportarsi, agire;
(ser correcto) essere conforme // sm
(acción) azione m; (comportamiento)
modo di agire o comportarsi; ~ **contra**
(JUR) procedere contro.
procedimiento [-θ-] sm (forma de
actuar) metodo; (proceso) procedimento,
processo.
prócer [-θ-] sm eroe m.
procesado, a [-θ-] sm/f imputato/a.
procesar [-θ-] vt processare.
procesión [-θ-] sf processione f, corteo.
proceso [-'θ-] sm processo; (lapso de
tiempo) corso; (JUR) processo, causa.
proclama sf bando.

proclamar vt pubblicare.
proclividad sf propensione f.
procreación [-'θjon] sf procreazione f.
procrear vt, vi procreare.
procurador, a sm/f avvocato/essa, legale m.
procurar vt (intentar) tentare; (conseguir) procurare; (asegurar) assicurare; (producir) produrre; ~se vr procurarsi.
prodigalidad sf prodigalità, liberalità; (generosidad) generosità; (pey) spreco.
prodigar vt prodigare; (pey) sprecare, dissipare; ~se vr prodigarsi.
prodigio [-xjo] sm prodigio, portento.
prodigioso, a [-'x-] a prodigioso(a).
pródigo, a generoso(a); (pey) dissipatore(trice) // sm/f sprecone/a.
producción [-k'θjon] sf (acto) produzione f; (producto) prodotto; ~ en serie produzione in serie.
producir [-'θir] vt produrre; (generar) generare; ~se vr farsi.
productividad sf produttività.
productivo, a a produttivo(a).
producto sm prodotto.
productor, a a, sm/f produttore(trice).
proemio sm prologo, prefazione f.
proeza [-'θa] sf prodezza.
profanar vt profanare.
profano, a a profano(a); (irreverente) irreverente: (ignorante) inesperto(a), ignorante.
profecía [-'θia] sf profezia.
proferir vt (articular) pronunciare; (lanzar) proferire.
profesar vt (declarar) professare; (practicar) esercitare.
profesión sf professione f.
profesional a professionale.
profesor, a sm/f professore/essa; ~ adjunto/titular professore associato/ordinario.
profesorado sm corpo docente, docenti mpl.
profeta sm profeta m.
profetizar [-'θar] vt, vi profetizzare.
profiláctico sm profilattico.
prófugo, a sm/f fuggiasco/a.
profundidad sf profondità f inv.
profundizar [-'θar] vt approfondire // vi: ~ en approfondire.
profundo, a a profondo(a).
profusión sf profusione f, abbondanza.
profuso, a a abbondante.
progenie [-'x-] sf progenie f inv.
progenitor [-x-] sm progenitore m; los ~es i genitori.
programa sm programma m.
programación [-'θjon] sf programmazione f.
programar vt programmare.
progresar vi progredire.
progresista a, sm/f progressista (m/f).
progresivo, a a progressivo(a).
progreso sm progresso.

prohibición [proiβiθjon] sf proibizione f, divieto.
prohibido, a [proi-] a proibito(a), vietato(a); dirección ~a (AUTO) senso vietato.
prohibir [proi'βir] vt proibire, vietare; 'se prohíbe fumar' 'vietato fumare.'
prohijar [proi'xar] vt adottare.
prójimo [-x-] sm prossimo.
prole sf prole f.
proletariado sm proletariato.
proletario, a a, sm/f proletario(a).
proliferación [-'θjon] sf proliferazione f.
proliferar vt proliferare.
prolífico, a a prolifico(a).
prolijidad [-x-] sf prolissità.
prolijo, a [-xo] a prolisso(a).
prólogo sm prologo.
prolongación [-'θjon] sf prolungamento.
prolongado, a a (largo) lungo(a), prolungato(a); (alargado) allungato(a).
prolongar vt (extender) prolungare; (alargar) allungare; ~se vr dilungarsi.
promedio sm media.
promesa sf promessa.
prometedor, a a promettitore/trice.
prometer vt promettere; ~se vr fidanzarsi.
prometido, a a promesso(a) // sm/f fidanzato/a.
prominencia [-θja] sf (de piel) protuberanza; (de terreno) sporgenza.
prominente a prominente.
promiscuo, a a promiscuo(a).
promisión sf: tierra de ~ terra promessa.
promoción [-'θjon] sf (mejora) promozione f, nomina; ~ de ventas promozione delle vendite.
promontorio sm promontorio.
promotor sm promotore m.
promover vt (hacer avanzar) promuovere, far avanzare; (causar) promuovere, provocare.
promulgar vt (ley) promulgare; (teoría etc) divulgare, diffondere.
pronombre sm pronome m.
pronosticar vt pronosticare.
pronóstico sm pronostico; (MED) prognosi f.
prontitud sf (rapidez) prontezza, rapidità; (astucia) sveltezza.
pronto, a a (preparado) pronto(a), preparato(a); (rápido) pronto(a), immediato(a); (astuto) furbo(a) // ad presto; (en seguida) subito // sm: tener ~s de enojo avere scatti di collera; al ~ anzitutto; de ~ d'un tratto; por lo ~ per ora.
prontuario sm prontuario; (AM) fedina penale.
pronunciación [-θja'θjon] sf pronunzia.
pronunciamiento [-θ-] sm rivolta, colpo di stato militare.
pronunciar [-'θjar] vt pronunziare; ~se vr dichiararsi, pronunciarsi; (POL) sollevarsi.

propagación [-'θjon] *sf* propagazione *f.*
propaganda *sf* propaganda.
propagandístico, a *a* propagandistico(a).
propagar *vt* propagare.
propalar *vt* divulgare.
propasarse *vr* eccedere.
propensión *sf* propensione *f,* inclinazione *f.*
propenso, a *a:* ~ **a** propenso(a) o incline a.
propiciar [-'θjar] *vt* propiziare.
propiedad *sf* proprietà *f inv.*
propietario, a *sm/f* proprietario/a.
propina *sf* mancia.
propinar *vt* somministrare; *(fam)* appioppare, assestare.
propincuo, a *a* vicino(a).
propio, a *a* proprio(a); *(correcto, apto)* adatto(a), conveniente; *(mismo)* stesso(a); *(verdadero: sentido)* vero(a) // *sm* fattorino.
proponente *sm/f* proponente *m/f.*
proponer *vt* proporre; ~**se** *vr* proporsi.
proporción [-'θjon] *sf* proporzione *f;* *(oportunidad)* occasione *f;* **proporciones** *fpl* dimensioni *fpl.*
proporcionado, a [-θ-] *a* proporzionato(a).
proporcionar [-θ-] *vt (dar)* dare, fornire; *(adaptar)* proporzionare, adeguare.
proposición [-'θjon] *sf* proposta.
propósito *sm* proposito; **de** ~ apposta.
propuesta *sf* proposta.
propulsar *vt (también fig)* spingere.
propulsión *sf* propulsione *f.*
prorratear *vt* rateizzare.
prórroga *sf* proroga.
prorrogable *a* prorogabile.
prorrogar *vt* prorogare; *(posponer)* posporre, aggiornare.
prorrumpir *vi* scoppiare.
prosa *sf* prosa.
prosaico, a *a* volgare, prosaico(a).
prosapia *sf* stirpe *f,* lignaggio.
proscribir *vt* proibire, vietare.
proscripción [-'θjon] *sf* divieto.
proscrito, a *a, sm/f* proscritto(a).
prosecución [-'θjon] *sf* proseguimento, continuazione *f.*
proseguir [-'γir] *vt* continuare // *vi* proseguire; ~ **en** o **con una actitud** perseverare in un atteggiamento.
proselitismo *sm* proselitismo.
prospección [-k'θjon] *sf* esplorazione *f.*
prospecto *sm* prospetto.
prosperar *vi* prosperare, migliorare.
prosperidad *sf* prosperità; *(éxito)* successo.
próspero, a *a* prospero(a), fiorente.
próstata *sf* prostata.
prosternarse *vr* inginocchiarsi; *(doblarse)* piegarsi.
prostíbulo *sm* postribolo.
prostitución [-'θjon] *sf* prostituzione *f.*

prostituir *vt* prostituire; ~**se** *vr* prostituirsi.
prostituta *sf* prostituta.
protagonista *sm/f* protagonista *m/f.*
protagonizar [-'θar] *vt* interpretare.
protección [-k'θjon] *sf* protezione *f.*
proteccionismo [-kθ-] *sm* protezionismo.
protector, a *a, sm/f* protettore(trice).
proteger [-'xer] *vt* proteggere; *(patrocinar)* incoraggiare, favorire.
protegido, a [-'x-] *sm/f* protetto/a.
proteína *sf* proteina.
protesta *sf* protesta.
protestante *a* protestante.
protestar *vt, vi* protestare.
protocolo *sm* protocollo.
prototipo *sm* prototipo.
protuberancia [-θja] *sf* protuberanza.
provecho [-tʃo] *sm* profitto, vantaggio; *(FIN)* beneficio, utile *m;* ¡**buen** ~! buon appetito!; **en** ~ **de** a beneficio di.
proveedor, a *sm/f* fornitore/trice.
proveer *vt* fornire; *(negocio)* risolvere; *(vacante)* assegnare // *vi:* ~ **a** provvedere a.
provenir *vi:* ~ **de** provenire da.
proverbio *sm* detto, proverbio.
providencia [-θja] *sf* pespicacia; *(fig)* provvidenza; ~**s** *fpl* misure *fpl,* provvedimenti *mpl.*
provincia [-θja] *sf* provincia.
provinciano, a [-'θ-] *a, sm/f* provinciale *(m/f).*
provisión *sf* rifornimento; *(abastecimiento)* provvista, scorta; *(medida)* provvedimento.
provisional *a* provvisorio(a).
provisto, a *pp de* proveer // *a* fornito(a).
provocación [-'θjon] *sf* provocazione *f.*
provocar *vt* provocare; *(alentar)* stuzzicare; *(promover)* provocare, causare.
provocativo, a *a* provocante.
proximidad [-ks-] *sf* vicinanza, prossimità.
próximo, a [-ks-] *a* prossimo(a), vicino(a).
proyección [-k'θjon] *sf* proiezione *f.*
proyectar *vt (lanzar)* gettare; *(CINE, FOTO)* proiettare; *(CONSTR)* progettare.
proyecto *sm* progetto.
proyector *sm (CINE)* proiettore *m;* *(reflector)* riflettore *m.*
prudencia [-θja] *sf* prudenza.
prudente *a* prudente.
prueba *sf* prova; *(TECN)* collaudo; *(saboreo)* assaggio; ~**s** *fpl* bozze *fpl;* **a** ~ **de** a prova di.
prurito *sm (MED)* prurito, pizzicore *m;* *(fig)* desiderio.
psicoanálisis *sm* psicanalisi *f.*
psicoanalista *sm/f* psicanalista *m/f.*
psicología [-'xia] *sf* psicologia.
psicológico, a [-x-] *a* psicologico(a).
psicólogo, a *sm/f* psicologo/a.

psicópata *sm/f* psicopatico/a.

psicosis *sf inv* psicosi *f inv*.

psiquiatra [-'k-] *sm/f* psichiatra *m/f*.

psiquiátrico, a [-k-] *a* psichiatrico(a).

psíquico, a [-k-] *a* psichico(a).

púa *sf* punta, aculeo; (BOT. ZOOL) spina; (de gramófono) puntina; **alambre de ~s** filo spinato.

pubertad *sf* pubertà.

pubis *sm* pube *m*.

publicación [-'θjon] *sf* pubblicazione *f*.

publicar *vt* pubblicare.

publicidad [-θ-] *sf* pubblicità *f inv*.

publicitario, a [-θ-] *a* pubblicitario(a).

público, a *a* pubblico(a) // *sm* pubblico; **en ~** in pubblico.

puchera [-'tʃ-] *sf* bollito.

puchero [-'tʃ-] *sm* (cacerola) marmitta; (plato) bollito; (fig) pagnotta; (fam) piagnucolio.

pudendo, a *a*: partes ~as parti *fpl* intime // *sm* pene *m*.

pudibundo, a *a* pudibondo(a).

púdico, a *a* pudico(a).

pudiente *a* agiato(a), ricco(a).

pudor *sm* pudore *m*.

pudoroso, a *a* pudibondo(a).

pudrición [-'θjon] *sf* putrefazione *f*.

pudrir *vt* marcire; (fam) seccare.

pueblo *sm* (nación) popolo; (aldea) paese *m*.

puente *sm* ponte *m*; (fig) pausa; **hacer el ~** (fam) fare il ponte.

puerco, a *sm/f* maiale/scrofa // *a* (sucio) sporco(a); (obsceno) osceno(a); **~ de mar** marsovino, focena; **~ espin** porcospino; **~ jabalí** o **salvaje** cinghiale *m*; **~ marino** delfino.

pueril *a* puerile, infantile.

puerro *sm* porro.

puerta *sf* porta; (de coche) portiera, porta; (fig) accesso; **a ~ cerrada** a porte chiuse; **~ giratoria** porta girevole.

puertaventana *sf* portafinestra.

puerto *sm* porto; (paso) passo, valico; (fig) asilo, rifugio; **~ aéreo** aeroporto.

Puerto Rico *sm* Portorico.

pues *ad* (entonces) dunque, quindi; (¡entonces!) allora, dunque; (así que) di conseguenza // *conj* (ya que) giacché, poiché; **¡~!** sì!, appunto!

puesto, a *pp de poner* // *a* vestito(a), abbigliato(a) // *sm* (lugar) posto, luogo; (trabajo) impiego, lavoro; (COM) banco, bancarella // *conj*: **~ que** visto che // *sf* cova; (del sol) tramonto; (apuesta) posta; **~ de policía/socorro** posto di polizia/pronto soccorso; **~a en marcha/escena** messa in moto/scena.

púgil [-xil] *sm* pugile *m*.

pugna [-ɣna] *sf* lotta.

pugnacidad [puɣnaθi'ðað] *sf* aggressività.

pugnar [-ɣ'nar] *vi* lottare, combattere.

pujante [-'x-] *a* forte, vigoroso(a).

pujanza [pu'xanθa] *sf* forza, vigore *m*.

pujar [-'xar] *vt* rialzare // *vi* (en subasta) fare un'offerta maggiore; (luchar) lottare; (vacilar) tentennare, titubare.

pujo [-xo] *sm* (MED) tenesmo; (fam) velleità *f inv*, aspirazione *f*.

pulcritud *sf* (orden) cura, ordine *m*; (delicadeza) delicatezza.

pulcro, a *a* curato(a), ordinato(a).

pulga *sf* pulce *f*.

pulgada *sf* pollice *m*.

pulgar *sm* pollice *m*.

pulido, a *a* lucidato(a); (ordenado) ordinato(a); (cauteloso) furbo(a), scaltro(a).

pulir, pulimentar *vt* lucidare; (alisar) lisciare; (fig) perfezionare.

pulmón *sm* polmone *m*.

pulmonía *sf* polmonite *f*.

pulpa *sf* polpa.

púlpito *sm* pulpito.

pulpo *sm* polpo, polipo.

pulsación [-'θjon] *sf* battito.

pulsador *sm* pulsante *m*.

pulsar *vt* (tecla) battere; (botón) premere // *vi* battere, palpitare; **~ a uno** tastare il polso a qd.

pulsera *sf* braccialetto; **reloj** *m* **de ~** orologio da polso.

pulso *sm* polso; (fuerza) forza; (tacto) tatto.

pulular *vi* pullulare.

pulverizar [-'θar] *vt* (hacer polvo) polverizzare; (líquido) vaporizzare.

pulla [-ʎa] *sf* parolaccia.

puna *sf* (AM: meseta) altopiano.

punción [-'θjon] *sf* puntura.

pundonor *sm* amor proprio.

punición [-'θjon] *sf* punizione *f*.

punitivo, a *a* punitivo(a).

punta *sf* punta; **horas ~s** ore *fpl* di punta; **sacar ~ a** fare la punta a; **estar de ~** essere di cattivo umore.

puntada *sf* punto; (fam) frecciata.

puntal *sm* puntello; (fig) sostegno.

puntapié *sm* calcio, pedata.

puntear *vt* (marcar) punteggiare; (coser) cucire; (MUS) pizzicare.

puntería *sf* (de arma) mira; (destreza) abilità *f inv*, destrezza.

puntiagudo, a *a* aguzzo(a), appuntito(a).

puntilla [-'ʎa] *sf* (de pluma) punta; (encaje) merletto; **(andar) de ~s** (camminare) in punta di piedi.

punto *sm* punto; (lugar) posto, luogo; (momento) momento, punto; **a ~** in tempo; **en ~** in punto; **bajar/subir de ~** minimizzare/esagerare; **~ muerto** (AUTO) folle *m*; **~ y coma** punto e virgola; **~s suspensivos** puntini *mpl*; **dos ~s** due punti *mpl*.

puntuación [-'θjon] *sf* (puntaje) punteggio; (en texto) puntuazione *f*.

puntual *a* (persona) puntuale; (informe) preciso(a), esatto(a).

puntualidad sf puntualità; (exactitud) esattezza.
puntualizar [-'θar] vt precisare.
punzada [-'θ-] sf (pinchazón) punzecchiatura; (MED) fitta.
punzante [-'θ-] a (dolor) acuto(a); (herramienta) pungente.
punzar [-'θar] vt (pinchar) pungere; (perforar) perforare // vi dare fitte.
punzón [-'θon] sm punzone m.
puñado [-'ɲ-] sm manciata.
puñal [-'ɲal] sm pugnale m.
puñalada [-ɲ-] sf pugnalata; ~ **de misericordia** colpo di grazia.
puñetazo [puɲe'taθo] sm pugno.
puño [-ɲo] sm pugno; (CONSTR) polsino; (de herramienta) manico.
pupa sf pustola.
pupila sf pupilla.
pupilo sm (internado) convittore m; (JUR) pupillo.
pupitre sm banco.
puré sm purè m.
pureza [-θa] sf purezza.
purga sf purga.
purgante sm purgante, lassativo.
purgar vt purgare.
purgatorio sm purgatorio.
purificar vt purificare.
puritano, a a, sm/f puritano(a).
puro, a a a puro(a) // sm sigaro // ad: **la casa se cayó de ~ vieja** la casa era talmente vecchia che crollò.
púrpura sf porpora.
purpúreo, a a purpureo(a).
purrela sf (fig) bazzecola, inezia.
pus sm pus m.
pusilánime a pusillanime.
pústula sf pustola.
puta sf puttana.
putativo, a a putativo(a).
putrefacción [-k'θjon] sf putrefazione f.
pútrido, a a marcio(a), putrido(a).

Q

que [ke] pron che // conj che; (precedido por preposición) cui; (en frases comparativas, con subjuntivo) di; **en el momento en ~ llegó** nel momento in cui arrivò; **lo ~ digo** ciò che dico; **dar ~ hablar** far parlare; **le ruego ~ se calle** la prego di tacere; **te digo ~ sí** ti dico di sì; **yo ~ tú** al tuo posto.
qué [ke] a quale, che // pron interrogativo (che) cosa? // pron excl che!; che divertente!; ¿**de ~ me hablas?** di (che) cosa mi parli?; ¿**~ tal?** come stai?; ¿**~ hay de nuevo?** (che) cosa c'è di nuovo?
quebrada [k-] sf passo, gola.
quebradero [k-] sm: ~ **de cabeza** (fam) rompicapo.

quebradizo, a [keβra'δiθo] a fragile; (persona) sensibile, delicato(a).
quebrado, a [k-] a (roto) spezzato(a), rotto(a); (pálido) pallido(a); (COM) fallito(a) // sm (MAT) frazione f // sm/f fallito/a.
quebradura [k-] sf rottura, spaccatura; (MED) frattura.
quebrantadura [k-] sf, **quebrantamiento** [k-] sm (acto) rottura; (estado) esaurimento.
quebrantar [k-] vt (romper) rompere, spezzare; (infringir) violare; ~**se** vr (persona) indebolirsi; (objeto) logorarsi.
quebranto [k-] sm rottura; (decaimiento) debolezza; (dolor) afflizione f.
quebrar [k-] vt spezzare, infrangere // vi fallire; ~**se** vr interrompersi; (MED) fratturarsi.
quedar [k-] vi restare, rimanere; ~**se** vr: ~**se con** tenersi; ~ **en** rimanere d'accordo su; ~ **bien/mal** fare una bella/brutta figura; ~ **por hacer** restare da fare; ~ **ciego/mudo** rimanere cieco/muto; **no te queda bien ese vestido** quel vestito non ti sta bene; **la discusión quedó en nada** la discussione si concluse con un nulla di fatto.
quedo, a ['k-] a quieto(a), tranquillo(a) // ad sottovoce.
quehacer [kea'θer] sm lavoro, occupazione f.
queja ['kexa] sf (de dolor) lamento, gemito; (reproche) lagnanza.
quejarse [ke'xarse] vr lamentarsi.
quejido [ke'xiδo] sm lamento.
quejoso, a [ke'xoso] a scontento(a).
quemado, a [k-] a bruciato(a).
quemadura [k-] sf scottatura; (de sol) abbronzatura.
quemar [k-] vt bruciare // vi scottare; (piel) abbronzarsi; ~**se** vr bruciarsi.
quemarropa [k-]: **a ~** ad a bruciapelo.
quemazón [kema'θon] sf bruciatura; (calor) calura; (sensación) bruciore m.
querella [ke'reʎa] sf querela; (disputa) lite f.
querer [k-] vt (desear) volere, desiderare; (amar a) voler bene a, amare; ~**se** vr volersi bene, amarsi // sm amore m, affetto.
querido, a [k-] a caro(a) // sm/f amante m/f.
quesería [k-] sf caseificio.
queso ['k-] sm formaggio; ~ **crema/de bola** formaggio roso/olandese; ~ **de cerdo** tipo di soppressata.
quicio ['kiθjo] sm ganghero, cardine m; **sacar a uno de ~** far uscire qd dai gangheri.
quiebra ['k-] sf (rotura) spaccatura, rottura; (grieta) spaccatura; (COM) fallimento.
quiebro ['k-] sm scarto.
quien [kjen] pron chi.
quién [kjen] pron interrogativo y excl chi.

quienquiera [kjen'kjera] (pl
  quienesquiera) pron chiunque.
quieto, a ['k-] a quieto(a), calmo(a);
  (inmóvil) fermo(a).
quietud [kj-] sf quiete f, pace f.
quijada [ki'xaða] sf mascella.
quilate [k-] sm carato.
quilla ['kiʎa] sf chiglia.
quimera [k-] sf chimera.
quimérico, a [k-] a chimerico(a),
  utopistico(a).
químico, a ['k-] a, sm/f chimico(a) // sf
  chimica.
quina ['k-] sf china.
quince ['kinθe] num quindici.
quincena [kin'θena] sf quindicina.
quincenal [kinθe'nal] a quindicinale.
quinientos [k-] num cinquecento.
quinina [k-] sf chinino.
quinqué [kin'ke] sm lampada a petrolio.
quinta ['k-] sf (casa) villa, casa di
  campagna; (MIL) leva, arruolamento.
quintal [k-] sm quintale m.
quinto, a ['k-] num quinto(a) // sm
  recluta m.
quiosco ['k-] sm chiosco; (de periódicos)
  edicola; ~ de cigarrillos tabaccaio.
quirúrgico, a [ki'rurxiko] a
  chirurgico(a).
quisquilloso, a [kiski'ʎoso] a
  permaloso(a), suscettibile.
quiste ['k-] sm cisti f.
quisto, a ['k-] a: bien/mal ~ ben
  visto/malvisto.
quita ['k-] sf remissione f, condono; de ~
  y pon amovibile.
quitaesmalte [k-] sm solvente m.
quitamanchas [kita'mantʃas] sm inv
  smacchiatore m.
quitar [k-] vt (sacar) togliere, levare;
  (tomar) prendere; (despojar) spogliare;
  ~se vr togliersi; ¡quita de ahí! via di
  qui!, fuori di qui!
quitasol [k-] sm ombrellone m.
quite ['k-] sm (esgrima) parata; (evasión)
  evasione f, fuga; (TAUR): dar el ~
  allontanare il toro.
quizá(s) [ki'θa(s)] ad forse.

R

rabadilla [-ʎa] sf (ANAT) coccige m;
  (ZOOL) codrione m.
rábano sm ravanello.
rabia sf (MED) rabbia; (fig) collera,
  rabbia.
rabiar vi (MED) avere la rabbia;
  (irritarse) arrabbiarsi; está rabiando de
  dolor sta impazzendo dal dolore.
rabilio [-ʎo] sm (ANAT) codino; (parte
  delgada) coda.
rabino sm rabbino.

rabioso, a a rabbioso(a), idrofobo(a);
  (fig) furioso(a).
rabo sm coda.
rabón, ona a con la coda mozza; hacer
  rabona marinare la scuola.
R.A.C.E. (abr de Real Automovil Club de
  España) ≈ A.C.I.
racimo [-θ-] sm grappolo.
raciocinio [raθjo'θinjo] sm
  ragionamento.
ración [-'θjon] sf razione f
racional [-θ-] a razionale, ragionevole.
racionalizar [raθjonali'θar] vt
  razionalizzare.
racionamiento [-θ-] sm razionamento.
racionar [-θ-] vt (distribuir) distribuire;
  (controlar) razionare.
racismo [-'θ-] sm razzismo.
racista [-'θ-] sm/f razzista m/f.
racha [-tʃa] sf raffica.
radar sm radar m inv.
radiador sm radiatore m.
radiante a brillante, raggiante.
radical a (sustancial) fondamentale;
  (arraigado) radicale // sm radicale m.
radicar vi risiedere, domiciliarsi; ~ en
  risiedere a; ~se vr (persona)
  domiciliarsi; (planta) attecchire.
radio sm raggio; (ANAT) radio // sf radio
  f.
radioactivo, a a radioattivo(a).
radiodifusión sf radiodiffusione f.
radioemisora sf radioemittente f.
radiografía sf radiografia.
radiografiar vt radiografare.
radioteléfono sm radiotelefono.
radiotelegrafía sf radiotelegrafia.
radioterapia sf radioterapia.
radioyente sm/f ascoltatore/trice.
raer vt naschiare.
ráfaga sf raffica; (de luz) lampo.
raído, a a (ropa) logoro(a); (persona)
  cencioso(a).
raigambre sf radici fpl.
raíz [-θ] sf radice f; a ~ de a causa di.
raja [-xa] sf (de melón etc) fetta; (grieta)
  fessura, crepa.
rajar [-'xar] vt (cortar en rajas) affettare;
  (hender) spaccare, fendere; ~se vr
  spaccarsi; (AM: fam) squagliarsela.
ralea sf razza, specie f.
ralo, a a rado(a), poco fitto(a).
rallado, a a [-'ʎ-] a (queso) grattugiato(a);
  (pan) grattato(a).
rallador [-ʎ-] sm grattugia.
ralladura [-ʎ-] sf raschiatura.
rallar [-'ʎar] vt (queso) grattugiare;
  (pan) grattare.
rama sf ramo.
ramada sf, ramaje [-xe] sm rami mpl.
ramal sm (de camino) bivio; (de vía
  férrea) diramazione f; (de cordillera)
  contrafforte m.
rambla sf (de agua) letto alluvionale;
  (avenida) viale m; las R~s viale
  principale di Barcellona.

ramificación [-'θjon] *sf* (*empalme*) diramazione *f*; (*fig*) conseguenza.

ramillete [-'ʎ-] *sm* mazzolino; (*fig*) raccolta, collezione *f*.

ramo *sm* mazzo; (*fig*) ramo.

rampa *sf* (*MED*) crampo; (*plano*) rampa.

ramplón, ona *a* grossolano(a), volgare.

rana *sf* ranocchia, rana.

rancio, a [-θjo] *a* rancido(a); (*vino*) pastoso(a), abboccato(a); (*fig*) antico(a) // *sm* grasso.

rancho [-tʃo] *sm* (*comida*) rancio; (*AM: casa*) capanna.

rango *sm* rango, classe *f*.

ranura *sf* fessura, scanalatura.

rapar *vt* (*u/eitar*) radere; (*cabellos*) rapare; (*fam*) rubare; ~**se** *vr* radersi.

rapaz [-θ] *a inv* (*ZOOL*) rapace.

rapaz, a [-θ] *sm/f* ragazzo/a.

rape *sm* pescatrice *f*; **al** ~ alla radice.

rapé *sm* tabacco da fiuto.

rapidez [-θ] *sf* rapidità, velocità.

rápido, a *a* rapido(a), veloce // *ad* alla svelta // *sm* rapido; ~**s** *mpl* rapide *fpl*.

rapiña [-ɲa] *sf* rapina.

rapsodia *sf* rapsodia.

raptar *vt* rapire.

rapto *sm* (*secuestro*) rapimento; (*impulso*) impeto, impulso.

raqueta [-'k-] *sf* racchetta.

raquítico, a [-'k-] *a* rachitico(a); (*fig*) meschino(a).

raquitismo [-k-] *sm* rachitismo.

rareza [-θa] *sf* rarità *f inv*; (*peculiaridad*) stranezza.

raro, a *a* (*poco común*) raro(a); (*extraño*) singolare, strano(a); (*excepcional*) raro(a), straordinario(a).

ras *sm* piano; **a** ~ **del suelo** raso terra.

rasar *vt* (*igualar*) livellare; (*rozar*) rasentare, sfiorare.

rascacielos [-θ-] *sm inv* grattacielo.

rascar *vt* (*con las uñas*) grattare; (*raspar*) raschiare; ~**se** *vr* grattarsi.

rasgadura *sf* strappo.

rasgar *vt* strappare.

rasgo *sm* tratto; ~**s** *mpl* lineamenti; **a grandes** ~**s** sommariamente.

rasguñar [-'ɲar] *vt* graffiare.

rasguño [-ɲo] *sm* graffio.

raso, a *a* (*liso*) piano(a), liscio(a); (*a baja altura*) basso(a) // *sm* raso; **soldado** ~ soldato semplice.

raspador *sm* raschietto.

raspadura *sf* raschiatura; (*marca*) cancellatura.

raspar *vt* (*frotar*) raschiare; (*rallar*) grattare; (*arañar*) graffiare; (*limar*) limare.

rastra *sf* (*huella*) orma, impronta; (*carro*) traino; **a** ~**s** di mala voglia; **pescar a la** ~ pescare alla traina.

rastrear *vt* (*seguir*) seguire le tracce di, ricercare; (*laguna, río*) rastrellare.

rastrero, a *a* (*ZOOL*) strisciante; (*BOT*) serpeggiante; (*fig*) spregevole.

rastrillar [-'ʎar] *vt* (*AGR*) rastrellare; (*TECN*) pettinare.

rastrillo [-ʎo] *sm* (*para cáñamo etc*) pettine *m*; (*para hierba*) rastrello.

rastro *sm* (*AGR*) rastrello; (*vestigio*) traccia, orma; (*matadero*) macello.

rastrojo [-xo] *sm* stoppia.

rasurador *sm*, **rasuradora** *sf* rasoio elettrico.

rasurarse *vr* radersi.

rata *sf* ratto, topo.

ratear *vt* (*robar*) rubare; (*distribuir*) rateizzare.

ratería *sf* furterello.

ratero, a *a* basso(a), vile // *sm/f* borsaiolo/a.

ratificar *vt* ratificare, confermare.

rato *sm* momento; **a** ~**s** talvolta, di tanto in tanto; **hay para** ~ averne per un pezzo; **pasar el** ~ passare il tempo.

ratón *sm* topo.

ratonera *sf* trappola (per topi).

raudal *sm* torrente *m*.

raya *sf* riga, linea; (*límite*) limite *m*, confine *m*; (*ZOOL*) razza; **tener a** ~ mantenere a distanza; **tela a** ~**s** stoffa a righe.

rayar *vt* cancellare; (*subrayar*) sottolineare // *vi* distinguersi; ~**se** *vr* graffiarsi; ~ **con** toccare.

rayo *sm* raggio; (*en una tormenta*) fulmine *m*; ~**s X** raggi *mpl* X.

rayón *sm* ® rayon *m* o raion *m* ®.

raza [-θa] *sf* razza.

razón [-'θon] *sf* (*raciocinio*) ragione *f*; (*razonamiento*) ragionamento; (*motivo*) causa, ragione; **en** ~ **de** a causa di; ~ **directa/inversa** proporzione diretta/inversa; ~ **de Estado** ragion di Stato; ~ **de ser** ragion di essere.

razonable [-θ-] *a* ragionevole.

razonamiento [-θ-] *sm* ragionamento.

razonar [-θ-] *vt* ragionare; (*cuenta*) giustificare // *vi* argomentare; (*reflexionar*) ragionare, riflettere.

re... *pref*: ~**bueno** molto buono; ~**salado** divertentissimo; ~**dulce** troppo dolce // *sm* re *m*.

reabastecer [-'θer] *vt* rifornire.

reabrir *vt* riaprire.

reacción [-k'θjon] *sf* reazione *f*; ~ **en cadena** reazione a catena.

reaccionar [-kθ-] *vi* reagire.

reaccionario, a [-kθ-] *a* reazionario(a).

reacio, a [-θjo] *a* restio(a).

reactor *sm* reattore *m*.

readaptación [-'θjon] *sf*: ~ **profesional** riciclaggio professionale.

reafirmar *vt* riaffermare.

reagrupar *vt* raggruppare.

reajuste [-'x-] *sm* adeguamento; (*fig*) rimpasto.

real *a* (*efectivo*) reale, vero(a); (*del rey, fig*) regio(a), reale // *sm* reale *m*.

realce [-θe] *sm* (*adorno*) rilievo; (*lustre, fig*) merito, importanza; **poner de** ~ mettere in rilievo.

realidad sf realtà f inv; (verdad) verità f inv; (presencia) presenza.

realista sm/f realista m/f.

realización [-θa'θjon] sf realizzazione f.

realizar [-'θar] vt realizzare; (viaje) fare; ~se vr realizzarsi, attuarsi.

realmente ad veramente, realmente.

realzar [-'θar] vt (TECN) alzare, rialzare; (embellecer) dar rilievo a; (exaltar) esaltare; (acentuar) rilevare, accentuare.

reanimar vt (vigorizar) rinvigorire; (alentar) incoraggiare; ~se vr rinvigorirsi.

reanudar vt riprendere.

reaparición [-'θjon] sf riapparizione f.

reata sf fune f; **de** ~ in fila.

rebaja [-xa] sf (descuento) sconto; (menoscabo) diminuzione f.

rebajar [-'xar] vt (bajar) abbassare; (reducir) scontare, ridurre; (disminuir) diminuire; (fig) umiliare; ~se vr umiliarsi.

rebanada sf fetta.

rebaño [-ɲo] sm gregge f.

rebasar vt passare, eccedere // vi: ~ **de** andare oltre.

rebatir vt (rechazar) respingere; (descontar) dedurre, detrarre.

rebato sm (alarma) segnale m d'allarme; (MIL) assalto improvviso.

rebelarse vr ribellarsi, insorgere.

rebelde a, sm/f ribelle (m/f).

rebeldía sf ribellione f; (desobediencia) disobbedienza.

rebelión sf ribellione f, rivolta.

reblandecer [-'θer] vt rammollire.

rebosante a traboccante.

rebosar vi traboccare; (abundar) sovrabbondare.

rebotar vt respingere // vi rimbalzare.

rebote sm rimbalzo; **de** ~ di rimbalzo.

rebozado, a [-'θo-] a imbaccucato(a).

rebozar [-'θar] vt coprire; (coc) infarinare, impanare; ~se vr imbaccuccarsi.

rebozo [-θo] sm modo di portare un mantello coprendo il viso; **decir algo sin** ~ dire qc apertamente.

rebusca sf ricerca.

rebuscado, a a ricercato(a).

rebuscar vt ricercare.

rebuznar [-θ-] vi ragliare.

rebuzno [-θ-] sm raglio.

recabar vt (conseguir) ottenere; (AM) richiedere.

recado sm (comisión) commissione f; (mensaje) messaggio; (provisión doméstica) spesa; (AM: del caballo) bardatura.

recaer vi ricadere; ~ **en** spettare a.

recaída sf ricaduta.

recalcar vt calcare; (fig) sottolineare.

recalcitrante [-θ-] a recalcitrante, ostinato(a).

recalcitrar [-θ-] vi retrocedere.

recalentar vt riscaldare; (calentar demasiado) scottare; ~se vr riscaldarsi.

recámara sf guardaroba m; (fig) riserva.

recambio sm ricambio.

recapacitar [-θ-] vt rievocare, rammentare // vi riflettere.

recargado, a a (demasiado cargado) sovraccarico(a); (rebuscado) eccessivo(a), esagerato(a).

recargar vt ricaricare; (aumentar la carga, fig) sovraccaricare; ~ **los precios** aumentare i prezzi.

recargo sm sovraccarico.

recatado, a a (honesto) onesto(a); (cauteloso) prudente, cauto(a).

recatar vt nascondere, occultare; ~se vr stare in guardia.

recato sm (reserva) riserbatezza; (prudencia) prudenza; (pudor) pudore m.

recaudador sm esattore m.

recelar [-θ-] vt: ~ **que** (sospechar) sospettare di o che; (temer que) temere di o che // vi. ~se vr: ~(se) **de** diffidare di.

recelo [-'θ-] sm diffidenza, sospetto.

receloso, a [-θ-] a diffidente sospettoso(a).

recepción [reθep'θjon] sf (acto) accoglienza; (en hotel) banco del portiere; (fiesta) ricevimento; (admisión) ammissione f.

recepcionista [reθepθjo'nista] sm/f portiere/a, receptionist m/f.

receptáculo [-θ-] sm ricettacolo.

receptivo, a [-θ-] a ricettivo(a).

receptor [-θ-] sm ricevitore m.

recesión [-θ-] sf recessione f.

receta [-'θ-] sf ricetta.

recibidor, a [-θ-] sm/f ricevente m/f.

recibimiento [-θ-] sm (recepción) ricevimento; (acogida) accoglienza.

recibir [-θ-] vt ricevere; (dar la bienvenida a) accogliere; ~se vr laurearsi.

recibo [-θ-] sm ricevuta.

reciedumbre [-θ-] sf forza, energia.

recién [-'θ-] ad appena; **el** ~ **nacido** il neonato.

reciente [-'θ-] a (actual) nuovo(a), recente; (fresco) fresco(a).

recinto [-'θ-] sm recinto.

recio, a [-θjo] a (fuerte) forte, robusto(a); (corpulento) grosso(a); (severo: clima) rigido(a), rigoroso(a) // ad forte.

recipiente [-θ-] sm recipiente m.

recíproco, a [-'θ-] a reciproco(a).

recital [-θ-] sm recital m inv. concerto.

recitar [-θ-] vt recitare.

reclamación [-'θjon] sf reclamazione f.

reclamar vt reclamare // vi reclamare, protestare.

reclamo sm (anuncio) reclame f, pubblicità; (llamada escrita) richiamo; (fig) tentazione f.

reclinar vt reclinare, inchinare; ~se vr appoggiarsi.

recluir vt rinchiudere.

reclusión *sf* (*prisión*) carcere *m*, prigione *f*; (*refugio*) reclusione *f*.
recluta *sm* recluta *m* // *sf* reclutamento.
reclutamiento *sm* = **recluta** *sf*.
recobrar *vt* (*recuperar*) ricuperare; (*rescatar*) riprendere; ~**se** *vr* rimettersi.
recodo *sm* (*de río, camino*) gomito; (*de casa*) angolo.
recogedor, a [-x-] *sm/f* reccoglitore/trice // *sm* rastrello.
recoger [-'xer] *vt* raccogliere; (*: dinero*) risparmiare; (*dar asilo*) accogliere, ospitare; ~**se** *vr* (*retirarse*) ritirarsi; (*replegarse*) raccogliersi.
recogido, a [-'x-] *a* (*quieto*) quieto(a), calmo(a); (*retenido*) ritirato(a); (*pequeño*) corto(a) // *sm* piega // *sf* raccolta.
recogimiento [-x-] *sm* raccoglimento.
recolección [-k'θjon] *sf* (*de las mieses*) raccolta; (*de dinero*) colletta.
recomendación [-'θjon] *sf* raccomandazione *f*.
recomendar *vt* raccomandare.
recompensa *sf* (*premio*) premio, ricompensa; (*regalo*) regalo.
recompensar *vt* ricompensare, premiare.
recomponer *vt* ricomporre, riaggiustare; ~**se** *vr* (*fam*) rimettersi.
reconciliación [rekonθilja'θjon] *sf* riconciliazione *f*.
reconciliar [-θ-] *vt* riconciliare; ~**se** *vr* riconciliarsi.
recóndito, a *a* segreto(a), recondito(a).
reconfortar *vt* riconfortare; ~**se** *vr*: ~**se** con riconfortarsi con.
reconocer [-'θer] *vt* riconoscere; (*registrar*) perquisire; (*MED*) visitare.
reconocido, a [-'θ-] *a* riconoscente.
reconocimiento [-θ-] *sm* riconoscimento; (*MED*) visita; (*registro*) perquisizione *f*; (*gratitud*) riconoscenza.
reconquista [-k-] *sf* riconquista.
reconstituyente *sm* ricostituente *m*.
reconstruir *vt* ricostruire.
recopilación [-'θjon] *sf* compendio, riassunto.
recopilar *vt* compilare.
récord *a inv. sm* record (*m*).
recordar *vt* ricordare, rammentare // *vi* ricordare; ~**se** *vr*: ~**se que** ricordarsi di o che.
recorrer *vt* percorrere; (*echar un vistazo*) sfogliare.
recorrido *sm* (*trayecto*) percorso; (*reconvención*) rimprovero; (*fam*) bastonata.
recortado, a *a* frastagliato(a).
recortar *vt* ritagliare.
recorte *sm* (*acción*) ritagliare *m*; (*de prensa*) ritaglio.
recostado, a *a* appoggiato(a).
recostar *vt* (*apoyar*) appoggiare; (*inclinar*) reclinare; ~**se** *vr* sdraiarsi.
recoveco *sm* meandro; (*fig*) sotterfugio.

recreación [-'θjon] *sf* ricreazione *f*, svago.
recrear *vt* (*entretener*) divertire; (*volver a crear*) ricreare; ~**se** *vr* divertirsi.
recreativo, a *a* divertente.
recreo *sm* (*ESCOL*) ricreazione *f*; (*pasatiempo*) passatempo.
recriminar *vt, vi* recriminare; ~**se** *vr* accusarsi reciprocamente.
recrudecer [-'θer] *vt* peggiorare // *vi*, ~**se** *vr* inasprirsi.
recrudecimiento [-θ-] *sm*, **recrudescencia** [-s'θenθja] *sf* inasprimento.
recta *sf ver* **recto**.
rectángulo, a *a* rettangolo // *sm* rettangolo.
rectificar *vt* (*corregir*) correggere; (*volverse recto*) raddrizzare; (*TECN*) rettificare // *vi* correggersi.
rectitud *sf* essere retto; (*fig*) rettitudine *f*, onestà.
recto, a *a* retto(a); (*justo*) retto(a), onesto(a); (*literal*) proprio(a) // *sm* retto // *sf* retta.
rector, a *a* direttore(trice) // *sm* rettore *m*.
recua *sf* branco.
recuento *sm* verifica, riscontro.
recuerdo *sm* ricordo; ~**s** *mpl* saluti *mpl*.
recular *vi* rinculare, retrocedere; (*fig*) rinunziare.
recuperable *a* ricuperabile.
recuperación [-'θjon] *sf* ricupero.
recuperar *vt* ricuperare; (*vista, salud*) riacquistare; (*empleo*) riavere; ~**se** *vr* rimettersi.
recurrir *vi*: ~ a ricorrere a; (*JUR*) fare ricorso a.
recurso *sm* (*medio*) mezzo, espediente *m*; (*medios*) risorsa, mezzo; (*JUR*) ricorso.
recusar *vt* ricusare, respingere.
rechazar [retʃa'θar] *vt* respingere; (*negar*) rifiutare.
rechazo [re'tʃaθo] *sm* rimbalzo; (*negación*) rifiuto.
rechifla [-'tʃ-] *sf* fischiata; (*fig*) burla.
rechiflar [-'tʃ-] *vt* fischiare; ~**se** *vr* beffarsi.
rechinar [-'tʃ-] *vi* (*dientes*) digrignare; (*goznes*) cigolare; (*fig*) ricalcitrare.
rechoncho, a [re'tʃontʃo] *a* (*fam*) tozzo(a), tracagnotto(a); (*inflado*) gonfio(a).
red *sf* rete *f*; (*para cabellos*) retina; (*fig*) trappola, rete.
redacción [-k'θjon] *sf* (*escritura*) stesura, composizione *f*; (*de diario*) redazione *f*.
redactar *vt* redarre, scrivere.
redada *sf* retata.
rededor *sm*: **al** *o* **en** ~ intorno.
redención [-'θjon] *sf* redenzione *f*; (*de hipoteca*) estinzione *f*.
redentor, a *a* redentore(trice).
redescubrir *vt* riscoprire.
redicho, a [-'tʃo] *a* ripetuto(a), risaputo(a).

redil *sm* recinto.
redimir *vt* redimere, salvare; *(hipoteca)* estinguere.
rédito *sm* reddito.
redoblar *vt* raddoppiare // *vi (tambor)* rullare; *(campanas)* suonare.
redoble *sm* rullo; **a** o **al** ~ a tambur battente.
redomado, a *a* scaltro(a); *(pey)* accanito(a).
redonda *sf ver* **redondo.**
redondear *vt* arrotondare; ~**se** *vr* arrotondarsi.
redondel *sm (círculo)* circolo, cerchio; *(TAUR)* arena.
redondo, a *a (circular)* rotondo(a), tondo(a); *(claro)* chiaro(a); *(directo)* categorico(a), deciso(a); *(completo)* completo(a), totale // *sf (MUS)* semibreve *f*; **a la** ~**a** all'intorno.
reducción [-k'θjon] *sf (disminución)* riduzione *f*, ribasso; *(MED)* riduzione *f*; *(de indios)* missione *f*, villaggio.
reducido, a [-'θ-] *a (disminuido)* ridotto(a); *(limitado)* limitato(a).
reducir [-'θir] *vt* ridurre, limitare; *(MED)* ridurre; ~**se** *vr* ridursi.
reducto *sm* ridotta.
redundancia [-θja] *sf* ridondanza.
redundar *vi:* ~ **en** ridondare in.
reembolsar *vt* rimborsare.
reemplazar [-'θar] *vt* sostituire.
reemplazo [-θo] *sm* sostituzione *f*; **de** ~ *(MIL)* in disponibilità.
refacción [-k'θjon] *sf (compostura)* riparazione *f*; *(reedificación)* restauro.
refajo [-xo] *sm (enagua)* sottoveste *f*; *(falda)* gonna.
referencia [-θja] *sf (narración)* racconto, narrazione *f*; *(informe)* relazione *f*; *(alusión)* riferimento; **con** ~ **a** per quanto riguarda.
referente *a:* ~ **a** riguardante.
referir *vt (contar)* riferire, raccontare; *(relacionar)* riportare, riferire; ~**se** *vr* riferirsi, alludere; ~**se a** alludere a.
refinado, a *a* raffinato(a) // *sm* raffinazione *f*.
refinamiento *sm* raffinatezza.
refinar *vt* raffinare; ~**se** *vr* raffinarsi.
reflejar [-'xar] *vt* riflettere; ~**se** *vr* riflettersi.
reflejo, a [-xo] *a* riflesso(a) // *sm* riflesso.
reflexión *sf* riflessione *f*.
reflexionar *vi* riflettere, meditare.
reflexivo, a *a* riflessivo(a).
reflujo [-xo] *sm* riflusso.
refocilar [-θ-] *vt* rallegrare, ristorare.
reforma *sf* riforma.
reformar *vt (modificar)* riformare, correggere; *(formar de nuevo)* formare nuovamente; *(CONSTR)* trasformare; ~**se** *vr* correggersi.
reformatorio *sm* riformatorio.
reforzar [-'θar] *vt* rinforzare, rafforzare; *(fig)* animare.

refractario, a *a* refrattario(a).
refrán *sm* proverbio.
refregar *vt* strofinare; *(reprochar)* rinfacciare.
refrenar *vt* frenare.
refrendar *vt (firma)* autenticare; *(pasaporte)* vistare; *(ley)* ratificare.
refrescar *vt* rinfrescare; *(recuerdos)* ravvivare // *vi* rinfrescare; ~**se** *vr* rinfrescarsi.
refresco *sm* rinfresco.
refriega *sf* rissa, zuffa.
refrigeración [refrixera'θjon] *sf* refrigerazione *f*; *(aire acondicionado)* climatizzazione *f*.
refrigerador [-x-] *sm* frigorifero.
refrigerar [-x-] *vt (habitación)* climatizzare; *(alimentos)* congelare; *(TECN)* refrigerare.
refuerzo [-θo] *sm* rinforzo; ~**s** *mpl (MIL)* rinforzi *mpl*.
refugiado, a [-'x-] *sm/f* rifugiato/a.
refugiarse [-'x-] *vr* rifugiarsi.
refugio [-xjo] *sm* rifugio, ricovero; *(protección)* protezione *f*.
refulgencia [-'xenθja] *sf* splendore *m*, fulgore *m*.
refulgir [-'xir] *vi* splendere, risplendere.
refundición [-'θjon] *sf (de metales)* rifusione *f*; *(de obra)* rimaneggiamento.
refundir *vt (ver sf)* rifondere; rimaneggiare.
refunfuñar [-'nar] *vi* brontolare.
refutación [-'θjon] *sf* confutazione *f*.
refutar *vt* confutare.
regadera *sf* innaffiatoio.
regadío, a *a* irrigabile.
regalado, a *a (gratis)* regalato(a); *(delicado)* delizioso(a), delicato(a); *(confortable)* comodo(a), agiato(a).
regalar *vt* regalare; *(tratar bien)* deliziare; *(halagar)* lusingare; ~**se** *vr* trattarsi bene.
regalía *sf (fig)* privilegio, prerogativa; *(bono)* gratificazione *f*, gratifica.
regaliz [-θ] *sm*, **regaliza** [-θa] *sf* liquirizia.
regalo *sm* regalo; *(gusto)* piacere *m*, diletto; *(comodidad)* agiatezza, comodità *f inv*.
regañar [-'nar] *vi* ringhiare // *vt* sgridare.
regaño [-no] *sm* sgridata; *(queja)* rimprovero.
regañón, ona [-'n-] *a* brontolone(a).
regar *vt* innaffiare; *(fig)* spargere.
regatear *vt* mercanteggiare // *vi* tentennare.
regateo *sm (COM)* contrattazione *f*; *(al por menor)* vendita al minuto; *(de pelota)* dribbling *m*; *(del cuerpo)* finta.
regazo [-θo] *sm* grembo.
regencia [re'xenθja] *sf* reggenza.
regeneración [-'θjon] *sf* rigenerazione *f*.
regenerar [-x-] *vt* rigenerare, rinnovare.
regentar [-x-] *vt* dirigere.

regente [-'x-] *sm* (POL) reggente *m*; (de *empresa*) direttore *m*.
régimen [-x-] *sm* regime *m*.
regimiento [-x-] *sm* reggimento.
regio, a [-xjo] *a* regio(a).
región [re'xjon] *sf* regione *f*.
regir [re'xir] *vt* (*gobernar*) dirigere, governare; (*guiar*) guidare, condurre // *vi* essere vigente.
registrador [-x-] *sm* ispettore *m*.
registrar [-x-] *vt* (*buscar en cajón*) revistare; (*inspeccionar*) controllare, verificare; (*anotar*) registrare; ~se *vr* (*inscribirse*) iscriversi.
registro [-'x-] *sm* (*transcripción*) registrazione *f*; (MUS, *libro*) registro; (*inspección*) controllo; ~ **civil** anagrafe *f*.
regla *sf* (de *escolar*) riga; (*reglamento*) regola, norma.
reglamentación [-'θjon] *sf* regolamentazione *f*; (*conjunto de reglas*) regolamento.
reglamentar *vt* regolamentare.
reglamentario, a *a* regolamentare.
reglamento *sm* regolamento.
reglar *vt* regolare.
regocijado, a [reγoθi'xaðo] *a* allegro(a).
regocijar [reγoθi'xar] *vt* (*alegrar*) rallegrare; (*divertir*) divertire; ~se *vr* rallegrarsi.
regocijo [-'θixo] *sm* gioia, allegria.
regodearse *vr* deliziarsi, godersela.
regodeo *sm* godimento, piacere *m*.
regresar *vi* ritornare.
regresivo, a *a* regressivo(a).
regreso *sm* ritorno.
reguero [-'γ-] *sm* (*canal*) rigagnolo; (*señal*) striscia, traccia.
regulador *sm* regolatore *m*.
regular *a* regolare; (*organizado*) regolamentare; (*fam*) mediocre // *ad* discretamente, così così // *vt* regolare; **por lo** ~ di solito.
regularidad *sf* regolarità.
regularizar [-'θar] *vt* regolare, regolarizzare.
regusto *sm* sapore *m*, gusto.
rehabilitación [reaβilita'θjon] *sf* riabilitazione *f*.
rehabilitar [rea-] *vt* riabilitare.
rehacer [rea'θer] *vt* (*reparar*) riparare; (*volver a hacer*) rifare; ~se *vr* rimettersi.
rehén [re'en] *sm* ostaggio.
rehilete [rei-] *sm* (*dardo*) freccetta; (DEPORTE) volano.
rehuir [reu-] *vt* rifiutare, evitare.
rehusar *vt* respingere, rifiutare // *vi* rifiutarsi.
reimpresión *sf* ristampa.
reincidir [-θ-] *vi* ricadere.
reincorporarse *vr*: ~ **a** ricongiungersi o unirsi a.
reino *sm* regno.
reintegrar *vt* (*reconstituir*) ricostituire; (*restituir*) restituire; ~se *vr*: ~se **a** tornare a.

reír *vi* ridere; ~se *vr*: ~se **de** ridere o burlarsi di: ~se **a mandíbula batiente** (*fig*) ridere a crepapelle.
reiterar *vt* reiterare, ripetere.
reivindicación [-'θjon] *sf* rivendicazione *f*.
reivindicar *vt* rivendicare, reclamare; (*restaurar*) ristabilire.
reja [-xa] *sf* (de *ventana*) inferriata; (de *arado*) vomero.
rejilla [re'xiλa] *sf* grata; (de *silla*) impagliatura; (AUTO) mascherina.
rejuvenecer [rexuβene'θer] *vt*, *vi* ringiovanire; ~se *vr* ringiovanire.
relación [-'θjon] *sf* relazione *f*; **relaciones públicas** pubbliche relazioni *fpl*; **con** ~ **a** in rapporto a; **en** ~ **con** in rapporto con.
relacionar [-θ-] *vt* ricollegare; ~se *vr* mettersi in rapporto.
relajación [relaxa'θjon] *sf* (de *costumbres*) rilassatezza; (de *músculos*) rilassamento.
relajado, a [-'x-] *a* rilassato(a).
relajar [-'xar] *vt* rilassare; ~se *vr* rilassarsi.
relamer *vt* rilleccare; ~se *vr* leccarsi.
relamido, a *a* lezioso(a), ricercato(a).
relámpago *sm* lampo; **visita** ~ visita lampo.
relampaguear [-g-] *vi* lampeggiare; (*fig*) scintillare.
relatar *vt* raccontare, narrare.
relativo, a *a* relativo(a); **en lo** ~ **a** per quanto riguarda.
relato *sm* (*narración*) racconto; (*informe*) rapporto, relazione *f*.
relegar *vt* relegare, confinare.
relevante *a* rilevante, notevole.
relevar *vt* sostituire; ~se *vr* darsi il cambio; ~ **a alguien de un cargo** destituire qd da una carica.
relevo *sm* cambio; **carrera de** ~**s** (*corsa*) staffetta.
relieve *sm* (ARTE, TECN) rilievo; (*fig*) importanza; ~**s** *mpl* avanzi *mpl*; **alto** ~ altorilievo; **bajo** ~ bassorilievo.
religión [-'x-] *sf* religione *f*.
religiosidad [-x-] *sf* religiosità; (*fig*) esattezza, scrupolosità.
religioso, a [-'x-] *a* religioso(a); (*fig*) puntuale, esatto(a) // *sm/f* religioso/a.
relinchar [-'tʃar] *vi* nitrire.
reliquia [-kja] *sf* reliquia; (*vestigio*) vestigio.
reloj [re'lo(x)] *sm* orologio; ~ **de pulsera** orologio da polso; ~ **despertador** sveglia.
relojero, a [-'x-] *sm/f* orologiaio/a.
reluciente [-θ-] *a* splendente, brillante.
relucir [-'θir] *vi* splendere, brillare; (*fig*) risplendere.
relumbrante *a* brillante, splendente.
relumbrar *vi* risplendere, brillare.
rellano [-λ-] *sm* pianerottolo.
rellenar [-λ-] *vt* (*llenar*) riempire; (COC, COSTURA) imbottire.

relleno, a [-'ʎ-] *a* pieno(a) zeppo(a); (COC) ripieno(a); (: *pastel*) farcito(a) // *sm* (COC) ripieno, farcia; (*de tapicería*) imbottitura.

remachar [-'tʃar] *vt* ribattere; (*fig*) ribadire.

remanente *sm* rimanente *m.*

remanso *sm* ristagno; (*fig*) rifugio.

remar *vi* remare.

rematado, a *a* terminato(a), finito(a); **loco** ~ (*fig*) pazzo da legare.

rematar *vt* finire, terminare; (*fig*) dare il colpo di grazia a; (COM) svendere; (*subastar*) vendere all'asta // *vi* finire.

remate *sm* fine *f*, termine *m*; (*punta*) estremità *f inv*, punta; (CONSTR. *fig*) coronamento; (AM) asta; **loco de** ~ pazzo da legare; **de** *o* **para** ~ per giunta.

remedar *vt* imitare.

remediar *vt* (*subsanar*) rimediare a, riparare; (*ayudar*) soccorrere, aiutare; (*evitar*) evitare, impedire.

remedio *sm* (*ayuda*) rimedio, soccorso; (*alivio*) conforto, consolazione *f*; (AM) medicina; (JUR) ricorso; **poner** ~ **a** rimediare; **no tener más** ~ non esserci altra soluzione; **sin** ~ irrimediabile.

remedo *sm* imitazione *f*; (*pey*) contraffazione *f.*

remendar *vt* rammendare.

remesa *sf* invio, rimessa.

remiendo *sm* rattoppo.

remilgado, a *a* smorfioso(a), schizzinoso(a).

remilgo *sm* leziosaggine *f*, smorfietta.

reminiscencia [-s'θenθja] *sf* reminiscenza.

remisión *sf* (*de paquete*) spedizione *f*; (JUR) remissione *f.*

remiso, a *a* (*reticente*) reticente; (*indeciso*) indeciso(a).

remitente *sm/f* mittente *m/f.*

remitir *vt* (*mandar*) spedire, inviare; (*posponer*) rimandare; (*perdonar*) perdonare // *vi* diminuire; **remite: X** mittente: X.

remo *sm* (*de barco*) remo; (DEPORTE) canottaggio.

remoción [-'θjon] *sf* rimozione *f.*

remojar [-'xar] *vt* inzuppare, mettere a bagno; (*fam*) festeggiare.

remojo [-xo] *sm*: **dejar la ropa a** ~ lasciare i panni in ammollo.

remolacha [-tʃa] *sf* barbabietola.

remolcador *sm* (NAUT) rimorchiatore *m*; (AUTO) motrice *f.*

remolcar *vt* rimorchiare; (*fig*) trascinare.

remolinar *vi* turbinare.

remolino *sm* (*de agua, polvo*) vortice *m*, turbine *m*; (*de gente*) folla.

remolque [-ke] *sm* rimorchio; **llevar a** ~ rimorchiare.

remontar *vt* risuolare; ~**se** *vr* innalzarsi, salire; ~ **el vuelo** spiccare il volo; ~**se a la Edad Media** risalire al Medioevo.

rémora *sf* (ZOOL) remora; (*fig*) indugio, ritegno.

remorder *vt* rimordere; ~**se** *vr* pentirsi; ~**se la conciencia** rimordere la coscienza.

remordimiento *sm* rimorso.

remoto, a *a* remoto(a), lontano(a); (*poco probable*) improbabile.

remover *vt* rimuovere.

remozar [-'θar] *vt* modernizzare, risistemare; ~**se** *vr* ringiovanire.

remuneración [-'θjon] *sf* rimunerazione *f.*

remunerar *vt* rimunerare.

renacer [-'θer] *vi* rinascere.

renacimiento [-θ-] *sm* rinascita, rinascimento; **el R**~ il Rinascimento.

renal *a* renale.

rencilla [ren'θiʎa] *sf* alterco.

rencor *sm* rancore *m.*

rencoroso, a *a* astioso(a), vendicativo(a).

rendición [-'θjon] *sf* capitolazione *f*, resa; ~ **de cuentas** resa dei conti.

rendido, a *a* (*sumiso*) sottomesso(a), umile; (*cansado*) stanco(a).

rendimiento *sm* (MIL) resa; (*sumisión*) sottomissione *f*, subordinazione *f*; (*producción*, TECN) rendimento; (*agotamiento*) stanchezza, sfinimento.

rendir *vt* (*vencer*) vincere; (*producir*) rendere, produrre; (*agotar*) stancare, affaticare; (*dominar*) dominare // *vi* rendere, produrre; ~**se** *vr* arrendersi; (*cansarse*) stancarsi, affaticarsi; ~ **homenaje a** rendere omaggio a.

renegado, a *a, sm/f* rinnegato(a).

renegar *vi* (*renunciar*) rinnegare; (*blasfemar*) bestemmiare; (*fam*) farsi cattivo sangue; (*quejarse*) lamentarsi.

RENFE *sf* (*abr de Red Nacional de los Ferrocarriles Españoles*) ≈ FF.SS., FS.

renglón *sm* (*línea*) riga, linea; (COM) titolo, voce *f*; **a** ~ **seguido** subito.

rengo, a *a, sm/f* zoppo(a).

reniego *sm* bestemmia.

renombrado, a *a* rinomato(a), famoso(a).

renombre *sm* rinomanza, fama.

renovación [-'θjon] *sf* (*de contrato*) rinnovamento; (ARQUIT) restauro.

renovar *vt* rinnovare; (ARQUIT) restaurare, rimodernare.

renta *sf* (*ingresos*) rendita, reddito; (*alquiler*) fitto; ~ **vitalicia** rendita vitalizia.

rentable *a* redditizio(a).

rentar *vt* rendere, fruttare.

rentista *sm/f* chi vive di rendita.

renuencia [-θja] *sf* riluttanza.

renuevo *sm* germoglio.

renuncia [-θja] *sf* rinunzia.

renunciar [-'θjar] *vt* rinunziare; ~ **a un cargo** dimettersi (da una carica).

reñido, a [-'ɲ-] *a* accanito(a); **estar** ~ **con alguien** essere arrabbiato con qd.
reñir [-'ɲir] *vt* sgridare // *vi* litigare; (*combatir*) lottare, azzuffarsi.
reo *sm/f* colpevole *m/f*, reo/a.
reojo [-'xo]: **de** ~ *ad* di sbieco; (*fig*) di traverso.
reorganizar [-'θar] *vt* riorganizzare.
reparación [-'θjon] *sf* (*arreglo*) riparazione *f*; (*renovación*) restauro; (*fig*) risarcimento, soddisfazione *f*.
reparar *vt* riparare, aggiustare; (*agravio*) riparare; (*observar*) notare, avvertire // *vi*: ~ **en** (*darse cuenta de*) accorgersi di; (*poner atención en*) notare.
reparo *sm* (*reparación*) riparazione *f*; (*advertencia*) osservazione *f*; (*duda*) riserva, dubbio; (*dificultad*) difficoltà *f inv.* inconveniente *m*; (*resguardo*) riparo, difesa.
reparón, ona *a* criticone(a).
repartición [-'θjon] *sf* (*distribución*) ripartizione *f*, assegnazione *f*; (*división*) divisione *f*.
repartidor, a *sm/f* distributore/trice.
repartir *vt* (*herencia*) spartire; (*correo, naipes*) distribuire; (*deuda*) dividere; ~ **leña** (*fam*) assestare una scarica di pugni.
reparto *sm* distribuzione *f*; (*TEATRO, CINE*) cast *m*.
repasar *vt* ripassare.
repaso *sm* (*de lección*) ripasso, ripetizione *f*; (*de ropa*) ripassata.
repatriar *vt*, ~**se** *vr* rimpatriare.
repecho [-'tʃo] *sm* salita.
repelente *a* repulsivo(a), antipatico(a); (*fig*) repellente.
repeler *vt* respingere; (*fig*) disgustare.
repensar *vt* ripensare a, pensarci su.
repente *sm* (*sobresalto*) sussulto; (*impulso*) scatto; **de** ~ ad un tratto, all'improvviso.
repentino, a *a* repentino(a), improvviso(a).
repercusión *sf* ripercussione *f*.
repercutir *vi* ripercuotere; ~**se** *vr* ripercuotersi.
repertorio *sm* repertorio.
repetición [-'θjon] *sf* ripetizione *f*.
repetir *vt* ripetere // *vi* venir su; ~**se** *vr* ripetersi; (*sabor*) tornare in bocca.
repicar *vt* (*desmenuzar*) tritare; (*campanas*) sonare, rintoccare; ~**se** *vr* vantarsi.
repique [-ke] *sm* rintocco.
repiqueteo [-k-] *sm* (*de campanas*) scampanio; (*de tambor*) rullo.
repisa *sf* mensola.
replegar *vt* piegare; (*tren de aterrizaje*) far rientrare; ~**se** *vr* piegarsi; (*MIL*) ritirarsi.
repleto, a *a* pieno(a) zeppo(a).
réplica *sf* (*respuesta*) risposta; (*JUR*) obiezione *f*; (*ARTE*) replica.
replicar *vt*, *vi* replicare, rispondere; (*objetar*) obiettare, ribattere.

repliegue [-ɣe] *sm* (*MIL*) ripiegamento; (*doblez*) ripiegatura; (*recodo*) angolo, curva.
repoblación [-'θjon] *sf* ripopolamento.
repoblar *vt* ripopolare.
repollo [-ʎo] *sm* cavolo.
reponer *vt* riporre, rimettere; (*TEATRO*) riprendere; ~**se** *vr* rimettersi; ~ **que** rispondere di.
reportaje [-xe] *sm* intervista.
reposacabezas [-θas] *sm inv* poggiatesta *m inv.*
reposado, a *a* (*descansado*) riposato(a); (*calmo*) tranquillo(a), calmo(a).
reposar *vi* riposare.
reposición [-'θjon] *sf* riporre *m*; (*CINE, TEATRO*) ripresa
repositorio *sm* ripostiglio.
reposo *sm* riposo.
repostar *vt* rifornire; ~**se** *vr* rifornirsi.
repostería *sf* pasticceria.
repostero *a* *sm/f* pasticciere/a.
reprender *vt* rimproverare, ammonire.
reprensión *sf* rimprovero, ammonizione *f*.
represa *sf* sbarramento, diga.
represalia *sf* rappresaglia.
representación [-'θjon] *sf* rappresentazione *f*.
representante *sm/f* rappresentante *m/f*.
representar *vt* rappresentare; ~**se** *vr* rappresentarsi.
representativo, a *a* rappresentativo(a).
represión *sf* repressione *f*.
reprimir *vt* reprimere; ~**se** *vr* contenersi, trattenersi.
reprobar *vt* riprovare, biasimare.
réprobo, a *sm/f* dannato/a.
reprochar [-'tʃar] *vt* rimproverare.
reproche [-tʃe] *sm* rimprovero.
reproducción [-k'θjon] *sf* riproduzione *f*.
reproducir [-'θir] *vt* riprodurre; ~**se** *vr* riprodursi.
reptil *sm* rettile *m*.
república *sf* repubblica.
republicano, a *a, sm/f* repubblicano(a).
repudiar *vt* disprezzare; (*recusar*) rifiutare.
repudio *sm* (*ver vb*) disprezzo; rifiuto.
repuesto *sm* (*pieza de recambio*) ricambio; (*abastecimiento*) scorta, provviste *fpl*.
repugnancia [-ɣ'nanθja] *sf* ripugnanza.
repugnante [-ɣ'n-] *a* ripugnante, nauseante.
repugnar [-ɣ'nar] *vt* nauseare, ripugnare a // *vi*, ~**se** *vr* (*contradecirse*) contraddirsi; (*asquear*) nausearsi.
repujar [-'xar] *vt* sbalzare.
repulgar *vt* orlare.
repulido, a *a* azzimato(a).
repulsa *sf* rifiuto.
repulsión *sf* ripulsione *f*.
repulsivo, a *a* ripulsivo(a).
repuntarse *vr* disgustarsi.

reputación [-'θjon] *sf* (*notoriedad*)
reputazione *f*, fama; (*popularidad*)
popolarità.
reputar *vt* reputare, ritenere.
requebrar [-k-] *vt* (*de amores*)
corteggiare; (*adular*) lusingare.
requemado, a [-k-] *a* (*quemado*)
bruciacchiato(a); (*bronceado*)
abbronzato(a).
requerimiento [-k-] *sm* (*JUR*)
intimazione *f*; (*demanda*) domanda.
requerir [-k-] *vt* (*rogar*) pregare;
(*necesitar*) necessitare, richiedere;
(*exigir*) richiedere; (*llamar*) chiedere di,
desiderare.
requesón [-k-] *sm* ricotta.
requiebro [-kj-] *sm* (*galanteo*)
corteggiamento; (*adulación*) galanteria.
requisa (-'k-] *sf* (*inspección*)
perquisizione *f*; (*MIL*) rassegna.
requisito [-k-] *sm* requisito, condizione *f*.
res *sf* capo di bestiame; ~ **vacuna**
bovino.
resabio *sm* vizio; (*dejo*) cattivo sapore.
resaca *sf* (*NAUT*) risacca; (*COM*) rivalsa;
comer la ~ (*fam*) mangiare gli avanzi.
resalado, a *a* (*fam*) spiritoso(a),
divertente.
resaltar *vi* sporgere; (*persona*)
distinguersi.
resarcimiento [-θ-] *sm* risarcimento,
indennizzo.
resarcir [-'θir] *vt* risarcire, indennizzare;
~**se** *vr* rifarsi.
resbaladizo, a [-θo] *a* sdrucciolevole,
scivoloso(a).
resbalar *vi*, ~**se** *vr* scivolare; (*fig*) fare
una gaffe.
resbaloso, a *a* (*AM*) scivoloso(a),
sdrucciolevole.
rescatar *vt* (*cautivos*) liberare; (*objeto*)
recuperare.
rescate *sm* riscatto; (*de astronauta*)
recupero; **pagar un** ~ pagare un
riscatto.
rescindir [-sθ-] *vt* sciogliere, rescindere.
rescisión [-sθ-] *sf* scioglimento,
rescissione *f*.
rescoldo *sm* brace *f*, cenere *f*; (*fig*)
cruccio, scrupolo.
resecar *vt* seccare; (*MED*) tagliare via;
~**se** *vr* seccarsi.
reseco, a *a* molto secco(a); (*fig*)
magro(a), asciutto(a).
resentido, a *a* risentito(a).
resentimiento *sm* risentimento.
resentirse *vr* (*debilitarse: persona*)
indebolirsi; (*: edificio*) vacillare, tremare;
~ **con** ri sentirsi con; ~ **de**
(*consecuencias*) provare le conseguenze
di.
reseña [-ɲa] *sf* (*cuenta*) resoconto; (*MIL*)
rassegna, rivista; (*juicio*) recensione *f*.
reseñar [-'ɲar] *vt* (*libro*) recensire.
reserva *sf* (*COM*) riserva;
(*reservación*) prenotazione *f*; (*discreción*)
riservatezza, riserbo // *sm/f* riserva *m/f*;

a ~ **de** con riserva di; **tener en** ~
mettere da parte.
reservado, a *a* riservato(a); (*retraído*)
appartato(a) // *sm* salottino (riservato).
reservar *vt* (*guardar*) metter via
o da parte; (*habitación, entrada*)
prenotare, riservare; (*callar*) nascondere;
~**se** *vr* (*prevenirse*) premunirsi;
(*resguardarse*) riservarsi.
resfriado, a *a* raffreddato(a) // *sm*
raffreddore *m*.
resfriarse *vr* raffreddarsi.
resguardar *vt* riparare, proteggere;
~**se** *vr* riguardarsi.
resguardo *sm* (*defensa*) difesa,
protezione *f*; (*custodia*) guardia;
(*garantía*) garanzia; (*vale*) scontrino,
ricevuta.
residencia [-θja] *sf* residenza, domicilio.
residente *a*, *sm/f* residente (*m/f*).
residir *vi* risiedere, abitare; ~ **en** (*fig*)
stare in.
residuo *sm* residuo, resto.
resignación [resiɣna'θjon] *sf*
rassegnazione *f*.
resignarse [-ɣn-] *vr* rassegnarsi; ~ **a** o
con rassegnarsi a.
resistencia [-θja] *sf* resistenza.
resistente *a* resistente, robusto(a) //
sm/f partigiano/a.
resistir *vt* (*soportar*) sopportare,
tollerare; (*oponerse a*) resistere a // *vi*
(*luchar*) lottare, combattere; (*durar*)
resistere; ~**se** *vr*: ~**se a** rifiutarsi di.
resma *sf* risma.
resol *sm* riverbero (del sole).
resolución [-'θjon] *sf* (*decisión*) decisione
f; (*moción*) risoluzione *f*; (*determinación*)
determinazione *f*.
resoluto, a *a* risoluto(a), deciso(a).
resolver *vt* risolvere; (*decidir*) decidere;
~**se** *vr* risolversi, decidersi.
resollar [-'ʎar] *vi* ansimare, ansare.
resonancia [-θja] *sf* (*de sonido*) sonorità;
(*repercusión*) risonanza.
resonante *a* risonante.
resonar *vi* risuonare.
resoplar *vi* sbuffare, soffiare.
resoplido *sm* sbuffo, soffio.
resorte *sm* (*pieza*) molla; (*elasticidad*)
elasticità; (*fig*) tasto.
respaldar *vt* annotare a tergo; (*fig*)
proteggere; (*: apoyar*) appoggiare; ~**se**
vr appoggiarsi.
respaldo *sm* (*de cama*) spalliera; (*de
sillón*) schienale *m*; (*fig*) appoggio, aiuto.
respectivo, a *a* rispettivo(a),
relativo(a); **en lo** ~ **a** per quanto
riguarda.
respecto *sm*: **al** ~ **a** questo proposito;
con ~ **a** per quel che riguarda; ~ **de**
rispetto a.
respetable *a* rispettabile.
respetar *vt* rispettare; (*honrar*) onorare;
~**se** *vr* rispettarsi.

respeto *sm* rispetto; *(acatamiento)* deferenza, riguardo; ~**s** *mpl* ossequi *mpl*, omaggi *mpl*.

respetuoso, a *a* rispettoso(a).

respingar *vi* ricalcitrare; ~**se** *vr* offendersi.

respingo *sm* sobbalzo; *(fig)* rifiuto.

respiración [-'θjon] *sf* respirazione *f*; *(ventilación)* ventilazione *f*.

respirar *vi* respirare.

respiratorio, a *a* respiratorio(a).

respiro *sm* respiro; *(fig)* riposo, pausa.

resplandecer [-'θer] *vi* risplendere, brillare.

resplandeciente [-'θ-] *a* splendente, brillante.

resplandor *sm* bagliore *m*, luminosità.

responder *vt* rispondere // *vi* rispondere; *(corresponder a)* corrispondere, rispondere; ~ **a/de/por** rispondere a/di/per.

responsabilidad *sf* responsabilità *f inv*.

responsable *a* responsabile.

responso *sm* responso.

respuesta *sf* risposta.

resquebrajar [reskeβra'xar] *vt* screpolare, sgretolare; ~**se** *vr* screpolarsi; *(piso, techo)* fessurarsi.

resquebrajo [reske'βrajo] *sm* crepa, fessura.

resquemor [-k-] *sm* *(resentimiento)* risentimento.

resquicio [res'kiθjo] *sm* fessura.

restablecer [-'θer] *vt* ristabilire; ~**se** *vr* rimettersi.

restallar [-'ʎar] *vi* schioccare.

restante *a* rimanente; **lo** ~ il rimanente; **los** ~**s** i rimanenti.

restañar [-'ɲar] *vt* ristagnare.

restar *vt* sottrarre; *(fig)* togliere, levare // *vi* restare, rimanere.

restauración [-'θjon] *sf* restaurazione *f*.

restaurán, restaurante *sm* ristorante *m*.

restaurar *vt* restaurare; *(recuperar)* ricuperare.

restitución [-'θjon] *sf* *(devolución)* restituzione *f*; *(restablecimiento)* ristabilimento.

restituir *vt* *(devolver)* restituire; *(rehabilitar)* riabilitare; ~**se** *vr* ritornare.

resto *sm* *(residuo)* resto, residuo; *(COC)* avanzo; *(NAUT)* relitto; *(apuesta)* posta.

restregar *vt* strofinare.

restricción [-k'θjon] *sf* restrizione *f*.

restrictivo, a *a* restrittivo(a).

restringir [-'xir] *vt* *(limitar)* restringere, limitare; *(reducir)* ridurre; ~**se** *vr* limitarsi.

resucitar [-θ-] *vt*, *vi* risuscitare.

resuelto, a *pp de* **resolver** // *a* risoluto(a), deciso(a).

resuello [-'ʎo] *sm* respiro, fiato.

resultado *sm* risultato.

resultar *vi* risultare; *(salir bien)* riuscire; *(COM)* ammontare; *(fam)* essere d'accordo; ~ **de** risultare o nascere da;

me resulta difícil hacer... trovo difficile fare....

resumen *sm* riassunto, sommario.

resumido, a *a* riassunto(a).

resumir *vt* riassumere.

retablo *sm* pala (d'altare).

retaguardia *sf* retroguardia.

retahíla [-a'i-] *sf* fila, sfilza.

retal *sm* ritaglio.

retama *sf* ginestra.

retar *vt* provocare; *(desafiar)* sfidare; *(fam)* sgridare.

retardar *vt* *(demorar)* ritardare; *(hacer más lento)* rallentare.

retardo *sm* ritardo.

retazo [-θo] *sm* scampolo.

retén *sm* *(TECN)* rinforzo; *(reserva)* riserva.

retener *vt* trattenere; *(no devolver)* tenere; *(recordar)* ricordare; ~**se** *vr* trattenersi, contenersi.

retina *sf* retina.

retintín *sm* tintinnio.

retirada *sf* *(MIL)* ritirata, ripiegamento; *(de dinero)* prelevamento; *(de embajador)* richiamo; *(refugio)* ritiro, rifugio.

retirado, a *a* *(distante)* appartato(a), lontano(a); *(tranquilo)* tranquillo(a); *(jubilado)* pensionato(a).

retirar *vt* togliere, ritirare; *(dinero)* prelevare; *(jubilar)* mandare in pensione; ~**se** *vr* ritirarsi; *(acostarse)* coricarsi; **no se retire del teléfono** resti in linea.

retiro *sm* ritiro; *(jubilación)* pensione *f*.

reto *sm* sfida; *(fam)* sgridata, lavata di capo.

retocar *vt* ritoccare; *(peinado)* ravviare.

retoño [-ɲo] *sm* rampollo.

retoque [-ke] *sm* ritocco; *(MED)* sintomo.

retorcer [-'θer] *vt* ritorcere; *(fig)* travisare; ~**se** *vr* *(mover el cuerpo)* contorcersi.

retorcimiento [-θ-] *sm* *(de hilo)* torcitura, torsione *f*; *(MED)* storta; *(fig)* imbroglio.

retórica *sf* retorica.

retornar *vt* restituire // *vi* ritornare.

retorno *sm* ritorno; **aviso de** ~ ricevuta di ritorno.

retortijón [-'xon] *sm* crampo.

retozar [-'θar] *vi* saltellare, giocherellare.

retozón, ona [-'θon] *a* pazzerello(a), scherzevole.

retracción [-k'θjon] *sf* ritrazione *f*.

retractación [-'θjon] *sf* ritrattazione *f*.

retractar *vt* ritrattare, disdire; ~**se** *vr* ritrattarsi.

retraer *vt* riportare; *(disuadir)* distogliere, dissuadere; ~**se** *vr* ritirarsi, isolarsi.

retraído, a *a* solitario(a), timido(a).

retraimiento *sm* isolamento; *(fig)* timidezza, riserbo.

retransmitir *vt* ritrasmettere.

retrasado, a *a* (*atrasado*)
ritardatario(a); (*subdesarrollado*)
sottosviluppato(a); (MED) ritardato(a).
retrasar *vt* (*diferir*) ritardare.
rimandare; (*retardar*) ritardare // *vi*,
~se *vr* arrivare in ritardo; (*producción*)
rimanere indietro; (*quedarse atrás*)
attardarsi, fare tardi; (*reloj*) essere
indietro, ritardare.
retraso *sm* (*tardanza*) lentezza; (*atraso*)
ritardo; **llegar con** ~ arrivare in
ritardo; ~ **mental** ritardo mentale.
retratar *vt* ritrarre; (*fotografiar*)
fotografare; (*fig*) dipingere, descrivere;
~se **contra un muro** (*fam*) schiantarsi
contro un muro.
retrato *sm* ritratto.
retrato-robot *sm* identikit *m inv*.
retreta *sf* (MIL) ritirata; (AM: MUS)
concerto in piazza.
retrete *sm* gabinetto, cesso (*fam*).
retribución [-'θjon] *sf* retribuzione *f*;
(*recompensa*) ricompensa.
retribuir *vt* (*pagar*) pagare, retribuire
(*recompensar*) ricompensare; (AM: saludo)
restituire.
retroactivo, a *a* retroattivo(a).
retroceder [-θ-] *vt* retrocedere,
indietreggiare; (*arma*) rinculare.
retroceso [-'θ-] *sm* retrocessione *f*; (MIL)
arretramento; (MED) peggioramento,
ricrudescenza; (*fig*) regresso.
retrógrado, a *a* retrogrado(a).
retrospectivo, a *a* retrospettivo(a).
retrovisor *sm* retrovisore *m*.
retruécano *sm* gioco di parole.
retumbante *a* rimbombante.
retumbar *vi* rimbombare.
reuma, reumatismo *sm* reumatismo.
reunión *sf* riunione *f*; (*fiesta*) festa;
(*reencuentro*) incontro.
reunir *vt* (*juntar*) unire, collegare;
(*recoger*) raccogliere, riunire; (*personas*)
riunire; ~se *vr* (*juntarse*) unirsi;
(*encontrarse*) riunirsi.
revalidación [-'θjon] *sf* convalida.
revalidar *vt* convalidare, ratificare.
revalorar *vt* rivalutare.
revancha [-tʃa] *sf* rivincita.
revelación [-'θjon] *sf* rivelazione *f*.
revelado *sm* sviluppo.
revelar *vt* (*descubrir*) svelare;
(*manifestar*) dimostrare; (FOTO)
sviluppare.
revendedor, a *sm/f* rivenditore/trice;
(*pey*) speculatore/trice.
reventar *vt* (*globo, neumático*) far
scoppiare; (*fam: plan*) mandare all'aria;
(: *fastidiar*) seccare, annoiare // *vi*, ~se
vr (*estallar*) scoppiare; (*fam: morir*)
crepare; (: *molestar*) seccare; ~ **de risa**
morire o crepare dal ridere.
reventón *sm* scoppio.
reverberación [-'θjon] *sf* riverbero.
reverberar *vi* riverberare.
reverbero *sm* riverbero.
reverdecer [-'θer] *vi* rinverdire.

reverencia [-θja] *sf* riverenza.
reverenciar [-'θjar] *vt* rispettare,
venerare.
reverendo, a *a* reverendo(a); (AM: fam):
es un ~ **sinvergüenza** è un
grossissimo mascalzone.
reverente *a* riverente, ossequioso(a).
reversión *sf* (*devolución*) reversione *f*;
(*anulación*) annullamento.
reverso *sm* rovescio.
revés *sm* rovescio, retro; (*fig*) disgrazia;
(*fam*) sberla, schiaffo; **hacer algo al** ~
fare il contrario di qc; **volver algo al**
~ rivoltare qc.
revestir *vt* rivestire, ricoprire; ~ **con** o
de investire di.
revisar *vt* (*examinar*) controllare,
ispezionare; (*rever*) rivedere.
revisor, a *sm/f* revisore *m*; (FERR)
controllore *m*.
revista *sf* rivista; **pasar** ~ **a** passare in
rassegna o rivista.
revivir *vi* risuscitare, rinascere.
revocación [-'θjon] *sf* revoca,
abrogazione *f*.
revocar *vt* (*anular*) revocare, abrogare;
(*cubrir*) intonacare
revolcar *vt* rovesciare; (*fig*) sopraffare;
~se *vr* rotolarsi; ~se **del dolor**
contorcersi dal dolore.
revolotear *vi* svolazzare; (*girar*)
volteggiare.
revoloteo *sm* svolazzo.
revoltijo [-xo] *sm* miscuglio,
guazzabuglio; ~ **de huevos** uova *fpl*
strapazzate.
revoltoso, a *a* (*travieso*) turbolento(a);
(*rebelde*) ribelle, sovversivo(a) // *sm/f*
sovversivo/a.
revolución [-'θjon] *sf* rivoluzione *f*.
revolucionar [-θ-] *vt* rivoluzionare.
revolucionario, a [-θ-] *a, sm/f*
rivoluzionario(a).
revólver *sm* rivoltella.
revolver *vt* mescolare, rimestare;
(*desordenar*) mettere sottosopra;
(*inquietar*) sconvolgere; (*tantear en*)
frugare, rovistare; (*producir náuseas*)
rivoltare; (*discurrir*) rigirare // *vi*; ~ **en**
frugare *int* ~se *vr* rivoltarsi; (*de dolor*)
contorcersi.
revuelco *sm* caduta.
revuelo *sm* svolazzo; (*fig*) subbuglio,
tumulto.
revuelto, a *pp de* **revolver** // *a*
(*mezclado*) disordinato(a); (*confuso*)
ingarbugliato(a); (*descontento*)
irrequieto(a); (*travieso*) turbolento(a) //
sf rivolta; (*conmoción*) confusione *f*.
revulsivo *sm* (MED) revulsivo(a).
rey *sm* re *m inv*.
reyerta *sf* lite *f*, alterco.
rezagado, a [-'θ-] *sm/f* ritardatario/a.
rezagar [-θ-] *vt* (*dejar atrás*) lasciare
indietro; (*retrasar*) ritardare; ~se *vr*
attardarsi.

rezar [re'θar] vt (oración) dire // vi pregare; ~ **con** (fam) riguardare.

rezo [-θo] sm preghiera.

rezongar [-θ-] vi brontolare.

rezumar [-θ-] vt lasciar filtrare // vi trasudare; ~**se** vr trasudare.

ría sf estuario.

riada sf (crecida) piena; (inundación) straripamento.

ribera sf (de río) riva, sponda; (de mar) spiaggia, costa.

ribete sm (de vestido) cordoncino, galloncino; (fig) segno, traccia.

ribetear vt bordare.

ricino [-θ-] sm ricino.

rico, a a (acaudalado) ricco(a); (exquisito) squisito(a), eccellente; (encantador) bello(a), grazioso(a); (fam): ¡oye, ~! senti, bello!

rictus sm ghigno, rictus m inv.

ridiculez [-θ] sf ridicolezza.

ridiculizar [-'θar] vt ridicolizzare.

ridículo, a a ridicolo(a) // sm ridicolo.

riego sm irrigazione f, innaffiamento.

riel sm (FERR) rotaia; (para cortinas) asta, bacchetta.

rienda sf redine f, briglia; **dar** ~ **suelta** (fig) dare libero corso.

riente a ridente.

riesgo sm rischio.

rifa sf (lotería) lotteria; (disputa) rissa.

rifar vt sorteggiare // vi azzuffarsi.

rifle sm carabina a canna lunga.

rigidez [rixi'ðeθ] sf rigidità; (fig) severità.

rígido, a [-x-] a rigido(a), teso(a); (fig) severo(a), inflessibile.

rigor sm rigore m, severità; (inclemencia) rigore, asprezza; (precisión) rigore, precisione f; **de** ~ di rigore.

riguroso, a a (áspero) aspro(a), duro(a); (severo) rigoroso(a), severo(a); (inclemente) rigoroso(a).

rima sf rima.

rimar vi rimare.

rimbombante a rimbombante; (fig) vistoso(a), chiassoso(a).

rimel sm ® rimmel m inv ®.

rincón sm angolo; (espacio pequeño) ripostiglio.

rinoceronte [-θ-] sm rinoceronte m.

riña [-ɲa] sf rissa, alterco.

riñón [ri'ɲon] sm (ANAT) rene m; (COC) rognone m; (fig) centro, cuore m.

río sm fiume m; ~ **abajo/arriba** a monte/a valle.

rioplatense a, sm/f (abitante m/f) del Rio della Plata.

ripio sm (residuo) residuo, avanzo; (cascotes) calcinaccio; (fig) zeppa.

riqueza [ri'keθa] sf ricchezza.

risa sf riso; **morirse de** ~ morire dal ridere.

risco sm rupe f, roccia.

risible a (ridículo) ridicolo(a); (jocoso) divertente.

risotada sf risata.

ristra sf treccia.

risueño, a a [-ɲo] a ridente, allegro(a).

ritmo sm ritmo; **a** ~ **lento** lentamente.

rito sm rito.

ritual a rituale.

rival a rivale.

rivalidad sf rivalità f inv.

rivalizar [-'θar] vi: ~ **con** rivaleggiare con.

rizado, a [-'θ-] a riccio(a) // sm arricciatura.

rizar [ri'θar] vt arricciare; ~**se** vr (pelo) arricciarsi; (mar) incresparsi.

rizo [-θo] sm riccio, ricciolo; (NAUT) terzarolo; **hacer** o **rizar el** ~ (AER) fare il cerchio della morte.

RNE. sf (abr de Radio Nacional de España) ≈ RAI.

roano, a a roano(a).

robar vt rubare; (NAIPES) pescare.

roble sm rovere m.

robledo, robledal sm querceto.

roblón sm rivetto.

robo sm furto; (cosa robada) refurtiva.

robot sm robot m.

robustecer [-'θer] vt fortificare, irrobustire.

robustez [-θ] sf robustezza.

robusto, a a robusto(a), forte.

roca sf roccia, pietra.

rocalla [-ʎa] sf detriti mpl di roccia.

roce [-θe] sm (caricia) sfioramento; (frote) strofinio; (contacto) contatto, sfioramento; **tener** ~ avere delle conoscenze.

rociada [-'θ-] sf rugiada; (fig) pioggia.

rociar [ro'θjar] vt (ropa) spruzzare; (flores) innaffiare.

rocín [ro'θin] sm ronzino.

rocío [ro'θio] sm rugiada.

rocoso, a a roccioso(a).

rodaballo [-ʎo] sm rombo.

rodado, a a (con ruedas) a ruote; (redondo) arrotondato(a).

rodaja [-xa] sf (tajada) fetta; (rueda) rotella.

rodaje [-xe] sm (TECN) ingranaggi mpl; (CINE) ripresa; **en** ~ (AUTO) in rodaggio.

rodar vt (vehículo) rodare; (escalera) rotolare per; (viajar) girare // vi girare.

rodear vt circondare, attorniare // vi girare intorno; ~**se** vr: ~**se de** circondarsi di.

rodeo sm (acción) giro; (ruta indirecta) giro, deviazione f; (evasión) pretesto.

rodezno [-θ-] sm (hidráulica) ruota idraulica; (dentada) ruota dentata.

rodilla [-ʎa] sf ginocchio; **de** ~**s** in ginocchio.

rodillera [-ʎ-] sf ginocchiera.

rodillo [-ʎo] sm rullo; ~ **apisonador** rullo compressore.

rododendro sm rododendro.

roedor, a a roditore(trice) // sm roditore m.

roer vt (masticar) rodere, rosicchiare; (fig) tormentare.

rogar *vt, vi* pregare.
rogativa *sf* preghiera pubblica.
rojete [-'x-] *sm* rossetto.
rojizo, a [ro'xiθo] *a* rossiccio(a).
rojo, a [-xo] *a* rosso(a) // *sm* rosso; **al ~ vivo** arroventato(a).
rol *sm* ruolo, elenco.
roldana *sf* puleggia.
rollizo, a [ro'ʎiθo] *a* (*grueso*) grassoccio(a); (*redondo*) tondo(a).
rollo [-ʎo] *sm* (*de papel*) rotolo; (*de película*) rullino; **¡qué ~!** (*fam*) che noia!
Roma *sf* Roma.
romance [-'θe] *a*: **lengua ~** lingua romanza // *sm* lingua romanza; (*relación*) idillio; **hablar en ~** parlare chiaramente.
romancero [-'θ-] *sm* raccolta di romanze spagnole.
romántico, a *a* romantico(a).
romería *sf* (*REL*) pellegrinaggio; (*fiesta*) sagra.
romero, a *sm/f* pellegrino/a // *sm* rosmarino.
romo, a *a* smussato(a); (*fig*) abbattuto(a).
rompecabezas [-θas] *sm inv* rompicapo.
rompehuelgas [-e'w-] *sm inv* crumiro.
rompeolas *sm inv* frangiflutti *m inv*.
romper *vt* rompere; (*fracturar*) spezzare, fratturare // *vi* (*olas*) rompere, frangersi; (*sol, diente*) spuntare; **~se** *vr* rompersi; (*reloj*) fermarsi; **~ un contrato** annullare un contratto; **~ en llanto** scoppiare a piangere.
rompiente *sm* frangente *f*, scogliera.
rompimiento *sm* rottura.
ron *sm* rum *m*.
roncar *vi* russare; (*viento*) mugghiare; (*amenazar*) minacciare.
ronco, a *a* rauco(a).
roncha [-tʃa] *sf* eruzione *f*.
ronda *sf* ronda; (*serenata*) serenata; (*juego*) girotondo; (*fam*) bicchierata; **pagar una ~** pagare una bicchierata.
rondalla [-ʎa] *sf* (*MUS*) gruppo di musicisti; (*cuento*) racconto, fiaba.
rondar *vt* (*dar vueltas*) girare; (*patrullar*) pattugliare // *vi* far la ronda; (*fig*) gironzolare.
rondón: de ~ *ad* improvvisamente.
ronquear [-k-] *vi* essere rauco.
ronquedad [-k-] *sf* raucedine *f*.
ronquido, [-'k-] *sm* russare *m*.
ronzal [-'θal] *sm* cavezza.
roña [-ɲa] *sf* (*mugre*) sudiciume *m*; (*astucia*) furberia.
roñoso, a [-'ɲ-n-] *a* (*mugriento*) lercio(a), sudicio(a); (*inútil*) inutile; (*tacaño*) tirchio(a).
ropa *sf* vestiti *mpl*; **~ blanca** biancheria; **~ de cama** biancheria da letto; **~ interior** biancheria intima.
ropaje [-xe] *sm* (*conjunto de ropas*) vestiario.
ropavejero [-'xero] *sm* rigattiere *m*.

ropero *sm* armadio, guardaroba *m* // *sm/f* negoziante *m/f* di abiti confezionati.
roque [-ke] *sm* torre *f*.
roquedal [-k-] *sm* terreno roccioso.
rosa *a inv* rosa // *sf* rosa; (*ANAT*) rossore *m*; **~s** *fpl* pop-corn *m*; **~ de los vientos** rosa dei venti.
rosáceo, a [-θ-] *a* rosa.
rosado, a *a* rosa // *sm* rosato.
rosal *sm* rosaio.
rosario *sm* (*REL*) rosario; (*fig*) sfilza.
rosca *sf* (*de tornillo*) filettatura; (*COC*) ciambella.
rosetón *sm* rosone *m*.
rostro *sm* viso, volto.
rotación [-'θjon] *sf* rotazione *f*; **~ de cultivos** rotazione agraria.
rotativo, a *a* rotativo(a).
roto, a *pp de* **romper** // *a* rotto(a); (*disipado*) licenzioso(a).
rótula *sf* rotula.
rotular *vt* apporre titolo o etichetta a.
rótulo *sm* (*letrero*) titolo; (*etiqueta*) etichetta.
rotundo, a *a* pieno(a), sonoro(a).
rotura *sf* (*rompimiento*) rottura; (*MED*) frattura.
roturar *vt* dissodare.
rozado, a [-'θ-] *a* usato(a), consumato(a).
rozadura [-θ-] *sf* sfregamento; (*herida*) escoriazione *f*.
rozagante [-θ-] *a* vivace, gaio(a).
rozar [-'θar] *vt* (*frotar*) sfiorare, strisciare; (*arañar*) graffiare; (*arrugar*) sgualcire; (*AGR*) sarchiare; **~se** *vr* sfregarsi; **~ con** (*fam*) avere rapporti con.
roznar [-θ-] *vi* ragliare.
rte. (*abr de remitente*) mitt.
rúa *sf* via.
rubí *sm* rubino.
rubicundo, a *a* rossiccio(a); (*rebosante de salud*) rubicondo(a).
rubio, a *a, sm/f* biondo(a).
rubor *sm* (*timidez*) imbarazzo; (*sonrojo*) rossore *m*.
ruborizarse [-'θ-] *vr* (*avergonzarsi*) vergognarsi; (*sonrojarse*) arrossire.
ruboroso, a *a* rosso(a) di vergogna.
rúbrica *sf* rubrica; (*de la firma*) parafa.
rubricar *vt* (*firmar*) firmare; (*concluir*) terminare.
rucio, a ['ruθjo] *a* grigio(a).
rudeza [-θa] *sf* rozzezza.
rudimento *sm* rudimento, nozione *f*.
rudo, a *a* (*sin pulir*) grezzo(a); (*tosco*) rude, rozzo(a); (*violento*) violento(a), duro(a); (*vulgar*) volgare; (*estúpido*) scemo(a).
rueca *sf* rocca.
rueda *sf* ruota; (*de molino*) mola; (*rodaja*) fetta; (*corro*) gruppo; **~ delantera/trasera** ruota anteriore/posteriore; **~ de prensa** conferenza stampa.
ruedo *sm* (*límite*) confine *m*, contorno; (*vuelta*) giro, rotazione *f*; (*círculo*)

circonferenza, contorno; *(de la plaza de toros)* arena; *(de vestido)* orlo.

ruego *sm* preghiera.

rufián *sm* ruffiano; *(fig)* malandrino.

rugby *sm* rugby *m*.

rugido [-'x-] *sm* ruggito; *(fig)* bramito.

rugir [ru'xir] *vi* ruggire; *(fig)* bramire.

rugoso, a *a (arrugado)* grinzoso(a); *(áspero)* aspro(a), rugoso(a).

ruibarbo *sm* rabarbaro.

ruido *sm* rumore *m*; *(alboroto)* chiasso; *(fig)* scandalo.

ruidoso, a *a* rumoroso(a); *(escandaloso)* chiassoso(a); *(fig)* clamoroso(a).

ruin *a (despreciable)* vile, spregevole; *(miserable)* misero(a); *(mezquino)* taccagno(a).

ruina *sf* rovina, rudere *m*; *(fig)* crollo, distruzione *f*.

ruindad *sf (bajeza)* viltà, vigliaccheria; *(tacañería)* taccagneria.

ruinoso, a *a (desolado)* in rovina; *(COM)* disastroso(a).

ruiseñor [-'nor] *sm* usignolo.

rula, ruleta *sf* roulette *f*.

Rumania *sf* Romania.

rumba *sf* rumba.

rumbo *sm (ruta)* rotta; *(ángulo de dirección)* direzione *f*; *(fig)* corso.

rumboso, a *a* fastoso(a).

rumiante *sm* ruminante *m*.

rumiar *vt* ruminare, masticare; *(fig)* rimuginare // *vi* ruminare.

rumor *sm* rumore *m*.

rumorearse *vr*: **se rumorea que...** corre voce che....

rupestre *a* rupestre.

ruptura *sf (MED)* frattura; *(fig)* rottura.

rural *a* rurale.

Rusia *sf* Russia.

ruso, a *a, sm/f* russo(a).

rústico, a *a (descortés)* scortese, volgare; *(ordinario)* rozzo(a), zotico(a) // *sm/f* contadino/a.

ruta *sf* rotta, direzione *f*; *(AM: carretera)* strada.

rutina *sf* abitudine *f*, consuetudine *f*.

rutinario, a *a* abitudinario(a); *(inculto)* senza immaginazione.

S

S. *(abr de sur)* S.

s. *abr de* **siglo; siguiente.**

S/ *(abr comercial de su, sus)* vs.

S.A. *abr ver* **sociedad.**

sábado *sm* sabato.

sábana *sf* lenzuola; **se le pegan las ~s** è un dormiglione.

sabandija [-xa] *sf* animaletto nocivo; *(ladronzuelo)* ladruncolo; *(pícaro)* monello.

sabañón [-'non] *sm* gelone *m*.

sabelotodo *sm/f* saputello/a.

saber *vt* sapere; *(llegar a conocer)* apprendere; *(tener capacidad de)* conoscere // *vi*: ~ **a** sapere di, aver sapore di // *sm* sapere *m*; **a** ~ cioè; **¡yo qué sé!** che ne so!; **¿sabes conducir?** sai guidare?

sabiamente *ad* saggiamente.

sabiduría *sf* sapienza; *(prudencia)* saggezza.

sabiendas: a ~ *ad* deliberatamente.

sabihondo, a [-i'o-] *a* presuntuoso(a), saputello(a).

sabio, a *a* sapiente, dotto(a); *(prudente)* saggio(a), prudente // *sm/f* erudito/a.

sable *sm* sciabola.

sabor *sm* sapore *m*.

saborear *vt* gustare; ~**se** *vr* dilettarsi.

sabotaje [-xe] *sm* sabotaggio.

sabotear *vt* sabotare.

sabroso, a *a* saporito(a), gustoso(a); *(fig)* audace.

sacaclavos *sm inv* cavachiodi *m inv*.

sacacorchos [-tʃos] *sm inv* cavatappi *m inv*.

sacapuntas *sm inv* temperamatite *m inv*.

sacar *vt (hacer salir)* far uscire; *(quitar)* togliere, levare; *(citar)* citare; *(conseguir)* ricavare; *(inferir)* dedurre, scoprire; *(producir)* produrre; *(FOTO)* fare, scattare; *(recibir)* vincere; ~ **a bailar** invitare a ballare; ~ **a flote** rimettere a galla; ~ **a luz** far conoscere; ~ **apuntes** prendere appunti; ~ **en claro** mettere in chiaro; ~ **la cara por alguien** assumersi la difesa di qd; ~ **la cuenta** fare i conti; ~ **punta al lápiz** temperare la matita; ~ **ventaja** sorpassare; ~ **adelante** mandare avanti; *(niño)* tirar su.

sacerdote [-θ-] *sm* sacerdote *m*, prete *m*.

saciar [-'θjar] *vt (hartar)* saziare; *(satisfacer)* soddisfare.

saciedad *sf (ver vb)* sazietà; soddisfazione *f*.

saco *sm* sacco; *(gabán)* giacca; *(saqueo)* sacco, saccheggio; ~ **de dormir** sacco a pelo.

sacramento *sm* sacramento.

sacrificar *vt* sacrificare; ~**se** *vr* sacrificarsi.

sacrificio [-θjo] *sm* sacrificio.

sacrilegio [-xjo] *sm* sacrilegio.

sacrílego, a *a* sacrilego(a).

sacristán *sm* sagrestano.

sacro, a *a* sacro(a) // *sm* osso sacro.

sacudida *sf* scossone *m*.

sacudir *vt* scuotere, scrollare; *(asestar)* assestare, appioppare.

sádico, a *a* sadico(a).

sadismo *sm* sadismo.

saeta *sf (flecha)* freccia, saetta; *(de reloj)* lancetta; *(brújula)* ago.

sagacidad [-θ-] *sf* sagacia.

sagaz [-θ] *a inv* sagace.

sagrado, a *a* sacro(a) // *sm* asilo.

sagú *sm* sagù *m*.

sahumar [sau-] vt profumare.
sal sf sale m.
sala sf (cuarto grande) salone m; (salar de estar) soggiorno; (muebles) soggiorno; ~ **de apelación** corte f d'appello; ~ **de espera** sala d'attesa.
salado, a a salato(a); (fig) spiritoso(a), acuto(a).
salar vt salare.
salario sm salario.
salaz [-θ] a inv salace.
salchicha [-'tʃitʃa] sf salsiccia.
salchichería [-tʃitʃ-] sf salumeria.
salchichón [-tʃitʃon] sm salsicciotto.
saldar vt liquidare; (fig) regolare, saldare.
saldo sm saldo.
saledizo, a [-θo] a sporgente // sm sporgenza.
salero sm saliera; (fig) spirito, grazia.
salida sf uscita; (acto) partenza; (TECN) produzione f; (fig) scappatoia, via di uscita; (COM) smercio; (fam) uscita, battuta; (tiraje) tiratura; **calle sin ~** strada senza uscita; ~ **de emergencia** uscita di sicurezza.
saliente a sporgente; (que se retira) uscente; (fig) notevole // sm oriente m.
salino, a a salino(a).
salir vi uscire; (resultar) risultare; (partir) partire; (aparecer) spuntare; (sobresalir) sporgere; ~se vr traboccare; ~ **al encuentro de uno** andare incontro a qd; ~ **a la superficie** venire a galla; ~ **caro/barato** costare caro/poco; ~ **de dudas** chiarire un dubbio; **el agua se sale** c'è una perdita d'acqua.
saliva sf saliva.
salivar vi salivare.
salmantino, a a, sm/f (abitante m/f) di Salamanca.
salmo sm salmo.
salmón sm salmone m.
salmuera sf salamoia.
salobre a salmastro(a).
salón sm salotto, salone m; ~ **de baile** sala da ballo; ~ **de belleza** istituto di bellezza; ~ **de pintura** galleria d'arte.
salpicar vt (rociar) spruzzare; (esparcir) spargere, cospargere; (fig) ornare, infiorare.
salpullido [-'ʎ-] sm eruzione f cutanea.
salsa sf salsa; (fig) simpatia.
saltamontes sm inv cavalletta verde.
saltar vt saltare // vi saltare; (al aire) lanciarsi; (quebrarse) spezzarsi; (fig) scoppiare; ~se vr saltare.
saltear vt rapinare, derubare; (asaltar) assalire, assaltare; (espaciar) diradare; (COC) soffriggere.
saltimbanqui [-ki] sm/f saltimbanco.
salto sm salto; (fig) vuoto; (DEPORTE: de nadador) tuffo; ~ **de altura/longitud/pértiga** salto in alto/in lungo/con l'asta.
saltón, ona a sporgente, protuberante.

salubre a salubre.
salud sf salute f; (fig) benessere m; ¡(**a su**) ~! alla salute!
saludable a (de buena salud) sano(a), salubre; (provechoso) salutare.
saludar vt salutare.
saludo sm saluto.
salvación [-'θjon] sf salvezza.
salvaguardia sf salvaguardia, difesa.
salvajada [-'x-] sf crudeltà f inv.
salvaje [-xe] a (terreno, planta) selvatico(a); (animal, persona) selvaggio(a).
salvajismo [-'x-] sm, **salvajez** [-'xeθ] sf atto selvaggio.
salvar vt (rescatar) salvare; (resolver) risolvere; (cubrir distancias) percorrere; (hacer excepción) escludere; ~se vr salvarsi.
salvavidas sm inv salvagente m; **cinturón** ~ cintura di salvataggio.
salvedad sf riserva.
salvia sf salvia.
salvo, a a incolume, salvo(a) // ad salvo, eccetto; **a** ~ in salvo, al sicuro.
salvoconducto sm salvacondotto.
san a santo(a).
sanable a guaribile.
sanar vt curare // vi guarire.
sanatorio sm clinica, ospedale m.
sanción [-'θjon] sf sanzione f.
sancionar [-θ-] vt (aprobar) ratificare, sancire; (imponer pena) sanzionare.
sancochar [-'tʃar] vt scottare.
sandalia sf sandalo.
sándalo sm sandalo.
sandez [-θ] sf stupidaggine f.
sandía sf cocomero.
sandwich [-tʃ] sm panino (imbottito).
saneamiento sm (de terrenos) bonifica, risanamento; (FIN) risanamento; (fig) rimedio.
sanear vt risanare, bonificare; (FIN) risanare.
sangrante a sanguinante.
sangrar vt salassare // vi sanguinare.
sangre sf sangue m; **tener mala** ~ essere cattivo(a).
sangría sf salasso; (bebida) sangria.
sangriento, a a (guerra) sanguinoso(a); (que sangra) insanguinato(a).
sanguijuela [sangi'xwela] sf sanguisuga.
sanguinario, a [-gi-] a sanguinario(a), crudele.
sanguíneo, a [-'gi-] a sanguigno(a).
sanidad sf (salud) salute f; (salud pública) sanità f.
sanitario, a a sanitario(a).
sano, a a sano(a).
santiamén sm: **en un** ~ in un batter d'occhio.
santidad sf santità f inv.
santificar vt santificare.
santiguar vt (fig) schiaffeggiare; ~se vr farsi il segno della croce.

santo, a *a* santo(a); (*fig*) miracoloso(a)
// *sm/f* santo/a // *sm* onomastico; ~ **y**
seña parola d'ordine.
santón *sm* santone *m*.
santuario *sm* santuario.
sapiencia [-θja] *sf* sapienza.
sapo *sm* (*ZOOL*) rospo.
saque [-ke] *sm* (*TENIS*) servizio, battuta;
(*FUTBOL*) calcio d'inizio.
saquear [-ke-] *vt* saccheggiare,
depredare.
saqueo [-'keo] *sm* saccheggio.
sarampión *sm* morbillo.
sarcasmo *sm* sarcasmo.
sardina *sf* sardina.
sardónico, a *a* sardonico(a).
sargento [-'x-] *sm* sergente *m*.
sarna *sf* rogna.
sarniento, a, sarnoso, a *a* rognoso(a).
sartén *sf* padella.
sastre *sm* sarto.
sastrería *sf* sartoria.
satélite *sm* satellite *m* // *a inv*: **país** ~
paese satellite.
sátira *sf* satira; (*crítica*) critica mordace.
satisfacción [-k'θjon] *sf* soddisfazione *f*;
(*cumplimiento*) compenso.
satisfacer [-'θer] *vt* soddisfare;
(*indemnizar*) risarcire; ~**se** *vr*
soddisfarsi; (*vengarse*) vendicarsi.
satisfecho, a [-'tʃo] *pp de* **satisfacer** //
a soddisfatto(a), contento(a); (*vanidoso*)
fiero(a).
saturar *vt* (*saciar*) saturare; (*impregnar*)
impregnare.
saturnino, a *a* malinconico(a).
sauce [-θe] *sm* salice *m*.
sauna *sf* sauna.
savia *sf* linfa.
saxofón, saxófono *sm* sassofono.
saya *sf* gonna.
sayo *sm* tunica, saio.
sazón [-'θon] *sf* (*madurez*) maturità; (*fig*)
occasione *f*; (*sabor*) sapore *m*.
sazonado, a [-θ-] *a* saporito(a),
condito(a).
sazonar [-θ-] *vt* condire, insaporire; (*fig*)
maturare.
se *pron* si; (*dativo: delante de pron*) gli; ~
me ha dicho que. . . mi si è detto
che. . .; ~ **lo preguntaremos** glielo
domanderemo.
sebo *sm* sebo, grasso.
seca *sf* siccità *f inv*.
secador *sm* stenditoio; ~ **de cabello** *o*
para el pelo asciugacapelli *m inv*.
secante *sm* carta assorbente.
secar *vt* (*ropa, platos*) asciugare; (*fruta*)
far seccare; ~**se** *vr* asciugarsi.
sección [sek'θjon] *sf* sezione *f*; (*en
negocio*) reparto; (*en diario*) pagina.
seco, a *a secco*(a); **en** ~ *a* secco; **a** ~**as**
senza aggiungere altro.
secretaría *sf* segreteria.
secretario, a *sm/f* segretario/a.
secreto, a *a* segreto(a) // *sm* segreto.
secta *sf* setta.

sectario, a *a* settario(a).
sector *sm* settore *m*.
secuaz [se'kwaθ] *sm* sostenitore *m*,
seguace *m*.
secuela [-'kw-] *sf* conseguenza.
secuestrar [-kw-] *vt* sequestrare.
secuestro [-'kw-] *sm* sequestro; (*de
avión*) dirottamento.
secular *a* secolare.
secundar *vt* aiutare.
secundario, a *a* secondario(a).
sed *sf* sete *f*.
seda *sf* seta.
sedante, sedativo *sm* sedativo.
sede *sf* sede *f*, domicilio.
sedentario, a *a* sedentario(a).
sedición ['θjon] *sf* sedizione *f*,
insurrezione *f*.
sedicioso, a [-'θ-] *a* sedizioso(a) // *sm/f*
ribelle *m / f*.
sediento, a *a* (*con sed*) assetato(a);
(*ávido*) bramoso(a), desideroso(a).
sedimentar *vt* depositare; ~**se** *vr*
depositarsi; (*fig*) calmarsi.
sedimento *sm* sedimento, deposito.
seducción [-k'θjon] *sf* (*atracción*) fascino;
(*acto de seducir*) seduzione *f*.
seducir [-'θir] *vt* sedurre.
seductor, a *a* (*atractivo*) affascinante;
(*engañoso*) ingannevole // *sm/f*
seduttore/trice.
segador, a *sm/f* mietitore/trice // *sf*
falciatrice *f*, mietitrice *f*.
segadora-trilladora [— -ʎ-] *sf*
mietitrebbiatrice *f*.
segar *vt* falciare.
seglar *a inv* laico(a).
segmento *sm* segmento.
segregación [-'θjon] *sf* segregazione *f*.
segregar *vt* segregare.
seguido, a [-vi-] *a* continuo(a); (*derecho*)
diritto(a) // *ad* (*directo*) diritto;
(*después*) dopo // *sf* serie *f*,
continuazione *f*; **acto** ~ subito dopo.
seguimiento [-vi-] *sm* (*sucesión*)
sucessione *f*; (*persecución*) inseguimento.
seguir [-'vir] *vt* seguire; (*continuar*)
continuare; (*perseguir*) inseguire,
seguire // *vi* seguire; (*continuar*)
continuare; ~**se** *vr* succedersi;
(*deducirse*) seguirne, derivarne.
según *prep* secondo // *ad* dipende,
secondo.
segundo, a *a* secondo(a) // *sm* secondo
// *sf* due mandate *fpl*; **de** ~**a mano** di
seconda mano.
segundón *sm* secondogenito.
segur *sf* (*hacha*) scure *f*; (*hoz*) falce *f*.
seguramente *ad* (*con certeza*)
sicuramente; (*probablemente*) forse,
probabilmente.
seguridad *sf* (*tranquilidad*) sicurezza;
(*certidumbre*) certezza.
seguro, a *a* (*cierto*) sicuro(a), certo(a);
(*fiel*) fidato(a), sicuro(a); (*firme*)
solido(a), sicuro(a) // *ad* sicuro,
sicuramente // *sm* (*cierre*) sicura; (*COM*)

assicurazione f; **dar por** ~ dare per
sicuro; ~ **contra terceros/a todo
riesgo** assicurazione contro terzi/totale;
~**s sociales** previdenza sociale.
seis num sei (m).
seiscientos, as [-'θ-] num seicento.
seísmo sm sisma m.
selección [-k'θjon] sf selezione f;
(elección) scelta.
seleccionar [-kθ-] vt scegliere.
selecto, a a scelto(a).
selva sf selva, foresta.
selvático, a a selvatico(a); (salvaje)
selvaggio(a).
sellar [-'ʎ-] vt (documento) bollare,
timbrare; (con lacre) sigillare; (monedas)
coniare, battere.
sello [-ʎo] sm timbro; (medicinal)
compressa; (fig) tono, stile m.
semáforo sm semaforo.
semana sf settimana.
semanal a settimanale.
semanario a settimanale // sm
settimanale m.
semblante sm aspetto, volto.
semblanza [-θa] sf biografia.
sembrado, a a coltivato(a) // sm campo
coltivato.
sembrador, a sm/f seminatore/trice //
sf seminatrice f.
sembrar vt seminare; (fig) spargere.
semejante [-'x-] a simile // sm prossimo.
semejanza [-'xanθa] sf (parecido)
somiglianza; (analogía) similitudine f.
semejar [-'xar] vi somigliare; ~**se** vr
somigliarsi.
semen sm seme m.
sementera sf semina, seminagione f.
semestral a semestrale.
semi. . . pref semi. . . .
semicírculo [-'θ-] sm semicerchio.
semidesnudo, a a seminudo(a).
semidormido, a a mezzo
addormentato(a).
semifinal sf semifinale f.
semilla [-ʎa] sf seme m.
seminario sm seminario.
sémola sf semola; (para sopa etc)
semolino.
senador, a sm/f senatore/trice.
sencillez [-θi'θeθ] sf semplicità f inv.
sencillo, a [-'θiʎo] a (simple) semplice;
(candoroso) ingenuo(a), semplice // sm
(AM) spiccioli.
senda sf sentiero, cammino.
sendero sm sentiero, viottolo.
sendos, as a pl: **les dio** ~ **golpes** diede
loro un colpo ciascuno.
senil a senile.
seno sm (ANAT, fig) seno, grembo; (vacío)
cavità f inv.
sensación [-'θjon] sf sensazione f.
sensatez [-θ] sf senno, buonsenso.
sensato, a a sensato(a).
sensible a sensibile; (apreciable)
notevole, sensibile.

sensitivo, a, sensorio, a, sensorial a
sensitivo(a).
sensual a sensuale.
sentada sf seduta.
sentadillas [-ʎas]: **a** ~ ad all'amazzone.
sentadero sm sedile m.
sentado, a a (posición) seduto(a);
(juicioso) sensato(a), serio(a);
(establecido) stabilito(a), fissato(a); **dar
por** ~ dare per sicuro.
sentar vt mettere a sedere; (fig)
stabilire, fissare // vi stare bene; ~**se** vr
sedersi; (tiempo) stabilizzarsi; (depósitos)
depositar; ~ **bien/mal** (fig: alimento)
fare bene/male; (: vestido) stare
bene/male.
sentencia [-θja] sf (máxima) detto,
massima; (JUR) sentenza.
sentenciar [-'θjar] vt giudicare // vi
condannare.
sentencioso, a [-'θ-] a sentenzioso(a).
sentido, a a permaloso(a); (sincero)
sincero(a) // sm (significado) senso,
significato; (conocimiento) conoscenza;
(dirección) senso, direzione f; **mi** ~
pésame le mie più sincere
condoglianze; ~ **del humor** senso dell'
umorismo.
sentimental a sentimentale.
sentimiento sm sentimento; (pesar)
dispiacere m, dolore m.
sentir vt (percibir) sentire; (sufrir)
subire, soffrire; (lamentar) rimpiangere
// vi (tener la sensación) sentire;
(lamentarse) essere dispiaciuto(a),
addolorarsi; ~**se** vr sentirsi// sm senso.
seña [-ɲa] sf segno; (MIL) parola d'ordine;
(COM) acconto; ~**s** fpl indirizzo.
señal [-'ɲal] sf segnale m; (marca)
marchio, segno; (signo, REL) segno; **en** ~
de in segno di; ~ **de alarma** segnale m
d'allarme; ~ **de tráfico** cartello
stradale.
señalar [-ɲ-] vt (marcar) segnare,
marchiare; (indicar) indicare, segnalare;
(fijar) fissare; ~**se** vr distinguersi;
(perfilarse) profilarsi.
señero, a [-'ɲ-] a unico(a).
señor [-'ɲor] sm signore m; (dueño)
padrone m.
señora [-'ɲora] sf signora; (fam) moglie f,
signora.
señorear [-ɲ-] vt padroneggiare,
dominare.
señoría [-ɲ-] sf signoria.
señorío [-ɲ-] sm (mando) potere m,
autorità f inv; (fig) signorilità f inv.
distinzione f.
señorita [-ɲ-] sf signorina.
señorito [-ɲ-] sm signorino; (hijo de ricos)
figlio di papà.
señuelo [-'ɲ-] sm richiamo; (fig)
specchietto per le allodole.
separación [-'θjon] sf separazione f;
(distancia) allontanamento.
separar vt separare; (dividir) dividere;
~**se** vr (personas) separarsi;

(*desmembrarse*) dividersi; (*aislarse*) separarsi, isolarsi; (*deshacerse de algo*) disfarsi.
separatismo *sm* separatismo.
sepelio *sm* sepoltura.
sepia *sf* seppia.
séptico, a *a* settico(a).
septiembre *sm* settembre *m*.
séptimo, a *num* settimo(a).
sepulcro *sm* sepolcro.
sepultar *vt* seppellire.
sepultura *sf* (*acto*) sepoltura; (*tumba*) tomba.
sepulturero *sm* becchino.
sequedad [-k-] *sf* siccità *f inv*; (*fig*) durezza, asprezza.
sequía [-'kia] *sf* siccità *f inv*.
séquito [-k-] *sm* seguito, corteo.
ser *vi* essere; (*devenir*) divenire, diventare // *sm* essere *m*; **es de esperar que** auguriamoci che; **era de ver** bisognava vedere; **de no ~ así se** così non fosse; **a no ~ que** tranne che.
serenarse *vr* calmarsi.
serenidad *sf* serenità *f inv*. calma.
sereno, a *a* sereno(a); *sm* (*humedad*) rugiada; (*vigilante*) guardia notturna.
serie *sf* serie *f*; **fuera de ~** fuori serie.
seriedad *sf* serietà *f inv*.
serio, a *a* serio(a); **en ~** sul serio.
sermón *sm* sermone *m*, predica.
serpentear *vi* serpeggiare.
serpentina *sf* stella filante.
serpiente *sf* serpente *m*; **~ de cascabel** serpente a sonagli.
serranía *sf* montagna.
serrano, a *a* montano(a) // *sm/f* montanaro/a.
serrar *vt* = **aserrar**.
serrín *sm* = **aserrín**.
serrucho [-t∫o] *sm* saracco.
servicial [-θjal] *a* (*atento*) servizievole; (*pey*) servile.
servicio [-θjo] *sm* servizio; **al ~ de** al servizio di.
servidor, a *sm/f* domestico/a; **su seguro ~** il suo devoto.
servidumbre *sf* servitù *f*.
servil *a* servile.
servilleta [-'λ-] *sf* tovagliolo.
servir *vt* servire // *vi* servire; (*tener utilidad*) servire, essere utile; **~se** *vr* servirsi.
sesenta *num* sessanta (*m*).
sesgar *vt* tagliare in sbieco.
sesgo *sm* sbieco; (*fig*) andamento, piega.
sesión *sf* seduta.
seso *sm* (*ANAT*) cervello; (*fig*) giudizio, buon senso; **~s** *mpl* (*CUC*) cervella.
sesudo, a *a* assennato(a), prudente.
seta *sf* fungo.
setecientos, as [-'θ-] *num* settecento.
setenta *num* settanta (*m*).
seudónimo *sm* pseudonimo.
severidad *sf* (*rigor*) severità *f inv*, rigore *m*; (*exactitud*) serietà *f inv*.
severo, a *a* severo(a).

Sevilla [-λa] *sf* Siviglia.
sexo *sm* sesso.
sexto, a *num* sesto(a).
sexual *a* sessuale.
sexualidad *sf* sessualità.
si *conj* se.
sí *ad* sì // *sm* consenso, sì *m* // *pron* sé; **claro que ~** ma sì, ma certamente; **creo que ~** credo di sì; **entre ~** fra sé.
siderurgia [-xja] *sf* siderurgia.
sidra *sf* sidro.
siembra *sf* semina; (*sembradío*) seminato.
siempre *ad* sempre; **~ que** *conj* (*cada vez*) ogni volta che; (*dado que*) sempre che; **~ piensa que** pensa sempre che.
siempreviva *sf* semprevivo.
sien *sf* tempia.
sierra *sf* (*TECN*) sega; (*cadena montañosa*) catena; (*montaña*) montagna, monte *m*.
siervo, a *a* servo(a).
siesta *sf* siesta.
siete *num* sette (*m*).
sífilis *sf* sifilide *f*.
sifón *sm* sifone *m*.
sigiloso, a [-x-] *a* segreto(a).
sigla *sf* sigla.
siglo *sm* secolo.
significación [siɣnifika'θjon] *sf* (*sentido*) significato, senso; (*fig*) importanza.
significado [-ɣn-] *sm* (*sentido*) significato, senso; (*acepción*) accezione *f*.
significar [-ɣn-] *vt* significare, voler dire; (*notificar*) indicare; (*representar*) rappresentare; **~se** *vr* farsi notare, segnalarsi.
significativo, a [-ɣn-] *a* significativo(a).
signo [-ɣno] *sm* segno; **~ de admiración** o **exclamación** punto esclamativo; **~ de interrogación** punto interrogativo.
siguiente [-'ɣjente] *a* seguente.
sílaba *sf* sillaba.
silbar *vt*, *vi* fischiare.
silbato *sm* fischietto.
silbido *sm* fischio.
silenciador [-θ-] *sm* silenziatore *m*.
silenciar [-'θjar] *vt* far tacere.
silencio [-θjo] *sm* silenzio; (*MUS*) pausa.
silencioso, a [-'θ-] *a* silenzioso(a).
sílfide *sf* silfide *f*.
silicio [-θjo] *sm* silicio.
silueta *sf* sagoma, ombra; (*aspecto*) figura, aspetto.
silvestre *a* selvatico(a).
silla [-λa] *sf* sedia; (*de jinete*) sella.
sillar [-'λ-] *sm* (*piedra*) pietra da taglio; (*lomo*) dorso (di cavallo).
sillería [-λ-] *sf* (*asientos*) sedie *fpl*; (*CONSTR*) muratura in pietra da taglio.
sillón [-'λon] *sm* poltrona.
sima *sf* (*precipicio*) precipizio, burrone *m*; (*abismo*) abisso.
simbólico, a *a* (*alegórico*) simbolico(a), metaforico(a); (*típico*) tipico(a).

símbolo *sm* (*imagen*) simbolo; (*divisa*)
emblema *m*.

simetría *sf* simmetria.

simiente *sf* seme *m*.

simil *a* simile; ~ **piel** finta pelle,
similpelle *f inv*.

similar *a* similare, simile.

similitud *sf* somiglianza.

simio *sm* scimmia.

simpatía *sf* simpatia; (*amabilidad*)
gentilezza; (*solidaridad*) solidarietà *f inv*.

simpático, a *a* simpatico(a) // *sm*
simpatico.

simpatizar [-'θar] *vi* simpatizzare.

simple *a* (*sencillo*) semplice; (*elemental*)
elementare; (*mero*) solo(a), unico(a);
(*bobo*) ingenuo(a) // *sm/f* ingenuo/a.

simpleza [-θa] *sf* (*ingenuidad*) ingenuità *f
inv*, semplicità *f inv*; (*necedad*)
sciocchezza.

simplicidad [-θ-] *sf* semplicità *f inv*.

simplificar *vt* semplificare.

simulación [-'θjon] *sf* simulazione *f*,
finzione *f*.

simulacro *sm* simulacro; (*apariencia*)
parvenza.

simular *vt* fingere, simulare.

simultáneo, a *a* simultaneo(a).

sin *prep* senza; ~ **que** *conj* senza che; ~
embargo tuttavia.

sinagoga *sf* sinagoga.

sincerarse [-θ-] *vr* (*justificarse*)
giustificarsi; (*hablar con franqueza*)
aprirsi, confidarsi.

sinceridad [-θ-] *sf* sincerità *f inv*.

sincero, a [-'θ-] *a* sincero(a).

síncope *sm* sincope *f*.

sincrónico, a *a* sincrono(a).

sindicado, a *a* iscritto(a) (a un
sindacato).

sindical *a* sindacale.

sindicalismo *sm* sindacalismo.

sindicalista *sm/f* sindacalista *m/f*.

sindicar *vt* organizzare in sindacato.

sindicato *sm* sindacato.

sinfín *sm* infinità *f inv*.

sinfonía *sf* sinfonia.

singular *a* singolare; (*particular*)
particolare.

singularidad *sf* singolarità *f inv*.

singularizar [-'θar] *vt* distinguere; ~**se**
vr distinguersi.

siniestro, a *a* sinistro(a); (*fig*)
funesto(a) // *sm* sciagura, disgrazia.

sinnúmero *sm* infinità *f inv*.

sino *sm* destino, fatalità *f inv* // *conj*
(*pero*) ma; (*salvo*) fuorché, tranne.

sinónimo *sm* sinonimo.

sinrazón [-'θon] *sf* ingiustizia, sopruso.

sinsabor *sm* dolore *m*, afflizione *f*.

síntesis *sf* (*suma*) compendio, riassunto;
(*compendio*) sintesi *f*.

sintético, a *a* sintetico(a).

sintetizar [-'θar] *vt* sintetizzare.

síntoma *sm* sintomo.

sinvergüenza [-gwenθa] *sm/f*
sfacciato/a, svergognato/a.

sionismo *sm* sionismo.

siquiera [-'k-] *conj* anche se // *ad*
almeno; **ni** ~ nemmeno.

sirena *sf* sirena.

sirviente, a *sm/f* servitore, domestico/a.

sisar *vt* (*robar*) rubacchiare; (*vestido*)
fare lo scalfo delle maniche a.

sisear *vt*, *vi* zittire.

sismógrafo *sm* sismografo.

sistema *sm* sistema *m*.

sistemático, a *a* sistematico(a).

sitiar *vt* assediare.

sitio *sm* (*lugar*) luogo, posto; (*espacio*)
spazio; (MIL) assedio.

situación [-'θjon] *sf* (*posición*) situazione
f; (*estatus*) condizione *f*.

situar *vt* situare, porre; (*asignar fondos*)
versare; ~**se** *vr* situarsi.

so *prep*: ~ **pretexto/pena de** sotto
pretesto/pena di.

sobaco *sm* ascella.

sobar *vt* lavorare; (*castigar*) picchiare;
(*manosear*) palpare, toccare; (*molestar*)
seccare.

soberanía *sf* sovranità *f inv*.

soberano, a *a* sovrano(a); (*fig*)
superbo(a), supremo(a) // *sm/f*
sovrano/a.

soberbio, a *a* (*altivo*) arrogante; (*fig*)
superbo(a), magnifico(a) // *sf* (*orgullo*)
superbia; (*fig*) magnificenza.

sobornar *vt* corrompere.

soborno *sm* corruzione *f*.

sobra *sf* (*resto*) residuo, resto; (*exceso*)
eccesso; ~**s** *fpl* (*desechos*) rifiuti *mpl*; (*de
comida*) avanzi *mpl*; **de** ~ di troppo.

sobrado, a *a* (*de sobra*) d'avanzo;
(*abundante*) abbondante // *ad* troppo,
abbondantemente.

sobrante *a* superfluo(a), di troppo // *sm*
resto.

sobrar *vt* superare, eccedere // *vi* (*tener
de más*) essere di troppo, avanzare;
(*quedar*) rimanere.

sobre *prep* (*encima*) sopra, su; (*por
encima de*) più alto(a) di; (*superioridad*)
sopra; (*además*) oltre a; (*alrededor de*)
circa; (*tratando de*) in merito a, su // *sm*
busta.

sobrecama *sf* sopraccoperta.

sobrecargar *vt* sovraccaricare.

sobrecejo [-'θexo] *sm* (*ceño*) cipiglio;
(ARQUIT) architrave *m*.

sobrecoger [-'xer] *vt* far sussultare; ~**se**
vr rabbrividire.

sobreexcitar [-θ-] *vt* sovreccitare.

sobrehumano, a [-eu-] *a* sovrumano(a).

sobrellevar [-ʎ-] *vt* (*cargar sobre sí*)
sopportare; (*aguantar*) sopportare,
tollerare.

sobremanera *ad* oltremodo.

sobremesa *sf* (*tapete*) tappeto da tavolo;
(*charla*) dopotavola, conversazione *f*.

sobrenatural *a* soprannaturale.

sobrentender *vt* sottintendere.

sobreponer *vt* sovrapporre; ~**se** *vr*:
~**se a** dominare.

sobreprecio [-θjo] *sm* sovrapprezzo.
sobreproducción [-k'θjon] *sf* superproduzione *f*.
sobrepujar [-'xar] *vt* (*sobrepasar*) superare; (*dejar atrás*) sorpassare.
sobresaliente *a* (*que sobresale*) sporgente; (*destacado*) eccezionale.
sobresalir *vi* (*exceder*) spuntare; (*resaltar*) emergere; (*fig*) distinguersi.
sobresaltar *vt* (*asustar*) spaventare; (*sobrecoger*) far trasalire // *vi* risaltare; ~se *vr* trasalire.
sobresalto *sm* (*movimiento*) soprassalto; (*susto*) sussulto, spavento.
sobrescrito *sm* indirizzo.
sobretodo *sm* soprabito, cappotto.
sobrevalorar *vt* sopravalutare.
sobrevenir *vi* sopravvenire, sopraggiungere.
sobreviviente *a* sopravvissuto(a) // *sm/f* superstite *m / f*.
sobriedad *sf* sobrietà *f inv*, moderazione *f*.
sobrino, a *sm/f* nipote *m / f* (*di zii*).
sobrio, a *a* (*frugal*) sobrio(a); (*moderado*) moderato(a); (*severo*) severo(a).
socaire *sm* lato sottovento; **al** ~ **de** al riparo di.
socaliña [-ɲa] *sf* astuzia, stratagemma.
socarrón, ona *a* sornione(a).
socavar *vt* scavare.
socavón *sm* galleria; (*hundimiento*) frana.
sociable [-'θ-] *a* socievole.
social [-'θjal] *a* sociale.
socialdemócrata [-'θ-] *a* socialdemocratico(a).
socialista [-θ-] *a*, *sm/f* socialista (*m / f*).
socializar [soθjaliˈθar] *vt* socializzare.
sociedad [-θ-] *sf* società *f inv*; ~ **anónima (S.A.)** società per azioni (S.p.A.); ~ **de responsabilidad limitada (S.R.L.)** società a responsabilità limitata (S.r.l.).
socio, a [-θjo] *sm/f* socio/a.
sociología [soθjoloˈxia] *sf* sociologia.
sociólogo, a [-'θ-] *sm/f* sociologo/a.
socorrer *vt* soccorrere, aiutare.
socorro *sm* (*ayuda*) soccorso, aiuto; (MIL) rinforzi *mpl*.
soez [-θ] *a* grossolano(a), volgare.
sofá *sm* sofa *m inv*.
sofá-cama *sm* divano letto.
sofisticación [-'θjon] *sf* sofisticazione *f*.
soflamar *vt* abbindolare.
sofocar *vt* soffocare; ~se *vr* soffocare; (*fig*) arrossire.
sofoco *sm* soffocamento; (*fig*) sgomento.
sofrenar *vt* frenare, dominare.
soga *sf* corda, fune *f*.
sojuzgar [soxuθˈɣar] *vt* assoggettare, dominare.
sol *sm* sole *m*.
solamente *ad* soltanto, solo.
solana *sf* solario.
solapa *sf* risvolto; (*fig*) scusa, pretesto.

solapado, a *a* (*disimulado*) dissimulato(a); (*taimado*) ipocrita.
solar *a* solare // *sm* (*terreno*) area edificabile; (*casa*) casa di campagna.
solariega *a*: **casa** ~ maniero.
solaz [-θ] *sm* divertimento, svago; (*alivio*) sollievo.
solazar [-'θar] *vt* (*divertir*) divertire; (*aliviar*) sollevare.
soldada *sf* salario, paga.
soldado *sm* soldato.
soldador *sm* saldatore *m* (*strumento*).
soldadura *sf* saldatura; (*fig*) rimedio.
soldar *vt* saldare.
soledad *sf* solitudine *f*; (*nostalgia*) nostalgia.
solemne *a* solenne.
solemnidad *sf* solennità *f inv*.
solemnizar [-'θar] *vt* festeggiare, celebrare.
soler *vi* essere solito, avere l'abitudine di.
solevantar *vt* sollevare, alzare.
solfa *sf*, **solfeo** *sm* solfeggio.
solicitación [soliθitaˈθjon] *sf* richiesta, sollecitazione *f*.
solicitar [-θ-] *vt* richiedere, sollecitare.
solícito, a [-θ-] *a* (*diligente*) sollecito(a), diligente; (*cuidadoso*) premuroso(a).
solicitud [-θ-] *sf* (*cuidado*) cura, sollecitudine *f*; (*demanda*) domanda, richiesta.
solidaridad *sf* solidarietà *f inv*.
solidario, a *a* solidale.
solidarizarse [-'θ-] *vr*: ~se **con** solidarizzare con.
solidez [-θ] *sf* (*cohesión*) solidità *f inv*; (*dureza*) resistenza, durezza; (*estabilidad*) stabilità *f inv*.
sólido, a *a* (*compacto*) solido(a), consistente; (*firme*) fermo(a), fisso(a); (*resistente*) solido(a), resistente // *sm* solido.
soliloquio [-kjo] *sm* soliloquio.
solista *sm/f* solista *m/f*.
solitario, a *a*, *sm/f* solitario(a) // *sm* solitario.
soliviantar *vt* (*incitar*) sollevare, far insorgere; (*irritar*) irritare; (*provocar falsas esperanzas*) ingannare.
soliviar *vt* sollevare, alzare.
solo, a *a* (*único*) unico(a); (*solitario*) solo(a); **a** ~**as** *ad* da solo(a).
sólo *ad* soltanto.
solomillo [-ʎo] *sm* filetto.
soltar *vt* (*dejar*) lasciare; (*desprender*) slegare, sciogliere; (*largar*) mollare.
soltero, a *a* (*hombre*) celibe; (*mujer*) nubile // *sm/f* (*hombre*) scapolo; (*mujer*) signorina.
solterón, ona *sm/f* zitella/ scapolone *m*.
soltura *sf* scioglimento; (*gracia*) agilità *f inv*, scioltezza; (*desenvoltura*) disinvoltura.
soluble *a* solubile.

solución [-'θjon] *sf* soluzione *f*; *(arreglo)* scioglimento, conclusione *f*.

solucionar [-θ-] *vt* risolvere.

solvencia [-θja] *sf* solvibilità *f inv*.

solventar *vt (pagar)* pagare, liquidare; *(resolver)* risolvere.

sollo [-ʎo] *sm* storione *m*.

sollozar [soʎo'θar] *vi* singhiozzare, piangere.

sollozo [so'ʎoθo] *sm* singhiozzo.

sombra *sf* ombra; **hacer ~ a** *(fig)* ostacolare; **estar a la ~** *(fig)* essere al fresco.

sombreador *sm*: **~ de ojos** ombretto.

sombrerería *sf (fábrica)* cappellificio; *(negocio)* negozio di cappelli.

sombrerero, a *sm/f* cappellaio/a.

sombrero *sm* cappello.

sombrilla [-ʎa] *sf* ombrellino; *(de playa)* ombrellone *m*.

sombrío, a *a (oscuro)* (o)scuro(a); *(sombreado)* ombroso(a); *(fig)* cupo(a), malinconico(a).

somero, a *a* sommario(a).

someter *vt* sottomettere; **~se** *vr* sottomettersi.

somnambulismo *sm* sonnambulismo.

somnámbulo, a *sm/f* sonnambulo/a.

somnífero, a *a* soporifero(a) // *sm* sonnifero.

somnolencia [-θja] *sf* sonnolenza.

son *sm* suono; **sin ton ni ~** senza criterio.

sonado, a *a (famoso)* rinomato(a); *(escandaloso)* scandaloso(a).

sonaja [-xa] *sf* sonaglio; **~s** *fpl* tamburello.

sonante *a (sonoro)* sonoro(a); *(tintineante)* sonante.

sonar *vt* suonare // *vi* suonare; *(pronunciarse)* pronunciarsi; *(ser conocido)* sembrare, avere aspetto di; **~se** *vr* soffiarsi il naso.

sonda *sf* sonda; *(NAUT)* scandaglio.

sondaje [-xe] *sm* sondaggio.

sondear *vt* sondare.

sondeo *sm* sondaggio.

soneto *sm* sonetto.

sonido *sm* suono.

sonoro, a *a* sonoro(a).

sonreír *vi*, **~se** *vr* sorridere.

sonriente *a* sorridente.

sonrisa *sf* sorriso.

sonrojar [-'xar] *vt* fare arrossire; **~se** *vr* arrossire.

sonrojo [-xo] *sm* vergogna, rossore *m*.

sonsacar *vt* sottrarre; *(engatusar)* raggirare; *(hacer hablar)* far parlare.

sonsonete *sm (son monótono)* tamburellare *m*; *(tonillo)* sarcasmo.

soñado, a *a* [-ɲ-] *a* sognato(a), desiderato(a).

soñador, a [-ɲ-] *a*, *sm/f* sognatore(trice).

soñar [-'ɲar] *vt*, *vi* sognare.

soñoliento, a [-ɲ-] *a* sonnolento(a).

sopa *sf* zuppa, minestra; *(pan mojado)* pane inzuppato.

sopera *sf* zuppiera.

sopero *sm* piatto fondo.

sopesar *vt* soppesare.

sopetón *sm* schiaffo; **de ~** all'improvviso.

soplador *sm (de vidrio)* soffiatore *m*; *(ventilador)* soffietto.

soplar *vt* soffiare // *vi* soffiare; *(fam: delatar)* far la spia; *(: sugerir, apuntar)* suggerire; **~se** *vr* *(fam)* tracannarsi.

soplo *sm* soffio; *(fig)* soffiata; **~ al corazón** soffio al cuore.

soplón, ona *sm/f* spia.

sopor *sm* sopore *m*; *(fig)* sonnolenza.

soporífero, a *a* soporifero(a) // *sm* sonnifero.

soportable *a* sopportabile, tollerabile.

soportar *vt* sopportare, tollerare.

soporte *sm* supporto.

soprano *sf* soprano.

sorber *vt (chupar)* succhiare; *(inhalar)* inalare; *(tragar)* inghiottire; *(beber)* sorbire, bere.

sorbete *sm* sorbetto.

sorbo *sm* sorso, sorsata.

sordera *sf* sordità *f inv*.

sórdido, a *a* sordido(a).

sordina *sf* sordina.

sordo, a *a*, *sm/f* sordo(a); **a ~as** in sordina; **hacerse el ~** fare l'indiano.

sordomudo, a *a* sordumuto(a).

sorna *sf* ironia.

sorprendente *a* sorprendente.

sorprender *vt* sorprendere.

sorpresa *sf* sorpresa.

sortear *vt (número)* sorteggiare, estrarre a sorte; *(dificultad)* evitare.

sorteo *sm* estrazione *f* (a sorte), sorteggio.

sortija [-xa] *sf (anillo)* anello; *(bucle)* ricciolo.

sortilegio [-xjo] *sm* sortilegio.

sosegado, a *a* calmo(a), sereno(a).

sosegar *vt* calmare, rasserenare // *vi* riposare.

sosiego *sm* calma; tranquillità *f inv*.

soslayar *vt* mettere di traverso; *(fig)* evitare, eludere.

soslayo: al o de ~ *ad* di sbieco, di traverso.

soso, a *a* scipito(a), insipido(a).

sospecha [-tʃa] *sf* sospetto.

sospechar [-'tʃar] *vt* sospettare.

sospechoso, a [-'tʃoso] *a (desconfiado)* sospettoso(a), diffidente; *(que causa desconfianza)* sospetto(a) // *sm/f* sospetto/a.

sostén *sm (apoyo)* sostegno, appoggio; *(prenda)* reggiseno; *(alimentación)* sostenimento.

sostener *vt (fig: apoyar)* sostenere, difendere; *(: soportar)* sopportare, sostenere; *(alimentar)* mantenere; **~se** *vr (mantenerse)* reggersi; *(abastecerse)* mantenersi; *(seguir)* continuare, proseguire.

sostenido, a *a* sostenuto(a); (*mus*) diesis.
sotana *sf* sottana.
sótano *sm* scantinato; (*bodega*) cantina.
sotavento *sm* lato sottovento; **a o de ~** sottovento.
soterrar *vt* sotterrare.
soto *sm* (*bosque*) bosco; (*matorral*) cespuglio, macchia.
soviético, a *a*. *sm/f* sovietico(a).
sport *sm*: **vestido de ~** abito sportivo.
Sr (*abr de señor*) Sig.
Sra (*abr de señora*) Sig.ra.
Sres (*abr de señores*) Sigg.
S.R.L. *abr ver* **sociedad.**
Srta (*abr de señorita*) Sig.na.
status *sm* status *m*.
su, sus *det* il(la) suo(a); *pl* i(le) suoi(sue); (*de Ustedes*) il(la) vostro(a); *pl* i(le) vostri(e).
suave *a* (*delicado*) soffice, morbido(a); (*agradable*) soave, gradevole; (*liso*) liscio(a).
suavidad *sf* (*blandura*) morbidezza; (*delicadeza*) dolcezza; (*ductilidad*) soavità *f inv*.
suavizar [-'θar] *vt* (*alisar*) ammorbidire; (*aplacar*) attenuare, mitigare; (*apaciguar*) addolcire; **~se** *vr* (*dulcificarse*) addolcirsi; (*amansarse*) calmarsi.
subalterno, a *a* subalterno(a) // *sm* subalterno.
subarrendar *vt* subaffittare.
subasta *sf* asta.
subastar *vt* vendere all'asta.
subconsciencia [-s'θjenθja] *sf* subcoscienza.
subconsciente [-s'θ-] *a*, *sm* subcosciente (*m*).
subcutáneo, a *a* sottocutaneo(a).
subdesarrollado, a [-'ʎ-] *a* sottosviluppato(a).
subdesarrollo [-ʎo] *sm* sottosviluppo.
súbdito, a *sm/f* suddito/a.
subdividir *vt* suddividere.
subestimar *vt* sottovalutare.
subido, a *a* (*color*) forte, accentuato(a); (*precio*) alto(a), elevato(a) // *sf* salita; (*fig*) aumento.
subir *vt* salire; (*levantar*) sollevare; (*constr*) rialzare; (*aumentar*) aumentare // *vi* salire; (*de río etc*) crescere; (*fig*) salire, ascendere; **~se** *vr* salire.
súbito, a *a* (*imprevisto*) improvviso(a), repentino(a); (*precipitado*) precipitoso(a), impulsivo(a) // *ad*: **(de) ~** improvvisamente.
sublevación [-'θjon] *sf* rivolta, ribellione *f*.
sublevar *vt* sollevare.
sublimar *vt* sublimare.
sublime *a* sublime, divino(a).
submarino, a *a* subacqueo(a), sottomarino(a) // *sm* sottomarino.
suboficial [-θjal] *sm* sottufficiale *m*.
subordinar *vt* subordinare.
subrayar *vt* sottolineare.
subrepticio, a [-θjo] *a* surrettizio(a).

subsanar *vt* (*remediar*) risarcire rimediare a; (*disculpar*) perdonare; (*corregir*) correggere.
subscribir *vt* (*firmar*) sottoscrivere, firmare; (*respaldar*) approvare; **~se** *vr* (*a una publicación*) abbonarsi; (*obligarse*) sottoscrivere.
subscripción [-'θjon] *sf* sottoscrizione *f*; (*a una publicación*) abbonamento.
subsidiario, a *a* sussidiario(a).
subsidio *sm* (*ayuda*) sussidio, aiuto; (*subvención*) sovvenzione *f*; (*de enfermedad, huelga, paro etc*) indennità *f inv*, sussidio.
subsiguiente [-'yj-] *a* seguente.
subsistencia [-θja] *sf* sussistenza.
subsistir *vi* sussistere.
subterfugio [-xjo] *sm* sotterfugio, espediente *m*.
subterráneo, a *a* sotterraneo(a) // *sm* (*subsuelo*) sotterraneo, galleria; (*am*: *tren*) metropolitana.
suburbano, a *a* suburbano(a).
suburbio *sm* (*barrio*) sobborgo, periferia; (*afueras*) dintorni *mpl*.
subvención [-θjon] *sf* sovvenzione *f*, sussidio.
subvencionar [-θ-] *vt* sovvenzionare.
subversión *sf* sovversione *f*.
subversivo, a *a* sovversivo(a).
subvertir *vi* sovvertire.
subyacente [-'θ-] *a* sottostante.
subyugar *vt* sottomettere; (*fig*) affascinare.
suceder [-θ-] *vi*, *vt* succedere.
sucesión [-θ-] *sf* successione *f*.
sucesivamente [-θ-] *ad*: **y así ~** e così via.
sucesivo, a [-θ-] *a* successivo(a); **en lo ~** da oggi in poi, d'ora in avanti.
suceso [-'θ-] *sm* (*acaecimiento*) avvenimento, evento; (*hecho*) fatto; (*incidente*) incidente *m*.
suciedad [-θ-] *sf* sporcizia, sudiciume *m*.
sucinto, a [-'θ-] *a* succinto(a).
sucio, a [-θjo] *a* (*mugriento*) sporco(a); (*sórdido*) sordido(a) // *ad* in modo disonesto.
suculento, a *a* a sostanzioso(a).
sucumbir *vi* soccombere.
sucursal *sf* succursale *f*, filiale *f*.
sudamericano, a *a* a, *sm/f* sudamericano(a).
sudar *vt* bagnare (di sudore) // *vi* sudare; (*pared, planta*) trasudare.
sudario *sm* lenzuolo funebre; **el Santo S~** la Santa Sindone.
sudeste *sm* sudest *m*.
sudoeste *sm* sudovest *m*.
sudor *sm* sudore *m*, traspirazione *f*; **~es** *mpl* sforzi, fatiche *fpl*.
sudoroso, a, sudoriento, a *a* sudato(a).
Suecia [-θja] *sf* Svezia.
sueco, a *a* a, *sm/f* svedese (*m / f*).
suegro, a *sm/f* suocero/a.
suela *sf* suola.

sueldo sm stipendio.

suelo sm (tierra) suolo, terra; (piso de una casa) pavimento.

suelto, a a (libre) libero(a); (ágil) svelto(a), veloce; (cómodo) comodo(a), ampio(a) // sm (moneda) spiccioli mpl; (escrito) trafiletto.

sueño [-ɲo] sm sonno; (lo soñado, fig) sogno.

suero sm siero.

suerte sf sorte f; (azar) caso, fatalità f inv; (fortuna) fortuna; (género) sorta, specie f; **de otra** ~ altrimenti; **de** ~ **que** di modo che.

suéter sm maglione m.

suficiencia [sufi'θjenθja] sf capacità f inv.

suficiente [-'θ-] a sufficiente.

sufragar vt (ayudar) favorire, aiutare; (favorecer) suffragare; (costear) pagare.

sufragio [-xjo] sm suffragio, voto.

sufrido, a a (paciente) paziente, tollerante; (resignado) rassegnato(a); (resistente) resistente.

sufrimiento sm (dolor) sofferenza, pena; (resignación) sopportazione f, pazienza.

sufrir vt (padecer) soffrire, patire; (soportar) sopportare; (apoyar) sostenere, reggere // vi soffrire.

sugerencia [suxe'renθja] sf suggerimento.

sugerir [-x-] vt suggerire.

sugestión [-x-] sf suggerimento; (impresión) impressione f.

sugestionar [-x-] vt suggestionare.

sugestivo, a [-x-] a suggestivo(a).

suicida [-'θ-] sm/f suicida m /f.

suicidio [-'θ-] sm suicidio.

Suiza [-θa] sf Svizzera.

suizo, a [-θo] a, sm/f svizzero(a).

sujeción [suxe'θjon] sf soggezione f.

sujetar [-x-] vt (fijar) fissare; (atar) legare; (detener) trattenere, fermare; (fig) assoggettare; ~**se** vr (fig) trattenersi; (asirse) aggrapparsi.

sujeto, a [-'x-] a (propenso) soggetto(a); (sin libertad) arrestato(a), fermato(a) // sm soggetto; ~ **a** soggetto a.

suma sf somma; **en** ~ in sostanza, in somma.

sumadora sf addizionatrice f.

sumamente ad estremamente.

sumar vt (adicionar) sommare, addizionare; (añadir) aggiungere; (abreviar) riassumere; (ascender a) ammontare // vi, ~**se** vr aggiungersi.

sumario, a a sommario(a), breve // sm istruzione f, istruttoria.

sumergible [-x-] a sommergibile.

sumergir [-'xir] vt immergere, sommergere; ~**se** vr immergersi.

sumersión sf immersione f.

sumidero sm (cloaca) fogna; (TECN) scarico.

suministrador, a sm/f fornitore/trice.

suministrar vt fornire

suministro sm fornitura; (provisión) viveri mpl; (distribución) distribuzione f.

sumir vt (hundir) affondare; (sumergir) immergere; ~**se** vr (hundirse) immergersi; (enflaquecerse) dimagrire.

sumisión sf sottomissione f.

sumiso, a a sottomesso(a), obbediente.

sumo, a a (extremo) enorme; (alto) sommo, supremo(a).

suntuoso, a a sontuoso(a), lussuoso(a).

supeditar vt opprimere; (fig) subordinare, far dipendere da.

superabundar vi sovrabbondare.

superar vt superare, sorpassare; ~**se** vr superare se stesso, sorpassarsi.

superavit sm eccedenza.

superestructura sf sovrastruttura.

superficial [-'θjal] a superficiale.

superficie [-'θje] sf superficie f.

superfluo, a a superfluo(a).

superintendente sm/f soprintendente m /f.

superior a superiore // sm/f superiore/a.

superioridad sf superiorità f inv.

supermercado sm supermercato.

supernumerario, a a in soprannumero.

superponer vt sovrapporre.

supersónico, a a supersonico(a).

superstición [-'θjon] sf superstizione f.

supersticioso, a [-'θ-] a superstizioso(a).

supervisor, a sm/f supervisore m, ispettore/trice.

supervivencia [-θja] sf sopravvivenza.

suplantar vt (sustituir) sostituire; (falsificar) falsificare.

suplefaltas sm/f inv capro espiatorio.

suplementario, a a supplementare.

suplemento sm supplemento.

suplente a, sm/f supplente (m /f).

súplica sf supplica.

suplicante sm/f supplicante m /f.

suplicar vt (rogar) supplicare, pregare; (demandar) domandare, chiedere.

suplicio [-θjo] sm supplizio.

suplir vt (compensar) supplire a; (reemplazar) sostituire // vi: ~ **a** o **por** supplire a.

suponer vt supporre // vi avere autorità.

suposición [-'θjon] sf supposizione f, congettura.

supremacía [-'θia] sf supremazia.

supremo, a a supremo(a); **la Corte S~a** la Corte di Cassazione.

supresión sf soppressione f, abolizione f.

supresor sm dispositivo antidisturbo.

suprimir vt sopprimere.

supuesto, a a (hipotético) ipotetico(a); (fingido) finto(a) // sm ipotesi f, supposizione f; ~ **que** conj nel caso in cui, posto che; **por** ~ naturalmente, certamente.

surcar vt solcare.

surco sm solco; (arruga) ruga.

surgir [-'xir] vi (aparecer) sorgere, emergere; (manifestarse) saltar fuori; (brotar) scaturire.

surtido, a a (variado) assortito(a); (aprovisionado) fornito(a) // sm assortimento.

surtidor, a a fornitore(trice) // sm (de agua) zampillo, getto; (de gasolina) distributore m.

surtir vt fornire // vi scaturire; ~se vr rifornirsi.

susceptible [-sθ-] a suscettibile.

suscitar [-sθ-] vt suscitare.

suscribir vt ver subscribir.

suscripción ['θjon] sf ver subscripción.

susodicho, a [-'tʃo] a suddetto(a).

suspender vt (colgar) appendere; (fig) sospendere, interrompere.

suspensión sf sospensione f.

suspenso, a a appeso(a); (fig) sospeso(a) // sm: quedar o estar en ~ restare o essere in sospeso.

suspicacia [-θja] sf sospetto, diffidenza.

suspicaz [-θ] a sospettoso(a), diffidente.

suspirado, a a atteso(a), desiderato(a).

suspirar vi (quejarse) sospirare; (anhelar) desiderare.

suspiro sm sospiro; (BOT) viola del pensiero.

sustancia [-θja] sf sostanza.

sustanciar [-'θjar] vt riassumere; (JUR) istruire.

sustentar vt (alimentar) sostentare, mantenere; (apoyar, afirmar, fig) sostenere.

sustento sm (alimento) sostento, mantenimento; (apoyo) appoggio, sostegno.

sustituir vt sostituire.

sustituto, a sm/f sostituto/a, supplente m/f.

susto sm paura, spavento.

sustraer vt sottrarre; ~se vr (apartarse) sottrarsi; (distraerse) distrarsi.

susurrar vi (agua, fig) mormorare; (viento) stormire.

susurro sm (hablar quedo) sussurro; (murmullo) rumore m, mormorio.

sutil a (agudo, fino) sottile; (delicado) delicato(a); (tenue) sottile, tenue.

sutileza [-θa] sf sottigliezza.

suyo, a det (después de s) il(la) suo(a); pl i(le) suoi(sue); (de Ustedes) il(la) vostro(a); pl i(le) vostri(e); (en las cartas) il(la) suo(a) // pron: el(la) ~(a) etc il(la) suo(a) etc; (de Ustedes) il(la) vostro(a) etc.

svástica sf svastica.

T

tabaco sm tabacco // a inv marrone, tabacco.

taberna sf bar m inv, caffè m inv.

tabernero, a sm/f proprietario/a di bar; (camarero) barista m/f.

tabique [-ke] sm tramezzo, parete f divisoria.

tabla sf asse f, tavola; (ARTE) tavola; (estante) ripiano; (de anuncios) cartellone m, tabellone m; (lista, catálogo) tavola, elenco; (mostrador) banco; (de vestido) piega; hacer ~s pareggiare.

tablado sm tavolato; (escenario) scene fpl.

tablero sm asse f, tavola; (pizarra) lavagna; (de juego) scacchiera; (AUTO) cruscotto.

tablilla [-ʎa] sf tavoletta; (MED: soporte) stecca.

tablón sm (plancha de madera) asse f, tavolone m; (cartelera) cartellone m, tabellone m; (trampolín) trampolino.

tabú sm tabù m inv.

tabular vt tabulare // a tabulare.

taburete sm sgabello

tacaño, a [-ɲo] a (avaro) spilorcio(a), taccagno(a); (astuto) furbo(a), scaltro(a).

tácito, a [-θ-] a tacito(a).

taciturno, a [-θ-] a (callado) taciturno(a), silenzioso(a); (triste) malinconico(a), triste.

taco sm (tarugo) tassello; (de billar) stecca; (libro de billetes) blocchetto; (manojo de billetes) mazzetta; (AM: de zapato) tacco; (fam: bocado) boccone m; (: trago de vino) sorsata.

tacón sm tacco.

táctico, a a tattico(a) // sm tattico // sf tattica.

tacto sm tatto.

tacha [-tʃa] sf difetto; poner ~ a biasimare, rimproverare.

tachadura [-tʃ-] sf cancellatura.

tachar [-'tʃar] vt (borrar) cancellare; (corregir) correggere; (criticar) criticare; ~ de accusare di.

tachonar [-tʃ-] vt ornare di borchie; (fig) costellare, cospargere.

tafetán sm taffetà m; ~es mpl bandiere fpl; ~ adhesivo o inglés cerotto.

tafilete sm marocchino.

tahona [ta'o-] sf (panadería) panetteria; (molino) mulino.

tahur [ta'ur] sm giocatore m d'azzardo; (pey) baro, imbroglione m.

taimado, a a astuto(a), furbo(a).

taja [-xa] sf (corte) taglio; (repartición) fetta.

tajada [-'x-] sf fetta.

tajadura [-x-] sf (acción) taglio; (pedazo) fetta.

tajante [-'x-] a tagliente; (fig) tassativo(a), perentorio(a).

tajar [-'xar] vt tagliare.

tajo [-xo] sm (corte) taglio; (filo) taglio, filo; (GEOGR) strapiombo, burrone m.

tal *a* tale, simile; ~ **vez** forse // *pron*
(*persona*) qualcuno(a); (*cosa*) questo(a),
quello(a); **una** ~ (*fam*) una sgualdrina;
~ **para cual** l'uno vale l'altro // *ad:* ~
como, ~ **cual** come, tale quale; ~ **el
padre, cual el hijo** tale il padre, tale il
figlio; ¿**qué** ~? come stai?; ¿**qué** ~, **te
gusta?** come ti sembra, ti piace? // *conj:*
con ~ **de** pur di; **con** ~ **de que**
purché, a condizione di; ~ **como** così
come.

tala *sf* di(s)boscamento; (*fig*)
devastazione *f.*

talabartero *sm* sellaio.

taladrar *vt* trapanare, perforare; (*billete,
oreja*) forare.

taladro *sm* trapano.

talante *sm* (*humor*) umore *m*, stato
d'animo; (*voluntad*) intenzione *f*, volontà.

talar *vt* di(s)boscare; (*fig*) devastare.

talco *sm* talco.

talego *sm*, **talega** *sf* sacco.

talento *sm* talento.

talismán *sm* talismano.

talmente *ad* talmente, tanto.

talón *sm* tallone *m*, calcagno; (*recibo*)
scontrino, talloncino.

talonario *sm* bollettario; ~ **de cheques**
libretto degli assegni.

talud *sm* scarpata.

talla [-ʎa] *sf* (*estatura*) altezza, statura;
(*de ropa, vestido*) taglia; (*MED*) taglio;
(*ARTE*) scultura.

tallado, a [-ʎ-] *a* intagliato(a),
scolpito(a) // *sm* intaglio.

tallar [-ʎar] *vt* intagliare, scolpire;
(*medir*) misurare; (*tasar*) valutare,
stimare // *vi* tenere banco.

tallarín [-ʎ-] *sm* tagliatella.

talle [-ʎe] *sm* (*ANAT*) vita; (*medida*)
misura, taglia; (*físico*) linea, figura; (*fig*)
aspetto, apparenza.

taller [-ʎer] *sm* officina, laboratorio.

tallo [-ʎo] *sm* (*de planta, flor*) gambo,
stelo; (*de árbol*) tronco, fusto; (*brote*)
germoglio.

tamaño [-ɲo] *a* così grande o piccolo(a)
// *sm* grandezza, dimensione *f*; **de** ~
natural in grandezza naturale.

tamarindo *sm* tamarindo.

tambalearse *vr* (*objeto*) traballare;
(*persona*) barcollare, tentennare.

también *ad* (*igualmente*) anche, pure;
(*además*) per di più, inoltre.

tambor *sm* tamburo; (*ANAT*) timpano.

tamiz [-θ] *sm* setaccio.

tamizar [-θar] *vt* setacciare.

tamo *sm* lanuggine *f.*

tampoco *ad* neanche, nemmeno; **yo** ~
lo compré neanch'io l'ho comprato.

tampón *sm* tampone *m.*

tan *ad* tanto, così; ~ **es así que...** tant'è
vero che....

tanda *sf* turno; (*capa*) strato; (*serie*)
sacco (di botte); (*de billar*) partita.

tangente [-'x-] *sf* tangente *f.*

tangible [-'x-] *a* tangibile, palpabile.

tango *sm* tango.

tanque [-ke] *sm* (*depósito*) serbatoio;
(*MIL*) carro armato; (*AUTO*) camion
cisterna *m inv*; (*NAUT*) nave *f* cisterna *inv.*

tantear *vt* (*calcular*) calcolare; (*medir*)
misurare; (*probar*) provare, sondare;
(*tomar la medida: persona*) tastare;
(*considerar*) esaminare // *vi* (*DEPORTE*)
segnare i punti.

tanteo *sm* calcolo approssimativo;
(*adivinación*) congettura; (*sondeo*)
sondaggio; (*consideración*) esame *m*,
indagine *f*; **al** ~ **a** occhio e croce.

tanto, a *a* tanto(a); **a las 9 y** ~**s** alle 9 e
rotti // *ad* tanto; ~ **tú como yo** tanto tu
quanto me; ~ **como eso** tanto quanto
quello; ~ **más... cuanto** que tanto più
...quanto; ~ **mejor/peor** tanto
meglio/peggio; ~ **si viene como si va**
per me fa lo stesso; ~ **es así que** tant'è
vero che; **por** o **por lo** ~ pertanto,
quindi // *conj:* **en** ~ **que** intanto che;
hasta ~ (**que**) fino al momento (in cui)
// *sm* tanto; (*DEPORTE*) punto; (: *gol*) gol *m
inv*; **al** ~ al corrente; **un** ~ **perezoso**
un po' pigro; **al** ~ **de que** con la scusa
di; **a** ~**s de agosto** il tale giorno del
mese d'agosto.

tapar *vt* (*cubrir*) coprire; (*envolver*)
ricoprire, avvolgere; (*vista*) ostruire;
(*persona, falta*) nascondere; (*AM: muelas*)
otturare; ~**se** *vr* coprirsi.

taparrabo *sm* perizoma *m*; (*bañador*)
costume *m.*

tapete *sm* tappeto.

tapia *sf* muro di argilla.

tapiar *vt* murare.

tapicería [-θ-] *sf* tappezzeria.

tapiz [-θ] *sm* (*alfombra*) tappeto; (*tela
tejida*) arazzo.

tapizar [-θar] *vt* tappezzare.

tapón *sm* (*corcho*) tappo; (*MED*) tampone
m.

taquígrafo, a [-'k-] *sm/f* stenografo/a.

taquilla [ta'kiʎa] *sf* (*donde se compra*)
biglietteria; (*suma recogida*) incasso.

taquillero, a [taki'ʎero] *a* di cassetta //
sm/f biglettaio/a.

taquímetro [-'k-] *sm* tachimetro.

tara *sf* (*COM, fig*) tara; (*tarja*) taglia.

tarántula *sf* tarantola.

tararear *vi* canticchiare.

tardanza [-θa] *sf* (*lentitud*) lentezza;
(*retraso*) ritardo.

tardar *vi* (*tomar tiempo*) attardarsi;
(*llegar tarde*) far tardi, tardare; ¿**tarda
mucho el tren?** ci vuole molto per
l'arrivo del treno?; ~ **mucho en hacer
algo** impiegare molto per fare qc; **a
más** ~ al più tardi; **no tardes en**
venir non tardare.

tarde *ad* tardi // *sf* pomeriggio; (*hacia el
anochecer*) sera; **de** ~ **en** ~ di tanto in
tanto; ¡**buenas** ~**s!** buona sera!; **a** o **por
la** ~ nel pomeriggio.

tardío, a *a (retrasado)* tardivo(a); *(lento)* lento(a).

tardo, a *a (lento)* lento(a); *(torpe)* tardo(a).

tarea *sf* lavoro; *(ESCOL)* compito; **~ de ocasión** lavoro occasionale.

tarifa *sf* tariffa, listino; **~ completa** tariffa piena.

tarima *sf (plataforma)* piattaforma; *(banquillo)* sgabello; *(tablado)* pedana.

tarjeta [-'x-] *sf* biglietto; *(documento)* carta; **~ de crédito/de identidad** carta di credito/d'identità; **~ de Navidad** cartolina di Natale, biglietto natalizio; **~ postal** cartolina; **~ de visita** biglietto da visita.

tarro *sm* barattolo.

tarta *sf* crostata.

tartamudear *vi* tartagliare, balbettare.

tartamudo, a *a, sm/f* balbuziente *(m/f)*.

tartana *sf (NAUT)* tartana; *(carro)* biroccio.

tartárico, a *a*: **ácido ~** acido tartarico.

tártaro *sm* tartaro // *a* tartaro(a).

tasa *sf* prezzo imposto; *(valoración)* valutazione *f*; *(medida, norma)* misura, norma; **~ de interés** tasso d'interesse.

tasación [-'θjon] *sf (valoración)* valutazione *f*; *(cálculo)* stima.

tasador *sm* stimatore *m*.

tasajo [-xo] *sm* carne salata e secca; *(pedazo de carne)* pezzo di carne.

tasar *vt* fissare il prezzo di; *(valorar)* stimare, valutare; *(limitar)* ridurre.

tasca *sf (fam)* caffè *m inv*, bar *m inv*.

tatarabuelo, a *sm/f* trisavolo/a.

tatuaje [-xe] *sm* tatuaggio.

tatuar *vt* tatuare.

taurino, a *a* taurino(a).

Tauro *(ASTROL)* Toro.

tauromaquia [-kja] *sf* tauromachia.

taxi *sm* tassì *m inv*, taxi *m inv*.

taxidermia *sf* tassidermia.

taxista *sm/f* tassista *m/f*.

taza [-θa] *sf* tazza; **~ para café** tazzina da caffè.

tazón [-'θon] *sm (taza grande)* tazzone *m*; *(vasija)* scodella.

te *pron* ti; *(complemento indirecto)* ti, te; **~ lo traeré** te lo porterò; **¡cálmate!** calmati!

té *sm* tè *m inv*.

tea *sf* fiaccola.

teatral *a* teatrale.

teatro *sm* teatro.

tecla *sf* tasto.

teclado *sm* tastiera.

teclear *vi (escribir a máquina)* battere; *(golpear los dedos)* tamburellare.

tecleo *sm* battere *m*; *(golpe)* tamburellare *m*.

técnico, a *a* tecnico(a) // *sm/f* tecnico/a, ésperto // *sf* tecnica.

tecnócrata *sm/f* tecnocrate *m/f*.

tecnología [-'xia] *sf* tecnologia.

tecnológico, a [-x-] *a* tecnologico(a).

tecnólogo *sm* tecnologo.

techado [-'tʃ-] *sm* tetto.

techo [-'tʃo] *sm (externo)* tetto; *(interno)* soffitto.

techumbre [-'tʃ-] *sf* copertura.

tedio *sm* tedio, noia; *(fastidio)* fastidio.

tedioso, a *a* noioso(a).

teja [-xa] *sf (azulejo)* tegola; *(BOT)* limetta; **pagar a toca ~** pagare in contanti.

tejado [-'x-] *sm* tetto.

tejemaneje [texema'nexe] *sm* destrezza, abilità *f inv*; *(intriga)* intrallazzo.

tejer [-'xer] *vt* tessere; *(AM)* lavorare a maglia; *(fig)* ordire, tramare.

tejido [-'x-] *sm* tessuto; *(telaraña)* ragnatela; *(textura)* tessitura; *(AM)* lavoro a maglia.

tela *sf* tela, tessuto; *(telaraña)* ragnatela; *(de fruta)* membrana; *(en líquido)* pellicola.

telar *sm* telaio; *(TEATRO)* soffita.

telaraña [-ɲa] *sf* ragnatela.

telecomunicación [-'θjon] *sf* telecomunicazione *f*.

telecontrol *sm* telecomando.

telediario *sm* telegiornale *m*.

teledifusión *sf* telediffusione *f*.

teledirigido, a [-x-] *a* teleguidato(a).

teleférico *sm* teleferica, funivia.

telefonear *vi* telefonare.

telefónico, a *a* telefonico(a).

telefonista *sm/f* telefonista *m/f*.

teléfono *sm* telefono.

telegrafía *sf* telegrafia.

telegrafiar *vi* telegrafare.

telégrafo *sm* telegrafo.

telegrama *sm* telegramma *m*.

teleimpresor *sm* telescrivente *f*.

telémetro *sm* telemetro.

teleobjetivo [-x-] *sm* teleobiettivo.

telepático, a *a* telepatico(a).

telescópico, a *a* telescopico(a).

telescopio *sm* telescopio.

telesilla [-ʎa] *sf* seggiovia.

telespectador, a *sm/f* telespettatore/trice.

telesquí [-'ki] *sm* sciovia.

teletipista *sm/f* telescriventista *m/f*.

teletipo *sm* telescrivente *f*.

televidente *sm/f* telespettatore/trice.

televisar *vt* trasmettere (per televisione).

televisión *sf* televisione *f*; **~ en colores** televisione a colori.

televisor *sm* televisore *m*.

telón *sm* sipario; **~ de acero** *(POL)* cortina di ferro.

tema *sm* tema *m*, soggetto; *(MUS)* tema, motivo // *sf (obsesión)* idea fissa; *(hostilidad)* antipatia.

temático, a *a* tematico(a) // *sf* tematica.

tembladera *sf* tremito, tremore *m*.

temblar *vi* tremare.

tembleque [-ke] *a* tremolante.

temblón, ona *a* tremante.

temblor *sm* tremore *m*, tremito; (AM) scossa, terremoto, ~ **de tierra** terremoto.

tembloroso, a *a* tremante.

temer *vt* temere // *vi* aver pauro; **temo que llegue tarde** temo che arriverà tardi.

temerario, a *a* (*descuidado*) temerario(a), imprudente; (*arbitrario*) temerario(a), infondato(a).

temeridad *sf* temerità.

temeroso, a *a* (*miedoso*) pauroso(a), timoroso(a); (*que inspira temor*) spaventoso(a).

temible *a* temibile.

temor *sm* (*miedo*) paura; (*sospecha*) timore *m*, sospetto.

témpano *sm* (MUS) timpano; ~ **de hielo** lastrone *m* di ghiaccio; ~ **de tocino** falda di lardo.

temperamento *sm* temperamento.

temperar *vt* temperare, moderare.

temperatura *sf* temperatura.

temperie *sf* tempo.

tempestad *sf* tempesta, burrasca.

tempestuoso, a *a* tempestoso(a).

templado, a *a* (*moderado*) moderato(a); (*abstemio*) sobrio(a); (*acero*) temprato(a); (*agua*) tiepido(a); (*clima*) temperato(a), mite; (MUS) accordato(a).

templanza [-θa] *sf* temperanza; (*sobriedad*) sobrietà; (*benignidad: de clima*) mitezza.

templar *vt* (*moderar*) temperare, moderare; (*furia*) calmare, dominare; (*clima*) mitigare; (*diluir*) annacquare; (*afinar*) accordare; (*acero*) temprare; (*tuerca*) stringere // *vi* addolcirsi; ~**se** *vr* moderarsi.

templario *sm* templare *m*.

temple *sm* (TECN) tempra; (METEOR) tempo; (*fig*) carattere *m*; (: *humor*) umore *m*; (MUS) accordo; (*pintura*) tempera.

templete *sm* chiosco.

templo *sm* tempio.

temporada *sf* (*tiempo*) periodo; (*período del año*) stagione *f*.

temporal *a* (*no permanente*) provvisorio(a); (REL) temporale, terreno(a) // *sm* temporale *m*, tempesta.

tempranero, a *a* (BOT) precoce; (*persona*) mattiniero(a).

temprano, a *a* precoce // *ad* presto, di buon'ora; (*demasiado pronto*) troppo presto, in anticipo.

tenacidad [-θ-] *sf* (*resistencia*) tenacia, fermezza; (*perseverancia*) costanza, perseveranza; (*terquedad*) ostinazione *f*.

tenacillas [-'θiʎas] *sfpl* (*de azúcar*) mollette *fpl*; (*para depilar*) pinzette *fpl*.

tenaz [-θ] *a* (*material*) resistente; (*persona*) tenace, perseverante; (*mancha*) persistente; (*pegajoso*) vischioso(a); (*terco*) testardo(a).

tenazas [-θas] *sfpl* tenaglia, tenaglie *fpl*; (MED) pinza; (ZOOL) chele *fpl*.

tendal *sm* copertone *m*.

tendedero *sm* stenditoio.

tendencia [-θja] *sf* tendenza.

tendencioso, a [-'θ-] *a* tendenzioso(a).

tender *vt* tendere, stendere; (*ropa lavada*) stendere; (*mano, trampa*) tendere; (*vía férrea*) mettere; (*paredes de cal*) intonacare // *vi* tendere, propendere; ~**se** *vr* sdraiarsi, coricarsi; (*fig*) arrendersi; ~ **la cama** rifare il letto; ~ **la mesa** apparecchiare la tavola.

ténder *sm* tender *m*.

tenderete *sm* stenditoio; (*puesto de venta*) bancarella; (*fig*) disordine *m*.

tendero, a *sm/f* negoziante *m/f*.

tendido, a *a* (*acostado*) coricato(a), sdraiato(a); (*colgado*) appeso(a) // *sm* (*ropa*) bucato steso; (TAUR) gradinata; (*colocación*) impianto, installazione *f*; (*parte del tejado*) spiovente *m*; **a galope** ~ a gran velocità, pancia a terra.

tendón *sm* tendine *m*.

tenducho [-tʃo] *sm* botteguccia.

tenebroso, a *a* tenebroso(a).

tenedor *sm* (COC) forchetta; (*poseedor*) portatore *m*; ~ **de libros** contabile *m*, ragioniere *m*.

teneduría *sf* contabilità.

tenencia [-θja] *sf* (*ocupación*) occupazione *f*; (*posesión*) possesso; ~ **ilícita de armas** porto abusivo di armi.

tener *vt* avere; (*en la mano*) tenere; (*caja*) tenere, contenere; (*sentimiento*) sentire, provare; (*considerar*) credere, ritenere; ~**se** *vr* (*enguirse*) reggersi; (*fig*) trattenersi; (*considerarse*) ritenersi; ~ **permiso** avere l'autorizzazione; ~ **celos** essere geloso(a); ~ **cuidado** fare attenzione; ~ **un metro de ancho/de largo** essere largo/lungo un metro; ~ **a bien** avere la cortesia di; ~ **en cuenta** tener conto; ~ **a menos** tenere in poco conto; ~ **a uno en más (estima)** stimare molto qd; ~ **a uno por...** prendere qd per...; ~ **por seguro** essere sicuro(a); ~ **que** (*obligación*) dovere; **tiene que ser así** dev'essere così; **nos tienen preparada una sorpresa** ci hanno preparato una sorpresa; **¿qué tiene?** cos'ha?; **¿ésas tenemos?** è così?; **tiene un mes de muerto** è morto da un mese.

tenería *sf* conceria.

tenia *sf* tenia, verme solitario.

teniente *sm* tenente *m*.

tenis *sm* tennis *m*.

tenista *sm/f* tennista *m/f*.

tenor *sm* (*tono*) tono; (*sentido*) tenore *m*, senso; (MUS) tenore; **a** ~ **de** secondo.

tensar *vt* tendere.

tensión *sf* tensione *f*.

tenso, a *a* teso(a).

tentación [-'θjon] *sf* tentazione *f*.

tentáculo *sm* tentacolo.

tentador, a *a* allettante, seducente // *sm/f* tentatore/trice.

tentar *vt* tentare; (*tocar*) tastare; (*seducir*) sedurre; (*atraer*) attirare; (*MED*) palpare, esaminare.

tentativa *sf* tentativo.

tentempié *sm* (*fam*) spuntino.

tenue *a* leggero(a), sottile; (*alambre*) fine; (*insustancial*) banale; (*sonido*) debole, tenue; (*lazo, vínculo*) fragile.

tenuidad *sf* (*ver a*) (*también de sonido*) leggerezza; finezza; banalità *f inv*; fragilità.

teñir [-'ɲir] *vt* tingere; (*fig*) segnare; ~**se** *vr* tingersi.

teocracia [-θja] *sf* teocrazia.

teología [-'xia] *sf* teologia.

teólogo, a *sm/f* teologo/a.

teorema *sm* teorema *m*.

teoría *sf* teoria; **en** ~ in teoria, teoricamente.

teórico, a *a* teorico(a) // *sm* teorico.

teorizar [-'θar] *vi* teorizzare.

terapéutico, a *a* terapeutico(a) // *sf* terapia.

terapia *sf* terapia.

tercería [-θ-] *sf* mediazione *f*.

tercero, tercer, a [-'θ-] *num* terzo(a) // *sm* (*árbitro*) terzi *mpl*, terza persona; (*JUR*) mediatore *m*.

terceto [-'θ-] *sm* terzetto.

terciado, a [-'θ-] *a* a tracolla; **azúcar** ~ zucchero non raffinato.

terciar [-'θjar] *vt* dividere in tre parti; (*poner*) mettere di traverso; (*llevar*) portare a tracolla // *vi* intervenire; (*hacer de árbitro*) far da mediatore; ~**se** *vr* capitare.

terciario, a [-'θ-] *a* terziario(a).

tercio [-θjo] *sm* terzo.

terciopelo [-θ-] *sm* velluto.

terco, a *a* ostinato(a), testardo(a); (*material*) resistente.

tergiversación [terxiβersa'θjon] *sf* interpretazione *f* tendenziosa; (*vacilación*) esitazione *f*.

tergiversar [-x-] *vt* falsare // *vi* tergiversare.

termas *sfpl* terme *fpl*.

terminación [-'θjon] *sf* termine *m*, fine *m*; (*LING*) desinenza.

terminal *a* terminale, finale // *sm* (*ELEC*) morsetto; (*INFORM*) terminale *m* // *sf* terminal *m*; ~ **de autobuses** capolinea *m* di autobus.

terminante *a* decisivo(a), categorico(a).

terminar *vt* finire, terminare // *vi* concludersi, finire; ~**se** *vr* terminare, finire; ~ **de/por hacer algo** finire di/per fare qc.

término *sm* termine *m*; (*parada*) capolinea *m*; (*límite*) limite *m*, confine *m*; **en** ~**s de** in termini di.

terminología [-'xia] *sf* terminologia.

termodinámico, a *a* termodinamico(a) // *sf* termodinamica.

termómetro *sm* termometro.

termonuclear *a* termonucleare.

termo(s) *sm* ® termos *m* ®.

termostático, a *a* termostatico(a).

ternera *sf* vitella.

ternero *sm* vitello.

terneza [-θa] *sf* tenerezza.

terno *sm* (*traje*) completo; (*conjunto*) trio.

ternura *sf* (*trato*) dolcezza, tenerezza; (*palabra*) parola affettuosa; (*blandura*) tenerezza.

terquedad [-k-] *sf* ostinazione *f*, cocciutaggine *f*; (*dureza*) durezza.

terrado *sm* terrazza.

terraplén *sm* terrapieno.

terrateniente *sm* possidente *m*.

terraza [-θa] *sf* terrazza.

terremoto *sm* terremoto.

terrenal *a* terreno(a).

terreno *sm* terreno; (*suelo*) suolo; (*fig*) campo, terreno; (*DEPORTE*) campo.

terrero, a *a* terrestre; (*vuelo*) rasente, basso(a); (*fig*) umile.

terrestre *a* terrestre.

terrible *a* terribile; (*fig*) violento(a), tremendo(a).

territorio *sm* territorio.

terrón *sm* zolla; (*de azúcar*) zolletta; **terrones** *mpl* terre *fpl*.

terror *sm* terrore *m*, panico.

terrorífico, a *a* terrificante.

terrorismo *sm* terrorismo.

terrorista *sm/f* terrorista *m/f*.

terroso, a *a* terroso(a).

terruño [-ɲo] *sm* pezzo di terra; (*fig*) paese *m* nativo.

terso, a *a* terso(a); (*fig*) chiaro(a), limpido(a).

tersura *sf* limpidezza; (*fig*) chiarezza.

tertulia *sf* (*reunión*) riunione *f*; (*círculo*) circolo; (*sala*) salotto.

tesar *vt* tesare.

tesis *sf inv* tesi *f inv*.

tesón *sm* impegno, costanza.

tesorería *sf* tesoreria.

tesorero, a *sm/f* tesoriere/a.

tesoro *sm* bottino, tesoro; (*público*) tesoro, erario; (*fig*) tesoro.

testa *sf* (*cabeza*) testa, capo; (*frente*) fronte *f*.

testaferro *sm* prestanome *m*.

testamentaría *sf* esecuzione *f* testamentaria.

testamentario, a *a* testamentario(a) // *sm/f* esecutore(trice) testamentario(a).

testamento *sm* testamento.

testar *vi* far testamento.

testarudo, a *a* testardo(a).

testera *sf* facciata.

testero *sm* ala, tratto.

testes *smpl* testicoli *mpl*.

testículo *sm* testicolo.

testificar *vt* attestare, testimoniare; (*fig*) dimostrare // *vi* testimoniare.

testigo, a *sm/f* testimone *m/f*; ~ **de cargo/de descargo** testimone a carico/a discarico.

testimoniar vt testimoniare; (fig) provare.
testimonio sm testimonianza.
teta sf mammella; (fam) tetta.
tétanos sm tetano.
tetera sf teiera.
tetilla [-ʎa] sf capezzolo.
textil [-ks-] a tessile; ~es smpl tessili mpl.
texto [-ks-] sm testo.
textual [-ks-] a testuale.
tèxtura [-ks-] sf (de tejido) armatura; (de mineral) struttura.
tez [teθ] sf pelle f, carnagione f.
ti pron te.
tía sf zia; (mujer cualquiera) tizia; (fam: vieja) vecchia; (: prostituta) sgualdrina.
tibia sf ver tibio.
tibieza [-θa] sf tepidezza.
tibio, a a tiepido(a) // sf tibia.
tiburón sm squalo.
tic sm tic m inv.
tictac sm ticchettio.
tiempo sm tempo; (época, período) tempo, epoca; (temporada) stagione f; (edad) età f inv; **a un/al mismo** ~ allo stesso tempo; **al poco** ~ poco tempo dopo; **de** ~ **en** ~ di tanto in tanto; **hace buen/mal** ~ fa bello/brutto tempo; **estar a** ~ essere in tempo; **hacer** ~ guadagnare tempo.
tienda sf (COM) negozio; (NAUT) tendale m; ~ **de campaña** tenda.
tienta sf (MED) sonda; (fig) furberia, sagacia.
tiento sm (tacto) tatto; (precaución) prudenza, cautela; (pulso) polso; (ZOOL) tentacolo; (de ciego) bastone m da cieco.
tierno, a a (blando, dulce) tenero(a); (fresco) fresco(a), morbido(a).
tierra sf terra; (suelo) suolo; (país) paese m, terra; (AM: polvo) polvere f; ~ **adentro** entroterra m.
tieso, a a rigido(a); (fam) orgoglioso(a); (fig: testarudo) ostinato(a) // ad forte, sodo.
tiesto sm vaso; (pedazo) coccio.
tiesura sf rigidità, durezza; (fig) ostinazione f.
tifo sm tifo.
tifón sm tifone m.
tifus sm tifo.
tigre sm tigre f.
tijera [-x-] sf (AM) forbice f; (ZOOL) chela, pinza; (persona) malalingua; **de** ~ pieghevole; ~s fpl forbici fpl; (para plantas) cesoie fpl.
tijeretear [-x-] vt tagliuzzare; (fig) chiacchierare.
tildar vt (fig) tacciare, accusare.
tilde sf tilde m o f; (defecto) macchia; (trivialidad) bagattella.
tilo sm tiglio.
timar vt truffare; ~**se** vr (fam) strizzarsi l'occhio.
timbal sm timballo; (MUS) timpano.
timbrar vt timbrare.

timbre sm timbro; (impuesto) bollo; (campanilla) campanello.
timidez [-θ] sf timidezza.
tímido, a a timido(a).
timo sm truffa.
timón sm timone m.
timonel sm timoniere m.
tímpano sm tipano; (MUS) xilofono.
tina sf (tonel) catino; (baño) vasca.
tinaja [-xa] sf giara.
tinglado sm tettoia, capannone m; (fig) imbroglio.
tinieblas sfpl tenebre fpl.
tino sm abilità f inv, destrezza; (MIL) buona mira; (juicio) senno, giudizio; (moderación) prudenza, moderazione f.
tinte sm tintura; (tienda) tintoria; (carácter) indole f; (barniz) finzione f.
tinterillo [-ʎo] sm impiegatuccio.
tintero sm calamaio.
tintinear vt tintinnare.
tinto, a a tinto(a) // sm rosso // sf inchiostro; (TECN) colore m, tinta; (ARTE) colori mpl.
tintorera sf squalo femmina.
tintorería sf tintoria.
tintura sf tintura; (fig) infarinatura.
tío sm zio; (fam: viejo) vecchio, nonno; (: individuo) tizio.
tiovivo sm giostra.
típico, a a tipico(a), caratteristico(a).
tiple sm soprano m // sm/f soprano m/f.
tipo sm tipo; (patrón) modello; (clase) tipo, sorta; (ANAT) fisico; (TIP) carattere m; ~ **bancario/de descuento/de interés/de cambio** tasso bancario/di sconto/d'interesse/ di cambio.
tipografía sf tipografia.
tipográfico, a a tipografico(a).
tipógrafo, a sm/f tipografo/a.
tiquismiquis [tikis'mikis] smpl scrupoli mpl ridicoli; (fam) complimenti mpl.
tira sf striscia; (fig) viavai m; ~ **y afloja** tira molla
tirabuzón [-'θon] sm cavatappi m inv.
tirado, a a a buon mercato, economico(a); (fácil) facilissimo(a) // sf tiratura; (distancia) tirata; (serie) fila, filza; **de una** ~ facendo tutta una tirata.
tirador, a sm/f tiratore/trice // sm (bottone m del) campanello; ~**es** mpl (AM) bretelle fpl.
tiranía sf tirannia.
tirano, a a tirannico(a) // sm/f tiranno.
tirante a teso(a) // sm tirante m; (CONSTR) trave f maestra; (correa) bretella; ~**es** mpl bretelle fpl.
tirantez [-θ] sf tensione f.
tirar vt tirare; (aventar) lanciare, gettare; (derribar) abbattere, buttar giù; (desechar) buttare via; (disipar) sprecare, dilapidare; (imprimir) stampare; (dar: golpe) mollare // vi tirare; (disparar) sparare, tirare; (fig) attirare; (fam: andar) girare, gironzolare; (tender a) tendere; ~**se** vr (lanzarse) gettarsi,

buttarsi; (*fig*) umiliarsi; ~ **abajo** buttar giù; **tira más a su padre** somiglia di più al padre; **ir tirando** tirare avanti; **a todo** ~ al massimo.

tirita *sf* cerotto.

tiritar *vi* tremare (di freddo).

tiro *sm* tiro; (*lanzamiento*) lancio; (*disparo*) colpo; (*de escalera*) rampa; (*golpe*) colpo, pugno; ~ **al blanco** tiro a segno; **caballo de** ~ cavallo da tiro; **andar de** ~**s largos** mettersi in ghingheri; **al** ~ (*AM*) al volo.

tirón *sm* (*sacudida*) strappo; (*de estómago*) crampo; **de un** ~ tutto in una volta

tirotear *vt* sparare; ~**se** *vr* scambiarsi delle fucilate.

tiroteo *sm* sparatoria.

tísico, a *a* tisico(a).

títere *sm* (*también fam*) marionetta, burattino.

titilar *vi* scintillare.

titiritero, a *sm/f* burattinaio/a.

titubeante *a* titubante.

titubear *vi* vacillare; (*fig*) titubare.

titubeo *sm* barcollamento; (*fig*) titubanza.

titulado, a *a* diplomato(a); (*idóneo, capaz*) qualificato(a).

titular *a* titolare // *sm/f* titolare *m/f* // *sm* titolone *m* // *vt* intitolare; ~**se** *vr* chiamarsi.

título *sm* titolo; (*JUR*) articolo; (*persona*) noble *m*; **a** ~ **de** a titolo di.

tiza [-θa] *sf* gesso.

tizna [-θna] *sf* fuliggine *f*.

tiznar [-θ-] *vt* annerire; (*fig*) diffamare.

tizón [-θon], **tizo** [-θo] *sm* tizzone *m*; (*fig*) macchia.

toalla [-ʎa] *sf* asciugamano.

tobillo [-ʎo] *sm* caviglia.

tobogán *sm* slitta; (*resbaladilla*) scivolo; (*en ferias*) montagna russa.

toca *sf* cuffia.

tocadiscos *sm* giradischi *m inv*.

tocado, a *a* pettinato(a); (*fam*) tocco(a), mezzo matto(a) // *sm* acconciatura.

tocador *sm* (*mueble*) toletta; (*cuarto*) spogliatoio; (*neceser*) astuccio da toletta; (*fam*) gabinetto.

tocante *a* toccante, commovente.

tocar *vt* toccare; (*MUS*) suonare; (*topare con*) urtare; (*referirse a*) toccare, trattare; (*padecer*) soffrire; (*el pelo*) pettinare // *vi* toccare; (*a la puerta*) bussare; (*barco, avión*) fare scalo; (*atañer*) riguardare; ~**se** *vr* toccarsi; (*cabeza*) coprirsi; **por lo que a mí me toca** per quanto mi riguarda; **esto toca en la locura** questo sembra follia.

tocayo, a *sm/f* omonimo/a.

tocino [-θ-] *sm* lardo.

todavía *ad* (*aún*) ancora; (*aun*) ciònonostante, tuttavia; ~ **más** ancor più; ~ **no** non ancora.

todo, a *a* tutto(a); (*cada*) ogni // *ad* tutto // *sm* tutto, insieme *m* // *pron* tutto(a);

~**s**/~**as** tutti/tutte; **a** ~**a velocidad** a grande velocità; **puede ser** ~ **lo honesto que quiera...** può essere quanto di più onesto ci sia..., **corriendo y** ~ **no llegaron a tiempo** anche correndo non sono arrivati in tempo; **ante** ~ innanzi tutto; **del** ~ del tutto.

todopoderoso, a *a* onnipotente.

toga *sf* toga.

toldo *sm* (*de tienda*) tenda; (*de camión*) telone *m*; (*parasol*) ombrellone *m*.

tole *sm* chiasso, tumulto.

toledano, a *a*, *sm/f* toledano(a).

Toledo *sf* Toledo *f*.

tolerable *a* tollerabile.

tolerancia [-θja] *sf* tolleranza.

tolerar *vt* (*permitir*) tollerare, consentire; (*resistir*) sopportare, soffrire.

toma *sf* presa; (*MED*) dose *f*.

tomar *vt* prendere; (*filmar*) riprendere // *vi* prendere, attecchire; ~**se** *vr* prendersi; ~**se por** prendersi per; ~ **a bien/a mal** prendere bene/male; ~ **en serio** prendere seriamente; ~ **el pelo a alguien** prendere in giro qd; ~**la con** uno prendersela con qd.

tomate *sm* pomodoro.

tomatera *sf* pomodoro.

tomillo [-ʎo] *sm* timo.

tomo *sm* tomo, volume *m*; (*importancia*) importanza; (*fig*) taglia.

ton *sm*: **sin** ~ **ni son** senza capo né coda.

tonada *sf* canzone *f*.

tonalidad *sf* tonalità *f inv*.

tonel *sm* botte *f*.

tonelada *sf* tonnellata.

tonelaje [-xe] *sm* tonnellaggio.

tónico, a *a* tonico(a) // *sm* (*MED*) ricostituente *m*; (*fig*) tendenza.

tonificar *vt* rinvigorire.

tonillo [-ʎo] *sm* cantilena.

tono *sm* tono; **fuera de** ~ in contrasto; **darse** ~ darsi importanza.

tonsilitis *sf* tonsillite *f*.

tontería *sf* stupidità; (*fig*) sciocchezza.

tonto, a *a* sciocco(a), stupido(a) // *sm/f* (*idiota*) stupido/a; (*payaso*) pagliaccio.

topacio [-θjo] *sm* topazio.

topar *vt* (*encontrar*) trovare, incontrare // *vi*: ~ **con** inciampare in; (*persona*) imbattersi in; **el problema topa en eso** il problema consiste in ciò.

tope *a* limite, massimo(a) // *sm* (*golpe*) colpo; (*riña*) rissa; (*TECN*) fermo; (*FERR*) respingente *m*; (*AUTO*) paraurti *m inv*; (*fig*) difficoltà *f inv*, problema *m*; **al** ~ completamente.

tópico, a *a* topico(a) // *sm* luogo comune.

topo *sm* talpa; (*fig*) inetto, incapace *m*.

topografía *sf* topografia.

topógrafo, a *sm/f* topografo.

toque [-ke] *sm* tocco; (*MUS*) rintocco; (*fig*) nodo, punto essenziale; **dar un** ~ **a** mettere alla prova; ~ **de queda** coprifuoco.

toquetear [-k-] vt palpare, toccare.
toquilla [to'kiʎa] sf scialle m; (por la cabeza) fazzoletto.
torbellino [-'ʎ-] sm mulinello; (de polvo) nuvolone m; (fig) vortice m.
torcedura [-θ-] sf torsione f; (MED) slogatura.
torcer [-'θer] vt torcere; (curso) deviare; (la esquina girare; (MED) slogarsi; (boca, ojos) storcere; (cuerda) attorcigliare; (persona) corrompere // vi (desviar) volgere, voltare; (pelota) deviare; ~se vr (ladearse) piegarsi; (desviarse) mettersi male; (MED) slogarsi; (fracasar) fallire.
torcido, a [-'θ-] a storto(a); (fig) disonesto(a) // sm ricciolo.
tordo, a a grigio(a) // sm tordo.
torear vt (fig: engañar) illudere, ingannare // vi toreare.
toreo sm tauromachia.
torero, a sm/f torero.
tormenta sf tempesta, temporale m; (fig) discussione f.
tormento sm tormento, tortura; (fig) angoscia, incubo.
tornada sf ritorno.
tornar vt (devolver) restituire; (convertir) cambiare, trasformare // vi ritornare; ~se vr (ponerse) diventare; (volverse) cambiarsi.
tornasol sm tornasole m.
tornasolado, a a cangiante.
torneo sm torneo.
tornero, a sm/f tornitore/trice.
tornillo [-ʎo] sm vite f.
torniquete [-'k-] sm (puerta) tornella; (MED) laccio emostatico.
torno sm tornio; (tambor) arganello; **en ~ (a)** intorno (a).
toro sm (también fam) toro.
toronja [-xa] sf pompelmo.
torpe a (poco hábil) maldestro(a); (necio) sciocco(a); (lento) lento(a); (indecente) scorretto(a); (no honrado) disonesto(a).
torpedo sm siluro.
torpeza [-θa] sf (falta de destreza) inettitudine f; (desgarbo) goffaggine f; (lentitud) lentezza; (pesadez) pesantezza; (obscenidad) oscenità f inv; (error) scorrettezza.
torre sf torre f; (de petróleo) torre di perforazione.
torrente sm torrente m.
tórrido, a a torrido(a).
torso sm torso, busto.
torta sf torta; (fam) schiaffo.
tortícolis sm torcicollo.
tortilla [-ʎa] sf frittata.
tórtola sf tortora.
tortuga sf tartaruga.
tortuoso, a a tortuoso(a), sinuoso(a).
tortura sf tortura.
torturar vt torturare; ~se vr tormentarsi.

tos sf tosse f; ~ **ferina** tosse asinina, pertosse f.
tosco, a a rozzo(a), rustico(a).
toser vt superare // vi tossire.
tostado, a a tostato(a), abbrustolito(a); (color) scuro(a), bruno(a); (bronceado) abbronzato(a) // sf fetta di pane tostato.
tostar vt (pan) abbrustolire; (café) tostare; (persona) abbronzare; ~se vr abbronzarsi.
total a totale, completo(a) // ad (así que) insomma; (al fin y al cabo) tutto sommato // sm totale m; ~ **que** insomma.
totalidad sf totalità.
totalitario, a a totalitario(a).
tóxico, a a tossico(a) // sm veleno.
tozudo, a [-'θ-] a testardo(a).
traba sf legame m; (cadena) pastoia; (fig) impedimento.
trabajador, a [-x-] sm/f lavoratore/trice // a attivo(a).
trabajar [-'xar] vt lavorare; (arar) arare; (tomar cuidado) avere cura di; (esforzar: persona) spingere; (convencer) convincere // vi lavorare; (actuar) recitare; (esforzarse) sforzarsi.
trabajo [-xo] sm lavoro; (tarea) compito; (POL) classe operaia; (fig) sforzo; **tomarse el ~ de** prendersi il disturbo di; ~ **por turno/a destajo** lavoro a turno/a cottimo.
trabajoso, a [-'x-] a duro(a), difficile; (MED) pallido(a).
trabalenguas sm inv scioglilingua m inv.
trabar vt (unir) collegare, unire; (atar) legare; (inmovilizar) bloccare; (amistad) fare; ~se vr (enmarañarse) complicarsi; (reñir) litigare.
trabazón [-'θon] sf (TECN) collegamento; (fig) vincolo, legame m.
trabucar vt confondere; (volcar) rovesciare.
tracción [trak'θjon] sf trazione f; ~ **delantera/trasera** trazione anteriore/posteriore; ~ **a las 4 ruedas** 4 ruote fpl motrici.
tractor sm trattore m.
tradición [-'θjon] sf tradizione f.
tradicional [-θ-] a tradizionale.
traducción [-k'θjon] sf traduzione f.
traducir [-'θir] vt tradurre.
traductor, a sm/f traduttore/trice.
traer vt (llevar) portare; (ropa) portare, mettere; (imán) attrarre; (incluir) contenere; (fig) recare; ~se vr (tener preparado) avere in mente; (comportarse) comportarsi.
traficar vi trafficare.
tráfico sm (COM) commercio, movimento; (AUTO) traffico.
tragaluz [-θ-] sm abbaino.
tragar vi inghiottire // vt ingoiare; (tener que aceptar) tollerare, sopportare; (dejarse convencer) credere; ~se vr inghiottire; (fig) berla.
tragedia [-'x-] sf tragedia.
trágico, a [-x-] a tragico(a).

trago *sm* (*líquido*) sorso; (*comido de golpe*) boccone *m*; (*fam*) bicchierino; (*mal momento*) avversità *f inv*.

traición [-'θjon] *sf* tradimento.

traicionar [-θ-] *vt* tradire.

traidor, a, traicionero, a [-θ-] *a*, *sm/f* traditore(trice) (*m/f*).

traje [-xe] *sm* vetito, abito; (*de hombre*) vestito da uomo; (*vestimenta típica*) costume *m*; (*fig*) aria, aspetto; ~ **de baño** costume *m* (da bagno).

trajín [-'xin] *sm* trasporto; (*fam*) viavai *m*, traffico.

trajinar [-x-] *vt* trasportare // *vi* trafficare, affaccendarsi.

trama *sf* (*de tejido*) trama; (*fig*) intreccio; (*intriga*) intrigo.

tramar *vt* tramare, ordire.

tramitar *vt* (*asunto*) sbrigare; (*negociar*) occuparsi di.

trámite *sm* (*paso*) passaggio; (*JUR*) pratica, formalità *f inv*; ~**s** *mpl* pratiche *fpl*.

tramo *sm* (*de tierra*) lotto; (*de escalera*) rampa; (*via*) tratto.

tramoya *sf* macchinario; (*fig*) tranello.

tramoyista *sm/f* macchinista *m/f*; (*fig*) impostore/a, imbroglione/a.

trampa *sf* (*en el suelo*) botola; (*en la caza*) trappola; (*prestidigitación*) trucco; (*engaño*) tranello; (*fam*) imbroglio; (*de pantalón*) patta.

trampear *vt* imbrogliare // *vi* barare.

trampista *sm/f* = **tramposo**.

trampolín *sm* trampolino.

tramposo, a *a* falso(a) // *sm/f* imbroglione/a.

tranca *sf* (*palo*) palo; (*viga*) trave *f*; (*de puerta, ventana*) sbarra, spranga; (*fam*) sbornia.

trancar *vt* sprangare.

trance [-θe] *sm* momento critico; (*estado hipnótico*) trance *f inv*.

tranco *sm* passo lungo.

tranquilidad [-k-] *sf* tranquillità, pace *f*.

tranquilizar [trankili'θar] *vt* calmare, tranquillizzare; ~**se** *vr* calmarsi, tranquillizzarsi.

tranquilo, a [-'k-] *a* tranquillo(a), calmo(a).

transacción [-k'θjon] *sf* transazione *f*, accordo.

transbordador *sm* nave *f* traghetto *inv*.

transbordar *vt* traghettare; ~**se** *vr* trasbordare.

transbordo *sm* trasbordo.

transcurrir *vi* trascorrere, passare.

transcurso *sm* corso.

transeúnte *a*, *sm/f* passante (*m/f*).

transferir *vt* (*trasladar*) trasferire; (*aplazar*) rimandare.

transfigurar *vt* trasformare; ~**se** *vr* trasformarsi.

transformación [-'θjon] *sf* trasformazione *f*.

transformador *sm* trasformatore *m*.

transformar *vt* trasformare.

tránsfuga *sm/f* (*MIL*) disertore *m*; (*POL*) dissidente *m/f*.

transgresión *sf* trasgressione *f*.

transición [-'θjon] *sf* transizione *f*, passaggio.

transido, a *a* morto(a).

transigir [-'xir] *vi* tollerare, transigere.

transistor *sm* transistor *m inv*.

transitar *vi* transitare, passare.

tránsito *sm* passaggio; (*AUTO*) transito; (*parada*) sosta.

transitorio, a *a* transitorio(a), passeggero(a).

transmisión *sf* trasmissione *f*; (*transferencia*) trasferimento; ~ **en directo/en circuito** trasmissione diretta/in linea.

transmitir *vt* trasmettere; (*bienes*) trasferire, cedere.

transparencia [-θja] *sf* trasparenza.

transparentar *vt* far trasparire // *vi* trasparire.

transparente *a* trasparente // *sm* tenda.

transpirar *vi* traspirare, sudare.

transponer *vt* spostare; (*torcer: la esquina*) girare // *vi* (*desaparecer*) scomparire; ~**se** *vr* scomparire; (*quedarse dormido*) assopirsi.

transportación [-'θjon] *sf* trasporto.

transportar *vt* (*llevar*) trasportare; (*transferir*) trasferire.

transporte *sm* trasporto; (*NAUT*) nave *f* da carico.

tranvía *sm* tram *m inv*.

trapecio [-θjo] *sm* trapezio.

trapero, a *sm/f* rigattiere *m*.

trapiche [-'tʃe] *sm* frantoio.

trapicheos [-'tʃ-] *smpl* (*fam*) imbrogli *mpl*.

trapisonda *sf* (*jaleo*) subbuglio; (*estafa*) imbroglio.

trapo *sm* (*tela*) cencio, straccio; (*de cocina*) strofinaccio.

traqueteo [-k-] *sm* scoppiettio.

tras *prep* (*detrás*) dietro; (*después*) dopo; ~ **de** oltre a.

trascendencia [trasθen'denθja] *sf* importanza.

transcendental [-sθ-] *a* importante, grave.

trascender [-sθ-] *vi* (*oler*) esalare; (*noticias*) trapelare; (*suceso*) estendersi.

trasegar *vt* travasare // *vi* (*fam*) bere.

trasero, a *a* posteriore // *sm* deretano; ~**s** *mpl* antenati *mpl*.

trasfondo *sm* fondo.

trasgredir *vt* trasgredire.

trashumante [-su-] *a* transumante.

trasladar *vt* (*mudar*) traslocare; (*llevar*) trasportare; (*posponer*) differire; (*copiar*) trascrivere; (*traducir*) tradurre.

traslado *sm* (*transferencia*) trasferimento; (*cambio de residencia*) trasloco; (*copia*) trascrizione *f*; (*JUR*) comunicazione *f*.

traslucir [-θir] vt rivelare; ~**se** vr essere trasparente; (*evidenciarse*) trasparire.

traslúz [-θ] sm controluce m.

trasnochar [-'tʃar] vi vegliare; (*tener insomnio*) soffrire d'insonnia; (*acostarse muy tarde*) fare le ore piccole.

traspasar vt (*bala*) penetrare, trafiggere; (*piso*) cedere; (*calle*) attraversare; (*límites*) oltrepassare; (*ley*) violare.

traspaso sm trapasso, cessione f; (*fig*) fitta, dolore m.

traspié sm scivolone m; (*fig*) passo falso, imprudenza.

trasplantar vt trapiantare.

traste sm tasto; **dar al ~ con algo** rovinare qc.

trastienda sf retrobottega; (*fig*) cautela.

trasto sm mobile vecchio; (*utensilio*) armamentario; (*pey: cosa*) vecchiume m; (: *persona*) buono(a) a nulla; ~**s** mpl attrezzi mpl.

trastornado, a a (*loco*) squilibrato(a); (*agitado*) turbolento(a), agitato(a).

trastornar vt scombussolare; (*fig: inquietar*) perturbare; (: *enamorar*) far girare la testa a; ~**se** vr rovinarsi.

trastorno sm scombussolamento; (*inquietud*) agitazione f.

trasunto sm copia.

tratable a cortese, accessibile.

tratado sm trattato.

tratamiento sm cura; (*título*) titolo.

tratar vt trattare // vi: ~ **de** (*hablar sobre*) trattare o parlare di; (COM) commerciare in; (*intentar*) tentare di; ~**se** vr frequentarsi.

trato sm trattamento; (*relaciones*) rapporto; (*comportamiento*) comportamento; (COM) affare m; (*título*) titolo.

trauma sm trauma m.

través sm (*fig*) rovescio, difficoltà f inv; **al o de ~** ad di traverso· **a ~ de** prep attraverso.

travesaño [-ɲo] sm traversa; (*almohada*) capezzale m.

travesía sf (*callejuela*) traversa; (*viaje*) traversata.

travesura sf monelleria, birbonata.

travieso, a a birichino(a); (*astuto*) furbo(a); (*pérfido*) perfido(a) // sf percorso, traversata; (CONSTR) muro maestro.

trayecto sm (*ruta*) percorso, cammino; (*tramo*) tragitto; (*curso*) corso.

trayectoria sf traiettoria; (*fig*) sviluppo, corso.

traza [-θa] sf (CONSTR) piano; (*aspecto*) aria, aspetto; (*señal*) traccia; (*pey*) risorsa, espediente m; (*habilidad*) ingegno, abilità f inv.

trazado, a [-θ-] a fatto(a) // sm tracciato; (CONSTR) piano.

trazar [-'θar] vt tracciare, schizzare; (*plan*) progettare.

trazo [-θo] sm (*línea*) riga, tratto; (*bosquejo*) schizzo.

trébol sm trifoglio.

trece [-θe] num tredici (m).

trecho [-tʃo] sm tratto; **de ~ en ~** di tanto in tanto.

tregua sf tregua.

treinta num trenta (m).

tremendo, a a spaventoso(a); (*fam*) tremendo(a), enorme.

trémulo, a a tremante.

tren sm treno; ~ **de aterrizaje** carrello di atterraggio.

trenza [-θa] sf treccia.

trenzar [-'θar] vt intrecciare // vi (AM: fig) intrallazzare; ~**se** vr (AM) scaldarsi.

trepadora sf rampicante m.

trepar vt, vi salire, arrampicarsi; (TECN) trapanare.

trepidación [-'θjon] sf trepidazione f.

trepidar vi tremare, trepidare

tres num tre (m).

treta sf stratagemma m.

triangular a triangolare.

triángulo sm triangolo.

tribu sf tribù f inv.

tribuna sf tribuna.

tribunal sm (*juicio*) giudizio; (*jueces*, fig) tribunale m.

tributar vt (*pagar*) pagare; (*rendir*) tributare; (*dar gracias*) ringraziare; (*mostrar cariño*) manifestare.

tributo sm imposta.

trigal sm campo di grano.

trigo sm grano, frumento; ~**s** mpl campi mpl di grano.

trigueño, a [tri'veɲo] a bruno(a), olivastro(a).

trillado, a [-'ʎ-] a risaputo(a), trito(a).

trilladora [-ʎ-] sf trebbiatrice f.

trillar [-'ʎar] vt (*fig*) frequentare, battere; (AGR) trebbiare.

trimestral a trimestrale.

trimestre sm trimestre m.

trincar vt legare; (*romper*) spezzare.

trinchar [-'tʃar] vt triniciare.

trinchera [-'tʃ-] sf (*fosa*) trincea; (*para vía*) passaggio; (*impermeable*) impermeabile m.

trineo sm slitta.

trinidad sf trinità.

trino sm trillo, gorgheggio.

trinquete [-'k-] sm (TECN) nottolino; (NAUT) trinchetto.

tripa sf (ANAT) intestino; (*fam*) trippa, pancia.

triple a, sm triplo.

triplicado, a a: **por ~** in triplice copia.

tripulación [-'θjon] sf equipaggio.

tripular vt (NAUT. AER) formare l'equipaggio di; (AUTO) guidare.

triquiñuela [triki'nwela] sf sotterfugio.

tris sm scricchiolio; **en un ~** in un baleno.

triste a triste; (*sombrío*) malinconico(a); (*lamentable*) deplorevole; (*viejo*) intristito(a), avvizzito(a).

tristeza [-θa] *sf* tristezza.
triturar *vt* (*moler*) macinare, pestare; (*mascar*) masticare.
triunfar *vi* trionfare.
triunfo *sm* trionfo, vittoria.
trivial *a* triviale, banale.
triza [-θa] *sf* briciola.
trizar [-'θar] *vt* sbriciolare.
trocar *vt* scambiare; (*dinero, de lugar*) cambiare; scambiare; (*confundir*) confondere; (*vomitar*) vomitare.
trocha [-tʃa] *sf* (*sendero*) sentiero, viottolo; (*atajo*) scorciatoia.
troche [-tʃe]: **a ~ y moche** *ad* alla carlona.
trofeo *sm* trofeo; (*éxito*) trionfo.
troj(e) [-x(e)] *sm* granaio.
tromba *sf* tromba.
trombón *sm* trombone *m*.
trombosis *sf* trombosi *f*.
trompa *sf* tromba; (*de elefante*) proboscide *f*; (*fam*) pugno.
trompeta *sf* tromba; (*clarín*) cornetta.
trompo *sm* trottola.
trompón *sm* colpo forte.
tronado, a *a* sciupato(a), logoro(a).
tronar *vi* (*también fig*) tuonare; (*fam*) fallire.
tronco *sm* tronco.
tronchar [-'tʃar] *vt* troncare, tagliare; (*quebrar*) rompere, spezzare; **~se** *vr*: **~se de risa** morire dal ridere.
tronera *sf* feritoia.
trono *sm* trono.
tropa *sf* truppa; (*gentío*) folla.
tropel *sm* (*muchedumbre*) calca; (*prisa*) fretta; (*montón*) mucchio, ammasso.
tropelía *sf* violenza.
tropezar [-'θar] *vi* inciampare; (*fig*) sbagliarsi; **~ con** (*persona*) imbattersi in; (*topar con*) sbattere contro; (*reñir*) litigare con.
tropezón [-'θon] *sm* inciampone *m*; (*error*) errore *m*, sbaglio.
tropical *a* tropicale.
trópico *sm* tropico.
tropiezo [-θo] *sm* passo falso; contrattempo; ostacolo; storia.
trotamundos *sm inv* giramondo *m/f*.
trotar *vi* trottare.
trote *sm* trotto; (*fam*) lavoro, attività *f inv*; **de mucho ~** molto resistente.
trovador *sm* trovatore *m*.
trozo [-θo] *sm* pezzo, porzione *f*; (*de libro, mus*) brano.
truco *sm* (*habilidad*) ingegno, abilità *f inv*; (*engaño*) trucco; **~s** *mpl* trucchi *mpl*.
truculento, a *a* truculento(a), atroce.
trucha [-tʃa] *sf* (*pez*) trota; (*tecn*) capra.
trueno *sm* tuono; (*estampido*) scoppio; (*de arma*) colpo.
trueque [-ke] *sm* scambio, baratto.
trufa *sf* tartufo; (*fig*) frottola.
truhán, ana [tru'an] *sm/f* malvivente *m/f*.
truncado, a *a* troncato(a), mutilato(a).
truncar *vt* troncare; (*fig*) interrompere.

tu, tus *det* il(la) tuo(a); *pl* i(le) tuoi(tue).
tú *pron* tu.
tubérculo *sm* tubercolo.
tuberculosis *sf* tubercolosi *f*.
tubería *sf* tubatura; (*conducto*) canale *m*.
tubo *sm* tubo; **~ de ensayo** provetta.
tuerca *sf* dado.
tuerto, a *a* guercio(a) // *sm* torto, offesa; **a ~as** a rovescio.
tuétano *sm* (*anat*) midollo; (*bot*) linfa; (*fig*) essenza.
tufo *sm* puzza, tanfo.
tul *sm* tulle *m*.
tulipán *sm* tulipano.
tullido, a [-'λ-] *a* storpio(a); (*fig*) stanco(a).
tumba *sf* (*sepultura*) tomba; (*sacudida*) scossone *m*; (*voltereta*) caduta.
tumbar *vt* far cadere; (*doblar*) curvare; (*fam*) andare a letto con // *vi* cadere; **~se** *vr* sdraiarsi.
tumbo *sm* capitombolo; (*vaivén violento*) scossone *m*; (*momento crítico*) vicissitudine *f*.
tumido, a *a* tumido(a), gonfio(a).
tumor *sm* tumore *m*.
tumulto *sm* tumulto, subbuglio.
tuna *sf ver* **tuno.**
tunante *a* birbone(a).
tunda *sf* (*de oveja*) tosatura; (*golpeo*) sacco di legnate.
tundir *vt* tosare; (*fam*) picchiare.
tunel *sm* galleria, tunnel *m inv*.
Túnez [-θ] *sm* Tunisi *f*.
túnica *sf* tunica.
tuno, a *sm/f* (*fam*) furfante *m/f* // *sf* fico d'India.
tuntún: al ~ *ad* vanvera.
tupido, a *a* folto(a); (*repleto*) zeppo(a); (*espeso*) fitto(a).
turba *sf* folla, moltitudine *f*.
turbación [-'θjon] *sf* turbamento, commozione *f*.
turbado, a *a* turbato(a), confuso(a).
turbar *vt* turbare, alterare; (*incomodar*) dar fastidio a; **~se** *vr* turbarsi, confondersi.
turbina *sf* turbina.
turbio, a *a* (*agua*) torbido(a); (*visión*) confuso(a); (*lenguaje*) confuso(a), oscuro(a).
turbión *sf* (*fig*) acquazzone *m*.
turbohélice [turβo'eliθe] *sm* turboelica.
turbulencia [-θja] *sf* turbolenza.
turbulento, a *a* turbolento(a).
turco, a *a, sm/f* turco(a).
turismo *sm* turismo.
turista *sm/f* turista *m/f*.
turístico, a *a* turistico(a).
turnar *vi* alternarsi.
turno *sm* turno.
turquesa [-'k-] *sf* turchese *f*.
Turquía [-'kia] *sf* Turchia.
turrón *sm* torrone *m*; (*fam*) pacchia.
tutear *vt* dare del tu a.
tutela *sf* tutela.

tutelar *a* tutelare // *vt* tutelare, proteggere.

tutor, a *sm/f* tutore/trice.

tuyo, a *det (después de s)* il(la) tuo(a); *pl* i(le) tuoi(tue) // *pron:* **el(la) ~(a)** *etc* il(la) tuo(a) *etc;* **los ~s** *(fam)* i tuoi.

TVE *sf (abr de Televisión Española)* ≈ RAI-TV *f.*

U

u *conj* o.

ubérrimo, a *a* molto fertile.

ubicar *vi* trovarsi, essere *a* // *vt* (AM) collocare, porre.

ubicuo, a *a* che ha il dono dell'ubiquità.

ubre *sf* mammella.

Ud(s) *abr de* **usted(es).**

ufanarse *vr* vantarsi; **~ con** *o* **de** vantarsi di.

ufano, a *a* fiero(a), orgoglioso(a).

U.G.T. *abr de Unión General de Trabajadores.*

úlcera [-θ-] *sf* ulcera.

ulcerar [-θ-] *vt* ulcerare; **~se** *vr* esasperarsi.

ulterior *a (más alla)* vicino(a); *(subsecuente, siguiente)* ulteriore.

últimamente *ad (recientemente)* recentemente, poco fa; *(finalmente)* finalmente; *(como último recurso)* da ultimo.

ultimar *vt* ultimare, finire.

último, a *a* ultimo(a); *(fig)* estremo(a) // *sm/f* ultimo/a; **por ~** infine; **estar en la ~as** essere in fin di vita.

ultra *a* ultra.

ultrajar [-'xar] *vt* oltraggiare, offendere.

ultraje [-xe] *sm* oltraggio, ingiuria.

ultramar *sm* oltremare *m.*

ultramarino, a *a* oltremarino(a); **~s** *smpl* generi *mpl* coloniali; **tienda de ~s** drogheria.

ultranza [-θa]: **a ~** *ad* a oltranza.

ultrasónico, a *a* supersonico(a).

ultratumba: de ~ *ad* dell'oltretomba.

ulular *vi* ululare.

umbral *sm (entrada)* soglia; *(fig)* inizio, primo passo; *(borde)* orlo.

umbroso, a, umbrío, a *a* ombroso(a).

un *det, num ver* **uno.**

unánime *a* unanime.

unanimidad *sf* unanimità; **por ~** all'unanimità.

unción [un'θjon] *sf* unzione *f;* **extrema ~** estrema unzione.

uncir [un'θir] *vt* aggiogare.

ungir [-'xir] *vt* ungere.

ungüento [-'gw-] *sm* unguento.

único, a *a* unico(a).

unidad *sf* unità *f inv.*

unido, a *a* unito(a).

unificar *vt* unificare.

uniformar *vt* far mettere un'uniforme a; *(normalizar)* uniformare.

uniforme *a* uguale; *(color)* monotono(a); *(superficie)* uniforme // *sm* uniforme *f,* divisa.

uniformidad *sf* uniformità.

unilateral *a* unilaterale.

unión *sf* unione *f;* **la U~ Soviética** l'Unione Sovietica.

unir *vt (juntar)* unire; *(atar)* legare; *(combinar)* collegare, unire // *vi* legare; **~se** *vr* unirsi; *(ingredientes)* mescolarsi.

unísono *sm* unisono.

universal *a* universale.

universidad *sf* università *f inv.*

universo *sm* universo, mondo.

uno, un, una *num, det* uno(a) //*pron* qualcuno(a), uno(a); **~s** alcuni, certi; **~ a ~, ~ por ~** uno per uno; **estar en ~** essere completamente d'accordo; **~a de dos** una cosa o l'altra; **~ que otro** qualche; **~s y otros** gli uni e gli altri; **~ y otro** l'uno e l'altro; **~s días antes** qualche giorno prima; **~s 80 años** circa 80 anni.

untar *vt (manchar)* macchiare, ungere; *(remojar)* inzuppare; (MED) spalmare; *(con aceite)* lubrificare; *(fig)* ungere, corrompere; **~se** *vr* sporcarsi, macchiarsi.

unto *sm* grasso, unto; (MED) unguento.

uña ['uɲa] *sf* (ANAT) unghia; (ZOOL) artiglio; *(: de caballo, vaca)* zoccolo; *(arrancaclavos)* cacciachiodi *m inv.*

uranio *sm* uranio.

urbanidad *sf* urbanità, cortesia.

urbanismo *sm* urbanismo.

urbanización [-θa'θjon] *sf* urbanizzazione *f; (conjunto de casas)* villaggio, complesso edilizio.

urbano, a *a (de ciudad)* urbano(a); *(cortés)* cortese, educato(a).

urbe *sf* città *f inv.*

urdimbre *sf (de tejido)* ordito; *(intriga)* macchinazione *f,* intrigo.

urdir *vt* ordire; *(fig)* tramare.

urea *sf* urea.

uretra *sf* uretra.

urgencia [ur'xenθja] *sf* urgenza; *(prisa)* fretta, premura.

urgente [-'x-] *a (de prisa)* urgente; *(insistente)* pressante, impellente.

urgir [-'xir] *vi* urgere, premere.

urinario, a *a* urinario(a) // *sm* orinatoio.

urna *sf* urna.

urología [-'xia] *sf* urologia.

urraca *sf* gazza.

Uruguay *sm:* **el ~** l'Uruguay.

uruguayo, a *a, sm/f* uruguaiano(a).

usado, a *a (gastado)* sciupato(a); *(utilizado)* usato(a).

usanza [-θa] *sf* usanza, uso.

usar *vt* usare, adoperare; *(ropa)* portare, usare; *(tener costumbre)* essere solito; **~se** *vr* usarsi.

uso *sm* (*empleo*) uso; (*TECN*) usura; (*costumbre*) usanza, uso; (*moda*) uso, moda; **al ~ alla moda; al ~ de alla moda di.**

usted *pron* Lei.

ustedes *pron* voi.

usual *a* usuale; (*normal*) normale.

usuario, a *sm/f* utente *m/f*.

usufructo *sm* usufrutto.

usura *sf* usura.

usurero, a *sm/f* usuraio/a, strozzino/a.

usurpar *vt* usurpare.

utensilio *sm* utensile *m*, arnese *m*.

útero *sm* utero.

útil *a* (*empleable*) utilizzabile; (*apto*) utile // *sm* arnese *m*, attrezzo.

utilidad *sf* utilità, vantaggio; (*ECON*) guadagno, profitto.

utilizar [-'θar] *vt* utilizzare; (*adueñarse*) impossessarsi.

utopía *sf* utopia.

utópico, a *a* utopico(a).

uva *sf* uva.

V

vaca *sf* (*animal*) vacca, mucca; (*carne*) manzo; (*cuero*) cuoio; **~ de leche** mucca da latte; **~ de San Antón** coccinella; **~ marina** tricheco.

vacaciones [-'θ-] *sfpl* vacanze *fpl*; **ir/estar de ~** andare/essere in vacanza.

vacante *a* vacante, libero(a) // *sf* vacanza.

vaciado, a [-'θ-] *a* fuso(a) // *sm* (*molde*) getto; (*excavación*) scavo; **~ de bronce** getto di bronzo.

vaciar [-'θjar] *vt* (*dejar sin contenido*) vuotare; (*verter*) versare, spargere; (*ahuecar*) scavare; (*moldear*) gettare, fondere; (*afilar*) aguzzare; (*exponer: teoría*) esporre // *vi* (*río*) sfociare; **~se** *vr* vuotarsi; (*fig*) sbottonarsi.

vaciedad [-θ-] *sf* (*fig*) sciocchezza.

vacilación [baθila'θjon] *sf* perplessità *f inv*, indugio.

vacilante [-θ-] *a* (*inseguro*) vacillante; (*tembloroso: luz*) vacillante, oscillante; (*fig*) indeciso(a).

vacilar [-θ-] *vi* indugiare; **no vaciles en decírmelo** non indugiare a dirmelo; **~ entre** essere indeciso tra.

vacío, a [-'θio] *a* (*sin contenido*) vuoto(a); (*desocupado*) vuoto(a), libero(a); (*fig: vano*) vano(a); (: *orgulloso*) presuntuoso // *sm* (*espacio*) vuoto; (*cavidad*) cavità *f inv*; (*fig*) mancanza, nostalgia; **marchar en ~** (*TECN*) girare a vuoto; **hacer el ~ a uno** (*fig*) fare il vuoto intorno a qd.

vacunar *vt* vaccinare.

vacuno, a *a* bovino(a) // *sf* vaccino.

vacuo, a *a* (*fig*) vacuo(a).

vadear *vt* (*río*) guadare; (*fig*) superare.

vado *sm* (*de río*) guado; (*fig: salida*) espediente *m*, mezzo.

vagabundo, a *a, sm/f* vagabondo(a).

vagancia [-θja] *sf* vagabondaggine *f*.

vagar *vi* vagare, bighellonare // *sm* tempo libero.

vagido [-'x-] *sm* vagito.

vagina [-'x-] *sf* vagina.

vaginal [-x-] *a* vaginale.

vago, a *a* (*errante*) vagante, errante; (*perezoso*) pigro(a); (*vago*) indeterminato(a) // *sm/f* vagabondo/a; **en ~** vagamente.

vagón *sm* vagone *m*, carrozza; **~ de primera/segunda** carrozza di prima/seconda; **~ de mercancías** vagone *m* merci.

vaguedad [-ve-] *sf* imprecisione *f*.

vaho ['bao] *sm* (*vapor*) vapore *m*, esalazione *f*; (*respiración*) alito.

vaina *sf* (*MIL*) guaina; (*BOT*) baccello.

vainilla [-ʎa] *sf* vaniglia.

vaivén *sm* (*ir y venir*) viavai *m*; (*tambaleo*) dondolio; (*fig*) vicissitudine *f*.

vajilla [-'xiʎa] *sf* vasellame *m*, stoviglie *fpl*.

vale *sm* (*ticket*) buono; (*pagaré*) vaglia *m inv*, assegno.

valedero, a *a* valido(a).

valentía *sf* valore *m*, bravura.

valer *vt* (*tener valor de*) valere; (*costar*) costare; (*causar*) produrre, causare; (*proteger*) fare, ammontare a // *vi* (*ser útil*) valere, contare; (*ser válido*) valere, aver corso; (*servir*) servire, giovare; **~se** *vr* valersi, servirsi // *sm* valore *m*; **~se de** valersi o servirsi di; **¡vale!** salute!; **las manzanas valen 20 ptas** costano 20 pesetas; **¿cuánto vale?** quanto costa?; **¡válgame Dios!** Dio m'aiuti!; **más vale tarde que nunca** (*fig*) meglio tardi che mai.

valeroso, a *a* valoroso(a).

valía *sf* valore *m*, pregio.

validez [-θ] *sf* validità.

válido, a *a* valido(a).

valiente *a* valoroso(a); (*fig: irónico*) bello(a); **¡~ amigo eres!** bell'amico sei!

valija [-xa] *sf* borsa; (*maleta*) valigia; (*fig: correo*) sacco postale; **~ diplomática** valigia diplomatica.

valioso, a *a* prezioso(a).

valor *sm* valore *m*; (*precio*) prezzo, valore; (*fig: fam*) sfacciataggine *f*; **~es** *mpl* valori *mpl*, titoli *mpl*; **~es en alza/baja** valori in rialzo/in ribasso; **tuvo el ~ de pedírmelo** (*fam*) ebbe la sfacciataggine di chiedermelo.

valoración [-'θjon] *sf* valutazione *f*.

valorar *vt* stimare, valutare.

vals *sm* valzer *m*.

válvula *sf* valvola.

valla [-ʎa] *sf* (*cerco*) steccato; (*MIL: barricada*) barriera; (*DEPORTE*) ostacolo; (*fig*) impedimento, ostacolo.

valle [-ʎe] *sm* valle *f.*

vampiro *sm* vampiro.

vanagloriarse *vr* vantarsi.

vándalo *sm* vandalo.

vanguardia *sf* avanguardia.

vanidad *sf* vanità *f inv.*

vanidoso, a *a* vanitoso(a).

vano, a *a* vano(a); (*poco profundo*) frivolo(a), sciocco(a); **en ~** invano // *sm* (*ARQUIT*) vano.

vapor *sm* vapore *m;* (*NAUT*) nave *f* a vapore; **al ~** (*fig*) in fretta.

vaporizador [-θ-] *sm* vaporizzatore *m.*

vaporizar [-'θar] *vt* vaporizzare.

vaporoso, a *a* vaporoso(a).

vapulear *vt* (*persona*) frustare; (*alfombra*) battere; (*fig*) criticare.

vaquero, a [-'k-] *a* da pastore // *sm* pastore *m;* **pantalón ~** jeans *m inv;* **película de ~s** western *m inv.*

vara *sf* (*palo*) palo, pertica; (*insignia de poder*) bastone *m;* (*rama*) ramo; (*MAT: medida*) braccio; (*TAUR*) puntata; ~ **mágica** bacchetta magica; **doblar la ~ de la justicia** (*fig*) corrompere la giustizia.

varada *sf* arenamento.

varar *vi*, **~se** *vr* arenarsi, incagliarsi.

variable *a, sf* variabile (*f*).

variación [-'θjon] *sf* variazione *f.*

variar *vt* cambiare, modificare // *vi* variare, cambiare; ~ **de opinión** cambiare opinione.

variedad *sf* varietà *f inv;* **teatro de ~es** teatro di varietà.

varilla [-ʎa] *sf* (*palo*) bacchetta, stecca; (*ramita*) bastoncino.

vario, a *a* vario(a); **~s** *pl* parecchi.

varón *a* maschio // *sm* uomo; **hijo ~** figlio maschio.

varonil *a* virile.

Varsovia *sf* Varsavia.

vasija [-xa] *sf* vaso.

vaso *sm* (*recipiente o cantidad*) bicchiere *m;* (*ANAT*) vaso; (*NAUT*) scafo; **~s comunicantes** vasi comunicanti.

vástago *sm* (*BOT*) germoglio; (*TECN*) stelo; (*fig*) rampollo.

vasto, a *a* vasto(a), largo(a).

Vaticano *sm:* **el ~** il Vaticano.

vaticinar [-θ-] *vt* vaticinare.

vaticinio [-'θ-] *sm* vaticinio.

vecinal [-θ-] *a* comunale.

vecindad [-θ-] *sf* vicinato; (*proximidad*) vicinanza; (*JUR*) residenza.

vecindario [-θ-] *sm* vicinato.

vecino, a [-'θ-] *a* (*contiguo*) vicino(a); (*fig*) somigliante // *sm/f* vicino/a.

veda *sf* veto, divieto.

vedado *sm* riserva; ~ **de caza** riserva di caccia.

vedar *vt* vietare.

vegetal [-x-] *a, sm* vegetale (*m*).

vegetar [-x-] *vi* (*BOT*) germogliare; (*fig*) vegetare.

vehemencia [bee'menθja] *sf* veemenza.

vehemente [bee-] *a* veemente.

vehículo [be'i-] *sm* (*también fig*) veicolo.

veinte *num* venti (*m*).

vejación [bexa'θjon] *sf* vessazione *f.*

vejar [-'xar] *vt* vessare, tormentare.

vejez [-'xeθ] *sf* vecchiaia.

vela *sf* (*insomnio, vigilia*) veglia; (*MIL*) guardia; (*de cera*) candela; (*NAUT*) vela; **barco de ~** barca a vela; **estar o pasar la noche en ~** passare la notte in bianco; **a ~s desplegadas** (*fig*) a gonfie vele; **no dar ~ a recoger ~s** (*fig*) battersela; **darse o hacerse a la ~** salpare; **estar a dos ~s** (*fig*) essere senza un soldo.

velado, a *a* (*también fig*) velato(a) // *sf* veglia.

velador *sm* (*portero*) portiere *m* notturno; (*para velas*) candelabro; (*mesa*) tavolino da notte; (*AM*) lume *m.*

velar *vt* (*hacer guardia*) vegliare; (*cubrir con velo*) velare; (*fig*) nascondere // *vi* (*no dormir o cuidar*) vegliare; (*trabajar*) lavorare di notte; (*preocuparse*) curare, sorvegliare.

veleidad *sf* velleità *f inv.*

velero *sm* (*NAUT*) veliero.

veleta *sf* (*para el viento*) banderuola; (*de caña de pescar*) galleggiante *m;* (*fig*) voltafaccia *m inv.*

velo *sm* (*también fig*) velo.

velocidad [-θ-] *sf* (*rapidez*) velocità *f inv;* (*TECN*) marcia; **primera/segunda ~** (*AUTO*) prima/seconda; ~ **de avance** marcia avanti; ~ **máxima** velocità massima.

velódromo *sm* velodromo.

veloz [-θ] *a* veloce.

vello [-ʎo] *sm* peluria.

vellón [-'ʎon] *sm* vello.

velloso, a [-ʎ-] *a* peloso(a).

vena *sf* (*ANAT*) vena; (*veta*) vena, filone *m;* (*BOT*) nervo, nervatura; (*fig: humor*) vena, disposizione *f;* **estar de ~** (*fig*) essere in vena.

venablo *sm* giavellotto.

venado *sm* cervo.

venal *a* (*ANAT*) venoso(a); (*COM, pey*) venale.

venalidad *sf* venalità *f.*

vencedor, a [-θ-] *a, sm/f* vincitore(trice).

vencer [-'θer] *vt* (*derrotar*) vincere; (*controlar: pasiones*) dominare, reprimere // *vi* (*triunfar*) vincere; (*plazo*) scadere; **~se** *vr* (*controlarse*) dominarsi; (*doblarse*) piegarsi; (*romperse*) rompersi.

vencido, a *a* (*derrotado*) vinto(a); (*COM*) scaduto(a) // *ad:* **darse por ~** dichiararsi vinto; **pagar ~** pagare dopo la scadenza.

vencimiento [-θ-] *sm* (*victoria*) vincinta; (*com*) scadenza.

venda *sf* benda, fascia.

vendaje [-xe] *sm* fasciatura.

vendar *vt* fasciare.

vendaval *sm* uragano, tempesta.

vendedor, a *sm/f* venditore/trice.

vender *vt* (*también fig*) vendere; ~**se** *vr* vendersi; (*fig*) tradirsi; 'se vende o véndese coche' 'vendesi macchina'.

vendimia *sf* vendemmia.

vendimiar *vt* vendemmiare.

veneno *sm* (*también fig*) veleno.

venenoso, a *a* velenoso(a).

venerable *a* venerabile.

veneración [-θjón] *sf* venerazione *f*.

venerar *vt* venerare.

venéreo, a *a* venereo(a).

venezolano, a [-θ-] *a, sm/f* venezuelano(a).

Venezuela [-'θ-] *sf* Venezuela *m*.

venganza [-θa] *sf* vendetta.

vengar *vt* vendicare; ~**se** *vr* vendicarsi.

vengativo, a *a* vendicativo(a).

venia *sf* (*perdón*) perdono; (*permiso*) licenza, permesso.

venial *a* veniale.

venida *sf* arrivo, venuta.

venidero, a *a* venturo(a).

venir *vi* venire; (*llegar*) arrivare; (*fig: proceder de*) venire, discendere; (*ocurrir*) capitare; ~**se** *vr* (*vino*) fermentare; **de ahí viene que...** ne consegue che...; **vino a dar en la cárcel** andò a finire in carcere; ~ **bien/mal/ estrecho a alguien** stare bene/male/stretto a qd; **el año que viene** l'anno venturo; ~**se abajo** venir giù.

venta *sf* (*com*) vendita; (*posada*) locanda; **estar a la ~** essere in vendita.

ventaja [-xa] *sf* vantaggio.

ventajoso, a [-'x-] *a* vantaggioso(a).

ventana *sf* finestra; ~ **de la nariz** narice *f*.

ventanilla [-ʎa] *sf* (*de taquilla*) sportello; (*auto*) finestrino.

ventear *vt* (*ropa*) appendere all'aria; (*oler*) fiutare; (*fig: investigar*) indagare // *vi* (*soplar*) tirare vento; ~**se** *vr* (*romperse*) rompersi; (*ampollarse*) gonfiarsi; (*secarse: tabaco*) seccarsi.

ventilación [-θjon] *sf* ventilazione *f*.

ventilar *vt* (*también fig*) ventilare.

ventisca *sf* tempesta di neve.

ventisquero [-'k-] *sm* ghiacciaio.

ventoso, a *a* ventoso(a).

ventrílocuo, a [-kwo] *sm/f* ventriloquo/a.

ventriloquía [-'kia] *sf* ventriloquio.

ventura *sf* fortuna; **a la (buena)** ~ alla ventura.

venturoso, a *a* fortunato(a).

ver *vt, vi* vedere; (*comprender*) capire, vedere; (*jur*) discutere; ~**se** *vr* (*con alguien*) vedersi; (*en un apuro*) trovarsi // *sm* aspetto; **a** ~ vediamo; **a** ~ **si lo**

logras vediamo se ne sei capace; **dejarse** ~ farsi vedere; **ir a** ~ **a alguien** andare a trovare qd; **tener que** ~ **con** avere a che fare con; **veremos** (*fig*) vedremo; **véase la página 2** vedi pagina 2; **a más** o **hasta más** ~ a presto.

veracidad [-θ-] *sf* veracità.

veranear *vi* andare in villeggiatura.

veraneo *sm* villeggiatura; **lugar de** ~ posto di villeggiatura.

veraniego, a *a* estivo(a).

veranillo [-ʎo] *sm*: ~ **de San Martín** estate *m* di San Martino.

verano *sm* estate *m*.

veras *sfpl* verità *f inv*; **de** ~ davvero.

veraz [-θ] *a* verace.

verbal *a* verbale.

verbena *sf* (*fiesta*) sagra; (*bot*) verbena.

verbigracia [-θja] *ad* cioè.

verbo *sm* verbo.

verborragia [-xja] *sf* verbosità.

verdad *sf* verità *f inv* // *ad*: **de** ~ veramente; **es** ~ è vero; **a decir** ~ a dir il vero; **¿no es** ~? (*fig*) non è vero?

verdadero, a *a* vero(a).

verde *a, sm* verde (*m*); **estar** ~ **de envidia** (*fig*) essere verde per l'invidia; **viejo** ~ (*fig*) vecchio libidinoso; **viuda** ~ (*fig*) vedova allegra.

verdear, verdecer [-'θer] *vi* verdeggiare.

verdor *sm* verdura.

verdugo *sm* boia *m*.

verdulería *sf* negozio del fruttivendolo.

verdulero, a *sm/f* fruttivendolo/a.

verdura *sf* (*bot*) verdura; (*carácter sucio*) oscenità; ~**s** *fpl* verdure *fpl*.

vereda *sf* viottolo.

vergonzoso, a [-θ-] *a* vergognoso(a).

vergüenza [-'ɣwenθa] *sf* vergogna; **perder la** ~ perdere il rispetto; **tener** ~ avere vergogna; **me da** ~ **decirlo** mi vergogno a dirlo.

verídico, a *a* veridico(a).

verificar *vt* verificare, controllare; (*llevar a cabo*) compiere, fare; ~**se** *vr* avverarsi.

verja [-xa] *sf* inferriata.

vermut *sm* vermut *m*.

verosímil *a* verosimile.

verruga *sf* (*anat*) verruca; (*fig: fam: persona*) piaga; (*: defecto*) difetto.

versado, a *a*: ~ **en** esperto in.

versar *vi* (*girar*) girare; ~ **sobre** trattare di.

versátil *a* girevole; (*fig*) versatile, incostante.

versificar *vi* verseggiare.

versión *sf* versione *f*.

verso *sm* verso.

vértebra *sf* vertebra.

verter *vt* (*líquidos*) versare; (*sangre*) spargere; (*texto*) tradurre, volgere // *vi* scorrere.

vertical *a, sf* verticale (*f*).

vértice [-θe] *sm* (MAT) vertice *m*; (ANAT) cocuzzolo.
vertiente *sf* pendio.
vertiginoso, a [-x-] *a* vertiginoso(a).
vértigo *sm* vertigine *f*.
vespertino, a *a* vespertino(a).
vestíbulo *sm* ingresso.
vestido *sm* vestito.
vestigio [-xjo] *sm* vestigio, traccia; **~s** *mpl* resti *mpl*.
vestimenta *sf* vestito, veste *f*.
vestir *vt* (con ropa) vestire; (de tela) coprire; (defecto) mascherare // *vi* vestirsi.
vestuario *sm* (conjunto de ropa) vetiario; (sala de vestir) camerino.
veta *sf* (vena) filone *m*; (raya) striscia; (de madera) venatura.
veterano, a *a*, *sm/f* veterano(a).
veterinario, a *a* veterinario(a) // *sm* veterinario // *sf* veterinaria.
veto *sm* opposizione *f*.
vetusto, a *a* vetusto(a).
vez [beθ] *sf* volta; (turno) turno; **dos/tres veces** due/tre volte; **a la ~** contemporaneamente; **a veces** a volte; **en ~ de** invece di; **una que otra ~** qualche volta; **érase una ~** c'era una volta; **hacer las veces de** fare le veci di.
vía *sf* (ruta) via, strada; (FERR) rotaia; (ANAT) via, condotto; (fig) via, mezzo // *prep* via; **~ férrea** ferrovia; **en ~s de** in via di; **~ Madrid** via Madrid.
viaducto *sm* viadotto.
viajante [-x-] *sm* commesso viaggiatore *m*.
viajar [-xar] *vi* viaggiare.
viaje [-xe] *sm* viaggio; **~ de ida y vuelta** viaggio di andata e ritorno; **~ de novios** viaggio di nozze; **¡feliz ~!** buon viaggio!; **ir de ~** fare un viaggio.
viajero, a [-x-] *a*, *sm/f* viaggiatore(trice).
vianda *sf* pietanza.
viandante *sm/f* viandante *m/f*.
viático *sm* (COM) spese *fpl*; (REL) viatico.
víbora *sf* vipera.
vibración [-'θjon] *sf* vibrazione *f*.
vibrante *a* vibrante.
vibrar *vt*, *vi* vibrare.
vicecónsul [-θ-] *sm* viceconsole *m*.
vicepresidente [-θ-] *sm* vicepresidente *m*.
viciado, a [-'θ-] *a* viziato(a).
viciar [-'θjar] *vt* viziare; **~se** *vr* pervertirsi.
vicio [-θjo] *sm* vizio; **de ~** inutilmente.
vicioso, a [-'θ-] *a* vizioso(a).
vicisitud [-θ-] *sf* vicissitudine *f*, caso.
víctima *sf* vittima.
victoria *sf* vittoria.
victorioso, a *a* vittorioso(a).
vicuña [-ɲa] *sf* vigogna.
vid *sf* vite *f*.
vida *sf* vita; **de por ~** per la vita; **en ~** in vita; **la mala ~** la malavita;

quitarse la ~ togliersi la vita; **¿qué es de tu ~?** come ti va?
vidriarse *vr* diventare vitreo.
vidriera *sf* vetrata; (AM) vetrina.
vidriero *sm* vetraio.
vidrio *sm* vetro.
vidrioso, a *a* (como el vidrio) vitreo(a); (delicado: asunto) difficile, delicato(a).
viejo, a [-xo] *a*, *sm/f* vecchio(a); **hacerse ~** diventare vecchio.
Viena *sf* Vienna.
vienés, esa *a*, *sm/f* viennese (m/f).
viento *sm* vento; (de perro) fiuto; (fig) vanità *f inv*; (de carpa) corda; **instrumentos de ~** strumenti a fiato; **corre ~** c'è vento; **beber los ~s por uno** (fig) andar matto per qd; **contra ~ y marea** (fig) contro ogni ostacolo.
vientre *sm* (ANAT) ventre *m*; (: matriz) grembo; (de vasija, barco) pancia.
viernes *sm inv* venerdì *m inv*.
viga *sf* trave *f*.
vigencia [bi'xenθja] *sf* vigore *m*, validità; **entrár/estar en ~** entrare/essere in vigore.
vigente [-'x-] *a* vigente.
vigésimo, a [-'x-] *num* ventesimo(a).
vigía [-'xia] *sf* vedetta.
vigilancia [bixi'lanθja] *sf* vigilanza.
vigilar [-x-] *vt* vigilare, sorvegliare // *vi* vigilare.
vigilia [-'x-] *sf* veglia; (REL) vigilia; **día de ~** giorno di vigilia.
vigor *sm* vigore *m*, forza.
vigoroso, a *a* vigoroso(a).
vil *a* vile, basso(a).
vileza [-θa] *sf* viltà.
vilipendiar *vt* vilipendere.
vilo *ad*: **en ~** in bilico; (fig) nell'incertezza.
villa [-ʎa] *sf* (casa) villa; (pueblo) borgo; (municipalidad) municipio.
villanía [-ʎ-] *sf* insolenza, ingiuria.
villano, a [-'ʎ-] *a* (fig) rozzo(a), scortese.
vinagre *sm* aceto.
vinculación [-'θjon] *sf* vincolo, legame *m*.
vincular *vt* (relacionar) vincolare, unire; (JUR) vincolare; (fig) appoggiare; **~se** *vr* vincolarsi.
vínculo *sm* vincolo.
vinicultura *sf* vinicoltura.
vino *sm* vino; **~ blanco/tinto/espumoso** vino bianco/rosso/spumante; **aguar** o **bautizar el ~** annacquare il vino; **dormir el ~** (fig) smaltire la sbornia.
viña [-ɲa] *sf* vigna.
viñedo [-'ɲ-] *sm* vigneto.
violar *vt* (territorio) violare, occupare; (a una mujer) violentare; (leyes) violare, trasgredire.
violencia [-θja] *sf* violenza.
violentar *vt* violentare, costringere.
violento, a *a* violento(a).
violeta *sf* viola.
violín *sm* violino.

violinista *sm/f* violinista *m/f*.
violón *sm* contrabbasso.
viraje [-xe] *sm* curva; (*NAUT*) virata; (*FOTO*) viraggio; (*fig*) voltafaccia.
virar *vt, vi* virare.
virgen [-xen] *a* vergine, puro(a) // *sf* vergine *f*, madonna.
Virgo *sm* (*ASTROL*) Vergine *f*.
viril *a* virile.
virilidad *sf* virilità.
virtud *sf* virtù *f*; **en ~ de** in virtù di.
virtuoso, a *a, sm/f* virtuoso(a).
viruela *sf* vaiolo.
virulencia [-θja] *sf* virulenza.
virulento, a *a* virulento(a).
virus *sm inv* virus *m inv*.
viruta *sf* truciolo.
visado *sm* visto.
visar *vt* vistare.
viscoso, a *a* appiccicoso(a).
visera *sf* visiera.
visibilidad *sf* visibilità.
visible *a* visibile.
visión *sf* vista; (*fantasía*) sogno, visione *f*.
visionario, a *a* visionario(a).
visita *sf* visita; **~s** *fpl* ospiti *mpl*.
visitar *vt* visitare; **~se** *vr* (*del doctor*) farsi visitare.
vislumbrar *vt* scorgere, intravedere.
vislumbre *sm* barlume *m*.
víspera *sf* vigilia; **en ~s de** alla vigilia di.
vista *sf* vista; (*mirada*) sguardo; (*apariencia*) aspetto, apparenza; (*foto, cuadro*) veduta, cartolina; (*JUR*) udienza; (*fig: intención*) intenzione *f* // *sm* doganiere *m*; **clavar** *o* **fijar la ~** fissare lo sguardo; **hacer la ~ gorda** (*fig*) chiudere un occhio; **salta a la ~ è** evidente; **está a la ~ que** risulta evidente che; **a la ~** (*COM*) a vista; **¡hasta la ~!** arrivederci!
vistazo [-θo] *sm* occhiata, sguardo; **dar** *o* **echar un ~** dare un'occhiata.
visto, a *pp di* **ver** // *a*: **bien/mal ~** ben visto/malvisto; **por lo ~** a quanto pare // *conj*: **~ que** visto che // *sm*: **~ bueno** nullaosta *m inv*.
vistoso, a *a* vistoso(a), appariscente.
vital *a* vitale.
vitalicio, a [-θ-] *a* vitalizio(a) // *sm* pensione *f*.
vitamina *sf* vitamina.
vítreo, a *a* vitreo(a).
vitrina *sf* vetrina.
vituperar *vt* vituperare.
vituperio *sm* vituperio.
viudez [-θ] *sf* vedovanza.
viudo, a *a, sm/f* vedovo(a).
vivacidad [-θ-] *sf* vivacità.
vivaracho, a *a* [-tʃo] *a* allegro(a), vivace.
vivaz [-θ] *a* vivace.
víveres *smpl* viveri *mpl*.
vivero *sm* vivaio.
viveza [-θa] *sf* vivacità.
vivienda *sf* abitazione *f*, casa.
viviente *a* vivente.

vivificar *vt* vivificare.
vivir *vt* vivere, passare // *vi* vivere // *sm* vita, esistenza; **~ al día** vivere alla giornata; **¡viva!** evviva!; **¿quién vive?** (*MIL*) chi va là?
vivo, a *a* (*persona, idioma, paso*) vivo(a); (*carne*) crudo(a); (*inteligencia*) acuto(a); (*sentimiento*) vivo(a), profondo(a); (*fig: persona astuta*) furbo(a) // *sm* (*en costura*) orlo.
Vizcaya [-θ-] *sf* Biscaglia.
vocablo *sm* vocabolo, voce *f*.
vocabulario *sm* vocabolario.
vocación [-'θjon] *sf* vocazione *f*.
vocal *a, sf* vocale (*f*).
vocalizar [-'θar] *vi* vocalizzare.
vocear [-θ-] *vt* (*fig: secreto*) divulgare // *vi* gridare, strillare.
vocero [-'θ-] *sm* portavoce *m inv*.
vociferar [-θ-] *vt* vociferare // *vi* gridare.
vol (*abr de volumen*) vol.
volante *sm* volante *m*; (*TECN*) volano; (: *de reloj*) bilanciere *m*; (*folleto*) volantino; **ir al ~** essere alla guida.
volar *vt* (*hacer estallar*) far saltare in aria // *vi* volare.
volátil *a* volatile.
volcán *sm* vulcano.
volcánico, a *a* vulcanico(a).
volcar *vt* rovesciare // *vi* rovesciare, ribaltare; **~se** *vr* (*fig*) farsi in quattro.
voltear *vt* rovesciare, capovolgere // *vi* volteggiare.
voltio *sm* volt *m inv*.
voluble *a* volubile.
volumen *sm* volume *m*.
voluminoso, a *a* voluminoso(a).
voluntad *sf* volontà *f inv*; **buena/mala ~** buono/cattiva volontà; **hacer su santa ~** fare ciò che si vuole.
voluntario, a *a, sm/f* volontario(a).
voluptuoso, a *a* voluttuoso(a).
volver *vt* voltare; (*devolver*) restituire; (*LING*) tradurre // *vi* tornare; **~se** *vr* (*darse vuelta*) voltarsi; (*convertirse en*) diventare; (*ponerse agrio: vino*) inacidirsi; **~ la espalda** voltare le spalle; **~ atrás** tornare indietro; **~ en sí** tornare in sé; **~se atrás** (*fig*) ricredersi.
vomitar *vi* vomitare.
vómito *sm* vomito.
vorágine [-x-] *sf* vortice *m*, gorgo.
voraz [-θ] *a* vorace.
vos *pron* (*AM*) tu.
vosotros *pron* voi.
votación [-'θjon] *sf* votazione *f*.
votar *vt, vi* votare.
voto *sm* voto; (*maldición*) bestemmia, imprecazione *f*; **~ de censura/de confianza** voto di censura/di fiducia; **mis mejores ~s** i miei migliori auguri.
voz [boθ] *sf* voce *f*; **a media ~** a voce bassa; **a ~ en cuello** *o* **en grito** a squarciagola; **dar voces** gridare.

vuelo *sm* volo; *(en costura)* ampiezza; (ARQUIT) sporgenza; **alzar el** ~ *(fig)* squagliarsela.

vuelta *sf* giro; *(curva; de río)* curva; *(regreso)* ritorno; *(de papel, tela)* rovescio; *(de dinero)* resto; **dar la** ~ **al mundo** fare il giro del mondo; **a la** ~ al ritorno; *(de lugar)* girando l'angolo; **a** ~ **de correo** a stretto giro di posta; **buscar las** ~s **a uno** attendere qd al varco; **dar media** ~ (MIL) fare dietro front; **dar** ~s gironzolare; **dar** ~s **a una cuestión** *(fig)* cercare di trovare una soluzione a qc; **dar una** ~ fare un giro; **¡hasta la** ~**!** arrivederci!

vuestro, a *det* il(la) vostro(a) // *pron*: **el(la)** ~**(a)** *etc* il(la) vostro(a) *etc*.

vulcanizar [-'xar] *vt* vulcanizzare.

vulgar *a* volgare.

vulgaridad *sf* volgarità *f inv*.

vulgarizar [-'θar] *vt* volgarizzare.

vulgo *sm* volgo, plebe *f*.

vulnerable *a* vulnerabile.

vulnerar *vt* vulnerare, ferire.

vulpino, a *a* volpino(a).

X

xenofobia *sf* xenofobia.

xenófobo, a *a* xenofobo(a).

xilófono *sm* xilofono o silofono.

xilografía *sf* xilografia o silografia.

Y

y *conj* e.

ya [ja] *ad (antes)* già; *(ahora)* ora, adesso; *(en seguida)* subito; *(claro)* bene, chiaramente // *conj* giacchè; ~ **no viene** ormai non viene; ~ **es hora de irnos** è già ora di andarcene; ~ **lo se** lo so già; ~ **dice que sí,** ~ **dice que no** ora dice di sì, ora dice di no; **no** ~ **... sino;** ~ **que** giacchè.

yacimiento [jaθ-] *sm* giacimento.

yanqui ['janki] *a, sm/f* yankee (*m/f inv*).

yate ['j-] *sm* yacht *m*.

yegua ['j-] *sf* cavalla.

yema ['j-] *sf (del huevo)* tuorlo; (ANAT: *del dedo)* polpastrello; (BOT: *brote)* bocciolo; *(fig)* fior fiore *m*.

yerba ['j-] *sf* erba.

yermo, a ['j-] *a* spopolato(a) // *sm* deserto.

yerno ['j-] *sm* genero.

yerro ['j-] *sm* errore *m*, sbaglio.

yerto, a ['j-] *a* stecchito(a), rigido(a); ~ **de frío** stecchito dal freddo.

yesca ['j-] *sf (fig)* esca, incentivo.

yeso ['j-] *sm* gesso.

yodo ['j-] *sm* = **iodo**.

yugo ['j-] *sm (de bueyes)* giogo; *(fig)* schiavitù *f*; **sacudir el** ~ scuotere il giogo.

Yugoeslavia [j-] *sf* Iugoslavia.

yunque ['junke] *sm* incudine *f*.

yunta ['j-] *sf* coppia, paio.

yuntero [j-] *sm* aratore *m*.

yute ['j-] *sm* iuta.

yuxtaponer [j-] *vt* sovrapporre.

yuxtaposición [jukstaposi'θjon] *sf* sovrapposizione *f*.

Z

zafar [θ-] *vt (atadura)* sciogliere; *(superficie)* sbarazzare; ~**se** *vr (escaparse)* fuggire; *(ocultarse)* nascondersi; ~**se de liberarsi da;** ~**se con algo** *(fig: fam)* fregarsi qc.

zafio, a ['θ-] *a* rozzo(a).

zafiro [θ-] *sm* zaffiro.

zaga ['θ-] *sf* parte *f* posteriore; **a la** o **en** ~ in coda, indietro; **dejar en** ~ lasciare dietro; **no ir en** ~ **a nadie** *(fig)* non essere inferiore a nessuno.

zagal [θ-] *sm* garzone *m*.

zaguán [θ-] *sm* ingresso, androne *m*.

zahareño, a [θaa'reɲo] *a (no controlable)* ribelle; *(tímido)* restio(a), ritroso(a).

zaherir [θae-] *vt (criticar)* pungere, punzecchiare; *(herir)* ferire; *(reprochar)* rinfacciare.

zahorí [θao-] *sm* indovino.

zaino, a ['θ-] *a (de caballo)* sauro(a); *(de vaca)* nero(a); *(persona)* falso(a), traditore(trice); **mirar a lo** ~ guardare di traverso.

zalagarda [θ-] *sf* (MIL) imboscata, agguato; *(ruido)* baccano, chiasso.

zalamería [θ-] *sf* salamelecco, leziosaggine *f*.

zalamero, a [θ-] *a* lezioso(a), sdolcinato(a).

zamarra [θ-] *sf* giacca di montone rovesciato.

zambo, a ['θ-] *a* dalle gambe storte.

zambra ['θ-] *sf (fam)* frastuono.

zambullirse [θambu'ʎirse] *vr (lanzarse)* tuffarsi; *(esconderse)* nascondersi.

zampar [θ-] *vt (esconder)* ficcare; *(comer)* divorare; *(arrojar)* lanciare // *vi* divorare; ~**se** *vr* cacciarsi, ficcarsi.

zanahoria [θana'orja] *sf* carota; *(fig: fam)* imbecille *m*.

zancada [θ-] *sf* passo lungo; **en dos** ~s *(fig: fam)* in un batter d'occhio.

zancadilla [θanka'ðiʎa] *sf* sgambetto; **echar la** ~ **a alguien** *(fig)* fare lo sgambetto a qd.

zancajo [θan'kaxo] *sm* (ANAT) calcagno; *(fig)* nanerottolo.

zanco ['θ-] *sm* trampolo.

zancudo, a [θ-] *a* dalle gambe lunghe // *sm* (AM) zanzara.

zángano ['θ-] *sm* (ZOOL) fuco; (*fig: perezoso*) parassita *m*; (: *idiota*) scemo.

zanja ['θanxa] *sf* fossa, fossato; abrir las ~s (CONSTR) gettare le fondamenta.

zanjar [θan'xar] *vt* (*fosa*) scavare; (*problema*) risolvere.

zapa ['θ-] *sf* (*pala*) zappa; (MIL) trincea.

zapador [θ-] *sm* zappatore *m*.

zapapico [θ-] *sm* piccone *m*.

zapar [θ-] *vt*, *vi* zappare.

zapata [θ-] *sf* (*tipo de zapato*) stivaletto.

zapatear [θ-] *vt* calpestare; (*fig: fam*) malmenare // *vi* (*bailar*) ballare pestando i piedi; (NAUT: *vela*) sbattere.

zapatería [θ-] *sf* (*tienda*) calzoleria; (*fábrica*) calzaturificio.

zapatero, a [θ-] *a* (*verdura*) duro(a) // *sm* calzolaio; ~ a tus zapatos (*fig*) non ficcare il naso negli affari altrui.

zapatilla [θapa'tiʎa] *sf* scarpetta; (*pantufla*) pantofola.

zapato [θ-] *sm* scarpa; estar como tres en un ~ (*fig*) essere pigiati come sardine.

zaquizamí [θakiθa'mi] *sm* (*desván*) soffitta; (*cuchitril*) tugurio.

zarabanda [θ-] *sf* (*fig*) chiasso.

zaranda [θ-] *sf* setaccio, passino.

zarandear [θ-] *vt* (*cereales*) vagliare; (*fig: fam*) scuotere, agitare; ~se *vr* agitarsi, affannarsi.

zarcillo [θar'θiʎo] *sm* (*arete*) orecchino; (BOT) viticcio.

zarco, a ['θ-] *a* celeste.

zarigüeya [θari'gweja] *sm* sariga.

zarpa ['θ-] *sf* artiglio; echar la ~ metter fuori le unghie.

zarpar [θ-] *vi* salpare.

zarrapastroso, a [θ-] *a* straccione(a), pezzente.

zarza ['θarθa] *sf* rovo.

zarzal [θar'θal] *sm* roveto.

zarzamoro [θarθa-] *sf* mora selvatica.

zarzarrosa [θarθ-] *sf* rosa canina.

zarzuela [θar'θwela] *sf* ≈ operetta.

zigzag [θiɣ'θav] *sm* zigzag *m*.

zigzaguear [θiɣθave'ar] *vi* andare a zigzag.

zinc [θ-] *sm* zinco.

zócalo ['θ-] *sm* zoccolo.

zoco, a ['θ-] *a* mancino(a).

zona ['θ-] *sf* zona; ~ fronteriza zona di frontiera.

zoología [θoolo'xia] *sf* zoologia.

zoológico, a [θoo'loxiko] *a* zoologico(a) // *sm* giardino zoologico, zoo *m inv*.

zoólogo, a [θ-] *sm/f* zoologo/a.

zopenco, a [θ-] *a*, *sm/f* idiota (*m/f*).

zoquete [θo'kete] *sm* (*de madera*) pezzo di legno non lavorato; (*fam*) zotico.

zorro, a ['θ-] *a* furbo(a) // *sm/f* volpe *f* // *sf* (*fam*) puttana.

zote ['θ-] *a* (*fam*) ignorante // *sm* zuccone *m*.

zozobra [θo'θ-] *sf* (NAUT) naufragio; (*fig*) angoscia.

zozobrar [θoθ-] *vi* naufragare; (*hundirse*) affondare; (*fig*) fallire; (: *preocuparse*) angosciarsi.

zueco ['θ-] *sm* zoccolo.

zumba ['θ-] *sf* (*cencerro*) sonaglio; (*fig*) beffa.

zumbar [θ-] *vt* (*burlar*) prendere in giro; (*golpear*) picchiare // *vi* ronzare; (*fam*) essere vicino; ~se de burlarsi di.

zumbido [θ-] *sm* (*sonido*) ronzio; (*fig: fam*) sberla.

zumbón, ona [θ-] *a* beffardo(a) // *sm/f* burlone/a.

zumo ['θ-] *sm* succo; (*fig*) profitto.

zurcir [θur'θir] *vt* rammendare.

zurdo, a ['θ-] *a* mancino(a) // *sfpl*: a ~s (*fig*) al rovescio.

zurra ['θ-] *sf* (TECN) concia; (*fam*) lavoraccio; (*castigo*) sacco di botte.

zurrar [θ-] *vt* (TECN: *cuero*) conciare; (*fam: pegar*) bastonare; (: *criticar*) criticare.

zurriago [θ-] *sm* frusta.

zurrón [θ-] *sm* bisaccia.

zutano, a [θ-] *sm/f* un(una) tale; fulano, mengano y ~ Tizio, Caio e Sempronio.

VERBOS EN ITALIANO

1 Gerundio *2* Participio passato *3* Presente *4* Imperfetto *5* Passato remoto *6* Futuro *7* Condizionale *8* Congiuntivo presente *9* Congiuntivo passato *10* Imperativo

andare *3* vado, vai, va, andiamo, andate, vanno *6* andrò *etc 8* vada *10* va'!, vada!, andate!, vadano!

apparire *2* apparso *3* appaio, appari *o* apparisci, appare *o* apparisce, appaiono *o* appariscono *5* apparvi *o* apparsi, apparisti, apparve *o* apparì *o* apparse, apparvero *o* apparirono *o* apparsero *8* appaia *o* apparisca

aprire *2* aperto *3* apro *5* aprii *o* apersi, apristi *8* apra

AVERE *3* ho, hai, ha, abbiamo, avete, hanno *5* ebbi, avesti, ebbe, avemmo, aveste, ebbero *6* avrò *etc 8* abbia *etc 10* abbi!, abbia!, abbiate!, abbiano!

bere *1* bevendo *2* bevuto *3* bevo *etc 4* bevevo *etc 5* bevvi *o* bevetti, bevesti *6* berrò *etc 8* beva *etc 9* bevessi *etc*

cadere *5* caddi, cadesti *6* cadrò *etc*

cogliere *2* colto *3* colgo, colgono *5* colsi, cogliesti *8* colga

correre *2* corso *5* corsi, corresti

cuocere *2* cotto *3* cuocio, cociamo, cuociono *5* cossi, cocesti

dare *3* do, dai, da, diamo, date, danno *5* diedi *o* detti, desti *6* darò *etc 8* dia *etc 9* dessi *etc 10* da'!, dia!, date!, diano!

dire *1* dicendo *2* detto *3* dico, dici, dice, diciamo, dite, dicono *4* dicevo *etc 5* dissi, dicesti *6* dirò *etc 8* dica, diciamo, diciate, dicano *9* dicessi *etc 10* di'!, dica!, dite!, dicano!

dolere *3* dolgo, duoli, duole, dolgono *5* dolsi, dolesti *6* dorrò *etc 8* dolga

dovere *3* devo *o* debbo, devi, deve, dobbiamo, dovete, devono *o* debbono *6* dovrò *etc 8* debba, dobbiamo, dobbiate, devano *o* debbano

ESSERE *2* stato *3* sono, sei, è, siamo, siete, sono *4* ero, eri, era, eravamo, eravate, erano *5* fui, fosti, fu, fummo, foste, furono *6* sarò *etc 8* sia *etc 9* fossi, fossi, fosse, fossimo, foste, fossero *10* sii!, sia!, siate!, siano!

fare *1* facendo *2* fatto *3* faccio, fai, fa, facciamo, fate, fanno *4* facevo *etc 5* feci, facesti *6* farò *etc 8* faccia *etc 9* facessi *etc 10* fa'!, faccia!, fate!, facciano!

FINIRE *1* finendo *2* finito *3* finisco, finisci, finisce, finiamo, finite, finiscono *4* finivo, finivi, finiva, finivamo, finivate, finivano *5* finii, finisti, finì, finimmo, finiste, finirono *6* finirò, finirai, finirà, finiremo, finirete, finiranno *7* finirei, finiresti, finirebbe, finiremmo, finireste, finirebbero *8* finisca, finisca, finisca, finiamo, finiate, finiscano *9* finissi, finissi, finisse, finissimo, finiste, finissero *10* finisci!, finisca!, finite!, finiscano!

giungere *2* giunto *5* giunsi, giungesti

leggere *2* letto *5* lessi, leggesti

mettere *2* messo *5* misi, mettesti

morire *2* morto *3* muoio, muori, muore, moriamo, morite, muoiono *6* morirò *o* morrò *etc 8* muoia

muovere *2* mosso *5* mossi, movesti

nascere *2* nato *5* nacqui, nascesti

nuocere *2* nuociuto *3* nuoccio, nuoci, nuoce, nociamo *o* nuociamo, nuocete, nuocciono *4* nuocevo *etc 5* nocqui, nuocesti *6* nuocerò *etc 7* nuoccia

offrire *2* offerto *3* offro *5* offersi *o* offrii, offristi *8* offra

parere *2* parso *3* paio, paiamo, paiono *5* parvi *o* parsi, paresti *6* parrò *etc 8* paia, paiamo, paiate, paiano

PARLARE *1* parlando *2* parlato *3* parlo, parli, parla, parliamo, parlate, parlano *4* parlavo, parlavi, parlava, parlavamo, parlavate, parlavano *5* parlai, parlasti, parlò, parlammo, parlaste, parlarono *6* parlerò, parlerai, parlerà, parleremo, parlerete, parleranno *7* parlerei, parleresti, parlerebbe, parleremmo, parlereste, parlerebbero *8* parli, parli, parli, parliamo, parliate, parlino *9* parlassi, parlassi, parlasse, parlassimo, parlaste, parlassero *10* parla!, parli!, parlate!, parlino!

piacere *2* piaciuto *3* piaccio, piacciamo, piacciono *5* piacqui, piacesti *8* piaccia *etc*

porre *1* ponendo *2* posto *3* pongo, poni, pone, poniamo, ponete, pongono *4* ponevo *etc 5* posi, ponesti *6* porrò *etc 8* ponga, poniamo, poniate, pongano *9* ponessi *etc*

potere *3* posso, puoi, può, possiamo potete, possono *6* potrò *etc 8* possa, possiamo, possiate, possano

prendere *2* preso *5* presi, prendesti

ridurre *1* riducendo *2* ridotto *3* riduco *etc 4* riducevo *etc 5* ridussi, riducesti *6* ridurrò *etc 8* riduca *etc 9* riducessi *etc*

riempire *1* riempiendo *3* riempio, riempi, riempie, riempiono

rimanere *2* rimasto *3* rimango, rimangono *5* rimasi, rimanesti *6* rimarrò *etc 8* rimanga

rispondere *2* risposto *5* risposi, rispondesti

salire *3* salgo, sali, salgono *8* salga

sapere *3* so, sai, sa, sappiamo, sapete, sanno *5* seppi, sapesti *6* saprò *etc 8* sappia *etc 10* sappi!, sappia!, sappiate!, sappiano!

scrivere *2* scritto *5* scrissi, scrivesti

sedere *3* siedo, siedi, siede, siedono *8* sieda

spegnere *2* spento *3* spengo, spengono *5* spensi, spegnesti *8* spenga

stare *2* stato *3* sto, stai, sta, stiamo, state, stanno *5* stetti, stesti *6* starò *etc 8* stia *etc 9* stessi *etc 10* sta'!, stia!, state!, stiano!

tacere *2* taciuto *3* taccio, tacciono *5* tacqui, tacesti *8* taccia

tenere *3* tengo, tieni, tiene, tengono *5* tenni, tenesti *6* terrò *etc 8* tenga

trarre *1* traendo *2* tratto *3* traggo, trai, trae, traiamo, traete, traggono *4* traevo *etc 5* trassi, traesti *6* trarrò *etc 8* tragga *9* traessi *etc*

udire *3* odo, odi, ode, odono *8* oda

uscire *3* esco, esci, esce, escono *8* esca

valere *2* valso *3* valgo, valgono *5* valsi, valesti *6* varrò *etc 8* valga

vedere *2* visto *o* veduto *5* vidi, vedesti *6* vedrò *etc*

VENDERE *1* vendendo *2* venduto *3* vendo, vendi, vende, vendiamo, vendete, vendono *4* vendevo, vendevi, vendeva, vendevámo, vendevano *5* vendei *o* vendetti, vendesti, vendé *o* vendette, vendemmo, vendeste, venderono *o* vendettero *6* venderò, venderai, venderà, venderemo, venderete, venderanno *7* venderei, venderesti, venderebbe, venderemmo, vendereste, venderebbero *8* venda, venda, venda, vendiamo, vendiate, vendano *9* vendessi, vendessi, vendesse, vendessimo, vendeste, vendessero *10* vendi!, venda!, vendete!, vendano!

venire *2* venuto *3* vengo, vieni, viene, vengono *5* venni, venisti *6* verrò *etc 8* venga

vivere *2* vissuto *5* vissi, vivesti

volere *3* voglio, vuoi, vuole, vogliamo, volete, vogliono *5* volli, volesti *6* vorrò *etc 8* voglia *etc 10* vogli!, voglia!, vogliate!, vogliano!

1 Gerundio *2* Imperativo *3* Presente *4* Pretérito *5* Futuro *6* Presente de subjuntivo *7* Subjuntivo imperfecto *8* Participio de pasado *9* Imperfecto

NB. In spagnolo, tutti i verbi formano i tempi composti con l'ausiliare 'haber'

acertar *2* acierta *3* acierto, aciertas, acierta, aciertan *6* acierte, aciertes, acierte, acierten

acordar *2* acuerda *3* acuerdo, acuerdas, acuerda, acuerdan *6* acuerde, acuerdes, acuerde, acuerden

advertir *1* advirtiendo *2* advierte *3* advierto, adviertes, advierte, advierten *4* advirtió, advirtieron *6* advierta, adviertas, advierta, advirtamos, advirtáis, adviertan *7* advirtiera *etc*

agradecer *3* agradezco *6* agradezca *etc*

aparecer *3* aparezco *6* aparezca *etc*

aprobar *2* aprueba *3* apruebo, apruebas, aprueba, aprueban *6* apruebe, apruebes, apruebe, aprueben

atravesar *2* atraviesa *3* atravieso, atraviesas, atraviesa, atraviesan *6* atraviese, atravieses, atraviese, atraviesen

caber *3* quepo *4* cupe, cupiste, cupo, cupimos, cupisteis, cupieron *5* cabré *etc* *6* quepa *etc* *7* cupiera *etc*

caer *1* cayendo *3* caigo *4* cayó, cayeron *6* caiga *etc* *7* cayera *etc*

calentar *2* calienta *3* caliento, calientas, calienta, calientan *6* caliente, calientes, caliente, calienten

cerrar *2* cierra *3* cierro, cierras, cierra, cierran *6* cierre, cierres, cierren

COMER *1* comiendo *2* come, comed *3* como, comes, come, comemos, coméis, comen *4* comí, comiste, comió, comimos, comisteis, comieron *5* comeré, comerás, comerá, comeremos, comeréis, comerán *6* coma, comas, coma, comamos, comáis, coman *7* comiera, comieras, comiera, comiéramos, comierais, comieran *8* comido *9* comía, comías, comía, comíamos, comíais, comían

conocer *3* conozco *6* conozca *etc*

contar *2* cuenta *3* cuento, cuentas, cuenta, cuentan *6* cuente, cuentes, cuente, cuenten

costar *2* cuesta *3* cuesto, cuestas, cuesta, cuestan *6* cueste, cuestes, cueste, cuesten

dar *3* doy *4* di, diste, dio, dimos, disteis, dieron *7* diera *etc*

decir *2* di *3* digo *4* dije, dijiste, dijo, dijimos, dijisteis, dijeron *5* diré *etc* *6* diga *etc* *7* dijera *etc* *8* dicho

despertar *2* despierta *3* despierto, despiertas, despierta, despiertan *6* despierte, despiertes, despierte, despierten

divertir *1* divirtiendo *2* divierte *3* divierto, diviertes, divierte, divierten *4* divirtió, divirtieron *6* divierta, diviertas, divierta, divirtamos, divirtáis, diviertan *7* divirtiera *etc*

dormir *1* durmiendo *2* duerme *3* duermo, duermes, duerme, duermen *4* durmió, durmieron *6* duerma, duermas, duerma, durmamos, durmáis, duerman *7* durmiera *etc*

empezar *2* empieza *3* empiezo, empiezas, empieza, empiezan *4* empecé *6* empiece, empieces, empiece, empecemos, empecéis, empiecen

encontrar *2* encuentra *3* encuentro, encuentras, encuentra, encuentran *6* encuentre, encuentres, encuentre, encuentren

entender *2* entiende *3* entiendo, entiendes, entiende, entienden *6* entienda, entiendas, entienda, entiendan

ESTAR *2* está *3* estoy, estás, está, están *4* estuve, estuviste, estuvo, estuvimos, estuvisteis, estuvieron *6* esté, estés, esté, estén *7* estuviera *etc*

HABER *3* he, has, ha, hemos, han *4* hube, hubiste, hubo, hubimos, hubisteis, hubieron *5* habré *etc* *6* haya *etc* *7* hubiera *etc*

HABLAR *1* hablando *2* habla, hablad *3* hablo, hablas, habla, hablamos, habláis, hablan *4* hablé, hablaste, habló, hablamos, hablasteis, hablaron *5* hablaré,

412

hablarás, hablará, hablaremos, hablaréis, hablarán 6 hable, hables, hable, hablemos, habléis, hablen 7 hablara, hablaras, hablara, habláramos, hablarais, hablaran 8 hablado 9 hablaba, hablabas, hablaba, hablábamos, hablabais, hablaban

hacer 2 haz 3 hago 4 hice, hiciste, hizo, hicimos, hicisteis, hicieron 5 haré etc 6 haga etc 7 hiciera etc 8 hecho

instruir 1 instruyendo 2 instruye 3 instruyo, instruyes, instruye, instruyen 4 instruyó, instruyeron 6 instruya etc 7 instruyera etc

ir 1 yendo 2 ve 3 voy, vas, va, vamos, vais, van 4 fui, fuiste, fue, fuimos, fuisteis, fueron 6 vaya, vayas, vaya, vayamos, vayáis, vayan 7 fuera etc 8 iba, ibas, iba, íbamos, ibais, iban

jugar 2 juega 3 juego, juegas, juega, juegan 4 jugué 6 juegue etc

leer 1 leyendo 4 leyó, leyeron 7 leyera etc

morir 1 muriendo 2 muere 3 muero, mueres, muere, mueren 4 murió, murieron 6 muera, mueras, muera, muramos, muráis, mueran 7 muriera etc 8 muerto

mostrar 2 muestra 3 muestro, muestras, muestra, muestran 6 muestre, muestres, muestre, muestren

mover 2 mueve 3 muevo, mueves, mueve, mueven 6 mueva, muevas, mueva, muevan

negar 2 niega 3 niego, niegas, niega, niegan 4 negué 6 niegue, niegues, niegue, neguemos, neguéis, nieguen

ofrecer 3 ofrezco 6 ofrezca etc

oír 1 oyendo 2 oye 3 oigo, oyes, oye, oyen 4 oyó, oyeron 6 oiga etc 7 oyera etc

oler 2 huele 3 huelo, hueles, huele, nuelen 6 huela, huelas, huela, huelan

parecer 3 parezco 6 parezca etc

pedir 1 pidiendo 2 pide 3 pido, pides, pide, piden 4 pidió, pidieron 6 pida etc 7 pidiera etc

pensar 2 piensa 3 pienso, piensas, piensa, piensan 6 piense, pienses, piense, piensen

perder 2 pierde 3 pierdo, pierdes, pierde, pierden 6 pierda, pierdas, pierda, pierdan

poder 1 pudiendo 2 puede 3 puedo, puedes, puede, pueden 4 pude, pudiste, pudo, pudimos, pudisteis, pudieron 5 podré etc 6 pueda, puedas, pueda, puedan 7 pudiera etc

poner 2 pon 3 pongo 4 puse, pusiste, puso, pusimos, pusisteis, pusieron 5 pondré etc 6 ponga etc 7 pusiera etc 8 puesto

preferir 1 prefiriendo 2 prefiere 3 prefiero, prefieres, prefiere, prefieren 4 prefirió, prefirieron 6 prefiera, prefieras, prefiera, prefiramos, prefiráis, prefieran 7 prefiriera etc

querer 2 quiere 3 quiero, quieres, quiere, quieren 4 quise, quisiste, quiso, quisimos, quisisteis, quisieron 5 querré etc 6 quiera, quieras, quiera, quieran 7 quisiera etc

reír 2 ríe 3 río, ríes, ríe, ríen 4 rio, rieron 6 ría, rías, ría, riamos, riáis, rían 7 riera etc

repetir 1 repitiendo 2 repite 3 repito, repites, repite, repiten 4 repitió, repitieron 6 repita etc 7 repitiera etc

rogar 2 ruega 3 ruego, ruegas, ruega, ruegan 4 rogué 6 ruegue, ruegues, ruegue, roguemos, roguéis, rueguen

saber 3 sé 4 supe, supiste, supo, supimos, supisteis, supieron 5 sabré etc 6 sepa etc 7 supiera etc

salir 2 sal 3 salgo 5 saldré etc 6 salga etc

seguir 1 siguiendo 2 sigue 3 sigo, sigues, sigue, siguen 4 siguió, siguieron 6 siga etc 7 siguiera etc

sentar 2 sienta 3 siento, sientas, sienta, sientan 6 siente, sientes, siente, sienten

sentir 1 sintiendo 2 siente 3 siento, sientes, siente, sienten 4 sintió, sintieron 6 sienta, sientas, sienta, sintamos, sintáis, sientan 7 sintiera etc

SER 2 sé 3 soy, eres, es, somos, sois, son 4 fui, fuiste, fue, fuimos, fuisteis, fueron 6 sea etc 7 fuera etc 9 era, eras, era, éramos, erais, eran

servir 1 sirviendo 2 sirve 3 sirvo, sirves, sirve, sirven 4 sirvió, sirvieron 6 sirva etc 7 sirviera etc

soñar 2 sueña 3 sueño, sueñas, sueña, sueñan 6 sueñe, sueñes, sueñe, sueñen

tener *2* ten *3* tengo, tienes, tiene,
tienen *4* tuve, tuviste, tuvo,
tuvimos, tuvisteis, tuvieron *5*
tendré *etc* *6* tenga *etc* *7* tuviera
etc

traer *1* trayendo *3* traigo *4* traje,
trajiste, trajo, trajimos, trajisteis,
trajeron *6* traiga *etc* *7* trajera *etc*

valer *2* val *3* valgo *5* valdré *etc* *6*
valga *etc*

venir *2* ven *3* vengo, vienes, viene,
vienen *4* vine, viniste, vino,
vinimos, vinisteis, vinieron *5*
vendré *etc* *6* venga *etc* *7* viniera
etc

ver *3* veo *6* vea *etc* *8* visto *9* veía
etc

vestir *1* vistiendo *2* viste *3* visto,
vistes, viste, visten *4* vistió,
vistieron *6* vista *etc* *7* vistiera *etc*

VIVIR *1* viviendo *2* vive, vivid *3*
vivo, vives, vive, vivimos, vivís,
viven *4* viví, viviste, vivió,
vivimos, vivisteis, vivieron *5*
viviré, vivirás, vivirá, viviremos,
viviréis, vivirán *6*
viva, vivas, viva, vivamos, viváis,
vivan *7* viviera, vivieras,
viviera, viviéramos, vivierais,
vivieran *8* vivido *9* vivía, vivías,
vivía, vivíamos, vivíais,
vivían

volver *2* vuelve *3* vuelvo, vuelves,
vuelve, vuelven *6* vuelva,
vuelvas, vuelva, vuelvan *8* vuelto

I NUMERI

uno(a)/primo(a)
due/secondo(a)
tre/terzo(a)
quattro/quarto(a)
cinque/quinto(a)
sei/sesto(a)
sette/settimo(a)
otto/ottavo(a)
nove/nono(a)
dieci/decimo(a)
undici/undicesimo(a)
dodici/dodicesimo(a)
tredici/tredicesimo(a)
quattordici/quattordicesimo(a)
quindici/quindicesimo(a)
sedici/sedicesimo(a)
diciassette/diciassettesimo(a)
diciotto/diciottesimo(a)
diciannove/diciannovesimo(a)
venti/ventesimo(a)
ventuno/ventunesimo(a)
ventidue/ventiduesimo(a)
ventitré/ventitreesimo(a)
trenta/trentesimo(a)
trentuno
trentadue
quaranta
cinquanta
sessanta
settanta
ottanta
novanta
cento/centesimo(a)
cento uno/centunesimo(a)
duecento
duecento uno
trecento
trecento uno
quattrocento
cinquecento
seicento
settecento
ottocento
novecento
mille/millesimo(a)

LOS NÚMEROS

un, uno(a)/primer, primero(a)
dos/segundo(a)
tres/tercer, tercero(a)
cuatro/cuarto(a)
cinco/quinto(a)
seis/sexto(a)
siete/séptimo(a)
ocho/octavo(a)
nueve/noveno(a)
diez/décimo(a)
once/undécimo(a)
doce/duodécimo(a)
trece/decimotercio(a)
catorce/decimocuarto(a)
quince/decimoquinto(a)
dieciséis/decimosexto(a)
diecisiete/decimoséptimo(a)
dieciocho/decimoctavo(a)
diecinueve/decimonoveno(a)
veinte/vigésimo(a)
veintiuno*
veintidós
veintitrés
treinta
treinta y uno(a)
treinta y dos
cuarenta
cincuenta
sesenta
setenta
ochenta
noventa
cien, ciento/centésimo(a)
ciento uno(a)
doscientos(as)
doscientos(as) uno(a)
trescientos(as)
trescientos(as) uno(a)
cuatrocientos(as)
quinientos(as)
seiscientos(as)
setecientos(as)
ochocientos(as)
novecientos(as)
mil/milésimo(a)

mille due	mil dos
milleduecentodue	mil doscientos dos
cinquemila	cinco mil
un milione/milionesimo(a)	un millón

Esempi	**Ejemplos**
arriverà il 7 (maggio)	va a llegar el 7 (de mayo)
abita al numero 7	vive en el número 7
il capitolo/la pagina 7	el capítulo/la página 7
arrivò settimo	llegó séptimo
1°(1ª), 2°(2ª), 3°(3ª), 4°(4ª), 5°(5ª)	1°(1ª), 2°(2ª), 3°(3ª), 4°(4ª), 5°(5ª)

* N.B. In spagnolo i numeri ordinali da 1 a 10 sono comunemente usati, mentre quelli da 11 a 20 lo sono meno. Gli ordinali da 21 in su sono raramente usati nella lingua scritta, e quasi mai in quella parlata. L'uso corrente tende a sostituire le forme da 21 in su con i numeri cardinali.

Esta obra se terminó de imprimir
en mayo de 2001, en
Compañía Editorial Ultra, S.A. de C.V.
Centeno 162-2,
Col. Granjas Esmeralda
México, D.F.